Auf den Spuren des antikenbegeisterten römischen Kaisers Hadrian, der um 120 n. Chr. begann, sein gesamtes Imperium von Schottland bis Ägypten zu bereisen, lässt Robin Lane Fox die Antike lebendig werden, von den homerischen Epen über die Erfindung der Demokratie und den stürmischen Aufstieg des Alexanderreichs bis zur römischen Kaiserzeit und den Anfängen des Christentums. Die Fülle der historischen Ereignisse von 1000 Jahren ordnet der Autor entlang dreier Leitthemen: Freiheit, Gerechtigkeit und Luxus – Themen, die schon in der Antike und bis zum heutigen Tag die Auseinandersetzung mit der Gesellschaft bestimmen. Anschaulich und lebensnah schildert Lane Fox, wie sich zunächst die griechische und auf ihren Schultern die römische Klassik entwickelte und wie antike Geschmacks- und Wertmaßstäbe uns bis heute prägen.

Robin Lane Fox, geboren 1946, ging in Eton zur Schule und studierte Alte Geschichte und Altertumswissenschaften an der Universität Oxford, wo er bis 2014 am New College lehrte. Er ist ein hervorragender Reiter und Pferdekenner – was ihm zum besonderen Verständnis der antiken Kavallerie verhalf. Auf den Spuren Alexanders ist er von Griechenland bis nach Indien gereist. Seine preisgekrönte Alexander-Biographie, ebenfalls bei Klett-Cotta erschienen, gilt international als Standardwerk.

ROBIN LANE FOX

DIE KLASSISCHE WELT

EINE WELTGESCHICHTE VON HOMER BIS HADRIAN

Aus dem Englischen von Ute Spengler

KLETT-COTTA

Klett-Cotta
www.klett-cotta.de
Die Originalausgabe erschien unter dem Titel
»The Classical World. An Epic History of Greece and Rome«
im Verlag Penguin Books, London
© Robin Lane Fox, 2005, 2006
Für die deutsche Ausgabe
© 2010, 2024 by J. G. Cotta'sche Buchhandlung Nachfolger GmbH,
gegr. 1659, Stuttgart
Alle deutschsprachigen Rechte sowie die Nutzung des Werkes für Text und
Data Mining i. S. v. § 44b UrhG vorbehalten
Cover: Rothfos & Gabler, Hamburg
unter Verwendung einer Abbildung von akg images/Erich Lessing
Gesetzt von Eberl & Koesel Studio, Kempten
Gedruckt und gebunden von GGP Media GmbH, Pößneck

ISBN 978-3-608-98835-2
E-Book ISBN 978-3-608-12349-4

Bibliografische Information der Deutschen Nationalbibliothek
Die Deutsche Nationalbibliothek verzeichnet diese Publikation in der
Deutschen Nationalbibliografie; detaillierte bibliografische
Daten sind im Internet über <http://dnb.d-nb.de> abrufbar.

Für Martha
Τόσσα παθούσῃ

*Nur Laertes fand er im schöngeordneten Fruchthain
um ein Bäumchen die Erde auflockern. Ein schmutziger Leibrock
deckt' ihn, geflickt und grob, und seine Schenkel umhüllten
gegen die ritzenden Dornen geflickte Stiefel von Stierhaut
und Handschuhe die Hände der Disteln wegen, den Scheitel
eine Kappe von Ziegenfell. So traurte sein Vater.
Als er ihn jetzo erblickte, der herrliche Dulder Odysseus,
wie er vom Alter entkräftet und tief in der Seele betrübt war,
sah er ihm weinend zu im Schatten des ragenden Birnbaums.*
      Odysseus sieht seinen Vater wieder:
      Homer, ODYSSEE 24,226–234 (Übers. J. H. Voß)

*Dieses prächtige Grab aus trefflich gemeißeltem Marmor
schließt den Leib eines Toten in sich, eines großen Heroen,
des Zenodot. Seine Seele fuhr aufwärts zum Himmel, wo Orpheus
und wo Platon die heilge, gottbergende Wohnstatt gefunden.
Denn er ist Ritter des Kaisers gewesen voll tapferem Mute,
ruhmreich, redegewandt und göttlich. In seinen Gesprächen
war er des Sokrates Bild im Kreise ausonischer Männer.
Sterbend als rüstiger Greis, hinterließ er den Kindern ein reiches,
glückliches Erbteil zu eigen und unermesslichen Kummer
seinen Freunden erlauchten Geblüts, der Stadt und den Bürgern.*
      ANTHOLOGIA GRAECA 7,363,
      vielleicht von Kaiser Hadrian selbst verfasst
      (Übers. H. Beckby)

INHALT

Vorwort 13
Hadrian und die klassische Welt 15

TEIL I
DIE ARCHAISCHE GRIECHISCHE WELT

1 Die Epik Homers 27
2 Die griechischen Niederlassungen 38
3 Aristokraten 52
4 Die unsterblichen Götter 63
5 Tyrannen und Gesetzgeber 72
6 Sparta 84
7 Die Ostgriechen 95
8 Auf dem Weg zur Demokratie 104
9 Die Perserkriege 115
10 Die Westgriechen 127

TEIL II
DIE WELT DER GRIECHISCHEN KLASSIK

11 Eroberung und imperiale Macht 141
12 Griechische Kultur im Wandel 154
13 Perikles und Athen 168
14 Der Peloponnesische Krieg 177
15 Sokrates 188
16 Kämpfe für Freiheit und Recht 195
17 Frauen und Kinder 206

18 Philipp von Makedonien 213
19 Die zwei Philosophen 223
20 Die Athener im 4. Jahrhundert 236

TEIL III
HELLENISTISCHE WELTEN

21 Alexander der Große 253
22 Die Thronfolge 265
23 Das Leben in den großen Städten 276
24 Steuern und technische Neuerungen 288
25 Die neue Welt 295
26 Rom greift aus 306
27 Der Frieden der Götter 321
28 Befreiung im Süden 329
29 Hannibal und Rom 338
30 Diplomatie und Dominanz 348

TEIL IV
DIE RÖMISCHE REPUBLIK

31 Luxus und Libertinage 359
32 Turbulenzen daheim und jenseits der Grenzen 369
33 Die Triumphe des Pompeius 381
34 Die Welt Ciceros 392
35 Der Aufstieg Julius Caesars 403
36 Das Gespenst des Bürgerkriegs 414
37 Die verhängnisvolle Dictatur 427
38 Die verratene Freiheit 442

TEIL V
VON DER REPUBLIK ZUM KAISERREICH

39 Antonius und Kleopatra 455
40 Wie einer zum Kaiser wird 468

41 Moral und Gesellschaft 477
42 Sport und andere Spektakel 490
43 Die römische Armee 501
44 Das neue Zeitalter 511

TEIL VI
EINE IMPERIALE WELT

45 Die julisch-claudische Dynastie 527
46 Die Herrschaft über die Provinzen 541
47 Das Kaiserreich und die Folgen 552
48 Das Christentum und die Herrschaft Roms 566
49 Ein Vierkaiserjahr 574
50 Die neue Dynastie 580
51 Die letzten Tage von Pompeji 588
52 Ein Aufsteiger bei der Arbeit 600
53 Ein Heide und Christen 607
54 Regimewechsel daheim und an den Grenzen 616
55 Die Darstellung der Vergangenheit 624

Hadrian: ein Blick zurück 631

ANHANG

Anmerkungen 643
Auswahlbibliographie 667
Verzeichnis der Karten 696
Register 697

VORWORT

Über die Geschichte von etwa neun Jahrhunderten zu berichten ist eine anspruchsvolle Aufgabe, zumal angesichts des verstreuten und verschiedenartigen Quellenmaterials. Doch der Anspruch hatte seinen Reiz. Fachkenntnisse setze ich nicht voraus, hoffe aber, dass meine Darstellung die Aufmerksamkeit der Leser wecken und fesseln kann. Ich würde mir wünschen, dass sie diesen Kosmos der Antike mit dem Eindruck verlassen, dass darin bei größter Vielfalt dennoch Zusammenhänge zu erkennen sind und dass sie sich angeregt fühlen, den einen oder anderen Teil, besonders dort, wo ich straffen musste, auf eigenen Wegen weiterzuverfolgen.

Ich habe mich nicht an die konventionelle thematische Darstellungsweise gehalten, die nach Fragestellungen gliedert und in einem einzigen Kapitel tausend Jahre »Männerwelt und Frauenwelt« oder »Wege zum täglichen Brot« abhandelt. Aus theoretischen Überlegungen habe ich eine narrative Grundstruktur gewählt. Ich glaube, dass sich, wenn wechselnde Machtbeziehungen durch Ereignisse einschneidend verändert werden, meist auch die Bedeutung und der Zusammenhang solcher Themen ändern und dass diese Veränderungen bei einer schlichten thematischen Darstellung unter den Tisch fallen. Mein Ansatz wird auch in Bereichen der modernen medizinischen Theorie (Evidenzbasierte Medizin), der Sozialwissenschaften (Theorie der Pfadabhängigkeit) und der Literaturwissenschaft (Diskursanalyse) verfolgt. Ich verdanke ihn allerdings eher der beschwerlichen alten Methode des Historikers, die Zeugnisse zu befragen, sie im Sinn des Mitgeteilten (nicht gegen den Strich) zu lesen, um das Gesagte noch genauer zum Sprechen zu bringen, und beständig Wendepunkte und wichtige Entscheidungen im Blick zu behalten, deren Folgen durch ihren Kontext zwar mitbestimmt, nicht aber vorherbestimmt wurden.

Ich hatte schwierige Entscheidungen zu treffen und mich gerade dort, wo ich meine, Spezialist zu sein, mit kürzeren Ausführungen zu bescheiden. Ein Teil von mir schaut noch immer zu Homer zurück, ein anderer zu den noch immer grünenden Obstgärten nahe Lefkadia in Makedonien, wo mein Grabgewölbe, bemalt mit meinen drei mächtigen Pferden, reich gefüllten Rosen, baktrischen Tänzerinnen und, wie es scheint, mythischen Frauengestalten, darauf wartet, dass die bewährten Ephoren des Griechischen Archäologischen Dienstes im Jahr 2056 darangehen, es zu entdecken.

Ich habe eine Schlüsselepoche, die Jahre 60-9 v. Chr., in der Erzählung nicht nur deshalb etwas ausführlicher behandelt, weil sie für die Rolle meines fiktiven Lesers, des Kaisers Hadrian, so bedeutungsvoll waren. Sie sind auch für mein postmakedonisches Auge voller Dramatik und zu Beginn außerdem mit den Briefen Ciceros verknüpft, dieser unerschöpflichen Quelle für alle Historiker der Alten Welt.

Für fachkundige Hilfe bei den Illustrationen bin ich Fiona Greenland zu großem Dank verpflichtet. Der Schutzumschlag war die Wahl des Verlags, im Übrigen stammen die Beschreibungen der Illustrationen von mir. Sehr dankbar bin ich auch Stuart Proffitt für seine Kommentare zum ersten Teil, die mich zwangen, den Text noch einmal vorzunehmen, sowie Elizabeth Stratford für kompetentes Lektorieren und Korrigieren. Vor allem aber geht mein Dank an zwei ehemalige Schüler, die das Manuskript in elektronische Daten verwandelten – zunächst Luke Streatfeild und dann besonders Tamsin Cox, dessen Können und Geduld für dieses Buch die wesentliche Unterstützung waren.

HADRIAN UND
DIE KLASSISCHE WELT

Folgendes wurde [beschlossen] ... vom Rat und Volk der Bürger von Thyatira: diesen Erlass auf eine steinerne Stele zu schreiben und sie auf der (Athener) Akropolis aufzustellen, so dass für alle Griechen ersichtlich [sein] könne, wieviel Thyatira vom größten aller bisherigen Könige erhalten hat ... er (Hadrian) begünstigte die Gemeinschaft aller Griechen, als er, ein Geschenk für alle und jeden, einen Rat aus allen unter ihnen in die glanzvollste Stadt Athen, die Wohltäterin, zusammenrief ... und als die [Römer] auf seinen Vorschlag [diesem] verehrungswürdigen Panhellenion [durch Erlass] des Senats und auch als Einzelne zustimmten, [gab] er den Tribus und den Städten einen Anteil an diesem höchst ehrenwerten Rat ...
Inschrift eines Erlasses, Hadrians Panhellenion betreffend, gefunden in Athen (um 119/20 n. Chr.)

Die Antike, oder das klassische Altertum, wie wir die Welt der alten Griechen und Römer auch nennen, liegt etwa 40 Menschenalter zurück. Aber mit ihrem Menschenbild, in dem auch wir uns erkennen, fordert sie uns bis heute zur Auseinandersetzung heraus. Antiken Ursprungs ist das Wort klassisch selbst. Es geht zurück auf das lateinische *classicus*, die Bezeichnung für die Rekruten der »ersten Klasse«, die schwere Infanterie des römischen Heeres. Das Klassische ist also »erste Klasse« – wenn auch nicht mehr schwer gerüstet –, es ist erstklassig. Wohl ließen sich Griechen und Römer immer wieder von zahlreichen Nachbarkulturen befruchten – so von der persischen, phönikischen, ägyptischen und jüdischen –, und ihre Geschichte war zeitweise mit der Geschichte dieser Völker verknüpft. Aber als erstklassig gelten in ihrer Welt wie der unseren zu Recht die Kunst, Literatur und Philosophie, die Denkweise und die Politik, die ihnen selbst eigen war.

In der langen Geschichte dieser antiken Welt wurden im Laufe der Zeit zwei Epochen und Orte als die eigentlich klassischen wahrgenommen: Athen im 5. und 4. Jahrhundert v. Chr. und Rom in der Zeit vom 1. vorchristlichen

Jahrhundert bis ins Jahr 14 n. Chr. – die Welt Julius Caesars und später die Herrschaft des Augustus, des ersten römischen Kaisers, eine Einschätzung, die schon in der Antike selbst üblich war. Bereits zur Zeit Alexanders des Großen herrschte die auch für uns maßgebliche Überzeugung, dass die Werke bestimmter Dramatiker des 5. Jahrhunderts v. Chr. »Klassiker« sind. Im Hellenismus, der Zeit von etwa 330 bis 30 v. Chr., favorisierten Künstler und Architekten einen den klassischen Künsten des 5. Jahrhunderts nachempfundenen, »klassizistischen« Stil. Dann präsentierte sich Ende des 1. Jahrhunderts v. Chr. Rom als Zentrum klassizistischer Kunst und Kultur, und das klassische Griechenland, mit dem Akzent auf Athen, wurde in Abgrenzung gegen orientalische Stilexzesse zum Musterbeispiel guten Geschmacks erhoben.

Meine Geschichte der klassischen Welt beginnt mit einem Klassiker der vorklassischen Zeit, dem epischen Dichter Homer, der schon für die Alten, nicht anders als für alle Leser der heutigen Welt, eine Klasse für sich darstellt. Seine großen Gesänge sind die erste schriftlich überlieferte Literatur in griechischer Sprache. Von der Epoche Homers um 730 v. Chr. ausgehend, verfolge ich die Entwicklung des klassischen Griechenland und seiner prägenden Werte und Vorstellungen im 5. und 4. Jahrhundert v. Chr. bis zum Ende dieser Ära 400 Jahre nach der (wahrscheinlichen) Lebenszeit Homers und richte den Blick dann auf Rom und auf die Herausbildung einer klassischen Zeit römischer Provenienz in den Jahren um 50 v. Chr. bis 14 n. Chr. – von Julius Caesar bis zu Augustus. Den Abschluss meiner historischen Darstellung bildet die Regierung Hadrians, des römischen Kaisers der Jahre 117 bis 138 n. Chr. Kurz darauf bezeugen die schriftlich überlieferten Gespräche Frontos, des Tutors der Kinder von Hadrians Nachfolger, die erste Verwendung des Begriffs Klassiker zur Bezeichnung der besten Autoren.[1]

Warum aber die Entscheidung, den Schlusspunkt gerade mit Hadrian zu setzen? Zum einen, weil die klassische Literatur, so wie sie mit Homer begann, mit der Regierungszeit Hadrians zu Ende geht: Ihr letzter weithin anerkannter Vertreter im lateinischen Sprachraum ist der Satiriker Juvenal. Allerdings ist diese Begründung nicht ganz ohne Willkür und einem Kanon verpflichtet, den anzuerkennen all denen schwerfallen wird, die auch spätere Autoren in ihre Lektüre einbeziehen und den Schriftstellern des 4. und 5. Jahrhunderts n. Chr. unvoreingenommen gegenüberstehen. Stichhaltiger ist das Argument, dass Hadrian selbst unbestreitbar Vorlieben klassischer Prägung erkennen ließ – in seinen Plänen für die Stadt Athen und in vielen Gebäuden, die unter seiner Schirmherrschaft entstanden, aber auch in Eigenheiten seines persönlichen Stils. Sein Blick zurück in eine klassische Welt war nichts weniger als selbstbewusst, obwohl zu seinen Lebzeiten die sogenannte römische Welt bereits befriedet war und eine gewaltige Ausdehnung erreicht hatte. Hadrian kann aber auch deshalb als bemerkenswert gelten, weil er sich als einziger Kaiser ein Bild dieser Welt aus erster Hand verschaffte, eine Erfahrung, die wir nur allzu gern mit ihm teilen würden. In den zwanziger und frühen dreißiger Jahren des 2. nachchristlichen Jahrhunderts unternahm er mehrere ausgedehnte »Bildungsreisen« durch ein Imperium, das sich von Britannien bis ans Rote Meer erstreckte. Er weilte in Athen, dem klassischen Mittelpunkt dieses Reichs; er reiste zu Schiff und zu Pferde, ein geübter Reiter Mitte vierzig, der mit Vergnügen die lokalen Gelegenheiten zum Jagen nutzte. Er zog weit in die Ferne, in Länder unter Roms Herrschaft, in die kein Athener der klassischen Zeit jemals den Fuß gesetzt hatte. Seine Reiserouten können wir ungewöhnlich gut verfolgen, denn uns liegen die Münzen vor, die eigens zum Gedenken an seine Reisen geprägt wurden. Sogar in Gegenden außerhalb der klassischen Welt sind sie lebensvolle Zeugen der Bewunderung, die Hadrian und seine Zeitgenossen der klassischen Vergangenheit entgegenbrachten.[2]

Diese Münzen zeigen eine Personifikation jeder Provinz in Hadrians Römischem Reich, gleichgültig, ob sie bis in die alten klassischen Zeiten zurückgingen oder nicht. So ist das nichtklassische Germanien als barbrüstige Kriegerin dargestellt, während eine damenhafte liegende Figur das ebenfalls nichtklassische Spanien verkörpert, einen großen Olivenzweig in der Hand, Symbol für Spaniens exzellentes Olivenöl, neben sich ein Exemplar der notorisch fruchtbaren spanischen Kaninchen. Der größte Teil Iberiens und ganz Germanien waren den Griechen der ältesten klassischen Zeit unbekannt, aber der elegante »klassizistische« Stil ihrer prächtigen Darstellung auf den Münzen verbindet diese Regionen mit dem ästhetischen Empfinden des Hellenismus. Der Formsinn Hadrians und der Künstler aus dem Kreis der »Hadrianischen Schule«, die diese Bilder entwarfen, bildete sich vor dem Hintergrund einer klassischen Welt, wie man sie damals vor Augen hatte – auf der Grundlage der 400 oder 500 Jahre zurückliegenden klassischen griechischen Kunst. Deren Beispiele konnten die Römer nach Belieben bewundern, weil ihre Vorfahren sie als Kriegsbeute in ihre eigenen Häuser und Städte verbracht hatten.

Seine großen Reisen nach Griechenland oder Ägypten, an die Westküste Asiens, nach Sizilien und Libyen ermöglichten Hadrian einen umfassenden Überblick über die klassische Welt. Er machte an vielen großartigen Stätten aus ihrer Vergangenheit Station, doch sein besonderes Augenmerk galt Athen. Athen betrachtete er als freie Stadt und machte ihr spektakuläre Schenkungen, darunter eine grandiose Bibliothek mit hundert Säulen aus seltenem Marmor. Er ließ den Bau des riesigen Zeus-Tempels der Stadt vollenden, mit dem man 600 Jahre zuvor begonnen hatte, ohne ihn je abzuschließen. Auf Hadrian dürfte auch der Anstoß zur Gründung einer panhellenischen Versammlung zurückgehen, ein Unternehmen, mit dem er sogar den Athener Staatsmann Perikles übertraf.[3] Vertreter aus der gesamten griechischen Welt sollten in Athen zusammenkommen und alle vier Jahre ein großes Festspiel der Kunst und des Sports veranstalten. Auch die Athener der Vergangenheit hatten mit panhellenischen Projekten gepunktet, dieses allerdings sollte sich durch unvergleichliche Größe auszeichnen.

Wer die Vergangenheit idealisiert, neigt häufig dazu, sie misszuverstehen: Restauration tötet durch Goodwill. Zweifellos teilte Hadrian die traditionellen Vorlieben der hellenischen Aristokraten und Könige vergangener Zeiten. Wie sie liebte er die Jagd; er liebte sein Pferd, den tapferen Borysthenes, das er bei dessen Tod im südlichen Gallien mit Versen ehrte;[4] vor allem aber liebte er den jungen Antinoos – ein augenfälliges Beispiel der »griechischen« Liebe. Nach Antinoos' frühem Tod ließ Hadrian zu seinen Ehren in Ägypten eine neue Stadt bauen und den Toten selbst im ganzen Reich als Gott verehren. So viel hatte nicht einmal Alexander der Große für seinen Lebensgefährten Hephaistion getan. Ebenso wie des Kaisers charakteristischer Bart haben diese Facetten von Hadrians Leben ihren Ursprung in der vorausgehenden griechischen Kultur. Er selbst allerdings konnte kein klassischer Grieche sein, weil sich in seiner Welt seit dem Athen der großen Klassiker – von der Zeit des präklassischen Homer ganz zu schweigen – allzu viel verändert hatte.

Die hörbarste Veränderung war die Verbreitung der Sprache. Ein knappes Jahrtausend zuvor, in den Jugendjahren Homers, war das Griechische nur eine gesprochene Sprache ohne Alphabet und verbreitet nur bei den Bewohnern Griechenlands und in der Ägäis. Auch das Lateinische war zunächst eine gesprochene Sprache gewesen, gebräuchlich einzig in einem kleinen Teil Italiens, dem Gebiet von Latium im Umkreis von Rom. Hadrian aber beherrschte beide Sprachen, mündlich und schriftlich, obwohl er väterlicher- wie mütterlicherseits aus Südspanien stammte und die Güter seines Vaters, von Athen und Latium weit entfernt, nördlich des heutigen Sevilla lagen. Fast 300 Jahre vor seiner Geburt hatten sich Hadrians Vorväter, belohnt für die Dienste in der römischen Armee, als lateinischsprachige Italiker in Spanien niedergelassen. Als Abkömmling lateinisch sprechender Vorfahren kann Hadrian im kulturellen Sinn nicht als Iberier gelten. Er war in Rom aufgewachsen und bevorzugte lateinische Prosa im archaischen Stil. Wie andere gebildete Römer sprach er außerdem Griechisch und wurde wegen seiner ausgeprägten Leidenschaft für die griechische Literatur sogar leicht verächtlich der »kleine Grieche« genannt. Keineswegs ein Provinzler, war Hadrian im Gegenteil der lebende Beweis für die gemeinsame Kultur im Geist des Hellenismus, in dem die Schicht der Gebildeten des Kaiserreichs sich jetzt zusammenfand. Ihre Wurzeln hatte diese Kultur in den klassischen Herkunftsgebieten des Griechischen und Lateinischen, wirksam war sie jedoch weit über deren Grenzen hinaus. Anders als Homer konnte Hadrian auf seinen Reisen durch Syrien oder Ägypten Griechisch sprechen, und mit Latein kam er bis ins ferne Britannien.

Die Welt, die sich seiner am Geist der Klassik geschulten Betrachtung darbot, hatte andere Dimensionen als die Welt des Homer. Auf attischem Territorium lebten während der Blütezeit Athens vielleicht 300 000 Bewohner, die Sklaven eingeschlossen. Das Römische Reich dagegen zählte zu Lebzeiten Hadrians eine Population von schätzungsweise 60 Millionen Menschen, ein Völkergemisch, das sich von Schottland bis zur Iberischen Halbinsel und von dort bis nach Armenien ausbreitete. Kein zweites Weltreich vorher oder nachher hat ein Territorium von vergleichbarer Ausdehnung umfasst, und doch war die Gesamtbevölkerung nicht größer als im modernen Großbritannien. Sie konzentrierte sich in bestimmten Landstrichen, vielleicht 8 Millionen in Ägypten,[5] wo der Nil und die Getreideernte diese Dichte erlaubten, und mindestens eine Million Menschen in der Mega-Stadt Rom, die ebenfalls aus Ägyptens Ernten und dessen Getreideexport Nahrung und Unterhalt bezog. Außerhalb dieser beiden Agglomerationen waren weite Gebiete in Hadrians Reich nach unseren Maßstäben sehr dünn besiedelt. Und dennoch wurden in jeder Provinz Abteilungen der römischen Armee zur Friedenssicherung benötigt. Auf seinen Reisen suchte der Kaiser mit Vorliebe Städte auf, aber zu seinem Herrschaftsgebiet gehörten auch weite Regionen, die nur Dörfer und keine Stadt nach klassischem Muster umfassten. Wo nötig, befahl er den Bau langer Wälle, um den Völkern jenseits des Reichs Grenzen zu setzen, ein höchst unklassisches Projekt. Der berühmteste ist der Hadrianswall im Norden Englands, der von Wallsend bei Newcastle bis ins westliche Browness verläuft. Die massive Barriere war drei Meter dick und vier Meter hoch, zum Teil mit Stein verkleidet, mit Kastellen im Abstand von rund anderthalb Kilometern, zwei Wachttürmen und einem drei Meter tiefen und neun Meter breiten Graben auf der Nordseite. Es gab noch weitere, heute aber weniger berühmte »Hadrianswälle«. In Nordafrika, jenseits des Aurès-Massivs im heutigen Ostalgerien förderte Hadrian den Bau von Wallanlagen mit Gräben, die entlang einer Grenze von etwa 240 Kilometern der Überwachung von Kontakten mit den Nomadenvölkern der

Wüste dienen sollten. In Nordwesteuropa, im oberen Germanien, sah er in aller Klarheit die Gefahr: Hier »trennte er … die Barbaren vom Reichsgebiet durch ein System von großen Pfählen, die nach Art eines mauerähnlichen Geheges tief eingerammt und miteinander verbunden wurden«.[6]

Große Regionen einzuzäunen war in der klassischen Welt unbekannt. In der Blütezeit Athens oder gar der Epoche Homers hatte es nie einen einzigen Herrscher wie Hadrian, einen Kaiser, gegeben noch ein stehendes Heer wie das römische mit einer Kampfstärke von rund 500 000 Soldaten. In seiner klassischen Epoche um 50 v. Chr. hatte auch Rom weder einen Kaiser noch ein stehendes Heer gekannt. Hadrian war der Erbe von historischen Umbrüchen, die der römischen Geschichte eine andere Richtung gaben. Er brachte der klassischen griechischen und römischen Vergangenheit Respekt entgegen und suchte, wohin er auch reiste, ihre imponierende Hinterlassenschaft auf – zu fragen bleibt, ob er auch ihren Kontext verstand, die Welt, deren Teil sie einst war, ihre Entwicklung sowie die historischen Umstände, die zu seiner eigenen Rolle als Imperator geführt hatten.

Hadrian war zweifellos ein Liebhaber und Erkunder von Kuriositäten.[7] Auf seinen Reisen erklomm er den Vulkan Ätna auf Sizilien und andere markante Berge; er befragte die alten Orakel der Götter, und er besuchte die touristischen Weltwunder im lange schon untergegangenen alten Ägypten. Als Tourist war er überdies ein Sammler und Nachahmer dessen, was er sah. Zurück in Italien, ließ er sich in der Nähe von Tivoli einen immensen, weitläufigen Villenkomplex errichten, der sich betont an große kulturelle Denkmäler der griechischen Vergangenheit anlehnte. Hadrians Villa war ein ausgedehnter Themenpark mit Bauwerken, die an Alexandria und das klassische Athen erinnerten.[8]

In diese Villa zog er sich nach dem Tod des geliebten Antinoos zurück, um seine Autobiographie zu schreiben. Von ihrem Text ist fast nichts erhalten, aber man kann vermuten, dass sie den innigen Tribut an den Geliebten mit der Präsentation eines weltmännischen Selbstbildes zu verbinden wusste. Hadrian war interessiert an Philosophie, und es ist möglich, dass er sich nach Art Epikurs über die Furcht vor dem Tod hinwegtröstete.[9] Auszuschließen ist aber, dass er die historischen Veränderungen analysierte, die an allem erkennbar wurden, was er auf seinen Reisen sah, von Homer bis zum klassischen Athen, vom großen Alexandria des großen Alexander bis zur einstigen Pracht Karthagos, das er neu Hadrianopolis nannte. Hadrian erkor den ersten Kaiser, Augustus, zu seinem Rollenmodell, scheint sich aber nie gefragt zu haben, wie es dazu kommen konnte, dass Rom nach mehr als vier Jahrhunderten hoch gepriesener Freiheit unter die Ein-Mann-Herrschaft des Augustus geriet.

In diesem Buch habe ich mir vorgenommen, diese Fragen für Hadrian und für die vielen anderen zu beantworten, die auf seine Art durch die antike Welt reisen, antike Stätten aufsuchen und sich einig sind, dass es ein »klassisches Zeitalter« gab –, selbst im Wettbewerb der weltweit wachsenden Anzahl von Kulturen. Es konzentriert sich auf eine Auswahl historischer Höhepunkte und hat wenig über Themen zu sagen, die auch Hadrian kaum beschäftigten: die Reihe der Diadochenreiche nach Alexander dem Großen und namentlich die Jahre der römischen Republik in der Zeit zwischen der Zerstörung Karthagos durch die Römer im Jahr 146 v. Chr. und den Reformen des Dictators Sulla von 81/80 v. Chr. Im Brennpunkt stehen dagegen als klassische Akzente einer Vergangenheit, der Hadrian nahestand, das Athen des Perikles und des Sokrates sowie Rom unter Caesar und Augustus.

Die Historiker in Hadrians eigenem Imperium waren sich der Veränderungen, die seit jener Ära stattgefunden hatten, wohl bewusst. Einige von ihnen versuchten sie zu erklären, und ihre Antworten beschränken sich nicht auf militärische Siege und Angehörige der römischen Kaiserfamilien. Zur Geschichte der klassischen Antike gehören Erfindung und Entwicklung der Geschichtsschreibung selbst. Heute versuchen die Historiker dem Verständnis dieses Wandels mit komplexen Theorien beizukommen – mit Ökonomie und Soziologie, Geographie und Ökologie, Klassen- und Gender-Theorie, mit der Kraft der Symbole oder mit demographischen Modellen für Bevölkerungen und ihre Alterskohorten. In der Antike waren diese modernen Theorien nicht ausdrücklich oder vielleicht gar nicht existent. Die Geschichtsschreiber hatten bevorzugte Themen eigener Wahl, von denen besonders drei im Blickpunkt ihres Interesses standen: Freiheit, Gerechtigkeit und Luxus. Unsere modernen Theorien können die alten Erklärungsmuster vertiefen, ohne sie jedoch ganz zu ersetzen. Und obwohl die drei Themen nicht ausreichen, um den historischen Wandel zu erklären, habe ich sie hervorgehoben, weil sie die Gedanken der damaligen Akteure beschäftigten und die Einstellung mitbestimmten, aus der man die Ereignisse in den Blick nahm.

Jedes von ihnen ist ein flexibler Begriff mit variablem Umfang. Zur Freiheit gehört für uns, wählen zu können, und sie bedeutet heute für viele Menschen Autonomie oder die Möglichkeit zu unabhängiger Entscheidung. Das Wort Autonomie ist eine Erfindung der alten Griechen, stand für sie aber eindeutig im politischen Kontext: Es bezeichnete ursprünglich die Selbstverwaltung eines Gemeinwesens, die Garantie eines gewissen Maßes an Freiheit gegenüber einer fremden Macht, die stark genug war, diese Freiheit zu verletzen. Mit Bezug auf ein Individuum wird es nachweislich zum ersten Mal auf eine Frau angewendet, auf Antigone im Drama des Sophokles.[10] Auch Freiheit bedeutete einen politischen Wert, erhielt jedoch schärfere Konturen durch ihren Gegenpol – die Sklaverei. Beginnend mit der Zeit Homers erhielt Freiheit für die Gemeinwesen ihren Wert angesichts von Feinden, durch die andernfalls Versklavung drohte. Innerhalb eines Gemeinwesens stand Freiheit dann für den Wert politischer Strukturen: Alternativen wurden als »Sklaverei« angeprangert. Freiheit war in erster Linie der kostbare Status des Individuums, der dieses vom Sklaven abgrenzte, der dazu da ist, gekauft und verkauft zu werden. Doch worin bestand die Freiheit des Individuums über ihre Definition als Nichtsklaverei hinaus? Gehörte dazu die Redefreiheit oder die Freiheit, die selbstgewählten Götter zu verehren? War es die Freiheit, sein Leben nach eigenem Gutdünken zu gestalten, oder nur der Schutz vor Einmischung? Wann ging Freiheit in üble Zügellosigkeit über? Zu Zeiten Hadrians, der von griechischen Untertanen als Befreier und als Gott verehrt wurde, waren alle diese Fragen bereits diskutiert worden.

Nicht weniger umstritten war der Begriff Gerechtigkeit. Sie wurde von Herrschern, so auch von Hadrian beansprucht, und schon im Zeitalter Homers sprach man idealisierend von gerechten Gemeinwesen. War sie eine Tugend der Götter, oder galt die harte Wahrheit, dass nicht Gerechtigkeit ihren Umgang mit Sterblichen bestimmte? Die Philosophen hatten sich die Frage nach der Gerechtigkeit seit langem gestellt. Hieß gerecht zu sein, »jedem das Seine« zu geben oder zu bekommen, was man verdiente, vielleicht aufgrund seines Verhaltens in einem früheren Leben? War Gleichheit gerecht, und wenn, welche Art von Gleichheit? »Dasselbe für alle und jeden« oder eine »proportionale Gleichheit«, je nach Wohlstand oder sozialer Klasse?[11] Welches System garantierte Gleichheit – ein System von Gesetzen, die von Geschworenengerichten aus zufällig ausgewählten Bürgern angewandt wurden, oder Gesetze, die von einem einzigen Richter, einem Statthalter vielleicht oder vom Kaiser selbst angewandt und geschaffen wurden? Hadrian verwandte einen guten Teil seiner Energie darauf, Eingaben zu beurteilen und zu beantworten; das ist die Tätigkeit, bei deren Ausübung er uns am deutlichsten vor Augen steht. Seine Antworten an Städte und Untertanen seines Reichs sind dort erhalten, wo die Empfänger sie in Stein gemeißelt festhielten.[12] Andere Entscheidungen sind in lateinische Sammlungen von Rechtsgutachten eingegangen. Es gibt sogar eine Sondersammlung von Gutachten Hadrians, seinen Antworten an Bittsteller, die als Unterrichtsübungen für Übersetzungen ins Griechische erhalten blieben.[13] In der klassischen Ära Griechenlands hat kein Perikles oder Demosthenes je Bittschriften beantwortet oder rechtskräftige Erwiderungen formuliert.

Wie Gerechtigkeit und Freiheit war auch Luxus ein sehr dehnbarer Begriff. Wo genau beginnt Luxus? Folgt man der Romanautorin Edith Wharton, ist Luxus der Erwerb von Dingen, die nicht notwendig sind – aber wo endet »Notwendigkeit«? Die Modeschöpferin Coco Chanel bewertete den Luxus positiver; sein Gegenteil, pflegte sie zu sagen, sei nicht Armut, sondern Geschmacklosigkeit, und sie befand: »Luxus ist nicht protzig.« Der Begriff lädt fraglos dazu ein, mit zweierlei Maß zu messen. Von Homers bis zu Hadrians Zeiten wurden immer wieder Gesetze erlassen, die Luxus begrenzen sollten, und die Denker betrachteten ihn als verweichlichend oder korrupt oder gar als sozial subversiv.

Doch trotz der Attacken durch die Kritik vervielfachte sich die Palette des Luxus Hand in Hand mit der Nachfrage auch weiterhin. Zum Thema Luxus kann man eine Geschichte des kulturellen Wandels schreiben, ergänzt durch die archäologische Forschung, die uns Beweise für dessen Umfang präsentiert, angefangen mit Stücken blauen Lapislazulis, Importe der vorhomerischen Welt, die sämtlich aus dem Nordosten Afghanistans stammen, bis zu Rubinen im Vorderen Orient, die in der Zeit nach Alexander importiert und, wie Analysen zeigen, ursprünglich im damals unbekannten Burma gewonnen wurden.

In den Tagen des klassisch inspirierten Hadrian waren die politischen Freiheiten der klassischen Welt vergangener Tage geschrumpft. Die Rechtsprechung hatte, mit unseren Augen betrachtet, in hohem Maß an Fairness eingebüßt, während der Luxus, ob für Mahl oder Mobiliar, ins Kraut schoß. Wie konnte es zu diesen Veränderungen kommen? Und wie hängen sie zusammen, wenn ein Bezug sich denn ausmachen lässt? Der Hintergrund, vor dem diese Veränderungen sich abspielten, war ein ausgeprägt politischer. Im Lauf der Generationen hatte das Verhältnis von Macht und politischen Rechten Umbrüche erlebt, deren Ausmaß diese Epoche von den Jahrhunderten des Königtums oder der Oligarchie in den folgenden Jahrhunderten wesentlich unterscheidet. Wird diese Epoche thematisch untersucht, in Kapiteln über Sexualität oder Armeen oder die Stadtstaaten, reduziert man sie auf eine falsche, statische Einheitlichkeit, und »Kultur« wird aus ihrem prägenden Kontext, den umkämpften, sich verändernden Machtbeziehungen, herausgelöst.

Meine historische Darstellung folgt also den Strängen einer Geschichte, in der die drei Hauptthemen wechselnden Widerhall fanden. Manchmal ist es eine Darstellung weittragender Entscheidungen, getroffen von (männlichen) Individuen, immer aber im Kontext Tausender individueller Lebensgeschichten. Von diesen Einzelnen jenseits der »großen Erzählungen« sind uns einige bekannt, weil Mitteilungen über sie auf dauerhaftem Material schriftlich festgehalten wurden: über siegreiche Athleten oder anhängliche Besitzer namentlich genannter Rennpferde; über die Dame in der Heimatstadt Alexanders des Großen, die einen Fluch über ihren erhofften Liebhaber und die bevorzugte Thetima niederschreiben ließ (»niemanden soll er heiraten als mich«); oder über den betrübten Eigentümer eines Schweinchens, das den langen Weg auf der Straße nach Thessalonike neben seinem Wagen hergetrottet war, nur um in Edessa an einer Kreuzung überfahren und getötet zu werden.[14] Unzählige dieser Individuen tauchen jedes Jahr in neuen Untersuchungen griechischer und lateinischer Inschriften auf, deren fragmentarischer Zustand den Wissenschaftlern höchste Könnerschaft abverlangt, doch ihre Inhalte erschließen uns die ganze Vielfalt der antiken Welt. Von Homer bis Hadrian – unser Wissen über die Antike kennt keinen Stillstand, und die folgenden Seiten sind ein Versuch, ihren Wegen so zu folgen, wie es Hadrian, der große Weltreisende, niemals tat.

TEIL I

DIE ARCHAISCHE GRIECHISCHE WELT

Im griechischen Mutterland – ... – war die archaische Zeit gekennzeichnet durch eine sehr große Ungesichertheit des einzelnen. Die kleinen überbevölkerten Staaten fingen gerade an, sich von dem Elend und der Verarmung zu befreien, welche die Dorische Wanderung hinterlassen hatte, als neue Unruhen entstanden. Ganze Bevölkerungsschichten wurden durch die Wirtschaftskrise des siebten Jahrhunderts ruiniert. Im sechsten Jahrhundert folgten große politische Konflikte, bei denen die Wirtschaftskrise in die Methoden eines mörderischen Klassenkampfes umgesetzt wurde. ... Genausowenig ist es Zufall, dass in dieser Zeit das Unheil, welches den Reichen und Mächtigen droht, ein äußerst beliebtes Thema der Dichter wird ...
    E. R. Dodds, DIE GRIECHEN UND DAS IRRATIONALE,
    1970, 31 (engl. Original 1951)

Die enge persönliche Bindung unter den Oberschichten dieser Zeit wirkte als mächtige Triebkraft für die rapide Geschwindigkeit des damaligen Wandels; in intellektueller Hinsicht, so scheint es, scheuten die oberen Stände vor kaum einer Neuerung zurück. Mit bemerkenswerter geistiger Aufgeschlossenheit und Vorurteilslosigkeit förderten sie die kulturelle Erweiterung, die den Errungenschaften der klassischen Zeit und mehr oder minder auch der späteren westlichen Zivilisation und Kultur die Grundlage bot. Aberglauben und Magie aus den primitiven »Dunklen Jahrhunderten« erhielten sich in großem Umfang bis in historische Zeiten ... Wie am Beispiel der Epen zu sehen ist, wurde diese Vergangenheit in ihren grundlegenden Aspekten nicht verabschiedet, doch Schriftsteller, Künstler und Denker fühlten sich frei, ihren Horizont zu erkunden und zu erweitern. Die unmittelbare Ursache dafür war zweifellos die dominante Rolle des Adels in der Lebenswelt.
    Chester G. Starr, THE ECONOMIC AND SOCIAL GROWTH OF EARLY GREECE,
    800–500 BC, 1977, 144

1
DIE EPIK HOMERS

So sprach er und erregte ihm die Lust nach der Klage um den Vater,
Und er fasste seine Hand und stieß sanft den Alten von sich.
Und die beiden dachten: der eine an Hektor, den männermordenden,
Und weinte häufig, zusammengekauert vor den Füßen des Achilleus,
Aber Achilleus weinte um seinen Vater, und ein andermal wieder
Um Patroklos ...

Homer, ILIAS 24,507–512 (Übers. W. Schadewaldt)

Als Hadrian durch Griechenland reiste, machte er im Jahr 125 Halt in Delphi, dem berühmtesten Orakel des Landes, und richtete an Apollon, den Gott des Orakels, die schwierigste Frage: »Wo wurde Homer geboren und wer waren seine Eltern?« Die alten Griechen selbst pflegten zu sagen: »Beginnen wir bei Homer«, und gute Gründe sprechen dafür, auch eine Geschichte der klassischen Antike mit ihm beginnen zu lassen.

Homer gehört weder in die »Morgendämmerung« der von Griechen besiedelten Welt noch an den Anfang der griechischen Sprache. Für uns ist er ein Anfang, weil in den beiden großen Epen, der *Ilias* und der *Odyssee*, die ersten langen Texte in griechischer Sprache erhalten geblieben sind. Aus dem 8. Jahrhundert v. Chr., nach Ansicht der meisten Wissenschaftler die Lebenszeit Homers, liegt uns der erste Beweis für den Gebrauch des griechischen Alphabets vor, des praktischen Schriftsystems, in dem seine epischen Dichtungen überliefert wurden. Der bisher früheste Beleg stammt aus den 770er Jahren v. Chr., und mit kleinen Veränderungen wird dieses Alphabet noch heute benutzt, um neugriechisch zu schreiben. Auch vor Homer waren Griechenland und die Ägäis nicht arm an historischen Ereignissen, aber in den vorausgegangenen vier Jahrhunderten war nichts schriftlich festgehalten worden außer ansatzweise in Zypern. Die Archäologie ist unsere einzige Quelle für diese Epoche, ein »dunkles« Zeitalter – für uns, doch nicht »dunkel« für die Menschen, die damals lebten. Die Archäologen haben zwar unser Wissen über

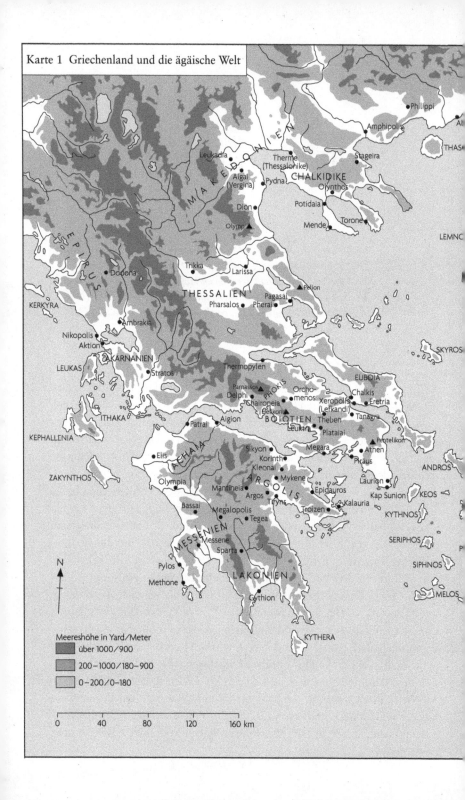

Karte 1 Griechenland und die ägäische Welt

diese Zeit erheblich ausgeweitet, aber die auf dem Alphabet beruhende Schriftlichkeit eröffnet den Historikern ein neues Spektrum von Quellenmaterial.

Nun waren Homers epische Gesänge allerdings keine Geschichtsschreibung, und sie beziehen sich auch nicht auf seine eigene Zeit. Ihr Thema sind mythische Heroen und deren Taten im und nach dem Trojanischen Krieg, den Homer die Griechen in Asien führen lässt. Eine große Stadt Troja (Ilion) hatte es nachweislich gegeben und vielleicht auch einen Krieg dieser Art, aber Homers Heldenfiguren Hektor, Achill und Odysseus sind eine Erfindung des Dichters. Für den Historiker ist der Wert dieser großen Epen ein ganz anderer: Sie verraten die Kenntnis einer realen Welt, eines Sprungbretts für die Imagination der größeren epischen Welt der griechischen Sage, und sie dokumentieren Werte, die vorausgesetzt, aber auch ausdrücklich erklärt werden. Sie geben Anlass zum Nachdenken über die Wertvorstellungen der ersten griechischen Zuhörer, wo und wer immer sie gewesen sein mögen, führen aber auch weiter zum Wertbewusstsein und zur Sinnesart der späteren Völker in der sich entwickelnden Welt der Klassik. Denn die beiden Homerischen Epen, *Ilias* und *Odyssee*, blieben die anerkannt überragenden Meisterwerke, deren Bewunderung die Jahrhunderte überdauerte – beginnend zu Lebzeiten des Verfassers, setzte sie sich ununterbrochen fort bis in die Epoche Hadrians und die Endzeit der Antike. Die Geschichten der *Ilias* über den Trojanischen Krieg, den Zorn des Achilles, seine Liebe zu Patroklos – die nicht unzweideutig als sexuelle Beziehung dargestellt wird – und den Tod Hektors zählen noch immer zu den berühmtesten Mythen der Welt, und was uns die *Odyssee* von der Heimfahrt des Odysseus, von Penelope, den Zyklopen, der Zauberin Kirke und den Sirenen erzählt, gehört für viele von uns zu den bleibenden Erinnerungen aus jungen Jahren. Höhepunkt der *Ilias* ist der ergreifende Augenblick des geteilten Leides um den Verlust eines geliebten Menschen in der Begegnung des Achilles mit dem greisen Priamos, dessen Sohn er getötet hat. Die *Odyssee* wiederum bietet in der Figur des Odysseus, den es zurück in die Heimat verlangt, die erste bekannte Darstellung des Heimwehs. Auch dort begegnet der Leser gegen Ende des Epos der erschütternden Schwäche des Alters, wenn der heimkehrende Odysseus seinen Vater erblickt, wie er beharrlich an seinen Obstbäumen arbeitet und nicht glauben will, dass sein Sohn noch lebt.

Die Epen schildern eine Welt der Helden, die nicht so sind »wie sterbliche Menschen in unseren Tagen«. Anders als die Griechen zu Homers Lebzeiten tragen diese Helden fabulöse Rüstungen, bewegen sich in der Gesellschaft von Göttern in menschlicher Gestalt, benutzen Waffen aus Bronze – nicht aus Eisen wie die Zeitgenossen Homers – und begeben sich auf Streitwagen in die

Schlacht, um dann zu Fuß zu kämpfen. In den von Homer beschriebenen Städten findet sich neben einem Palast ein Tempel, obwohl diese Bauwerke in der Welt des Dichters und seiner Zuhörer gar nicht nebeneinander vorkamen. Für Homer und sein Publikum war diese epische Welt im Wesentlichen sicher nicht die ihre, sondern eine Spur erhabener. Und dennoch scheinen ihre Sitten und Gebräuche, auch ihr sozialer Rahmen besonders in der *Odyssee* allzu kohärent, um nur der vagen Erfindung eines einzelnen Dichters zu entspringen. Dass dem Text Realität zugrunde liegt, hat sich bei einem Vergleich dieser epischen Welt mit jüngeren Gesellschaften ohne schriftliche Überlieferung bestätigt, ob nun im vorislamischen Arabien oder in der Stammesgesellschaft Nuristans in Nordostafghanistan. Es gibt eine Verwandtschaft der Lebensgewohnheiten, aber globale Vergleiche dieser Art sind schwer zu überprüfen, und überzeugendere Argumente für den Wirklichkeitsgehalt der Epen liefert ein Vergleich bestimmter Aspekte des Textes mit sozialen Strukturen der Griechen nach Homer. Stoff für solche Vergleiche ist reichlich vorhanden, vom Brauch, Geschenke zu geben, der noch in Herodots Geschichtsschreibung (um 430 v. Chr.) eine bedeutende Rolle spielt, bis zu Grundmustern von Gebet und Opferriten, die sich im Lauf der Geschichte des kultischen Brauchtums der Griechen unverändert erhielten, oder den Werten und Idealen, wie sie für die attische Tragödie des 5. Jahrhunderts formstiftend waren. Homer zu lesen heißt also nicht nur, sich mitreißen zu lassen von Pathos und Eloquenz, Ironie und adliger Haltung, sondern auch, in eine soziale und ethische Welt einzutauchen, die noch griechischen Persönlichkeiten von Rang, die auf ihn folgten, vertraut war – dem Dichter Sophokles wie auch Alexander dem Großen, einem begeisterten Verehrer Homers. Im klassischen Athen des späten 5. Jahrhunderts v. Chr. hielt der reiche und politisch konservative General Nikias seinen Sohn dazu an, die Homerischen Epen auswendig zu lernen. Ohne Zweifel war dieser in seiner sozialen Schicht nicht der Einzige, der sich solchen Übungen unterzog: Die den Heroen eigene noble Verachtung der Massen konnte ihre Wirkung auf diese jungen Männer nicht verfehlen.

Homer also blieb in der Welt der Antike über seinen Tod hinaus von Bedeutung. Kaiser Hadrian allerdings wird nachgesagt, er habe ihm einen obskuren gelehrten Poeten, Antimachos (um 400 v. Chr.), vorgezogen, der über Homers Leben geschrieben hatte. Der Auftakt des Buches mit Homer gibt uns Gelegenheit, Hadrians abwegige literarische Vorliebe zu korrigieren; seine Frage nach der Herkunft Homers können wir dagegen nicht beantworten.

Auch wenn der Gott in Delphi die Antwort kannte, seine Priester gaben sie ganz offenbar nicht preis. Städte in der gesamten griechischen Welt erhoben den Anspruch, Geburtsort des Dichters zu sein, doch über sein Leben ist uns nichts bekannt. Die *Ilias* und die *Odyssee* sind in einem artifiziellen, poetischen Dialekt verfasst, der ihrem komplexen Metrum, dem Hexameter, entgegenkommt. Ihre Wurzeln hat diese epische Sprache in den als Ostgriechisch (Ionisch) bekannten Dialekten. Ein Dichter aber hätte sie allerorts lernen können, sie war ein professionelles Hilfsmittel für Verfasser von Versen im Hexameter, keine Spielart gesprochener griechischer Umgangssprache. Aufschlussreicher ist die Tatsache, dass Anklänge an den täglichen Sprachgebrauch, wie sie sich in der *Ilias* finden, manchmal Verweise auf spezifische Orte oder Vergleiche in der ostgriechischen Welt Kleinasiens enthalten. Solche Vergleiche mussten den Zuhörern bekannt sein. Vielleicht haben der Dichter und sein ursprüngliches Publikum tatsächlich dort (in der heutigen Türkei) oder auf einer benachbarten Insel gelebt. Einige Forscher verbinden Homer mit der Insel Chios, weil ein Stück ihrer Küste in der *Ilias* zutreffend beschrieben ist, andere mit dem gegenüber von Chios auf dem Festland gelegenen Smyrna (heute Izmir).

Nicht weniger umstritten ist die Lebenszeit Homers. Jahrhunderte später, als die Griechen versuchten, sie zu bestimmen, legten sie Eckwerte fest, die nach unserer Zählung den Jahren um 1200 und 800 v. Chr. entsprächen – eine viel zu frühe Datierung, doch anders als ihre griechischen Vertreter wissen wir inzwischen, dass die Homerischen Epen auf noch weit ältere Orte und Paläste verweisen, deren Geschichte bis in die Zeit vor 1200 v. Chr. zurückreicht. Sie schildern das Troja ältester Zeiten, sie erwähnen ganz bestimmte Orte auf der Insel Kreta und spielen auf ein Königtum in Mykene oder Argos in Griechenland an, den Sitz des Agamemnon. Die *Ilias* enthält einen langen, detaillierten Katalog der griechischen Städte, die Truppen nach Troja entsandten. Er beginnt mit der Gegend um Theben in Mittelgriechenland und umfasst einige Ortsbezeichnungen, die in der klassischen Welt unbekannt waren. Archäologen haben auf Kreta und in Mykene die Überreste großer Paläste entdeckt, so auch in Troja, wo jüngste Ausgrabungen zeigen, dass die Anlage größer war als bisher vermutet. Kürzlich wurden in Theben auch Hunderte Schrifttafeln gefunden. Die Palastanlagen auf Kreta stammen aus der Zeit einer minoischen Kultur um 2000 – 1200 v. Chr., die griechischen dagegen aus der mykenischen Epoche der Paläste (um 1450 – 1200 v. Chr.). Es könnte sich sogar zeigen, dass nicht Mykene, sondern Theben ihr Zentrum war.[1] In dieser mykenischen Epoche war das Griechische als Umgangssprache recht verbreitet, und geschrieben wurde es in einer Silbenschrift von Schreibern, die in den Palästen arbeiteten. Damals unternahmen die Griechen auch Reisen nach Kleinasien, nicht jedoch,

1 DIE EPIK HOMERS

soweit wir wissen, im Rahmen einer größeren Militärexpedition. Dank der Archäologie haben wir jetzt Kenntnis von einer uns lange Zeit verlorenen glanzvollen Kultur, die Homer jedoch im Einzelnen nicht vertraut war. Der Schiffskatalog der *Ilias* ist die einzige Ausnahme. In jedem Fall konnte Homer sich nur auf mündliche Berichte stützen, und diese hatten nach 500 Jahren keine Fakten aus der sozialen Realität bewahrt. Einige wenige Details zu mykenischen Orten und Gegenständen waren in poetischen Floskeln enthalten, die er von seinen schreibunkundigen Vorgängern übernommen hatte.

Prägend für die Entstehung seiner zentralen Heldensagen waren vermutlich die Jahre um 1050 – 850 v. Chr., als die Schrift verlorengegangen war und noch kein neues griechisches Alphabet existierte. Die soziale Welt seiner Epen basiert dagegen auf einer Epoche, die seiner Lebenszeit (ca. 800 – 750 v. Chr.) weniger weit vorausliegt: Sie unterscheidet sich grundlegend von den Verhältnissen, die der archäologische Befund und die Zeugnisse der Schreiber aus den alten mykenischen Palästen nahelegen.

In der aktuellen wissenschaftlichen Diskussion schwanken die Ansätze für Homers Lebenszeit zwischen etwa 800 v. Chr. und 670 v. Chr. Die meisten, darunter der Verfasser, votieren für etwa 750–730 v. Chr., sicher aber für die Zeit vor dem Dichter Hesiod (tätig 710–700 v. Chr.). Immerhin besteht so gut wie Gewissheit darüber, dass die *Odyssee* der *Ilias* folgte, deren Handlung sie voraussetzt. Unklar ist, ob es nur einen Homer gab oder zwei, einen für jedes der beiden Epen. Der Text, den wir heute lesen, ist wahrscheinlich bearbeitet und stellenweise ergänzt worden, auf jeden Fall aber ist er das Werk einer Dichterpersönlichkeit von monumentalem Format. Angesichts der großen Kohärenz der Haupthandlung beider Epen verbietet sich die Annahme, sie könnten sich als eine Art Volkshomer im Schneeballeffekt über Jahrhunderte hinweg entwickelt haben. Professionelle Rezitatoren oder Rhapsoden haben die Epen zwar noch in archaischer Zeit vorgetragen, geschaffen haben sie diese in ihrer Gesamtheit aber sicherlich nicht. Meines Erachtens haben diese Rhapsoden anders als Homer, alles, was sie deklamierten, auswendig gelernt und hatten ein Manuskript vor sich, das aus der Zeit des eigentlichen Dichters stammte. Ich bezweifle, dass Homer seine Gesänge selbst niederschrieb. Er war, wie ich glaube, ein echter rhapsodischer Poet und Erbe anderer Dichter vor ihm, die des Schreibens unkundig waren wie er. Aber er war der erste wirklich »epische« Dichter, der Erste, der seine sehr langen Lieder an einem einzigen Leitthema ausrichtete. Seine Vorgänger wie auch die weniger bedeutenden Nachfolger reihten eine Episode an die andere ohne Homers Gabe, eine umfassende Einheit zu schaffen. Vielleicht kennen wir sogar die Handlung einer derartigen mündlichen Dichtung vor Homer, in welcher der Held Memnon aus dem geheimnisvollen Äthiopien eine zentrale Rolle spielt. Wenn dieser auch Thema der ursprünglichen Fassung gewesen sein sollte, dann stände im Mittelpunkt des frühesten bekannten Epos der Griechen ein dunkelhäutiger Held.

Im 8. Jahrhundert begann sich die neue Erfindung, die Buchstabenschrift, in der griechischen Welt zu verbreiten. Nicht in der Absicht erfunden, Homers große Epen aufzuzeichnen, wurde sie aber – möglicherweise von seinen Nachfolgern und zu seinen Lebzeiten – dazu benutzt, jene zu bewahren. Sie waren so gut, dass sich von einer Textfassung zukünftiger Profit erwarten ließ. Trifft das zu, wäre vieles von dem, was erhalten ist, die diktierte Fassung des Dichters selbst. Die Epen sind lang (15 689 Verse die *Ilias*, 12 110 die *Odyssee*), doch dürften sie diese Länge wohl nicht nur in den Stunden des Diktats erreicht haben, das sie für die Nachwelt erhalten sollte. Da ein Vortrag der beiden Epen zwei bis drei Tage in Anspruch nahm, eigneten sie sich außerdem nicht für Bankette. Vieles spricht dafür, dass sie zunächst für Festspiele gedichtet wurden. Von späteren griechischen Festspielen weiß man, dass noch zu Hadrians Zeit mehrere Tage für poetische Wettkämpfe reserviert waren.[2] In ihrer überlieferten Form sind die Epen nicht an eine bestimmte Gönnerfamilie oder an einen einzelnen Stadtstaat gerichtet. Dieser allgemeine, panhellenische Aspekt wäre sehr gut mit großen Festspielen zu vereinbaren: Vielleicht überließ man einem Homer, der als sicherer Gewinner bekannt war, an einem solchen Festival die Bühne ohne konkurrierende Kollegen.

Schon in den beiden homerischen Epen, den ersten großen poetischen Werken der griechischen Literatur, geht es um Luxus, Freiheit und Gerechtigkeit. Der Dichter benutzt weder das spätere Wort für Luxus *(tryphē)* noch einen Begriff, der eine kritische Wertung enthielte. Vielmehr schildert er Luxuspaläste aus Gold, Silber und Bronze als Schmuck einer erhabenen epischen Welt. Er erzählt von wundervollen Silberarbeiten aus der Levante, von Sklavinnen, die mit Geschick Elfenbein bearbeiten, von Halsketten aus Bernsteinperlen, Stoffen und Dutzenden prächtiger Roben, einem Fundus kostbarer Güter. Die Schätze in den Kleidertruhen der Aristokraten sind zerfallen, doch einige dieser Luxuswaren, wenn auch nicht die Phantasiepaläste, lassen sich in unsere wachsende archäologische Dokumentation einordnen, insbesondere unter die Objekte, die im Kontext des 9. und 8. Jahrhunderts v. Chr. gefunden wurden. Homers Helden und Könige sind nicht von einem korrumpierenden Luxus angekränkelt; sie liefern sich unvergessliche, tödliche Kämpfe und sind wie Odysseus fähig, praktische, alltägliche Handarbeit zu verrichten. Die

Luxusgegenstände um sie herum sind staunenerregende Einzelstücke. Homer und seine Zuhörer scheinen ihre Tage nicht im Schoße des Luxus zu verbringen, ihn aber in einer verweichlichten königlichen Welt als selbstverständlich zu betrachten.

Einzelne Luxusgüter sind für die weiblichen Figuren der Epen sehr attraktiv. Als besonders verlockend erscheinen die Bernsteinketten. Wenn Frauen als Gefangene verkauft werden, können auch sie zum Luxus ausarten und so viel kosten wie 20 Ochsen. Im Allgemeinen aber werden die Frauen in den Epen mit einer Ritterlichkeit dargestellt, die nichts mit dem unwirschen Blick auf die Frau gemein hat, wie er die Kleinbauern bei dem nur wenige Jahrzehnte jüngeren Dichter Hesiod kennzeichnet. In der *Odyssee* geben Penelope und Odysseus als wiedervereintes Paar ihrer Liebe deutlich Ausdruck, und Odysseus' Vater Laertes leidet unter dem frühen Tod seiner Frau. Es trifft also keineswegs zu, dass den Griechen die Liebe zwischen Ehegatten unbekannt gewesen sei oder dass in der griechischen Welt nur die Liebe unter Männern als »romantische Liebe« gegolten habe. Die Homerische Epik zollt der Gattenliebe in der guten Ehe einen berührenden Tribut. Auch Hesiod erkennt den Wert einer guten Ehefrau an, so selten sie ist, doch er, und nicht Homer, beschreibt die als erste erschaffene Frau, Pandora, als ungewollte Quelle der Nöte und Krankheiten, von denen alle Sterblichen seither betroffen sind.

Auch Freiheit ist für die Figuren Homers ein entscheidender Wert. An einer Stelle, in einem pathetisch-weihevollen Augenblick, spricht Hektor von einer Zukunft, von einer Feier der Freiheit: Der »Mischkrug der Freiheit«, ohne Zweifel mit gewässertem Wein gefüllt, wird aufgestellt, und Troja wird »frei« sein, seine Feinde besiegt. Im Gegensatz dazu gibt es den »Tag der Sklaverei«, der den Mann seiner Kraft und Macht weitgehend beraubt.[3] Freiheit ist deshalb Freiheit von ...: von Feinden, die eine Gemeinschaft morden und versklaven, und von der Sklaverei, dem Zustand absoluter Unterworfenheit, in dem die Menschen wie Gegenstände gekauft und verkauft werden. Auch in Hesiods Lehrgedichten gelten die Sklaven als Teil der Lebensweise des griechischen Bauern, und sie werden mit einer Vielzahl griechischer Wörter beschrieben. Eine Epoche vor dem klassischen Zeitalter, in der Sklaverei, der Besitz menschlicher Wesen, nicht existierte, gab es unseres Wissens nicht.

Die Helden, die häufig selbst Könige waren, können sich gelegentlich über einen Monarchen oder Anführer beklagen, doch vom Königtum frei zu sein wünschen sie nicht. Die persönliche Freiheit, im eigenen Kreis nach Belieben zu schalten, ist ihnen selbstverständlich. Aristokraten können vielleicht vom Feind versklavt und verkauft werden, aber die Vorstellung, in der eigenen

Gemeinschaft vom Willen eines Standesgenossen versklavt zu werden, beunruhigt sie nicht. Ebenso wenig liegt ihnen daran, jedem Mitglied dieser Gemeinschaft die Redefreiheit zu garantieren oder dieselbe Freiheit gar Menschen außerhalb der eigenen Klasse zuzugestehen. Eine Stimmabgabe im öffentlichen Rat gibt es in der Welt des Epos nicht, Versammlungen von Rechts wegen finden nicht statt, ob ein König oder ein Adliger eine solche einberufen will oder nicht. Wenn Odysseus in der *Ilias* die griechische Armee zusammenruft, spricht er verbindlich und voller Respekt zu den Königen und »Männern von Ansehen«. Als er auf einen Mann aus dem Volk trifft, der bezeichnenderweise »laut schreit«, gibt er ihm einen Stoß mit seinem Kommandostab und weist ihn mit Nachdruck an, sich zu setzen und auf die Männer von Rang zu hören. Und als der dreiste Thersites es wagt, den König Agamemnon zu beleidigen und zu kritisieren, versetzt ihm Odysseus einen Schlag mit seinem Zepter und bringt diesem häßlichen, verwachsenen und unheldischen »freien Redner« eine Prellung bei. Die umstehenden Soldaten »lachten vergnügt über ihn«, zeigen sich aber auch »bekümmert« – was sie »bekümmert«, ist die Freimütigkeit des hässlichen Mannes und der Wirrwarr, nicht etwa die Behandlung, die er erfahren hat.[4] Die Epen zeigen die unumstrittene Dominanz einer Heldenaristokratie. Sie entstanden nicht als Reaktion auf eine reale Welt, in der diese Dominanz in Frage gestellt worden wäre.

Dennoch ist in ihrer Welt auch die Gerechtigkeit ein Wert, wie am Beispiel der fernen »Abioi« gezeigt wird, einem »gerechten« Volk im Norden Trojas, auf das der Gott Zeus, des Trojanischen Krieges müde, seinen Blick lenkt. Die Entführung der schönen Helena, Frau des Menelaos, durch den Trojaner Paris ist als Verletzung der Gastfreundschafte ungerecht und wird von den Göttern schließlich bestraft. In der *Odyssee* sprechen sich die Götter ausdrücklich für Gerechtigkeit und gegen ein verwerfliches Handeln der Menschen aus, und in der *Ilias* heißt es von Zeus, er habe heftige Herbststürme zur Erde gesandt, um Menschen zu bestrafen, »die mit Gewalt auf dem Markt schiefe Rechtsweisungen geben / und das Recht austreiben«.[5] Nur einmal werden wir Zeugen einer Gerichtsverhandlung unter Menschen, und wie immer man den Vorgang deutet, er weist auf andere Möglichkeiten hin als den autokratischen Willen eines Heros. Im 18. Buch der *Ilias* führt uns Homer die wunderbaren Szenen vor Augen, die der Handwerker-Gott Hephaistos auf den Schild für Achilles ziseliert. Eines der Segmente zeigt zwei Kontrahenten im Disput über die »Entschädigung« für einen Toten. Das Volk treibt sie mit Beifallsrufen an und muss von Herolden zurückgehalten werden. Auf Sitzen von poliertem Stein sitzen die Ältesten und greifen in den Prozess ein. »In ihrer Mitte aber lagen zwei

Pfunde Goldes / Um sie dem zu geben, der unter ihnen das Recht am geradesten spräche.«[6]

Die Einzelheiten dieser Szene einer Rechtsprechung bleiben mysteriös, und ihre Bedeutung ist deshalb umstritten. Geht es in der Auseinandersetzung der Kontrahenten darum, ob für die Tötung eines Mannes ein Preis bezahlt wurde oder nicht? Sie wünschen, heißt es, den Spruch eines »kenntnisreichen Mannes«; aber was haben dann die Ältesten in dieser Verhandlung zu suchen? Homer schildert die Ältesten offenbar als »Träger der Zepter von Herolden«: Sind es die Ältesten, die dann vortreten und »einer nach dem anderen« ihr Urteil abgeben? Wer aber ist in diesem Fall der »kenntnisreiche Mann«? Die Zuschauer aus dem Volk scheinen beiden Seiten zuzujubeln – sind vielleicht sie die Gruppe, die durch ihre Rufe entscheiden wird, welcher Älteste der »Kenntnisreiche« ist und den besten Richtspruch abgegeben hat? Die Kontrahenten hätten dann die Meinung desjenigen Redners zu akzeptieren, dem das Volk den Vorzug gab. Und dieser wiederum würde die »zwei Pfunde Goldes« entgegennehmen, die im Zentrum des Ratsplatzes zur Schau gestellt sind.

Ein König ist in dieser Szene nicht zu sehen; man könnte sie also lesen wie eine Erfindung Homers nach dem Modell seiner eigenen nichtmonarchischen Gegenwart. Ein Mord war ein aufsehenerregendes Ereignis und für die Allgemeinheit von offensichtlicher Bedeutung. Die Anwesenheit der Bevölkerung und ihre lautstarke Teilnahme sind in dieser ältesten uns erhaltenen Szene griechischer Rechtsprechung verbürgt. Homers Zuhörern waren die Einzelheiten sicherlich klar, doch zu den Errungenschaften der nächsten drei Jahrhunderte gehörte es, diesen Prozess der Wahrheitsfindung dem geschriebenen Recht zu unterstellen und vor eine Jury aus Vertretern des einfachen Volkes zu bringen. Die »zwei Pfunde Goldes« wurden denn auch, wie sich im Folgenden zeigen wird, in Athen und vielen anderen griechischen Städten aus dem Mittelpunkt des Verfahrens entfernt, ebenso wie – theoretisch zumindest – aus den Gerichtsprozessen in Rom.

2
DIE GRIECHISCHEN NIEDERLASSUNGEN

Unter diesen Bedingungen legten die, welche blieben (auf Thera/Santorin), und die, welche fortsegelten, um die Kolonie zu gründen (in Libyen), einen Schwur auf eine Vereinbarung ab, und sie riefen den Fluch auf jene herab, die sich nicht daran halten würden ... Sie formten Bilder aus Wachs und verbrannten sie und sprachen diesen Fluch aus, als alle versammelt waren, Männer, Frauen, Knaben und Mädchen: »Wer diesen Eid nicht hält und ihn bricht, der soll dahinschmelzen und sich auflösen wie diese Bilder, er selbst, seine Nachkommen und sein Besitz. Doch die, welche den Schwur halten, die nach Libyen segeln und die auf Thera bleiben, werden Gutes in Fülle haben, sie und auch ihre Nachkommen.«

Eid der Siedler von Kyrene, um 630 v. Chr.
(nach einer Inschrift von etwa 350 v. Chr.)

Bei Homer ist die soziale Umwelt der Helden in ihren griechischen Stammländern der Palast. Auf griechischem Boden sind zu Lebzeiten Homers, wenn wir sie nach ca. 760 v. Chr. ansetzen, keine Paläste zu finden. Die letzten Bauwerke von solch epischer Pracht waren die Paläste der weit zurückliegenden mykenischen Kultur, die um 1180 v. Chr. ein abruptes Ende gefunden hatte.

Allerdings gibt es Hinweise auf einen weiteren sozialen Kontext, besonders in der *Odyssee*: die sogenannte *polis*, den Stadtstaat oder Bürgerstaat. Wie und wann genau die Polis entstand, ist noch immer äußerst umstritten, denn bis auf die vorliegenden archäologischen Zeugnisse fehlt uns jedes Quellenmaterial. Von einigen Wissenschaftlern wird sie heute als direkte Fortsetzung der befestigten mykenischen Herrenburgen betrachtet, in deren Umkreis sich Überlebende sammelten und einen neuen Typus sozialer Gemeinschaft ausbildeten. Andere sehen darin einen späteren Neubeginn, Teil einer umfassenderen Zunahme der Bevölkerung, des Wohlstands und der Ordnung im 9. Jahrhundert v. Chr. Eine dritte Gruppe setzt die Gründung der ersten *poleis* noch später an, in eine neue Phase überseeischer Kolonisation: Konfrontiert mit der Notwendigkeit eines Neubeginns, erfanden diese Siedler eine neue Form sozialer Lebensordnung, eben den Stadtstaat, der in den 730er Jahren v. Chr. auf Sizilien seinen Anfang nahm.

Auch die Definition des Begriffs ist unscharf und schwankt zwischen »Niederlassung« und »Gemeinwesen«, mit zahlreichen griechischen Belegen für beide Varianten des Wortgebrauchs. Im eigentlichen Sinn ist die Polis nach meiner Überzeugung ein Bürgerstaat. Der Leiter der jüngsten dahingehend spezialisierten Forschergruppe definiert sie als »kleines, hochinstitutionalisiertes und selbstverwaltetes Gemeinwesen von Bürgern, die mit Frau und Kind in einem städtischen Zentrum samt Hinterland lebten. Zu diesem Verband gehörten zwei weitere Gruppen, freie Nichtgriechen, oft Metöken genannt, und Sklaven ...«[1] Diese Definition erinnert zu Recht daran, dass eine Polis keine Stadt war – sie konnte einerseits sehr klein sein, und andererseits war die Bevölkerung über ein ländliches Gebiet verteilt, das oft zahlreiche Siedlungen einschloss – auf dem Gebiet der Athener befanden sich um 500 v. Chr. etwa 140 Siedlungen. Sie legt außerdem den Akzent auf das Volk, die Bürger, und nicht auf das Territorium. Eine Polis konnte in diesem Sinne sogar auch außerhalb ihres Stadtgebietes Bestand haben. Im 4. Jahrhundert v. Chr. waren die Bewohner von Samos etwa 40 Jahre lang von ihrer Heimatinsel verbannt, verstanden sich aber immer noch als »die Samier« – die Männer jedenfalls. Die Frauen lebten zwar in der Polis, und ihre Abkunft von städtischen Familien hatte oft Gewicht, aber sie waren keine Vollbürger mit allen politischen Rechten.

Wenn wir die Polis betont als Verband betrachten, können wir den Wandel der politischen Rechte ihrer männlichen Bewohner verfolgen: Ein Stadtbürger hatte im 9. Jahrhundert v. Chr. zweifellos nicht die gleichen Rechte, deren sich viele Bewohner der Polis im klassischen 5. Jahrhundert v. Chr. erfreuten. In diesem Wandel spielen die Themen Freiheit und Gerechtigkeit eine wichtige Rolle. Im Wesentlichen war die Polis ein Verband von Kriegern, Männern, die die Stadt verteidigen mussten. Aber auch hier kam es zu Veränderungen, was die Häufigkeit und Art des Kampfeinsatzes des Einzelnen betraf: Die Männer der Polis waren nicht ausschließlich Krieger – und oft auch nicht besonders kriegerisch –, doch für die meisten von ihnen war die Wahrscheinlichkeit groß, um des Wohles ihrer Polis willen ein- oder zweimal im Leben in die Schlacht ziehen zu müssen. Für den unterschiedlichen Stil ihrer Kriegsführung war zeitweise auch Luxus von Bedeutung.

40 DIE ARCHAISCHE GRIECHISCHE WELT

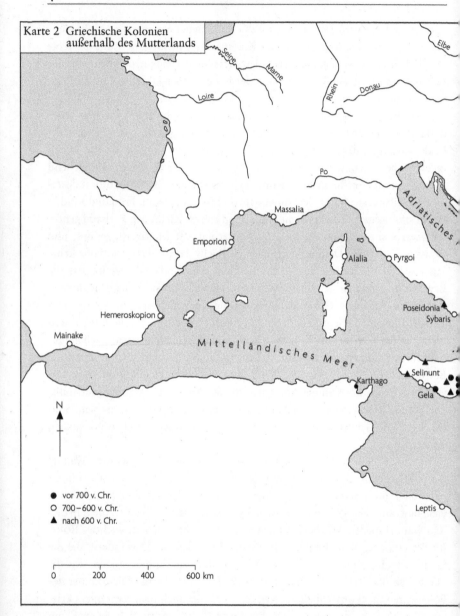

Karte 2 Griechische Kolonien außerhalb des Mutterlands

2 DIE GRIECHISCHEN NIEDERLASSUNGEN 41

Gegründet wurden *poleis,* soweit ich sehe, zu verschiedenen Zeiten und in verschiedenen Teilen Griechenlands, entstanden aber sind sie zweifellos vor den 730er Jahren v. Chr., und ihre Entwicklung dürfte um ca. 900 v. Chr. eingesetzt haben. 1000 Jahre später, zur Zeit Hadrians, lebten in den Stadtstaaten vom Typ *polis* schätzungsweise 30 Millionen Menschen, etwa die Hälfte der für das Römische Reich angenommenen Bevölkerungszahl. Charakteristisch blieb die Verbindung einer Stadt als Schwerpunkt mit einem ländlichen Gebiet und Dörfern; dabei konnten die politischen Rechte dieser einzelnen Elemente zeit- und ortsabhängig variieren. Hätte Hadrian je gezählt, wäre er wohl auf etwa 1500 *poleis* gekommen, von denen ungefähr die Hälfte auf dem Boden des heutigen Griechenland und Zypern sowie an der Westküste Kleinasiens, der heutigen Türkei, lag. Bei diesen rund 750 handelte es sich zumeist um Stadtstaaten aus den Anfängen der klassischen Periode Griechenlands, bei den übrigen um Gründungen in Regionen von der Iberischen Halbinsel bis weit in den Osten nach Nordwestindien, hier auf Weisung Alexanders des Großen.

Während des 9. und 8. Jahrhunderts v. Chr. stieg die Zahl der Siedlungen auf den zunehmend als *poleis* identifizierbaren Territorien erheblich an. Es war ein Prozess lokaler Besiedlung, keine weitausgreifende Migration. Nach etwa 750 v. Chr. begannen dann einige dieser Polis-Zentren kleinere Gruppen ihrer Bürger als Siedler in weitere *poleis* jenseits des Meeres zu schicken. Kolonisierung außerhalb des Festlandes war ein Begleitmoment der griechischen Zivilisation. Zu Hadrians Zeiten lebten ebenso wie heute mehr Griechen außerhalb des armen, kleinräumigen Inselreichs als in seinen Grenzen. Auch in der Zeit der mykenischen Paläste waren bereits Griechen nach Sizilien, Süditalien, Ägypten und an die kleinasiatische Küste aufgebrochen und hatten sogar an der Stelle des alten Milet eine Siedlung gegründet.[2] Später, um 1170 v. Chr., waren Auswanderer aus den zerfallenden Palaststaaten nach Osten gezogen und hatten sich vor allem auf Zypern niedergelassen. Zwischen etwa 1100 und 950 hatten darauf weitere Griechen von der Ostküste des Mutterlands aus das Ägäische Meer überquert, unterwegs auf einigen Inseln Halt gemacht und waren dann an der kleinasiatischen Westküste sesshaft geworden. Aus den Heimstätten dieser Ostgriechen gingen später weltberühmte Stadtstaaten wie Ephesos oder Milet hervor. Archäologische Ausgrabungen haben ergeben, dass einer dieser Orte, Smyrna, wohl schon um 800 v. Chr. mit Mauern befestigt war und alle Merkmale einer Polis aufwies.

Die griechische Welt hatte sich also schon vor Homers Zeit in ihrer Ausdehnung bedeutend verändert. Im 8. Jahrhundert v. Chr. gab es kein Land, das Griechenland hieß, geschweige denn eines in den heutigen Grenzen dieses

Staates. Bei Homer bezieht sich der moderne Name Griechenlands, Hellas, nur auf die Region Thessalien. Doch es gab eine gemeinsame, vielerorts gesprochene griechische Sprache mit nur wenigen Dialekten – die wichtigsten waren der äolische, der ionische und der dorische. Die Verständigung zwischen den Sprechern der verschiedenen Dialekte stellte keine größere Schwierigkeit dar. Jede griechische Polis fußte außerdem auf gleichartigen Gruppierungen, den Phylen, was wir irreführend als »Stämme« übersetzen. Auch hier ist die Einheitlichkeit auffälliger als die Vielfalt: Drei einzelne Phylen gab es in den dorischen Gemeinwesen, vier in den ionischen. Als die Griechen seit etwa 1100 v. Chr. emigrierten und sich an der kleinasiatischen Küste niederließen, blieb ihr Dialekt erstaunlicherweise der dominierende ihrer früheren Siedlungsgebiete im Mutterland; auch die Identität der Phylen blieb erhalten. Moderne Wissenschaftler stellen in der ethnischen Unübersichtlichkeit unserer Zeit gern die Frage, ob es so etwas wie eine »griechische Identität« gab und wenn ja, wann. In der dunklen Frühzeit vor Homer verehrten alle Griechen dieselben Götter und Göttinnen und sprachen eine weitgehend gemeinsame Sprache. Auf unsere Frage: »Bist du Grieche?«, gestellt in einer Zeit der Auflösung nationaler Konturen, hätten sie vielleicht mit einem Zögern reagiert, weil sie sich die Frage in dieser begrifflichen Eindeutigkeit vermutlich nie gestellt hatten. Grundsätzlich aber wäre die Antwort ein Ja gewesen, denn man war sich kultureller Bindeglieder wie Sprache und Religion bewusst. Schon im weit zurückliegenden mykenischen Zeitalter schrieb man in den Königreichen des Ostens über »Ahhijawa« von jenseits der Meere, zweifellos mit Bezug auf die Achäer einer griechischen Welt.[3] In Homers Epik sind sie bereits »Pan-Achäer«; das Griechentum ist also keine späte, post-homerische Erfindung.

Doch für die Zeit zwischen etwa 900 und 780 v. Chr. liegt uns kein Hinweis auf eine griechische Ansiedlung im Raum der Ägäis mehr vor. Fortgesetzt wurden dagegen die Exkursionen griechischer Reisender, das also, was Homer in den Fahrten des Helden Odysseus und seiner Gefährten beschreibt. In ihrem Fall geht es zwar um die Seefahrt von Troja zurück in die Heimat, auffallend ist aber, dass sie nie den Versuch machen, auf ihrem Weg eine Siedlung zu gründen – später allerdings nahmen viele griechische *poleis* im Westen fälschlich für sich in Anspruch, der reale Ort des einen oder anderen märchenhaften Schauplatzes dieser Irrfahrt zu sein. Die Reise des Odysseus war »präkolonial«. Dank der Archäologie wissen wir jetzt mehr über die präkolonialen Reisenden, die in und vor Homers Zeit die reale Ägäis befuhren. Sie kamen vor allem von den östlich gelegenen Inseln in der lockenden Nähe der zivilisierteren Königreiche des Vorderen Orients. Im 9. und 8. Jahrhundert waren wichtige

Ausgangspunkte Kreta, Rhodos und die griechischen Niederlassungen auf Zypern. Keramikgefäße, die die Reisenden mit sich führten, weisen jedoch die Kolonien auf der Insel Euböa direkt vor der Ostküste Griechenlands als maßgeblichen Ursprungsort aus. Die Reichweite dieser Asienreisen der Euböer war bei griechischen Historikern späterer Zeit vergessen, und erst in den letzten 45 Jahren haben die Archäologen in brillanten Untersuchungen vieles davon ans Licht gebracht. Heute können wir die Spuren der Euböer entlang der Küste Zyperns und an der levantinischen Küste schon um 920 v. Chr. bis in die große Stadt Tyros verfolgen. Ein euböischer Becher wurde sogar in Israel, in der Nähe des Galiläischen Meeres (See Genezareth) gefunden, in einem Kontext, der vermutlich bis auf etwa 900 v. Chr. zurückgeht.

Diese Fahrten führten erneut zu Siedlungsgründungen. Um 780 v. Chr. finden sich Spuren der euböischen Griechen unter den ersten Bewohnern eines Handelspostens, Al Mina [der damalige griechische Name ist unbekannt] an der nordsyrischen Küste. Kurz darauf tauchen Euböer am anderen Ende des griechischen Mittelmeers auf – als Besucher der Ostküste Siziliens sowie als Siedler auf Ischia vor dem Golf von Neapel. Auf Ischia haben hochprofessionelle Grabungen die euböische Niederlassung zum Brennpunkt moderner Forschungsmethoden gemacht, doch dürften ihr euböische Zwischenstationen in der Straße von Otranto zwischen Südostitalien und dem heutigen Albanien vorausgegangen sein. Die Euböer siedelten auch an der nordafrikanischen Küste, wie alte Ortsbezeichnungen für einige der heutigen tunesischen Inseln belegen. Triebfeder für diese Reisen euböischer Griechen nach Ost und West war zum einen die Suche nach Metall, besonders nach den Bronzekomponenten Kupfer und Zinn. Dafür brachten sie ihre bemalten Tongefäße (Becher, Schüsseln und Teller – Teller sind allerdings für den Westen bisher nicht nachzuweisen). Vielleicht machten sie überdies Gewinne durch den Transport von Gütern aus anderen, weniger unternehmenden griechischen Niederlassungen. Nicht ausgeschlossen ist, dass sie auch Wein mit sich führten und dabei als Transportmittel Ziegenhäute benutzten. Für das 5. Jahrhundert v. Chr. kann die Einfuhr großer Mengen griechischen Weins in die Levante als sicher gelten: Im 19. Jahrhundert n. Chr. wurde griechischer Wein von Euböa, aus der Stadt Koumi, dem antiken Kyme, in großen Mengen nach Konstantinopel exportiert.

Mit Sizilien ebenso wie mit Libyen, Zypern und der Levante kamen die Euböer schon vor 750 v. Chr. in Kontakt, und dieselben Gegenden sind berühmte Anlaufstellen der Helden, die in Homers Epen die Meere befahren. Auf ihrem Weg nach Westen machten die Euböer und andere Griechen auch auf Ithaka Halt, der Heimat des Odysseus. Die Reisen der Griechen vom 9. bis zur Mitte des 8. Jahrhunderts waren also wichtig für gewisse Details der Reisebeschreibungen in den Homerischen Epen. Euböa selbst bildete die Kulisse für ein anderes künstlerisches Ereignis um 710 v. Chr.: den Sieg des Dichters Hesiod – nach Ansicht der meisten Wissenschaftler jünger als Homer – mit einem preisgekrönten Epos, vermutlich seiner *Theogonie* (Geburt der Götter). Ganz im Sinn seiner Zuhörer, die den Sieger kürten, hatte das Epos vieles über die Legenden zu berichten, welche die Euböer auf ihren Reisen bei den Völkern des Orients gehört haben mochten. Denn die Länder, in welche die Griechen aufbrachen, waren zu Zeiten Homers und Hesiods nicht menschenleer und griechische Reisende nicht die Einzigen, die übers Meer fuhren. Auch Levantiner, von den Griechen Phöniker genannt (die Purpurnen, nach ihrer Technik des Purpurfärbens), kreuzten auf dem Mittelmeer. Um 750–720 v. Chr. waren diese Phöniker bereits bis an die Südküste Spaniens und weiter bis jenseits der Straße von Gibraltar gelangt. Auch hier lockten kostbare Metalle, namentlich das Silber, das im fernen Westen abgebaut wurde. Das Beispiel der Phöniker könnte die Griechen sogar ermuntert haben, sich, statt hin und her zu kreuzen, erneut außerhalb des Festlands anzusiedeln. Im mittleren bis späten 9. Jahrhundert v. Chr. hatten Phöniker aus Tyros und Sidon bereits zwei neue Städte jenseits des Meeres gegründet, Orte, die sie Qart Hadasht nannten. Die eine war das moderne Larnaka neben dem Salzsee an der Küste Zyperns, die andere, die wir Karthago nennen, lag am Kap Bon im heutigen Tunesien.

Etwa 60 Jahre nach der Gründung dieser neuen Städte durch die Phöniker siedelten die Griechen auf der Westinsel von Ischia, wo auch Levantiner ansässig waren. Von dort aus zogen griechische Siedler weiter an die gegenüberliegende Küste Italiens und gründeten eine Stadt, der sie den Namen einer euböischen Polis – Kyme (lat. Cumae) – gaben. Ab Mitte der 730er Jahre entstand eine ganze Serie griechischer Niederlassungen an der fruchtbaren Ostküste von Sizilien, und damit begann eine erkennbar neue Phase in der Geschichte der griechischen Kolonisation. Unterdessen war der weiter entfernte Mittelmeerraum, eingeschlossen Iberien und Nordafrika, von Phönikern besiedelt. Das »Volk des Purpurs« und die Griechen wurden vermutlich zu Konkurrenten, und im 6. Jahrhundert v. Chr. waren die Phöniker, besonders die Siedler in Karthago, wohl mit zunehmendem Argwohn auf den Erhalt ihrer Einflusssphäre im westlichen Mittelmeer bedacht. Die Griechen ihrerseits siedelten an der Küste Süditaliens und entlang der Küste des heutigen Albanien. Im heimischen Umfeld gründeten sie weitere Kolonien an den nördlichen Küstenstreifen, an der Küste Makedoniens und auf der gebirgigen Halbinsel Chalkidike, wo unter den Felszacken auch der Berg Athos aufragt. Außerdem zogen sie ins unwirtliche Gebiet um das Schwarze Meer, dessen Zuflüsse zum Teil auch Hesiod schon kannte. Mit der Zeit wurden aus diesen Kontakten ebenfalls *poleis*, beginnend vermutlich an der Südküste, später dann ebenfalls im Norden. Auch Nordafrika und Ägypten zogen erneut das griechische Interesse auf sich. Um 630 v. Chr. war eine kleine Gruppe von Griechen in Libyen an der wunderbar fruchtbaren Gegend von Kyrene sesshaft geworden. Andere hatten bereits in Ägypten mit der Besiedlung des westlichen Armes des Nildeltas begonnen. Innerhalb von zwei Jahrhunderten hatte sich die Landkarte Griechenlands verändert, in sprunghaften Schüben immer dann, wenn die erste Besiedlung in einer Region zu weiteren, sekundären Niederlassungen im selben Raum führte. Bis zum Jahr 550 v. Chr. waren vom Südosten der Iberischen Halbinsel bis zur Krim mehr als 60 größere griechische Niederlassungen in Übersee gegründet worden, von denen alle jahrhundertelang als *poleis* Bestand haben sollten.

Memoiren oder Chroniken zu schreiben kam zu dieser Zeit niemandem in den Sinn. Bei der Suche nach den Gründen für solche Ansiedlungen muss man sich folglich an sehr viel jüngere schriftliche Quellen halten, denen allerdings gern Elemente aus Märchen und Sage beigemischt wurden. Allzuoft wird dort als Grund für die Auswanderung »Dürre« genannt, ein Zeichen göttlichen Zorns. Es gibt auch Geschichten über zufällige Abenteuer, über Eingriffe der Götter oder gar Einladungen, die von lokalen Herrschern an die Griechen ergangen seien. Allgemeiner ausgedrückt: Zusammen mit den früheren griechischen Händlern und Glücksrittern, die sich seit etwa 770–740 v. Chr. auf Sizilien, Italien oder an der südlichen Schwarzmeerküste aufgehalten hatten, waren, wie man annehmen kann, auch Berichte über fruchtbaren Boden und leicht zu erobernde Nachbargebiete in die Heimat gelangt. Dort wurden die griechischen Gemeinschaften von kleinen aristokratischen Dynastien beherrscht, die den größten Teil des Bodens besaßen und daraus Nutzen zogen. Und sie brauchten ihn auch, denn schließlich mussten die für viele so hochwichtigen Pferde ihr Futter finden. Griechische Gemeinwesen, die stärker nach außen orientiert waren, hatten von der Mitte bis zum ausgehenden 8. Jahrhundert vermutlich auch ein Bevölkerungswachstum zu verzeichnen. Dieses Wachstum muss nicht unbedingt auch eine Gesamtzunahme der Bevölkerungszahl bedeutet haben. Griechische Familien mussten immer mit dem Tod vieler Kinder rechnen – nach heutigen Schätzungen starb mindestens die Hälfte aller Neugeborenen, und überzählige gesunde Kinder konnten in den meisten

Gemeinschaften ausgesetzt werden. Im besten Fall wurden diese ausgesetzten Neugeborenen vielleicht von Fremden mitgenommen und an einem anderen Ort als Sklaven aufgezogen. Doch war die Zahl überlebender Kinder in den einzelnen Familien zweifellos unterschiedlich. Weniger fruchtbare Familien konnten sich durch Adoption einen Sohn und Erben beschaffen, gebärfreudige Familien aber hatten vielleicht durchaus noch einen oder zwei Söhne, die entbehrlich waren. Diesen stand nicht das Wanderleben besitzloser Nachkommen bevor. In griechischen Familien war es üblich, das Erbe formell unter den Söhnen aufzuteilen, aber die männlichen Erben konnten inoffiziell auf einem Familienbesitz weiterleben, wenn sie sich einverstanden erklärten, für die nächste Generation zu sorgen. Doch bessere Chancen andernorts mussten für Brüder aus solchen Familien sicherlich attraktiv erscheinen. Außerdem gab es wie zu allen Zeiten unter den Aristokraten ein paar unbeliebte Knaben und in den unteren Schichten ein paar potenzielle Unruhestifter. Wenn Nachrichten über gutes Land in entfernten Regionen eintrafen, lag es für die herrschende Klasse nahe, ein paar unerwünschte Siedlungsgenossen zu sammeln oder einzuberufen, sie einem adligen Anführer zu unterstellen und ihnen den Rat zu geben, in der Ferne ihr Glück zu suchen. Gelegentlich hören wir von einer unternehmungsfreudigen Priesterin, die ihre Heimat verließ, um beim Aufbau einer überseeischen Siedlung zu helfen, aber die griechischen Frauen wurden im Allgemeinen zurückgelassen. In Libyen und im Norden an der Küste des Schwarzen Meeres erinnerte man sich daran, dass die ersten griechischen Siedler mit einheimischen Frauen ihre Familie gründeten. Hier wie zweifellos auch an anderen Orten waren die ethnischen Wurzeln der künftigen Bürger griechischer Kolonien sehr gemischt.

Sogar in den 730er Jahren waren diese überseeischen Kolonien schon offizielle Unternehmen. Die Namen der griechischen Gründer hafteten in der Erinnerung, nicht zuletzt weil sie weiterhin in Gründer-Festspielen gefeiert wurden. Abreise und Ankunft der Kolonisten wurden auch von kultischen Ritualen begleitet. Vor einem Aufbruch suchte man den Rat der Götter in einer ihrer heiligen Orakelstätten. Gewöhnlich wurde dem Orakel die Frage vorgelegt, ob es besser und von Vorteil sei zu gehen oder nicht. Auch wenn das Unternehmen fehlging, wussten die Beteiligten dann wenigstens: Die Alternative wäre schlimmer gewesen. Wichtigster Ratgeber war der Gott Apollon in Delphi, einer Orakelstätte, die damals allerdings erst relativ neu war; sie entstand nicht früher als um 800 v. Chr. In Kleinasien wandten sich städtische Gründungen wie Milet für solche Ermutigungen an ein näher gelegenes Orakel, das Apollon-Heiligtum in Didyma.

Die Gründung von *poleis* hinterließ auf diesen Niederlassungen ein Siegel, das für uns häufig sehr offensichtlich ist. Manchmal behielten Gründer und Siedler das Bürgerrecht in ihren Ursprungsgemeinden, aber auch in anderen Fällen kann man die Herkunft der meisten Gründungsbürger ohne hilfreiche Gründungslegende erschließen. Die von den Siedlern gewählten Personennamen, der Kalender, den sie in ihrer Niederlassung einführten, ihre Gepflogenheiten und Kulte – alles war ein Spiegel des jeweiligen Herkunftsorts. Diese Kolonisten waren nicht die Zufallsreisenden und Händler der präkolonialen Epoche, und ihr offizieller Auftrag, nach Übersee zu gehen, hatte selten kommerzielle Gründe. Mitunter vertrieben sie bei ihrer Ankunft die in der Nähe ansässigen indigenen Bewohner, was kaum dem Verhalten ambitiöser Händler entspricht. Vereinzelt gibt es auch Berichte über regelrechte Aushebungen von Kolonisten in ihren Heimatstädten mit dem für Handelstätigkeit nicht zu vereinbarenden Verbot, vor Ablauf einer bestimmten Frist in die Heimat zurückzukehren. Einmal wird das Aufgebot von »Schmeißern« erwähnt, die am Ufer der Gründungsstädte lauerten und die denkwürdige Aufgabe hatten, Siedler, die die Heimfahrt antreten wollten, mit Steinen zu bewerfen.[4]

Im Wesentlichen war die Kolonisation ein Mittel, potenzielle Unruhen auf heimischem Boden abzuwenden, die zu der Forderung führen konnten, die ungleiche Landverteilung aufzuheben. In der heimischen Polis besaß eine kleine Schicht Adliger einen großen Teil des verfügbaren Bodens und zog von der Besitzern der restlichen Flächen eine Art Gebühren ein. Das Leben in einer neuen Kolonie bedeutete für einige der schlichteren griechischen Siedler vielleicht ein größeres Maß an Freiheit und das Gefühl eines gerechteren Daseins, als sie daheim je gekannt hatten. In der Umgebung einer Kolonie gab es oft ein paar Fremde, die sich nur schlecht verteidigen konnten und folglich unterworfen und für Zwangsarbeit eingesetzt wurden. Durch diese lokal verfügbaren Sklaven verringerten sich vielleicht auch die Ansprüche an einige der griechischen Unterschichtsiedler. Eine Kolonie bot außerdem die Möglichkeit, Bauland zu planen und zu gestalten. Einige griechische Niederlassungen in Süditalien und auf Sizilien sind unsere frühesten Belege für eine griechische Stadtplanung. Tempel, ein fester Versammlungsplatz *(agora)*, ein Altar für die Herdgöttin und im weiteren Verlauf offene Flächen für Gymnastik und Leichtathletik gehörten zum festen Inventar einer griechischen Kolonie.

In den meisten Gegenden von Sizilien, Süditalien und Libyen war Ziel und Zweck der Kolonisten definitiv die Suche nach Ackerland. Im späteren 7. Jahrhundert aber hatten bereits mehr und mehr griechische Emigranten Außen-

2 DIE GRIECHISCHEN NIEDERLASSUNGEN

posten am Schwarzen Meer gegründet, insbesondere an seiner rauhen Nordküste. In dieser Umgebung, ungriechischen Wetter- und Lebensbedingungen ausgesetzt, richteten sie ihr Augenmerk vermutlich auf den Zugang zu lokalen Ressourcen, darunter das leicht exportierbare Getreide der Krim. Auch Flussläufe waren wichtig, die den Weg ins Landesinnere erschlossen, nicht zuletzt für die griechischen Niederlassungen an der Südküste Frankreichs (um 600–550 v. Chr.), zu denen auch das nahe der Rhônemündung gelegene Massalia, das heutige Marseille, gehörte. Weiter westlich, an der spanischen Küste, gab sich eine neue griechische Niederlassung unverblümt den Namen »Handelsplatz« – Emporion, daher der heutige Name Ampurias. In Ägypten ließ sich eine Gruppe anreisender Griechen im Nildelta nieder, in einer Polis namens Naukratis, die ihnen um 570 v. Chr. der herrschende Pharao zugestand, weil er nicht wünschte, dass sie sich über das ganze Land verstreuten. Andere Griechen kamen und gingen, brachten Güter und tauschten sie gegen ägyptische Ware wie Korn und Soda, das als Waschmittel für Kleider diente.

Von einigen »Mutterstädten« wie Korinth oder Milet gingen zahlreiche Neugründungen aus; es war ihrer herrschenden Klasse gewiß nicht entgangen, dass sie ausgewählte Gebiete am besten mit ihren eigenen Leuten oder möglichen Verbündeten besiedelten, vor allem auch, um sich lokale Handelswege und den Zugang zu wertvollen lokalen Ressourcen zu sichern. Eindrucksvoll ist die Anpassungsfähigkeit, die griechische Kolonisten überall bewiesen. Anders als die unpraktischen britischen Gentlemen, die sich in Jamestown an der Küste Nordamerikas ansiedelten, oder die streitsüchtigen Spanier, die Kolumbus auf Hispaniola zurückließ, legten sich die flexiblen Griechen ins Zeug und kamen zu praktischem Erfolg – Aristokrat und gemeiner Mann im selben Boot wie Homers Odysseus und seine Gefährten. Von keiner Niederlassung ist bekannt, dass sie durch Inkompetenz scheiterte.

Eine offensichtliche Folge der Koloniation war die Verbreitung der griechischen Sprache sowie der Kunst des Lesens und Schreibens. Das griechische Alphabet selbst verdankte seine Entstehung der griechischen Seefahrt, genauer, dem eingehenden Studium der Konsonantenschrift der benachbarten Phöniker im Vorderen Orient vermutlich um 800–780 v. Chr. Sein Erfinder war einer der Euböer, die nach Zypern, Kreta oder Nordsyrien reisten. Dieses Alphabet wurde in der Folge von den Phrygern in Kleinasien und den Etruskern in Italien in angepasster Form zur Niederschrift der je eigenen Sprache übernommen. Da es zusammen mit den Griechen auf Reisen ging, war das Ergebnis eine massiv zunehmende Verbreitung des Griechischen in Wort und Schrift im gesamten Mittelmeerraum. Jahrhunderte später war es Kaiser Hadrian auf seinen Reisen von Nutzen.

Eine markante Zunahme gab es auch bei den damals bekannten Luxusgütern. Die griechischen Kolonien umfassten zahlreiche neue Landschaften und Klimazonen, mit einem Reichtum an natürlichen Ressourcen, wie ihn das Mutterland nicht kannte. In den Ebenen Norditaliens und den Steppengebieten jenseits des Schwarzen Meeres entdeckte man herausragende Pferderassen. Am Golf von Neapel wuchs in den Feuchtgebieten um Kyme prächtiger Flachs für Leinenstoffe und hochwertige Jagdnetze.[5] Im libyschen Kyrene fanden die Siedler ungewöhnlich guten Boden für den Anbau des Safran-Krokus, eines äußerst wertvollen Gewächses, das auf ihrer Heimatinsel Thera gedieh; es wurde für Farb- und Duftstoffe verwendet und als Gewürz hoch geschätzt.[6] Sie fanden außerdem eine nützliche Pflanze mit dem Namen Silphion, die im überseeischen Handelsverkehr einen prominenten Platz einnahm. Silphion ist, soviel weiß man, mit Unterarten des Fenchels verwandt, doch die genauere Bestimmung ist noch immer umstritten.[7] Anderes wiederum fehlte: keine Silberminen auf Sizilien, keine Olivenbäume an der Nordküste des Schwarzen Meeres und im Wasser seines südlichen Küstenstreifens auch kein Salz. Aus diesem Plus und Minus lokaler Gegebenheiten ergaben sich Handelsverbindungen zwischen den Niederlassungen, nicht nur mit den Mutterstädten, sondern auch als reger Austausch untereinander.

Wo fruchtbares Land zur Verfügung stand, das durch Flüsse gut bewässert war, konnten einige Kolonien prächtig gedeihen. Allbekannt war der Luxus von Akragas, dem modernen Agrigent, im Südosten Siziliens; er wurde in der Blütezeit der Stadt um 420 v. Chr. von angeblich etwa 200 000 Immigranten ohne Bürgerrecht befördert.[8] Die griechischen Bewohner hatten ein Renommee als Besitzer luxuriöser Fischteiche, Schwäne und Singvögel. Am berühmtesten aber war die süditalische Kolonie Sybaris, die um 720 v. Chr. gegründet wurde und sich bis zu ihrer Zerstörung um 510 v. Chr. eines wachsenden Wohlstands erfreute. Noch heute kennen wir das Wort Sybarit für den Liebhaber des Luxus. Die Zahl der Bewohner, die auf dem fruchtbaren Boden von Sybaris lebten, wurde für die Blütezeit der Stadt um 510 v. Chr. auf bis zu 500 000 geschätzt. Sollte das zutreffen, würden Sparta oder Attika, die Landschaften, auf die sich die heutige Forschung über das archaische Griechenland vorwiegend konzentriert, daneben zwergenhaft wirken.[9] Später erzählte man sich Wunderdinge über die dekadente Verfeinerung ihrer griechischen Bürger, um die Zerstörung der Stadt zu erklären. Die Sybariten, so hieß es, hätten junge Hähne verboten, weil sie ihren Schlaf störten; sie erfanden Nachttöpfe und nahmen sie mit zu ihren Trinkgelagen; sie vergaben Preise für gutes Kochen; sie lehrten die Kavalleriepferde das Tanzen zur Flöte (vielleicht ein Zirkustrick); und die griechischen Sybariten sind auch die Erfinder des Türkischen Bades, wie es heute genannt wird.

Aus indigener Sicht gab es weit weniger Neues und Begehrenswertes, was die Griechen an den Ort ihrer Niederlassungen mitbrachten, abgesehen von der Dichtkunst, vom Sport, von bemalter Keramik und ihrem praktischen Alphabet. Sie verlangten zu ihren Mahlzeiten unweigerlich Oliven und brachten also, häufig zum ersten Mal, Olivenöl in eine Region. Ebenso wünschten sie Wein, den sie allerdings oft schon vorfanden. Infolge der früheren Kontakte der Etrusker mit der Südküste Frankreichs war der erste Wein, der in Frankreich getrunken wurde, ein »italienischer«. In der Mitte des 5. Jahrhunderts allerdings hinterließ ein Grieche am Cap d'Antibes auf einem penisförmigen Stein als Inschrift zwei griechische Verse: »Ich bin der Herr, der Freude bringt, Diener der heiligen Göttin Aphrodite.«[10] Der erste Mensch in Frankreich, der sich der Nachwelt als großen Liebhaber überliefert hat, war also ein Grieche.

Die Begegnungen mit einer Vielfalt nichtgriechischer Bewohner des Mittelmeerraums von Spanien bis zur Krim kann nur dazu beigetragen haben, das bereits ausgeprägte Bewusstsein der Kolonisatoren von ihrer griechischen Identität zu stärken. Genauso stark war das Gefühl der Verwandtschaft mit den fernen griechischen *poleis*, die ihre Siedlungen gegründet hatten. Um 650 v. Chr. begegnen wir zum ersten Mal dem Wort *panhellenes* – Gesamtheit der Griechen; um 570 v. Chr. hatten griechische Besucher von Naukratis im Nildelta ihren besonderen Tempel, ein *Hellenion*. Über die Meere hinweg hatte die Kolonisierung den Siedlern ihre Ursprungsidentität verstärkt bewusst gemacht, ein Empfinden, in dem allerdings auch entschiedener Stolz auf die lokale Herkunft mitschwang. Als Kaiser Hadrian die griechische Siedlung Kyrene in Nordafrika besuchte, schmeichelte er den Bewohnern mit der Erinnerung an ihre Verbindung zum alten Sparta und zu den Orakelsprüchen des Gottes Apollon, die den ersten Siedlern den Weg gewiesen hatten.[11] Diese Orakel waren damals 750 Jahre alt und die Verbindungen zu Sparta vermutlich noch sehr viel älter. Doch von den Bürgern wurden sie unverändert hochgehalten. Überall in der weit gewordenen griechischen Welt kursierten diese Geschichten von Ahnen und Affinitäten, weil Siedler und Mutterstädte im Bewusstsein ihres gemeinsamen Griechentums immer verbunden blieben.

3
ARISTOKRATEN

Glücklich der Mann, der liebe Kinder hat, gesunde Pferde und Jagdhunde und einen Freund jenseits des Meeres.
Solon Frgm. 23 (West)

Bei Widdern und Eseln und Pferden, Kyrnos, sehen wir auf edles Vollblut, und auch jeder von uns will Nachkommen aus edlem Blut. Doch einen Edelmann kümmert es nicht, wenn er die niedrige Tochter eines niedrigen Mannes heiratet, solange der Vater ihr reichlich Geld mitgibt.
Theognis (um 600–570 v. Chr.), Verse 183–186

Die Mutterstädte der Kolonien auf heimischem Boden, den wir Griechenland nennen, waren keine Gesellschaften ohne Staat. Schon im 8. Jahrhundert v. Chr. hatten die autochthonen *poleis* Magistrate und einen regierenden Rat, die die Gründung einer Kolonie anordnen und organisieren konnten. Daneben waren sie ermächtigt, Geldstrafen und Abgaben aufzuerlegen, Verträge abzuschließen und Krieg zu erklären. Doch die Männer an der Spitze kamen aus einer sehr schmalen Schicht. Ihre Cliquen trugen aristokratische Namen wie die Eupatriden, die Adelskaste der Athener, oder die Bakchiaden, die tonangebende Familie in Korinth. Ihr Sozialverhalten und ihre Lebensweise definierten in ihrer Welt das dominierende Bild der Macht – sie beeinflussten sogar die Vorstellungen der Griechen von ihren Göttern. Homers Götter auf dem Olymp betrachten die Menschen ganz so, wie der Adel in der Welt Homers die Angehörigen unterer Schichten. Mit der Entwicklung des moralischen Denkens bei den Griechen änderten sich auch ihre Vorstellungen von den Göttern, doch die Beschäftigungen der ersten Aristokraten blieben über Jahrhunderte unverändert. Als ihr Erbe kann ein Jahrtausend später noch Kaiser Hadrian in vielen Aspekten seiner Lebensgestaltung gelten.

3 ARISTOKRATEN 53

Das Wort Aristokratie ist griechischen Ursprungs, findet sich aber in den uns erhaltenen Texten nicht vor dem 5. Jahrhundert v. Chr. Vielleicht wurde es, als Reaktion auf das geläufige Wort »Demokratie«, erst in dieser Zeit geprägt. Doch wie so oft in der griechischen Geschichte bedeutet das Fehlen der allgemeinen Bezeichnung für eine Sache keineswegs, dass diese Sache nicht existierte. Schon in Homers Epen sind besonders die griechischen Anführer nach Familie und Lebensart bereits »die Besten« *(aristoi)*. In vielen griechischen Stadtstaaten trugen die herrschenden Familien die Namen vornehmer Geschlechter, der Neleiden oder der Pentheliden, und in Attika bedeutete der Name der führenden Eupatriden soviel wie »von guten Vätern«. Die Aristokraten unterschieden sich von ihren Mitmenschen, auch von Bürgern, die einfach nur reich waren, durch ihre edle Abkunft von anderen Aristokraten. Im 8. und 7. Jahrhundert v. Chr. waren diese Clans und Kasten ohne Zweifel aristokratisch, auch wenn das Wort Aristokratie noch nicht existierte.

In jeder, besonders aber in einer vorwissenschaftlichen Gesellschaft, bedeutet Unfruchtbarkeit für Adelsfamilien eine Bedrohung. Adoption, eine soziale Fiktion von Belang, war in den griechischen Stadtstaaten erlaubt, und als Vermögen dann mehr und mehr auch in nichtaristokratische Hände gelangte, konnte die Ehe mit einer reichen Braut, die nicht dem Adel angehörte, den Reichtum eines Adelshauses wieder herstellen. Auf diese Weise gelang es einer Adelsschicht, über Generationen hinweg ihr Bestehen zu sichern. Doch bis jetzt hat die Archäologie des archaischen Griechenland keinen Beleg dafür gefunden, dass dort Familien mit einer langen Geschichte anhaltenden adligen Glanzes existierten. Einige moderne Historiker, die auf »materielle Beweise« setzen, haben denn auch den Bestand einer echten Aristokratie im griechischen 8. Jahrhundert in Frage gestellt: Waren die griechischen Gemeinwesen um 850 bis 720 v. Chr. möglicherweise doch egalitärer als angenommen und wurden sie nur zeitweise von »großen Männern« oder lokalen Clanchefs geführt? Die Archäologie bietet in solchen Fragen allerdings nicht die beste Orientierung, denn der Glanz der Aristokratie zeigte sich in Gütern, die der Nachwelt nicht erhalten blieben – in Textilien, in Metallen, die geschmolzen und neu verwendet werden konnten, und vor allem in Pferden.

Die ältere, überzeugendere These der Historiker geht davon aus, dass sich in den Nachwehen des Zeitalters der mykenischen Könige oder während der Wirren der frühen sogenannten Dunklen Jahrhunderte Griechenlands (um 1100–900 v. Chr.) bestimmte Familien mit größeren Landlosen in den früheren Territorien ihrer Könige und Fürsten niederließen. Diese Geschlechter hatten vielleicht im früheren Königtum Macht besessen oder waren gar die Nachkommen der königlichen Familie. Diejenigen unter ihnen, die sich ihre Macht erhalten konnten, verwiesen auf ihre Abstammung und führten sie manchmal auf einen Gott oder Helden zurück. In ihrer Hand lag auch der besondere Götterkult auf dem Territorium ihrer Gemeinschaft, und das Priesteramt im Dienst dieser Götter wurde innerhalb der eigenen Familie weitergegeben. Ein »heiliges Geschlecht« waren sie nicht. Ihre eigentliche Auszeichnung bestand im Grundbesitz; das Priestertum kam lediglich hinzu. In Gegenden, wo mit dem Beginn des 8. Jahrhunderts eine Polis oder ein Stadtstaat entstand, übernahmen diese Familien höheren Ranges die Herrschaft. Um 750 v. Chr. wurden die Großgrundbesitzer und Inhaber des Priesteramts als die »Besten« oder die »Guten« oder die »Gutgeborenen« beschriebenen – daher die »Eupatriden«. In den meisten griechischen Gemeinschaften hatten die Adelsfamilien *(genē)* Gruppen sozial Schwächerer um sich geschart, an deren Spitze sie standen; es gab also Pyramiden der Abhängigkeit, von denen die »Bruderschaften« oder »Phratrien« am besten bekannt sind. Diese Phratrien waren keine Erfindung des 8. Jahrhunderts; in ihnen waren die männlichen Mitglieder – meines Erachtens alle Mitglieder – der frühen griechischen Bürgerschaft zusammengeschlossen. Wer nicht von Adel, das heißt »gut« war, war einfach »schlecht« oder »böse«. Von früher Zeit an entwickelten die griechischen Aristokraten ein unverblümtes Vokabular sozialer Stigmatisierung.

Zum Leben eines Aristokraten gehörten Tapferkeit und Selbstdarstellung. Es schloss aber auch Pflichten und Verantwortung ein. Der Adel war es, der über alle Kriege und Verträge entschied und die Kämpfe anführte. Heutzutage betrachten wir Adlige als Amateure, aber an den frühen griechischen Aristokraten im Schlachtgeschehen war nichts Amateurhaftes. Sie glänzten als virtuose Kämpfer und erwarteten ihren gebührenden Anteil an Beute und Auszeichnungen. Homers Helden kämpfen zu Fuß in denkwürdigen, stilisierten Duellen mit Schwertern und »langschattenden« Speeren. Vielleicht trugen die historischen Aristokraten damals auch solche »Kämpfe der Champions« aus, doch anders als die Helden Homers kämpften sie auch vom Rücken ihrer geliebten Pferde herab. Sie ritten ohne Steigbügel und ohne schwere Ledersättel – meist saßen sie auf gepolsterten Pferdedecken –, und die Pferde waren nicht einmal beschlagen; das trockene Klima allerdings verlieh ihren Hufen eine gewisse Härte. Belege aus Literatur und Kunst für die frühe griechische Reiterei sind so selten, dass einige moderne Historiker ihre Existenz in Zweifel ziehen. In späteren literarischen Texten aber sind für mehrere frühe griechische Stadtstaaten Hunderte von Pferden bezeugt, und diese wurden nicht nur für Wettkämpfe und in der Landwirtschaft gehalten. So gab es kein geeignetes Kummet, das es den Pferden ermöglicht hätte, schwere Lasten zu ziehen. Doch beritten konnte ein Adliger das schlecht bewaffnete Fußvolk aus den Unterschichten, das ein adliger Gegner in die Schlacht führte, auseinanderjagen und verfolgen. Die Frauen des Adelsstands dagegen saßen nie zu Pferd. Sie waren Priesterinnen, Objekte der Begierde – falls sie reich und hübsch waren – und Mütter, doch ohne jeden politischen Einfluss.

In den Stadtstaaten am Meer hatten die Adligen auch eine große Affinität zu größeren Schiffen. Als die Schiffseigner, die sie zweifellos waren, nutzten sie diese vielleicht in ihrer Jugend mit einer aus sozial Abhängigen rekrutierten Crew zu Kampf- oder Kaperfahrten. Uns fehlen dazu bisher konkrete Hinweise. Szenen von Kriegsschiffen mit Ruderern in zwei Reihen (Bireme) kennen wir jedoch schon aus dem 8. Jahrhundert von den großartigen Keramikgefäßen mit attischen Malereien, wie geschaffen für die Hand aristokratischer Besitzer. Kampfschiffe unterstanden vermutlich dem Kommando eines Adligen und wurden bereits in den frühen Stadtstaaten von bestimmten Magistraten, den *naukraroi*, koordiniert. Im Lauf der Zeit entwickelte sich daraus das überragende griechische Kriegsschiff, die Triere (lat. *triremis*), die von dreireihig angeordneten Ruderern fortbewegt wurde und mit einem metallbewehrten Rammsporn am Bug gepanzert war. Wahrscheinlich hatten phönikische Kriegsschiffe hier als Vorbilder gedient, und zwar, so meine Annahme, im ausgehenden 8. Jahrhundert v. Chr. (Auch Thukydides war dieser Ansicht, viele Historiker unserer Zeit beziehen seine Datierung allerdings auf das späte 7. oder sogar auf das 6. Jahrhundert.) Die Triere war kein Handelsschiff – kein griechischer Staat besaß so etwas wie eine Handelsflotte. Sie konnte bis zu sieben Knoten in der Stunde zurücklegen, und wie wir sehen werden, waren die Verhältnisse an Bord grauenerregend. Da die Mannschaften ständig Wasser brauchten, hielten sich die Schiffe immer in Küstennähe, brachten es aber an einem langen Tag auch dort bis auf 130 Seemeilen. Die Adligen haben von sich das Bild des Pferdeliebhabers überliefert, doch in Korinth und Euböa oder auf Inseln wie Chios und Samos waren es Herren mit einem Blick für das Meer.

In Friedenszeiten wurde von einem Angehörigen des Adels erwartet, dass er im Streit als Schlichter auftrat und Recht sprach. Zu Beginn seines Lehrgedichts *Theogonie* zeichnet Hesiod um 710 v. Chr. das Bild eines solchen Aristokraten in Aktion. Er spricht »sanfte Worte«; er überzeugt, »milde Worte« fließen aus seinem Mund. Er spricht »Recht ohne Umschweife«, mit »Urteilsvermögen«, und kann mit »wissendem Geschick« einem »großen Disput« ein Ende setzen. In *Werke und Tage* dagegen schilt Hesiod ebendiesen Adel, weil er bestechlich ist und »Geschenke verschlingt«.[1] Wichtig sind aber auch die

Ideale: Überzeugungskraft, Einsicht und ein gewisses Maß an Freundlichkeit gegenüber streitenden Parteien, die Schaden verursacht und erlitten haben. Ohne geschriebene Gesetze hing umso mehr von der Urteilsfähigkeit des Adligen – oder ihrem Mangel – ab; »Geschenke« waren ein gängiges Mittel, sie zu beeinflussen.

Diese göttergleichen Richter wurden verehrt, doch göttergleiche Ehren empfingen sie selbst nicht. Vielmehr leiteten sie die Riten und Opfer zu Ehren der Götter ihrer Stadtgemeinde. Ihr Priestertum verlangte kein religiöses Spezialwissen. Der Priester sprach ein öffentliches Gebet, wenn einem Gott ein Tier geopfert wurde, ein Assistent aber tötete das Tier an seiner Statt. Einer besonderen Ausbildung bedurfte es nicht, folglich konnten auch Frauen und Töchter der Adligen als Priesterinnen dienen. Der Priester oder die Priesterin, oft prächtig gekleidet, verteilte dann das lebenswichtige Fleisch unter die Anwesenden. Außer einem Abschuss bei der Jagd bot vor allem das Opferzeremoniell den Griechen die Gelegenheit, Fleisch zu essen. Der Priester behielt auch Häute und Felle der Tiere, ein wertvolles Privileg, denn sie waren in der Gemeinschaft die Hauptquelle für Leder.

Allein der Adel besetzte auch die öffentlichen Ämter in den Gemeinwesen. In Korinth lagen diese Aufgaben ausnahmslos in den Händen der Bakchiaden; im ländlichen Elis, wie sich Aristoteles später erinnerte, »war die Bürgerschaft klein an Zahl, und nur wenige darunter wurden je Mitglieder des Rats, weil es deren nur 90 gab und die Wahl auf wenige Dynastien begrenzt war«.[2] In Attika, der Region, die wir am besten kennen, war die einjährige Magistratur den Angehörigen der Eupatriden vorbehalten. Nach dem Ende der Amtszeit erhielt ein Athener Aristokrat einen Sitz auf Lebenszeit im prestigeträchtigen Rat der Stadt, dem Areopag. Das politische Leben im Rat ihres Stadtstaats und an seinem öffentlichen Versammlungsort war für die meisten Adligen die Lebensader ihres Daseins. Der aristokratische Dichter Alkaios, dem die Teilnahme daran in der Zeit seines ländlichen Exils um 600 v. Chr. versagt war, hat diesem Herzstück der Polis in eindrücklichen Worten Tribut gezollt.

Noch hatte die Rhetorik nicht den Rang einer Kunstform mit erlernten Regeln, aber die Herrschenden mussten ihre öffentlichen Ansprachen zweifellos wirksam gestalten. Schon bei Homer wird die Rednergabe eines Adligen bewundernd gewürdigt, an Odysseus zum Beispiel: dicht und schnell, »Schneeflocken gleichend, winterlichen«, fielen seine Worte in öffentlicher Rede. Gerade im vor-rhetorischen Homer finden sich einige rhetorische Glanzleistungen der gesamten griechischen Literatur.[3] Die Künste eines Aristokraten erschöpften sich jedoch nicht darin, Recht zu sprechen und Reden zu halten.

3 ARISTOKRATEN 57

Von klein auf wurde er in Tanz, Gesang und Instrumentenspiel ausgebildet, besonders im Spiel des *aulos*, eines Blasinstruments, das einen ähnlichen Klang wie die moderne Oboe hatte. Er lernte reiten, noch immer ohne Steigbügel, und er lernte mit Schwert und Speer umzugehen, aber er konnte auch Verse dichten und sich in geselliger Runde mit seinem Nachbarn in Witz- und Scharfsinn messen. Er besaß Fertigkeiten, die seinen modernen Kritikern im Allgemeinen fehlen! Doch selbst in Friedenszeiten hatten die meisten Künste, die er beherrschte, den Charakter von Kampf und Wettkampf. Der typische Aristokrat war Jäger, geübt darin, besonders Hasen, aber auch Füchse, Rotwild und Wildschweine zu erlegen. Man jagte zu Pferd, nur den Hasen stellte man häufig zu Fuß nach; sie wurden mit Hunden in sorgfältig ausgelegte Netze gejagt. Beim Auslegen der Netze halfen die Sklaven, an der Jagd aber hatten die jungen Adligen ihr ganz eigenes Vergnügen. Tiere zu verfolgen machte Spaß, und wenn Wildschweine die lockende Beute waren, konnte es so gefährlich werden, dass man sich durch Tapferkeit hohen Respekt verschaffte.

Die körperlich durchtrainierten Adligen maßen sich auch im Sport, dem wichtigsten Vermächtnis der griechischen Aristokratie an die westliche Zivilisation. Spätere griechische Gelehrte legten den Beginn der Olympischen Spiele auf das Jahr 776 v. Chr. fest. Eine Hochblüte im 8. Jahrhundert kann als sicher gelten, aber mit einer allzu genauen Datierung der ersten Spiele sollte man vorsichtig sein. Eine Zeitlang kam die größte Zahl der Teilnehmer aus benachbarten Staaten im südlichen Griechenland, aus der Peloponnes, doch um 600 v. Chr. war ihr Kreis »panhellenisch« geworden, und so blieb es fast 1000 Jahre lang. Die Männer kämpften nackt – Frauen durften den Olympischen Spielen nicht zuschauen (sie veranstalteten ihre eigenen kleinen Spiele zu Ehren der Göttin Hera). Zum Kernbestand der männlichen Lustbarkeiten gehörten Rennen, Boxen, Werfen und Ringen. Fast alle Griffe waren erlaubt, die Boxer trugen Lederriemen um die Handgelenke, nicht aber die mit Eisenspitzen versehenen Handschuhe, wie sie in späteren Jahren römische Grausamkeit erfand. Der Sieger fügte dem Gegner schwere Verwundungen zu, namentlich im »Allkampf« *(pankration)*, in dem Fußtritte nur einen Teil des gewalttätigen Repertoires ausmachten. Verweichlicht war an diesen Kämpfern nichts, Adel hin oder her. Sie schlugen Zähne aus und zerschmetterten Glieder, Ohren und Knochen, gelegentlich mit tödlichem Ausgang. Diese Sportler als Gentlemen zu bezeichnen wäre völlig verfehlt.

Ein Vermächtnis der Aristokratie sind diese Sportarten und Spiele aus dreierlei Gründen. Der Zugang zu den sportlichen Ereignissen war wohl zu keiner Zeit auf adlige Teilnehmer beschränkt. Aber wie in Homers Schilderung solcher Wettkämpfe wurden die Maßstäbe zweifellos von den Aristokraten gesetzt, die in den ersten Jahren die wahrscheinlicheren Sieger waren, weil sie mehr freie Zeit für ein Training und die Mittel hatten, gesunde Nahrung zu bezahlen. Bedeutungsvoller war, dass die Adligen als Schirmherren sportlicher Wettkämpfe bei den Bestattungsfeierlichkeiten zu Ehren eines Standesgenossen auftraten und damit eine Infrastruktur lokaler Spiele unterstützten, die den Olympischen Spielen zugute kam. Vor allem aber beherrschte der Adel die spektakulärsten Disziplinen von Olympia, die von ihm erfundenen Pferde- und Wagenrennen, durch die sich der Ruhm der großen Spiele überall im Land verbreitete. Griechische Aristokraten sind die Gründungsheroen des Hippodroms und der Rennbahn, Hinterlassenschaften, die ebenso von Dauer waren wie die frühe Demokratie oder die attische Tragödie. Der Adel besaß die besten Pferde, stellte aber gern geübte Abhängige ein, die sie ritten und lenkten. Zu den kaum beachteten Helden der griechischen Geschichte gehört das Pferd Pherenikos, das innerhalb der erstaunlichen Zeitspanne von zwölf Jahren – von den achtziger bis in die siebziger Jahre des 5. Jahrhunderts v. Chr. – aus drei ganz großen Serien von Spielen dreimal als Sieger hervorging.

Diese Kultur der Tapferkeit und der Trophäen prägte auch das gesellschaftliche Verständnis der Liebe. Ihren häufigsten Ausdruck fand die Liebe als Zuneigung des Mannes zu Jugendlichen des eigenen Geschlechts, nicht zuletzt auch, da die Athleten unbekleidet trainierten, eine Sitte, die zur Bewunderung und intensiven Berührung nackter männlicher Körper reizte. Denn noble Geburt bedeutete nicht nur, zu den »Besten« oder »Guten« zu gehören, sondern auch zu den »Gefälligen«, den Schönen *(kaloi)*, mit dem ausdrücklichen Monopol auf gutes Aussehen. »Gut aussehen« war gleichbedeutend mit »gut sein«. So wurden im Lauf der Zeit männliche Schönheitswettbewerbe wie in Athen oder in Tanagra in Boiotien zu einem Bestandteil lokaler Spiele. Der junge Sieger durfte zu Ehren des Gottes Hermes, des Bocksträgers, einen lebenden Schafsbock auf seinen Schultern um die Stadtmauern tragen. Knaben erregten Wohlgefallen, wie es bei Homer heißt, vornehmlich in der frühen Pubertät, wenn sich der erste Flaum auf ihren Wangen zeigt. In der Vasenmalerei wurde diese sublime Schönheit oft vor Augen geführt: in den Darstellungen eines bärtigen älteren Mannes, der einen Jungen dieses Alters umwirbt, ihn aufreizend berührt oder zwischen den jungen Schenkeln mit ihm verkehrt. Sogar in dieser *ephebo-philia*, der Knabenliebe, hat das Ideal nackten Athletentums seine Spur hinterlassen. Wie es wenig später die Skulpturen belegen, waren die ausnehmend schönen Männer solche mit sportlich trainierter Figur: breiten Schultern, straffen schmalen Hüften, ausgeprägtem Gesäß und festen

Schenkeln. Da war nicht die Spur von romantischem Kult des Mädchenhaften oder des blassen, schmächtigen Intellektuellen: In der Vasenmalerei sind die Körperformen des Mädchens meist mit knabenhaften Konturen abgebildet. Auffallend muskulöse Boxer oder Ringer waren in ihrer Stämmigkeit weniger begehrenswert; das Ideal stellte der sehnige Fünfkämpfer dar, der Geschick in allen Sparten zeigte, zu denen auch das Speerwerfen zählte.

Dieses Sexualverhalten ist in einem gesellschaftlichen Kontext zu betrachten, der den männlichen Jugendlichen in den meisten Stadtstaaten nur bis zum Alter von 14 Jahren eine geregelte Ausbildung bot. Danach trainierten und kämpften sie voll im Saft und überschäumend von Hormonen auf den Ringerböden für nackte Männer und später in besonderen »Turnhallen«, den Gymnasien – auch diese Institution übernahmen moderne westliche Nachahmer vom Adel des archaischen Griechenland. Die älteren Männer schauten zu und seufzten beim Anblick all dieser jugendlichen Schönheit in den Staubwolken. Wenn sie diese Schönheit umwarben, dann nicht zum »Macho«-Beweis ihrer Virilität; die »Ehre« und »Männlichkeit« bestand nicht darin, mit Gewalt einen Geringeren zu penetrieren, statt selbst penetriert zu werden. Auch hier sind uns die konkreten Details der Liebesbeziehungen verborgen, doch sie mit »mediterranen« Werten wie »Ehre« und »Schande« zu verquicken ist nichts als ein modernes Vorurteil. Es gab Berührungspunkte, oft zärtlicher Art, des sexuellen Begehrens mit der Kultur des Schenkens und der der Körperertüchtigung. In der Vasenmalerei finden wir besonders im 6. Jahrhundert Szenen, in denen ein älterer Mann, ein Jäger, seinem jungen Geliebten Hasen, Rotwild und andere Jagdbeute bringt. Hier fallen Jägerei und Liebesgabe in eins. Bezeichnend ist, dass der ältere Mann einen Jugendlichen umwirbt: eine Konkurrenzkultur der Jagd und der Gabe ließ Männer gegeneinander antreten, doch maßen sich die Männer nicht an einem »untergeordneten« Geliebten, sondern aneinander als Rivalen um die Gunst eines schönen Knaben. Nicht umsonst wurden in späteren Anekdoten sehr viele politische Streitigkeiten auf Zerwürfnisse wegen eines jungen Liebhabers zurückgeführt. Die Beteiligten waren im Allgemeinen nicht homosexuell im heutigen Verständnis – die Vorstellung einer »homosexuellen Natur« kannten die Griechen nicht, noch war die gleichgeschlechtliche Liebe eine Gegenkultur. Die meisten Männer heirateten und hatten Geschlechtsverkehr mit ihrer Ehefrau, mit Sklavinnen und Kurtisanen und von Zeit zu Zeit eben außerdem mit Männern. Auch als Bewerber um eine adlige Erbin konnten die adligen Freier zu Rivalen werden, wenn sie nach der Gunst – und dem Reichtum – des Brautvaters strebten. Homoerotisches Liebeswerben war dagegen eine eher flüchtige, wiederkehrende Angelegenheit im Leben eines Mannes; sein wechselhaftes Geschick, seine Aussichten waren Gegenstand öffentlicher Bekenntnisse, ein beliebtes Thema der Lyrik. Wenn die Männer zum abendlichen Gelage versammelt waren, hörten sie sich keine Verse an, die ihre Gattinen oder die eheliche Liebe priesen.

Jagd, Liebeswerben und Sport gehören nicht zu den Künsten, die haltbare archäologische Spuren hinterlassen. Die wichtigsten Relikte des Adelslebens sind vielmehr Fragmente bemalter Keramikgefäße, die in formaler und stilistischer Vielfalt hergestellt wurden. Ihren Platz hatten diese Gefäße in dem nach festem Ritual verlaufenden Trinkgelage *(symposion)*, zu dem sich die männlichen Gäste nach der Abendmahlzeit zusammenfanden. Vieles spricht dafür, dass seine Ursprünge bis in die Mitte des 8. Jahrhunderts v. Chr. zurückreichen.[4] Beim *symposion* lag der Adlige in Gesellschaft von rund einem Dutzend seiner Standesgenossen auf einer Kline, einem Ruhebett. Die Männer mischten ihren Wein mit Wasser und tranken aus Schalen mit kurzen Stielen, die es ihnen erlaubten, sie zwischen den Fingern zu bewegen, um Wein und Wasser zu verquirlen. Zu kultivierten Festen gehörten auch Gedichte und Lieder sowie Rätselspiele, man suchte einander an Witz und Schlagfertigkeit zu übertreffen. Freie Frauen waren von diesen Geselligkeiten ausgeschlossen, nicht so Sklavinnen, die mit dem Spiel auf der Kithara oder Lyra, einem Saiteninstrument, für Unterhaltung sorgten.

Auch wenn der Wein mit Wasser gemischt wurde, der Rausch war nicht fern, und immer lag Sex in der Luft. Dass man nicht bei Tisch saß, sondern auf Liegesofas ruhte, wird unter anderem mit der größeren Annehmlichkeit begründet, die sie für Sexspiele boten. Daneben übte man sich in Geschicklichkeitsspielen wie dem namentlich auf Sizilien populären *kottabos*, bei dem der Spieler in liegender Haltung mit dem Finger Weintropfen in eine Tasse schnipste, die an einem Stock oder Haken hing. Sie sollen dabei sogar mit dem Ruf: »X ist schön« den eigenen Namen oder den eines allgemein bewunderten Pin-up-Boys gefeiert haben. Während des Gelages konnten die männlichen Gäste einander sexuell stimulieren, Hetären konnten sich dazugesellen, und man liest auch, dass der Gewinner bei einem Wettstreit oder beim *kottabos* eines der musizierenden Mädchen als sexuellen Preis erhielt.[5]

Das Symposion der Männer war nur ein Element im bunten Gewebe der Biographie eines Aristokraten, nicht aber der Schlüssel zum Ganzen. Wie die Sphäre der Rechtsprechung erinnert auch diese Sphäre daran, dass das Leben eines Adligen nicht vollständig geprägt war von unerbittlicher Konkurrenz (also nicht nur »agonal« verlief, vom griechischen Wort *agōn* für Wettkampf), als wäre der Sieg über Rivalen und deren Demütigung das einzige Lebensziel.

3 ARISTOKRATEN 61

Guter Rat, gute Manieren und Umgänglichkeit wurden um keinen Grad geringer geschätzt als die eher kämpferischen Tugenden: Das aristokratische Ideal war ausgewogen und vielseitig. In Mußestunden denken wir uns die Aristokraten heute ohne jeden Konkurrenzgeist und in natürlicher Würde erhaben über Kleinlichkeiten wie Titel und niedere Profitgier. Wir halten sie für weltfremd, in ihrem Element vielleicht bei der Planung musterhafter Gutsbetriebe. Doch Landschaftsgärtnerei, jedes Gärtnern überhaupt, gehört nicht zu den überlieferten Interessen des frühen griechischen Adels. In Attika galten Landgüter von Adligen als erstklassig, wenn sie nicht mehr als etwa 20 Hektar umfassten.[6] In anderen Gegenden, im weiträumigen Thessalien vielleicht, konnte ein Adliger auch mehr Land besitzen und es von Sklaven bestellen lassen, doch Güter von über 400 Hektar wie die eines englischen Herzogs waren auch dort höchst ungewöhnlich. Die Reichtümer des Adels waren dazu da, ausgegeben und zur Schau gestellt zu werden, besonders durch die weithin wahrgenommene Prachtentfaltung auf Hochzeitsfesten und Bestattungen. Adlige benutzten auch kunstvoll gestaltete Objekte zur Markierung ihrer Grabstätten – anfangs große, verzierte Tongefäße und seit dem 7. Jahrhundert v. Chr. Steinfiguren und Reliefs. Damals hatten die griechischen Steinmetzen durch den erneuten Kontakt mit den Ägyptern gelernt, für ihre adligen Gönner große Steinskulpturen in menschlicher Gestalt herzustellen, bei denen sie neue Darstellungsprinzipien der Ausgewogenheit und Proportion anwendeten. Diese Skulpturen avancierten zu einem weiteren Statussymbol des Adels. Man stellte sie zu Ehren der »besonderen Toten« auf, für siegreiche Athleten oder für Frauen, die ein Amt im Kult für eine Gottheit innehatten. Inschriften verhalfen dazu, diese Statuen bestimmten Personen zuzuordnen und die Namen festzuhalten, auch wenn die Abgebildeten Frauen waren. Die Statuen von Athleten stellten dagegen berühmte Persönlichkeiten dar und wurden manchmal ganz unmittelbar fast als Porträts wahrgenommen. »Nirgends aber auf der Welt«, bemerkte der große Kulturhistoriker und Kenner der Antike Jacob Burckhardt, »ist die Darstellung des Individuellen so entstanden wie bei den Griechen. Hier ist nämlich das Entscheidende für die Porträtbildung, dass sie mit dem Athletenbilden beginnt ... Das Wesentliche dabei ist, dass das Individuelle hier nicht mit der Ähnlichkeit der Gesichtszüge, sondern mit der Verewigung der ganzen Gestalt ... zur Welt kommt. ... ohne die stärkste Einwirkung dieser Studien auch auf das Götterbilden wären z.B. Hermes, die Dioskuren ... so wenig denkbar wie die weitere, nicht athletische Porträtbildung.«[7]

Der zunehmende Luxus führte in der Oberschicht nicht zur Dekadenz, er hielt vielmehr dazu an, es den anderen gleichzutun, und schloss Gewinnstreben keineswegs aus. Es wäre allerdings keinem Adligen je eingefallen, ein Leben als Geschäftsmann zu führen. Den Berufshändler oder -handwerker schildern griechische Autoren aus dem Ambiente der Oberschicht mit unzweideutiger Verachtung als vulgär –, zum Beispiel, weil diese Geschäftsleute, wie man erkannte, offenkundig logen. Im späteren Verlauf der griechischen Geschichte gehören die bekannten Händler fast ausnahmslos nicht zu den Vollbürgern ihrer Gemeinschaften, und selbstverständlich war kein Angehöriger der Oberschicht darunter. Andererseits durfte man Gelegenheiten, zu Reichtum zu kommen, nicht ungenutzt lassen. Sogar unter den Aristokraten gab es jüngere Söhne, die fit und fähig waren, vorübergehend mit Gleichgesinnten in See zu stechen, um sich durch Händel (oder auch Handel) Geld und Güter zu verschaffen; von außen betrachtet ging es bei diesen kühnen Unternehmungen nicht weniger um Piraterie als um eintönigen Kommerz. Obwohl kein Aristokrat im Handel tätig war, konnte er immer vom Handel profitieren – konnte Sklaven und andere Abhängige für sich arbeiten lassen, die seine Schiffe zum Einsatz brachten, überschüssige Ernteprodukte seiner Ländereien tauschten und in Übersee Metalle und andere kostbare Materialien einhandelten.[8] Diese Rohstoffe boten die Grundlage für eine noch imposantere Selbstinszenierung des Adels auf heimischem Boden. Denn die Zurschaustellung, nicht die berechnende Gabe war der vorrangige Zweck, dem der Reichtum eines Aristokraten diente: Noble Geschenke wurden nicht nur in Erwartung der Gegenleistung gemacht. Bei Begräbnissen oder Hochzeiten, innerhalb der Familie oder im Angesicht einer dankbaren Bürgergemeinde erwiesen sich die Adligen als großzügige Geber, ohne immer an die »Gegenseitigkeit« zu denken, zu der Hesiod auf einer niedrigeren sozialen Stufe gewitzte Kleinbauern anhielt. Selbst in Homers Epen wird die Gabe eines Aristokraten nur ein einziges Mal prompt gegen die eines anderen getauscht. Innerhalb des Adels verschärfte die Zurschaustellung von Reichtum und Geschenken den Wettbewerb, in dem die Besten sich mit den Besten maßen. Wer sich damit begnügte, von der Pacht und den landwirtschaftlichen Abgaben zu leben, konnte in vielen Regionen der griechischen Welt nicht sehr lange damit rechnen, der Beste zu sein.

4
DIE UNSTERBLICHEN GÖTTER

Auch ist Jungfrau Dike da, Tochter des Zeus, hehr und bei Göttern geachtet, die im Olymp wohnen. Wenn sie nur einer verletzt und mit frechen Worten beleidigt, setzt sie sich gleich zu ihrem Vater, dem Kroniden Zeus, und erzählt ihm vom Trachten schändlicher Menschen, damit das ganze Volk die Frevel der Herrscher büße ...
Hesiod, Werke und Tage, 256–261 (Übers. O. Schönberger)

Anaxippos befragt Zeus Naos und Dione zu männlichen Nachkommen seiner Frau Philista ... zu welchen der Götter muss ich beten, damit es mir am besten und wohlsten ergehe?
Orakelfrage, Inschrift auf einem der Bleitäfelchen von Dodona

Homers Epen sind wesentlich von der Vorstellung geprägt, dass es jenseits des Grabes kein Leben gibt. Die Seelen der Helden führen ein Schattendasein in der Unterwelt, wo sie umherschwirren wie Fledermäuse, aber sie haben in den zentralen Passagen des Textes keine Macht, den Gang der irdischen Dinge zu beeinflussen, geschweige denn, von den Toten aufzuerstehen. Durch dieses großartige Bild der *conditio humana* gewinnt das Leben der Helden eine erhöhte, emphatische Bedeutung: Wir sind, was wir tun; unsere Unsterblichkeit ist der Ruhm, den wir im Leben erringen. Erst wenn Achill die sterblichen Überreste des geliebten Patroklos dem Feuer übergibt, kann der Tote endgültig ins Haus des Hades hinübergehen. So erscheint dem Achill nächtens der Geist des Patroklos und bittet ihn um diese letzten Riten: »Und gib mir die Hand, ich flehe dich trauervoll an! Denn nicht mehr wieder / Kehre ich aus dem Haus des Hades, wenn ihr mich dem Feuer übergeben.«[1] Achill streckt die Hände nach ihm aus, doch Patroklos ist verschwunden »wie Rauch«, und Achill sieht ihn nie wieder.

Diese poetische Sicht des Todes, die den Epen und ihren legendären Entscheidungssituationen das außerordentliche Pathos verleiht, wurde unter den Aristokraten, wenn überhaupt, nur von den wenigsten geteilt. In ganz Griechenland verehrten sie die verschiedensten lokalen Heroen, denn man glaubte, dass sich ihr Zorn und ihre Gunst, an bestimmte Orte gebunden, auch weiterhin auf die Welt auswirke – ein Kult, wie er der in Homers Epen vorherrschenden Anschauung widerspricht und folglich nicht von ihnen inspiriert war. Für sich selbst erwarteten diese Adligen möglicherweise einiges mehr als ein Fledermaus-ähnliches Nachleben in der Gestalt von Schatten – ein Leben in den »Elysischen Gefilden« am fernen Rand der Erde vielleicht, ein Leben mit Spielen und Wettkämpfen, wie sie es aus ihrem irdischen Dasein kannten, oder, zumindest den Feinden zugedacht, eine Bestrafung für das auf der Erde verübte Unrecht. Das Leben im Geist Homers war »von dieser Welt«, doch wohl nur wenige Griechen des vorchristlichen 7. und 6. Jahrhunderts wären vermutlich wie ein homerischer Held im Innersten davon überzeugt gewesen, dass es damit auch schon sein Bewenden hätte.

Im frühen 6. Jahrhundert v. Chr. malt ein nachhomerischer Hymnos aus, wie sich die Götter auf dem Berg Olymp an »Lyra und Gesang« erfreuen. Alle Musen, erfahren wir, »erwidern mit herrlicher Stimme, / Preisen der Götter unsterbliche Gaben und preisen der Menschen / Dulden und Leiden; sie haben die Gunst der unsterblichen Götter, / Aber sie wollen nicht denken, verbringen hilflos ihr Leben, / Können kein Kraut für den Tod, für das Alter nichts Helfendes finden«.[2] Soviel also zu einem angeblichen Himmel der Liebe und Gerechtigkeit – das irdische Leben ist, was es ist, und die Götter haben nichts anderes im Sinn, als vergnügt zu hören, wie es der sorglosen Leichtigkeit ihres eigenen unvergänglichen Seins gegenübergestellt wird – ebenso könnten die Aristokraten auf der Erde den Gesängen über Mühsal und Plage der niederen Klassen lauschen.

Erneut ein Bild von großartiger Härte, aber auch eine Vorstellung, der die Griechen im Lauf ihres »geistlosen« Lebens nicht so ohne weiteres gerecht wurden. Die Griechen waren Polytheisten und erkannten die Existenz einer Vielzahl von Göttern an. In Homers Epen ist meist von zwölf Göttern die Rede, Dionysos und Demeter werden am seltensten erwähnt; doch die »Zwölf« auf dem Olymp waren eine poetische Konvention. In der Realität ging ihre Zahl in die Hunderte. Namen und Attribute verbanden die Götter mit einer bestimmten Gegend oder Funktion (Zeus Eleutherios – der Freiheit –, oder Apollon Delios – von der Insel Delos) und brachten sie dadurch den Anhängern der lokalen Kulte besonders nahe. In Attika sind mindestens zehn Versionen der Göttin Athene belegt. Außerhalb des engeren homerischen Zirkels gab es sogar Götter, die noch näher bei den Menschen waren, Götter des Typs, wie sie in den lokalen Kultkalendern attischer Dörfer aufgeführt sind, oder die

4 DIE UNSTERBLICHEN GÖTTER

Götter der Ernte und Höfe für den kleinen Mann. In Grabhügeln und an speziellen Orten finden sich auch Helden, wie sie Homer nicht kennt, jene halbgöttlichen Gestalten, deren bedrohlicher Zorn so unberechenbar war. Viele hundert Heroen gab es allein in Attika, und die Athener unterhielten zu ihnen die pflichtgemäßen Beziehungen. Auf allen Ebenen der jeweiligen Gemeindestaaten wandten sich die sozialen Gruppen Griechenlands an besondere Götter oder Heroen, so die makedonischen Jagdgruppen an »Herakles den Jäger«, die Phratrien in Attika an einen lokalen Gott oder Heros – an »Zeus Phratrios« oder an Aias oder ganz einfach an den »Helden bei den Salzlagern«. Die Götter und Helden waren mit der sozialen Infrastruktur ebenso verbunden wie mit dem Land und den Zitadellen jedes einzelnen Stadtstaates. Auf den Straßen und vor den Häusern vieler griechischer Städte (am besten bekannt ist Athen) erhoben sich Steinsäulen, sogenannte Hermen, mit aufgesetztem Götterhaupt und einem erigierten Phallus am unteren Teil des Schafts. Offenbar als Warnung gedacht, sollten sie Unheil fernhalten: »Sieh dich vor, oder du wirst durchbohrt!«[3] Mit der Zeit wurden sie von aufgeklärten Geistern als ziemlich lächerlich betrachtet, was dazu führte, dass in einer berühmt gewordenen Nacht des Jahres 415 v. Chr. Gruppen junger Schlaumeier den Hermen das männliche Glied zertrümmerten. Hinter diesem Bubenstück stand vermutlich die Absicht, in den Klassen der schlichteren Gemüter mit der Furcht die Einsicht zu wecken, dass die Götter sich ihrem bevorstehenden Seekrieg mit Sizilien widersetzen würden. Tatsächlich aber widersetzten sich die schlichteren Klassen den Verwüstern der Hermen und brachten sie vor Gericht.

Im Großen und Ganzen dachte man sich die Götter mehr freundlich als grausam, ihre Grausamkeit allerdings konnte spektakulär sein. Gerechtigkeit trug den Stempel des Göttlichen, wenn sie am willkürlichsten schien und etwa die Strafe für das Verbrechen eines früheren Familienmitglieds das Haus erst Jahre später ereilte. Denn auch die Götter hatten ihre Wertvorstellungen: Sie erwarteten, dass man Schwüre einhielt, Fremden mit Achtung begegnete und ihre Heiligtümer rein erhielt. Geschah ein Unglück von katastrophalem Ausmaß, blickten die Griechen auf der Suche nach einer Erklärung auf ihre Götter und in die Vergangenheit, eine Art, zu einem Verständnis der Welt zu finden, die sich auch im Verlauf ihrer späteren »klassischen« Geschichte bei den meisten von ihnen nie ganz verlor. In Poesie und Orakel des archaischen Zeitalters ist dieser Glaube an die Strafen der Götter besonders stark ausgeprägt, aber selbst zu jener Zeit erlebten die Menschen den Schauer heiliger Ehrfurcht nicht als Druck. Religiosität war im allgemeinen passiv, und den Ansprüchen der Götter konnte man mit einigen üblichen Opfergaben und ohne übermäßige

Ängste genügen. Nur in einer Krisensituation, ob den Einzelnen oder das Kollektiv betreffend, wurde die Religion lebendig, und dann öffnete der Glaube an die über Jahre und Generationen wirkende göttliche Gerechtigkeit den Weg, schwerem Unglück einen Sinn zu geben. Solange eine solche Krise aber ausblieb, war die These »Handle jetzt, erkläre später« eine von zwei Möglichkeiten, die Dinge im Griff zu behalten; die andere war der Versuch, einen Gott für sich zu gewinnen, bevor man sich auf ein Abenteuer einließ. Schlug das fehl, war der Gott vielleicht der falsche gewesen oder für dieses Mal nicht willens, sich zu engagieren.

Diese Götter waren nicht einfach im Himmel droben, wo sie sich am maliziösen Gesang der Musen über das menschliche Leiden ergötzten. Das Leben der Griechen stand vielmehr unter dem Eindruck ihrer jederzeit möglichen Präsenz – im Heulen des Sturms oder in der Bürde der Krankheit, in den Staubwolken der Schlacht oder auf fernen Hügeln, vor allem in der Mittagssonne. »Nicht jedem erscheinen die Götter«, heißt es bei Homer. Am leichtesten aber näherte man sich ihnen des Nachts im Traum, denn mit der Zunahme der bemalten Skulpturen sahen sich die Griechen von Darstellungen der Götter umgeben, die ihre öffentlichen Plätze bevölkerten. Und nachts schienen ihnen die von ihren Künstlern festgehaltenen Bilder dann als greifbare Helfer zur Seite zu stehen. Die Chorhymnen, die Epen, die Kindheitsgeschichten, die Rhetorik der Festspiele – alles trug zu diesem nächtlichen Umgang bei. Denn immer wieder war darin ja die Rede von den Göttern, ihrem Erscheinen und Wirken in den wandelbaren Geschichten, den *mythoi*, die für uns als »Mythen« eine so großartige Bedeutung angenommen haben. Wie die Aristokraten waren die meisten Götter, die in den Statuen und Geschichten dargestellt wurden, der Inbegriff strahlender Schönheit und Anmut.[4] Götter und Göttinnen sollen sich gelegentlich auch zu bloßen Sterblichen herabgelassen haben, keiner wendiger als Poseidon, der sein Mädchen in »des wirbelnden Stromes ... purpurne Woge« entführte.[5] Die Götter konnten auch Knaben lieben: Zeus liebte Ganymed, Apollon den glücklosen Hyazinth, und ihre weiblichen Geliebten waren nicht immer Jungfrauen. Unfehlbar ließen sie die Dame ihres Herzens schwanger zurück. Liebte der Gott sie zweimal, bekam sie Zwillinge. Aber es wurde ihr auch befohlen, die Einkehr des Gottes nicht an die große Glocke zu hängen.[6]

Die latente Gegenwart dieser Götter wurde an Festtagen besonders eindringlich empfunden, wenn ihre Statuen aus den Tempeln, die man als Heimstätte für sie erbaut hatte, ins Freie geholt wurden. An anderen Tagen fanden Besucher einen Tempel vielleicht unverschlossen vor und gingen hinein, um sich betrachtend in den Anblick einer Götterstatue zu versenken. Dass man

4 DIE UNSTERBLICHEN GÖTTER

sich niederließ und mit einem Priester an Ritualen teilnahm, kam indessen nie vor. Etwas Ähnliches wie eine polytheistische Kirche, eine besondere Ausbildung oder theologische Grundvoraussetzungen für den Beruf eines Priesters oder einer Priesterin gab es nicht. In den wichtigsten Kulten existierten keine heiligen Schriften; religiöse Texte waren ein Merkmal der Geheimkulte von Minoritäten. Den Kern des Polytheismus bildeten die Zeichen der Huldigung, die man den Göttern in der Hoffnung darbrachte, ihre Gunst zu gewinnen oder doch ihren Zorn zu beschwichtigen oder abzuwenden. Diese Ehrfurchtsbeweise konnten Kuchen sein oder auch die ersten Früchte des Jahres oder Trankopfer mit Wein oder Honig. Vor allem aber wurden Tiere geopfert und zu diesem Anlass auf den Altären getötet – Vögel vielleicht oder Schafe, Ferkel, die etwa 3 Drachmen kosteten, oder, die teuerste Gabe, Rinder zum Stückpreis von 90 Drachmen.[7] Es gab Götter unter der Erde, für die Blut und Trankopfer auf die Erde gegossen und die Tiere vollständig verbrannt wurden (der Ursprung unseres Wortes »Holocaust«). Und es gab die Olympier und die Götter »droben«, mit denen man den Genuss des getöteten Tieres teilte. Die Götter erfreuten sich am aufsteigenden Rauch und erhielten meistens das Fett und die Knochen – Aphrodite allerdings mochte Schweine nicht, außer in der halbgriechischen Stadt Aspendos. Das Fleisch verzehrten die schlauen Sterblichen selbst.

Diese Opfer markierten die Grenze zwischen den Sterblichen und den Unsterblichen, und obwohl auch jeder Einzelne ein Opfer darbringen konnte, wurden die meisten als Kulthandlungen sozialer Gruppen, namentlich des Stadtstaates oder der Gemeinde begangen. Jeder Stadtstaat besaß einen Kalender der jährlichen Feste, die sich von denen anderer Städte unterschieden, überall aber einen großen Teil der kultischen Aktivitäten drei Unwägbarkeiten widmeten: dem Wohlergehen der Toten, der Ernte und der menschlichen Fruchtbarkeit. Die Bürger waren zur Teilnahme an den Riten nicht verpflichtet, wohl aber ein Priester oder eine Priesterin, und häufig gab es an solchen Tagen Fleisch oder kleine Gaben für das Volk. Besondere Feste waren den Frauen vorbehalten. Nach dem attischen Kalender wurden die in der griechischen Welt weit verbreiteten Thesmophorien zu Ehren der Demeter und des Mädchens (Persephone) nur von respektablen verheirateten Frauen gefeiert. Sie verlebten drei Tage zusammen mit den Priesterinnen, brachten Ferkelopfer dar und fasteten mindestens einen Tag lang, während sie nur auf Matten und auf dem harten Erdboden saßen; sie feierten aber auch einen Tag mit Opfergaben zu Ehren »guter Geburt«. Vor und nach dem Fest war sexuelle Abstinenz verlangt. Anders das Fruchtbarkeitsfest Haloa, an dem die Frauen Modelle der männlichen und weiblichen Geschlechtsorgane trugen, während ihnen Kuchen in selbiger Form vorgesetzt wurden und ihnen die Priesterinnen, wie es hieß, flüsternd zum Ehebruch rieten. Außerhalb des offiziellen Kalenders begingen die Frauen zeitweise auch ein exotisches Fest für den jungen Adonis, den hinreißenden Geliebten der Aphrodite. Zu den Riten gehörten eine Andeutung von Gärtnerei in Blumentöpfen, barbrüstige Klagegesänge und offenbar das vage Empfinden, der göttliche Adonis sei der ideale Liebhaber, den die *Desperate Housewives* im typischen griechischen Ehemann vergeblich suchten.

Ein wiederkehrendes Merkmal dieser Feste war die zeitweilige Aufhebung der normalen Zeit und der sozialen Regeln, entweder durch eine kurze Umkehrung der gewöhnlichen Realität (»die Welt steht Kopf«) oder durch Dekretieren eines Ausnahmezustands. Umkehrung und Ausnahme traten am deutlichsten im Kult des randalierenden Dionysos in Erscheinung, der als Gott des Weines, des Wachstums und der lebenspendenden Kräfte verehrt wurde. Dionysos wurde im Kreis seiner weiblichen Mänaden und der halbtierischen hypersexualisierten Satyrn oft selbst in Frauenkleidern, als asexuelles Wesen, dargestellt. Die Auswirkung des Orgiastischen und der »anderen Zustände« des Dionysos-Kults auf das reale Leben sollte nicht geleugnet werden, noch die Teilnahme der Frauen auf das Tanzen begrenzt, so als hätten nur die Männer Wein getrunken. Am Weingenuss, am Spiel mit den Schlangen (in Makedonien) und an den ekstatischen Tänzen waren tatsächlich auch die Frauen beteiligt; manchmal verehrten sie Dionysos in der wilden Natur, sogar hoch in den Bergen. In der Realität allerdings rissen anders als in Mythen oder Dramen sehr wahrscheinlich weder männliche noch weibliche Dionysos-Verehrer jemals Tiere bei lebendigem Leibe auf, von Sklaven ganz zu schweigen. Dionysos genoss in den Stadtstaaten offiziellen Kultstatus, auch wenn die Verehrung des Gottes insbesondere den Frauen oblag. Ihr orgiastischer Kult beschwor das Bild der wilden, irrationalen Frau – ihre Klagen bei Begräbnissen, eine Pflicht der Frauen, riefen denselben Eindruck hervor. Nach Beendigung der Kulthandlungen war die kurze Festzeit vorüber, und es galten wieder die kontrollierten Normen der – von den Männern vertretenen – Alltagsvernunft. Wie die Festtage zeigten, brauchten diese »wilden« Frauen tatsächlich den Mann mit nüchterner Sinnesart. Dionysos aber blieb, obwohl in Griechenland seit langem bekannt, potenziell exotisch. In den Mythen wird er deshalb als fremder Eindringling aus barbarischen, vernunftlosen Ländern geschildert, aus Thrakien oder Lydien oder gar Indien, wo Alexander der Große und seine Soldaten später reale Spuren des Gottes zu entdecken glaubten. Doch Dionysos war keineswegs ein Eindringling, noch war er jünger als die nüchternen, rationalen

Olympier. Er gehört vielmehr zum ältesten Bestand des griechischen Pantheons, doch diese Mythen und Vorstellungen eines orientalischen Luxus entsprachen seiner wilden Natur.

Von Riten mit kontrastierenden Bezügen dieser Art waren die Kalender aller Stadtstaaten durchsetzt, und in diesem Sinne war Religion mit Politik verflochten. In zunehmendem Maß unterlagen die Mittel für den Kult der Abstimmung durch die Bürger, wurden die Priester durch das Los oder die Wahl bestimmt oder Dekrete erlassen, wie in den Heiligtümern Ordnung zu halten sei. Umgekehrt war es nicht so, dass der Politik immer etwas Religiöses anhaftete oder dass Gesetze wirklich heilig waren. Denn die Polis war keine religiöse Gemeinschaft, die sich nur um einen Kult oder die Totenehrung organisierte – sie war eine Gemeinschaft von Bürgern, deren politische Zusammenkünfte von Gebeten oder Anrufungen eingeleitet wurden, deren Debatten, Entscheidungen und Konflikte aber rein politischen Charakter hatten und sich um kontroverse menschliche Zwecke und Mittel drehten. Die Götter wurden eher als Helfer beansprucht. Die griechischen Stadtstaaten und Armeen, wie man sie sich im Rahmen dieses Buches vorzustellen hat, erwiesen diesen Helfern immer wieder ihre Ehrerbietung – Anlässe, die große Menschenmengen zusammenbrachten, öffentliche Angelegenheiten zeitweilig suspendierten und sogar Soldaten auf dem Marsch zum Anhalten zwangen. Atheisten gab es, soviel bekannt ist, kaum. Die Bürger hatten anzuerkennen, dass die offiziellen Götter existierten (nur ein paar Philosophen schienen das nicht zu tun), doch darüber hinaus galt lediglich die Einschränkung, dass man nicht irgendeinen seltsamen Gott verehrte, der leugnete, dass auch den übrigen Göttern Verehrung zustand. Bevor die Griechen mit Juden oder Christen zusammentrafen, war dieser exklusive Typ eines Gottes kein Thema. Kultfreiheit war also keine Freiheit, für die die Griechen in den Kampf zogen und starben. Auch um Toleranz ging es in ihren Kämpfen nicht. Als Polytheisten akzeptierten die Griechen viele Götter, und diejenigen, die sie in fremden Ländern vorfanden, ehrten und verstanden sie als ihre eigenen in einer weiteren lokalen Version. Die einzigen bedeutenden Versuche, private Kultgemeinschaften zu verbieten, fanden sich im Werk jenes bekannten politischen Revisionisten, des Philosophen Platon. Wie der ganze Rest dieses fürchterlichen idealen Staates wurden sie in der Lebenswelt von jedem anderen Griechen ignoriert.

Auch war die griechische Religion nicht nur eine Angelegenheit der Polis. Neben dem Kalender der öffentlichen Kulte feierten die Familien ihre häuslichen Rituale auf eigenem Grund und Boden und im eigenen Heim, namentlich Zeus, dem Gott des Besitzes zu Ehren; im ägyptischen Alexandria sollte sich der Gute *daimon*, ein Schlangengott, als sehr populär erweisen. Die Familien feierten unter der Leitung des Hausvaters auch gemeinsam, wie auf Votivreliefs zu sehen ist, die sie beim Ablegen der Gelübde zeigen. Denn neben den öffentlichen Kulten blühte eine Kultur persönlicher religiöser Gelöbnisse von Einzelnen, sei es in der Hoffnung auf göttliche Gunst, sei es als Dankesbeweis. Die Menschen gelobten den Göttern Opfer, Statuen oder sogar Tempel, ganz zu schweigen von den kleinen Ton- und Terrakottastatuetten, wie sie bei Ausgrabungen von Weihestätten, besonders in einigen Heiligtümern der Westgriechen, zu Tausenden ans Licht kommen. Antrieb solcher Gelöbnisse waren weltliche Zwecke – Empfängnis, Geburt oder erfolgreiches Liebeswerben, Sieg oder Profit und vor allem Erholung von einer Krankheit, denn die Götter galten allgemein und selbst bei ausgebildeten Ärzten als Heilkundige. Der Gott, dem das Gelübde dargebracht wurde, brauchte nicht Gott eines offiziellen Kultes zu sein. Die Lehrgedichte Hesiods sind voll überschwänglichen Tributs an die Kräfte und Funktionen der Göttin Hekate, von deren Wirken seine Familie vielleicht auf Reisen erfahren hatte.[8] In der Region seiner boiotischen Polis war ein Hekate-Kult damals oder auch später unbekannt. Von der Vorstellung eines Gelöbnisses, das man für erhaltene Gunst aussprach, war es nicht weit zum Fluch, der für die Gunst erging, einem anderen Schaden zuzufügen – einem Rivalen im Liebes- oder Kampfspiel oder gar in der demokratischen Politik. Auch Verfluchungen folgten einem genauen Ritual, und obwohl von sinistrer Art, waren auch sie wie die Gelübde oder das gewöhnliche Gebet ein Versuch, die Götter für ein persönliches Interesse in Anspruch zu nehmen.

In den Gebeten wird oft die Hoffnung auf Gegenseitigkeit betont, von der das Geben und Nehmen unter den Griechen so weitgehend bestimmt war – außer, wie gesagt, unter den Aristokraten. In den irdischen Beziehungen der Menschen wurde dieses Verhaltensmuster als selbstverständlich vorausgesetzt und folglich auf den Himmel übertragen: »Wenn ich dir je ein Opfer gab, o Zeus, das dich erfreute, so gib jetzt mir ...« Das Ziel war nicht Bestechung, sondern die Aufrechterhaltung der Beziehung zu einem göttlichen Vorgesetzten, der sich wie ein sozialer Vorgesetzter zuzeiten, nicht immer, einmischen konnte. Wann er das tun würde und wann nicht, wussten die Gläubigen nie.

Allerdings hatten sie eine Möglichkeit zu entdecken, was die Befehle und Wünsche der Götter waren. Experten beobachteten den Vogelflug und deuteten ungewöhnliche Zeichen oder die verwickelten Formen der Eingeweide eines Opfertiers. In einem solchen Kontext war der Wille der Götter möglicherweise zu erschließen. Vielen Entscheidungen der Menschen im gesamten Umfeld der klassischen Antike gingen also Gebete oder Prophezeiungen

4 DIE UNSTERBLICHEN GÖTTER 71

voraus. Die Götter waren nicht nur Zuschauer oder »lauschende« Götter – sie teilten sich mit, wenn auch sehr indirekt.

Von Träumen abgesehen, waren diese Mitteilungen in besonderen Heiligtümern, namentlich in den Orakelstätten vernehmbar, wo Propheten und Prophetinnen für die Götter »sprachen«. Im 8. Jahrhundert verbreitete sich allmählich der Ruhm des Orakels von Delphi. Seine Priester, so wurde später festgehalten, seien kretische Einwanderer gewesen, eine Überlieferung, die ich für richtig halte, zumindest für die Zeit bis etwa 590 v. Chr., als ein Heiliger Krieg an diesem Ort sie möglicherweise vertrieb.[9] An seltenen, günstigen Tagen pflegte eine Priesterin in Delphi im Namen der Götter auf die Fragen der Besucher zu antworten. Gewöhnlich ließ sie sich von Eingebungen leiten, vielleicht nach dem Genuss von giftigem frischen Honig und gekauter Daphne, einer Pflanze, die man wohl irrig mit dem ungiftigen Lorbeer gleichsetzt.[10] Die Antworten ergingen dann mit Hilfe von Priestern in Prosa oder Hexametern, wirkten aber, wie es nun einmal Apollons Art war, sehr oft mehrdeutig oder verwunderlich. So war also menschliche Intelligenz gefragt, und häufig sagte der Gott auch nur: »Es wäre besser, wenn ...« So schlimm es sein mochte, die Alternativen, das wusste man dann, wären noch schlimmer gewesen.

Die Epoche der Aristokratie war die Blütezeit des Orakels in der griechischen Welt. Außer Delphi gab es, neben vielen anderen, Dodona in Nordwestgriechenland oder Didyma und Klaros an der Westküste Kleinasiens. Vieles am Orakelbetrieb mag den menschlichen Alltagsängsten zuzurechnen sein – wen soll man heiraten? wem die Schuld geben? wie Kinder bekommen? Doch boten diese heiligen Stätten auch die Möglichkeit einer externen Sanktionierung wichtiger öffentlicher Beschlüsse, ein Siegel göttlicher Billigung, das der kleinen und labilen herrschenden Klasse einer Stadtgemeinde, die den Gott befragte, ein Gefühl der Sicherheit und Entlastung gab. Im Lauf der Zeit sollte die Demokratie jedoch ihr eigenes Siegel vollgültiger Autorität ausprägen. Aber auch dann blieben die Orakel die Zuflucht einer Gemeinschaft, wenn diese mit Fragen zu Neuerungen im Ritual oder Ängsten angesichts ungewöhnlichen göttlichen Zorns zu kämpfen hatte. Sie ermöglichten es einem Gott, sich zu Themen hören zu lassen, die ihn selbst angingen. In den Zeiten der Adelsherrschaft leisteten sie auch Unterstützung für geplante neue Kolonien oder größere Veränderungen im politischen System. Die Resultate dieser Unternehmen wiederum erhöhten die Reputation der Orakel: »Für die Anfänge trifft es sicher zu, dass die Kolonisierung weit mehr zum Erfolg von Delphi beitrug als Delphi zum Erfolg der Kolonisierung.«[11]

5
TYRANNEN UND GESETZGEBER

Das, von dem ich sagte, ich würde es tun, habe ich mit der Hilfe der Götter getan, und anderes tat ich nie unbesonnen – und es behagte mir auch nicht, irgendetwas mit Gewalt [zu tun], was eine Tyrannis tun würde, und auch nicht, dass die »ehrenwerten Männer« gleichen Anteil reichen Landes wie die »üblen« hätten…
Solon Frgm. 34 (West)

Bei aller Prachtentfaltung hatte der Adel doch eine Vorstellung von der »gerechten Stadt«. Schon Hesiod hatte in seinen Lehrgedichten das Bild einer solchen Stadt entworfen: keinen Ort der Theorie und Utopie, sondern eine Stadt »geradliniger Rechtsprechung«[1], die dem Gesetz des Friedens untersteht und keinen Hunger kennt. Dass die Adligen, die ihre Freiheit als gegeben annahmen, darin die Herrschaft innehatten, verstand sich von selbst. Sie schrieben nichts über diese Freiheit in den wenigen erhaltenen Gedichten und Inschriften, denn soweit sie zurückdenken konnten, hatten sie sich selbst nie befreit und den Akt durch die Entmachtung eines früheren Königs bekräftigt. Auch drohte keine politisch aktive Unterschicht ihre Freiheit einzuschränken oder sie selbst zu unterwerfen. Die einzige Sklaverei, die sie fürchteten, war die Versklavung durch einen Kriegsfeind, eine Gefahr sowohl für sie als Individuen als auch für ihre Gemeinschaften insgesamt.

Dennoch begann in den 650er Jahren v. Chr. das politische Monopol der Adelscliquen zu bröckeln. Das erste revolutionäre Zeitalter der Weltgeschichte nahm seinen Anfang im griechischen Korinth und breitete sich von dort in die benachbarten Stadtstaaten aus.[2] Die Aristokraten könnte man als Monarchen *(monarchoi)* beschreiben, aber seit den 650er Jahren trat von Zeit zu Zeit ein einzelner Herrscher an ihre Stelle, ein eigentlicher Monarch in unserem Sinne des Worts. Die griechischen Zeitgenossen nannten diesen neuen Monarchen *tyrannos* (Tyrann), und mehr als ein Jahrhundert lang hatte diese Tyrannis in vielen griechischen Gemeinschaften Hochkonjunktur. Hinterlassen haben sie

5 TYRANNEN UND GESETZGEBER 73

ein paar spektakuläre Geschichten über das Verhalten der Tyrannen, den ersten uns überlieferten griechischen Klatsch, und einige bedeutende Reste griechischer Architektur, Teile ihrer riesigen Stein-Tempel. Einer der größten, der Zeus-Tempel in Athen, war eine Planung so exorbitanten Ausmaßes, dass die Anlage erst 650 Jahre nach Baubeginn (515 v. Chr.) unter Kaiser Hadrian vollendet wurde.

Unbekannt war dem römischen Kaiser, dass die Griechen das Wort *tyrannos* von den fremden Lydern in Kleinasien übernommen hatten. Dort hatte es in den 680er Jahren der Usurpator Gyges gewagt, das seit langem herrschende lydische Königshaus zu beseitigen. Die Götter straften ihn nicht, und Gyges holte sich sogar Rat beim Orakel von Delphi. Dreißig Jahre später benutzten die Griechen ein Wort lydischen Ursprungs, um Herrschern eine Bezeichnung zu geben, die in Stadtstaaten in ihrem griechischen Mutterland auf ähnlich widerrechtliche Art zur Macht gelangt waren.

Was aber war der eigentliche Grund, warum das Herrschaftsmonopol des Adels gebrochen wurde? Von Bedeutung muss dabei gewesen sein, was wir über die bekannte radikale Veränderung in der militärischen Taktik der Griechen erfahren, die im frühen 7. Jahrhundert, mit Sicherheit aber seit etwa 670 v. Chr. eintrat – der Übergang zur langlebigen Hoplitentaktik. Die Hopliten trugen einen großen Schild von ungefähr 90 cm Durchmesser, der an einem Doppelgriff auf der Innenseite gehalten wurde und die linke Körperhälfte des Kriegers vom Kinn abwärts bis zu den Knien schützte. In geschlossener Schlachtreihe gewährte der überlappende Schild des Nachbarn zusätzlich der rechten Körperhälfte Schutz und ließ dem Hopliten so die rechte Hand frei, um damit auf kurze Distanz eine Lanze und ein kurzes Schwert zu führen. Metallhelme und eine Brustplatte aus Metall oder gepolstertem Leinen gaben weiteren Körperschutz, ebenso wie die zunächst nur als Zusatzausrüstung gedachten Beinschienen. All das erlaubte es einer dicht geschlossenen Phalanx, feindlichen Pfeilen und anderen Geschossen standzuhalten. Neue Kampfarten entwickelten sich, die den alten Kampfstil ablösten, und das Entscheidende war, dass die bisher dominierende Reiterei entlang dieser schwer gerüsteten Kampflinie der Fußtruppen nicht attackieren konnte, solange die Reihen fest geschlossen blieben. Die adlige Reiterei war nur noch von peripherer Bedeutung und seitdem am ehesten nützlich, um die Verfolgung aufzunehmen, wenn die schwere Infanterie sich unter dem Druck der Hopliten auflöste. Also verloren auch die adligen Vorkämpfer und ihre Zweikämpfe an Bedeutung; in den vom Fußvolk bestrittenen Schlachten standen sie meist nicht mehr im Zentrum des Geschehens.

Bei dieser Veränderung der Infanterietaktik war das entscheidende Moment der auf der Innenseite des Schildes angebrachte Doppelgriff, der es dem Kämpfer erlaubte, eine so große Schutzvorrichtung mit einem Arm zu halten. Glaubhaft belegt ist, dass deren Einführung auf dem griechischen Festland mit Argos in Verbindung steht, wo die Kämpfer neuen Stils als die meisterhaften griechischen »Kriegsstacheln« bewundert wurden.[3] Doch der neue Schildgriff und einzelne Waffen könnten schon früher in Kleinasien aufgekommen sein, als Ausrüstung der nichtgriechischen Karer und der benachbarten ionischen Griechen, die den lydischen Herrschern als Infanteristen dienten. Es wäre sogar möglich, dass Gyges der militärische Führer einer solchen Söldnereinheit war. Auch von den Argivern wird die Übernahme der Hoplitentaktik überzeugend einem Einzelnen zugeschrieben, dem früheren König Pheidon. Eine individuelle Leistung muss diese Neuerung wohl gewesen sein, denn eine Adelsschicht hätte niemals freiwillig einen neuen Kampfstil eingeführt, der so offensichtlich die eigene aristokratische Macht untergrub. Pheidon aus Argos, um 670 v. Chr., war ein naher Zeitgenosse von Gyges und ahmte vermutlich das orientalische Vorbild nach. Sobald die Argiver in Hopliten-Formation fochten, hatten die griechischen Nachbarn keine andere Wahl, als ihrem Beispiel zu folgen. Ähnliche Zwänge nötigten später die zögernde militärische Klasse der türkischen Osmanen zum Gebrauch von Feuerwaffen.

Die neue Hoplitentaktik hatte soziale Konsequenzen, die mit der Übernahme des Wurfspeers und der geschlossenen Kampflinie durch die mächtigen Shaka Zulu in Südafrika vor erst 150 Jahren zu vergleichen sind. Sie schufen keine »Armee« als neuen sozialen Stand. Die Hopliten waren die Bürgerschaft, die sich auf Abruf versammelte und zu den Waffen griff. Doch jetzt konnten sich die kleineren Landbesitzer unter ihnen mit Waffen und eigener Aufstellung zusammentun, um ihren Besitz zu verteidigen oder den anderer zu plündern, ohne auf adlige Vorkämpfer angewiesen zu sein. Sie stellten keine neue Klasse dar, sondern eine alte mit neuem Klassenbewusstsein. Denn die neue Taktik war zweifellos ein Wandel hin zur »Sicherheit der großen Zahl«. Der solide metallene Helm schränkte das seitliche Gesichtsfeld des Kämpfenden stark ein. Der große Schild mit seinem Doppelgriff war im Einzelkampf außerhalb eines Truppenverbands ebenfalls schwerfällig im Gebrauch. Rekonstruktionen dieser Bewaffnung bestärken mich in der Überzeugung, dass diese Kampfgeräte der neuen Taktik nur im Rahmen einer großen, soliden Formation wirkungsvoll eingesetzt werden konnten. Die ersten Darstellungen von Hopliten auf Vasenmalereien zeigen die Kämpfer manchmal auch mit einem oder zwei Wurfspeeren. Vielleicht haben die Frontreihen zunächst solche

5 TYRANNEN UND GESETZGEBER

Geschosse benutzt, doch meines Erachtens ist diese Darstellung eine künstlerische Konvention. Für die nächsten 300 Jahre jedenfalls blieb die geschlossene Hoplitenphalanx die beherrschende griechische Schlachtordnung zu Lande. Ihre Träger, die Bürger, trainierten auf ihren Sportplätzen und auf den Ringerböden, doch außer in Sparta war militärisches Training auf Truppenübungsplätzen sehr begrenzt. Für die vordersten Linien war eine Schlacht dennoch eine beängstigende Erfahrung, die im »Stoßen und Schieben« *(ōthismos)* gegen die feindliche Hopliten-Linie kulminierte. Einzelheiten einer Hoplitenschlacht sind nirgends ausführlich geschildert, weshalb ihr üblicher Verlauf umstritten bleibt.

Die neue Kampftechnik hatte offenkundig Folgen für die Stärke eines Staates und für seine Machtstrukturen. Es wäre falsch zu sagen: »Wo es Hopliten gab, gab es Tyrannen und eine Ablösung der Adelsherrschaft.« Doch darf der Schluss gelten, dass es Tyrannen ohne diese militärische Neuerung schlechterdings nicht gegeben hätte. Kein Mensch hätte gewagt, die Hauptstreitmacht des eigenen Gemeindestaates, den Adel, aus dem Weg zu räumen. Die Hopliten waren folglich zwar eine notwendige, aber keine hinreichende Voraussetzung der griechischen Tyrannis.

Ein Begleitumstand der Veränderungen war zunehmende Uneinigkeit und Zwist unter den Aristokraten selbst. Aristokratien waren notorisch anfällig für Zersplitterung. Warum auch sollte ein Adelsgeschlecht einem anderen Platz machen, wenn theoretisch derselbe Nimbus alle Adligen auszeichnete? Die Entwicklung von Lebensstil und Luxus in den städtischen Zentren mit ihren Ringerböden, Ratsversammlungen und Gemächern für ausgedehnte Trinkgelage bot auch wachsenden Spielraum für Invektiven zwischen rivalisierenden Adelscliquen und für grollende Enttäuschung unter denen, die sich bei einer Ehrung oder Amtsvergabe übergangen fühlten. Wie in den mittelalterlichen Städten Italiens beförderte die wachsende Urbanität die engeren täglichen Kontakte zwischen den Adelsfamilien bei gleichzeitig wachsender Zwietracht und Gewalt. Die Adligen waren frei zu sagen, was sie wollten; noch schränkte kein Gesetz gegen Verleumdung oder Gewalt ihre Willkür ein. Sogar auf ihren Männerfesten, den Symposien, stimulierte der trotz Verdünnung berauschende Wein die Atmosphäre, die durch Rezitieren von Gedichten über persönlichen Ruhm oder Schimpf weiter angeheizt wurde. Abends veranstalteten Gruppen jugendlicher Partygänger orgiastisch-trunkene Umzüge *(kōmoi)*, vergleichbar denen zu Ehren des Gottes Dionysos. Sie suchten sich Edelprostituierte *(hetairai)* oder brachten dem Jüngling oder der Dame ihres Begehrens vor den verriegelten Türen des Hauses ein Ständchen dar. Auch Verse begleiteten diese geräuschvollen Ausflüge, und unterwegs konnten ebenfalls Schlägereien und Streitigkeiten ausbrechen. Die Adligen bildeten Gruppen brüderlicher Gefährten *(hetaireiai)*, die gemeinsam dinierten und auf der faulen Haut lagen, geeint in ihrer Verachtung für andere *hetaireiai* in ihrem Stadtstaat. Jede Adelsfamilie konnte auch auf die loyalen Mitglieder der von ihren Clans beherrschten Phratrien zählen; diese Bruderschaften waren oft rund um die Residenzen einer Adelsfamilie im ländlichen Gebiet ihrer Polis angesiedelt.

In den zugänglicheren griechischen Gemeinden, die am Meer lagen, verschärften sich diese sozialen Spannungen durch eine wirtschaftliche Konsequenz aus der wachsenden Zahl griechischer Siedlungen in Übersee. Der Austausch zwischen den griechischen Gemeindestaaten vervielfachte sich sowohl zwischen den Neugründungen als auch zwischen einer Kolonie und ihrer heimischen Gemeinde. Die Gewinne, die mit der Zunahme des friedlichen und unfriedlichen Warenerwerbs anfielen, gingen in erster Linie an die Aristokraten als die Förderer solcher Unternehmen. In der Folge kamen immer mehr Luxusgegenstände vom Feinsten und Zeichen gesellschaftlicher Exklusivität in Umlauf. Einige der erlesensten wie Elfenbein, Flachs oder Silber stammten aus lokal begrenzten Versorgungsquellen im Ausland, andere wurden für die erhöhte Kaufkraft der heimischen Oberschicht von den Handwerkern der Stadtstaaten entworfen. Das steigende Niveau der Prachtentfaltung barg gesellschaftlichen Sprengstoff. Kein Adliger konnte es sich leisten, über längere Zeit weniger Aufwand zu treiben als andere Standesgenossen. Bei Hochzeiten oder Bestattungen zeigte sich der Glanz seiner Familie den Augen der Öffentlichkeit, und je luxuriöser die übrigen Aristokraten auftraten, desto größer sein Bestreben, mit ihnen Schritt zu halten. Infolge der Intensivierung von Zwietracht und gesellschaftlicher Rivalität löste sich das ältere Ideal des Adels als einer »Gemeinschaft der Gleichen« in Gewalt und Zerrüttung auf. Aber die Zwietracht hatte weitergehende Konseqenzen. Die einfachen Bürger erwarteten von ihren Adligen noch immer ein gerechtes Urteil und besonnene Vermittlung, aber Uneinigkeit und persönliche Feindschaften beeinträchtigten die Amtsführung eines Adligen oder seine mündliche Rechtsprechung. Um nicht hinter den Standesgenossen zurückzustehen, konnte er unter Umständen auch härtere Bedingungen auferlegen, wenn unmittelbar Abhängige betroffen waren oder ein Bürger um Darlehen oder Hilfe in momentaner Not nachsuchte.

Überdies kam es auch zu einer gewissen Streuung des Reichtums. Die Adligen konnten die Profite aus dem Handel im Ausland nicht länger monopolisieren und ebenso wenig die Auswirkungen ihrer Verschwendungspraxis im Griff behalten. Sie schufen sich damit neue Rivalen um den von ihnen beanspruchten Nimbus gesellschaftlicher Geltung. Der Multiplikator-Effekt, wie ihn die moderne Wirtschaft kennt, sorgte dafür, dass die hemmungslosen Ausgaben für den Prestigegewinn durch die soziale Pyramide nach unten sickerten. Nicht nur begannen auch Nichtadlige Handel zu treiben – die Nachfrage der Adligen bereicherte zudem die Besitzer geschickter Handwerkerssklaven oder die Lieferanten neuer Luxusartikel. Mit der Diversifizierung der Adelsausgaben entstand Reichtum vereinzelt auch in den bürgerlichen Schichten, anfangs vielleicht in ein paar Dutzend Familien jedes Gemeindestaats, keinesfalls in einer kaufmännischen Mittelschicht. Wenn aber auch sie fähig waren, aus eigener Kraft zu Wohlstand zu gelangen, warum konnten sie dann nicht ebenso gut wie jeder Angehörige der adligen Elite eines der prestigeträchtigen öffentlichen Ämter übernehmen?

Sechzig Jahre zuvor hatte Hesiod den Adel seiner Region vor unlauterer Rechtsprechung gewarnt – Gott Zeus werde sonst mit Blitz und Donner die ganze Gemeinschaft strafen. Homer hatte die Herbststürme als Vergeltung der Götter für Gewalt und trügerische Entscheidungen in der öffentlichen Versammlung *(agora)* dargestellt. Doch jetzt, nach der Reform der militärischen Taktik, war man imstande, wiederholter Ungerechtigkeit und Parteienzwietracht mit menschlichen Mitteln zu begegnen. Nach einer besonders empörenden Schandtat konnte ein adliger Standesgenosse, ein militärischer Führer vielleicht, die Bürgerschaft dazu drängen, sich im neuen Hoplitenstil zu bewaffnen, ihre Aristokraten zu vertreiben und ihn selbst an ihrer Stelle als Herrscher einzusetzen. Er werde die Uneinigkeit beenden, nach dem Rechten sehen und die Wettbewerbsspirale der High Society in Schranken halten. Die Tyrannen waren die ersten Herrscher, von denen bekannt ist, dass sie Gesetze zur Eindämmung des Luxus erließen. Der ausschlaggebende Grund war nicht die Überlegung, dass die Kosten eines solchen Luxus besser für die öffentliche Hand und damit das Gemeinwohl verwendet wären. Bekämpft wurde der überschießende Luxus vielmehr als potenzieller Konfliktherd in der Oberschicht und überdies als Bedrohung der herausgehobenen Stellung des Tyrannen selbst.

Auch unverdiente Amtsübernahme in der Gemeinschaft war ein Anlass für Groll und Unfrieden. Im archaischen griechischen Gemeinwesen boten sich nur wenige öffentliche Aufgaben an, die Renommee versprachen, doch als der Reichtum allmählich bei den unteren Schichten ankam, gab es mehr Menschen, die sich der Amtsübernahme gewachsen glaubten. Wie immer machten enttäuschte Kandidaten Schwierigkeiten, daneben aber auch selbstbewusste »neue Männer«, Aufsteiger, die ausgeschlossen blieben. Die Tyrannen stellten also hohe Ämter in der Gemeinschaft und in der Ratsversammlung mehr Geschlechtern zur Verfügung, darunter reichen und fähigen Bürgern außerhalb des Adels. Sie bestimmten damit weitgehend über den sozialen Stellenwert und Aufstieg und letztlich auch über die Rechtsprechung zwischen den Bürgern. Und die politische Wahl des Kandidaten wurde dabei in aller Stille zur »Auswahl« umfrisiert. Zu Hause mussten lästige Rivalen umgebracht oder ins Exil geschickt werden, im Ausland aber hüteten sich die Tyrannen vor unnötigen Grenzstreitigkeiten mit anderen Tyrannen: Sie bargen das Risiko einer militärischen Niederlage.

Kurz, die Tyrannen waren bemüht, die Endlosspirale von Ehrgeiz und Partikularinteresse durch einen ultimativen Akt ehrgeizigen Partikularinteresses zu beenden – durch den eigenen Staatsstreich. Gewöhnlich bedeutete das auch Blutvergießen, und da Tyrannen ihre Herrschaft als vererbbares Familienkapital betrachteten, wurde sie an die nächste Generation weitergegeben. Es konnte nicht ausbleiben, dass einige dieser Erben weit weniger umsichtig oder fähig waren als ihre Väter. So zirkulierten bizarre Geschichten über Periander, den zweiten Tyrannen in Korinth – dass er mit dem Leichnam seiner Frau den Beischlaf vollzogen habe, dass er Bordellbetreiber ins Meer werfen ließ –, oder über Phalaris auf Sizilien, der seine Feinde in einem riesigen Bullen aus Bronze geröstet habe, eine Geschichte, die vermutlich durch eine der erhaltenen Bronzeskulpturen des Tyrannen inspiriert war. Die Tyrannis war von einer elementaren Illegitimität geprägt, und aufmerksame Bürger waren sich ihrer Nachteile sehr wohl bewusst. Schon Jahrzehnte nach der ersten Tyrannenherrschaft begannen einige griechische Stadtgemeinden nach einer Alternative für den Abbau von Spannungen zu suchen. Die von ihnen bevorzugte Option war der Weg des Rechts nach den Vorschriften zeitgenössischer Gesetzgeber.

Unter den Aristokraten hatten sich auch bisher schon einzelne Gesetzgeber gefunden, aber die soziale und politische Krise von der Mitte des 7. bis zum 6. Jahrhundert verschaffte ihnen neuen Spielraum. Von Dreros auf Kreta stammt das erste in schriftliche Form gebrachte griechische Gesetz (vermutlich um 650 v. Chr.). Es begrenzt die übermäßig verlängerte Besetzung der wichtigsten öffentlichen Ämter, eine Form der Unordnung, die besonders leicht zur Tyrannis führte. In Athen brachen in den 620er Jahren Fraktionskämpfe aus, nachdem der mit ausländischer Hilfe angezettelte Staatsstreich eines Möchtegern-Tyrannen vereitelt worden war. Um den sozialen Frieden wiederherzustellen, wurden die Gesetze niedergeschrieben und öffentlich aufgestellt, eine

Entscheidung Drakons, des Athener Aristokraten mit der berühmt-berüchtigten »drakonischen« Härte. Im Jahr 594 v. Chr. lag, wiederum in Athen, für den Aristokraten Solon die Tyrannis in Griffnähe. Solon aber als gewählter Magistrat dieses Jahres mit besonderen Vollmachten zog es vor, »das Volk zusammenzurufen«[4] und dann weitreichende Gesetze aufzuzeichnen, die vieles regelten – von Grenzstreitigkeiten bis zu übertriebenem Aufwand bei Hochzeiten und Bestattungen, provozierenden Beleidigungen von verstorbenen Vorfahren und den fälligen Opfern im kultischen Festkalender.

Solon ist der bekannteste und bewundernswerteste Gesetzgeber im frühen Griechenland. Er war auch ein Dichter und verteidigte seine Reformen in kraftvollen Versen. Der Überlieferung nach erklärte er als erster, ein Konflikt, der zur Tyrannis führe, sei »Sklaverei«, die Freiheit folglich ein Wert, den die Bürger zu preisen und kämpfend zu verteidigen hätten, nicht nur gegenüber dem feindlichen Fremden, sondern auch innerhalb der eigenen Gemeinschaft.[5] Die Tyrannis schärfte den Sinn der Menschen für das, was sie verloren hatten. Um ihr zu entgehen, setzte er neben dem Areopag, der den Adligen vorbehalten war, einen zweiten Rat ein und verlieh den Reichen das Recht, wie der Adel öffentliche Ämter zu bekleiden. Berühmt wurde er für seine Entscheidung, die Abgaben abzuschaffen, die kleine Bauern in ganz Attika den adligen Schutzherren zu bezahlen hatten. Als Entgelt für den »Schutz« eines Adligen waren die Landbesitzer diesem ein Sechstel ihrer Ernte schuldig; die nichtadligen Besitzer waren Eigentümer dieses Landes und konnten es kaufen und verkaufen; aber die »Abgabe« blieb an das Land gebunden, unabhängig davon, wem es gehörte. Anschaulich beschreibt Solon in Versform, wie er die »schwarze Erde« befreite, indem er die Markste ine herausriß, auf denen diese alte »Schuld« festgehalten war.[6] Auch die Erde war »vorher versklavt«. Solon verdankte sie ihre Befreiung.

Diese Abgaben waren vom attischen Adel vermutlich seit den turbulenten Jahren der Dunklen Jahrhunderte eingetrieben worden. Im Jahr 594 v. Chr. aber gehörten viele Schuldpflichtige zu den neuen Hopliten-Soldaten und hingen damit nicht mehr vom militärischen Schutz ihrer adligen Herrschaft ab. Die Zahlungen waren ungerecht geworden, und selbst die Adligen willigten in die Abschaffung ein. Für sie war entscheidend, dass Solon nicht so weit gegangen war, den Grundbesitz der Reichen an die Armen umzuverteilen. Das Landeigentum des Adels blieb unberührt. Solon verbot allerdings die üble Praxis von Gläubigern, als Sicherheit für ihre Forderungen die persönliche Freiheit des Schuldners zu verlangen. Bei diesen Schulden handelte es sich meist um geringe, kurzfristig entliehene Beträge, aber sie brachten für den Schuldner das

Risiko einer – tatsächlichen oder angeblichen – Zahlungsunfähigkeit mit sich. Die Vorstellung von zusätzlicher Absicherung war nicht unbekannt, und da die bestehende Sicherheit (die Person) so überaus wertvoll war, konnte ein Gläubiger leicht versucht sein, ein Darlehen ungerechtfertigt zu kündigen. Schulden führten also zum inakzeptablen Faktum der Versklavung eines Atheners durch einen anderen. Außerdem erweiterte Solon das Rechtsverfahren, indem er das Recht, als Kläger aufzutreten, auf dritte, nicht unmittelbar in den Fall verwickelte Parteien ausdehnte. Solon förderte eine »aktive Bürgerschaft«, glaubte aber an eine abstrakte, unpersönliche Gerechtigkeit auf der Grundlage geschriebener Gesetze, nicht seiner persönlichen »Tyrannei«.

In früheren Untersuchungen dieser Geschichtsepoche haben Forscher Zusammenhänge mit den alttestamentlichen Propheten Israels hergestellt und das griechische Bemühen um Gerechtigkeit und Fair Play auf das Prophetenzentrum Griechenlands, das Orakel von Delphi, zurückgeführt. Die delphische Prophetie, so glaubt man, habe die neue »Rechtsstaatlichkeit« und den moralischen Abscheu vor der Tyrannis inspiriert. In Wahrheit aber dürfte Solon sich an einem »heiligen Krieg« beteiligt haben, der den delphischen Apollon von einer Priesterschaft befreien wollte, die man für ungerecht und zu parteiisch hielt. Gesetzgeber wie Solon nahmen keine göttliche Eingebung oder eine von den Göttern verliehene Gabe der Prophetie für sich in Anspruch. Sozialen Krisen begegneten sie in der Überzeugung, dass menschliche Gesetze sie abwenden und die Hauptakteure, wenn sie einige Eigeninteressen aufgaben, in einer neuen, dauernden Ordnung zu Einigkeit und Geschlossenheit finden konnten.

Solons Gesetzgebung ist nach Umfang und Detailreichtum zweifellos als »Kodex« zu qualifizieren. Wir können sie mit der uns am besten bezeugten Sammlung von Gesetzen für eine frühe griechische Stadtgemeinde vergleichen, den in öffentlichen Inschriften festgehaltenen Gesetzen der kretischen Stadt Gortyn von etwa 450 v. Chr.[7] Einige von ihnen waren zu ihrer Zeit neu oder jüngeren Datums, andere, sehr viel ältere, gingen bis in die Zeit Solons zurück. Ihre Zahl war nicht mit jedem Jahr gewachsen, als hätten die Jahresbeamten immer die ihnen vorliegenden Gesetze routinemäßig ergänzt. In den griechischen Stadtstaaten war es nicht üblich, dass die jährlich wechselnden Regierungsbeamten bei Amtsende ihre Richtersprüche als Gesetzessammlung öffentlich machten. Am wahrscheinlichsten ist, dass sie auf öffentlichen Beschluss hin zu einem einzigen Text gebündelt worden sind. In Gortyn hatte man wohl eigens Beauftragte bestellt, um bestehende Gesetze zu sammeln und alles, was sie fanden, zu veröffentlichen.

5 TYRANNEN UND GESETZGEBER

In den kretischen Gesetzen werden verwickelte Erbschaftsfragen behandelt, die auch Solon in Attika anging. Vermächtnisse sind eine Quelle sozialer Ungleichheit und potenzieller Spannungen, vor allem in der Oberschicht. Die gesetzlichen Geldstrafen für Vergehen waren je nach sozialer Klasse extrem unterschiedlich festgelegt. Ein freier Mann, der eine Sklavin seines Haushalts vergewaltigte, hatte nur 1 Prozent von der Buße zu bezahlen, die einen Sklaven für dasselbe Vergehen an einem freien Mitglied der Gemeinschaft erwartete. Die Gesetze von Gortyn kannten die halbfreien »Hörigen« *(woikeis)* und die Angehörigen einer Unterklasse *(apetairoi)*, die beide von den Speisegemeinschaften *(syssitia)* der freien Bürger ausgeschlossen waren.[8] Die Kodifizierung dieser Gesetze brachte nicht jedem Freiheit oder Gleichheit, der von ihnen betroffen war.

Auch Solon erkannte Unterschiede sozialer Klassen an und bekräftigte sie. Dennoch erklärte er alle Athener zu Freien, und die rechtmäßigen Sklaven galten von da an als Ausländer. Was aber galt für die Beziehungen zwischen dem »Volk« der Athener und der neuen Oberschicht aus Adligen und Reichen, die Solon legitimiert hatte? Solon enttäuschte die Hoffnungen jener Athener, die gleiche Anteile am Grund und Boden von Attika und eine Neuverteilung des Besitzes erwarteten. Das Volk, der *dēmos*, so sagt er uns, habe ja seine »Führer«. Aber sie wurden vermutlich nicht aus den Reihen der Ärmsten ausgewählt, dann hätten sie ja in einem unmittelbaren Klassenkonflikt mit den Reichen gestanden. Es dürfte sich bei ihnen eher um kleine Landbesitzer gehandelt haben, Männer aus der Gruppe der neu bewaffneten Hopliten, Leute, die vielleicht andernorts einen Tyrannen unterstützt hatten. Die Bürger Athens waren schon vor Solon in drei Kategorien eingeteilt; man besaß ein Pferd, besaß ein Joch Ochsen, oder man gehörte zu den Theten *(thētes)*, den Tagelöhnern, die nichts besaßen als ihre Arbeitskraft. Die attischen Hopliten waren die Besitzer von Ochsen, Bürger mit einem Grundeigentum, das knapp 3 Hektar und zwei Kühe, höchstens aber etwa 5–6 Hektar umfasste[9], nach heutigem Standard also ein äußerst bescheidener Landbesitz. Solon befreite diese Grundbesitzer zwar von der Pflicht, den Adligen eine überholte Abgabe zu bezahlen, sah aber davon ab, ihnen weiteres Land oder Vermögen zuzuteilen, wie er auch den untersten Schichten, den Theten, die vollen politischen Rechte vorenthielt – diese seien, so seine Überlegung, ihrem Stand nicht angemessen.

Wie die Tyrannen waren also auch die Gesetzgeber nicht ausdrücklich bemüht, die Geschlossenheit der Unterschicht zu fördern. Sie brachten den Gemeinwesen Ordnung und Gerechtigkeit zurück, doch die herrschende Kultur blieb die der Aristokraten. Im nachfolgenden Zeitalter der griechischen

Tyrannis nahmen die Möglichkeiten nobler, rivalisierender Prachtentfaltung sogar noch zu. Im Jahr 570 v. Chr. gab es neben der Olympiade vier weitere große Sportfeste. Die Pythischen Spiele in Delphi begannen 590 als Turnerwettkampf, der mit Kriegsbeute, vermutlich aus dem jüngst beendeten Heiligen Krieg, finanziert wurde, und schlossen damals auch einen berühmten musischen Wettstreit ein. Die Isthmischen Spiele (582 v. Chr.) feierten wahrscheinlich das Ende der Tyrannenherrschaft in Korinth. Der überlebende Tyrann im nahen Sikyon gründete daraufhin, ebenfalls 582, als Konkurrenzunternehmen am Ort seine eigenen Pythischen Spiele, worauf seine Feinde im benachbarten Kleonai, unterstützt durch die Männer von Argos, 573 die Nemeischen Spiele ins Leben riefen. In ganz Griechenland entfaltete sich eine Kultur der Prominenten, in deren Mittelpunkt nicht der große Kriegsheld, sondern der große Sportler, Dichter oder Musiker stand. Ganz anders die Welt des Alten Testaments oder die orientalischen Monarchien: Dort sucht man solche Prominente vergebens. Für ihre Athleten erfanden die Griechen die Siegesparade, das Vorbild für unseren »roten Teppich«. Die Städte hießen ihre Sieger bei der Rückkehr willkommen und belohnten sie, und man erzählte sich Wunderdinge über ihre Geschicklichkeit und später über ihren traurigen Niedergang (durch Altersschwäche, nicht durch Drogen). Der Freistilringer Timanthes stellte seine Kraft täglich unter Beweis, indem er einen riesigen Bogen spannte, doch als er aus der Übung kam, gelang es ihm nicht mehr, und es blieb ihm nur noch der Freitod. Und doch tötete er sich, wie es hieß, auf einem Scheiterhaufen wie einst der große Ringerheld Herakles.[10]

Zu Siegern wurden die Helden in diesen Spielen im Namen ihrer Heimatstädte ausgerufen. Zuhörer aus der ganzen griechischen Welt waren Zeugen dieses Augenblicks ihres Ruhms, und für den Tyrannen eines Stadtstaats war es demütigend, dass er einen solchen Erfolg nicht für sich selbst in Anspruch nehmen konnte. Sport war das Metier junger Männer, und die adligen Dichter schwelgten im kurzlebigen Ruhmesglanz der Jugend. Sport barg aber auch Risiken, doch Angst vor dem Risiko zu bekunden war einem Aristokraten fremd. In der Politik und im Krieg, bei den Spielen oder auf See – ein unaufhörlicher Strom von Gewinnern und Verlierern durchzieht das archaische Zeitalter. In einem Tempel auf seiner Heimatinsel Lesbos soll der Gesetzgeber Pittakos, einer der Sieben Weisen, als Weihgeschenk eine Leiter dargebracht haben, ein Symbol für das unvermeidliche Auf und Ab des Glücks im Menschenleben.[11]

Allerdings erfreuten sich die Familien der Tyrannen eines besonderen Vorteils – sie hatten weit größere Einkünfte als fast jeder andere Rivale unter den

Standesgenossen in ihrem Staat. Dieselben Tyrannen, die mit Gesetzen gegen den konfliktträchtigen Luxus zu Felde zogen, konnten großartige Tempel bauen, entworfen im neuen Stil der Steinarchitektur, den man von den Ägyptern übernommen hatte. Nicht alle diese Tempel waren solide Projekte – einer der größten, der auf Samos entstehen sollte, wurde auf sehr instabilem Gelände begonnen und nie vollendet. Die Tempel und Bauwerke der Tyrannen in Korinth und Athen sind jedoch die ältesten, die uns heute noch beeindrucken. Die Tyrannen von Stadtstaaten mit geeignetem Hafen verbesserten auch eine frühere Erfindung, die Triere, und bauten größere Flotten. Der Dienst in der Kriegsflotte sollte die Moral und das Gemeinschaftsgefühl der Bürger stärken. Während die Tyrannen die Extravaganz von Hochzeitsfesten gesetzlich begrenzten, ließen sie glanzvolle Wettspiele für die Freier der eigenen Töchter veranstalten. Im Unterschied zu anderen Aristokraten waren sie nicht als Dichter bekannt, taten sich aber als Gönner von Dichtern, Künstlern und eigenen Stadtfesten hervor. Es blieb ihr Bestreben, einander den Rang abzulaufen, ganz im Stil des alten Adels, dessen Motto lautete: »Was du kannst, kann ich besser.« Der Drang nach Selbstvergewisserung nötigte sie, die Adligen, unter denen sie noch immer lebten, in den Schatten zu stellen, und dieser Vorrang galt ihnen mehr als die Förderung »bürgerlicher Identität« unter den nichtadligen Mitgliedern ihres Stadtstaats. Vor dem Auftreten der Tyrannen hatte schon der Adel die Dichter und Kunsthandwerker, auch die Seeabenteuer von Handeltreibenden und Händelsuchenden protegiert. In Ermangelung eines populären Alternativprogramms suchten die Tyrannen ihn darin zu überbieten. Die Folge war, dass aus der ersten Ära einer politischen Revolution nicht die Ära einer neuen Kultur des Volkes hervorging, sondern die Werte des Adels sein politisches Monopol überlebten.

6
SPARTA

Denn er war wie nur einer geeignet ... den Leuten, mit denen er umging, die Überzeugung einzuflößen, dass man Klearchos folgen müsse. Dies bewirkte er durch seine Strenge; denn er hatte einen finsteren Blick, war in der Rede barsch, strafte hart, auch bisweilen im Zorn, so dass es manchmal ihn selbst reute. Er strafte nämlich aus Grundsatz, denn er war der Überzeugung, dass ein zügelloses Heer durchaus unbrauchbar sei. ... Deshalb wollten die Soldaten in Gefahren bereitwillig auf ihn hören und wählten keinen anderen; denn das Finstere, sagten sie, zeige sich dann als Heiterkeit, und die Strenge ... als Stärke gegen den Feind. ... Wenn sie aber aus der Gefahr heraus waren ... verließen ihn viele. Denn er hatte nichts Einnehmendes ... daher standen die Soldaten zu ihm wie Knaben zu ihrem Lehrer.

Xenophon, ANABASIS 2,6,9–11, über den Spartaner Klearchos (Übers. P. M. Laskowsky)

Im 7. Jahrhundert v. Chr. waren Freiheit, Gerechtigkeit und Luxus zweifellos treibende Elemente eines politischen Wandels. Der Hang zum Luxus wirkte in den Oberschichten der griechischen Stadtstaaten unleugbar gemeinschaftszerstörend, und der Grund für eine Gesetzgebung, die ihn eindämmen sollte, war kein irrelevantes Moralisieren. Die politische Marginalisierung der Nichtadligen und die parteiische Regelung von Streitigkeiten führte zur Forderung nach einer unpersönlichen Rechtsprechung, wie sie in Solons Reformen und den ihnen zugrundeliegenden Werten beispielhaft deutlich wird. Solon stand auch für Freiheit, verstanden als Freiheit von der Sklaverei unter einem Tyrannen und der Versklavung durch die Abgabenpflicht eines Bürgers gegenüber einem Höhergestellten. Nach seinen Reformen waren alle Athener vor Schikanen ihrer Mitbürger von Gesetzes wegen geschützt. Sie konnten auch als Drittpartei gegen jeden Klage erheben, der sich gewalttätig und missbräuchlich verhielt – Hochmut *(hybris)* zeigte –, und es war ihnen verboten, einen Mitbürger zu versklaven. Das Gesetz gewährte ihnen eine entscheidende Freiheit von ... – den Schutz vor Höherrangigen mit dem Dünkel des Odysseus in der *Ilias*.

6 SPARTA

Die größten Veränderungen durch Freiheit, Gerechtigkeit und Luxus haben in dieser Zeit jedoch die Spartaner bewirkt. Ihr Leben blieb durch Jahrhunderte von diesen Folgen geprägt. Im Winter des Jahres 125 n. Chr. besuchte Hadrian auch Sparta und soll, wie es heißt, die »spartanischen Werte« gepriesen haben.[1] Wie andere Touristen erlebte er die Spiele und Feste der jungen Spartaner und hat wohl das brutale Auspeitschen der jungen Läufer beobachtet, die an den Rennen teilnahmen. Noch immer war Sparta ein höchst merkwürdiger Ort mit einer großen Vergangenheit, doch Hadrian und seine Zeitgenossen hatten keine genaue Vorstellung davon, wie und warum »spartanische Werte« entstanden waren. Das Geheimnis Spartas bleibt so notorisch schwer durchschaubar, weil die uns erhaltenen Zeugnisse seit dem frühen 4. Jahrhundert v. Chr. fast ausnahmslos von Legenden über Sparta, von einer »spartanischen Fata Morgana«, gefärbt sind. Ein idealisiertes Sparta war eine der wirkungsmächtigsten Utopien der Geschichte und hat Generationen politischer Denker, von Platon bis zu Thomas Morus und Rousseau, beeinflusst.

Anders als die Mehrzahl der übrigen griechischen Gemeindestaaten blieb das alte Sparta ein Königtum, doch wiederum anders als alle bekannten Staaten des Altertums, außer dem der Chasaren am Schwarzen Meer im 8. Jahrhundert n. Chr., wurde es nicht von einem, sondern gleichzeitig von zwei Königen regiert. Diese Könige hatten kultische Pflichten, die in anderen griechischen Gemeindestaaten auf die Priester aufgeteilt waren. Im Krieg führten sie die Armeen an, und nach ihrem Tod wurden sie mit höchsten Ehren bestattet. Auch die Dörfer, aus denen sich Sparta zusammensetzte, waren eigenartig. Sie waren von Anfang bis Ende ihrer Geschichte nicht ummauert. In künftigen Zeiten, heißt es bei Thukydides, würde es niemandem einfallen, aus den unbedeutenden sichtbaren Überbleibseln Spartas auf seine einstige Macht zu schließen. Die politische Ordnung des Staates umfaßte ein weites Spektrum ungewöhnlicher sozialer Stände. Neben den Spartanern »gleichen Ranges« standen diejenigen »niedrigen Ranges«, die sogenannten *mothakes*, und die Periöken (Umwohner, *perioikoi*), die in den umliegenden Orten, nicht in den zentralen Dörfern Spartas wohnten. Außerdem gab es die Heloten (Gefangene), Staatssklaven, die Eigentum der Gemeinschaft waren. Sie bearbeiteten den Boden und lieferten die Hälfte ihrer Erzeugnisse an die Spartaner, konnten aber nicht wie die Sklaven andernorts verliehen oder verkauft werden. Auch für Theoretiker ältester Zeit standen die Heloten auf der Stufe zwischen Sklaven und Freien. In der Kindererziehung begann für die Söhne von Spartiaten (Vollbürgern Spartas) im Alter von sieben Jahren ein furchterregendes obligatorisches Training. Es gab viele Merkwürdigkeiten in Sparta, die jeden Außenseiter verblüfften. So konnten sich mehrere spartanische Brüder eine einzige Ehefrau teilen (wohl weil sie eine reiche Erbin war). Auch die Mädchen ließ man im Laufen, Ringen und in anderen, zum Teil nackt ausgeführten Sportarten üben, wohl um sie zu Müttern von kräftigen, gesunden Kindern zu erziehen. Alle männlichen Spartiaten aßen in Mahlgemeinschaften, Gruppen von etwa 15 Männern, und gegessen wurden einfache Speisen, unter anderem die berüchtigte schwarze Blutsuppe. Die Achtung vor Höherrangigen und vor der Meinung ihrer spartanischen Genossen war Kernbestandteil der gemeinsamen sozialen Werte.

Die erwachsenen Spartiaten schätzten knappe Formulierungen und einen lebendigen bildlichen Ausdruck. Auch wer ein paar Worte niederschreiben konnte, hielt es nicht für nötig, das häufig zu tun oder Bücher für eine bereichernde Lektüre zu nutzen. Diesem sparsamen sprachlichen Ausdruck entsprach eine streng konservative und geordnete Gesellschaft. Das System war vor allem anderen dazu bestimmt, Soldaten auszubilden, und dies mit einer Ausschließlichkeit, die dazu führte, dass dem Versagen eines Spartaners im Kampf sehr häufig die Selbsttötung folgte. Es kann nicht überraschen, dass die Archäologen im archaischen Sparta Tausende kleiner Bleifiguren von Hoplitenkämpfern bargen, daneben fanden sich Bronzefigürchen von Tänzerinnen, die ihre Röcke oder Mini-Chitone oberhalb der Knie halten, und große Kalksteinreliefs, auf denen kleine Figuren abgebildet sind, die sich größeren, sitzenden Personen nähern, offensichtlich Helden, denen man Verehrung erwies. Die Krieger und Tänzerinnen verweisen auf Spartas Erziehung, während auf den Reliefs die ungewöhnlich tiefe Götter- und Heldenverehrung der Spartaner sichtbar wird, die selbst im Altertum berühmt war. Einige griechische Götter allerdings fanden in Sparta keinen Anklang – der Dionysos-Kult scheint unbekannt gewesen zu sein. Der Gott des Rausches und regelloser Enthemmung war das denkbar größte Gegenbild der maskulinen spartanischen Selbstkontrolle.

Statisch war die spartanische Gesellschaft nie, und ihre Verfassung lässt sich nicht, wie im Altertum fälschlich angenommen, zur Gänze auf einen einzigen Gesetzgeber, auf Lykurg zurückführen. Als viele Jahre später versucht wurde, Personen aus der weit zurückliegenden Vergangenheit chronologisch einzuordnen, finden sich für Lykurg Datierungen, die etwa den Jahren 800–770 v. Chr. entsprechen. Doch heute wird sogar seine Existenz zu Recht in Zweifel gezogen. Die Gesetzgebung zur Reformierung der spartanischen Gesellschaft war, wie ich glaube, größtenteils um 640 v. Chr. erfolgt und betraf die elementaren Themen Freiheit, Gerechtigkeit und Luxus, die an anderen Orten der griechischen Welt zum Aufstieg von Tyrannen und Gesetzgebern führten.

6 SPARTA 87

Ende des 8. Jahrhunderts folgten die Spartaner unter ihrem Doppelkönigtum nicht dem Beispiel der übrigen Griechen, in Übersee Kolonien zu gründen. Stattdessen wurde dem Verband der bestehenden vier Dörfer, den *obai*, ein fünftes Dorf, Amyklai, einverleibt. Außerdem nahm man Zuwanderer aus Asine, der Küstenniederlassung des größten Rivalen und unmittelbaren Nachbarn Argos auf. Es folgte die Eroberung von Land in Messenien, dem unabhängigen griechischen Nachbarn, der durch einen hohen Gebirgskamm vom östlich gelegenen Sparta getrennt war. Die spartanischen Könige teilten diesen Boden sodann den eigenen Bürger-Kämpfern zu. Diese Zuteilung war selektiv und ungleich, und die Unruhen, die ihr folgten, führten vermutlich 706 v. Chr. zur Gründung der einzigen Kolonie der Spartaner in Übersee, Taras (heute Tarent) in Süditalien. In der späteren Legendenbildung wurde diese Kolonie fälschlich der Promiskuität spartanischer Frauen während der kriegsbedingten Abwesenheit ihrer Ehemänner zugeschrieben. Als die Männer zurückkehrten, hieß es, mussten sie sich der bleibenden Folgen, ihrer Bastarde, entledigen.

Die Bewegungen aus den Heimatdörfern hinaus waren unterschiedlicher Art und darum zweifellos umstritten. Sie dürften denn auch der Grund gewesen sein, warum die spartanischen Könige in der Folge den Rat des Orakels von Delphi für eine Reform der Verfassung einholten. Die 38 Wörter des Orakelspruchs, bekannt als die Große Rhetra (Verkündigung), die Aristoteles später überlieferte, sind überaus dunkel, und ihre Deutung ist umstritten. Soviel ist sicher, dass sie die formale Existenz eines Rates älterer Männer bestätigen, der später als Gerusie bezeichnet wird. Dieser Rat, bestehend aus Männern über sechzig, hatte die Aufgabe, einzelne Anträge vorzubereiten, die vor die Volksversammlung kommen sollten. Diese offizielle Funktion vorbereitender Ausschussarbeit ist zutreffend als wichtiger Beitrag zur Regierungstechnik beschrieben worden.[2] Die Anträge waren dann dem Volk zu unterbreiten, und der nächstliegenden Textinterpretation zufolge bestand das Hoheitsrecht des Volkes darin, »ja« oder »nein« zu sagen. Wenn Angehörige des Volkes sich zu anderem als dem vorgelegten Antrag äußerten, hatte der Rat der Alten das Recht, »davon abzusehen« und kurzerhand seinen ursprünglichen Antrag zur Entscheidung vorzulegen – die Übersetzung dieser griechischen Wörter war selbst im Altertum schwer verständlich, doch meines Erachtens bedeutete »davon absehen« in diesem archaischen Griechisch soviel wie »um Stellungnahmen bitten«.[3]

Das Volk, der *dēmos*, waren die Bürger Spartas – Männer unter sich. Als Gesamtheit scheint ihnen die letztgültige Macht im Staat *(kratos)* erteilt worden zu sein, eine erste Antizipation der Herrschaftsform, die wir später in dem zusammengesetzten Wort *demo-kratia* ausgedrückt finden. Diese Volksmacht hing jedoch von vorherigen Entscheidungen eines Ältestenrats und zweier Könige ab und blieb auf den respektvollen Kontext einer Versammlung von Wehrmännern beschränkt. War diese politische Freiheit die Konzession an ein spartanisches Volk, das gerade die neue, massierte Kampftaktik der Hoplitenphalanx eingeführt hatte und nun in der Lage war, sich in einem Krieg selbst zu verteidigen? Nach meiner Ansicht erfolgte der politische Wechsel in Sparta vor der militärischen Umstellung auf die Hopliten-Taktik und lässt sich überzeugender auf die Auswirkungen von Spartas markantester Eigenart, der Herrschaft zweier Könige, zurückführen. In den Auseinandersetzungen der vorhergehenden Jahrzehnte, von etwa 730 bis 705, war es sehr wohl möglich, dass die Könige und ihre Anhänger in strittigen Entscheidungen uneins waren und keine Übereinkunft zustande kam. In Homers *Ilias* ist ein solcher Streit zwischen zwei unversöhnlichen königlichen Helden, Agamemnon und Achill, nicht zu schlichten und spielt sich in Anwesenheit des griechischen Heeres ab – dies aber nur, weil König Agamemnon ihn vor den Augen der Soldaten austrägt. In Sparta dagegen verlangten die politischen Reformen, Beschlüsse seien der Bürgerschaft von Rechts wegen in regulären Versammlungen vorzulegen, die in formell festgelegten Intervallen stattfanden. Diese politische Reform unterstützte die *eunomia*, das ordnungsgemäße Verhalten der Bürger vor dem Gesetz. Dieses Wort war nicht neu in der Sprache der Spartaner, auch kein abstrakter Begriff für eine neue Verfassung.[4] Schon Homer hat es verwendet, und der reformierte spartanische Staat verhalf einem alten Ideal zu neuer Blüte.

Immerhin aber hatten die Spartaner ungefähr ein Jahrhundert vor Solon ein gesellschaftliches Instrument erfunden, das wir als politische Rechte der Bürgerschaft bezeichnen würden, und ihre Bürger waren freie Männer, weil sie diese Rechte ausübten. Ihr Sinn für Freiheit schärfte sich angesichts zweier lokaler Gegensätze – der eine betraf die unterdrückten Heloten, der andere die Bewohner der umliegenden Städte, die *perioikoi*. Diese Periöken kämpften später in der spartanischen Armee, waren in Kunst und Handwerk tätig und bauten und bemannten Schiffe im Dienst der Spartaner. Sie blieben aber vom Wahlrecht und von der Teilnahme an den spartanischen Bürgerversammlungen ausgeschlossen. In unseren Ohren klingt das nicht eben »gerecht«, aber schon in den 670er Jahren wurde Sparta von einem durchreisenden Dichter, Terpander, lobend als Ort besungen, an dem »in den breiten Straßen der Speer junger Männer blüht wie auch die lichte Muse und die Gerechtigkeit«.[5] Im Lauf der Zeit beschäftigte die Justiz eine noch größere Zahl spartanischer

Beamter und eigens einberufener Richter. Vom Volk gewählte Beamte, die Ephoren, taten ein Jahr lang Dienst und verbrachten ganze Tage damit, über die Streitfälle spartanischer Bürger, darunter auch Fälle staatlicher Verträge, zu entscheiden. Begrenzter waren die richterlichen Befugnisse der Könige; auf Feldzügen allerdings hatten sie sehr viel größere Vollmachten. Fälle von großer Bedeutung gingen an die Gerusie. Auch ein König konnte in Sparta vor Gericht kommen, aber nur vor die Ephoren, den Rat oder den zweiten König. Eine große Jury wie in Athen, deren Geschworene aus den Reihen der normalen Bürger durch das Los bestimmt wurden, entwickelte sich in Sparta nicht. Das spartanische Recht war nie »demokratisch«; auch wurden spartanische Beamte oder Räte während oder nach ihrer Amtszeit nie durch ein formelles Verfahren grundsätzlich für »verantwortlich« erklärt. Übeltäter kamen gelegentlich vor Gericht, aber das Fehlen der obligatorischen Rechenschaftspflicht stand in scharfem Kontrast zum Vorgehen der Athener, bei denen dieses Prinzip breiten Raum einnahm.

Zwischen etwa 680 und 660 führte die spartanische Armee den Kampfstil der Hoplitenphalanx ein, nicht zuletzt um sich ihren »Hopliten-Nachbarn«, den Argivern, zu widersetzen. Doch im Jahr 669 errangen die Argiver einen bedeutenden Sieg über die Spartaner, und in den 650er Jahren brach in dem von den Spartanern eroberten Messenien ein Aufstand aus. Schauerliche Verse des spartanischen Hymnendichters Tyrtaios forderten die Truppen Spartas zu größeren Anstrengungen auf, um Messenien zurückzuerobern, und wurden in der Folge von den spartanischen Kriegern oft auf dem Marsch in die Schlacht gesungen.

In den 640er Jahren war das benachbarte Messenien durch die spartanische Armee endgültig erobert worden, und die Sieger konnten den gesamten Boden des Landes nach Belieben verteilen. Die Spartaner hatten die neue Regierungsform der Tyrannis, die seit den 650er Jahren in Korinth und anderen Orten aufgekommen war, sehr wohl zur Kenntnis genommen, und der Konflikt und das Blutvergießen, die sie verursacht hatte, waren ihnen sicher nicht unbekannt. Als die Herren eines griechischen Messenien konnten sie die Etablierung dieser Unruhe stiftenden Herrschaftsform unmöglich auch in Sparta riskieren; also befassten sie sich mit den sozialen Spannungen und den konkurrenzbedingten Ungerechtigkeiten, die eine Entstehung dieser Alleinherrschaft begünstigen würden. In den aktuellen politischen Rahmen ihrer früheren Großen Rhetra wurden darum soziale und ökonomische Reformen eingebaut. Meines Erachtens kamen die wichtigsten, das soziale Leben betreffenden Gesetze schon um 640 auf den Weg und waren als genuin spartanische Alternative zur Tyrannis gedacht. Die Personen ihrer Urheber verschmolzen sodann zur Figur des legendären Gesetzgebers Lykurg, und ihre Namen gerieten in Vergessenheit. Dennoch sind sie die Väter der ersten umfassenden Gesetzgebung im frühen Griechenland.

Diese Gesetze verpflichteten alle Männer Spartas, sich dem Training zu unterziehen, das sie zu Kriegern und Bürgern tauglich machte. Zum ersten Mal überhaupt wurde die Erziehung für eine ganze Gesellschaftsschicht obligatorisch. Mit sieben Jahren wurden die Knaben der Obhut ihrer Familie entzogen und gezwungen, barfuß zu trainieren, im Freien zu schlafen und als »Pflichtabenteuer« Diebstahl zu begehen. Ihre Mahlzeiten waren von buchstäblich spartanischer Kargheit. Sie durchliefen klar definierte Alterskohorten, die der Autorität eines älteren Präfekten unterstanden. Auf jeder Stufe gab es Auslese und Wettbewerb. Unter den Zwanzigjährigen wurde ein kleines Korps dazu ausgewählt, als »Ritter« *(hippeis)* in der Leibwache der Könige zu dienen. Wer nicht in diese Auswahl kam, wurde ermuntert, die Erwählten im Kampf auf die Probe zu stellen, ein Vorgang, der sich jährlich wiederholte. Diese Ritter waren mit den Reitertruppen anderer griechischer Staaten in keinerlei Hinsicht zu vergleichen. Eine sozial überlegene Kavallerie hätte dem Ideal der kohärenten Peer Group, einer Gemeinschaft der Gleichen, widersprochen. Sie waren vielmehr die auserlesene Gruppe der 300, die ihre Könige schützten und als Kerntruppen in die Schlacht zogen. Die Ritter waren also zweifellos die »300 Vorkämpfer«, die in einem gefeierten Wettkampf des Jahres 546 gegen 300 ausgewählte Argiver antraten, vor allem aber waren sie die weltberühmten 300, die 480 v. Chr. bei den Thermopylen gegen das gesamte persische Heer antraten. Die fünf ältesten überlebenden Mitglieder der Reiterei wurden jährlich zu »Wohltätern«. Diese »Wohltäter« waren aber nicht wie die Wohltäter in anderen griechischen Städten aktive finanzielle Spender, sondern Polizeioffiziere, die das Amt hatten, in und außerhalb der Stadt das Betragen der Bewohner zu überwachen. Pferde spielten im Leben der spartanischen Ritter leider gar keine Rolle.

Junge Stadtbürger wurden von Mitgliedern in die Gemeinschaft der »Kasinos« oder Speise-Klubs gewählt, wobei eine einzige Gegenstimme genügte, um einen Kandidaten auszuschließen. Einmal gewählt, hatten die Mitglieder für die Kosten und Forderungen ihrer Tischrunde aufzukommen. Sexaffären waren in dieser männlichen Gesellschaft keine Seltenheit, nicht aber als Übergangsritus beim Eintritt in den Status der reifen Männlichkeit gesetzlich oder gesellschaftlich vorgeschrieben. Die jungen Mitglieder der Tischgemeinschaften wurden angehalten, die offene Landschaft zu durchstreifen, um zu jagen und mit der Jagdbeute zum gemeinsamen Mahl beizutragen, aber auch um die unterworfenen Heloten zu überwachen. Sie hatten Befehl, jeden Unruhestifter zu töten, und im Lauf der Zeit erklärten die für ein Jahr gewählten spartanischen Beamten, die Ephoren, den Heloten jedes Jahr den Krieg, damit diese Tötungen sämtlich als »gerechtfertigt« gelten konnten. Erwachsene Spartaner waren verpflichtet zu heiraten, vermutlich als Mittzwanziger, und man erwartete, dass sie Kinder zeugten, die zukünftigen Krieger, und dass sie diese während der lange dauernden Erziehung nun ihrerseits unterhielten. Die Bräute waren jüngere Frauen, etwa 18jährig, Töchter von Stadtbürgern und ausgebildet im Laufen und in anderen Sportarten sowie im Tanzen. Bei der Hochzeit hatten beide Geschlechter auffallend kontrastierende Rollen. Der Mann machte Anstalten, die Frau aus ihrer Familie herauszuholen; daraufhin schnitten ihr die Diener der Familie das Haar, um ihren Statuswechsel zu kennzeichnen, und halfen ihr einen Männerumhang und Männersandalen anzulegen. Sie wartete in einem halbdunklen Raum, bis ihr langhaariger Gatte erschien und die Ehe vollzog, die offenbar für seine homoerotischen Erwartungen und sein Gruppenleben unter Männern nur minimale Einschränkungen mit sich brachte. Ihr Ziel war es, gesunde Kinder männlichen Geschlechts zu produzieren. In antiken Zeugnissen nichtspartanischer Autoren wird behauptet, dass schwache und missgebildete spartanische Neugeborene grundsätzlich ausgesetzt wurden.

In diesem geschlossenen System wurden die Männer in einer öffentlich deklarierten »Gemeinschaft der Gleichen« zu Bürger-Soldaten ausgebildet. Das System war kein Überbleibsel aus einer früheren Stammeskultur, sondern man hatte es absichtsvoll eingesetzt und erweitert, um eine drohende Gefahr der Gegenwart, die Tyrannis, fernzuhalten. Außenstehende taten sich schwer damit, die selbsternannten spartanischen »Gleichen« *(homoioi)* und die Art dieser Gleichheit genau zu erklären. Behauptet wurde, alles Land in Sparta und Messenien gehöre dem Staat und unter den wirklich »Gleichen« sei Privateigentum verboten. Grund und Boden in staatlicher Hand gab es zwar, aber möglicherweise nur im spartanischen Kernland, und es ist zu vermuten, dass nur ein einziges Mal, nach der Eroberung Messeniens in den 640er Jahren, Zuteilungen gleicher Größe vorgenommen wurden und jeder Bürger-Krieger eine Art Start-Parzelle erhielt. Anders als das »Land in Staatsbesitz« konnten diese Parzellen jedoch gehandelt und vererbt werden. Ein wichtiges Hintertürchen machte es möglich, dass Besitz, der einer Tochter vermacht wurde, bei deren Hochzeit in andere Hände überging. Reiche Erbinnen wurden zwangsläufig an den meistbegüterten Freier verheiratet, und das doppelt begüterte junge Paar versuchte dann, nicht allzu viele Kinder aufzuziehen, unter die ihr neu erworbenes ökonomisches Potenzial später einmal aufzuteilen wäre. Landbesitz gelangte folglich durch eine Konzentration von Erbschaften in immer weniger Hände, während man in anderen griechischen Staaten, einschließlich Athens, versuchte, die Erbfolge unter strikte Regeln zu stellen. In Sparta führte dieser Prozess schließlich dazu, dass die Zahl der Spartiaten, die für die Tischgemeinschaften und die sportliche Ausbildung aufkommen konnten, ständig abnahm. Bei Einführung des Systems um 640 v. Chr. soll die Zahl der spartanischen »Gleichen« etwa 9000 betragen haben. Um 330 war diese Zahl auf weniger als 1000 gesunken, ohne dass diese Schrumpfung auf Unfruchtbarkeit zurückzuführen wäre. Mit ihrem harten System zielten die Spartaner im Wesentlichen darauf, sich als integrale »Hopliten-Bürgerschaft« zu organisieren und damit ihren Bestand in Sparta zu sichern, ohne das Begleitrisiko von Staatsstreichen ehrgeiziger Tyrannen einzugehen. Schonungslos zielte dieses System darauf ab, den Spaltpilz Luxus in Schranken zu halten, und dies in einem Ausmaß, das spätere politische Denker, besonders Rousseau, faszinierte. Das Ziel sozialen Zusammenhalts, das andernorts durch ein Stückwerk von Gesetzen verfolgt wurde, die Tyrannen und Gesetzgeber gegen die Extravaganz erließen, suchten die Spartaner auf radikale Weise zu erreichen.

Was in den 640er Jahren als vorausschauend und modern erschienen war, hatte in Sparta Bestand und galt Außenstehenden später als ausnehmend archaisch und seltsam. In diesen frühen Jahren, als eine Münzprägung noch nicht einmal existierte, war der Gebrauch von Eisengewichten keine spartanische Eigenheit. Er musste allerdings höchst absonderlich wirken, als seit 520 v. Chr. in anderen griechischen Stadtstaaten weitgehend geprägte Münzen in Gebrauch kamen. Entgegen den Phantasien späterer politischer Denker, ob sie nun von Karl Marx oder von nationalsozialistischen Publizisten stammen, wurde Sparta nie ein total kollektivistischer Staat. In Wahrheit setzten sich die Unwägbarkeiten des Privateigentums fort, und nach einer gewissen Zeit waren alle Spartiaten gleich, nur waren einige gleicher als andere. Seit der Mitte des 6. Jahrhunderts kann man eine Minderheit von spartanischen Reichen ausmachen, die unmäßig teure Pferdegespanne für Kampfwagen besaßen. Beginnend in den 450er Jahren, wird in Zeiten anhaltender Kriege und Krisen von höherrangigen Mitgliedern dieser angeblichen Gemeinschaft der Gleichen berichtet, die mit Pferd und Streitwagen als Sieger in Olympia und an anderen Orten persönlich glanzvolle Preise entgegennahmen. Als Reaktion darauf soll König Agesilaos II. seine Schwester aufgefordert haben, einen Siegesauftritt zu finanzieren, um die Spartiaten zu lehren, dass Siege bei Streitwagenrennen ein unmännliches Geschäft seien.

6 SPARTA

Doch den Spartanern blieben sowohl Tyrannen als auch die blutigen Auseinandersetzungen erspart, die ihre Herrschaft über das eroberte Messenien hätten gefährden können. Sie zelebrierten weiterhin die den Göttern geweihten Feste, Wettspiele, sogar Pferderennen, und glänzende Veranstaltungen mit Gesang und Gruppentanz, bei denen die jungen Mädchen ein »Jungfernlied« von beschwörender Eindringlichkeit vortrugen, das der Dichter Alkman während eines Besuchs um 610 v. Chr. verfasst hatte. Tonmasken, die im spartanischen Heiligtum der Artemis gefunden wurden, lassen darauf schließen, dass auch die Männer rituelle Tänze aufführten; sie trugen »junge« Masken oder häßliche »alte« Masken, doch welcher Art diese Darbietungen waren, ist uns unbekannt. Dem Aristoteles erschien die spartanische Gesellschaft dennoch wie ein Heerlager, und diesem Urteil kann man nur zustimmen. In der Frühzeit um 700 v. Chr. hatten die Spartaner wohl erstmals das politische Beschlussrecht erhalten, aber nicht weil sie zu neuer Durchschlagskraft gelangte Hopliten-Troupiers waren. Etwa 50 Jahre später übten sie dieses Recht jedoch innerhalb einer Sozialstruktur aus, die in allererster Linie auf militärischen Erfolg konzentriert war. Die Wettspiele, selbst die Tänze der Frauen, dienten dazu, Kampfkraft und Ehrgeiz der Teilnehmer zu fördern. Zu den verbreiteten Instrumenten sozialen Drucks in Sparta gehörte der Spott, einschließlich, so heißt es, der Verspottung der Heloten, die man in trunkenem Zustand zu absurdem Herumstampfen animierte.

Von Dauer war die neue Einrichtung der kontinuierlich geschulten professionellen Hopliten-Armee, die den nur leicht trainierten und nur zeitweise aktiven Hopliten und Bürgern aller anderen griechischen Staaten weit überlegen war. Jahrhunderte lang marschierten ihre Krieger als geschlossene Phalanx, gekleidet in kurze, purpurrote Mäntel, zum Klang der Pfeifen und der martialischen Gesänge des Tyrtaios. Der Nachbar Argos war bei Homer so prominent in Erscheinung getreten und als Sitz des Königs Agamemnon die berufene Vormacht im südlichen Griechenland. Aber die Spartaner schlugen mit ihrer professionell trainierten Armee und mit einer Verfassung zurück, die nach ihren gelegentlichen schweren Pannen großen Stils laufend angepasst wurde. Ein solches System fehlte den Argivern. Auch die orientalischen Königreiche verfügten nicht über eine gut ausgebildete Infanterie, und als sie in den 550er Jahren v. Chr. nach trainierten und schwerbewaffneten Fußsoldaten Ausschau hielten, wandten sie sich an das entfernte Sparta. Geschenke, mit denen man Sparta für ein militärisches Bündnis zu gewinnen hoffte, kamen aus Lydien vom schwerreichen König Kroisos, während der ägyptische Pharao einen Brustharnisch aus sehr dicht gewobenem Leinen schickte, ein wahres Wunderwerk mit Goldfäden und figürlicher Stickerei, jeder Faden aus 360 Einzelfäden gewirkt. Ein Schwesterstück ging an den Tempel der Athene in Lindos auf der Insel Rhodos; es hatte dieselbe Dichte, wie der fleißige römische Statthalter Mucian um 69 n. Chr. feststellte: Er behauptete, in den zerfallenen Resten 365 Einzelfäden pro Faden gezählt zu haben – vielleicht irrtümlich einen für jeden Tag des Jahres.[6] Diese Geschenke lockten Sparta in eine weit weniger starre, weniger archaisierende Welt – in die Kolonien ionischer Griechen auf den Inseln der Ägäis und auf dem kleinasiatischen Festland.

7
DIE OSTGRIECHEN

Schwer ist mir die Seele geworden; nicht tragen die Knie mehr,
sie, die doch einstmals flink waren zum Tanzen gleich Rehen.
Darüber seufze ich oft jetzt. Doch was soll ich machen?
Alterslos zu werden als Mensch, der man ist, das ist ja nicht möglich.
Hat doch einst den Tithonos, so sagt man, die rosenarmige Eos,
von der Liebe ergriffen, fort bis an die Enden der Erde getragen,
als er schön war und jung. Doch es packte ihn trotzdem
mit der Zeit das weißliche Alter – und hatte zur Frau eine Göttin unsterblich!
            Sappho, Kölner Papyrus, erstm. publ. 2004 (Übers. J. Latacz)

Apatorios an Leanax ... Herakleides, Sohn des Eotheris, hat meine Güter geraubt. Es steht in deiner Macht, dafür zu sorgen, dass ich die Güter nicht verliere. Denn ich sagte, die Güter gehörten dir, und Menon sagte, dass du sie ihm anvertraut hättest ... und er sagte auch, dass die Güter in meinem Besitz deine seien. Wenn du also die auf Häuten (vermutlich Leder) geschriebenen Dokumente dem Herakleides und der Thathaie zeigst, [sind?] deine Güter [sichergestellt ... ?] ...
            Griechischer Brief in ionischer Schrift, auf einer Bleitafel geschrieben von Apatorios (ein ionischer Name) um 500 v. Chr., gefunden in Olbia auf griechischem Siedlungsgebiet an der Nordküste des Schwarzen Meeres, erstm. publ. 2004 (bis heute sind nur 5 weitere Briefe auf Bleitafeln bekannt, datiert um 540–500 v. Chr.)

Die Ostgriechen jenseits der Ägäis, an der Küste Kleinasiens und auf den benachbarten Inseln, dürfen in der archaischen griechischen Welt mit einigem Recht als kulturelle Führungsschicht gelten. Zahlreiche moderne Darstellungen der griechischen Geschichte vermitteln allerdings nicht diesen Eindruck. Ja, die Griechen Ioniens wurden sogar als Nachahmer und nicht als Vorreiter der kulturellen Entwicklung bezeichnet. Einer der Gründe dürfte sein, dass ihre Gebiete archäologisch weit weniger erforscht sind, und da sie zum Teil in der heutigen Türkei liegen, standen sie für die modernen Philhellenen, deren diplomatische Vertretungen und Schulen sich in Athen befinden, weniger im Zentrum des Interesses. Das griechische Festland hat in der Zeit vom 8. bis 6. Jahrhundert neben Ionien und den ostgriechischen Gebieten zweifellos entschieden trist und simpel gewirkt. Allein im Gebrauch der Sprache war der Osten weit überlegen. In der Dichtung hatte er einige rezitierende Vorläufer Homers hervorgebracht, wie zumindest sein überlieferter Dialekt vermuten lässt, und es ist kaum zu bezweifeln, dass auch Homer selbst dort beheimatet war. Die Ionier haben die poetische Gattung der Elegie zurück nach Griechenland gebracht und auch viele Metren und Gattungen der lyrischen Dichtkunst erfunden. Die Metren zweier genialer Inselgriechen, des Adligen Alkaios und der Dichterin Sappho, gaben der Lyrik neuen Rhythmus und Glanz, was die Dichter Roms und später auch Englands in ihren »sapphischen« und »alkaiischen« Strophen nachzuahmen versuchten. Als man um 520 v. Chr. begann, Prosatexte schriftlich zu fixieren, geschah dies zuerst im ionischen Dialekt. Die Ionier haben darüber hinaus ihren eigenen erlesenen Beitrag zur griechischen Dichtung geleistet – in Gestalt des unbekannten Verfassers des Hymnos an den Apollon von Delos (vermutlich um 670–650 v. Chr.), der wahrscheinlich selbst ein Ionier war. In ihren langen, wallenden Gewändern, so heißt es da, kamen die Ionier »samt Kindern und züchtigen Weibern« zu einem ihrer Wettspiele und gedachten Apollons mit »Tänzen und Liedern und Faustkampf«.[1] Jeder, der sie antraf, wenn sie versammelt waren, »meinte wohl ..., dass es Unsterbliche seien und solche, die nimmermehr altern«, »schwelgte sein Herz doch in Freuden, / Wenn er die Männer erblickt und die schön gegürteten Frauen, / Schiffe in eilender Fahrt und die Fülle ihres Besitztums«. Die Athener hätten zu dieser Zeit einen weit weniger eindrücklichen Anblick geboten, von den Spartanern ganz zu schweigen. Es ist ein Lobpreis der schönsten Art; die Besuche der ionischen Griechen auf Delos vermitteln ein poetisches Bild, das unsere Phantasie noch heute bezaubert.

Und doch waren diese Griechen des Ostens keineswegs verweichlicht. Auf dem Festland boten die weiten asiatischen Ebenen das gegebene Gelände für eine Kavallerie, und dort waren im 7. und 6. Jahrhundert einige der hervorragendsten Reiter zu sehen. Auf dem Festland hatten ionische »Männer aus Bronze«, Hopliten also, schon um 665 v. Chr. in Ägypten ausgeholfen – die Ostgriechen hatten die neue Kampftaktik und die »Hopliten-Revolution« als Erste eingesetzt.[2] Auch beim Einsatz der Triere in der Seeschlacht dürften sie an vorderster Front gewesen sein. Im Ostgriechischen ist das Wort in den

540er Jahren v. Chr. zum ersten Mal überliefert, und auch wenn die Inselgriechen weiterhin die älteren »fünfzigrudrigen« Schiffe benutzten – die Anzahl und gekonnte Verwendung der insgesamt 353 ionischen Trieren, die im Jahr 499 v. Chr. aufkreuzten, kann nicht das Ergebnis einer nur wenige Jahrzehnte langen Erfahrung gewesen sein.

Auch außerhalb der Schlachtfelder war das Leben der Ostgriechen von Eleganz geprägt, es sei denn, sie bewegten sich am unteren Ende der Gesellschaftspyramide. Ihr Luxus war weithin berühmt, und ihre Duftstoffe und filigran gewirkten Roben waren so fein, dass man ihnen nachsagte, sie hätten auch die Moral aufgeweicht. In einigen ihrer Städte, wie man namentlich von Kolophon an der Küste weiß, erschienen 1000 oder mehr ionische Männer, in lange, üppige Purpurroben gekleidet, auf ihrem öffentlichen Versammlungsplatz. Die Haare waren zu einem Knoten hochgesteckt und die Gewänder mit Goldbroschen geschmückt. Und bei den Frauen waren die berühmtesten unter den Kurtisanen dieser Zeit wohl nicht zufällig Ostgriechinnen. Sogar ihre Nahrung war vielfältiger. Um ihr Klima, das wir als heiß empfinden, wurden sie beneidet, und nach Kontakten mit dem nahen Königreich Lydien hatten sie Feigen für den Export, Kastanien zum Kochen und eine weit größere Auswahl an Zwiebeln. Um 600 v. Chr. besaßen sie sogar Pfirsichbäume, wie der Fund eines Pfirsichsteins im Heiligtum der Hera auf Samos jetzt beweist. Die Pfirsiche waren also sehr viel früher als bisher angenommen von China her in den Westen gelangt. Beziehungen zum Vorderen Orient ließen eine eigene, elegant ausgezierte »ionische« Form der Architektur mit anmutig gerundeten Säulenkapitellen entstehen. Ostgriechen begannen auch mit der Münzprägung, ursprünglich einer lydischen Erfindung. Zuvor hatten die griechischen Stadtstaaten als Maßeinheit abgewogene Metallstücke benutzt. Mit Einführung der Münzen wurden diese lediglich auf handlichere Formen zugeschnitten. Zunächst waren die Münzen nicht als Kleingeld für den Alltag geprägt, sondern als kostbare Legierung aus Gold und Silber, *elektron* genannt. Die Stadtstaaten hatten eigene, unterschiedliche Maßeinheiten, was einer sofortigen Übernahme der Münze für den Geldumlauf zwischen den einzelnen Staaten im Weg stand. Das Münzgeld wurde als Annehmlichkeit empfunden, aber es konnte den Griechen nicht im Alleingang neue ökonomische Perspektiven eröffnen.

Die bemerkenswerteste Erscheinung im ostgriechischen Raum des frühen 6. Jahrhunderts v. Chr. war jedoch kein Münzpräger oder Ruderer einer Triere, sondern die Stimme der Sappho. Sie ist die einzige Frau in der archaischen griechischen Welt, der wir beim Lesen ihrer eigenen Worte begegnen können, erst im 4. Jahrhundert folgt ihr die Dichterin Erinna, von deren Werk ebenfalls nur

Fragmente bekannt sind. Sapphos Dichtung ist in dieser frühen Zeit das einzige Zeugnis für Liebe und Begehren zwischen Frauen, und so gab die auf der Insel Lesbos beheimatete Dichterin dieser Spielart der Liebe ihren Namen.

Ihre Lyrik ist nur in Fragmenten erhalten; ein neues Fragment auf Papyrus, eine Klage über das Altern, wurde erst 2004 entdeckt und veröffentlicht. Weitere Funde sind nicht ausgeschlossen, doch auch das uns heute bekannte Werk offenbart ein faszinierendes soziales Umfeld. Die Frauen in Sapphos Umgebung kommen und gehen, und Sappho bekundet ihre Liebe und intensive Trauer über den Abschied, besonders die Liebe zu Anaktoria, die Lesbos verlassen hat, um unter den Lydern zu »glänzen«. Welcher soziale Kontext ist hier vorauszusetzen? In antiken, aber auch in vielen modernen Quellen erscheint sie als Lehrerin mit ihren Elevinnen. Wahrscheinlicher aber kam sie aus einem Haus mit weitläufigen gesellschaftlichen Verbindungen – auch eine Tochter wird ihr zugeschrieben –, die in Gemeinschaft mit anderen jungen Damen und Besucherinnen der Insel sang, tanzte und dichtete. Zum Teil könnten ihre Gedichte für eine Aufführung mit Chorgesang bestimmt gewesen sein, zum Teil waren sie eindeutig für Hochzeiten gedacht, und die Gruppe der »lesbischen« Verse wurde wohl eher im Kreis von Frauen rezitiert, nicht unbedingt im Rahmen eines kultischen Festes. Die Gedichte zeigen, dass die eine oder andere dieser jungen Damen die Gesellschaft Sapphos irgendwann verließ, vielleicht um zu heiraten, vielleicht um ihrem Ehemann zu folgen. Sappho aber ist die große Lyrikern des Begehrens, des »bebenden Herzens« und seiner körperlichen Symptome, der bitteren Süße der Liebe. Diese Sprache geht auch über engere freundschaftliche Bindungen weit hinaus; Sapphos Beziehung zu diesen Frauen – zu einer Anaktoria, Gongyla oder Atthis – ist echtes Begehren, und sie kleidet dieses lustvolle Verlangen in ausgesuchte Vergleiche mit der Natur. Die Dichterin Sappho hat einen besonders genauen Blick für Blumen: Von einer jungen Braut wird gesagt, sie habe einen »Busen wie ein Veilchen« – kein blau-violettes Veilchen, sondern das milchweiße Veilchen, das auf ihrer Insel wächst, ein »Lesbisches Stiefmütterchen« mit Blütenblättern von der Farbe der weiblichen Haut.[3]

In einem Athen unter Solons Gesetzen oder im Sparta der Reformen, in dem keine Frau ins Ausland heiratete, kann man sich Sappho und das Kommen und Gehen ihrer Elevinnen nicht so leicht vorstellen. Aber auch Sapphos Bruder, der eine berühmte griechische Prostituierte in Ägypten liebte, war weit gereist, und verglichen mit den meisten Athenern, gar nicht zu reden von Boiotern, hatten viele Ostgriechen einiges mehr von der Welt gesehen. Grund zum Reisen war für sie in erster Linie der Handel, und die für die griechischen Stadtstaaten angenommene »Schranke« zwischen Handel und Grundbesitz war in den ostgriechischen Oberschichten hauchdünn. Hier war man sich der Gewinnmöglichkeiten in Übersee und der Notwendigkeit, sich begehrte Importgüter aus verschiedenen Landschaften und nichtgriechischen Gesellschaften zu verschaffen, besonders klar bewusst. Es ist kaum anzunehmen, dass beim ständigen Kommen und Gehen in der ägäischen Inselwelt alle männlichen Angehörigen der grundbesitzenden Klasse das tägliche Handels- und Tauschgeschäft aus sozialen Gründen mieden. Spätestens seit Mitte des 7. Jahrhunderts gründeten als Erste die Milesier Dutzende von Niederlassungen entlang der Süd- und der Nordküste des Schwarzen Meeres bis hin zur Krim, zweifellos in der Absicht, sich Zugang zu den reichen Getreide- und Rohstoffvorräten der Region zu verschaffen. Seit etwa 630 v. Chr. waren dann wiederum die Milesier führend bei der Erneuerung der Beziehungen zum kornreichen Ägypten. Um 600 v. Chr. hatten sich Ostgriechen aus der Küstenstadt Phokaia im westlichen Mittelmeer niedergelassen und in der Nähe der Rhônemündung Massalia (Marseille) gegründet. Sie stießen bis in den Süden der Iberischen Halbinsel mit ihren Silberminen vor und umrundeten die nordafrikanische Küste. In der Zeit um 550–520 v. Chr. hatten die Ostgriechen die nichtmediterranen Gesellschaften der skythischen Nomaden jenseits des Schwarzen Meeres, die ägyptischen am Nilufer und die fremdartigen Stämme Nordafrikas kennengelernt. Diese drei Regionen, Skythien, Ägypten und Libyen, blieben für die ostgriechischen Autoren des 5. Jahrhunderts die Kontrastpunkte zur griechischen Lebenswelt. Sie waren jedoch von ionischen Händlern und Siedlern schon lange zuvor entdeckt und ins Gespräch gebracht worden. Ein ostgriechischer Reisender, Aristeas, war sogar bis weit in die zentralasiatischen Steppen gereist und hatte seine Eindrücke in einem Gedicht festgehalten. Er stellte sich vor, wie wohl ein skythischer Nomade die Schiffe und das Meer in einem »Brief« nach Hause beschrieben hätte.[4]

Es kann also nicht überraschen, dass der erste Versuch, eine Weltkarte zu zeichnen, von einem Milesier unternommen wurde. Anaximander (um 530 v. Chr.) stellte die Kontinente Asien und Europa in gleicher Größe dar, umgeben von einem Ozean. Ein anderer Milesier, der gelehrte Aristokrat Hekataios, verbesserte sie um 500 v. Chr. und schrieb einen »Rundgang um die Erde« mit den damals bekannten Ortsnamen. Die überlieferten Zitate aus seinem Werk erlauben uns den Informationen zu folgen, die ionische Seefahrer von ihren Routen entlang den Küsten Nordafrikas und Südiberiens hinterließen. Aber nicht nur auf Reisen kam man mit fremden Barbaren in Berührung. Im Raum des westlichen Mittelmeers wehrten sich Etrusker und Karthager seit den

540er Jahren mit zunehmender Härte gegen die eindringenden Ostgriechen, um die Kolonisierungsversuche in ihrer Region einzuschränken. Unterdessen hatten wiederholte Angriffe fremder Krieger die ostgriechischen Städte in Kleinasien bedroht: Mitte des 7. Jahrhunderts waren es Nomaden aus dem Norden, die Kimmerier, dann die reichen Könige Lydiens, darunter Gyges (um 685-645 v. Chr.) und Kroisos (um 560-546 v. Chr.), und schließlich die Perser, die in der Mitte des 6. Jahrhunderts vom ferneren Osten her eindrangen. Im Jahr 546 eroberte der persische Großkönig Kyros II. das Gebiet von Lydien, und in den ostgriechischen Städten Kleinasiens kamen persertreue Tyrannen an die Macht.

Das einfache, harte Leben der persischen Stammesangehörigen stand in scharfem Kontrast zum Luxus, zur Purpurgewandung und Verfeinerung der Ostgriechen, und diesen Gegensatz führte man später an, um die Niederlage der Griechen im Kampf gegen diese Barbaren zu erklären. Eine einzige Stadt schloss jedoch Verträge sowohl mit den Lydern als auch mit den Persern, was zu ihrem Gedeihen beitrug: Milet, dessen Apollon-Orakel im nahe gelegenen Didyma in die Erinnerung einging, weil es dem siegreichen Perserkönig Kyros die »ganze Wahrheit« verkündet habe. Aus Milet hören wir zur Zeit dieser Sonderverträge mit den Königen aus dem Orient (um 580-500 v. Chr.) zum ersten Mal vom griechischen Novum der Philosophie, die zum Teil auch als weltweit erster Versuch eines naturwissenschaftlichen Denkens gelten kann.

So wird von dem Milesier Thales berichtet, der für das Jahr 585 v. Chr. zutreffend eine Sonnenfinsternis voraussagte, von Anaximenes, der alles auf einen Urstoff, die Luft, zurückführte, und von Anaximander, der mit einer erstaunlichen Theorie über die Entstehung menschlichen und tierischen Lebens von sich reden machte. Das Leben, so sein Gedankengang, nahm seinen Anfang in einem wässrigen Element, und als die Erde zu trocknen begann, entwickelten sich Landtiere. Der langen Hilfsbedürftigkeit des jungen Menschen entsprechend, brachten fischähnliche Wesen die ersten Menschen in stachligen Hüllen zur Welt, und diese Hüllen gewährten ihnen lange Zeit Schutz.

Diese Denker führten keine Experimente oder Stichproben durch. Sie argumentierten auch nicht aufgrund wiederholter Beobachtung. Ihr Anspruch auf den Rang wissenschaftlicher Denker beruht auf dem Versuch, für bestimmte Aspekte des Universums eine allgemeine Erklärung zu finden, ohne sich auf Götter oder Mythen zu berufen. An keinem anderen Ort hatten sich Denker je an solchen Theorien versucht, und dieser neue Argumentationsprozess lässt sich zum ersten Mal auf formale Logik überprüfen. Warum also traten diese Männer gerade in dieser Zeit auf, und warum gerade dort?

Thales' Voraussage der Sonnenfinsternis stützte sich zweifellos auf die bereits seit Jahrhunderten vorliegenden astronomischen Aufzeichnungen von Babyloniern. Thales selbst war nach Ägypten gereist; dann kamen mit den Eroberungszügen die Perser nach Kleinasien. Als Heraklit, der Denker aus Ephesos, um 500 v. Chr. der scheinbaren Einheit der Welt einen einheitstiftenden »Kampf« zugrunde legte, waren seine Ideen vielleicht auch von den Theorien des kosmischen »Kampfes« beeinflusst, wie sie unter den Persern Ioniens verbreitet waren, die der Lehre des Propheten Zoroaster anhingen. Die Begegnung mit dem orientalischen Denken war für die intelligenten Griechen in Kleinasien ein wertvoller Stimulus wie andererseits aber auch ihre Reisen und eigene Beobachtungen. Es könnte absurd erscheinen, dass Thales gesagt haben soll: »Alles ist Wasser«, doch seine Heimatstadt Milet liegt am strudelreichen Fluss Mäander (heute Menderes), der dort stetig so viel Schwemmsand anlagert, dass die Stadt heute mehrere Kilometer weit von der Küste entfernt ist. Im Nildelta konnte Thales genau denselben Prozess wahrnehmen und beobachten: Wasser, das Landmasse schafft. Alltägliche Analogien zum Kochen und zur Keramikherstellung könnten den Versuchen anderer griechischer Denker zugrunde liegen, die versuchten, die Welt zu erklären.

Reisen allein genügten allerdings nicht, um »Wissenschaft« hervorzubringen. Diese Denker lebten auch in Gemeinschaften, die durch das unpersönliche Band der Gesetze zusammengehalten wurden. Infolgedessen neigten sie dazu, auch dem Universum bindende Gesetze zugrunde zu legen, und »Gerechtigkeit« und »Vergeltung« sind als Metaphern mitunter von Bedeutung, wenn sie versuchen, Veränderungen zu begründen. Allerdings wäre es ein Pauschalschluss, die »Geburt des wissenschaftlichen Denkens« der Existenz der griechischen Bürgergemeinschaft, der Polis, zuzuschreiben. Die ersten Denker erörterten ihre Theorien nicht vor den einfachen Bürgern dieser Gemeinden, sondern sie reagierten auf die im eigenen Kreis geäußerten Ansichten, wie sie schriftlichen Aufzeichnungen zu entnehmen waren. Entscheidend ist, dass diese freie Meinungsäußerung möglich war, weil die griechischen Gemeinschaften nicht von Königen beherrscht wurden und das Priestertum nur eine beschränkte, undogmatische Rolle spielte. Zu den Königs- und Priesterherrschaften in den älteren Königtümern des Nahen Ostens standen sie in schärfstem Kontrast.

Atheisten waren diese ersten Denker nicht; einer unter ihnen, Xenophanes, nahm sogar die Existenz »eines einzigen Gottes« an, eines höchsten Wesens, so scheint es, unter anderen Göttern; doch ihre Erklärungen des Universums waren andererseits auch nicht religiös begründet wie Theorien, die in Gesellschaften entstehen konnten, in denen Priester ihre »Weisheit« zu diesen Fragen verkündeten und Könige herrschten, denen man Schmeichelei und Gehorsam schuldete. Auch der am häufigsten zitierte und bekräftigte aller griechischen Prosa-Texte, der sogenannte Hippokratische Eid, ist wahrscheinlich in der Welt der Ostgriechen entstanden.[5] Noch immer werden seine Prinzipien von Ärzten angefochten oder beschworen, in der griechischen Medizin aber war es nur der Eid einer Minderheit von Heilkundigen. Es besteht kein Grund, ihn dem Hippokrates zuzuschreiben, dem berühmtesten unter den frühen griechischen Lehrern der Medizin, der mit der ostgriechischen Insel Kos in Verbindung gebracht wird. Die Entstehungszeit des Eides ist unbekannt, ebenso wie die Lebensdaten des Hippokrates, der vermutlich Anfang bis Mitte des 5. Jahrhunderts als Arzt wirkte, doch seine moralischen Grundsätze und Ideale werden seit Jahrhunderten hochgehalten und können als Reverenz an die griechische Wissenschaft gelten. Als eine Charta der Medizin betrachtet, wird der Eid von denen, die sich auf ihn berufen, manchmal falsch wiedergegeben. Sogar die Gegner der Euthanasie führen ihn als Rechtfertigung an. In Wirklichkeit wird darin von den Ärzten nur verlangt zu schwören, Giftmördern ihre Hilfe zu versagen, nicht aber solchen Menschen, die den Wunsch haben zu sterben. Die meisten modernen Ärzte bewundern noch immer die Klausel gegen die sexuelle Belästigung von Patienten beiderlei Geschlechts, ein Passus, in dem der Schwur auch die Person der Sklaven schützt. Weniger geschätzt wird der Passus, keiner Frau ein Pessar zu geben, um »einen Abort zu unterstützen«. Und die Forderungen, den eigenen Verdienst mit dem medizinischen Lehrer zu teilen sowie keine Gerüchte zu wiederholen, die man im Alltag außerhalb der beruflichen Dienstzeit über Patienten zu hören bekommt, dürften auch von den größten Eid-Bewunderern unter den heutigen Ärzten kaum befolgt werden.

Die lebendigsten unserer greifbaren Relikte aus der Welt der Ostgriechen stammen aus Westgriechenland. So liegt uns in einem viel späteren Text die Beschreibung einer phantastischen, mit Purpur gefärbten Robe vor, die für einen gewissen Alkisthenes hergestellt wurde, einen Mann aus dem wohlhabenden Sybaris im Süden Italiens.[6] In das etwa 2,70 m lange Gewand waren die Bilder zweier orientalischer Paläste, der eine in der Stadt Susa und der andere in der persischen Königsstadt Persepolis, eingewoben. Es muss im späteren 6. Jahrhundert angefertigt worden sein, denn Sybaris, die Heimatstadt des Alkisthenes, wurde 510 v. Chr. zerstört; doch das Gewand überstand die Zerstörung und hatte noch eine lange Geschichte vor sich – es wurde später für eine immense Summe an einen sizilischen Tyrannen verkauft und gelangte schließlich nach Karthago. Da zum Bildschmuck auch die Darstellungen griechischer Götter gehörten, war es sicherlich griechischer Herkunft. Genauer gesagt, es dürfte in Milet, der größten der ostgriechischen Städte, gefertigt worden sein, im Auftrag eines Mannes aus Sybaris, einer Stadt, zu der Milet in besonderer Beziehung stand. Der beschreibende Text lässt den weiten Horizont des bildenden Künstlers erahnen, des Mannes aus Milet, der von den großen Palästen der Perser im fern gelegenen Osten wusste, schon bald nach dem Bau dieser Paläste die erste Skizze von Persepolis entwarf und sein Produkt dann an einen Westgriechen in Italien verkaufte, zahllose Kilometer weit vom Perserreich entfernt, doch auch im Einflussbereich Milets gelegen.

In den 540er Jahren, als die persischen Heere Kleinasien überrannten, entschlossen sich die Bürger der kleinen Stadt Phokaia zur Flucht. Sie brachten ihre Frauen und Kinder an Bord, auch die Statuen und alle Opfergaben aus ihren Tempeln, »außer«, wie der Historiker Herodot berichtet, »Bronze, Stein und Malereien«.[7] Dann segelten sie nach Westen. Und aus dem Westen erreicht uns aus den folgenden Jahrzehnten noch ein letztes Echo des Stils ihrer ostgriechischen Malerei. Erhalten ist er in Tarquinia an der Westküste Italiens, etwa 95 Kilometer nördlich von Rom. Hier wurden etruskische Aristokraten in imposanten Gräbern, geräumig wie unterirdische Häuser, bestattet, deren Wände verputzt und dann mit figürlichen Mustern bemalt worden waren. Im ausgehenden 7. Jahrhundert kam aus Tarquinia auch Tarquinius Priscus, der nach Süden zog, um in Rom als König zu herrschen wie seine Erben nach ihm. Seit etwa 540 v. Chr. lässt die Form der Malereien in den Grabkammern der Adligen erkennen, dass in Tarquinia zu dieser Zeit begabte Künstler aus Ostgriechenland wirkten. Ihr unverkennbarer Stil prägt Meisterwerke der Malerei, die dem Geschmack ihrer etruskischen Gönner entsprachen: Die griechischen Einwanderer stellten Szenen von der Entenjagd, von Festgelagen und von Sportereignissen dar, ein erlesenes Echo ihrer griechischen Kunstfertigkeiten, in einem Westen, der sie bewunderte, den eigenen Gegebenheiten anpasste und übernahm.

8
AUF DEM WEG ZUR DEMOKRATIE

Histiaios der Milesier aber war dagegen. Er sagte, jetzt sei jeder durch Dareios Herr über seine Stadt, werde aber Dareios' Macht vernichtet, so werde weder er seine Herrschaft gegenüber den Milesiern behaupten können noch sonst einer von ihnen gegenüber seinen Bürgern. Denn eine jede Stadt werde lieber eine Herrschaft des Volkes haben wollen als die eines einzelnen Mannes.
Herodot 4,137, über Ereignisse an einer Brücke über die Donau (Übers. W. Marg)

Als im Jahr 546 v. Chr. die neuen Eroberer, König Kyros und seine Generäle, die Westküste Kleinasiens erreichten, sandten ihm die Spartaner zu Schiff einen Boten, der eine »Erklärung«, eine zweite Große Rhetra Spartas, bei sich trug. Darin ließen sie ihm sagen, er solle »keinen Stadtstaat auf griechischem Boden zerstören, denn sie würden es nicht erlauben«.[1] Für Sparta bestand zwischen Asien und Griechenland, wozu es unzweifelhaft auch die Ägäis rechnete, eine klare Grenze, und es fürchtete um Griechenlands Freiheit.

In Griechenland waren die Jahre von 546 bis etwa 520 die hohe Zeit der spartanischen Macht. Seine Soldaten hatten bereits ihre siegesgewohnten Nachbarn im südlichen Griechenland, die Männer von Argos und Arkadien, geschlagen und die unterworfenen Städte Arkadiens gezwungen zu schwören, zu »folgen, wohin die Spartaner sie führen«.[2] In der Schlacht hatten die Spartaner aus dem Bewusstsein Kraft geschöpft, dass der mythische Held Orest, der Sohn Agamemnons, unter ihnen weilte. In den 560er Jahren glaubte man, in Arkadien seien seine riesenhaften Gebeine von einem sehr angesehenen Spartaner entdeckt worden, der sie nach Sparta brachte und zusammen mit ihnen des Helden Kräfte. Die Heldenknochen waren vermutlich die Knochen eines prähistorischen Tieres, in denen die Spartaner, wie auch andere Griechen, irrtümlich die Überreste eines Angehörigen ihres Geschlechts von übermenschlichen Helden zu erkennen glaubten (»Orestesaurus Rex«).

Den Spartanern kam außerdem zu Hilfe, dass im Verlauf des 6. Jahrhunderts v. Chr. in den meisten Regionen Griechenlands die Herrschaft der Tyrannen ein Ende fand. In vielen Stadtstaaten traten die Söhne oder Enkel der ersten Tyrannen noch härter oder anstößiger in Erscheinung als ihre Vorgänger und gingen in einigen spektakulären Anekdoten, von denen die besten ihr Liebesleben betreffen, in die Geschichte ein. Von Periander, dem Tyrannen in Korinth, wurde sogar gesagt, er habe einen jungen Geliebten mit der Frage beleidigt, ob er schon von ihm schwanger sei. Die unstete, vom Konkurrenzgeist beseelte Kultur der Homoerotik war in der Tat eine der Ursachen von Schimpf und Vergeltung, aber sie war nicht die einzige Unruhequelle. Die Tyrannen hatten in einer Zeit der Uneinigkeit unter den herrschenden Adelsgeschlechtern die Macht ergriffen, nachdem die Hoplitenreform das Machtgleichgewicht zwischen Adel und unteren Ständen verändert hatte. Zwei oder drei Generationen später hatten die Folgen dieser Heeresreform ihre Brisanz verloren, und die Adelsfamilien konnten sich zumindest in dem Wunsch zusammenfinden, die Tyrannen loszuwerden. Die Kämpfer Spartas waren ein brauchbarer Bündnispartner, mit dem sich ein Sturz der Tyrannenherrschaft herbeiführen ließ, die ihren Sinn verloren hatte. Von Sparta glaubte man, es habe mit seinem System die stabilste »Alternative zur Tyrannis«[3], ohne dass Außenstehende den Charakter dieses Systems genau begriffen hätten. Die Spartaner wurden deshalb von unzufriedenen Aristokraten häufig aufgefordert, sie beim Sturz einer Tyrannis zu unterstützen. Landauf, landab zogen die Spartaner als »Befreier« durch Griechenland. Ein Auge auf die persischen Ambitionen in der Ägäis gerichtet und in enger Verbindung zum entfernten Verwandten im nordafrikanischen Kyrene (das »schwarze Sparta«), hatten die Spartaner in den Jahren von 550 bis etwa 510 tatsächlich breitere Interessen im Mittelmeerraum zu vertreten. Als einer ihrer Könige, Dorieus, um 514 v. Chr. gezwungen wurde, Sparta zu verlassen, machte er sich mit seinen Anhängern zunächst nach Libyen auf, später nach Süditalien und Sizilien, wo er bei dem Versuch, die nordwestliche phönikische Randregion der Insel zu erobern, den Tod fand.

Die Tyrannis war von den unzufriedenen Bürgern als »Sklaverei« verurteilt worden, und ihre Beseitigung wurde darum als »Freiheit« gefeiert. Als um 522 die Tyrannis auf der Insel Samos zu Ende ging, wurde der Kult des Zeus Eleutherios (Zeus der Freiheit) gegründet, ein Kulttypus, der eine lange Geschichte haben sollte. Freiheit bedeutete hier die Freiheit der Bürger von

Willkürherrschaft. Denn innerhalb der Polis war der Wert der Freiheit dem männlichen Teil der Bürgerschaft nicht durch die Proteste von unfreien Sklaven oder Frauen zu Bewusstsein gebracht worden, die verlangten, was ihnen versagt blieb. Seine Bedeutung verdankte er den Erfahrungen der politisch aktiven Männer der Polis unter der »versklavenden« Tyrannis, die das anfängliche Wohlwollen verspielt hatte. Aber nicht einmal die Tyrannen hatten die Ämter und die Gepflogenheiten eines Stadtstaats suspendiert. Wichtige Grundsätze des späteren freien, ja des demokratischen politischen Lebens der Griechen hatten ihren Ursprung in der Epoche der aristokratischen Tyrannis im 7. und 6. Jahrhundert v. Chr. Die Fristen für ein Amt im Staatsdienst waren gesetzlich festgelegt. Magistrate wurden am Ende ihrer Amtszeit, wenn auch nur flüchtig, überprüft. Auch die Rechtspraxis entwickelte sich, und in einigen Stadtstaaten gab es bereits die öffentliche »Auslosung« zur Bestimmung der Amtsträger. Bei den Namen, die auf die Kandidatenliste kamen, fand allerdings, fraglos mit Billigung der Tyrannen, eine Vorauswahl statt. Von etwa 650 bis 520 v. Chr. entwickelte sich »der Staat« stetig weiter, und unter den nachfolgenden Demokratien wurden diese Aktivitäten ausgeweitet und von der gesamten männlichen Bürgerschaft mitgetragen. Sie füllten jedoch kein Vakuum aus, als hätten Tyrannen und Aristokraten zuvor rein autokratisch regiert.

Auch war die Tyrannis außerhalb Spartas nicht die einzige Herrschaftsform. Im Verlauf des 6. Jahrhunderts v. Chr. wurde sie fortgeführt oder ersetzt, und diese Zeit war noch immer eine Epoche aktiver politischer Experimente der männlichen Bürgergesellschaft. Einige griechische Stadtstaaten wie Korinth oder Kyrene änderten die Zahl und die Namen ihrer Phylen; hier und andernorts wurden die Tyrannen durch verfassungsmäßige Gremien auf einer breiteren Basis abgelöst. In Kyrene wurden um 560 v. Chr. die Machtbefugnisse der herrschenden Könige durch einen Gesetzgeber beschnitten, der auf Einladung aus Griechenland gekommen war; die Reform verlief ohne Blutvergießen. Nach einer Zeit innerer Wirren in Milet verliehen fremde Schiedsrichter in den 520er Jahren denjenigen Bürgern politische Macht, die die gepflegtesten Bauernhöfe besaßen. Gegen Ende des Jahrhunderts wurden neue politische Begriffe geprägt. Die Stadtstaaten begannen auf *autonomia*, Selbstregierung, zu bestehen, ein Grad politischer Freiheit, der es ihnen überließ, ihre inneren Angelegenheiten, ihre Gerichtsbarkeit, ihre Wahlen und lokalen Entscheidungen in eigener Kompetenz zu regeln. Wo genau dieser Freiheitsgrad begann und endete, war in den folgenden Jahrhunderten Gegenstand andauernder Auseinandersetzungen und Neudefinitionen. Ursprünglich wurde diese Forderung nur deshalb erhoben, weil es jetzt Mächte außerhalb der eigenen Grenzen gab, die stark genug waren, sie in Frage zu stellen. Absolut gesehen war es für den Stadtstaat die zweitbeste Lösung nach der völligen Freiheit, die auch Freiheit der Außenpolitik einschloss. *Autonomia* taucht in den erhaltenen Quellen zum ersten Mal als Anliegen der ostgriechischen Gemeinschaften auf, als diese sich mit der Übermacht der persischen Könige konfrontiert sahen, ein Kontext, der das Aufkommen dieser Vorstellung nur begünstigen konnte.

Neben der *autonomia* beanspruchten die Bürger einer Gemeinschaft auch *isonomia*, ein Begriff, der vielleicht am besten als »Rechtsgleichheit« wiedergegeben wird, aber es bleibt offen, ob damit Gleichheit nach dem Recht gemeint war oder Gleichheit bei der Anwendung des Rechts. Das Auftauchen dieses Begriffs wird mit politischen Anträgen in Zusammenhang gebracht, die dem Ende der Tyrannis auf der Insel Samos um 522 v. Chr. folgten. Auch hier entspricht der Kontext der Idee und legt die Deutung nahe, dass *isonomia* nach der verhassten »Sklaverei« der Tyrannis ein Wort für Freiheit war. Kern der Wortbedeutung war nach einer Zeit der Günstlingswirtschaft und persönlichen Willkür von Tyrannen vermutlich gleiches Recht für alle Bürger; demokratisch im modernen Sinn war es nicht unbedingt, konnte es aber werden. Denn die Jahre der Tyrannis hatten die Macht des lokalen Adels häufig geschwächt; in einigen Stadtstaaten waren Adlige ins Exil geschickt worden, und da sie entweder abwesend oder machtlos waren, hatte das »Volk« *(dēmos)* guten Grund zu lernen, wie es lokale Streitigkeiten im eigenen Interesse beilegen konnte. Mitte des 6. Jahrhunderts hatte es in einigen Stadtstaaten auch erste Zeichen anhaltender Solidarität zwischen Bürgern gegeben, die weder adlig noch reich waren. In Megara soll das »Volk« um 560 v. Chr. sogar Gläubiger gezwungen haben, ihren Schuldnern alle Zinszahlungen zurückzuerstatten. Wer aber war dieses »Volk«? Die Bauern mit kleinem (vielleicht gepflegtem) Grundbesitz? Die Bürger, die als Hopliten kämpften? Das Wort bezog sich nicht notwendig auf die gesamte männliche Bürgerschaft einschließlich der unteren Schichten.

Im Jahr 510 v. Chr. ging eine der letzten bedeutenden Tyrannenherrschaften Griechenlands zu Ende, das Regime der Peisistratiden in Athen. In den vorangegangenen sechs Jahren war die Autorität der zweiten Generation dieser Tyrannendynastie durch Angriffe von Athener Adelsfamilien geschwächt worden. Im Exil lebende Athener Aristokraten hatten die Pythia in Delphi bestochen und darauf angebliche Orakelsprüche Apollons erhalten, wonach die Spartaner gedrängt wurden, zu intervenieren und die Tyrannis aus dem Weg zu räumen. 510 v. Chr. waren sie beim zweiten Versuch erfolgreich. Von da an mussten sich die Athener von Grund auf anders organisieren.

Zwei Jahre lang setzten die einheimischen Adelsfamilien im weiterhin bestehenden Rahmen der Ordnung des Solon ihre Konkurrenzkämpfe fort. Antityrannisch orientiert, scheinen sie sich auf ein Gesetz geeinigt zu haben, demzufolge in Zukunft kein Bürger Athens gefoltert werden durfte – ein Beschluss, der für das neue Bewusstsein von »Freiheit« bezeichnend war. Das aristokratische Geschlecht der Alkmeoniden hatte bei der Vertreibung der Athener Tyrannen eine Pionierrolle gespielt, im Frühling 508 v. Chr. aber scheiterte sein Versuch, einen Bewerber aus den eigenen Reihen ins höchste Behördenamt der Stadt wählen zu lassen. Ein drastischer Schritt war nötig, um sich erneut Popularität zu verschaffen. So stellte denn, vermutlich im Juli oder August, als der erfolgreiche Rivale sein Amt übernahm, Kleisthenes, der erfahrenste Staatsdiener unter ihnen, als Teilnehmer der öffentlichen Versammlung den Antrag, die Verfassung sei so zu ändern, dass die unbeschränkte Entscheidungsgewalt in allen Angelegenheiten bei den erwachsenen männlichen Bürgern liege. Es war ein spektakulärer Moment, der erste uns bekannte Vorschlag zur Einführung einer Demokratie und das bleibende Vermächtnis der Athener an die Welt.

Wie der Apostel Paulus war auch Kleisthenes mit dem System, das er so clever zu stürzen versuchte, aufs Beste vertraut. Siebzehn Jahre zuvor, noch während der Tyrannenherrschaft, war er selbst oberster Amtsträger *(archōn)* der Athener gewesen. Sein Vorschlag sah eine neue Rolle und Struktur für einige sehr bekannte Athener Institutionen vor. Er bezog sich in seiner Rede wahrscheinlich auf einen Rat und eine Versammlung – die beide seit Solon, zeitweise zusammen, in Funktion waren –, auf Stämme *(phylai)* und »Demen« *(dēmoi)* Attikas, inzwischen fast 140 Dörfer und Stadtgemeinden, und auf die »Drittel« oder sogenannten Trittyen *(trittyes)*, Einheiten, die im Sozialsystem Attikas seit langem bekannt waren. Auf lokaler Ebene schlug er Neues vor: Örtlich gewählte Beamte, Demarchen *(dēm-archoi* – Leiter eines *dēmos),* sollten in den lokalen Versammlungen der Dorf-Demen den Vorsitz übernehmen und den lokalen Adel in dieser seiner altehrwürdigen Rolle ersetzen. Kleisthenes beantragte weiter, die männlichen Bürger sollten sich in einem *dēmos* lokal registrieren lassen und würden dann *dēmos* für *dēmos* einer von 30 neuen Trittyen zugeteilt, die sie ihrerseits mit einem von zehn neu benannten Phylen verbinden würden. Die Anzahl von Trittyen und Phylen sollte vergrößert werden, aber der Kern des Ganzen schien bewundernswert klar und übersichtlich. Bis zu diesem Moment war die höchste Vermögensklasse Attikas durch ehemalige Beamte repräsentiert, die den ehrenwerten Hohen Rat, den Areopag, bildeten und dieses Amt bis zum Lebensende behielten. Sie konnten als stumme Zuschauer die populistische Rede des Kleisthenes nur hilflos anhören. Als ehemalige Beamte, in den vergangenen Jahrzehnten von den verhassten Tyrannen »gewählt«, waren sie im Jahr 508 v. Chr. fast alle politisch diskreditiert und von der Sorge erfüllt, ihrer Vergangenheit wegen verbannt zu werden.

Kleisthenes' Anträge waren aufregend neu. Seit Solons Reformen hatte ein zweiter öffentlicher Rat neben dem Areopag zur Erledigung der laufenden Geschäfte Athens beigetragen und gelegentlich einzelne Themen nach der öffentlichen Debatte vor eine größere Bürgerversammlung gebracht. Über die Befugnisse oder Mitglieder dieses Rates ist uns nichts bekannt, aber es ist wenig wahrscheinlich, dass das, was dort besprochen wurde, immer auch annähernd vollständig vor diese Versammlung kam. Die sehr wenigen schriftlich fixierten Beschlüsse der Athener, die aus den Jahrzehnten nach 508 v. Chr. erhalten sind, beginnen ohne Umschweife mit dem Satz: »Dem Volk erschien es gut«. Auch in Zukunft waren die Ratsmitglieder aus dem Kreis aller männlichen Bürger im Alter über dreißig zu wählen, ohne dass Einschränkungen hinsichtlich Herkunft oder Besitz bezeugt wären. In der späteren athenischen Demokratie konnte ein Mann nur zweimal dem Rat angehören, aber auch diese Regel wurde meines Erachtens im Jahr 508 verfügt. Unter den Bürgern im Erwachsenenalter, von denen vielleicht 25 000 älter waren als dreißig, konnte nun fast jeder damit rechnen, einmal in seinem Leben im Rat zu sitzen. Die Folgen lagen auf der Hand und waren Kleisthenes wie seinen Zuhörern wohl bewusst.

Auch seinem Hauptgegner Isagoras waren sie bewusst. Dieser rief umgehend die Spartaner zu einer Intervention herbei, worauf Kleisthenes taktisch geschickt reagierte und sich aus Attika zurückzog. Die Spartaner marschierten ein, und Isagoras übergab ihnen eine Liste mit den Namen von weiteren 700 Familien, die daraufhin ins Exil geschickt wurden. Diese Aufstellung ist ein faszinierendes Beispiel für die genauen Kenntnisse, die eine Adelsclique über rivalisierende Standesgenossen besitzen konnte. Beabsichtigt war, dass die Spartaner Isagoras und seine Parteigänger als schmale prospartanische Oligarchie installierten, ein Plan, dem sich die athenischen Ratsmitglieder, 400 an der Zahl, wie von Solon vorgeschrieben, mit Nachdruck widersetzten. Die Spartaner und Isagoras reagierten mit der Besetzung der Akropolis, woraufhin die übrigen Athener, »in Einigkeit mit dem Rat« – eine nicht unumstrittene Übersetzung[4] – in die Auseinandersetzungen eingriffen und die Burg belagerten. Der Widerstand ergriff von der Bürgerschaft Besitz, und als die spartanischen Invasoren sich ergaben, war der Erfolg der Reformpläne des Kleisthenes, die den Zwischenfall hervorgerufen hatten, nicht mehr aufzuhalten. Die Zumutung der spartanischen Intervention ließ sie umso wünschenswerter erscheinen. Mit Beginn des Frühjahrs war Kleisthenes zurück in Athen, und die vorgeschlagenen Reformen konnten zur Abstimmung kommen und anschließend umgesetzt werden. Damit war eine weit subtilere Alternative zur Tyrannis gegeben als das System Spartas. Belegt ist das Wort Demokratie übrigens in keinem der uns erhaltenenen griechischen Texte vor Mitte der 460er Jahre, aber der Begriff bezeichnet das Phänomen so einfach und treffend, dass er durchaus gleich zu Beginn aufgekommen sein mag.

Die Athener Version zählte auf den ausdrücklichen Willen aller Bürger zur Mitsprache. Im Jahr 508 v. Chr. lebte weniger als ein Fünftel der Bürgerschaft in Athens Innenstadt. Viele mussten zu Fuß in die Stadt kommen und bei Freunden Unterkunft finden, wenn sie Beamtendienst leisten und Versammlungen besuchen wollten. Für ein Zehntel des Jahres musste eine Fraktion des Rates, des augenfälligsten »führenden« Gremiums der Athener, sogar in der Stadt selbst präsent und ständig einsatzbereit sein. Doch ein Rat von 500 ließ sich auch weiterhin jährlich ohne Schwierigkeiten besetzen. Zu den Volksversammlungen, die viermal monatlich stattfanden, traf man sich ebenfalls in der Stadt, obwohl bei wichtigen Geschäften mehr als 6000 Teilnehmer erwartet wurden. In der Folge ging man dazu über, neben der immer noch ziemlich kursorischen Überprüfung der Beamten auch alle neuen Ratsmitglieder vor und nach der Amtsführung zu begutachten. Nach etwa 460 v. Chr. hatte ein Athener, der seine einjährige Amtszeit im Rat abschloss, zu erwarten, dass ihn 509 Teilnehmer an öffentlichen Angelegenheiten einzeln kurz unter die Lupe nahmen. Wie der bedeutende Historiker der athenischen Demokratie M.H. Hansen in seiner Darstellung bemerkt, »muss das unserer Vorstellung nach tödlich langweilig gewesen sein; dass die Athener sich diesen Prozeduren jahrhundertelang unterzogen, macht deutlich, dass sie zu Formsachen dieser Art eine völlig andere Einstellung gehabt haben müssen. Die Beteiligung an ihren politischen Institutionen war für sie offenkundig ein Wert an sich.«[5]

Nach fast vierzigjähriger Tyrannenherrschaft und jahrhundertelanger Dominanz des Adels war diese Begeisterung nicht überraschend. Zwischen 510 und 508 fürchteten die Athener nichts so sehr wie eine Rückkehr zu den Parteienkämpfen des Adels, die in den 560er und 550er Jahren so viel Blutvergießen gekostet hatten. Jetzt sollte es aber keine Bürokraten, keine der verabscheuten »Ministerien« und nicht einmal spezialisierte Anwälte geben: *l'état, c'est nous,* alle erwachsenen männlichen Bürger Athens. Modernen Beobachtern fallen allerdings die offensichtlichen Ausnahmen ins Auge: »Alle Bürger« bedeutet nicht »alle Einwohner«. Ohne Frage und Bedenken ausgeschlossen waren die Nichtathener unter den Bewohnern: die Metöken *(metoikoi),* angesiedelte Ausländer, die vielen Sklaven und das unverständige zweite Geschlecht, die Frauen. Diese Ausnahmen galten für die politischen Systeme aller griechischen Staaten. Neu war die unterschiedslose Partizipation jedes männlichen Bürgers: Von jetzt an konnte jeder Bürger damit rechnen, dem Rat anzugehören, durch Losentscheid in die untere Beamtenschaft gewählt zu werden oder, ein erregender Gedanke, in einer Massenversammlung zu stehen und darauf zu warten, seine Stimme abzugeben, oder sich, wenn der Mut reichte, zu elementaren Themen des Lebens zu äußern – ob man Krieg führen solle oder nicht, wer wieviel zu bezahlen habe, wer geehrt und wer ausgeschlossen werden solle. Bei umstrittenen Fragen würde er zur Abstimmung die Hand heben und seine Stimme würde gezählt werden. In Sparta wurden die versammelten Spartaner bei Wahlen nur aufgefordert, zugunsten jedes Kandidaten laut zu rufen, und die Vorsitzenden entschieden, für welchen Kandidaten sie am lautesten gerufen hatten. Sogar Aristoteles hielt das für eine kindische Spielshow. Bei den Athenern galt jeder Bürger als eine und nur eine Person, der einfache Lastträger oder Ziegenhirt neben dem weltläufigen Aristokraten. Wählen zu müssen und als Wählender gesehen zu werden verhilft dazu, denken zu lernen und faktenbezogen zu urteilen. Das Ergebnis war alles andere als eine Pöbelherrschaft.

Die Gefahr lag eher darin, dass der Vertreter einer durchkreuzten Option möglicherweise versuchte, einen Vorschlag ein zweites Mal durchzupeitschen, und sich weigerte, eine Niederlage zu akzeptieren. Kleisthenes machte deshalb einen brillanten Vorschlag: Einmal jährlich sollten die Athener darüber abstimmen, ob sie einen *ostrakismos*, ein »Scherbengericht«, abhalten wollten. War das der Fall und waren mehr als 6000 Personen anwesend, konnten diese eine Tonscherbe *(ostrakon)* mit dem Namen eines beliebigen Bürger-Kandidaten in eine Urne werfen, in der Hoffnung, dass auf ihn die größte Zahl der Tonscherben entfiele, woraufhin er für die nächsten zehn Jahre ins Exil geschickt würde. Er würde das Land in dem Wissen verlassen, dass eine Mehrheit gegen ihn war, ein Einspruch war also ausgeschlossen. Nach seiner Rückkehr war er passé. Das Scherbengericht war in Absicht und Ausführung ein rein politisches Verfahren. Es entsprang weder religiösen Überzeugungen noch einem Bedürfnis, »Unreines« oder einen »Sündenbock« auszutreiben. Durch und durch politisch, wurde es in den folgenden etwa 70 Jahren zu einem entscheidenden Sicherheitsventil staatlichen Handelns in Athen. Es setzte auch voraus, dass ein großer Teil der Athener lesen oder zumindest eine Person finden konnte, die für ihn las. Lesen zu können ist in vielen Gesellschaften allerdings nicht damit verbunden, auch schreiben zu können. Es wird berichtet, dass Tonscherben stapelweise vorher beschrieben und dann von den Wählern benutzt wurden.

Der stetig zunehmende Umfang aufgefundener *ostraka* ließ tatsächlich erkennen, dass einige von derselben Hand beschrieben wurden und Scherben ein und desselben Gefäßes sind. Dieses Vorgehen ist nicht unbedingt als Hinweis auf Betrug oder Manipulation der Ungebildeten zu verstehen. Auch wer nicht schreiben konnte, war dennoch fähig, die Scherbeninschrift in seiner Hand zu lesen. Die erhaltenen Gefäßstücke enthalten ein paar wunderbar rüde Kommentare an die Adresse bestimmter Lumpenkerle, Dokumentationen persönlichen Vorurteils und der Skandalgeschichten in den Schlagzeilen damaliger Zeit. Auf einigen sind sogar witzige Zeichnungen zu sehen. Es versteht sich, dass Vergleichbares weder in Persien noch in Ägypten oder Karthago oder in irgendeiner Monarchie zu finden ist.

Von zwei kürzeren Unterbrechungen abgesehen konnte sich diese Demokratie in Athen weiterentwickeln und hatte über 180 Jahre lang Bestand. Nach unseren Begriffen war sie bemerkenswert »direkt« und keineswegs eine »repräsentative« Demokratie mit gewählten lokalen Abgeordneten, die entweder ihre Wähler oder die eigenen Karriereinteressen und Vorurteile vertraten. Sie zielte ausschließlich darauf ab, die Entstehung von Machtblöcken und allzu selbstherrlichen Cliquen einzudämmen – Fragmentierung zu erreichen, nicht Repräsentation. Aus heutiger Sicht wird als Kennzeichen der athenischen Demokratie häufig das Los zur Amtsvergabe begriffen. Doch von Kleisthenes ist nicht bekannt, dass er die zufällige Auslosung auf neue Art erweitert hätte. In der Praxis der Griechen ging dieser Brauch ohnehin bis weit in die Geschichte vor der Demokratie zurück und wurde nicht zuletzt dafür eingesetzt, ein gemeinsames Erbe fair unter Brüdern zu verteilen. Für die Besetzung der höheren Ämter wurde auch die Qualifizierung durch den Besitz nicht aufgehoben – die Beamten wurden gewählt, aber nur aus einem Kreis wohlhabender Kandidaten. Soweit wir wissen, war weder für sie noch für die Ratsmitglieder eine Bezahlung vorgesehen. Wichtig war, dass sie nur ein Jahr lang Dienst taten und dass sie keine »Regierung« mit einem »Mandat« nach eigenem Zuschnitt bildeten. Die Macht lag bei der Volksversammlung, und in dieser Versammlung galt jeder Bürger als eine und nur eine Person.

Uns erscheint diese Demokratie gerechter als jede andere frühere Verfassung der Welt. Die Rechtsprechung blieb allerdings unverändert: Die Fälle wurden noch immer von Amtsträgern verhandelt, und nur bei wenigen Anklagepunkten bestand die Möglichkeit, vor einem größeren Gremium von Volksvertretern in die Berufung zu gehen. Kleisthenes legte seinen Vorschlägen mit Sicherheit keine Justizreform oder neue Gerichte zugrunde. Als Außenstehender heutiger Zeit kann man sich fragen: Wie »gerecht« ist das alles nun? Weit und breit hielt man sich Sklaven; die Frauen waren aus dem politischen Geschehen verbannt; Einwanderer bildeten eine Bevölkerungsklasse für sich und hatten nicht die Möglichkeit, aufgrund mehrjähriger Niederlassung in Attika das Bürgerrecht zu beantragen. Bei unserer Einschätzung geht es eher darum, dass schon die Verleihung des gleichen Wahlrechts an alle männlichen Bürger, an Bauern wie Adlige, in der gesamten alten Welt kaum eine Entsprechung hatte (eine Ausnahme bildete Sparta) und dass diese Neuerung, ergänzt durch einen ständig wechselnden Rat aus Volksvertretern und eine Volksversammlung mit fast uneingeschränkter Macht, Anträge in Kraft zu setzen oder zurückzuweisen, unseres Wissens präzedenzlos war.

Nach bisher vorliegenden Zeugnissen waren die Athener die Ersten, die diesen Sprung in die Demokratie wagten. Aus keiner gutinformierten zeitgenössischen Quelle geht hervor, dass irgendeine andere griechische Stadt bereits ein solches System besaß. Allerdings haben Archäologen die griechische Stadt Metapont in Süditalien als Vorläufer ins Gespräch gebracht. Um 550 v. Chr. wurde hier ein großes, rundes Gebäude errichtet, das etwa 8000 Personen aufnehmen konnte. Untersuchungen lassen vermuten, dass das städtische Gelände tatsächlich in gleichgroße Parzellen möglicherweise von ungefähr dieser Anzahl unterteilt war. Im Lauf der Zeit entstanden an diesen Straßen immer mehr Häuser in ähnlicher, sich wiederholender Form und Größe. Vielleicht hatte Metapont schon vor 510 v. Chr. eine Art von Regierung »der Gleichen«, möglicherweise eine erweiterte Oligarchie; aber weder ist uns bekannt, ob alle Bürger Grundstücksbesitzer waren, noch lässt sich bestimmen, ob der Rundbau politischen Zwecken diente, geschweige denn, ob für jeden männlichen Bürger, Bauern inklusive, gleiches Wahlrecht galt. Der Beleg für eine Demokratie vor Athen ist das, was wir über diese Stadt wissen, jedenfalls nicht.

Anders als viele andere griechische Bürger, besonders diejenigen in den überseeischen Gebieten, erfreuten sich die Athener eines ganz entscheidenden Vorteils: Sie lebten seit Jahrhunderten auf demselben Territorium. Das lokale Sozialgefüge und die lokalen Kulte sorgten für eine ungewöhnlich solide Infrastruktur und einen Gemeinschaftssinn, der auch Kleisthenes zugute kam. Er bekämpfte weder das Privateigentum, noch wollte er Reichtümer umverteilen. Vielleicht zog sein eigener Clan aus der detaillierten lokalen Umgruppierung der Bürger in neue Phylen einen gewissen Nutzen, doch das waren Vorteile im Rahmen einer neuen, veränderten Arena. Kleisthenes brachte eine neue Rechtsordnung, gleiches Wahlrecht für jeden männlichen Bürger und die Segnungen einer neuen Freiheit, der politischen Mitsprache. Das Recht erstreckte sich auch auf die lokalen Einheiten des Gemeinschaftslebens, die vielen Demen, die ihrerseits vom Systemwandel des Zentrums beeinflusst wurden.

Die aufgeschreckten nichtdemokratischen Nachbarn der Athener versuchten eine Invasion, um das demokratische System aus dem Weg zu räumen, doch die von neuem Geist beseelte Bürgerschaft Athens schlug sie an zwei Fronten gleichzeitig zurück. Ihre Siege wurden zu Recht als Triumph einer Freiheit betrachtet, die ihnen allen unterschiedslos zukam: der Redefreiheit.[6] Grundsätzlich war der Kreis derer, die im neuen Rat sitzen oder in der Versammlung sprechen konnten, jetzt unbegrenzt. Die Freiheit, um die es ging, war kein Schutz vor staatlichen Eingriffen oder vor einer Bedrängnis durch sozial Höherrangige oder herrische Beamte; sie war kein Reservat im Schutz »bürgerlicher Rechte«. Seit Solons Gesetzen von 594 v. Chr. war die Möglichkeit der Versklavung einfacher Athener durch Bessergestellte ohnehin schon abgeschafft. Sie war keine Freiheit von ... Vielmehr hatten die Männer Athens jetzt das eine Recht, das einzig zählte, das Recht, bei jeder wichtigen öffentlichen Entscheidung die eigene Stimme einzubringen. Ihre neue Freiheit war eine Freiheit zu ... und wert, verteidigt zu werden. Aus ihren Abwehrschlachten kamen sie mit Hunderten Gefangener für lukrative Lösegeldforderungen und mit reichem Landgewinn zurück: 4000 Parzellen ergab die Aufteilung des Landes, das sie den berittenen Eliten aus dem feindlichen Euböa entrissen hatten, den einstigen Vorreitern des griechischen Aufbruchs nach Übersee. Die Gewinne waren riesig und gingen vermutlich an die ärmeren Athener, ein weiterer Bonus der neuen Volksherrschaft. Die Fesseln der Gefangenen wurden jahrelang auf der Akropolis von Athen zur Schau gestellt. Athener, die in diesen ersten »demokratischen« Kämpfen fielen, wurden möglicherweise mit einem erstmaligen Privileg geehrt: dem Begräbnis auf einem neuen öffentlichen Gräberfeld. Aber die Schlachten waren hart gewesen, und um in diesen Krisenjahren Verbündete zu finden, hatten die just demokratisierten Athener sogar Boten zum persischen Satrapen im weit östlich gelegenen Sardes geschickt. Besser ein Perser in der Ferne, dachten sie, als eine Oligarchie auf spartanische Art. Als ihre Botschafter übereinkamen, sich dem Großkönig zu unterwerfen und die symbolische Gabe von »Erde und Wasser« zu überbringen, wurden sie in der Volksversammlung von den Athenern für »höchst schuldig« erklärt und abgewiesen.[7] Fünfzehn Jahre später sollten eben jene Perser, um deren Hilfe sie jetzt ersucht hatten, ihre neue demokratische Freiheit auf eine harte Probe stellen.

9
DIE PERSERKRIEGE

Und als sie mit dem Essen fertig und beim Trinken waren, habe der Perser [Attaginus], der das Lager mit ihm teilte, ihn in hellenischer Sprache gefragt, was für ein Landsmann er sei, und er habe geantwortet, er komme aus Orchomenos. Der aber habe gesagt: »Da du vom gleichen Tisch wie ich gegessen und aus dem gleichen Becher gespendet hast, will ich dir etwas zur Erinnerung an meine Einsicht hinterlassen, damit auch du vorauswissend imstande bist, für dich selbst zu planen, was dir von Nutzen ist. Siehst du diese Perser hier beim Mahle und das Heer, das wir im Lager draußen beim Fluss zurückließen? Von all denen wirst du, wenn kurze Zeit verflossen ist, nur noch wenige sehen, die überlebt haben.« So habe der Perser gesprochen und viele Tränen vergossen ... Der habe darauf gesagt: »Mein Gastfreund, was geschehen soll nach des Gottes Willen, vermag ein Mensch nicht abzuwenden. Und auf die, welche vertrauenswürdig sprechen, will auch kein Mensch hören. Was ich sagte, ist vielen unter den Persern wohl bewusst, und doch folgen wir dem Zwang, der uns fesselt. Und der schlimmste von allen menschlichen Schmerzen ist der, große Einsicht zu haben und keine Macht.«
Herodot, 9,16, über das persisch-thebanische Gastmahl
vor der Schlacht von Plataiai (479 v. Chr.; Übers. W. Marg)

Zu Beginn des 6. Jahrhunderts lebten die Perser in einem unbedeutenden Königtum südöstlich des heutigen Schiras in Fars im Iran. Es ist höchst unwahrscheinlich, dass ein Grieche, Jude oder Phöniker jemals von ihnen gehört hatte. Sie unterhielten Kontakte zum kultivierteren Hof von Susa, dem Sitz der Elamiten-Könige an ihrer Westgrenze, waren aber selbst eine Stammesgesellschaft, und ihren Reichtum bildeten in erster Linie noch ihre Herden. Bei der Thronbesteigung trank ihr König saure Milch und kaute Blätter von der Terebinthe. Kein Perser bemühte sich, lesen oder schreiben zu lernen. Ihre Werte waren anspruchslos und lauteten kurz und knapp: die Wahrheit sprechen, ein Pferd reiten und gut mit dem Bogen schießen.

Zwischen 550 und 520 v. Chr. überrannten die Perser den Vorderen Orient einschließlich Ägyptens und breiteten sich nach Osten bis zum Fluss Oxos in

Zentralasien aus. Zu Hilfe kamen ihnen dabei die Zwistigkeiten in mehreren benachbarten großen Königreichen, das Fehlen einer vom Volk getragenen nationalen Opposition und die eigene harte Kriegsführung mit Pfeilen und Speer, zu Fuß und zu Pferde. Susa, Sardes, Babylon und Memphis wurden von Invasoren eingenommen, die nie eine Stadt auch nur gesehen hatten, geschweige denn Städte von solcher Pracht. Im Jahr 530 starb der Großkönig Kyros bei einem Angriffskrieg gegen eine Stammesarmee in Zentralasien jenseits des Oxos. Herodot behauptet, mindestens sieben persische Versionen vom Tod des Großkönigs zu kennen, doch die, von der er berichtet, hat nichts von der Erhabenheit, die alle übrigen auszeichnet. Kyros' Gegnerin, so schreibt er, die Stammeskönigin Tomyris, hatte ihm höhnisch »unersättlichen Blutdurst« vorgeworfen.[1] Als er ihre Armee angriff und getötet wurde, ließ sie den Worten Taten folgen: Sie füllte einen Sack mit Blut, suchte die Leiche des Königs und stopfte den Kopf in den Sack, um ihm noch mehr von dem Blut zu geben, nach dem er so gierig gelechzt hatte.

Wie die Griechen verehrten die Perser viele Götter, eine kleine Minderheit ausgenommen, die der dualistischen Glaubenslehre ihres Reformpropheten Zoroaster (Zarathustra) anhing. Seine Wirkungszeit ist ungesichert, vielleicht aber um 550–520 v. Chr. anzusetzen. Nicht vom Gedanken der Toleranz, sondern von Klugheit geleitet, ehrten die Perser die Götter aller Länder, in die sie kamen. Nach der Eroberung von Babylon im Jahre 539 wandten sich zahlreiche Gruppen von Bittstellern an den Perserkönig und erbaten für sich die Zulassung von Kulten, denen frühere babylonische Herrscher die Anerkennung versagt hatten. Unter ihnen befand sich eine Gruppe von Exilanten aus dem Vorderen Orient, die um die Erlaubnis bat, in ihre Heimat zurückzukehren, um dort den Tempel ihres Gottes wiederaufzubauen und die Kultgegenstände zurückzubringen. Diese Bittsteller waren Juden, die etwa 50 Jahre zuvor als Gefangene nach Babylon gebracht worden waren. Kyros gewährte ihnen die Bitte, wie in der Bibel am Anfang des Buches Esra noch immer zu nachzulesen ist, und die Juden kehrten in ihr Heimatland Juda zurück, um ihren eigenen Gott, Jahwe, anzubeten. Dort entwickelten sie den Tempel-Gottesdienst, der für fast 600 Jahre das Zentrum des jüdischen Glaubens bleiben sollte. Wie die Griechen, die Juda ignorierten, konnte Kyros nicht ahnen, welche weitreichenden Folgen diese Entscheidung, eine von vielen, die er in Babylon traf, nach sich ziehen würde. Durch die Gunst, die er den getreuen Anhängern Jahwes erwies, gewannen diese die Oberhand über ihre Landsleute in Juda, ein Erfolg, ohne den der »Gott« vielleicht der Kult einer Minderheit geblieben wäre.

9 DIE PERSERKRIEGE

Auch in Kleinasien hatten Kyros' Generäle für prominente Bittsteller ein offenes Ohr. Zu ihnen gehörten Griechen aus den ostgriechischen Stadtstaaten, die sich freiwillig unterwarfen und manchmal, wie die Exiljuden, verheißungsvolle Orakel ihrer lokalen Götter mitbrachten. Den Persern waren Vorstellungen wie Bürgerschaft oder Freiheit fremd. Anders als die Griechen hatte ihr Militär keine Hoplitenreform durchgemacht, und Städte sagten ihnen nichts. Kyros soll die *agora*, den »Marktplatz« in den griechischen Städten, als einen Ort beschrieben haben, an dem Leute sich trafen, um zu lügen und zu betrügen.[2] Adlige Perser bevorzugten ihre ländlichen Türme und Parks (»Paradiese«, der Ursprung unseres Wortes), wo sie Bäume pflanzen und zu Pferd wilde Tiere jagen konnten – auf ihren Steinsiegeln sehen wir, wie sie mit einer Art Dreizack ungestüm Füchse durchbohren.

Zur Erklärung der persischen Siege wurde immer wieder der »Luxus« der Besiegten herangezogen. Von den Griechen Kleinasiens hieß es, sie seien verweichlicht, weil sie zu sehr in Duft und edlen Roben geschwelgt hätten und deshalb den abgehärteten persischen Kriegern nicht standhalten konnten. In Wahrheit gab es durchaus tapferen lokalen Widerstand. Luxus war für die griechische Niederlage irrelevant, die Perser waren den Griechen in Kleinasien durch schiere Stärke und eine Kriegslist überlegen, die sie im Vorderen Orient gelernt hatten: Sie häuften vor den Stadtmauern, um sie zu überwinden, Erdwälle auf. Ein Teil der Ostgriechen suchte der verheerenden Eroberungswelle zu entkommen und floh in den Westen. Ihr Verhalten war kein blinder »Hellenozentrismus«, wie multikulturell gesinnte Kritiker argwöhnen könnten. Die persischen Eroberer siedelten ihre Untertanen teilweise an der Peripherie des Reiches als Garnisontruppen und Kolonisten an, um Asien unter Kontrolle zu halten. Stämme vom Kaspischen Meer wurden in neue Niederlassungen im Westen gesetzt, die Namen trugen wie Kyros-Ebene oder Dareios-Dorf. Die Perser hatten keinerlei Erfahrung in der Verwaltung von Provinzen, und über mutmaßliche Feinde verhängten sie bestialische Bestrafungen. Im öffentlichen Protokoll der Thronbesteigung veröffentlichte ihr König Dareios umfangreiche, genaue Zahlen der »Gegner« der von ihm usurpierten Herrschaft, darunter die Gruppe von Adligen, die er gepfählt hatte. Die persischen Strafen waren von brutalster Roheit; so konnten angebliche Rebellen verstümmelt werden, indem man ihnen Nase und Ohren abschnitt.

Trotz allem bekannte sich der Großkönig dazu, ein edler Spender von Recht und Gerechtigkeit zu sein. »Ich bin ein Freund des Rechts«, erklärte Dareios I. in der offiziellen Darstellung seiner Herrschaft. »Ich bin kein Freund des Unrechts. Es ist nicht mein Wunsch, dass dem Schwachen Unrecht geschieht durch den Mächtigen ... wie auch dem Mächtigen kein Unrecht geschehen soll durch den Schwachen.«³ Der König ließ sich auch nicht vom Zorn übermannen: »Ich bin nicht jähzornig. Auch wenn es in mir kocht, bezwinge ich meinen Zorn. Ich herrsche fest über meinen eigenen Zorn.« Nur sah die Praxis sehr anders aus. Gerecht war, was im Interesse des Königs lag. Es gab kein neues »persisches Gesetz«, das für die Gesamtheit des wachsenden Reiches gegolten hätte. Allenfalls wurden in einer Provinz lokale Gesetze gesammelt und dann als »Gesetz des Großkönigs« nur dort angewandt. Um 512/11 v. Chr., nach einem Feldzug jenseits des Schwarzen Meeres, kam Dareios ins südliche Sardes und hielt Hof im Vorort der Stadt: Anträge und Petitionen wurden ihm persönlich vorgetragen, nicht zuletzt von verunsicherten Tyrannen aus den ostgriechischen Städten. Es war ein Schlüsselmoment in der griechischen Geschichte, der herrschende König einer ganzen griechischen Region (Ionien) gewährte zum ersten Mal Zutritt zu seiner Person und saß in direkter Reichweite ambitionierter griechischer Bittsteller zu Gericht. Nicht nur blieben einige Entscheidungen des Königs über die griechischen Heiligtümer am Ort über Jahrhunderte in Geltung, seine unmittelbare Präsenz ist das erste Beispiel einer Rechtsprechung durch Bittgesuch und königliches Echo, ein Modell, das sich etwa 160 Jahre später mit dem Aufstieg der makedonischen Könige durchsetzte, um dann unter den römischen Kaisern jahrhundertelang fortzubestehen.

Als Eroberer erhielten die Perser aus ganz Asien Tributzahlungen, und in den fernen königlichen Palästen häuften sich die ungeprägten Gold- und Silberbarren. Sie beanspruchten auch lokale Ländereien für die eigenen Provinzgüter. Diese Eroberungen, so glaubt man, sollen nun ihrerseits den Persern den Luxus nahegebracht und die rauhen Söhne eines kargen heimischen Königtums korrumpiert haben. Da die Perser selbst keine höfische Kultur entwickelt hatten, blieben Anleihen bei den eroberten Völkern natürlich nicht aus. Ihre Könige begannen sich mit kostbaren Gewändern und mit Kosmetika zu schmücken und ließen sich von höfischen Türstehern beschützen, Machtsymbole, die sie von ihren iranischen Vorgängern, den Mederkönigen, übernommen hatten. Herodot zufolge lernten die Perser bei den Griechen die Päderastie kennen, vielleicht im Palast, vielleicht auch in den klassischen Brutstätten der Erotik, der Kriegsflotte und der Armee, wo Griechen rekrutiert wurden.

Körperliche Schönheit mag der Grund für den Aufstieg einzelner griechischer Günstlinge am Perserhof gewesen sein. Doch Sex und Luxus dämpften den Ehrgeiz nicht. Das eigentliche Manko der Perser war die fehlende politische Freiheit, eine Errungenschaft der Griechen, die von den Perserkönigen zunehmend als Bedrohung empfunden wurde. Die griechischen Städte in Asien ließen die Perser von einem wohlwollenden Tyrannen oder einer kleinen Clique regieren – nach ihrem Ermessen die beste Lösung. Und ihren Werten getreu verliehen ihnen die Perser diese Macht oft als Belohnung für Dienste im Interesse des Königs. Um 510 v. Chr. hatte sich sogar der König der Makedonen im Norden Griechenlands jenseits des Olymp dem Perserkönig Dareios I. unterworfen. Mit weiterem Druck auf Griechenland war vermutlich so oder so zu rechnen, weil jeder Perserkönig versucht hätte, Ansehen zu gewinnen und seinen Herrschaftsbereich auszuweiten. Dieser Druck beschleunigte sich jedoch durch ein erkennbares Spiel von Geben und Nehmen. Im Jahr 499 v. Chr. lehnten sich die Griechen Kleinasiens gegen die persische Herrschaft auf, die sie beinahe 50 Jahre lang ertragen hatten. Die Rebellion ist als Ionischer Aufstand bekannt geworden, obwohl nicht nur die Ionier, sondern auch andere Griechen Kleinasiens zum unerschrockenen Widerstand aufgerufen waren und auch einige kleinere Königtümer Zyperns sich anschlossen. Unterstützt wurde der Aufstand auch von den wagemutigen Karern im Südwesten. Zwei der herausragenden griechischen Anführer des Aufstands spielten wahrscheinlich zumindest ein doppeltes Spiel und hatten ein scharfes Auge für die Karrieremöglichkeiten in persischen Diensten, etwa eine Stellung in den oberen Rängen des abgestuften Systems von Rekompensationen. In den meisten ionischen Städten aber wollte das Gros der Bürger etwas anderes, wenn sich ihnen nur eine minimale Chance bot: die Demokratie, die in Athen seit neun Jahren Wirklichkeit war. Im Lauf der anhaltende Revolte und ihrer Kämpfe nahm dieser Wunsch bei den Hauptbeteiligten immer festere Form an.

Zu Beginn des Aufstands trafen sich die griechischen Teilnehmer im wichtigsten Heiligtum der Ionier, dem Panionion auf dem Vorgebirge Mykale gegenüber von Samos. Ihre Einheit war brüchig, und bald schon traten einige griechische Gemeinschaften in der Region als »Neutrale« in Erscheinung, darunter die bedeutende Stadt Ephesos. Im Verlauf der folgenden fünf Jahre zeigte sich, dass die vollständige persische Flotte, bemannt mit erfahrenen Phönikern, den griechischen Ruderern und ihren Trieren im offenen Kampf weit überlegen war. Auch auf Zypern gab es zwar Beispiele starker antipersischer Gefühle und progriechischer Loyalität, aber zu dauerhaftem Erfolg kam es nicht. Auf Zypern sind im Übrigen die am besten erhaltenen Relikte des Aufstands zu sehen – der eindrucksvolle Belagerungswall, der aufgeschüttet wurde, um die Mauern der Königsstadt Paphos zu überwinden, und die große unterirdische Grabanlage in Kourion, die wahrscheinlich wie der zu Tage geförderte Schatz dem König Stesanor gehörte. Er war einer derjenigen, die die Sache der Aufständischen verrieten.

Anfangs wurde die Revolte unter den Ostgriechen von zwei Staaten auf dem griechischen Festland unterstützt – von Eretria auf Euböa und von Athen. Großartig demonstrierten die Athener ihre Bindung an die »Verwandten«, die ersten griechischen Kolonisatoren in Ionien, und schickten Schiffe mit einem Kommandanten namens Melanthos; sein Name beschwor die Erinnerung an den ionischen Helden Melanthios herauf. Als der Aufstand 494 v. Chr. unterdrückt wurde, war die Rache der Perser an Athen und Eretria unausweichlich. Sie kam in zwei Wellen, die zweite größer als die erste – laut späterer griechischer Überlieferung 5 Millionen Mann –, und führte zu fünf entscheidenden Schlachten: Marathon (490), wo die Athener die persischen Angreifer auf attischem Boden besiegten; den Thermopylen (480), wo 300 tapfere Spartaner versuchten, den Vormarsch des persischen Heeres von etwa 250000 Mann über den Pass nach Zentralgriechenland aufzuhalten; Salamis (480), wo die Mannschaften von Athen und Korinth aus der größten Seeschlacht der gesamten Geschichte des Altertums als ruhmvolle Sieger hervorgingen; Plataiai (479), wo die spartanische Hopliten-Infanterie entscheidend zur Niederlage des auf griechischem Boden verbliebenen persischen Landheeres beitrug, und der folgenden Flottenoffensive am Vorgebirge Mykale (479), wo die Griechen, geführt von einem Athener und einem spartanischen Kommandanten, vor der kleinasiatischen Küste einen endgültigen Sieg über die persische Flotte errangen, der sie über die Ägäis gefolgt waren.

Für die großen Seeschlachten hatten die Athener einer annähernd totalen Mobilmachung zugestimmt. Ihre Flotte von Trieren hatte sich dank klugem Gebrauch neuer Silberfunde in den attischen Minen erst drei Jahre zuvor vervielfacht. In diesen neu gebauten Schiffen steckten jetzt dicht gedrängt Zehntausende Athener, pro Triere 200, bereit, in Hitze, Schweiß und Chaos von Rammkämpfen gegen die erfahrene phönikische Flotte alles zu riskieren. Wie intensiv und folgenreich dieses Erlebnis wirklich war, liegt für uns immer noch im Dunkeln. Allein die Rekonstruktion einer Triere hat jahrelange wissenschaftliche Forschung und Diskussion verlangt, und immer noch ungeklärt ist, wie man sich im Getöse der Schlacht mit den Ruderleuten auf einen gemeinsamen Kurs verständigen konnte. In der modernen Rekonstruktion wurden dazu Lautsprecher benutzt, denn »die Länge des Schiffskörpers ... und 170 schallschluckende menschliche Körper ... bedeuteten, dass mit Rufen in maximaler Lautstärke höchstens das vordere Drittel des Schiffs erreicht werden konnte«. Abgesehen davon hielt man als beste Methode für denkbar, dass alle Mannschaftsmitglieder eine allgemein bekannte Melodie vor sich hin summten, aber »unglücklicherweise gibt es keinen eindeutigen Beweis dafür, dass die alten

Griechen, ob an Land oder auf See, jemals summende Laute in unserem Sinn von sich gaben«.[4]

Man braucht es nicht sträflichen Leichtsinn zu nennen, doch für ein Flottenunternehmen traf es sich unglücklich, dass die an den Hauptinvasionen beteiligten Perser nicht schwimmen konnten. Rundweg töricht aber war es, dass König Xerxes die Getreideschiffe nicht aufhielt, die vom Schwarzen Meer nach Griechenland segelten, oder dass er keine Schiffe aussandte, um Kythera einzunehmen, eine Insel vor der südlichen Peloponnes; von dort aus hätte er Sparta selbst angreifen können. Rückblickend wurden beide Fehler von den Griechen erkannt, die sich der potenziellen Gefahrenherde bewusst waren. Persisch war diese persische Invasion im Übrigen nur zu einem kleinen Teil. Ihre Reiterei war hervorragend, in ihrer Mehrheit aber rekrutierte sich die Armee aus den Untertanen, und am erfolgreichsten war sie immer dann, wenn sie mit gigantischen Projekten unter Einsatz von Zwangsarbeit operierte. Drei Jahre lang hatte man einen Kanal von mehr als 500 Metern Länge durch den Berg Athos gebohrt, um den Vormarsch der Perser ins Innere Griechenlands zu sichern. Die Arbeiter wurden von den Phönikern, deren fachmännischer Planung das Projekt unterstand, mit Peitschen angetrieben, und was vom Produkt ihrer Strapazen erhalten ist, wurde vor kurzem an Ort und Stelle untersucht und verifiziert. Aus der Verbindung von Booten mit Seilen, die aus Flachs gewoben wurden, entstand eine außergewöhnliche Brücke, auf der die Truppen des Perserkönigs den Hellespont überquerten. Im Jahr 490 wie auch 480 v. Chr. wurden die Pferde in Booten über das Meer transportiert, in »schwimmenden Pferdeboxen«, wie sie angeblich zuerst von den Griechen auf Samos verwendet wurden.

Im Jahr 490 v. Chr., so wird berichtet, waren die tapferen Athener die »Ersten, die sich vom Anblick der [orientalischen] medischen Tracht und der Menschen, die sie trugen, nicht erschüttern ließen: Bis dahin hatte allein den Namen ›Meder‹ zu hören die Griechen in Angst und Schrecken versetzt.«[5] Sogar der Grieche Herodot – von dem diese Zeilen stammen – konnte den »Geist und Tatendrang« der Perser, der auch die Griechen selbst beseelte, achtungsvoll anerkennen; was ihnen fehlte, glaubte er, seien gute Waffen, Know-how und Sachverstand *(sophia)*. Die schwerbewaffneten, fest geschlossenen Reihen der griechischen Hopliten erwiesen sich zu Land unbestreitbar als ausschlaggebender Faktor. In Marathon waren die athenischen Hopliten die Ersten, die über etwa anderthalb Kilometer »im Laufschritt« angriffen (sagten sie jedenfalls). 479 v. Chr. trug die Hoplitenphalanx in Plataiai entscheidend zum Sieg über die leichtbewaffneten Perser bei, die in fatal kleinen

Gruppen stürmten. Die Pferde der großartigen persischen Kavallerie waren, wie sich gezeigt hatte, noch schneller als die thessalischen Pferde, der Stolz vieler griechischer Rennbahnen. Es kam vor, dass ihre Reiter schwere Metallrüstungen trugen, aber die Reihen der standfesten Hoplitentruppe konnten auch sie nicht niederzwingen, noch gelang es den vielgerühmten persischen Bogenschützen, eine Bresche in diese waffenstarrende Abwehr zu schlagen. Die spartanischen Hopliten konnten sich in geschlossener Formation sogar rückwärts bewegen, als wichen sie zurück, in Plataiai das entscheidende Manöver. In den Thermopylen führten ihre 300 dieses Manöver in der Passenge weniger formgerecht durch, und es blieb ihnen schließlich kein anderes Mittel, als den Gegner zu umklammern und mit Bissen zu traktieren. Auch bei Marathon war der Laufangriff wohl eine furchterregende Schocktaktik, mit der die Perser in eine Hoplitenschlacht gestürzt wurden, die sich der amerikanische Historiker Victor Hanson folgendermaßen vorstellt: »... der erschreckend dumpfe Schlag des harten Aufpralls mit der gemeinsamen Geschwindigkeit von fünfzehn Stundenkilometern ... die ungewöhnliche Größe und schalenähnliche Form des griechischen Hoplitenschildes, der seinem Träger in den letzten Sekunden des Laufes das Gefühl absoluten Schutzes vermittelte ... Jeder, der stolperte oder verwundet zu Boden fiel, war in Gefahr, zermalmt zu werden, weil die nachrückenden Männer wie eine Walze vorwärts drängten, geblendet vom Staub und vom Druck des Geschiebes der Körper.«[6] Doch griechisches Stadtbürgertum und politische Freiheit waren diesem Horror gewachsen.

Trotz einer Gruppe von griechischen Deserteuren und Verrätern einigte sich eine große Zahl griechischer Staaten im Jahr 481 v. Chr. auf einen gemeinsamen hellenischen Kampfbund, dessen Vertreter sich in Korinth trafen, um über wichtige Kriegsfragen zu entscheiden. Während der persischen Invasion konnte der griechische Sachverstand ein paar sehr raffinierte Tricks einschließen, worin sich vor allem der Athener Politiker Themistokles hervortat. Als die persische Flotte im September 480 v. Chr. vor Euböa vor Anker lag, hatte er Botschaften auf die Felsen schreiben lassen, in denen ihre ostgriechischen Kontingente zur Fahnenflucht gedrängt wurden – er schien also vorauszusetzen, dass einige von ihnen lesen konnten. Im Vorfeld der entscheidenden Seeschlacht von Salamis gegen Ende September 480 v. Chr. ließ er dem persischen König durch Sikinnos, den Lehrer seiner Kinder, die falsche Botschaft übermitteln, die griechische Flotte sei im Begriff, aus der engen Bucht von Salamis auszubrechen. Der Lehrer Sikinnos war ein Sklave, vielleicht ein zweisprachiger Sklave aus Asien, und er bewirkte dreierlei: Er überredete die Perser, ihre Flotte in vier Verbände aufzuspalten, von denen zwei ausfuhren, um irrelevante Ausfahrten der Bucht zu blockieren; er hielt die persischen Mannschaften über Nacht an ihren Rudern – für den Fall, wie sie glaubten, die Griechen könnten den Ausbruch zur Nachtzeit versuchen –, mit der Folge, dass sie am Morgen erschöpft waren. Außerdem bewog er die Perser dazu, ihre schwereren Kriegsschiffe am Morgen in die engste Einfahrt der Bucht zu schicken, in der Erwartung, die meisten Griechen hätten den Ort verlassen. In Wahrheit aber waren sie vollzählig dort versammelt, und in der Enge der Bucht, die der persischen Übermacht keinen Raum zur Entfaltung bot, vernichteten sie den linken Flügel der Perser. Der Trick des Themistokles brachte den Griechen den Sieg.

Hätten die Perser in Griechenland die Macht errungen, wäre die Freiheit der Griechen beschnitten worden und mit ihr der Fortschritt in Politik, Kunst, dramatischer Dichtung und Philosophie – das Leuchtfeuer der westlichen Zivilisation. Satrapen hätten Griechenland regiert und nach eigenem Gutdünken Recht gesprochen; ein paar Verräter und Kollaborateure unter den Griechen hätten Karriere gemacht, und allenfalls hätten die Perser auf Sofas diniert und wären als Gönner und Zuschauer der griechischen Leichtathleten in Erscheinung getreten, wiewohl ihr König niemals gewagt hätte, sich mit ihnen zu messen – er hätte verlieren können! –, und nacktes Körpertraining für gute Perser zwar wohlig erregend, aber beschämend und gänzlich ausgeschlossen war. 480 v. Chr. starben tapfere Griechen und ihre Familien, weil sie die Freiheit wollten und nicht Sklaverei. Die Namen einiger unter ihnen sind ins Gedächtnis der Nachwelt eingegangen: Pytheas von der Insel Ägina, den bei seinem Tod in der Seeschlacht so viele Wunden bedeckten, dass die Feinde seinen Leichnam an Bord behielten, um ihn zu ehren, oder Aristodemos von Sparta, der als einziger der ruhmreichen »Dreihundert«, der »Ritter« von Sparta, bei den Thermopylen überlebte und danach in Plataiai mit rasender Kühnheit weit außerhalb der eigenen Linien kämpfte, um sich von seinem Schuldgefühl zu befreien. Zum Gedenken an die Siege wurde Apollon in Delphi mit einer bronzenen Säule aus drei umeinander gewundenen Schlangen geehrt, die mit den Namen von 13 dankbaren griechischen Staaten beschriftet war. Unter ihnen verdienten die Spartaner in Plataiai und die Athener besonders gewürdigt zu werden. Im Jahr 490 v. Chr. hatten die Athener bei Marathon die erste Runde der Abwehrkämpfe gegen die persische Invasion gewonnen. Im Winter 481/480 räumten sie, einem Beschluss für den äußersten Fall gehorchend, ihre Stadt und verließen sie, ihnen zur Seite schwimmend ihre Hunde. In ihrer Abwesenheit erlebten sie den großen Frevel der Perser, die Verbrennung und Zerstörung der Tempel auf ihrer Akropolis. Zwei Erntezeiten lang blieben sie außerhalb des städtischen Territoriums. Einigungsangebote des Perserkönigs ließen sie unbeachtet, setzten vielmehr die Kämpfe in Salamis, Plataiai und Mykale mit unverminderte Härte fort. Das Orakel von Delphi dagegen ergriff Partei für die Perser und musste späterhin Geschichten über göttlichen Schutz erfinden, um zu erklären, warum die persischen Invasoren, seine Freunde, es nicht geplündert hatten.

Die Kämpfe wurden im Namen der griechischen Freiheit geführt, doch verwoben in die Erinnerungen sind auch die kontrastierenden Bilder von Gerechtigkeit und Luxus. Die Perser waren zu Entsetzen erregender Härte fähig, enthaupteten und pfählten Leichname, ließen Knaben kastrieren und befahlen, dies unter Xerxes' Regime, einen Vater wegen »Drückebergerei« vor der Wehrpflicht bei lebendigem Leibe zu häuten. Mit der Haut des Vaters wurde sodann der Sitz bezogen, von dem aus er einst Recht gesprochen hatte. Für die Griechen und ihre Werte des Maßes, des Anstands und der Rechtlichkeit waren solche Anekdoten ein Schlag ins Gesicht. Einen genauso tiefen Eindruck hinterließ die Prunkliebe der Invasoren, die mit einigen farbigen Episoden in die Überlieferung einging. Die Rüstung eines persischen Reiters war aus purem Gold gefertigt; die Pferde der persischen Reiterei fraßen aus massiven bronzenen Futterkrippen; die griechische Konkubine eines persischen Adligen behing sich und alle ihre Dienerinnen mit Goldschmuck, um nach der persischen Niederlage in Plataiai die Begnadigung durch den griechischen Kommandanten zu erlangen. Gegenstände aus Gold und Silber, darunter prachtvolle Gewänder, fielen in atemberaubenden Mengen als Kriegsbeute an. Einiges davon wurde von spartanischen Heloten, den Staatssklaven, gestohlen, zum Teil aber Jahre später in nahe gelegenen Äckern aufgefunden. Nur einmal, im Jahr 479, gab der junge spartanische Feldherr Pausanias den gefangenen Köchen des Xerxes den Befehl, ein üppiges orientalisches Mahl zuzubereiten, und ließ es seinen Gästen im vormals königlichen Zelt auftragen. Danach ordnete er die Zubereitung einer spartanischen Mahlzeit an, die in ihrer ganzen Dürftigkeit neben der persischen serviert wurde. Umgeben vom prächtigen Silber- und Goldmobiliar des Königs soll Pausanias dann gegenüber seinen griechischen Gästen geäußert haben, wie ein König, der diesen Reichtum sein eigen nenne, nur so dumm sein könne, in das weit entfernte Griechenland einzufallen, das fast nichts besitze.

Die Gewänder, der Schmuck und das Gold, die den Griechen ins Auge fielen, wurden als weichlich und weibisch beurteilt. In der athenischen Kunst der Folgezeit, in der Vasenmalerei wie im Theater, sind die barbarischen Orientalen in der Tat diesen »orientalischen« Begriffen gemäß dargestellt. Doch diese Darstellungsweise war keine neue Erfindung des Barbaren im Gefolge des

Sieges. Schon die Auslandsgriechen im Westen und Osten hatten sie vorweggenommen, beginnend mit Homers Schilderung eines »barbarisch« sprechenden Karers, der in Gold gekleidet war »wie eine Jungfrau« (als *barbaros* bezeichnete man die für Griechen wie ein »bar-bar-bar«-Gestammel klingenden Laute nichtgriechischer Sprachen).[7] Durch den erstaunlichen griechischen Triumph verfestigten sich vielmehr alte Stereotypen. Die barbarischen Verlierer wurden als »Sklaven« eines einzigen Herrn, ihres Königs dargestellt – die Perserkönige bezeichneten ihre Untertanen tatsächlich als die Leute »minderen Ranges«, ein Wort, das die Griechen als »Sklaven« übersetzten. Im Gegensatz dazu waren die freien Griechen durch die Armut ihres Landes abgehärtet. Dem Xerxes soll man erklärt haben, die Spartaner seien freie Männer, die nur einem einzigen Herrn verpflichtet seien, ihrem Gesetz.

Die eigentlichen Sieger aber waren die griechischen Götter und die Halbgötter, die Heroen. Ihre Präsenz schien im Schrecken des Schlachtengetümmels spürbar, und allein ihre Vielzahl gab dem Kampfesmut Auftrieb. Wenn Gebete und Opfer für einen der Götter sich als unwirksam erwiesen, konnte man sich immer noch hoffnungsvoll an einen anderen wenden. Anders die Zoroaster-Gläubigen unter den Persern, die an zwei widerstreitende Kräfte glaubten, die Kraft des Guten und die des Bösen, und wenn es zum Schlimmsten kam, schien das Böse, Ahriman, unaufhaltsam seinen Lauf zu nehmen. Siegesdenkmäler für die griechischen Götter entstanden in den großen griechischen Sportzentren, in Olympia, in Delphi und am Isthmos. Nach dem Sieg von 479 brachte Pausanias auf der größten *agora* des tapferen kleinen Plataiai dem Zeus Eleutherios, dem Zeus der Freiheit, ein Opfer dar. Es ist die berührendste Siegesfeier in der Geschichte der Alten Welt.

Immer noch tauchen neue Zeugnisse dieser Kriege auf, und die Funde werden sich zweifellos weiterhin mehren. 1959 fand man auf einem Stein der antiken Ausgrabungsstätte Troizen die Abschrift eines Textes, bei dem es sich um den Antrag des Themistokles auf die Evakuierung Athens aus dem Jahr 481/80 handeln könnte – eine spätere Kopie, Beweis für den anhaltenden Ruhm des Ereignisses.[8] 1971 wurde eine weitere Inschrift in Plataiai gefunden, dessen Bürger die Athener 490 bei Marathon unterstützt hatten und im Jahr 479 Zeugen der großen Opferfeier des Pausanias waren. Der Text bezeugt einen rund 200 Jahre jüngeren Kult, der »Zeus dem Befreier und der Einheit der Griechen« gewidmet war, sowie einen Leichtathletik-Wettbewerb, zwei Traditionen, die lebendig gehalten wurden: zu Ehren »der tapferen Männer, die für die Freiheit der Griechen gegen die Barbaren kämpften«.[9] »Freiheitsspiele« blieben populär, und für uns haben die Gräber und die Helden größere Bedeutung erlangt. Auf einem Stück Papyrus wurden 1992 Teile eines Festpoems des großen Dichters Simonides entdeckt, das Pausanias, den Befehlshaber bei Plataiai, mit dem Helden Achill vergleicht, dem Star in Homers Trojanischem Krieg gegen die Barbaren.[10] In Athen kamen in den 1990er Jahren bei Bauarbeiten weitere Fragmente von Inschriften ans Licht, diesmal aus einer Inschrift zu Ehren der furchtlosen Kämpfer von Marathon. Eine ergänzende Inschrift zeigt jetzt, dass sie zu einem bestimmten Kenotaph im Herzen Athens gehörten, der genauso wie der von Marathon zu Ehren der toten Athener errichtet worden war.[11] Jahrhundertelang wurden beide Monumente von den Athenern in Ehren gehalten; ihre berühmten *Reden für die Gefallenen* ließen sie von einem sorgfältig ausgewählten Redner am Kenotaph der Stadt vortragen.

Sechs Jahrhunderte nach dem Geschehen waren die Griechen, die einst die Kulthandlungen in Plataiai leiteten, auch Priester des Kultes zu Ehren Hadrians, des kaiserlichen »Panhellenen«. Die griechische Freiheit war eine andere geworden, aber der Ruhm der großen Tage von 480 lebte auch unter der Herrschaft des Römischen Reiches fort. Zu verdanken war das vor allem den *Historien* Herodots, der uns die Geschichten, Werte und Wendepunkte des griechisches Triumphs überliefert hat. In der Morgendämmerung jenes erhabenen Septembertags von Salamis, so berichtet er, war es Themistokles, der die beste Rede hielt. »Immer wieder konfrontierte er das Edle mit dem Unedlen und hielt sie an, in allem, was die Natur des Mannes und Zwangslagen angeht, den edleren Teil zu wählen.«[12] Xerxes ist nicht mit einer solchen Rede in die Geschichte eingegangen, und wir können sicher sein, dass im Mittelpunkt der Wahl, von der Themistokles sprach, die Freiheit stand. Sie war der entscheidende Grund, warum die Griechen den Sieg errangen.

10
DIE WESTGRIECHEN

Ich bitte dich, gewähre es, Sohn des Kronos, dass friedlich,
zu Hause der Phöniker und die Etrusker mit ihrem Kampfgeschrei sich halten,
nachdem sie die jammervolle Schmach der Schiffe vor Kyme erlebt,
wo sie Schreckliches erfuhren, besiegt vom Fürsten der Syrakuser,
der ihre junge Mannschaft von den schnellen Schiffen in das Meer warf
und Hellas schwerer Knechtschaft entriss ...
        Pindar, PYTHISCHE ODEN, 1,71–75 (470 v. Chr.; Übers. E. Dönt)

1. Einen Toten soll man innerhalb der Stadt weder begraben noch verbrennen.
2. ... mehr als das darf er nicht tun, das Scheiterhaufenholz darf er mit der Axt nicht glätten.
4. Die Frauen sollen ihre Wangen nicht zerkratzen, und sie sollen kein Klagegeschrei beim Leichenbegängnis anstimmen.
...
8. ... und Gold soll er nicht ins Grab geben. Aber wenn jemandem die Zähne mit Gold befestigt sind, so soll es ohne Schaden sein, wenn man ihn mit diesem Gold begräbt oder verbrennt.
        Tafel X des römischen Zwölftafelgesetzes
        (451/50 v. Chr.; Übers. L. Huchthausen)

Der Bedrohung der griechischen Freiheit durch den Einfall der Perser entsprach eine zweite Gefahr im westlichen Mittelmeerraum. Die griechischen Kolonien hatten sich hier seit den ersten Siedlerzügen in den Osten Siziliens im späteren 8. Jahrhundert vervielfacht, aber im Jahr 480 v. Chr., dem Jahr von Salamis, drang ein gewaltiges Heer in den griechischen Teil der Insel vor, das von Karthagern angeführt wurde. Der Anstoß dazu ging zum Teil auf eine griechische Initiative zurück. Ein kurz zuvor ausgebooteter griechischer Herrscher auf sizilischem Boden hatte zusammen mit seinem Schwager karthagische Freunde um Hilfe gebeten, und die Karthager ließen sich nicht lange bitten. Vor nicht allzu langer Zeit hatte Gelon, der griechische Herrscher von Syrakus, versucht, die Griechen im Mutterland zu einem gemeinsamen Angriff auf den karthagischen Teil der Insel zu überreden. Er hatte ihnen sogar neue Handelsmöglichkeiten in Aussicht gestellt – ein unzweideutiger Aufruf zu einem griechischen Krieg mit kommerzieller Stoßrichtung. Hinzu kam allerdings eine persische Dimension. Im Jahr 480 sollen die Perser Karthago gedrängt haben, Sizilien anzugreifen und die dortigen Griechen daran zu hindern, ihr griechisches Mutterland zu unterstützen. Karthago hatte seine eigene Verbindung zum Feldzug der Perser, denn es war eine Kolonie des phönikischen Tyros in der Levante, und die Seeleute von Tyros dienten loyal in der gegen die Griechen kämpfenden persischen Flotte.

Der Appell der Perser zeigte Wirkung, und eine Armee von 300000 Barbaren soll daraufhin in Sizilien eingefallen sein. Doch die Inselgriechen errangen einen triumphalen Sieg in Himera an ihrer Nordküste. Gelon von Syrakus wird eine brillante Kriegslist zugeschrieben, die dem Trick des Themistokles in nichts nachstand: Die Griechen täuschten die karthagischen Befehlshaber, indem sie ein an sie gerichtetes schriftliches Hilfsversprechen abfingen. Der unterlegene karthagische General Hamilkar starb – möglicherweise hatte er sich während einer Opferfeier ins Feuer geworfen, und die Freiheit der Griechen war gerettet. Der Dichter Pindar beschreibt den Sieg zu Recht als »Bergung der Griechen aus der Gefahr schwerer Versklavung« – stattdessen traf diese Sklaverei die barbarischen Gegner.[1] Hordenweise gingen sie als Gefangene an die griechischen Städte Siziliens. Von den Bewohnern der Stadt Akragas (Agrigent) hieß es, viele hätten bis zu 500 Gefangene als Sklaven für ihren persönlichen Haushalt erworben. Die Sklaven leisteten unter anderem Arbeit in Steinbrüchen und beim Bau neuer Tempel. So wurde in Akragas ein gigantischer neuer Zeus-Tempel errichtet, dessen Trümmer noch heute zu sehen sind. Wie so oft in der antiken Geschichte führte der Erwerb großer Mengen Kriegsgefangener oder Flüchtender zu den wirksamsten Veränderungen in einer lokalen Wirtschaft. Dem griechischen Westen verhalf die Versklavung der Barbaren zu neuen Dimensionen von Pracht und Luxus.

Zweimal besuchte Kaiser Hadrian Sizilien und bestieg beim ersten Mal den Vulkan Ätna, um den Sonnenaufgang zu sehen, der, »so sagte man, einem Regenbogen glich«.[2] Damals waren vor ihm schon viele Griechen dort gewesen, auch Pindar, der für Hieron, den griechischen Tyrannen, der in den 470er Jahren eine neue Stadt mit Namen Ätna (Katane) gegründet hatte, eine wunderbar klangvolle Ode verfasste. Das Gedicht verrät eine unmittelbare Vertrautheit, wohl des Dichters selbst, mit dem Ätna und seinen Hängen während

10 DIE WESTGRIECHEN

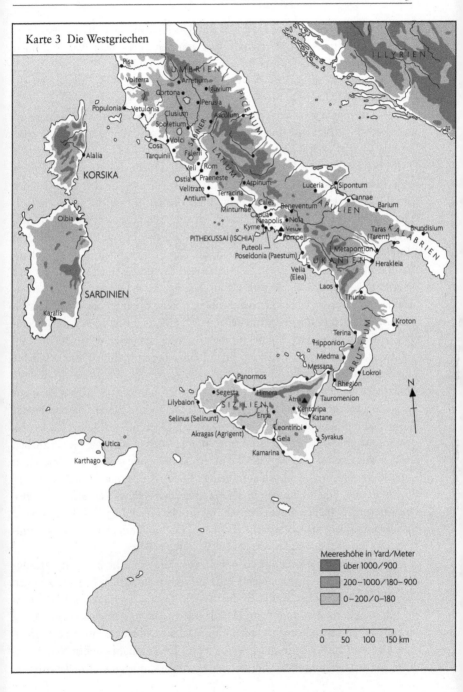

Karte 3 Die Westgriechen

eines Ausbruchs. Zu Zeiten Hadrians stand Sizilien seit mehr als drei Jahrhunderten unter römischer Herrschaft, und von der stürmischen Vergangenheit der Insel hatte der Kaiser zweifellos nur ein vages Bild.

Der soziale Kosmos der Griechen im Westen war komplex und dynamisch. Phönikisch-karthagische Siedler gab es in Westsizilien spätestens seit dem frühen 8. Jahrhundert v. Chr. Teile der Insel waren von früheren Einwanderern besetzt, so die Binnenregion insbesondere von den Sikulern; seit dem 8. Jahrhundert hatten sich im Osten und Süden, vor allem in Küstennähe, auch die Griechen angesiedelt. Die beiden Sphären waren nicht streng getrennt; in den griechischen Städten Siziliens lebten Karthager, ebenso wie sich Griechen der Insel jenseits des Meeres in Karthago niederließen. Das wichtigste Netzwerk der griechischen Inselbewohner bezog sich aber weniger auf Afrika als auf weitere griechische Städte, so die Gründungen auf den benachbarten Äolischen Inseln und in Süditalien, eine Region, die dann den Namen »Großgriechenland«, Magna Graecia, erhielt. Sie hatte zweifellos etwas von der Majestät und Maßlosigkeit einer »Neuen Welt«. Giuseppe Tomasi di Lampedusa, der bedeutendste Romancier des modernen Sizilien, nannte die Insel das Nordamerika der Antike. Schon um die Mitte des 6. Jahrhunderts v. Chr. hatten die griechischen Städte imposante Tempel für die griechischen Götter, wie in Selinunt im Südwesten Siziliens zu sehen ist; noch immer liegen halb in Form gehauene Säulen in den großen Steinbrüchen nahe der Akropolis, wohin sie auf riesigen hölzernen Rollen gezogen wurden. Auf Sizilien nahmen die Griechen sogar täglich zwei größere Mahlzeiten zu sich, wie ein Schüler Platons später bemerkte.[3] Pindar feiert in seinen großartigen Oden für sizilische Gönner das reiche Ackerland der Insel, ihre Ernten und Herden ebenso wie die stattlichen neuen Bauten. Im Jahr 456 beschwor er die blühende städtische Landschaft von Kamarina, wo »ein hoch aufragender Wald gut gemauerter Wohnstätten« dazu beitrug, »die Menschen in der Stadt aus der Hilflosigkeit ins Tageslicht« zu bringen.[4] Daneben gab es den sehr lukrativen Handel, nicht zuletzt von der sizilischen Küste ins barbarische Karthago. Ob Land oder Meer – viele Landbesitzer auf Sizilien hatten von beiden Welten das Beste.

Seit ihren ersten Ansiedlungen in den 730er Jahren v. Chr. hatten die griechischen Kolonisten mit zunehmendem Selbstvertrauen weitere Niederlassungen gegründet. Auch diese Kolonien der zweiten Generation lagen auf hervorragendem Ackerboden, zum Beispiel in dem etwa 390 km² umfassenden großen Landstreifen im südwestlichen Selinunt. Der bedeutendste moderne Historiker, der über die Westgriechen gearbeitet hat, T. J. Dunbabin, selbst Neuseeländer, hat den Geist dieser Siedler mit der »fast vollständigen kulturellen Abhängigkeit« verglichen, »die den größten Stolz der Bewohner britischer Kolonien bildet«.[5] Setzten sie einfach nur Traditionen fort?

Die Hauptstränge ihrer Geschichte bis etwa 460 v. Chr. sind vom griechischen Mutterland her bekannt. Es war zu Kriegen zwischen den westgriechischen Städten gekommen wie auch zu Kriegen zwischen den griechischen und den vielen nichtgriechischen Inselbewohnern. Es hatte keine neuen, »westlichen« Erfindungen auf militärischem Gebiet und keine wirklichen politischen Experimente gegeben – gemeinsame Ratsversammlungen oder Feste waren bei den sizilischen Griechen nicht üblich. Am ehesten als pan-»siziliotisch« konnten wohl ihre Pferderennen gelten, aber wir wissen nicht einmal, wo diese großen Zusammenkünfte stattfanden. Dem Modell des Mutterlands entsprechend gab es Bürgerarmeen von Hopliten und exzellente Reiter – auf den wasserreichen Böden blühte die Pferdezucht wie nur im heimatlichen Thessalien. Es gab Tyrannen, die schließlich von Demokratien abgelöst wurden. Der Hauptunterschied lag in den Zeitverhältnissen. Die wichtigsten sizilischen Tyrannen, die in Syrakus und Gela herrschten, traten um 505 v. Chr. auf, als Athen soeben zur Demokratie übergegangen war. Die Tyrannen des griechischen Westens wurden sehr häufig durch Demokratien ersetzt, aber nicht vor den 460er Jahren; in Kleinasien hatten Vorstellungen von Demokratie die Ostgriechen schon um 500 zum Aufstand stimuliert. Aus Sizilien liegen uns schriftliche Zeugnisse von Reformen vor, mit denen der frisch gestärkte Stadtstaat Kamarina um 460 v. Chr. seine Gesellschaft neu strukturierte, doch diese Erneuerung kam etwa 50 Jahre später als die vergleichbaren Reformen des Kleisthenes in Attika.[6] Auch in der Religion waren die Westgriechen traditionell. Sie ehrten die Götter des Mutterlands und beriefen sich auf ähnliche Mythen. Einige davon bezeugen unmissverständlich den Glauben an ein Leben in der Unterwelt, Vorstellungen, die bis vor kurzem mit dem diffusen Begriff »orphisch« bezeichnet wurden – nach Orpheus, der der Unterwelt entkam – und als westgriechisches Gedankengut galten. Neue Belege zeigen, dass sie nicht spezifisch westgriechischem Denken entsprachen, sondern auch in Griechenland selbst weit verbreitet waren. Eine wichtige Inschrift, entstanden um 450 v. Chr., vermittelt uns ein Bild der Religiosität, wie sie in der großen Niederlassung Selinunt den Alltag prägte. Darin wird beschrieben, auf welche Weise man sich durch Opfer eines ausgewachsenen Schafes und anschließender weiterer Rituale von der sicht- oder hörbaren Gegenwart eines feindlichen Geistes reinigen konnte.[7] Der Text enthält keinerlei Anzeichen »westlicher Aufklärung«, und er ist keine Reaktion auf eine krisenbedingte Ausnahmesituation.

Die griechischen Städte des Westens waren »von oben nach unten« besiedelt worden, das heißt durch Landverteilung der Anführer an ihr Siedler-Gefolge. Diese Form der Niederlassung stützte sich in geringerem Umfang auf bestehende Infrastrukturen von Dörfern und Siedlungskernen als viele »von unten nach oben« besiedelte Orte im alten Griechenland. In den städtischen Territorien Siziliens waren reiche, nicht ansässige Landbesitzer vielleicht häufiger. Doch dieses Besiedlungsmodell war nicht der Hauptgrund für die politischen Turbulenzen. Wie im Mutterland lagen deren Triebkräfte in den Zwistigkeiten innerhalb einer geltungssüchtigen Oberschicht und im wachsenden Reichtum, der in den Händen weniger lag, verbunden mit veränderter militärischer Taktik und fortgesetztem Ärger im Volk über eine korrupte Justiz. Die Tyrannen des griechischen Westens waren nicht »populistischer« als die von ihnen beherrschte Oberschicht. Den Herren von Syrakus wird die Ansicht zugeschrieben, das einfache Volk sei »für ein Zusammenleben wertlos«.

Natürlich gab es in einem derart weit verzweigten Netzwerk so zahlreicher Griechen auch einige Innovationen. Die Griechen Siziliens erfanden den *kottabos*, das Spiel des »Weinschnipsens«, das nach dem Abendessen beim Symposion gespielt wurde, und inszenierten damit in stark reduzierter Form ein erstes komisches Drama; sie sollen eine bestimmte Art von Karren erfunden haben, den Vorläufer der bunten Fest- und Hochzeitswagen im späteren Alltag Siziliens und in der Oper.[8] Nach den Vasenmalereien zu schließen, trugen die Frauen in Magna Graecia möglicherweise durchsichtigere Kleidung als die Frauen in Griechenland; unsere Unterwäsche allerdings war offenbar hier wie dort unbekannt.

Diese Neuerungen waren nicht Elemente eines kulturellen Wandels, sondern Teil einer selbstgewissen und selbstbewussten kulturellen Tradition. Die Westgriechen machten die eigenen hochgelobten Taten und Erinnerungen zunehmend zum Massengut. Sie stellten sie im alten Griechenland zur Schau, doch keineswegs als unterwürfige arme Verwandte. Im 8. und 7. Jahrhundert waren Weihegaben aus Italien und aus dem griechischen Westen im großen Heiligtum von Olympia bereits sehr präsent. Auch Waffen gehörten dazu, vermutlich um den Göttern für die Siege zu danken, die die Westgriechen über Landsleute oder Nichtgriechen aus dem Umland errungen hatten. Im 6. Jahrhundert v. Chr. wurde eine vorspringende Terrasse in Delphi zur Kulisse für eine Reihe von Schatzhäusern. Fünf der zehn »Schatzkästlein« hatten die Westgriechen bezahlt. Auch als stolze Besitzer von Rennpferden und als Rivalen in den Sportarenen taten sich die Vertreter des Westens hervor. Es war also nichts Neues, dass die Tyrannenherrscher sizilisch-griechischer Städte in den 470er

Jahren den Göttern in Delphi und Olympia Helme, Dreifüße und Statuen weihten. Auch sie prahlten mit ihren Siegen im Sport und ihrer Schlagkraft im Kampf gegen die Barbaren. Dieser Selbstgewissheit sahen sich auch die Vertreter des griechischen Festlands gegenüber, die gekommen waren, um im Krisenjahr der persischen Invasion von 480 v. Chr. Beistand zu erbitten. Der Herrscher von Syrakus verlangte als Bedingung für seine Zusage den Befehl über die gesamte griechische Streitmacht gegen Persien. Die Boten Athens erinnerten an ihre Rolle im Trojanischen Krieg und lehnten ab. Die Entgegnung erfüllte ihren Zweck, denn in dieser grauen Vorzeit hatten griechische Städte auf sizilischem Boden nicht einmal existiert.

Vom alten Griechenland und von der Ägäis aus betrachtet war der Westen schlicht eine Zuflucht, die sich für einen Neustart anbot, wenn alles andere fehlschlug. Die Verlierer in den politischen Umwälzungen auf dem Festland wandten sich westwärts, um eine Gemeinschaft zu gründen oder zu übernehmen. Nach der Eroberung Ioniens durch die Perser brachten griechische Flüchtlinge ihre Begabung für philosophisches Denken nach Süditalien und gründeten etwa 65 km südlich von Paestum die Niederlassung Elea, die wegen der subtilen Behandlung von Fragen der Wahrheit und Erkenntnis Berühmtheit erlangte. In der Bucht von Neapel gründeten adlige Flüchtlinge von der Insel Samos um 521 v. Chr. einen Ort mit dem Namen »Gerechte Herrschaft« und setzten sich damit ausdrücklich von ihrer heimischen Tyrannis ab. Aus dem Ort wurde später der bedeutende Hafen Puteoli. Ihnen vorausgezogen waren um 530 v. Chr. Anhänger des Philosophen Pythagoras, vor allem ins süditalische Kroton. Nicht jeder Einwanderer war allerdings so gerecht wie der bewundernswerte Kadmos, der nach Sizilien kam, nachdem er seine Tyrannis auf der Insel Kos »der Gerechtigkeit halber« aufgegeben hatte.[9] Um 514 v. Chr. wurde einer der beiden Könige Spartas, Dorieus, von seinem Bruder verdrängt und gelangte mit einer kleinen Schar von Abenteurern in den Westen. Anfangs versuchten sie dort ihre Kampfkraft in einem Krieg zwischen süditalischen Städten zur Verfügung zu stellen; danach drangen sie in die karthagische Region Siziliens ein, in der Überzeugung, damit »das Erbe des Helden Herakles anzutreten«. Dorieus fiel, und ein paar seiner Anhänger zogen sich an die Südküste zurück, wo sie als Trostpreis ein zweites »Herakleia« gründeten, allerdings auf dem Boden eines bestehenden griechischen Stadtstaats.

Die Ankunft dieser griechischen Exilanten und die Selbstsicherheit der ansässigen Griechen im Westen gefährdete auch den Frieden der benachbarten Nichtgriechen. Um 570 v. Chr. errangen die griechischen Siedler im libyschen

Kyrene einen spektakulären Sieg über ein Heer von Libyern und Ägyptern und machten den Weg frei für eine weitere Welle griechischer Kolonisation in Nordafrika. Zehn Jahre später, um 560, eroberten die Nichtgriechen einen Teil ihres Gebiets zurück, und in der Folge war der Spielraum der Griechen im Westen erheblich eingeschränkt. In den Jahren von etwa 560 bis etwa 510 erlitten weitere westgriechische Kolonisationsversuche Schiffbruch – auf Korsika, in Westsizilien und in der Nähe phönikischer Niederlassungen in Nordlibyen. Im Westen gab es nur wenige Regionen, die völlig unbesiedelt waren und Siedlern also offenstanden. Auch Karthago hatte in den Jahrhunderten seit seiner Gründung von der Levante aus an Selbstsicherheit gewonnen. Der uns erhaltene Vertrag Karthagos mit Rom aus dem späten 6. Jahrhundert zeigt, dass Karthago versuchte, den Zugang der Römer zu seinen Küsten einzuschränken. Die Westgriechen blieben darum nur eine einzelne »Ethnie« in einem größeren Völkergemisch. Wie andere vor ihnen reisten sie an der Westküste Italiens entlang, doch in den Heiligtümern außerhalb der dortigen Küstenniederlassungen gingen schon ganz andere Besucher und Händler aus und ein, unter denen die Phöniker und Etrusker dominierten, und diese Völker waren schon von den eigenen multiethnischen Beziehungen in Anspruch genommen.

Denn das 6. Jahrhundert war für die herrschenden Geschlechter in den etruskischen Niederlassungen eine besonders glanzvolle Epoche. Wie in Tarquinia fanden sie Gefallen daran, aus bemalten griechischen Gefäßen zu trinken, griechische Bildhauer und Maler zu fördern und sogar den griechischen Kampfstil der Hopliten und vielleicht auch der Reiter nachzuahmen. Dabei waren sie jedoch nicht die passiven Schuldner der Griechen; vielmehr trafen sie eine sehr bewusste Auswahl und wussten das, was sich ihnen anbot, umzugestalten. Außerdem zeigten sie sich aggressiv. In den 470er Jahren mussten die griechischen Tyrannen von Syrakus in der Bucht von Neapel intervenieren, um die lokalen griechischen Städte vor einer größeren Barbareninvasion zu schützen, die von Etruskern angeführt wurde. Kurz darauf beteiligten sich sizilische Griechen an der Gründung einer »neuen Stadt« in der Region – Neapolis. Ihr regelmäßiger Straßenraster ist noch im Gewirr der heutigen Großstadt Neapel erkennbar. Nördlich dieser »Neustadt« lag nicht allzu weit entfernt ein anderer urbaner Schauplatz von Rang – Rom. Wie weit war die »ewige Stadt« der Zukunft, wenn überhaupt, in diesen westgriechischen Schmelztiegel, der sie umgab, integriert?

Die Frühgeschichte Roms bleibt ein Terrain lebhafter, von Skepsis und wissenschaftlichem Scharfsinn geprägter Auseinandersetzung. Die lateinischen Quellen wurden offensichtlich viele Jahrhunderte später bearbeitet oder erfunden, weswegen die moderne Forschung sich stärker auf die Archäologie stützt. Zu Fragen des politischen Wandels und der ethnischen Vielfalt ist deren Beweismaterial oft mehrdeutig oder irrelevant. In unserem Zusammenhang ist zu betonen, dass Rom seit dem 8. Jahrhundert v. Chr., der Ära Homers, keine randständige Stadt war, die isoliert von den Sitten und Bräuchen des weiteren Umfelds existierte. Archäologische Funde lassen erkennen, dass »Phöniker« aus der Levante und Griechen, vermutlich Euböer, den Ort am Tiber besucht hatten. Denn die Versorgungslage erlaubte es den Römern nicht, ruhig im Landesinnern zu verharren. Aufschlussreich war hier die Beobachtung, dass den Römern die Möglichkeit fehlte, in ihrer Umgebung das für Menschen und Tiere lebensnotwendige Salz zu gewinnen. Die einzigen Salzfelder Westitaliens lagen am Nordufer der Tibermündung. In der Folge entstand im Süden Roms eine »Salzstraße« (Via Salaria), und an der Tibermündung wurde Ostia gegründet, der Überlieferung zufolge in der Mitte des 7. Jahrhunderts v. Chr. und zweifellos mit Blick auf die Salzquellen.[10] In Rom wurden unterdessen die örtlichen Hütten durch Häuser ersetzt; es gab einen öffentlichen Platz, das »Forum«, der gepflastert war. Um 620 v. Chr. kam es, wie Archäologen entdeckten, zu einer Umgestaltung des Stadtraums unter starkem kulturellen Einfluss der Etrusker, begleitet von einer Einwanderung aus etruskischen Städten. Dem folgte nach geltender Überlieferung von 616 bis 509 v. Chr. die Herrschaft mehrerer etruskischer Könige, der Tarquinier.

Westgriechische Besucher der damaligen Gemeinde Rom hätten eine Gesellschaft vorgefunden, die der ihren nicht ganz fremd war. Bis ins späte 6. Jahrhundert gab es ein Königtum, allerdings ohne Erbfolge. Die Grundlage dieser Gesellschaft bildeten Adelsgeschlechter *(gentes)* und Bezirke *(tribus)*. Es gab einige Priesterkollegien, die nach griechischen Maßstäben freilich in unüblicher Weise spezialisiert waren. Während des 6. und frühen 5. Jahrhunderts erlebte diese soziale Ordnung einen Wandel, der ebenfalls eine gewisse Ähnlichkeit mit den griechischen Gemeinden aufweist. Die Zahl der römischen *gentes* wurde erhöht und die Armee reorganisiert. Das Ende des 6. Jahrhunderts brachte auch das Ende des Königtums – es wurde, wie die griechische Tyrannis, gestürzt, und jährlich gewählte Beamte übernahmen in dem neu entstandenen Staat die Führung. Innerhalb von Jahrzehnten kam es beim einfachen Volk zu Revolten gegen das Schuldrecht und den Landerwerb, und man musste diesem »Volk«, dem *dēmos* der Griechen, Konzessionen machen. In den 450er Jahren wurde sogar eine Gesetzessammlung veröffentlicht, das berühmte römische Zwölftafelgesetz, ähnlich wie in frühen griechischen Stadtstaaten gelegentlich Gesetze veröffentlicht worden waren. Die römischen

Gesetze schlossen die Ehegemeinschaft zwischen den adligen Patriziern und Nichtpatriziern aus – viele griechische Aristokraten hätten applaudiert. Sie regelten auch Probleme von Schuldrecht und Adoption, Heirat und Erbschaft, die in den griechischen Gemeinschaften gleichfalls von Bedeutung waren. Die Gesetze schrieben vor, dass Kinder mit schweren Missbildungen unmittelbar nach der Geburt zu töten waren – hier hätten die Spartaner zugestimmt. Spezifisch römisch aber war, wie später von griechischer Seite bemerkt, die ungewöhnliche Macht, die dem männlichen Oberhaupt eines römischen Haushalts über alle Mitglieder, einschließlich der Kinder, zugesprochen wurde. Solange ein römischer Vater lebte, besaßen seine Söhne keinerlei Besitzrechte – sie konnten von ihrem Vater, dem *pater familias*, umstandslos getötet werden. Diese extreme Form der Machtausübung wurde in der Praxis vermieden, blieb aber auch in der späteren römischen Hochschätzung der Tradition immer ein wichtiges Element.

In den Geschichten, die später über diese Zeit erzählt wurden, werden Roms Verbindungen mit der griechischen Welt immer stärker betont. Die Herrschaft der letzten drei Könige Roms habe im Jahr 616 v. Chr. mit Tarquinius begonnen, einem Einwanderer aus der etruskischen Stadt Tarquinia. Sein Vater Demaratos war ein Adliger aus dem griechischen Korinth, der während der ersten korinthischen Tyrannis (um 657) vertrieben wurde und in Italien eine neue Existenz gründen musste. Der zweite in der Reihe der römischen Etruskerkönige war der gefeierte Servius Tullius, dessen Lebenszeit nach der Überlieferung in die Jahre 578–535 v. Chr. fällt. Er blieb aufgrund seiner niedrigen Abkunft – Sohn eines Sklaven – und einer besonderen Beziehung zu den Göttern in Erinnerung und war vermutlich ein etruskischer Krieger mit dem etruskischen Namen Mastarna. Auf ihn geht eine grundlegende Reform der Bezirke und eine Volksversammlung zurück, die auf der Einteilung des Volkes in *centuria* (Hundertschaften) basierte. Diese Neuerungen des Servius weisen eine unverkennbare Ähnlichkeit mit denen der frühen griechischen Reformer auf, die während des 6. Jahrhunderts v. Chr. in ihren Stadtstaaten die Struktur der Phylen (Stämme) geändert hatten. Sogar die erste öffentliche Präsentation des römischen Rechts stand mit den Griechen in Verbindung. Späterer Überlieferung zufolge wurden Ende der 450er Jahre von Rom Delegationen ausgeschickt mit dem Auftrag, die Gesetze griechischer Städte zu studieren, im Besonderen in Athen die Gesetze Solons.[11] Das Wort für »Strafe« *(poena)* im Zwölftafelgesetz, das unzweifelhaft dem griechischen *poinē* nachgebildet ist, dürfte allerdings nicht auf Kontakte mit Athen verweisen, sondern auf die Verbindungen Roms zu einigen neueren griechischen Ansiedlungen in Süditalien.

10 DIE WESTGRIECHEN 137

Von spezifisch römischer Anschaulichkeit aber war die Anweisung, dass ein Schuldner, der den Zahlungsverpflichtungen gegenüber mehreren Gläubigern nicht nachkam, verkauft werden und der dabei erlöste Klumpen Kupfer in die entsprechende Anzahl Stücke gehackt und unter die Gläubiger verteilt werden sollte.

Um 500 v. Chr. zählte das römische Gemeinwesen wahrscheinlich etwa 35000 männliche Mitglieder und beherrschte ein Territorium, das noch die etwa 65 km südlich Roms gelegene Küstenstadt Terracina einschloss. Auch wenn seine männliche Einwohnerschaft vermutlich zahlreicher war als im zeitgenössischen Attika, so hatte eine kulturelle Entwicklung doch erst in bescheidenem Maß stattgefunden, und die strikte Ablehnung des Luxus wurde dem Ort erst durch spätere Legendenbildung zugeschrieben, aber Freiheit und Gerechtigkeit waren hochgeschätzte Werte. Servius' Reformen wurden von den Römern später als eine Quelle der Freiheit bewundert. Zu jener Zeit aber war die am dringlichsten begehrte Freiheit wohl die Befreiung von der Alleinherrschaft eines Königs. Noch lange nach Abschaffung der Monarchie blieb die Loslösung vom Königtum der maßgebliche politische Wert des römischen Adels. Der Adel, nicht das Volk, entthronte 510/9 v. Chr. den letzten tyrannischen König, in einer Zeit also, als sich die Aristokraten in den meisten griechischen Städten schon ihrer Tyrannen entledigt hatten.

Was folgte, war das eindeutig vom Volk ausgehende Verlangen nach Gerechtigkeit. Im Jahr 494 v. Chr. soll sich, vermutlich während einer Aushebung von Soldaten für das Heer, ein Teil des einfachen Volkes *(plebs)*, auf einen Hügel außerhalb Roms abgesetzt und mit dieser »Sezession« von ihrer Oberschicht in einem Moment getrennt haben, in dem Soldaten gebraucht wurden. Eines ihrer Anliegen war der Schutz vor Missbrauch und körperlicher Züchtigung durch die Mächtigen, einem Missbrauch, dem in Attika 100 Jahre zuvor schon Solon Schranken gesetzt hatte. Die Verteidigung dieser Interessen wurde darum einem neuen Beamtentypus übertragen, den Volkstribunen *(tribuni plebis)*. Diese als sakrosankt anerkannten Beamten konnten sich jetzt, wenn sie von einem Hilferuf hörten, direkt in die Auseinandersetzung zwischen einem Angreifer und seinem Opfer einschalten. Späteren Zeugnissen zufolge hat man sich damals auch schon gegen die Belastungen durch Schulden und Abgaben aufgelehnt und Forderungen nach einer Landverteilung erhoben. Auch diese Forderungen wären griechischen Beobachtern in großen Zügen bekannt vorgekommen. Die Sammlung und Veröffentlichung der Gesetze in den 450er Jahren kam weiteren Ansprüchen auf Gerechtigkeit entgegen, die ebenso wie von den unteren Schichten auch von Roms herrschender Klasse erhoben wurden. Dass im Athen der 620er Jahre die ersten aufgezeichneten Gesetze öffentlich dokumentiert wurden, ist auf ähnlichen sozialen Druck zurückzuführen.

In der Frühzeit Roms beobachtet man also etwas von derselben Dynamik, die auch in Teilen des frühen Griechenland den sozialen Wandel beschleunigt hatte. Natürlich sprachen die Römer ihr »barbarisches« Latein, verehrten ihre eigenen Götter und gingen ohne Führung durch die Griechen ihren eigenen Weg. Sollten die Römer Athen tatsächlich je besucht und dort den Gesetzeskodex begutachtet haben, so wäre dieses Ereignis von den Athenern gewiss nicht aufgezeichnet worden. Athen war an Rom nicht interessiert. Uns aber interessiert das Athen, das diese Römer besucht haben sollen.

TEIL II

DIE WELT DER GRIECHISCHEN KLASSIK

Bei den Griechen aber waltet die Individualität, welche von andern unterschieden sein will, und es tritt der Begriff der persönlichen Macht (deinotes) in den Vordergrund, welche je nach Umständen die höchsten Verdienste und die größten Verbrechen gegenüber der Polis umfasst; diese Polis selbst aber mit ihrem Argwohn und ihren engen Gleichheitsbegriffen einerseits und ihren hohen Ansprüchen an die Tüchtigkeit (arete) des Individuums anderseits treibt den Begabten auf diese Bahn, die ihn zum waghalsigen Zugreifen (tolma) und unter Umständen zur Wut führen kann, und auch Sparta, welches die nach Allseitigkeit *strebende Individualität in einer einseitigen* Staatsnützlichkeit *festhalten will, erreicht damit nichts anderes, als dass es lauter ruchlose Heuchler zieht, wie schon im VI. Jahrhundert den schrecklichen Kleomenes, im V. einen Pausanias und endlich einen Lysander. Ob nun diese Entwicklung für das Schicksal der Poleis gut, und ob sie überhaupt vermeidlich war, bleibt streitig; aber die griechische Welt macht damit im Guten und Bösen einen enorm reichen, genialen Eindruck.*
    Jacob Burckhardt, Griechische Kulturgeschichte, 4. Bd., 9. Abschn. (1898)

»*Der Preis der Freiheit ist ewige Wachsamkeit.« Zweifellos – aber wie alle Binsenwahrheiten bietet auch diese kaum eine konkrete Handlungsanweisung. Wachsamkeit gegen wen? Eine Antwort, so haben wir gesehen, liegt darin, dass man seine Verteidigungsposten auf die öffentliche Teilnahmslosigkeit aufbaut, auf den Politiker als Helden. Ich habe versucht, einsichtig zu machen, dass dies ein Weg ist, die Freiheit zu erhalten, indem man sie kastriert, und dass mehr Hoffnung in einer Rückkehr zu jenem klassischen Begriff liegt, der in der Regierungstätigkeit eine fortgesetzte Bemühung um die Erziehung der breiten Massen sieht. Es wird weiterhin Fehler geben, Tragödien und Gottlosigkeitsprozesse, aber man wird vielleicht auch von der weitverbreiteten Entfremdung zu einem echten Gemeinschaftssinn zurückkehren. Die Verurteilung des Sokrates ist nicht die ganze Geschichte der Freiheit in Athen.*
    M. I. Finley, Antike und moderne Demokratie, 2005 (engl. Original 1973), 105 f.

11
EROBERUNG UND IMPERIALE MACHT

»*Ich werde nicht gegen das Volk der Athener rebellieren, weder mit Arglist noch mit Schlichen irgend möglicher Art, weder in Worten noch Taten. Auch werde ich mich keiner Revolte eines anderen anschließen, und wenn ein anderer revoltiert, werde ich ihn den Athenern melden. Ich werde den Athenern den Tribut entrichten, von dem ich sie überzeuge, [dass sie ihn festsetzen,] und als ihr Verbündeter werde ich der möglichst beste und treueste sein. Ich werde dem Volk der Athener Hilfe leisten und es verteidigen, wenn irgendjemand dem Volk der Athener ein Unrecht zufügt, und ich werde dem Volk der Athener gehorchen.« Diesen Eid werden die erwachsenen Chalkidiker schwören, alle ohne Ausnahme. Wer diesen Eid nicht ablegt, soll seine Bürgerrechte verlieren, und sein Besitz wird konfisziert.*
    Vertrag der Athener mit Chalkis, 446/45 v. Chr.

Für Megakles, Sohn des Hippokrates, und auch für sein Pferd
    Beschriftete Tonscherbe, abgegeben gegen den Adligen Megakles in Athen (Kerameikos, Ostrakon 3015, erstm. publ. 1994)

Megakles, Sohn des Hippokrates.
    Eine weitere Scherbe mit der Zeichnung eines fliehenden Fuchses. Der Fuchs *(alopex)* ist eine Anspielung auf Megakles' Demos Alopeke und sein »buschig geschwänztes« Doppelspiel – ein füchsisches Wesen wurde mit Verrat und propersischer Gesinnung assoziiert. Deshalb musste Megakles schleunigst die Stadt verlassen (Kerameikos, Ostrakon 3815)

Dass die Siege der Griechen über die barbarischen Perser und Karthager mit den drei Hauptthemen dieses Buches in Zusammenhang stehen, ist kaum zu bezweifeln. Sowohl Karthager als auch Perser übertrafen, was Reichtum und Luxus anging, die griechischen Stadtstaaten bei weitem. Sie waren darauf aus, die politische Freiheit der Griechen zu zerstören, und hätten im Falle ihres Sieges ihr eigenes Recht oktroyiert. Doch ihre Armeen scheiterten nicht in erster Linie des Luxus wegen. Der entscheidende Wert, der die griechischen Siege erst möglich machte, war Freiheit, und die Fehlschläge der persischen Armee und der Söldnertruppen der Karthager sind darin begründet, dass ihren Kämpfern die motivierende Kraft dieses Wertes fehlte. Ebenfalls von Bedeutung waren die militärischen Neuerungen – die schwerbewaffneten Hopliten, besonders diejenigen Spartas, außerdem die neu gebauten athenischen Schiffe. Aber auch dem Neuen lagen sinnstiftende Werte zugrunde. Die Einführung der Hoplitenhalanx in den 650er Jahren v. Chr. stand in Zusammenhang mit dem Verlangen nach Gerechtigkeit, das die Tyrannen und Gesetzgeber zu dieser Zeit beschäftigte. Als eigentliche Quelle des Hoplitentums kann das System der Spartaner gelten, das ursprünglich ebenfalls die luxusbedingten Spannungen und das Bedürfnis, von der Tyrannis frei zu bleiben, zu seiner Agenda machte.

Ein anderes Thema, das sich im späteren Aufstieg Makedoniens wiederholen wird, ist die Entdeckung kostbaren Metalls – der attischen Silberminen – zu einem denkbar glücklichen Zeitpunkt. Auf Sizilien fehlten solche lokalen Fundstätten, doch Sizilien verdankte seine Siege auch nicht dem Bau neuartiger Schiffe. Wohl aber die Athener, und hier war das Silber entscheidend. Neuer Zugriff auf kostbare Metalle, ob im Bergbau zutage gefördert oder als Beute erobert, spielte in den Machtbeziehungen der Alten Welt eine wichtige Rolle. Er verhalf den Staaten zu Reichtum, weit effektiver, als eine Steigerung ihrer Warenproduktion oder ein exportabhängiges Wachstum es vermocht hätte. Aber die Bodenschätze mussten gefördert werden, und hier wiederum waren die Sklaven Athens die entscheidende Ressource; durch sie war ein schneller Abbau des Metalls garantiert. Die Schiffe, einmal gebaut, mussten mit größtem Einsatz gerudert werden; auch hier war die spezielle Sozialstruktur Athens wichtig. Alle Bürger der Stadt, die unteren Schichten eingeschlossen, waren willens, zusammenzustehen und für ihre neu errungene demokratische Freiheit zu kämpfen. Die Spartaner, die keine Demokratie kannten, hätten niemals engagierte Bürger in vergleichbarer Anzahl mobilisieren können. Im Gegensatz zu Athen wechselten einige griechische Gemeinschaften, in denen Aristokraten oder auch Oligarchen das Sagen hatten, verräterisch auf die Seite der Perser über. Es gab Ausnahmen, nicht zuletzt die Korinther; den Abtrünnigen aber waren die adligen Perser genehmer als das Risiko einer ihnen feindlich gesonnenen Demokratie auf heimischem Boden.

Neben dem Glücksfall (Silber) und ebenso unverhofft günstiger Fügung (dem Wetter auf See) spielte also die Standesordnung in den griechischen Siegen eine wichtige Rolle. Hinzu kamen natürlich die Wertvorstellungen der

11 EROBERUNG UND IMPERIALE MACHT 143

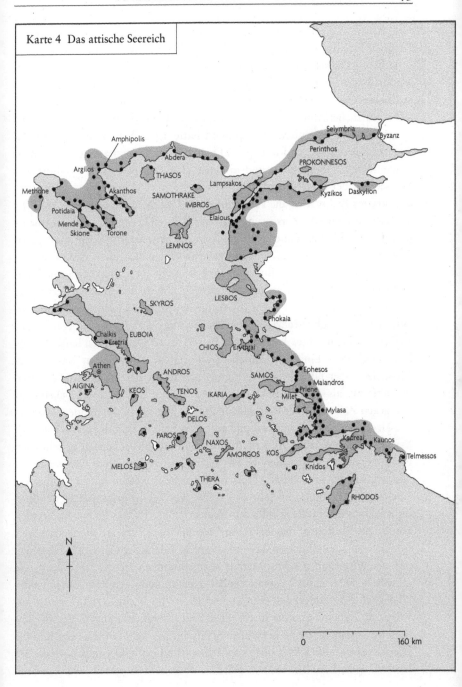

Karte 4 Das attische Seereich

Griechen und die Erwartungen, die sich für sie als Bürger daraus ergaben. Denn die Nachwehen der griechischen Siege über barbarische Invasoren waren in West und Ost sehr unterschiedlicher Art. Im Westen überließ man die besiegten Karthager ihrer eigenen Herrschaftssphäre *(epikrateia)* in Westsizilien. Die sizilischen Griechen machten keinen Versuch, sich in Nordafrika an Karthago selbst zu rächen. Im Osten dagegen gingen die Griechen nun selbst in die Offensive. Der hellenische Kampfbund hatte seine Allianz in den dunklen Tagen der persischen Bedrohung mit Eiden bekräftigt, jetzt wurde er zum Attischen Seebund umgestaltet und in einen »Hellenischen Krieg« geführt, die Fortsetzung der Perserkriege.

Erklärtes Ziel war es, die Perser für die in Griechenland begangenen Sakrilege zu bestrafen – die Zerstörung der Tempel durch Feuer, vor allem in Athen – und die griechischen Landsleute im Osten zu befreien, die noch unter persischer Herrschaft standen. Zunächst glaubte keiner, dass die Perser nicht bald zurückkehren würden, um ihrerseits Vergeltung zu üben. Erst durch einen weiteren Sieg der Griechen an der Mündung des Eurymedon an der Südküste Kleinasiens, der heutigen Bucht von Antalya, wurde 469 v. Chr. eine große orientalische Flotte abgewehrt, die dem Perserkönig die Herrschaft über die Ägäis zurückgewinnen sollte. Auch mit der Befreiung der Ostgriechen hatte es seine Schwierigkeiten. Einige griechische Stadtstaaten in Kleinasien waren noch Mitte der 460er Jahre in der Verfügungsgewalt des Perserkönigs. Die Befreiung aber tat, als sie schließlich eintrat, ihre Wirkung: Viele Ostgriechen wurden gegen Zahlung eines bescheidenen Jahresbeitrags in die Bundeskasse von der Herrschaft ihrer Tyrannen und Satrapen befreit. Es gab auch wiederholt Versuche zur Befreiung Zyperns von der Insel wohlgesonnenen griechischen Herrschern, aber noch saßen die Phöniker in der »neuen Stadt« Kition an der Südostküste der Insel. Erste heroische Versuche gab es im Jahr 478, aber bei einem späteren Anlauf im Jahr 459 v. Chr. wurden die griechischen Bündniskräfte durch den Hilferuf eines aufständischen Herrschers im nahen Ägypten von ihrem Vorhaben abgelenkt. Ägypten aus dem Perserreich zu lösen versprach einen spektakulären Gewinn, der nicht zuletzt der Getreidebeschaffung und der Wirtschaft des Mutterlands zugute kommen würde. Doch der große athenische Feldzug nach Ägypten endete nach fünfjährigen Kämpfen mit einer kläglichen Niederlage. Im Jahr 450 scheiterte auch ein letzter Versuch zur Befreiung Zyperns und die Insel wurde dem Perserkönig abgetreten, der seinerseits zugestand, keine persischen Schiffe in die Ägäis zu schicken und die griechischen Städte Kleinasiens von Tributzahlungen und von der persischen Herrschaft zu befreien. Dieser »Friede«, obwohl zerbrechlich, war dennoch

11 EROBERUNG UND IMPERIALE MACHT   145

ein beträchtlicher Gewinn. Die ostgriechischen Stadtstaaten zahlten jetzt einen jährlichen Tribut an die Athener und nicht mehr an den Großkönig, aber sie waren zumindest theoretisch von den politischen Interventionen der Perser befreit.

Im griechischen Westen folgte dem vernichtenden Schlag der Griechen gegen die Streitmacht Karthagos im Jahr 480 eine Dekade des Glanzes, nicht für die Demokratie, sondern für Siziliens griechische Tyrannen. Nach Eheschließungen zwischen den führenden Familien fanden die politischen Auseinandersetzungen innerhalb der Mitglieder dieser Familien statt. Ihre Spuren sind noch dem berühmtesten Kunstwerk »eingeschrieben«, das ihnen zu Ehren entstand, dem bronzenen Wagenlenker in Delphi. In der Widmungsinschrift wurde der ursprüngliche Name des Widmungsträgers bezeichnenderweise durch den Namen eines seiner Brüder ersetzt. Auf dem griechischen Festland hingegen fielen die Jahre der Strafexpedition gegen Persien mit einer echten politischen Wahl zusammen, dem fortschreitenden Zwiespalt zwischen zwei disparaten Formen griechischen Lebens: der harschen Oligarchie von Spartas Militärjunta und der zunehmend selbstgewissen Demokratie der Athener. Von Seiten der Spartaner gab es schwächliche Versuche, die Regierungen, die sie in den Städten ihres Bündnisses favorisierten, als Isokratien (gleiche Herrschaft) zu präsentieren, eine Reaktion auf die stolze und ganz andersartige Demokratie.[1] Um ihre Bündnispartner im Peloponnesischen Bund zu beschwichtigen, hatten die Könige Spartas ab etwa 506 v. Chr. einwilligen müssen, alle beabsichtigten Kriege der Allianz in einem Rat der Partner zur Diskussion zu stellen.

Doch gegenüber den Persern in Griechenland hatten die beiden Mächte ihren Dissens hintangestellt und zu einer gemeinsamen Haltung gefunden. Von 478 bis 462 führten die Athener das hellenische Bündnis zur See, während die Spartaner die Führung zu Land übernahmen, weil sie weder eine einsatzfähige Flottenstreitmacht besaßen noch geprägte Münzen, um sie zu bezahlen. Ihre leibeigenen Heloten als kämpfende Ruderer einzusetzen konnten sie kaum riskieren. Sie gerieten an mehreren Fronten in größte Schwierigkeiten. Nach militärischen Schlappen oder Klagen über politische Winkelzüge kamen ihre Könige in Sparta vor Gericht. Sogar der junge Pausanias, der Held der Perserkriege, wurde aus dem Amt entfernt und angeklagt. In der spartanischen Einflusssphäre Südgriechenlands gab es direkt vor Spartas Haustür anhaltenden Widerstand im benachbarten Arkadien; der Geist der Demokratie infizierte auch wichtige Bündnispartner auf der Peloponnes. Im Jahr 465 v. Chr. brach unter den Heloten Spartas ein größerer Aufstand aus. Sie waren nicht die einzigen. Die westgriechischen Städte führten Ende der 460er Jahre schwere

Kämpfe gegen nichtgriechische Sikuler aus dem Gebiet rund um den Ätna. Sie dauerten bis 440 und schufen einen Helden, den Anführer der Sikuler Duketios, der die langlebige Niederlassung Kale Akte (»schöne Küste«) gründete. Doch anders als die Sikuler gehörten Spartas versklavte Heloten wie ihre Herren zum Volk der Griechen, und so war der lange Krieg der Spartiaten gegen ihre Staatssklaven der gefährlichere. Nach drei Jahren forderte Sparta, gestützt auf die Vereinbarungen des Seebundes, die Hilfe der Athener an, weil sie deren General Kimon als meisterhaften Strategen in Belagerungskämpfen schätzten. Der Appell wurde zum Wendepunkt. Nach kurzer Zeit auf dem Boden Spartas wurde den Athener Soldaten peinlich bewusst, dass die Spartiaten, angeblich ihre Mitstreiter in Sachen Befreiung, im benachbarten Messenien griechische Landsleute unterdrückten. Diese Wahrheit hinter den Heloten war vielen von ihnen verborgen geblieben. Daraufhin schickten die Spartiaten ihre Helfer nach Hause – sie fürchteten deren Verwegenheit und die mehrfach bewiesene Fähigkeit, Revolutionen anzuzetteln. Durch diesen beispiellosen Affront kam es zum Bruch zwischen Sparta und der Allianz und bald darauf zum Krieg zwischen den Athenern und ihren Verbündeten einerseits und andererseits Sparta und seinen Verbündeten, dem sogenannten Peloponnesischen Bund. Nach ihrer Rückkehr unterwarfen die Athener den prospartanischen Kimon dem Scherbengericht, führten Reformen durch, welche die demokratischen Grundlagen ihrer Verfassung weiter festigten, und gingen eine Allianz mit dem früheren Verbündeten Spartas, Megara, und mit Argos, einem traditionellen Feind der Spartaner, ein. Für etwa 14 Jahre stand Athen im Krieg – insbesondere gegen die oligarchischen Korinther, auch sie Bündnispartner Spartas.

Für Sparta, auf dessen Boden die Heloten revoltierten, waren es Jahre der Verzweiflung. Ihren Verbündeten konnten sie selten Hilfe leisten, selbst wenn die Not groß war. Auch bestanden Ängste, die Athener könnten erneut versuchen, Einfluss auf das Heiligtum von Delphi zu nehmen, und die Priesterin ein weiteres Mal dazu bringen, ihnen günstige Orakelsprüche zu verkünden. Schließlich wurden Gegenangriffe Spartas in Mittelgriechenland möglich, und 446 kam es zum Abschluss eines dreißigjährigen Friedens zwischen Athen, Sparta und den Bündnispartnern beider Seiten. Es verhieß nichts Gutes, dass ein Meinungsflügel der Spartaner noch immer nicht zufriedengestellt war und dass der junge König und ein Berater, die den Friedensschluss zu verantworten hatten, in die Verbannung gehen mussten.

In Athen dagegen brachen sich in diesen Jahrzehnten neue Kräfte Bahn. Die bildende Kunst, Malerei, Zeichnung und Skulptur, hatte sich schon vor der persischen Invasion und der Zerstörung der Stadt im Jahr 480 im Wandel

11 EROBERUNG UND IMPERIALE MACHT

befunden, und die Entwicklung hin zu einem strengeren, klassischen Stil wurde durch diesen Schock nicht aufgehalten, zumal ihre Exponenten in der Siegeseuphorie der Nachkriegsjahre auch große neue Aufträge bekamen. Ähnliches gilt für das Drama. Schon vor 480 waren Tragödien aufgeführt worden, aber erst seit den nachfolgenden Jahrzehnten sind vollständige Stücke nachzuweisen, so die Meisterwerke des Aischylos, dessen *Perser* 472 v. Chr. im Dionysos-Theater am Südhang der Akropolis aufgeführt wurden. In der Politik brachten die Jahre nach dem überwältigenden Sieg bei Marathon im Jahr 490 v. Chr. eine neue Polarisierung. In den 480er Jahren wurde das von Kleisthenes eingeführte Instrument des Scherbengerichts vom Volk zunehmend gegen prominente Adlige eingesetzt. Auf vielen erhaltenen Scherben werden die Kandidaten des *medismos*, der Kollaboration mit den Persern, beschuldigt, was nach den Ereignissen von 490 zu einem unzweifelhaften Verbrechen geworden war. 487 v. Chr. wurde der Zugang zum Amt der jährlich gewählten Regierungsbeamten, der Archonten, erweitert, die unter anderem das Scherbengericht und die wichtige Auszählung der *ostraka* überwachten. 486 hielt die Komödie ihren Einzug in die städtischen Dionysien und machte schon bald Persönliches und Politisches zur Zielscheibe szenischer Satire, auch dies, wie die namentragenden Scherben, ein Zeichen wachsender demokratischer Freiheit.

Keim dieses politischen Gärungsprozesses waren reale Gegensätze politischer Einschätzungen und Entscheidungen im Kreis der athenischen Oberschicht. Das Scherbengericht stand symptomatisch für einen Wandel der politischen Kultur. Einerseits gab es die Gruppe derjenigen, die Demokratie ganz einfach als neuen Rahmen ihres Lebens betrachteten, Männer aus guter Familie, denen sportliche Leistung und militärisches Können als Werte galten, die den pan-griechischen Schauplatz der Olympischen Spiele priesen, mit ihren adligen Freunden in anderen griechischen Städten leichthin von der »Gemeinschaft aller Griechen« sprachen und Künstler wie Monumente als Quellen persönlichen Ruhms betrachteten – dies alles im Glauben, sie könnten mit einer ergebenen Zuhörerschaft rechnen und den Lauf der Dinge wie eh und je durch ihr eigenes Ansehen politisch steuern. In Athen war der herausragende Vertreter dieser Männer Kimon, Sohn des großen Miltiades, des Generals, der so viel zum Sieg der Athener bei Marathon beigetragen hatte. Kimons Welt war die ältere Welt eines Ruhmes aller Griechen, in dessen Glanz die Mehrheit derer, die er überstrahlte, jedoch ohne größere Bedeutung war. Es war die Welt, wie sie am großartigsten in den Siegesoden Pindars dargestellt ist, der seine Dichtungen so oft für Männer aus Kimons Kreisen verfasste. »Ich bin betrübt«, heißt es in seinem Poem für den Athener Vollblut-Aristokraten Megakles, »dass Neid Vergeltung ist für makellose Taten«.[2] Megakles' vierspänniger Wagen hatte in den Pythischen Spielen von Delphi gesiegt, doch das Volk von Athen hatte ihn soeben durch ein Urteil des Scherbengerichts für zehn Jahre aus seiner Mitte verbannt.

Auf der anderen Seite standen Männer aus guter Familie, die seit Kleisthenes' Zeiten erkannt hatten, wie sich der Trend der Volksmeinung in einem neuen, demokratischen Zeitalter entwickeln würde. Politischer Einfluss war nicht mehr durch Übereinkunft weniger Gleichgesinnter und klug kalkulierte Eheschließungen in der Oberschicht zu gewinnen. Er musste vor einem Publikum von Gleichgestellten verdient und gerechtfertigt werden. Die Spartaner, die ihren griechischstämmigen Heloten die Freiheit vorenthielten, waren zu zügeln und verdienten Argwohn. Nebulöse pan-hellenische Rhetorik galt gegenüber der demokratischen Freiheit Athens als zweitklassiger Wert. Themistokles, der Sieger von Salamis, hat die Möglichkeit einer künftigen Entwicklung dieser Art vielleicht am schnellsten erkannt, nicht zuletzt weil er 479 v. Chr. auf einer »Siegestour« Sparta besucht hatte. Er war von den Spartanern mit »dem prächtigsten Wagen« geehrt worden, und eine Eskorte hatte ihn zurück nach Athen geleitet; doch während der Wagen nordwärts rollte, dürfte er düstere Vermutungen über seine Gastgeber angestellt haben.[3] Als er in den späten 470er Jahren Opfer eines Scherbengerichts wurde, ging er ein zweites Mal über den Isthmos nach Süden und versuchte unter einigen Verbündeten Spartas politischen Dissens zu provozieren. Um 466/65 musste er dann aus Griechenland fliehen und fand endlich in Kleinasien eine Zuflucht, die ihm sein früherer Feind, der Perserkönig, großzügig gewährte.

Drüben im heimatlichen Athen ging sein Stab an andere, die willens waren, den Supremat der alten Garde anzufechten, den in Ehren stehenden großen Rat, den Areopag, zurechtzustutzen und eine transparente, verantwortungsvolle Regierungsmacht vermehrt in die Hände des Volkes zu legen. Im Jahr 463/62, als die Spartaner Kimons Hilfe für ihren Kampf gegen die Heloten abwiesen und er gedemütigt nach Athen zurückkehrte, wurden im Areopag weitere demokratische Freiheiten gutgeheißen. Sie betrafen wichtige Veränderungen in der Rechtsprechung. Abtretende Magistrate waren nun vom großen öffentlichen Rat zu begutachten und nicht mehr vom verbindlicheren Areopag, dessen Mitglieder fast ausnahmslos ihnen wohlgesonnene Standesgenossen waren. Die Beamten sollten in Athener Rechtsprozessen nicht länger die oberste Entscheidungsinstanz bilden. Jetzt hatten sie die Fälle nach einer ersten Anhörung an eines der Gremien von meist einigen hundert öffentlichen

11 EROBERUNG UND IMPERIALE MACHT 149

Geschworenen weiterzugeben, die täglich aus einem Kreis von 6000 Bürgern Athens ausgewählt wurden – ein beispielloser Sieg für eine unparteiische, vom Volk geübte Rechtsprechung. Der aktive Athener Bürger hatte von nun an auch als Geschworener bei Gericht zu sitzen, zuzuhören und mitunter lärmend Partei zu ergreifen, während Redner beider Seiten Stunde um Stunde ihre zivil- oder strafrechtlichen Fälle vertraten. Professionelle Juristen waren ausgeschlossen.

Dieser Wandel hin zu einem noch stärkeren Einfluss des Volkes auf Rechtsprechung und Regierung war der konservativen attischen Minderheit in höchstem Maße zuwider. Im Jahr 458/57, als gerade eine spartanische Armee in der Nähe war, machte eine derart missvergnügte kleine Gruppe von Athenern sogar den Versuch, ihre Stadt an den Feind zu verraten. Im Frühjahr 458 wurde die einzige vollständig überlieferte Trilogie in der attischen Tragödie aufgeführt – die *Orestie* des Aischylos. Im letzten Teil äußert sich Aischylos indirekt zur jüngsten Kompetenzbeschneidung des Areopags, die er wohl gutheißt, aber nicht ohne anzudeuten, dass sie ihm zu weit geht. Es ist bezeichnend, dass der Dramatiker gerade zu dieser Zeit, im Frühjahr 458, auch die Warnung und Bitte ausspricht, Athen möge von Unruhen in der Bevölkerung verschont bleiben.

Während der Seebund daranging, die ionischen Griechen von den Persern zu befreien, nahm in der Generation von etwa 490 bis 440 auch die Macht Athens deutlich zu. 479 wurden in kurzer Zeit starke Verteidigungsmauern errichtet, die die Stadt abschirmten und sie außerdem mit ihrem Hafen verbanden. Die Spartaner, Stümper in der Belagerungskunst, sollten an diesen Mauern scheitern. Dann wurden im Zuge der »pan-griechischen« Feldzüge gegen die Barbaren weiterhin Punkte auf der Landkarte erobert, die für die wirtschaftlichen Interessen Athens von hohem Wert waren, insbesondere für die Versorgung mit Getreide, das von Ägypten und vor allem von der Krim auf dem Seeweg nach Attika importiert wurde. Zunächst bezahlten die Bündnispartner (meines Erachtens auch die Athener) Beiträge in einen gemeinsamen Bundesschatz, der aber Mitte der 450er Jahre angeblich aus Sicherheitsgründen nach Athen überführt wurde. Was anfänglich Zahlungen aller Partner für Kriegsanstrengungen waren, entwickelte sich zu Tributzahlungen nur der mit Athen Verbündeten, die auch nach dem brüchigen Frieden mit den Persern im Jahr 450/49 weitergingen. Ein Ausscheren griechischer Verbündeter aus der Allianz war als unvereinbar mit der beeideten Bündnistreue von Anfang an verboten worden. Es geschah dennoch, und mit Beginn der 440er Jahre wurde die Unterdrückung durch die Athener zunehmend als »Unterwerfung« oder gar »Knechtung« betrachtet. Metaphorisch zugespitzt hieß es von Athens Verbündeten im Befreiungskrieg, sie seien zu »Sklaven« der Führungsmacht Athen geworden. Anfangs waren die Delegierten zu gemeinsamen Versammlungen und Abstimmungen zusammengekommen; spätestens seit den 440er Jahren fanden sie nicht mehr statt.

Die größten Nutznießer dieser wachsenden Machtfülle waren die Athener selbst. Aus zahlreichen Quellen gespeist, entwickelte sich in ihrer Stadt ein üppigerer Lebensstil. Eine dieser Quellen von besonderer Bedeutung war die Beute aus den Perserkriegen der Jahre 480/79. Großartige orientalische Trophäen fanden den Weg in die Athener Schatzhäuser, darunter der Reisethron des Xerxes. Trotz feindseliger Kommentare über die »Verweichlichung« und exzessive Pracht der Perser blieben die Formen der Gewänder und Metallarbeiten, die prächtigen Textilien und kostbaren Waffen, die man in der Kriegsbeute zu sehen bekam, bei den wohlhabenden Athenern nicht ohne Wirkung. Weiche, bequeme Schuhe wurden in Athen als »persische Schuhe« bekannt. Noch mehr aber profitierten die griechischen Pferde. Die persischen Invasoren hatten das nahrhafte »medische Gras«, die Luzerne, 490 v. Chr., wie es heißt mit der Armee des Dareios, nach Griechenland gebracht[4], und vielleicht hatten sich über das Futter der Kavallerie auch seine Samen verbreitet. Das hochwertige »blaue Gras« aus den Gestüten im fernen Mederreich wurde dann auf den fruchtbaren griechischen Böden zur Futterpflanze für Pferde.

Weitere neue Luxusquellen waren die Importe aus Übersee, die jetzt durch die aufstrebende Seemacht Athens unterstützt wurden. Die Athener versuchten nicht etwa, die Güterquellen in Übersee direkt unter ihre Kontrolle zu bringen und als eine Art imperiale Kolonien zu verwalten. Vielmehr wurden die wachsende Bevölkerung und die zentrale Lage ihrer Stadt offensichtlich zum Anziehungspunkt für Händler, die alle guten Dinge des Lebens ins Ausland verkauften. Aus Karthago wurden Teppiche und Kissen eingeführt, Fische vom Hellespont und hervorragende Feigen aus Rhodos; Delikatessen aller Art kamen in den Handel, aber auch Scharen von Sklaven zur Verwendung in den attischen Silberminen, in den Haushalten der Bürger und sogar auf kleineren Bauernhöfen. Die Häuser der reichen Athener waren in dieser Zeit raffiniert und prunkvoll ausgestaltet. Erhalten ist leider keines von ihnen, doch eine Vorstellung von der Ausmalung der Innenwände geben uns die Bilder der Athener Vasenmalereien. In der Öffentlichkeit waren die Unterschiede in der Bekleidung vielleicht weniger krass, zumindest bei den Gewändern der Oberschicht und der restlichen Einwohnerschaft. Aber zum allgemeinen Verzicht der Eliten auf modische Lebensart kam es in einer Epoche zunehmender Demokratisie-

11 EROBERUNG UND IMPERIALE MACHT

rung seit etwa 460 nicht.⁵ Die Einführung und missbräuchliche Verwendung einer Form des Scherbengerichts soll in den 450er Jahren Würdenträger der Oberschicht von Syrakus dazu bewogen haben, sich in privaten Luxus zurückzuziehen. In Athen konnte davon keine Rede sein. Schon bevor ab 508 die Demokratisierung begann, waren die reichen Bürger für kostspielige Versorgungsleistungen aufgekommen, die Liturgien *(leiturgiai)*, mit denen ein Teil der Ausgaben für die Kriegsflotte, für die Gestaltung der Festspiele und die Einübung der Chorlieder im Drama bestritten wurden. Der kulturelle Glanz Athens hing weitgehend von diesen »freiwilligen« Zuwendungen ab. Als sich das kulturelle Leben Athens im Rahmen der Demokratie weiter entfaltete, konnte man durch Spenden als Gönner in noch höherem Maß Prestige und Ehre gewinnen. Die Reichen waren darum, wie immer sie über die politischen Veränderungen dachten, von tiefem Bürgerstolz auf ihre Stadt erfüllt, die sich immer stärker als herausragendes Gemeinwesen profilierte. Der Gruppendruck trieb sie an, großzügig zu den Liturgien beizusteuern und ihre Familien nicht durch eine magere Leistung zu entehren. Jeder, der sich vor einer Runde als Liturgist zu drücken versuchte, wurde zum Ärgernis des gesamten Standes. In diesen kulturellen Präsentationen erfreuten sich die Reichen des Glanzes, der unter der »Pöbelherrschaft« in der politischen Versammlung verblasst war. Selbst Athener, die durch das Scherbengericht ins Exil gezwungen wurden, warteten ungeduldig auf die Rückkehr und damit auf neue Gelegenheiten, in ihrem Stadtstaat, den sie im Grunde liebten, zu brillieren.

In den 440er Jahren war Athen bereits mit mehr als 200 anderen griechischen Stadtstaaten verbündet; damit war das mächtigste Imperium entstanden, das die griechische Geschichte bis zu dieser Zeit gekannt hatte. In heutigen Texten lesen wir vorwiegend von der »Versklavung« der Menschen, die in diesem Reich lebten, und von der darin waltenden Arroganz, doch kann man mit Fug und Recht behaupten, dass es mehr griechische Freiheit und Gerechtigkeit zusicherte, als es je aufhob. Die meisten Mitgliedstaaten hatten ihre eigenen innenpolitischen Konflikte, die sich aus den zwei Möglichkeiten demokratische oder oligarchische Herrschaft speisten. Die Athener griffen nie ungebeten bei einem politisch stabilen Verbündeten ein, um dorthin die Demokratie zu exportieren. Sie selbst und die Demokraten unter den von ihnen dominierten Bündnispartnern wussten, dass die verlässlichste Unterstützung des Volkes für eine Volksherrschaft durch die Macht Athens gesichert war. Die Tributzahlungen an Athen waren niedrig und regulierbar, und die alliierten Demokratien hatten ohnehin per Abstimmung festgelegt, dass der Großteil aus der Tasche der Reichen kam. Selbst nach dem fragilen Frieden von 449 v. Chr.

war die von Persien und seinen westlichen Satrapen ausgehende Bedrohung keineswegs ausgestanden. Inzwischen verhinderten athenische Schiffe Piratenakte auf See und versprachen für den Krisenfall antipersische Unterstützung, all das gegen einen moderaten jährlichen Betrag. Verbündete Anhänger Athens hatten das Recht, gegen harte Urteile, die in ihrer Heimat gegen sie ausgesprochen wurden, Berufung einzulegen; sie konnten eine Anhörung in Athen verlangen, und ebenso hatten die Athener inzwischen die Möglichkeit, Fälle, die einen Bündnisparter und sie selbst betrafen, vor eigene Gerichte zu bringen. Die Gerichte Athens ergriffen durchaus nicht immer Partei für athenische Kläger – verglichen mit den Rechtssystemen kleiner Bündnisstädte waren die vielköpfigen Athener Geschworenengerichte unbestechlich und verfügten zunehmend über Erfahrung.

Ein solches »Imperium« veränderte die Macht Athens, seine Finanzen und seine öffentliche Ausstrahlung. Gelder aus den Tributzahlungen stapelten sich in der Stadt, und ihnen war es zu danken, dass das Volk sich dafür aussprach, die zerstörten Tempel auf seiner Akropolis in prunkvollster Ausstattung neu aufzubauen. Den Anfang machte im Jahr 449 v. Chr. ein ganz neuer Parthenon-Tempel, gefolgt von einem imposanten Eingangstor, den Propyläen, weiteren Tempeln und einigen Statuen der Göttin Athene von überwältigender Kostbarkeit und Größe – Werke, die diese Felskuppe zum künstlerischen Weltwunder machten. Sie sind die Schlüsselmonumente der klassischen Kunst, und wenn auch die Abgaben der Bündnispartner ihren Bau finanziert hatten, so gab es sicherlich Besucher aus der Allianz, die staunten, was aus ihrem Häufchen Geld geworden war. An Nörglern und Pessimisten wird es wie heutzutage nicht gefehlt haben, doch selbst diesen wird vor Augen gestanden haben, dass eine Alternative für die Bundesgenossen Athens wohl nur ein persischer Racheakt oder ein brutaler Coup der oligarchischen Splittergruppe ihrer Stadt sein konnte. Der schlimmste Feind eines Verbündeten war meist ein anderer Verbündeter, ein lokaler Oligarch oder ein seit langem verhasster Bündnispartner in einem benachbarten Stadtstaat. Für die Mehrheit der Menschen in der Mehrheit der Städte war Gehorsam gegenüber Athen die bessere Alternative. Die Athener selbst machten sich wenig Illusionen. Auch sie konnten als Einzelne profitieren, nicht zuletzt durch den Erwerb von Land in den Bündnisstaaten, ein Vorgehen, das sie als »Eindringlinge« später, und nicht immer zu Recht, weithin in Misskredit brachte. Ganz offen vertraten führende Politiker den Standpunkt, dass dieses Imperium »wie eine Tyrannis« sei.[6] In gewissem Sinne war es das, weil die Tendenz dahin ging, den Spielraum für die politische Elite der Verbündeten einzuschränken und statt dessen die Herrschaft des Volkes zu begünstigen. Doch die »Tyrannis« hatte ihren Freunden tatsächlich etwas zu bieten – Freiheit von Persien und Freiheit von den Intrigen oligarchischer Cliquen, die Geld und Geschick genug besaßen, die politischen Rechte ihrer Mitbürger zu beseitigen.

12
GRIECHISCHE KULTUR IM WANDEL

Dann ist da etwas, das einige verwunderlich finden: Auf jedem Gebiet teilen die Athener den Bösartigen und den Armen und den Populisten mehr zu als den Guten. Auf diese Weise bewahren sie nämlich die Demokratie. In jedem Land der Erde stehen die Besten der Demokratie ablehnend gegenüber ...
Der Alte Oligarch, 1,4 (vermutl. 425 v. Chr.)

Die Jahrzehnte zwischen etwa 450 und 420 v. Chr. waren in der griechischen Kulturgeschichte von maßgeblicher Bedeutung. Im Theater Athens blühte die Tragödie, was die überlieferten Dramen der drei großen Tragödiendichter Aischylos, Sophokles und Euripides aufs eindrücklichste bezeugen. Ebenso erfolgreich war die Komödie, die Musik und Tanz mit derben Späßen über politische Themen zusammenführte. Die Werke der Bildhauer und Maler Athens aus dieser Epoche sind klassische griechische Kunst in ihrer Vollendung. In der Skulptur und in der Vasenmalerei hat die menschliche Gestalt einen idealisierten Realismus erreicht; die Proportionen sind ausgewogener, die Haltung drückt größeres Selbstvertrauen aus. Die Kunst selbst kommt in dieser Zeit nicht zum Stillstand, doch ihre besten Werke zeigen einen kontemplativen Naturalismus, der nur der antiken griechischen Kultur eigen ist und andernorts nur nach ihrem Vorbild entstand. Diese Kunst der Klassik ist nicht immer »streng« oder »karg«; solche Kennzeichnungen treffen nur auf einen Teil des klassischen Zeitalters zu und bieten sich meist nur deshalb an, weil die erhaltenen Skulpturen ihre ursprüngliche Bemalung verloren haben.

Seit den Perserkriegen hatte in einer griechischen Welt, frei von barbarischen Invasoren, auch ein bemerkenswerter intellektueller Fortschritt stattgefunden, der sich nicht einmal vorwiegend auf dem Boden Athens oder im Kreis athenischer Denker entwickelte. Im griechischen Westen hatte Parmenides in einem Poem dunkler, doch tiefgründiger Bilder den »Wahrheitsweg« der Philosophie erforscht, mit Folgen auch für Sprache und Realität. Er stellte skeptische Fragen nach der Natur der Wirklichkeit, an die zwei spätere Denker, Demokrit und Leukipp, anknüpften, die unteilbare Partikel postulierten: »Atome«, der Ursprung des heutigen Begriffs; sie nahmen an, dass diese Atome sich in leeren Räumen bewegen und durch Kollisionen zu größeren Objekten zusammenfügen. Realitätsnäher waren die auf sorgfältige Beobachtung gestützten Beschreibungen der Symptome und der Entwicklung von Krankheiten in einem Werk über medizinische »Epidemien«, das zwischen etwa 475 und 466 v. Chr. entstand.[1] Ausgehend von Beobachtungen auf der Insel Thasos beschreibt es mit großer Genauigkeit den Mumps und seine bekannten Auswirkungen bei jungen Männern; Frauen wurden seltener infiziert, was für das Fehlen enger Kontakte zwischen den Geschlechtern auf dieser Insel spricht. Auch die Mathematik fand in Hippokrates von Chios den ersten Exponenten ihrer Theoriebildung. In Athen kombinierte der architektonische Entwurf des Parthenon-Tempels exakte Proportionen zwischen den Teilen und dem Ganzen mit subtilen Anpassungen für den optischen Eindruck von Regelmäßigkeit. In den 440er Jahren erfanden unbekannte Denker, vielleicht zuerst im ionischen Griechenland, die politische Theorie und verfolgten die abstrakten Wege, die sie eröffnete. Vor allem aber nahm eine neue Art von Prosa ihren Anfang, die »Erkundung« *(historiē)* der Vergangenheit, unsere Geschichtsschreibung.

Anders als die Geschichtsschreibung in den Gesellschaften des Vorderen Orients – darunter die ersten Verfasser hebräischer Schriften – sind die frühesten uns überlieferten »Historien« in der ersten Person geschrieben; der Verfasser äußert in Abwägung der Beweisstücke unverblümt seine eigenen Ansichten. Herodot wurde in den 490er Jahren v. Chr. geboren und schrieb an seinen großangelegten Erkundungen der Konflikte zwischen Griechen und Persern mindestens bis in die 420er Jahre. Sein Geburtsort war nicht Athen, sondern Halikarnassos an der Südwestküste Kleinasiens, wo die griechische und nichtgriechische Kulturen unter dem instabilen Regime des Perserreichs nebeneinander existierten. Er stammte aus guter Familie; in seiner Verwandtschaft ist literarische Betätigung belegt. Er selbst soll mit politischen Aktionen gegen einen Tyrannen in seiner Heimatstadt hervorgetreten sein, denen die Verbannung folgte. Im süditalischen Thurioi ließ er sich schließlich nieder, einer Stadt, deren Gründung durch die Athener in den späten 440er Jahren sich an der älteren Stadt des Luxus, Sybaris, orientierte. In der Welt der Griechen waren Historiker ja häufig Exilanten und lebten abgeschnitten vom täglichen Spiel um Politik und Macht, das so viel interessanter war als die Arbeit des Schriftstellers.

Herodot machte es sich zur Aufgabe, die großen Ereignisse des Krieges der Perser gegen die Griechen zu erklären und zu preisen. Das Unternehmen führte ihn auf lange Exkurse sowohl literarischer als auch persönlicher Art. Auf weiten Reisen nach Libyen, Ägypten, Nord- und Südgriechenland und sogar ins östliche Byblos suchte er '»Kunde« der Wahrheit und, soweit möglich, auch diese selbst zu finden. Er beherrschte keine Fremdsprache, und natürlich hatte er auch kein handliches Nachschlagewerk mit Jahreszahlen zur Verfügung, in dem die Ereignisse in den verschiedenen Ländern säuberlich nebeneinandergestellt waren. Während seiner Reisen kamen ihm zahlreiche beschriftete Objekte und Monumente zu Gesicht, aber seine Beschreibungen sind nicht in allen Details zutreffend, und er ging nicht auf die Suche nach Dokumenten, die am Ort aufbewahrt wurden. Dennoch stieß er auf mehrere schriftliche Quellen, so auf ein Dokument, von dem er annahm, es sei eine »Liste« der großen Invasionsarmee des Xerxes von 480. Seine Quellen waren in der Hauptsache mündliche Berichte, Antworten, die er von Leuten an verschiedenen Orten auf seine Befragungen erhielt. Daraus entwarf er eine eigene Geschichte, doch nicht als ein weiterer Erzähler unter vielen. Hier und dort stützte er sich auf vorliegendes schriftliches Quellenmaterial, namentlich auf das (heute verlorene) Werk seines großen Vorgängers Hekataios von Milet, der allerdings mehr das geographische Detail pflegte als die politische Historie. Offenbar hat er auch das Gedicht des Griechen Aristeas herangezogen, der um 600 v. Chr. Zentralasien bereiste. Vielen Geschichten aus dem Mund seiner Zeitzeugen stand er ausdrücklich kritisch gegenüber; er gab sie weiter, ohne sie bestätigen zu können.

Dem komplexen Quellenmaterial, in dem er Beziehungen und Zusammenhänge herzustellen suchte, unterlegte er markante persönliche Deutungen. Seine Erkundungen sind beherrscht von den Themen Freiheit, Gerechtigkeit und Luxus. Die griechische Sicht der griechisch-persischen Schlachten 480/79 als Kampf für die Freiheit und ein Leben unter der unpersönlichen, gerechten Herrschaft des Gesetzes war auch die seine, und namentlich die Geschichtsschreibung aus seiner Hand hat sie in diesem Licht verewigt. Die Schlussrede seiner Erkundungen befasst sich eingehend mit den Unterschieden zwischen den robusten, armen Persern, die in ein Zeitalter der Eroberungen aufgebrochen waren, und dem verzärtelnden Luxus der Völker, die in den »milden« Ebenen leben und anderen untertan werden. Bestimmte Themen des menschlichen Lebens waren für ihn von offenkundiger Bedeutung: dass Hochmut vor dem Fall kommt und außergewöhnliche Glücksumstände ins Fiasko führen; dass empörendes Verhalten oft Strafe oder Vergeltung nach sich zieht; dass die Verhältnisse der Menschen äußerst labil sind; dass sich die Sitten verschiedener

Gesellschaften unterscheiden und deshalb die Verhaltensweisen, die wir am höchsten schätzen, zum Teil – doch nicht vollständig – von der Gesellschaft bestimmt sind, in die der Zufall uns hineingeboren hat. Diese Überzeugungen gelten in unserer heutigen Welt noch immer.

Doch stand für Herodot auch außer Zweifel, dass die Götter im Leben der Menschen aktiv sind und dass es ihre Stimme ist, die im Orakel zu den Menschen spricht. Träume und Visionen sind wichtig für die Menschen in seinen Geschichten – er weiß, dass einige seiner Zeitgenossen sich weigern, die Wahrheit der Orakelsprüche anzuerkennen, hält diese Weigerung jedoch für empörend. Wie im Orakel ist es auch für ihn selbstverständlich, dass die Götter noch die Nachkommen für die Taten eines Vorfahren bestrafen können. Dieser Glaube an die »Erbschuld« steht in zentraler Verbindung mit der Vorstellung eines archaischen Zeitalters. »Vergeltung« und »schicksalhafte Unabwendbarkeit« sind deshalb im Schreiben und Denken Herodots noch absolute Kräfte. Allerdings wirken sie mit einem dichten Spektrum menschlicher Triebe zusammen, darunter Bösartigkeit und Begierde, in denen der Mensch Meister ist. Herodot kann die Entwicklung eines Gemeinwesens auch auf dessen reales Umfeld, auf seine Gesetze und Bräuche oder auf steigende Bevölkerungszahlen beziehen. Vorwiegend aber denkt er in individuellen, menschlichen Begriffen.

Die Ergebnisse erstaunen in ihrer Breite und in der Darstellung menschlicher Vielfalt. Wie für die ostgriechischen Kolonisten und Reisenden im Jahrhundert zuvor steht für Herodot fest, dass Libyen, Ägypten und die Welt der skythischen Nomaden zur Welt der Griechen im äußersten Gegensatz stehen. Er geht in Exkursen auf alle drei Regionen ein, um sich dann mit gutem Grund erneut seinem Hauptthema, der persischen Expansion, zuzuwenden, die auch diese Völker in Mitleidenschaft zog. Er interessiert sich für unendlich vieles in anderen Kulturen, für ihre Heiratsbräuche, für Fragen der Gesundheit und Ernährung, für kultische Riten und Bestattungsarten. Besonders Ägypten betreffend zieht er stichhaltige Schlüsse aus seinen Funden und Beobachtungen, neigt allerdings dazu, die ägyptische Welt der griechischen diametral gegenüberzustellen, und verkennt sie damit, ja muss sie damit verkennen. Da so viele andere mündliche und schriftliche Zeugnisse der Ostgriechen aus der Zeit zwischen etwa 480 und 460 verloren sind, können wir Herodot nur mit späteren Schriftstellern vergleichen, lassen ihn damit aber vermutlich »moderner« erscheinen, als er in den Augen seiner Zeitgenossen tatsächlich war. Seine religiöse Einstellung und seine Sprache weisen in eine andere Richtung, auch seine politischen Überzeugungen, denn Herodot sympathisierte mit der niedergehenden »panhellenischen« Welt einer kosmopolitischen griechischen Oberschicht, Kimon und seinesgleichen. Feinde waren für sie Verrat, spontane Gewalt sowie die Unterschicht, und die Kämpfe seit den 460er Jahren zwischen den griechischen Stadtstaaten eine zutiefst bedauerliche Konsequenz. Herodot, der die Freiheit liebte, war kein unkritischer Demokrat; die Spartaner erscheinen in seinen Erkundungen häufig in vorteilhaftem Licht.

Natürlich besuchte Herodot auch Athen, wahrscheinlich 438/37 oder kurz davor, nach seinem Kommentar zum Zugangsweg auf die Akropolis der Stadt zu urteilen. Er soll sogar auf Abstimmung durch die Versammlung für seine Historien einen enorm hohen Preis in klingender Münze erhalten haben. Er führte Gespräche mit wichtigen Athenern, aber er stand bereits im sechsten Lebensjahrzehnt. Seit den frühen 430er Jahren waren abstrakte Spekulationen über Macht und auswärtige Beziehungen in der jüngeren Generation der Stadtbevölkerung nichts Ungewöhnliches mehr, doch Herodots Weltsicht entsprachen sie nicht, ebenso wenig wie die neue politische Theorie, obwohl Herodot selbst ein Beispiel dafür aufgegriffen hatte, eine gewitzte »Debatte« unter Persern über die Vorzüge alternativer Verfassungen, darunter der demokratischen, aus dem Jahr 522 v. Chr. Es war eine amüsante Fälschung, aber der Alte hielt sie für echt.[2] Diese neue, scharfe Intelligenz bildete die Grundlage für einen beschleunigten Wandel der intellektuellen und kulturellen Anschauungen der führenden Köpfe Athens.

Die Siege über die Perser und die anschließenden Jahre der Expansion hatten das Selbstbewusstsein der Athener und ihr Vertrauen in die Demokratie gestärkt. Wie weit also war die Kultur des Stadtstaats Athen, den Herodot besuchte, eine demokratische Kultur nach dem Muster des Gleichheitsprinzips eines politischen Systems, das auf allgemeinen und gleichen Wahlen beruhte? Eine klassenlose, egalitäre Gesellschaft war es zweifellos nicht. Kulturell war es noch immer ein Ort, an dem die Oberschicht dem Jagdvergnügen nachging und ihren notorisch launenhaften Knaben wie gewohnt mit Geschenken und Gedichten sexuelle Avancen machte. Dass Jagdszenen und Liebesgaben von Jägern aus der Athener Vasenmalerei nach etwa 470 verschwunden sind, steht nur für einen Geschmackswechsel in der Ornamentik, nicht aber für eine neue Vorsicht oder fehlende Offenheit in Bezug auf diese alten aristokratischen Lustbarkeiten. Abends trafen sich die Männer auch weiterhin im exklusiven Kreis, tranken und dinierten luxuriös in Räumen für Männer und sangen die antidemokratischen Lieder der aristokratischen Vergangenheit. Waren diese *symposia* alten Stils im neuen Zeitalter der »Pöbelherrschaft« nun doch in die Defensive geraten? In den Malereien einer vieldiskutierten Gruppe attischer Trinkgefäße aus dem frühen 5. Jahrhundert sind Männer in effeminierter Kleidung, offensichtlich Transvestiten, dargestellt. Man sah darin ein Spiegelbild des gesellschaftlichen Lebens einer Oberschicht, die mit diesem Transvestitenstil einer »Besorgnis« Ausdruck gab, dem Bewusstsein, dass ihre Vorrangstellung unter Druck geraten war. Doch Besorgnis war offenkundig nicht die Stimmung der Athener Aristokraten jener Zeit. Sie nahmen eine abwartende Haltung ein und vertrauten darauf, dass nach einer Phase des Übergangs ihre politische Stunde erneut kommen werde. Militärisch waren sie indessen unentbehrlich in der Reiterei, die selbst eingefleischte Demokraten gerade um das Sechsfache vergrößern und mit einer besonderen Leistung ehren wollten: mit der Einrichtung einer regelrechten Versicherungsrückzahlung für jedes staatlich bewilligte Pferd, das ein Krieger der Oberschicht im Kampf verloren hatte. Die Bilder von Männern in Frauenkleidern geben wahrscheinlich Feiern zu Ehren des Dionysos wieder.

Auf weiteren Trinkgefäßen sehen wir eine andere Jugend – die Besitzer exotischer Geparde und Jagdleoparden. Diese jungen Draufgänger aus exklusiven Kreisen hatten keinen Grund zur »Besorgnis« – noch im Zeitalter der Demokratie hing das kulturelle Leben, Theater und festliche Spiele, von den Ausgaben der männlichen Oberschicht ab. Auch in der sozialen Infrastruktur Attikas hatte sich seit den Adelsdynastien des 6. Jahrhunderts v. Chr. nicht allzu viel geändert. Hätte Herodot einen Athener gefragt, wer er sei, hätte dieser den Namen seines Vaters und seines Demos genannt, dessen Bedeutung Kleisthens unterstrichen hatte, anschließend aber auch wie in älteren Zeiten seine Phratrie (Bruderschaft), und erst dann, wenn überhaupt, seine Zugehörigkeit zu einer der neuen zehn Phylen der Demokratie. Sogar in der Demokratie war dem Adel bei der Aufnahme von Kandidaten in die Bruderschaften das gewichtige Vetorecht geblieben.

In den frühen 430er Jahren sprach Herodot mit jungen Athenern adliger Herkunft, Männern, die sich noch immer als die »Guten« von den vulgären »Schlechten« absetzten. Und noch immer lebte in diesen Kreisen die nur halb verdrängte Hoffnung, die Demokraten würden eines Tages einfach verschwinden. Doch die Eroberungen in Übersee und die immense Zunahme der Verbündeten Athens und ihrer Tributzahlungen in der Zeit von etwa 470 bis in die 430er Jahre hatte für diese Unzufriedenheit auch einen gewissen Ausgleich geschaffen. Im Licht der Einkünfte des Reiches wurde das Klassengefälle zwischen Armen und Reichen verwischt. Das Seereich brachte für beide Klassen Athens neue Landlose und Staatseinkünfte in Übersee, und die Sicherheit dieses Reiches lastete, wie die Wohlhabenden sehr wohl wussten, auf den Schultern der Armen und ihren harten Tagen als Rudermannschaften der

Flotte. Die Kavallerie mochte im Einsatz gegen die thebanischen »Schweine« und ihre Reiter entscheidend sein oder gegen vereinzelte Häufchen spartanischer Landplünderer, doch für Inseln in Übersee waren Pferde, wie Homer in der *Odyssee* bemerkt, ohne Nutzen. Für das Insel-Imperium zählte allein die Triere. Flotten von 100 Schiffen oder mehr im Jahr waren inzwischen gang und gäbe. Ein Teil der Rudermannschaft bestand aus angeheuerten Ausländern, doch das Gros stellten Athener aus der Unterschicht, die mit ihrer jahrelangen praktischen Erfahrung alle nur denkbaren Feinde übertrafen. Auf hochsommerlichen Expeditionen bewiesen diese Ruderer eine Härte, die jeden heutigen Nachahmer überfordert. Dieser trinkt pro Ruderstunde ungefähr einen Liter Wasser, die modernen Ruderer einer Triere würden also für einen Zehn-Stunden-Tag etwa 2 Kubikmeter Wasser benötigen, doch die alte Triere konnte keinen großen Wasservorrat mit sich führen. »Das aufgenommene Wasser wurde fast vollständig ausgeschwitzt«, schreiben die führenden modernen Erforscher der Triere, »und der Harndrang der Ruderer blieb somit gering. Der Schweiß tropfte zum großen Teil auf die unterste Ruderreihe und machte ihr das Leben besonders unerquicklich. Der Geruch im Schiffsraum wurde so unangenehm, dass dieser mindestens alle vier Tage mit Seewasser ausgespült werden musste – aber die alten Athener waren möglicherweise belastbarer.« Der Körper muss Flüssigkeit verdunsten, um kühl zu bleiben, also »ist Lüftung absolut notwendig, für die untere der drei Reihen aber kaum ausreichend verfügbar«.[3] Keiner aus dem noblen Kreis der Reichen und Schönen hätte diese Hitze lange ertragen. Die es konnten, verkörperten den äußersten Einsatz für dieses Seereich, und es war sinnlos, sie als »Marinepöbel« zu bezeichnen und zu erwarten, dass sie nach ihrer Heimkehr nicht zur Wahl gingen.

An dieser Kultur Athens, in der Herodot sich bewegte, springt uns heute ins Auge, dass sie eine Sklavenhaltergesellschaft war. Etwa 55000 erwachsene männliche Bürger waren im Besitz von etwa 80000 bis 120000 anderen menschlichen Wesen, »Objekten«, die sie kaufen und verkaufen konnten. Diese Sklaven, fast ausnahmslos Nichtgriechen, waren für Athens Ökonomie von zentraler Bedeutung; sie arbeiteten in den Silberminen, oft in schauerlich engen unterirdischen Gängen, aber auch in der Landwirtschaft, wo sie uns in Komödien dieser Zeit als selbstverständliches Besitzstück durchaus unprätentiöser Athener Familien vorgestellt werden. Die Preise für unausgebildete Sklaven scheinen niedrig gewesen zu sein, denn Nachschub gab es reichlich – aus Kriegen oder Raubzügen ins barbarische Thrakien (heute Bulgarien) oder ins Innere Kleinasiens. Billige Sklavenhaltung war eine Hauptstütze der Klassenunterschiede und der Kaufkraft vermögender Athener auf dem Markt für

Luxusgüter. Herodot jedoch hat sich zu dieser realen Gegebenheit nicht kritisch geäußert. Sklaven waren *andrapoda*, »Tiere mit Menschenfüßen«; in den griechischen Gemeinwesen, die Herodot erkundete, waren sie allgegenwärtig. Er hat die Rechtmäßigkeit dieser Zustände nie in Frage gestellt.

Erstaunlich für viele von uns ist auch die fehlende politische Mitwirkung der Frauen in der Bürgerschaft. Der Ausschluss der Frauen von den Wahlen in Athen war typisch innerhalb des Griechentums. Frauen konnten nicht einmal vor Gericht als Zeuginnen auftreten. In Athen waren ihre Möglichkeiten, Käufe oder Verkäufe zu tätigen, ungewöhnlich stark eingeschränkt; in der Wahl eines Ehemanns waren sie nicht frei, und im Wesentlichen unterstanden sie ihrem männlichen Vormund *(kyrios)*. Diese Regeln galten dem Schutz der Frauen (was moderne Frauen anders sehen). Bei eingehender Betrachtung stellt sich allerdings die Frage, wie weit sich der Status der normalen Athenerin von dem eines Sklaven unterschied. Anders als ein Sklave konnte sie ihrem Umfeld nicht durch Flucht entkommen. Sie brachte andererseits eine rückzahlbare Mitgift mit in die Ehe, während Sklaven für einen nicht rückgabepflichtigen Preis gekauft wurden. Für die Frau hing der relative Grad ihrer »Freiheit« weitgehend vom sozialen Rang ab, der ihr nach Herkunft oder Heirat zukam. Einfache Frauen arbeiteten in aller Öffentlichkeit auf den Feldern; sie hatten eigene Erntelieder, und es gab die sogenannten *poastriai*, die Gras schnitten und vielleicht Unkraut jäteten.[4] Aber ebenso wie es in vielen modernen Gesellschaften zu beobachten ist, war die Präsenz der Frauen außerhalb des Hauses keineswegs ein Zeichen sozialer Gleichstellung. Müßig im Freien zu sitzen, in einem Laden etwas zu trinken oder auf öffentlichen Plätzen herumzuziehen kam ihnen ebenso wenig in den Sinn wie den hart arbeitenden Berberfrauen im modernen Marokko, die sich auf den Feldern plagen, durchs Dorf nach Hause zurückkehren und dort kochen, weben und sich um die Kinder kümmern. In Attika hielten zumindest achtbare Familien darauf, dass ihre Frauen im Haus blieben, wo sie mit eintönigen Arbeiten wie Weben und Spinnen beschäftigt waren. Einkaufen war Sache der Sklaven, allerdings konnte eine freie Frau auch einmal das Haus verlassen, um an einer öffentlichen Quelle Wasser zu holen. Wir hören von einer »*agora* der Frauen«, einem Marktgelände, aber es war ein Markt, auf dem sich ein Mann eine Frau als Sklavin und Sexobjekt kaufen konnte. Als Perikles die Kriegerwitwen Athens in seiner berühmten Rede für die Gefallenen ermahnte, »sich nicht ihrer Natur zu unterwerfen« und so wenig Klatsch auf sich zu ziehen wie möglich, gab er nicht seiner persönlichen Besorgnis Ausdruck. Achtbare Athenerinnen hatten zwar ihre wichtige Rolle als Priesterinnen in einigen athenischen Götterkulten, aber die Grenzen zur Politik waren geschlossen. Frauen gehörten keiner Bruderschaft an, obwohl ihre Väter Wert darauf legten, sie an einen Athener Bürger zu verheiraten. Seit 451 konnte deshalb nur derjenige ein Bürger Athens werden, dessen Vater Bürger war und dessen Mutter ebenfalls aus einer Bürgerfamilie stammte. Doch diese neue Forderung brachte den Frauen keine neue Handlungsfreiheit. Sie stellte nur sicher, dass die Töchter der Athener seltener nach »auswärts«, an Fremde verheiratet wurden oder als Ledige zurückblieben und Brüdern und Vätern zur Last fielen. In der Öffentlichkeit war eine verheiratete Athenerin auch in Zeiten der Demokratie nur »die Frau von ...«; den eigenen Namen zu benutzen hätte sie als Prostituierte ausgewiesen.

Ende der 340er Jahre finden wir einen Athener Redner, der einer Bürger-Jury in Erinnerung rief: »Wir haben Kurtisanen *(hetairai)* zum Vergnügen, Prostituierte für die alltägliche Pflege unseres Körpers und Ehefrauen für die legitime Produktion von Kindern und als vertrauenswürdige Hüterin der Inhalte unseres Haushalts.«[5] Anders als von einigen seiner heutigen Leser (in England, nicht in Frankreich) war von den Geschworenen zu erwarten, dass sie ihn ernst nahmen. Es gab natürlich Gatten, die ihre Frauen liebten, aber der Redner Lysias, Bewohner Athens, doch Landesfremder, liebte seine *hetaira* so sehr, dass er sie mit Blick auf ihr Wohl im Jenseits in den Mysterienkult von Eleusis einweihen ließ. Allerdings galt es als charakteristisch für einen Quengler, sich zu fragen, ob eine *hetaira*, die ihn küsste, dies auch aufrichtig, aus vollem Herzen tat. Athener, die sich alle drei Frauentypen leisten konnten, hätten dem genannten Redner beigepflichtet, doch mit dem Zusatz, in ihrer Jugend – und vielleicht nicht nur damals – hätten sie sich für den sportlichen Wettkampf, zur Idealisierung und für schnelle sexuelle Vergnügen ohne Zeugungsrisiko an Knaben gehalten. Eine gebildete Athenerin trafen sie nie, denn in Athener Schulen wurden nur Knaben und keine Mädchen unterrichtet. An den exklusiv männlichen Diskussionen der Philosophen mit ihren Schülern waren athenische Frauen nicht beteiligt. Ein paar wenige Frauen lernten zwar lesen und schreiben, und die Hetären konnten noch einiges mehr mitbekommen, aber nur auf die Art vieler adliger Damen in der Epoche Eduards VII. – als Zuhörerinnen, die in geselliger Runde den Männergesprächen lauschten. Nur ganz exzentrischen Philosophen wie Pythagoras im griechischen Westen wurden als regelmäßige Hörer auch Schülerinnen zugeschrieben. Sie galten wie Vegetarier als seltsame Käuze.

Dagegen weiß Herodot in seinen *Historien* von zahlreichen aktiven Frauen außerhalb Athens, von Ratgeberinnen oder Rächerinnen, zu berichten, doch sie leben meist im familiären Kreis der Dynastien oder der Tyrannen. Die

Restriktionen für Athenerinnen in dem so andersartigen Umfeld eines demokratischen Stadtstaats dürften ihn beeindruckt haben; zur Bewegungsfreiheit der Spartanerinnen, die er nackt tanzen sah, standen sie in denkbar scharfem Kontrast. Mit Blick auf die Bürger Athens erschien es ihm bemerkenswert, wie viel Zeit sie den demokratischen Pflichten widmeten, den Versammlungen, die etwa viermal monatlich stattfanden, dem jeweils für ein Jahr amtierenden Rat, dem sie bis zu zweimal in ihrem Leben angehören konnten, und der jährlich von 6000 Freiwilligen übernommenen Funktion im Geschworenengericht. Von der Weisheit einer demokratischen Volksmenge hielt er nicht viel, konnte aber dem Engagement der Bürger seinen Respekt nicht versagen. In die Zeit seines Besuchs fiel der Wiederaufbau der Akropolis auch unter Verwendung des jährlichen Tributs der Verbündeten. Doch sämtliche öffentlichen Arbeiten standen unter der Aufsicht gewählter Ausschüsse, die im Detail die finanzielle Rechenschaftspflicht unterstützten, auf der die Demokratie bestand. Von dieser Gründlichkeit und Öffentlichkeit war in seinem heimatlichen Halikarnassos oder im aristokratischen Thessalien nichts bekannt.

In Architektur und Bildhauerei allerdings hatte der Lobpreis der Demokratie keinen Platz. Wohl war das gestärkte Bewusstsein politischer Freiheit für die durchdachten Entwürfe der Künstler eine zuträgliche Basis, doch der »politisch engagierte Bildhauer« blieb aus. Es gab keine Darstellungen von Massenveranstaltungen oder der Solidarität des Volkes. Im Wunderwerk des Parthenonfrieses wird nicht die Demokratie verherrlicht. Es zeigt Teile eines Festumzugs, der schon lange vor Kleisthenes zur Tradition gehörte, darunter den mythischen Helden Erichthonios. Ein Abschnitt zeigt, einer heutigen Auffassung zufolge, wie die Töchter des legendären Königs den Opfertod sterben, damit die Götter der Stadt in Kriegsnöten beistehen. Mit Beginn der 420er Jahre folgten die Karyatiden am neu aufgebauten Erechtheion, ein berühmtes Bild des klassischen Athen. Doch sind in diesen Steinfiguren mit einiger Sicherheit junge Frauen dargestellt, die ein Trankopfer zu Ehren des toten Kekrops darbringen, des legendären Königs der Athener; sein Grab befand sich unter den Figuren.

Auch das religiöse Leben der Stadt lief in weithin vordemokratischen Bahnen ab. Die Athener kannten wie alle Griechen kein freies Wochenende – und nicht einmal den Wochenrhythmus –, aber sie hatten einen Kalender, randvoll mit kultischen Festen. In den 430er Jahren gab es rund 120 potenzielle Feiertage – »Stadt der Feste«, klagten die Kritiker.[6] Viele davon entsprachen altem Herkommen, und häufig stammten die Familien, die Priester und Priesterinnen stellten, noch aus den alten Adelsgeschlechtern der vordemokratischen Vergangenheit. Zum kultischen Dienst wurde man nur ausnahmsweise durch Wahlen oder durch das Los bestimmt. Doch jeder Athener, Mann, Frau oder Sklave, konnte in die geheimen Mysterien im nahe gelegenen Heiligtum von Eleusis eingeweiht werden, ein Ritus, der ein glücklicheres Leben nach dem Tod versprach. Aber auch dieses Beispiel sozialer Integration im Leben Athens ging auf Zeiten lange vor der Demokratie zurück.

Zwei kulturelle Bereiche jedoch waren zweifelsfrei von der Demokratie geprägt: die Redekunst und das Drama. Die Tage der Volksversammlung und die neuen Gerichte mit ihren umfangreichen Richterkollegien boten erweiterten Spielraum für ausgefeilte politische und Gerichtsrhetorik. Aus griechischen Staaten ohne demokratische Grundordnung ist Vergleichbares unbekannt, aber auch athenische Zeugnisse aus erster Hand liegen leider erst ab 399 v. Chr. vor. In den Nachwehen der Perserkriege hatte auch die Praxis der eindrucksvollen Trauerreden eingesetzt, die von einem ausgewählten Redner den Kriegstoten und ihrer Stadt zu Ehren gehalten wurden. Am besten bekannt ist die *Rede für die Gefallenen*, die Perikles im Winter 431/30 v. Chr. gehalten haben soll. Auch für Rhetorik dieser Art gibt es aus nichtdemokratischen Staaten keinen Beleg.

Die Beziehungen zwischen Demokratie und Tragödie wurden in neueren kulturwissenschaftlichen Untersuchungen stark hervorgehoben, aber eine direkte Verbindung besteht keinesfalls. So bestimmte man die Juroren für den Dramen-Wettbewerb jetzt durch das Los – um Bestechung zu verhindern –, doch Wahlen durch Auslosung waren nicht nur bei Demokraten üblich. Das athenische Theater wäre »demokratischer« gewesen, wenn staatliche Unterstützung den Besuch für alle ermöglicht hätte. Wann sich das änderte, in den 440er Jahren vielleicht, ist noch immer umstritten, und der freie Eintritt kam erst, nachdem die Tragödie schon etwa 50 erfolgreiche Jahre hinter sich hatte. Selbst der Zugang zu Eintrittskarten lässt es keineswegs als gesichert erscheinen, dass auch Frauen die Vorstellungen besuchen konnten. Doch sogar wenn diese spätere Subventionierung zu einer sozialen Diversifizierung des Publikums beitrug, war das Drama immer noch nicht im Kern »demokratisch« oder einzig als demokratische Schöpfung denkbar. Das wichtigste Fest für den Gott Dionysos war schon in den 530er Jahren v. Chr. unter den Tyrannen zum ersten Mal gefeiert worden. An seinem Anfang stand ein einfaches Programm mit Liedern und Tänzen, das sich unzweifelhaft unter jeder Regierungsform ausgeweitet und sogar den Punkt erreicht hätte, an dem, wie später zu demokratischen Zeiten, in den Chorszenen jährlich rund 1000 Bürger sangen und tanzten. Es wäre wahrscheinlich auch in einem anderen politischen System zur

Entstehung der Tragödie gekommen. Die moralischen und religiösen Konflikte, die diesen Dramen zugrunde lagen, wurden ja schließlich nicht in Alltagsgeschehnissen ergründet, sondern in Erzählungen von mythischen Dynastien. Und die attische Tragödie fand auch dort uneingeschränkten Beifall, wo sie für ein nichtdemokratisches Publikum in Übersee verfasst oder aufgeführt wurde. Hätten die Athener sich im Jahr 508 für eine Oligarchie von sagen wir 6000 Bürgern ausgesprochen, dann hätte diese Zuhörerschaft sicherlich ausgereicht, um Dramen-Wettbewerbe anzuregen. Auch das Publikum in der Demokratie umfasste nicht mehr als 15 000 Zuhörer, von denen nicht immer alle Stadtbürger waren.

Herodot als Zuhörer erlebte Dramen-Wettbewerbe, denen Opferzeremonien und die Zurschaustellung der Tributleistungen vorausgingen, die von verbündeten Tributpflichtigen nach Athen gebracht wurden. Diese »Extras« waren angemessene Programmpunkte, denn die Veranstaltung war imposant und öffentlich, die größte Zusammenkunft der Athener im ganzen Jahr. Doch die Theaterstücke, die folgten, waren nicht kultische Rituale oder Erläuterungen oder Erforschungen von demokratischer und imperialer Ideologie. In der Vergangenheit mythischer Königreiche angesiedelt, behandelten sie Themen der Familie und Gemeinschaft, sexueller Beziehungen, der Götter und der Launen von Helden. Sie bewegten die Zuhörer, denn sie umschlossen ein geistiges und emotionales Spannungsfeld, das von den überhöhten moralischen Ereignissen der Handlung bis zum komplexen Gesang und Tanz ihrer Chöre reichte. Aber es ging in ihnen nicht darum, bei ihren Zuschauern so etwas wie ein demokratisches Ethos zu bestätigen oder in Frage zu stellen oder eine Lektion in bürgerlicher Tugend zu applizieren wie eine verlängerte Marseillaise. Die uns erhaltenen Tragödien hätten ihre Verfasser ebenso gut ausschließlich für eine Oligarchie von reicheren Athenern schreiben und in Szene setzen können. Die tragische Darstellung der Natur von Göttern und Menschen, besonders der Natur großer Heroen, war von wundervoll trostloser Klarheit und Größe. Sie ergriff die Zuhörer im Innersten und erweiterte ihren Horizont, aber ging man nicht zwei Tage später kühl zur Tagesordnung über?

Eine mögliche Verbindung zur Demokratie schafft ein formaler Aspekt, der einige der erhaltenen Tragödien kennzeichnet. Seit den 460er Jahren verhandelten athenische Redner die Fragen von Recht und Unrecht bei einem Streitfall in einem demokratischen Gericht vor Geschworenen aus der Bürgerschaft. In den Tragödien entwickelte sich daraufhin in der Mitte des Stückes eine lange Debatten-Szene – der *agōn* –, in der die Figuren einen Fall vor den Bürgern auf den Zuschauerrängen diskutierten, unter denen auch viele Geschworene saßen, die im Moment frei hatten. Diese dramatische Form hatte sich in ihrer auffallenden Länge zweifellos als Reaktion auf die eigene Gerichtserfahrung der als Zuschauer anwesenden Bürger herausgebildet. Daneben gab es nur eine einzige wirklich demokratische Kunstgattung – die politische Komödie. Prominente Athener Politiker wurden darin Gegenstand satirischer und polemischer Attacken von zwerchfellerschütternder Komik. Im Rahmen der stark regulierten und misstrauischen Oligarchie wäre ihre Entstehung unmöglich gewesen, und als die Demokratie nach 322 v. Chr. unter der Kontrolle makedonischer Feldherren stand, gingen Dramatiker aus der Umgebung der nachfolgenden Oligarchie auf Nummer Sicher und brachten nur noch harmlose Situations- und Verwechslungskomödien auf die Bühne, in denen »jegliche Ähnlichkeiten mit noch lebenden Personen« getilgt waren.

Für uns Heutige wird die demokratische Komödie Athens von dem einzigen Genie dominiert, dessen Werke uns erhalten sind, von Aristophanes, der von den 420er bis in die 380er Jahre v. Chr. tätig war. Doch nicht nur seine eigenen Kommentare lassen vermuten, dass die Theaterstücke seines älteren Rivalen Kratinos zu den betrüblichsten Verlusten der gesamten antiken Literatur gehören. Aristophanes' Humor umfasst geistreiche Wortspiele ebenso wie krude, auch sexuelle Anspielungen – die zum Teil bis heute immer wieder neu entschlüsselt werden –, Phantasiegestalten, Parodien, Hänseleien über das Drama selbst sowie brillante, aber gnadenlose persönliche Invektiven und Satiren. Wie er in seinen Stücken witzige Obszönität mit betörendem, aufwühlendem Chorgesang verbindet, hat im dramatischen Werk der Antike, soweit es uns vorliegt, nicht seinesgleichen. Gerade an seinem Beispiel können wir ermessen, in welch bewundernswertem Maß die Athener zu Selbstwahrnehmung und Selbsterforschung fähig waren. Mit großartiger Gewandtheit stellen sie Gedankenexperimente zu Geschlechterrollen und zu den Beziehungen zwischen Männern und Frauen an, und besondere Komik wird erreicht, wenn beide Rollentypen männlich besetzt sind. Gegenüber den Sklaven oder den hohlköpfigen Philosophen sind Aristophanes' Stücke komplett herzlos. In seiner berühmten Komödie *Die Wolken* sind die Attacken auf Sokrates und seinen Einfluss von unüberhörbarer Aggressivität.

Die Komödienhandlung ergab sich vermutlich aus ganz bestimmten tagesaktuellen Ereignissen oder öffentlichen Verlautbarungen, die uns nicht mehr bekannt sind, und weniger aus der Beschäftigung mit abstrakten Problemen, wie wir sie aus den modernen Satiren von Brecht kennen. Die Thematik der erhaltenen Stücke reicht immerhin von der zaghaften Hoffnung auf Frieden in Kriegszeiten bis zum Sex-Streik der Frauen, der ihn herbeiführen soll, oder

12 GRIECHISCHE KULTUR IM WANDEL

einem klassischen Versuch, den besten dramatischen Dichter zu finden und aus dem Jenseits zurückzuholen. Wie Aristophanes waren auch andere Komödienschreiber der Zeit zu fast jeder ausgelassenen Subversion imstande. Im Jahr 423 v. Chr. stellt sich der alte Kratinos in seinem Theaterstück *Die Weinflasche* als Ehegatten der Komödie dar, die aber die Scheidung verlangt, weil Kratinos mehr an der Trunkenheit liege als an ihr.[7] Von dieser vielversprechenden Selbstparodie sind uns weitere Details leider nicht erhalten. Im Jahr 421 brachte Eupolis ein Lustspiel auf die Bühne, dessen Chor sogar in zwei Hälften geteilt war – die Reichen und die Armen, während die Handlung einen führenden Volkspolitiker als Eunuchen-Sklaven des Athener Volkes karikierte, dargestellt als dessen »persischer Herr und Meister«.[8] Der lebendige Geist der damaligen Athener konnte aus fast jeder Gegebenheit des sozialen und politischen Lebens subversive Funken schlagen und das Schauspiel genießen. Freiheit ist in erster Linie demokratisch, und sie beweist sich darin, ob ein Aristophanes politisch und kulturell möglich ist. Er ist der eigentliche Indikator eines »klassischen« Zeitalters.

Wäre Herodot im Frühjahr 438 v. Chr. in Athen gewesen, hätte die hinreißende *Alkestis* des Euripides seinen Beifall gefunden, die in diesem Jahr ihre Uraufführung erlebte. Mit Vergnügen hätte er sich in die Darstellung von Not und hingebungsvoller Treue des mythischen Königspaars vertieft, dessen Geschick der gütige Schirmherr Apollon lenkte. Kein Zweifel, er hätte auch über die anzüglichen Komödien dieses Jahres gelacht, doch gleichzeitig auf eine innere Stimme gehört, die ihm gesagt hätte, sie gingen denn doch zu weit. Ein Blick zurück auf seine eigenen »Erkundungen« hätte ihm jedoch Dutzende von tragischen Schicksalen aus sehr viel jüngerer Zeit in Erinnerung gerufen, von denen man ihm berichtet hatte – reale Konflikte zwischen Vätern, Söhnen und Ehefrauen in aller Welt, zwischen Göttern und Sterblichen, Konflikte von Menschen wie dem lydischen König Gyges oder dem geblendeten Schäfer Euenios in Nordwestgriechenland, oder Hermotimos, dem Mann von der Insel Chios, der sich für eine schreckliche Kastration rächte, indem er den gleichen Akt an dem grausamen Täter und an dessen Söhnen vollzog. Jenseits der Grenzen Athens kursierten so manche Erzählungen, die jüngst Vergangenes dokumentierten und den Keim zu echten Tragödien in sich trugen. Die Athener entdeckten diesen Keim auch ohne die ausgedehnten Forschungen eines Herodot, verdüsterten und vertieften ihn, doch nur in der Phantasiewelt des Mythos.

13
PERIKLES UND ATHEN

> Sie [die Stadt Athen] allein unter den heutigen Städten tritt mit einer Macht, die stärker als alles Erhörte ist, zur Probe an. Sie allein gibt keinem andringenden Feinde Grund zu murren, von was für Menschen er geschlagen wird, und keinem Unterworfenen Anlass zur Beschwerde, dass Unwürdige über ihn gebieten. Mit großen Beweisen und wahrlich nicht unbezeugt haben wir unsere Macht den heutigen wie den kommenden Geschlechtern zur Bewunderung dargetan. Wir brauchen keinen Homer zum Lobredner, oder wer sonst mit Versen dem Ergötzen des Tages dient und dessen Darstellung der Ereignisse dann doch die Wahrheit zuschanden macht. Überall hin haben wir Meer und Land gezwungen, unserem Wagemut Wege zu bereiten, und dabei allerorts die Male des Bösen wie Guten für alle Zeit aufgerichtet.
> Rede des Perikles für die Gefallenen von 431/30, nach Thukydides, 2,41,2 f. (Übers. A. Horneffer)

Seit den 450er Jahren bis ins Jahr 429 wurde Athen von dem berühmtesten Politiker seiner Zeit, von Perikles, geführt. Er hat dieser Zeit sogar seinen Namen gegeben, und man spricht oft vom »perikleischen Athen«. Kaiser Hadrian war sich des Vorbilds wohl bewusst. Möglich wäre sogar, dass Hadrian seine panhellenische Rolle für die Stadt an einem Modell orientierte, das Biographen dem Perikles selbst zugeschrieben hatten. Der Athener Staatsmann hat die moderne Welt auch weiterhin inspiriert. In Londoner Omnibussen waren im Jahr 1915, während des Ersten Weltkriegs, in Übersetzung die großartigen Worte über die Freiheit aus der berühmten *Rede für die Gefallenen* zu lesen, die Perikles zugeschrieben wird.

Der historische Perikles ist schwerer fassbar. Er wurde Mitte der 490er Jahre als Sohn des Adligen Xanthippos geboren; auch seine Mutter stammte aus adligem Haus, doch aus dem umstrittenen Geschlecht der Alkmeoniden. Den jungen Perikles prägten zwei politische Entwicklungen: die neue Bedeutung Athens dank seiner Rolle beim Sieg über die Perser und das wachsende Selbstvertrauen der Demokratie seit den Reformen des Kleisthenes im Jahr 508

v. Chr. Perikles erkannte, dass die Athener etwas Besonderes waren, was selbst ihre griechischen Landsleute, wenn auch zum Teil unwillig, einräumten. Die Demokratie erschien als tragfähiger Boden für die Karriere eines Politikers, und dass sie wieder verschwinden würde, war nichts als eine Phantasie der Aristokraten. In Perikles' Jugend, während der 480er Jahre, hatte auch die politische Betätigung der Bevölkerung zugenommen, und die Flut an Scherbengerichten bewies, dass das Athener Volk jetzt durch sein Votum beschließen konnte, selbst Persönlichkeiten höchster Abkunft aus der Bürgerschaft auszustoßen. Im Jahr 489 hatte schon Perikles' Vater die öffentliche Meinung dazu benutzt, keinen Geringeren als den Helden Miltiades, den großen Sieger von Marathon, vor ein Geschworenengericht zu bringen. In den Versammlungen bestimmte jetzt, wie Kleisthenes es vorgesehen hatte, der Mehrheitsbeschluss des Volkes das Geschehen. Jeder, dem es gelang, das Vertrauen des Volkes zu gewinnen, würde folglich mehr erreichen als ein Aristokrat alter Schule, so tapfer sich dieser als Krieger und Sportler auch schlug und so gut er im weiteren griechischen Umfeld vernetzt sein mochte.

Ein solches Vertrauen ließ sich nur durch öffentliche Reden gewinnen, in denen man der Versammlung politische Leitlinien vorschlug, die gebilligt wurden und sich im Weiteren als erfolgreich erwiesen. Das geschriebene Wort und seine Verbreitung hatten auf den politischen Erfolg noch keinen entscheidenden Einfluss. Die von der Versammlung erlassenen Dekrete wurden zwar auf der *agora* auf geweißten Brettern gut sichtbar zur Schau gestellt, so dass »jeder, der wollte«, sie anschauen konnte. Unter den Athenern gab es, wie ich meine, mehr Lese- als Schreibkundige, doch von den Wählern in der Versammlung dürfte sich kaum einer die Mühe gemacht haben, einen literarischen Text zu lesen. Es ließ sich zwar immer jemand finden, der einen ausgestellten Erlass lesen und den weniger Geübten vortragen konnte, aber wenn Perikles versucht hätte, mittels schriftlicher Manifeste zu politisieren, hätte er das Gros seiner Wähler nicht erreicht. In Athen blieben politische Schriften den Theoretikern und Sympathisanten der Oligarchie überlassen, die nicht zum politischen Mainstream gehörten. Die Verbreitung von Schriftrollen, die Szenen mit Lesenden und Schreibenden auf Athener Vasen, die Texte der mündlich vorgetragenen Meisterwerke, die wir heute lesend bewundern, sind Zeugnis der kulturellen Gewohnheiten einer kleinen Minderheit von Gebildeten.[1] Das Medium der politischen Kultur war das gesprochene Wort.

Die beiden prägenden Erfahrungen des jungen Perikles – der Vorrang Athens und die öffentliche Rolle jedes erwachsenen Atheners – sollten seine politische Agenda bestimmen. Unser glaubwürdigstes Zeugnis für seine Worte und Taten ist das Geschichtswerk seines jüngeren Zeitgenossen und Bewunderers Thukydides (geb. um 460/55 v. Chr.). Thukydides verehrte Perikles' Redekunst, seine kühle, praktische Intelligenz, seine Immunität gegen Bestechung und Korruption und seine Fähigkeit – so glaubte der junge Thukydides –, »das unbeständige Volk so zu lenken und zu führen«, dass bei den Athenern die Politik »zur Regierung durch einen einzigen Mann wurde«.[2] In den Augen des Thukydides sprach für Perikles auch, dass er »einer von uns«, ein Adliger war und ein tapferer und fähiger General. Doch Thukydides blieb nicht unwidersprochen, und das Urteil Platons, des Philosophen, erwies sich als überzeugender, obwohl es eine Generation nach Perikles' Tod niedergeschrieben wurde.

Platon, selbst kein Demokrat, behauptete mit Nachdruck, Perikles sei ein Schmeichler und »Demagoge« gewesen, der die Athener auf Abwege geführt und korrumpiert habe. An der Niederlage gegen Sparta im späteren Peloponnesischen Krieg sei Perikles, der 429, zu Beginn des Krieges, an der Pest starb, durchaus mitschuldig. Spätere Autoren versuchten, die gegensätzlichen Auffassungen zu versöhnen, und erklärten, Perikles habe, wie Platon beklagte, als Demagoge begonnen, dann jedoch die überragende, olympische Bedeutung erlangt, die der junge Thukydides so sehr bewunderte. Die aussagekräftigste Erinnerung ist uns von einem nicht aus Athen stammenden Zeitgenossen überliefert, dem liebenswürdigen Ion von Chios. Dieser schildert Perikles nach einer persönlichen Begegnung als »unverschämt und höchst dünkelhaft, und in sein arrogantes Benehmen mischte sich eine außerordentliche Geringschätzung und Verachtung für andere Menschen«.[3] Berühmte Athener, die er neben Perikles kennenlernt, unter ihnen der Dramatiker Sophokles, waren weit mehr nach seinem Geschmack.

Perikles wusste, so können wir schließen, dass die Ziele und Vorhaben, die er sich setzte, nicht alltäglich waren. Es heißt, die Politik habe sein Leben bestimmt und er habe nie einen anderen Weg zurückgelegt als den, der von seinem Haus ins politische Zentrum der Stadt führte. Auch gesellschaftliche Anlässe soll er wenn möglich gemieden haben – Politik fürs Volk zu machen war eine ernstzunehmende Vollzeitbeschäftigung. Zu seinen besten Freunden gehörten Intellektuelle, die Athen besuchten, Leute wie der Musiktheoretiker Damon oder der Philosoph Anaxagoras, der einfache Gemüter mit Zorn erfüllte, weil er lehrte, dass die »göttliche« Sonne nur ein Haufen brennende Materie sei. Entspannung fand Perikles nicht bei seiner Frau, von der er sich gütlich getrennt hatte, sondern bei seiner berühmten Geliebten Aspasia aus dem eleganten ostgriechischen Milet. Von Aspasia hören wir als einer Autorität zu Themen über die Tücken beim Ehestiften oder die Geheimnisse der guten »Ehefrau«. Die Satiriker Athens waren in ihrem Element: So wurde behauptet, sie habe Perikles zu verschiedenen Kriegen überredet, sie unterweise ihn in Rhetorik und Philosophie, sie besorge ihm Mädchen, sie betreibe nebenher ein Bordell, und in einer fiktiven Gerichtsszene wird sie sogar der »Pietätlosigkeit« gegenüber den Göttern beschuldigt. Die Nachwelt sieht sie gern als Mittelpunkt eines Salons mit gutem Geschmack und klugen Gesprächen, in Wirklichkeit aber wissen wir nichts über sie. Wunderbar maliziös legte Platon ihr später eine eigene wortreiche »Gefallenenrede« als Loblied auf Athen in den Mund.[4] Bösartig mokiert er sich dabei über die echten perikleischen *Reden für die Gefallenen*, deren eine Thukydides in seinem Geschichtswerk verewigt hat. Perikles aber liebte diese Frau, so viel können wir sicher sagen. Er ist der erste Mann in der Geschichte, von dem berichtet wird, er habe der geliebten Freundin vor dem morgendlichen Gang zur Arbeit und bei der Heimkehr am Abend jedes Mal einen leidenschaftlichen Kuss gegeben.[5] Und es gibt keine Quelle, die ihn mit homoerotischem Interesse an Knaben in Zusammenhang bringt.

Perikles' Söhne waren dick und nicht mehr als Durchschnitt, das Familienleben nichts Ungewöhnliches – was also war das »Perikleische« an dem Athen, das wir mit seinem Namen verknüpfen? Perikles wurde zum Strategen gewählt und bekleidete dieses Amt in den 430er Jahren dann Jahr für Jahr. Aber er war nur einer von zehn. Er hatte keine besondere Position inne, und seine öffentlichen Leistungen hingen notwendig von seiner Rhetorik in den großen Volksversammlungen ab. Sicher ist, dass er nur eine Stimme in einer viel größeren Gruppe führender Politiker war, von denen einige dieselben Grundsätze vertraten wie er. Über ein Vorhaben entscheiden und es durchsetzen wie ein moderner Ministerpräsident in seinem Kabinett, das konnte er nie. Trotz allem ist in dem, was wir über die Athener aus der Zeit vom Ende der 450er Jahre bis etwa 430 wissen, so etwas wie ein roter Faden zu erkennen. Und es dürfte Perikles gewesen sein, der diesen Zusammenhang in Worte fasste und den Bürgern half, für das zu stimmen, was ihnen schattenhaft vorschwebte und was sie selbst nie in dieser Klarheit ausgedrückt hätten. In ihrer Außenpolitik folgten die Athener vermutlich nicht nur dem perikleischen Leitbild. Sie waren wie Perikles selbst loyale Erben des Themistokles. Dem Friedensabkommen mit dem Perserkönig von 450/49 v. Chr. hätte Themistokles zugestimmt; in den 440er und 430er Jahren ging man auch auf Kontaktversuche potenzieller Verbündeter im griechischen Westen ein, und ein Athener General wurde sogar kurz in Neapel aktiv – gewisse, wenn auch nur schwache Hinweise sprechen dafür, dass auch bereits Themistokles an den Entfaltungsmöglichkeiten des griechischen Westens Interesse zeigte. In Griechenland wurde ein Ausspruch des Perikles überliefert, der vom Geist seines Vorgängers geprägt war: »Schon sehe ich den Krieg von der Peloponnes herab auf uns zurücken.«[6] Den Feind sah er in den Spartanern, und die Bemerkung ergibt nur dann einen Sinn, wenn sie lange vor Ausbruch des verhängnisvollen Krieges im Jahr 431 gefallen ist. Dass die Expansion Athens die Verbündeten Spartas in der nördlichen Peloponnes in Harnisch bringen mochte, nahm man gelassen. Wie das Beispiel des Themistokles gezeigt hatte, gab es Spielraum genug, ihre prospartanischen Regierungen zu stürzen oder sogar auf die Seite Athens zu ziehen. Perikles hatte den endlosen Krieg der Jahre 460 bis 446 erlebt, der in Griechenland gegen Sparta und seine Verbündeten geführt wurde. Er gab ihm die Gewissheit, dass die Athener hinter ihren uneinnehmbaren Langen Mauern, dem Werk des Themistokles, gut geschützt und gegen Landinvasionen der Spartaner gesichert waren. Sie konnten dort dank ihrer Überlegenheit auf See, dem Vermächtnis des Themistokles, überleben und sich darauf gestützt jederzeit mit importierter Nahrung versorgen. Und wenn sie sich mit einem wohlgesinnten Nachbarn wie Megara verbündeten, waren sie ohnehin in der Lage, den Spartanern den einfachen Zugang zu athenischem Territorium zu verwehren – sie konnten sich behaupten, ohne dass es zur offenen Feldschlacht kam. Sollten die Spartaner versuchen, Attika zu verwüsten, würde man die Reiterei einsetzen, um sie zu vertreiben. In der Epoche des Perikles wuchs die Kavallerie auf das Sechsfache ihres Bestands, und die neue »Versicherung« für Pferde wurde eingeführt.[7] Ein Paladin der Unterschicht war Perikles nicht.

Doch neben dieser von Perikles mit festem, durchdachtem Nachdruck verfochtenen Strategie stand etwas Neues, Grundsätzlicheres als Themistokles' opportunistisches Agieren auf dem internationalen Parkett. Als Kallias, ein anderer athenischer Aristokrat, im Jahr 449 den Coup des Friedens mit Persien zuwege brachte, reagierte Perikles mit der Einberufung eines griechischen Kongresses nach Athen – auf der Tagesordnung stand die Debatte über den Wiederaufbau der zerstörten Tempel auf dem Boden Athens, neue Weihegeschenke für die Götter und die freie, friedliche Nutzung der Meere. Damit war stillschweigend vorausgesetzt, dass Athens Verbündete zur Realisierung dieser Vorhaben beitragen und im Rahmen des fortbestehenden Attischen Seebunds mit dem Zentrum Athen weitere Beitragszahlungen an die Athener leisten würden. Wie zu erwarten verweigerte Sparta seine Teilnahme, doch 449 begann man mit dem Bau der neuen Tempel auf der Akropolis, finanziert durch die fortlaufenden Zahlungen der Bündnispartner. Der Friede mit Persien wurde als »Sieg« dargestellt, und der frühere Eid der Athener, ihre zerstörten Kultstätten nie wieder aufzubauen, war damit durch ein neues Bauprogramm überholt. Für Perikles war Athen das große Zentrum der freien griechischen Welt und somit die rechtmäßige Herrscherin über alle griechischen Verbündeten. Mit beeindruckender Nüchternheit vertrat er die Position, das von Athen geführte Bündnis und seine Vormachtstellung müsse bestehen bleiben. Alle Aufstandsversuche wurden unterdrückt, selbst die Untertanen, so zitiert ihn Thukydides, seien sich einig gewesen, dass sie von Menschen regiert würden, »die dieses Amtes nicht unwürdig seien«.[8] Die Athener sollten ihre Stadt und deren Stärke lieben. Die neue Schönheit der Stadt war bemerkenswert, ebenso der Charakter ihrer Einwohner sowie ihre ungewöhnliche Liebenswürdigkeit, Kunstfertigkeit und Toleranz im Umgang miteinander – Sklaven waren ja nur Gegenstände. Mit mehr oder minder großer Wahrscheinlichkeit kann man Perikles die verschiedensten Vorschläge zum Wohl seiner Mitbürger zuschreiben. Seit etwa 448 v. Chr. wurden Siedler in neue Siedlungsräume oder auf Grundbesitz in den Territorien von Untertanen Athens geschickt, eine Maßnahme, die wahrscheinlich auf Perikles zurückgeht. Die meisten dieser Siedler kamen aus den ärmsten Schichten, und wenn sie ihre neuen Ländereien im Ausland verpachteten, verbesserten sie ihren Lebensstandard. Seit Anfang 450 wurde den Athenern, die in den vielen Geschworenengerichten der Stadt dienten, ein bescheidenes Tagegeld ausbezahlt, auch diese staatlichen Diäten gingen auf einen Vorschlag des Perikles zurück. Im Lauf der Zeit erhielten alle Athener einen Betrag zum Kauf von »Eintrittskarten« für die Theateraufführungen und die Veranstaltungen der bedeutendsten festlichen Spiele in Athen. Es steht nicht zweifelsfrei fest, ist aber sehr wahrscheinlich, dass die Initiative hier ebenfalls von Perikles ausging.

Auch die Definition des attischen Bürgerrechts wurde auf seinen Rat hin verengt. Perikles selbst hatte vorgeschlagen, dass nur die Kinder, die väterlicherseits von einem Athener Vollbürger stammten und eine Athenerin zur Mutter hatten, selbst Bürger von Athen waren. Dieses Gesetz hatte er vorausschauend geplant und für Geburten ab 451 bestimmt, es konnte also von der bestehenden Bürgerschaft zustimmend aufgenommen und beschlossen werden. Sein Hauptziel war vermutlich, wie wir gesehen haben, die Athener zur Eheschließung mit attischen Frauen zu veranlassen, und das Thema war umso dringlicher, als so viele Athener jetzt neue Grundstücke zur Pacht oder Kultivierung im Ausland erhielten. Perikles wusste, dass die Familien nicht mit unverheirateten Töchtern zurückbleiben wollten, während die Söhne sich ausländische Frauen nahmen. Die strengeren Anforderungen für die Erlangung der Stadtbürgerschaft stärkten also auch das Identitätsgefühl der Athener als Gruppe.

Alle diese Innovationen waren von der prinzipiellen Überzeugung getragen, dass die Bürger Athens etwas Besonderes seien, dass jeder erwachsene Mann fähig sei, verantwortungsvolle politische Aufgaben zu übernehmen, dass sie für diese Funktion entlohnt werden sollten und dass die Künste dazu beitrugen, die Götter zu ehren und die Menschen zu zivilisieren. Als Mitglied des Gremiums, das den Bau der prächtigen neuen Tempel auf der Akropolis beaufsichtigte, stand Perikles selbst an maßgeblicher Stelle. Er war mit dem berühmten Bildhauer Phidias eng befreundet, und dessen Name bot Gewähr für die einwandfreie Durchführung des Bauprogramms. Unter seiner Leitung wurde das Gewand, das junge Mädchen für die Göttin Athene gewebt hatten, zu ihrem neuen «Haus», dem Parthenon, getragen, wo es als riesiger Vorhang hinter der überwältigend großartigen Statue der Göttin hängen sollte, die Phidias neu gestaltet hatte.[9] Für einen Platz direkt unterhalb der Akropolis schlug Perikles überdies den Bau eines besonderen Odeions vor, das auf einem Wald von Säulen ruhte. Es war als Austragungsort musischer Wettbewerbe während der großen Spiele vorgesehen, wurde von den Satirikern allerdings zur Phantasterei erklärt, die einem erbeuteten Zelt des Perserkönigs Xerxes nachgebildet sei.

Zwischen etwa 560 und 510 v. Chr. gab es Pläne der athenischen Tyrannen zur Schaffung einer grandioseren Stadt; jetzt finden wir zum ersten Mal Zukunftsbilder für den Bürger. Kein Athener Politiker der Vergangenheit, nicht einmal Kleisthenes, wird mit Philosophen und Intellektuellen in Verbindung gebracht. Anders als die Adligen vor ihm war Perikles nicht auf Verse oder Texte zu seinen Ehren aus. Er versuchte nicht einmal seinen Namen auf den Gebäuden anzubringen, die als Eigentum der gesamten Bürgerschaft betrachtet wurden. Ihm schwebte das Bild eines neuen Staates vor, dem Macht und die gleichwertige Mitbestimmung aller Bürger höheren Wert verliehen. Seine intellektuellen Kontakte schlossen den Philosophen Protagoras ein, der laut Überlieferung eingeladen wurde, die Gesetze für die neue Siedlergemeinschaft zu verfassen, die unter der Ägide des Perikles ins süditalische Thurioi geschickt wurde. Ob in der Musik oder in der politischen Theorie, im Gebrauch der Rhetorik oder schlichter Vernunft – Perikles setzte auf eine neue Klarheit des Denkens. Dem zu Perikles' Lebzeiten erreichten Vorrang Athens war es zu danken, dass die Stadt zum Magneten für kluge und fähige Experten wurde, die sich vom Glanz der neuen Macht und dem Versprechen reicher Belohnung begeistern ließen. Der Politiker und seine Freunde glaubten nicht an jenes archaische Schreckgespenst – die Absicht der Götter, sie für die Untaten eines Urahns aus grauer Vorzeit zu bestrafen. Sie vertraten den Geist einer neuen klassischen Klarheit.

In diesem Kreis war der willkürliche Zorn der Götter keine plausible Erklärung für erlittenes Unglück. Die alte Überzeugung, dass Nachkommen für die Verbrechen ihrer Vorfahren hafteten, hatte ihre Gültigkeit verloren. Diese überlegtere Auffassung von Verantwortung verstehen wir als Zeichen des Übergangs von einem archaischen in ein klassisches Zeitalter. In Athen vertraten Perikles und seine Freunde diese Auffassung, und dass einige wenige zu diesem Verständnis gelangten, ist ausschlaggebend für unseren Eindruck von einer Zäsur, mochte auch eine Mehrheit der Menschen im »klassischen« Griechenland auf den archaischen Ideen beharren. Im griechischen Westen, in Selinunt, fürchteten die Bürger noch immer rächende Geister in ihrer Mitte; in Kyrene glaubte man an eine Legende vom Zorn Apollons, welche die Gründung der Stadt erklärte, und war angstvoll um rituelle Reinigung bemüht. In Lokroi schickten die Bürger noch immer in jedem Jahr eine Gruppe ihrer jungfräulichen Töchter nach Troja, um ein »Unrecht« zu sühnen, das ihre Vorväter im mythischen Zeitalter der Heroen begangen hatten.[10] Das Perikleische Zeitalter war keine griechische Aufklärung, doch es war eine Epoche, in der Intellektuelle und ihr aufgeklärtes Denken erstmals zum Zirkel eines gleichgesinnten Staatsmanns gehörten.

Etwas davon ist noch in Perikles' *Gefallenenrede* für das Jahr 430 v. Chr. zu vernehmen, die Thukydides in seinen eigenen Worten wiedergibt, dabei jedoch versichert, sich »so eng wie möglich« an den »Kern des tatsächlich Gesagten« zu halten. In Perikles' eindrücklicher Rede schwingt auch die Entgegnung an die Adresse zeitgenössischer Kritiker mit. »Wir lieben die Schönheit, ja – aber ohne Extravaganz; wir lieben die Weisheit, ja – aber ohne schlaff zu sein.« In unserer Demokratie kann jeder, unabhängig von seiner Herkunft, seinen Beitrag leisten, aber die Athener tolerieren die privaten Gewohnheiten ihrer Mitbürger und verübeln es nicht, wenn sie dem persönlichen Vergnügen dienen. Freiheit durchzieht das politische und private Leben, doch es ist eine Freiheit unter dem Gesetz. Die Freiheit Athens ist keine Zügellosigkeit. Der Mann jedoch, der es ablehnt, am öffentlichen Leben teilzunehmen, ist »nutzlos«.[11] Eine solche Teilnahme gibt es für die Frauen nicht. Die Rede endet mit einer kurzen Erwähnung der »weiblichen Tugend« für die Frauen, die jetzt Witwen sind. Sie sollten »unter den Männern weder der Tugend noch des Tadels wegen übermäßig beredet werden« und sich der Aufmerksamkeit in möglichster Bescheidenheit entziehen. Für sie ist »der Ruhm groß, wenn sie nicht schlechter sind als die ihnen gegebene Natur«, die, so schließt man, an sich nicht die beste ist. Perikles gibt »ein rein negatives Gebot, nicht hinter naturgegebene Grenzen zurückzufallen«. Hier wie auch andernorts fasst er in Worte, wovon seine Zuhörer unter den Bürgern – anders als viele seiner modernen Leser – ohnehin überzeugt waren. Für die Männer ist das Ideal nicht »öffentlicher Glanz, privates Elend«. Arm zu sein ist keine Schande. Die Schande liegt vielmehr darin, es überhaupt dahin kommen zu lassen. Von Anfang bis Ende der 430er Jahre ließen es die Satiriker in Athen und politische Konkurrenten nicht an Versuchen fehlen, Perikles, Aspasia und seine Intellektuellen- und Künstlerfreunde der Lächerlichkeit preiszugeben und sogar unter Anklage zu stellen. Der »Olympier« Perikles, so unterstellten die Witzbolde, werde von seiner Geliebten beherrscht; er habe den Krieg mit Sparta begonnen – warum nicht? –, um einen Skandal zu vermeiden; sogar sein Kopf musste herhalten – er habe »die Form einer Meerzwiebel«.[12] Da die Meerzwiebel in der griechischen Flora der Antike eine Blume mit gerundeter, glatter Knolle ist, deutet der Vergleich auf einen runden Kopf mit vorzeitiger Glatze. Perikles soll in der Öffentlichkeit sehr oft einen Helm getragen haben, vielleicht wollte er ebenso seine Kahlheit verbergen wie auch seinen ständigen Dienst als attischer Stratege ins Bewusstsein rufen. Satire und Anklage sind der Beweis jener Freiheit, die Perikles in seinen Reden so eindrücklich beschwor. Das Publikum liebte den Klatsch und den Spott der Dichter; überlebt aber haben die Ideen des Perikles.

14
DER PELOPONNESISCHE KRIEG

Die [5] lakedämonischen Richter hielten an der Berechtigung ihrer Frage, ob der lakedämonischen Partei während des Krieges von den Platäern irgendein Dienst erwiesen worden sei, fest; ... Sie ließen also die Platäer Mann für Mann vorführen und taten noch einmal die Frage, ob sie den Lakedämoniern und deren Bundesgenossen während dieses Krieges einen Dienst erwiesen hätten. Da sie nein sagten, wurden sie abgeführt und hingerichtet, kein einziger wurde verschont.
Thukydides, 3,68,1, nach Beendigung der Belagerung von Plataiai 427 v. Chr. (Übers. A. Horneffer)

Während der letzten drei Jahrzehnte des 5. Jahrhunderts v. Chr. führten Athen und Sparta sowie ihre jeweiligen Bündnispartner erneut Krieg gegeneinander. Dieser Peloponnesische Krieg, wie man ihn nennt, scheint der eindeutige Beweis dafür, dass die Griechen der Alten Welt politisch gescheitert waren. In mehr als zwanzigjährigen Kämpfen, die nach einem Jahrzehnt von einer siebenjährigen prekären Waffenruhe unterbrochen wurden, hatten Zehntausende Griechen, vielleicht die Hälfte der männlichen Bevölkerung Athens, den Tod gefunden, waren Häuser und Ölbäume zerstört und große Mengen an Geld und Arbeitskraft aufgezehrt worden. Der Krieg wurde erst entschieden, als der Perserkönig den Spartanern zu Hilfe kam und als Gegenleistung die erneute Herrschaft über alle griechischen Städte Kleinasiens verlangte. Der Krieg verlieh der menschlichen Grausamkeit Auftrieb. Auf beiden Seiten kam es zu Akten von spektakulärer Gewalttätigkeit, darunter die Tötung von Gefangenen durch spartanische Befehlshaber und das Massaker, das die Athener, nach pflichtschuldiger Warnung, an der Bevölkerung der Insel Melos begingen, weil diese sich geweigert hatte, ihrem Seereich beizutreten. Dem Thema Freiheit kam von Anfang bis Ende traurige Berühmtheit zu. Sie sollte, vollmundigen Versprechungen der Spartaner gemäß, ursprünglich den »versklavten« Verbündeten der Athener zukommen und wurde schließlich auf das Schändlichste verraten. Die Griechen in Kleinasien wurden als Tribut zahlende Untertanen dem Perserkönig überlassen, während Gemeinden in der Ägäis unter die Herrschaft schreckenerregender prospartanischer Juntas gerieten, der Dekarchien, »Herrschaft der Zehn«.

Die Triebkräfte dieses Krieges und seiner Gewaltsamkeit waren weder Religion noch Nationalismus. Es gab keine »Kreuzzüge« und keinen Genozid. Man tötete nicht um des Tötens willen, sondern es standen konkrete Prinzipien und Interessen auf dem Spiel. Auf den ersten Blick schien es um einen reinen Machtkonflikt zu gehen. Anlass zum Krieg war die fortgesetzte Expansion des attischen Machtbereichs, vor allem seit ihrer Ausrichtung auf Sizilien und den griechischen Westen. Sie alarmierte in den 430er Jahren zunehmend Spartas wichtigen Alliierten Korinth, die Mutterstadt des dominierenden sizilischen Stadtstaats Syrakus. Korinth besaß außerdem wichtige Kolonien an der nordwestgriechischen Küste, der natürlichen Route für westwärts fahrende Kriegsschiffe. Mit dieser Angst im Nacken waren die Korinther wenig geneigt, Athen hinsichtlich seiner Ambitionen einen Vertrauensvorschuss zu gewähren. Der Verdacht wuchs im Lauf eines diplomatischen Konflikts, der die korinthische Kolonie Kerkyra, heute Korfu, betraf. Wenn die Spartaner nicht gegen die Interventionen Athens zu Felde zögen, so drohten die Botschafter Korinths, würden sie das Bündnis mit Sparta verlassen, ein Akt, der den Peloponnesischen Bund dem Risiko eines Zerfalls ausgesetzt und das Ende der regionalen Dominanz Spartas mit sich gebracht hätte. In der folgenden Kette der Ereignisse wurde der seit 446 geltende, eidlich beschworene Friedensvertrag mit Sparta und seinen Verbündeten zwar technisch nicht gebrochen, doch ohne Athens aktive Einflussnahme auf nicht unmittelbar vertraglich geschützte Gebiete wäre es in diesem Moment nicht zum Kriegsdruck gekommen. Der letzte Zündfunke war Megara, ein Nachbar Korinths und Bündnispartner der Spartaner. Die Athener erließen ein Dekret mit wirtschaftlicher Stoßrichtung, das den Megarern den Zutritt zum Marktplatz von Athen und die Zufahrt zu den Häfen seiner vielen Verbündeten verbot. Ziel dieser Maßnahme dürfte gewesen sein, die herrschende Oligarchie Megaras indirekt zu destabilisieren, ohne zum Mittel der offenen Kriegserklärung greifen zu müssen. Gelang es, Megara zu einer Demokratie zu machen, bestand die Möglichkeit, es als Bündnispartner zu gewinnen. Die jüngsten Kriege zwischen 460 und 446 hatten den Athenern gezeigt, dass die Megarer als Verbündete von immenser strategischer Bedeutung sein konnten, denn sie waren in der

14 DER PELOPONNESISCHE KRIEG

Lage, durch Abriegelung ihrer Gebirgspässe spartanischen Invasoren den Weg zu verlegen und die natürliche Einfallsroute für eine Invasion Attikas zu blockieren.

Mehr als 500 Jahre später stieß Kaiser Hadrian noch immer auf Erinnerungen an diese berühmt gewordene Fehde. Bei seinem Besuch Megaras stellte er fest, dass die Megarer sich noch jüngst geweigert hatten, Athener und ihre Familien, den Erbfeind, in ihre Häuser zu lassen. Hinter diesen territorialen Konflikten verbarg sich etwas anderes, Fundamentales – der prinzipielle Unterschied in Lebensart, Kultur und Mentalität zwischen dem Athen des Perikles und Sparta, mit dem Megara in jener Zeit verbündet war. Man hätte Hadrian daran erinnern müssen, dass das klassische Sparta in den 430er Jahren den griechischen Nachbarn Messenien weiterhin unterjocht und besetzt hatte und den harten Lebensstil aufrechterhielt, den seine Gesetzgeber seit dem 7. Jahrhundert v. Chr. diktierten. Spartas Könige und Älteste waren bemüht, um ihre verletzlichen Territorien herum einen Kordon von loyalen Oligarchien zu legen, in denen ein relativ kleiner Kreis von Bürgern den Rest der Bevölkerung mit harter Hand regierte und ihnen politische Rechte verwehrte. Athen dagegen war die große Demokratie, der Sitz einer Kultur, die in den Worten des Thukydides als »Erzieherin Griechenlands« gelten konnte. Die Philosophie, das Theater und die Kunst der Griechen, die Vielfalt ihrer Lebensart, all das, was wir noch heute bewundern, war attischen Ursprungs oder hatte in Athen eine Heimat gefunden. Die Spartaner misstrauten diesem Geist; sie befürchteten, er könnte die schützende Barriere seiner Allianzen, die ihre eigene Lebensform sicherte, infiltrieren und niederreißen. Hätten die wenigen Oligarchen, die Spartas Bündnispartner in der nördlichen Peloponnes, vor allem aber Korinth, beherrschten, nur gewagt, den Spartanern den Rücken zu kehren und sich den Verbündeten Athens, Seefahrer wie sie, anzuschließen! Vierzig Jahre später waren dann tatsächlich mutige Demokraten unter Spartas Verbündeten am Isthmos und sogar in Korinth aktiv. Zusammen mit den Athenern hätten sie sich unaufhaltsam bis nach Sizilien, Süditalien und darüber hinaus ausbreiten können. Mit den sizilischen Griechen als Alliierten hätten sie dann das ferne Ziel attischer Wünsche, Karthago, angreifen können. Karthago wäre vermutlich an seiner Abhängigkeit von Söldnertruppen gescheitert; die griechische Gemeinde in Karthago hätte Athens Verbündete unterstützt, und Karthago, die reichste, die mächtigste Alternative zum griechischen *way of life* im Mittelmeer, hätte sich ergeben. Von Nordafrika bis hinauf zum Schwarzen Meer hätten attische Werte, Demokratie und Wohlstand geblüht. Renommierte Athener hätten im Ausland eine neue Wirkungsstätte für ihre Talente gefunden. Der extravagante Aristokrat Alkibiades, zweifelhafter Held des Athener Publikums, hätte als Statthalter eines attischen Karthago inmitten des Goldes, der Mädchen und der berühmten Teppiche der Stadt eine gute Figur gemacht.

Die Kriegsjahre dagegen führten in eine dumpfe Patt-Situation. 431 v. Chr. hatte man in Griechenland mit einer schnellen Kapitulation Athens gerechnet, doch die Athener zogen sich auf Perikles' Rat hinter die Langen Mauern ihrer Stadt zurück, die für die dürftigen Belagerungskünste der Spartaner praktisch uneinnehmbar waren. Perikles hatte von einem »Sich-Durchschlagen« gesprochen, doch ein Mann seiner Intelligenz hatte mit Sicherheit mehr im Sinn als einen Überlebensplan. Die Flotte der Athener umfasste etwa 300 Kriegsschiffe und war nach wie vor hervorragend bemannt und trainiert, selbst wenn hie und da ein paar unfreie Bedienstete mitruderten. Sie begann die Meere zu dominieren, beim Import von Nahrungsmitteln in die Stadt Hilfe zu leisten und unter den Verbündeten Athens für Sicherheit zu sorgen. Spartas Kapazität als Seemacht war dagegen minimal, und für den Bau und Unterhalt erstklassiger Schiffe fehlte den Spartanern das Geld. Sie hatten ihre Heloten, doch keine freien Unterschichtsbürger, die sie als Ruderer einsetzen konnten. Ihre überlegene Stärke war die Landmacht, der traditionelle Hoplitenkampf, den die Phalanx ihrer hervorragenden Infanteristen führte – sie marschierten im Takt der Musik, sangen wie einst die blutrünstigen Verse des Dichters Tyrtaios, und ihre roten Mäntel flatterten wie einst im Wind.

Zu Perikles' Strategie gehörte die Überlegung, den beschränkten Kräften der Spartaner zunächst keinen Widerstand entgegenzusetzen, während die Athener weiterhin Druck auf die Schlüsselstaaten Korinth und Megara ausübten. Wenn einer oder beide auf die Seite Athens überliefen, vielleicht als Demokratie, war den Spartanern der Weg nach Attika versperrt. Inzwischen hielt sich Spartas Erfolg bei der Abwerbung von Bündnispartnern Athens in Grenzen, nicht zuletzt weil das System der Spartaner und die Härte der meisten ihrer Befehlshaber keine verlockende Alternative waren. Ihre größte Wirkung erzielten die Spartaner mit ihrer jährlichen Invasion Attikas, bei der sie die Bäume der Region fällten und und den Boden durch Feuer verwüsteten. Im offenen Kampf waren sie nicht zu schlagen, den jedoch verwehrten ihnen die Athener, die mit ihrer jüngst verstärkten Kavallerie lediglich die Plünderer bedrängten, die auf Beute und Nahrungsmittel aus waren. Die Alliierten Spartas konnten sich nicht lange in Attika aufhalten. Sie verfügten daheim in ihren Gemeinden nicht über die Arbeitskraft von Heloten und mussten zurückmarschieren, um mit eigener Hand die Ernte einzubringen.

Perikles hatte den Krieg nicht provoziert, doch weil er strategisch plante, sich die Spartaner vom Hals zu schaffen, hatte er die Athener gedrängt, die diplomatischen Verhandlungen vor Beginn der Kämpfe ins Leere laufen zu lassen. Sein Kalkül war fehlerlos, wurde jedoch durch puren Zufall durchkreuzt. In Athen brach eine Seuche aus, vermutlich Typhus, und Perikles war eines der zahlreichen Opfer. Im Bemühen, sich auszuzeichnen, sprachen sich seine Nachfolger für eine zunehmend offensive Strategie aus, die eine Erstexpedition nach Sizilien, der Kornkammer Korinths und Verbündeter Spartas, einschloss, was kaum in Perikles' Sinn gewesen wäre. Das Grundmodell der perikleischen Planung jedoch blieb trotz aller Fehlschläge Athens intakt. Die Spartaner konnten nicht gewinnen, so dass sie 421 v. Chr. einem Waffenstillstand zustimmten, der ihnen nichts Handfestes einbrachte und ihren Ruf bei den Verbündeten ruinierte. Die Kriegsereignisse erlauben einen faszinierenden Einblick in die Schwächen der spartanischen Kultur und Gesellschaft. Die Zahl spartanischer Soldaten nahm bereits ab, und schon mussten die Periöken, die »Umwohner«, die Reihen der Fußtruppen füllen, die früher den Spartiaten vorbehalten waren. Dem spartanischen Staat fehlten die finanziellen Mittel, noch immer war die Münzprägung verpönt, und die Befehlshaber der Flotte waren inkompetent. 425 wurde eine genuin spartanische Reiterei lanciert, die ohne Erfolg blieb. Einmal außerhalb Spartas, erwiesen sich seine Statthalter als abscheuerregende Figuren, die gelernt hatten, eisern zu sein, nicht taktvoll, und zu homoerotischen Affären mit ihren Untertanen und exzessivem Gebrauch des Schlagstocks neigten. Keine griechische Armee marschierte ohne das intensive Bewusstsein, die Götter als Zuschauer und Ratgeber zur Seite zu haben, bei den Spartanern jedoch war dieses Bewusstsein besonders stark ausgeprägt. Wie jede griechische Armee hatten sie Acht auf den Zorn der »Götter und lokalen Heroen«, doch sie fürchteten diese auch ganz offenkundig. Ihr Gefühl für den Ärger dieser Götter und die Strafe für jeden Spartaner, der sich gegen sie auflehnte, war besonders geschärft. Es war nicht einfach so, als trottete hinter jeder spartanischen Armee eine gemischte Herde von Opfertieren, jederzeit gebrauchsbereit, wenn es galt, den Willen der Götter zu testen. Bevor man die Grenzen Spartas überschritt, wurden ganz bestimmte, für Sparta typische »Überschreitungsopfer« dargebracht, und man zog sich sogar zurück, wenn die Vorzeichen ungünstig ausfielen. Wie andere Feldherren durften auch die spartanischen Könige und Generäle ihre Götter, Vorzeichen und jährlichen Kalender kultischer Feste als flexible Faktoren behandeln, deren Regeln man frei auslegen oder umgehen konnte. Aber sie wurden sich solcher Manipulationen deutlich bewusst, wenn sich ihre Beschlüsse im Licht der aktuellen

Ereignisse als falsch erwiesen. Mehr noch als bei ihren athenischen Gegnern war das Handeln der Spartaner von der Furcht vor den Göttern diktiert.

Im Jahr 415 v. Chr., sechs Jahre nach einem ersten Friedensschluss, gaben die Athener der Bitte einer Gruppe von sizilischen Griechen und anderen Bündnispartnern auf der Insel nach und entsandten in der Hoffnung auf Dominanz im Westen eine riesige Armada. Das Unternehmen stand kurz vor einem Erfolg, wurde aber vor allem durch das strategische Geschick und die Kavallerie des sizilischen Hauptfeinds Syrakus vereitelt. Die Athener hatten versäumt, Pferde und genügend Reiter an Bord zu nehmen, um gegen einen so reich mit Pferden gesegneten Gegner gerüstet zu sein. Ein Jahr später endete die Expedition für die Athener und ihre Kriegsflotte mit einem Desaster ohnegleichen. Die Spartaner aber machten sich dieses unerwartete Geschenk nur mit großer Verzögerung zunutze. Im September 411 bot sich ihnen die beste Siegeschance – eine Flotte der Athener war unweit des nahe gelegenen Euböa geschlagen worden, und in der Stadt hatte ein antidemokratischer Coup die Athener tief gespalten. Doch die Spartaner zogen sich zurück, ohne ihren Vorteil zu nutzen. Im darauffolgenden Jahr machten sie ein Friedensangebot, das sie, wie es heißt, fünf Jahre später wiederholten.

Kennzeichnend für die letzten Kriegsjahre, 411–404, waren in Sparta die gleichbleibende Inkompetenz der Flotte und die Karrieren zweier Persönlichkeiten, die zu den härtesten Schlägertypen der griechischen Geschichte gehören: der mürrische Klearch und der skrupellose Lysander. Bei den Athenern waren es trotz des Fiaskos auf Sizilien und des brutalen Coups von 411 erstaunlicherweise Jahre äußerster kultureller Dynamik. In die spannungsvollen ersten Monate dieses Jahres 411 fiel die Aufführung von zwei Meisterwerken des Aristophanes: *Lysistrata* und *Die Frauen bei den Thesmophorien*, die beide ihr haarsträubend komisches Spiel mit Geschlechterrollen treiben – Letztere auch mit dem Tragödiendichter Euripides. Unter dem Eindruck der »neuen Musik« nach Athener Geschmack erreichte Euripides mit seinem tragischen Chor Momente beispielloser dramatischer Intensität, und auch er brachte eines seiner Meisterwerke auf die Bühne, eine sehr schonungslose Bearbeitung des Mythos von Orest. Danach zog er sich nach Makedonien zurück und verfasste sein bedeutendstes Werk, *Die Bakchen*, ein dramatisches Geschehen um Widerstand und Unterwerfung im Bannkreis des Gottes Dionysos. Auch die Bildhauer der Stadt lieferten ein Meisterstück ihrer Kunst, die Siegerfiguren und die Prozession mit den Opfertieren auf dem Fries des kurz zuvor vollendeten Tempels der Stadtgöttin Athene. Vor allem aber ist der inzwischen hochbetagte Sophokles zu nennen, der ob seiner unfreiwilligen Rolle im Staatsstreich von 411 viel gescholten wurde und nun, schon in den Achtzigern, seine beiden überragenden Stücke in Szene setzte, den *Philoktet*, das Drama des Verrats, und *Ödipus in Kolonos*, eine Tragödie, die Ehrfurcht und Schrecken des »Heroischen« wohl am besten zum Ausdruck bringt. Die Bürgerschaft blieb gespalten zwischen Sympathisanten der Oligarchie und entschiedenen Demokraten, aber die Spannungen taten der Könnerschaft ihrer großen Künstler keinen Abbruch.

Dass die Spartaner 404 v. Chr. schließlich den Sieg errangen, war zu weiten Teilen der persischen Finanzierung ihrer Flotte und dem rücksichtslos aggressiven Vorgehen ihres neuen Heerführers Lysander zu danken. Dazu beigetragen hatte auch das exzentrische Verhalten der Athener, die den Großteil ihrer besten Generäle in politisch motivierten Gerichtsverfahren verbannt und hingerichtet hatten. Im Jahr 404 verlor die zweite Garnitur der Befehlshaber eine Seeschlacht im Hellespont, und damit war der Seeweg für die Getreidezufuhr der Stadt ungeschützt. Die Athener mussten ihre Flotte ausliefern, die Langen Mauern niederreißen und eine kleine Gruppe von Oligarchen anerkennen, die den Rückhalt Spartas genossen. Die Nachbarn Theben und Korinth hätten, so heißt es, auf der völligen Zerstörung der Stadt bestanden.

In diesem mit Unterbrechungen 20 Jahre währenden Krieg hatten höchstens fünf größere Gefechte stattgefunden. Doch in der gesamten griechischen Welt war es zu über 100 Scharmützeln gekommen. In fast jeder Region blickte man auf den Schrecken von Tagen und Nächten zurück, in denen die Freiheit auf dem Spiel stand und Truppen einheimischer Männer um des sicheren Überlebens willen jeglicher Gefahr trotzten. In ganz Griechenland hatten schwitzende Ruderer, Reiter, noch immer ohne Steigbügel, und sogar Taucher ein Durchhaltevermögen bewiesen, das bis an die Grenzen des Menschenmöglichen ging. Was blieb, war eine Reihe lokaler Siegesmonumente oder Trophäen, Gedenken an die kleineren Erfolge der ersten Kriegsjahre, aber auf lange Sicht hätte dieses Patt in Raten in unserem Bild des griechischen Altertums niemals einen so bedeutenden Platz behauptet. Ohne die eine Quelle von Rang hätten wir die Ereignisse vielleicht mühsam rekonstruieren müssen, angewiesen auf versteckte Hinweise im attischen Lustspiel und auf Inschriften, deren Datierung von ungesicherten Annahmen über den Stil abhängen kann, in dem sie in Stein gemeißelt sind. Seine bleibende menschliche Bedeutung verdankt es seinem Chronisten, dem adligen Athener Thukydides, dessen unvollendetes Werk noch das Jahr 411 erreicht.

Thukydides, geboren um 460/55, aus adligem Haus, stand in verwandtschaftlicher Beziehung zu Kimon, der politischen Antithese zu Perikles. Zu seinem Helden wurde dennoch Perikles, die dominante Stimme Athens in der Zeit, als der junge Thukydides an seinen ersten Versammlungen teilnahm. Ende der 440er Jahre hatte Perikles' überragende Autorität die möglichen Exzesse der Demokratie, die er ansprach, offenbar eingedämmt. In den Augen des jungen Mannes war es deshalb auch ein »Goldenes Zeitalter«. Thukydides war von Geburt, Neigung und Intellekt her kein Demokrat. Über Perikles' radikal-demokratische Nachfolger äußerte er sich mit Verachtung: »höchst aggressive« Männer, die ihre Untaten durch Verlängerung des Krieges kaschierten, oder auch einfach »Bösewichte«. Seine eigenen politischen Präferenzen galten einer begrenzten Oligarchie, die mehr als die Hälfte der Athener Wähler ausschloss, »die beste Verfassung, die die Athener hatten, zumindest in meiner Zeit«.[1] Die Unwissenheit, die Inkompetenz und die Streitereien des »Volkes«, so sein Argument, waren der eigentliche Grund für das Scheitern des sizilischen Feldzugs. Andere hätten vielleicht, und mit größerem Recht, das zaghafte Hin und Her des obersten Strategen Nikias verantwortlich gemacht. Doch für Thukydides war Nikias »einer von uns«, ein Reicher, wenn auch nicht von Adel, und blieb der Nachwelt als Mensch in Erinnerung, »der nie im Leben als radikaler Demokrat gehandelt hat«.[2] Von Thukydides erhält Nikias einen letzten Tribut voll glühender Bewunderung, der das gängige Muster widerlegt, demzufolge Historiker nur solche Männer rühmen, die Bleibendes geleistet haben, nicht aber Gescheiterte mit guten Absichten.

Thukydides pries »Genauigkeit« oder »Exaktheit«, wie das damals neue griechische Modewort lautete. Mit Bewunderung stellt man fest, dass er sich beim Sammeln von Informationen der Gefahr täuschender Erinnerungen genau bewusst war und auf der Notwendigkeit »mühsamer Nachforschung« bestand.[3] Auch über die Probleme bei der Erstellung einer Chronologie hat er sich eingehend Gedanken gemacht. Vor allem aber enthebt er die Götter ihrer Funktion als Erklärung für den Lauf der Ereignisse. Als Zwanzig- bis Dreißigjähriger hätte er gut noch einen Vortrag des älteren Forscherkollegen Herodot hören oder ihn sogar während seines Athenbesuchs treffen können. Sein Vorgänger wäre ihm naiv, unkritisch und ohne Zweifel abergläubisch vorgekommen. Nichts deutet darauf hin, dass er seine Arbeit an Herodots *Historien* orientiert haben könnte. Sie waren für ihn kein Muster der Konstruktion, sondern der Konfusion. Bemerkenswert selbstbewusst betrachtet Thukydides die eigene, sehr andersartige Methode als Möglichkeit, mit seinen Schriften einen »Besitz für alle Zeiten« zu schaffen.

Träume und Vorzeichen, die schlichte Weisheit kluger Ratgeber, der Glaube, dass den, der zu hoch greift, die gerechte Rache und göttliche Vergeltung erwarten – dieser Grundstock des Denkens bei Herodot ist für Thukydides ebenso bedeutungslos wie Erklärungen in den Begriffen von Fluch und göttlicher Ursache und der archaische Glaube, dass Menschen vielleicht für die Untaten ihrer Vorfahren büßen müssen. Wo Herodot göttliche Gerechtigkeit am Werk sah, hält Thukydides diese keiner Erwähnung für wert und beschränkt sich auf eine politische Erklärung.[4] Sein bevorzugtes Verfahren war ein neuer, scharfsichtiger Realismus. Ihn faszinierten die Kluft zwischen Erwartung und Ergebnis, Absicht und faktischem Geschehen und ebenso die bitteren Beziehungen zwischen Gerechtigkeit und Eigeninteresse, die Fakten der Macht und die Werte des Anstands. Er war sich über den Unterschied zwischen Wahrheit und rhetorischem Plädoyer sehr wohl im Klaren und wusste, dass die Menschen ihre erklärten Grundsätze nicht unbedingt auch praktizierten. Die Spartaner hatten der griechischen Welt anfangs »Befreiung« versprochen und den Wert der Freiheit sodann verraten. Thukydides war kein Zyniker, der anderen stets selbstsüchtige und unwürdige Motive unterstellte. Aber er war ein Realist, der die harte Lektion gelernt hatte, dass im Verhältnis zwischen den Staaten die Macht herrscht, wo sie kann, eine Tatsache, die andere als bekennende Anhänger der Gerechtigkeit zu ihrem eigenen Schaden verschleiern oder ignorieren. Es war ihm bewusst, dass das Ziel einer »ethischen Außenpolitik« müßig und bedeutungslos war.

Der Peloponnesische Krieg ist deshalb auch eine höchst scharfsinnige Darstellung von Freiheit und Gerechtigkeit und beider Grenzen im Spannungsfeld des praktischen Lebens. Weniger wichtig war ihm das Thema Luxus. Er ließ gelten, dass man ein gewandtes und erfolgreiches Auftreten in der Öffentlichkeit mit privaten Ausschweifungen und einem exzessiven Lebensstil verbinden konnte. Ein Beispiel für diese Möglichkeit war ihm sein schillernder Freund Alkibiades in Athen zwischen 411 und 407, der einzigen wirklich ersprießlichen Phase in dessen langer öffentlicher Laufbahn. Es war Thukydides' erklärtes Ziel, seine Leser zu belehren, doch nicht nur darin, wie man militärische Aufgaben oder kritische Situationen auf dem Schlachtfeld bewältigt. Thukydides bewunderte praktische Klugheit, die geschickten Improvisationen eines politischen Genies vom Schlag des Themistokles oder den Weitblick und die – bestreitbare – Standfestigkeit eines Perikles. Diese Eigenschaften und die Männer, denen sie zukamen, sollten als Vorbild dienen. Des Weiteren aber wollte er durch die Reden und Taten der Politiker die Amoral im Umgang mit anderen Staaten bloßlegen, die verbalen Verdrehungen diplomatischer Redner und Fraktionsführer und die schreckenerregende Gewalt, die politischer Aufruhr entfesselt, »solange die menschliche Natur so ist, wie sie ist«. Sein Befund hat an Aktualität nichts eingebüßt.

Er starb vermutlich Anfang der 390er Jahre, bevor er sein Geschichtswerk beenden konnte. Es bricht 411 v. Chr. ab, nicht mit der Niederlage von 404, wie anvisiert. Der Aufbau auch der acht uns vorliegenden Bücher erinnert daran, dass das Ganze nicht in einem Stück niedergeschrieben wurde und also mit gelegentlichen Korrekturen seiner Sichtweise zu rechnen ist. Trotzdem macht auch das, was uns unvollendet erhalten geblieben ist, sichtbar, dass seine Darstellung der rauhen Wirklichkeit parteipolitischer Zwietracht und zwischenstaatlicher Beziehungen nicht ebenfalls rauh oder unmenschlich ist. Brillant ist seine Schilderung der todbringenden Seuche, die Athen seit 430 heimsuchte, ein Meisterstück akribischer Beobachtung. Vor allem aber fehlt jeder Hinweis auf eine göttliche Urheberschaft, die später sogar seine eifrigsten griechischen Bewunderer in ihren eigenen Geschichtsdarstellungen noch als Erklärung für ähnliche Epidemien beizogen. Gleichzeitig beschreibt er die psychische Verfassung und das menschliche Leid der Opfer mit dem Verständnis des gleichfalls Betroffenen. Mit nobler Zurückhaltung sagt Thukydides nur, dass die Seuche auch ihn nicht verschont habe. Seine menschliche Analyse geht unendlich viel tiefer als die täglichen Fallnotizen über äußere Krankheitssymptome, die von den Wissenschaftlern unter den Verfassern medizinischer Schriften zusammengestellt wurden. Auch seine Analyse der Parteienkämpfe lässt ein von Herzen kommendes Mitgefühl für die Not derer spüren, die zwischen die Fronten der Extremisten geraten sind. Mit offenkundigem Bedauern spricht er vom Verlust der Werte schlichten Anstands. Durch seine Reden ebenso wie durch den Blickwinkel seines Berichts bringt Thukydides die Gefühle und Leiden der Betroffenen in ihrer ganzen Intensität zum Ausdruck und regt den Leser dazu an, sich in die damalige menschliche Existenz hineinzuversetzen. Wir müssen die Welt begreifen, wie sie ist, sagt er uns, bedeutet uns aber gleichzeitig, dass sie betrüblich und bedauerlich ist. Über den emotional verstörenden Kontext ist sich der Meister des Realismus durchaus im Klaren.

Die Alten selbst schätzten in Thukydides den Höhepunkt der Geschichtsschreibung, so herb und schwierig sein Stil auch erschien. Etwa 30 Jahre jünger als Herodot, gehörte er einer Generation an, die keine technische Neuerung und keine plötzlichen Veränderungen ihrer Landkarte und ihrer materiellen Existenzbedingungen erlebt hatte. Doch die Art, wie er seine Zeitgenossen darstellte, gehörte einem völlig anderen geistigen Universum an. Gleich Herodot und so vielen anderen griechischen Historikern schrieb er fern seiner Heimatstadt im Exil, doch erst nachdem er den Debatten in Griechenlands mächtigstem Stadtstaat gelauscht, sich daran beteiligt und daraus gelernt hatte und selbst für kurze Zeit als einer ihrer Strategen im Amt gewesen war. Das Athener Machtzentrum hatte ihn geformt und gestählt, ein Umfeld, in dem erstmals politische Theorie gelehrt wurde, in dem die psychologische Begriffsbildung zum Gesprächsstoff seines Standes gehörte und die Macht und deren Gebrauch leidenschaftliches Interesse weckten. Athen war sein New York, während Thurioi Herodots Buenos Aires war. Er habe sich in seinem Werk, so behauptet Thukydides, bei der Wiedergabe der Reden von ausgewählten Zeitgenossen »so eng wie möglich an den Kern des tatsächlich Gesagten« gehalten. Der Historiker wird hier häufig falsch übersetzt – er verneint wörtliche Genauigkeit und nimmt dennoch für sich in Anspruch, so nahe an der Realität geblieben zu sein wie eben möglich. Und damit ist auch gesagt, dass er dieser Realität oft tatsächlich sehr nahe kommt. Zeitweise mag der Stil dieser Reden Thukydides' eigener sein, aber das Spektrum seiner Redner erlaubt uns, die Stimmen eines neuen, sprachlichen Realismus zu hören, den Stil der Generation, die seinen eigenen, singulären Kontext bildete. Sie und die ihnen zugrundeliegende Einsicht machen den Peloponnesischen Krieg zum lehrreichsten Konflikt der Menschheitsgeschichte.

15
SOKRATES

Als wir nun hineintraten, fanden wir den Sokrates eben entfesselt, und Xanthippe – du kennst sie doch – sein Söhnchen auf dem Arm haltend, saß neben ihm. Als uns Xanthippe nun sah, wehklagte sie und redete allerlei dergleichen, wie die Frauen es pflegen, nämlich: »*O Sokrates, nun reden diese deine Freunde zum letzten Male mit dir, und du mit ihnen.*« *Da wendete sich Sokrates zum Kriton und sprach:* »*O Kriton, lass doch jemand diese nach Hause führen.*«
Platon, PHAIDON 60a (Übers. F. Schleiermacher)

Jedoch, es ist nun Zeit, dass wir gehen, ich, um zu sterben, und ihr, um zu leben. Wer aber von uns beiden zu dem besseren Geschäft hingehe, das ist allen verborgen außer nur Gott.
Platons Sokrates zu seinen Richtern, APOLOGIE 42a (Übers. F. Schleiermacher)

Als Huldigung an das klassische Athen gab es in Hadrians Villa auch ein *Lyceum*, eine Nachbildung der Kultstätte, in der Sokrates, der berühmteste aller Athener, gelehrt und Gespräche geführt hatte. Er war weder reich noch gut aussehend. Er schrieb kein Buch und erhielt nie einen Preis. Das Orakel von Delphi bezeichnete ihn als den weisesten Mann Griechenlands – weise deshalb, so hieß es, weil er um seine Unwissenheit wusste. Gelehrt hat er offenbar nach einer Methode von Frage und Antwort, durch die er die widersprüchlichen Überzeugungen seiner Gesprächspartner aufdecken konnte. Auf seine Kosten gingen zwei Athener Lustspiele, des weiteren inspirierte er mindestens ein Korpus von Texten über seine mutmaßlichen »Gespräche«, postume Behauptungen, die ihn der Bigamie beschuldigten, sowie eine Reihe von Erinnerungen des nüchternen, doch gewitzten Atheners Xenophon, die bezeugen, dass er vorbehaltlos die Götter geehrt und Sex mit Knaben missbilligt habe. Vor allem aber inspirierte er die Schriften seines Schülers Platon. Durch sie gestaltete er die Zukunft der westlichen Philosophie. Doch im Frühling des Jahres 399 wurde er von einem groß besetzten Athener Geschworenengericht zum Tode verurteilt. Sokrates, so behauptete die Anklage, »achtet nicht die

Götter, welche die Stadt achtet«; er führt neue »Gottheiten« ein; er »korrumpiert die Jugend«.[1] Nach einem Monat Gefängnishaft wurde er durch einen Becher mit Schierling zu Tode gebracht. Die Verurteilung eines rundlichen, kauzigen »Fragestellers« von knapp 70 Jahren, der in Athen seit rund vier Jahrzehnten gelehrt hatte, erinnert uns daran, dass die radikalste Demokratie der Welt nicht in jedem Fall liberal, tolerant oder persönlicher Freiheit verpflichtet war.

Sokrates wurde um 470 v. Chr. in einer einfachen Athener Familie geboren, als Sohn eines Steinmetzen und einer Mutter, die, wie es heißt, eine stämmige Hebamme war. Mit seiner Stupsnase, dem Schmerbauch, dicken Lippen und Glupschaugen, die sich beim Sprechen rollend bewegten, war Sokrates von auffallender Hässlichkeit. Er ging wunderbar verlottert durch die Welt, trug einen zerlumpten Mantel und zuweilen nicht einmal Schuhe. Ihm war anderes wichtiger. Man sagt von ihm, er habe, in geistige Konzentration versunken, die Umwelt um sich vergessen. Verheiratet war er dennoch, mit der laut Xenophon höllisch schwierigen Xanthippe. »Ich möchte mit der Menschheit Gemeinschaft halten, darum habe ich sie genommen«, lässt er Sokrates sagen, »denn wenn ich sie aushalte, komme ich leicht mit dem Rest der Menschheit zurecht.«[2] Er hatte drei Söhne, von denen es keiner zu besonderen Leistungen brachte. Als Infanterist stellte er auch seine Zähigkeit und seinen Mut unter Beweis. Er machte mindestens drei Athener Kampagnen in Übersee mit und rettete in einer von ihnen dem umstrittenen Goldjungen der Stadt, dem jungen Adligen Alkibiades, das Leben. In späteren Jahren saß er in einem kritischen Augenblick im Rat und stellte sich gegen den wildwütigen Vorschlag, die athenischen Generäle in einem En-bloc-Verfahren zu verurteilen. Für den Dienst im Rat musste er durch das Los bestimmt werden, das heißt, er war bereit, seinen Teil zu einer Demokratie beizutragen, obwohl er in Gesprächen die Willkür dieser Auslosung als törichtes Mittel der Staatsführung bezeichnete. Zwei Jahre später widersetzte er sich nach einem brutalen politischen Coup in der Stadt couragiert einer weiteren empörenden Anordnung – dem Antrag, einen ausländischen Bewohner Athens festzunehmen und dem Tod zuzuführen. Der durch und durch loyale Staatsbürger Sokrates machte seinerseits keinen Versuch zu fliehen, als ihn selbst unter der erneuerten Demokratie im Gefängnis der Tod erwartete.

Der Nachwelt hat er unter anderem ein »sokratisches Problem« hinterlassen. Was an Zeugnissen über ihn vorliegt, ist doppelt tendenziös – sie sind entweder feindselig und satirisch oder, aus der Hand seiner Schüler Platon und Xenophon, schonungsvoll und idealisierend. Wenn Sokrates in bescheidenen Verhältnissen aufwuchs und kein Honorar verlangte, wovon lebte er dann, während er Tag für Tag jedem, der kam, vor allem aber jungen Aristokraten, seine Fragen stellte? Wir wissen es nicht, doch wie andere verlotterte Akademiker liebte er es, in Gesellschaft zu tafeln, und Wein, wird ihm nachgesagt, habe er auch in größeren Mengen ausgezeichnet vertragen. Er liebte auch gut aussehende junge Männer aus gutem Hause; bezahlten sie für ihn, oder verfügte er über eine andere Einkommensquelle, die seine Bewunderer uns verschwiegen haben? Zu seinen Anhängern gehörten zwei Schüler, die vom Luxus eine extrem divergierende Auffassung hatten. Der eine lehnte ihn ab und sah in Sokrates den unbeschuhten »Asketen«; dem anderen dagegen galt – wie auch Sokrates, der einen reich gedeckten Tisch zu genießen wusste – das »Vergnügen« als höchstes Gut. Jahrhunderte später hat der Christ Augustinus die in dieser Hinsicht kontradiktorische Ausstrahlung des Philosophen vermerkt. Offensichtlich hat Sokrates einen angenehmen Abend im prunkvollen Ambiente der Athener Oberschicht geschätzt, ohne dergleichen zum Ziel seiner Wünsche oder zum Maß seines eigenen Wertes zu machen.

In den Fragen, die Sokrates sich und anderen stellte, ging es insbesondere um Ethik und Werte. Gerechtigkeit und ihr Nutzen gehörten zweifellos zu diesen Themen, und Sokrates suchte die zur Diskussion stehenden Begriffe immer klar zu definieren, um kontroverse Fälle einer Lösung näher zu bringen. Er machte sich nicht zum Anwalt religiös verbürgter »Werte«, sondern ging von Prämissen aus. Zu Unrecht wurde ihm später das Wort in den Mund gelegt, er wisse nichts, außer dass er gar nichts wisse. Gesagt hat er vielmehr, dass es ihm an Weisheit fehle. Anders als ein fachkundiger Zimmermann oder Schuhmacher verfügte er nicht über ein gesammeltes Wissen, das er systematisch vermitteln und in der Praxis erproben konnte. Er wusste einiges, doch ihm fehlte ein System. Dieses Fragen war so wichtig, weil andere Stimmen in Athen behaupteten, sie hätten zu vielen aufregenden neuen Themen ein solches Wissen erreicht.

Der Nachwelt, namentlich Platon, blieb ein Sokrates in Erinnerung, der sich durch Ironie oder gespielte Bescheidenheit auszeichnete. Erwähnenswert ist, dass er diese Eigenschaften mit anderen in einem größeren Kreis von Intellektuellen teilte. Seit den 440er Jahren war Athen zum Anziehungspunkt für reisende Denker und ausländische Lehrer geworden, die den Horizont der städtischen Jugend veränderten. Ab 420 kann man eindeutig von einer Kluft zwischen den Generationen, zwischen Vätern und Söhnen, sprechen. Die Kluft war nicht absolut, denn auch ein paar Ältere ließen sich auf das neue

Denken ein, aber sie stand für einen echten, spürbaren Wandel der Art, wie die Athener urteilten und argumentierten. Einige unter diesen Denkern lehrten die Kunst des Redens; andere hatten radikale Vorstellungen von den Göttern und erklärten sogar, diese seien aus gesellschaftlichen Gründen vom Menschen selbst geschaffen worden. Auch Astronomie, Geometrie und die Naturwissenschaften wurden weiterhin gelehrt, die zuerst in Ionien aufgekommen waren; Hippias, über den Platon sich mokierte, arbeitete sogar an einer Chronologie der Geschichte. Man versuchte auch, »Natürliches« vom »Gewohnheitsmäßigen« zu trennen, und warf damit eine fundamentale Frage der menschlichen Ethik und Gesellschaft auf: So machte Protagoras geltend (wie Platon berichtet), gewisse Konventionen könnten im Grunde natürlich sein, denn der Mensch sei von Natur aus sozial. Für die Zuhörer im Bannkreis dieser Männer waren die Vorträge ein aufwühlendes Erlebnis. In Platons Dialog *Protagoras* ist etwas von der Erregung beim Auftritt dieser formidablen Besucher festgehalten. Die Hörer waren in das exklusive Heim des reichen Aristokraten Kallias geströmt und hatten in irgendeiner Ecke übernachtet, um die Vorträge zu hören.

Philosophen sind immer für einen Lacher gut, und 423 v. Chr. nahmen sich gleich zwei Athener Lustspieldichter den Denker Sokrates vor. Die bekanntere der beiden Komödien, Aristophanes' *Wolken,* stellte ihn als einen Sophisten dar, der neue Götter mit Namen wie »Chaos« oder »Wirbel« predige und leugne, dass Blitz und Donner dem strafenden Zeus als Werkzeug dienen. Er führe einen »Denkladen« und bringe seinen Schülern gegen Bezahlung bei, wie man ungerechten Argumenten auf Kosten gerechter Geltung verschafft. Seine wissenschaftlichen Alleingänge besagten, dass die üblichen Götter für ihn nicht länger »in Geltung« seien. Seine Schüler lernten amoralisches Verhalten. Sie betrögen, seien ungerecht und verprügelten ihre alten Väter. Konsequenterweise fordert ein Vater, der »Denkladen« sei niederzubrennen. »Warum habt ihr die Götter beleidigt«, fragt er, »und die Rückseite des Mondes untersucht? Macht Jagd auf sie, schlagt sie, prügelt sie aus hundert Gründen, vor allem aber in Erinnerung daran, wie sie ›die Götter kränkten‹.«[3]

Aristophanes scheint mit Sokrates zu Tisch gesessen und mit ihm geplänkelt zu haben. Doch gesellschaftliche Beziehungen schließen persönlichen Spott und Abscheu nicht aus, besonders wenn einer der Gäste ein Intellektueller ist. Vielleicht waren die Zuhörer und Leser des Aristophanes zum Teil nicht weniger subtile Interpreten als einige seiner Kenner von heute und verstanden die maßlose Aggressivität des verstimmten Vaters in der Komödie als Witz unter anderen, aber die meisten dürften sie sehr ernst genommen haben.

Die Angriffe standen in einem größeren Zusammenhang. In den 430er Jahren war in Athen eine Verordnung erlassen worden, die Gottlosigkeit offenbar zur Straftat erklärte, zu einem Vergehen von Menschen, die »das Göttliche nicht achten« und (vielleicht) »Wissen über höhere Dinge vermitteln«.[4] Die Demokratie duldete keinen Atheismus, aber zu einem schwerwiegenden Fall für die Gerichte machten ihn erst eine Krisensituation oder politische Manöver. 415 v. Chr., unmittelbar vor der verhängnisvollen Expedition der Athener nach Sizilien, zertrümmerten organisierte Grüppchen junger Rabauken die erigierten Phalloi der Hermesfiguren in den Straßen Athens. Aus Furcht vor einem politischen Umsturz erhob das Volk Anklage gegen die Verdächtigen, und es kam zu weiteren Enthüllungen darüber, wer den Kult der Eleusinischen Mysterien, der den Athenern ein Herzensanliegen war, in Privathäusern entweiht hatte. Unter den Schuldigen waren junge Männer aus guter Familie, oft Mitte zwanzig oder dreißig, die vermutlich zum begeisterten Publikum der Intellektuellen gehörten. Spektakulär war die Beteiligung des begabten Alkibiades, Abkömmling aus adligem Haus, Lispler, gutaussehend und eine verwegene, vielbeneidete Erscheinung auf der politischen Bühne. Außerdem war er Sokrates' gefeierter Schüler und galt allgemein als einer seiner Liebhaber.

Im Frühjahr 399 wurde Sokrates wegen »Religionsfrevel« der Prozess gemacht, und die einzelnen Anklagepunkte reflektierten die satirischen Motive in der Komödie von Aristophanes. Es hieß, er verkünde »neue Götter«, was an sich kein Vergehen war, solange diese neuen Götter nicht die Verehrung der traditionellen Götter im städtischen Kult ausschlossen. Doch Sokrates' angeblichen Wissenschaftsgottheiten wurde ebendies zur Last gelegt; ferner war er dafür bekannt, eine lenkende »innere Gottheit«, seinen *daimon*, anzurufen, der ihn, so Platon, von manchem abhalte, ihm aber auch, so Xenophon, positive Anweisungen gebe. Das bedeutete Atheismus. Und außerdem »verdarb er die Jugend«.

»Verderben« würden wir heute mit sexueller Belästigung in Zusammenhang bringen. Und dieses Faible war mit dem Namen Sokrates ganz offenkundig verknüpft, auch wenn es bei Aristophanes unerwähnt bleibt. Platon und Xenophon sind allzu bemüht, es zu bestreiten. Xenophons Sokrates räumt ein, er sei »immer in jemanden verliebt«[5], missbilligt jedoch praktizierte Homosexualität. Einen Athener, der Anstalten machte, zur Tat zu schreiten, tadelt er mit der Bemerkung, er benehme sich wie ein Ferkel, das sich an einem Stein reibt. Platons Sokrates gesteht, er sei entflammt, wenn ihm der Mantel den Körper eines hübschen Knaben enthülle. Platon spricht ihn, doch allzu emphatisch, von einer intimen Beziehung mit Alkibiades frei. Alkibiades habe sie gewollt, berichtet Platon, Sokrates aber habe keusch in seinen Armen geschlafen. Im gesellschaftlichen Leben des Philosophen spielten Liebhaber gleichen Geschlechts und ihre Leidenschaften eine große Rolle, mit dem Gott der Liebe hingegen hat er wohl nur selten persönliche Erfahrungen gemacht.

Von größtem Belang für die Geschworenen des Jahres 399 v. Chr. war Sokrates' moralischer Einfluss auf seine berühmtesten Schüler. Kam seine Absage an die tradierten Götter nicht einem Ansporn zu schändlichster Unmoral gleich? Hier sprachen jüngste Ereignisse gegen ihn. Sein geliebter Alkibiades hatte auf Kosten Athens empörend gehandelt und sogar mit den Spartanern gemeinsame Sache gemacht. Sein Liebling Charmides war unter den infamen Zehn gewesen, die Athen gegen Kriegsende in den letzten Phasen eines von Sparta begünstigten Putsches terrorisiert hatten. Der liebliche Blondschopf Kritias, ein unsäglicher Schurke, war der führende Kopf hinter den »Dreißig Tyrannen« gewesen, die den Zusammenbruch eingeleitet und den Tod vieler unschuldiger Athener verschuldet hatten.

Im Frühjahr 399 war eine politische Anklageerhebung, die sich auf diese katastrophalen Ereignisse stützte, infolge einer Amnestie ausgeschlossen. Sokrates wurde anderer Vergehen beschuldigt, aber die Ankläger verwiesen darauf, in welch schlechter Gesellschaft er sich bewegte, schien dies doch der beste Beweis für seinen amoralischen und religionsfeindlichen Einfluss. Meletos, einer der Ankläger, hatte gerade einen der unpopulären Aristokraten, Andokides, der Gottlosigkeit beschuldigt. Von ihm stammt wahrscheinlich eine überlieferte Rede von bemerkenswerter Bigotterie, die in diesem Prozess von der Anklage vorgetragen wurde. Die juristischen Manöver entziehen sich unserer Kenntnis, Meletos aber war dann auch an der Anklage gegen Sokrates beteiligt. Sokrates hatte sich nie zum Fürsprecher der Tyrannis oder der politischen Philosophie einer Junta gemacht. Wenn er die Verwendung des Loses albern fand, so war er doch bereit, es zu tolerieren oder dieses sein Urteil mit seiner Absicht zu vereinbaren, sich weiterhin am demokratischen Prozess zu beteiligen. Die bekanntesten unter seinen Freunden waren schon korrumpiert, bevor er sie kennenlernte; verdorben wurden sie durch Geburt und Stand, und Sokrates war nur insofern schuldig, als er sie nicht eines Besseren belehrte. Der gesetzliche Rahmen seines Verfahrens sah vor, dass beide Parteien eine Strafe vorschlugen und die Geschworenen sich für die eine oder die andere entscheiden konnten. Die Anklage plädierte auf Todesstrafe, und wenn Sokrates für die Verbannung oder eine hohe Geldstrafe plädiert hätte, wäre sein Leben verschont worden. Er verzichtete darauf, weil er wusste, dass der Prozess ungerecht war und sein Leben zur Farce machte. Platon verdanken wir die sublime Verteidigungsrede, die zu halten Sokrates verschmähte. Darin sieht Sokrates ein Nachleben voraus, das er in einer anderen Welt im philosophischen Gespräch mit seinen Schülern verbringt. Und da das Nachleben zeitlos ist, wird ihm logischerweise das Risiko pädagogischer Erschöpfung und Langeweile erspart bleiben.

16
KÄMPFE FÜR FREIHEIT UND RECHT

Proklamationen wie diese sind von Zeit zu Zeit abzugeben, um Verschwörer zu ängstigen und abzuschrecken. Die freie Bevölkerung und die Ernteerträge sollen in die Stadt gebracht werden, und jeder, der will, darf die Güter eines jeden, der nicht gehorcht, ungestraft vom Land in die Stadt wegführen oder wegtragen ... Nirgendwo sollen private Zusammenkünfte gleich welcher Art stattfinden, weder in der Nacht noch am Tag; und die, welche wirklich notwendig sind, können in der Stadthalle oder im Rat oder an anderen öffentlichen Orten stattfinden. Kein Wahrsager soll privat ohne einen Magistrat Opfer darbringen. Männer sollen nicht in einem gemeinsamen Klubraum zusammen essen, sondern jeder muss im eigenen Haus die Mahlzeit einnehmen, außer bei einer Hochzeit oder einer Begräbnisfeier, und sogar diese müssen sie im Voraus den Magistraten melden.
Der Militärschriftsteller Aineias (Aineias Taktikos) über Maßnahmen zur Verteidigung einer belagerten Stadt, 10,3 – 5 (späte 350er Jahre v. Chr.)

Die rund 40 Jahre, die auf den unwahrscheinlichen Sieg Spartas über Athen folgten, sind ein Kaleidoskop von Kriegen, ständig wechselnden Allianzen und kurzen Intervallen der Vorherrschaft der einen oder anderen Hauptmacht Griechenlands. Doch hinter den Wirren, die sich dem Auge boten, wurden die Ideale Freiheit und Gerechtigkeit noch immer leidenschaftlich verteidigt und unterschiedlich interpretiert. Die Machteinbuße jedes größeren Staates brachte kleineren Einheiten auch Gewinne. Neben Sparta und Athen gewannen die Bürger anderer griechischer Gemeinden wieder an Bedeutung.

Im kulturellen Bereich bröckelte die bisherige Konzentration von Philosophie, Theater und bildenden Künsten in einer einzigen großen Stadt, Athen, als deren politische Macht und Finanzkraft nach 404 v. Chr. geschrumpft waren. Vielleicht die Hälfte der männlichen Stadtbevölkerung war tot – von 50 000 oder mehr in den 440er Jahren war ihre Zahl bis 403 v. Chr. auf etwa 25 000 gesunken. Das kulturelle Vermächtnis der Stadt aber lebte weiter; es verbreitete sich über Athen hinaus, denn diese Stadt war unverändert die »Erzieherin Griechenlands«, wie Perikles sie genannt hatte. Bildhauer, die am großen Bauprogramm der Athener Akropolis beteiligt gewesen waren, suchten sich ihre Mäzene in Herrscherhäusern anderer Regionen und nahmen ihr Wissen mit. Die Häuser der attischen Oberschicht waren mit exquisiten Wandmalereien geschmückt, doch als der Stern der Hausherren und Gönner zu sinken begann, trat eine neue Schule der Malerei in Sikyon, einer Stadt auf der Peloponnes, die fast 200 Jahre lang außerhalb des Rampenlichts gestanden hatte, die Nachfolge der attischen Malerschule an. Theater, eine Erfindung Athens, waren über die ganze griechische Welt verbreitet und hatten die jeweils jüngsten Athener Meisterwerke im Repertoire. Die Spitzenschauspieler erhielten bewundernden Applaus auch von den neuen Dynasten dieser Zeit, den Herrschern auf Sizilien und den Königen im nördlichen Makedonien.

So entstanden auch neue Zentren des Wohlstands und des Erfolgs. Im Norden Griechenlands, auf der Halbinsel Chalkidike nahe beim Berg Athos, sammelte sich ein mächtiger Bund um die führende Stadt Olynth. Ihren Grundriss und ihr Luxus- und Komfortniveau kennen wir besser als jeden anderen Stadtplan der griechischen Geschichte, denn König Philipp II., der Vater Alexanders des Großen, machte die Stadt 348 v. Chr. dem Erdboden gleich und konservierte sie dadurch für die Archäologen als griechischen Vorgänger von Pompeji. Wie zahlreiche andere Städte in der griechischen Welt war sie nach einem geometrischen Plan angelegt. Dieses regelmäßige Straßennetz mit regelmäßigen Häuserblocks war keine athenische Erfindung, sondern schon in westgriechischen Städten, so auch in Metapont, bekannt; auch war es nicht unbedingt die Schöpfung oder Auswirkung einer Demokratie. In Olynth entstand es in den 430er Jahren, könnte sich aber zum Teil einem Neuerer verdanken, der kurz zuvor auch zum Vorteil Athens gewirkt hatte. In den 440er und 430er Jahren waren Areale hinter dem Hafen Piräus neu gestaltet worden, und die herausragende *agora* des Ortes hatte der extravagante Hippodamos entworfen, ein Besucher aus Milet. Hippodamos war ein Theoretiker, ein Sozialutopist und Planer, der überzeugt war, eine Stadt müsse in »Zonen«, Gürtel und Segmente gegliedert sein. 443 v. Chr. wurde er eingeladen, am Stadtbild der athenischen Niederlassung in Thurioi zu arbeiten. Sein Wirken konnte so einflussreich werden, weil er seine Theorien in einem Handbuch festhielt. Gesichert ist ein Rechteckgrundriss, den Archäologen auf Rhodos freilegten, wo Hippodamos tätig gewesen sein soll. Solche Pläne sind für viele weitere Städte des 4. Jahrhunderts eigentümlich, besonders augenfällig im kleinen westasiatischen Priene, das in den 340er und 330er Jahren neu gegründet wurde.

Hippodamos' Arbeiten gerade in Athen waren vermutlich ein wichtiger Impuls, sie zu übernehmen, vor allem wenn er in seinem Buch die Prinzipien erörtert hatte. Bei der weiteren Verbreitung spielte Athen allerdings keine Rolle.

Das Ende der attischen Vorherrschaft verringerte auch Athens Anziehungskraft für die intellektuellen Globetrotter der griechischen Welt. Es blieb wie in anderen Bereichen zwar wichtig, doch nicht mehr der Mittelpunkt. Während Platon, meist von Athen aus, die jüngsten Fortschritte in der Mathematik idealisierte, ging aus einer Stadt, die bisher tiefste Provinz gewesen war, der bedeutendste Mathematiker und Astronom hervor: Eudoxos aus Knidos in Kleinasien. In Athen selbst waren die beliebtesten Fächer die Rhetorik, die Schreib- und Redekunst, und die Philosophie. Jahrelang kamen Schüler aus ganz Griechenland nach Athen, um bei Isokrates zu studieren. Der Stil seiner Prosa litt allerdings unter seiner Distanz vom aktiven politischen Leben, und noch heute wirkt der Rhythmus seiner Werke, wenn ihn Computer analysieren, in seiner Voraussagbarkeit einförmig und monoton. Isokrates attackierte die ihm intellektuell überlegenen Philosophen, die bei Platon studierten. In akademischen Kreisen herrschte ein regelrechter Bildungskrieg, doch wie wir sehen werden, waren Platon und Aristoteles die Sieger.

Auf politischem Gebiet war das zentrale Ereignis der ersten Jahrzehnte des 4. Jahrhunderts die brutale Wiederherstellung der Dominanz Spartas, auf die der weithin willkommene Kollaps seiner wichtigsten Machtbasis folgte. Schon Ende des 5. Jahrhunderts hatte der Spartaner Lysander den Spielraum für den Vorrang eines Einzelnen in Spartas sogenannter Gemeinschaft der Gleichen zum Gegenstand kritischer Fragen gemacht. Er wandte sich gegen die ablehnende Haltung des Systems gegenüber dem Luxus und dem Import fremder Reichtümer. Gerade in Verbindung mit den spartanischen Idealen wurden die schwächenden Folgen des Luxus in dieser Epoche am häufigsten diskutiert. Verzärtelung und persönliche Extravaganz galten in den Augen zeitgenössischer Moralisten als soziale Laster. Sie waren das Markenzeichen der Despoten – die Fürsten der Königtümer auf Zypern schienen besonders üble Beispiele – und unterminierten widerständige Kriegergesellschaften, weshalb die Schwäche des damaligen Perserreichs eher nebenbei dem Luxus angelastet wurde. Auf dem Weg über die Siege und Kriegsgewinne des späten 5. Jahrhunderts gelangten viele hundert Silbertalente in ein Sparta, dessen Ideale zu einer Verwendung dieses Kapitals für das eigene Wirtschaftsleben noch immer in striktem Widerspruch standen. Andere Silberschätze hat Lysander selbst zurückgehalten oder weitergeleitet. Der General war selbst kein Anhänger des Luxus, wusste ihn aber meisterhaft zur Bestechung und Schwächung anderer einzusetzen. Mit Beginn des Jahres 406 v. Chr. entwarf er seine eigenen, schockierenden Versionen von Freiheit und Gerechtigkeit für die griechischen Gemeinden. So legte er in vielen Städten die Macht in die Hände von Dekarchien, Gruppen von zehn Männern, die vehement antidemokratisch und prospartanisch eingestellt waren. Das Ergebnis war ein Gemetzel sondergleichen an Demokraten in den Städten. Was würde Lysander einem besiegten Athen antun? Es hieß, er habe die Versklavung der gesamten Bevölkerung vorgesehen, während ein Thebaner, der infame Erianthes, sogar verlangte, der Boden Athens sei mit Hacke und Spaten zu bearbeiten und aus Attika eine große Schafweide zu machen. Theben wie auch Korinth drängten auf die Zerstörung Athens.

In den letzten Jahres des großen Krieges hatte Sparta seit 407 von einem persischen Prinzen, dem jungen Kyros, Hilfe erhalten. Kaum war der Krieg beendet, musste es Kyros seinerseits bei einem offenen Versuch zum Brudermord unterstützen, einer Kampagne, die seinen Bruder Artaxerxes, den legitimen König der Perser, aus dem Weg räumen sollte. Der Versuch schlug fehl und Kyros fand im Herbst 401 in Mesopotamien den Tod, als er auf seinem widerspenstigen Pferd Pasakas in die Schlacht galoppierte. Bei Artaxerxes galt Sparta nun als der Hauptfeind unter den griechischen Widersachern. Doch bald geriet es auch in Griechenland unter Druck. 403 hatte es sich schließlich zu einer Übereinkunft mit den überlebenden Demokraten Athens bereitgefunden, doch seine fortgesetzte Dominanz führte rasch zu einer Abwendung der Korinther und Thebaner, die nun einen Krieg gegen Sparta begannen. Ihre Verbündeten waren jene Athener, die sie kurz zuvor hatten vernichten wollen. Hilfe in Form von Geld und Schiffen erhielten die Alliierten vom antispartanischen Perserkönig. In diesem Krieg wurde immerhin Lysander getötet; im Spätsommer 395 kam er in einer Schlacht in Mittelgriechenland ums Leben. Seine Ziele für Sparta hatten selbst die eigenen Landsleute erschreckt. Nach seinem Tod sollen die angeblichen Pläne zur Reform des Königtums in seinem Haus gefunden worden sein. Sie seien jedoch so überzeugend gewesen, dass der Finder, König Agesilaos, nicht wagte, sie öffentlich zu verlesen, und deshalb wurden sie verbrannt. Diese abenteuerliche Geschichte sollte für alle Beteiligten Folgen haben.[1]

In dieser Neuauflage des Krieges war die Hilfe des Perserkönigs für die Athener von entscheidender Bedeutung, doch als sich das Kriegsglück zu ihren Gunsten wendete, begannen sie auch auf persischem Gebiet in Asien Unruhe zu schüren. In den späten 390er Jahren spielten die Athener ein gefährliches Spiel: Sie unterstützten Rebellen auf Zypern und in Ägypten, als wollten sie noch einmal die ehrgeizigen Ziele verfolgen, die sie in ihrer Glanzzeit, den 450er Jahren, in Kleinasien verwirklicht hatten. Um die Gunst der Perser zurückzugewinnen, erklärte sich Sparta bereit, Zypern und die griechischen Städte Kleinasiens an die Perser zurückzugeben. Das Resultat, ein spartanisch-persisches Abkommen, wurde zum Motiv für den umfassenderen »Königsfrieden« von 386 v. Chr. Nach diesem schwerwiegenden Verrat der griechischen Freiheit setzten die Spartaner zu einem brutalen Missbrauch des Autonomieprinzips an, das der Perserkönig den Griechen in seinem Friedensabkommen zugestanden hatte. »Autonomie« war eine Art Freiheit, doch wie üblich eine Freiheit in Grenzen; vorausgesetzt war immer noch eine externe Macht, stark genug, sich einzuschalten. Dieser Definition suchten die Spartaner denn auch prompt gerecht zu werden. Sie zerschlugen die Stadt ihrer unzuverlässigen arkadischen Nachbarn, der Mantineier, und gaben vor, die »Autonomie« verlange, dass sie in Dörfer aufgeteilt würde.

Im Lauf der kommenden 15 Jahre fanden die Einsichten der großen Historiker ihre Bestätigung. In Spartas Niedergang bewahrheitete sich Herodots einstige Überzeugung vom »Hochmut vor dem Fall« ebenso wie Thukydides' realistisches Urteil, dass in Beziehungen zwischen Staaten diejenigen zur »Gerechtigkeit« aufrufen, die zu schwach sind, die Durchsetzung ihrer Interessen nötigenfalls zu erzwingen. Trotz des Königsfriedens von 386 ließen die Spartaner eigenmächtige Überfälle auf Athen und Theben zu. Sie zogen auch nordwärts, um dem gefährdeten König der Makedonen auf seine Bitte hin Unterstützung zu leisten. Jedes dieser Unternehmen fiel in der Folge auf sie zurück und wurde ihnen zum stillen Verhängnis. Im Jahr 379 jagten die Thebaner die Besatzung aus dem Land, die ihnen Sparta aufgezwungen hatte, und kehrten massiv antispartanisch gestimmt zur Demokratie zurück. Im Frühling 377 rief das geschwächte Athen zur Gerechtigkeit auf und ermunterte die griechischen Staaten, einer neuen Konföderation gegen Sparta beizutreten, welche die Kalamitäten der Jahre des attischen Seereichs vermeiden sollte. Die Konföderation, der sogenannte zweite Attische Seebund, wurde ein großer Erfolg, und innerhalb von zwei Jahren zählte sie über 70 Verbündete. In Makedonien war dank Sparta die Herrschaft des Königs konsolidiert, doch 40 Jahre später vertrat zunächst König Philipp II. von Makedonien und nach ihm Alexander der Große eine dezidiert gegen Sparta gerichtete Politik; ihre diplomatischen und militärischen Aktionen sollten Sparta in Griechenland noch stärker isolieren. Aus der Rückschau hätte die Bitte Makedoniens ignoriert werden müssen.

Kein Stadtstaat Griechenlands wollte den Krieg um des Krieges willen, doch die Hegemonie Spartas führte zu seinem Untergang. Ein Angriff auf Piräus hatte in den 370er Jahren bei den Athenern für Empörung gesorgt, und spartanische Truppen setzten weiterhin auch dem feindlichen Theben zu, das unterdessen im Rahmen eines eigenen regionalen Bundes seinen Machtbereich vergrößerte. Das Jahr 371 brachte die Wende. Nach einem weiteren Versuch, die lokale Expansion der Thebaner zu unterbinden, unterlag Sparta in der entscheidenden Landschlacht bei Leuktra einer tief gestaffelten Kampffront der Thebaner. Der König, der mit seiner Kavallerie der Infanterie vorausritt, wurde überwältigt, und die Spartaner waren zu einer beispiellos katastrophalen Niederlage verurteilt. Später hieß es, Götter und Vorzeichen seien gegen Sparta gewesen und die Schlacht habe in der Nähe eines Ortes stattgefunden, an dem in mythischer Vorzeit spartanische Soldaten jungfräulichen Schwestern Gewalt angetan hätten.[2] Sollte diese Behauptung zutreffen, dann hätten sich die Opfer im großen Stil gerächt.

Die Folgen der Niederlage machten sich einige Stadtstaaten Südgriechenlands, die Sparta seit Jahrhunderten terrorisiert hatte, umgehend zunutze. Im Winter 370 rief man Epaminondas, einen bewährten General der Thebaner, über den Isthmos, und dieser konnte den Feinden Spartas einen lange gehegten Wunschtraum erfüllen – die Invasion des spartanischen Kernlands. Höchst erfreulich war Spartas Debakel vor allem in zweierlei Hinsicht. Die Messenier, griechische Nachbarn der Spartaner, konnten sich endlich neu als freies griechisches Gemeinwesen formieren, ein Status, der ihnen etwa 350 Jahre lang versagt geblieben war. Die Tage ihrer Knechtschaft, ihres Helotendaseins, waren zu Ende, und um diesen Neubeginn zu unterstreichen, bauten sie massive Mauerringe, Anlagen, welche die Spartaner immer verabscheut hatten. Die Arkadier beschlossen derweil den Bau einer neuen »großen Stadt« (Megalopolis), zu der die Dörfer der Umgebung gewaltsam fusioniert wurden. Es gab lokale Proteste, aber die »große Stadt« wurde zum Zentrum eines weiteren langgehegten Traums – des Arkadischen Bundes. Eine solche Allianz hatten die Arkadier seit mindestens 150 Jahren angestrebt. Alle Städte Arkadiens sollten beitreten, wenn auch lokale Rivalitäten und Parteihader die Gründung des Bundes erschwerten. Vorgesehen war eine große Versammlung aller Mitglieder, die »Myriade«, die vermutlich die gesamte männliche Bürgerschaft Arkadiens einschloss – eine Einrichtung, von der die arkadischen Oligarchen, die so lange die Unterstützung Spartas genossen hatten, wenig begeistert waren. Sechs Jahre lang war die Liga eine demokratische Kraft, die mit den Geldern ihrer Mitgliedstädte auch eine große Armee unterhielt, die »Ausgewählten«.

Nach 370 fügte sie Spartas Macht empfindlichen Schaden zu, was der Freiheit und Gerechtigkeit der meisten seiner schwer geprüften griechischen Nachbarn zugute kam. Die Arkadier bewahrten dem Feldherrn Epaminondas, dessen Unterstützung sie ihre Freiheit verdankten, das ihm gebührende ehrende Angedenken: Auf arkadischem Boden konnte Hadrian, als er Südgriechenland bereiste, die Grabstätte bewundern. In der Nähe von Mantineia sah der Kaiser eine Säule mit dem eingemeißelten Bild einer Schlange, und er erfuhr, dass sie zu Ehren des Adelsgeschlechts errichtet war, dem Epaminondas entstammte. Seine Ahnen waren nach der Sage die Söhne der Drachenzähne, die Thebens mythischer Gründer Kadmos als Saat in die Felder der Stadt gestreut hatte. Kein Zweifel, dass der Knabenliebhaber Hadrian auch ein nahe gelegenes Grab aufmerksam zur Kenntnis nahm, das an den jugendlichen Geliebten des Epaminondas erinnerte. Vielleicht entdeckte er auch, dass an dessen Siegen der berühmte Truppenverband seinen Anteil hatte, Thebens »Heilige Schar« von 300 Infanteristen, die durch homoerotische Beziehungen verbunden waren. Die Vorteile von »Schwulen in der Armee« waren in Griechenland zumindest seit Sokrates' Zeiten erörtert worden.[3] Beispiele hatte es auch in den Reihen der Spartaner gegeben. Aber die »Heilige Schar« machte den Sex zwischen Männern zum Muss.

Eine wichtige Einsicht blieb Hadrian jedoch verschlossen – dass die Thebaner und Epaminondas nicht die idealen Streiter für Freiheit und Gerechtigkeit waren, die sich Griechenland vielleicht erhofft hatte. Ihre griechischen Landsleute ließen die Einwohner Thebens nicht vergessen, dass ihre Vorfahren sich 480 v. Chr. beim Einfall der Perser feige auf die Seite des Feindes geschlagen hatten. Vor der eigenen Haustür hatten sie jüngst, im Jahr 373, die griechische Stadt Plataiai und kurz darauf drei weitere Städte zerstört, die allesamt ihrer eigenen Konföderation angehörten. Für die Athener waren sie kaum besser verdaulich als der alte Feind Sparta, hatten aber den Nachteil, sehr viel näher als dieser an ihren Grenzen zu sein. Nach langem Zögern stellten die Athener alte Vorurteile hintan, verbündeten sich 369 v. Chr. mit Sparta und benutzten diese Allianz während der 360er Jahre als Gegengewicht gegen die Thebaner. Die Rivalität wurde auf drei Schauplätzen ausgetragen: im Norden, einschließlich Makedoniens, der Quelle für Holz zum Schiffsbau; des Weiteren in der Ägäis, wo eine thebanische Flotte versuchte, die Opposition von Oligarchien gegen Athen zu unterstützen, und schließlich im griechischen Süden. 362 fand Epaminondas in erbitterten Gefechten bei Mantineia den Tod, einer Schlacht, die ohne eindeutigen Sieger blieb und Griechenland in einem Zustand von Verwirrung und Unschlüssigkeit zurückließ.[4]

Diese Jahrzehnte können vielleicht als melancholische Phase des Scheiterns erscheinen – die Einheit blieb den Griechen verwehrt, trotz des Bewusstseins gemeinsamer Götter, gemeinsamer Sprache und gemeinsamer ethnischer Herkunft. Dieser Einheit standen allerdings gewichtige Hindernisse im Weg, und das Verlangen nach Frieden war keineswegs geschwunden. Wiederholt wurden Versuche unternommen, die griechischen Verhältnisse zu ordnen, zunächst mit Unterstützung des Perserkönigs. Artaxerxes II. hatte seine eigenen Gründe für den Friedenswunsch. Er brauchte freie Griechen, die ihm als Söldner dienen konnten, wenn er daranging, das rebellische Ägypten zurückzuerobern. Als die Interventionen des Königs allzu parteiisch wurden, versuchte man ohne ihn einen »Allgemeinen Frieden« unter den Griechen zuwege zu bringen. Vertrauen setzte man auch weiterhin in Schlichtungsverfahren, von denen man eine Lösung für die langjährigen Streitigkeiten der griechischen Staaten erhoffte. Allerdings ging es in diesen Konflikten oft um wertvolles Territorium und ebenso um die größere Freiheit (der männlichen Bürgerschaft) in einem demokratisch geregelten Leben. Denn in der Demokratie waren die finanziellen Lasten gleichmäßiger auf die Bürger verteilt – Demokratie bedeutete, dass man alle Bürger konsultierte, bevor sie in einen Krieg geschickt wurden. In einer Oligarchie waren vielleicht gleiche Gesetze für alle Bürger in Geltung, in einer Demokratie aber wurden sie mit größerer Wahrscheinlichkeit auch gleich angewandt. Als der oligarchische Würgegriff der Spartaner in Südgriechenland sich löste, wurde die Demokratie in Arkadien verwirklicht, in Achaia angeboten und von Korinth erneut gefürchtet. Es kann keine Rede davon sein, dass sie im 4. Jahrhundert diskreditiert oder auf dem Rückzug war. Unter politischen Theoretikern wurde zwar über die Vorzüge einer »gemischten« Ordnung diskutiert, über die Möglichkeit, aus der Verschmelzung von Elementen einer Aristokratie, einer Oligarchie und einer Demokratie das Beste aus allen drei Systemen zusammenzuführen. Aber diese Theorien waren zu abstrakt und praxisfern – ein Staat ist entweder ganz und gar demokratisch oder er ist nicht demokratisch – und blieben in der Realität folgenlos. Echte Demokratie erregte in den aktuellen Gremien der Bürger noch immer die stärksten politischen Leidenschaften. In Argos leisteten sich Demokraten in den 370er Jahren eine verheerende Prügelei, in deren Verlauf sie die Reichen der Stadt attackierten, ein Ausbruch ziviler Unruhen mit 1200 Toten. Beinahe 100 Jahre, nachdem Kleisthenes die Demokratie zum Mittel erkoren hatte, um erneute Parteienkämpfe zu vermeiden, bezog diese Demokratie ihre Triebkraft aus einem offenen Konflikt zwischen den sozialen Schichten. Denn in dieser Zeit herrschte innerhalb der Bürgergremien ein echter Klassenkampf. Es war kein Kampf zwischen Bürgern und Sklaven, sondern zwischen armen und reichen Bürgern. Die Ärmeren nutzten die Demokratie als Waffe gegen die Reichen, aber die Kämpfe entsprangen dem aufrichtigen Wunsch nach Gerechtigkeit, nicht simpler Gier oder Rache.

Es könnte so aussehen, als wäre in einem solchen Chaos der Respekt vor den Göttern geschwunden. Im 4. Jahrhundert nahmen die Bildhauer sich die Kühnheit heraus, Göttinnen »oben ohne« oder nackt darzustellen; auf der außenpolitischen Bühne stifteten Eidbrüche Verwirrung. Nach so viel Theater um die mythische Vergangenheit mochte man sich fragen, ob die Mythen wirklich glaubhaft waren. Und doch ging man unbeirrt davon aus, dass die traditionellen Götter so lebendig und kampflustig waren wie eh und je. Sie erhielten Gelübde und Opfer vor Beginn der Schlacht und danach noch immer einen Teil der Beute. Überall wurde noch immer das Orakel befragt, auch wenn Delphi, die Kultstätte Apollons, im Jahr 373 v. Chr. durch Feuer und Erdbeben zerstört worden war. Nicht wachsender Unglaube prägte das religiöse Klima, sondern wie immer die Elastizität, mit der man menschliches Handeln und Entscheiden im Rahmen der alles umgreifenden göttlichen Ordnung geschickt handhabte. Wie immer wurden auch die Zeichen der Götter unterschiedlich gedeutet, und obwohl in den festlichen Jahreszeiten häufig die Waffen schwiegen, war es nichts Neues, dass Generäle sie für ihre Zwecke missbrauchten. Die Tempelschätze galten als sakrosankt, doch konnte man sie sich »ausborgen«, um einen Krieg zu finanzieren, wie schon das perikleische Athen die Mittel für den großen Krieg bei der Göttin Athene »entliehen« hatte. Nichts an dieser Kasuistik war eine neu aufkeimende Gottlosigkeit. Sie setzte vielmehr voraus, dass die alte göttliche Ordnung nach wie vor gültig war. Weit davon entfernt, zu hübschen Legenden zu verkommen, dienten die Mythen und fernen Heroen also auch weiterhin als unwiderlegbares diplomatisches Argument und als berechtigter Grund für Bündnisse zwischen den griechischen Staaten.

Für den Außenstehenden war die einschneidendste Veränderung, die mit den 370er Jahren begonnen hatte, der offenkundige Niedergang der einzelnen *poleis* als Brennpunkte des politischen Lebens. Denn an der Oberfläche waren diese Jahrzehnte eine Ära der Bünde und Konföderationen, was Hadrian verstanden hätte, der in Griechenland später selbst erneut Bündnisse förderte. Vor und nach Leuktra verließen sich die Spartaner auf die Unterstützung durch ihren »Peloponnesischen Bund«, dessen Mitglieder zweckmäßigerweise zum größten Teil von Oligarchien beherrscht wurden. Seit 377 standen die Athener an der Spitze ihrer neuen großen Konföderation von Alliierten gegen Sparta. In den 370er Jahren gelang es den Thebanern, die Abstimmungen im inneren

Rat der langbewährten Boiotischen Konföderation zu dominieren; zehn Jahre darauf taten sie es möglicherweise den Athenern nach und gründeten einen neuen »Bund« für ihre Alliierten außerhalb Boiotiens. Der Niedergang Spartas im Verlauf dieses Jahrzehnts führte zum neuen Bund in Arkadien und außerdem zu neuen Bünden in Achaia und Aitolien; die schon länger bestehenden Ligen in Thessalien und Epirus im griechischen Nordwesten werden wahrgenommen oder treten deutlicher in Erscheinung. In ihrer Gesamtheit sind diese Ligen ein Argument gegen die Versuchung, diese Epoche als Beweis für das bedrohliche Szenario einander bekriegender kleiner Stadtstaaten zu betrachten. In diesen Bünden, die echte Konföderationen waren, verteilte sich die Entscheidungsfindung auf zwei Ebenen: auf ein zentrales Organ und auf die einzelnen Gemeinden. In Arkadien traf sich die Versammlung der »Myriaden« in einem eigenen Gebäude, dem Thersilion, und wählte die Magistrate aus den Mitgliedkommunen, die anfänglich auch die Kosten der »Ausgewählten« (Armee) bestritten. Die Athener dagegen diskutierten und wählten aufgrund von Anträgen, die ihrer Volksversammlung durch ein gesondertes »Parlament« zugingen, das aus Delegierten ihrer Bündnspartner bestand. Die Bundesversammlungen wichen vom demokratischen Prinzip «ein Mann, eine Stimme» in der Volksversammlung erheblich ab.

Es waren dennoch keine Superstaaten, die das Ende der *polis* als politischer Einheit markierten. Wie die Athener Versammlung fanden auch die Versammlungen der arkadischen und boiotischen Mitgliedstädte weiterhin statt, und sie trafen ihre Entscheidungen. Das interne Parteiengezänk war nach wie vor gefürchtet, ebenso der Angriff durch einen Bündnisgenossen, nicht zuletzt eine Offensive der unverändert angriffslustigen Thebaner. Die tragenden Pfeiler des politischen Lebens der Griechen hatten nichts an Festigkeit verloren: der Bürgereid und die bürgerlichen Ämter, die Debatten über Neubürger und über finanzielle Beiträge, die von Einzelnen zu leisten waren. Nach nur sechsjährigem Bestehen zerbrach im Jahr 363 die Einheit des Arkadischen Bundes am Beschluss einer Gruppe seiner Beamten, das Heer des Bundes durch »geborgte« Mittel aus Olympia zu finanzieren, statt Beiträge bei den Mitgliedstaaten zu erheben.

Gestützt auf die historischen Erzählungen der Alten selbst assoziieren wir diese Ära noch heute mit den Namen illustrer Persönlichkeiten – Epaminondas von Theben oder Jason von Thessalien, der dort bis 370 v. Chr. aktiv war, oder Agesilaos, König von Sparta. Es wäre aber völlig falsch, diese Männer als Signale eines neuen Zeitalters des Individualismus zu betrachten. Jeder von ihnen versah sein Amt in seiner heimischen Gemeinde und blieb dieser verantwortlich. Diese Gemeinschaft verlor sich nicht in einem Drang zum Superstaat oder in einer neuen Ära großer Männer. In den Auseinandersetzungen ging es im Grunde noch immer um Freiheit und Gerechtigkeit und um die Deutung dieser Begriffe – ohne ein Athen, das reich genug war, die Mehrheitsmeinung zu unterstützen, oder ein Sparta, das stark genug war, sie im eigenen Interesse zu unterdrücken.

17
FRAUEN UND KINDER

Wenn sich der Schoß einer Frau nach oben auf ihren Kopf zu bewegt und es dort zum Ersticken kommt, wird ihr Kopf schwer ... Ein Symptom ist, dass die Frau sagt, dass die Adern in ihrer Nase und unter ihren Augen schmerzen und dass sie müde wird, und wenn sich dieser Zustand bessert, hat sie Schaum vor dem Mund. Ihr solltet sie am ganzen Körper mit heißem Wasser waschen, und wenn es nicht besser wird, mit kaltem ... Reibt ihren Kopf mit Rosenessenzen und verwendet wohlriechende Dämpfe unter ihrer Vagina, aber übelriechende an ihrer Nase. Sie sollte Kohl essen und Kohlsaft trinken.
CORPUS HIPPOCRATICUM, Frauenkrankheiten, 2,126 (4. Jh. v. Chr.)

Denn es pflegen viel häufiger Händel zwischen Mann und Frau um der Kinder willen wieder beigelegt zu werden, als dass sie wegen gegenseitiger Erbitterung auf die gemeinschaftlichen Kinder einen Hass werfen sollten.
Demosthenes, Rede gegen Boiotos, 39,23 (348 v. Chr.; Übers. H. A. Pabst)

Von den Kriegen in der griechischen Welt des 4. Jahrhunderts waren auch Frauen und Kinder betroffen. Wenn ihre Stadt erobert wurde, hatten sie den Tod oder die Sklaverei zu erwarten. Auch für Nichtkämpfende gab es während einer Invasion keine Gnade. 364 v. Chr. wurden in dem kleinen Ort Orchomenos alle Frauen und Kinder, die den angreifenden Thebanern in die Hände fielen, versklavt und verkauft. Man begreift sehr gut, dass die Stadtstaaten versuchten, ihre Frauen und Kinder (und ihr Vieh) während eines Krieges an einen sicheren Ort zu schicken. 431 v. Chr. evakuierten die Platäer vor Beginn der Belagerung, die Thukydides so anschaulich beschreibt, ihre Frauen, Kinder und andere Nichtkombattanten nach Athen.

Von Sparta einmal abgesehen, waren Kinderliebe und ein fürsorgliches Familienleben in den griechischen Stadtstaaten sicher durchaus von Bedeutung. Radikale moderne Theorien gehen so weit zu behaupten, dass elterliches Kalkül dominiert habe und dass man in Kinder mit ihrer geringen Lebenserwartung nur zögernd Liebe investierte. Sie werden aber von den Bildern, Texten und Dramen aus unseren besten Quellen, den Zeugnissen aus dem Athen des 5. und 4. Jahrhunderts, widerlegt. Darstellungen von Eltern und Kind finden sich in der attischen Vasenmalerei – wenn auch selten, wie man zugeben muss – seit dem späten 5. Jahrhundert v. Chr. Viel Liebe und ergreifende Wehmut sprechen aus zahlreichen attischen Grabreliefs und Inschriften für frühverstorbene Kinder. Es ist schwer, sich der Suggestivkraft eines Bildes zu entziehen, das ein weißfiguriges athenisches Ölgefäß, eine Grabbeigabe, schmückt. Die Szene ist Ausdruck bewegender Elternliebe: Ein Kind im Boot des wartenden Fährmanns der Unterwelt streckt die Hände nach der Mutter am entfernten Ufer aus, die ihm liebevoll nachblickt.[1] Es gibt Bilder einer Mutter, die zuschaut, wie ihr Baby glücklich in seinem hohen Stuhl zappelt, oder eines Kindes, das auf die Mutter zukriecht, während ein Mann, sein Vater wohl, den Sprössling bei seinem ersten Fortbewegungsversuch offenbar mit Vergnügen beobachtet. Diese und andere Szenen verweisen auf ein Publikum, das an Kindern seine Freude hatte. Nicht nur Mütter, auch Väter sind dargestellt, nirgendwo besser als in den 30 Charakterskizzen des Peripatetikers Theophrast aus Eresos. Nach Theophrast ist »der Servile« ein Mann, der unersättlich mit den Kindern anderer Leute spielt, und »der Redselige« ist so endlos gesprächig, dass sogar seine Kinder zur Schlafenszeit nach ihm rufen, damit er sie in den Schlaf redet. Natürlich waren die Menschen verschieden, wie sie es auch heute sind. Wenn Aristophanes seinen sturen attischen Bauern Dikaiopolis darstellt, der ein sexuelles Interesse an seiner eigenen Tochter zeigt, dann ist beabsichtigt, dass wir über dieses Scheusal lachen. Auch in der Öffentlichkeit wurde von Vätern sehr viel mehr erwartet als die Rolle des lieblosen Abwesenden. Der Redner Aischines konnte den Rednerkollegen Demosthenes vor einem Athener Gericht wegen angeblicher Gefühllosigkeit beim Tod seiner Tochter angreifen. »Der Mann, der Kinder hasst«, fährt er fort, »der schlechte Vater, wäre nie ein vertrauenswürdiger Führer des Volkes.«[2] Hier gab es Gerüchte, die sich ein Redner zunutze machen konnte.

In den Bürgerhaushalten Athens bestimmte der Vater, ob ein Neugeborenes am Leben blieb. Mit dem Kind auf dem Arm rannte er am 5. Tag nach der Geburt rund um die Feuerstelle, eine Zeremonie namens Amphidromia. Am zehnten Tag erhielt das Kind gewöhnlich seinen Namen. Aristoteles bemerkt, dass die Eltern zehn Tage lang warteten, weil in dieser Zeit so viele Kinder starben. Nach modernen Schätzungen konnte die Sterblichkeit bei den Neugeborenen erschreckende 50 Prozent erreichen. Trotzdem war in einigen, nicht allen, griechischen Staaten auch die Aussetzung unerwünschter Kinder gängige Praxis. Es kam vor, dass Fremde die ausgesetzten Babys mitnahmen und als Sklaven aufzogen. Unerwünschter Nachwuchs wurde darum vielfach an öffentlichen Orten ausgesetzt, als hoffe man, er werde »gefunden«. Mädchen wurden häufiger ausgesetzt als Knaben.

Wie andere Übergangsriten kann man auch die Etappen im Leben eines Kindes in Athen mit attischen Festen in Verbindung bringen. Im dritten Lebensjahr durften die Kinder an einem Tag der Anthesterien mitfeiern, die im Februar begangen wurden. Sie bekamen ihren ersten Schluck Wein zu trinken; und noch einige für diesen Anlass bestimmte Trinkbecher sind erhalten, auf denen Kinder abgebildet sind. Für Söhne von Vollbürgern wurde dann das Herbstfest der Phratrien, der »Bruderschaften«, wichtig, die sie zu gegebener Zeit als Bürger in ihre Reihen aufnahmen. Sie kamen in Begleitung ihrer Väter, die sie bei den Mitgliedern einführten und damit bewiesen, dass sie legitime Nachkommen und nicht Söhne von Sklavinnen waren. Ein Opferritual, das »kleinere«, fand bereits statt, wenn der Junge vielleicht fünf oder sechs war, ein zweites folgte, wenn sein Haar geschnitten wurde und er mit 18 Jahren alt genug war für die Bürgerschaft. Die Kontakte mit der Bruderschaft verteilten sich deshalb auf die verschiedenen Übergangsphasen während der Kindheit.

Die Geburt nichtehelicher Kinder brachte offenbar Probleme mit sich, von denen die geringsten die außerehelich geborenen Nachkommen von Bürgern und Bürgerinnen betrafen. War die Mutter mit einem anderen Mann verheiratet, gab sie das Kind vermutlich als das ihres Mannes aus, wenn nicht, blieb die Möglichkeit der Abtreibung. In einer Gesellschaft, die sich Sklaven hielt, war die Wahrscheinlichkeit groß, dass die Besitzer oder ihre Söhne mit einer Sklavin ein Kind zeugten. Wurde das Kind nicht abgetrieben, erhielt es den Status der Mutter und wurde Sklave. Größere Komplikationen waren die Folge, wenn das Kind aus der Beziehung eines Bürgers und einer Metökin, einer angesiedelten Ausländerin, hervorging. War die Mutter eine Prostituierte, musste sie es abtreiben lassen, denn es hätte ihr ein weiteres Auskommen unmöglich gemacht. Andernfalls hatte das Kind mit Sicherheit den Metökenstatus seiner Mutter. Denn falls nur ein Elternteil Vollbürger war, wurden die Kinder nicht Mitglied einer Phratrie und konnten nicht in die Athener Bürgerschaft gewählt werden. Es habe ihnen allerdings, wie es heißt, ein gesondertes »Gymnasion« für sportliches Training zur Verfügung gestanden, das mit der Kultstätte des Herakles in Kynosarges außerhalb des Stadttors verbunden war. Die Komödiendichter machten die Lokalität zur Zielscheibe ihrer Späße und haben uns vermutlich das Verständnis der betreffenden Zeugnisse erschwert. Auch Herakles war ein »uneheliches« Kind, von Zeus mit einer sterblichen Mutter gezeugt.[3]

Mädchen, ob ehelich oder unehelich, wurden nicht in die Phratrien aufgenommen. Die Vollbürgerschaft blieb ihnen versagt. Einige unter ihnen durften allerdings erwarten, in den Dienst der Götter zu treten. Hier waren die prestigeträchtigsten Ämter die *arrhephoroi* – bis zu vier Mädchen »bürgerlicher« Herkunft im Alter zwischen sieben bis elf Jahren, die auf der Akropolis lebten, der Stadtgöttin Athene dienten und wohl auch halfen, das großartige zeremonielle Gewand der Göttin zu weben. Die Mädchen boten zunächst rituelle Ballspiele dar und bewegten sich dann, mit geheimnisvollen Körben auf dem Kopf hin und her schreitend, in ein Heiligtum der Aphrodite im unterhalb gelegenen Garten, zu dem ein Tunnel führte. Dieser Ritus war nur für eine kleine Gruppe bestimmt, während alle jungen Mädchen aus Bürgerfamilien (vermutlich) eine Zeitlang an einem glanzvollen Übergangsritus, den *arkteia*, teilnahmen. Die Fünf- bis Zehnjährigen spielten »Bär« und imitierten das Zotteltier, möglicherweise um ihre wilde, infantile Natur zu symbolisieren, die, wenn die Zeit reif war, durch die Männer und den Ehestand gezähmt werden sollte. Kleine Becher, der Artemis geweiht, geben uns einen Eindruck von diesem Ritual: Die Darstellungen zeigen die jungen Mädchen, wie sie nackt herumrennen, und daneben einen Bären. Ein wichtiges Zentrum dieses Kultes war der Artemis-Tempel von Brauron im Osten Attikas, von wo uns die bildlichen Zeugnisse überliefert sind, deren Details allerdings ungewiss bleiben.

Vier oder fünf Jahre nach dem »Bärenspiel« wurden die Mädchen im Allgemeinen verheiratet. Eine formelle Schulbildung gab es für sie nicht, zumindest nicht in der klassischen Periode, und eine begrenzte Lesefähigkeit erwarben sie sich allenfalls in der Familie, von den Müttern (vielleicht) oder in vermögenderen Haushalten von lesekundigen Sklavinnen; Mädchen konnten einander zu diesem Zweck in ihren Familien besuchen. Die Knaben dagegen erhielten eine schulische Ausbildung, die in der Regel vom 7. bis mindestens zum 14. Lebensjahr dauerte. Der Unterrichtsstoff umfasste Schreiben, Lesen, auch die Lektüre von Dichtern, sowie Musik und Sport. Der Stadtstaat selbst bot keine Lehrer an, doch kleine Schulen, die Honorare verlangten, waren in ganz Attika vermutlich die Regel. Reichere Familien hatten auch Sklaven, die als Hauslehrer dienten. Heiraten sollten die Männer nach gängiger Empfehlung erst relativ spät, im Alter zwischen 25 und 30 Jahren. Bis dahin konnten die jungen Männer ihren hormonellen Drang mit Sklavinnen befriedigen, die als Prostituierte arbeiteten und Leistungen zu ganz unterschiedlichen Preisen anboten: »Frau gebückt«, so ist einer Lustspielszene zu entnehmen, war die billigste Position, »Frau oben« die teuerste.[4] Eine andere Möglichkeit waren die Sklavinnen im Haushalt des Vaters und auf längere Dauer auch eine Hetäre oder ein Anteil an ihr. Und dann blieb immer noch das eigene Geschlecht. In der Vasenmalerei ist das vorherrschende Bild der sexuellen Kontakte zwischen Männern immer noch die Beziehung zwischen einem älteren Mann und einem kaum der Pubertät entwachsenen Jugendlichen. Damit ist angedeutet, dass Knaben zunächst das Objekt männlicher Lust waren, bevor sie als Erwachsene selbst aktiv wurden. Aber auch Sexualverkehr zwischen Knaben dürfte verbreitet gewesen sein.

Athener Bürgerinnen, die jung heirateten, führten in einem vermögenden Haus ein wohlbehütetes, geschütztes Dasein. Die *polis*-Männer hatten ihre »Herrenzimmer«, in denen sie Trinkgelage abhielten; die Frauen lebten in ihren »Frauenräumen«, wo sie viel Zeit mit den Kindern und Sklavinnen verbrachten. Die Situation der Athenerinnen war im 4. Jahrhundert keineswegs zwangloser geworden. Sie standen noch immer unter lebenslanger Vormundschaft ihres nächsten männlichen Verwandten, des maßgebenden *kyrios*; Heiraten und Wiederverheiratungen unterlagen den strengen Regeln des familiären Erbrechts, während ihre ökonomischen Aktivitäten auf den Abschluss von Verträgen bis zum bescheidenen Wert von einem Scheffel Gerste beschränkt waren. Aus meiner Sicht (wie auch der einiger vertrauenswürdiger Quellen) konnten sie die Theaterfestspiele besuchen, traten aber nie als Schauspielerinnen auf, die Frauenrollen übernahmen.

Trotz all dieser Beschränkungen waren die attischen Frauen eine breit und bunt gefächerte Spezies. Es gab nicht nur zahlreiche Witwen und Wiederverheiratete – Scheidung war für beide Partner möglich –, sondern daneben auch die Mehrheit der Ehefrauen von armen Stadtbürgern; sie mussten arbeiten. Angesehene Athenerinnen waren im Inneren ihrer Häuser damit beschäftigt, Wolle zu verspinnen oder die Amme zu beaufsichtigen, der viele Mütter ihre Säuglinge anvertrauten. Sie trugen häufig einen Schleier, ein dünnes Gewebe, wie den vielen griechischen Bezeichnungen für eine solche Umhüllung zu entnehmen ist. Der Schleier konnte allerdings gehoben oder zur Seite geschoben werden. Frauen der unteren Schichten aber arbeiteten im öffentlichen Raum, zeigten sich in den Straßen und waren nicht ans Haus gefesselt.

Neben den Bürgerinnen gab es die Welt der Hetären oder Kurtisanen, eine Welt ohne jede Romantik, denn die Hetären waren in der Regel Sklavinnen. Aus der Zeit um 340 v. Chr. kennen wir die einzige, höchst turbulente Schilderung, die einen Einblick in ihre Niederungen gewährt. Es handelt sich um eine Rede vor einem Athener Geschworenengericht, die gegen die Aktivitäten und die Familie einer ehemaligen Hetäre namens Neaira gerichtet war. Sie belegt, dass die Männer Anteile an einer Hetäre kaufen und sie umschichtig benutzen konnten – diese Frauen waren meist Sklavinnen. Ähnliche Verträge wurden auch für Strichjungen ausgehandelt. Über die unfeinen Geschichten, die der Redner zum Besten gibt, kann man sich amüsieren; besonders vergnüglich ist der Bericht über Gruppensex während der Dinner-Party in einem Tempelheiligtum im Südosten Attikas. Man sollte ihnen allerdings keine größere Bedeutung beimessen. Wichtiger sind zwei Einzelheiten: Erstens nennt der Redner Neaira offen beim Namen – eine achtbare Athener Ehefrau war dagegen in Reden immer »die Frau von ...«. Und zweitens galt diese extrem hinterhältige und manipulierte Anklage einer Frau, die weit über fünfzig war und mit der zügellosen »Hure«, auf die darin angespielt wurde, nichts gemein hatte. Das Ganze war der Versuch des Anklägers, einen politischen Rivalen zu demütigen, der mit dieser Frau in Verbindung stand.

Auch aus dem Athen des 4. Jahrhunderts ist uns kein Zeugnis erster Hand für Gespräche zwischen Eheleuten erhalten. Die Athener waren zweifellos nicht nur liebende Väter, sondern auch liebende Gatten, und die eher skandalträchtige Verehrerrunde, die gegen Neaira ins Feld geführt wurde, darf nicht als Norm gelten. Anderen Quellen entnehmen wir, dass es nicht zum guten Ton gehörte, wenn Verheiratete eine Hetäre besuchten, von einer Geliebten als Inventar des eigenen Haushalts ganz zu schweigen. Keinerlei Kenntnis haben wir vom Umgangston, der in Athener Familien zwischen Männern und Frauen herrschte: Waren die Ehefrauen wirklich so unterwürfig, wie es die idealisierenden Texte aus Männerhand zu verstehen geben?

Außerdem stellt sich die Frage, wie typisch diese Frauen für andere griechische Stadtstaaten waren, wenn man den Antipoden Sparta einmal außer Betracht lässt. Im süditalischen Lokroi sollen die Frauen wirklichen Einfluss besessen und das Erbe in der weiblichen Linie weitergegeben haben. Meines Erachtens handelt es sich dabei aber um ein antikes Phantasiegebilde. In der Mitte des 3. Jahrhunderts beschreibt ein Griechenlandreisender, dass die Frauen in Theben so dicht verschleiert waren, dass nur ihre Augen sichtbar blieben, und von dieser Bekleidung sind uns sogar plastische Nachbildungen erhalten: die sogenannten Tanagrafiguren, weibliche Tonstatuetten, von denen einige auch in Theben gefunden wurden.[5] Hatten die »boiotischen Schweine«, wie die Griechen sie nannten, den Frauen diesen Stil schon im 4. Jahrhundert aufgezwungen? Das strikte Beharren der Athener auf der Bedingung, dass nur derjenige Vollbürger wurde, dessen Eltern ihrerseits Vollbürger waren, hatte große Bedeutung für den gesellschaftlichen Zusammenhalt und die bürgerliche Identität, aber auch diese Regelung war in den meisten anderen Stadtstaaten nicht gebräuchlich. Im Norden Griechenlands gab es Mütter, die dem Bild der

Athenerin noch weniger entsprachen. Im molossischen Königtum Epirus wird gemäß zwei Dekreten aus dem 4. Jahrhundert das Bürgerrecht tatsächlich auch den Frauen gewährt – vielleicht legte der Staat als Monarchie hier andere Kriterien zugrunde.⁶ Ungleich dramatischer waren die Beziehungen zwischen den Ehefrauen, ihren Männern und Kindern im benachbarten Königreich Makedonien.

Die makedonischen Könige lebten polygam, und die Geschichte ihrer Dynastie war, wie wir sehen werden, von den Folgen dieser Tradition jahrhundertelang beeinflusst. In den 390er Jahren nahm sich der damals regierende König Amyntas III. eine zweite Frau mit Namen Eurydike. Diese Eurydike habe, so heißt es zumindest, ihren Gatten getötet und mit dem Ehemann der eigenen Tochter zusammengelebt. Außerdem wird ihr der Mord an zweien ihrer drei Söhne zur Last gelegt.⁷ Diese spektakulären Geschichten, ob sie nun ganz, teilweise oder gar nicht der Wahrheit entsprechen, sind jedenfalls als Hinweis darauf zu verstehen, dass polygamen Königsfamilien ein Spannungspotenzial innewohnte. Der dritte Sohn aber erfuhr diese Familie als Teil der Welt, in der er lebte. Dieser Sohn war Philipp, der künftige König von Makedonien und Vater Alexanders des Großen. Ihn und später auch seinen Sohn Alexander haben Familienkonflikte geprägt, diese erreichten ein Maß an Tragik und Intensität, wie es athenischer Mentalität fremder nicht sein konnte und nur in den Dramen auf der Bühne Athens Vergleichbares fand.

18
PHILIPP VON MAKEDONIEN

> *Philipp verachtete Menschen, die einen geordneten Charakter hatten und ihren Besitz hüteten, doch er pries und ehrte solche, die verschwenderisch waren und ihr Leben mit Würfelspiel und Trinken verbrachten ... Waren nicht einige von ihnen rasiert und weichhäutig, obwohl sie erwachsene Männer waren, während andere es wagten, einander zu besteigen und Geschlechtsverkehr auszuüben, obwohl sie Bärte trugen? Zu Recht also konnte jemand sie für »Bettgenossen« halten, nicht aber für »Kampfgenossen« ...*
>
> Theopomp Frgm. 225 B (Jacoby), nach seiner Zeit bei Philipp in Pella

Die Beziehungen zwischen den Stadtstaaten Griechenlands erfuhren bis in die 350er Jahre eine Fülle von Veränderungen, aber große Überraschungen von dritter Seite blieben aus. Zwanzig Jahre später jedoch hatte die Freiheit der Griechen einen neuen Herrn, einen König von Makedonien, dem Reich im griechischen Norden jenseits des Berges Olymp. Die unvermutete Dominanz Makedoniens ging über die des perikleischen Athen weit hinaus und sollte mehr als 170 Jahre dauern.

Ihre Anfänge verhießen wenig Gutes. Philipp, ihr Begründer, betrat die Bühne mit etwa 20 Jahren als Regent für einen noch jüngeren Prinzen. Sein älterer Bruder hatte in einer Schlacht den Tod gefunden und nicht, wie Gerüchte es wollten, durch die Hand seiner Mutter, und sein Reich wankte unter dem Ansturm von Barbaren aus dem Nordwesten. Den griechischen Stadtstaaten im Süden war das Bild vertraut: Mord in der makedonischen Königsfamilie, eine umstrittene Thronfolge, bedrängte Könige, die Eide schworen und brachen. Es kam zu flüchtigen Schüben erstarkter Macht, doch über 200 Jahre lang war nicht ein einziger König von Makedonien im hohen Alter eines friedlichen Todes gestorben. Dessen ungeachtet gebot das neue Oberhaupt des Landes, König Philipp II., nach mehr als zwanzigjähriger Machtausübung über eine erstklassig trainierte Armee, die zahlreiche Thessalier und andere Griechen einschloss, und konnte einen entscheidenden Sieg über die wichtigsten griechischen Stadtstaaten erringen, darunter Athen. Im Jahr 338 v. Chr. erstreckte sich sein Machtbereich von der Donau bis nach Südgriechenland. Seinen griechischen »Verbündeten« diktierte er einen äußerst restriktiven Frieden. Er bereitete sogar eine Invasion des Perserrreichs vor. Der Aufbau seines neuen Makedonien war der schnellste und bemerkenswerteste Aufstieg zur Großmacht, den die antike Welt erlebte.

Im 4. Jahrhundert v. Chr. war Makedonien rund um einen im Flachland gelegenen Palast und die Hauptstadt Pella konzentriert, bestand aber als Ganzes aus einem Flickenteppich kleiner Königtümer mit zeitweise je eigener Thronfolge. Feindliche Griechen im Süden hatten seine Könige auch schon als »Barbaren« bezeichnet, und die »makedonische Sprache« seiner einfachen Bewohner war für einige Südgriechen nur mit Mühe zu verstehen. Die Makedonen grenzten sich sogar in offiziellen Listen manchmal von den Hellenen ab.[1] Das Königshaus aber berief sich auf Wurzeln in Argos und datierte seine Ankunft auf etwa 650 v. Chr., so als seien die Vorfahren vor dem kommenden Zeitalter der Tyrannen und Hoplitenkämpfe auf griechischem Boden nach Norden geflohen. Der Anspruch ist wenig glaubwürdig, doch um das Jahr 500 herum erhielt ihr König Alexander I. nach sorgfältiger Überprüfung die Erlaubnis, an den Olympischen Spielen teilzunehmen, die ausschließlich griechischen Athleten offenstanden. Wie verhält es sich also? Waren die Makedonen Griechen?

In den letzten 30 Jahren wurden in zunehmender Fülle Belege dafür gefunden, dass Makedonen als Schirmherren griechischer Kunst und Handwerkskunst in Erscheinung traten. Aus Texten wussten wir bereits, dass ihre Könige im 5. Jahrhundert griechische Verbannte auf ihrem Gebiet ansiedelten. Sie förderten Dichter wie Pindar und Euripides und beschäftigten die bedeutenden Maler ihrer Zeit. Nach neuesten archäologischen Funden können wir jetzt auch Kallimachos, den Meister der Bildhauerkunst, dieser Liste hinzufügen. Ohne Zweifel wünschten die makedonischen Könige und Höflinge als Griechen betrachtet zu werden. Mäzenatentum macht aus den Mäzenen noch keine Griechen, aber es gibt auch neue Untersuchungen makedonischer Personennamen, der Monatsnamen im makedonischen Kalender und einiger alter Wörter aus dem »makedonischen Dialekt«. Im Kontext des 4. Jahrhunderts wurden in wachsender Zahl Inschriften mit Namen gefunden, und es sieht so aus, als ließe sich der »makedonische Dialekt« mit dem Griechischen in Verbindung bringen, wie es in Nordwestgriechenland verbreitet war. Eine der frühesten griechischen Inschriften in Makedonien, ein Fundstück aus jüngster Zeit, ist ein Fluch, der von einer Frau aus Pella oder für sie geschrieben wurde:

Im Namen der Götter, die sie beschwört, verwünscht sie einen Mann und ein unvergängliches menschliches Phänomen – den Liebesverrat.[2]

Als »gemeinsamen Ahnen« des Königtums betrachtete man den legendären Makedon, den die griechische Genealogie als einen Sohn des Gottes Zeus anerkannte. In der ursprünglichen Hauptstadt, ihrem dynastischen Zentrum Aigai (Vergina), feierten die Könige sogar lokale Olympiaden, ein Fest zu Ehren des Zeus, und nahe der Südgrenze des Reiches in Dion fanden musische Wettkämpfe zu Ehren der Musen statt.[3] Sogar die Könige hatten verschiedentlich nichtgriechische »Barbarinnen« als Ehefrauen gewählt. Es hieß, vermutlich zu Recht, Philipps eigene Mutter sei eine solche »Barbarin« gewesen. Doch die vorherrschende Kultur wie auch die Sprache der Könige und des Adels war zweifellos die griechische.

Philipp II. selbst wuchs in zwei Welten auf. Noch in jungen Jahren geriet er als Geisel nach Theben, die führende Militärmacht auf griechischem Boden. Einer der großen thebanischen Feldherren soll sein Liebhaber gewesen sein. Doch Philipp verbrachte auch eine gewisse Zeit als Geisel im barbarischen Illyrien. Er begünstigte griechische Künstler, Schauspieler und Redner, seine Mutter allerdings soll erst in mittleren Jahren schreiben und lesen gelernt haben. Vor kurzem fand man in Aigai, dem Zentrum der Makedonen, kunstvoll gemeißelte griechische Inschriften, die in ihrem Namen angefertigt wurden. Philipp bewegte sich aber auch in Gesellschaft barbarischer Könige und Verbündeter, die das extravagante Schauspiel von Bravour und Großzügigkeit liebten. In dieser Runde war es Brauch, einen barbarischen Bundesgenossen, der einem Feind im Gefecht den Kopf abschlug, mit einem goldenen Becher zu belohnen. Der klassischen griechischen Art entsprach dieses »Kopf gegen Becher« nicht.[4] Auch einige einheimische Traditionen der Makedonen waren entschieden primitiv. In der Vergangenheit erhielt ein Mann erst dann die Erlaubnis, einen Gürtel zu tragen, wenn er in der Schlacht einen Feind getötet hatte. Zu Philipps Zeiten musste er, um auf dem Sofa ruhend das Nachtmahl einnehmen zu dürfen, einen wilden Bären erlegen. Wie frühere Könige seines Reiches, doch anders als seine griechischen Zeitgenossen, lebte Philipp polygam. Innerhalb von drei Jahren hatte er vier Ehefrauen in seinem Palast und brachte es schließlich auf sieben, von denen drei nichtgriechische Barbarinnen waren, darunter Audata; sie kam als Kriegerin in der Schlacht zu Ruhm und lehrte auch ihre mutige Tochter Kynnane die Waffen zu führen. Philipp spielte seine Frauen gegeneinander aus, so wie er auf diplomatischer Ebene die griechischen Großmächte gegeneinander ausspielte. Die junge Makedonin Kleopatra, auch Eurydike genannt, der er zuletzt verfiel, spaltete die königliche Familie und kostete

Philipp vermutlich das Leben. Unter den sensationellen Funden ausgemalter Grabkammern in der Begräbnisstätte des Königshauses in Aigai ist auch ein königliches Doppelgrab, in dem zweifellos die verbrannten Überreste Philipps und die einer jungen Frau bestattet sind, möglicherweise der Königin Kleopatra. Griechen von außerhalb, so der Historiker Theopomp, ein zeitgenössischer Besucher, erzählten reißerische Geschichten von Rache, die sich an diesen Begräbnisplatz knüpften. Mit den jüngst aufgefundenen Gräbern verfügen wir jetzt über Fakten, die diesen bisher haltlosen Gerüchten eine reale Grundlage bieten.

Die Könige und Aristokraten Makedoniens sahen sich zwar als Griechen, konnten daneben aber in ihrer Eigenart als »Makedonen« auftreten, ein Selbstverständnis, das durch ihre Erfolge bekräftigt wurde. Vermehrt stellten sich Gesandte aus ganz Griechenland in Philipps Residenz Pella ein, und die Delegierten Athens würdigten seinen ungewöhnlichen Stil. Damals hatte Philipp bei einer Belagerung schon ein Auge verloren, neben gebrochenen Schlüsselbeinen eine der vielen Verwundungen, denen seine kräftige Konstitution in den zurückliegenden 20 Jahren getrotzt hatte. Doch die Athener Besucher äußerten sich zu seinem guten Aussehen, seinem hervorragenden Gedächtnis, seiner Gastfreundschaft und dem Talent, das er bei Trinkgelagen zeigte. Philipp besaß großen männlichen Charme, und seine gewinnende Art war mit ausnehmender Tapferkeit und spontaner Großmut verbunden – zweckmäßige Talente für ein Hofleben, das seine wilderen Seiten barg. Vermutlich in Makedonien hatte Euripides sein dramatisches Meisterwerk *Die Bakchen* über den Gott Dionysos geschrieben. Am Hof dürfte die Aufführung der Tragödie ein harsches Echo gefunden haben, nicht zuletzt weil Philipps Hauptfrau Olympias nachgesagt wurde, sie umgebe sich mit lebenden Schlangen. Lokale Dionysos-Verehrerinnen sind uns auf einem griechisch beschriebenes Goldband bezeugt, das kürzlich in Makedonien gefunden wurde.[5] Beim Nachtmahl, so wird ebenfalls berichtet, habe Philipp seine Gäste mit Wein in großen Trinkhörnern gefeiert, die vermutlich den Hörnern von Ochsen aus europäischen Grassteppen nachgebildet waren. Auch von Frauen, die auf den Tischen tanzten, erzählte man sich, von Peitschen und degoutanten Exilgriechen, die das Klima der abendlichen Ausschweifungen anheizten.

Im öffentlichen Leben kamen Philipp die Schwierigkeiten seiner älteren Nachbarn zustatten. Die betagten Barbarenkönige im Umkreis optierten für Frieden mit Makedonien und hinterließen ihren geschwächten Nachfolgern dann geteilte Reiche, die Philipp eines nach dem anderen erobern konnte. Man forderte den Makedonen auf, zunächst in Thessalien, dann in Mittelgriechenland, auch nach Süden vorzustoßen, wo er in den politischen Zwistigkeiten griechischer Staaten Partei nehmen sollte. In den ersten drei Jahren seiner Regierung ging er über die traditionellen Ziele der makedonischen Könige vor ihm nicht hinaus, wie es einem jungen Prinzen anstand, der unter harten älteren Aristokraten als Reichsverweser regierte. Dann wurde er in einem einzigen glanzvollen Jahr, 356 v. Chr., Vater eines Sohnes, der Alexander genannt wurde, schlug eine Koalition feindlicher Barbaren in die Flucht und eroberte den nahe gelegenen griechischen Stadtstaat Potidaia. Außerdem errang er mit seinem Rennpferd einen prestigeträchtigen Sieg bei den Olympischen Spielen, und zum Zeichen seines Status ließ er Silbermünzen prägen, auf denen er hoch zu Roß und mit erhobener Hand abgebildet ist. Er gründete sogar eine neue Stadt, die nach ihm benannt wurde, das berühmte Philippi (Philippoi) am Fluss Nestos, der durch den Expansionskurs des Königs zur östlichen Reichsgrenze geworden war.

Weitere Konflikte in Griechenland führten ihn ins Landesinnere und zur symbolischen »Rettung« des bedrohten delphischen Orakels. Hier profitierte Philipp von Appellen griechischer Staaten, die selbst in Kriege verwickelt waren. 357 v. Chr., nach einer Abfuhr im nahen Euböa, hatten die Thebaner einen Krieg gegen die lokalen Phoker, langjährige Freunde Athens, vom Zaun gebrochen. Als die Phoker Widerstand leisteten und sich Schätze aus dem Heiligtum Delphi aneigneten, stempelten die Thebaner sie zu Tempelschändern und gewannen in Thessalien, einem alten Feind der Phoker, einen Verbündeten für den »Heiligen Krieg« gegen den Tempelfrevel. Doch die Thebaner konnten den Krieg, den sie angezettelt hatten, nicht zu Ende führen. Sie baten ihre ehemalige Geisel, König Philipp, in den Süden zu kommen und ihnen beizustehen, ein Ansinnen, das der Freiheit Griechenlands zum Verhängnis werden sollte. Im Frühjahr 352 verschafften Philipps Siege in Mittelgriechenland dem König die massive Unterstützung von Thessaliens Traditionalisten, die ihn sogar zum »Anführer« ihres Bundes ernannten. Thessaliens Staatseinkünfte standen ihm zur Verfügung, doch der größte Gewinn war die thessalische Reiterei, die nach Tausenden zählte. In ihrer viereckigen Schlachtaufstellung kämpften die thessalischen Reiter loyal für Philipp und seinen Sohn Alexander, bis dieser sie 329 am fernen Fluss Oxos in Zentralasien schließlich aus seinen Diensten entließ. Von Thessalien unterstützt, gewann Philipp den »Heiligen Krieg« gegen Phokis' »Tempelfrevel«, als kämpfe er im Namen Apollons. Die gefangenen Söldner der Phoker wurden im Meer ertränkt, um sie als schmutzige Frevler und Schänder kenntlich zu machen. 346 schloss Philipp ein Friedens- und Bündnisabkommen mit den Athenern und versprach vagen »Nutzen«. Die Realisten der Stadt ließen sich nicht täuschen. Dieses Abkommen sollte nicht so verstanden werden, als habe Philipp damit die Grundlage für eine dauerhafte Übereinkunft mit den griechischen Stadtstaaten angestrebt. Es war lediglich dazu bestimmt, ihm in Griechenland den Rücken frei zu halten, während er weitere, gewaltige Feldzüge unternahm: ins barbarische Illyrien, vielleicht bis zum heutigen Dubrovnik, dann nach Thrakien und in den Norden bis an die Donau. Unterdessen beteuerten seine Gesandten den griechischen Stadtstaaten auch weiterhin die Bereitschaft des Königs, ihren Klagen Gehör zu schenken; Versprechen von »Freundschaft« und »Nutzen« waren klassische Waffen in Philipps diplomatischem Arsenal. In derselben Zeit, vom Sommer 343 bis 341, wurden Kontaktversuche von Seiten unzufriedener Faktionen in griechischen Städten mit Geld, Waffen und sogar Söldnern belohnt. Und Philipp nährte derweil die Hoffnung, er werde im Süden die gefürchteten und gehassten Spartaner in Schranken halten. Spartas Nachbarn zögerten deshalb, sich einem Oppositionsbündnis gegen ihn anzuschließen, denn ein Wiederaufleben Spartas fürchteten sie noch mehr als diesen schwer einzuschätzenden makedonischen »Alliierten«.

Nach großen Kampagnen, die Philipp ab 342 an der Ostgrenze des Reiches in Thrakien führte, kehrte er aus Anlass lokaler politischer Streitigkeiten im Jahr 339/38 nach Zentralgriechenland zurück. Vorsicht schien angebracht, denn der bisherige Verbündete Theben war endlich doch aus der gemeinsamen Linie ausgeschert und auf die Seite der Athener geschwenkt; dass Philipp seit 346 mit Bedacht einige Befestigungen in der Nähe der Thermopylen hielt, hatte bei den Thebanern für Ernüchterung gesorgt, und nach dem Angriff von 340 auf Byzanz, den Verbündeten Thebens, war der Argwohn gewachsen. Eine Allianz Theben–Athen hatte Philipp seit je gefürchtet. Doch im August des Jahres 338 schlug er die vereinten Truppen Thebens und Athens in der Schlacht von Chaironeia. Es war sein berühmtester Sieg, aber der griechischen Freiheit wurde er zum Verhängnis.

Die diplomatischen Umtriebe und die Konflikte der Jahre 348 bis 338 üben bis heute ihre Faszination aus, und ihre Folgen waren ein Wendepunkt für die griechischen Stadtstaaten und deren Fundament, die griechische Freiheit. Nach dem Sieg von 338 bewies Philipp den Athenern ostentativ seinen Respekt – die Stadt hatte noch immer ihre uneinnehmbaren Langen Mauern –, fasste Theben allerdings weit härter an. Es folgte die Kampfansage an das Perserreich, die Philipp von langer Hand, mindestens aber seit Ende der 350er Jahre geplant hatte. Angebliches Ziel dieses Krieges war die »Bestrafung der persischen Untaten von 480«, vor allem der Brandschatzung der Tempel in

18 PHILIPP VON MAKEDONIEN

Athen, und die »Befreiung« der griechischen Städte in Kleinasien. Im Jahr 338/37 erzwang Philipp einen Frieden und eine Allianz und bot vor dem Aufbruch nach Osten seinen griechischen Verbündeten die »Freiheit« an, ein Angebot, das viele von ihnen, die seinen wahren Zielen misstrauten, mit Zögern und Skepsis aufnahmen.

Für seinen Feldzug nach Asien rief Philipp werbewirksam die Geschichte der großen panhellenischen Zeit von 481 bis 465 in Erinnerung. Er schmiedete einen zweiten panhellenischen Bund, der wie sein Vorgänger Korinth zum Zentrum hatte. Sparta blieb diesmal zum hämischen Vergnügen seiner Feinde im Süden ausgeschlossen. In ihren Augen war eine »Freiheit« unter Philipps Aufsicht dem Risiko einer Wiedererstarkung Spartas weit vorzuziehen. Aus Athener Sicht grenzten berechnende Überlegungen dieser Art an Verrat, denn Philipps panhellenische Allianz war weitaus restriktiver geregelt als ihre Vorgängerin in den 470er Jahren, die von Athen zur See und von Sparta zu Land angeführt worden war. Streng verboten waren in den Städten der Mitglieder sowohl Veränderungen am politischen System als auch die bedrohlichen radikalen Zumutungen der Neuverteilung des Landes und der Schuldentilgung. Ein Rat von Deputierten war beauftragt, Streitigkeiten zwischen den Mitgliedstaaten zu schlichten, und damit blieb die alte griechische Praxis von Schlichtungsverfahren kraft eines eidlich beschworenen Vertrags gewahrt. Es waren aber auch Männer »zum Schutz der allgemeinen Sicherheit« bestellt, eine bewusst vage euphemistische Bezeichnung für Philipps eigene Leute, wahrscheinlich seine Generäle und die Armee, die er in Griechenland zurückließ.[6] Rebellierende Staaten wurden dagegen nach eigenem Gutdünken des makedonischen Anführers bestraft.

Philipps bemerkenswerte Erfolge waren mehrheitlich auf Bluff und Versprechungen gegründet, die raffiniert im Kostüm der Diplomatie auftraten. An die Athener richtete er Briefe voll vager Zusicherungen, irreführender Selbstrechtfertigung und später auch tendenziöser Geschichtsdarstellungen. Nie zuvor hatte ein einziger griechischer Staat einem anderen unaufgefordert so viele Kommuniqués übermittelt. Hinter den schönen Worten stand Philipps zunehmend unerreichbare militärische Stärke. Er hatte Makedoniens Grenzen erweitert und verfügte somit über die Ressourcen eines neu vereinigten Königreichs, dessen Truppenstärke die der Athener weit hinter sich ließ. Außerdem vergrößerte er die Reiterei um ein Vielfaches, indem er Makedonen, seine künftigen Kavalleristen, auf üppigen neuen Weiden in den Feuchtgebieten ansiedelte, die er an seiner Ostgrenze eroberte. Er füllte die Ställe des Königreichs mit neuen Pferderassen und verbesserte dadurch sogar die Kraft seiner Schlachtrosse.

Gegen Ende seiner Regierungszeit war seine Kavallerie, die mit langen Lanzen angriff, über 5000 Mann stark – das Fünffache dessen, was für ihre Anfänge belegt ist. An seinen Grenzen im Nordwesten und im Osten annektierte Philipp darüber hinaus leicht auszubeutende Gold- und Silberminen. Schon Funde aus dem Makedonien vor der Regierungszeit Philipps sind archäologisch bemerkenswert, weil sie eine ungewöhnliche Menge von Goldobjekten enthalten, ein Luxus, der die Goldfunde im übrigen Griechenland weit übersteigt. Die neuen Minen erhöhten diesen Glanz und veränderten die ökonomische Basis des Reiches. Ihre Wirkung war bald in Philipps superber neuer Münzprägung zu sehen, den ersten Goldstücken, die ein griechischer Monarch in Umlauf brachte. Sie erwiesen sich als eines der langlebigen Andenken an Philipps Herrschaft; in *Second-hand*-Kopien überdauerten sie unter europäischen Barbaren und waren noch lange nach seinem Tod im fernen westlichen Gallien in Gebrauch.

Andere Denkmäler hat Philipp sich in seinen Städten und seinen Neuerungen der sozialen und militärischen Ordnung Makedoniens geschaffen. An den Grenzen des Königreichs wurden verschiedene »Städte Philipps« gegründet, Vorboten der vielen Alexandrias auf Weisung seines Sohnes. Einige reihten sich an Flussufern im modernen Bulgarien, wo Plovdiv (griech. Philippopolis) seinen Namen noch heute lebendig hält. Die neuen Städte festigten seine Grenzen und die eroberten Gebiete, während Truppeneinheiten auf der Basis einer neuen sozialen Ordnung diese nun ausgeglichener strukturierte Armee enger an den König banden. Eine große Truppe von 3000 Königlichen Schildträgern, eine Erfindung des Königs, schloss eine trainierte Einheit Königlicher Waffenbrüder zu Fuß mit der vergrößerten Kavallerie der Waffenbrüder zusammen, die an beiden Flügeln der flexiblen Heeresformation ritten. Mit diesen neuen Ehrentiteln wurden Rekruten im Dienst des Königs ausgezeichnet. Als Kommandanten ihrer Einheiten dienten zwar noch immer Vertreter des heimischen Adels, aber sie waren jetzt trainiert und zu einer einzigen königlichen Streitmacht verschmolzen. Das Symbol der Waffenbrüder zu Fuß war die lange, mit einem Eisensporn verstärkte Lanze *(sarissa)* aus dem Holz der Kornelkische; sie wurde mit beiden Händen gehalten und erreichte eine Länge von fast fünf Metern. Philipp hatte über militärische Taktik offenkundig intensiv nachgedacht und entwarf eine neue Musterarmee, die eine ungewöhnlich vielfältige und doch ausgewogene Einheit bildete.

Wohlgemerkt band Philipp diese Armee an die Person des Königs, ohne irgendeines seiner monarchischen Rechte aufzugeben. In den benachbarten Monarchien dagegen war die Macht des Königs durch Räte und Magistrate eingeschränkt worden. Philipp blieb ein Selbstherrscher, der von seinem Erfolg und dem Talent getragen wurde, Geschenke zu machen und seine Soldaten mit erobertem Land zu belehnen. Ein makedonischer König hatte sich durch Mut und große Taten auszuzeichnen. Sein Volk stand unbeirrbar loyal zur Monarchie, die sehr viel länger überlebte als Athens Demokratie, doch konnte es dem Adel jederzeit einfallen, sich für die Rolle des Königs eine andere Besetzung zu wünschen. Philipp musste neben allem Charme und diplomatischem Geschick ein großer Krieger und ein großer Jäger sein, ein großzügiger Geber und trinkfester Zecher. Diese Seiten des Mannes machten den makedonischen Führer aus und erregten die Bewunderung des Hofes. Also kämpfte Philipp in eigener Person an vorderster Front, um nach gewonnener Schlacht zu Pferd die unermüdliche Verfolgungsjagd nach den flüchtigen Anführern des Feindes aufzunehmen. Seine übrigen bekannten Fähigkeiten lassen sich heute sogar durch die Archäologie anschaulich belegen. Die großartigen Malereien im königlichen Doppelgrab von Vergina zeigen den König, wie er mit seinen Edelknaben und (wie anzunehmen ist) seinem Sohn Alexander einen Löwen erlegt – das Raubtier war damals im heimatlichen Makedonien und in den Grenzregionen noch anzutreffen. Sogar Jagdhunde mit furchterregend kantigen Kinnladen sind abgebildet. Rotwild, Bären und Keiler sind als Beute der Makedonen im direkten Gegenüber dargestellt. Auch Schild und Diwan, die prächtigen zeremoniellen Requisiten in Philipps Grabkammer, sind mit Szenen von schwungvollen Beutekämpfen berittener Jäger geschmückt. Zu den Grabbeigaben gehörte ein goldener Pfeilkasten der Art, wie man sie im barbarischen Skythien kannte, zweifellos ein Geschenk an Philipp, eine der Gaben, wie er sie selbst zu präsentieren liebte. Eine stattliche Ansammlung silberner Trinkbecher, großer Krüge und Behälter, teils schön verziert, zeugen von der Beliebtheit der Zechgelage, die bei Festen auf den Ruhebetten in Philipps Palasträumen gefeiert wurden.

Philipp glänzte in all diesen Künsten und erwarb sich damit Loyalität. Innerhalb Makedoniens hatte er seine Berater, vor allem seine adligen Waffenbrüder, doch fehlte eine formelle Verfassung. Im Königtum ging immer noch er, der Monarch, in Person auf Klagen und Petitionen ein und fällte die Gerichtsurteile. Dieses Verfahren persönlicher Rechtsprechung sollte in den nachfolgenden Monarchien über 300 Jahre seine Geltung behalten; später wurde es über 500 Jahre lang von römischen Kaisern ausgeübt. Ins öffentliche Bewusstsein aber trat es zum ersten Mal mit König Philipp in Griechenland. Vielleicht kam Kaiser Hadrian die Geschichte zu Ohren, die von einer alten Frau berichtet: Sie habe sich ihm während einer seiner Reisen genähert und um

Gerechtigkeit gebeten, worauf Hadrian sie kurz beschied: »Sei gefälligst still!« »Dann sei du gefälligst kein Kaiser«, gab sie scharf zurück, und Hadrian ließ sich gefälligst herbei, sie anzuhören.[7] Dass diese Geschichte schon mit dem Namen mehrerer Herrscher vor ihm in Verbindung gebracht worden war, konnte Hadrian allerdings nicht wissen. Zum ersten Mal erzählt wurde sie mit Fug und Recht über Philipp von Makedonien.

19
DIE ZWEI PHILOSOPHEN

Platon pflegte Aristoteles »das Fohlen« zu nennen. Was meinte er mit diesem Namen? Es war eindeutig bekannt, dass Fohlen ihre Mütter treten, wenn sie genug Milch getrunken haben.
            Aelian, VARIA HISTORIA 4,9 (um 210 n. Chr.)

So tadelt denn Aristoteles die alten Philosophen, die gemeint hätten, die Philosophie sei durch ihre Leistung vollendet, und erklärt, sie müssten entweder sehr töricht oder sehr selbstbewusst gewesen sein; da aber nun in wenigen Jahren ein großer Fortschritt erzielt worden sei, so sehe er voraus, dass in kurzer Zeit die ganze Philosophie vollendet sein würde.
            CICERO, GESPRÄCHE IN TUSCULUM 3,28,69 (Übers. O. Gigon)

König Philipp II. von Makedonien sollte sich – neben Octavian/Augustus – als eine der beiden großen politischen Gründerfiguren des klassischen Altertums erweisen, und seine Laufbahn fiel darüber hinaus in die Lebenszeit zweier Männer, die ohne jeden Zweifel die bedeutendsten Denker dieser Epoche waren: Platon und sein Schüler Aristoteles. Platon wirkte in der Umgebung der »Akademie«, der Athener Kultstätte des mythischen Helden Akademos; er scheint weder ein Honorar erhalten noch regelmäßig in geschlossenen Räumen gelehrt zu haben. Aristoteles diskutierte im ehemals von Sokrates bevorzugten Lyzeum *(lykeion),* einer Schul- und Sportstätte, die nach dem nahe gelegenen Tempelheiligtum des Apollon Lykeios benannt war. Seine Schüler wurden als Peripatetiker bekannt, nach dem griechischen Wort für einen Wandelgang mit Säulen. Beide Schulen bestanden weitere 800 Jahre lang, und die Gedankenwelt ihrer Gründer wurde in den nachfolgenden Jahrhunderten im europäischen Abendland neu belebt. In meinem College in Oxford lehrt und studiert man die aristotelische Philosophie seit mehr als 625 Jahren.

Beide Philosophen standen in Beziehung zu den mächtigsten griechischen Herrschern ihrer Zeit. Platon besuchte Sizilien, um am Hof zweier Syrakusaner Tyrannen, des Dionysios und seines Sohnes und Nachfolgers gleichen

Namens, zu lehren und Gespräche zu führen. Eine spätere Veröffentlichung seiner Gedanken wird dem jüngeren Dionysios zugeschrieben, was von Platons Schülern prompt bestritten wurde. Nach seinem Studium bei Platon in Athen lebte Aristoteles eine Zeitlang am Hof des Dynasten Hermias im Nordwesten Kleinasiens, der einen Kreis philosophischer Gefährten um sich geschart hatte und von seinem Besucher in einer überschwänglichen Hymne gepriesen wurde. Anschließend reiste er nach Makedonien weiter, wo sein Vater am Hof des Königs als Arzt gewirkt hatte. Im Jahr 343/2 war er ausgewählt worden, Philipps Sohn Alexander zu unterrichten – der vielschichtigste Geist der Welt als Lehrer des Jünglings, der bald ihr größter Eroberer werden sollte. Als Alexander den Thron übernahm, kehrte Aristoteles nach Athen zurück und war dort weitere 13 Jahre als philosophischer Lehrer tätig.

Platon, der ältere von beiden, wurde 427 v. Chr. geboren und starb 348 im Alter von fast 80 Jahren. Er war auch der bessere Schriftsteller – nach meinem Ermessen ist er der bedeutendste Prosaist der Weltliteratur. Seine Familie gehörte der Athener Oberschicht an, und er war nicht der Jüngste unter seinen Standesgenossen, die darauf hofften, ja insgeheim darauf hinarbeiteten, dass es mit der Demokratie eines schönen Tages zu Ende gehen würde. Er war Starschüler des Sokrates, dessen Fragen nach ethischen Begriffen und nach der Möglichkeit der Erkenntnis und Selbsterkenntnis die frühen Dialoge des jungen Platon stark beeinflussten. Sokrates' Hinrichtung und die Erfahrung der Mehrheitsregel (»Pöbelherrschaft«) waren kaum geeignet, Platon für die Demokratie zu gewinnen. Eine Demokratie, schrieb er später, »ist eine liebenswürdige, anarchische und vielseitige Verfassung«, die »beiden, den Gleichen und den Ungleichen, eine Art Gleichheit« zuteil werden lässt: Platon verabscheute sie.[1]

Nicht nur in der Politik stand Platon im Widerspruch zum Meinungstrend im demokratischen Athen seiner Mitbürger. Seine Philosophie war auf einen radikalen Gegensatz gegründet: Er unterschied die Welt der – für uns »wirklichen« – Erscheinungen von einer »Wirklichkeit«, die sich nur dem Philosophen und diesem nur nach mehr als fünfzehnjähriger Vorbereitung und Einübung erschließt. Vielleicht versuchten sich Platon und seine Schüler tatsächlich an einer Klassifizierung der natürlichen Welt (wofür uns als bester Beweis lediglich eine Komödie vorliegt, die sie der Lächerlichkeit preisgibt), doch eigentliche Empiriker waren sie nicht. Bewunderung brachten sie vor allem den noch relativ jungen Wissenschaften Mathematik und Astronomie entgegen, zu deren Entwicklung Platon selbst allerdings keinen bleibenden Beitrag leistete. Platon geht davon aus, dass die Seele eine eigene Existenz außerhalb des menschlichen Körpers besitzt, dass sie beim Eingehen in den Körper ein Wissen aus einer früheren Existenz mitbringt, die wir uns dann ins Gedächtnis »zurückrufen«, und dass die Seelen nach dem körperlichen Tod Strafen und eine neuerliche Existenz zu gewärtigen haben. Unsterblich hat ihn seine Lehre von den Ideen gemacht, deren höchste eine rätselhafte »Idee des Guten« ist, über die er zu dozieren wusste, ohne darüber einen zusammenhängenden Text vorzulegen. Diese Ideen sind als ideale Urbilder vorgestellt, die in der Welt, die wir ganz irrig die »wirkliche« nennen, das Wesen der Dinge (Betten, Hunde, sogar Pferde) und Eigenschaften (Gerechtigkeit, Tugend, Weisheit) bilden. Wie das Allgemeine zum Besonderen repräsentieren sie die Idee der Tugend oder die Idee eines Hundes, die in unserer Welt zur konkreten Existenz gelangt.

Daneben beschäftigte sich Platon wiederholt mit Fragen des Wissens, des Glaubens und der Begründung. Was bedeutet es, etwas zu »wissen«? Setzt es die Kenntnis der Definition des Gewussten voraus? Was unterscheidet Wissen von einer zutreffenden Ansicht? Worin besteht der moralische Wert der Selbsterkenntnis, und ist sie wirklich Erkenntnis, wenn ihr Gegenstand nicht ein Objekt außerhalb des Subjekts ist? Ist Tugend mit einer der Fertigkeiten zu vergleichen, wie sie sachkundigen Handwerkern zu Gebote stehen? Diese und weitere hochdifferenzierte Fragen liegen einigen seiner Dialoge zugrunde, die von Philosophen nach wie vor für die anregendsten Zeugnisse seines Denkens gehalten werden und in seinen späten Meisterwerken, dem *Theaitetos* und dem *Sophistes*, ihren Höhepunkt erreichen. Sogar die eigene schwierige Ideenlehre unterzog Platon der Kritik, dies vor allem in seinem bemerkenswerten Dialog *Parmenides*, wo er bemängelt, dass sie zu einem infiniten Regress führe, und sein berühmtes »Argument des Dritten« darlegt. Namentlich in den früheren Dialogen hält Platon den eigenen Standpunkt hinter der bewusst gewählten Dialogform verborgen. Eifrige junge Opponenten lassen sich in diesen Gesprächen auf Kontroversen mit Platons Version des Sokrates ein, der sie manchmal mit Argumenten verblüfft, die uns wenig überzeugend erscheinen. Einer Deutung zufolge verstand Platon diese Dialoge als Denkübung für seine Leser, wenn er sie in Argumentationen verstrickt, deren Gültigkeit er selbst verneint. Dieser Prozess verhilft uns zu geistiger Beweglichkeit und bereitet damit auf Weiterführendes vor. Fest steht, dass Platon in den Anschauungen der Dialogpartner nicht die eigenen darstellt. Der Gebrauch der Dialogform und die langwährende Entwicklung seiner Werke über die Zeit von etwa 40 Jahren verbieten es, ihre Ideen in ein System zu pressen und es das »platonische« zu nennen. Antike Leser taten später genau das mit der Versicherung, nichts Neues hinzuzufügen. Der Neuplatonismus steht in radikalem Widerspruch zu vielem, was Platon erörtert hatte.

In den späteren Dialogen verschwindet der fragende und provozierende Sokrates und mit ihm seine Ironie. Die sokratische Methode wird zu einer langen Abhandlung von Sokrates oder einem Protagonisten, dem ein überwältigter Gesprächspartner nur noch zahm entgegnen kann: »Wie nicht, o Sokrates?« Einige ungewöhnliche Gedanken lässt Platon allerdings zur Sprache kommen. In seinem idealen Staat ist den Frauen ein Platz im Bildungssystem zugewiesen, und in seinem Spätwerk *Gesetze* gilt Strafe nicht nur als Vergeltung oder Abschreckung, sondern soll unter gewissen Umständen auch heilsam wirken. Doch spricht derselbe Platon absolut geringschätzig über die Frau und ihren inferioren Mangel an Vernunft. In seinen früheren Werken findet die Päderastie eine gewisse Zustimmung, doch seine *Gesetze* sind der erste bekannte Text eines griechischen Autors, in dem homosexuelle Beziehungen unter Männern als naturwidrig dargestellt werden.[2] Er besteht darauf, dass die Verbreitung atheistischer Anschauungen Maßregelung verlange, ihre zynische und betrügerische Verbreitung aber die Todesstrafe. Der Platon, der seinen Tutor durch die *Apologie*, die er postum in seinem Namen schreibt, so brillant zum eloquenten Märtyrer macht, wird zum Verkünder von Gesetzen, die Sokrates in eine Besserungsanstalt gebracht hätten.[3]

Platons Schriften kreisen immer wieder um die Frage, wie eine Regierung der »Besten« und damit ein gerechter Staat zu schaffen sei. So deutlich seine Stimme zeitgenössischen Anschauungen widersprach, so dringlich war die Frage selbst. Die Stadtstaaten und Bündnisse seiner Zeit waren von sozialen Konflikten und Kriegen um die Vorherrschaft zerrissen, die besonders akut auf Sizilien auftraten, das er nach dem Sturz seiner beiden Gastgeber, der despotischen Tyrannen, besucht hatte. Politische Freiheit war für Platon kein zentraler Wert. Die »Freiheit, nach eigenem Gefallen zu leben« missbilligte er; sie war ihm gleichbedeutend mit »Zügellosigkeit«, mit der unersättlichen Jagd nach Vergnügen und den Kennzeichen der Pöbelherrschaft. Sein idealer Staat, wie er ihn im *Staat* und in den *Gesetzen* entwirft, war bestimmt, den Bürgern das bestmögliche Leben zu verschaffen und sie selbst zu besseren Menschen zu machen. An der liberalen Vorstellung, dass die Einmischung dieses Staates ins Leben seiner Bürger zu begrenzen sei, lag ihm nichts; wer den Gesetzen gehorchte, wurde damit auch zwangsläufig zum guten Menschen.

Anders stand es mit dem Luxus. Wie einige Platonschüler sehr bald betonten, hatte die beherrschende Rolle des Luxus in den sizilischen Städten den Philosophen unangenehm überrascht und ihn veranlasst, mit Nachdruck auf die Notwendigkeit einer bescheidenen Lebensführung hinzuweisen. Schließlich war eine Facette des Sokratesbildes die Indifferenz gegenüber dem Vergnügen wie auch der Entbehrung. Das Thema hat Platon selbst stark hervorgehoben und auf das Leben politischer Gemeinwesen übertragen. Im *Staat* ist das Kennzeichen der unklug »entflammten« – allerdings attraktiven – Gesellschaft der Luxus, der ihr zusetzt wie eine Krankheit. Der Luxus der Ruhebetten, der Düfte und der Prostituierten lenkt sie vom Streben nach Gerechtigkeit ab, das sich auf Selbstkontrolle gründet. Platons Denken enthält eine durchgehend puritanische Note.

Im Brennpunkt jedoch steht die Gerechtigkeit. In den früheren Schriften fragt Sokrates einen jüngeren Dialogpartner häufig, was genau zum Beispiel Mut sei oder Frömmigkeit oder Wissen. Sehr oft bleibt die resultierende mentale Gymnastik ohne abschließendes Ergebnis. Doch etwas lernen wir: dass Gerechtigkeit vernunftbestimmtes Denken ist, das seinerseits aus Selbsterkenntnis hervorgeht und uns zu tugendhaftem Verhalten anderen gegenüber befähigt. Im *Staat* wird das Wesen der Gerechtigkeit dann zur zentralen Frage. Die Antwort ist ein Exkurs durch zehn Bücher und endet in einem großartigen Mythos, der die schwere Frage beantworten soll: Wozu überhaupt Gerechtigkeit? Er wird einem mysteriösen »Armenier Er« zugeschrieben und schildert das Schicksal der Seele nach dem Tod, die Zuweisung eines nächsten menschlichen Lebens, nachdem ein Urteil über ihr früheres ergangen ist. Die Frage: »Welchen Lohn erhält Gerechtigkeit?« im Unterschied zu einer Ungerechtigkeit, die auf Straflosigkeit hofft, wird in diesem Mythos so faszinierend wie unplausibel beantwortet. Die Definition der Gerechtigkeit ist im *Staat* auf die komplexe Idee des Werkes bezogen, nach der ein dreiteiliges Wesen der Seele einem dreiteiligen Wesen des idealen Staates entspricht. Wenn jeder Teil mit den anderen um seines eigenen Wohles und des Gemeinwohles willen zusammenarbeitet, ergibt sich Gerechtigkeit.

Die Krux ist nur, dass Platons ideale Gemeinwesen den Lesern als potenziell höchst ungerecht erscheinen. Dem *Staat* liegt die Annahme zugrunde, dass das beste Gemeinwesen von den Besten regiert wird, die ihrer verantwortungsvollen Aufgabe entsprechend vorbereitet und ausgewählt werden. Drei Klassen bilden die Gesellschaft: die Arbeiter, die Krieger und die Philosophen als Regierende. Für jede Klasse werden die Bürger ausgewählt, doch nur die Herrscher durchlaufen eine sehr lange philosophische Ausbildung, die in der Fähigkeit gipfelt, die Ideen und die höchste Idee, das Gute, zu erkennen. Ohne jede Überprüfung oder Rechenschaftspflicht oder ein Mehrheitsvotum werden sie dann umstandslos alle anderen beherrschen. Später, in den *Gesetzen*, kommt Platon dann allerdings doch zu der Einsicht, dass sogar Herrscher vielleicht einige Gesetze brauchen, denen sie selbst gehorchen müssen. Hier wiederum sehen wir das Problem, dass die Gesetze, die sein langer Dialog konstruiert, überaus diktatorisch und repressiv sind. Kein zurechnungsfähiger griechischer Zeitgenosse Platons hätte auch nur einen Moment lang angenommen, dieses Gemeinwesen sei das »gerechte«, in dem er leben sollte. Schon im *Staat* waren mit höflichem Bedauern die Künstler, Dichter und selbst der »trügerische« Homer aus seinen Grenzen verbannt worden. Alle Güter sollten Gemeinbesitz sein, darunter die Frauen – eine Vorstellung, die Aristophanes schon in den 390er Jahren auf höchst vergnügliche Weise dem Spott preisgegeben hatte; meines Erachtens hatte er schon sehr früh von Platons keimenden Gedanken zu diesem Thema Kenntnis erlangt. In den *Gesetzen* wird diese Repression dann vervielfacht. Dort wird eine »Nächtliche Versammlung« als Wache über die Gesetze vorgeschlagen (die allerdings in Venedig zur Zeit der Renaissance Nachahmung fand) und die Religion zur Einschüchterung verwendet, um die Bürger vom Geschlechtsverkehr abzuschrecken.

Platons Schüler Aristoteles wurde 384 v. Chr., über 40 Jahre also nach seinem späteren Lehrer, im nordgriechischen Stageira geboren; er starb im Jahr 322. Als Schüler Platons von diesem geprägt, übernahm er zum Teil seine Methode, war allerdings weit mehr der Empiriker, der als brillanter analytischer Denker eine Logik und Kategorienlehre entwickelte, und behielt weit mehr auch herkömmliches Alltagswissen im Blick, das nicht auszutilgen, sondern intellektuell zu stützen sei. Beharrlich wies er gegenüber umfassenden Verallgemeinerungen auf die Geltung von Ausnahmen und Sonderfällen hin. Ganz Empiriker, erschließt er sich ausgedehnte Bereiche, und sein geistiger Horizont beeindruckt selbst neben dem Platons durch seine historisch einmalige Vielfalt. Die Philosophen bewundern seine Lehre der logischen Grundgesetze, darunter seine Erörterung von »Subjekt« und »Prädikat«, sowie seine herausragenden Schriften über die Ethik. Einige seiner wichtigsten Ideen sind heute überholt, so seine Gedanken über die Wahrnehmung oder die durchdringende »Entelechie« in der Biologie, während andere fraglos hochgespielt werden, seine Unterscheidung zwischen dem »Möglichen« und dem »Wirklichen« etwa, seine vier verschiedenen Kategorien von Ursachen – Material-, Form-, Bewegungs- und Finalursache – oder seine schwer fassbaren Darlegungen zu den Substanzen. Die kritische und instruktive Anwendung des Syllogismus allerdings, mit der er sie diskutiert, ist immens lehrreich.

Doch Aristoteles betrieb nicht nur Philosophie um ihrer selbst willen; sein theoretisches Interesse erstreckte sich auf die politische Theorie, auf die Dichtung, insbesondere das Drama, und sogar auf die Verfassungen von 158 verschiedenen griechischen Staaten, ein Unternehmen von gewaltigem Ausmaß, das sicherlich von Forschungsteams seiner Schüler Gebrauch machte. Er schrieb über das Wetter, *Über Kolonien* (für seinen Schüler Alexander), über den Körperbau von Tieren oder auch über Rhetorik. Er stellte sogar chronologische Listen über die Sieger der großen griechischen Spiele zusammen. Der Umfang seines wissenschaftlichen Blickfelds ist erstaunlich. Seine Abhandlungen über Einzelthemen folgen nicht den deduktiven Methoden seiner hochabstrakten Ausführungen über die Logik, doch besagt die grundlegende Methode, dass man alle diese Formen des Wissens, richtig verstanden und soweit es zweckmäßig ist, logischem und axiomatischem Denken unterwerfen kann.

Bei alldem ist Aristoteles jedoch auch zu einigen beruhigend profanen oder unzutreffenden Überzeugungen fähig. Er nimmt an, dass ein Kunstwerk dann Vergnügen macht, wenn es dem dargestellten Gegenstand ähnlich ist. Zu einem guten Drama gehören in seiner recht einfachen Darstellung: ein Irrtum (kein »moralischer Defekt«), eine Umkehr des Geschicks und als Höhepunkt eine Wiedererkennung. Pinter und Beckett hätte er verabscheut, gefallen würde ihm dagegen die moderne Definition des guten Romans unter dem Stichwort: »Was kommt dann?« Er setzte allzu viel Vertrauen in die anscheinend echten Dokumente, die er in der uns am besten bekannten seiner »Verfassungen« – derjenigen Athens – benutzte: Sie waren häufig gefälscht. Seine Theorien des Wechsels und der zu erstrebenden »Mitte« zwischen den Extremen verzerrten seine Optik der frühen griechischen Geschichte. Wie Platon verstand er die politischen Auseinandersetzungen der archaischen Vergangenheit in horizontalen Begriffen, als Konflikte zwischen Klassen. Platon und er selbst hatten miterlebt, wie sich solche Konflikte auf Sizilien abspielten. Für die Vergangenheit wäre ein vertikales Modell von Konflikten zwischen mächtigen Männern, unterstützt von ihrer Gefolgschaft, generell adäquater gewesen. Doch sogar seine Mängel sind anregend. Wie Platon glaubte er an eine frühere, untergegangene Kultur – für Platon war es das imaginäre »Atlantis« und auch für Aristoteles eine Welt vor einer großen Flut. Der Regen habe eine alte Kultur in den Ebenen fortgespült, doch in den Bergen habe ein kleiner Rest ihres Volkes überlebt und die »Weisheit der Alten« bewahrt, die dann von den einfachen Bauern und Hirten allmählich zur Form der Mythen entstellt worden sei.[4] Hätte Aristoteles einen modernen Hirten oder Förster getroffen, wäre ihm die Erkenntnis nicht erspart geblieben, dass die »Weisheit der Alten« sexistisch und rassistisch war. Er glaubte jedoch auch, dass eine solche Flut sich wiederholen würde.

Von größtem Interesse für Nichtphilosophen sind seine Schriften über Biologie und Naturgeschichte. Diese Meisterwerke eingehender Beobachtung stammen aus den Jahren vor seiner Übersiedlung nach Makedonien, hauptsächlich aus der Zeit, die er auf der Insel Lesbos verbrachte. Mit seiner Physiologie liegt Aristoteles nicht immer richtig, und er hat zwar eine Vorstellung von einer Hierarchie der Arten, nicht aber von der Evolution. Doch seine Feldarbeit und seine Klassifizierungen sind atemberaubend und reichen von der meisterhaften Darstellung des Lebenszyklus eines Moskitos bis zu einem brillanten Versuch, den Tintenfisch zu verstehen, einschließlich der sexuellen Funktion der Tentakel, und ein paar scharfsinnigen Bemerkungen über Elefanten. Durch die makedonischen Eroberungen in Asien wurden diese Beobachtungen präziser, doch die Größe des Elefantenpenis oder die durchschnittliche Lebensdauer des Tieres blieben ihm unbekannt. Natürlich finden sich auch einige skurrile Schlussfolgerungen: Männer mit langem Penis seien, nahm Aristoteles an, weniger fruchtbar, denn ihr Sperma kühle sich ab, weil es sich weiter fortbewegen müsse. Im Ganzen aber ergibt sich ein großartiges Spektrum empirischen Denkens. Das Sperma der Äthiopier sei nicht etwa schwarz, wie einige Griechen glaubten, versichert er, und provoziert damit die Frage, wie er diese Behauptung wohl verifiziert habe.[5]

An den möglichen Auswirkungen des Luxus ist Aristoteles weniger interessiert als an der Hohlheit des Gelderwerbs um des Geldes willen. Für ihn besteht das gute und glückliche Leben in der »Tätigkeit der Seele im Einklang mit Vorzüglichkeit« und genügend – doch nicht mehr – »äußeren Gütern«. Freiheit beschäftigt ihn in seinen Werken über den idealen Staat, und er ist in dieser Hinsicht zweifellos weniger autoritär als Platon. Er stellt die extreme Demokratie zwar als das verwerfliche Bemühen dar, ein Leben ganz nach eigenem Gutdünken zu führen – eine Karikatur demokratischer Grundsätze –, akzeptiert aber das gute Prinzip, dass die Bürger regieren und ihrerseits regiert werden sollen. Und er begreift, dass der Staat eine Partnerschaft sein sollte, an der alle Bürger beteiligt sind, spricht sich aber aufgrund seiner Geringschätzung der ungebildeten und unvermögenden Massen – wozu er die Händler zählt – für eine Verfassung aus, die zwar Bauern und Krieger, nicht aber sämtliche ärmeren Bürger des Territoriums einschließt. Er war zu stark der Vorstellung einer »gemischten« Verfassung verhaftet, die Elemente der Demokratie und der Oligarchie enthalten sollte, einem unrealisierbaren Ideal bloßer Theoretiker, und glaubte außerdem, dass eine Verfassung, die zwischen zwei kontrastierenden Extremformen lag, gerechter sei, weil sie als »Mittelwert« zwischen beiden stehe. Er unterschätzte die Gerechtigkeit, die Verlässlichkeit und Ver-

nunft der demokratischen Athener, in deren Mitte er lebte, wich aber immerhin nicht so unangenehm davon ab wie Platon mit seinem Alternativvorschlag.
Berüchtigt sind seine Auffassungen von Sklaven und Frauen. Anonyme Denker, vermutlich aus dem Athen des Sokrates, hatten geleugnet, dass die Sklaverei eine »naturgegebene« Einrichtung sei. Aristoteles widersprach: Es gab Menschen, die »von Natur aus« Sklaven waren – unfähig zu Weitblick, Überlegung oder praktischer Vernunft. Es kommt vor, dass er von ihnen schreibt wie von Tieren. Die meisten Sklaven, die er in Athen sah, waren vermutlich nichtgriechische »Barbaren«, denen er eine naturgegebene Inferiorität zuschreibt. Er sagt ausdrücklich, die Existenz natürlicher Sklaven lasse sich theoretisch und experimentell beweisen.[6] Seine Überzeugung von der natürlichen Sklaverei stand seinen eigenen Argumenten in vielfacher Hinsicht ernsthaft im Wege, doch war sie nicht nur eine beiläufige Folgerung aus seinen Theorien zu Regierung oder Haushalt. Was er selbst erlebt und gesehen hatte, schien sie zu fordern, ebenso wie seine Wahrnehmung der Frauen den Anlass für sein Urteil abgab, sie seien mangelhafte Versionen des rationalen »Mannes der Polis«. Vor sich sah er ungebildete, irrationale Wesen, die in der Öffentlichkeit regelmäßig als Wehklagende auftraten. Er konzediert den Frauen zwar Spuren von Verstandeskraft, doch diese seien schwach und »ohne sichere Glaubwürdigkeit«.[7] Für Barbaren und Frauen war Freiheit folglich ein durch und durch unangebrachter Status.

Gerechtigkeit ist für Aristoteles die Tugend schlechthin, ist das Wesen der Tugend, und wie bei Platon steht sie im Brennpunkt der Ethik und der politischen Theorie. Er unterscheidet mehrere Arten von Gerechtigkeit und sagt zwar seltsamerweise nichts über eine Gerechtigkeit in Straffällen, behandelt aber ausdrücklich die Vorstellungen von »Gleichheit« und Fairness. Wenn die Herrscher eines Staates sich gegenüber den Beherrschten ungerecht zeigen, so legt er dar, werden Unruhen in der Bevölkerung das Ergebnis sein; wir haben alle den gleichen Anspruch auf Gerechtigkeit, doch Gerechtigkeit bedeutet nicht unbedingt den Anspruch auf den gleichen Anteil. Für Aristoteles wird Gerechtigkeit in distributiver Form entsprechend dem »Wert« des Empfängers erteilt. Diese Vorstellung einer proportionalen Gerechtigkeit entspricht in keiner Weise einer Gerechtigkeit, die allen Bürgern den gleichen Anteil zukommen lässt – der Gerechtigkeit also, auf der die Athener Demokratie beruhte.

In Platons *Staat* beklagt sich ein Gesprächspartner, Adeimantos, bei Sokrates, die meisten Philosophen seien seltsame Käuze und sogar bösartig und selbst die besten unter ihnen erwiesen sich in der Staatsführung als unbrauchbar. Platon und Aristoteles zogen Schüler und Hörer in Scharen an: Hatte ihre Lehrtätigkeit praktische politische Auswirkungen? Es geht hier nicht darum, dass Platons *Gesetze* durch und durch unpraktisch sind und kein Staat sie überleben würde, nicht einmal ein Kleinstaat, dessen Bevölkerung sich auf Platons Idealzahl von 5040 Bürgern mit Grundbesitz beschränkte. Wichtiger ist, dass Platon, wie berichtet wurde, tatsächlich versucht haben soll, im Lauf seiner insgesamt drei Besuche bei den herrschenden Tyrannen Siziliens seine Philosophie zur praktischen Grundlage der Reform eines realen Staatswesens zu machen. Die Erfahrungen am Hof des harschen älteren Tyrannen Dionysios dürften das eindrückliche Bild des unersättlichen »tyrannischen« Mannes geprägt haben, das er in seinem nachfolgenden Werk, dem *Staat*, entwirft. Sein Projekt sah vor, dass der Staat nach den »besten Gesetzen« regiert werde: Der übermäßige Luxus der Syrakusaner Bürger sollte beschnitten werden, und der Herrscher, der Tyrann von Syrakus, sollte sich wie einer der Philosophen-Könige Platons auf die Philosophie verpflichten. Von diesen Versuchen wissen wir aus dem bemerkenswerten *Siebten Brief*, bei dem es sich eindeutig um eine Platon zugeschriebene Fiktion handelt, die aber zweifellos aus der Hand eines seiner Schüler stammt. Die Schrift wurde kurz nach seinem Tod offensichtlich in apologetischer Absicht verfasst, denn sie versucht Platons wiederholte Besuche in dieser brutalen Tyrannis zu erklären und ihm als Verdienst anzurechnen, dass er hohe Erwartungen in den berüchtigten Dion, den Onkel des jüngeren Dionysios, setzte. Angeblich sei Dion zunächst für Platons Reformprojekt gewonnen worden, dann jedoch unter dem Einfluss falscher Freunde auf Abwege geraten. Tatsache ist, dass er in der Zeit seiner Machtausübung in den 350er Jahren ein Herrscher von gnadenloser Härte war, dass er einen politischen Zeitgenossen ermordete, was der Brief beschönigt, dass er Platon wahrscheinlich benutzte, um sein Vermögen vor der Konfiszierung durch den Tyrannen zu retten, und dass er durch einen besonders schrecklichen Athener ermordet wurde, der, man höre und staune, seinerseits zu den Schülern Platons in der Akademie gehörte. Ein kommender Philosophen-König war hier nicht zu erwarten.

Der Wille zur praktischen Anwendung und Reform ist Platon dennoch nicht abzusprechen, und sein Interesse am Gesetz und sein Abscheu vor jeder Tyrannei sind gerechterweise anzuerkennen. In späteren Quellen werden ihm zahlreiche Schüler zugeschrieben, die wie er gebeten wurden, sich an der Ausarbeitung von Gesetzen für Stadtstaaten zu beteiligen, doch eine Mitarbeit ist in keinem Fall bezeugt. Einigen wird auch attestiert, gegen herrschende Tyrannen aufgetreten zu sein, sie sogar getötet zu haben. Diese Berichte über politische

Aktionen könnten der Wahrheit entsprechen. Zwei von Platons ehemaligen Hörern brachten 359 v. Chr. Kotys, den despotischen König von Thrakien, zu Tode, und ein anderer soll sechs Jahre später in Herakleia an der Südküste des Schwarzen Meeres Klearchos, einen griechischen Tyrannen bemerkenswerter Art, getötet haben.[8] Auch dem Aristoteles-Schüler Kallisthenes wurden Rebellenaktivitäten nachgesagt – er soll ein Komplott gegen den »tyrannischen« Alexander unterstützt haben. Es gibt mehrere Berichte über derartige Aktionen, doch die Akademie rief nicht zu politischen Morden auf, und wir wissen nicht, inwieweit diese verschiedenen Persönlichkeiten von philosophischen Grundsätzen angetrieben wurden. Sollten solche Motive wirksam gewesen sein, dann nicht auf Platons Weisung.

Die fatalere Seite seines Vermächtnisses zeigte sich unmittelbar nach Platons Tod. Uns liegt ein abstoßender Brief vor, der Speusippos, Platons Nachfolger an der Akademie, zugeschrieben wird und an Philipp von Makedonien gerichtet ist. Dem Makedonen wird darin mit glatten Worten versichert, dass er mit seiner gewaltsamen Eroberung griechischen Stadtterritoriums im Norden nur »sein Eigenes«, sein Erbe, in Anspruch nehme, was mit einigen höchst dubiosen Verweisen auf die alten griechischen Mythen belegt wird. Der Brief greift diplomatische Fragen des Tages auf und zeigt sich gut unterrichtet. Er liest sich wie eine unverfälschte Schmeichelei an die Adresse des größten Feindes der griechischen Freiheit in den Jahren 343/2 v. Chr. Und er ist ein deutliches Warnsignal vor Philosophen in der Außenpolitik.

Es heißt auch, ein Platon-Schüler habe dem König vor seiner Thronbesteigung geholfen, die Herrschaft in Makedonien zu erlangen. Mehr ist uns darüber nicht bekannt, allerdings wissen wir, dass im Jahr 322, als die athenische Demokratie den siegreichen makedonischen Nachfolgern Alexanders ausgeliefert war, auch der Leiter der platonischen Akademie, Xenokrates, zu den Gesandten gehörte, die um schonende Behandlung des Stadtstaats bitten sollten. Und Xenokrates war ansässiger Ausländer, nicht einmal Bürger. Seine Ernennung stellte einen Wendepunkt dar; er war der Erste in einer Reihe von Philosophen, die in Zukunft als Botschafter eingesetzt wurden – zuvor hatte Athen in erster Linie Schauspieler geschickt. Die Wahl war zweifellos deshalb auf den Philosophen gefallen, weil die Akademie bei den makedonischen Tyrannen in so hohem Ansehen stand. Alexander selbst hatte Xenokrates begünstigt, der ihm vier Bücher *Über das Königtum* gewidmet hatte, die leider nicht erhalten sind.

Noch offensichtlicher ist ein ähnliches Engagement im Fall des Aristoteles. Er lebte von 342 bis 335 am makedonischen Hof und unterrichtete Alexander.

Vor seiner Ankunft hatte König Philipp Stageira, die Heimatstadt des Philosophen, in Schutt und Asche gelegt. Doch die Überlieferung, der zufolge Aristoteles den König dazu bewog, ihrem Wiederaufbau zuzustimmen, hat heute an Wahrscheinlichkeit gewonnen; Archäologen konnten auf dem Areal, wenn auch auf einer kleineren Fläche, neue Bauten aus der Zeit Philipps nachweisen. Vielleicht erhielt Aristoteles später vom rastlos umherziehenden Alexander auch Mittel und Materialien für seine Forschung. Sein Besuch wäre dann kein gänzlich überflüssiger Aufenthalt am Hof der Könige gewesen.

Aristoteles ging auch enge Beziehungen zu Philipps oberstem Feldherrn Antipater und vielleicht zu dessen Familie ein. Uns liegt ein Text seines Testaments vor, zu dessen Vollstrecker Antipater bestimmt ist. Er verfasste sogar ein Werk mit dem Titel *Gerechtfertigte Ansprüche*, vermutlich um Ansprüche der griechischen Staaten auf der Peloponnes zu unterstützen, nachdem Antipater dort die von den Spartanern angeführte Rebellion 331/30 niedergeschlagen hatte. Dass Aristoteles, der Freund prominenter Makedonen, gezwungen war, die Stadt zu verlassen, als sich die Athener nach dem Tod Alexanders gegen die Makedonen erhoben, ist verständlich. Er wurde in einem parteiischen Verfahren der Gottlosigkeit angeklagt, und so verließ er die Stadt mit den Worten, er wolle die Athener davor bewahren, »zweimal gegen die Philosophie zu sündigen« – die erste Sünde war das Urteil über Sokrates. Außerdem soll er gesagt haben, er gewinne »allein mit sich die Mythen lieber«.[9]

Er spielte mit Sicherheit eine Rolle für die unstillbare Neugier Alexanders, Asien kennenzulernen, das zu erobern der junge Heerführer aufgebrochen war. Seine Hauptrolle aber scheint die Weitergabe seiner verheerenden Geographiekenntnisse gewesen zu sein. Aristoteles glaubte, vom Hindukusch aus, den er wie andere seiner Zeit mit dem fernen Kaukasus verwechselte, seien die Grenzen der Welt zu sehen. Er war auch der Meinung, der Indus fließe im Bogen nach Ägypten und das moderne Marokko sei ein Nachbar Indiens, weil es in beiden Ländern Elefanten gebe. Dieses Bild der Welt kann den Entschluss des jungen Alexander, sie bis an ihre Grenzen zu erobern, nur verstärkt haben. Für Aristoteles lag unsere Welt im Zentrum des Universums, und die Feststellungen der Astronomen kamen dieser Sicht entgegen.[10]

Aristoteles' tatsächlicher politischer Einfluss setzte erst nach seinem Tod ein. Platons Bewunderung für den Sternenhimmel, das Universum und einen höchsten Gott wurden von den nachfolgenden philosophischen Schulen übernommen; er wurde damit zum Vater einer spezifischen Komponente der hellenistischen Religion. Die Nachfolger des Aristoteles dagegen setzten das systematische Studium der Gesetze und Staatsformen fort. Für die ersten ptolemäischen Herrscher im ägyptischen Alexandria könnte ihr Rat durchaus von Bedeutung gewesen sein, namentlich in Bezug auf das, was sie zu einer »Bibliothek«, einem »Museum« und zu königlichen Gesetzen zu sagen hatten. Mit Sicherheit beeinflussten die 158 lokalen Verfassungen des Philosophen einen der größten alexandrinischen Dichter, Kallimachos. Die unmittelbarste Wirkung aber ging von einem Schüler eines der ehemaligen Aristoteles-Adepten aus, von Demetrios aus Phaleron. Im Jahr 317 v. Chr. unterdrückten die Makedonen das Bemühen der Athener, die Demokratie wiederzubeleben, und verhalfen stattdessen jenem Demetrios zur Führungsrolle in einer restriktiven Oligarchie. Die Armen verloren ihre politischen Rechte, und den Reichen blieben künftig die Ausgaben für die Liturgien erspart. Demetrios erließ Gesetze zur Eindämmung des Luxus bei Grabmonumenten und unterstützte die Bestellung von »Inspektoren für Frauen«, zweifellos in der Absicht, weibliche Ausschweifungen einzudämmen, einschließlich der berüchtigten städtischen Prostitution. Sein Handeln war sehr wahrscheinlich ethisch begründet und an Aristoteles' Vorstellungen von Mäßigung und Zurückhaltung ausgerichtet. Später warf man ihm, was nicht ausbleiben konnte, seinen luxuriösen Lebensstil vor: dass er – wie man ihm nachsagte – Schminke und Blondierungsmittel benutzte und es duldete, dass ihm zu Ehren Statuen errichtet wurden – 360 sollen es gewesen sein. Zu seinen Freunden gehörten weitere Freunde des Aristoteles, und seine Eleganz und weltläufigen Gewohnheiten wusste er mit äußerster Höflichkeit und Gewandtheit zu verteidigen.[11] Seine Herrschaft währte zehn Jahre, doch als sie 307 v. Chr. zu Ende ging und die Demokratie zurückkehrte, begingen die Athener ihre Befreiung mit ekstatischen Jubelfeiern. Die Freiheit war zurück, und ein gewisser Sophokles schlug vor, den Philosophen sollte es in Zukunft verboten sein, in der Stadt zu lehren, es sei denn, die Demokratie erteile ihnen die Konzession.[12] Die Athener zeigten sich gnädig, aber der Vorschlag spricht für sich. Den Demokraten waren diese Philosophen-Freunde von Königen und Tyrannen samt ihren unerträglichen Begriffen von einem idealen Staat nichts als ein Greuel.

20
DIE ATHENER
IM 4. JAHRHUNDERT

Er ist der Mann, der eine kleine Leiter für seine Lieblingsdohle kauft, die er im Haus hält, und einen Bronzeschild macht, den die Dohle tragen kann, wenn sie auf der Leiter herumhüpft. Wenn er einen Ochsen geopfert hat, nagelt er den Schädel in seinem Haus direkt gegenüber dem Eingang an und bindet lange Bänder darum, damit jeder, der sein Haus betritt, sehen kann, dass er einen Ochsen geopfert hat. Und nach einem Umzug mit den Kavalleristen lässt er von seinem Sklaven alles nach Hause bringen, wirft aber seinen Mantel über die Schulter zurück und schreitet in Sporen über die Agora. Und wenn sein kleiner Malteser Hund stirbt, baut er ihm ein Denkmal, und wenn er ein kleines Grabzeichen errichtet hat, schreibt er darauf: »Kläffer (Kelados) aus Malta«.
   Theophrast, den Typus des selbstgefälligen Athener Kleinbürgers karikierend, CHARAKTERBILDER 21 (um 330–310 v. Chr.)

Dem idealen Staat am nächsten kam in der Welt der Antike nicht das Modell von Platon oder von Aristoteles, sondern der Staat der Athener, ihrer Zeitgenossen. Für uns ist dieser Staat – eine Sklavengesellschaft, in der etwa 80000 Mitmenschen nicht als Menschen, sondern als Gegenstände betrachtet und benutzt wurden – von einem Ideal weit entfernt. Auch für die idealen Staaten der Philosophen war Sklaverei naturgegeben. Doch ist Platon der Erste, der in seinen *Gesetzen* darauf hinweist, dass diese Einrichtung die Sklavenhalter moralisch verderben könnte.

Dennoch ist das Athen des 4. Jahrhunderts immer wieder völlig falsch beurteilt worden. Im Vergleich mit der ruhmvollen Zeit des Perikles galt es als dekadent, als apathisch im Vergleich zu Makedonien und wegen seiner anhaltenden Neigung zur Beherrschung anderer griechischer Stadtstaaten sogar als unsittlich. Jacob Burckhadt sah darin das Symptom eines allgemeineren politischen Niedergangs. »Überall«, schreibt er, »ist durch die Demokratie eine enorme Petulanz großgezogen worden.« Die Folgen seien in der »inneren Verachtung« der staatlichen Autorität ebenso sichtbar wie in allgemeiner Spottlust (Burckhardt war kein Freund der komödiantischen Darstellung lebender Persönlichkeiten), in Gesetzesverstößen, in der Verherrlichung vergangenen Ruhmes und in der zunehmenden Häufigkeit, mit der Söhne prominenter Männer missrieten.[1]

Gewiss war die Zahl der Athener geschrumpft. Durch die Verluste des langjährigen Krieges hatte sich die Bürgerschaft um etwa die Hälfte verringert, vielleicht bis auf rund 25 000 männliche Erwachsene im Jahr 403 v. Chr. Im Lauf des 4. Jahrhunderts erhöhte sich diese Zahl bis auf 30 000, lag aber immer noch weit unter den 50 000, die wir für die 440er Jahre annehmen. Erheblich geschrumpft waren auch die Finanzen. Dabei hatte sich entscheidend ausgewirkt, dass Athen im 4. Jahrhundert nicht mehr über die Abgaben aus dem früheren Seereich verfügte, die sich zeitweise auf mehr als 1000 Talente jährlich belaufen hatten. Die Tribute aus den Mitgliedstaaten des von Athen seit 377 wiederbelebten Seebunds waren geringer und die Gesamtsumme weit spärlicher. Auch die offizielle Schätzung des sichtbaren Eigentums reicher attischer Steuerzahler war gesunken. Die Steuerschätzung hatte um 430 vermutlich bei rund 10 000 Talenten gelegen; 378 lag sie bei knapp 6000.

Gleichwohl wahrte die dezimierte Bevölkerung in dieser Epoche der um sich greifenden Gewalt in den Städten und des Umbruchs eine bewundernswerte Stabilität. Die oligarchische Schreckensherrschaft, von der ihr Staat zweimal, im Jahre 411 nur kurz und 404/3 erneut betroffen war, blieb den Athenern des 4. Jahrhunderts unvergesslich. Noch in den 350er Jahren wurden Geschichten über die Ereignisse dieser Zeit von den Großvätern an die Enkel weitergegeben. Oligarchie war, wie ich es sehe, wenig mehr als eine rein spekulative Möglichkeit für ein paar unbeachtete Theoretiker: Als zweifach gebrannte Kinder scheuten die Athener endgültig davor zurück, selbst die Mitglieder der Oberschichtfamilien, die im 5. Jahrhundert für die Oligarchie eingetreten waren. Der von ihnen proklamierte neue Seebund mit seinen über 70 Mitgliedern verdankt den Erfolg seiner ersten etwa zwölf Jahre unter anderem der Tatsache, dass die Athener sich über fast 150 Jahre als die wahren Demokraten erwiesen hatten. Anderen Demokraten wurden sie zunehmend zu selbsternannten Freunden.

Die soziale und religiöse Infrastruktur des Stadtstaats war unversehrt. Der Kalender der kultischen Feste wurde ungeschmälert eingehalten und bildete den gesellschaftlichen Rahmen des Jahres. Eine sogenannte religiöse Krise gab es nicht, am wenigsten eine vom sokratischen Skeptizismus provozierte. Das Bürgerrecht hing noch immer von einem Vater und einer Mutter rein athenischer Herkunft ab, und Ausnahmeregelungen für Ausländer waren nach wie vor sehr selten. Selbst die Inschriften für attische Bürger auf den Grabsteinen behielten ihre zurückhaltend einfache Form. Noch immer nahmen die Phratrien die jungen Bürger – nach der Beglaubigung – in ihre Reihen auf; die Demen hielten weiterhin ihre lokalen Versammlungen und Kultfeste ab und banden die Bürger, wie Kleisthenes es vorgesehen hatte, an eine der zehn Phylen. Dem wechselnden Bestand der Bevölkerung entsprechend, wurde die Zahl der Jahresräte, die jeder Demos zu wählen hatte, laufend angepasst. Unverändert blieb die erbliche Zugehörigkeit einer Familie zu ihrem Demos; jedes Demenmitglied trug sie im Namen *(demotikon)*, der noch in den 330er Jahren auf den Ort verwies, an dem ihre Ahnen im Jahr 508 in die Bürgerliste aufgenommen worden waren. Auch die Erbschaftsgesetze hatten sich in derselben Form erhalten, in der Solon sie ursprünglich niedergeschrieben hatte. Die Restriktionen für die freie Eheschließung einer athenischen Erbin waren nie gelockert worden, mochten die Komödiendichter des späteren 4. Jahrhunderts die grotesken Umstände, die sich in extremen Fällen ergeben konnten, auch noch so sehr dem Gelächter preisgeben.

Der bekannteste Athener aus dem 4. Jahrhundert vermittelt uns auf indirekte Art eine Vorstellung von dem Zusammenhalt dieser Gesellschaft und ihren Werten. Apollodor, geboren um 394 v. Chr., war der Sohn des eingewanderten Metöken Pasion, eines Ex-Sklaven, der das seltene Geschenk des Bürgerrechts erhalten hatte. Zu verdanken hatte er es seiner Rolle als Bankier im Dienst der großen Namen im Athen des 4. Jahrhunderts, vor allem aber seinen üppigen Zuwendungen an den Staat. Für seine Zeitgenossen blieb Apollodor eine Absurdität, wie ein ganzes Bündel von Reden für und wider ihn bezeugen. Sie zeigen die sensible Reaktion der Athener auf ein Griechisch, das mit Akzent gesprochen wird, auf Prahlerei, auf allzu prominente Emporkömmlinge. Es entstand eine ganze Industrie mit der Absicht, den prozesssüchtigen Apollodor zum Besten zu halten, der mit der typischen Empfindlichkeit des Emporkömmlings seinen neu gewonnenen Status verteidigte und Prozess um Prozess anstrengte. Mehrere Mitbürger setzten ihm daraufhin nur umso hartnäckiger zu. »Die Maus hat Pech geschmeckt«, witzelte man sogar in Anspielung auf die Geschichte von einer Maus, die in einen Weinkrug fiel, aber den Inhalt – wie Apollodor sein Bürgerrecht – weniger schmackhaft fand als erwartet.[2]

Das Athen dieses Zeitalters war mit 30000 erwachsenen Bürgern keine Gesellschaft mehr, in der man einander kannte. Doch jeder war sehr angetan, wenn man sein Lob sang und ihn als außergewöhnlichen Menschen pries, der anderen überlegen war. In den Ansprachen der Redner an Geschworene und Ratsherren nehmen alle männlichen Bürger die Attribute für sich in Anspruch, die einst nur dem abgehobenen Adel galten. Sie sind jetzt die »Vornehmen und Gerechten«.[3] Der einzige politische Selfmademan, den wir aus eigenen Äußerungen kennen, der Redner Aischines, legt größten Wert darauf, seine Familie vor einem Athener Geschworenengericht mit noblen Passionen, mit der Reiterei und anderem in Verbindung zu bringen. In einer solchen Umgebung war Apollodor, Sohn eines Ex-Sklaven, nicht mehr als eine gigantische Witzfigur.

Denn der Verlust des Reiches und die Zerstörung der kulturellen Formen der goldenen Jahre des 5. Jahrhunderts ließen keine Volkskultur entstehen. Vielmehr drang diese Kultur der Vergangenheit, die weithin in den Reihen des Adels begonnen hatte, allmählich bis in die Unterschichten vor und fand auf diesem Weg zur Komödie als der einzigen Spezialität nichtadligen Ursprungs und – wie es sich traf – zur Tragödie. Die großen Wettspiele der Athleten wurden in Attika noch immer hochgehalten und fanden während der Panathenäen statt, einer Erfindung der Aristokraten aus den 560er Jahren. Bei allen Klassen beliebt waren die Hahnenkämpfe, und dass wir aus dieser Zeit weniger über die adlige Sportart der Hasen- und Bärenjagd erfahren, ist vermutlich nur Zufall. Unverändert wurden in Häusern mit schicken Herrenzimmern elegante Trinkgelage, die stilvollen *symposia*, gefeiert. Nur ein Mangel an Raum und Geld zwang die ärmeren Athener dazu, in Kneipen und Getränkeläden der Stadt zu zechen.

Dennoch – man fragt sich, wo sind die großen Namen im Drama und in der bildenden Kunst? Doch die Frage führt in die Irre, denn so vieles war schon geschaffen, und was folgte, ist uns zum größten Teil nicht erhalten. Die Athener des 4. Jahrhunderts lebten, wie auch einige von uns, im glücklichen Schatten einer gewaltigen Architektur, ohne doch selbst nur noch »Schatten« zu sein. Der Stadtstaat hatte noch immer seine superben klassischen Tempel und Statuen auf der Akropolis und in Attika. Das Gebiet war weder geplündert noch – trotz der thebanischen Forderung – umgepflügt worden. Wenn neuere kultische Bauten fehlen, so mit gutem Grund: Die Athener besaßen schon die prachtvollsten Tempel der Welt. Stilvolle Häuser entstanden nach wie vor, wie Archäologen vermehrt betonen. In den 380er Jahren läuft zwar die Vasenmalerei allmählich aus, doch das Ergebnis ist kein künstlerischer Kollaps, denn in Athen, wo das Genre möglicherweise auch entstanden ist, erscheinen die ersten berühmten Tanagrafiguren. Aus den späten 370er Jahren wissen wir zum ersten Mal von einem Bildhauer, der eine Skulptur aus dem 5. Jahrhundert kopierte. Der »Friede« des Kephisodot entstand nach dem Vorbild einer Arbeit des großen Phidias, doch eine Tradition, die dann einen Praxiteles, Kephisodots Sohn, hervorbrachte, kann kaum als tot gelten. Die Kunst des 5. Jahrhunderts hatte die ideale Form des männlichen Körpers geschaffen, Praxiteles bildete ein Jahrhundert später den Figurentypus aus, der zum idealtypischen Frauenbild aufstieg: kleine Brüste, breite Hüften, ein ovales Gesicht – ein Körpertyp, der als Gesamterscheinung wohlgerundet war und nicht das dürre Zerrbild von heute. Das berühmteste Werk des Praxiteles in diesem Stil war die nackte Aphrodite, die er für die kleinasiatische Stadt Knidos geschaffen hatte. Sie strahlte eine so erotische Schönheit aus, dass Betrachter, so heißt es, versuchten, sie zu verführen. Hadrian hatte eine Replik der Statue in seinem Garten, wo sie in einem abgelegenen Tempel in einem ähnlichen runden Schrein stand wie das Original.

Unterhalb der Akropolis war das Dionysos-Theater noch immer unversehrt, und sogar in den Jahren äußerster finanzieller Knappheit wurde jedem Athener Bürger weiterhin das »Schaugeld« für den Eintritt bezahlt. Im Jahr 386 v. Chr. gelangte zu den Dionysien, den Feiern für Dionysos, sogar eine der alten Tragödien zur Neuaufführung, und in den 330er Jahren wurden die drei großen Tragiker des 5. Jahrhunderts bei einer Neuausstattung des Athener Theaters mit Statuen geehrt. Zitate aus den berühmten Dramen jener Zeit werden seit den 350er Jahren von den Rednern oft und gern in Plädoyers vor Gericht benutzt. Doch Wiederbelebung war nicht gleichbedeutend mit Sterilität. Dieselben Männer, die die Klassiker zitierten, dürsteten noch immer nach der Ehre, den Preis für das Sponsoring eines Chores zu erhalten. Die auffälligsten Monumente dieser Art sind aus dem Athen der 320er Jahre erhalten, also der Zeit, kurz bevor diese Liturgien abgeschafft wurden.

Unser Blick wird durch den Umstand getrübt, dass die anhaltende Flut neuer Tragödien verlorenging. Sie fanden keinen Eingang in den schmalen Kanon, der später in Alexandria für verbindlich erklärt wurde. Es waren zweifellos einige neue Theaterstücke von Rang entstanden, wie Aristoteles vermuten lässt, der sich auf zwei davon bezieht: *Lynkeus* und *Alkmaion*, die uns beide nicht überliefert sind. Als führende geistige Kraft wirkte vermutlich Euripides, doch seit den 350er Jahren könnte der Einfluss Platons und besonders des Aristoteles wichtig gewesen sein. Zu den am meisten bewunderten Tragödiendichtern gehörte Theodektes, der nach Athen zugewandert und mit den Philosophen befreundet war. Seine Darstellung des menschlichen Charakters und seine moralisierenden Reden dürften ihre Wirkung nicht verfehlt haben. Es gab sogar ein paar historische Dramen, nicht nur für Gönner unter den noch lebenden Zeitgenossen außerhalb Athens, sondern auch für Athener, wenn

20 DIE ATHENER IM 4. JAHRHUNDERT

Moschion, wie ich annehme, für die Bühne des 4. Jahrhunderts schrieb. Zu seinen Werken zählen ein *Themistokles* und eine Tragödie über den Tod Jasons, des bekanntesten Tyrannen Thessaliens. Für einen Dramatiker sehr viel späterer Zeit wäre dieses Ereignis des Jahres 370 eine sonderbare Wahl.

Das Schlagwort vom »Verfall der Tragödie« reflektiert also nur unseren Mangel an Texten dieser Art. Auch die gängige Ansicht von einem etwa sechzigjährigen Verfall der Komödie (380–320 v. Chr.) ist verfehlt. Schon gegen Ende der langen Karriere des Aristophanes zeichnete sich das Verschwinden des komischen Chores ab; seine Komödien waren nicht mehr durchgehend und schonungslos auf Ähnlichkeiten mit lebenden Personen aus, doch mit der Gattung ging es keineswegs zu Ende. Wie bisher wurden Lustspiele in großer Zahl verfasst, die allerdings nur bruchstückweise erhalten sind. Ein Wiederaufleben der Komödie bedeutet Menanders Werk der späten 320er Jahre nur dem Anschein nach, wie unter vielen anderen das Beispiel zweier besonders produktiver Autoren belegen soll: Von den beiden Lustspieldichtern Antiphanes und Alexis, die um 385–332 bzw. 355–275 v. Chr. tätig waren, soll jeder über 240 Stücke verfasst haben, und Letzterer wurde bis in römische Zeiten bewundert. Nur ist keines ihrer Werke erhalten. Ihr Erbe Menander wird dann zum Meister der unpolitischen »Situationskomödie« mit einem feinen Verständnis für Figurencharakterisierung und dramatische Lokalisierung. Seine Komödien zeigen neben vielem anderen, dass junge Männer und Frauen aus Athener Bürgerfamilien sich romantisch verliebten und sogar ohne Einwilligung zur Heirat entschlossen. Anders als Aristophanes hält Menander seine Stücke frei von homoerotischen Witzen und Affären, ein guter Geschmack, der nach meiner Ansicht seine eigenen Freundschaften und politischen Neigungen in Athen reflektiert. Menander hatte Verbindungen zum Aristoteles-Schüler Theophrast, außerdem zum Oligarchen Demetrios, in dessen Regierungsjahre (317–307 v. Chr.) die Blütezeit seines Schaffens fiel. Die Darstellung von Personen des öffentlichen Lebens im politischen Lustspiel unterlag keinem dauernden Verbot, doch den »aufgeklärten« Geistern missfiel sie (wie später auch Jacob Burckhardt). Menander bewies also mehr Geschmack – natürlich gab es homoerotische Affären auch weiterhin, aber darüber und über homosexuelle Praktiken Witze zu reißen war denn doch zu derb. Timokles, ein Zeitgenosse, schrieb zwar nach wie vor anspielungsreiche politische Possen, scheint aber die Vormacht Makedoniens unterstützt zu haben, so dass die herrschende Klasse seine Scherze mit Gleichmut aufnahm.

Bevor die Makedonen der Demokratie im Jahr 322 v. Chr. mit Gewalt ein Ende machten, war sie keineswegs im Niedergang. Nach der erzwungenen

Machtübernahme durch die Oligarchen im späten 5. Jahrhundert stimmten die Bürger für Maßnahmen zu ihrer Stärkung: Als Neuerung wurde allen Bürgern sogar in den finanziell düsteren Zeiten Mitte des 390er Jahre ein Tagegeld für die Teilnahme an den Volksversammlungen, etwa 40 Tage jährlich, bezahlt; unangefochten blieb das Tagegeld für Geschworene und für den Dienst im Rat, das allerdings nicht wie die Versammlungsgelder erhöht wurde. Die Gesamtausgaben für den Staatsdienst beliefen sich in den 340er Jahren auf etwa 100 Talente, was breit gestreut vielen zugute kam und nicht nur einer kleinen Gruppe professioneller Beamter. Darüber hinaus bestand ein demokratisches Interesse an besonderen Methoden zur Einführung neuer Gesetze. Man einigte sich schließlich auf das Prozedere, ein Gremium von »Gesetzesbevollmächtigten« zu bestellen, das zu bestimmten Punkten Vorschläge abgeben sollte. Doch diese Vorschläge kamen dann, bevor sie Gesetzeskraft erhielten, zur Abstimmung vor die Volksversammlung. Ein vermuteter Verlust an Volkssouveränität fand nicht statt. Nach den grob missbräuchlichen Neuerungen der Oligarchen unterschied man jetzt schärfer zwischen einem »Gesetz« und einem bloßen »Beschluss«, wie er in öffentlichen Versammlungen gefasst wurde. Das ältere Kontrollinstrument des Scherbengerichts wurde seit 417 nicht mehr praktiziert, als Alkibiades das Verfahren des *ostrakismos*, wie uns Plutarch berichtet, trickreich *ad absurdum* geführt hatte. Stattdessen wurden Anträge der Redner immer häufiger mit Prozessen wegen »Illegalität« quittiert. Doch die Möglichkeit solcher Verfahren hatte es schon im späten 5. Jahrhundert gegeben; auch sie waren kein Anzeichen einer Kapitulation des souveränen Volkswillens. Die Fälle kamen vor die Geschworenengerichte und wurden von den Zufallsgremien bürgerlicher Geschworener beurteilt, nicht von einem gesonderten Obersten Gerichtshof.

Letzten Endes war das Volk von Athen noch immer der Souverän; es traf sich in seiner Versammlung und war überzeugt, dass »das Volk tun kann, was ihm gut erscheint«. Diese Zusammenkünfte waren nicht von Ignoranz geprägt. Praktische Übung hatte das politische Urteilsvermögen gestärkt, und nach den erhaltenen Reden oder Bezugnahmen darauf zu urteilen, wurden dem Rat ganze Stöße komplexer außenpolitischer Fragen zur Entscheidung vorgelegt. Es gab keine »Regierung«, keine stetige Gruppierung, die die Führung hatte: Die Mitglieder des Rates wechselten noch immer von Jahr zu Jahr, und ihre Empfehlungen mussten vom ganzen Volk gutgeheißen werden. Schon seit dem Tod des Perikles war eine gewisse Uneinigkeit zwischen den militärischen Führern und den prominentesten politischen Rednern zutage getreten. Im 4. Jahrhundert verstärkte sich dieser Gegensatz wie andererseits auch die Neigung der Athener, Generäle, deren Kriegsführung die in sie gesetzten Erwartungen enttäuscht hatten, vor Gericht zu stellen. Das Volk war äußerst argwöhnisch und schnell bereit, Amtsmissbrauch zu unterstellen, und die Generäle erkannten, dass sie gut beraten waren, mit einem politischen Redner zusammenzuarbeiten, der auf heimischem Boden für sie eintrat.

Diese Rhetoren verdankten ihre Bedeutung der Kunst der Rede und der Überzeugung. Die politisch Engagierten werden als identifizierbare Gruppe erkennbar, waren in dieser Funktion jedoch nicht vom Staat bezahlt. Sie nahmen für ihre Dienste »Gaben« entgegen, eine prekäre Praxis, wenn die Annahme von »Gaben gegen die Interessen des Staates« als Bestechlichkeit strafrechtlich belangt werden konnte. Einige Redner wurden für Spezialthemen bekannt, Demosthenes zum Beispiel für seine Ansichten zur Politik gegenüber Makedonien und dem Norden. Er hatte Kontakte und Informationsquellen in diesen Regionen, die ihn auf dem Laufenden hielten.[4] Andere Redner empfahlen sich durch ein vertieftes Verständnis der Finanzen oder des griechischen Westens oder der Getreideimporte; die entscheidende Fähigkeit aber blieb für alle dieselbe: in der Versammlung zu überzeugen und dem, was man als Beschlussvorlage eingebracht hatte, Glaubwürdigkeit zu verleihen. Ein Redner brauchte rührige Freunde und Kontaktpersonen, nicht zuletzt in der jährlichen Ratsversammlung, weil der Rat die Tagesordnung der Versammlung bestimmte. Hilfreich waren sicher auch lokale Kontakte zu Funktionären der Demen, welche die Bürger ermuntern konnten, zur Wahl zu gehen. Doch ohne Eloquenz und den Ruf des Überzeugungskünstlers waren die Redner bald aus dem Rennen. Sie verfügten nicht über neue Sachkenntnis oder über eine besondere Technik, auf die sich nur die »Politprofis« verstanden. Mitunter hatten sie mehr Informationen, waren aber vor allem die erfolgreichen Rhetoren.

Dieses Talent behielt seine Bedeutung auch in der veränderten finanziellen Lage, die den größten Wandel seit Perikles' Zeiten anzeigte. Im 5. Jahrhundert schien ein Jahresetat überflüssig. Die staatlichen Einnahmen waren im Allgemeinen mehr als reichlich. Im 4. Jahrhundert wurde eine jährliche Einteilung der Steuern eingeführt und gesetzlich verankert. In ihrem Rahmen erhielten einzelne Fonds Gelder für besondere Zwecke – »Militär« oder »Festspiele«, und seit Mitte der 350er wurde Letzterer per Gesetz auch zum Empfänger aller Jahresüberschüsse bestimmt. Diesem Gesetz gemäß kam den Verwaltern dieser »Theatergelder« *(theorikon)* besondere Bedeutung zu, und in den 330er Jahren wurde der Fonds dann von einem auf fünf Jahre gewählten Kommissar geleitet – die Athener hatten also fast so etwas wie einen Finanzminister.[5]

Bei verringerten Tributzahlungen wurden andere Einnahmequellen immer wichtiger: Einkünfte aus Zinsen und Gebühren auf Staatsbesitz (darunter Bergwerke), indirekte Steuern (einschließlich Importsteuern und Besteuerung der ansässigen Fremden) und Bußgelder (schon immer verlockend). Diese Beträge deckten die wichtigsten der laufenden Staatsausgaben, doch in einer Zeit andauernder Kriege wurden vermehrt auch Vermögensabgaben von einer genau definierten Gruppe reicherer Bürger erhoben. Die Steuern entfielen auf »sichtbares Vermögen«, mussten aber in Bargeld entrichtet werden. Selbst wenn sie mit nur 5 Prozent der Vermögenswerte eines Bürgers berechnet und nicht jährlich erhoben wurden, stellte die Finanzierung dennoch Ansprüche an den Schuldner und dürfte seine Ressourcen nach einigen Jahren erheblich strapaziert haben. Auch das volle Spektrum der Liturgien blieb ja weiterhin abzuleisten und ging zu Lasten der Reichen. Abgesehen von der wechselnden Anzahl militärischer Liturgien waren jährlich zwischen 100 und 200 öffentliche Ausgaben dieser Art zu übernehmen.[6] Es gab keine Einkommensteuer, geschweige denn eine Kapitalertragssteuer, aber für die reicheren Athener war es keine angenehme Zeit, zumal in den schwierigen Jahrzehnten von 390 bis 350. Im Jahr 378 wurde mit der Einführung von Syndikaten die Erhebung der Vermögensabgaben reformiert; reichere Mitglieder mussten Vorauszahlungen leisten, was für diese ebenso zu einer Belastung wurde wie die Notwendigkeit, die Summen bei den weniger Vermögenden wieder hereinzuholen. Trotz allem wurde während der Militärkrisen der 350er und 340er Jahre auch eine beträchtliche Anzahl von »freiwilligen Spenden« geleistet, die über die Höhe der Steuern hinausgingen. In den Versammlungen vorgeschlagen, ergingen sie von Seiten freiwilliger »Spender«, die sich durch ihr Mäzenatentum die Achtung ihrer Mitbürger errangen.[7] Der Bürgersinn der reichen Athener war zweifellos noch immer lebendig, und an der Niederlage Athens im Kampf gegen die Makedonen trifft sie keine Schuld.

Auch das soziale Profil der Bürgerschaft hatte sich nicht erheblich verändert. Mit den Begriffen »Bourgeoisie« oder »Mittelklasse« ist es noch immer unzureichend beschrieben. Wie bisher gab es die reiche Oberschicht, ob nun die 800 bis 1000 Mann zur Bemessung dienen, die die Reiterei stellen konnten, oder der Kreis, aus dem die jährlichen 1200 Liturgen kamen, die mit erheblichen Kosten das Kommando einer Triere übernahmen. Der Kreis der Vermögenssteuerpflichtigen ging meines Erachtens über diese Gruppen hinaus – das Netz wurde weiter ausgeworfen und fasste vielleicht 3000–4000 Bürger, eingeschlossen der Grundbesitz von Waisen.[8] Geht man von der Oligarchenherrschaft der Jahre 322 und 317 aus, gab es weitere 8000–9000 Bürger, die genug

Land und Vermögen besaßen, um als Hopliten zu gelten, also Land in der Größe zwischen etwa 6 Hektar und dem minimalen Umfang von »3 Hektar und zwei Kühen«. Im Jahr 403, nach Kriegsende, sollen 5000 Athener ohne jeden Landbesitz gewesen sein. Wahrscheinlich verringerte sich die Zahl der Landlosen, als der Stadtstaat sich erholte. Das Grundmuster der Landverteilung in Attika blieb allerdings unverändert. Die Regel waren auch weiterhin kleine – für uns sehr kleine – Ländereien, aber auch die größten bekannten Güter des 4. Jahrhunderts umfassten nicht mehr als rund 30–40 Hektar. Doch konnte ein Reicher mehrere Güter dieser Größe besitzen.

Innerhalb der Gruppe der Wohlhabendsten herrschten das übliche Anspruchsdenken und das Interesse an sichtbaren Auszeichnungen, und weil Redner und Komödien so ausgiebig ihren Spott mit ihnen trieben, sind wir über sie am besten unterrichtet. Ein Mann konnte in einem schicken, von Schimmeln gezogenen Wagen reisen, sich übertrieben herausputzen oder sogar einen äthiopischen Sklaven oder ein Äffchen als Haustier halten. Bei den abendlichen Trinkgelagen hatten ein oder zwei besonders Blasierte jetzt ihren persönlichen Assistenten, ihren »Parasiten« *(parasitos)*, den Mann, »den man am Tisch neben sich hat«.[9] Diese servilen Diener, die sich mit Schmus und Schmeicheleien ihr Brot verdienten, aber sicher nur amüsante Ausnahmeerscheinungen waren, machten die Satiriker im späten 4. Jahrhundert zur besonderen Zielscheibe ihrer Späße. Anhaltende Kritik richtete sich auch gegen den Luxus, gegen den Verzehr seltener Fische, die Suche nach den besten importierten Früchten, die Verwendung der erlesensten metallenen Trinkbecher. Aus dieser Polemik wiederum entspannen sich Angriffe auf verschwenderische Geldausgaben für Düfte, für die anspruchsvollen städtischen Hetären oder für das Glücksspiel. Diese Art Eigensucht und mangelnde Selbstkontrolle konnte dann gegen die Glaubwürdigkeit eines politischen Redners ins Feld geführt werden.

Allgemeiner betrachtet erscheint dieses Verhalten nicht als übertrieben luxuriös, zumindest wenn man es mit dem neuen Zeitalter der makedonischen Eroberungen oder mit den Berichten über die verschiedenen Könige auf Zypern vergleicht. Aber auch dann stellt sich die Frage, wie es die Athener fertigbrachten, ihren ziemlich begrenzten Reichtum zu sichern. In einem Staat ohne Erbschafts- und Einkommensteuer und ohne leidige Inflation war die Hauptquelle der wenn auch häufig weit verstreute Grundbesitz. Da Liturgien und Vermögensabgaben in bar zu entrichten waren, musste dieses Land intensiv bewirtschaftet werden und Ernten abwerfen, die sich ausmünzen ließen. Subsistenzwirtschaft existierte nicht, und Münzgeld war in allen Schichten weit verbreitet.[10] In den arbeitsintensiven Monaten wurden Hilfskräfte angeheuert, die die gutseigenen Arbeiter unterstützten – die allgegenwärtigen Sklaven. Der Besitz von Sklaven war auch im Attika des 4. Jahrhunderts fester Bestandteil der Gesellschaft, und die Sklaven wurden wie zuvor meist aus dem Ausland importiert. Auch das Handwerk beruhte auf der Verfügbarkeit von Sklaven, die fast immer in Kleingruppen arbeiteten. Die Wirtschaft Athens litt nicht wie die heutige europäische Luxusindustrie unter der Konkurrenz ausländischer »Kopien«, ein Eindruck, der zu Unrecht bei den üppigen archäologischen Funden bemalter Tongefäße entsteht. Der attische Stil wurde zwar tatsächlich kopiert, aber die Keramikherstellung fiel für die Wirtschaft von Athen nicht ins Gewicht.

Besonders wichtig waren dagegen die Silberminen und der Export von Olivenöl. Die Bergwerke gehörten dem Staat, aber die Bürger übernahmen die Pacht kleinerer Gruben, die sie gewinnbringend ausbeuteten, im Allgemeinen mithilfe von Sklaven, die unter elenden Bedingungen in den Minen arbeiteten. In den frühen 360er Jahren war die Zahl bekannter Bergwerkspachten leicht zurückgegangen, vielleicht ein Zeichen zeitweiliger finanzieller Schwierigkeiten bei den Athener Verpächtern, doch dieser Rückgang wurde in den folgenden drei Jahrzehnten mehr als ausgeglichen, zum Nutzen des Staates, in dessen Säckel die Pachtzinsen flossen. Unverändert stark blieb der Export von Olivenöl, ein wichtiges Tauschmittel für den Weizen, den Handelsschiffe, deren Eigner nicht immer Athener waren, in großen Mengen aus Ägypten heranschafften, vor allem aber von der Krim, die auch Felle für Leder und Schuhwerk lieferte. Auf dem Boden Attikas gedieh allenfalls Gerste, doch kaum Weizen. Bezahlt wurde dieser umfangreiche Importhandel weitgehend durch den Export von Olivenöl – Olivenbäume waren im Küstengebiet rund um das Schwarze Meer eine Seltenheit – und vielleicht mit dem Rohsilber, das in Barren aus den Minen exportiert wurde.

Wohlhabendere Athener gaben auch Grundbesitz in Pacht, und das Einkommen daraus blieb ein wichtiger Teil ihrer jährlichen Steuern, nicht zuletzt weil ansässige Fremde, die Metöken, in Attika weder Land noch Häuser besitzen durften, ihr Domizil also mieten mussten. Wer reich war, betätigte sich auch im Geldverleih, obwohl es sich bei den Kreditaufnahmen meist um kurzfristige Anleihen in bescheidener Höhe handelte. Vor allem aber gingen viele von ihnen das Risiko ein, Seedarlehen zu vergeben, mit denen ein Handelskapitän oder Händler sein Schiff oder seine Ware finanzierte. Hier waren beträchtliche Gewinne im Spiel, mindestens 30 Prozent für die Dauer einer Reise, zugleich aber auch nicht weniger hohe Risiken. Wenn das Schiff sank, hatten die Geldgeber alles verloren. Diese Darlehen, die nichts Neues waren und bis ins archaische Zeitalter zurückgehen dürften, sicherten vielen reichen Athenern die Mittel, ihren Steuerpflichten nachzukommen. Jedes Schiff oder Frachtgut konnte als Sicherheit für verschiedene Kredite aus der Hand verschiedener Personen gelten. Das waren echte Spekulationsgeschäfte, die es Kapitänen und Händlern erlaubten, ihre Risiken weiterzureichen und ihren Handlungsspielraum zu erweitern. Mit Versicherung in unserem Sinne des Wortes hatten sie nichts zu tun. Es fehlt das Konzept der Prämien, die man im Voraus bezahlt, um einen größeren Verlust abzusichern. Wie viele moderne Investoren beteiligten sich die Kreditgeber an einem Totalrisiko in der Hoffnung auf einen stattlichen Gewinn. Meines Erachtens hatten die meisten namhaften Athener ihre Verbindungen zu Leuten aus dem Hafen, dem Piräus, und allem, was die Seefahrt betraf. Doch galt es als unpassend, sich in Gesellschaft damit zu brüsten, weshalb die Quellenlage entsprechend diffus ist.[11]

Wie konnte die Stadt insgesamt und die weniger vermögende Mehrheit der Bürger ohne die Tributzahlungen der Verbündeten und die Leistungen überleben, die sich aus der Großmachtstellung Athens ergeben hatten? Seit Mitte der 360er Jahre war die Antwort einfach: Athener Bürger hatten erneut Land in anderen Stadtstaaten an sich gebracht. Um 355 hatten sie begonnen, propersische »Verräter« von der Insel Samos zu vertreiben; dann kehrten sie hier wie andernorts zurück und übernahmen weiteres Ackerland für Athener Bürger. Die Nutznießer konnten diesen neuen Liegenschaftsbonus entweder als Domizil nutzen oder ihn verpachten. Mitte der 340er Jahre unterhielten die »Athener auf Samos«, wie wir aus einer kürzlich entdeckten Inschrift wissen, einen turnusmäßig besetzten halbierten Rat von 250 Mitgliedern, woraus zu schließen ist, dass die dortige Bevölkerung nach Tausenden zählte.[12] Etwa zehn Jahre zuvor hatten Redner daheim im Mutterland im Rat gesagt, dass »sie wie jeder andere erkennen, was gerecht ist, aber um der Armut der Massen willen gezwungen sind, in ihrer Behandlung der Stadtstaaten eher ungerechter zu sein«.[13] Ein Beispiel war Samos.

Ihren Bündnispartnern, zu denen die Samier vielleicht nicht gehörten, hatten die Athener 377 unter Eid versprochen, sich kein Land für Niederlassungen im Ausland anzueignen. In dem sich rasch ändernden außenpolitischen Gefüge des 4. Jahrhunderts hatten die Athener schmerzhafte Entscheidungen zu treffen: In den 390er Jahren mussten sie Bündnisse mit den verhassten Gegnern Theben und Korinth eingehen und später, nach den Siegen der Thebaner, das Bündnis von 369 mit dem Erzfeind, den Spartanern. 357 lehnten sich auch die Verbündeten der eigenen Konföderation gegen die Athener auf. Doch die Auslöser dieser Rebellion sind nicht zu rekonstruieren. Ging sie partiell auf dissidente Oligarchen in Bündnisstaaten zurück? Auch nachdem erneut Frieden eingekehrt war, brach der Seebund der Athener nicht auseinander. Als die spartanische Bedrohung in den 370er Jahren nachließ, war das Hauptziel des Bundes erreicht. Doch er blieb weiter bestehen, und das Unrecht ging nicht immer von Athen aus. Mitte der 360er nahmen die Thebaner die an der Grenze Attikas gelegene wichtige Hafenstadt Oropos ein. Gestützt auf ihre Verträge baten die Athener, um sie zurückzuerobern, die Verbündeten um Hilfe. Sie kam nicht, und es blieb Philipp überlassen, den Athenern nach seinem Sieg des Jahres 338 die Kontrolle über die Stadt Oropos zurückzugeben.

Auf diese Weise gelang es Athen, in schwierigen Jahren seine Stabilität und sein demokratisches System zu bewahren. In dem erhaltenen Korpus von Texten athenischer Redner findet sich nur ein Einziger, dessen Worte an die Zuhörer so zu verstehen sind, dass die Unzufriedenheit der Reichen und der Armen unterschiedliche Gründe habe. Es handelt sich um die vierte Philippika des Demosthenes, die wahrscheinlich um 340 verfasst wurde; doch konzentriert sie sich auf den Unwillen der Reichen, Zahlungen zur Unterstützung der Armen zu leisten, sowie auf ihre (gerechtfertigte) Abneigung gegen Versuche, Teile ihres Besitzes zum Gebrauch für die Armen abzuzweigen.[14] Letzteres ist offenbar als grollender Protest gegen schikanöse Ankläger zu verstehen. Diese verhassten attischen »Sykophanten« waren darauf aus, Mitbürger vor Gericht anzuklagen, um sich einen Teil ihres Besitzes anzueignen, falls sie obsiegten. Sykophanten aber, keine neue Erscheinung, waren schon zu Perikles' Zeiten verhasst gewesen – in Attika gab es keine öffentliche Anklage –, und im 4. Jahrhundert wirkte als Abschreckung noch immer das Risiko einer Bestrafung für den Fall, dass die von ihnen angezeigten Anklagen vor Gericht ohne Wenn und Aber abgewiesen wurden.

Vom guten Athener indessen wurde erwartet, dass er sich in allen Streitfällen, die ihm seine Mitbürger vorlegten, als Vermittler engagierte. Schlichtung wurde häufig auf informellem Weg gesucht und erreicht und war ein anerkanntes Mittel, einen Streit ohne Einschaltung der Gerichte beizulegen. War ein Bürger reich genug, durfte man von ihm erwarten, dass er Liturgien und freiwillige »Gaben« stiftete und in Notzeiten zu den Kollekten für ärmere Mitbürger beitrug. Besondere Fälle wurden von den Rednern dramatisiert, und derlei Rhetorik sollte uns nicht den Blick dafür verstellen, dass Umsicht, Kooperation und Gemeinsinn nach wie vor das solide Rückgrat dieser Gesellschaft bildeten und die Athener des 4. Jahrhunderts nicht weniger »klassisch« waren als ihre viel gepriesenen Vorfahren.

20 DIE ATHENER IM 4. JAHRHUNDERT

Vor allem jedoch hat der unverdiente Vorwurf der Gleichgültigkeit, ja Feigheit ihren Ruf beschädigt. Aber auch dieser Hinweis hat seine Quelle in überlieferten Reden der Meister der Rhetorik, die ihre Zuhörer so gern züchtigen und sie so intensiv zur Kriegsführung aufrufen, dass man annehmen könnte, den Bürgern sei ihr früherer Kampfgeist abhanden gekommen. Dem war nicht so – verändert hatten sich der Krieg und die Finanzlage. Zur Wahrung der Interessen Athens war der Einsatz der Kriegsflotte in größerer Entfernung nötig, aber es fehlte das Geld für die angemessene Entlohnung von Mannschaften. Bei längerer Abwesenheit wurden ohnehin angestellte Söldner bevorzugt, für deren Bezahlung ihre Generäle sich im Ausland irgendwie die Mittel beschafften. In kritischen Momenten allerdings rückten noch immer Bürgerhopliten aus und riskierten ihr Leben – 359 v. Chr. in Makedonien, im Frühjahr 352 gegen Philipp an den Thermopylen, 348 in Euböa und im Norden und schließlich 338, fast erfolgreich, gegen Philipp in der entscheidenden Schlacht von Chaironeia. Diese Feldzüge wurden nicht zum zentralen Thema bedeutender außenpolitischer Reden, soweit erhalten, sind aber Beweis für das politische Engagement der Bürger von Athen.

Meisterwerke unter diesen Texten sind die Reden des Demosthenes, des größten unter den Rednern Athens. Obwohl er die Bedrohung durch den Makedonen erst mit einiger Verspätung erkannte, wurde er dann von etwa 350 bis zu seinem mannhaften Tod im Jahr 322 zum entschiedensten athenischen Gegner der makedonischen Macht. Wiederholt ergaben sich Situationen, die Gelegenheit zu Kompromiss und Frieden boten, wie Demosthenes sehr wohl erkannte. Doch dürfte ihm seit langem klar gewesen sein, dass es das Wünschenswerteste wäre, wenn Athen und Theben gegen die vordringenden Makedonen zusammenstanden. Und Demosthenes hat dieses Bündnis, als es schließlich zustandekam, zweifellos weiterhin rhetorisch stimuliert. Den Sieg errang Philipp; ein Sieg waren aber auch die Reden des Demosthenes über die Notwendigkeit, die Freiheit gegen einen König zu verteidigen, in dem er mit zunehmender Gewissheit einen Feind der Demokratie erkannte. Eine Biographie Philipps II. ist in der Antike nicht entstanden, Demosthenes' Reden aber waren Texte, die über 1000 Jahre lang nachgeahmt, abgeschrieben und auswendig gelernt wurden.

TEIL III

HELLENISTISCHE WELTEN

Die Wiederbelebung und Umformung des bürokratischen Systems des Ostens nach einem umfassenden Plan und zu einem bestimmten Zweck ist als eine der erstaunlichsten Leistungen griechischer Schöpferkraft und als Beweis ihrer Flexibilität und Anpassungsfähigkeit zu betrachten.
    M. I. Rostovtzeff, THE SOCIAL AND ECONOMIC HISTORY OF THE HELLENISTIC WORLD, Bd. II (1941), 1080

Einige Historiker sprechen von einem Gleichgewicht, das unter den frühen Ptolemäern erreicht worden sei. Genauer betrachtet, lässt sich die Wendung wie folgt verstehen: Ägypten war ein Land von, nehmen wir an, 7 Millionen Ägyptern und 100 000 Immigranten. Die Klasse der Letzteren konnte nicht erwarten, einen Anspruch auf gleichen, geschweige denn größeren Anteil an den Erzeugnissen geltend zu machen, wenn sie nicht einen qualitativ weit bedeutenderen Anteil beitrügen (oder man annahm, dass sie es taten). Diese Illusion zu erzeugen war die Aufgabe kluger politischer Führung. (Ptolemaios I.) Soter und, noch überraschender, (Ptolemaios III.) Euergetes lösten die Aufgabe mit Erfolg. (Ptolemaios II.) Philadelphos hatte alle Vorteile auf seiner Seite, war jedoch allzu verbissen auf Erfolge aus und vertat sein Kapital. Der Schlacht von Raphia folgte ein steriles Patt.
    Eric Turner, in: THE CAMBRIDGE ANCIENT HISTORY, Bd. VII, Teil I (1984[2]), 167

21
ALEXANDER DER GROSSE

In jenen Tagen sandte Dareios vertraute Freunde an Alexander und bot in einem Handschreiben dem König zehntausend Talente als Lösegeld für die Gefangenen an, dazu die Herrschaft über alles Land diesseits des Euphrat, die Hand einer seiner Töchter, Freundschaft und Bündnis. Alexander gab seinen Freunden das Angebot bekannt. Als Parmenion meinte: »Wenn ich Alexander wäre, nähme ich es an«, antwortete er: »Beim Zeus, ich auch, wenn ich Parmenion wäre!«
Plutarch, ALEXANDER 29,4 (Übers. W. Ax)

Der Aufstieg Makedoniens bedeutete das Ende des klassischen Zeitalters – der griechischen Freiheit wurde ein Ende gesetzt, das Zentrum der Macht und die Verwaltung der Stadtstaaten übernahmen Könige und ihre Höflinge. Merkmal der neuen herrschenden Klasse war der Luxus, der durch die Eroberungen zugenommen hatte und jetzt auch im üppigen, theatralischen Stil der nachklassischen, hellenistischen Kunst seine Spuren hinterließ. Philipps Panhellenischer Bund proklamierte zwar die »Freiheit« und »Autonomie« der Partner und nahm auch Einfluss auf den Modus der Rechtsprechung: Streitigkeiten zwischen Stadtstaaten seien im Schlichtungsverfahren zu lösen, und der König könne sich durch einen Brief »beratend« an der gerichtlichen Behandlung von »Verrätern« beteiligen. Doch hinter dem Erfolg seiner Makedonen standen weder Freiheit noch Gerechtigkeit. Philipp und seine Männer kämpften nicht für die griechische Freiheit – proklamiert wurde sie als Mittel zum Zweck, und der Zweck war die eigene Macht.

Die Gründe für Philipps Aufstieg liegen vielmehr in seinen militärischen Innovationen, seinem persönlichen Talent in der Rolle des absoluten Monarchen und wiederum in Eroberungen und im Zugang zu neuen Quellen kostbarer Metalle, den beiden großen Triebkräften des Wirtschaftswachstums in der Antike. Die Eroberungen brachten neue Ressourcen für die Vergrößerung der Streitkräfte und veränderten das gesellschaftliche Profil der Monarchie. Auf fruchtbarem Land aus dem Besitz freier griechischer Städte an seiner Ostgrenze siedelte Philipp Makedonen an, die dort Pferde züchteten und seine Reiterei verstärkten. Kriegsgefangene wurden als Sklaven nach Makedonien gebracht, wo sie in den neu erschlossenen Gruben arbeiteten und sicherlich auch auf Bauernhöfen, deren Besitzer dann als Berufssoldaten für ein stehendes Heer rekrutiert werden konnten, das ganzjährig zur Verfügung stand. Dahinter stand jedoch, wie später auch in Rom, ein den Ehrgeiz anstachelnder Wertekanon. Ein makedonischer König wuchs wie seine Gefolgschaft mit der Vorstellung auf, dass Kriegsruhm höchster Bewunderung wert sei. Wer diesen Ruhm errang, war sich auch der Unterstützung seines Gefolges sicher. In der nachhomerischen Welt war Herrschaft auf der Basis einer Friedenspolitik keine Option. Je mehr ein König eroberte, desto sicherer wurde sein Thron und desto umfangreicher die Mittel für weitere Eroberungen.

Diese Werte sollte Philipps Sohn Alexander der Große in Taten umsetzen und damit dem Vater ein großartiges Denkmal setzen. Die Dynamik von Ruhm, Gewinn und Eroberung trieb ihn bis zum Äußersten. Im Juli 356 geboren, folgte Alexander seinem Vater, der durch ein Attentat ums Leben kam, im Jahr 336 auf dem Thron. Fünf Jahre später hatte der 25-Jährige die gewaltigen Armeen des Großkönigs in Asien besiegt und sich zum Herrn der Paläste und Schätze des über 200 Jahre alten persischen Reiches gemacht. Reicher als irgendein uns bekannter Grieche vor ihm, drang er weiter ins fernöstliche Indien vor – sein Ziel war der »Äußere Ozean«, der, wie er meinte, die Welt umschloss. Kein Grieche hatte Indien je gesehen, und wie sein Lehrer Aristoteles unterschätzte Alexander die ungewöhnliche Größe des Landes und seiner Bevölkerung. Den Konquistadoren gleich betraten seine Truppen die Königtümer einer unbekannten Welt. Sie glaubten sich auf den Spuren des Gottes Dionysos und des Helden Herakles. Sie sahen Elefanten und Brahmanen, von anderem hörten sie nur – so von Menschen, die hoch in den Bergen, dem Himalaya, lebten und mit rückwärts gedrehten Füßen rannten. Diese Menschen konnten, so glaubte man in der Armee, in tiefer gelegenen Regionen nicht leben, also auch nicht ins Heerlager gebracht werden. Alexanders Truppen waren die ersten Westler, die vom sagenhaften Yeti hörten, dem Schneemenschen, der auf dem Dach der Welt hauste. Nur 40 Jahre zuvor waren ihre Väter noch der Spielball der kriegsführenden Mächte Athen und Theben gewesen.

Aristoteles hatte geglaubt, hinter dem Hindukusch liege der äußerste Rand des Erdkreises, das Ende der Welt. Im strömenden Monsunregen weigerten sich die Truppen, den Erkundungszug ins Innere Indiens fortzusetzen, vor allem auch, weil sie von einem riesigen unbekannten Königreich erfahren hatten, das vor ihnen am Fluß Ganges liege. Alexander musste umkehren, obwohl

21 ALEXANDER DER GROSSE

er jetzt eine Armee von 120000 Mann anführte, die größte Streitmacht in der Geschichte des Westens, in ihrer Mehrheit Inder, Iraner und Barbaren, die noch kurz zuvor seine Feinde gewesen waren. An der Mündung des Indus im heutigen Pakistan konnte er dann tatsächlich dem Äußeren Ozean als dem südlichen Ende der Welt ein Opfer darbringen. Es hatte das zweitbeste Ziel erreicht. Danach marschierte er durch die Wüste zurück in Richtung Babylon, wo er knapp zwei Jahre später starb, im Alter von 32 Jahren und zehn Monaten. Er wurde nicht vergiftet, hatte sich aber in den Wochen zuvor vielleicht eine Malaria zugezogen. Es konnte nicht ausbleiben, dass seine Offiziere einander oder gar die Schüler des Aristoteles des Giftmords beschuldigten, Gerüchte, die sie im Kampf um die Nachfolge streuten.

Wie Alexander feierte auch Kaiser Hadrian dem Äußeren Ozean zu Ehren ein Opferfest, dargebracht wurde es aber im Norden der Welt, an der Mündung des Flusses Tyne in Britannien, das dem Makedonen unbekannt blieb. Hadrian besuchte auch Alexanders große Stadt, das ägyptische Alexandria, und der Verfasser des besten der uns bekannten Berichte über Alexanders Feldzüge war Arrian, ein Provinzstatthalter Hadrians und wie sein makedonischer Held ein leidenschaftlicher Jäger. Hadrian hätte sehr viel mehr über Alexander erfahren können als wir Heutigen, wenn es sein Wunsch gewesen wäre: Zu seinen Lebzeiten war noch eine Fülle von Geschichtsdarstellungen aus früheren Epochen erhalten.

Als Feldherr blieb Alexander weltweit berühmt, doch seine Eroberungen machte er im Wesentlichen mit der Armee, die Philipp geschaffen hatte. Auch seine bevorzugte Kampftaktik hatte schon sein Vater erprobt: ein Sturmangriff in Winkelform mit der Reiterei von einem Flügel her, der den Feind zur Deckung seitwärts zog, dann eine Wendung nach innen in spitzer Aufstellung auf das Zentrum des Feindes hin, das durch dieses Manöver aus dem Gleichgewicht geriet. Es folgte eine Attacke durch die Infanteriephalanx, die mit der überlangen Lanze, der *sarissa*, bewaffnet war, die auf und nieder zischte, so ein Beobachter, wie die Borsten eines schreckenerregenden Stachelschweins. Alexanders Elitebataillone aber waren Philipps »Schildträger«, eine altgediente, abgehärtete Fußtruppe, die indische Armeen und ihre Elefanten brutal niedermachte, obwohl viele als einstige Rekruten aus Philipps Zeit die sechzig bereits überschritten hatten. Sie überlebten noch Alexander den Großen und blieben die todbringenden Krieger der damaligen Welt und eine Widerlegung unserer heutigen Vorstellungen vom Herbst des Lebens. Auch der Plan einer Invasion Asiens stammte von Philipp, ebenso die griechischen Artillerieexperten. Sie erhöhten die Wirkung der steineschleudernden Katapulte durch Drehkraft

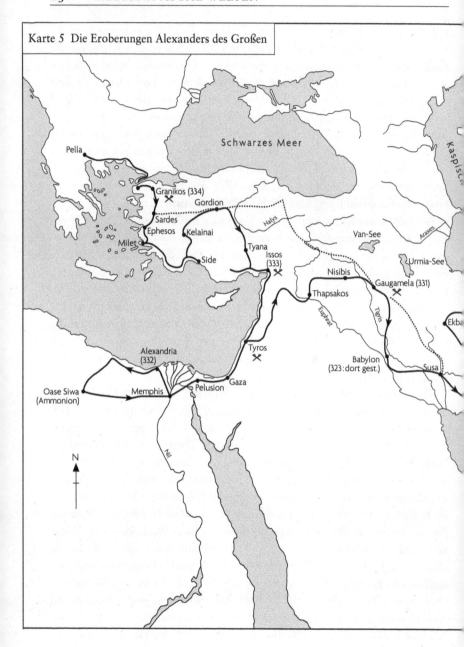

Karte 5 Die Eroberungen Alexanders des Großen

21 ALEXANDER DER GROSSE 257

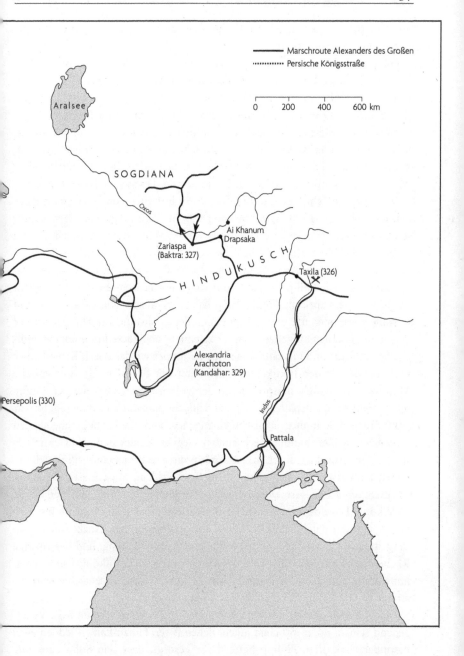

und entwarfen noch größeres Kriegsgerät und Belagerungstürme für die Bezwingung von Stadtmauern.

Für Alexander war »Asien«, anders als für seinen Vater, die Welt bis zu ihrem vermuteten Ende im Osten, nicht nur das Perserreich oder Teile davon. Und anders als Philipp war er auf seinem Weg nach Osten ein höchst erfolgreicher Belagerer. Er verlor nicht eine einzige Schlacht, und seine kleineren Kampagnen waren Meisterleistungen der Kühnheit und eines schier unglaublichen Durchhaltevermögens. Ob auf einem indischen Berggipfel oder allein in einem Waldgebiet des Libanon – sein Erscheinen bedeutete Tod. Er führte seine Armee in der vordersten Reihe und kam durch diese zweifellos mitreißende Gewohnheit im Jahr 325 fast zu Tode, als er in Indien von einer Stadtmauer herab im Alleingang mitten in eine von panischer Angst ergriffene Menge indischer Bogenschützen sprang. Die Inselstadt Tyros nahm er ein, indem er eine Mole durchs Meer errichten ließ; er legte das rebellische Theben, Philipps unwilligen Verbündeten, in Schutt und Asche und verkaufte die Bewohner in die Sklaverei, wie Philipp es zuvor mit vielen nordgriechischen Städten getan hatte. An einem spektakulären Abend ließ er, berauscht von Wein, Weib und Gesang, zusammen mit seinen Kumpanen Persepolis, die alte Hauptstadt der Perser, in Flammen aufgehen. Aber er zeichnete sich auch durch ungewöhnliche Schläue aus und täuschte seine Gegner immer wieder durch Kriegslist; war ein Meister der Taktik, die heute unter der Bezeichnung »dynamische Manöver« im Ausbildungsprogramm der Militärexperten figuriert; er konnte seine Streitkräfte aufspalten und in der Schlacht planvoll koordinieren. Er war kaltblütig genug, immense Risiken einzugehen, und intelligent genug, sie den Schwächen seiner ständig wechselnden Gegner anzupassen. Und er unterstützte seine Aktionen durch die passende politische Propaganda. Philipp hatte seinen Einmarsch in Asien gekonnt als Rachefeldzug präsentiert. Alexander veröffentlichte eine Art Dossier seiner Korrespondenz mit dem persischen Großkönig Dareios; in diesen Briefen rechtfertigte er seine Angriffe mit vorausgegangenen persischen Überfällen und Interventionen. Nach drei Jahren Vergeltung für persische Untaten folgte eine Kehrtwendung, und der einstige Rächer trat als respektvoller Erbe des Kyros, des ersten Großkönigs, in Erscheinung. Entgegen aller Propaganda war er von Anfang an entschlossen, die eroberten Gebiete in Asien auf Dauer zu beherrschen.

Die Kühnheit und Impulsivität Alexanders des Großen verdankte sich weitgehend seinem ausgesprochen jugendlichen Alter. Hinzu kamen jedoch zwei besondere Faktoren: Philipp hatte dafür gesorgt, dass sein Sohn eine gute Erziehung im Geist griechischer Aufklärung erhielt. Alexander teilte sie mit den Söhnen makedonischer Adliger, Philipps neu formiertem Korps, den Königlichen Pagen, die den jungen König später als Offiziere unterstützten. Alexander, Schüler des Aristoteles, las griechische Texte und ließ griechische Dramen aufführen, um seiner Armee auf dem Marsch durch Asien Zerstreuung zu bieten, und wie seine Soldaten spürte er die Faszination der fremden Welt, die ihn umgab. Mitunter schienen die alten Mythen der Griechen wiederaufzuleben. So wählte er sich auch Achill, den größten Helden der homerischen Epen, zum Vorbild. In Troja rannte er nackt zum angeblichen Grab des göttlichen Helden, während sein Geliebter Hephaistion das Grab des Gefährten Patroklos bekränzte. Sein Exemplar der *Ilias* mit Aristoteles' Kommentaren verwahrte er in der kostbarsten Schatulle, die er dem Großkönig geraubt hatte. Als die Athener einen Diplomaten mit Namen Achill zu ihm schickten, gewährte er ihnen ihre Bitte. Alexander, der leidenschaftliche Leser Homers, hat den großen Epiker allzu weit ausgelegt.

In der makedonischen Gesellschaft war diese persönliche Konkurrenz mit einem homerischen Helden nicht ganz deplaziert. Der König herrschte unter den Gefährten durch Tapferkeit und Heldenmut, und er hatte, wie Philipps Beispiel zeigte, Geschenke zu machen und sich um persönliche Wertschätzung zu bemühen. Die heroische Welt der Homerischen Epen war also von makedonischen Werten gar nicht so weit entfernt. Wie ein Held besonderer Art hielt Alexander es mit den Jahren außerdem für gewiss, dass ein Gott ihn gezeugt habe. Auch hier gab es griechische Beispiele – in der königlichen Familie Spartas, in der Herrscherfamilie von Syrakus und sogar, wie Bewunderer sagten, in der Person des Philosophen Platon, »Apollons eigener Sohn«.[1] Alexander brachte diesen Anspruch nach seinem Besuch eines Orakels in der Oase Siwa an der Grenze zwischen Libyen und Ägypten an die Öffentlichkeit. Bei Ammon, dem Gott dieses Heiligtums, der allgemein mit Zeus gleichgesetzt wurde, hatten schon viele Griechen Rat gesucht. Sein Priester begrüßte Alexander, den neuen Herrscher Ägyptens, mit den Worten »Sohn des Zeus«. Es hieß, schon seine Mutter Olympias habe Andeutungen fallen lassen, sein Vater sei kein normaler Sterblicher gewesen. Ihre späteren Streitereien mit Philipp könnten sie in dieser Vorstellung bestärkt haben. Zweifellos wusste Alexander seine göttliche Abkunft hoch zu schätzen. Er ehrte den Gott, als er sein zweitbestes Ziel, den Äußeren Ozean Indiens, erreichte – die hier dargebrachten Opfer wurden als »Ammons Orakelspruch gemäß« angekündigt.[2] Es scheint also, als habe er schon 332/1 in der Oase Siwa den Gott befragt, welche Götter zu ehren seien, wenn er den Ozean, das Ende der Welt, erreichte. Als er diese Frage mit 24 Jahren stellte, hatte er das große Heer der Perser noch nicht geschlagen. Die Frage sagt einiges über seine vorrangigen Ziele und über das Selbstvertrauen, das ihm half, sie zu verwirklichen.

Das Rollenmodell eines Heros und die göttliche Abkunft nährten die natürliche Tatkraft Alexanders und seinen grenzenlosen Ehrgeiz. Ohne Zweifel hat auch die gespannte Beziehung zu seinem Vater den brennenden Wunsch verstärkt, mit Bravourleistungen zu glänzen. Die Folge war eine Welle der Eroberungen, die den Horizont der griechischen Welt veränderten. An die Stelle des Heeres und des militärischen Stils der Perser traten Training und Truppen nach Philipps Konzept. Die Feste und Ideale persischen Königtums wurden durch den persönlichen monarchischen Stil der Makedonen ersetzt. Mindestens 16 neue Städte ließ Alexander an zukunftsträchtigen Orten Asiens gründen; fragwürdige Überlieferungen schreiben ihm weit mehr zu. Diese Städte waren nicht nur militärische Außenposten, ein Siedlungstypus, den er ebenfalls förderte. Sie sollten Weltruf erlangen und den Ruhm ihres Gründers mehren und wurden zu diesem Zweck möglichst in erreichbarer Nähe von Handelsstraßen angelegt. Eine Stadt sollte an Alexanders edles Pferd Bukephalos erinnern, das ihn länger als sieben Jahre getragen hatte, eine andere an seinen Hund. Die Städte mit ihren griechischen Siedlern waren Zentren der griechischen Sprache und griechischer Vergnügungen, darunter die Wettkämpfe der Athleten und das unvermeidliche Theater. Doch zum Teil war auch die lokale nichtgriechische Bevölkerung dort angesiedelt. Einmal wurden aufsässige Gefängnisinsassen aus Sogdia den Bewohnern eines neuen Alexandria als Sklaven übergeben, an anderen Orten aber wurden nichtgriechische Zuzügler aus der Umgebung als Freiwillige aufgenommen. Ein Vertrauter Alexanders, Admiral Nearchos, erklärte, dass der König im Iran Städte gründe, um die Nomaden zu »Bebauern des Bodens« zu machen, »und da sie etwas besäßen, um das sie besorgt sein müssten, würden sie einander nichts zu Leide tun«.[3] Der Plan mag gescheitert sein, aber es ist sicher nicht anachronistisch, einigen von Alexanders Gründungen eine Art Zivilisierungskonzept zu unterstellen. Frühere makedonische Könige hatten mit kultureller Patronage und neuen Städten im damals noch rauhen und unzivilisierten Makedonien ähnliche Ziele verfolgt.

Von Philipp hatte Alexander auch das Ziel übernommen, die Griechen in Kleinasien zu befreien. Innerhalb eines Jahres war ihm das weitgehend gelungen, und er förderte die Demokratie als Alternative zu den von Persien gestützten Oligarchien. Tributzahlungen griechischer Städte wurden abgeschafft, ein einmaliger Gunstbeweis in der Geschichte der Beziehungen dieser Städte zu politischen Großmächten. Frieden wurde in den griechischen Stadtstaaten folglich mit Demokratie gleichgesetzt. Andernorts, im nichtgriechischen Asien, in Babylon, Ägypten, auf Zypern oder in Sidon, konnte Alexander aus dem Unmut über die persische Herrschaft in neuerer Zeit seinen Nutzen ziehen und »Freiheit« im Sinn der Selbstregierung (Autonomie) anbieten. Doch hier erbte er auch das Steuersystem des Großkönigs und den Anspruch auf die Rolle des höchsten Kontrollorgans. Außerhalb der Territorien der Griechenstädte galt, wie einer seiner ersten Beschlüsse kundtat: »Das Land erkenne ich als meines«.[4] Seine Statthalter übernahmen die Aufsicht, und die Truppen waren strikt unter dem Kommando griechischer und makedonischer Offiziere. Tributzahlungen waren weiterhin zu leisten, doch als Gegenleistung sorgten seine Truppen und Statthalter für Frieden (so hoffte er jedenfalls), und in Indien nahmen die lokalen Kriege ein Ende.

In Kleinasien ergab sich also für die meisten griechischen Städte ein realer Zuwachs an Freiheit, für andere Regionen dagegen Frieden nach Zeiten des Blutvergießens und ein kaum merklicher Wechsel des Gebieters. Alexander selbst zumindest war überzeugt, dass er in Arabien oder Indien nicht weniger als in den griechischen Teilen Asiens selbst der nichtgriechischen Bevölkerung »Autonomie« gewährte. In Griechenland blieb unterdessen Philipps bewaffneter Friede zwischen den Griechen in Kraft. Griechen, die unter diesen Voraussetzungen Gerechtigkeit suchten, konnten sich wie immer an lokale Schlichter oder an die Gerichte ihres heimischen Stadtstaats wenden. Theoretisch waren den Strafen, die diese lokalen Gerichte verhängen konnten, mit Ausnahme der Verbannung keine Grenzen gesetzt. Auch zur Beilegung von Streitigkeiten unter den griechischen Städten konnte der Bund in Griechenland Vermittler ernennen. Die Gerechtigkeit fand in Griechenland damit einen neuen Rahmen, der allerdings die Freiheit der lokalen Bünde und der Stadtstaaten einschränkte. In den Griechenstädten Kleinasiens indessen arbeiteten auch weiterhin die eigenen Gerichte, allerdings bestand daneben immer noch die Möglichkeit, einen Boten mit der Bitte um einen höheren Richterspruch zum König selbst zu schicken. Alexander hatte die ostgriechischen Städte nicht in den Panhellenischen Bund seines Vaters einbezogen. Er hatte ihnen persönlich die Freiheit gegeben, und nach möglichen Verfassungsstreitigkeiten in diesen Städten konnte er selbst mit einem Brief eine neue politische Regelung vorschreiben. Im Sommer 334 teilte er der Insel Chios zur wiedererrichteten Demokratie mit, er persönlich werde den vorgeschlagenen neuen Gesetzeskodex durchlesen und prüfen, ob nichts darin zu ihrer demokratischen Zukunft in Widerspruch stehe. In diesen Städten blieb die Frage der Verbannten und ihrer friedlichen Wiedereingliederung Gegenstand seiner persönlichen Intervention. Brieflich legte er sogar eigens fest, ihre Fälle seien von den Geschworenen in geheimer

Wahl zu entscheiden. Innerhalb der lokalen Rahmengesetzgebung einer »freien« Stadt erhielten Alexanders eigene schriftlich fixierte Edikte zwangsläufig bindende Kraft.

Außerhalb der griechischen Städte konnte in ganz Asien jeder, der sich in seinen Rechten beschnitten wähnte, in der Hoffnung auf durchsetzbare Entscheidungen einen lokalen Statthalter oder einen Beauftragten des Königs anrufen. Es war sogar möglich, dass er, um ein Urteil zu seinen Gunsten zu erlangen, Zugang zum König erhielt, in Begleitung eines Dolmetschers, der den Fall darlegte. In Asien blieb also die Rechtsprechung wie zuvor in der Zuständigkeit der lokalen Beamten eines Königs. Für die nichtgriechischen Untertanen gab es keine Justiz- oder Verfassungsreformen, doch an einzelnen Orten, wo eine traditionelle Gerichtsbarkeit bestand, verkündete Alexander eine Rückkehr zu vorpersischen Regelungen.

Dank seinen Eroberungen hatten auch Luxus und Gewinn ein Ausmaß erreicht, von dem kein Grieche sich je auch nur hätte träumen lassen. Philipps Einkünfte hatten knapp für eine Invasion Asiens gereicht, die Mittel Alexanders erlaubten ihm den erlesensten Prunk der griechischen Geschichte. Zehntausend Talente, etwa das Zehnfache des Jahreseinkommens der perikleischen Stadt Athen, wurden allein für eine einzige Festlichkeit, eine königliche Hochzeit oder ein Bankett, ausgegeben. Die Gefährten des Königs dinierten auf Lagerstätten mit silbernen Füßen; einzelne Offiziere sollen prächtige Jagdnetze in der Länge von 1500 Metern oder mehr besessen haben, und selbst der seriöse ältere Offizier Polyperchon aus Philipps Gefolge soll in safranfarbenem Umhang und weichen Pantoffeln getanzt haben.[5] Alkohol war am makedonischen Hof schon seit je reichlich geflossen, und in den späteren Regierungsjahren Alexanders floss er übermäßig. Es gab Nächte, in denen Alexander trank, bis der Morgen graute. Bei den Begräbnisfeierlichkeiten zu Ehren eines indischen Weisen an seinem Hof spülte der Gewinner eines Trinkwettbewerbs 10 bis 15 Liter Wein hinunter, und auf den folgenden Plätzen lagen einige Inder, die diese Exzesse mit dem Leben bezahlten. Als Alexander kurz vor seinem Lebensende mit zwei weiteren Bräuten aus dem persischen Königshaus die Ehe einging, wurde der Anlass mit pompösen Geschenken begangen und sein Audienzzelt mit einer prunkvollen Markise erweitert. Sogar die großen Vorhangstangen daran waren aus Gold.

Kurz vor seinem Tod plante Alexander weitere Eroberungszüge innerhalb Arabiens, dessen Ausdehnung er vielleicht unterschätzte, außerdem möglicherweise einen Marsch in Richtung Westens, nach Karthago und Nordafrika. Seine Absichten bleiben natürlich umstritten, aber ich meine, er hatte schon früh beschlossen, bis an den östlichen Rand der Welt vorzudringen. Als ihm dies versagt blieb, zog er bis zum Indischen Ozean, den er für ein Stück ihrer Südgrenze hielt, und im Jahr seines Todes erkundete er einen möglichen nördlichen Rand, das Kaspische Meer. So hatte er wohl auch fraglos im Sinn, bis zum westlichen Rand, dem Atlantischen Ozean, vorzustoßen. Seine geographischen Vorstellungen waren nur um weniges zutreffender als die seines Lehrers Aristoteles, aber sie bestimmten seine Weltmachtpläne.

Und seine sexuellen Neigungen? Homosexuell im modernen Sinn war er nicht. Während seiner elfjährigen Eroberungszüge heiratete er die baktrische Prinzessin Roxane und zwei persische Frauen, hatte also den sieben Gemahlinnen seines Vaters nur drei eigene entgegenzusetzen. Mit einer persischen Geliebten zeugte er ein Kind, vielleicht ein weiteres mit einer indischen Bandenchefin, und dem Hofklatsch zufolge schlief er in der Nähe des Kaspischen Meeres zwölf Tage lang mit einer »Königin der Amazonen«, die ihn aufgesucht hatte. Seit frühester Jugend hatte er auch Hephaistion geliebt, dessen Tod ihm tiefsten Schmerz bereitete. In dieser Liebe zu seinem »Patroklos« lag eindeutig ein Element homoerotischer Sexualität, aber ihre Liebe beschränkte sich nicht darauf. In Asien hatte er überdies intime Beziehungen zu dem persischen Hofeunuchen Bagoas, der sich ihm im Jahr 330 anschloss und als einziger Ausländer zum Kapitän eines Schiffes gemacht wurde, als die Flotte des Königs 326 den Indus hinunter in Richtung Heimat segelte. Am fairsten lässt sich die sexuelle Ausrichtung des Königs wohl im heutigen Sprachgebrauch als bisexuell bezeichnen. Seinem Vater wird Entsprechendes nachgesagt, und homoerotischer Sex war auch Teil der Lebensart seiner Königlichen Pagen. Ganz wie im zeitgenössischen Athen konnte sich ein Mann auch in Makedonien öffentlich dazu bekennen, einen Knaben zu lieben, ohne seinem Ruf zu schaden. Was die Inder in seinem Gefolge davon dachten, wissen wir nicht.

Als leidenschaftliche Natur hatte Alexander seine Momente des Rausches und des Jähzorns. Sie erreichten ihren Höhepunkt an dem unheilvollen Abend im Winter des Jahres 328, als er bei einem Festgelage Kleitos, einen Gefährten und Veteranen seines Vaters, mit eigener Hand tötete. Dass sein Leben nicht ohne moralische Makel und Flecken war, ist unbestritten. Von Ehrgeiz getrieben tötete er auch Zehntausende Inder, die es ablehnten, sich ihm zu ergeben, und lieber die Untertanen der eigenen Könige blieben, und auf dem Marsch durch Asien plünderten seine hungrigen Truppen die Güter und Vorräte zahlloser Familien. Nach der anfänglichen Eroberung jedoch gehörten Plünderung und Gewalttätigkeit nicht mehr zu seinen Vorstellungen von Herrschaft. Auf die Truppen, die ihn liebten, übte er einen persönlichen Zauber aus – auch das ist in Betracht zu ziehen – ebenso wie sein jugendlicher Überschwang. So überragend waren seine Leistungen als Held, Wohltäter und Gönner, dass einige griechische Städte ihm spontan »Ehren gleich denen für die Götter« anboten. Manchmal war Bewunderung oder Dankbarkeit das Motiv, in anderen Fällen hoffnungsvolle Schmeichelei. Zur Vorstellung der Griechen von einem Gott gehörte in erster Linie Gewährung von Wohltaten im Sinn materieller Vergünstigungen. Alexander war dazu so gut in der Lage wie fast jeder olympische Gott, und seine heroischen Unternehmungen, die ihn bis ins ferne Indien führten, konnten sich mit den Taten der meisten Olympier messen. Griechen mit Heldenmut und Erfolgen hatten schon früher kultische Ehren empfangen, aber zur allgemein geübten Praxis wurde dieser Kult bei den Griechen erst aus Anlass von Alexanders außergewöhnlicher Tapferkeit. Doch er selbst wusste sehr wohl, dass er sterblich war, und er fuhr fort, die unsterblichen Götter zu ehren und ihrem Orakel zu gehorchen. Sein Götterglaube blieb fest in griechischen Bräuchen und Traditionen verwurzelt.

Vor allem aber war Alexander seinen Männern emotional verbunden, und diese Beziehung zeigte sich gegen Stress und Strapazen gefeit: Sie überstand Stürme und Wüsten, Wunden und Entbehrungen und die vielen Augenblicke, in denen er und seine Kommandeure keine Ahnung hatten, auf welchem Fleck der Landkarte sie sich befanden. Sie waren zu Fuß gegen weit überlegene Armeen marschiert, hatten Wüsten, Städte, Berge und Elefanten gesehen und Erfahrungen gesammelt, die keiner von ihnen sich je vorgestellt hätte. Einige waren ohne Sattel und ohne Bügel geritten, in spitzwinkliger Aufstellung, die den Schock des Angriffs ermöglichte – Momente des »Alles oder nichts«, des Ruhmes, der zu Lasten des Feindes zu gewinnen ist und durch eine ständig wachsende Menge von Geschichten über Jahre lebendig bleibt. Als Alexander im Sterben lag, wünschten »die Soldaten, zu ihm gelassen zu werden, die einen, um ihn noch einmal lebend zu sehen, die anderen, weil es hieß, er sei bereits tot, und man vermutete, die Somatophylakes, seine Leibwache, verheimlichten dies. Die meisten freilich drängte es zu ihm aus Trauer und Sehnsucht nach ihrem König. So lag er denn wortlos, während das ganze Heer an ihm vorüberzog, und grüßte sie alle, Mann für Mann, indem er mühsam den Kopf hob und mit den Augen Zeichen gab.«[6] Wie wir blieben sie im Ungewissen, was ihr König ihnen bedeuten wollte.

22
DIE THRONFOLGE

Als Seleukos sah, dass seine Truppen von Angst ergriffen waren, sprach er ihnen immer wieder Mut zu und sagte ihnen, für Männer, die mit Alexander gekämpft hatten und von ihm für ihre Tapferkeit befördert wurden, gebühre es sich nicht, nur auf Macht und Geld zu setzen. Sie sollten ihre Erfahrung und ihren Scharfsinn benutzen, die Mittel, durch die auch Alexander seine großen und weltweit bewunderten Taten vollbracht habe ... In einem Traum hatte Alexander neben ihm gestanden und ihm klar zu verstehen gegeben, dass die Führerschaft auf ihn warte, wenn die Zeit gekommen sei ...
Diodor 19,90, Seleukos auf dem Zug nach Babylon (312 v. Chr.)

Alexander starb am 10. Juni des Jahres 323 in Babylon. Durch einen erstaunlichen Zufall hat sich die Tontafel erhalten, auf der ein babylonischer Schreiber das Ereignis in einem täglichen Protokoll der Himmelserscheinungen festhielt: »Der König starb«, schrieb er. »Wolken ...«.[1]

Keine der erhaltenen griechischen oder römischen Quellen erwähnt die Wolken. Stattdessen ergehen sie sich in einem Feuerwerk persönlicher Ambitionen, das der unerwartete Tod des Königs auslöste. Alexander hinterließ keinen designierten Erben, doch seine baktrische Ehefrau Roxane war schon im sechsten Monat schwanger. Er hatte einen Halbbruder, Philipp Arrhidaios, ebenfalls in den Dreißigern, doch dieser Sohn König Philipps und einer thessalischen Mutter war schwachsinnig. Schon zeichnete sich ein gigantischer Machtkampf ab. Das ungeborene Kind würde als halb barbarisch gelten, und man musste, wie auch für den kranken Arrhidaios, Vormunde bestimmen, die in seinem Namen die faktische Macht ausübten.

In einem ersten Kampf ging es also um eine »Vormundschaft« für die königliche Familie. Doch welcher Familie? Seit 330 hatte der junge Alexander die Integration der Perser und anderer Iraner praktiziert und ihnen ehrenvolle Positionen im Umkreis seiner Person und später sogar in den inneren, welterobernden Einheiten seiner makedonischen Armee zugewiesen. Er hatte die baktrische Prinzessin Roxane geheiratet; er hatte den Eunuchen Bagoas geliebt, hatte 30 000 iranische Knaben im Gebrauch makedonischer Waffen schulen lassen und ihnen den Titel »Nachfolger«, Diadochen, gegeben. In einer spektakulären Zeremonie hatte er sodann 92 makedonische Offiziere mit Iranerinnen verheiratet (und vereinbart, dass seine und Hephaistions Kinder Cousins oder Cousinen sein sollten); gleichzeitig wurden Geschenke an nicht weniger als 10 000 seiner Soldaten verteilt, die auch schon asiatische Frauen geheiratet hatten. Diese Integration war weit mehr gewesen als eine bloße Rekrutierung von Hilfseinheiten zur Verstärkung der Armee: Barbaren gelangten in die große Kavallerie der »Gefährten«, und einige von ihnen wurden geadelt. Genötigt war Alexander nicht dazu. Sein Beweggrund war prinzipieller Art: die Eingliederung der »Gefolgsleute Alexanders«, ungeachtet ihrer geographischen und sozialen Herkunft und ihrer ethnischen Zugehörigkeit, in einen Hof und eine Armee der Zukunft, die ein Weltreich verkörpern sollten. »Zeus«, so soll er gesagt haben, »ist der Vater aller Menschen«, wie bei Homer, »um sich aber sammelt er besonders die Besten.«[2] Und so hielt es jetzt Alexander in einem »Reich der Besten«. Einigen seiner Makedonen, besonders den Älteren, war diese Politik verhasst. Sie hatten kein Verlangen danach, sich mit Leuten zu verbrüdern, die ihnen einst nach dem Leben getrachtet hatten. Und nach dem Tod des Königs kam dieser Hass zum Ausbruch.

Andere waren flexibler – die jüngeren Vertrauten des Königs und seine Kavalleristen, die sich auf jeden kompetenten Pferdeliebhaber einstellen konnten. Sie waren bereit, auf Roxanes ungeborenen Sohn zu warten. Die älteren Makedonen indessen und die gesetzten Infanteristen agitierten, in ihrem breiten makedonischen Dialekt geeint, für einen makedonischen Erben, einen Sohn Philipps, mochte er auch geistig krank sein. Auf Unruhen folgte ein Kompromiss: Roxanes Kind würde den Thron mit dem debilen Philipp Arrhidaios teilen. Prominentester Befürworter des Ausgleichs war Alexanders Vertrauter Perdikkas, ein makedonischer Adliger königlicher Abstammung aus dem Hochland. Nach Hephaistions Tod hatte Alexander Perdikkas zu seinem nächsten Chiliarchen (Unterfeldherrn) ernannt, der für die angesehenste Einheit der Kavallerie verantwortlich war. Später hieß es, Alexander selbst habe ihm seinen Ring übergeben und sogar die Fürsorge für Roxane übertragen. Wenn es um den Hof und die Thronfolge ging, blühte die Propaganda.

Fünf Tage nach Alexanders Tod war die einstige persische Königinmutter den frei gewählten Hungertod gestorben, aus Kummer, wie die Männer sagten, über den Verlust Alexanders. Noch acht Jahre zuvor war er der geschworene

22 DIE THRONFOLGE

Feind ihres Sohnes gewesen. Unter den Makedonen war die Situation schwierig. Alexander hatte den allseits respektierten General Krateros zusammen mit 10 000 älteren makedonischen Veteranen, die er entlassen hatte, nach Makedonien zurückgeschickt. Krateros war streng konservativ und kein Freund der Integration. Alexander hatte ihm den Auftrag mitgegeben, »um die Freiheit der Griechen besorgt zu sein«, ein Hinweis darauf, wie sehr das alte Ideal inzwischen verblasst war.[3] Er sollte zudem den gealterten Antipater ersetzen, der während der Abwesenheit des Königs Befehlshaber in Griechenland gewesen war.

Welche Befehle Alexanders konnte Krateros erfinden oder für sich geltend machen? In der makedonischen Gesellschaft gab es keinen Präzedenzfall und kein Regelwerk für den Umgang mit dieser Krise. Der frühe Tod eines Königs ohne Nachkommen hatte ein Vakuum hinterlassen, und die Lücke musste irgendwie gefüllt werden. Ehrentitel wie »Vormund« oder »Aufseher« oder »Chiliarch« – im Sinn eines Stellvertreters – zur Beschwichtigung ältere Würdenträger waren schnell erfunden. Perdikkas gab überdies vor, in Babylon »letzte Pläne« Alexanders gefunden zu haben. Er präsentierte sie den Truppen, zweifellos in der Absicht, sie für nichtig erklären zu lassen. Höchstwahrscheinlich hatte er sie zusammen mit seinen Beratern, darunter der gerissene griechische Sekretär Eumenes, in einer Nacht fieberhafter Improvisation frei erfunden. Sie schlossen phantastische Bauprojekte ein – darunter einen Tempel in Troja und einen riesigen Grabhügel, »groß wie eine Pyramide« zu Ehren Alexanders in Makedonien. Dazu kamen Pläne für Eroberungen im Westen bis über Karthago hinaus. Die Truppen sollten alldem respektvoll zuhören, war wohl die Meinung, doch das Ganze am Ende verwerfen. Männern wie Krateros war es dann nicht möglich, unter Berufung auf andere »Pläne« Handlungsvollmacht für sich in Anspruch zu nehmen. Konnte man sich aber selbst angesichts solcher Projekte auf ein Nein der Truppen verlassen? Es wurde also ein weiterer Plan von gewaltigem Format hinzugefügt: Bevölkerungsaustausch zwischen Europa und Asien, um durch Mischehen und Assimilierung Eintracht unter den Völkern zu stiften.[4] Für einen König, der Integration befürwortet hatte, mochte der Plan gerade noch glaubwürdig sein. Den Makedonen und Asien-Skeptikern graute davor, und sie wiesen diese Schein-Pläne zurück, wie es Zweck der Übung gewesen war.

Im September brachte Roxane einen Knaben, Alexander IV., zur Welt. In Asien hatte unterdessen Perdikkas die Führung übernommen, in Makedonien der jetzt über siebzigjährige Antipater, ein »morscher Faden«.[5] Innerhalb von 22 Jahren brach das Reich Alexanders in den Kämpfen zwischen Generälen verschiedenster Art und Herkunft auseinander: sein lebenslanger Freund Ptolemaios in Ägypten war darunter; sein Infanteriekommandeur Seleukos in Vorderasien; sein Leibwächter Lysimachos in Thrakien und Nordwestasien; Antipaters ungestümer Sohn Kassander in Makedonien, dem sogar nachgesagt wurde, er sei als Gefährte Alexanders in Babylon an dessen Tod durch Vergiftung mitschuldig gewesen. Eine Zeitlang führten weitere hochrangige Mitbewerber die Truppen an und spielten um hohen Gewinn: der markige Riese Antigonos, einäugig und mit dröhnender Stimme; er war der Veteran, der während Alexanders Marsch nach Osten das Kommando in Westasien führte; sein extravaganter Sohn Demetrios, »tapfer wie ein Held und schön wie ein Gott, von solcher Majestät, dass Fremde ihm folgten, nur um ihn anzusehen«;[6] der gerissene Eumenes, selbst kein Makedone, sondern ein gebildeter griechischer Odysseus, der Alexander als Sekretär gedient hatte. Bis 281 v. Chr. waren die wichtigsten Bewerber und ihre Nachfolger in unablässige Kämpfe verstrickt.

Als erster der Langzeitgewinner deckte Ptolemaios seine Karten auf. Alexander hatte er seit dessen Kindheit gut gekannt und war sogar zu seinem Vorkoster bestellt worden, in einer Welt der Gifte offenkundig eine höchst verantwortungsvolle Aufgabe. In Babylon hatte er die Statthalterschaft über das reiche Ägypten erhalten, doch sicherte er seine Stellung durch eigene Annexionen im Westen, in Libyen, und durch die Invasion Zyperns. Seine unsicherste Grenze lag im Osten, was ihn zu wiederholten Einfällen in Syrien zwang, einer Serie von »syrischen Kriegen«, die seinen Nachfolgern noch 100 Jahre und länger zu schaffen machten. Ptolemaios wurde zum Gründer der Dynastie der Ptolemäer, die Ägypten über 300 Jahre lang regierte. Einer seiner raffiniertesten Schachzüge war, sich in den Besitz von Alexanders Leichnam zu bringen, den Perdikkas auf einem prächtig verzierten Leichenwagen von Babylon nach Makedonien überführen ließ. Einem Bericht zufolge hat Ptolemaios seine Verfolger getäuscht und den echten durch einen falschen Leichnam ersetzt – sie müssen ihm nachgejagt sein, so dass dieser oder ein ähnlicher Trick vielleicht auf historischer Wahrheit beruht.

Zunächst behielt Ptolemaios den Leichnam Alexanders in der alten ägyptischen Hauptstadt Memphis. Später wurde er nilabwärts nach Alexandria überführt, wo einer der nachfolgenden Diadochenkönige, Ptolemaios IV., für Alexander und die Familie der Ptolemäer ein prachtvolles Mausoleum erbaute. Gerüchte über eine Entdeckung von Alexanders Grab erregen immer wieder öffentliche Aufmerksamkeit, aber sie müssten auch den Fund eines riesigen dynastischen Monuments unter dem überbauten Zentrum Alexandrias einschließen. Dort wurde der Leichnam den Besuchern weiterhin zur Schau gestellt. Unter ihnen war auch Kaiser Augustus, der im Jahr 30 v. Chr. auf dem Glasdeckel des Sarges Blumen niederlegte. Es hieß, vielleicht nur rhetorisch überhöht, der Leichnam sei dort noch um 380 n. Chr. zu sehen gewesen; allerdings fehlt für die Zeit nach 215 n. Chr. jeder Hinweis auf einen Besuch der Grabstätte.[7] Es dürfte so gut wie sicher sein, dass Grab und Leichnam in einer der vielen städtischen Revolten zerstört wurden.

Siebzehn Jahre lang vermieden es die konkurrierenden »Nachfolger« Alexanders, den Königstitel zu benutzen, doch dann kam 310 v. Chr. Alexanders kleiner Sohn zu Tode und zwei Jahre später auch seine verführerische Schwester Kleopatra. Antigonos war der einzige unter den Diadochen, der den Anforderungen an den Königstitel genügte, weil er einen vielversprechenden Sohn vorweisen konnte. Nach einem glänzenden Sieg des jungen Demetrios nahm Antigonos im Bewusstsein, jetzt einen würdigen Erben zu haben, als Erster den Königstitel an. Seine Konkurrenten taten es ihm gleich, so auch Ptolemaios in Ägypten. Die ägyptischen Schreiber bezeichneten ihn allerdings erst im Jahr 305 auch als König-Pharao. Ptolemaios musste hart um sein Überleben kämpfen, zunächst gegen Perdikkas, dann gegen Antigonos und dessen Sohn. Seit 311 v. Chr. war auch er als Kämpfer für die »Freiheit der Griechen« aufgetreten – mehr als die anderen Diadochen war er für seine Armeen und sein neues Ägypten auf Griechen angewiesen. Sein Plädoyer für die Freiheit war allerdings kein Bekennntnis zur Demokratie.

In Griechenland waren ihm die Griechen unterdessen vielerorts zuvorgekommen. Bei der Nachricht vom Tode Alexanders hatten sie sich erhoben und die Griechen zum Kampf für die Freiheit aufgerufen, zum Aufstand gegen das Joch der makedonischen Barbaren, als hätte es die Propaganda des Königs für seine Asieninvasion nie gegeben. Doch den anfänglichen Triumphen kühner Offensiven folgten lähmende Niederlagen auf See, die zur Kapitulation der Athener führten. 322 v. Chr. wurde Athens Demokratie nach über 180 Jahren durch einen Eroberer, Antipater, beendet. Politische Rechte blieben den Athenern vorbehalten, die zumindest über bescheidene Besitztümer verfügten. Die untersten Klassen wurden in die Wildnis Thrakiens deportiert.

Die wechselhaften Machtkämpfe der Diadochen erlaubten den Demokraten Athens 318 v. Chr. eine kurze Wiedererrichtung ihres Systems, eine geringfügig längere im Jahr 307. »Freiheit« blieb für die Griechen ein propagandistisches Schlüsselwort, war aber jetzt ein Slogan, den die rivalisierenden makedonischen Generäle als Angebot nutzten. Wie bereits unter Philipp und Alexander hing sie von Zugeständnissen eines machtvollen obersten Herrschers ab. Solche Konzessionen ergingen auch weiterhin, mit dem Ziel allerdings, entweder einen konkurrierenden General zu schwächen oder Griechenland, und damit Makedonien, zu stärken und griechische Siedler und Rekruten in die neuen asiatischen Herrschaftsgebiete zu locken. Den griechischen Stadtstaaten blieb also ein gewisser Manövrierraum, doch keine volle Freiheit: Seit 338 v. Chr., der Regierungszeit Philipps, hatten die Athener die lebenswichtige Durchfahrt für ihre Getreideimporte vom Schwarzen Meer verloren.

Die Kämpfe in Asien zeichneten sich durch zwei ungewöhnliche Merkmale aus: das Fehlen eines lokalen Nationalismus und eine allgemeine Duldung des fortbestehenden Königtums und der legalen Ordnung, obwohl die Könige ein Schwachsinniger und ein Kind waren. Nirgends brachen während der Diadochenkämpfe Aufstände aus. Asiatische Soldaten dienten sogar weiterhin in großer Zahl in den rivalisierenden Armeen der Makedonen. Unterdessen wurden die beiden »Kompromisskönige« Philipp III. und Alexander IV. in öffentlichen Inschriften in den griechischen Städten, in Babylon und Ägypten immer noch anerkannt; die verschiedenen Königsschätze wurden wie bisher mit peinlicher Sorgfalt gehütet und nur den Besitzern königlicher Briefe verfügbar gemacht, und wie bisher galten das königliche Münzsystem und der königliche Kalender – in dem die Jahre nach der Regierungszeit der Könige gezählt wurden –, so lange jedenfalls, bis im Herbst 317 v. Chr. der debile König Philipp und 310 v. Chr. der junge Alexander IV. und mit ihm Roxane getötet wurden.

Warum kam es nicht zu nationalen Revolten? Alexander hatte zunächst diejenigen iranischen Satrapen, die sich ihm ergaben, erneut in ihr Amt eingesetzt. Während seiner Abwesenheit in Indien hatten einige von ihnen den Aufstand geprobt, doch andere Iraner halfen, sie gefangenzunehmen und auszuliefern. Eine national begründete Solidarität fehlte, und die Makedonen hatten als einzige professionell trainierte Streitkräfte. Auch wurde die Eroberung je nach sozialer Schicht unterschiedlich wahrgenommen. Für einen großen Teil der Untertanen hatten die Siege der Makedonen kaum Veränderungen gebracht. Weiterhin wurden Abgaben verlangt, die nach wie vor von lokalen Beamten eingezogen wurden. Und auch wenn Ländereien an neue Nutznießer gingen, mussten sie nach wie vor von denselben ortsansässigen Arbeitern bewirtschaftet werden. Warum also Revolten, wenn bis auf die Namen doch alles beim Alten blieb? Alexanders indische Eroberungen waren nach 20 Jahren verloren, doch nicht als Folge eines lokalen Nationalismus. Sein General Seleukos trat sie gegen den ungeheuerlichen Preis von 500 Kriegselefanten an Chandragupta ab, einen neu aufgestiegenen indischen Militärführer aus dem Süden. Die annektierten Gebiete in Baktrien blieben über 150 Jahre in griechisch-makedonischer Hand. Im dicht besiedelten Babylonien konnte Seleukos persönlich davon profitieren, dass man seine frühere Statthalterschaft seit den 320er Jahren in guter Erinnerung hatte. Im Jahr 312 v. Chr. kehrte er in verwegenem Galopp mit einer Kerntruppe aus Syrien zurück und setzte sich erneut ins Amt ein. In ganz Vorderasien fügten sich die nichtgriechischen Untertanen friedlich unter die makedonische Herrschaft oder zogen es vor, aus dem Anschluss an ihre neuen Herren Nutzen zu ziehen.

Diese Herren waren nicht nur robuste Krieger, sie waren auch bereit, sich untereinander aufs härteste zu bekämpfen. Seit Philipps Reformen stand das Verhalten der Makedonen im Widerspruch zu vielen populären Stereotypen über Soldaten und die menschliche Natur. Sie fochten loyal, obwohl sie kein Stimmrecht, keine »republikanische« Freiheit besaßen, die sie hätte beflügeln können. Im Chaos nach Alexanders Tod gaben sie in den militärischen Versammlungen zwar der Zustimmung zu dem einen oder anderen Führer Ausdruck, sie zu befragen wurde somit zur Pflichtübung, doch sie gewannen keine demokratischen Freiheiten, die sie nicht einmal suchten, ebenso wenig wie einen Rückzug aus der Armee. Alexanders makedonische Elitekämpfer in Indien hatten häufig die Sechzig überschritten, fochten aber noch weitere zehn Jahre und waren noch immer der Schrecken ihrer Gegner. Nach seinem Tod waren sie bereit, makedonische Landsleute zu bekämpfen, besonders bei Angriffen gegen jüngere Makedonen aus den »Neuzugängen«, die nicht im Dienst des großen Alexander gestanden hatten. Da ein legitimer Erbkönig als Feldherr an ihrer Spitze fehlte, dienten diese Veteranen jedem, der sie bezahlen und die Güter und Habseligkeiten, einschließlich Frauen, schützen konnte, die ihre persönlichen Reichtümer darstellten, solange sie im Feld standen. Zunächst half die Bestätigung durch die beiden Kompromisskönige den konkurrierenden Generälen, die Veteranen für sich zu gewinnen, doch die Könige wurden ermordet, und schließlich waren die Nachfolger Alexanders nichts als Militärs – eine Generation von Glücksrittern, von *condottieri*,[8] und nicht, wie Philipp und Alexander, die legitimen, dynastisch verwurzelten Könige des makedonischen Volkes.

Die Erinnerung an die Person und den Stil Alexanders war für die Männer, die seine Nachfolge anstrebten, also durchaus von Bedeutung. Es lag nahe, dass sie die Eigenart seiner Armee und Kampftaktik weiterführten, ebenso wie seinen einzigen innovativen Beitrag zur griechischen Kampfführung, den Einsatz von Elefanten. Ein »Wettrüsten« der Diadochen, soweit man davon sprechen kann, bestand nur in der Herstellung immer größerer Varianten von

Maschinen, Schiffen oder Belagerungsgerät, die schon Alexander in Gebrauch hatte. Im Jahr 306 konnte der junge Demetrios fabulöse Belagerungstürme mit einer Höhe von beinahe 40 Metern an die Mauern von Rhodos heranbewegen, die der Belagerung dennoch trotzten. 318 wurden gegen Stadtmauern im griechischen Arkadien sogar Elefanten in Stellung gebracht. Ein indischer Fachmann zeigte den griechischen Verteidigern nun, wie sie im Boden vor den Mauern Bretter verbergen konnten, die mit Metallspitzen durchbohrt waren, in denen die weichen Fußsohlen der Elefanten aufgespießt wurden. Sechs Jahre später wiederholte Ptolemaios diesen Trick in einer Feldschlacht in Syrien.

Sieben Jahre lang zeigte die prominente Laufbahn des Nichtmakedonen Eumenes, was ein ehrgeiziger Kommandant brauchte, der sich im Kielwasser Alexanders profilieren wollte. Obwohl ursprünglich Sekretär, wusste sich Eumenes auch als General raffinierter Schachzüge zu bedienen. Und der Grieche Eumenes war sich nicht zu schade, wie ein guter Makedone in seinem Heerlager eine Nacht lang über den Durst zu trinken. Wie war es einem Nichtmakedonen von Eumenes' Art möglich, die gestählten makedonischen Truppen zu führen? Er hatte zwar Schwierigkeiten mit ihrem Dialekt, wusste ihnen aber das Wesentliche verständlich zu machen, indem er zum Beispiel eine einfache Fabel über einen Löwen erzählte, Geschichten, wie wir sie in unseren Geschichtsbüchern zum letzten Mal in der archaischen Welt von Herodots *Historien* aufgezeichnet finden. Für einen Thronprätendenten ohne makedonische Wurzeln waren Briefe der beiden Könige mit der königlichen Legitimation unerlässlich. Diese Briefe erlaubten ihm Geld zu beanspruchen, und sie sicherten ihm sogar die Gefolgschaft der berühmten Veteraneneinheit der »Silberschilde«, weil er als Mann des Königs beglaubigt war. Als sich ihm auch einige große Namen aus der Vergangenheit des verstorbenen Königs anschlossen, wusste er diese nicht unproblematischen »Gleichen« geschickt dafür zu gewinnen, sich einvernehmlich in einem Zelt zu treffen, das den Thron des verstorbenen Königs beherbergte. Auf dem Thron lag sein Zepter. Sie alle verehrten Alexander wie einen Gott, und als sie gemeinsam Rat hielten, hatten sie das Gefühl, als ob »ein Gott sie anführe«: Noch sechs Jahre nach dem Tod des Königs fühlten sie sich in seiner unsichtbaren Gegenwart verbunden.

Das Vorgehen des Eumenes war nur Teil einer noch weitergehenden Nachahmung des ruhmvollen Monarchen. In Persien wurden seine großen multiethnischen Bankette kopiert. Seine Nachfolger sollen seine Stimme und selbst seine Kopfhaltung nachgeahmt haben. Lysimachos, der am wenigsten aussichtsreiche der Diadochen, ließ später auf seinen Silbermünzen einen hoch-

22 DIE THRONFOLGE

stilisierten gottgleichen jungen Alexander abbilden. Wie der passionierte Jäger Alexander stellten die Diadochen ihr Jagdgeschick zur Schau und gaben sich als echte »Löwenkönige«. Perdikkas soll sich sogar in die Höhle eines Löwen gewagt und mit bloßen Händen Löwenjunge herausgeholt haben. Wie für den König wurden auch für seine Nachfolger von hoffnungsvollen oder dankbaren griechischen Städten Kulte eingerichtet, ohne dass die Generäle selbst eine eigentliche göttliche Verehrung verlangten. Als die Macht des Seleukos in Asien zunahm, berief er sich darauf, dass ihn ein großes griechisches Orakel wie Alexander als Sohn eines Gottes anerkannt habe: der Gott war Apollon, das Orakel der Schrein von Didyma nahe Milet. Seine iranische Königin Apama tat sich daraufhin als Schirmherrin der Stätte hervor, die auf diese Weise ihren riesigen Tempel erhielt, das größte und prächtigste der erhaltenen frühhellenistischen Monumente.[9]

Die Gruppe der fünf konkurrierenden Könige wurde im Jahr 301 auf vier reduziert, als Seleukos den greisen Antigonos besiegte und tötete. Indien war unterdessen abgetreten worden, doch der Rest der Territorien des Alexanderreichs blieb unter griechischer Herrschaft. 281 v. Chr. wurden nach weiteren Jahren kriegerischer Auseinandersetzungen aus den vier Königen drei: Seleukos, letzter Überlebender aus dem Stab Alexanders, tötete Lysimachos, einen Leibwächter Alexanders, in einem alten persischen Militärstützpunkt auf der Ebene Kurupedion in Lydien. Von 281 bis zu den Zusammenstößen mit Rom blieb Alexanders griechische Welt in drei Königreiche geteilt: die Seleukidenkönige herrschten in Vorderasien, ohne Indien, die Ptolemäer in Ägypten und die Antigoniden in Makedonien, das durch Verträge und Garnisonen mit den griechischen Stadtstaaten und Bünden verknüpft blieb. Neu war die Aufspaltung nicht, wie ein Blick in die Vergangenheit zeigt. Das vorhergehende Reich der Perser hatte wiederholt vor der Schwierigkeit gestanden, Ägypten in seinem Besitz zu halten. Die Dominanz in Indien war prekär gewesen und Griechenland nie erobert worden. Die drei Teile zeichneten sich also schon zu Beginn des 4. Jahrhunderts v. Chr. ab.

In den Jahren der Kämpfe um die Thronfolge trat eine andere Gruppe Prominenter in Erscheinung: königliche und hochgeborene Frauen. Alexanders früh schon verwitwete Schwester Kleopatra war ein Preis, der den ambitionierten Diadochen winkte. Bis 316 durchstreifte noch seine Mutter Olympias ihr heimisches Königreich; seine Nichte Adea, Philipps Enkelin, bewies eine Geisteskraft und eine Kühnheit, die ihrer wehrhaften Mutter würdig waren. Doch eindrucksvolle Frauen gab es auch außerhalb des Königshauses. Antipaters Tochter Phila machte sich einen Namen durch Wohltätigkeit und praktische

Vernunft, obwohl sie die Ehe mit dem jüngeren Playboy Demetrios zu ertragen hatte. Die Verbindung von Dareios' persischer Nichte Amestris mit dem unerschütterlichen makedonischen »Asienskeptiker« Krateros war eine der am wenigsten verheißungsvollen orientalischen Heiraten, die Alexander arrangiert hatte. Krateros nahm kaum von ihr Notiz und starb kurz darauf, doch dann heiratete sie den Regenten einer griechischen Stadt am Schwarzen Meer, und die Perserin königlichen Geblüts endete als Herrscherin über einen Stadtstaat.

Die höchsten Ehren gingen, was kaum erstaunt, an Olympias. Nachdem sie 317 nach Makedonien zurückgebracht worden war, beschützte sie das halbbaktrische Kind ihres Sohnes, den Knaben Roxanes, und griff die energische junge Adea an, die inzwischen Ehefrau des debilen Philipp III. geworden war. Olympias stellte Adea im Herbst 317 vor eine wahrhaft bühnenreife Wahl: Tod durch den Dolch, die Schlinge oder Gift. Doch innerhalb eines Jahres musste sie selbst sich nach einer schreckensvollen Belagerung der Küstenstadt Pydna ihren Feinden ergeben. Es blieb den Verwandten ihrer Opfer überlassen, sie zu ermorden, denn nicht weniger als 200 Soldaten, die zu diesem Zweck aufgeboten wurden, hatten sich dem Befehl verweigert – »aus Respekt vor ihrem königlichen Rang«. Ihr Tod war dem der ungeheuerlichen Königin Klytämnestra ebenbürtig. Doch selbst diese Tragödie wurde auf Zypern durch die erschreckende Axiothea, Königin von Paphos, überboten. 312 v. Chr. verlangte sie im Palast von Paphos von allen ihren Töchtern, sich zu töten, bevor sie sich selbst den Tod gab – um nicht in die Hände von Ptolemaios' Häschern zu fallen.

In Griechenland wurde während dieser Jahre von bekannten Hetären berichtet, den Erbinnen der Elitemätressen an Alexanders Hof. Keine war berühmter als die nicht mehr ganz junge Lamia, deren Techtelmechtel mit dem Befreier-Prinzen Demetrios immer neuen Stoff für Witzeleien, Klatsch und Komödien lieferten. In Athen sollen unter den Hörern des umgänglichen Philosophen Epikur auch mehrere Hetären gewesen sein. Wir wissen sogar von Porträts zweier namhafter griechischer Dichterinnen, Myrto und Anyte; verglichen mit den Konkurrentinnen, die sich in den Palästen der Diadochen herumtrieben, blieb die öffentliche Wirkung dieser Frauen allerdings begrenzt.

In seinem Lob auf die Ptolemäer spricht der Dichter Theokrit von der Begabung, ein »guter Liebhaber« zu sein *(erōtikos)*,[10] was nicht gleichbedeutend war mit dem Charakter eines guten Ehemanns. In fast jeder Diadochenfamilie hatten die Könige nicht nur immer wieder Affären, sondern auch zwei oder mehrere Frauen und mit jeder von ihnen Kinder. Die Heirat Kleopatras, seiner siebten Frau, hatte 336 zum Mord an König Philipp geführt, aber auch Alexander hinterließ bei seinem Tod drei iranische Witwen. Roxane, die neue Königinmutter, soll rasch entschlossen eine der beiden anderen Gattinnen vergiftet haben. In den Diadochenfamilien begann das »Zwei-Frauen-Syndrom« zu grassieren, als hätte man aus der makedonischen Vergangenheit nichts gelernt. Ptolemaios heiratete eine der Töchter von Antipatros, verliebte sich dann aber in eine ihrer makedonischen Begleiterinnen und nahm auch sie zur Frau. Die Söhne dieser jüngeren Frau standen bei ihrem Vater in höherer Gunst, was zu einem ernsthaften Streit mit den älteren Kindern um die Thronfolge führte. Lysimachos wiederholte den Fehler und ließ den ältesten Sohn einer seiner Frauen hinrichten, nachdem er törichterweise eine andere geheiratet hatte. Das familiäre Chaos untergrub seine Macht und brachte Seleukos gegen ihn auf. Kassander hielt es nicht anders, und Seleukos entging dem Debakel nur deshalb, weil er das Reich noch zu Lebzeiten mit seinem Sohn teilte und diesem eine seiner Ehefrauen überließ, in die der Jüngere, wie es hieß, sterblich verliebt war. Der einäugige Antigonos war als einziger ein treuer Ehemann, doch sein Sohn Demetrios schaffte den Ausgleich durch zwei Heiraten und seine verschwenderischen Liaisons mit teuren griechischen Hetären. Ein Fürst der Jagd, erlegte er nie einen Löwen, pflegte aber Beziehungen zu einer bekannten Prostituierten namens Löwin, übrigens auch die Bezeichnung für eine Stellung beim Sex.

In den großen attischen Tragödien, die zweifellos auch den Makedonen bekannt waren, gab es Szenen edler Selbsttötungen in königlichen Familien, die durch Untreue und Zweitheiraten zerrissen waren. Was einst Mythos war, wurde in den Diadochenfamilien historische Realität. Das neue Zeitalter der Königsherrschaft brachte die Frauen ins Rampenlicht einer brüchigen königlichen Bühne, und die Fakten waren noch härter als die Tragödien der Dichter.

23
DAS LEBEN IN DEN GROSSEN STÄDTEN

Für einen Sklaven, der einen Freien geschlagen hat. Wenn ein Sklave oder eine Sklavin einen freien Mann oder eine freie Frau schlägt, sollen sie nicht weniger als 100 Peitschenhiebe erhalten ... Schläge zwischen Freien. Wenn ein freier Mann oder eine freie Frau einen freien Mann oder eine freie Frau schlägt und so einen ungerechten Angriff beginnt, sollen sie ohne Schätzung 100 Drachmen bezahlen, wenn sie den Prozess vor dem Gericht verlieren.
Gesetze in Alexandria, um 250 v. Chr., Dikaiomata, Z. 196 ff., 203 ff.

Timanthes hat diesen sternengleichen Lapislazuli verziert
  Diesen persischen Halbedelstein mit Gold
Für Demylos; im Tausch für einen zärtlichen Kuss er[hielt ihn] die dunkelhaarige
Nikaia von Kos [als bezauberndes] Geschenk.
Poseidipp von Pella (Austin-Bastiniani), Papyrus, erstm. publ. 2001

Die drei Jahrhunderte nach Alexander dem Großen – 323–30 v. Chr. – kennt man als die Epoche des Hellenismus. Im modernen Sprachgebrauch bezog sich der Begriff zunächst auf die Ausbreitung der griechischen Sprache und Kultur bei den Nichtgriechen im Osten, die zu einer unklassischen Vermischung und impliziten Verwässerung führte. Tatsächlich aber hatte eine solche Ausbreitung im Umkreis zahlreicher griechischer Überseekolonien, namentlich auf Zypern, schon lange vor Alexander stattgefunden. Bezeichnender für diese Epoche ist eine vielfache Zunahme griechischsprechender Monarchen und Königshöfe, verbunden mit einer neuen Welle von Städtegründungen. Hier blieben bei sporadisch bewahrter Zweisprachigkeit der neuen Gefolgsleute die griechische Sprache und Kultur dominant. Die Könige, ihre Statthalter und Siedler betrieben keine religiöse Mission. Als kluge Polytheisten verehrten sie bisweilen sogar lokale Götter. Doch bescherten sie weiten Regionen im Vorderen Orient auch eine Entwicklung – weckten das kulturelle Leben, das sie sich wünschten, und kultivierten den Boden, besonders in Ägypten, das diese Ressource bis dahin nur unzureichend verwertet hatte. Historiker unseres postkolonialen Zeitalters unterlegen solchen Aktivitäten nur mit großer Zurückhaltung koloniale Deutungen. Diese Zurückhaltung ist angebracht, doch einige Könige und Siedler, so auch Alexander und seine Höflinge, hatten zu Asien durchaus eine »orientalisierende« Einstellung und betrachteten die Region als unergiebig oder wenig genutzt. Und man geht nicht fehl, wenn man ihnen auch den Glauben an die herausragende Bedeutung und zivilisatorische Kraft ihrer eigenen, griechischen Kultur zuschreibt. Seit Alexander I. haben makedonische Könige in ihrem rückständigen Heimatreich ähnlich geurteilt.

Als sich die Verhältnisse in Alexanders eroberten Gebieten normalisiert hatten, begannen die drei wichtigsten Diadochenkönige seinem Vorbild als Städtegründer nachzueifern. Die Seleukiden in Vorderasien schufen zahlreiche neue Städte und kleinerer Orte, vor allem in Syrien und Mesopotamien. In Ägypten entstand nur eine einzige Stadt, Ptolemais, doch machten die Ptolemäer Alexandria zur größten Stadt dieses Jahrhunderts. In Makedonien und im griechischen Mutterland gründeten auch die Antigoniden weitere Städte. Die interessanteste unter ihnen ist die »Stadt des Himmels« *(Uranopolis)*, eine Gründung von Antipaters Sohn Alexarchos, von dem es heißt, er habe sich mit der Sonne verglichen und an die nahe gelegene neue Stadt seines Bruders Kassander einen Brief in erfundener Sprache geschickt.[1] Die Einwohner mögen genauso verblüfft gewesen sein, wie wir es heute sind.

In einer dieser großen neuen Städte, dem syrischen Antiochia der Seleukiden, residierte Hadrian, als er die Nachricht vom Tod seines Vorgängers Trajan erfuhr. Wie der Stadtgründer Seleukos erklomm er den imposanten Berg Casius (heute Dschebel el-Akra), den »Berg Zion« der heidnischen Antike, der hoch über der Stadt aufragt. Hadrian begünstigte zwar Antiochia auch nach seinem Amtsantritt und spendete Mittel zum Bau eleganter neuer Bäder, aber er besuchte auch Alexandria, das ihm weit besser gefiel. Er ließ sogar einzelne Ansichten der Stadt im Wassergarten seiner Villa in Italien zu Ehren kommen. Wie die Diadochenkönige war auch Hadrian als Städtegründer aktiv, meist in den Ostprovinzen seines Reiches. Eine darunter war dem Gedenken an eine seiner spektakulären Jagden gewidmet, eine andere, Antinoupolis in Ägypten, dem jugendlichen Geliebten Antinoos, der in noch jungen Jahren in der Nähe dieses Ortes starb.

Die Kontinuitäten sind hier stark ausgeprägt. Alexander hätte Verständnis gezeigt, denn er selbst hatte ja eine Stadt zur Erinnerung an seinen Hund

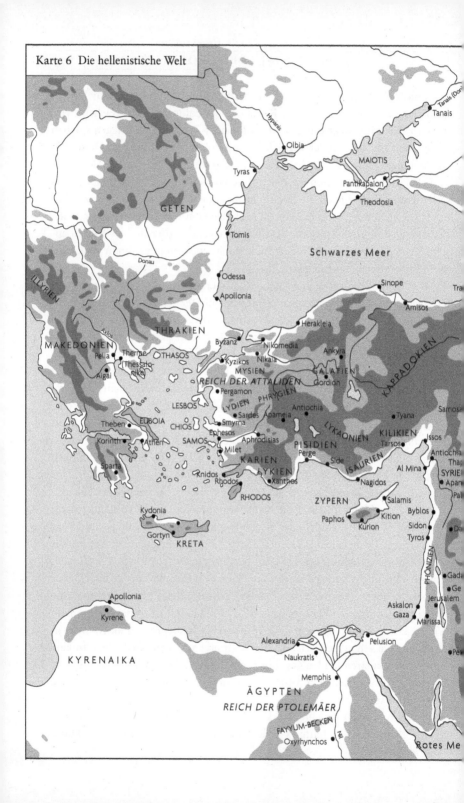

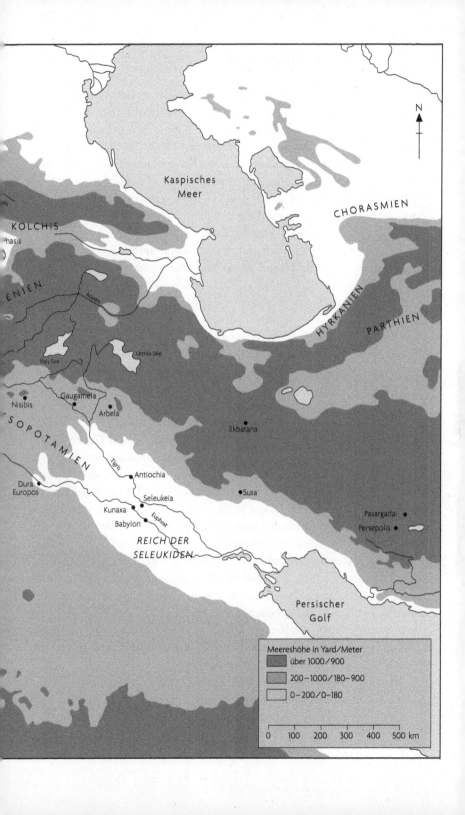

gegründet und hätte zweifellos dasselbe für seinen Geliebten Hephaistion getan. Wie Hadrian gründeten Alexander und die Diadochen im Osten auch militärische Niederlassungen. Anders als die römischen Kolonien von Hadrians Vorgängern waren diese Siedlungen nicht als Ruhesitze für ausgediente Soldaten bestimmt. Die Grundbesitzer der Kolonien standen weiterhin für den Militärdienst zur Verfügung. Zunächst gab es nur wenige Orte dieser Art. Der bekannteste ist das am Euphrat gelegene Dura, das nach Schätzungen höchstens 6000 Einwohner hatte. Jüngste Untersuchungen haben gerade für den Anfang allerdings sehr viel kleinere Zahlen ergeben.[2]

Die neuen Städte in Asien waren von Beginn an beträchtlich größer. Im ägyptischen Alexandria lebten schon bald über 100 000 Einwohner, bis zum 2. Jahrhundert v. Chr. könnten es über 300 000 gewesen sein. Von immenser Größe waren auch das nordsyrische Antiochia und Seleukia am Tigris. Das Leben an diesen Orten spielte sich in anderen Dimensionen ab als der Alltag im klassischen Athen, selbst im perikleischen Zeitalter. Ziehen wir zum Vergleich die frühere »Große Stadt«, Megalopolis, im griechischen Mutterland heran, die in den 360er Jahren so triumphierend als Schutzschild gegen ein geschwächtes Sparta gegründet wurde. Im Jahr 318, unmittelbar nach Alexanders Tod, hatte sie nur 15 000 Männer für den Militärdienst aufzubieten, Sklaven und ansässige Ausländer eingeschlossen.[3] Die stehenden Heere der Diadochenkönige umfassten ein Vielfaches und konnten durch Einberufung von Söldnern und Kolonisten weiter aufgefüllt werden. Armeen von 60 000 oder mehr Fußsoldaten waren im ganzen Reich stationiert, trotz der akuten Probleme bei der Beschaffung von Nachschub und beim Transport des hochwichtigen persönlichen Gepäcks der Soldaten, zu dem oft auch Frauen gehörten. Das militärische Leben verlief weiterhin in den von Alexander demonstrierten Formen. Es blieb den ursprünglichen Einheiten und Aufstellungen Alexanders und Philipps weitgehend treu, doch sowohl die Belagerungsmaschinerie als auch die Befestigungen, Kriegsschiffe und Siegesmonumente nahmen an Größe und Komplexität zu. Der Kriegselefant, der Alexander auf seinem Marsch nach Osten vor Augen gekommen war, wuchs sich in den Diadochenarmeen zum wahren Terror aus. In erster Linie aber ließen die Könige in Griechenland, Westasien und der Levante weiterhin große Kriegsflotten vom Stapel, um ihren Hang zum Gigantismus in der Ägäis zu pflegen.

Mithilfe dieser Armeen im Stil Alexanders hielten die Diadochen die Länder des alten Perserreichs unter Kontrolle und sicherten sich Tributzahlungen in bedeutender Höhe. Der Krieg war für das Image eines Diadochenfürsten von zentraler Bedeutung – zehn Seleukidenkönige hatten im Kampf ihr Leben gelassen. Er warf aber auch äußerst wertvolle Beute ab und war zusammen mit der jährlichen Besteuerung ein wichtiger Faktor des Wirtschaftslebens. Beides stand im Dienst eines königlichen Luxus, der alles hinter sich ließ, was selbst die sizilischen Griechen je gesehen hatten. Während öffentliche Stimmen den Luxus einst als Grund für den Niedergang dieser oder jener Stadt in der westlichen oder östlichen Welt der Griechen denunziert hatten, wurde er jetzt öffentlich als Ausdruck königlicher Macht eingesetzt. Diese Funktion des Luxus ist ein Zeichen für das definitive Ende der Klassik des ausgehenden 5. und 4. Jahrhunderts v. Chr.

Die Diadochenkönige hielten in ihren Häfen riesige Kriegsflotten bereit; in Ägypten aber besaßen die Könige zum persönlichen Gebrauch Schiffe von phantastischem Luxus, wahre schwimmende Paläste, die jedes moderne Kreuzfahrtschiff auf dem Nil in den Schatten stellen. In ihren Minen bauten Sklaven die kostbaren Metalle ab, und die Könige freuten sich am Besitz vieler neuer Edelsteine aus Asien, die Theophrast, ein Aristoteles-Schüler, in einem seiner Werke klassifiziert hatte. Die Damenwelt Makedoniens hatte seit je eine Vorliebe für Öle und Düfte, und in den Palast-Städten wurden inzwischen ihre großen Keramikschalen gefunden. Doch die Ptolemäer-Königinnen ließen neue Parfums herstellen, für die der Hof bekannt wurde. Der erstaunlichste Luxus jedoch entfaltete sich bei den Feierlichkeiten zu Ehren der Dynastie, den Ptolemaia, die König Ptolemaios II. vermutlich im Winter 275/74 in Ägypten abhielt.[4] Eine phantastische Prozession mit wilden Tieren, lebenden Bildern, kostbaren Schätzen und bewaffneten Soldaten zog durch die Straßen Alexandrias und dann durch das Stadion der Stadt, wo die Zuschauer sie von ihren Plätzen aus bewundern konnten. Das Fest hatte einen Bezug zu den griechischen Göttern, insbesondere zu Dionysos, in dem die Ptolemäer ihren Schutz- und Ahnherrn sahen. Es huldigte auch dem verstorbenen Ptolemaios I., dem Freund Alexanders, der inzwischen ebenfalls göttliche Verehrung genoß. Unter den Tableaux war eine riesige Weinpresse, an der als Satyrn verkleidete Männer arbeiteten, und eine personifizierte Statue des Berges Nysa, Geburtsort des Dionysos, die sich automatisch erhob und niedersetzte: Frauen waren als Mänaden kostümiert, das schlangengleich gewellte Haar mit Efeu geschmückt. Rund 25 000 Gallonen Wein wurden an die Menge der Schaulustigen ausgeschenkt, die die Straßen säumten, und bänderverzierte Vögel losgelassen, die man fangen und, zweifellos als Mahlzeit, mit nach Hause nehmen konnte. Ein über 50 Meter hoher Pfahl stellte einen gigantischen Phallus zur Schau, und mehr als 2000 Männer zogen Festwagen, deren Bilder auf die griechischen Auslandskolonien der Ptolemäer und Alexander den Großen im Kontext seiner Eroberungen in Indien anspielten. Die Tierparade zeigte unter anderem einen weißen Bären und ein Rhinozeros mit zwei Hörnern, die wie alle übrigen Wildtiere nur vorgeführt und nicht getötet wurden. Modelle des Morgen- und Abendsterns riefen den Gang der Zeit ins Bewusstsein, und am Ende des Zuges marschierten 57 000 Soldaten.

Nicht einmal Alexander hatte unter seinen zahlreichen Vorführungen und Festlichkeiten ein derartiges Spektakel veranstaltet. Spezifisch ägyptische Bilder waren nicht darunter, doch Nichtgriechen konnten teilnehmen, weil es keine Griechischkenntnisse voraussetzte. Was die Ägypter vor sich sahen, war eine Darstellung der Macht und Herrlichkeit von gewaltigem Ausmaß, verbunden mit den Bildern griechischer Götter. Griechische Besucher aus dem Ausland erfassten die Anspielungen auf die komplexe Dionysos-Mythologie, allen anderen aber blieb unabhängig von ihrer Muttersprache das Vergnügen an der Extravaganz des Gezeigten, den Gratisgaben und einem Eintauchen in die Dimensionen des Schlussdefilees. Auf einigen Wagen waren riesige goldene Kronen zur Schau gestellt, die durch kostbare Kronen ergänzt wurden, die hochrangige griechische Besucher ihrerseits als Gaben darboten. Diese Spenden standen in angemessener Relation zu den Kosten der Inszenierung von Macht und Großzügigkeit einer Herrscherfamilie, die es sich leisten konnte, in ihren Straßen Milch und Wein fließen zu lassen. Vielleicht fanden in Antiochia königliche Feste in ähnlichen Dimensionen statt, doch das Maß setzte ohne Zweifel Alexandria. Wie Alexander bauten die Ptolemäer Speiseräume von größtem Luxus und füllten sie mit mehr Ruhebetten und Mobiliar, als je ein klassisches griechisches Gastmahl verschönert hatten. Ägyptens Blumen waren zu jeder Jahreszeit berühmt. In den 250er Jahren wurden für eine einzige Abendeinladung 300 Blumenkränze gewunden.[5] König Ptolemaios II. ließ sogar die Säulengänge rund um seinen Speisesaal mit Gemälden schmücken, auf denen Theaterszenen und große abendliche Feste dargestellt waren, die man aus den Sagen kannte.

Als Alexandrias goldene Jahre bezeichneten Zeitgenossen die Mitte der 240er Jahre, eine »Schönwetterperiode«. Die Stadt bot damals bereits ein äußerst eindrucksvolles Bild. Ein rechteckiges Netz gerader Straßen, bis zu 40 Meter breit, wie es später hieß, war so angelegt, dass es den häufigen Wind auffing. Buchstaben bezeichneten die Stadtviertel – B und D entwickelten sich zu den größten jüdischen Quartieren. Die Hauptstraße verlief an grünen Markisen vorbei auf nicht weniger als drei untereinander verbundene Häfen zu. Am Meer lagen die prächtigen Königspaläste. Ihre Überreste versanken später durch die Küstenerosion im Meer, sind aber inzwischen von Unterwasser-

23 DAS LEBEN IN DEN GROSSEN STÄDTEN 283

archäologen untersucht worden. Auf einem Inselchen am Hafen erhob sich eines der sieben Weltwunder, der riesige Leuchtturm (Pharos). Jüngste Forschungen haben seine massiven Steinquader auf dem Meeresboden ausfindig gemacht und beweisen können, dass am Fuß des Monuments zwei Kolossalstatuen im Stil der ägyptischen Pharaonen standen, die einen Ptolemäer und seine Königin darstellten. Im Stadtinneren wurden solche Bruchstücke alter ägyptischer Statuen zur Dekoration wieder aufgestellt. Den Leuchtturm hatte kein Ptolemäer gestiftet, sondern ein zugewanderter griechischer Höfling, Sostratos, der reich genug war, den Bau zu bezahlen. Man erzählte sich Geschichten über das Leuchtfeuer auf seiner Spitze und sogar über den Spiegel, der sein Licht reflektierte, doch eine definitive Rekonstruktion der oberen Geschosse ist bisher nicht gelungen.

Dieses Wunder von Leuchtturm war offenkundig sehr notwendig, denn auf dem umliegenden Meeresboden wurden auch die Wracks von Schiffen gefunden. Die Königspaläste beherbergten zwei weniger profane Wunderwerke: ein Museion (Akademie) und eine riesige Bibliothek. Die griechischen Tyrannen vergangener Zeit hatten einander die besten Künstler und Poeten streitig gemacht, und einer von ihnen, Polykrates von Samos, soll eine ganz besondere Büchersammlung besessen haben. In Alexandria wurden solche Tendenzen von intellektuellen Modeströmungen forciert, die vor allem Demetrios von Phaleron vertrat, ein Zuwanderer und Anhänger des Aristoteles. Der Philosoph hatte selbst eine große Bibliothek besessen und zum Studium seiner Schüler eine kultische Gemeinschaft ins Leben gerufen. Diesem Beispiel folgte jetzt ein neuer, erlauchter Gönner. Die Ptolemäer benutzten Bibliotheken, um sämtliche griechischen Texte, die es gab, zusammenzutragen. Besucher, die Schriftrollen mit sich führten, wurden gezwungen, sie auszuhändigen, damit sie kopiert werden konnten, und die athenischen Originalabschriften der klassischen griechischen Tragödien wurden sogar entwendet. Die größte Bibliothek, die im Palast untergebracht war, soll schließlich auf fast 500 000 Bände angewachsen sein. Gelehrte stellten einen Katalog zusammen, obwohl die Texte nicht für den öffentlichen Gebrauch zur Verfügung standen, doch gab es eine zweite Bibliothek, im Tempel des Gottes Serapis, die kleiner und vielleicht auch zugänglicher war.

Angesichts solcher Kapazitäten ist Alexandrias Ruf als Zentrum von Wissenschaft und Gelehrsamkeit in der ersten Hälfte des 3. Jahrhunderts v. Chr. wohlbegründet. Wie die königlichen Prozessionen trugen die Texte dazu bei, Macht und Ansehen des Königs zu vermehren. Die konkurrierenden Großstädte beteiligten sich deshalb am Wettlauf um die besten Bibliotheken. Eine große Sammlung von Büchern besaß Antiochia, die Hauptstadt der Seleukiden. Vor kurzem wurde in den Überresten der griechischen Stadt in Ai Khanum am Fluß Oxos (Amu-Darja) im heutigen Afghanistan ein Pergament mit den Bruchstücken eines philosophischen Dialogs gefunden, der auf Platon zurückgeht. Der Raum, in dem man den Text entdeckte, könnte ebenfalls eine Palastbibliothek gewesen sein.[6] Im 2. Jahrhundert v. Chr. gründeten auch die königlichen Rivalen im kleinasiatischen Pergamon eine bedeutende Bibliothek. Die Könige von Pergamon standen in Konkurrenz zu den Ptolemäern, und als diese sich weigerten, ihnen ägyptischen Papyrus für ihre Texte zu liefern, begannen sie stattdessen Pergament zu verwenden, das aus Tierhäuten hergestellt wurde. Erbe dieser bibliophilen Gebräuche des Hellenismus war schließlich Hadrian. Er trat großzügig als Stifter von Bibliotheken auf, nicht zuletzt für Athen, wo der imposante Grundriß seiner Bibliothek noch immer sichtbar ist.

Nachfrage führt unweigerlich zu Fälschungen, man denke an die Fälschung von »Antiquitäten«, die von der enormen Kaufkraft des Getty Museum in Los Angeles provoziert wurden. In Alexandria unterhielten die Könige ein Gebäude mit gesicherten Originalen, eine gelehrte »Gesellschaft der Musen« – *museion*, die erste gelehrte Akademie der Welt. Ihre Kostbarkeiten waren Menschen, nicht Antiquitäten. Die Bezahlung, das Angebot kostenloser Mahlzeiten und der Zugang zur benachbarten Bibliothek haben bedeutende griechische Wissenschaftler angezogen. Sie edierten und ordneten die Texte der griechischen Klassiker, so die Epen Homers. Zu ihrem Kreis zählten einige ebenso originelle wie kenntnisreiche Dichter, ferner der hochgelehrte Eratosthenes, der fast korrekt den Erdumfang berechnete, und das mathematische Genie Euklid. In Euklids berühmten *Elementen* werden – meist eigene – Definitionen sowie Postulate und Axiome aufgestellt und Stufe für Stufe durch scharfsinnige, aufeinander aufbauende Argumente bewiesen. Seine Methode wird noch heute bewundert. Weniger ist bedauerlicherweise über Aristarch, Astronom von der Insel Samos, bekannt. Sein Werk über die »Größe und Entfernung der Sonne und des Mondes« ist erhalten, ruhmwürdig ist jedoch vor allem seine Theorie, dass die Sonne das Zentrum des Universums bildet und die Erde sie in einer Kreisbewegung umrundet. Diese brillante neue Idee war umstritten, wurde aber vielleicht nur als Möglichkeit formuliert, nicht als beweisbares Axiom. In der ersten Hälfte des 3. Jahrhunderts v. Chr. war Alexandrias Ruf als Zentrum von Gelehrsamkeit und Wissenschaft wegen solcher Kapazitäten wohlbegründet.

Auch in der Medizin waren im 3. Jahrhundert v. Chr. die bedeutendsten Fortschritte zu verzeichnen, die zwei griechischen Zuwanderern in die großen

Städte des Königs zu danken waren. In Antiochia untersuchte Erasistratos die Herzklappen und folgerte, dass der »Atem« durch die Arterien fließe. In Alexandria gelangen Herophilos erstaunliche Fortschritte bei der Erforschung der Nerven, der Gehirnventrikel, der Eierstöcke – deren Zweck er allerdings nicht erfasste – und anderer Organe; sehr kenntnisreich schrieb er außerdem über den Puls. Es heißt, die Ptolemäer hätten diesen großen Wissenssprung dadurch unterstützt, dass sie zum Tod verurteilte Gefangene nicht nur für die Sektion, sondern auch für die Vivisektion zur Verfügung stellten. Der direkte Zugang der Ärzte zur lebenden Anatomie trug grausame und dennoch wertvolle Früchte. Die ägyptische Medizin dagegen hatte gemeint, den Ursprung der Krankheit in einer Wurzel allen Übels, im Gesäß, zu finden.

Auch Hadrian besuchte das *museion* in Alexandria. Bezeichnenderweise stellte er den Bewohnern Fragen, die sie ihm unmöglich beantworten konnten. Die Präsenz von Gelehrten hatte dem Bild der Ptolemäer in der Öffentlichkeit Würde verliehen, doch andererseits war das Verhältnis zwischen Königen und »Geist« nicht das einfachste. Es fällt auf, das Alexandria keinen Historiker hervorbrachte, und im Schatten seiner Königsfamilie auch kaum Philosophen. Die Ptolemäer waren Gegenstand von Witzen und Klatsch, und ihre griechischen Untertanen gaben ihnen plastische Spitznamen. Und sie hatten zweifellos ihre Macken, wie es die Porträts auf den Fayencegefäßen erkennen lassen, die sie in ihrem Kult benutzten. Wie die bedeutende moderne Kennerin der Ptolemäer feststellt, zeigen sie uns »Generäle, Gelehrte, rabiate und geduldige Ehefrauen, nervöse Mädchen, Verführer, Esssüchtige und brutale Schläger. Das also waren die Ptolemäer, denkt man, und hat das Gefühl, man würde sie in den Kolonnaden der Straßen Alexandrias noch heute erkennen.«[7] Ihr Luxus machte sie unverwechselbar. Einzelne Könige galten als exzessiv fett, so dass sie sich unter einer Tunika verbergen mussten; einer von ihnen stützte sich, wenn er den Fuß auf den Boden setzte, auf zwei Männer wie auf zwei Spazierstöcke. Doch auch fette Monarchen konnten erbarmungslos sein. Im Jahr 145 v. Chr. ging Ptolemaios VIII. gegen die griechischen Wissenschaftler in Alexandria vor, ließ sie verfolgen und vertrieb diese intellektuellen Glanzlichter aus der Stadt. Bei Königen können sich unabhängige Geister nie wirklich sicher fühlen.

Unter diesen Bedingungen war der Freiheit nicht der Spielraum gegeben, wie ihn das klassische Athen gekannt hatte. Die Könige hielten sich ihre Höflinge und Günstlinge, die von ihnen abhängig waren. In den 190er Jahren gingen sie zu einer alten makedonischen Gewohnheit über und gewährten ihrer Entourage mehr und mehr schmeichelhafte Ehrentitel. In den ersten Jahren nach der

Gründung Alexandrias hatten die griechischen Bürger zunächst eine politische Rats- und eine Volksversammlung. Nicht anders war es in Ptolemais, der zweiten neuen Stadt Ägyptens. Doch der Rat wurde in Alexandria bald darauf, vermutlich Mitte des 2. Jahrhunderts v. Chr., abgeschafft, und die Versammlung schloss nie alle männlichen Bewohner der Stadt ein. Aus Ptolemais wird für die 240er Jahre von »ungebührlichem Verhalten« bei öffentlichen Zusammenkünften berichtet, besonders während der Wahlen für die Besetzung öffentlicher Ämter. In der Folge wurde die Aufsicht der vorsitzenden Magistrate über die öffentlichen Angelegenheiten verschärft. In Alexandria hatte die Stadt unterdessen einen Aufsichtsbeamten; die Bürger waren wie in Attika in Demen aufgenommen, aber die Demen erhielten ihren Namen zu Ehren der Ptolemäer und ihres Gottes Dionysos. Seit den 270er Jahren wurde die Königsfamilie mit einem dynastischen Kult geehrt. Er diente als nützliches Band für die zahlreichen Höflinge, die aus so vielen verschiedenen griechischen Stadtstaaten in die Residenz der Ptolemäer gekommen waren. Die Bewohner ohne Bürgerrecht, darunter die Ägypter, besaßen nicht einmal die begrenzte politische Freiheit der griechischen Bürger. Seit 203 v. Chr. beteiligten sich die in der Stadt lebenden Ägypter an Aufständen gegen die Herrschaft der Ptolemäer und gingen dabei derart weit, dass die Grausamkeit des ägyptischen »Pöbels« bei den Griechen berüchtigt wurde. Doch die Aufständischen nahmen oft für oder gegen einen besonderen Prinzen des Ptolemäerhauses Stellung. Freiheit war für die Ägypter nicht einmal eine Hoffnung, und dieser angebliche Pöbel erhob sich nicht um ihretwillen, sondern kämpfte innerhalb des Systems einer Monarchie, das er grundsätzlich anerkannte.[8]

Einfacher dürfte es für Griechen wie Nichtgriechen gewesen sein, sich Gerechtigkeit zu verschaffen. Alexandria hatte Gerichtshöfe, und diese waren allen zugänglich, nicht nur der griechischen Bürgerschaft. Wir wissen einiges über den Gesetzeskodex, darunter die Gesetze über Meineid und über Verkäufe. Sie stehen in Beziehung zu Gesetzen, die aus älteren griechischen Städten, so auch aus Athen, bekannt sind. Auch hier könnten die Aristoteles-Schüler und ihre Recherchen wirksam gewesen sein und Ptolemaios I. bei der Schaffung eines neuen Gesetzbuches unterstützt haben. Allerdings konnten die Könige per Edikt auch andere Gesetze erlassen, und dieses königliche Recht war dann dem Recht der Stadt übergeordnet. Neben den städtischen Gerichten gab es außerdem königliche Beamte, die nach eigenem Ermessen ebenfalls Recht sprachen.

Außerhalb Alexandrias, im eigentlichen Ägypten, standen den Griechen wie auch den Ägyptern Gerichte nach griechischem und ägyptischem Recht zur

Verfügung, welche Rechtsform sie wählten, blieb ihnen überlassen. Doch auch hier hatten die Erlasse des Königs Vorrang vor allen anderen Entscheidungen. Demzufolge bestand die Möglichkeit, um einen Urteilsspruch des Königs oder eines seiner Beamten nachzusuchen, dem dann größere Autorität zukam als der Entscheidung des lokalen Gerichts. Im ptolemäischen Ägypten also sehen wir den besten Beweis für die Veränderung, die durch die Hegemonie makedonischer Könige seit Philipp II. in die bis dahin klassische griechische Welt kam – die Rechtsprechung durch Einzelpersonen auf individuelles Gesuch in Form einer schriftlichen Petition. Erhaltene Bittschriften auf Payrus erstrecken sich auch auf intimste Probleme des Familienlebens, bis zu dem Fall der undankbaren Pflegetochter, die ihre Mutter, die Bittstellerin, sträflich vernachlässigt hatte. Nach Aussage ihrer Mutter hatte sie sich mit einem Freund eingelassen, dieses »Scheißding« (so wörtlich), und hielt die Versprechen nicht länger in Ehren, die sie im Interesse ihrer Mutter abgegeben hatte.[9] Diese temperamentvollen Bittschriften waren an den König selbst gerichtet, gelangten aber im Allgemeinen nur bis zu den Beamten, die für die einzelnen Bezirke Ägyptens verantwortlich waren. Ausnahmen waren möglich, wenn man die Aufmerksamkeit des Königs auf einer seiner Reisen durch die Tempel und Dörfer des Landes erzwingen konnte. Diese Gelegenheiten waren kostbar, was beide Seiten wussten; wie schnell der König mit Gefolge auf der Reise vorankam, hing auch von Zufällen ab. Im Oktober 103 v. Chr. beauftragte ein Ptolemäer seinen lokalen Kommandanten in Memphis, er solle sich vergewissern, ob die »Amnestie«, die er kurz zuvor verkündet hatte, noch vor seiner Ankunft in Kraft getreten sei. Andernfalls konnten die Leute ihn weiterhin mit ihren Klagen belästigen.[10] Gerechtigkeit war abhängig geworden vom Zugang, aber der Zugang war nicht leicht zu haben.

24
STEUERN UND TECHNISCHE NEUERUNGEN

An König Ptolemaios: ihn grüßt Philotas, Sohn des Pyrsoos, Besitzer einer Militärparzelle in der großen Stadt des Apollon. Weil auf dem Land oft Dürre herrscht, auch jetzt und zwar in größtem Ausmaß, möchte ich Dich, mein König, von einer Maschine wissen lassen, von der Du keinen Schaden haben wirst, aber das Land wird gerettet werden. Seit drei Jahren ist der Fluss [Nil] nicht aufgestiegen, die Dürre wird also große Hungersnot bringen ... Aber fünfzig Tage nach der Aussaat wird im ganzen Gebiet von Theben sofort die Ernte eines reichen Jahres folgen.

Edfu-Papyrus 8 (vielleicht um 250 v. Chr.), der Verfasser erbittet Reisespesen, um sein neues Wundergerät (eine Pumpe zum Ansaugen von Wasser?) vorzuführen

Niemand könnte diese erbarmungswürdigen Unglücklichen anschauen und sie um ihres großen Elends willen nicht bemitleiden. Keinem von ihnen, nicht den Kranken, den Verstümmelten, den Alten oder der Schwäche einer Frau wird Sympathie oder eine Ruhepause zuteil. Alle werden mit Prügeln gezwungen, an ihrer Arbeit zu bleiben, bis sie in ihrer erzwungenen Not an der Misshandlung sterben.

Agatharchides (um 170–150 v. Chr.), Beschreibung der Not der Sklaven in den oberägyptischen Goldminen der Ptolemäer

Die Kriege, Flotten und Stadtgründungen der hellenistischen Könige verschlangen riesige Mengen an Rohstoffen, die mit erstaunlicher Professionalität bearbeitet und transportiert wurden. In den königlichen Armeen wurden auf beiden Seiten zum Teil über 60 000 Mann ernährt und eingesetzt, weitaus mehr als in westlichen Schlachten der nachantiken Zeit bis hin zu Frankreichs Kriegen im 17. Jahrhundert. Oft gehörten Elefanten dazu, die furchtlose Jäger für ihre ptolemäischen Herrscher an der Ostküste Afrikas aufspürten; sie benannten ihre Haltepunkte in der »Region der Elefanten-

24 STEUERN UND TECHNISCHE NEUERUNGEN

jäger« und verfassten dann ein Buch über ihre Routen. Belagerungen wurden mit immer größeren Türmen und mit fahrbaren Maschinen durchgeführt, die bis zu 55 Meter hoch sein konnten. Die Könige förderten Militäringenieure wie Diades, den Mann, der »mit Alexander Tyros und andere Städte belagerte«, oder den erstaunlichen Archimedes am Hof Hierons II. auf Sizilien. Es war zweifellos eine Welt, in der man über technisches Können auf hohem Niveau verfügte.

Doch außerhalb der Schlachtfelder zeigten sich überraschende Lücken. Die Zugkraft der Pferde war noch immer blockiert, weil ein Kummet fehlte, das nicht an der Kehle zerrte und den Tieren die Luft abschnürte. Kein Text, Begriff oder Monument verweist auf die Existenz von Schubkarren. Transporte zur See waren relativ schnell und bei großen Warenmengen zunehmend billig, als die Frachten in der römischen Zeit bis zu 500 Tonnen zunahmen. Es blieb jedoch auf jeden Fall billiger, schwere Güter von einem Ende des Mittelmeeres zum anderen zu transportieren, als sie 100 Kilometer weit über Land zu befördern.

Eine Erklärung lautet, dass »die innere Einstellung ... der Schlüssel zu dieser technologischen Blockade« war[1]: die sprichwörtliche Voreingenommenheit einer herrschenden griechischen Klasse, die angewandte Technik für vulgär hielt, und zudem erschien bei der Fülle verfügbarer Sklaven eine Reduzierung der Herstellungskosten als irrelevant. Die Großgrundbesitzer mochten Liebhaber der Leichtathletik, der Pferderennen und des Theaters sein – doch die Schmutzarbeit in Produktion und Handel blieb ihnen erspart und ihren Gutsverwaltern, Sklavenaufsehern und Agenten überlassen, während sie selbst dinierten, die Poesie genossen und sich den letzten Schliff verpassten für Sex in the City.

Zweifellos wurden elitäre Vorurteile von den Sprachkünstlern mit beredten Worten gepflegt. Platon verachtete die angewandte Mathematik, und Plutarch (etwa 100 n. Chr.) behauptete, Archimedes habe keinen Text über die Technik hinterlassen, weil er sie gegenüber den rein theoretischen Forschungen für »unwürdig und vulgär« hielt.[2] Doch in der antiken Gesellschaft waren mancherlei Anschauungen möglich, und was man selbst oder andere predigten, wurde nicht immer auch praktiziert. Bezeichnenderweise kennen wir die Namen der meisten Erfinder von Maschinen oder Techniken nicht, die uns durch Beispiele bezeugt sind. Doch Archimedes, eine Ausnahme, könnte die Dinge anders gesehen haben als Platon und Plutarch.

Ein ausdrückliches Konzept von »Wachstum« als Gut an sich fehlt, und lückenhafte Erfindungen brauchten möglicherweise ihre Zeit, vielleicht allzu viel Zeit, um sich über die diversen Königtümer zu verbreiten, in welche die

»klassische« Welt jetzt zerfiel. Die Sklaverei an sich aber ist nicht für die Verachtung und stockende Entwicklung der Technik verantwortlich zu machen. Sklaven waren im Zeitalter der Kriege weit und breit verfügbar, und Nichtgriechen ohne Bürgerrecht konnten hart herangenommen werden. Arbeitskosten waren also kein Problem, aber es lohnte sich immer noch, den Ausstoß zu erhöhen, ihn zu Geld zu machen und dieses für einen Königshof, eine Armee oder ein bildungsgesättigtes Leben zu verwenden. Im amerikanischen Süden hielt die Sklaverei einen Besitzer von Sklaven nicht davon ab, in neue Techniken zu investieren. Auch Sklaven selbst konnten für Innovationen sorgen: eine Kurzschrift und ein Heizsystem für Badehäuser mit Kellergewölben gehörten zu den ihnen zugeschriebenen Erfindungen in den Anfängen des Römischen Reiches.[3]

Auch das Landleben bedeutete kein Hindernis für technische Innovationen. Wichtig waren neue Verfahren zum Mahlen von Getreide und zum Pressen von Oliven, deren Erfinder jedoch anonym blieben. Die Entwicklung von Form und Größe der Mühlsteine hatte schon im 5. Jahrhundert in Griechenland Fortschritte gemacht und die Quantität des gemahlenen Mehls erheblich gesteigert. Dann wurde vermutlich im 3. Jahrhundert v. Chr. das Zermahlen zwischen zwei gerundeten Steinen eingeführt, die mit Kurbelwelle, Zapfen und Griff gedreht wurden. Die Olivenpressen entwickelten sich aus einfachen flachen Unterlagen mit Steinrollen zu einem vor dem Jahr 350 bezeugten Rotationsprinzip. Die Veränderungen vollzogen sich zunächst auf einer sehr niedrigen Stufe langsamer Arbeit, bewirkten aber eine unmittelbare Steigerung der Nahrungsmittelproduktion. Mit ihnen verbunden war ein Wachstum der Bevölkerung und seit hellenistischer Zeit die Fähigkeit, mehr Menschen zu ernähren, die sich in größeren Städten konzentrierten. Auch Zuchtwahl wurde betrieben, was die verbesserten Knochen und Muskeln der Pferde erklärt, die während fast zwei Jahrhunderten auf makedonischen Münzen abgebildet waren – König Philipp hat wohl Gestüte unterhalten, die guten Hengste als Zuchttiere ausgelesen und besonders gepflegt. Die Griechen führten sogar bessere Schweinesorten nach Ägypten ein. Neue Obstsorten wurden benannt, sortiert und veredelt. Der Römer Plinius d. Ä. (um 70 n. Chr.) kannte Dutzende von Birnen-, Pflaumen- und Apfelsorten und betrachtete das Veredeln als Endpunkt einer Entwicklung, denn »die Menschen haben jetzt alles versucht«.[4] Anonymer Erfindergeist konnte hier eine ganze Industrie verändern. Rosen wurden gezüchtet, die zweimal jährlich blühten, so dass sich die Erträge für den Handel mit Schnittblumen und Blütenblättern und die große Luxusnachfrage nach Düften verdoppelten. Diese zweimal blühenden Rosen waren das

24 STEUERN UND TECHNISCHE NEUERUNGEN

Ergebnis einer gezielten Kreuzung mit der »phönikischen« Rosenart. Als Wildrose ist sie noch heute vielerorts an der Südküste der Türkei, dem antiken Kilikien, zu finden, wo ihr Wert vielleicht schon früh erkannt wurde, von phönikischen Siedlern allerdings, nicht von Griechen.

Die griechischen Herrscher nach Alexander dem Großen sahen sich unvertrauten, nichtmediterranen Landschaften gegenüber, zu deren Kultivierung sie Anlass genug hatten. Sie waren auf möglichst hohe Steuererträge aus, um für den Luxus und den Prunk des Hofes aufkommen zu können, der eine partielle Rechtfertigung ihres monarchischen Status darstellte, aber auch die Armeen wollten bezahlt sein, mit denen sie einander bekriegten. In Ägypten führten die Makedonen ein ertragsunabhängiges Steuersystem ein, bei dem interessierte Auftragnehmer im Voraus eine bestimmte Steuersumme anboten. Der erfolgreiche Bieter hatte sich verpflichtet, die gebotene Summe abzuliefern, doch stand ihm frei, je nach Möglichkeit auch mehr (oder weniger) einzunehmen. Das System kam Herrschern gelegen, die bei nicht vorhersagbarem jährlichen Steueraufkommen auf gesicherte Einkünfte angewiesen waren.

Solche Steuern waren im hellenistischen Ägypten sehr verbreitet, weil sich die Steuererhebung der Ptolemäer auf ein System vielfältiger individueller Belastungen bestimmter Arten von Gütern und Transaktionen stützte. So hatte jeder Erwachsene, Mann oder Frau, eine Abgabe auf Salz zu entrichten; es gab eine Ölsteuer, eine Steuer auf Soda, das man zur Kleiderreinigung brauchte, und Dutzende mehr. Mit Zollgebühren wurden Güter belegt, die über die Grenzen der Verwaltungsbezirke des Landes, der *nomoi*, oder auch nur vom südlichen Oberägypten nach Unterägypten transportiert wurden. An vielen Zugängen nach Ägypten, an Häfen im Nildelta oder an der Südgrenze nach Nubien, wurden Einfuhrzölle erhoben. Bekannt sind Zollsätze in der Höhe von 25 oder sogar 50 Prozent, und eine weitere Steuer, die Tor-Maut, galt für Importe, die bis nach Alexandria gebracht wurden. Innerhalb Ägyptens hatten nur die Münzen der Ptolemäer Gültigkeit; Besucher mussten ihr Geld gegen Neuprägungen wechseln, zu Kursen nach dem Gutdünken der Herrscher. Es gab sogar einen Ausfuhrzoll, was deutlich macht, dass »ein kurzsichtiges Konzept schneller Profite für den Staat alle Aspekte des Handels dominierte«.[5]

Da die Gewinnung mehrerer wichtiger Rohstoffe staatliches Monopol war, könnte der Eindruck entstehen, dass die hohen Einfuhrzölle zum Kauf lokal produzierter königlicher Güter motivieren sollten. Doch die ältere wissenschaftliche Anschauung von einem hellenistischen Ägypten als einer Kommandowirtschaft, die von zentralistischen Planzielen und Steuern geleitet war, ist zweifellos falsch. Jüngere Deutungen der schwierigen Papyrustexte und eine stärkere Berücksichtigung von Zeugnissen, die nicht in griechischer, sondern in ägyptischer Sprache geschrieben sind, haben neue Akzente gesetzt. Die Könige besaßen viel Land und verpachteten auch viel, an Pächter gegen Zins und an Reservesoldaten als Entgelt für Kriegsdienste. Besteuert wurden mit bis zu 50 Prozent des Jahresertrags auch die Agrarprodukte. Doch gehörte ihnen nicht alles. Große Ländereien waren im Besitz der Tempel, und privater Grund und Boden wurde weiterhin veräußert, wie aus nichtgriechischen Dokumenten in Oberägypten gut ersichtlich ist. Von zentralen Bürokratien gesetzte jährliche Produktionsziele gab es nicht. Allerdings wurden lokale Listen des kultivierten Landes erstellt und von Stufe zu Stufe durch die Befehlskette geschickt. Auch war zum Teil vorgeschrieben, wie der Boden zu bewirtschaften sei, doch die Realität des Anbaus auf den Feldern konnte sehr verschieden aussehen. Das Ganze war kein »totalitäres« System, sondern eine Praxis des Herumkommandierens und Registrierens, die aber von Diskrepanzen zwischen den Registraturen und Wünschen der Bürokraten und dem tatsächlichen Vorgehen der Kleinbauern gekennzeichnet war. Die jährlichen Abgaben an die Krone wurden großenteils noch in Naturalien entrichtet, und wer Ernteabgaben zu leisten hatte, musste das Getreide persönlich in staatliche Kornspeicher bringen. Aus einem kürzlich entzifferten Papyrus wissen wir, dass schon in der Perserzeit Zollgebühren auf Importe ins Nildelta erhoben wurden. Auch Volkszählungen hatte es in Ägypten gegeben, und individuelle Steuern und Abgaben jeder nur denkbaren Art hatten zweifellos Tradition. Doch unter den Ptolemäern fanden noch größere Veränderungen statt. Steuern wurden jetzt Auftragnehmern in Pacht gegeben. Seit den 260er Jahren belief sich die Steuer für Obstgärten und Reben auf einen Anteil von bis zu einem Sechstel des Erntewerts und diente dem neuartigen Zweck, einen Kult zur göttlichen Verehrung der Schwester – und Ehefrau – des regierenden Ptolemäers einzurichten. Der Großteil auch dieser Steuern wurde in bar gezahlt. Infolgessen weitete sich der Münzgebrauch in Ägypten sogar in ländlichen Gegenden beträchtlich aus; während der Perserzeit war er landesweit vermutlich noch minimal gewesen. Neu war auch die Ansiedlung einzelner Soldaten auf Landparzellen; an jeden Kavalleristen gingen bis zu 20 Hektar. Vor allem aber das große neue Alexandria zog Feldfrüchte, Textilien und andere Güter aus dem ländlichen Ägypten an sich. Man liest die sehr plausible Angabe, es seien über Kanäle und über den Nil mehr Güter vom Hinterland in die Stadt gelangt, als über das Mittelmeer in die Häfen der Stadt verschifft wurden.

Es war im Interesse der Könige, die Landwirtschft zu verbessern und und den steuerbaren Output zu erhöhen. Die Könige waren keine passiven Erben eines uralten Ägypten, in dem sie nur die Stelle der persischen Herren eingenommen hätten. Ihre Neuerungen wurden allerdings nicht überall im Land eingeführt; daneben bestanden, besonders im Süden, die langbewährten einheimischen Bewirtschaftungsformen der Bauern fort. Es gab aber sowohl im Süden wie vor allem im Fayyumbecken, etwa 400 Kilometer südlich von Alexandria, auch neue Entwicklungen. Im äußersten Süden fielen die Könige, vielleicht in den 260er Jahren, ins untere Nubien ein, annektierten danach die überaus reichen Goldminen und beuteten sie aus. Im Lauf der nächsten zwei Jahrzehnte wurde Al-Fayyum, wie wir sehen werden, zu einem wichtigen Erschließungsgebiet mit einer attraktiven neuen Stadt (Philadelphia), einem großen See zur städtischen Wasserversorgung und Parzellen von insgesamt 1000–2000 Hektar für wichtige Freunde und Höflinge, die dort eine intensive Bewirtschaftung versuchten. Diesem Ort verdanken wir den größten Teil unserer Belege für den Gebrauch von Metallwerkzeugen und Pflügen, den Neuerungen in der ägyptischen Landwirtschaft. Trotz der Skepsis ägyptischer Arbeiter wurden neue Getreidesorten eingeführt. Eine neue Sorte von Sommerweizen setzte sich durch, weil sie dort, wo Bewässerung möglich war, eine kostbare zweite Ernte einbrachte. In ganz Ägypten gab es daraufhin ein anderes Weizenmehl für Brot.

Ziele und Dimensionen dieser Veränderungen waren gewaltig. Doch bewirkten sie auch technische Innovationen? In Alexandrias Gelehrtenakademie arbeiteten die Denker an der Nutzung der Kräfte von Pressluft (Pneumatik), an einer neuen Art von Druckpumpe und sogar an einer begrenzten Verwendung von Dampfdruck, den sie an einigen amüsanten Spielsachen erprobten. Erneutes Studium ihrer technischen Texte hat andererseits gezeigt, dass im 3. Jahrhundert v. Chr. auch neue Schöpfmaschinen entworfen wurden, um Wasser aus der Tiefe zu heben; sie wurden von Pferden oder durch Wasserkraft bewegt und trugen in hohem Maß zu einer Verbesserung der möglichen Bewässerungstechniken bei. Sie dürften in den neuen Landwirtschaftszonen von Vorteil gewesen sein, wo man Wasser aus Seen und Kanälen zuführen musste, um eine doppelte Ernte zu erzielen. Möglicherweise konnte man mittels Antrieb durch Dampf oder Pferde sogar Getreide zerstoßen, indem man die rotierenden Achsen und Nocken nutzte, die schon erfunden waren und in Alexandria an Spielzeugmaschinen Verwendung fanden. Bisher fehlen uns Beweise für die Existenz einer ptolemäischen Wassermühle oder für den extensiven Gebrauch von Wasserkraft beim Waschen, Gewinnen und Zerstoßen des Goldes. Dagegen liegt uns ein anschaulicher Bericht über die Sklaven in den Goldminen der Ptolemäer vor. Sein Autor ist der fähige Höfling Agatharchides (um 170–150

v. Chr.). Immer wieder betont er die harte Arbeit einzelner Männer und Frauen, Kriegsgefangener und Krimineller, die sich nackt in äußerster Hitze plagen, »bis sie an den Misshandlungen in ihrer erzwungenen Not sterben«. Männer und Knaben trugen in den Felsentunnels der Bergwerke ihre Lampen auf dem Kopf, aber die eingesetzte Technik waren Muskel und Peitsche.

Stagnation ist für die Entwicklung dieser damals aktuellen Techniken keine zutreffende Bezeichnung. Seit einem unbestimmten Zeitpunkt vor Mitte des 1. Jahrhunderts v. Chr. hat man im griechischen Raum Wassermühlen benutzt, um Mehl zu mahlen. Zum ersten Mal hören wir von ihnen in einem hübschen Gedicht, in dem freudig besungen wird, dass die jungen Sklavinnen jetzt friedlich weiterschlafen können, weil die Nymphen die Arbeit mechanisch erledigen.[6] Sechs Wassermühlen – vorläufig aber noch keine Windmühlen – verbreiteten sich danach in allen Provinzen des Römischen Reiches und tauchen zunehmend als archäologische Funde auf; ein »Niedergang« in der Spätzeit des Reiches im 4. Jahrhundert n. Chr. ist nicht festzustellen. Sklaven arbeiteten auch in den riesigen römischen Bergwerken in Nordwestspanien, doch spricht sehr viel für die Verwendung von Wasserkraft beim Waschen und Brechen der Erze. Windmühlen sind weiterhin nicht bezeugt, und der großartige Belagerungsapparat, die Steinschleudermaschine, sollte von China her erst allmählich nach Westen vordringen. Aber die vermutete »Blockierung« des technischen Fortschritts unter römischer Herrschaft ist damit nicht bestätigt.

Die Menschen der Antike erreichten vieles, doch keine »Industrialisierung«. Eine einfache Erklärung für dieses Manko lautet: Sie waren nicht in der Lage, die großen Metallkessel zu gießen, die nötig gewesen wären, um die Dampfkraft industriell zu nutzen. Doch das Fehlen der industriellen Fertigung bedeutete nicht, dass angewandte Techniken fehlten, die zwar nur regional, aber dennoch effektiv eingesetzt wurden. Für die Zeit um 200 n. Chr. ist uns aus dem nördlichen Gallien unter römischer Herrschaft endlich ein verbessertes Kummet bezeugt. Es wurde zunächst nur lokal genutzt, aber ein Pferd konnte jetzt Lasten ziehen, ohne erdrosselt zu werden.[7]

25
DIE NEUE WELT

In Indien, sagt Megasthenes, lassen die Brahmanen die Frauen, die sie heiraten, nicht an ihrer Philosophie teilhaben, damit die Frauen, wenn sie bösartig sind, keines ihrer unerlaubten Geheimnisse dem profanen Volk mitteilen können, und wenn die Frauen ernsthaft sind, werden sie ihren Mann nicht unverzüglich verlassen. Denn niemand, der Vergnügen oder harte Arbeit, auch Leben und Tod, mit Verachtung betrachtet, ist bereit, einem anderen untertan zu sein. Ein ernsthafter Mann und eine ernsthafte Frau aber sind solche Menschen ...

> Megasthenes (der Indien wohl zwischen 320 und 300 v. Chr. bereiste), zitiert nach Strabo, GEOGRAPHIE 15,1,59

Lange Zeit blühte das Haus meiner Ahnen
Bis die unbezwingliche Kraft der drei Geschicke es fällte ...
Ich also, Sophytos ... vom Geschlecht des Naratos ...
Erhielt Geld, das sich vermehren kann, von einem anderen und verließ
    mein Zuhause
Entschlossen, niemals zurückzukehren, hätte ich nicht die gewaltigste
    Menge an Reichtum erworben.
Darum gewann ich mit Handel in mancherlei Städten ein großes
    Vermögen, ohne Schaden.
Viel gepriesen kehr ich jetzt heim in mein Land nach zahllosen Jahren
Und meine Rückkehr erfreute die Freunde ...
Sofort erbaute ich neu das zerfallene Haus meiner Väter
Mit neuen Mitteln, größer und besser ...

> Aus der griechischen Versinschrift des Sophytos, Sohn des Naratos (ein nichtgriechischer Name), auf seiner Stele in Kandahar, um 135 v. Chr. (erstm. publ. 2004)

Nach Alexander dem Großen war Griechisch die Sprache der Macht – von Kyrene im nördlichen Afrika bis an den Oxos und weiter bis in den Pandschab in Nordwestindien. Es war außerdem, nicht nur in Alexandria, die Leitsprache der Kultur. An den Ufern des Oxos im heutigen Afghanistan schlugen griechische Siedler Wurzeln und errichteten die Großstadt Ai Khanum. Unter den ersten Siedlern an diesem Ort waren vermutlich Veteranen, die Alexander 329/8 v. Chr. entlassen hatte. Einer von ihnen könnte jener Kineas gewesen sein, an den ein Heldenschrein in der Stadt erinnert. Er trägt als Inschrift die moralischen Grundsätze, die den vormaligen Sieben Weisen von Griechenland zugeschrieben wurden. Ein gewisser Klearchos, bei dem es sich um den Schüler des Aristoteles handeln dürfte, hatte sie vom fernen Delphi bis hierher gebracht. Die griechischen Götter wurden von griechischen Siedlern in einigen sehr fernen Gegenden kultisch verehrt, ohne dass man versucht hätte, sie der nichtgriechischen Bevölkerung aufzudrängen. Die polytheistischen Griechen konnten sich auch mit den Göttern befreunden, die sie in Asien vorfanden; sie identifizierten sie etwa mit ihrem Helden Herakles oder verliehen ihnen vertraute Züge – bedeckten zum Beispiel eine der beliebtesten asiatischen Votivfiguren, den mächtigen Reiter auf seinem mächtigen Ross, mit einem makedonischen Hut.[1]

Im voraufgegangenen Perserreich war bereits mit dem Aramäischen, der Sprache, die von Äypten bis Indien von allen Sekretären benutzt wurde, ein weiter Horizont eröffnet. Dieser gesonderte Horizont blieb auch nach Alexanders Eroberungen bestehen; die aramäische Literatur behielt ihren weiten Blickwinkel, wie es noch in vielen Büchern jüdischer Erzählungen in der christlichen Bibel zu erkennen ist, die im neuen griechischen Zeitalter verfasst wurden. Den Griechen allerdings lag mehr daran, sich die große neue Welt zu erschließen, in der sie nun lebten. Mit Alexander machten sie sich daran, Straßen zu vermessen, und stellten dann »Entfernungszeichen« auf. Sie machten Minen ausfindig und berechneten ihr Potenzial; sie beobachteten die neue Pflanzenwelt und ihre Früchte: Eine besondere Weizensorte aus dem Orient, heißt es, sei so kräftigend gewesen, dass Makedonen zerplatzt seien, als sie davon aßen.[2]

Trotz dieser lokalen Recherchen hatten Alexander und sein Tross die Größe Asiens im Allgemeinen unterschätzt, und sehr oft hatte Alexander keine Ahnung, wo er sich befand. Wie weit nach Osten erstreckte sich Indien nun? Grenzte das Kaspische Meer ans Festland? Diese Fragen untersuchte man in den Jahrzehnten nach seinem Tod, als die erstaunlichste aller Reisen nach Westen unternommen wurde, die bis weit jenseits des Alexanderreichs führte.

Pytheas, ein Grieche aus Massalia (Marseille), reiste durch den Golf von Biscaya gen Norden, erforschte die Küste Britanniens und schrieb über eine dicke »Lunge«, der er sich gegenübersah – vermutlich eine Nebelbank in nördlichen Breiten.[3] Pytheas war mit den jüngsten Erkenntnissen der griechischen Astronomie vertraut und gelangte, wie seine Berechnungen zeigen, weit nach Norden, wahrscheinlich in nordöstliche Richtung nach Norwegen, nicht ins nordwestliche Island. Seine Reisen hielt er schriftlich fest, doch viele spätere Kritiker reagierten auf die sorgfältigen Beobachtungen mit ungläubiger Skepsis. Pytheas hatte eine Welt gesehen, von der Alexander nicht die leiseste Vorstellung besaß.

Man könnte auf den Gedanken verfallen, dass diese neuen Horizonte oder die königlichen Höfe und Reiche, die soviel grandioser waren als die eigenen Bürgerschaften, bei Griechen aus den alten, etablierten Städten eine gewisse Verunsicherung bewirkten. Doch nichts wäre falscher. Die Jahrzehnte nach Alexanders Tod waren im geistigen und kulturellen Leben der Griechen eine fruchtbare Epoche, die unmittelbar aus dem vergangenen klassischen Zeitalter hervorging. In den romantischen Bühnenstücken über das Familienleben aus der Feder des Atheners Menander tritt erneut das Lustspiel ins Blickfeld. Ebenfalls in Athen entwickelten sich drei neue philosophische Schulen, die letzten von Bedeutung in der Geschichte des Altertums. Epikur diskutierte über Fragen der Wahrnehmung, der ethischen Ziele und der Empfindungen. Sein »Garten«, in dem er lehrte und Gäste empfing, war keineswegs das epikureische Zentrum der Lust und des Vergnügens im Sinn der späteren Legendenbildung. Zenon von Kition auf Zypern schrieb über den idealen Staat, über Normen des Verhaltens, über Erkenntnis und Pflicht. Seine Schule, die Stoa (Säulenhalle), war noch Jahrhunderte später einflussreich. Pyrrhon von Elis bestritt jede Möglichkeit der Erkenntnis und Gewissheit und gründete die Schule der Skeptiker. Freiheit war für jeden dieser drei Philosophen die Freiheit des Einzelnen – von Angst oder Leidenschaft oder Täuschung, nicht aber die Freiheit, als Bürger in einer freien Demokratie seine Stimme abzugeben.

Später wurde berichtet, Pyrrhon habe Alexander den Großen begleitet, und nachdem er so vieles gesehen hatte, den Schluss gezogen, dass Wissen überhaupt unmöglich sei. Tatsächlich aber entstanden diese philosophischen Theorien als Reaktion nicht auf Alexander, sondern auf frühere Philosophen, insbesondere auf die Herausforderung Platons. Zenons idealer Staat war eine Antwort auf Platons abschreckende Utopie; Epikur setzte sich mit dem älteren Skeptizismus griechischer Denker des 4. Jahrhunderts auseinander. Thema der neuen Denker war nicht der neue Weltstaat oder der Rückzug ins Private und ethischer Relativismus in einer veränderten, multikulturellen Welt. Trotz allem, was sich um sie herum abspielte, waren die griechischen Bürgergemeinden noch immer dynamische politische Einheiten. Die Neugründungen in Asien füllten sich nicht mit entwurzelten Siedlern, die sich ratlos im Nirgendwo neuer Landstriche verloren. Was uns von ihnen bekannt ist, legt die Vermutung nahe, dass die Bürger ihren Zusammenhalt festigten, indem sie griechischem Brauch getreu den Ehepartner im eigenen Umfeld oder unter ihren Landsleuten in der städtischen Gemeinschaft suchten. Die Familienstrukturen blieben intakt, und die alten und neuen Stadtstaaten wurden nicht durch einen neuen hellenistischen Individualismus oder ein kosmopolitisches Ethos auseinanderdividiert. Sie hatten jetzt allerdings mit königlichen Erlassen und mit der Bedrohung durch königliche Armeen oder unzuverlässige königliche Günstlinge zurechtzukommen. Doch ihr starkes Gemeinschaftsgefühl und ihr lokales politisches Engagement ging den Bürgern nicht verloren. Sie frequentierten weiterhin ihr exklusives Gymnasion, ob nun in Makedonien, Syrien oder Ägypten, den gesellschaftlichen Mittelpunkt, der das Privileg der Bürger war. Die Sporthallen waren nicht mehr nur dem Training nackter Athleten vorbehalten. Die Jugendlichen konnten hier an Vorträgen und kulturellen Veranstaltungen teilnehmen. Das Gymnasion war ein Brennpunkt bürgerlichen Lebens, an dem Werte und Wissen der Griechen vermittelt wurden. Außerhalb der Trainingszentren fanden weiterhin Festlichkeiten und Spiele statt, die sich im 3. Jahrhundert in den griechischen und asiatisch-griechischen Städten vervielfachten, merkwürdigerweise mit Ausnahme Syriens. Und diese Anlässe wiederum führten die Stadtstaaten nach griechischer Tradition und im Bewusstsein der gemeinsamen Werte zusammen.

Ein Niveau des persönlichen Luxus, wie ihn die Gesellschaft im Umkreis der Königshöfe kannte, mussten die Griechen der Stadtstaaten allerdings entbehren. Wir besitzen ein wunderbares Dokument, einen Brief aus Makedonien von etwa 300 v. Chr.: Der Makedone Hippolochos beschreibt, wie er an einer Hochzeit teilnahm.[4] Er schildert für einen Adressaten in Athen den blendenden Glanz von Silber und Gold, die Musikerinnen (»für mich sahen sie völlig nackt aus, einige sagten aber, sie trügen Tuniken«), die weiblichen Feuerfresser und Jongleure, auch sie nackt, die Riesenportionen Eberfleisch und das Treiben des Enkels eines der trinkfesten Höflinge Alexanders (Sohn seiner Amme), der Unmengen Wein konsumierte und mit einem Goldbecher belohnt wurde. Die 20 Gäste bekamen erstaunlich wertvolle Geschenke. »Du hältst dich schon für glücklich«, schreibt Hippolochos an seinen Freund in Athen, »wenn du den Vorträgen des (Peripatetikers) Theophrast lauschen kannst und wilden Thymian und die köstlichen Brötchen isst. Wir aber haben von einem einzigen

Nachtmahl ein Vermögen mit heimgenommen und suchen mit diesen Einnahmen jetzt Häuser, Bauernhöfe oder Sklaven zu kaufen.«

Als dieser Brief geschrieben wurde, kann man im damaligen Athen mit Blick auf ein elementares Vergnügen des Menschen, das Gärtnern, einen ähnlichen Gegensatz darstellen. Zwischen etwa 310 und 290 v. Chr. verfasste der in diesem Brief so ehrenvoll erwähnte Theophrast zwei Texte, die ihn als Begründer der Botanik ausweisen. Theophrast hatte Berichte von Alexanders Soldaten gehört; er kannte die Bücher der ersten Historiker über die von Alexander eroberten Gebiete und ihre seltsame Flora, aber auch Geschichten über die Bäume auf Sizilien und in Süditalien und hatte sogar Einzelheiten über die verschiedenen Standorte von Bäumen in Latium nahe Rom in Erfahrung gebracht.[5] Von den chemischen Eigenschaften des Bodens oder der geschlechtlichen Vermehrung der Pflanzen, der Grundlage moderner Systematisierung, wusste er nichts. Doch er beobachtete die Pflanzen mit großer Sorgfalt, und nicht nur getrocknete Exemplare oder solche, die er aus Berichten von Freunden oder früheren Autoren kannte. Von ihm stammt eine exakte Darstellung der Blüten und Früchte der Kirsche, beruhend auf Beobachtungen aus allen Jahreszeiten. Er unterschied zwischen Eigenschaften der Birne als Wild- und als Kulturpflanze. Die Studien muss er im eigenen Garten betrieben haben, den er in sein Testament aufnahm und zu seiner letzten Ruhestätte bestimmte. Er pflanzte sogar Löwenzahn an, dessen Fruchtstände er identifizierte, fand ihn aber »bitter und zum Verzehr nicht geeignet«.[6]

In Ägypten tauchen wir 25 Jahre nach seinem Tod in eine ganz andere Welt des Pflanzens und Gärtnerns ein, die der Grande Apollonios, Finanzminister Ptolemaios' II., organisierte. Apollonios gehörte zu einer Gruppe von Privilegierten, denen der König Ländereien zum persönlichen Geschenk gemacht hatte: jedem von ihnen Land in der Größe von fast 450 Hektar im Fayyumbecken, einem sandigen Landstrich etwa 400 Kilometer südlich von Alexandria. In der Nähe hatte Ptolemaios II. Philadelphia gegründet, eine neue Stadt mit Straßen im Schachbrettmuster, einem Theater und einer städtischen Sporthalle. Riesige Flächen des umliegenden Landes waren in den 260er und 250er Jahren von neuen Besitzern kultiviert, bewässert und verbessert worden. Zenon, der Gutsverwalter des Apollonios, war ebenfalls ein griechischer Einwanderer, und seine erhaltenen Papiere führen uns in die gebieterische und unersättliche Welt eines »Projektmanagers«, der seine Energien darauf verwendet, die Natur zu verändern. In Briefen befiehlt Apollonios, Tausende Weinstöcke zu pflanzen, unter denen auch veredelte Sorten waren. In Eselskarren sollten die Pflanzen ins Fayyum zu Zenon gebracht werden, wo sich die einheimischen Ägypter über die griechischen Neulinge mokierten, die von den altehrwürdigen Abläufen alltäglicher Verrichtungen so gar keine Ahnung hatten. Einmal drohten die Gärtner dieser Ländereien, sich davonzumachen und die Pflanzungen im Stich zu lassen. Apollonios aber war nicht aufzuhalten. Er ordnete an, Ableger von Olivenbäumen, Aprikosen- und anderen Obstbäumen aus einem zweiten Gut in der altägyptischen Hauptstadt Memphis zu Zenon auf den Besitz im Fayyum zu bringen. Durch die griechische Einwanderung wurde der einheimische Weinbau viel intensiver betrieben – vormals hatten die Ägypter Bier getrunken. Auch gute Olivenbäume, für Griechen unerlässlich, standen in Ägypten nicht zur Verfügung. Den Mangel glich man durch den Anbau ölhaltiger Pflanzen aus und nutzte dabei unter anderem auch den öligen Samen des Schlafmohns. Dieser erfreute sich einer kurzen Phase der Massenproduktion auf Apollonios' Landgut, doch offenbar nicht als Droge. Als Zierpflanzen für den Park waren weniger wertvolle wilde Oliven vorgesehen, die Zenon in großen Mengen zugingen, außerdem Lorbeerbüsche und eine Flut von Koniferen. Daneben gab es Rosen für die Parfümproduktion, für Kränze und als Schmuck. Ähnlich verfuhren die übrigen 450-Hektar-Besitzer, doch das Massenexperiment einer Landwirtschaft neuen Stils wurde durch verzögerte Lieferungen, künstlich bewässerten Boden und die Risiken von Salz und Sand gefährdet. Nach Ablauf von 25 Jahren waren die herrschaftlichen Ländereien des Apollonios an die Könige, seine ursprünglichen Besitzer, zurückgegangen und die riesigen Schlafmohnfelder verschwunden. Das Experiment einer Agrikultur des Luxus zerschlug sich und ging den Weg anderer großartiger Gartenprojekte der Geschichte.

Unter Zenons privaten Papieren finden sich jedoch auch Zeugnisse seiner literarischen Vorlieben, darunter eine ausgezeichnete Kopie von Euripides' Tragödie über den jungen Jäger Hippolytos. Zenon selbst schrieb ein klares, überlegtes Griechisch und suchte immer nach dem geeigneten Ausdruck. Er liebte Hunde und den obligaten Sport des Edelmanns, die Jagd. Zwei Gedichte sind Preislieder auf einen seiner Lieblingshunde, der ihn vor einem wilden Eber gerettet hatte. In seinen Briefen werden Gazellenjäger erwähnt, die immer wieder in seinem Umkreis auftauchen. Während die hellenistischen Könige weiterhin ihre Tapferkeit in den Jagdgründen rühmten, hinterließ ein weiterer griechischer Emigrant im östlichen Kandahar Verse und ein Denkmal zu Ehren eines seiner Hunde, der tapfer ein wildes Beutetier getötet hatte. In diesen neuen Landstrichen mit ihrem neuen »Spiel«, der Großwildjagd, wurde der noble Heldensport zur sehr geschätzten Erholung gewöhnlicher Menschen im Blickpunkt der Öffentlichkeit.[7]

Es ist nur natürlich. dass diese Auslandsgriechen die neuen und ungewöhnlichen Völker um sich herum beobachteten. Herodot war ihnen dabei vorausgegangen, aber auch Alexanders Generäle und sein Stab hatten die Eigentümlichkeiten, die sie in der indischen Gesellschaft wahrnahmen, schon bald dokumentiert. In diesen Schriften ist eine durchgehende Spannung zu bemerken. Sollte man das Gesellschaftsmodell des fernen Ostens idealisieren, wie Platon und der Rhetor Isokrates Ägypten verherrlicht hatten? Nach Alexanders Tod wurden entlegene Gegenden auch weiterhin mit alten griechischen Phantasielandschaften identifiziert, ob im Norden, im fernen Osten oder auf Inseln im sogenannten südlichen Ozean. Oder sollte man den fernen Osten beobachten, erforschen und verstehen? Von denen, die über diese neue Welt schrieben, eigneten sich bestenfalls einige wenige auch ein paar Wörter aus dieser Sprache an; aber sie gingen hin und schauten sich um, und entweder sie oder ihre Informanten waren in der Lage, sich auf Griechisch einigermaßen verständlich zu machen.

Viele neue Siedler in Baktrien und im Nordosten des Iran hielten zäh an ihren heimischen Traditionen fest, auch dann noch, als sie feststellten, dass der Tod Alexanders nicht das Signal für die Heimkehr bedeutete. Im fernen Ai Khanum am Oxos benutzten die Siedler gut 150 weitere Jahre lang unverändert den makedonischen Kalender; im Iran erhielt die alte Stadt Susa einen makedonischen Namen; Kopien derselben wenigen Verse aus Euripides wurden in Ägypten und Armenien als Schulübung benutzt. In Ägypten sprachen die Ptolemäer ein makedonisches Griechisch, nicht aber Ägyptisch, und sie förderten griechische Lehrer durch Befreiung von der Salzsteuer, sowie sonstige Griechischsprechende, denen sie andere kleine Steuervergünstigungen gewährten. Ihre Regierungsform blieb griechisch. Doch die alte wissenschaftliche Vorstellung von einem griechischen Vorurteil gegenüber dem Osten, das an moderne Rassentrennung grenze, ist völlig übertrieben. Die Ptolemäer und die Seleukiden vergaßen zwar ihre makedonische Herkunft nie, aber ohne eine gewisse Sympathie für die altüberlieferte ägyptische Kultur war es unmöglich, den schmalen Landstrich südlich von Alexandria zu beherrschen, denn die großen Tempel und ihre Priesterschaft behielten unverändert ihre Funktion. Weit mehr Raum nahm das Reich der Seleukiden von Syrien bis in den Ostiran ein, und die oberen Ränge des Hofes, der Armee und der Provinzverwaltung blieben überwiegend in griechischer Hand. In Mesopotamien dagegen übernahmen die Seleukidenherrscher einige der alten lokalen Königstitel und erwiesen einigen lokalen Tempeln die Ehre – Alexander hatte es nicht anders gehalten. Insgesamt aber zeichnete sich der Stil der Dynastie nicht durch eine neue »multikulturelle« Offenheit aus. Im Iran hatte Alexander das komplexe System der Lebensmittelrationen und des Hofzeremoniells abgeschafft, und die Seleukiden beließen es dabei. In Ägypten dagegen blieb mit der lokalen Priesterschaft ein Ideal ägyptischen Königtums lebendig, in dem der regierende Pharao für ewiges Wohlergehen und für die geregelte Fruchtbarkeit des Landes bürgte. Vieles spricht dafür, dass die Ptolemäer auf diese ägyptische Kultur, die parallel zu der ihren gelebt wurde, Bezug nahmen. Für ein oder zwei ägyptische Traditionen zeigte sich die Dynastie selbst empfänglich – es wurde, möglicherweise zu Recht, vermutet, die Ptolemäerkönige hätten die alte Gepflogenheit der Pharaonen übernommen, mittels einer besonderen Arztsteuer Ärzte zu subventionieren, die allen Patienten kostenlos zur Verfügung standen. In anderen griechischen Städten konnte der Rat nach vorherigen Gesprächen einen Stadtarzt ernennen, den seine Patienten jedoch bezahlen mussten. Außerhalb Ägyptens fand so etwas wie ein nationales Gesundheitssystem kein Interesse.

In Ägypten wurde die zentrale Rolle der ägyptischen Kultur für die Zivilisation der Welt schon sehr früh von einem bedeutenden griechischen Intellektuellen hervorgehoben. Hekataios war in den ersten Regierungsjahren Ptolemaios' I. von Abdera nach Ägypten gekommen. Er folgte zwar Herodot, nahm aber für sich in Anspruch, seinen großen Vorgänger übertroffen und echte ägyptische Aufzeichnungen eingesehen zu haben. Seine Beschreibungen alter Gebäude aus der Pharaonenzeit sind bemerkenswert präzis und seine Berichte über alte ägyptische Gesetze und Bräuche nicht reine Erfindung. Er sprach den Pharaonen älterer Zeit sogar ein Lob aus: Sie hätten Gesetz und Recht beachtet und ihren persönlichen Luxus in Grenzen gehalten. Vorurteile werden sichtbar, wenn er sie preist, weil der Handwerkerschicht die Teilnahme am politischen Leben verwehrt worden sei. Von demokratischem Geist beseelt war Hekataios' Darstellung des alten Ägypten nicht.[8]

Hekataios war außerdem Gewährsmann – wahrscheinlich der erste in Griechenland – einer Neuentdeckung: der Juden. Nach Alexanders Tod hatten Ptolemaios' Truppen während ihrer Kämpfe in Syrien Juden angetroffen, und Hekataios präsentiert sie als einen Spross der ägyptischen Kultur. Sie waren durch ihren schlechtberatenen Gesetzgeber Moses, wie er dachte, lediglich verdorben worden. Seine Darstellung ist jedoch nicht feindselig oder gar antijudaistisch. Wenn er ihre idealisierte Priestergesellschaft beschreibt, scheint er auf einen Satz im 5. Buch Mose anzuspielen. Hundert Jahre später sollten seine Nachfolger in Alexandria weniger tolerant sein. Ein Teil ihrer Literatur kann als Beginn der abendländischen Judenfeindlichkeit gelten.

Als Faszinosum im fernen Osten wirkte derweilen Indien. Während der Invasion von 327 bis 325 v. Chr. hatten Alexanders Offiziere unendlich vieles gesehen und aufgezeichnet, was Griechen zuvor niemals erlebt und gesehen hatten. In ihren Darstellungen beschrieben sie indische Kleidung, indische Baumwolle, die breiten Schirme der Banyanbäume und die Elefanten. Zu genauer Beobachtung der gegenständlichen Welt waren sie in der Lage. Wenn sie aber versuchten, die indische Gesellschaft oder ihre Weltanschauung zu erklären, scheiterten sie an ihrer Unkenntnis der Landessprache und an den Stereotypen, die ihre Auffassung prägten. Ein indischer Weiser schloss sich der Armee an und soll sogar seine Lehren an die Soldaten weitergegeben haben. Möglicherweise ist uns sogar etwas von seinen Reden über die Sterne und die Jahreszeiten überliefert. Die Offiziere riefen ihn »Kalanos«, was nicht sein indischer Name war. Sie nannten ihn nach dem Grußwort, das er gern gebrauchte. Einige hielten es für ein indisches Wort, wahrscheinlicher ist, dass er den einzigen Brocken Griechisch vorführen wollte, den er kannte: *kalē* für »schön«. Also erhielt er den Namen »Herr Schön«.[9]

Der Hauch eines Beweises genügte, um lokale Spuren für eine Invasion Indiens durch die Götter Dionysos und Herakles zu entdecken. Phantasievolle griechische Geister meinten auch in den Bräuchen einiger indischer Monarchien die Spuren eines idealisierten Sparta zu erkennen. Andere erklärten sich die Verhältnisse unverblümt aus der Sicht des eigenen *machismo*. Die Praxis der Witwenverbrennung, *suttee*, schrieben die Invasoren der Untreue und Bösartigkeit indischer Frauen zu. Wo man sah, dass indische Männer sehr viel jüngere Frauen ehelichten, wurde vermutet, diese würden bald danach trachten, ihre alternden Gatten zu vergiften und mit einem jüngeren Liebhaber auf und davon zu gehen. *Suttee* war also das Abschreckungsmittel des Gatten: Wenn ein Ehemann vergiftet wurde, musste die Frau damit rechnen, mit ihm zusammen auf dem Scheiterhaufen verbrannt zu werden. So hielt man die Frauen in Schach. Diese Erklärung ist wahrscheinlich eine freie Erfindung von Männern aus dem Gefolge Alexanders, der jeder Bezug auf eine indische Quelle fehlt.[10]

Bald nach Alexanders Tod wurde Indien durch den unerschrockenen griechischen Gesandten Megasthenes noch weiträumiger erkundet. Auch er kombinierte Beobachtung mit idealisierender Theorie. Er besuchte die indische Königsstadt Palimbothra am Ganges, eine Gegend, die sogar Alexanders Aufmerksamkeit entgangen war, und hinterließ einen glaubwürdigen Bericht über ihr Erscheinungsbild mitsamt Holzarchitektur und allem Übrigen. Er unterschied auch zwischen sieben Ordnungen der indischen Gesellschaft, deren Geschlossenheit durch konsequente Heiraten im engsten Milieu garantiert sei.

Vermutlich versuchte er auf diese Weise die indischen Kasten zu beschreiben. Er spricht von sieben Kasten und nicht von den üblichen vier, ein Hinweis auf die Anlehnung an Herodot, der für das alte Ägypten von sieben Klassen ausgegangen war. Außerdem schrieb Megasthenes über einen »Budjas«, in dem er einen Gefährten des Dionysos bei dessen Eindringen in Indien und späteren König vermutete. Er hatte zweifellos von Buddha gehört und ihn falsch gedeutet. Allerdings schildert er einige indische Begräbnisriten, nicht aber die großen buddhistischen Stupas, die später Berühmtheit erlangten. Vielleicht sollten wir ihm trauen und den Schluss ziehen, dass es die Stupas damals noch nicht gab.

Im ausgehenden 4. Jahrhundert v. Chr. waren Alexanders Eroberungen in Indien an den Krieger Chandragupta gegangen. Doch der Horizont, den der Makedonenkönig geöffnet hatte, schloss sich damit nicht. In den verschiedenen Städten mit Namen Alexandria und in den Städten der Diadochen nahe dem Pandschab lebte weiterhin eine gebildete griechischsprachige Bevölkerung. Für sie ließ Mitte des 3. Jahrhunderts der indische König Asoka seine königlichen buddhistischen Erlasse in dieser Region übersetzen und in griechischen Inschriften festhalten. Asoka kannte auch die Namen aller griechischer Könige hellenistischer Zeit bis hin ins westliche Libyen und sagte: »Alle Menschen auf dieser Welt sind wie meine Kinder.«[11] Nach 240 wurden die Nachfolgeherrscher in Baktrien unabhängige griechische Könige, die später Alexanders Beispiel folgten und in Nordwestindien erneut auf Eroberungen ausgingen. Unter ihrem bedeutenden König Menander (um 150–130 v. Chr.) gelangten sie sogar weiter nach Osten als Alexander, nahmen neues indisches Territorium in Besitz und erreichten schließlich den Ganges. Die neuen indischen Buddhadarstellungen lassen den Einfluss der griechischen Bildhauerkunst erkennen, und König Menander, ein Mann von auffallender Schönheit, findet in buddhistischer Überlieferung Erwähnung und trat möglicherweise selbst zum Buddhismus über.

Wie in Ägypten beschrieben griechische Autoren auch die fremdartige Welt Indiens meist in Begriffen der Bräuche, Mythen und Gesetze, die sie aus ihrer griechischen Heimat kannten, ein Vorgehen, aus dem weniger eine imperialistische Attitüde spricht als der herzerfrischende Glaube, der auch einen Homer durchdrang, dass diese anderen Völker im Grunde ganz genauso seien wie die Griechen. Die Griechen verfolgten sie nicht und versuchten nicht, sie als unbedeutendere Wesen zu bessern. Anfang des Jahres 323 v. Chr. hatte Alexander in Babylon Botschafter verschiedener Länder empfangen, darunter, wie in einigen Quellen vermerkt, auch Botschafter der Römer. Alexanders Hofhistoriker scheinen diese römischen Besucher jedoch ignoriert zu haben. Wenn Rom von griechischen Zeitgenossen überhaupt erwähnt wurde, dann im Allgemeinen als »griechische Stadt«, als ein weiterer Standort griechischer Kontakte entlang der Westküste Italiens.[12] Das wichtigste Volk der Zukunft hätte also von den Nachfolgern Alexanders erforscht werden können, fand bei ihnen jedoch das geringste Verständnis.

26
ROM GREIFT AUS

Lucius Veratius war ein extrem bösartiger Mensch von äußerster Brutalität. Er hielt es für sehr amüsant, einen Freien mit der Hand ins Gesicht zu schlagen. Hinter ihm ging immer ein Sklave, der eine Börse voller Münzen trug, und jedesmal, wenn er jemandem einen Schlag versetzt hatte, befahl er, dass fünfundzwanzig kleine Münzen (Asses) abgezählt würden, wie es das Zwölftafelgesetz vorschreibt. Daraufhin beschlossen die Prätoren später, dass dieses Gesetz in den Tafeln überholt und erloschen sei, und erklärten durch einen Erlass, dass sie Amtsgehilfen ernennen würden, die stattdessen den persönlichen Schaden einschätzen sollten.
    Favorinus (um 120–150 n. Chr.) über eine Veränderung im frühen
    Gesetzeskodex Roms, in: Aulus Gellius, ATTISCHE NÄCHTE 20,1,13

Wir verließen Rom im Jahr 451 v. Chr., zur Zeit des Zwölftafelgesetzes, seiner frühen Gesetzgebung, und hatten es lediglich im Kontext der benachbarten Etrusker und der Westgriechen betrachtet. Das Territorium der Stadt war seit langem besiedelt, doch wie so viele griechische Städte in der griechischsprachigen Welt führte auch Rom im 5. Jahrhundert seinen Ursprung auf einen Gründungsheros zurück, genauer gesagt, sowohl auf einen Gründer als auch auf einen Besucher, die ein äußerst kontrastreiches Paar abgaben. Als Gründer figuriert Romulus, der, so will es die Legende, von einer Wölfin gesäugt und von der Frau eines einfachen Schäfers aufgezogen wurde. Der »König aller Zeiten« begann als Outcast, eine Geschichte, wie sie für Gründer und führende Köpfe in vielen Gesellschaften typisch ist. Später tötete Romulus seinen Bruder Remus, eine weniger verbreitete Wendung dieser Geschichte.

Andererseits soll der trojanische Held Aeneas nach der Zerstörung Trojas auf seinen Wanderungen nach Italien gelangt sein und Lavinium gegründet haben. Aeneas ist eine wohlbekannte Figur der griechischen Dichtung, auch bei Homer, doch seine Verbindung mit Rom ist erst für die Zeit ab 400 v. Chr. bezeugt. Aber sie entspricht einem im Westen verbreiteten Trend. Auch andere nichtgriechische Städte in Süditalien und auf Sizilien berufen sich auf solche Verbindungen mit reisenden Trojanern – für die nichtgriechischen Außenseiter ein geeignetes Mittel, sich zu den ehrwürdigen Mythen der griechischen Welt in Bezug zu setzen. Für die Römer wurde die Verbindung mit Troja über Aeneas' Sohn hergestellt, und sie sollte sich als überaus nützlich erweisen, als sich Geschäftsbeziehungen mit Griechen im Mutterland und in Asien entwickelten.[1]

Wolfsmilch, Exil und Brudermord ergaben eine ungewöhnliche Herkunft, die jedoch mit einer wichtigen Tradition einherging – einer ungewöhnlich großzügigen Asylpolitik. Romulus soll sein neues Rom zum Zufluchtsort und Sammelbecken für alle Neuankömmlinge erklärt haben. In Athen stellen Mythen und Dramen den heimischen Helden Theseus ebenfalls als Freund der Fremden dar, doch in Rom ging dieses Entgegenkommen mit einer in Athen unbekannten Bereitschaft einher, an Nichtbürger das Bürgerrecht zu vergeben, sogar an Sklaven, die als Eigentum römischer Bürger von ihren Herren formell freigelassen wurden. Freilassungen waren in städtischen römischen Haushalten häufiger als auf römischen Bauernhöfen, doch dahinter standen weitgehend zweckdienliche Gründe. Viele Sklaven bezahlten für ihre Freiheit und setzten nach ihrer Freilassung die Zahlungen sowie die Hilfeleistungen für ihre Herren fort. Diesen musste es daher sinnvoller erscheinen, Sklaven nach einer gewissen Zeit freizulassen, als für den Unterhalt alternder Besitzstücke aufzukommen. Auch die Gemeinschaft profitierte davon, denn die Kinder freigelassener Sklaven konnten als römische Legionäre rekrutiert werden. Nicht zuletzt dank dieser ergiebigen Quelle wuchs Roms militärische Stärke in einem Umfang, der die Armeen der zahlenmäßig eng begrenzten Bürgerschaft Athens und Spartas weit hinter sich ließ.

Doch Nutzen aus dieser Stärke zog Rom zunächst noch nicht. Von den 450er Jahren, als das Zwölftafelgesetz bekanntgemacht wurde, bis in die 350er Jahre hatten die Römer offensichtlich mit zahlreichen Schwierigkeiten fertigzuwerden, beginnend mit wiederholten politischen Spannungen in der Bürgerschaft, über mehrjährige Missernten bis zu erneuten Feindseligkeiten zahlreicher latinischer Nachbarstädte. Das späte 5. Jahrhundert war eine Zeit breitgestreuter Einwanderung anderer Völker Italiens, besonders der Gebirgsvölker aus dem Apennin. Sie drängten in die Ebenen und an die fruchtbare Westküste Italiens und verhinderten eine Expansion Roms in diese Richtung. Die bekanntesten dieser Einwanderer waren die Samniten in Süditalien. Ihre berittenen Krieger wurden mit stilisierten Grabmalereien geehrt, die in der Gegend von Paestum in Süditalien gut erhalten sind.[2]

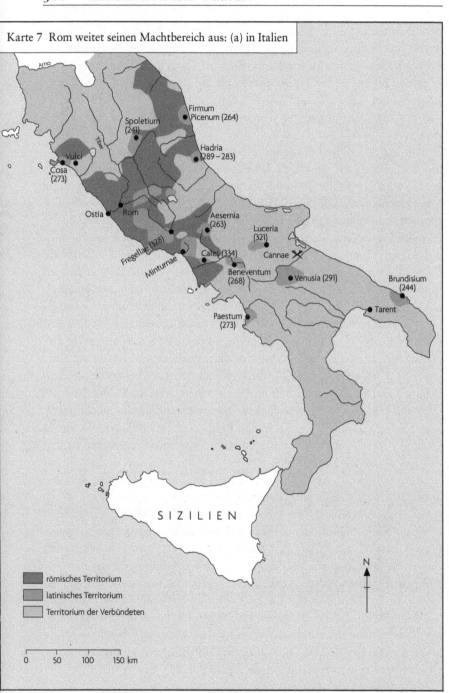

Karte 7 Rom weitet seinen Machtbereich aus: (a) in Italien

26 ROM GREIFT AUS

Karte 7 Rom weitet seinen Machtbereich aus: (b) in benachbarte Regionen

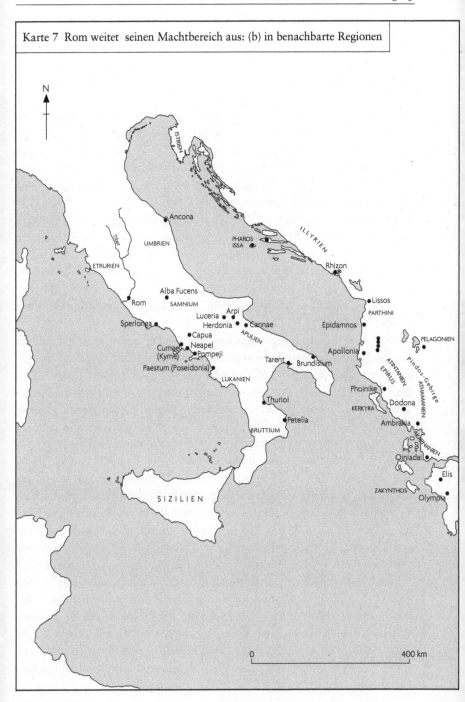

Innerhalb etwa eines Jahrhunderts, von 460 bis 360 v. Chr., erlebte Rom insgesamt knapp zehn Jahre ohne Krieg. Die dunkelste Stunde der Römer kam um 390 v. Chr., als die – ursprünglich aus Südfrankreich stammenden – Gallier in Italien eindrangen und Rom überfielen. Später wurde eine Vielzahl von Legenden um dieses Ereignis gesponnen, das jedoch genug Aufsehen erregte, um auch bei den Griechen, Aristoteles eingeschlossen, nicht unbemerkt zu bleiben.[3] Die berühmteste Geschichte lautet, die plündernden Gallier seien von Roms ehrwürdigem Kapitol vertrieben worden, als sie die heiligen Gänse der Göttin Juno aufstörten; ihr Gegacker habe den tapferen Manlius alarmiert und zum Angriff getrieben. In Wahrheit aber könnte das Plündern ganz ohne Unterbrechung vor sich gegangen sein. Heilige Gerätschaften aus Roms Götterkulten wurden nämlich zur Sicherheit in die nahe gelegene Etruskerstadt Caere, das moderne Cerveteri, gebracht, begleitet von den sechs Vestalinnen, den jungen Dienerinnen der jungfräulichen römischen Herdgöttin Vesta. Von dieser Auslagerung, nicht von den Gänsen, hatte Aristoteles in Griechenland erfahren. Der Tag von Roms katastrophaler Niederlage gegen die Gallier, der 18. Juli, blieb im römischen Kalender ein Unglückstag, an dem keine Geschäfte getätigt wurden.

Nach dieser Krise hätte ein griechischer Besucher in den 370er Jahren, der Epoche Platons, die Stadt Rom in großflächiger Unordnung vorgefunden. Später erklärten die Römer das Fehlen jeder Art von Stadtgrundriß mit dem hastigen Wiederaufbau nach der Plünderung durch die Gallier. Doch die Planlosigkeit war endemisch. Anders als Alexandria ging Rom nicht auf die Planung eines Königs oder Gesetzgebers zurück. Es entwickelte sich sowohl politisch als auch architektonisch ohne System. Auf die Vertreibung der Könige im späten 6. Jahrhundert waren die sofortige Gründung der Republik und die Verteilung der königlichen Machtbefugnisse auf die Magistrate gefolgt. Ihre Amtszeit war auf ein Jahr festgelegt, und nach Ansicht der meisten Historiker sollten die wichtigsten unter den Magistraten die zwei als Amtskollegen tätigen Konsuln *(consules)* werden. Das Amt des Konsuls dürfte offiziell zwar nicht auf den Patrizieradel beschränkt gewesen sein, doch war es anfänglich fast ausnahmslos durch Patrizier besetzt. Viel hängt davon ab, wieviel Verlässlichkeit man den späteren Listen der Konsuln, den *fasti*, zubilligt, aus denen jedoch ersichtlich wird, dass es Perioden der Unregelmäßigkeit gab, vor allem in den etwa 80 Jahren nach Aufzeichnung des Zwölftafelgesetzes. Sehr oft amtierte anstelle der beiden Konsuln ein Kollegium aus vier, sechs oder gar acht Magistraten. Neben der kleinen Gruppe der gewesenen Konsuln waren zahlreiche andere Gruppen römischer Bürger zu berücksichtigen, sowohl auf städtischem

Territorium als auch in den zugehörigen Landgebieten. Die politische Stellung der einen Hälfte ist schnell genug bestimmt. Wie in der griechischen Welt war die Hälfte der römischen Bevölkerung, die Frauen, von den Wahlen und der Besetzung öffentlicher Ämter ausgeschlossen. Im Unterschied zu den Athenerinnen durften sie nicht einmal den Göttern als Priesterinnen dienen. Eine Ausnahme waren die sechs jungfräulichen Vestalinnen. Die Töchter waren wie auch die Söhne rechtlich in der Verfügungsgewalt ihrer Väter und Großväter, nach deren Tod sie, anders als die Söhne, unmittelbar der Vormundschaft des nächsten männlichen Verwandten unterstellt wurden. Da die Väter und Großväter von vermutlich mehr als 50 Prozent der zwanzigjährigen Römerinnen nicht mehr unter den Lebenden weilten, standen die meisten erwachsenen Frauen unter Vormundschaft. Bei ihrer Heirat wurden sie in der vorherrschenden Form der Eheschließung wie Kinder in die Hand ihrer Ehemänner gegeben. Aber trotz Aufsicht ihres Vormunds und Hüters konnten sie Eigentum besitzen oder erben, allerdings nicht ohne Zustimmung des Vormunds darüber verfügen. Als Verheiratete konnten sie ebenso wie die Kinder des Paares ihren Ehemann bei seinem Tod beerben. Die rechtlichen Bestimmungen schienen ein unabhängiges Handeln von ihrer Seite fast vollständig auszuschließen, und doch ist die Legendenbildung der frühen Republik reich an Geschichten von mutigen oder keuschen Heldinnen, die aber möglicherweise nur die häusliche Realität der Oberschicht widerspiegeln. In der politischen Öffentlichkeit jedoch waren die Frauen irrelevant.

Hier lagen die maßgeblichen Funktionen in den Händen des kleinen Männerzirkels der Senatoren, die früher höchstwahrscheinlich als Berater im Dienst der römischen Könige gestanden hatten. Dieser Expertenstab hatte nach dem Sturz der Könige als römischer Senat überlebt, ein Gremium hochrangiger Männer, die zum großen Teil selbst ehemalige Amtsträger waren. Sie konnten die Inhaber öffentlicher Ämter beraten und bei Streitigkeiten als Vermittler fungieren. Die entscheidende Frage war der Zugang Nichtadliger zum Senat. Wie in den griechischen Städten des 7. Jahrhunderts v. Chr. gewann das Thema zunehmend an Brisanz, bis schließlich um 300 v. Chr. vereinbart wurde, die »besten Männer« seien nach ihren Verdiensten und nicht nach ihrer Herkunft auszuwählen. Dennoch waren anfangs die »Besten« gewöhnlich auch die Hochgeborenen. Ursprünglich wurden die Senatoren wohl durch die Konsuln bestimmt; seit etwa 310 v. Chr. übernahmen diese Aufgabe zwei jährlich ernannte Zensoren.

Neben dem Senat stand die Masse des Volkes, die Bürger, von denen Roms militärische Aktivität abhing. Es gab bestimmte Gründe dafür, warum sie nicht so ehrfurchtsvoll und verlässlich waren wie die »Fußgefährten«, ihre Zeitgenossen in Makedonien unter Philipp II. und Alexander dem Großen. Im Volk unvergessen war der erste politische Streik im Jahr 494 v. Chr. – die Sezession *(secessio plebis)* oder Auswanderung des Volkes aus der Stadt, verbunden mit der Verweigerung des Wehrdiensts –, und für eine Wiederholung gab es Grund genug: Schulden fesselten die Armen auch weiterhin unerbittlich an die besitzenden Klassen, doch politisch blieb ihnen ein gewisser, wenn auch eng bemessener Spielraum. Die Bürgerschaft traf sich zu Volksversammlungen, zu denen auch ein Rat der Plebejer *(concilium plebis)* gehörte, in dem Patrizier nicht zugelassen waren. Zumindest formaliter hatte jeder erwachsene männliche Angehörige der Bürgerschaft in diesen Versammlungen eine Stimme, und die Bürgermehrheit der Versammlungen entschied über Gesetzesvorlagen. Was die Mehrheit beschloss, wurde zum Gesetz, ohne jede weitere Kontrolle über die Legalität eines Gesetzes oder seine Beziehung zu bereits bestehenden Gesetzen. In dieser Hinsicht war die Versammlung der Römer für eine sofortige Verabschiedung von Gesetzen noch besser gerüstet als die Versammlung im zeitgenössischen demokratischen Athen. Allerdings waren die Komitien so organisiert und gegliedert, als bestände das vorrangige Ziel darin, die »Tyrannei« des Volkes auszuschließen. Die *comitia tributa*, eine Versammlung der lokalen Bezirke *(tribus)*, hatte vor allem über Gesetze zu beschließen; 332 v. Chr. gab es 29 Bezirke. Abgestimmt wurde in Stimmblöcken, und wenn eine Mehrheit der 29 Tribus gleich gestimmt hatte, fiel die Stimmabgabe für die restlichen Bezirke aus. Die abgegebenen Stimmen wurden der Mehrheit des jeweiligen Tribus-»Blocks« zugerechnet. Da diese Blöcke zudem von ganz unterschiedlicher Größe waren, hätten sich weit mehr Stimmen gegen als für ein Gesetz ergeben können, doch dank einer Block-Mehrheit galt das Gesetz als angenommen.

Die andere große Versammlung, die Zenturien *(comitia centuriata)*, war nach dem Vermögen gegliedert und hauptsächlich zuständig für die Wahl der meisten Magistrate und für bestimmte Klagefälle. Ihre Organisation war noch geschickter gegen eine Unterschichtsmajorität abgesichert. Die Besitzlosen waren in einer einzigen Zenturie von insgesamt 193 zusammengefasst; auch kamen sie selten überhaupt zur Stimmabgabe. Die reichsten, darunter die Ritter, stimmten als Erste, und die Stimmenmehrheit ihrer Zenturien genügte meist für die Mehrheit. Änderungen an diesem singulären System betrafen, sofern sie je vorkamen, nur Einzelheiten.

Diese unterschiedlichen Versammlungen konnte nur ein Magistrat einberufen und dann den Vorsitz übernehmen. Niemand sonst durfte sprechen, und bis ins spätere 2. Jahrhundert v. Chr. wurde öffentlich abgestimmt, so dass

Einschüchterung durch »Wahlhelfer« möglich war. In der Tribus-Versammlung gingen die meisten Stimmblöcke an Bewohner auf dem Land, mit dem unvermeidlichen und zweifellos beabsichtigten Ergebnis, dass überhaupt nur die zuverlässigen und vermögenden Bürger, die nach Rom kommen konnten, ihre Stimme abgaben. Diese Versammlungen waren komplizierte Gremien und gingen fraglos davon aus, dass das Volk der Souverän war. Doch diese Souveränität war so geschickt eingegrenzt, dass nur wenige moderne Historiker darauf bestehen, sie demokratisch zu nennen, ganz abgesehen vom hierarchischen sozialen Kontext (samt raffinierter Bestechung), in dem die Abstimmungen stattfanden.

Dennoch – ohne eine Spur von Volkssouveränität und Volksrechten war das ganze Verfahren nicht. Das Volk wählte die Magistrate, darunter die Tribune, die in den öffentlichen Versammlungen bei nichtakzeptablen Vorschlägen ihr Veto einlegen konnten. Die Tribune waren nicht unbedingt eifrige Vertreter der Volksinteressen, hatten diesbezüglich aber gewisse Möglichkeiten, falls sie es wagten, sie zu nutzen. Hinzu kam der Umstand, dass der Senat kein Gesetz erlassen konnte. Er fasste beratende Beschlüsse *(consulta)* und überprüfte eine Zeitlang auch jeden Beschluss, der als Gesetzesvorschlag vor eine Volksversammlung kommen sollte. Doch weder stellten die Senatoren so etwas wie die Regierung dar, noch waren die öffentlichen Angelegenheiten für einige Jahre irgendeinem Repräsentativorgan von Delegierten oder Magistraten aus ihren Reihen anvertraut. Die Römer hatten keine Verfassung übernommen, die von einem Gesetzgeber aufgestellt worden wäre, und es sind unsere eigenen politischen Erfahrungen, die uns dazu bewegen, in einem Bündel sich entwickelnder Bräuche, Traditionen und Präzedenzfälle die Umrisse einer Verfassung auszumachen. Das Zentrum ihrer Tagespolitik war ein Tier mit zwei Köpfen, wie einige von ihnen es später ausdrückten: die ehrwürdigen Senatoren und die – formell – souveräne Plebs.

Zunächst wurden die Spannungen von einer vielschichtigen sozialen Ordnung aufgefangen. Doch sie blieben virulent, und die Ereignisse seit Mitte des 5. bis zur Mitte des 4. Jahrhunderts werden von den Historikern zutreffend als Roms Ständekämpfe beschrieben. Die Auseinandersetzungen spielten sich nicht als erbitterter Kampf der Armen gegen die Reichen ab. Es gab keine Forderungen der Armen nach einer Umverteilung des Privateigentums wie in einigen griechischen Städten im nahen Sizilien. Die moderne Forschung ist der beständigen Versuchung ausgesetzt, den viel späteren Überlieferungen zu glauben, die aus den eigenen Krisenzeiten in diese frühe Periode zurückprojiziert wurden und durch ihre Überzahl unser maßgebliches Quellenmaterial darstellen. Soviel scheint jedoch ersichtlich, dass der Kampf um die Landzuteilung im wesentlichen Staatsland betraf, das Rom von seinen Nachbarn erobert und annektiert hatte. Dieser Boden wurde von reichen Römern bewirtschaftet, ohne dass er formal in ihrem Besitz war, und es stellte sich die Frage, ob diese Nutznießung zugunsten anderer Römer einzuschränken sei.

Viel bedrängender waren dagegen die Auseinandersetzungen über die Verschuldung, die zur Schuldknechtschaft führen konnte, und das damit verbundene Problem der Freiheit. Die Forderung ging nicht wie bei den Griechen auf einen generellen Schuldenerlass. Vielmehr sollte die Behandlung der Schuldner geregelt und die Schikanen gegen die Armen durch die Bessergestellten verhindert werden. Weit stärker als im demokratischen Athen war Freiheit in Rom im negativen Sinn als Freiheit von Übergriffen begehrt. Bei den Senatoren war die am höchsten gepriesene Freiheit die Freiheit von der Monarchie oder Tyrannis, der Herrschaft eines Einzigen, aus deren Bekämpfung sich die römische Republik entwickelt hatte. Im Volk war die vor allem begehrte Freiheit die Freiheit von willkürlicher Bedrückung durch Höherrangige wie die Senatoren. Daneben bestand allerdings auch ein beharrliches Bewusstsein der römischen Bürger für ihre Freiheit zu ... – die Freiheit, Gesetze zu erlassen, Fälle von Verrat abzuurteilen und Magistrate zu wählen. Diese Freiheiten waren in Volksversammlungen festgeschrieben, die es schon gab, bevor die Königsherrschaft durch die Republik abgelöst wurde.

Jeder einzelne Punkt barg Konfliktpotenzial. Die unmittelbare Gefahrenquelle aber lag in den Initiativen aus den Reihen der Oberschicht. Ein prominenter Römer konnte sich in der eigenen Klasse exponieren und im Bestreben nach Dominanz bei den unteren Schichten um Unterstützung werben. Wegen eines tyrannischen Vorgehens dieser Art wurde Manlius, der Held im Krieg gegen die Gallier, angeklagt. Da Reichtümer nie statisch im Besitz einiger weniger Familien blieben, gab es in den oberen Schichten der Gesellschaft auch Spannungen im Zusammenhang mit der Verteilung von Privilegien. Wer aus der wachsenden Zahl der Reichen sollte für städtische Ämter und Senat wählbar sein? Allmählich gab der Patrizieradel nach, um eine geeinte herrschende Klasse zu erhalten, nicht aber, weil sich die Armen als Klasse gegen ihn erhoben hätten.

Frühere Historiker stellten sich für diesen Zeitraum im Allgemeinen ein Rom vor, das mit den wichtigen Schauplätzen der griechischen Welt in keinerlei Verbindung stand. Heute betont man mit gutem Grund den umgekehrten Fall. Schon der periodisch wiederkehrende akute Nahrungsmangel veranlasste die Römer, den Blick nach außen zu richten und Botschafter nach Süditalien und Griechenland zu entsenden. Es wurden Kriege mit den eindringenden Galliern und anderen Völkern geführt, doch 396 v. Chr. ging die Kriegsbeute aus einem römischen Sieg über das nahe gelegene etruskische Veji als Weihegeschenk für Delphi an Griechenland – über Massalia (Marseille) als Vermittler, einen wichtigen westgriechischen Kontakt Roms, der seinen eigenen Beuteanteil schon einkassiert hatte.[4] Das Delphische Orakel soll in den 340er Jahren überdies von den Römern selbst befragt worden sein und sie angewiesen haben, auf den Plätzen, die für ihre öffentlichen Versammlungen bestimmt waren, die Statuen zweier berühmter Griechen aufzustellen, des weisesten und des besten. Der weiseste Grieche war der in Süditalien und Tarent wohlbekannte Pythagoras und der tapferste der Athener Adlige Alkibiades, an dessen Taten man sich auf Sizilien und im süditalischen Thurioi erinnerte.[5] Von dieser Zeit an, so wird berichtet, sollen die Standbilder dieser beiden Griechen auf die öffentlichen Debatten der Römer herabgeblickt haben.

Die Kämpfe Alexanders und der Diadochen in den 320er Jahren waren für Rom allerdings nur Randerscheinungen, obwohl man vermutlich doch eine Gesandtschaft zu dem großen Mann in Babylon schickte. Von weit größerer Bedeutung waren die Beziehungen zu Karthago. Seit dem späten 6. Jahrhundert hatten die beiden Mächte ihren Zugang zur Interessensphäre beider Seiten durch mehrere Verträge geregelt. Diese Verträge belegen, dass die emsigen Römer auch in Nordafrika durchaus mit Gewinn agierten.[6]

Jede dieser Außenstellen auf fremdem Boden – Süditalien, Sizilien, Karthago und das griechische Mutterland – sollte in plötzlich ausbrechenden Konflikten für ein Menschenalter lang, von den 280er Jahren bis in die 220er Jahre, zum Kampfplatz römischer Truppen werden. Doch bemerkenwert war auch das Vorspiel. In der Zeit von etwa 360 bis 280 hatten die Römer ihre politischen Spannungen größtenteils beigelegt und waren unter ihren latinischen Nachbarn zur Vormacht aufgestiegen. Seit 343 hatten sie außerdem ihren Einfluss bis ins reiche Hinterland des Golfs von Neapel und 326 sogar bis nach Neapel selbst ausgedehnt. Ein Rückschlag in den Caudinischen Pässen (321 v. Chr.), wo sie im Kampf gegen die samnitischen Hirtenstämme in einen Hinterhalt gerieten, wurde 320 umgehend gerächt. 295 stärkte der Sieg in einer gewaltigen Schlacht im umbrischen Sentinum ihre wachsende Macht im Norden. Die Schlacht wird sogar von einem Historiker im fernen Ausland, dem Griechen Duris von Samos, erwähnt.[7]

Diese Aufbrüche nach Norden und Süden fielen mit der Lebenszeit des Makedonen Ptolemaios zusammen; er war ein Freund Alexanders des Großen und Gründer der königlichen Dynastie in Ägypten. Es ist höchst unwahrscheinlich, dass Ptolemaios in seiner Alexanderbiographie Rom auch nur erwähnte. Die bedeutenden Geister Griechenlands im zeitgenössischen Alexandria bewegten sich in anderen Sphären als die Römer. Die römische Expansion war das Werk eines Volkes, das keine Literatur und bisher auch keine ausgebildete Redekunst besaß. In Rom war Homer noch unbekannt, und Aristoteles wäre völlig unverständlich gewesen. Die Meisterleistungen des klassischen Griechenland in seiner Blütezeit – Philosophie, bildende Künste und die demokratischen Wahlen – gehörten nicht zu den Begabungen der Römer. Immerhin reformierten die schlichten geradlinigen Römer ihre Armee und gaben die Hoplitenphalanx auf, vermutlich im Jahrzehnt zwischen 340 und 330, den Jahren weiterer Konzessionen des patrizischen Adels an den einfachen Bürger.[8] Außerdem gelang es ihnen, den politischen Bund der latinischen Nachbarstädte aufzulösen und auf deren Territorium die Gründung einiger Kolonien durchzusetzen.

Deshalb ist das Jahrzehnt von 348 bis 338 für die Geschichte des Altertums von größter Bedeutung. In Makedonien trainierte König Philipp II. eine neu formierte Armee mit einem neuen Konzept der Kriegsführung. In Italien waren auch die Römer dabei, ihre Armee umzugestalten: Drei Hauptformationen der Fußtruppen in flexibler Aufstellung waren mit schweren Wurfspeeren und Schwertern ausgerüstet. Die beiden Armeetypen dominierten im Osten und im Westen, bis sie in den 190er Jahren in entscheidenden Begegnungen aufeinanderprallten. Die größere Wendigkeit der Römer sicherte diesen den Sieg, und die militärische Taktik dieser Zeit blieb für Jahrhunderte das Rückgrat ihrer Armeen, die in neue Welten vorstießen. Im Schlüsseljahr 338 v. Chr. hatte Philipp die Athener und ihre Verbündeten besiegt und ihnen einen »Allgemeinen Frieden«, ein Paket aus Frieden und Bündnis, aufgezwungen, welcher der politischen Freiheit Griechenlands wesentliche Grenzen setzte. Im selben Jahr gründete Rom langlebige Kolonien in den latinischen Nachbargebieten und setzte diese Kolonisation in den Städten anderer Regionen fort, die sich ihm im Lauf der Zeit ergaben. Auch die differenziert abgestuften bürgerrechtlichen Bindungen, die Rom diesen italischen Städten anbot, sollten eine lange, bedeutende Zukunft haben. Sie wurden zur Matrix, aus der sich später die Beziehungen der Römer zu den Städten ihres Reiches im Westen entwickelten.

Die damaligen Kämpfe Roms wurden im politischen Leben der griechischen Welt kaum wahrgenommen, doch die großen Themen Gerechtigkeit und Luxus waren im öffentlichen Leben der Römer nicht weniger aktuell als die Freiheit. Die Grundlagen der römischen Rechtsprechung älterer Zeit waren relativ einfach gewesen. Vieles blieb der Selbsthilfe und privater Strafverfolgung überlassen, doch gemäß dem Zwölftafelgesetz von 451 v. Chr. wurden einige schwere Delikte wie Diebstahl und Mord auch durch einen der Magistrate verfolgt.[9] Im Jahr 367 v. Chr. wurde eine größere Veränderung in der Zusammensetzung der Beamtenschaft beschlossen. Neben die beiden Konsuln trat jetzt neu ein Prätor *(praetor)*, und seitdem übernahmen die Prätoren die Aufsicht über die römische Rechtsprechung. Ihre Erlasse während der Amtsführung hatten grundlegenden Einfluss auf das römische Recht. Sie erließen keine Gesetze, ließen aber Anklageerhebung für ein weitaus größeres Spektrum zivilrechtlicher Fälle zu, als die Zwölf Tafeln aufgeführt hatten. Prätoren übernahmen die Edikte ihrer Vorgänger, und durch laufende Ergänzungen nahm die Zahl der Edikte allmählich zu; sie füllten die Lücken im Zivilrecht und wurden im späteren Rechtsdenken eine Art Netzwerk römischen Billigkeitsrechts.

Innerhalb dieses wachsenden Rechtsrahmens war die römische Justiz noch immer stark von den sozialen Verhältnissen und den enormen Standesunterschieden bestimmt. In den 320er Jahren wurden immerhin gesetzliche Einschränkungen für die Geißel der Armen, die Schuldknechtschaft, erlassen. Der Status selbst verlor seine Gültigkeit nicht – wie seit Solons Reformen von 594 v. Chr. in Athen –, doch von nun an konnte ein römischer Gläubiger einen säumigen Schuldner nur mit richterlicher Genehmigung in Leibeigenschaft nehmen. Den Bürgern stand ein wichtiges Mittel gegen körperliche Bedrohung und eindeutig gewaltsames Vorgehen durch gesellschaftlich Höherstehende zur Verfügung. Innerhalb der Stadt Rom konnten sie, auf das berühmte römische Recht der *provocatio* gestützt, »appellieren«, um Beistand rufen.[10] Seine Wurzeln hatte dieses Recht im informellen einfachen Hilferuf, den jeder Bürger ans Volk richten konnte, und es erhielt einen neuen Akzent, als 494 v. Chr. das Amt des Volkstribuns eingerichtet wurde. Die Volkstribune hatten das Interzessionsrecht, das Recht, sich mit ihrer Person zwischen einen Aggressor, auch einen mit Polizeigewalt vorgehenden Magistrat, und das Opfer zu stellen *(intercessio)*, wenn dieses auf Stadtgebiet nach ihnen »gerufen« hatte. Die Tribune waren durch einen heiligen Eid für sakrosankt, unantastbar erklärt, das heißt, sie konnten nicht angegriffen werden, ohne dass ein solches Unrecht gerächt werden musste. Um 300 v. Chr. wurde diese Praxis des Hilferufs gesetzlich formalisiert und ausgedehnt. Es wurde zum »bösen Verbrechen« erklärt, einen Bürger hinzurichten, der das Gericht angerufen hatte. In den uns vorliegenden Quellen ist die Bestrafung eines derartigen Bösewichts allerdings nirgends beschrieben; auch wurden Prügel und andere Arten körperlicher Übergriffe nicht gesetzlich verboten.

Für das Volk war dieses Recht der *provocatio*, des Hilferufs, ein Eckstein der Freiheit. Für die Senatoren, zu denen theoretisch auch Plebejer gehören konnten, enthielt der Begriff Freiheit eine weitere Konnotation: Gleichwertigkeit innerhalb der Peergroup. Dieses Ideal erhielt Nahrung durch die sehr starke Tradition, den Luxus zu verwerfen. Große römische Feldherren der Vergangenheit wurden als einfache Bauern verehrt, Männer wie Cincinnatus – nach dem die Stadt Cincinnati im amerikanischen Ohio benannt ist –, der nur kurz seinen Pflug stehenließ, um Rom als Dictator zu dienen. Curius Dentatus, viermaliger Konsul mit drei Triumphen, lebte in einer einfachen kleinen Hütte und soll Goldangebote der Samniten zurückgewiesen haben, die ihrerseits als schlichtes, vitales Volk idealisiert wurden. Curius' Hütte wurde zum Gegenstand der Verehrung, und an Cincinnatus erinnerte eine bestimmte Wiese in der Nähe von Rom.[11] Auch die römischen Frauen galten als zurückhaltend und bescheiden; auch hier wurden die Werte auf typisch römische Art durch didaktische Exempel gestützt. Mehrere Legenden handelten von der Jungfrau Tarpeia, die sich vom Anblick der goldenen Armbänder der Feinde Roms, der Sabiner, hatte verführen lassen.[12] In der Frühzeit sei römischen Ehefrauen sogar der Genuss von Wein verboten gewesen. Eine Römerin, die versucht habe, die Schlüssel zum Weinkeller zu stehlen, soll von ihrem Ehemann gar mit Knüppeln zu Tode geprügelt worden sein – so erzählt zur Warnung möglicher Nachahmerinnen.

Das Ideal einfacher Lebensführung schloss den Einsatz von Sklavenarbeit durch seine vorbildlichen Helden und ihre Erben nicht aus. Diese Arbeitskräfte waren in Rom reichlich vorhanden, denn säumige Schuldner und Kriegsgefangene wurden versklavt und standen den reicheren Römern in großer Zahl zur Verfügung. Wie Athen hatte auch Rom kein Goldenes Zeitalter vor der Sklavenhaltung gekannt. Der Besitz von Sklaven galt den Römern nicht als ausschweifender Luxus. »Luxus« wurde vielmehr den Konkurrenzstädten südlich des Sklaven haltenden Roms zugeschrieben, als Laster, das ihr Verderben sein werde. Als saft- und kraftlos wurden besonders die etruskische Gründung Capua bei Neapel und das griechische Tarent beschrieben, Bastard seines frugalen Gründers Sparta. Die Vorliebe dieser Städte für Düfte, Bäder und Zierat habe, wie es hieß, ihre Kraft zum Widerstand und zu kluger politischer Beschlussfassung untergraben. Tatsächlich bildeten alle diese Städte wichtige Etappen der römischen Ausdehnung in Italiens Süden. Im Jahr 343 brachte Capuas Hilferuf an Rom erstmals römische Truppen in das immens fruchtbare Hinterland von Neapel. 284 konnte Rom mit seinem erfolgreichen Angriff auf Tarent seine Macht unter den griechischen Städten in Süditalien festigen.

Es zeigte sich, dass die Macht des expandierenden Rom für die Oberschicht der Städte, die an dieser Route lagen, ihre besonderer Anziehungskraft besaß. Männer der höheren Stände, die sich von den Unterschichten ihrer eigenen Gesellschaft bedroht fühlten, fanden sich weit eher bereit, mit diesen anscheinend grundsoliden konservativen Führern in Rom zusammenzuarbeiten. 343 begaben sich solche Kreise der Stadt Capua in Roms Obhut und boten dem Gegner die Kapitulation an *(deditio)*.[13] Die römischen Einheiten rückten in die Stadt ein, und als im Jahr darauf unzufriedene Besatzungstruppen der Garnison revoltierten, gab man die Schuld dem verderblichen Luxus im verweichlichten Capua. In Wirklichkeit aber hatte die Unzufriedenheit wohl auch politische Gründe. In Rom führte sie zu weiteren Konzessionen der Patrizier an die Plebs – mit gutem Grund, denn der einfache Bürger wurde als kämpfender Soldat gebraucht.

In den 280er Jahren zogen wachsende lokale Rivalitäten Rom immer weiter in den Süden Italiens. Dort betrachteten sich die griechischen Städte, die sich durch erhebliche Größe und kulturelle Lebendigkeit auszeichneten, immer noch als Magna Graecia; doch sie wurden fortlaufend durch nichtgriechische Barbarenvölker bedrängt, und tiefsitzende Rivalitäten zwischen ihnen standen der Geschlossenheit entgegen. Rom zögerte nicht, als das ferne Thurioi um Hilfe ansuchte, der ehemalige Zufluchtsort Herodots, den das perikleische Athen gegründet hatte. Unmittelbare Angreifer Thuriois waren die nichtgriechischen Lukaner, doch Freundschaft mit Thurioi löste traditionell die Feindschaft des nördlicher gelegenen, ebenfalls griechischen Tarent aus. Die alte Gründung Spartas war inzwischen eine reiche und kultivierte Demokratie.

Rom ergriff die Partei Thuriois und wandte sich dann gegen Tarent, ein Vorgehen, das es später mithilfe einer massiven Publicitykampagne rechtfertigte. Als die römischen Gesandten in Tarent eintrafen, so wurde verbreitet, habe man sich vor den Reihen einer Volksversammlung im Theater der Stadt über sie lustig gemacht. Ein gewisser Philonides soll einen Gesandten gar mit seinen Fäkalien beschmutzt und sich über dessen barbarisches Latein mokiert haben.[14] Den Tarentinern erschienen die Römer als illegal agierende Unruhestifter. Einige römische Schiffe hatten ein früheres Abkommen verletzt, das ihnen untersagte, über einen bestimmten Punkt hinaus in die Gewässer der Südostküste Italiens einzudringen, ein Fall, der hier im griechischsprachigen Süden an eine lange diplomatische Vorgeschichte rührte. Fünfzig Jahre vor dem römischen Zwischenfall hatte Tarent den Schwager Alexanders des Großen gebeten, der Stadt lokal Hilfe zu leisten (um 334–331 v. Chr.), und das besagte Küstenabkommen könnte auf seine kurzzeitige Intervention zurückgehen.[15]

Rom aber berief sich auf »Ehrverletzung« durch Tarent und griff an. Bewaffnete Interventionen im Süden erforderten willige Soldaten, und wieder kann man feststellen, dass dem einfachen Volk, das die Soldaten stellte, in Rom kurz zuvor wichtige politische Zugeständnisse gemacht worden waren. Unmittelbar vor dem Engagement in Thurioi wurde verfügt, dass den Beschlüssen der Römer in der Volksversammlung bindende Wirkung für alle Bürger einschließlich der Patrizier zukommen solle. Überdies mussten die Senatoren, bevor sie die Vorlagen der Versammlungen überprüften, eingewilligt haben, sie anzunehmen.

Dieses einschneidende Gesetz, die *Lex Hortensia*, erging vor dem Hintergrund fortgesetzter Verärgerung bei römischen Schuldnern und dürfte der herrschenden Klasse jener Zeit nicht als übermäßig gefährliche Konzession erschienen sein. Seit den 340er Jahren hatten sich die städtischen Ämter in zunehmendem Maß auch für Nichtadlige geöffnet, so dass allmählich eine breitere Schicht ehemaliger Amtsträger entstanden war. Da diese die Senatoren stellten, hatte sich auch eine entsprechend gemischte führende Klasse gebildet, die sich aus Adligen und Neureichen zusammensetzte. In den Augen dieser Klasse konnte es nicht für unzulässig riskant gelten, Entscheidungen des Volkes in Gesetzesform zu gießen. Denn die *comitia tributa*, die regional gegliederte Variante der Volksversammlung, die über die Vorlagen entscheiden musste, war dezidiert zum Nachteil einer Einflussnahme der städtischen Armen eingerichtet worden, welche die Mehrheit bildeten. Sie trat nur auf Verlangen der Magistrate zusammen und stimmte nur auf deren Antrag ab. Und die Amtsträger waren für gewöhnlich verlässliche Mitglieder des führenden Standes.

Der Ansporn wirkte, allen Abstrichen zum Trotz, und die Soldaten kämpften entschlossen gegen das alte, zivilisierte Tarent. Ihr Verbündeter, das athenische Thurioi, war keine Demokratie mehr, eine Demokratie war dagegen der Feind, das spartanische Tarent. Erneut wurde die jahrhundertealte Rivalität zwischen Sparta und Athen ausgefochten, diesmal jedoch unter Beteiligung Roms, und ausschlaggebend war die militärische Stärke der Römer.

27
DER FRIEDEN DER GÖTTER

Wenn der Gesandte das Gebiet [...] erreicht hat, [...] legt er eine Binde um sein Haupt – es ist ein Schal aus Wolle – und spricht: »Höre, Jupiter! Hört, ihr Grenzen ... (hier nennt er den Namen des betreffenden Volkes)! Hören soll es das heilige Recht! Ich bin der offizielle Bote des römischen Volkes; nach menschlichem und göttlichem Recht komme ich als Gesandter, und meinen Worten soll man Glauben schenken.« Hierauf bringt er die Forderungen vor. Sodann ruft er Jupiter als Zeugen an: »Wenn ich wider menschliches und göttliches Recht fordere, dass diese Menschen und diese Sachen mir ausgeliefert werden, dann mach, dass ich nimmermehr mich meines Vaterlandes erfreue.« Dies sagt er, wenn er die Grenze überschreitet, dies bei dem erstbesten Mann, der ihm begegnet, dies, wenn er den Marktplatz betritt [...] Werden die Forderungen nicht erfüllt, sagt er nach Ablauf von 33 Tagen [...] folgendermaßen den Krieg an: »Höre, Jupiter, und du, Janus Quirinus, und all ihr Götter des Himmels, der Erde und der Unterwelt, hört! Ich rufe euch zu Zeugen, dass dieses Volk (hier nennt er den betreffenden Namen) ungerecht ist und sich nicht an das Recht hält. Doch wegen dieser Dinge werden wir in unserer Vaterstadt die Ältesten befragen, wie wir zu unserem Recht kommen können.«
  Livius 1,32,6, über die rituelle Kriegserklärung der Römer in der Frühzeit (Übers. H. J. Hillen)

Die immer engere Berührung von Römern und Griechen war keine Begegnung von Geistesverwandten. In den Augen der Römer waren die Griechen im Wesentlichen frivol, Menschen, die zuviel redeten, ausgesprochene Schlawiner. Sie waren doppelzüngig; mit Geld konnten sie nicht umgehen, schon gar nicht mit den eigenen Staatsgeldern. Bei den Griechen gingen freie männliche Bürger mit ihresgleichen sexuelle Beziehungen ein, Römer angeblich nur mit Sklaven und Nichtrömern der Unterschicht. Griechen traten zu sportlichen Übungen und Wettspielen sogar nackt an. Die Tunika der Griechen ließ den Körper frei, die Römer dagegen wickelten sich in ihre feierlichen steifen Togen. Auch die griechischen Trinkgelage, die *symposia*, waren eine

Sache für sich. Beim römischen Nachtmahl standen die Speisen im Mittelpunkt, und freie Frauen, auch die Ehefrauen waren zugegen. Bei den Festen der Griechen waren Sklavinnen die einzigen Frauen, und Höhepunkt war der Wein nach dem Essen. Die freigeborenen Gäste waren ausschließlich Männer, und Sex war mit Sklavinnen möglich oder auch unter Männern. Während des 3. Jahrhunderts wurde ein neues lateinisches Wort geprägt: *pergraecari*, »sich auf griechische Art amüsieren«, das bedeutete: auf der faulen Haut liegen und Orgien feiern, wie es bei den griechischen Gelagen der Brauch war. Das Gespräch der Römer war prosaisch und sachlich – »griechische Verse zu wiederholen war für einen Römer nicht viel anderes als Schmutzgeschichten zu erzählen«.¹

Die Griechen liebten Schönheit und – die Spartaner ausgenommen – Verstand. Sie liebten auch Prominenz, eine ihrer Erfindungen. Keins dieser Kennzeichen war typisch für die Vorfahren der Römer. Sie verkörperten die Beständigkeit und den würdevollen Ernst, *gravitas*, die Cicero für eine römische Besonderheit hielt.² Als der Traditionalist Cato seine Geschichte über die Anfänge Italiens schrieb, gab er seiner Abneigung gegen Prominente unmissverständlich Ausdruck und ließ die Personennamen aller Hauptakteure unter den Tisch fallen. Das erste uns erhaltene längere Lob römischer Sitten stammt aus der Feder eines griechischen Besuchers, des Historikers Polybios. Es geht auf die Zeit um 150 v. Chr. zurück und unterstreicht die erhabene Feierlichkeit zweier Besonderheiten des römischen Lebens. Bei der Bestattung prominenter Römer war der Tote auf dem Forum aufgebahrt, und vor einer bewundernden Menge wurde eine eindrucksvolle Gedenkrede gehalten. Die Familien brachten die lebensecht aus Wachs gefertigten Bildnisse ihrer verstorbenen Verwandten, die auf Ehrenroben aufgesetzt oder von teilnehmenden Schauspielern getragen wurden. Diese Bildnisse waren ein Privileg, das Männern zukam, die eines der höheren Ämter bekleidet hatten, und machten sie zu öffentlich »bekannten« – zu *nobiles*. Die Menge bestaunte die Pracht dieser Familienprozessionen, dann wurde das Abbild des Toten unter die Abbilder eingereiht, die im Atrium, dem Empfangsraum der Familie hingen. Sie waren, wie Polybios richtig vermutete, ein Ansporn für die jungen Verwandten, es ihren Vorfahren an Ruhmwürdigkeit gleichzutun.³

Als zweites Charakteristikum nennt Polybios die römische Religion. In Rom war Religion weitaus komplexer und im öffentlichen und privaten Leben gegenwärtiger als in jeder anderen Gesellschaft. Polybios war der Ansicht, die römische Oberschicht habe sie so stark betont, um die unteren Stände mit der Furcht vor dem Göttlichen zu terrorisieren. Römische Adlige hätten diese distanzierte Betrachtung ihrer Religion nicht geteilt. Für sie hatten die kultischen Riten der höheren Ehre und der Beschwichtigung der Götter zu dienen, um den lebenswichtigen »Frieden der Götter« zu erhalten und ihren Zorn abzuwenden. In ihnen hütete man eine verlässliche Tradition der Vorfahren, die sich über Jahrhunderte bewährt hatte und die man nicht leichthin aufgeben konnte. Sie garantierte Rom und den Römern die »Sicherheit« des Gültigen, *auctoritas*. Die Überlieferung der Vorfahren hatte »Autorität«, ein Element der römischen Religiosität, von dem gesagt wird, dass es in der »Autorität« der Überlieferung der römisch-katholischen Kirche lebendig geblieben sei.

Die griechische Religion war voller Geschichten, den Mythen über die Götter. Die Römer dagegen haben in ihrer frühen Geschichte nur sehr wenige Mythen gekannt. Kunstwerke, besonders Skulpturen, hatten die Vorstellungen der Griechen von ihren übermenschlichen Göttern geformt; der römische Gelehrte Varro nahm an, Statuen von Göttern hätte es bei den Römern bis etwa 570 v. Chr. nicht gegeben. Dennoch waren zahlreiche Grundprinzipien der römischen Religion identisch mit denen der Griechen. Wie die Griechen waren die Römer Polytheisten, die viele verschiedene Götter verehrten. Die wichtigen Gottheiten hatten lateinische Namen: Jupiter, Juno, Mars oder Minerva, doch die griechischen Entsprechungen waren in Zeus, Hera, Ares und Athene leicht zu erkennen. Es gab eine große Zahl weiterer Götter, so als könne man alles, was fehlschlagen mochte, mit dem Wirken einer göttlichen Macht erklären, die dafür zuständig war: für Krankheiten des Getreides der Gott Robigo (Braunfäule); für das Öffnen oder Schließen der Türen der doppelgesichtige Gott Janus. Doch auch in den Kalendern der lokalen Demen im klassischen Attika sind hinter den olympischen Göttern der griechischen Literatur ähnliche Gottheiten zu finden.

Wie im griechischen Stadtstaat bestand das wesentliche Ziel der Götterkulte in der Beförderung irdischen Erfolgs, nicht aber darin, die Bürger vor der Sünde zu bewahren. Die Vorstellungen der Römer von einem jenseitigen Leben waren so schattenhaft und diffus wie die der Griechen, mit deren Spekulationen sie die eigenen später ergänzten. Zweck der Götterkulte waren Verehrung und Besänftigung, was man mit Trankopfern, mit dem Darbringen von Tieren und ersten Feldfrüchten auf ländlichen Altären zu erreichen suchte. In Vergils poetischer Darstellung des Landlebens, den *Georgica*, wird uns die einfachste aller Opfergaben geschildert – Kränze von Herbstastern auf Grasaltären.[4] Wie in Griechenland war der Hauptakt öffentlicher Riten die Tötung eines Tieres, dessen Fleisch die Teilnehmer danach teilweise verzehrten. Priester begleiteten das Zeremoniell – in Rom dienten den Göttern fast nur männliche Priesterkollegien. Erkennbar waren sie außerdem daran, dass der Kopf während der rituellen Handlungen verhüllt war. Ein griechisches Pendant hatte auch die professionelle Götterbefragung. Die Innereien geopferter Tiere, der Vogelflug, Bedeutsames und Bizarres – alles wurde akribisch ergründet. Dank dem Vermächtnis der Etrusker an die römische Kultur waren diese Künste in Rom besonders ausgeprägt. Bei Feldzügen oder vor öffentlichen Versammlungen musste ein vorsitzender Magistrat die »*auspicia* durchführen«, das heißt nach Anzeichen für die Wünsche der Götter Ausschau halten, aber auch ein priesterlicher Augur wurde befragt. Vor allem auffällige und wunderliche Dinge und Ereignisse, die als Zeichen einer göttlichen Botschaft gedeutet werden konnten, zogen die Aufmerksamkeit der Römer auf sich. Die Geburt eines missgebildeten Kindes konnte ein solches »Wunder« sein, ein Maulwurf mit Zähnen, wie verlautet, oder ein scheinbarer Blutregen vom Himmel. Wahrsager und ein Priester standen bereit, solche Wunder aufzuzeichnen und zu deuten.

Die Wahrsagekunst wurde in Rom also besonders intensiv betrieben, und ein schlechtes Omen konnte sogar zum Anlass genommen werden, eine öffentliche Versammlung zu unterbrechen. Die römischen Feldherren, die im 4. und 3. Jahrhundert v. Chr. mit ihren Truppen durch Italien zogen, beachteten aufs genaueste jedes Zeichen, das auf ein Missfallen der Götter hindeuten konnte. Als die Römer mit den Theorien der griechischen Philosophen bekannt wurden, begannen einige unter ihnen sich über die Stichhaltigkeit dieser Pseudowissenschaft ihre Gedanken zu machen. Es gab einige wenige Skeptiker, zu denen auch Cicero gehörte; aber selbst er zeigte sich begeistert, als er zum Augur gewählt wurde und der Tradition dienen konnte, obwohl die eine Hälfte seiner Persönlichkeit genau wusste, dass Vorzeichen wertlos sind. Jeder bedeutende Römer, ob Sulla, Pompeius oder Augustus, lebte im Bewusstsein der möglichen Präsenz der Götter. Die Laufbahn Julius Caesars war in den 50er und 40er Jahren des 1. Jahrhunderts v. Chr. von Omen begleitet, von Opfertieren, die kurz vor der Schlachtung flüchteten – zweimal, in den Jahren 49 und 48, während des Bürgerkriegs – sowie von Tieren mit beschädigten Innereien – 45 in Spanien und im Februar 44, einen Monat bevor er ermordet wurde. Einige dieser Vorzeichen deutete er so um, dass sie als Ansporn für seine Truppen gelten konnten; dass es Vorzeichen waren, hat er jedoch nie geleugnet.

Omen und Wunderzeichen warnten vor dem Zorn der Götter; der öffentliche Kalender der Kulte zielte darauf, Böses abzuwenden und Sicherheit, Fruchtbarkeit und Wohlstand zu befördern. Wie im klassischen Athen war die private Frömmigkeit für die öffentlichen Zeremonien ohne Bedeutung – die Riten jedoch sicherten jedem einzelnen Römer sein Wohlergehen als Mitglied der Gemeinschaft. Die wichtigen Zeremonien wurden von Priestern geleitet, deren Organisationsform, die Kollegien, für griechische Vorstellungen ungewöhnlich spezialisiert war. Das wichtigste von Frauen besetzte Amt versahen die sechs jungfräulichen Vestalinnen, die im Kult der Herdgöttin Vesta dienten. Nach jahrelangem jungfräulichen Dienst waren sie vermutlich frei und durften heiraten. Nicht anders als in griechischen Städten gehörten zu den römischen Festen auch Umzüge, die *pompae* (daher das christliche »Teufelspomp«), sowie lange Gebete und Hymnen. Der Respekt der Römer vor der Überlieferung scheute keine Konsequenzen: Wenn einem Priester beim Rezitieren eines traditionellen Gebets ein Fehler unterlief, wurde die Kulthandlung als ganze ungültig und musste vollständig wiederholt werden.

Wie in Griechenland gab es die lebendige Begleitkultur der individuellen Gelübde, mit denen man den Göttern in der Hoffnung auf weitere Gunstbeweise für erwiesene Hilfe dankte. Doch im Unterschied zu den Griechen machten die Römer gelegentlich auch Menschen zum Gegenstand eines den Göttern versprochenen Opfers. Ein General konnte seine Feinde den Göttern der Unterwelt »weihen«, ein Ritual, das bei der Belagerung Karthagos im Jahr 146 v. Chr. zur Anwendung kam. Bei seltenen Gelegenheiten gelobte er in der Schlacht, sich für seine Soldaten sogar selbst zu opfern. Man erzählte sich von drei solchen Gelöbnissen des Decius Mus und seiner Nachfolger, alle im 3. Jahrhundert v. Chr. Später, heißt es, konnte ein einfacher Soldat als Ersatz dienen.[5]

In den Haushalten und auf den Bauernhöfen feierten die Familien auch Kulte für »Götter im Kleinen«: für Götter von Wegkreuzungen oder Grenzen oder Götter der inneren Winkel des Hauses, die *penates*. Die Riten leitete der Familienvater, der die Hausgewalt besaß. Öffentlich und privat gab es auch Riten für die Ahnen und die unsichtbaren Geister der Toten. Keines dieser Rituale hätte einen Griechen erstaunt, im Lauf der Zeit hatte die römische Religion ohnedies eine zunehmend griechische Prägung erhalten. Denn in ihrer Entwicklung spiegelten sich die Einflüsse, denen Rom seit dem 7. Jahrhundert v. Chr. ausgesetzt war: die Epoche der etruskischen und anderen Könige; der Übergang zur Republik; die Rolle der Plebs, des einfachen Volks; der immer engere Kontakt mit der griechischen Welt, insbesondere mit den griechischen Städten in Italien und auf Sizilien. Der wichtigste Tempel Roms, der Jupiter-Tempel auf dem Kapitol, ging auf die Zeit der letzten Könige zurück. Sie hatten den Bau in der Zeit vollendet, als die letzten Tyrannen Athens ihren Zeus-Tempel als Fragment zurückließen. 496 v. Chr., nach Abschaffung des Königtums, wurde ein wichtiger Tempel für die Erntegöttin Ceres mit Liber (Bacchus) und Libera (Proserpina) gegründet, ein Kult, der unter dem Einfluss der

Demeter- und Dionysos-Kulte der griechischen Städte in Italien entstanden sein dürfte. Dieser Tempel entwickelte sich zum kultischen Zentrum der Plebs. Die römischen Kulte erreichten also nie die statische Phase einer vorläufig abgeschlossenen Entwicklung. Sie waren stetiger Veränderung ausgesetzt – neue Tempel entstanden, und in Krisenzeiten konnte aufgrund eines weiteren »ausländischen« Imports, der Sibyllinischen Bücher, ein neuer Kult zugelassen werden. Diese Sammlung schriftlicher griechischer Orakel war überlieferungsgemäß unter den etruskischen Königen nach Rom gelangt. Doch abgesehen von diesen Ergänzungen der Tradition hatte der römische Festkalender seine erkennbaren Wurzeln im militärischen und landwirtschaftlichen Jahresablauf, auch wenn die Kalendermonate kaum mehr mit den entsprechenden Jahreszeiten zusammenfielen. Im März, wenn das militärische Jahr begann, wurde natürlich in erster Linie der Gott des Krieges und der Jugend, Mars, geehrt. Ein typischer März-Ritus war das ausgedehnte Tanzzeremoniell von zwölf jungen Patriziern. Die jungen Männer, die unter denjenigen ausgewählt wurden, die noch Vater und Mutter hatten, dienten als *Salii* (tanzende Priester). Zu ihrer Amtskleidung gehörten ein roter Umhang und ein konisch geformter Helm, und sie tanzten auf einer traditionellen Route durch die Stadt, ausgerüstet mit zwölf alten Bronzeschilden, deren Prototyp, wie es hieß, vom Himmel herabgefallen war. Jede Nacht machten sie in einem anderen Haus Halt und aßen ein üppiges Nachtmahl. Das Ritual erstreckte sich über mehr als drei Wochen.

Am 14. März fand auf dem Marsfeld in Rom ein Pferderennen statt, ein zweites im Oktober, wenn die Soldaten ihre Waffen reinigten und für die Winterruhe weglegten. Am 15. Oktober rasten Wagen übers Marsfeld, und eines der Pferde, die an der Spitze lagen – dasjenige links vom Lenker –, wurde den Göttern geopfert. Man schnitt ihm den Schwanz ab, eilte damit zur Basilica auf dem Forum und ließ das Blut auf die heilige Asche des Herdes tropfen. Am folgenden 21. April wurde diese blutgesättigte Asche mit der Asche verbrannter ungeborener Kälber vermischt und bei einem anderen Fest, den Parilia, in ein zeremonielles Feuer geworfen. Unterdessen hatte man dem Pferd den Kopf abgehauen, und zwei der Hauptbezirke Roms kämpften darum, bevor es (so nimmt man an) an die Fassade der Basilica auf dem Forum genagelt wurde.[6]

Dieser Ritus des »Oktoberpferdes« verknüpfte römischer Deutung zufolge den Krieg mit der Fruchtbarkeit des Bodens. Auf viele Griechen hätte er dennoch barbarisch gewirkt. Erstaunt hätte sie auch das Luperkalienfest, das Mitte Februar auf dem Palatin gefeiert wurde. Zwei Mannschaften junger Männer trafen sich in der Grotte Lupercal, die mit der Gründungslegende Roms verknüpft war: der Wölfin, die Romulus und Remus gesäugt hatte. Sie opferten einen Bock und einen Hund, deren Blut auf ihre Stirn gerieben wurde. In der Höhle wurde üppig gespeist und getrunken, dann rannten alle ins Freie, nackt bis auf ein Bocksfell, und folgten dabei einer alten Wegroute am Palatin entlang. Jeden, dem sie begegneten, peitschten sie mit dem Bocksfell, ein Ritus, von dem man sagte, er stärke die Fruchtbarkeit. Die Zeremonie lebte über Jahrhunderte weiter, wurde im Monat vor Caesars Tod mit Marcus Antonius berühmt und hielt sich erstaunlicherweise bis ins christliche Rom, wo der Papst sie im Jahr 494 n. Chr. durch den Feiertag der Reinigung Mariens, Mariä Lichtmeß, ersetzte.

Im öffentlichen Kalender gab es zahlreiche Feste dieser Art, Feste für die Toten im Februar wie die Parentalia, an denen man vor allem der hochbetagt Verstorbenen gedachte, oder einen »Karneval« im Dezember, die Saturnalien, das Fest der vertauschten sozialen Rollen, an dem die Herren für kurze Zeit ihre Haussklaven bedienten. Diesen Festtypus kannten auch die griechischen Städte, ebenso wie Feste der Befreiung und des Frohsinns. In Rom war das wichtigste dieser Feste der Göttin Flora gewidmet. Es fiel in den April, und am letzten Tag der festlichen Spiele ließ man Ziegen und Hasen, Tiere mit starkem Geschlechtstrieb, frei herumlaufen. Sexualität und Fruchtbarkeit waren Teil des rituellen Spektrums, und zur Zeit Julius Caesars wurden auf den Bühnen der Stadt auch Entkleidungsszenen vorgeführt.[7]

Die Selbstdarstellung der römischen Religion in der Öffentlichkeit blieb überwiegend traditionalistisch, doch das Fest der Flora ist ein Beispiel dafür, dass Ergänzungen und Neuerungen dennoch möglich waren. Ein einziges Mal, während einer Hungersnot im Jahr 238 v. Chr., wurden die Festspiele um eine Woche verlängert. Sanktioniert war diese Abweichung von der rituellen Norm durch die Sibyllinischen Bücher, die griechische Orakel-Verse, angeblich aus dem Mund einer Prophetin mit Namen Sibylle, enthielten und einem Gremium von 15 ehrenwerten Römern zur Verwahrung übergeben waren. Die Prophezeiungen waren offenkundig griechischer Herkunft und gaben den kultischen Neuerungen der Römer göttliche Rechtfertigung. 399 v. Chr. hatten sie die Übernahme eines »himmlischen Gastmahls« begünstigt, das in der griechischen Welt bekannt war und im Kreis von Götterstatuen auf eleganten Lagerstätten gefeiert wurde. In den 290er Jahren, ebenfalls während einer Hungersnot, unterstützten sie die Übernahme des griechischen Gottes der Heilkunst – Äskulap. In Krisenzeiten ging die Neigung also offenbar dahin, den Kern römischer Überlieferung aufgrund der »Bücher« zunehmend um griechische Kulte zu ergänzen.

Natürlich standen gerade auch Kriege unter der Obhut der Götter, und der Anfang wie auch das Ende der Kampfhandlungen wurde in Rom auf besondere Weise feierlich begangen. Mit Zustimmung des Senats konnte einem siegreichen General ein »Triumph« gewährt werden, was ihm erlaubte, Truppen und Kriegsbeute ausnahmsweise über die geheiligte Stadtgrenze und bis ins Innere Roms zu führen. Sein Gesicht war an diesem Tag wie der Jupiter auf dem Kapitol rot bemalt; er trug ein Zepter und war auf besondere Art gekleidet. Seine Truppen durften ihm Obszönitäten und unflätige Bemerkungen zurufen, während ein Sklave, so die Berichte, hinter ihm stand und ihm zuflüsterte: »Denk daran, dass du ein Mensch bist.« Für einen einzigen Festtag wurden in dieser Zermonie die üblichen sozialen Grenzen überschritten; für einen kurzen Augenblick auf dem roten Teppich war der triumphierende Römer gleich einem Gott oder, wie es in anderen Quellen heißt, einem König. Er stieg zum Kapitol hinauf und legte seine Lorbeerkränze in Jupiters Schoß nieder. Dann wurde sein Name ehrenvoll in die staatlichen Annalen eingetragen. Die Generäle, die nach Süden gegen Tarent zogen, hofften ohne Zweifel auf einen Triumph. Sie waren auch überzeugt, dass ihr Krieg »gerechtfertigt« sei. Denn eines der Priesterkollegien, die *fetiales*, hatte ihn erklärt und dabei auf Riten Bezug genommen, von denen man annahm, dass sie bis in die Mitte des 7. Jahrhunderts v. Chr. zurückgingen. Die Römer, so zeigten diese Riten, kämpften ausschließlich zur »Selbstverteidigung«; die Fetialen schickten traditionsgemäß einen Boten, der einen Speer auf das Territorium des Feindes warf. Von Tarent berichtete die römische Überlieferung genügend »Ehrverletzungen«, um Selbstverteidigung zu rechtfertigen. Als Tarent von König Pyrrhos aus Griechenland Hilfe erhielt, konnte man in das so weit entfernte Gebiet keinen Boten zum Speerwurf schicken. Daraufhin wurde behauptet, ein gefangener Soldat seiner Armee sei veranlasst worden, Land in Rom zu kaufen, so dass die Priester auf diesem nahe gelegenen Territorium nun einen »gerechten Krieg« erklären konnten.[8]

In der griechischen Welt war die Bedeutung eines »gerechtfertigten« Kriegers seit langem ein Thema, für die Spartaner ebenso wie für Alexander den Großen oder für den Philosophen Aristoteles. Die Römer hatten die Doktrin des gerechten Krieges nicht erfunden, sie wendeten sie lediglich mit größerem Aufwand an Genauigkeit und Zeremoniell öffentlichkeitswirksam an. Die Botschaft lautete: Die Kriegserfolge bestätigen, dass die Götter auf unserer Seite sind. Dasselbe sollten sie im Verlauf ihrer Eroberungen bald auch den griechischen Städten versichern. Zunächst aber hatten die Götter mit Tarents berechtigtem Widerstand zu tun.

28
BEFREIUNG IM SÜDEN

Bald darauf kam eine Gesandtschaft unter Führung des Gaius Fabricius ... Auch Pyrrhos gewann ihn lieb und wollte ihm ohne einen Gedanken an Bestechung Gold als Zeichen seiner aufrichtigen Freundschaft ... anbieten. Fabricius wies das Geschenk schroff zurück ... Aber da Fabricius noch nie einen Elefanten gesehen hatte, wollte Pyrrhos ihn ... erschrecken. Er gab also Befehl, das größte Tier, während er mit Fabricius unterhandelte, hinter ihrem Rücken durch einen Vorhang verdeckt aufzustellen. ... Auf ein Zeichen zog man den Vorhang beiseite, der Elefant hob seinen Rüssel und streckte ihn über das Haupt des Fabricius aus; dabei stieß er einen durchdringenden, furchtbaren Trompetenton aus. Doch Fabricius sah sich nur um und sagte lächelnd: »Dein Elefant macht heute so wenig Eindruck auf mich wie gestern dein Gold.«
Plutarch, PYRRHOS 20 (Übers. W. Ax)

Roms Angriff auf den Stadtstaat Tarent erwies sich als militärischer Wendepunkt. Zur Selbstverteidigung gezwungen, holten sich die Tarentiner zum dritten Mal in ihrer jüngeren Geschichte Hilfe bei einem griechischen Abenteurer jenseits des Adriatischen Meeres. In den späten 330er Jahren hatten sie sich an den Schwager Alexanders des Großen gewandt und 302 an einen tollkühnen spartanischen König. Jetzt richteten sie ihren Hilferuf an König Pyrrhos in Epirus im griechischen Nordwesten. Im Frühjahr 280 überquerte er das Meer nach Süditalien, und die Römer sahen sich zum ersten Mal Truppen gegenüber, die in der Kampftaktik ausgebildet waren, mit der Alexander der Große die Welt erobert hatte. Pyrrhos führte auch eine weitere Neuerung Alexanders mit sich: die Kriegselefanten. Kein Mensch in Italien hatte jemals zuvor einen Elefanten gesehen. Pyrrhos' Herde, die er in Makedonien übernommen hatte, bestand aus echten »Indern«, direkten Abkömmlingen der Kriegselefanten Alexanders.

Auf dem Weg über Tarent – die Kolonie Spartas – standen sich also Rom und die hellenistische Welt Auge in Auge gegenüber. Doch König Pyrrhos war auch ein Mann der Vergangenheit. In der Geschichte Griechenlands ist er der letzte große Rivale der homerischen Helden. Wie Alexander maß er sich an Achill, seinem Ahnen, und brach auf, um gegen die »trojanisch-stämmigen« Römer einen zweiten Trojanischen Krieg zu führen. Pyrrhos glänzte an vorderster Front, helmgekrönt und in silberner Rüstung – Vorlage für spätere Kopien, die der große Kämpfer der Renaissance, der Herzog von Urbino, in Anspielung auf die Antike im 15. Jahrhundert für sich herstellen ließ. Pyrrhos liebte den Einzelkampf und rühmte sich, er habe einmal mit einem einzigen Hieb einen wilden Mamertiner Söldner in zwei Stücke gehackt. Doch er war nicht nur ein Rauhbein. Er verfasste ein Buch über Kriegstaktik, schrieb seine Erinnerungen nieder und wurde später wegen seiner Belagerungskunst und seiner Diplomatie bewundert. Heute ist der Karthager Hannibal als erster berühmter Feldherr mit Kriegselefanten in Erinnerung. In Wirklichkeit aber hat Pyrrhos sie während seiner Laufbahn weit häufiger eingesetzt, auch in Italien.

Als Pyrrhos 280 v. Chr. Italien erreichte, war er schon 39 Jahre alt, sieben Jahre älter als Alexander bei seinem Tod. Unzufriedene nichtgriechische Völker in Süditalien schlossen sich ihm an, und nach einem blutigen Sieg über römische Truppen in der Nähe von Herakleia, einer Kolonie von Tarent, stürmte er sogar nach Norden in Richtung Rom und schickte einen vertrauenswürdigen griechischen Diplomaten mit Namen Kineas voraus, der mit dem römischen Senat verhandeln sollte. Es wurde ein eindrucksvolles Zusammentreffen. Kineas, nicht mehr der Jüngste, hatte vor Jahrzehnten noch beim Meisterredner Demosthenes studiert. Zum ersten Mal hörten römische Senatoren einen in Athen trainierten Redner, doch um ihn zu verstehen, brauchten sie wohl einen Dolmetscher, denn nur die wenigsten von ihnen beherrschten ein paar Worte Griechisch. Kineas seinerseits war beeindruckt von seiner majestätischen Zuhörerschaft – der Senat erschien ihm als ein Rat von Königen. Er wurde umstandslos zurückgewiesen, soll aber auch berichtet haben, die Römer seien wie ein vielköpfiges Ungeheuer, und ihre Zahl werde immer wieder neu zunehmen.[1] Ihm schrieben die Römer, die diese Verbindung zu Griechenland liebten, später zahlreiche Kommentare dieser Art zu, doch wenn es diesen Kineas wirklich gegeben hat, wusste er, der Schüler des Demosthenes, das römische Bevölkerungsreservoir besser einzuschätzen als die römische Verfassung.

Nach dieser Abfuhr errang Pyrrhos 279 einen zweiten schwer erkämpften Sieg in Apulien, bei dem die Elefanten eine wichtige Rolle spielten. Erst als ein römischer Infanterist einem Tier den Rüssel abhackte, sollen die Römer begriffen haben, dass »die wilden Tiere sterblich sind«.[2] Bei der feindlichen Kavallerie weckten sie dennoch weiterhin Entsetzen. Es heißt, die Römer hätten versucht, sie mit Wagen wegzustoßen, die mit langen Speeren besteckt waren, und von oben Feuer auf die Tiere zu werfen. Wieder erlitten beide Seiten schwere Verluste. »Noch ein Sieg von dieser Art«, soll Pyrrhos gesagt haben, »und wir sind verloren.«[3] Daher unsere Redensart vom Pyrrhus-Sieg.

Im Jahr 278 v. Chr. stand Pyrrhos vor der Wahl, entweder nach Makedonien zurückzukehren, wo jüngste Ereignisse ihm neue Hoffnung auf den Thron gaben, oder sich nach Sizilien zu wenden, wo er vor kurzem eine Syrakusanerin aus fürstlichem Haus geehelicht hatte. Ohne den Schutz von Tarent aufzugeben, beschloss er, nach Sizilien weiterzuziehen. In Italien hatte er den griechischen Städten »Freiheit« von Rom versprochen, was mit Vorsicht aufgenommen wurde. Auf Sizilien versprach er jetzt »Freiheit« von den Karthagern, vielleicht mit einem neuen sizilisch-süditalienischen Königtum vor Augen. Drei Jahre lang tat er für wirkliche Freiheit nicht mehr als jeder andere typisch hellenistische König, und seine Hoffnungen zerschlugen sich. Auf der Rückreise nach Italien verlor er einige seiner Kriegselefanten, und ein dritter Sieg über Rom, 275 bei Benevent, war das Ergebnis eines weiteren blutigen Gemetzels mit schweren Verlusten auf seiner Seite. Auch bei diesem Sieg waren die Elefanten kampfentscheidend, bis eine Elefantenmutter, die ihr Kalb zu schützen suchte, gewalttätig wurde – möglicherweise ist beiden auf einer Tafel, die in Kampanien gefunden wurde, ein Denkmal gesetzt. Die Römer sollen versucht haben, die Elefanten zu erschrecken, indem sie quiekende Schweine unter sie losließen, die man mit Fett eingerieben und angezündet hatte. In der Folge hinterließ Pyrrhos in Tarent eine Garnison und zog sich nach Griechenland zurück. Dort kämpfte er zunächst in Makedonien, dann in Sparta und Argos. In Makedonien ergänzte er nach einem Sieg über König Antigonos seine Elefantenherde und brachte sie dann nach Süden. Während seine Elefanten 272 v. Chr. die Tore von Argos blockierten, traf ihn ein Dachziegel, den die Mutter eines feindlichen Argivers geschleudert hatte, und der Bewusstlose wurde enthauptet. Sein Kopf wurde dem König von Makedonien gebracht, der den Überbringer, seinen Sohn, tadelte und den Toten in wahrhaft homerischer Trauer um Verlorenes beweinte – eine typische Kundgebung der Sympathie zwischen hellenistischen Fürsten. Pyrrhos' Kopf und sein Körper wurden bestattet, doch sein großer Zeh blieb lebendig, den Zeitgenossen ein Zeichen für dessen göttliche Beschaffenheit.

Als Pyrrhos Sizilien verließ, soll er es den »künftigen Ringerboden für Rom und Karthago« genannt haben.[4] Beide Städte hatten angesichts des neuen Invasors ihr altes Bündnis erneuert. Fünfzehn Jahre später waren sie, wie Pyrrhos vorausgesagt hatte, in Kämpfe verwickelt, die mit Unterbrechungen mehr als 60 Jahre dauern sollten.

Nach dem Abzug des Makedonen erfolgte eine für Rom überraschende Fühlungnahme von Seiten Ptolemaios' II., des Königs von Ägypten. Roms Sieg hatte ihn beeindruckt, vielleicht weil er Pyrrhos zu Beginn des Krieges in Epirus unterstützt hatte. Jetzt schloss er Freundschaft und besiegelte sie mit prächtigen Geschenken. Nachdem Rom nun zunehmend in die Geschicke der weiteren griechischen Welt hineingezogen wurde, begannen sich auch die griechischen Historiker vermehrt für die Geschehnisse im Westen zu interessieren. Der greise Hieronymos von Kardia, ein Veteran aus der Zeit kurz nach Alexander, verfasste für sein Hauptwerk über die Kriege der Diadochen ebenfalls Exkurse zur Frühgeschichte Roms. Er schloss auch Pyrrhos ein und schilderte, vermutlich gestützt auf dessen »Erinnerungen«, die Kämpfe des Königs im Westen sowie seinen Tod. In Athen schrieb auch der aus Sizilien verbannte Timaios über Pyrrhos und gab an, Rom und Karthago seien im selben Jahr, seiner Berechnung zufolge 814/13 v. Chr., gegründet worden, eine völlig unzutreffende Annahme, zustande gekommen aufgrund der Erkenntnis, dass ihre Zwillingsgeschichten kurz davor standen, auf Kosten der alten griechischen Kolonien zu kollidieren.

Nach Pyrrhos' Abzug stießen die Römer nach und brachten die übrigen griechischen Städte im Süden Italiens unter ihre Kontrolle. 277 hatte die Stadt Lokroi Silbermünzen geschlagen, auf denen Rom als sitzende Figur zu sehen war, gekrönt von »Vertrauen« *(fides)*. Im Gegenzug erwartete Lokroi seinerseits das Vertrauen und den Schutz Roms. Die Tage einer freien Magna Graecia in Süditalien gingen zweifellos zu Ende. Im Jahr 273 wurde eine Kolonie in Paestum gegründet, die das einstmals griechische Gebiet veränderte. 272 gewannen die Römer die Herrschaft über das problematische Tarent zurück. Das Jahr 264 brachte den Vorwand für einen nächsten Schritt. Ein paar barbarische Mamertiner Soldaten hatten die griechische Stadt Messana (Messina) am Golf von Sizilien eingenommen und appellierten dann äußerst geschickt an Karthago, das eine Garnison schickte, und an Roms »Vertrauen«: Sie baten Rom um Hilfe gegen die zahlreichen Feinde, die sie sich auf Sizilien gemacht hatten, vor allem gegen die Griechen von Syrakus. Trotz Bedenken im Senat gingen die Römer auf das Ansuchen ein und setzten zum ersten Mal nach Sizilien über.

Dieser Aggressionsakt von Tragweite gewann ihnen einen wichtigen Verbündeten, machte ihnen jedoch eine noch größere Macht zum Feind. Der Verbündete war der sizilische Grieche Hieron, seit kurzem König von Syrakus.

Zunächst sprach Hieron aus, was unbestreitbar der Wahrheit entsprach: »Die Römer«, erklärte er, »preisen das ›Vertrauen‹ an, aber sie sollten gewiss keine Mörder wie die Mamertiner schützen, die das ›Vertrauen‹ von Grund auf verachtet haben und völlig gottlos waren.« Durch Anstiftung eines Krieges zur Unterstützung der Mamertiner »zeigen die Römer der Welt, dass sie ›Mitleid für die, die sich in Gefahr befinden‹, als Deckmantel für ihre eigene Gier benutzten«. In Wahrheit »begehrten sie ganz Sizilien«.[5] Besser ist die Frage nach dem Recht oder Unrecht in diesem entscheidenden Konflikt, dem Ersten Punischen Krieg, nie in Worte gefasst worden. Innerhalb eines Jahres wechselte Hieron jedoch die Seiten, schloss sich Rom an und blieb über fast 50 Jahre dessen loyaler Bundesgenosse. Er konnte seinen römischen Besuchern ein Maß an königlichem Pomp präsentieren, von dem man nicht annahm, dass sie ihn für sich selbst begehren würden. Die Krönung des Luxus war ein Vergnügungsschiff, der »Syrakusaner«, das Hieron an seine Alliierten, die Ptolemäer in Ägypten, schickte. Die königlichen Jachten der Ptolemäer auf dem Nil glichen schwimmenden Palästen, doch Hieron übertraf sie mit einem gigantischen dreigeschossigen Schaustück. Es enthielt eine Sporthalle, grüne Gärten, Ställe und Mosaikfußböden, auf denen die gesamte *Ilias* abgebildet war. Es konnte nur mittels einer besonders konstruierten Winde ins Wasser gelassen werden, einer Vorrichtung des großen Archimedes, des griechischen Ingenieurs, den der König in seinem Dienst behalten hatte.

Der neue Feind, den Rom sich durch die Invasion Siziliens geschaffen hatte, war Karthago. Es hegte seit langem Ambitionen auf die ganze Insel, hatte aber seit seinen gescheiterten Angriffen auf die sizilischen Griechen von 480 und 410 v. Chr. von weiteren Versuchen Abstand genommen. Inzwischen hatte sich die Stadt im Raum Nordafrikas wirtschaftlich und politisch weiterentwickelt. Sie war seit langem in Südspanien präsent, das reiche Metallvorkommen besaß, ebenso in ihrem nordafrikanischen Hinterland, wo die vermögenden Karthager ihre Güter von Sklaven bewirtschaften ließen; und sie beherrschte weiterhin den Nordwesten Siziliens und das metallreiche Sardinien. Als Soldaten verpflichtete sie vorwiegend Söldner, die mit den überschüssigen Reichtümern in Nordafrika angeworben wurden, und betrieb damit eine regelrechte Privatisierung des Krieges. Doch Söldner bildeten immer auch ein Unruhepotenzial, denn es war durchaus möglich, dass sie einzelnen Feldherren mehr Loyalität bewiesen als dem Staat Karthago. In der Verfassung der Karthager waren mehrere Räte und Amtspersonen vorgesehen, die als Sicherungssystem gegen den Staatsstreich eines Einzelnen fungierten, auch wenn dieser von Söldnertruppen unterstützt wurde. Selbst Aristoteles hat das System bewundert. In den 260er Jahren war Bildung unter den führenden Bürgern Karthagos bereits Allgemeingut. Von einem Karthager stammt ein hervorragendes Werk in stattlicher Länge über die Landwirtschaft, das die Römer später vom Punischen ins Lateinische übersetzten. Ein anderer schilderte, vermutlich korrekt, die erstaunliche Fahrt des Karthagers Hanno, der mit seiner Flotte vielleicht um 400 v. Chr. in den Atlantik aufbrach und an der Westküste Afrikas entlang über Senegal hinaus südwärts segelte – ein Abenteuer jenseits des römischen Horizonts, das auch die Begegnung mit einem Trupp behaarter »Frauen« in Küstennähe einschloss, die von Hannos Männern als »Gorillas« bezeichnet wurden.[6]

In Karthago, der Stadt in der Nähe des griechischen Sizilien, lebten seit je auch viele Griechen. Die reichen Häuser der Karthager waren berühmt für ihre prächtigen Teppiche, ihr Gold und ihren Luxus, doch sie zeigten sich auch empfänglich für griechisches Kunsthandwerk und stellten ornamentale griechische Plastik zur Schau, deren Besitzer manchmal eine griechische Erziehung genossen hatten. Wenig überraschend, hatte in der nächsten Generation der junge Hannibal einen griechischen Lehrer und wurde auf seinem Feldzug von einem griechischen Historiker begleitet. Legendär unter den Feinden der Stadt waren Karthagos »Grausamkeit« und »verräterische Tücke«, ein nicht durchweg berechtigter Vorwurf. Zutreffend war jedoch die Beobachtung der Griechen, dass die Karthager, besonders in Krisenzeiten, an dem alten phönikischen Brauch des Kinderopfers festhielten. Archäologische Funde aus karthagischen Grabstätten haben diese Feststellung bestätigt; dass während der Tötungszeremonie Musik erklang, um die Schreie der Mütter zu übertönen, dürfte dagegen eine griechische Ausschmückung sein.[7]

Der Erste Punische Krieg wurde durch Roms illegales Eindringen in Sizilien ausgelöst und dauerte von 264 bis 241 v. Chr. Es war der längste ununterbrochen geführte Krieg der Antike. In Karthago trafen Roms Kinder der Wölfin auf einen würdigen Gegner, und beide Seiten erwiesen sich als innovativ. Die Karthager hatten Pyrrhos auf Sizilien beobachtet und ergänzten ihre Armee um eine neue Waffe: den Buschelefanten, der in Teilen Nordafrikas damals noch heimisch war, so in Marokko, wie Aristoteles zu berichten wusste. Da sich der Erste Punische Krieg auf den Brennpunkt Sizilien konzentrierte, waren auch die Römer zu einem kühnen Schritt gezwungen und bauten ihre erste größere Flotte. Sie verließen sich dabei auf die Unterstützung der griechischen und süditalischen Verbündeten – und, wie es heißt, auf ein erbeutetes karthagisches Kriegsschiff als Modell –, und die fertiggestellte Armada verdankte vieles der Führung und Erfahrung der italischen Küstenbewohner. Im Jahr 256 hatten die römischen Generäle daher bereits genug Selbstvertrauen gewonnen, um die viertägige Fahrt aufs offene Meer zu wagen und in Karthagos nordafrikanisches Territorium einzudringen. Doch das Unternehmen schlug fehl, zum Teil, weil den Karthagern ein spartanischer Experte als Berater diente. Roms General war der berühmte Marcus Regulus, den die Karthager gefangennahmen; dass er nach seiner Gefangennahme zu Verhandlungen nach Rom geschickt wurde, sich dort gegen jegliche Konzessionen an den Feind aussprach und dann, den unvermeidlichen Tod vor Augen, heroisch nach Karthago zurückkehrte, ist nur eine Legende, die von seinen Nachkommen unters Volk gebracht wurde. Regulus wurde in Karthago getötet, und seine Witwe ließ als Vergeltung zwei karthagische Gefangene foltern.[8]

Der lange Krieg hatte einschneidende ökonomische Folgen. Die Kämpfe auf Sizilien und in Karthago brachten den Römern Zehntausende Sklaven ein, das war mehr, als sie je in Italien erkämpft hatten. Sie versklavten sogar die gesamte Bevölkerung der reichen griechischen Stadt Akragas (Agrigent). Diese Gefangenen wurden dann zum größten Teil verkauft. Da Akragas aber bald erneut besiedelt war, ist anzunehmen, dass griechische Landsleute die vormaligen Stadtbewohner mit Lösegeldzahlungen gerettet hatten. Doch zahlreiche andere Sklaven aus Akragas wurden ebenso wie Gefangene aus Karthago fraglos als Kriegsbeute reicher Römer nach Italien gebracht. Die meisten dieser Sklaven hatten schon auf dem Land gearbeitet, konnten also auch für die Römer den Boden bestellen. Damit stiegen Roms Möglichkeiten, regelmäßig freie Soldaten, die sonst als Arbeiter auf den Bauernhöfen unentbehrlich waren, übers Meer zu schicken. Die wohlhabenderen Römer, die schon zuvor Sklaven zur Arbeit nutzten, bildeten jetzt zweifellos eine regelrechte Sklavenhaltergesellschaft.

Karthago dagegen verlor den Krieg, nachdem Rom 242/1 einen entscheidenden Seesieg errungen hatte, und wurde mit Reparationszahlungen in gigantischer Höhe belegt. Es musste Sizilien räumen, nachdem es auf Teilen der Insel 500 Jahre lang präsent gewesen war, und hatte auf heimischem Boden zudem bittere Kämpfe gegen die fremden afrikanischen Söldner auszufechten, von denen seine Armee abhing. Schonungslose Friedensbedingungen wecken gemeinhin Rachegefühle, und im Fall Karthagos umso mehr, als die Römer sich in den 230er Jahren, während Karthagos Kampf gegen die Söldner zu Ende ging, auch noch unbekümmert in den Besitz des wertvollen karthagischen Schutzgebiets Sardinien brachten. Mitglieder einer angesehenen Familie Karthagos, der Barkiden, verließen daraufhin Afrika und brachen mit Truppen und Kriegselefanten nach Spanien auf, um der Heimatstadt etwas von ihrem verlorenen Prestige zurückzugewinnen und zweifellos auch, um auszuprobieren, wie weit sie erfolgreich waren. Beim Aufbruch des Vaters, so wird berichtet, musste der neunjährige Sohn vor einem Altar unter Eid versprechen, »niemals ein Freund der Römer zu sein«.[9] Hannibal hat diesen Schwur, den sein Vater Hamilkar ihm abverlangte, niemals gebrochen. Soviel zur angeblichen Treulosigkeit der Karthager.

Fast 20 Jahre lang, von 237 bis 219, setzten die karthagischen Truppen unter Hamilkar Barkas ihre Eroberungen im Süden der Halbinsel fort. Zwei neue Städte wurden gegründet, Carthago Nova (Cartagena) und »Weiße Klippe« (Akra Leukē; vielleicht das heutige Alicante). 226 erschien jedoch eine römische Delegation, die dem karthagischen Feldherrn die unverblümte Warnung überbrachte, »den Fluss Ebro nicht zu überschreiten«, der an der Route lag, die nordöstlich von Spanien zu den Pyrenäen und damit letztlich in Richtung Italien führte. Im Weiteren verhielten sich die Römer wie 264 auf Sizilien: Nach erreichtem Abkommen gaben sie einem Hilfeersuchen von der jenseitigen, »karthagischen« Seite des Flusses nach. Dort appellierte eine chaotische Parteiengruppe in der nichtgriechischen Stadt Sagunt an ihr »Vertrauen« gegen prokarthagische Feinde. Roms Einwilligung zwang spätere römische Historiker zu endloser politischer Propaganda und Schönfärberei – musste ein ungerechtes Rom doch ins Recht gesetzt werden. Aus der Sicht Hannibals, der inzwischen auf der Halbinsel die Macht übernommen hatte, bedeutete Roms Verhalten einen unberechtigten Übergriff auf ein Territorium, das in karthagischem Besitz war. Und dieser Übergriff diente der Unterstützung einer Gruppe, die gute Freunde Karthagos in einer Stadt bedrängt hatte, auf die Rom keinerlei rechtmäßigen Anspruch besaß. Also machte Hannibal sich auf und belagerte Sagunt.

Rom war für einen neuen großen Waffengang in diesem Moment nicht eben gut gerüstet. Gerade erst hatte es ernsthafte Konfrontationen mit wilden Gallierstämmen in Norditalien hinter sich, und 219 herrschte an dieser Front noch keineswegs Ruhe. Außerdem war es mit einer bewaffneten Intervention beschäftigt, die es über die Adria nach Griechenland führte. Diese Ablenkungen bewogen Rom allerdings nicht, im Westen zaudernd zu reagieren. Im Senat ließen sich ein paar warnende Stimmen vernehmen, doch als Erwiderung auf Hannibals Belagerung von Sagunt wurden römische Botschafter nach Karthago geschickt. Punisch sprachen sie nicht, aber einer von ihnen beherrschte die zweite Sprache der karthagischen Senatoren, das Griechische. »Wir bringen euch Frieden oder Krieg«, sagte Fabius, der aus einer auch griechisch sprechenden Familie stammte, und er formte mit einer Hand eine Falte in seine

Toga. »Wählt das, was ihr vorzieht.«[10] Die Karthager sahen die Sache so: Was ging es Rom an, wenn einer ihrer Generäle zugunsten prokarthagischer Freunde eine Stadt in Spanien angriff, solange kein Vertrag ihn daran hinderte? Also beschieden sie den Botschafter, er solle doch selbst wählen. Fabius glättete die Falte in seiner Toga und schüttelte Krieg heraus.

29
HANNIBAL UND ROM

Einer von Hannibals Freunden, bekannt als der »Gladiator«, bemerkte, soweit er sehe, gebe es nur einen Weg, wie sie Italien erreichen könnten. Hannibal bat ihn, das zu erklären, und der »Gladiator« erwiderte, man müsse der Armee beibringen, Menschenfleisch zu essen und sich daran zu gewöhnen. Hannibal konnte nicht leugnen, dass diese Idee kühn und praktisch war, konnte jedoch weder sich selbst noch seine Freunde davon überzeugen, sie zu billigen.

Polybios 9,24

Der darauf folgende Zweite Punische Krieg mit Karthago, der von 218 bis 202 dauerte, brachte Rom an die Grenzen seiner Kräfte, legte Italiens Städte in Schutt und Asche und hinterließ ein Rom mit veränderten Ressourcen, Einflussmöglichkeiten und Ambitionen. Für uns ist der Held dieses Krieges Hannibal, bei Kriegsausbruch 29 Jahre alt, der die Römer in Erstaunen versetzte, als er die Alpen überquerte und »Freiheit« anbot, doch diesmal den Italikern auf der ganzen Halbinsel. Es überrascht nicht, dass sein Name in späterer Zeit von Napoleon beschworen wurde – während einer ähnlichen transalpinen Kampagne zur sogenannten Befreiung Italiens. Doch an Hannibal erinnerten auch 400 zerstörte Städte und der Verlust von 300 000 Menschenleben allein unter der Bevölkerung Italiens. Sein triumphaler Sieg bei Cannae kostete 48 000 gegnerische Kämpfer das Leben und ist noch immer Unterrichtsstoff in westlichen Militärakademien. Die Todesrate während der Schlacht wurde auf 500 pro Minute geschätzt.[1] Und doch war nicht er der Sieger. Die Römer erwiesen sich als die größeren Helden: Der edle Fabius Maximus, der eine Niederlage durch eine Kriegsführung schmerzhafter Hinhaltetaktiken und Verwüstungen allmählich in einen Sieg verwandelte, und der brillante junge Scipio, der den Krieg schließlich nach Afrika hinübertrug und im Jahr 202 in der Nähe von Zama die letzte große Schlacht gewann.

Hatte Hannibals Vater dem Sohn von einem Plan erzählt, eines Tages die Alpen zu überqueren, Rom aufzuschrecken und sich für den früheren Krieg und den Verlust Sardiniens zu rächen? Vielleicht, und vielleicht hatten die Römer allen Grund, nervös zu sein, besonders auch, weil in Norditalien am Fuß der Alpen die gallischen Stämme so viel Unfrieden stifteten. Doch schließlich war Rom vom Gefahrenherd sehr weit entfernt und beherrschte Territorien von insgesamt etwa 39 000 Quadratkilometern. Nach den vielen Eroberungen und Verträgen, durch die es seit den 340er Jahren seine Hegemonie in Italien abgesichert hatte, zählte es inzwischen mehr als 270 000 erwachsene männliche Bürger, ergänzt um die Bewohner weiterer italischer Gemeinden. Die Verträge dieser italischen Völker mit Rom sahen keine Tributleistungen vor, verpflichteten sie aber dazu, für Roms Kriege Soldaten zu stellen und zu bezahlen. Die militärische Stärke Roms und seiner Bündnispartner belief sich auf 600 000 Mann, dazu kam seine unablässig wachsende Bürgerschaft. Die unbeschwerten Zeiten der 390er Jahre, als ein paar Gallier nach Süden wandern und die Stadt Rom einnehmen konnten, gehörten einer anderen Epoche an. Roms Truppenpotenzial war enorm, und es ließ die 30 000–50 000 Bürger, über die das klassische Athen in Zeiten seines Seereichs verfügte, weit hinter sich.

Während der zurückliegenden 20 Jahre waren die karthagischen Eroberungen in Spanien nur zäh vorangekommen. Doch gerade von Spanien her tauchte Roms größter Gegner auf. Im Juni 218 v. Chr. ging der junge Hannibal mit 40 000 Mann und 37 Elefanten, einem kleinen Teil der Gesamtherde, über den Ebro. Dann überquerte er die Pyrenäen und Mitte August auch die breite Rhône nördlich von Avignon; die Elefanten wurden in Flößen mit Sichtschutz übergesetzt, einige allerdings gerieten dennoch in Panik und gelangten schwimmend ans Ufer. Hannibals Truppenstärke war mit der Roms nicht zu vergleichen, und der römische General Scipio, der beobachtete, wie die Truppen des Karthagers am anderen Ufer der Rhône nordwärts zogen, kann ihnen kaum die Chance eingeräumt haben, die Stadt Rom überhaupt zu erreichen. Vor ihnen türmten sich die Alpen, doch Hannibal wandte sich nach Osten, nahm den Aufstieg in Angriff und überquerte, vermutlich über den rund 2300 Meter hohen Savine Coche-Pass, gegen Ende Oktober den Mont Cenis.

In den Alpen soll er heißen Essig benutzt haben, um Felsen aufzusprengen, die den Weg blockierten – doch wo konnte er das Feuerholz finden, um genug Essig zu erhitzen? Die Elefanten haben wahrscheinlich geholfen, den Weg frei zu machen, und fraglos haben sie die lokalen Angehörigen feindlicher Stämme vertrieben. Als er die Ebenen nördlich von Turin erreichte, zählte sein Gefolge noch 20 000 Fußsoldaten und 6000 Reiter; die Elefanten waren noch vollzählig. Mit halbierter Truppenstärke gewann er dennoch ein erstes Scharmützel gegen römische Truppen am Po. Dem folgte Ende Dezember ein erstaunlicher

Sieg über einen römischen Konsul und seine Armee an der Trebia bei Piacenza. Ein Schlüssel zu seinem Erfolg war die Verdoppelung seiner Mannschaften durch antirömische Gallier aus Norditalien. Diese hatten zunächst gezögert, sich ihm anzuschließen, gaben jedoch angesichts seiner jüngsten Erfolge und seiner Terrortaktik gegenüber Dienstverweigerern den anfänglichen Widerstand auf.

Als Anführer einer Armee aus afrikanischen, iberischen und gallischen Söldnern war Hannibal auf der Hut vor einem Anschlag auf sein Leben, und im Lager soll er, um sich unkenntlich zu machen, verschiedene Perücken getragen haben.[2] Eine Maskierung muss jedoch schwierig gewesen sein, denn er hatte beim Marsch durch die Sumpfgebiete des Arno ein Auge verloren. Die Elefantenherde war unterdessen auf einen kläglichen Rest geschrumpft; nur sieben Tiere überlebten den kalten Winter, und Hannibal, der »Elefantengeneral«, hat sie nie wieder in einer Feldschlacht eingesetzt. Doch auch die wenigen, vielleicht nur einer, die weiter dienten, behielten ihren Symbolwert. Italische Städte an seinem Weg schlugen Münzen mit dem Bild eines Elefanten, eines indischen Elefanten sogar (von einem Schwarzafrikaner geführt) – vielleicht hatte Hannibal das Tier im Handel mit den Ptolemäern erworben. In diesem Fall wäre es der große Reisende der Antike, der von Ägypten bis nach Italien gelangt war. Es könnte der »Syrer« gewesen sein, der als der tapferste Kämpfer gerühmt wurde. Nur noch ein Stoßzahn war unversehrt – ob der einäugige Hannibal ihn geritten hat? Dessen Scharfblick jedoch hatte im Juni 217 am Trasimenischen See in Etrurien nicht gelitten: Er nutzte die neblige Wetterlage, und ein weiterer Konsul und eine noch größere Armee zogen den Kürzeren.

Hannibals Elitetruppen bildeten seine Kavalleristen, die nach Tausenden zählten. Die nordafrikanischen Numider, die ihre Pferde ohne Zaumzeug nur durch geschickte Handhabung von Nackenzügeln lenkten, waren brillante Reiter. Mit ihrer Beweglichkeit konnten sich die berittenen Römer und Italiker nicht messen. Ruhm verdient Hannibals Marsch also eigentlich der Pferde wegen. Als er weiter zur Ostküste Italiens vorstieß, ließ er sie dort mit dem Inhalt der örtlichen Keller pflegen: mit Bädern in altem Wein, einem edlen Tonikum bester Jahrgänge für ihr Fell.[3] Hannibal selbst trank nicht, und sein einziger Luxus waren die Speisen, die er zu sich nehmen musste. Auch seine iberische Frau hatte er in Cadiz zurückgelassen. Erst drei Jahre später soll er, soviel man weiß, bei seinem Aufenthalt in Salapia in Südapulien den Reizen einer italischen Frau erlegen sein, einer Prostituierten.[4]

Im August 216 errang Hannibal seinen überwältigenden Sieg bei Cannae im Südwesten Italiens. Seinen jetzt etwa 50000 Soldaten standen wahrscheinlich

29 HANNIBAL UND ROM

rund 87 000 der römischen Armee gegenüber. Wieder erwiesen sich seine höchst bewegliche Kavallerie und seine geniale Schlachtordnug als unschlagbar. Nach einem Tag des Gemetzels soll der Karthager Maharbal Hannibal gedrängt haben, ohne Verzug direkt in das nur 400 Kilometer entfernte Rom weiterzuziehen, wo er »in vier Tagen auf dem Kapitol zu Nacht speisen« könne.[5] Es wäre zu einem erstaunlichen multiethnischen Bankett über dem Forum gekommen, doch Hannibal ließ sich Zeit. Er verzeichnete Erfolge im Süden, vor allem, als er den mächtigen Staat Capua aus dem Bündnis mit Rom löste. Seine Truppen bezogen danach ihr Winterquartier in der Stadt, deren Name so lange für Luxus stand – für das Ratszimmer »Weißes Haus«, für einen großen Markt der Düfte und für ein verlockendes Angebot an Frauen und weicher Bettwäsche. Von Moralisten war später zu hören, der Winter in Capua habe ihn korrumpiert, doch nicht der oft zitierte Luxus war die Quelle seiner Schwierigkeiten.

Diese waren im Wesentlichen politischer Art. Bei seinem Einmarsch in Italien hatte Hannibal Freiheit verkündet. Nicht mit Italien liege er im Streit, sondern mit Rom. Italische Gefangene wurden höflich freigelassen. So wie er gehofft hatte, nördlich des Po von der Feindschaft zwischen Galliern und Rom zu profitieren, so hoffte er auch Roms zahlreiche und ganz unterschiedliche Verbündete und Abhängige in allen Teilen des Landes für sich zu gewinnen. Seinen Bruder Mago schickte er in den Süden, um die früheren Jagdgründe des Pyrrhos zu mobilisieren und die griechischen Städte zu befreien. Diese Bemühungen sollten sämtliche römischen Eroberungen des 4. und 3. Jahrhunderts v. Chr. einschließen, darunter Neapel und Tarent. Sogar mit König Philipp V. im nördlichen Griechenland wurde ein Bündnis geschlossen. Hannibal handelte zweifellos nicht als einsamer Abenteurer und ohne Zustimmung der karthagischen Regierung in Afrika, der es 215 gelang, ihm einige zusätzliche Elefanten nach Süditalien zu schicken. Sein Vertrag mit Philipp macht deutlich, dass er mit offizieller Unterstützung vorging. Ebenso wenig beabsichtigte er, Rom dem Erdboden gleichzumachen. Es sollte weiterhin eine Rolle spielen, doch ohne Bündnisstaaten, als ließe sich das Rad der Geschichte 200 Jahre zurückdrehen. Daher auch, zum Teil wenigstens, Hannibals Weigerung, von Cannae geradewegs auf Roms Kapitol zu eilen.

Hätte Hannibal mit seinen Plänen Erfolg gehabt, wäre der Gang der Geschichte bis zu Hadrian ein anderer gewesen. Hannibal wusste von Pyrrhos; er konnte Griechisch lesen und sprechen und wurde von griechischen Historikern begleitet. Wiederholte er dennoch einfach die Fehler, die schon Pyrrhos zum Verderben wurden? Pyrrhos hatte man einen brillanten Diskuswerfer genannt, der mit seinen Ergebnissen nichts anfangen könne. Auch von Hannibal hieß es, er wisse zwar zu siegen, nicht aber einen Sieg zu nutzen. Allerdings ist Hannibal einiges mehr gutzuschreiben. Anders als Pyrrhos genoss er die volle Unterstützung einer heimischen Regierung, die fest im Sattel saß und in der Lage war, ihm von Afrika und Iberien her Verstärkung zu schicken. Seine militärischen Erfolge waren keine sprichwörtlichen Pyrrhus-Siege, sondern verheerend einseitige Triumphe. Weder Pyrrhos noch Hannibal setzten ihre Elefanten mit letzter Entschlossenheit ein. Doch der Karthager war ein König der Reiterei, dem großen Alexander ebenbürtig, und während Pyrrhos sich in die Schlacht warf wie ein homerischer Achill, verstand sich Hannibal, ein ausgebuffter Stratege vom Schlage des Odysseus, vollendet auf Schliche und Täuschung. Er war ein Meister des Hinterhalts, gerissener Schlachtpläne und gefälschter Briefe. Er ging so weit, an den Hörnern von 2000 Ochsen lodernde Stöcke zu befestigen und die Tiere in Gegenrichtung zu treiben, um den Feind über Absicht und Linien der marschierenden Truppen »im Dunkeln« zu lassen. Wie Pyrrhos näherte er sich Rom bis auf wenige Kilometer – auf einem Ablenkungsmarsch nach Norden im Jahr 211 –, doch das Fazit war auch bei ihm, nicht anders als bei Pyrrhos, eine »verratene Freiheit«. Sogar unter den griechischen Stadtstaaten im Süden hatten sich einige nie ganz auf seine Seite gestellt.

Für ein solches Zögern gab es gute Gründe. Ganz abgesehen von Hannibals persönlichem Stil waren seine Truppen in ihrer Mehrheit doch eine bunt gemischte Horde von Barbaren, denen die wachsamen, zivilisierten Griechen oder die von Rom favorisierten Latiner wenig abgewinnen konnten. Was sollte »Freiheit« bedeuten, die von einem wilden Gallier oder karthagischen Oligarchen angeboten wurde? Je länger Hannibal abwarten musste, desto stärker verwüstete er die ländlichen Gegenden, und seine Repressalien in eroberten Städten waren zum Teil von fürchterlicher Härte. Vor allem fiel ins Gewicht, dass in Südspanien der Zugang nach Italien durch taktisch gewitzte römische Generäle langfristig blockiert war. Die beiden älteren Scipionen, Roms Generäle in Spanien, hatten erkannt, dass sie an der Küste Truppen stationieren mussten, um zu verhindern, dass weitere Verbände Hannibal erreichten. Wäre Hannibal nach dem Sieg bei Cannae in Eilmärschen weiter bis nach Rom vorgestoßen, hätten ihm dort die Stadtmauern sowie zahlreiche überlebende Römer und heftige Straßenkämpfe zu schaffen gemacht. Aber, so fragt man sich, wäre es ihm nicht möglich gewesen, es den Galliern der 390er Jahre gleichzutun, aber ohne die verräterischen Gänse, und den Kampf um die Hauptstadt für sich zu entscheiden?

Auf römischer Seite wurde für die Jahre 218 und 217 von Aufsehen erregenden übernatürlichen Erscheinungen berichtet, als wollten die Götter kommendes Unheil verkünden: In Rom ließ ein sechs Monate altes Kind den Ausruf »Triumph« vernehmen, in italischen Städten schien die Sonne mit dem Mond zu kämpfen, und am Himmel waren Schilde zu sehen.[6] Doch wie Kineas vorausgesagt haben soll, konnte sich das vielköpfige Ungeheuer regenerieren und weiterkämpfen. Allein in Italien wurden im Jahr nach Cannae 100 000 Bürgersoldaten ins Feld geschickt, zusätzlich zu den Truppen in Spanien und den Mannschaften der verstreuten Flotte von 150 großen Schiffen – eine gigantische Leistung. Im Jahr 214 rekrutierte der römische Feldherr, ein Gracchus, mindestens 8000 Sklaven und führte sie nach Benevent, dem vormaligen Schauplatz eines »Pyrrhus-Sieges«. Diesmal brachte er den Karthagern eine entscheidende Niederlage bei und richtete ein Blutbad unter ihnen an, worauf die dankbaren Beneventer Tische auf die Straßen rückten und seine Truppen festlich bewirteten. Gracchus befreite die Sklaven und ließ die Szene auf einem Bild festhalten, das seine Sklaven-Soldaten mit Kappen oder weißen Halstüchern, Symbolen der Freiheit, zeigt. Dann vermachte er dieses bemerkenswerte Kunstwerk dem römischen Tempel der Libertas, Göttin der Freiheit.[7]

Mit ungewöhnlichen Kulthandlungen wusste man der Krise zu begegnen. Wie in den 220er Jahren wurden zwei Griechen und zwei Gallier auf dem Viehmarkt *(Forum Boarium)* lebendig begraben. Menschen zu opfern war nicht die gute römische Art, also ließ man sie eines natürlichen Todes sterben. Auch göttliche Verstärkung wurde in die Stadt geholt – zunächst Venus aus dem karthagischen Sektor Siziliens, danach, im Jahr 204, die Große Mutter Kybele und ihr schwarzer Stein aus dem kleinasiatischen Pergamon. Der Kult der Kybele mit seinen exotischen Gesängen und selbstkastrierten Priestern war dann sehr viel wilder, als die Römer erwartet hatten. In den späteren Phasen des Krieges beteiligten sich auch die Frauen aktiv an den Ritualen, besonders mit Hymnen und Umzügen zu Ehren der Juno. Sie wurde mit der karthagischen Göttin Astarte identifiziert, und die ihr erwiesenen Ehren sollten helfen, sie auf die Seite der Römer zu ziehen.[8]

Auch der finanzielle Elan Roms war ungebrochen. Bei Kriegsbeginn hatte die Stadt ihr Ideal strenger Genügsamkeit aufgegeben. Schon drängten sich Läden mit Luxusartikeln rund um das Forum, ein Kennzeichen Roms, dessen Bewohner ein »Krämervolk« waren. Nach der Niederlage von Cannae opferten die Frauen jedoch ihren Schmuck, damit man ihn zu Kriegszwecken einschmelzen konnte, ein Verzicht, den auch die Frauen in Nordafrika leisteten.

Doch dort waren es afrikanische Frauen, die die Revolte der Söldner gegen Karthago unterstützten. Der Steuersatz für römische Bürger wurde verdoppelt, und reiche Römer erklärten sich sogar bereit, auf eigene Kosten Kriegsschiffe zu bemannen. In dieser Zeit der Krise wurde eine neue Silbermünze, der *denarius*, eingeführt, die jahrhundertelang Teil der römischen Währung blieb. Trotz allem boten sich natürlich Gelegenheiten für Betrügereien durch die Lieferanten der Armeen im Feld, doch herrschte auch ein echter »Geist von Dünkirchen«. Der Senat sah sogar davon ab, römische Gefangene, auch Adlige, mit Lösegeldzahlungen von Hannibal freizukaufen, weil die gezahlten Gelder zu dessen Kampfstärke beitragen mussten.

Im Jahr 215, als noch Verstärkung für Hannibal (mitsamt Elefanten) von Nordafrika nach Italien verschifft werden konnte, waren Roms Aussichten auf einen nachhaltigen Sieg gering. In Süditalien machte der größte Teil von Tarent unterdessen gemeinsame Sache mit Karthago, zweifellos eingedenk der harten Behandlung durch Rom seit den 280er Jahren. Unheilvoll aber waren der Tod König Hierons auf Sizilien und der Abfall der Stadt Syrakus von Rom. Seit 214 v. Chr. war die Präsenz der römischen Flotte entlang der Küsten Italiens allerdings wirksam genug, um zu verhindern, dass ausländischer Nachschub die gegnerischen Häfen erreichte. Seitdem wurde die Kontrolle Roms über das Mittelmeer sowohl in Italien als auch in Spanien zum entscheidenden Faktor. Auf dem Festland setzte Fabius unterdessen auf die Strategie, die Felder zu verwüsten und eine Schlacht zu den von Hannibal vorgegebenen Bedingungen zu vermeiden. Für die Karthager wurde es langsam eng.

Das Jahr 212/1 brachte für Rom die Wende. In Spanien erlitten die römischen Verbände einen Rückschlag, und beide Generäle, die älteren Scipionen, fanden den Tod. Doch der Sohn und Neffe, der jüngere Publius Scipio, übersprang die üblichen Karriereschritte und wurde, noch in den Zwanzigern, umgehend zum Befehlshaber ernannt. Er erwies sich als genialer und furchtloser Anführer, den seine Truppen – und wie einige sagten, auch die Götter – verehrten. In Italien hatte Flavius derweil Capua zurückerobert und die Stadt grimmig bestraft. Vor allem aber führte der bewährte General und Haudegen Claudius Marcellus auf Sizilien einen Angriff gegen das rebellische Syrakus. Nicht einmal das Genie des illustren sizilisch-griechischen Ingenieurs Archimedes konnte die Stadt retten. Dass er Spiegel in gigantischer Größe bauen ließ, um die angreifenden römischen Schiffe zu verbrennen, ist nur Legende. Wie in Capua hausten die siegreichen Römer auch hier mit unfassbarer Brutalität. Ganze Stapel kostbarer griechischer Kunstwerke wurden zu Schiff nach Rom transportiert. Zum ersten Mal bekam eine griechische Stadt die Zähne der römischen Wölfin auf Raubzug zu spüren, wenn es auch hieß, Marcellus habe versucht, als Mittler zu wirken.⁹

Hannibal war nach wie vor in der Lage, die feindlichen Truppen in einen Hinterhalt zu locken, und noch 208 kamen beide römischen Konsuln im äußersten Norden und Süden Italiens im Gefecht ums Leben. Im Sommer 207 gelang es einem seiner Brüder endlich, Verstärkung und weitere Elefanten von Spanien nach Italien zu bringen. Doch die Lieferung wurde abgefangen, und am Fluss Metaurus in Umbrien an der Ostküste Italiens setzte ein schneller römischer Gegenangriff dem Unternehmen ein Ende. Es war für die Karthager die letzte Chance, und ohne Verstärkung seiner Truppen war Hannibal nicht mehr als eine Schramme an Italiens Zeh.

Im Jahr 205 segelte der junge Scipio nach Sizilien, bildete ein Kavallerie-Korps aus und setzte 204 tollkühn nach Afrika über. Während seines Spanien-Feldzugs hatte er sich mit dem Nordafrikaner Masinissa, dem König der Numider, befreundet, eine Beziehung, die Nutzen versprach. Wie einst Hieron auf Sizilien ließ Masinissa den Römern etwa 50 Jahre lang seine Unterstützung zukommen. Auf afrikanischem Boden erwies sich seine Kavallerie als maßgeblicher Verbündeter, und Hannibal, der inzwischen aus Süditalien zurückgekehrt war, erlitt 202 die entscheidende Niederlage. Er hatte sich 80 afrikanische Elefanten beschafft, doch wie die Tiere des Pyrrhos richteten sie mit Panikausbrüchen in den eigenen Reihen mehr Schaden an als im Heer der Römer; auch die von Hannibals Vater lancierte Methode, jedem Tier, das wild wurde und die eigenen Leute angriff, Spikes in den Schädel zu hämmern, blieb hier wirkungslos.

In Rom wie auch in Karthago war die Politik des Krieges und der Generäle nicht widerspruchsfrei geblieben. Hannibal hatte seit je seine Feinde, und in Rom kam das System nur mit großer Flexibilität über die Runden, denn mit dem Sieg über Pyrrhos hatten sich die »Ständekämpfe« nicht erledigt. Im Prinzip galt jetzt, was das Volk von Rom beschloss, und einige ehrgeizige Senatoren versuchten dieses System weiter in eine populistische Richtung zu drängen. Dennoch erwiesen sich die römischen Traditionen angesichts der Krise als ziemlich geschmeidig. Sklaven wurden als Rekruten eingezogen. Man ernannte einen Dictator und dann, ein beispielloser Fall, gleichzeitig zwei. Als der Konservative Fabius einen zum Konsul gewählten Kandidaten ablehnte und als Begründung auf Unstimmigkeiten im kultischen Bereich verwies, wurde ihm ausnahmsweise erlaubt, ihn durch den Mann seiner Wahl zu ersetzen. Sogar der große Scipio hatte nach nur einem einzigen öffentlichen Amt in den unteren Rängen sofort den Oberbefehl über eine Armee übernommen und wurde von seinen Truppen in Spanien als »König« bejubelt (was er als guter Römer zurückwies). Der griechische Historiker Polybios stellte rückblickend fest, die römische Verfassung habe sich im Moment der Katastrophe von Cannae in ihrer Hochform gezeigt. Bei näherem Zusehen zeigte sie sich allerdings noch immer von den Widersprüchen ihrer Entstehungsgeschichte geprägt. Gerettet hat sie ihre Flexibilität und ihre generelle Fähigkeit, abzufedern und Ausnahmen zuzulassen.

Die Folgen des Krieges gegen Hannibal sind von den modernen Historikern kontrovers diskutiert worden, doch für Italien hatten sie zweifellos bleibende Wirkung. Keines der mit Rom am engsten verbundenen abhängigen Gebiete – die Städte in Latium – ging zu Hannibal über, wenn auch Roms endlose Forderungen nach Truppenaushebungen Phasen der Kriegsmüdigkeit auslösten. Wie überall zogen die oberen Stände den Schutz und Beistand Roms, wie man ihn kannte, der Aussicht auf Freiheit für die eigene Unterschicht vor, umso mehr, wenn hinter dem Versprechen wilde Gallier und Karthager standen. In Süditalien war die Abkehr von Rom am offensichtlichsten gewesen, und Rom übte grimmige Vergeltung. Schon Hannibals lange Präsenz im Süden hatte die lokalen Erntevorräte belastet und zu großen Verwüstungen geführt. Rom seinerseits konfiszierte dann eine Fläche von erheblichem Umfang als Staatsland. In vielen Gegenden erlitten die ansässigen Bauern immense Verluste oder flohen in die Städte. Reiche Römer ließen dieses neue staatseigene Land dann von den Sklaven bewirtschaften, die ihnen als Kriegsbeute zugefallen waren. In Teilen des Südens führte Hannibals Vermächtnis vermutlich zu einem dauerhaften Wandel in Landwirtschaft und Bodennutzung; Schaf- und Rinderherden beanspruchten bald viel mehr Land als der Anbau von Feldfrüchten, und diese Herden wurden von Sklaven gehütet, nicht von freien Bauern.[10]

Für Karthago bedeutete die Niederlage, dass es seine Kriegselefanten ausliefern und versprechen musste, nie mehr zu dieser Waffe zu greifen. Sie verschwanden aus seiner Armee, und die überlebenden Tiere wurden nach Rom geführt, wo sie als exotischer Schmuck den spektakulären Triumphzug des jungen Scipio begleiteten. Die Kriegsniederlage führte nicht zum Untergang des urbanen Karthago, zwang es aber zu sehr viel höheren Zahlungen an den Sieger Rom. Hannibal ging aus diesen Kämpfen als erster globaler Feldherr der Geschichte hervor. Mehr als 30 Jahre hatte er außerhalb Karthagos verbracht und auf der Iberischen Halbinsel, in den Alpen und schließlich in Italien Kämpfe ausgefochten. Die Römer forderten in ihren endgültigen Bedingungen für Karthago nicht, dass er sich persönlich ergab. Das politische System Karthagos blieb bestehen, und Hannibal bekleidete das Amt eines reformfreudigen Magistrats. Erst sechs Jahre später wurde er aus der Stadt vertrieben, doch diesmal von seinen Gegnern in Karthago. Angeblich war er zu populistisch. Er wandte sich nach Osten und diente unter Roms zweitgrößtem Gegner, dem Seleukidenkönig Antiochos III., in Kleinasien und Griechenland. Nach einem Umweg über Syrien gelangte er endlich zuerst nach Armenien, dann nach Bithynien (in der heutigen Nordwesttürkei) und soll an beiden Orten an Entwurf und Gründung neuer Städte beteiligt gewesen sein. Schließlich wurde er im Alter von 67 Jahren am Hof von Bithynien vergiftet, weil man Repressalien von Seiten römischer Gesandter befürchtete. Man stellte fest, dass er sich ein Fort mit sieben unterirdischen Tunneln gebaut hatte – ein Bunker nach allen Regeln der Kunst für Roms versiertesten Gegner. Beute und Reichtümer für sich selbst hatte er verschmäht. Auch das Haus, in dem sein Bezwinger Scipio starb, war ein einfaches Fort mit Mauertürmen und mehreren altmodischen Bädern.[11] Zwei Männer, zwei Gegner, die einander würdig waren.

Die Erinnerung an Hannibal ließ die Römer nicht los. Viele Jahre später, in den 90er Jahren n. Chr., wird von einem römischen Senator berichtet, dass er geographische Karten von der ganzen Welt und die Reden bedeutender Könige und Feldherren sammelte und in seinem Haushalt zwei Sklaven hielt, die er Hannibal und Mago nannte[12] – für den argwöhnischen römischen Kaiser Grund genug, ihn hinrichten zu lassen.

30
DIPLOMATIE UND DOMINANZ

Da eine stärkere Macht natürlich dazu neigt, auf die ihr Untergebenen immer größeren Druck auszuüben, ist es in unserem Interesse, mit den treibenden Kräften unserer Herren zu arbeiten und keine Hindernisse entgegenzusetzen, so dass wir also sehr bald tatsächlich noch härtere Befehle empfangen – oder ist das Gegenteil unser Interesse, mit ihnen, soweit wir es können, zu ringen und so lange auszuhalten, bis wir völlig [erschöpft sind] ... und sie daran erinnernd, können wir ihre Triebkraft in Schranken halten und bis zu einem gewissen Grad die Härte ihrer Autorität beschneiden, besonders da, zumindest bis jetzt, ... die Römer mehr Wert darauf legen, Eide und Verträge zu beachten und ihren Verbündeten in guter Absicht zu begegnen?

Philopoimen, in Polybios 24,13

Die römischen Magistrate und Kommandeure dieser heroischen Jahre hatten das militärische Leben im Blut. Für ein öffentliches Amt wählbar war nur, wer zehn Jahre Militärdienst geleistet hatte. Jeder hohe Beamte war Reiter und konnte dem Vaterland auf dem Rücken eines Pferdes dienen, das aus öffentlichen Mitteln angeschafft und unterhalten wurde. In der Epoche der Könige hatten römische Witwen und unverheiratete Frauen in einer großartigen Geste die Kosten für den Unterhalt der römischen Kavalleriepferde übernommen. In der Republik wurden auch Waisen dazu verpflichtet. Die Idee, Pferde staatlich zu finanzieren, hatten die griechischen Stadtstaaten nachgeahmt. Römer wie die Scipionen oder die Fabier waren geübte Reiter, eine Notwendigkeit im Leben der römischen Republik, was in den modernen Untersuchungen ihrer rhetorischen und politischen Konzepte gern übersehen wird.

Diese berittenen Krieger ließen sich durch das Meer rund um Italien nicht abschrecken. Die Adria hatten römische Armeen schon vor der Invasion Hannibals überquert. Dessen erste Siege kamen gleichzeitig mit wichtigen Einsätzen in den Diadochenreichen Griechenlands und Asiens. Im Jahr 217 wurde an allen Fronten gekämpft. In Italien musste die vernichtende Niederlage gegen Hannibal am Trasimenischen See hingenommen werden, aber in Asien errang Ptolemaios IV. mit seiner neu ausgebildeten Armee, darunter ägyptische Fußsoldaten, in Raphia im Südwesten von Gaza einen großartigen Sieg über die Seleukidenarmee unter König Antiochos III. In Griechenland trafen sich dann im Spätsommer 217 griechische Gesandte, um einen anhaltenden Krieg zwischen griechischen Staaten zu erörtern. Damals waren die Ptolemäer nach ihrem Sieg von Mitte Juni in aller Munde. Doch ein Sprecher warnte bereits vor den Römern als der »Wolke im Westen«.[1] Dreißig Jahre hatte sich diese römische Wolke über Griechenland und dem Reich der Seleukiden in Vorderasien mit einschneidenden Folgen entladen. Die Ptolemäer dagegen hatten ihre zahlreichen Befestigungen und Stützpunkte jenseits des Mittelmeers verloren und wurden durch Aufstände in Ägypten zusätzlich geschwächt.

Wie die Römer in den Osten, nach Griechenland und Asien vorstießen, war bemerkenswert. Sie hatten seit den 270er Jahren, der Zeit nach Pyrrhos, mit den Ptolemäern freundschaftliche Beziehungen gepflegt, doch der Grund für die Entsendung von Truppen nach Griechenland war ein anderer. Seit den 280er Jahren besaß Rom Kolonien an der Ostküste Italiens, und damit war die Adria ein Tummelplatz für den Handelsverkehr der Siedler mit ihren Partnern geworden. Gegenüber saßen illyrische Stämme mit einer langen Vorgeschichte als Räuber und Banditen. In den 230er Jahren hatten sie sich zu einem Königtum zusammengefunden, so dass Klagen über illyrische Piraterie vor eine anerkannte lokale Behörde gebracht werden konnten. 229 wurden römische Truppen über die Adria geschickt, die solchen Klagen italischer Händler Nachdruck verleihen sollten. Außerdem reagierten die Römer erneut auf Ansuchen griechischer Bittsteller, diesmal der Griechen auf der Adriainsel Issa.[2]

Eine kurze Kampagne konnten die befehlshabenden Konsuln mit einem Triumph beenden. Man war sorgfältig bemüht, die Nachricht von römischen Siegen über die barbarischen Illyrer unter den wachsamen griechischen Staaten, darunter Athen, in Umlauf zu bringen. Ein zweiter Illyrischer Krieg beseitigte die verbliebenen Unklarheiten und brachte Rom in direkteren Kontakt mit dem damaligen König von Makedonien, dem jungen Philipp V. Im Jahr 215 stellten die Römer fest, dass ein erwünschter Bündnispartner dieses Königs kein anderer als Hannibal gewesen war, dem er sogar makedonische Verstärkung in Italien angeboten hatte. Diese Entdeckung genügte, um in näherer oder fernerer Zukunft einen weiteren römischen Krieg auf griechischem Boden zur Gewissheit zu machen.

Für Interventionen gab es Anlass genug. Hundert Jahre lang hatten die griechischen Stadtstaaten unter der Herrschaft der makedonischen Könige gestanden. Einige von ihnen, so auch die Athener, waren immer wieder in Kämpfe um ihre Freiheit verwickelt, die allerdings meist mit Rückenstärkung durch einen rivalisierenden Makedonenkönig, auch aus dem Haus der ägyptischen Ptolemäer, unternommen wurden. Die makedonische Herrschaft blieb unerschüttert; die kontrollierten Gebiete unterlagen der Steuerpflicht, und Garnisonen sorgten für Unterstützung an strategisch wichtigen Punkten Griechenlands, wie sie als Erster Philipp II. angelegt hatte. In diesem Rahmen hatte die Machtpolitik Formen angenommen, die einem Demosthenes oder einem Diplomaten des 4. Jahrhunderts ohne weiteres eingeleuchtet hätten. Die Städtebünde dieser Ära hatten an Bedeutung gewonnen, namentlich der Ätolische Bund in Westgriechenland und der Achäische Bund mit dem neuen Zentrum Sikyon auf der nördlichen Peloponnes. Innerhalb der Stadtstaaten war die Führung zwischen Befürwortern der Demokratie und der Oligarchie chronisch gespalten. In den 220er Jahren hatte der langjährige Schrecken der griechischen Geschichte seine Fortsetzung gefunden – ein erneuertes und erneut aggressives Sparta unter fähigen Königen, zunächst unter Agis, dann unter Kleomenes. Die Aussicht auf eine Neuauflage spartanischer Dominanz genügte, um den Achäischen Bund zu einer Parteinahme für den makedonischen König zu bewegen und Plänen zu einem Krieg mit den anderen griechischen Machtblöcken Auftrieb zu geben.

Die Römer hatten nun die Wahl, sich auf die Seite des einen oder des anderen Bundes zu stellen, auf die eine oder die andere Fraktion in den gespaltenen Stadtstaaten zu reagieren oder sogar den makedonischen König direkt anzugreifen. Vorläufig jedoch hielt Hannibal sie in Italien beschäftigt, und ihre nächsten Schritte in Griechenland gestalteten sich brüsk und unbedacht. 212/1 vereinbarten sie eine Allianz mit den Ätolern in Mittelgriechenland, der herrschenden Macht in Delphi, aber auch das am wenigsten zivilisierte Element aller politischen Gruppen in Griechenland. Von einem Angebot Roms, »Freiheit« zu bringen, war keine Rede und nicht einmal von einer Befreiung der Griechen von makedonischer oder anderer Herrschaft. Die Ätoler sollten alle im Krieg eroberten Städte behalten, während die Römer die gesamte bewegliche Kriegsbeute, einschließlich großer Mengen von Sklaven, für sich beanspruchten. Andere Griechen betrachteten diese Art Deal unter Banditen als barbarisch und höchst befremdlich.[3]

Hannibal und die Iberische Halbinsel hielten die Römer mehr als zehn Jahre in Atem, doch im Jahr 200 waren sie wieder frei und fielen in großer Kampfstärke erneut in Griechenland ein. Zurückgekehrt wären sie ohnehin, doch konnten sie jetzt auf den nützlichen Umstand verweisen, dass Philipp V. von

Makedonien unterdessen Freunde Roms in der Ost-Ägäis angegriffen hatte. Im Herbst 200 hatten sich die Athener auf Roms Seite geschlagen – sie sollten für über 100 Jahre loyale Verbündete bleiben –, und 197 errangen die beweglichen Linien der römischen Legionäre mit 2000 römischen Kavalleristen bei Kynoskephalai in Thessalien einen entscheidenden Sieg über Philipps traditionelle Formationen. Rom hatte es nun in der Hand, in Griechenland stabile Verhältnisse zu schaffen. Das frühere Blitzabkommen mit Ätolien war außer Kraft gesetzt worden, und der ätolische Partner fiel trotz Unterstützung der Reiterei bei Kynoskephalai in Ungnade, eine Zurückweisung, die schmerzte. Stattdessen verkündete der römische Befehlshaber Flamininus die »Freiheit der Griechen«, und zwar keine Freiheit unter Zurücklassung römischer Garnisonen auf griechischem Boden, nicht also die begrenzte Freiheit, die man in Griechenland seit den 330er Jahren, seit Philipp II. kannte. Zu dieser neuen Freiheit gehörte auch die Räumung der strategischen Schlüsselpositionen. Flamininus zeigte sich gegenüber griechischen Interessen ungewöhnlich aufgeschlossen. Seine Ankündigung erfolgte 196 bei den Isthmischen Spielen in Korinth und wurde von den Griechen mit donnerndem Applaus begrüßt – Vögel, hieß es, sollen tot vom Himmel gefallen sein.[4]

Doch der Horizont der Römer endete nicht bei den Griechen in Griechenland. Sie hatten bereits öffentlich auf den Status griechischer Städte in Asien und Europa angespielt, die unter der Herrschaft der Seleukiden standen. Geschickt präsentierten sie sich auch hier, als ob sie zugunsten befreundeter Mächte intervenierten. Denn in Kleinasien, in der Gegend um Troja, gab es »verwandte Trojaner«, und weiter südlich saßen Roms alte »Freunde«, die Ptolemäer. Diese hatten kurz zuvor zahlreiche überseeische griechische Stützpunkte in Kleinasien verloren; angeblich drohte ihnen sogar Gefahr durch einen Geheimpakt zwischen Philipp V. und dem Seleukiden Antiochos III. Um ihr Image aufzubessern, gaben die Römer öffentlich kund, die Götter seien, wie die jüngsten römischen Erfolge bewiesen, auf ihrer Seite und ihre Feldzüge gerechtfertigt.

Im Jahr 192 ermunterten die verstimmten Ätoler den beunruhigten König Antiochos, mit einer Armee von Asien nach Griechenland überzusetzen. Doch die Römer hatten sich ihrerseits schon zu einem direkten Waffengang gegen ihn entschlossen, den sie nach Osten auf sein eigenes Territorium tragen wollten. Zunächst bezwangen sie ihn durch kluge Kriegsführung auf dem historischen Schauplatz der Thermopylen und nötigten ihn zum Rückzug nach Asien. Im Winter 190/89 wurde er dann von den römischen Legionären im kleinasiatischen Magnesia vernichtend geschlagen. Das Territorium der Seleukidenkönige wurde befreit – nach 150 Jahren griechischer Herrschaft beginnend mit Alexander dem Großen, auch er ein »Befreier«. Ein beträchtlicher Teil dieses Territoriums ging jedoch umgehend an Freunde Roms – im Süden an die Insel Rhodos, im Nordwesten an den Regenten Eumenes, der in seiner Königsstadt Pergamon residierte. Die Interessen der Ptolemäer ließ man ungeniert außer Acht.

Unterdessen erhielt Rom die immense Summe von 15 000 Talenten, zahlbar in Raten. Auch Karthago entrichtete noch jährliche Beträge, und in den 15 000 Talenten war die reiche Kriegsbeute aus Asien nicht einmal eingeschlossen. Der römische Staatshaushalt wurde von Grund auf verändert. Gleichzeitig vergrößerte sich die Wirtschaftskraft durch eine wachsende Zahl römischer Bürger in den verschiedensten Regionen Italiens. Die Jahre 200 bis 170 brachten eine Welle neuer römischer Kolonien in Italien, die sich bis ins reiche nördliche Ackerland der Poebene erstreckten. Schätzungen zufolge wurden nicht weniger als 100 000 Siedler ausgeschickt, die bis zu 450 000 Hektar Land in Besitz nahmen. Die römische Geschichte großer italienischer Städte unserer Zeit wie Parma oder Bologna geht auf diese Jahre zurück.[5] Die Siedlungen waren ein Betätigungsfeld für ärmere römische Bürger, die in Rom eine latente Quelle sozialer Spannungen darstellten. Wieder kam es zur Transformation einer Wirtschaft ältester Form, deren Einkommen und Vermögen der Krieg vervielfachte, während Siedlungstätigkeit das soziale Profil des Erobererstaats veränderte.

Roms Siege in Griechenland im neuen Zeitalter der feierlich erklärten Freiheit brachten den Griechen Gerechtigkeit, eine Art von Gerechtigkeit jedenfalls. Der Senat und die Feldherren Roms stellten fest, dass sie zur gesuchten Anlaufstelle für griechische Staaten wurden, die sie wegen ihrer internen Querelen um unparteiische Rechtsprechung und Schlichtung territorialer Fragen angingen. Die Römer gaben diesen Bitten wiederholt nach, wichen aber bei ihren Entscheidungen oft von der Einstellung ab, der sie früher zuzuneigen schienen. Diese Inkonsequenz kam der neuen Politik Roms entgegen, sich die Schwächen und innenpolitischen Konflikte der Griechen zunutze zu machen. Nach und nach reagierten Roms ehemalige griechische Freunde und Begünstigte mit Unwillen auf die Antworten Roms: Rhodos, König Eumenes von Pergamon und schließlich auch der wichtige Achäische Bund auf der Peloponnes. Es war kein gutes Zeichen, dass man sich an Wutausbrüche einzelner Römer erinnerte, die mit Griechen und ihren Angelegenheiten zu tun hatten.[6] Ein weiterer Sympathieumschwung fand statt. Bis zum späten 3. Jahrhundert v. Chr. waren Demokratien in den griechischen Städten relativ weit verbreitet gewesen. Nach 196 begünstigten die Römer dort ihre erklärten Freunde und rechneten darauf, dass diese am besten geeignet seien, römische Interessen gegen eine unzuverlässige Volksmeinung durchzusetzen. Solche Freunde waren in der Regel die reicheren Bürger, die für »geordnete« Verhältnisse standen, nicht für die Volksherrschaft. Es ist kein bloßer Zufall, dass in vielen griechischen Stadtstaaten große »Wohltäter« mit zunehmend herrscherlicher Attitüde auf den Plan traten, als die Kontrollmechanismen der Demokratien allmählich außer Kraft gesetzt wurden, zuerst in den neu gegründeten griechischen Stadtstaaten, dann auch in den älteren Mutterstädten in Griechenland selbst.[7] Bei den Römern verband sich die Rolle der Polizisten des Mittelmeerraums mit dem Bewusstsein, jetzt die Großmacht zu sein, die mehr oder minder nach eigenem Gutdünken handeln konnte – eine gefährliche Kombination für seine Verbündeten im Ausland wie auch im eigenen Umfeld.

Zwischen 168 und 146 ging Rom mit Härte gegen verbliebene Feinde vor: gegen den König von Makedonien (Perseus im Jahr 168), den Seleukidenkönig im Nahen Osten (Antiochos IV. im Jahr 165), gegen Stämme an der dalmatinischen Küste (156) und sowohl gegen den Achäischen Bund in Griechenland als auch gegen das restliche Territorium Karthagos in Nordafrika (146 v. Chr.). Das wichtigste Resultat der militärischen Interventionen war die Niederlage der Makedonen, mit der eine fast 200-jährige Herrschaft zu Ende ging. 179 hatte Perseus die Nachfolge Philipps angetreten, ein Prinz Mitte dreißig, dessen Energie und Temperament bei römischen Beobachtern bald Unruhe auslösten. Er heiratete eine Prinzessin aus dem Haus der Seleukiden in Vorderasien. Schuldnern in Griechenland versprach er günstige Bedingungen und erneuerte den Appell Makedoniens an die vielen Griechen, die aufgrund der römischen Aktionen verarmt waren. Der Argwohn der Römer stieg während der 170er Jahre und mündete Ende 172 in den Entschluss, den Makedonen anzugreifen. Eine letzte römische Gesandtschaft hatte lediglich den Zweck, Perseus zu täuschen und seine Vorbereitungen hinauszuzögern – doppelzüngig wurde ihm ein Abkommen mit Rom in Aussicht gestellt. Selbst einige Römer konnten nicht umhin, diese zynische Diplomatie zu beanstanden.

Während der folgenden zwei Jahre verhielten sich die römischen Befehlshaber in Griechenland nicht löblicher. Die öffentliche Meinung der Griechen musste beschwichtigt werden, bevor im Jahr 168 eine große römische Armee eintraf, an ihrer Spitze der Konsul Aemilius Paullus, ein Nachkomme des Konsuls, den Hannibal bei Cannae besiegt hatte. An der Südostküste Makedoniens trafen die beiden Mächte im Hochgebirge am Olymp aufeinander. Perseus' Armee war beinahe so groß wie einst Alexanders Aufgebot in Gaugamela, doch einem römischen Detachement gelang ein brillantes Umgehungsmanöver durch zwei westliche Gebirgspässe. Es vertrieb zwei makedonische Garnisonen aus ihren Stellungen und stand plötzlich davor, Perseus' Armee zu umzingeln. Dieses entscheidende Manöver führte der Schwiegersohn des großen Scipio; seinem Erfolg verlieh er später mit einem schriftlichen Bericht über die Aktion öffentlichen Glanz.

Perseus zog sich zurück, doch als Aemilius Paullus ihm nachsetzte, stellte er überrascht fest, dass die makedonische Armee in einer schmalen Ebene südlich von Pydna erneut Stellung bezogen hatte. Seine Offiziere drängten auf sofortigen Angriff, Aemilius jedoch zögerte und versuchte den Gegner einzuschätzen. Später erklärte er bei Abendgesellschaften in Rom, die mit ihren langen Lanzen gespickte Phalanx der Makedonen sei »das Furchterregendste« gewesen, das er je im Leben sah. Die Kämpfe begannen am 22. Juni, am Tag nach einer Mondfinsternis, und die Römer hätten die Schlacht beim ersten Sturmangriff beinahe verloren. Die langen Lanzenspitzen der Phalanx durchbohrten die Schilde der Fußsoldaten und trieben das Zentrum der Infanterie zurück, doch ihre traditionelle Schwäche zeigte sich bei der nächsten Runde auf rauhem Gelände. Die fest geschlossenen Schlachtreihen begannen einzubrechen, so dass es den römischen Infanteristen gelang, in die Formation einzudringen und gegen die kurzen Dolche, welche die Phalanx-Soldaten im Nahkampf benutzten, ihr längeres Schwert einzusetzen. Berichten zufolge kostete das wütende Blutbad 20 000 Makedonen das Leben. Inzwischen scheiterten die Flügelangriffe der makedonischen Reiterei, zum Teil an den Elefanten der Römer, zum Teil, weil ihre eigenen Elefanten durch ein römisches Anti-Elefanten-Korps verstümmelt wurden.

Perseus floh, wurde jedoch gefangengenommen und vor Aemilius gebracht, der ihn vor seinen jungen Römern über die Unbeständigkeit des Glücks belehrte, in Worten, die auch Herodot gebilligt hätte. Die Paläste der Makedonen wurden geplündert und dabei große Mengen an Elfenbein gefunden, was uns in Erinnerung ruft, dass in den einst sumpfigen Ebenen um Pella lange Zeit Elefanten gehalten wurden. Perseus und seine Kinder wurden nach Rom gebracht und als gedemütigte Gefangene im Triumphzug mitgeschleppt, der das Ende der makedonischen Königsmacht symbolisierte. Aemilius Paullus übernahm den Inhalt der königlich-griechischen Bibliothek. Das Königreich hatte man in seine vier Bezirke zerteilt, doch die Makedonen waren auch nicht ansatzweise an eine demokratische Ordnung zu gewöhnen, und es dauerte nicht lange, bis sie unter einem weiteren Kronprätendenten den Aufstand probten.

30 DIPLOMATIE UND DOMINANZ

Die folgenden Jahre von 168 bis 146 nannte ein scharfsinniger griechischer Beobachter, der Historiker Polybios, die wirklichen »Zeiten der Unruhe«.[8] Kein Zweifel, wer von den Römern zum Feind erklärt wurde, hatte keine Schonung zu erwarten. Im Jahr 149 erklärten die Römer ihre Absicht, in Griechenland den seit langem bestehenden Achäischen Bund zu zerschlagen, ließen drei Jahre später Taten folgen und machten die alte Stadt Korinth dem Erdboden gleich. Ebenfalls 146 zerstörten sie, was von Karthago geblieben war – die Zeit der Reparationszahlungen war jüngst zu Ende gegangen. Schon 168 hatte der Sieger von Pydna, Aemilius Paullus, an der Bevölkerung von Epirus in Nordwestgriechenland grausam Vergeltung geübt, weil die Stadt das benachbarte Makedonien unterstützte. Auf Beschluss des Senats wurden 70 Städte in Epirus geplündert und in der Folge 150000 Menschen erbarmungslos als Sklaven verkauft. Auch griechische Kunstwerke wurden in Mengen nach Rom verschifft, zusammen mit einem Riesenquantum an Gold- und Silberobjekten. Angesichts derartiger Schreckenstaten ist es kaum glaubhaft, dass sich Roms Situation, wie Polybios behauptet, verschlechtert haben soll.[9]

In nur 70 Jahren, der Zeit zwischen dem Desaster von Cannae im Jahr 216 und der Zerstörung Karthagos von 146, war Rom zur einzigen Großmacht im Mittelmeerraum aufgestiegen. Die Folgen sind lehrreich. Die Römer erwarteten jetzt, dass man ihren Befehlen aus eigenem Antrieb gehorchte; römische Befehlshaber waren es gewöhnt, als Magistrate in Rom das »Kommando« *(imperium)* zu führen. Wenn sie, wie 156 v. Chr., den Krieg erklärten, achteten sie darauf, vor der Öffentlichkeit einen »gerechten« Vorwand anzugeben, auch wenn die wirklichen Gründe andere waren. Moderne Historiker, die diese Vorwände ernst nahmen, haben zum Teil geltend gemacht, Rom sei nur schrittweise in griechische Auseinandersetzungen hineingezogen worden, seine Angriffe hätten in der Regel der Selbstverteidigung gedient, und seine Eroberungen seien, da sie nicht umgehend zur Provinzialisierung führten, auch gar nicht um der Ausbeutung willen unternommen worden. Gegen diese Deutung kann man faszinierende Probleme der Chronologie und der Quelleninterpretation ins Feld führen, von überlieferten Ansichten zeitgenössischer Kommentatoren einmal ganz abgesehen. Übersehen werden dabei auch wichtige Elemente der römischen Mentalität und die Verquickung von Ruhm und Profit in der römischen Gesellschaft; aufstrebende Befehlshaber waren von dem Wunsch beseelt, ihren Ahnen nachzueifern, die dieselben Erfolge angestrebt hatten, und die Ziele waren Beute und öffentlicher Triumph. Stichhaltiger scheint es, den Römern verwegene Pläne zuzuschreiben, begleitet von immer weniger Skrupeln, ihre Ziele durch Doppelzüngigkeit und offene Aggression zu erreichen. Es gab Römer, die unter ihren Politikern in den 170er Jahren eine »Klugheit neuer Art« ausmachten, die ungeniertes Lügen ebenso einschloss wie die Devise »Macht ist Recht«.[10] Diese neue Klugheit dürfte allerdings nur die Intensivierung einer bereits bestehenden Praxis gewesen sein. Roms Erfolg in Griechenland und Westasien beruhte vor allem auf seiner weit überlegenen militärischen Stärke und der flexiblen Kampftaktik, die vor den 320er Jahren eingeführt worden war und sich schon gegen Karthago bewährt hatte. Das Vorgehen der Römer gegen Griechenland ist weniger erstaunlich, wenn man ihr Auftreten gegenüber dem griechischen Sizilien in den Jahren 212/1 in Betracht zieht. Es war nicht nötig, dass sie ihre Eroberungen als territorial definierte Provinzen einstuften, um sie auszubeuten. Ihre Dominanz kam ohne direkten Zugriff aus, auch wenn wir zögern, bereits jetzt in jeder Hinsicht von einem Römischen Imperium in unserem Sinne des Wortes zu sprechen.

TEIL IV

DIE RÖMISCHE REPUBLIK

Rom war also im dritten und zweiten Jahrhundert vor unserer Zeitrechnung die am meisten aristokratisch regierte Stadt Italiens und Griechenlands. Es sei angemerkt, dass der Senat, wenngleich er in den inneren Angelegenheiten auf das Volk Rücksicht nehmen musste, in der Außenpolitik völlig unabhängig war. Er war es, der die Gesandten empfing, der die Bündnisse schloss, der die Provinzen und die Legionen einteilte, der das Vorgehen der Feldherren bestätigte, der die Friedensbestimmungen bestimmte; alles Dinge, die anderswo zu den Befugnissen der Volksversammlung gehörten. Die Fremden hatten es also in ihren Beziehungen mit Rom niemals mit dem Volk zu tun; sie hörten nur vom Senat sprechen, und man bestärkte sie in dem Glauben, dass das Volk gar keine Macht habe. Das spiegelt sich in der Meinung, die ein Grieche Flamininus gegenüber äußerte: »In eurem Land«, sagte er, »herrscht der Reichtum, und alles übrige ist ihm unterworfen.«
    N. D. Fustel de Coulanges, LA CITÉ ANTIQUE, 1864 (dt. 1981; Übers. I. M. Krefft)

Ich wiederhole, dass in diesem System (dem politischen System des Rom der späten Republik) ein öffentliches Amt nur durch direkte Wahlen erlangt werden konnte, an denen alle (erwachsenen männlichen) Bürger, freigelassene Sklaven eingeschlossen, von Rechts wegen teilnehmen durften und dass die gesamte Gesetzgebung als Gegenstand direkter Volksabstimmungen definiert war. Angesichts dieser Tatsache ist es kaum verständlich, warum man nicht ernsthaft daran denkt, in der römischen Republik nicht nur einen Typus des antiken Stadtstaats zu sehen, sondern auch eines der relativ wenigen historischen Beispiele für politische Systeme, die den Namen »Demokratie« verdienen.
    Fergus Millar, THE CROWD IN ROME IN THE LATE REPUBLIC, 2002

31
LUXUS UND LIBERTINAGE

»*Ich habe weder ein Gebäude, noch eine Vase, noch ein wertvolles Gewand, noch teure Sklaven oder Sklavinnen. Wenn etwas da ist, das ich gebrauchen muss, dann gebrauche ich es. Wenn nicht, dann bin ich nicht darauf angewiesen. Jeder mag gebrauchen und genießen, was ihm gehört, das ist für mich in Ordnung.*« *Doch dann fährt Cato fort:* »*Man wirft mir vor, dass ich so vieles nicht brauche. Ich aber werfe ihnen vor, dass sie auf so vieles angewiesen sind.*«
Der Zensor Cato in Aulus Gellius, ATTISCHE NÄCHTE 13,24

Die territorialen Gewinne Roms in Griechenland verdankten sich teils den militärischen Fähigkeiten und Wertvorstellungen der Römer, teils ihrer überlegenen und unaufhörlich wachsenden Truppenstärke sowie ihren Hilfsappellen an die lokalen Oberschichten oder deren einzelne Faktionen. Rom zu gehorchen schien das kleinere politische Übel für Bürger, deren Status und Besitz durch die eigene Unterschicht oder durch benachbarte Barbarenfeinde gefährdet waren. Dagegen war »Freiheit« als Angebot der Römer an die griechischen Staaten eine späte Erscheinung.

Die neuen, engeren Beziehungen zwischen Griechenland und Rom mussten zwangsläufig zu einem Konflikt der Kulturen führen. Die Griechen verstanden die angebotene Freiheit offensichtlich in einem anderen Sinn als die Römer, die nur Loyalität und Pflichtschuldigkeit erwarteten. In Rom wiederum wirkte der engere Kontakt mit griechischen Sitten als spürbares Stimulans des traditionellen römischen Lebens. Um 200 v. Chr. gab es bereits zahlreiche Senatoren, die Griechisch verstanden und sprachen – wenn einige moderne Historiker meinen, es sei sogar die Hälfte der Senatoren gewesen, greifen sie meines Erachtens jedoch zu hoch. Rom war inzwischen seit Jahrhunderten mit griechischen Künstlern, griechischen Kulten und Griechisch sprechenden Menschen in naher Berührung, und die Eroberungen in Süditalien hatten die Römer längst mit griechischer Kultur bekannt gemacht. Doch es gibt viele Ebenen der Sprachbeherrschung und viele Grade dieses kulturellen Prozesses, den wir als

Hellenisierung bezeichnen. Griechische Kunstobjekte und griechische Sklaven zu besitzen ist eines, griechisch zu denken und das Wesen der griechischen Kultur zu bewundern – gleichgültig, wo man es ansiedelt – ist das andere.

Die griechische Kultur hatte zweifellos begonnen, dem Lateinischen ihren Stempel aufzudrücken. Seit den 240er Jahren hatte sich in direkter Anlehnung an die griechischen Vorbilder (beginnend mit der *Odyssee*) eine lateinische Literatur entwickelt.[1] In den Werken der ersten lateinischen Autoren spiegeln sich die Ergebnisse von Roms militärischem Vordringen ins südliche Italien: Die ersten lateinischen Dramatiker kommen aus dem griechischsprachigen Süden, auch aus Tarent. Der erste Historiker, der Senator Fabius Pictor, sah sich veranlasst, ein historisches Werk zu verfassen, um den Krieg mit Karthago zu erläutern, er schrieb es auf griechisch und ausschließlich für eine griechische Leserschaft. Der bedeutendste lateinische Lustspieldichter Plautus war in Umbrien beheimatet und nahm sich ebenfalls griechische Muster zum Vorbild. Allen voran aber ist der erste lateinische Epiker, Ennius, zu erwähnen, der aus dem äußersten Süden Italiens stammte und neben Latein zwei weitere Sprachen beherrschte. Sein eindrucksvolles Epos, *Annales*, ist in den gelehrten poetischen Formen der griechischen Dichtung geschrieben und umfasst die Zeit vom Trojanischen Krieg bis zum Triumph des Fulvius Nobilior, römischer Senator und Gönner des Ennius. Diesen Triumph erhielt Fulvius für den Sieg über Roms ehemalige Verbündete, die Griechen von Ätolien. Ennius hatte zweifellos Anlass, dieses Ereignis in aller Ausführlichkeit darzustellen, denn es fand angeblich 1000 Jahre nach dem Untergang Trojas statt, den unberatene Gelehrsamkeit in die 1180er Jahre v. Chr. datierte.[2]

Die Sprache dieser epischen und dramatischen Werke war ausnahmslos Latein. Die populärsten darunter, Plautus' Komödien, hatten in der Gestaltung ihrer Schauplätze einen stark lateinischen Einschlag, der sogar das Essen und auch ihre Rollen für befreite Sklaven betraf, die sehr viel prononcierter gestaltet waren als in Griechenland. Welcher Art von »Griechentum« hätte ein römischer Senator am ehesten zugeneigt? Nicht dem klassischen Griechentum eines Athener Demokraten, der über schwierige Fragen der Erkenntnis und Notwendigkeit philosophierte, der das Stimmrecht der Bauernschaft akzeptierte und sich nach der Schönheit eines jungen Athleten verzehrte, und ebenso wenig dem Glanz eines hellenistischen Königs. Die Ideale der Römer ließen sich leichter auf das spartanische Ideal der Einfachheit und Strenge und eine »Gruppe der Gleichen« beziehen, doch ihre Lebensart und ihre Ausrichtung auf den Erwerb von Reichtum waren nicht die eines guten Spartiaten. Römisches und griechisches Leben deckten sich in keiner ihrer Facetten genau. Von

Bedeutung in Roms sogenannter Hellenisierung war der soziale und moralische Kontext, in dem griechische Lebensart aufgenommen wurde. Die Römer konnten Kunst, Dichter und gut ausgebildete Sklaven sammeln, wurden aber als bloße Philhellenen nicht schon zu echten Griechen, ebenso wenig wie die frankophilen russischen Adligen in Tolstois *Krieg und Frieden* ihrem Wesen nach französisch waren. In römischen Zirkeln hielt man die seinerzeitigen Hauptexponenten des Griechentums sozial auf Distanz. Die Beziehungen griechischer Dichter zu reichen Römern waren die von Klienten gegenüber reichen Herren. Die griechischen Genies brachten den Römern weitere Fertigkeiten, Künste und Luxusgüter, doch sie kamen als Sklaven oder Kriegsgefangene. In dieser Hinsicht wurde der Triumph über Makedonien im Jahr 167 als Wendepunkt betrachtet, in dessen Gefolge griechische Spezialisten aller Art, von Musikern über Köche bis zu sachkundigen Prostituierten, ihren Einzug in die römische Gesellschaft hielten. Nach den 160er Jahren hätten die rein zweckdienlichen Bordelle aus Plautus' Komödien (um 200) im Vergleich mit den Künsten der neuen Hetären griechischer Schule nur noch einen schlechten zweiten Platz belegt. An der griechischen Homoerotik fand man allmählich mehr Geschmack, doch eine Liaison zwischen freien Bürgern war noch immer verpönt. Diese Jahre eines kulturellen Erwachens geben ein faszinierendes Schauspiel ab, denn das neue römische Umfeld bedeutete für die griechischen Immigranten eine ungewöhnliche Herausforderung. Im Februar 166 fanden Spiele zu Ehren eines Sieges über die Illyrer statt, und im römischen Circus wurden auf einer provisorischen Bühne berühmte griechische Flötenspieler und ein Chor von Tänzern präsentiert. Ihre künstlerische Darbietung schien die römischen Zuschauer zu langweilen, so dass man sie anwies, mit einem gespielten Wettkampf etwas mehr Schwung in die Vorführung zu bringen. Der Chor tat, wie gebeten, und teilte sich in zwei Gruppen, woraufhin vier Boxer mit Trompetern und Hornisten auf die Bühne kletterten. Die wartenden Tragödienschauspieler, die aus Griechenland gekommen waren, mussten ihre Aufführung abändern, und dies in einem Ausmaß, dass der griechische Historiker Polybios, der sich wahrscheinlich in der Zuschauermenge befand, es nicht einmal über sich brachte, sie für seine seriöse griechische Leserschaft zu beschreiben.[3]

Wie zu erwarten, wurden angesichts der neuen Moden und Importe die traditionellen Ängste der Römer vor dem Luxus wach. Für einen Zeitraum von 50 Jahren sind mehrere Gesetze bezeugt, die darauf zielten, ihn einzudämmen. In der Geschichte Roms waren sie nicht die ersten ihrer Art. Sie entsprachen verinnerlichten römischen Werten. Kargheit und äußerste Sparsamkeit sind die bewunderten Eigenschaften in den Geschichten, die über die entschwindende Zeit des 7. bis 4. Jahrhunderts v. Chr. erzählt wurden. Von römischen Vätern erwartete man, dass sie ihnen nachlebten und ihre Söhne zu einer maßvollen Lebensführung erzogen. Die Zensoren, zwei hohe städtische Beamte, hatten die Aufgabe, die öffentliche Moral zu überwachen *(cura morum)*. Wenn die periodisch durchgeführte Musterung der Bürger, der Zensus, stattfand, konnten sie neben den Namen der Mitbürger, die durch schändliches Verhalten aufgefallen waren, ein »schwarzes Zeichen« setzen. In der neuen Ära der Eroberungen im Osten mehrten sich die Anlässe, Rügen auszuteilen. Luxus wurde als »asiatisch« und »orientalisch« abgetan, ein Rückgriff auf die alten Stereotypen, die schon griechische Denker und Historiker seit Herodot verwendet hatten. Doch die Stereotypen enthielten auch ein Körnchen Wahrheit. Die Malerei und die Architektur, die Metallarbeiten und die kulturellen Grundfertigkeiten hatten in den Monarchien der makedonischen und der ionischen Griechen ein weit höheres Niveau erreicht als die noch kruden Formen von Kunst und Kultur, die vor den 180er Jahren in Rom das Bild der Gesellschaft beherrschten. Auch war nach wie vor das abschreckende Beispiel der Ptolemäer in Ägypten wirksam, die sich mit einem Luxus von dionysischer Phantastik und königlichem Glanz umgaben. In Rom, das der Monokratie so feindselig gegenüberstand, stieß solche Extravaganz auf einhellige Ablehnung.

Gesetze gegen den Luxus gingen zu dieser Zeit nicht von den Volksversammlungen aus, um eine verschwenderische Oberschicht im Zaum zu halten, sondern die Vorlagen kamen von Mitgliedern des Senats – wenn auch nicht allen.[4] Ein vielgefürchteter Luxus waren die exzessiven Lustbarkeiten für Gäste bei öffentlichen Banketten. Er war vergnüglich, bot aber römischen Amtsinhabern auch die Möglichkeit, allzu ausgedehnt um politische Unterstützung zu werben. Mit den Gesetzen versuchte man ferner den Verbrauch extravaganter Importe einzuschränken. Diese Gesetze wurden natürlich bekämpft oder einfach ignoriert, doch sie gehörten in einen größeren Problemzusammenhang. Die Triumphe der Feldherren seit den 180er Jahren waren Anlass für große öffentliche Festgelage und, wie wir im Weiteren sehen werden, für einen neuartigen »Zuschauersport«, der Konkurrenten nicht gleichgültig lassen konnte – dreimal versuchten Senatoren zwischen 187 und 179 die Gelder zu begrenzen, die für Circusspiele ausgegeben wurden. Außerdem versuchten sie den Import von Tieren für »Jagden« in der Arena zu verbieten, doch ein populistischer Tribun durchkreuzte diesen Plan. Mit Gesetzen wollte man auch der Bestechung Grenzen setzen und die Ämterlaufbahn regulieren. Wie der politische Opportunismus konnte der Luxus in einer Zeit explosionsartig zunehmender Chancen den Wettbewerb innerhalb der Oberschicht

31 LUXUS UND LIBERTINAGE

verschärfen. Die Krise des Adels in den griechischen Stadtstaaten des 7. und 6. Jahrhunderts v. Chr. wurde in Rom, allerdings mit Waffen größeren Maßstabs, nachgespielt.

Die römische Stimme von Rang, die sich gegen den Luxus und die damit einhergehenden Spannungen erhob, kam von dem berühmten älteren Cato, dessen lateinische Schriften in Fragmenten erhalten sind. Cato betonte seine »Sparsamkeit und Kargheit« und die Jahre, in denen er die Erde unter ihren »sabinischen Steinen« bearbeitete.[5] Ein Bauer aber oder ein Fürsprecher armer Bauern war er keineswegs, sondern der Sprössling einer vermögenden italischen Familie. Seine Karriere fiel in die Zeit von 217 bis 149 und erreichte ihren Höhepunkt 184, als er Zensor war und sich sogar gegenüber einigen römischen Senatoren durch legendäre Strenge auszeichnete. In die Nachwelt ging er als der strikteste aller römischen Traditionalisten ein, doch sein Traditionalismus war die konservative Gesinnung eines Emporkömmlings, eines *homo novus*, der zum braven Mann geworden war. Seine Haushaltsführung war Legende. Zeitweise zog er sich in die einfache Hütte zurück, die vor ihm der anspruchslose, vorbildliche Curius bewohnt hatte. Dort stillte seine Frau die Kinder der Haussklaven, damit sie mit ihrer Milch die Treue zu ihrem Herrn einsogen. Einfache Teller und Becher waren das Essservice, nicht die Gold- und Silberbecher, wie man sie in modernem Design aus Griechenland bezog; Cato hatte außerdem die unangenehme Gewohnheit, kranke und alte Sklaven freizulassen, damit sie seinem Haus und Hof nicht zur Last fielen.[6] Er war kein Gegner des Gelderwerbs – vielmehr galt es ihm als Tugend, den ererbten Besitz zu mehren.[7] Auch den Handel verabscheute er nicht, hielt ihn allerdings für ungeheuer riskant. Verhasst war ihm der Geldverleih, den er als unnatürlich und schändlich betrachtete.[8] Überdies fürchtete er die Folgen unrechtmäßiger auswärtiger Landgewinne und wandte sich aus diesem Grund gegen die Senatoren, die 167 den Angriff auf Roms früheren Verbündeten, die Insel Rhodos, befürworteten.[9]

Für das Volk der Griechen konnte er sich nicht begeistern. In seinen Reden und Schriften kritisiert er deren intellektuelle Interessen, ihre Philosophie, ihre Dichtkunst und ihre Ärzte. Sie waren ihm die »erbärmlichste und ungebärdigste Rasse«[10], die es mit Nacktheit und Frivolität hielt; ihre Ärzte hatten sich verschworen, die »barbarischen« Römer auszurotten. Die modische Begeisterung der Römer für griechische Vorbilder, meinte Cato, sei eine Schande, besonders da Römer und Italiker in ihrer Geschichte auf Helden zurückblicken könnten, die nicht weniger großartig gewesen seien. Catos Klagen spiegeln die wachsende Flut römisch-griechischer Kontakte. Als die Athener im Jahr 155 v. Chr. führende Denker ihrer Philosophenschulen mit einer Delegation nach Rom sandten, plädierte einer von ihnen, der Skeptiker Karneades, an einem Tag für Gerechtigkeit in der Politik, am folgenden Tag für Ungerechtigkeit. Cato war so empört, dass er verlangte, die Philosophen hätten Rom sofort zu verlassen und nach Athen zurückzukehren – ihre eigene Jugend sollten sie korrumpieren, nicht die Jugend Roms.

Roms Jugend aber war von diesen cleveren Griechen sehr eingenommen. Das Ziel von Catos Attacken war eine immer stärker werdende Strömung, die natürlich auch ihn selbst nach oben getragen hatte. Er hatte in Athen studiert; sein Werk *Vom Landbau (De agricultura)* stützte sich ebenso auf griechische Quellen wie *Ursprünge (Origines)*, das die Anfänge der Völker und Orte Italiens behandelt. Er hatte also aus einer elementaren griechischen Wissensordnung Nutzen gezogen und verachtete dennoch die Verstiegenheit und exzessive Gewitztheit der Griechen. Auch seine Einstellung zu Karthago hatte etwas Einseitiges. Er hatte im Zeiten Punischen Krieg gedient, und als die Karthager 151 ihre Reparationszahlungen einstellten, wurde im Senat über die nächsten Schritte debattiert. Der Veteran Cato sprach sich dafür aus, Karthago völlig zu zerstören. Er unterstrich die Gefahr, indem er im Senat eine frische Feige vorzeigte, die »soeben« in Karthago gepflückt worden sei, als läge die Stadt vielleicht drei Kilometer von Rom entfernt.[11] Seine Politik der Zerstörung weckte jedoch Ängste aus einem Grund, der ihn eigentlich hätte umstimmen müssen: Würden nicht Luxus und Verweichlichung erst recht grassieren, wenn Rom keinen äußeren Feind mehr zu fürchten hatte? Aber Karthago wurde trotz allem zerstört.

Solchen Widersprüchlichkeiten war die traditionelle römische Denkweise mit der fortlaufenden Ausbreitung des römischen Herrschaftsgebiets auch weiterhin ausgesetzt. Befreundete griechische Städte richteten Kulte ein, in denen die Stadt Rom als Göttin verehrt wurde, und sie näherten sich römischen Magistraten sogar, als stünden sie den Höflingen oder Prinzen gleich, die sie aus der Welt ihrer eigenen griechischen Könige kannten. Persönliche Ehrungen dieser Art standen in krassem Widerspruch zu den Vorstellungen von Freiheit und Gleichheit, die der Stand der Senatoren unter seinen Mitgliedern hochhielt. Mit wachsender Befehlsgewalt Roms wurde den Römern sogar durch einen widerspenstigen Unterworfenen, König Prusias von Bithynien, das Spiegelbild ihrer eigenen Sozialstruktur vorgehalten.[12] In den 170er Jahren kamen römische Gesandte an Prusias' Hof in Nordwestasien, doch er lieferte eine gewitzte Parodie der realen Situation und präsentierte sich ihnen in Kleidung und Gebaren eines freigelassenen Sklaven, eines Abhängigen echt römischer Art. »Ihr seht in mir einen Freigelassenen«, sagte er zu ihnen, »der euch ganz zu Diensten sein will und alles nachahmt, was unter euch passiert.« Dann reiste Prusias nach Rom und trieb beim Betreten des Senats die brillante Verstellung noch einen Schritt weiter. »Heil, ihr rettenden Götter«, grüßte er und kroch anbetend über die Schwelle bis zu den Füßen der dienstältesten Senatoren im Innern des Gebäudes. Er wirkte so unsäglich verachtenswert, dass man ihn freundlich aufnahm. Und doch hatte Prusias wohl die Lacher auf seiner Seite, er, der Unterlegene, der das Selbstbild seiner arroganten neuen Herren in Rom so ironisch parodierte.

Eine Abfuhr aus Rom konnte sogar sekundäre Kulturkämpfe im weiteren Umfeld auslösen. Im Frühling 168 brach der Seleukide Antiochos IV. in das Territorium der rivalisierenden ägyptischen Ptolemäer ein, als er sich einem gebieterischen römischen Gesandten gegenübersah, der ihm Einhalt gebot. Zum Rückzug gezwungen, veranstaltete Antiochos eigene Festspiele, in bewusster Konkurrenz zu den römischen Generälen, die gleichzeitig ihren Sieg über Makedonien feierten. Ganz auf die neue römische Art ließ Antiochos einen Schaukampf wilder Tiere über die Bühne gehen, verblüffte jedoch seine Gäste, als er sie anschließend bei einem gigantischen königlichen Bankett mit demonstrativer Gefälligkeit persönlich bediente.[13] Ein Jahr darauf macht er Halt in Judäa, wo eine Fraktion von Jerusalemer Juden seine Hilfe erbeten hatte; sie wollten den Gehorsam ihrer Gegner erzwingen und die altüberlieferten jüdischen Bräuche durch griechische Sitten ersetzen. Antiochos unterstützte sie, wie um seinen Ärger über die kurz zuvor erfolgte Blockierung durch Rom abzureagieren.[14] Das Ergebnis war ein nationaler Aufstand empörter jüdischer Mitbürger und ein erbitterter Krieg (der Makkabäeraufstand), der seinerseits zu einem wiedererstarkten Judenstaat und zu einer neuen Theologie des Märtyrertums für die jüdischen Kriegsopfer führte. Sie sollen direkt ins Paradies eingegangen sein – die erste Erwähnung dieser historisch fruchtbaren Idee.[15]

Vom Widerspiel zweier Kulturen war insbesondere das Leben des Mannes geprägt, dem wir einen so großen Teil unserer Kenntnisse über Roms Entwicklung von 220 bis 146 verdanken. Polybios war Grieche und stammte aus Megalopolis. In eine prominente Politikerfamilie des Achäischen Bundes geboren, wurde er im Jahr 176 mit 1000 anderen Personen, die man der Feindseligkeit gegenüber den Römern verdächtigte, als Geisel nach Rom deportiert. Während seines Exils freundete er sich mit einflussreichen Römern an, darunter den jungen Scipionen, mit denen ihn vor allem auch die Jagdleidenschaft verband. Später unternahm er ausgedehnte Reisen durch Spanien und den

Westen, sogar entlang der Küste Westafrikas. Wiederum wurde eins der großen Geschichtswerke Griechenlands von einem Verbannten geschrieben. Ursprünglich sollte die historische Darstellung mit dem Jahr 167 v. Chr. enden, doch Polybios setzte sie fort, weil er die folgenden »Zeiten der Unruhe« der Weltmacht Rom noch miterlebte.[16] Er übernahm darin sogar selbst eine Funktion und war ausgerechnet an der Aushandlung der Bedingungen beteiligt, die Rom den Griechen nach der schonungslosen Zerstörung Korinths im Jahr 146 v. Chr. auferlegte. Polybios hatte eine schwierige Rolle zu erklären: Er war Mitläufer und Teilnehmer römischer Aktionen gewesen, denen er sich unter anderen Umständen widersetzt haben dürfte.

Polybios ist der Historiker der Antike mit den ausgeprägtesten Vorstellungen vom persönlichen und beruflichen Ethos des Geschichtsschreibers. Er kritisiert seine Vorgänger – zum Nutzen der Historiker späterer Zeiten, die daraus ihre Kenntnisse gewannen – und betont den Wert einer »pragmatischen Geschichtsschreibung«.[17] Sie ist die Darstellung von Geschehnissen und Aktionen in ihrer Auswirkung auf Städte, Völker und einzelne Menschen und muss von einem Pragmatiker verfasst werden, einem Menschen, der die geschilderten Schauplätze aufsucht, Beteiligte befragt und persönlich Dokumente studiert. Polybios ist der erklärte Gegner von lesenden Stubenhockern, wie es wohl sein gelehrter Vorgänger Timaios war. Vieles verbindet ihn mit Thukydides, doch dass dieser die Götter als Erklärung geschichtlicher Vorgänge ausschloss, erwies sich für den schlichteren Geist eines Bewunderers erneut als allzu herber Verzicht. Polybios erklärt die Niederlagen der makedonischen Könige und Antiochos' IV. in ein und demselben Jahr (168) als eine Vergeltung für den schändlichen Beschluss ihrer Vorgänger, die sich um 200 v. Chr. gegen Ptolemaios V. von Ägypten verbündeten, der damals noch ein Kind war. Thukydides hätte mit Vergnügen darauf hingewiesen, dass diese »Vergeltung« nichts als ein Zufall war und das »schändliche Bündnis«, das angeblich gerächt werden sollte, höchstwahrscheinlich eine von den Römern gestreute Propaganda.

Doch Polybios sucht nach Erklärungen für veränderte Verhältnisse und legt sie explizit dar. Allerdings sind seine Deutungen weniger scharfsinnig als alles, was man implizit bei Thukydides findet. Und sie präsentieren sich uns in einem schwerfällig-trockenen Hochschulgriechisch. Aber sein Blick über den gesamten Mittelmeerraum, von Spanien bis Syrien, verdient volle Anerkennung, und seine Berichte über andere Völker, Landschaften, Mythen und Ressourcen sind ein beeindruckendes Zeugnis hellenistisch-griechischen Geistes.

Bedeutsam sind insbesondere seine Betrachtungen über die Römer. Hier endlich werden die Eindrücke eines gebildeten Griechen in Worte gefasst, der in Rom gelebt und ein wenig Latein gelernt hat und während dieser spannungsreichen Jahre mit einzelnen Römern höheren Standes Freundschaft schloss. Im Geschichtswerk des Polybios werden die Römer und ihr Verhalten von griechischen Akteuren als »barbarisch« gebrandmarkt.[18] Und »Barbaren« sind sie nicht nur als Fremdsprachige. Auch römische Gewohnheiten stellt Polybios als fremdartig dar, als »ihre«, nicht »unsere«, die griechische Art. Die Römer konnten mit hemmungsloser Wildheit agieren. »In Städten, die von den Römern eingenommen wurden«, liest man bei Polybios, »sieht man oft nicht nur menschliche Leichen, sondern auch zweigeteilte Hunde und die abgetrennten Glieder anderer Tiere.«[19] Aber die Römer traten mit voller Absicht erbarmungslos auf und entsprachen damit nicht dem Klischee des irrationalen Barbaren, der Wildheit mit Panik verband. Wenn Polybios die Römer mit anderen Völkern außer den Griechen vergleicht, bezeichnet er sie keineswegs als Barbaren.

Bezeichnenderweise teilt er die Einschätzungen römischen Verhaltens seiner Zeit, wie sie der gestrenge Cato vertrat. Auch für Polybios waren die meisten Römer auf Geld aus, ganz so, wie es Catos Klagen und Maximen bestätigten. Dank seiner griechischen Erziehung preist Polybios Zurückhaltung, Patriotismus und strenge Selbstkontrolle, Tugenden, deren Wert durch sein verzerrtes Bild vom antiken Sparta bekräftigt wurde. Cato predigte in seinem römischen Kontext dieselben Werte. Die beiden Männer kannten sich persönlich, doch die Übereinstimmung in ihren Wertvorstellungen ist nicht die Folge von Polybios' größerer Intelligenz, die Catos Gedanken Form verlieh. Sie ergab sich aus einer vergleichbaren Einstellung, die unterschiedliche Formen annahm. Eine Verbindung zwischen diesen gleichen Werten stiftete, abgesehen von der Vorliebe für die Jagd, das gemeinsame Faible für Xenophon, den unprätentiösen Griechen aus dem klassischen Athen, Feind des Luxus, Bewunderer von Tapferkeit und Kriegskunst und Verfechter der Moral.

Auch für Polybios bedeutete das Jahr 167 eine Wende, denn mit den Eroberungen in Griechenland wurde eine Welle des gefürchteten Luxus nach Rom geschwemmt. Die Jugend, so klagte er, bezahle jetzt »mehr als ein Talent« für einen halbwüchsigen Liebhaber; ähnlich warnte Cato die Römer vor einem »Wandel zum Schlechteren« in ihrer Natur, wenn »hübsche Knaben für einen höheren Preis verkauft werden als Äcker kosten«.[20] Polybios und Cato teilten diese Missbilligung des neuen Luxus und die Ansicht, dass er zum politischen Niedergang beitragen werde. Polybios bemüht sich in seinen Schriften, wo immer möglich, zu resümieren, was seine Redner tatsächlich gesagt hatten. Doch anders als Cato hatte Polybios eine Theorie, die Voraussagen und Erklärungen einschloss, die Vorstellung nämlich, dass Verfassungen einander in einem festen Zyklus ablösen, der sich im Lauf der Zeit wiederholt. Im Jahr von Cannae war Polybios überzeugt, die römische Verfassung habe ihren Höhepunkt bereits überschritten. Es war seiner Auffassung nach keine »gemischte« Verfassung, die sich aus den verschiedenen Elementen Oligarchie, Demokratie und so fort zusammensetzte. Sie befinde sich vielmehr in einer oligarchischen Phase, in der jedoch Elemente der Monarchie und Demokratie für einen Ausgleich sorgten und als Abwehrmittel gegen Wandel und Dekadenz wirkten.[21] Polybios' Theorie zufolge fand ein solcher Wandel zwangsläufig statt, ausgelöst von Veränderungen in den Gewohnheiten der Bürger und in ihrem Verhalten: Die Oligarchie werde zur Demokratie fortschreiten, die Demokratie in eine Pöbelherrschaft ausarten und danach wieder zur Monarchie, dem Ausgangspunkt, zurückkehren.

Polybios setzte seine Geschichtsschreibung bis ins hohe Alter fort; er soll mit 82 Jahren nach einem Sturz vom Pferd gestorben sein. Seine simple Theorie der konstitutionellen Elemente Roms entstammt mehr seiner griechischen Bildung und ihren Grundlagen als der römischen Wirklichkeit. Waren die römischen Konsuln tatsächlich in solchem Maß »Königen gleich«? Und wo war die demokratische Rolle für das »Volk« im vollen, vitalen Sinn des griechischen Worts? Wie ein Grieche in Indien ließ er zu, dass die Deutung dessen, was er sah und hörte, von seiner Theorie verzerrt wurde. Doch seine Voraussagen sollten in dem Rom, das er als sein Bewohner kannte, in den kommenden 100 Jahren ein besonderes Echo finden.

32
TURBULENZEN DAHEIM UND JENSEITS DER GRENZEN

Ein Unbekannter soll Gaius' Kopf abgeschlagen und mitgenommen haben, doch wurde er ihm von Opimius' Freund Septumuleius weggenommen. Denn zu Beginn des Kampfes war öffentlich ausgerufen worden, dass den Überbringern Gaius' und Fulvius' Haupt mit Gold aufgewogen werde. Septumuleius steckte den Kopf auf einen Spieß und lieferte ihn dem Opimius ab. Man holte eine Waage. Er wog siebzehn und ein halbes Pfund, da Septumuleius auch hier einen gemeinen Schurkenstreich verübt hatte: er hatte das Gehirn herausgenommen und Blei hineingegossen.
Plutarch, GAIUS GRACCHUS 17 (Übers. K. Ziegler)

Sullas Denkmal steht auf dem Marsfeld, und die Inschrift darauf soll er selbst verfasst haben; und sie besagt im Kern, dass keiner seiner Freunde mehr Gutes und keiner seiner Feinde mehr Schädliches getan habe als er.
Plutarch, SULLA 38 (Übers. K. Ziegler)

Nun, da Karthago zerstört und Griechenland eingeschüchtert war, konnte man erwarten, dass die Römer zur Ruhe kamen und sich als unangefochtene Herren des Mittelmeers etablierten. Sie hatten das Königtum Makedoniens für immer ausgelöscht; ihre Gebietsgewinne in Westasien hinterließen im größten der Diadochenreiche, dem Imperium der Seleukiden, eine erhebliche Lücke. Sie hatten sich intrigant in die Angelegenheiten der ptolemäischen Könige Ägyptens eingemischt, und 155 hatte der junge Ptolemaios VIII. Rom gar testamentarisch zum Erben des gesamten Königreichs erklärt, sollte er ohne legitimen Nachkommen sterben. Da er zu diesem Zeitpunkt kaum die dreißig erreicht hatte, war diese Erbschaft eher hypothetisch und wahrscheinlich nur dazu bestimmt, seine Feinde innerhalb Ägyptens zu erschrecken. Doch sie war das erste Beispiel eines Brauches, der Zukunft hatte und sich später zum Nutzen Roms auswirkte. Als Hauptproblem präsentierte sich immer noch Spanien – in den späten 150er Jahren waren mehrere Feldzüge erforderlich, um Aufständische zu bekämpfen.

Außerdem entstand ein System zur Kontrolle der eroberten Gebiete. Während des 2. Jahrhunderts v. Chr. festigte Rom seine Herrschaft über die besiegten Völker, indem es Magistrate als Statthalter schickte und zu ihrer Unterstützung Truppen, die auf Dauer im Land stationiert blieben. Diese Vertreter Roms wurden zur Anlaufstelle für Petitionen und Streitigkeiten zwischen ihren Untertanen. Wie immer in solchen Situationen machten viele von der neuen Rechtsquelle Gebrauch, die ihnen plötzlich in ihrer Mitte zugänglich wurde. Den Statthaltern andererseits taten sich jedoch neue Möglichkeiten der Bereicherung auf, und der Verhaltenskodex war zunächst nur ziemlich lax geregelt. Bis in die 120er Jahre war die zu erwartende Höchststrafe für Habgier (Erpressung) eine Verfügung, wonach das widerrechtlich Angeeignete zurückgezahlt werden musste. Die neuen Gewinnchancen im Ausland waren entscheidend für die Möglichkeit, bei der Rückkehr nach Rom im Wettstreit um gesellschaftliches Ansehen zu bestehen.

Schon im 3. und 2. Jahrhundert v. Chr. hatten die meisten römischen Kriege im Ausland wirtschaftliche Gründe. Ein handfestes Ergebnis siegreicher Feldzüge für den einzelnen Römer war die wachsende Menge von Sklaven und Kriegsbeute und im Weiteren der neue – wenn auch gelegentlich über Mittelsmänner geregelte – Zugang zu Land, Geldverleih und überseeischem Vermögen. Auch als Kollektiv erhielten die Römer jetzt regelmäßige jährliche Tribute aus den Provinzen. Begonnen hatte es im Jahr 210 auf Sizilien, wo Rom das Steuersystem der früheren Könige übernommen hatte. In den 190er Jahren wurden dann jährliche Steuern in Spanien erhoben und diese Forderung anschließend auf Griechenland, Asien und Nordafrika ausgedehnt. Die neu hinzugewonnene Herrschaft über Makedonien und seine reichen Minen machte es den Römern nach 167 möglich, die direkten Steuern abzuschaffen, die von jedem römischen Bürger in Rom und Italien erhoben wurden – die indirekten Steuern blieben erhalten. Noch gab es kein einheitliches Besteuerungssystem für alle Provinzen, aber man weiß, dass die Untertanen Roms in Nordafrika ab 146 eine Steuer auf Landbesitz und überdies eine Kopfsteuer entrichten mussten. Diese beiden Steuern wurden die Grundpfeiler des Steuersystems im frühen Römischen Reich und blieben es auch unter Kaiser Hadrian.

Zuwachs erhielt die neue Finanzkraft durch den Eingang von Beute, Bußgeldern und Kriegsreparationen. Konnten diese Gewinne aus der Ferne nicht dazu beitragen, einiges an sozialen Ungerechtigkeiten im eigenen Haus auszugleichen? Tatsächlich kam es dann zwischen 146 und 80 v. Chr. in Rom und

32 TURBULENZEN DAHEIM UND JENSEITS DER GRENZEN

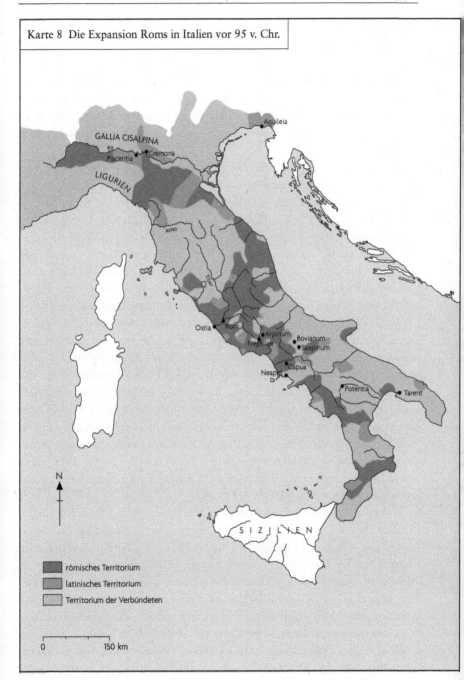

Karte 8 Die Expansion Roms in Italien vor 95 v. Chr.

Italien immer wieder zu Ausbrüchen extremer sozialer und politischer Spannungen. Der Historiker Sallust bezeichnete das Jahr 146 rückblickend als den Beginn einer Welle von »Turbulenzen und Aufständen« im Zusammenhang mit Korruption.[1] Die Beseitigung des Angstgegners Karthago hatte die Situation, wie Sallust meint, nur verschlimmert. Erschwerend kam hinzu, dass neue Koloniegründungen in Italien seit den 170er Jahren praktisch nicht mehr zustandekamen und die ärmeren Bürger außerhalb Roms keine neue Heimat fanden.

Einem später Geborenen wie Hadrian wären diese Spannungen nur als Vorspiel zu anderen, gravierenderen Konflikten erschienen – zum Erscheinen von Pompeius und Julius Caesar auf der politischen Bühne in den 70er und 60er Jahren, zum nachfolgenden Bürgerkrieg und schließlich zum Untergang der freien Republik. Die späteren Krisen werden deshalb im Folgenden breiteren Raum einnehmen, doch für den Historiker sind diese Vorläufer – so, wie wir sie heute betrachten – ein faszinierendes Kaleidoskop. Politische Verbindungen, die sich später als so gefährlich erweisen sollten, sind bereits jetzt zu beobachten und werden doch irgendwie entschärft. Erfolgreiche Generäle im Feld erfreuten sich außerordentlicher, verlängerter Kommandos und suchten gleichzeitig Beziehungen zu römischen Tribunen, um ihre Interessen in der Heimat zu fördern. 147 v. Chr. wurde der charismatische Scipio Aemilianus ohne vorherige Tätigkeit als Magistrat direkt zum Konsul gewählt und dann mit zweifelhafter Legalität ein zweites Mal. Einzelne Politiker – man fasste sie später nicht ganz falsch unter dem Begriff »Popularen« zusammen – begannen Vorlagen direkt vors Volk zu bringen, um ihnen ohne Billigung des Senats auf schnellstem Weg Gesetzeskraft zu verschaffen; als Reaktion wurden politische Reformer von senatorischen Gegnern mitten in Rom ermordet. In den 80er Jahren sollte Italien seinen ersten Bürgerkrieg erleben, und ein verstimmter Patrizier entschloss sich gar zum Marsch auf Rom.

Während dieser Jahrzehnte intensiver Machtspiele in der Stadt Rom selbst wurden die Kämpfe um Erhalt und Ausdehnung der römischen Eroberungen in Übersee dennoch fortgesetzt. In Spanien fanden erbitterte Kämpfe statt; danach brachen Unruhen in Nordafrika und in Gallien aus. Im Jahr 88 warf sich der verwegene König Mithridates von Pontus an der Südküste des Schwarzen Meeres vorgeblich zum Rächer auf, der den Römern die abscheulichen Untaten heimzahlen wollte, die sie ein Jahrhundert zuvor in Griechenland und Kleinasien begangen hatten. Der Krieg, den er vom Zaun brach, kostete, wie es hieß, in einer ersten Runde mehr als 80 000 Römer in Kleinasien das Leben, eine Abrechnung von Format. Im näheren Umfeld wurde der Alptraum jeder

32 TURBULENZEN DAHEIM UND JENSEITS DER GRENZEN

Sklavenhaltergesellschaft Realität: Große Sklavenrevolten und Sklavenkriege brachen aus, die von 138 bis 132 und ein zweites Mal von 104 bis 101 anhielten. Beweggrund war in erster Linie die zunehmende Verwendung von Sklaven auf Sizilien und in Süditalien, eine Spätfolge von Hannibals Vermächtnis. Und zu alldem erhob sich das römische Kernland, die Gemeinschaft seiner italischen Bundesgenossen, und verstrickte die Herrin des Reiches von 91 bis 89 v. Chr. in erbitterte Kämpfe. Die aufständischen Italiker erklärten sich sogar zum selbständigen Gemeinwesen *(Italia)* mit eigenem Senat. Sie ließen Münzen prägen, die einen sexuell erregten Bullen zeigen, wie er eine römische Wölfin aufspießt.[2] Die Ziele, die sie mit diesem sozialen Aufstand verfolgten, wurden unterschiedlich interpretiert, entscheidend war jedoch die Weigerung Roms, ihnen das römische Bürgerrecht zu verleihen – ein Versprechen wurde schon im Jahr 95 wieder zurückgezogen. Ein erneutes Angebot hat das Kriegsende fraglos beschleunigt.

Bei all diesen Unruhen ging es offensichtlich um Freiheit und Gerechtigkeit. »Freiheit« war eine Parole der aufständischen Italiker. Um Mithridates zu schwächen, erklärte Rom die Kappadokier in Asien für frei. Die Griechen, einschließlich Athens, betrachteten Mithridates dagegen als Befreier von der römischen Vormacht. Auch in den politischen Auseinandersetzungen in Rom machte man sich jetzt die »Zwei-Gewalten-Natur« der römischen Verfassung – Senat und Volksversammlung mit theoretisch weitreichenden Kompetenzen – sowie die je nach Gesellschaftsschicht unterschiedlichen Vorstellungen von Freiheit zunutze. Die Popularen waren der Auffassung, zur Freiheit des Volkes gehöre auch die Freiheit, Gesetze ohne vorherige Konsultation des Senats zu verabschieden. Gemäß dieser Auffassung war das Volk sogar frei, in Bereichen zu entscheiden, die der Senat sich zur alleinigen Entscheidung vorbehalten hatte: Finanzen, die Zusammensetzung von Gerichten und Geschworenenbänken, die Verteilung der Militärkommandos im Ausland, die Kontrolle korrupter römischer Senatoren im Amt von Provinzstatthaltern. Man begann einen klaren, volksnahen Kurs zu verfolgen, der diese Erbhöfe der Senatoren ignorierte und sich eigene Helden schuf; Politiker, die ihn beispielhaft vertraten, wurden sogar noch lange nach ihrem Tod von einem loyalen Volk kultisch verehrt.

Ein Ergebnis dieser von den Popularen gesteuerten Richtung war eine Reform des Wahlsystems. Die geheime Stimmabgabe wurde eingeführt, 139 v. Chr. zuächst für Wahlen, zwei Jahre später dann für Gerichtsverfahren, die nicht Kapitalverbrechen betrafen, und 131/30 v. Chr. schließlich auch in der Gesetzgebung. Die Möglichkeiten zur Einschüchterung der Wähler wurden bewusst eingeschränkt; eliminiert wurden sie nicht, denn die Wähler mussten noch immer in langen Reihen über schmale Rampen hinaufziehen, um ihre Stimme abzugeben, und »Wahlwerber« konnten, während die Schlange sich vorwärtsschob, die Wähler bedrohen und versuchen, in das, was sie geschrieben hatten, Einblick zu nehmen. Später wurden die Rampen verbreitert, um diese Einflussnahme zu erschweren. In der griechischen Welt, in Athen und andernorts, war die geheime Stimmabgabe für bestimmte Gerichtsverfahren üblich gewesen, aber diese Erweiterung auf Abstimmungen in der Legislative ist ein römisches Novum. Nachkommen der Reformer hielten solche Neuerungen sogar bildlich auf eigenen Münzprägungen fest.

Diese Neuerungen waren das Vorspiel zu noch weiterreichenden Aktionen der Popularen. Die Protagonisten waren Tiberius Gracchus (133) und später sein Bruder, der bemerkenswerte Gaius Gracchus. Sie entstammten dem römischen Adel, doch das erste Thema, das Tiberius beschäftigte, war offenbar die Armut und offensichtliche Entvölkerung Italiens. Er hatte dabei nicht nur einen Mangel an Rekruten vor Augen. In der Folge unterbreitete er einen Reformvorschlag zur Neuverteilung des Staatslands in Italien. Reiche Landbesitzer sollten es nicht mehr unbegrenzt zum eigenen Nutzen in Anspruch nehmen dürfen. Als Höchstmaß für einen Einzelnen wurden etwa 130 Hektar festgesetzt, mit zusätzlichen rund 65 Hektar für jeden Sohn – eine Regelung, durch die große Flächen in Italien frei würden, die durch beauftragte Beamte an landlose Bauern verteilt werden konnten. Die neuen Parzellen, die bis zu 8 Hektar umfassten, sollten von den Empfängern nicht verkauft werden können. Vorschlag und Materie waren nicht neu, wurden aber von vielen Landbewohnern außerhalb Roms enthusiastisch begrüßt, von konservativen Senatoren dagegen mit entsprechender Schärfe bekämpft. Als gewählter Volkstribun brachte Tiberius Gracchus die Vorlage ohne Zustimmung des Senats direkt vor die Volksversammlung. Einen anderen Tribun, der gegen die Vorlage sein Veto einlegen wollte, enthob er seines Amtes unter Berufung auf die Souveränität des Volkes. Dieses Argument war ein Novum. Allerdings hätte Tiberius einen Vorfahren zitieren können, den Konsul des Jahres 238, der auf dem Aventin den Tempel für »Jupiter Libertas«, den späteren Libertas-Tempel, gebaut hatte. Dem Zusammenstoß mit den Kollegen folgte der glückliche Zufall, dass Rom testamentarisch zum Erben des Königreichs von Pergamon eingesetzt wurde. Tiberius legte dem Volk auch diese finanzielle Angelegenheit zur Entscheidung vor und empfahl zudem, dass ein Teil der Mittel zur Subventionierung seiner neuen Siedler einzusetzen sei. Traditionsbewusste Senatoren betrachteten Entscheidungen in Finanzfragen als Domäne des Senats. Um das

Maß vollzumachen, fasste Tiberius ins Auge, mit noch weitergehenden Reformplänen zum zweiten Mal für das Amt des Tribuns zu kandidieren. Angeführt vom Pontifex Maximus, Scipio Nasica, brachten ihn seine senatorischen Feinde auf dem Kapitol ums Leben. Zur Erklärung hieß es, er habe beabsichtigt, sich zum König zu machen; in seinem Haus bewahre er »Purpurrobe und Diadem« des Königs von Pergamon auf, und auf dem Kapitol habe er seine Stirn berührt, als wünsche er einen königlichen Stirnschmuck.[3] Sein Mörder, Scipio Nasica, habe als Retter im Dienst der Freiheit gehandelt.

Diese Behauptung war eine monströse Verzerrung der Tatsachen. Tiberius hatte keine Ambitionen auf den Königstitel, und falls er auf seine Stirn wies, wollte er zeigen, dass sein Leben bedroht war. Das größere politische Genie war sein Bruder Gaius. Natürlich nagte der Mord an seinem Bruder an ihm wie an anderen auch – im Jahr 125 ist Libertas auf den Münzen zweier Römer abgebildet, Nachkommen von Gesetzgebern, die geholfen hatten, sie zu schützen. Für die Jahre 123 und 122 wurde dann Gaius zum Tribun gewählt und legte Gesetzesanträge vor, deren Umfang, soweit Senatoren sich erinnerten, über alle bisherigen Vorhaben weit hinausging. Fast alles, worüber das Volk sich beklagte, war darin berücksichtigt. Vorgesehen waren monatliche Zuteilungen von Getreide zu Subventionspreisen; Fälle von Erpressung sollten von neuen Gerichten untersucht werden, in denen kein Senator unter den Geschworenen saß und in geheimer Wahl abgestimmt wurde. Auch für andere Gerichte waren gemischte Jurys vorgesehen, in denen anstelle der Senatoren mehrheitlich die Ritter *(equites)* vertreten sein sollten, die im Heer als Kavalleristen dienen konnten. Man muss sich vor Augen halten, dass vor 123 ausschließlich Senatoren als Richter und Berater in allen wichtigen Straf- und Zivilprozessen tätig waren. Mit seiner Forderung, kein römischer Bürger dürfe »ohne Geheiß des römischen Volkes« zum Tode verurteilt werden, setzte Gaius seinen Gesetzesentwürfen die Krone auf. Er nahm damit direkt auf die Lynchjustiz der Senatoren bei der Ermordung seines Bruders Bezug. Diese Erweiterung der Geschworenenbank bedeutete für die Senatoren und ihre Würde eine abscheuerregende Zumutung, wurde aber von den Befürwortern als »gleiche Freiheit« verteidigt. Gaius hatte auch eine Privatisierung der Steuererhebung in der reichen Provinz Asia vorgesehen; sie sollte an Unternehmen verpachtet werden, die die Steuern und ihren eigenen Gewinn eintreiben konnten. Da die Pachtsumme sofort fällig wurde, war ein fester Steuerbetrag immer schon vor der Erhebung gesichert. Sogar die Ansiedlungsprojekte für Arme hatte er wieder aufgegriffen und Koloniegründungen in Übersee in Aussicht gestellt, darunter eine auf dem Boden des zerstörten Karthago. 125 hatte ein Konsul vorgeschlagen, den italischen Bundesgenossen das römische Bürgerrecht zu verleihen. Die früher loyale latinische Kolonie Fregellae hatte wie in aufwallender Enttäuschung revoltiert und war nur knapp der völligen Vernichtung entgangen. In den Nachwehen dieser Krise hatte Gaius Gracchus offenbar auch vorgeschlagen, allen Völkern Italiens das römische Bürgerrecht zu verleihen – die Details sind umstritten –, war aber bereit, denen, die ihre lokale Unabhängigkeit wahren wollten, die Möglichkeit zu geben, sich nur für einzelne Privilegien zu entscheiden.

Die meisten seiner Gesetze richten sich in überlegter Form gegen Ungerechtigkeit und Missbrauch. Später wurde ihm die Äußerung zugeschrieben, er habe »den Senatoren ein Schwert in die Rippen« gejagt.[4] Genaue Lektüre seines bekanntesten Gesetzes, des Gesetzes gegen Erpressung, hat dazu beigetragen, extreme Deutungen seines Radikalismus zu korrigieren: Auch die neuen Geschworenen aus dem Ritterstand sollten Verantwortung tragen und sie vor den Augen der Öffentlichkeit wahrnehmen.[5] Grundsätzlich jedoch wurde die Rechtsprechung in diesem Gericht den Bürgern übertragen, die nicht dem Senat angehörten und denen das Volk, nicht der Senat, diese Aufgabe übertrug. Diese Brüskierung des Senats stieß auf schärfsten Widerstand. Während der politischen Wirren, die auf die zwei Tribunatsjahre des Gaius Gracchus folgten, wurden er selbst und seine etwa 3000 Anhänger kaltblütig ermordet. Die Senatoren hatten erklärt, es handle sich um eine Krise des Staates; die Konsuln sollten dafür sorgen, dass die Republik verteidigt werde und »nicht zu Schaden komme«. Diese Maßnahme ist unter der modernen Bezeichnung Notstandsgesetz bekannt. Sie war eine dreiste Erfindung, ein Mittel der Senatoren, diejenigen zu unterdrücken, die – von ihnen – zu öffentlichen Feinden erklärt werden konnten. In den folgenden sechs Jahren fielen ihr einige der namhaftesten Popularen zum Opfer. Einer der Angreifer des Gaius, der Konsul Opimius, kam nach den Ereignissen vor Gericht und wurde freigesprochen.

Dennoch, die beiden Gracchen hatten ein Signal populären Engagements gesetzt, das unvergessen blieb. Beide genossen nach ihrem Tod bei ihren Bewunderern quasi-göttliche Verehrung, und der Ort, an dem sie zu Tode gekommen waren, wurde für heilig erklärt. Ihnen stellten sich die konservativeren Senatoren als selbsternannte »Ehrenmänner« oder die »Besten« *(optimates)* gegenüber. Der Stachel saß tief, und mit unverhohlen aggressiver Feindseligkeit bezogen sie Stellung gegen Veränderungen – gegen Abstriche an der herausgehobenen Bedeutung des Senats und gegen die Vorstellung, Fragen der Finanzen oder senatorischer Privilegien und vieles andere könnten direkt vor eine Volksversammlung gebracht werden und ohne jede Befragung und ohne vorherige Zustimmung der Senatoren Gesetzeskraft erlangen. »Traditionalisten« ist eine mögliche Übersetzung ihres dehnbaren Schlagworts *Optimaten*. Sie organisierten sich nie als Partei, doch seit den Gracchen war die römische Führungsschicht polarisiert und orientierte sich an konträren politischen Methoden und Idealen.

Gaius hätte es nicht übermäßig erstaunt, dass die Ritter, denen er neue Pflichten übertragen hatte, sich nicht alle der Verantwortung gewachsen zeigten. Doch der nächste, der den Senatsadel persönlich herausforderte, war ein ehrgeiziger Militär, nicht ein den Gracchen vergleichbarer Reformer. Gaius Marius, nicht von Adel, wurde für die Jahre 104 bis 100 fünfmal hintereinander zum Konsul gewählt, ein präzedenzloser Vorgang. Er reagierte auf Beschwerden, dass sich die mit einem Kommando betrauten Senatoren, Ehrenmänner, in einem aktuellen Krieg in Nordafrika als Befehlshaber höchst inkompetent erwiesen hätten. Er konnte die Kämpfe dank glücklichen Zufällen beenden und errang danach, in den Jahren 102 und 101, eindrucksvolle Siege über zwei gefürchtete Stämme, die von Jütland aus nach Südgallien (Provence) und Norditalien eingewandert waren. Um diese Kämpfe siegreich zu entscheiden, ließ Marius seine Truppen mit großer Härte exerzieren. Er hatte zum ersten Mal Legionäre aus allen Klassen römischer Bürger rekrutiert, besitzend oder nicht. Diese Neuerung sollte einen eigentlichen Umbruch in den sozialen Auswirkungen des Militärdiensts nach sich ziehen. Seitdem hatte ein großer Teil der Rekrutierten vom Kampf weit mehr und bei der Rückkehr weit weniger zu erwarten. Der Wandel hatte in den nächsten 50 Jahren revolutionäre Folgen, die Marius in seiner Notsituation fraglos nicht vorausgesehen hatte.

Marius war eine Art Volksheld und weniger ein reformfreudiger Populare, und seine Taten brachten ihm, ungeachtet seiner Herkunft aus nichtsenatorischen Kreisen, auch eine gewisse Anerkennung bei Roms tonangebenden Familien ein. Nach seiner Rückkehr ging der Mantel der Gracchen allerdings an den cleveren Saturninus, den Tribun des Jahres 100. Er tat sich zunächst mit Marius zusammen, ging dann jedoch dazu über, immer mehr populare Gesetze zu erlassen, worauf ihm der große Militär die Unterstützung versagte. Mit Marius' stillschweigendem Einverständnis wurde Saturninus schließlich im Zentrum von Rom getötet. Wieder endete die Gesetzgebung eines Popularen mit einem Mord. Doch auch jetzt führten die politischen Unruhen noch nicht zur Anarchie. In diesem Jahr der Krise, so erfahren wir aus überlieferten Inschriften, wurden von der Volksversammlung detaillierte, sorgfältig durchdachte Gesetze gutgeheißen, mit dem Ziel, der Erpressung weiterhin Schranken zu setzen und besondere Vorschriften zum Verhalten der römischen Statthalter im Ausland zu erlassen.

Mit der Bekämpfung des Aufstands der italischen Bundesgenossen (91 v. Chr.) und dem Krieg von 88 gegen den rachedurstigen Mithridates in Kleinasien folgten Krisen einer ganz anderen Größenordnung. Marius hatte sich, nicht unerwartet, gegen den soeben erneut eingebrachten Vorschlag ausgesprochen, den Italikern das Wahlrecht zuzugestehen. Dann, schon Ende sechzig, bemühte er sich, auf Intrigen gestützt, um das Kommando im Krieg in Asien. Doch die ehrenwerten Männer, also die traditionalistischen Senatoren, gaben das Amt an eine überragende Persönlichkeit aus dem alten Patrizieradel, an Cornelius Sulla. Dieser hatte vor Jahren als Offizier unter Marius gedient und war bekannt für einen ausschweifenden Lebensstil. Da jedoch seine Familie, der Marius verhasst war, hinter ihm stand, erschien er den Traditionalisten als die geeignete Wahl. Doch die Ernennung wurde durch den Popularen-Tribun Sulpicius vereitelt, der die Frage des Oberkommandos vor die Volksversammlung brachte und anstelle Sullas Marius berief – ein folgenreicher Beschluss. Für Sullas Selbstachtung war es ein Schlag und außerdem ein unerträglicher Eingriff in einen Kompetenzbereich, den die Senatoren als ureigene Domäne betrachteten. Mit erhabener Verächtlichkeit setzte Sulla auf die Loyalität seiner Truppen und marschierte nach Rom. Dort beglich er die Rechnung mit seinen Feinden, unter ihnen Sulpicius, der im Amt getötet wurde.

Die Vorgänge hinterließen den bitteren Geschmack des Bürgerkriegs. Sulla entging den Konsequenzen nur, weil er umgehend seine eigentliche Aufgabe wahrnahm und nach Griechenland aufbrach, um Mithridates für den Überfall auf Asien und Griechenland zur Rechenschaft zu ziehen. In Griechenland hatte sogar Athen mit Rom gebrochen und sich nach einer Zeit lokaler politischer Turbulenzen auf die Seite des Mithridates gestellt. Sulla, der die Hafenstadt Piräus und Teile der Hauptstadt plünderte, ging als einziger Militär, der sowohl Rom als auch Athen angegriffen hatte, in die Geschichte ein. In Rom wurde sein Gegner Cornelius Cinna für das Jahr 87 zum Konsul gewählt und ließ ihn ächten. Unbeeindruckt marschierte Sulla nach Asien weiter, wo er im Jahr 85 mit Mithridates schließlich einen unsicheren Frieden schloss. Um seine Kosten zu decken, setzte er die Plünderung griechischer Städte in Kleinasien fort, die an seinem Weg lagen.

In Rom starb Cinna; Sulla rebellierte und marschierte zurück nach Italien, um Rom in einer diesmal brisanteren Bürgerkriegsrunde ein zweites Mal zu erobern. Wieder bewies er gegenüber seinen Feinden äußerste Härte, von der auch einige der jetzt wahlberechtigten Italiker betroffen waren. Dennoch errang er in Rom unmittelbar vor dem Collinischen Tor einen überzeugenden Sieg. Das war ein regelrechter Zusammenbruch der Republik. Rückblickend erscheint uns dieser Sieg wie ein Vorzeichen der 40er Jahre und als Ausgangspunkt für eine Geschichte der »römischen Revolution«. Nach seinem Sieg ließ Sulla sich zum Dictator ernennen und setzte sich die Aufgabe einer Neuordnung des Staates.

Die Gesetze, die er in der Folgezeit erließ, deckten ein breites Spektrum ab und gingen nicht immer ins Extrem, doch die wichtigsten waren von einem geradezu plakativen Traditionalismus geprägt. Ihr oberstes Ziel waren Freiheit und Gerechtigkeit. Im Interesse der Gerechtigkeit erhöhte Sulla die Zahl der ständigen Geschworenengerichte um mindestens sieben, schaffte aber Gaius Gracchus' »gleiche Freiheit« ab und ließ die Geschworenenbank wieder ausschließlich von Senatoren besetzen. Die Zahl der Senatoren erhöhte er von 300 auf 600 – die zusätzlichen 300 wurden von seinen Anhängern gestellt –, aber er regelte auch die unteren Stufen einer Karriereleiter: Direkt zum Spitzenamt aufzusteigen war jetzt illegal. Auch die Macht der Zensoren bei der Besetzung des Senats wurde eingeschränkt – jeder, der eine rangniedrige Magistratur wie das Quästorenamt wahrnahm, wurde jetzt automatisch Senator.

Vor allem aber siedelte er seine Veteranen, die ihm in den Jahren der Rebellion so loyal gedient hatten, auf Landparzellen an, die er in Italien konfiszierte; so wurden in Fiesole und Pompeji auf Sullas Befehl neue Kolonien gegründet. Und, kein Wunder, er entschärfte die Waffe der Popularen, das Amt des Volkstribuns, das sich gegen sein ursprüngliches Kommando in Asien gestemmt hatte. Er ließ gesetzlich verbieten, dass die Tribune weitere prestigeträchtige Ämter besetzten – ehrgeizige Männer sollten die Position künftig meiden. Er nahm den Tribunen sogar das Veto- und vermutlich auch das Antragsrecht bei der Gesetzgebung in der Volksversammlung. Allerdings dürfte er dem Senat nicht das Recht gegeben haben, jedes beantragte Gesetz im Vorhinein zurückzuweisen. Dennoch ist seine politische Reaktion geradezu spektakulär.

Die weniger bedeutenden Reformen Sullas waren weder radikal noch unüberlegt. Er erließ Gesetze, welche die Handlungsfreiheit der Feldherren außerhalb Italiens einschränkten; sie blieben jahrzehntelang gültig. Dasselbe gilt für die Einsetzung eines Zivilgerichts für Fälle von »Unrecht«, definiert als Körperverletzung oder gewaltsames Eindringen in fremdes Eigentum. Mit diesen Gerichten wurden die minimalen Grundlagen der Rechtsprechung im Zwölftafelgesetz ergänzt. Sulla hatte über Einzelheiten, die besserer Organisation bedurften, gründlich nachgedacht. Nachdem er die Uhr populärer Ideen zurückgestellt hatte, legte er im Jahr 80 seine Dictatur nieder und übernahm überraschend das Konsulat. Er hatte eine konservative Staatsidee realisiert, als hätte es Männer wie Gaius Gracchus nie gegeben. Danach zog er sich zurück und starb im Jahr 79 auf seinem Landgut. Sein Vermächtnis, die Restauration, blieb nicht lange unangefochten. Er erhielt ein Staatsbegräbnis, das erste für einen Bürger Roms. Ein riesiger Zug begleitete den Leichnam zum Forum, wo ein Redner über Sullas Taten sprach. Schauspieler trugen die Masken der Familie. 2000 Goldkronen sollen gestiftet worden sein, und aus dem kostbaren Holz eines Gewürzbaums entstand seine Statue.[6] 35 Jahre später wurde der nächste Dictator, der einzige, der Sulla überragte, mit einem noch prachtvolleren Begräbnis geehrt.

Sulla, der zügellose Jüngling, endete als Initiator von Gesetzen gegen konfliktträchtigen Luxus. Entscheidender aber war sein überwältigendes persönliches Vorbild: die bedenkenlose Verteidigung seiner Würde, gestützt auf eine loyale Truppe, und die lange Reihe getöteter Feinde und ihrer konfiszierten Besitztümer in Italien. Kraft dieser kurzen, einschneidenden Revolution wechselten ganze Vermögen den Besitzer, oft zugunsten von Sullas fragwürdigen Gefolgsleuten. Sulla selbst sah sich in der Gunst der Götter, der Venus vor allem, die er in der noch wenig bekannten Stadt Aphrodisias in Kleinasien kennengelernt hatte. Ein orientalischer Seher hatte ihm außerden vorausgesagt, er werde Größe erlangen und auf der Höhe seines glücklichen Geschicks sterben. Die Prophezeiung war einer der Gründe, warum dieser blutbefleckte Dictator nach erfüllter Mission sein Amt aufgab und es den ehrenwerten Männern im Senat überließ, das zu verwalten, was er in ihre Hände zurückgegeben hatte.

33
DIE TRIUMPHE DES POMPEIUS

Gnaeus Pompeius Imperator (der siegreiche Feldherr) hat einen dreißigjährigen Krieg beendet, hat 12 183 000 Männer besiegt, getötet oder unterworfen, 846 Schiffe versenkt oder aufgebracht, 1538 Städte und befestigte Siedlungen römischem Schutz unterstellt und das Land vom Asowschen Meer bis zum Roten Meer unterworfen und damit seinen Verdiensten zufolge sein Gelübde an die Göttin Minerva erfüllt.
Inschrift des Pompeius auf seinem Minerva-Tempel,
der im September 62 v. Chr. geweiht wurde

Auf einen Konsens konnte sich Sullas reaktionärer Kurs gewiss nicht stützen. Doch waren zehn lange Jahre leidenschaftlicher politischer Kontroversen nötig, um die umstrittensten Elemente seiner Eingriffe zu tilgen. Die Kontroversen fanden wie immer unter freiem Himmel auf dem Forum Romanum statt, daneben auch auf dem Marsfeld *(Campus Martius)* außerhalb der Stadtgrenzen. Das Forum umfasste knapp 1,5 Quadratkilometer und war wiederholt Schauplatz brodelnden politischen Aufruhrs gewesen. Die nun folgenden 30 Jahre allerdings sollten Kämpfe mit sich bringen, die an ihren Höhepunkten eine Dramatik erreichten, wie sie in keiner politischen Arena weltweit ihresgleichen findet. Noch immer blickten die Statuen des klugen Pythagoras und des tapferen Alkibiades auf den öffentlichen Versammlungsplatz der Römer herab, doch war es vor allem der Geist des charmanten athenischen Verräters, des Aristokraten Alkibiades, der sich in diesen Ereignissen spiegelte.

Während der 70er Jahre machten die Senatoren von den Freiheiten, die sie Sulla verdankten, keinen rühmenswerten Gebrauch. Seine Senatoren hatte Sulla in der Regel selbst ernannt, während er frühere Amtsträger, zumal die besonders konservativen, als Gegner liquidieren ließ. Wenn er gehofft hatte, die zahlreichen Mitglieder seines vergrößerten Senats würden den wenigen Befehlshabern aus ihren Reihen ehrliche Richter sein, weil das hohe Amt für sie selbst nie in Frage kam, war dies eine Fehleinschätzung. Gerüchte über

Korruption und geheime Absprachen machten die Runde. Er hatte zu vieles an Männer zurückgegeben, die der Verwaltung dieser Aufgaben nicht würdig waren. Dazu kam, dass auch er selbst mit seinem Hang zur Repression und Gewalttätigkeit und dem Marsch auf Rom ein schlechtes Vorbild abgab. Doch die Republik hatte schon in den 70er Jahren so vieles überlebt, dass ihr Untergang den Männern, die sich damals auf dem Forum versammelten und deren Überzeugungen wir darstellen müssen, keineswegs unausweichlich erschien.

Und die Unruhe war keineswegs auf Rom und das Forum beschränkt. In Italien wurden Sullas Landzuteilungen an seine Veteranen umgehend von Grundbesitzern und Nachbarn angefochten. Einige der ehemaligen Soldaten, die ihre kleinen Parzellen bewirtschafteten, stellten fest, dass das Bauerndasein nicht ihrem Geschmack oder ihren Fähigkeiten entsprach, obwohl sie ursprünglich aus bäuerlichem Milieu rekrutiert worden waren. Auch sie begannen sich zu verschulden – Cicero tadelte ihren »Luxus«. Im Jahr 77 v. Chr. – Sulla war seit einem Jahr tot – setzte der Konsular Aemilius Lepidus seine Truppen nach Süden in Bewegung und marschierte nach Rom, als die Senatoren versuchten, ihn von seinem umfassenden Provinzialkommando zurückzurufen. Lepidus besaß die kombinierte Befehlsgewalt in Teilen Galliens beiderseits der Alpen, ein Präzedenzfall, der Julius Caesars Karriere später so gefährlich zustatten kam. Doch Lepidus' Truppen waren weniger effizient.

In Spanien übte unterdessen ein früherer Anhänger des Marius, der talentierte Ritter Sertorius, in offener Rebellion gegen Sullas Vormacht die Herrschaft aus. Er unterhielt seinen eigenen alternativen Senat und war schnell bereit, fähige Einheimische anzuwerben und ihnen nahezulegen, sich mit Sprache und Sitte der Römer vertraut zu machen. Gegner der römischen Dominanz im Zeichen Sullas fanden jetzt Zuflucht im Westen. Der Widerstand des Sertorius wurde im Jahr 73 schließlich durch den römischen Eroberer Pompeius gebrochen, worauf der Sieger aus Rom sämtliche Briefe an den Ritter von wichtigen römischen Persönlichkeiten taktvoll verbrannte – nach eigener Aussage, ohne auch nur hineingeschaut zu haben.

Im September 106 geboren, war Pompeius erst Anfang dreißig, doch offensichtlich ein militärisches Talent, mit dem zu rechnen war. Seine Herkunft wies einige Makel auf. Der Vater, Pompeius Strabo, hatte 89 v. Chr. das Amt des Konsuls inne und während der sozialen Unruhen im Norden erbittert gegen die italischen Rebellen gekämpft. Danach allerdings ging es mit seiner Karriere bergab – er stand im Ruf, ein Doppelspiel zu treiben, und der starke Verdacht wurde laut, er habe versucht, mit dem Rebellenführer Cinna, den er bekämpften sollte, gemeinsame Sache zu machen. Er starb zwar eines natürlichen

Todes, aber während des Begräbnisses wurde sein Körper in den Schmutz geworfen. Außerdem beschuldigte man ihn wilder Geldgier. Der Sohn Pompeius lernte seine Lektion früh: Finanzielle Unterstützung brauchte man und Popularität, doch auch Heuchelei war geboten sowie der skrupellose Einsatz von Truppen, die zur Privatarmee ihres Anführers umgewandelt wurden.

Noch lag Pompeius' Oberkommando in ferner Zukunft. Weitaus beunruhigender war die Flucht von 74 Sklaven-Gladiatoren aus ihren Kasernen in Capua im Jahr 73, die sich auf den nahe gelegenen Anhöhen des Vesuvs bei Neapel zum Widerstand rüsteten. Ihr Anführer war Spartacus, ein Thraker, der früher in der römischen Armee gedient hatte. In kurzer Zeit hatte er mehr als 70 000 Sklaven und Hirten aus Süditalien um sich geschart. Spartacus war ein echter Held, von gewaltigem Wuchs, tapfer und großherzig. Ziel seiner Gefolgschaft war es nicht, die Sklaverei generell abzuschaffen – es dauerte nicht lange und die Kämpfer hielten selbst Sklaven –, sondern selbst frei zu werden, vorzugsweise nach schweren Plünderungen. Im Jahr 72 gelang es Spartacus' Männern, beide Konsuln zu besiegen, doch ein Jahr später wurde ihre Revolte, an der inzwischen vielleicht 150 000 Kämpfer beteiligt waren, von nicht weniger als zehn Legionen niedergerungen. Der Aufstand war ein Reflex auf die armseligen Lebensverhältnisse in ländlichen Gebieten sowie die in weiten Teilen Süditaliens unter Ausnutzung der Sklavenarbeit extensiv betriebene Landwirtschaft, die nach den Verwüstungen im Krieg gegen Hannibal noch zugenommen hatte. Im selben Jahr wie Spartacus griff auch König Mithridates in Asien erneut zu den Waffen. Das benachbarte kleinasiatische Königreich Bithynien hatten die Römer annektiert, dadurch fühlte er sich provoziert. Er wurde erst zehn Jahre später endgültig geschlagen.

Ländliche Unzufriedenheit, ein Konsular, der eine Armee nach Rom in Marsch setzte, die großen Kriege in Spanien und Asien – Sertorius und Mithridates waren sogar für kurze Zeit verbündet –, und ein Sklavenkrieg gewaltigen Ausmaßes: doch die Macht des Senats war ungebrochen. Erst im Jahr 75 gab es Anzeichen für einen Widerruf der politischen Entmachtung des Tribunats, und es dauerte weitere fünf Jahre, bis ihre letzten Spuren per Gesetz getilgt wurden. Zehn Jahre sind eine lange Zeit. Doch die Zahl der männlichen Bürger war unterdessen immens gewachsen, eine Zunahme aufgrund der seit kurzem wahlberechtigten Italiker. Im Zensus von 69 wurden 910 000 erwachsene Bürger registriert, etwa dreimal so viele wie in den 130er Jahren. Auch die Zusammensetzung der Bevölkerung hatte sich wesentlich verändert. Sogar in Rom waren nur noch wenige Bürger durch ihre Vorfahren mit römischen Wählern des 4. oder 3. Jahrhunderts v. Chr. verbunden; außerhalb Roms fehlten diese familiären Wurzeln jetzt ganz. Die Neubürger verteilten sich auf die Gebiete zwischen dem Fluss Po im Norden und dem äußersten Süden Italiens, im Grundsatz hatte jeder Einzelne dieser männlichen Erwachsenen eine Stimme in den Versammlungen der Stadt Rom, ob vermögend oder nicht.[1] Hätte sich die Mehrheit der Unterschichtsbürger dieser riesigen landesweiten Wählerschaft in Rom zur Geltung gebracht, oder hätte auch nur ihr urbaner Teil unisono aufbegehrt – wäre dann das Amt des Tribuns, dieses Symbol popularer Tendenzen, sehr viel früher in alter Machtvollkommenheit wiedererstanden?

Darauf ist zu erwidern, dass, wenn überhaupt, nur wenige Bürger aus den unteren Schichten aller Regionen Italiens sich jemals in Rom aufhielten oder zur Wahl gingen. Für viele von ihnen, die Hunderte Kilometer von Rom entfernt lebten, war der Weg zu weit, und die übrigen hemmte das eigentümliche Wahlsystem. Die Stadtbürger bildeten nur vier der insgesamt 35 Tribus, nach denen die gesetzgebende Versammlung gegliedert war. Über einen Antrag entschied eine Mehrheit der Tribus, und innerhalb einer jeden Tribus bestimmte noch immer die Sammelstimme das Gesamtergebnis. Selten, wenn überhaupt, stimmten alle Tribus ab, und eine Mehrheit aller abgegebenen Stimmen entschied noch gar nichts, weil das System der Sammelstimme die reine Mehrheit der Stimmen um ihre Entscheidungskraft brachte. In den anderen 31, den »ländlichen« Wahlbezirken, waren die in Rom anwesenden Wähler meist die Honoratioren aus den lokalen Oberschichten. Allerdings wissen wir nicht genau, wie viele Arme aus den Landgebieten möglicherweise nach Rom abgewandert waren, um sich dort eine Existenz zu schaffen. Maßgeblich war vor allem auch der Kontext dieser Versammlungen. Sie hatten keine Jahresagenda, und nur ein Amtsträger konnte einen Antrag vorbringen; aus der Zuhörerschaft durfte sich wie immer niemand äußern oder eine Alternative vorlegen.

So wird zwar auch von langen Reden in öffentlichen Versammlungen berichtet, die neben den eigentlichen politischen Volksversammlungen stattfanden, von großen Ansprachen an Menschenmengen auf dem Forum, von öffentlichen Bekanntmachungen, von Bildern sogar, die die Meinung beeinflussen sollten: Aber wer war dieses »Volk« oder diese »Menge«? In der Stadt waren viele Freigelassene ihren Patronen noch sehr stark verpflichtet. Besitzer kleiner Läden und die ganze Dienstleistungsbranche hingen vom glanzvollen Lebensstil der Oberschicht ab; Klienten und andere Abhängige erschienen nach Vereinbarung frühmorgens im Haus eines großen Mannes, um ihre Aufwartung zu machen – und erhielten dabei wahrscheinlich auch die Aufforderung, sich zu zeigen, wenn er selbst oder ein Freund gleichentags an einem strategisch günstigen Punkt auf dem Forum eine Rede ans »Volk« richtete. Zu dieser Gruppe von sozial Abhängigen gehörten auch die italischen Zuwanderer aus den Unterschichten. Gesetzesvorhaben wurden mehrere Wochen im Voraus bekanntgemacht, so dass Gegner und Befürworter Zeit hatten, mit einflussreichen Gleichgesinnten innerhalb und außerhalb der Stadt Kontakt aufzunehmen und sie in ausreichender Zahl in möglichst vielen unter den 31 Landbezirken zu mobilisieren. Es blieb auch genügend Zeit für Wahlwerbung und ihr Pendant, die organisierte Bestechung, zu Gefallen der Reichen.[2] Das einfache Stimmvolk war mit von der Partie und erwartete von »denen da oben«, mit Geschenken für »korrektes« Wahlverhalten belohnt zu werden. Für das Jahr 70 erfahren wir zum ersten Mal von entsprechenden Funktionären, den »Verteilern« *(divisores)*, die noch vor Beginn einer Wahlversammlung aktiv wurden. Sie kamen jetzt in die Häuser einzelner Kandidaten, um das Schmiergeld schon im Voraus in Empfang zu nehmen. Es wurde vor einer Wahl verteilt und nur so lange, bis genug Stimmen beisammen waren.

Die geschilderten Verhältnisse bedeuteten nicht, dass das gesamte politische Leben auf eine bestimmte Richtung festgelegt war, in der sich die Oberschicht einvernehmlich zusammenfand. Innerhalb dieser Klasse bestand die eindeutige politische Alternative der volksnahen »Popularen« und der traditionalistischen »Optimaten«, und die bedeutenden Persönlichkeiten blieben ihrer Position auf Dauer treu. Sie waren als deren Vertreter bekannt, obwohl politische Überzeugungen nicht über organisierte Parteiveranstaltungen erworben und weitergetragen wurden. Auch Wahlen und Gesetzgebung wurden nur in geringem Maß von einer kleinen Zahl einflussreicher Familien über Familien- oder Parteibeziehungen gesteuert. Rhetorische Kunst und ihre Wirkung waren vor einem Publikum potenzieller Wähler durchaus von Belang, ebenso wie die Wertschätzung eines Redners beim Volk – zwischen den politischen Führern und der lokalen Menge vor Ort auf dem Forum, vor der sie auftraten, fand ein nicht unwichtiges Kräftemessen statt. Doch Geld und »Noblesse« fielen stärker ins Gewicht. Sullas Neuregelung bei der Amtsvergabe hatte dazu geführt, dass sich der Wettbewerb um die immer noch sehr wenigen Spitzenpositionen verschärfte und beflissene Karrieremacher vermehrt unter Druck standen. Jährlich bewarben sich 20 Kandidaten um nur acht Prätruen, die erste Zwischenetappe für politische Aufsteiger. Für die Ämterjagd mussten sie große Summen Geldes aufnehmen, meist bei politischen Weggefährten, um sich schon frühzeitig wirksam in Szene zu setzen. Es half, wenn man ein feudales Haus besaß, vorzugsweise auf dem Palatin oder wenige hundert Meter vom Forum entfernt an der *Via Sacra*, und die Qualitätsanforderungen an Häuser dieser Art waren seit den 140er Jahren in die Höhe geschnellt. Als nächstes hoffte man darauf, in eine fette Provinz versetzt zu werden, sie auszupressen und seine Schulden zu begleichen. Im Ausland konnte man militärische Meriten gewinnen, um bei der Rückkehr mit einem großartigen öffentlichen Triumph geehrt zu werden, gefolgt von einem festlichen Bankett und Spielen, die aus den Abgaben der Provinzbewohner finanziert wurden. Die Spektakel und die Spiele würden die eigene Gefolgschaft vergrößern, und man konnte auf die höchste Ehre eines Konsulats und anschließend auf ein weiteres, noch bedeutenderes Heereskommando hoffen. Die Ausgaben wuchsen sprunghaft, ebenso die Risiken, doch der tosende Beifall und die Erfahrung, sich am Spiegelbild der eigenen Bedeutung zu berauschen, waren für ruhmsüchtige große Männer das Lebenselixier. Der ideale Führer verband militärische mit rhetorischer Begabung und Geld – andernfalls mussten Redner bestochen werden, für ihn zu sprechen, und das Geld musste geliehen werden.

Niemals also wurden Freiheit, Gerechtigkeit und Luxus nach Sulla vehementer beschworen und zugleich bekämpft. Redner, ob popularer Gesinnung oder nicht, konnten an die Freiheiten der fernen Vergangenheit erinnern, um ihre Argumente zu stützen. Im Jahr 73 v. Chr. war der Historiker Licinius Macer einer der Tribunen. Die spätere Version einer seiner Reden gibt vermutlich seine Argumentation wieder.[3] Vom Wunsch beseelt, den Tribunen ihre frühere Macht zurückzugeben, hielt er ein aufwühlendes Plädoyer für die »Freiheit«. Sullas Ordnung, versichert er, sei nichts als »üble Sklaverei«; das Volk solle nicht mit dem symbolischen Akt von Getreidespenden abgespeist werden, die man kurz zuvor wieder eingeführt hatte – zu niedrigem Preis zwar, aber wahrscheinlich nur für etwa 40000 freie Bürger, einen Bruchteil von Roms damaliger Einwohnerschaft. Die kriegsführenden adligen Senatoren seien auf die Bürger als Soldaten angewiesen. Lasst die Senatoren in Spanien oder Asien allein kämpfen, forderte Licinius Macer, mit den Bildnissen ihrer Ahnen als einzigen Helfern. Doch er beklagt in seiner Rede auch die Apathie des Volkes. Außerhalb der Versammlungen scheine die »Freiheit« für das Volk vergessen. Auch das ist bedeutsam – bei den athenischen Demokraten war sie es nicht. Und trotzdem stellte die Plebs auch weiterhin die Soldaten. Für viele war es ein besseres Leben als die Existenz als Kleinbauer in Italien mit dem Risiko, sich zu verschulden und als Sklave eines schlitzohrigen reichen Nachbarn zu enden.

Was die Gerechtigkeit anging, trieben die Senatoren mit ihrem Monopol auf die Geschworenenbank Missbrauch im großen Stil. Ohne die Kontrolle durch Geschworene außerhalb des Senats nahm die Korruption noch krassere Formen an. Sulla hatte *homines novi* in den Senat geholt, diese Aufsteiger waren doppelt anfällig für Bestechung, weil sie Mittel brauchten, um die hohen Ausgaben zu bestreiten, die der Senatorenrang mit sich brachte. In Rom wie auch in den Provinzen nahmen die Magistrate sich und ihre Freunde von ebenden Regeln aus, die sie in ihren Erlassen festlegten. Statthalter aus den Reihen der Senatoren trieben unverhüllten Wucher und in der Regel auch den eigentlich beschämenden Luxus. Als Oberpriester gab der Adlige Metellus 70 v. Chr. ein extravagantes Nachtmahl in drei Gängen mit je zehn Gerichten, darunter sieben seltene Arten von Meeresfrüchten und »Sauzitzen«, die zu verzehren gesetzlich verboten war. Der berühmte Redner Hortensius wurde angegriffen, weil er Pfauenbraten aß und seine Platanen mit Wein wässerte.[4] Die Villa des fähigen Generals Lucullus war so aufsehenerregend, dass dem Volk ein Bild dieser Residenz präsentiert wurde, als seine Feinde versuchten, ihn als Befehlshaber abzulösen. Später führte Lucullus sogar den Kirschbaum aus Asien ein, und wegen seiner Gärten, die eher einem Park glichen, wurde er von den Mitbürgern beneidet.[5] Als Gipfel der Extravaganz bezeichneten anklagende Stimmen die Teiche mit exotischen Fischen, die sich die beiden Prominenten hielten.

Besonderen Anstoß musste dieser private Luxus in einer Zeit erregen, in der die wenigen subventionierten Getreidezuteilungen die Bedürfnisse der Armen nicht deckten und Preis und Menge verfügbaren Getreides durch Piraterie im Mittelmeer aus dem Gleichgewicht gerieten. Und der Vorwurf des Luxus blieb kein leeres Schlagwort. Als die Tribune 70 v. Chr. ihre frühere Macht wiedererlangt hatten, wurden nicht weniger als 64 Senatoren von den neu gewählten Zensoren als »unwürdig« aus dem Senat ausgeschlossen. Sullas Säuberungsaktionen hatten dieser Garde zweiten Ranges zu viel Raum gelassen. Doch hätten selbst Bessere den Versuchungen eines Jahrzehnts senatorischer Freiheit widerstanden? Ende 69 v. Chr. wurde Extravaganz erneut gesetzlich eingeschränkt. Die Parolen der Zeit waren: eine saubere Provinzverwaltung, keine Günstlingswirtschaft bei Magistraten und ein maßvolles Privatleben. Es waren Reaktionen, die von der Konkurrenz der Popularen ausgenutzt wurden.

Die letzten alten Machtbefugnisse des Tribunats wurden 70 v. Chr. von einem bemerkenswerten Duo im Konsulat reaktiviert. Crassus, der eine, stammte aus adligem Haus, hatte es aber aus eigener Kraft zu außerordentlichem Reichtum gebracht, zweifellos indem er von Sullas Konfiskationen profitierte. Er hatte sich außerdem durch Militärkommandos ausgezeichnet, nicht zuletzt im Kampf gegen Spartacus – er war es gewesen, der die eigenen zögernden Truppen »dezimierte« (jeden zehnten exekutierte) und nach dem Sieg 6000 rebellierende Sklaven entlang der Hauptstraße nach Rom kreuzigen ließ. Mit Blick auf eine Übernahme des Konsulats hatte er es fertiggebracht, die tiefe Abneigung gegen seinen Kollegen, den Aufsteiger Pompeius, zu unterdrücken. Erst nach Beendigung der Spartacus-Kämpfe war Pompeius nach Italien zurückgekehrt und hatte geholfen, einige Sklavenflüchtlinge zu überwältigen. Dennoch wurde der volle Glanz eines Triumphs ihm zugesprochen, zum Teil für Siege, die er andernorts im Namen Roms erkämpft hatte. Crassus hatte sich mit einer bloßen Ovation zu begnügen. In den 50er Jahren sahen sich beide erneut aufeinander angewiesen und übernahmen zusammen das Konsulat, doch zu einem persönlichen Einvernehmen kam es nie. Fürs erste setzte Crassus seine Erfolge durch eine endlose Reihe von Festen fürs Volk wirkungsvoll ins Bild.

Doch der Star war Pompeius, der den Feierlichkeiten zweiwöchige Spiele folgen ließ. Schon dem 23-Jährigen war ein Triumph zugesprochen worden. Erstaunlicherweise war er nicht einmal Senator, sondern als Sohn eines angesehenen Konsuls selbst Ritter geblieben. Kurz vor Übernahme des Konsulats musste er sich mit einem kleinen Buch, das der Gelehrte Varro für ihn verfasste, mit der Arbeitsweise des Senats vertraut machen. Völlig ungebildet war er nicht. Er konnte Griechisch und interessierte sich für Wortschatz und Grammatik des Lateinischen. Später ehrte er einen großen griechischen Intellektuellen, indem er die Symbole seines Amtes in Gegenwart des Gelehrten senken ließ, und er befreite einen Sklaven ohne jede Bezahlung einzig der Intelligenz des Mannes wegen. Doch sehr klug war er nicht. Er schloss fünf Ehen, eine aus politischen Gründen mit einer Frau, die von einem anderen schwanger war, ließ sich aber nur zweimal scheiden. Seiner letzten Frau, der jungen Cornelia, war er er innig zugetan – sie studierte Mathematik und Philosophie und zählte zu den gebildeten jungen Damen von Stand aus der Spätzeit der Republik. Auch seine ehemalige Geliebte, die Kurtisane Flora, erinnerte sich zärtlich an ihn: Nie hätten sie sich geliebt, ohne dass er auf ihrem Körper die Spuren seiner Zähne hinterlassen habe.[6]

Außerhalb des Schlafzimmers war Pompeius' Stärke die militärische Befehlsführung. Er war mit seiner Privatarmee, rekrutiert aus einem Aufgebot von »Klienten«, Sulla zu Hilfe gekommen, doch seine brutalen Aktionen gegenüber römischen Mitbürgern blieben noch über 20 Jahre lang als Taten eines »Henkerjungen« in Erinnerung.[7] Dann erhielt er das Kommando im Krieg gegen Sullas Feinde auf Sizilien und in Nordafrika, und in Afrika riefen ihn seine Truppen zum »großen« Pompeius aus. Mit seinen frischen, knabenhaften Zügen und dem zurückgestrichenen Haar war der junge Heerführer dem wirklich »großen« Alexander nicht ganz unähnlich, was allerdings nur seine Anhänger erkannten. Als Sulla Anfang 78 starb, unterstützte Pompeius

33 DIE TRIUMPHE DES POMPEIUS

zunächst den erneuerten Populismus des Lepidus, erwarb sich aber größeren Ruhm, als er half, Lepidus' Marsch auf Rom zu bekämpfen. Anschließend brach er nach Spanien auf, um auch Sertorius zu besiegen. Es gelang ihm nach sechs Jahren und in harten Kämpfen, denen er in den Pyrenäen ein Siegesdenkmal setzte, gekrönt von seiner Statue und mit der Inschrift versehen, dass er, Pompeius, nicht weniger als 876 Städte erobert habe. Das Ergebnis war ein zweiter Triumph, am 29. Dezember 71, das Amt des Konsuls für das Jahr 70 und im selben Jahr allgemeine Popularität, weil er die Machtbefugnisse der Tribune wiederhergestellt hatte. Im Alter von 36 Jahren war Pompeius bereits mit Geschick von einer politischen Linie zur anderen gewechselt und hatte sich zugleich als Roms seinerzeit tüchtigster Feldherr erwiesen.

Seinem Konsulat folgte kein Provinzkommando. Er blieb in Rom, wurde jedoch wenige Jahre später aufgrund zweier vom Volk bestätigter Gesetzesvorlagen mit zwei umstrittenen Kommandos ausgestattet. Das erste, 67 v. Chr., betraf den Einsatz gegen die Seeräuber im Mittelmeer, für deren Bekämpfung ihm eine riesige Flotte und eine Befehlsgewalt zugeteilt wurde, die der eines Provinzstatthalters gleichkam. Binnen drei Monaten hatte er die Aufgabe zur dankbaren Erleichterung des Volkes erledigt. Inzwischen gelang es Lucullus – Favorit der Optimaten – ganz offenbar nicht, in Kleinasien den Krieg gegen Mithridates erfolgreich zu beenden. Lucullus hatte diplomatisches Geschick bewiesen und war sogar in Armenien eingedrungen, doch die Gegner seines traditionellen Stils betonten seinen skandalösen Luxus und die langsamen Fortschritte im Kampf gegen Mithridates. Nun sollte Pompeius ihn ersetzen. Cicero meinte sogar, er sei »vom Himmel gesandt«.[8] Auch Pompeius kämpfte vier lange Jahre, bis König Mithridates sich endlich selbst das Leben nahm. Sein berühmtes Werk über Heilmittel gegen Gifte wurde auf Anweisung des Pompeius ins Lateinische übersetzt. Da der Krieg sich in die angrenzenden Königreiche Asiens ausgedehnt hatte, stieß Pompeius nach Süden vor und siegte in Syrien, im Libanon und 63 v. Chr. in Judäa. Hier lagen die Führer der Juden im Streit über zwei konkurrierende Bewerber um das Amt des Hohenpriesters; nacheinander baten ihn beide um Unterstützung, und schließlich beschloss er, den Tempelberg in Jerusalem zu belagern. Dann drang er ins Allerheiligste des Tempels ein, in jüdischen Augen eine schockierende Entweihung. Das jüdische Territorium wurde verkleinert, mit Steuern belegt und römischer Oberaufsicht unterstellt.

In Asien bewies Pompeius ein gutes Auge für nachhaltige Diplomatie und nützliche lokale Königreiche.[9] Seine Eroberungen aus der Mitte der 60er Jahre v. Chr. markierten den Beginn eines römischen Orients und brachten einen neuerlichen Auftrieb für den römischen Fiskus. Die Tributzahlungen aus dem Ausland stiegen nahezu auf das Doppelte, und die Beute sowie die Investitionsmöglichkeiten waren enorm. Noch blieb Ägypten zu erobern – komplex, fremdartig, doch unvergleichlich reich an Gold und Getreide. Es sollte Rom in den kommenden 35 Jahren in seinen Bann ziehen.

Zwei Triumphe eines noch nicht 40-Jährigen – schon das war für neidische Zeitgenossen schlimm genug. Bei seinem ersten Triumphzug soll Pompeius versucht haben, einen Wagen von Elefanten durchs Stadttor ziehen zu lassen, das sich allerdings als zu schmal erwies.[10] Ein dritter Triumph, noch dazu auf Kosten des allgemein respektierten Lucullus, wäre alarmierend und unerträglich gewesen. Zu den Schlüsseltraditionen der Republik gehörte, dass keiner die Alleinherrschaft ausüben durfte, und bei den traditionalistischen Senatoren hatte man gegen den heimkehrenden Pompeius denn auch mobil gemacht. Einen Antrag, der im Januar 62 in seiner Abwesenheit gestellt wurde und ihm das Kommando für die Bekämpfung von Unruhen in Italien erteilen sollte, konnte erst das Veto des führenden jungen Optimaten Cato als Volkstribun abwehren. Bewaffnete Soldaten hatte man aufgeboten, um der Vorlage zum Erfolg zu verhelfen, doch auf einen Wink Catos verschloss ein zweiter Tribun dem Antragsteller mit seiner Hand den Mund, als er versuchte, der Versammlung die Vorlage vorzutragen. Und dieser Cato war der junge Mann, dem der Ruf der Integrität und unerschütterlicher konservativer Prinzipien voranging. Cicero sagte von ihm, gemeinhin zeige er ein Verhalten, als lebe er in der »idealen Republik Platons, nicht in der Latrine des Romulus«.[11] Cato war ein Urenkel des gestrengen älteren Cato, doch auch er scheute sich nicht, im Dreck zu rühren, wenn die Republik bedroht war. Pompeius erhielt trotz allem per Abstimmung Tage der Dankgebete zugesprochen, des Weiteren eine Goldkrone, zu tragen im öffentlichen Circus, und schließlich, in angemessenem Abstand, doch noch einen Triumph.

Die Rückkehr des Helden aus dem Osten fand dann unter weniger glücklichen Umständen statt. Er trennte sich wegen Ehebruchs von seiner (dritten) Frau, scheiterte aber bei dem Versuch, ins Establishment der Senatoren einzuheiraten – der junge Cato war eisern entschlossen, ihn fernzuhalten. Bei öffentlichen Versammlungen zeigte sich Pompeius' mangelnde Rednergabe. In Rom waren gerade andere, lokale Themen aktuell, und die Senatoren hielten diesen unmöglichen Superstar derweilen auf Distanz. Aus der Rückschau wäre es klug gewesen, ihm entgegenzukommen und abzuwarten, bis sein Ruhm verblasste. Doch der strahlte in unerträglichem Glanz. Im September 61 feierte Pompeius endlich seinen Triumph über den Osten, seinen dritten insgesamt, und der geriet zu einem beispiellosen Spektakel. Könige und Beute der eroberten Länder zogen am römischen Volk vorüber, darunter ein früherer Hoherpriester aus Jerusalem. Sogar ein Luchs und mehrere Paviane wurden gezeigt. Am zweiten Tag erschien Pompeius in einem juwelenbesetzten Wagen, neben sich einen seiner Söhne. Böse Zungen behaupteten, er trage den Purpurmantel des großen Alexander. Es war sein Geburtstag, und er trug ein Symbol der Welt, einen Globus, zur Schau, hatte er doch in drei verschiedenen Kontinenten triumphiert – Afrika (79), Spanien (71) und Asien (61). Auf den Münzen wurde die globale Botschaft weiterverbreitet.[12]

Die Optimaten blieben weiterhin in der Defensive und weigerten sich, die Siedlungsprojekte für Veteranen zu ratifizieren, die Pompeius im Osten selbst veranlasst hatte. Ein Jahr nach seinem Triumph beschuldigte man ihn, er greife tatsächlich nach einem königlichen Diadem, und verwies auf den Kranz einer Binde, die um sein Bein gewickelt war, doch ganz profan nur ein Geschwür bedeckte.[13] Zwei Jahre später ließen die Optimaten seine Veteranen noch immer auf eine Bestätigung des Siedlungslands warten, das ihnen als Lohn versprochen war. Sie fürchteten Pompeius, aber was konnte dieser Außenseiter jetzt im Schilde führen? Er war so früh auf dem Gipfel des Ruhms angelangt, und doch verharrten die Senatoren, bestärkt durch Cato, weitere neun Jahre in ihrer bewusst distanzierten Haltung. Unterdessen hatte sich Pompeius selbst nach hilfreichen Freunden umgesehen. Im Urteil von Zeitgenossen war er schwer fassbar und doppelzüngig, im Dschungel der Politik »mehr Fuchs als Löwe«. »Er ist fähig, das eine zu sagen und das andere zu denken«, schrieb der aufgeweckte junge Caelius an Cicero, »aber meist ist er nicht klug genug, seine wahren Ziele verborgen zu halten.«[14]

34
DIE WELT CICEROS

Was würdest du sagen, wenn es mir nun auch noch glückte, Caesar zur Vernunft zu bringen, der augenblicklich sehr guten Wind in den Segeln hat? Arbeite ich dann wirklich so ganz gegen das Staatsinteresse? Ja, selbst wenn ich keine Neider hätte, wenn alle, wie es eigentlich sein müsste, mir gewogen wären, dürfte man trotzdem eine Arznei, die die kranken Teile des Staates zu heilen vermöchte, nicht zurückweisen zugunsten eines operativen Eingriffs. Und jetzt gar, wo sich die Ritterschaft ... mit dem Senat überworfen hat, unsere führenden Männer aber sich im siebenten Himmel wähnen, wenn in ihren Teichen die Goldfische aus der Hand fressen, und sich um nichts anderes kümmern, ist es da nicht schon recht wertvoll, wenn ich es dahin bringe, dass diejenigen, die dem Staat schaden könnten, es jedenfalls nicht tun?

Cicero, Briefe an Atticus 2,1
(um den 3. Juni 60 v. Chr.; Übers. H. Kasten)

Wie Pompeius war auch Marcus Tullius Cicero ein Novum auf Roms politischer Bühne. Für den Nichtsenator lag ein Triumph vorderhand außer Reichweite; er hatte weder Senatoren noch römische Magistrate in seiner Familie, und Kriegsführung gehörte nicht zu seinen Begabungen. Im selben Jahr wie Pompeius, 106 v. Chr., wurde er in Arpinum geboren, einer hochgelegenen Gebirgsstadt etwa 130 Kilometer südöstlich von Rom, aus der kurioserweise auch Marius stammte. Er gehörte zu den neu Arrivierten, den *homines novi*, mit familiären Wurzeln im lokalen Kleinadel, doch ohne eine Totenmaske von Bedeutung in den Empfangsräumen der Familie. Ein moderner Wissenschaftler und Bewunderer beschrieb ihn jedoch als »den vielleicht kultiviertesten Menschen, der je gelebt hat«.[1]

Heute kennt man an Cicero vor allem seine Eitelkeit und Egomanie, seine geringe politische Urteilsfähigkeit und seine Gewohnheit, die Masse der römischen Bürger als »Abschaum« und »Vieh« zu bezeichnen, das Leben in den Provinzen als »unerträgliche Öde« und die Griechen seiner Zeit als windige Typen, die man nicht ernst zu nehmen brauche. Aber diese oberflächlichen Klischees werden ihm bei weitem nicht gerecht. Er ist der Römer, den wir in jenen turbulenten Jahren wirklich zu kennen meinen.

Wie andere Männer seines Standes und seiner Zeit hatte Cicero eine exzellente Ausbildung genossen, zunächst in Rom, wo er in den angesehenen Schulen Rhetorik studierte und zu Füßen bedeutender älterer Experten auch die Rechtswissenschaft erlernte. Es folgten einige Jahre in Griechenland, von denen er etwa sechs Monate in Athen verbrachte, wo er sein Griechisch verbesserte und ein vertieftes Verständnis der Philosophie gewann. Zu den Mitstudenten in Athen, die für Cicero lebenslang von entscheidender Bedeutung blieben, gehörte Pomponius, besser bekannt als Atticus, mit dem sich der um einige Jahre Jüngere schon in Rom angefreundet hatte. Seit den frühen 60er Jahren schrieb Cicero an Atticus immer wieder brillante persönliche Briefe, die dieser in seinem Heim aufbewahrte, von wo sie uns wie durch ein Wunder in Abschriften überliefert sind. Atticus entstammte derselben Gesellschaftsschicht wie Cicero, zog es aber vor, Ritter *(eques)* zu bleiben, und verzichtete auf eine Ämterlaufbahn. Auch er stand politisch auf Seiten des traditionsverhafteten Establishments, vertrat es allerdings mit Diskretion. Er war bekannt für seinen ausgezeichneten konservativen Geschmack, der sogar an den Stilmöbeln in seinen Häusern zu erkennen war. Wie Cicero liebte er Bücher und Literatur, und er beriet Cicero bei der Auswahl von Möbelstücken und griechischen Kunstwerken. Anders als Cicero unterhielt er echte Freundschaften mit Angehörigen der römischen Aristokratie und verstand es immer, sich aus politischen Krisen herauszuhalten oder doch als liebenswürdiger Neutraler mit beiden Seiten gut Freund zu bleiben.

Anders als Atticus fand Cicero seine Rolle als der herausragende Redner Roms. Hadrian soll dies mit typischer Verschrobenheit bestritten haben, weil er das schwerfällige Latein des älteren Cato vorzog. Er irrte sich. Erst als Redner machte sich Cicero einen Namen. Der beste Weg für ein hoffnungsvolles junges Talent, sich in Roms politischer Arena öffentlichkeitswirksam zur Geltung zu bringen, war die Anklage gegen ein hochrangiges Mitglied der römischen Gesellschaft. Nach ersten Erfolgen begann Cicero im August 70 mit seiner berühmt gewordenen Anklage gegen den korrupten Statthalter Verres; sie wurde unterbrochen durch die Tage der neuesten öffentlichen Spiele, ein Geschenk des triumphierenden jungen Konsuls Pompeius an die Stadt Rom. Im August 70 lief der alleinige Anspruch des Senats auf die Besetzung der Gerichte aus, doch Ciceros Attacke war ein glänzender Erfolg. Sie stützte sich auf eine etwa achtwöchige Inspektionsreise in Verres' Provinz Sizilien. Als Rede für die Anklage ist sie eine Rarität, eine der nur zwei erhaltenen Beispiele ihrer Art unter Ciceros übrigen überlieferten Reden, doch sie weist ähnliche

Qualitäten auf wie seine zahlreichen Plädoyers für die Verteidigung. Eine ganze Palette der verschiedensten Tonarten stand ihm zur Verfügung: klare, konzise Darstellung im Detail, Perioden wiegender Rhythmen, urkomischer Witz oder sogar bösartige Invektive. Vor den Geschworenen ist er ein Meister der Vertraulichkeit, wie er versucht, seine Zuhörer von den Schwachpunkten eines Falles abzulenken. Er bleibt ein brillantes Vorbild für jeden Anwalt mit breiter Bildung. Was wir heute lesen, hat in der Regel von Cicero selbst mit Blick auf eine Publikation den letzten Schliff erhalten; am wenigsten überzeugend ist er immer dort, wo Stil und wirkliches Engagement zu stark divergieren. Doch gibt es daneben seine politischen Klassiker, etwa die Reden zur Verteidigung des jungen Nichtsnutz Caelius mit ihren wunderbaren Skizzen vom sorglosen Luxusleben der jungen Römer oder von Milo, einem Mann, der offensichtlich des Mordes schuldig war, doch von Cicero mit brillant irreführender Logik verteidigt wurde, und dies in einem Gericht, in dem feindselige Soldaten postiert waren, um ihn einzuschüchtern. Cicero wird häufig fehlender Mut vorgeworfen, und er selbst gab diese Schwäche zu; doch er war tapfer, als er diesen Fall übernahm, und Tapferkeit bewies er auch im letzten Jahr seiner politischen Tätigkeit.

Als er schon in den Sechzigern stand und ihm unter der Herrschaft Julius Caesars politische Freiheit versagt war, wandte er sich der Theorie zu und verfasste Schriften über Geschichte und Praxis der Redekunst, der Religion und der Philosophie. Diese Arbeiten sind ein eindrucksvoller Beleg für das über die Jahre angesammelte Wissen und grundlegend für unser Verständnis des römischen Geisteslebens. Cicero neigte zeitlebens zu einer konservativen Einstellung. Sein Verstand sperrte sich dagegen, Prophezeiungen ernst zu nehmen, mit denen Menschen sich anheischig machten, die Zukunft und den Willen der Götter zu erkennen. Doch sah er sich als unbeirrbaren Hüter der traditionellen Staatsreligion, die als Brauchtum der Vorfahren Roms überliefert war. Deshalb war er überglücklich, als er 53 v. Chr. zum Auguren, zum Wahrsager im Staatsdienst, ernannt wurde, obwohl es damit zu seinen offiziellen Aufgaben gehörte, Vorzeichen zu deuten, an die er als logischer Denker nicht glaubte. In der griechischen Philosophie schloss er sich der skeptischen Richtung an. Seine Briefe zeigen die ganze Bandbreite der philosophischen Neigungen seiner römischen Zeitgenossen, einer Generation, für die die Sprache der philosophischen Ethik und des philosophischen Fragens, anders als noch ein Jahrhundert zuvor, zu einem Teil des Geisteslebens geworden war. Ciceros philosophischer Skeptizismus hielt am Hergebrachten fest und vertrug sich mit seinem natürlichen Konservativismus.

34 DIE WELT CICEROS

Ciceros Reden und Abhandlungen sind Ausdruck eines aufgeklärten Geistes, der aber vor allem in seiner Korrespondenz Ausdruck findet. Seine Briefe sind einzigartige Dokumente, die im Lauf von etwa 20 Jahren entstanden und an ihn gerichtet wurden oder aus der Hand dieses führenden Römers stammen, der sie nicht immer im Hinblick auf eine Veröffentlichung schrieb. Durch sie lernen wir auf der einen Seite Ciceros Geschmack und seinen Lebensstil kennen, seine Liebe zu Büchern, seine Urteile über Sklaven, Familienangehörige, darunter die geliebte Tochter und den reizbaren Bruder, seine zahlreichen Häuser und deren Bedeutung für den Besitzer. Wir erleben ihn außer sich vor Kummer über den Tod seiner Tochter, die mit Anfang dreißig starb[2], im Zerwürfnis mit Terentia nach dreißigjähriger Ehe, als wohlmeinenden Herrn des treuen Tiro, seines Sklaven und Sekretärs, dem er die Freiheit gab, und im Bedauern über das Verhalten seines letzten Schwiegersohns, Dolabella. In Italien besaß Cicero nicht weniger als acht Landhäuser, obwohl die Landwirtschaft nie zu seinen Interessen gehörte und die Jagd ihn völlig kaltließ. Er bewohnte sie abwechselnd und zeigte nicht die typische Anhänglichkeit eines Gutsherrn an ein Zuhause, aber er schätzte die Erquickung, die ihm diese Orte boten, ihre Wälder, die Umgebung und das Refugium abseits des öffentlichen Trubels. Doch er besaß auch mehrere Häuser in Rom, deren prächtigstes auf dem Palatin über dem Forum stand, ein eindrückliches Zeugnis seines sozialen Aufstiegs. Der Vorbesitzer, ein Senator, hatte es als Villa entwerfen lassen, die sich dem Blick der Öffentlichkeit darbot – auf die Anonymität des Privaten legte die Prominenz der römischen Gesellschaft keinen besonderen Wert.[3] Cicero hatte sich beim Kauf stark verschuldet, in einer Zeit, als sich die Preise für trendige Häuser innerhalb von 60 Jahren verzehnfacht hatten.

Die Briefe spiegeln auch Ciceros wechselnde Stimmungen, die zwischen Euphorie und Verzweiflung schwankten. Sie zeigen seine Fürsorge für vielversprechende junge Protegés, die auch ziemlich erdrückend sein konnte, seinen Horror vor dem Müßiggang und seine außergewöhnlich breite Bildung. Im Juni des Jahres 59, während Caesars umstrittenen Konsulats, finden wir ihn in seinem Gutshaus in Antium (Anzio), eifrig beschäftigt mit dem Plan eines Werkes über Geographie, das sich natürlich auf die Arbeiten hellenistisch-griechischer Klassiker stützen würde, und zugleich besorgt, das Thema könnte zu schwierig sein, um es in attraktiver Form darzubieten. Wir hören von den Wäldern im Besitz seiner Frau Terentia, seinem Zugang zu den Privatbibliotheken seiner Freunde – Atticus' Bibliothek war seine Hauptstütze – und vom ständigen Hin und Her zwischen öffentlichem Leben und gelehrsamer Beschaulichkeit. Es ist das Leben eines sehr reichen Römers, uns jedoch unmittelbar zugänglich und unserem Bildungskanon in vielen Aspekten verwandt, während die Lebensweise eines Perikles oder Demosthenes nicht in Briefen überliefert ist – die nie geschrieben wurden –, und abgesehen von Anekdoten für uns im Dunkeln bleibt.

Cicero ist außerdem der einzige Römer, der uns über längere Zeit Einblick in eine Vater-Tochter-Beziehung gewährt. Als Familienoberhaupt *(pater familias)* konnte er rechtlich über sie bestimmen, spricht aber mit inniger Zuneigung von ihr als seiner »Zuflucht« und seiner »Erholung« von den Belastungen des öffentlichen Lebens, einer Quelle des »Gesprächs und sanften Gebarens«. Als sie sich mit nur 26 Jahren zum dritten Mal verheiratete, war der Gatte nicht die Wahl Ciceros. Ihre Meinung zählte also mehr, als wir mit Blick auf Sitte und Gesetz vermuten würden. Doch in seiner Liebe zu ihr liebte er bezeichnenderweise auch sich selbst. Sie war »die liebevollste, bescheidenste und klügste Tochter, die ein Mann je hatte«, und damit »das Abbild meines Gesichts, meiner Sprache und meines Geistes«.[4] Zuneigung ebenso wie Selbstbespiegelung sind ganz charakteristisch für Cicero, und wir würden sie so ausgeprägt vermutlich nicht bei anderen Vätern dieser Zeit finden.

Doch die Briefe Ciceros sind mehr als nur Zeugnisse gesellschaftlichen Lebens im Allgemeinen. Sie haben Witz und enthalten versteckte Anspielungen auf große öffentliche Ereignisse, eine grandiose Art bissiger Kommentare und persönlicher Scherze. Ungeniert ergötzen sie sich an den Misserfolgen der Zeitgenossen, die in Ciceros hämischen Spitznamen verewigt sind: »der Pascha« (Pompeius, Herr des Orients), das »kleine Fräulein Niedlich« (der verhasste Clodius Pulcher, dessen zweiter Name »hübsch« bedeutet), »Ochsenauge« (Clodius' sexuell umtriebige Schwester Clodia) und andere mehr. Sie zeigen uns besser als alles andere, was Freiheit in der Welt der Senatoren bedeutete, und wecken in uns ein geheimes Verlangen, daran teilzunehmen. Mehr noch, sie geben die Sicht eines Einzelnen auf die Geschehnisse in seinem Umfeld wieder, die dieser nur allzu häufig im Licht eigener Wünsche deutet. Es besteht eine geradezu phantastische Kluft zwischen Ciceros oft egozentrischem Verständnis der Verhältnisse und der Realität, die man den hohen Tieren, unter denen er sich bewegt, schlüssiger zuschreiben kann. Seine Urteile über andere sind oft grandiose Fehlleistungen, nicht zum wenigsten weil er dazu neigt, die Wichtigkeit seiner eigenen Person für andere zu überschätzen. Daneben stehen allerdings auch die messerscharfen Urteile, zu denen er fähig ist, wenn sich seine Hoffnungen zerschlagen haben oder nicht im Zentrum stehen. Sie machen uns bewusst, dass auch seine Selbsttäuschung Grenzen hatte.

34 DIE WELT CICEROS

Seine Laufbahn war ein unvergessliches Lavieren im Sturm der Auseinandersetzungen um »Freiheit« und »Gerechtigkeit«. Zu Beginn, in den 60er Jahren v. Chr., konnte er zunächst mit dem Strom des Populismus schwimmen und plädierte 66 für Pompeius' verlängertes Kommando im Osten oder verteidigte vor Gericht einen Tribun der Popularen. Sein Populismus hielt sich allerdings durch expliziten Respekt vor der führenden Schicht des senatorischen Adels in klaren Grenzen, und im Jahr 64 stellte sich diese Schicht in einem eher langweiligen Rennen hinter die Bewerbung des fügsamen Cicero um das Amt des Konsuls. Im Januar 63 war er gewählt.

Zur Vorbereitung hatte ihm sein jüngerer Bruder ein kleines Handbuch über Wahlkämpfe geschickt, einen klassischen Text über die Strategien, mit denen ein Kandidat in Rom reüssieren konnte. »Jeden Tag, wenn du zum Forum gehst«, hält Quintus fest, »musst du dir sagen: Ich bin ein Neuling; ich strebe nach dem Konsulat; ich bin in Rom.«[5] Wichtig sei die Balance zwischen der Kontaktpflege zu Adligen und Einflussreichen und dem Augenmerk auf das Bild, das man im Volk, in der Stadt, in ganz Italien und auch in großen Häusern von ihm habe – dort, so rät ihm der Bruder, soll Cicero darauf achten, dass die Sklaven gut von ihm sprechen. Selber ohne ein familiär vermitteltes Beziehungsnetz, machte sich Cicero tatsächlich die Mühe, Kenntnisse über Umfang, Lage und Art der in Italien gelegenen Besitztümer jedes wichtigen Mannes zu gewinnen, wie der Bruder es ihm nahelegte. Wenn er über Land reiste, soll er in der Lage gewesen sein, aus scheinbar enger Vertrautheit heraus über den Besitzer jedes Landguts zu sprechen, das an seinem Weg lag. Solche Leute kamen nach Rom und erwiesen sich als besonders wichtig beim »Organisieren« der Versammlungen für Wahlen und Gesetzesbeschlüsse. Quintus' Schrift spricht von faszinierenden »Organisatoren« aller Art, von den Verteilern, die an Blöcke möglicher Wähler Bestechungsgelder zahlten, von den »freundschaftlichen Gefährten«, von denen vier Gruppen Cicero bereits »verpflichtet« seien, und von »höchst einflussreichen Männern, die durch Dich die Kontrolle über eine wählende Tribus oder Zenturie besitzen oder sich eine solche erhoffen … denn heutigentags haben Experten des Wahlkampfs mit allen Kräften und Mitteln herausgefunden, wie sie von ihren Tribus-Genossen bekommen, was sie wollen«.[6] Quintus' Ratschläge bezogen sich auf die Wahlen, doch wer eine Stimm-Tribus für Wahlen »organisieren« konnte, dem war es wohl auch möglich, eine solche für die gesonderte, nach Tribus gegliederte Volksversammlung zu organisieren. Quintus setzte ebenfalls voraus, dass auch die »Adressen« ans Volk organisiert waren. Ein Schlüsseltip für den Bruder lautete: *Politische* Themen gehören nicht in Diskussionen auf der Straße oder in öffentliche »Adressen«. »Wenn du mit dem Volk redest, achte auf dein Namengedächtnis, eine einschmeichelnde Art, beständige Anwesenheit, Großzügigkeit, Werbung, eine glanzvolle Schau, das Versprechen, dass alles besser wird im Staat.«[7] Im klassischen Zeitalter Athens haben ein Perikles oder Demosthenes ihre demokratischen Mitbürger nicht mithilfe solcher Künste *all'italiana* geführt.

Im Jahr seines Konsulats, 63 v. Chr., erreichte Cicero den Höhepunkt seiner Karriere. Es war eine Zeit heftiger sozialer und politischer Spannungen, die zum großen Teil auf die Auswirkungen von Sullas Reformen und das Jahrzehnt der Reaktion zurückgingen. Den Veteranen, die Sulla auf italischen Landstücken angesiedelt hatte, machten ihre Schulden ebenso zu schaffen wie die ungeklärten rechtlichen Ansprüche auf dauerhaften Besitz ihres Landes. Auf den höheren Stufen der sozialen Leiter hatten Sullas Neuregelungen im *cursus honorum* den Wettlauf um hohe politische Ämter angeheizt. Immer mehr Teilnehmer gingen an den Start, doch weniger als die Hälfte gelangte ins Amt des Prätors, das erste größere Hindernis, das auf dem Weg nach oben zu überwinden war. Außerdem gab es die degradierten Senatoren, die erpicht darauf waren, Amt und Würden zurückzuerhalten, die ihnen das »schwarze Zeichen« der Zensoren genommen hatte. Namentlich das Jahr 63 war von Unruhe überschattet. Zur Ungewissheit über die Pläne des abwesenden Pompeius kam die Furcht vor Gewaltausbrüchen im Volk. Das Getreide war noch immer knapp, und die »Klubs« für das Volk waren ein Jahr zuvor verboten worden. Zunächst widersetzte sich Cicero mit Raffinesse einer Vorlage der Popularen, weiteren Siedlern in Italien Land zuzuteilen, um kurz darauf, im Herbst, aufzuspüren, was er für aufrührerische Machenschaften des verzweifelten Adligen Catilina hielt, der nach gescheiterten Bemühungen um ein Konsulat selbst hoch verschuldet war. Offener Aufruhr hatte sich außerdem in Etrurien erhoben, und weitere Komplotte wurden in der Stadt aufgedeckt, darunter, laut Cicero, Pläne zur Brandstiftung – eine Vorstellung, die seine hauptstädtischen Zuhörer zweifellos in Angst und Schrecken versetzte. Wie berechtigt Ciceros Urteil auch gewesen sein mag, die Gefahren von Mord, gewaltsam erzwungenem Schuldenerlass und einem bewaffneten Staatsstreich waren akut. Verschwörer wurden verhaftet, doch im Dezember hatte Cicero als Konsul den Vorsitz im Senat, und es ging um eine verhängnisvolle Entscheidung: Die verhafteten Bürger sollten hingerichtet werden. Gegenstimmen wurden laut, darunter vor allem die Julius Caesars, doch die Urteile wurden gesprochen, obwohl sie die Grundrechte römischer Bürger verletzten: das Recht auf Einspruch, auf »Appell«, und das ihnen seit Gaius Gracchus zugestandene Recht, bei Kapitalverbrechen nur von einem ordentlichen Volksgericht belangt zu werden. Es kann nicht als Entschuldigung gelten, dass Cicero die Opfer fälschlich als Staatsfeinde bezeichnete. Als fatal erwies sich auch, dass einige von ihnen mit dem abwesenden Pompeius freundschaftlich verbunden waren.

Nichtsdestoweniger sonnte sich Cicero in seinem Erfolg und brachte die Einzelheiten seiner Interventionen in Vers und Prosa, auf Griechisch und Latein in Umlauf. Doch auf den Triumph fiel der Schatten seines Umgangs mit Bürgern in Haft. Er hatte zugelassen, dass gegen das Prinzip der *Libertas*, der politischen Freiheit, verstoßen wurde. Er hatte sich Feinde gemacht, die ihn als »Tyrannen« angriffen und tief verwurzelte republikanische Überzeugungen wie Gerechtigkeit und Gesetzmäßigkeit beschworen. Ciceros Briefen ist abzulesen, wie sich der Glanz des egozentrischen Hochgefühls abrupt verflüchtigte. Anfang 62 richtete er ein Schreiben an den abwesenden Pompeius, in dem er sich dem großen Feldherrn als Gleichrangiger und künftiger Ratgeber zur Seite stellte. Pompeius schickte nicht einmal eine Antwort.[8] Schon im Jahr 63 hatte Cicero den mächtigen Crassus gegen sich aufgebracht, eine vermutlich tiefsitzende Feindschaft, und war auch dem kommenden Superstar, dem jungen Julius Caesar, in die Quere gekommen. Ende 62 zog er sich überdies die erbitterte Feindschaft des markigen Clodius zu, nicht zuletzt weil er ein Alibi verweigerte, auf das Clodius sich berufen wollte, um in einer skandalösen *cause célèbre* Roms seine Haut zu retten. Nachdem Cicero dem Adel dienlich gewesen war, zeigte dieser seinem genierlich gewordenen »neuen Mann« nunmehr die kalte Schulter. Das Konsulat hatte Cicero im Senat die führende Stellung verschafft, doch sein unablässiges Selbstlob und das politische Durcheinander, mit dem man ihn identifizierte, hatten zur Folge, dass er seine beherrschende Rolle verlor.

Von den vier Wegen zum politischen Erfolg in Rom stand Cicero nur einer offen. Er war ein glänzender Redner, seine militärischen Fähigkeiten jedoch waren minimal, seine Finanzen unzureichend und Beziehungen zu adligen Familien und Freunden inexistent. In der Hoffnung, ganz nach oben geholt zu werden, hielt er den Blick dennoch auf die Spitzen der Gesellschaft gerichtet, statt einen Kreis ihm gleichgestellter Emporkömmlinge um sich zu sammeln und mit ihnen gemeinsam aufzusteigen. Ende des Jahres 60, als sich neue Gruppierungen bildeten, lesen wir bei ihm, dass er ernsthaft daran glaubte, Julius Caesar erwarte von ihm, Cicero, dass er den großen Pompeius mit Crassus versöhne und für einen reibungsloseren Gang der Dinge sorge. Caesar war ihm tatsächlich gewogen. Er fand Gefallen an seinem Witz und seiner literarischen Begabung, und er schätzte seine rhetorischen Fähigkeiten, machte ihn aber nie zum politischen Vertrauten. Auch Pompeius erkannte an, dass Cicero ihn in den frühen 60er Jahren unterstützt hatte, doch gute Freunde wurden die beiden nie. Und Crassus hasste ihn.

Im folgenden Jahr, 59, trafen die drei großen Männer die nicht eben feine Absprache, nach der jeder von ihnen sich verpflichtete, die politischen Ziele der beiden anderen zu fördern. In seinen Briefen kann man mitverfolgen, mit welch abenteuerlicher Verspätung Cicero begriff, dass es zu diesem Handel gekommen war[9], und als er sich endlich mit Wut und Erbitterung gegen die drei aussprach, sah er sich innerhalb von Stunden durch seinen Feind Clodius bedroht. Weder Caesar noch Pompeius griffen ein, um ihn zu retten. Im März 58 zog er es vor, freiwillig ins Exil zu gehen, um sich einer Anklage des inzwischen zum Tribun gewählten Clodius zu entziehen. Er verließ Rom, sein Lebenselement, in jammervollem Zustand und in Gefahr, seinem Leben ein Ende zu setzen. In Rom zerstörte sein Feind Clodius mit programmatischer Ironie Ciceros stolze Erwerbung, sein Haus auf dem Palatin, und weihte den Ort zum Tempel der Libertas. Diese »Freiheit« war des Volkes Freiheit von der Bedrängnis, die im Dezember 63, als Cicero über die Hinrichtung von römischen Bürgern entschied, verletzt worden war.

Im September 57 war Cicero zurück in Rom, wo Clodius' Stern verblasste und vor allem Pompeius neue Hoffnung schöpfte und Ciceros mögliche Verwendung als Redner erkannte – Pompeius' eigene rhetorische Fähigkeiten waren bescheiden. Doch die Heimkehr hatte ihren Preis. Umgehend hatte Cicero seine Redekunst für Pompeius' Interessen einzusetzen, und im Jahr 56 blieben ihm die Absichten der drei abermals verborgen. Man ließ ihn über die Erneuerung des Triumvirats im Unklaren, bis es ein Faktum war. Seine ahnungslosen Bekundungen der Unabhängigkeit wurden folglich von den drei Bundesgenossen erneut umstandslos unterdrückt. Er sah sich gezwungen zu kooperieren, wenn er nicht sein Leben aufs Spiel setzen wollte, und Kooperation bedeutete die Erniedrigung, als Redner frühere Staatsfeinde verteidigen zu müssen, die politische Freunde des Führungstrios waren. Der einzige Lichtblick, den diese Reden für Cicero boten, war die Gelegenheit, auf sein eigenes Konsulat im Jahr 63 Bezug zu nehmen. Dass seine Amtsführung so schlecht aufgenommen wurde, davon sollte er sich seelisch nie ganz erholen.

Ciceros Reaktionen auf diesen unsteten politischen Kurs spiegeln nur zu genau die psychologische Bedeutung der Freiheit für ein Senatsmitglied. Demokratische Freiheit war damit gewiss nicht gemeint, doch die Freiheit von der Vormacht anderer und die Freiheit für Senatoren wie ihn, in der Peergroup als Gleicher unter Gleichen mit Autorität und Würde zu agieren. Die raffiniert gesteuerte Dominanz der großen drei, Caesar, Pompeius und Crassus, war für ihn ein Desaster, dessen Schrecken nur vom Exil übertroffen wurden, diesem Schicksal schlimmer als der Tod. Im Jahr 54 schrieb er an seinen Bruder: »Ich leide Folterqualen, Folterqualen, weil wir im Staat keine Verfassung mehr und in den Gerichten kein Recht mehr haben. Einige meiner Feinde konnte ich nicht angreifen, andere habe ich verteidigt.« Vor allem aber: »weder meinem Hass noch meinen Ansichten kann ich freien Ausdruck geben. Und Caesar ist der einzige, der mich liebt, wie ich es mir wünsche.«[10] Doch diese Liebe wurde von Caesar nur auf Distanz bekundet. Caear hatte, wie wir sehen werden, andere Ambitionen, in denen Cicero keine besonders wichtige Rolle spielte.

Trost fand er einerseits in zurückgezogener Arbeit an einer Theorie idealer Politik. Von 54 an widmete Cicero sich seinen Schriften über eine ideale *Republik* und über *Gesetze*, beides Werke, welche die Realitäten und Schattenseiten der römischen Republik seiner Zeit völlig unbeachtet lassen. Da er seinen Aufstieg eigener Kraft und Mühe verdankte, vertrat er die Staatsauffassung des Establishments. Dazu gehörte die Suprematie des Senats im Gegensatz zu einer unkontrollierten Souveränität der Volksversammlungen. Die Beschlüsse des Senats, schreibt er, sollten bindend und der Senat Herr über das politische Handeln sein – Senatoren sollten auch die vom Volk abgegebenen Stimmen prüfen. Geheime Wahlen seien eine Katastrophe – die Senatoren sollten die Abstimmungen überwachen und nur »den Schein der Freiheit« gewähren, um die Autorität der Ehrenmänner zu wahren.[11] Zwar schloss sein idealer Staat auch eine Rolle für die Volkstribune ein, doch die vagen Vorstellungen von einem Einvernehmen zwischen den Senatoren und Rittern und einem »Vermittler« als Oberhaupt des Staates waren für die realen Krisen seiner geliebten Republik gänzlich irrelevant. Deren Probleme wurzelten in der Macht der militärischen Befehlshaber und ihrer Gefolgschaft sowie in den sozialen und wirtschaftlichen Verwerfungen, die es relativ leicht machten, diese Armeen und Banden zusammenzuhalten.

Als weitere Reaktion auf die Vormacht der Dynasten verfasste Cicero einen Bericht der Ereignisse seit Mitte der 60er Jahre aus eigener Anschauung.[12] Dieses Werk ist uns bedauerlicherweise nicht erhalten; Teile daraus trug Cicero dem Atticus vor und verglich den Tonfall seiner Ausführungen mit dem des boshaftesten unter den älteren griechischen Historikern, des Theopomp, Zeitgenosse Philipps II. und Alexanders des Großen. Wir wissen allerdings, dass er darin sowohl Crassus als auch Julius Caesar für politische Verschwörungen verantwortlich macht, die wir ihnen sonst nicht ohne Zögern zuschreiben würden: Pläne für einen Staatsstreich im Jahr 65 – Crassus sei dabei besonders aktiv gewesen – und Unterstützung des verzweifelten Popularen Catilina im Jahr 63. War sein Werk nur bitterböser Klatsch aus der verzerrenden Perspektive des Rückblicks? Es ist eines der Bücher aus der Antike, die wir liebend gern wieder auffinden würden, könnte man doch erwarten, dass Cicero dort Wahrheiten zu Protokoll gab, die er andernorts aus Angst verschwieg, und dass er vielleicht weitere Verschwörungstheorien ausbreitete, die zu untersuchen höchst unterhaltsam wäre.

Im Jahr 51 v. Chr. wurde einem unzufriedenen Cicero die Statthalterschaft über eine armselige Provinz, Kilikien in Südkleinasien, übertragen – allerdings gehörte Zypern dazu und weiteres Territorium im südlichen Vorderen Orient. Durch seine Briefe erhalten wir den ersten ausgedehnten Einblick in Leben und Arbeit eines römischen Statthalters in Übersee, der in lokalen Angelegenheiten seiner Provinz für Recht und Ordnung sorgt.[13] Cicero hielt wie üblich in den größeren Städten der Provinz reihum Gerichtssitzungen ab; er verkündete bei der Amtsübernahme das übliche Edikt und legte ihm klugerweise das Edikt eines bewunderten Vorgängers, des Anwalts Scaevola, zugrunde. Im Allgemeinen war es sein Wunsch, dass die griechischsprechende Bevölkerung ihre Streitigkeiten nach eigenem Ermessen regelte; wenn er jedoch zu dem Schluss kam, dass diese Streitigkeiten Römer oder Ausländer oder wichtige Punkte im römischen Recht betreffen, brachte er die Erlasse der Prätoren in Rom zur Anwendung. Aufgrund dieser Entscheidungspraxis wurden die Gesetze der Römer fallweise, so etwa bei Erbschaft oder Zahlungsversäumnissen, auf Untertanen außerhalb Roms angewandt; ein bestimmtes Gesetz oder Dekret, das sie als bindend vorschrieb, bestand nicht.

Ciceros Klagen zum Trotz waren die Provinzialpflichten für ihn die bessere Alternative zu einem politischen Leben in Rom. Cicero lebte für seine Republik, und ohne sie war sein Dasein nur Gram, doch sein Leben und seine unvergleichlichen Briefe spiegelten auch ihre endgültige Krise. Das Angebot Caesars von 59 v. Chr., einen verantwortungsvollen Posten in seinem statthalterlichen Stab zu übernehmen, machte es Cicero möglich, sich dem politischen Sturm zu entziehen, der sich um ihn zusammenbraute. Selbst Atticus hatte ihm geraten, den Posten anzunehmen. Es war ein typischer Akt der Großzügigkeit, jener »Milde«, die Caesar vor seinem römischen Publikum als Tugend pries. Doch diese Milde hatte ihre perfide Seite, wie Cicero jetzt bemerkte: Wer ist Caesar, dass er sich herablässt, unseresgleichen zu begnadigen?[14] Von dieser Frage würde die Geschichte der Freiheit und der Gerechtigkeit in Zukunft abhängen.

35
DER AUFSTIEG JULIUS CAESARS

> *Es war nämlich Cornelius bei mir, ich meine den Balbus, Caesars Vertrauten. Dieser versicherte, Caesar werde bei allen Schritten sich nach meiner und des Pompeius Ansicht richten und sich's angelegen sein lassen, eine Vereinigung des Crassus mit Pompeius zustande zu bringen. Gehe ich darauf ein, so steht in Aussicht: eine innige Verbindung mit Pompeius; mit Caesar, wenn mir's beliebt, desgleichen; Aussöhnung mit meinen Gegnern; Friede mit der großen Masse; Ruhe für meine alten Tage...*
>   Cicero, BRIEFE AN ATTICUS 2,3 (späte 60er Jahre; Übers. K. F. L. Mezger)

> *Aber glaub mir, etwas so Schmachvolles, Schimpfliches, allen Geschlechtern, Ständen, Altersstufen gleichermaßen Verhasstes wie den jetzigen Zustand hat es noch nie gegeben, schlimmer nicht nur, als ich es für möglich gehalten, nein, schlimmer auch – bei Gott! –, als ich es je gewünscht hätte. Selbst zurückhaltenden Leuten haben diese Populären schon das Pfeifen beigebracht ...*
>   Cicero über Caesars Konsulat und sein Abkommen
>   mit Pompeius und Crassus, BRIEFE AN ATTICUS 2,19
>   (zwischen dem 7. und 14. Juli 59 v. Chr.; Übers. H. Kasten)

Julius Caesar, der berühmteste aller Römer, erwies sich als Populist von unübertroffener Meisterschaft. Er blieb dieser Taktik über 20 Jahre lang treu, war jedoch nach Geburt und Gebaren ein echter Patrizier und entstammte einem der ältesten Adelsgeschlechter der römischen Geschichte. Die Familie leitete ihre Abkunft vom Gründungsvater Roms, von Aeneas, ab und darüber hinaus von der unsterblichen Venus selbst. Für einen Sprössling dieses Uradels, der in anderen Zeiträumen dachte, war die Herkunft gewöhnlicher Senatoren nicht mehr als ein Nachspiel. Er steht in denkbar scharfem Kontrast zum angeeigneten Traditionalismus eines Cicero, der sich bewähren musste.

Caesar besaß ein stolzes, aristokratisches Bewusstsein des eigenen Wertes, der *dignitas*, doch setzte er, zunächst als Konsul, zehn Jahre später als Dictator, detaillierte Gesetze im Sinn des Volkes durch, denen sich traditionalistische Senatoren mit Ausdauer weiter widersetzten. Sie reichten von Maßnahmen gegen die Erpressung durch Provinzstatthalter und gegen den Einsatz von Gewalt im öffentlichen Leben bis zur Verteilung von Landlosen an Zehntausende Siedler, von denen nicht alle Kriegsveteranen waren. Hinter solchen Gesetzen standen Werte – ein Gerechtigkeitssinn, der sie über rein persönliche Ansprüche auf eine Vorrangstellung hinaushob. Doch Caesar, der »Politiker des Volkes«, verstand sich später dazu, den städtischen Armen das Recht auf freien Zusammenschluss in ihren »Klubs« und Vereinen *(collegia)* zu beschneiden. Sie hätten zu einer Bedrohung seiner eigenen Vormacht werden können, vor allem in Zeiten seiner Abwesenheit von Rom. Bis zu seiner Dictatur stützte er sich, wie geboten, auf Tribune, um seine Gesetzesvorlagen vor die Volksversammlungen zu bringen und gegen Vorlagen, die seinen Interessen widersprachen, sein Veto einzulegen. Dann begann er Tribune nur deshalb aus dem Amt zu entfernen, weil ihre Aktivitäten ihm missfielen, und schließlich bestimmte er Roms Magistrate selbst.

Geschickt machte sich Caesar zum Fürsprecher einer transparenten Regierung. Im Jahr 59 v. Chr., als Konsul, ließ er die Geschäfte des Senats erstmals veröffentlichen und damit allgemein zugänglich machen. Fast 200 Jahre später wurde Hadrian Verwalter dieser publizierten senatorischen Vorgänge. Senatoren wie Cicero, die im Senatsgebäude verächtlich vom Volk als »Vieh« oder »Abschaum« sprachen, vor den Volksversammlungen aber sein Lob anstimmten, waren diese Publikationen nicht unbedingt willkommen. Caesar selbst sprach klar und eindringlich, diktierte mit großer Sicherheit Briefe, auch vom Pferd herab, und leistete als erster römischer Aristokrat einen echten Beitrag zur lateinischen Sprache und Literatur. Als General im Ausland schickte Caesar während seines verlängerten Kommandos luzide geschriebene Berichte nach Rom. »Meide ein unvertrautes Wort«, pflegte er zu sagen, »wie ein Seemann die Felsen meidet.«[1] Seine Prosa ist ungewöhnlich klar in Aufbau und Form, geht aber auch höchst ökonomisch mit der Wahrheit um. Die Texte waren so gestaltet, dass ein größeres Publikum in Rom, in Italien und vielleicht sogar in Südgallien sich durch die Lektüre von seinen Fähigkeiten überzeugen konnte. Herausgegeben wurden sie wahrscheinlich jährlich, doch der letzte erschien 52, lange vor Caesars Rückkehr nach Rom. Die Publikation dieser Übungen in der Kunst politischer PR war damals für seine Karriere von großer politischer Bedeutung. In den geschickt angelegten Berichten präsentierte sich ein römischer Caesar, der dem großen Eroberer Pompeius mehr als nur gleichrangig gegenüberstand. Während Pompeius durch griechische Historiker und

35 DER AUFSTIEG JULIUS CAESARS

griechische Redner in seiner Entourage verherrlicht wurde, setzte sich Caesar ein Denkmal in seinem eigenen klaren Latein. In der dritten Person verfasst, verwenden die Kommentare das Wort Caesar 775 Mal.

In der Person Julius Caesars verband sich Charme mit Schonungslosigkeit, Tapferkeit mit Täuschung. Vor allem aber erwies er sich als exzellenter General. Komfort und Luxus bedeuteten ihm nichts. Er war ein Reiter von Format und konnte sogar mit auf dem Rücken verschränkten Händen in schnellem Tempo reiten. Zwischen 58 und 50 v. Chr. eroberte er große Gebiete im Westen, die er insgesamt als Gallien bezeichnete. Im Jahr 55 überquerte er den Ärmelkanal und unternahm die erste Invasion Britanniens – »jenseits der Barriere des Ozeans«, die Alexander dem Großen die äußerste Grenze gesetzt hatte. Doch die britische Invasion scheiterte, und die Eroberungen in Gallien gingen über eine genaue Definition der ihm übertragenen Kommandos weit hinaus. Nach Ende dieser Kommandos errechnete er, in seinen gallischen Feldzügen seien nicht weniger als 1 192 000 feindliche Kämpfer ums Leben gekommen. Die zivilen Opfer sind in dieser für ihn – doch nicht für uns – so ruhmvollen Berechnung nicht enthalten.

Ungewöhnlichen Wagemut bewies Caesar auch in weiteren Kriegen, die er zwischen 49 und 45 in Griechenland, Ägypten, Asien, Nordafrika und Spanien führte, allesamt spätere Stationen auf Hadrians friedlichen Rundreisen. Die Zahl der Opfer dieser Feldzüge hat er allerdings nie veröffentlicht, denn sie wurden im Bürgerkrieg gegen römische Mitbürger geführt. Im Jahr 49 hatte Caesar wie ein neuer Hannibal in Italien den Bürgerkrieg ausgelöst, mit der Begründung, es gehe um die »Freiheit« des römischen Volkes, die »Heiligkeit der Tribune« und – das mag man ihm glauben – um seine eigene »Würde«. Für die Dauer von beinahe fünf Jahren war das politische Leben Roms dem Willen Caesars unterworfen. Sein Handeln war zweifellos nicht die unausweichliche Konsequenz der Zeit, in der er lebte. Die römische Republik hätte ihn überleben können, ja, überleben sollen. Letzten Endes stürzte er sie um seiner eindrucksvollen »Würde« willen, neben der alles übrige – Volksnähe, Inklusivität und die vielbeschworene »Milde« – zweitrangig war. Er setzte eine flexible Verfassung außer Kraft, die sich im Lauf von vier Jahrhunderten entwickelt hatte, und wurde schließlich von etwa 60 Verschwörern in Rom ermordet. Doch sein Beispiel wie auch sein Schicksal prägten die nächsten Akte im fortschreitenden Drama der römischen Republik. In diesen Akten vollzog sich ihr Ende, der Wendepunkt der Freiheit.

Julius Caesar wurde im Jahr 100, sechs Jahre nach Cicero, geboren, in dem Monat, der später ihm zu Ehren den Namen Juli erhielt. Wer als Historiker seine Jugend beschreibt, ist dem Verdacht ausgesetzt, im Licht der späteren Ereignisse zu urteilen. Hätten die Zeitgenossen diese kühle Begabung tatsächlich schon in seinen jungen Jahren gefürchtet? Heute datieren die meisten Caesar-Forscher die entscheidenden Phasen seines Werdegangs, in denen Caesar »wurde, was er war«, auf seine späten dreißiger oder seine vierziger Jahre; Zeitgenossen haben die Zeichen möglicherweise früher erkannt. Mit (wahrscheinlich) 15 Jahren wurde Caesar zum Priester der Jupiter-Zeremonien bestimmt, eine Aufgabe, die den Patriziern vorbehalten war. Diesem Priester war es nicht erlaubt, bewaffnete Truppen auch nur anzuschauen. Könnte das Angebot des Priesteramts ein früher Versuch gewesen sein, diesen gefürchteten jungen Adligen von einer politischen Karriere fernzuhalten? Es waren die Jahre von Sullas skrupellosem Aufstieg zur Macht, und Caesar hatte die junge Patriziertochter des Sulla-Feindes Cinna zur Frau. Über eine Tante war er außerdem ein Neffe von Sullas Erzfeind, dem großen Marius. Doch gerade Sulla weigerte sich, Caesar länger im Amt des Priesters zu belassen, als sehe er keine neutralisierende Absicht darin. Er soll jedoch auch vor dem Potenzial des lässig gegürteten jungen Caesar gewarnt haben. Ist diese Geschichte ebenfalls nur *ex eventu* zu erklären?

Caesar widersetzte sich der von Sulla verlangten Scheidung, entging der Hinrichtung und verließ Rom, um im Osten Militärdienst zu leisten. Hier soll er späteren feindseligen Gerüchten zufolge zum erotischen Günstling des Königs von Bithynien geworden sein – haltlose Behauptungen. Doch als man ihn später beleidigend als »weibisch« bezeichnete, gab er schlagfertig zurück, die Amazonen hätten schließlich einmal den größten Teil Asiens beherrscht; seine Drohung, auf den Köpfen seiner Feinde im Senat zu tanzen, war also kein leeres Gerede.[2] Im Jahr 80 v. Chr. wurde ihm für einen heldenhaften Einsatz in der Ägäis die »Bürgerkrone« verliehen, eine hohe militärische Auszeichnung für die Rettung eines Bürgers in Kampfhandlungen. Der Kranz aus Eichenlaub konnte in der Öffentlichkeit getragen werden, und sogar Senatoren hatten sich in seiner Anwesenheit bei öffentlichen Spielen zu erheben, ein Privileg, das Caesar bei seinem ausgeprägten Gefühl für die eigene Würde zweifellos zu schätzen wusste. Er kehrte nach Rom zurück, wo ihm die Anklage gegen einen angesehenen Konsular wegen Plünderung seiner Provinz sowohl Ruhm als auch Feindschaft eintrug. Dann ging er studienhalber erneut in den griechischen Osten und ließ die Anfeindungen ungerührt hinter sich. Anders als der aufgehende Stern Pompeius war Caesar gebildet, geistig beweglich und immer auch literarisch interessiert. Doch außerdem war er ein geborener Kämpfer. Einige Piraten in der Ägäis, die ihn als Geisel nehmen wollten, bekamen eine schnelle, süße Rache zu spüren. Mit 26 Jahren führte er Truppen zurück nach Bithynien, um den Abfall der Provinz und ihre Hinwendung zum Erzfeind Mithridates zu verhindern. Schon jetzt handelte er ohne Mandat.

Zurück in Rom, hielt Caesar, als Sullas reaktionäre Ordnung zu bröckeln begann, an der alternativen popularen Linie fest. Seine Tante war die Witwe des Volkshelden Marius, und bei ihrem Tod hielt er auf dem Forum eine Trauerrede, in der er des Längeren auf ihre – das hieß: auch seine – sehr noble Abkunft von Göttern und Königen einging. Später, als er sich selbst mit so gefährlichen Ahnen zu messen schien, mussten seine Worte prophetisch erscheinen. Das Volk nahm ihn wahr, so auch, als er im Trauerzug für seine Tante die Insignien des lange geächteten popularen Helden Marius mitführen ließ. Er stellte auf dem Kapitol sogar Marius' lange Zeit versteckte Trophäen zur Schau. Im Lauf des Jahres 69 diente Caesar dann als stellvertretender Magistrat in Südspanien. Hier absolvierte er die übliche Gerichtsreise und behandelte Rechtsfälle. In Cadiz soll er im Haupttempel vor einer Statue Alexanders des Großen Tränen vergossen haben, weil er, Caesar, bislang noch nichts Denkwürdiges vollbracht habe, während Alexander in seinem Alter bereits bis an die Grenzen der Welt vorgedrungen sei.[3] Auch diese Geschichte wird von den meisten Historikern, vielleicht unbedacht, angezweifelt. Weniger glaubhaft ist dagegen der Bericht über einen Traum Caesars, in dem er seine Mutter vergewaltigt und damit dem Wunsch Ausdruck gegeben habe, die (Mutter) Erde, die Welt, zu beherrschen. Jedenfalls aber sind in Spanien erste Belastungen durch Epilepsieanfälle bezeugt.

In Rom war der ehrgeizige junge Mann vom Weltruhm allerdings noch weit entfernt. Diese Ehre kam dem großen alles erobernden Pompeius zu, dessen Sonderkommando gegen die Mittelmeerpiraten Caesar unterstützt hatte, als einziger Senator, der 67 dieser Vorlage seine Stimme gab: Ein Sieg über die Piraten sei ein Gewinn für das Volk, weil die Getreidepreise sinken würden. Im Jahr 65 jedoch, auf städtischem Terrain als Ädil und damit städtischer Beamter, wusste sich Caesar besser in Szene zu setzen. Er finanzierte die traditionellen Spiele, bot aber zusätzlich 320 Gladiatorenpaare in silberner Rüstung auf, die sich im öffentlichen Kampf maßen, und trug dadurch ungeheuer viel zur Anziehungskraft der Spiele im Volk bei. Diese Schaukämpfe seien, erklärte er, ein Bestattungszeremoniell zu Ehren seines verstorbenen Vaters. Doch sein Vater war bereits seit über 20 Jahren tot, und das gigantische Spektakel veranlasste besorgte Senatoren, eine sofortige Begrenzung der Anzahl der Gladiatoren zu »empfehlen«, die man präsentieren dürfe. Die Kosten für Caesars Show waren nicht weniger gewaltig als die Spiele. Die höheren Ränge einer öffentlichen Laufbahn in Rom machten riesige Ausgaben erforderlich, und dies besonders in den vom Konkurrenzdenken geprägten späten 60er Jahren. Doch Caesar riskierte hohe Schulden, um für die Kosten aufzukommen, und in Abwesenheit des glorreichen Pompeius lieh er sich das Geld beim schwerreichen Crassus. Man verdächtigte beide nicht nur der Korruption und der Verschwörung, sondern auch eines Komplotts im Jahr 65, als Crassus sich nach einem Staatsstreich das sehr einträgliche Königreich Ägypten aussuchen und Caesar, immer noch im Amt des kleinen Stadtmagistrats, als stellvertretender Kommandant des Dictators Crassus dienen konnte. Pompeius war weit und Ägypten zweifellos der große, noch unvergebene Preis, dessen Getreide und Schätze den Gewinnern zu einzigartiger Macht verhelfen würden. Später wurden weitere Partner zu Unrecht der Komplizenschaft beschuldigt, doch im Jahr 64 ließ Cicero Andeutungen fallen, Crassus habe etwas im Schilde geführt.[4] Wir bleiben auf Vermutungen angewiesen oder halten die Geschichte wie die meisten Forscher für eine Fabel, vor allem weil eine solche Rolle für einen kleinen Ädil als völlig unglaubwürdig erscheint. Doch war Caesar ein typischer Ädil?

Soviel wissen wir, dass er 63, im Jahr des verhängnisvollen Gipfels von Ciceros Karriere, einige Male prominent in Erscheinung trat. Zu Jahresbeginn war es Caesar, der einen öffentlichen Pseudo-Prozess veranstaltete, um Cicero und andere vor einem Missbrauch der sogenannten Letzten Verfügung des Senats zu warnen. Im Dezember, als Cicero sich dann im Fall verhafteter Bürger über ebenjenen Beschluss hinwegsetzte, war es wiederum Caesar, der sich im Senat nachdrücklich dafür aussprach, die Straftäter gefangenzuhalten, doch nicht zu töten. Auch hier vertrat er den popularen Standpukt zur Unterstützung der »Freiheit«, den er, anders als Cicero, nie bereuen musste. In Ciceros unveröffentlichten Enthüllungen wurde Caesar später zusammen mit Crassus offen beschuldigt, Catilina in erster Linie unterstützt und beinahe eine Revolution ausgelöst zu haben. War diese Anschuldigung nur die säuerliche Schulmeisterei des gealterten Cicero, oder lag erneut mehr Diskreditierendes gegen den jüngeren Caesar vor, als uns bekannt ist? Wie immer die Antwort darauf lautet, sie hinderte Caesar nicht daran, im gleichen Jahr zwei weitere Erfolge zu feiern. Er errang das enorm prestigeträchtige Amt des Pontifex Maximus, des Vorsitzenden des Priesterkollegiums, und hatte als solcher Amtsräume mitten auf dem Forum und ein Haus an der nahen *Via Sacra*. Außerdem wurde er für das Jahr 62 zum Prätor gewählt und tat damit den nächsten Schritt auf der Stufenleiter öffentlicher Ämter, dem *cursus honorum*. Die Priesterschaft kostete ihn ein Vermögen an Bestechungsgeldern, und die Prätur begann mit der umstrittenen Unterstützung für den heimkehrenden Helden Pompeius. Trotzdem erhielt Caesar für 61 v. Chr. die Befehlsgewalt über das östliche Spanien *(Hispania Ulterior).*

Eine Zäsur, die seinem Ehrgeiz zum Durchbruch verholfen hätte – der offensichtlich schon den Heranwachsenden prägte –, war dieses Provinzkommando zweifellos nicht, wohl aber entscheidend für sein Überleben. Ohne die Mittel, bei der Rückkehr seine Schulden zu bezahlen, wäre seine Karriere beendet gewesen und ihm nur das Exil geblieben. Als gängiger Weg zu einer solchen Schuldentilgung bot sich für einen Römer an, eine Provinz durch Kriegsbeute, Profite und Bestechungsgelder auszupressen. Ende 61 war dieses Ziel erreicht – Caesar hatte genug abgelegene spanische Stammesgebiete angegriffen und konnte allmählich an die höchsten Ehren denken: den Triumph und darauf folgend ein Konsulat in der Heimtstadt Rom. Diese Aussicht versetzte die Traditionalisten in äußerste Unruhe, Cato insbesondere, den Erzkonservativen, der im Zweifel *nie für* Caesar war. Cato verpflichtete Caesar also, zwischen einem Triumph – der im Prinzip schon bewilligt war – und einer Kandidatur für das Amt des Konsuls zu wählen. Ungerührt verzichtete Caesar auf den Triumph und beschloss, das höchste Amt anzusteuern. Damit zwang er Cato zu einem Kompromiss und zu dem Versuch, ihn mit seinen eigenen Mitteln zu schlagen, das heißt Gelder zum Zweck der Wahlbestechung anzuhäufen und dafür zu sorgen, dass sein verlässlicher Verwandter Bibulus neben Caesar zum zweiten Konsul gewählt wurde.

Beide wurden denn auch für das Jahr 59 gewählt, doch anders als Bibulus bereitete sich Caesar mit großer Umsicht auf sein Amtsjahr vor. Geschickt schloss er das Solidarabkommen mit Pompeius und Crassus, dem Paar, das bisher nur eine tiefe gegenseitige Abneigung verband. Der gewitzte Caesar erkannte, dass beide bestimmte Interessen hatten, zu deren Befriedigung er als Konsul beitragen konnte. Crassus brauchte als wichtiger Financier eine Erneuerung seines Vertrags für Steuererhebungen in der Provinz Asia. Pompeius brauchte zweierlei: die Bestätigung der Maßnahmen, die er persönlich im Osten getroffen hatte, und die Ansiedlung seiner Veteranen, die noch immer auf ihre Belohnung für die Siege der 60er Jahre warteten. Caesar selbst hatte ein populistisches Programm, das, wie er hoffte, zu einem weiteren, noch größeren und einträglicheren Provinzialkommando führen würde. In Rom verschärften sich die wirtschaftlichen Spannungen. Die Senatoren, die zweifellos Böses ahnten, hatte den Konsuln für das Jahr nach ihrer eigentlichen Amtszeit bereits Geschäftsbereiche von biederer Eintönigkeit zugeteilt – kein Spanien oder Gallien, sondern »Wälder und Triften« in Italien selbst.

Das Jahr 59, die Amtszeit Caesars als Konsul, war ein Höhepunkt der römischen Geschichte. Alle früheren Popularen waren Opfer derselben Schwäche geworden: der Unfähigkeit, sich während oder nach ihrer mit Hass verfolgten Amtszeit als Konsul oder Tribune den Repressionen von Traditionalisten zu entziehen. Caesars Plan war einfach und rabiat: mit Pompeius und Crassus in ein Gleichgewicht wechselseitiger Gefälligkeiten zu finden; Gesetze trotz Opposition des Senats direkt vor die Volksversammlungen zu bringen; mit und mithilfe von zugewandten Tribunen zu arbeiten, die gegen solche Opposition ihr Veto einlegen konnten; diese zugewandten Tribune und wenn möglich auch verlässliche Konsuln schon für das Folgejahr auszusuchen; sich ein gewichtiges Provinzkommando zuteilen zu lassen und der Stadt im Besitz der entsprechenden Vollmachten den Rücken zu kehren – so dass er beim Abgang für eine Strafverfolgung unerreichbar wäre. Doch der Mitkonsul Bibulus opponierte, und Caesars populare Vorlagen hätten direkt vors Volk gebracht werden müssen, um Gesetzeskraft zu erlangen, denn dass der Senat sie billigte, war nicht zu erwarten. Den Optimaten wäre dieses Vorgehen wie üblich zuwider gewesen.

Die nachfolgenden Manöver blieben im gesellschaftlichen und politischen Leben Roms unvergessen: die öffentlichen Ansprachen, Banden und Cliquen auf dem Forum, das Schauspiel der »Gefangennahme« des unnachgiebigen Cato trotz seiner Tribunatswürde, die Schikanen gegen den obstruktiven Konsul Bibulus – über seinem Kopf wurde einmal in aller Öffentlichkeit ein Mistkübel ausgeleert. Versuchte Interzession gegnerischer Tribune wurde mit Gewalt unterbunden. Das alles klingt chaotisch, doch schon im Jahr 62 hatte ein Mann von Grundsätzen, der junge Cato, einen Tribun am Vortrag einer unerwünschten Gesetzesvorlage gehindert, indem er einen Tribunatskollegen veranlasste, dem Redner mit der Hand den Mund zu verschließen. Im Jahr 59 konterte Caesars Amtskollege die Attacken, indem er sich in sein Haus zurückzog und behauptete, ungewöhnliche Himmelserscheinungen – die nur er beobachtet hatte – machten jeden möglichen Tag im Kalender für den geordneten Fortgang der Staatsgeschäfte untauglich. Er verteilte außerdem Plakate mit so skandalösen Angriffen auf Caesar, dass das einfache Volk sich in Scharen drängte, um einen Blick auf die faszinierenden Texte zu werfen, und dabei den Verkehr in den Straßen von Rom blockierte.

Dennoch wurden genügend Gesetze aus Caesars Agenda durchgepeitscht. Ein schon lange geplantes enthielt ein ausgesprochen vernünftiges Konzept zur Ansiedlung von Pompeius' Kriegsveteranen und anderen bedürftigen Bürgern auf Landflächen in Italien. Strategisch geschickt sahen die Vorschläge keine Beschlagnahmung privaten Eigentums vor. Ein weiteres Gesetz modifizierte in Crassus' Interesse das Steuerabkommen für Asien und fand in Cato nach wie vor seinen erbitterten Gegner. Im April verfügte ein zweites Gesetz die Zuteilung fruchtbaren Bodens in Kampanien hinter dem Golf von Neapel, Land, das zum ersten Mal 211, nach den Siegen Roms über Hannibal, als Staatsland *(ager publicus)* konfisziert worden war. Das Gesetz stieß auf heftigen Widerstand. Beabsichtigt war, den Boden an etwa 20000 arme Bürger Roms und ihre Familien zu geben, Teile des »Abschaums«, der aus tradionalistischer Sicht für die Stadt so belastend und möglicherweise gefährlich war. Cicero nannte diesen großartigen Antrag einen Skandal.

Noch im August wurden gute Gesetzesvorlagen eingebracht; zu nennen ist besonders ein komplexes Gesetz gegen die hemmungslose Geldschneiderei von römischen Statthaltern im Ausland. Doch um so weit gehen zu können, musste Caesar alle Kräfte aufbieten. Nicht nur kam unverändert Widerstand von Seiten Catos, namentlich gegen die beantragte Hilfe für Crassus und die Steuerpächter. Es bestand auch die akute Gefahr, dass Pompeius, sobald seine vordringlichsten Wünsche erfüllt waren, die Seite wechseln und sich den Gruppen der konservativen Senatoren anschließen würde, ein ruhiges Plätzchen, das seinem Naturell eher entsprach. Im Frühling hatte Pompeius Caesars geliebte einzige Tochter Julia geheiratet, doch sogar eine Verbindung durch Heirat war äußerst fragil. Im Sommer 59 setzte Caesar deshalb – wie es scheint – einen Informanten ein, der den chronisch nervösen Pompeius vor einem hochgefährlichen Komplott warnte, bei dem es um sein Leben gehe. Unter den Namen der angeblichen Verschwörer, die endlich auch noch genannt wurden, fehlte fast keiner der traditionellen Gegner aus dem Senat, woraufhin der Informant günstigerweise im Gefängnis zu Tode kam.[5] Cicero irrte sicherlich nicht, wenn er annahm, bei der Affäre habe Caesar die Hand im Spiel – sie flößte Pompeius Angst ein und hielt damit das Triumvirat intakt. Aber auch sie stank zum Himmel.

Gleichgesinnte Konsuln für das kommende Jahr waren schließlich doch nicht zu finden, aber ein gleichgesinnter Tribun, Clodius, und ein Provinzkommando kündigten sich an. Caesar kippte die früheren »Wälder und Triften«-Anträge des Senats und erhielt durch Volksbeschluss die weit größeren Provinzen *Gallia Cisalpina*, das heutige Norditalien, und *Illyricum* an der heutigen dalmatinischen Küste, eine vielversprechende Basis für Eroberungen im Landesinneren. Zudem galt das Kommando für volle fünf Jahre. Ein weiterer glücklicher Zufall kam hinzu, als im April der Statthalter im transalpinen Gallien starb und Nachrichten eintrafen, dass Gefahr von den angrenzenden

Stämmen drohe. Sogar die Senatoren gerieten in Panik und waren ängstlich bemüht, Caesar auch noch das transalpine Gallien zuzuschlagen; als bewährter General war er schließlich der richtige Mann für eine Krise von möglicherweise bedrohlichem Ausmaß – und die Verbindung verschiedener Kommandos würde ihn zweifellos in Atem halten.

Schockiert waren die konservativen Senatoren zunächst vor allem über Caesars eiserne Durchsetzungskraft, seine Verachtung ihres Einspruchs (und ihrer Person) sowie über die populare Ausrichtung seiner Gesetze, die ihm jetzt große öffentliche Anerkennung einbrachten. Die politischen Torheiten des Bibulus und seine Obstruktionen waren praktisch irrelevant, aber man konnte zumindest fragen, ob nicht Caesars ganze Gesetzgebung infolgedessen verfahrenstechnisch ungültig war. Käme die Frage vor Gericht, würden die Senatoren die Geschworenenbank wahrscheinlich so besetzen, dass das Urteil ihre Vorstellung von Illegalität unterstützte. Unterdessen hatten die Senatoren mitansehen müssen, wie ihr alter, ehemals berühmter General Lucullus gezwungen wurde, sich vor Caesar zu erniedrigen. Sie verstanden sich zu einem Gegenvorschlag: War Caesar bereit, zu warten und seine Gesetze im folgenden Jahr vorzubringen? Sie konnten dann ihren Widerstand allenfalls aufgeben oder sogar von einer Anklage absehen. Doch Caesar traute ihnen nicht, und seine Würde hätte ihm einen solchen Handel nie erlaubt. Diesmal fanden die Senatoren nicht wie sonst nach einer Krise in traulicher Harmonie zusammen.

In den ersten Wochen des Jahres 58, das auf sein Konsulatsjahr folgte, weilte Caesar außerhalb der Stadtgrenzen von Rom, um Truppen für sein Provinzkommando auszuheben, war aber für die Senatoren und tagespolitische Nachrichten aus der Stadt noch erreichbar. Versuche, seine Gesetzgebung im neuen Jahr rückgängig zu machen, mussten um jeden Preis vereitelt werden. Und Clodius, der Tribun seiner Wahl, zeigte sich der Herausforderung problemlos gewachsen. Die neuen Konsuln wurden mit dem Angebot wertvoller Provinzkommandos gekauft, und es kamen sogar leichte Befürchtungen auf, Clodius seinerseits könne zu mächtig werden. Allerdings hatte dieser selbst eine Rechnung zu begleichen – mit Cicero, der ihn 63, wie er meinte, im Stich gelassen hatte. Da weder Pompeius noch Caesar willens waren zu intervenieren, kam Cicero seinem Schicksal zuvor und verließ die Stadt. Mitte März war auch Caesar nach Gallien aufgebrochen.

Der General, der zu Pferd nach Norden aufbrach, war eine eindrucksvolle Erscheinung, dunkeläugig, für einen Römer groß gewachsen, mit bereits gelichtetem Haar. Wie in Spanien drei Jahre zuvor würde die Statthalterschaft seine Finanzen nicht nur ins Lot bringen, sie würde ihm außerdem nach seiner

Rückkehr in die Hauptstadt Bestechungen schier unbegrenzten Ausmaßes erlauben. Aber was dann? Wenn Caesar sein Kommando niederlegte und als Privatmann nach Rom zurückkam, würden ihn seine Feinde wegen behaupteter Gesetzwidrigkeiten im Jahr seines Konsulats sofort unter Anklage stellen. Und wenn er erneut ein Konsulat anstrebte, wie konnte er dieses Ziel erreichen, ohne die verfassungsgemäßen zehn Jahre bis zu einer Kandidatur abzuwarten und ohne zum Wahlkampf persönlich in Rom zu erscheinen, wozu man ihn zweifellos zwingen würde? Hilfestellung von Pompeius und Crassus war nicht kostenlos zu haben, und mit Catos Anwesenheit musste man rechnen. Das Konsulat von 59 war sensationell gewesen, hatte aber nicht weniger Probleme geschaffen als gelöst. Der stolze Caesar mit seinen Legionen in Gallien saß in der Klemme.

36

DAS GESPENST
DES BÜRGERKRIEGS

So ist denn jener Liebesbund, jene verhasste Verbindung nicht zu geheimer Rivalität zurückgesunken, sondern entlädt sich im Kriege. Wozu ich mich persönlich entschließe, weiß ich noch nicht; zweifellos wird auch Dir diese Frage Kopfschmerzen machen. Mit unsern Leuten verbinden mich enge, freundschaftliche Beziehungen; die Sache der andern, das ganze Milieu gefällt mir nicht. Wahrscheinlich bist auch Du Dir darüber klar, dass man bei inneren Streitigkeiten, solange mit zivilen Mitteln, nicht mit den Waffen gekämpft wird, auf der anständigeren Seite stehen muss, sobald es aber zu Krieg und Waffenlärm kommt, auf der stärkeren, und für das Beste halten muss, was das Sicherste ist.

Caelius an Cicero, BRIEFE AN DIE FREUNDE, 8,14
(um den 8. August 50 v. Chr.; Übers. Helmut Kasten)

Nach zwei Jahren anhaltender Kämpfe jenseits der Alpen war Caesar zu schnell zu erfolgreich geworden. Im Namen der Freiheit Galliens griff er benachbarte Stämme an, darunter die Helvetier, die sich anschickten, nach Westen auf gallisches Territorium einzuwandern. »Alle Menschen«, schrieb er in seinen Berichten, »haben eine natürliche Leidenschaft für die Freiheit und hassen den Zustand der Knechtschaft.«[1] Doch dann nutzte er Spannungen unter den Galliern aus, nahm sich ihre Stämme einzeln vor und fasste sie zu einer riesigen römischen Provinz zusammen. Nach erfülltem Auftrag in die Heimat zurückbeordert zu werden war das Letzte, was Caesar sich wünschte. Also wurden in immer größerer Entfernung immer neue Feinde und Gefahren entdeckt.

In Rom spielten Pompeius und Crassus nach wie vor die führende Rolle. Doch für eine populare Gesetzgebung bot sich reichlich Gelegenheit, denn die Stadt war noch immer, wie Ciceros Bruder sie Mitte der 60er Jahre schilderte, »vom Zusammenströmen der Völker der Welt geformt« und zählte mindes-

36 DAS GESPENST DES BÜRGERKRIEGS

tens 750 000 Einwohner. Die große Zahl von Freigelassenen, Sklaven und Fremden bestimmte die in der Oberschicht intensiv geführten Dispute über Ordnung, Tradition und legalen Besitz. Clodius, Tribun des Jahres 58, erneuerte das Recht der einfachen Bürger, sich zu sozialen Gruppierungen und Vereinen, den Kollegien, zusammenzuschließen, die der Senat als »den Interessen der Republik zuwiderlaufend« erklärt und im Jahr 64 kurzerhand abgeschafft hatte. Er hatte außerdem den früher eingeführten Kauf von verbilligtem Getreide in eine kostenlose allmonatliche Zuwendung umgewandelt. Mehr als 300 000 Bürger konnten sie beanspruchen, doch sie belastete die öffentlichen Finanzen und Vorräte erheblich, obwohl von der individuellen Zuteilung nur eine einzelne Person, keine ganze Familie leben konnte. Um Aufstockung der Ressourcen bemüht, richteten Clodius und andere den Blick nach Osten, nicht zuletzt auf die reichen Domänen der Ptolemäer auf Zypern. Gegen dessen Herrscher hegte Clodius einen alten Groll, und er zwang nach Caesars Weggang mit einem brillanten Manöver sogar den prinzipientreuen Cato, einer Kompromisslösung zuzustimmen, um das Erforderliche zu erreichen. Durch eine direkt dem Volk unterbreitete Vorlage ließ er Cato die Aufgabe übertragen, Zypern für Rom zu gewinnen und den verschwenderischen Ptolemäerfürsten zu vertreiben. Der Ernennung nachzukommen war Cato durch öffentliche Abstimmung verpflichtet, er konnte also nicht ablehnen. Doch mit dieser Zustimmung bestätigte er indirekt auch die Legalität einer ganzen Kette in gleicher Weise verabschiedeter Gesetze, die er selbst bekämpft hatte – bis hin zu Caesars Vorlagen von 59, könnte man sagen. 6000 Talente flossen aus Zypern in die Staatskasse.

Über Kuriere und Briefe blieb Caesar mit Rom in Kontakt. Er soll Clodius sogar einen Brief geschickt haben, in dem er sich anerkennend über die elegante Art und Weise äußerte, wie man Tribune und Volksabstimmung benutzt habe, um seinen Rivalen Cato zu kompromittieren. Die neue Regelung für Zypern war außerdem eine nutzbringende Abkehr von den Beziehungen, wie sie früher Pompeius zu einem ptolemäischen Herrscher gepflegt hatte. Zweifellos dürfte Caesar auch von erstaunlichen Aktivitäten des Ädils für 58 v. Chr., Aemilius Scaurus, gehört haben. Scaurus, Stiefsohn Sullas und als Ädil auch Veranstalter der Spiele der Plebs, stellte in seinen Spielen fünf Krokodile und zum ersten Mal auch ein Nilpferd zur Schau. Dann baute er ein aufsehenerregendes Theater für 80 000 Zuschauer: drei Stockwerke hoch, mit Marmor, Glas und Vergoldungen, üppig ausgestattet mit golddurchwirkten Stoffen und, wie es später hieß, 3000 Statuen. Er zeigte auch das Riesenskelett eines Dinosauriers, das er aus seinem Dienst im Vorderen Orient mitgebracht hatte, im

Glauben, es sei ein Ungeheuer aus der griechischen Mythologie.² Mit dem Alltag des Volkes ging es sichtlich aufwärts, und wie Clodius' Dekrete setzten auch diese Spiele und Vorführungen neue Maßstäbe im Wettstreit der Politiker um Volkes Gunst.

Die meisten Sorgen machte sich Caesar wegen der Dauer seiner Statthalterschaft »jenseits der Alpen«. Sie war ihm 59 offenbar auf Jahresbasis zugesprochen worden. Sein zweites Kommando »diesseits der Alpen mit Illyricum« war ihm dagegen auf fünf Jahre sicher. Immer größer wurde die Gefahr, dass ein Rivale aus dem Senat mit Verbindungen zu Gallien, Domitius Ahenobarbus, sich 55 zum Konsul wählen und Caesar ersetzen ließ. Dieser griff also auf sein Dreierbündnis zurück. Für das Jahr 56 strebten Pompeius wie auch Crassus erneut das Konsulat an, dem lukrative Kommandos im Ausland folgen sollten, doch keiner von beiden war sicher, ob er im Volk auf die nötige Unterstützung zählen konnte. In Rom hatte die von Clodius veranlasste Gratiszuteilung von Getreide, wie vorauszusehen war, einen akuten Getreidemangel zur Folge. Im Herbst 57 war Pompeius beauftragt worden, den Getreidenachschub zu regeln, und hatte dazu Kompetenzen erhalten, die noch über diejenigen anderer Provinzstatthalter hinausgingen, eine hilfreiche Neuerung. Doch die Aufgabe war nicht einfach. Die Preise blieben hoch, und Getreide war zeitweise immer noch knapp. Außerdem war es weder ihm noch Crassus gelungen, sich die seit langem ersehnte Chance für eine Intervention in Ägypten zu verschaffen. Ein Liebling des römischen Volkes war Anfang 56 keiner der beiden, und im Dunstkreis von Gewalt und bewaffneten Banden fürchtete Pompeius weiterhin um sein Leben. Als Caesar im Frühjahr 56 nach Italien kam, konnte man sich auf einen Deal einigen. Nach seiner Ankunft in Ravenna, wo er im März eintraf, erschien als Erster Crassus, dem der Ehrgeiz im Nacken saß. In einer Übereinkunft, die Mitte April in Lucca zustande kam, schloss sich auch Pompeius dem angebahnten Handel an, weil er befürchtete, sein Ruhm könnte verblassen. Für jeden der drei wurden fünfjährige Provinzkommandos vorgesehen, denen für Pompeius und Crassus im Jahr 55 Konsulate vorangehen sollten. Falls die Wahlen dieses Jahres hinausgeschoben würden, konnten sie auf Unterstützung durch Caesars Soldaten rechnen, die dieser zur Abstimmung nach Rom schicken würde, um die Konkurrenz durch Ahenobarbus auszuschalten. Im Frühjahr 55 waren Pompeius und Crassus als neugewählte Konsuln in der Lage, ein Gesetz direkt vors Volk zu bringen, mit dem Caesars transalpines Kommando um weitere fünf Jahre verlängert wurde.

Der Deal hielt, was er versprach, ist allerdings in Caesars »Kommentaren« mit keinem Wort erwähnt. Vorher hatte Caesar sogar einen Feldzug in Südost-

36 DAS GESPENST DES BÜRGERKRIEGS

europa (Dakien) donauaufwärts in Erwägung gezogen, doch mit der Aussicht darauf, dass sein Kommando »jenseits der Alpen« verlängert würde, suchte er im Nordwesten nach neuen Möglichkeiten, es zu nutzen. Mit einiger Wahrscheinlichkeit hatte er bereits im Jahr 56 eine Invasion Britanniens geplant[3], und belegt ist, dass er unter zwei schutzlosen Germanenstämmen ein grundloses Gemetzel anrichtete. Als Cato in Rom davon hörte, war er außer sich vor Abscheu und Entrüstung und stellte den Antrag, Caesar nach altem Vorbild den Germanen auszuliefern, um den Zorn der Götter von Rom fernzuhalten. Doch Caesar begab sich stattdessen nach Britannien, kurzzeitig im Jahr 55 und erneut im folgenden Jahr, und nahm des Showeffekts wegen einen Elefanten mit. Von den beiden Kampagnen führte keine zu einem nennenswerten Erfolg. Die Hoffnung, in Britannien Gold und andere wertvolle Metalle zu finden, erfüllte sich nicht, und das Ganze lief letztlich mehr auf einen Überfall hinaus als auf eine solide Eroberung. Doch werbewirksam war die Kampagne allemal: Britannien wurde als Land »hinter dem Ozean« dargestellt, das dem Ehrgeiz Alexanders des Großen Grenzen gesetzt hatte. Im heimatlichen Rom hatte Cicero, gestützt auf die Berichte seines Bruders von der Front, sogar geplant, ein Epos über die »ruhmreiche Eroberung« zu verfassen. Die Neuigkeiten aus Britannien wirkten der Gefahr entgegen, dass Caesars Feind Ahenobarbus es fertigbringen würde, Caesar das gallische Kommando zu entreißen, wenn er sein Konsulat beendete, das ihm jetzt für das Jahr 54 offenstand.

Der römische Sommer des Jahres 54 war ungewöhnlich heiß, und andauernder Getreidemangel schürte den Unmut. Ein Bild von den Vorgängen auf Roms politischer Bühne zu gewinnen verlangt noch immer einige Vorstellungskraft. Die Stadt beherbergte riesige Menschenmengen, und die faszinierende Politik der nächsten vier Jahre sorgte für bewegte Zeiten. Es kam zu verwickelten Bestechungsskandalen: Ahenobarbus und seine adligen Kollegen versuchten ihre Nachfolger gegen Bezahlung zu ernennen; in der Stadt traten rabiate Banden auf, die sich aus Soldaten, freigelassenen Sklaven, Handwerkern, Ladenbesitzern und Gladiatoren zusammensetzten und lokale Gewaltausbrüche provozierten, und in den Jahren 53 und 52 folgte eine weitere Krise um die Besetzung des Konsulats. Doch eine Volkserhebung mit der Forderung nach einer Änderung der Verfassung, ein Angriff auf das Gesamtsystem, blieb aus. Die Hauptfrage galt nach wie vor dem Ziel von Pompeius' Ambitionen. Nach dem Konsulat von 55 hatte man ihm die Provinzen von Spanien zugeteilt, ein ruhmvolles Mandat, doch seit dem Jahr 54 zog er es vor, mit Truppen vor den Toren Roms zu verweilen und Spanien durch Untergebene regieren zu lassen. Die engste Verbindung zu Caesar hatte ihr Ende gefunden – seine Frau Julia,

Caesars Tochter, war im Kindbett gestorben. Die Römer richteten ihr ein glanzvolles Begräbnis aus, doch was waren Pompeius' nächste Pläne? Er war inzwischen nicht mehr der Jüngste. Im Jahr 53 hatte er den einen seiner Hauptkonkurrenten verloren, ein weiterer kam 52 ums Leben. Als Erster starb Crassus, der jetzt Ende fünfzig war und nach seinem Konsulat ein Kommando gegen die feindlichen Parther im Osten angetreten hatte. Er wollte ursprünglich im vollen Glanz eines militärischen Triumphs zurückkehren, der ihm nach seinen Kämpfen gegen Spartacus in den späten 70er Jahren verweigert worden war; dass man ihn um diese Trophäe gebracht hatte, setzte dem alten Mann immer noch zu. Doch im Grunde war er inkompetent, von den trickreich agierenden Parthern wurde er im Jahr 53 geschlagen, diese Niederlage kostete ihn und den Großteil seiner Soldaten das Leben.

In Rom fand dann im Januar 52 auf spektakuläre Art und Weise der effizienteste der Popularen, Clodius, den Tod. Er wurde auf der *via Appia* von einer Bande angegriffen, die seinem konservativen Rivalen Milo anhing, und was als zufälliger Zusammenstoß begonnen hatte, endet mit einem brutalen Mord. Clodius' Leichnam wurde in die Stadt gebracht, wo die leidenschaftliche Totenklage seiner Gattin das Ihre tat, den Volkszorn anzustacheln. Zwei Volkstribune ließen auf dem Forum eine Lobrede folgen, worauf die Menge den Leichnam direkt ins Senatsgebäude trug und versuchte, ihren Helden auf einem Scheiterhaufen aus zertrümmertem Mobiliar und Dokumenten zu verbrennen. Das Gebäude selbst geriet in Brand, und bis zum Abend standen Zuschauer vor der glühenden Asche. Unterdessen wüteten Gruppen aufgebrachter Römer in den Straßen und attackierten jeden, der sich in Juwelen oder kostbarer Kleidung sehen ließ. Eine institutionalisierte Polizei gab es nicht, und die einzige Möglichkeit schien ein Appell an Pompeius, die Ordnung mit Truppen wiederherzustellen. In seiner Wartestellung außerhalb der Stadt hatte er aufgrund seiner Machtbefugnisse als Konsular schon 53 in der Stadt interveniert. Jetzt wurde er zum alleinigen Konsul gewählt, sein drittes Konsulat. Es war, so ein besorgter und dankbarer Cicero, ein »göttliches« und wurde ihm doch schon zwei Jahre nach seinem letzten gewährt. Caesar dagegen hielt sich an die Regel der »Iteration«, die für die Wiederholung desselben Amtes ein zehnjähriges Intervall vorgab, und plante, sich erst im Sommer 49 erneut zur Wahl zu stellen, in der Hoffnung, im Januar 48 das Amt antreten zu können. Unterdessen verließen ehrgeizige junge Männer, neue Gesichter, aber auch solche, die weiter nichts als die Lust am Kämpfen trieb, das heimatliche Italien, um bei Caesar im Westen den Aufstieg zu schaffen. Er konnte sie in wachsendem Maß aus den Schätzen seiner Kriegsbeute belohnen, und so bildete sich außerhalb Roms um Caesar eine regelrechte politische Clique.

Langfristig stellte sich die entscheidende Frage, ob es Caesar erlaubt wäre, in Abwesenheit für das Amt des Konsuls zu kandidieren. Wenn er nach Rom zurückkehren und sein Kommado niederlegen musste, um als Kandidat anzutreten, würden seine Gegner innerhalb der Grenzen Roms Anklage gegen ihn erheben, und dies wahrscheinlich vor einem eingeschüchterten und bestochenen Gericht. Im März 52 schien sich Caesars Wunsch zu erfüllen: Die zehn Volkstribune verabschiedeten, unterstützt von Pompeius, ein Gesetz, das ihm den ungewöhnlichen Schritt einer Kandidatur in Abwesenheit von Rom erlaubte. Die Traditionalisten im Senat wurden übergangen, doch zahlreiche andere Fragen blieben offen: Wie würden Caesar und Pompeius sich arrangieren? War zu erwarten, dass sich Caesar, wie seinerzeit Pompeius, statt für das Jahr 49 vielleicht schon 50 um das Konsulat bewarb? Und was hatte er, falls er das Amt erneut übernahm, diesmal vor?

Die Antworten auf diese Fragen markierten einen realen Zusammenbruch der römischen Republik. Wie konnte es zu einer solchen Krise kommen? Die ausländischen Provinzen wurden von einzelnen Statthaltern regiert, die weitestgehend nach eigenem Belieben verfahren konnten und die Möglichkeit hatten, aus ihren Untertanen riesige Gewinne herauszupressen. Diese Kommandos erhöhten ihre Einkünfte, mit denen sie, zurück in Rom, im Wettbewerb bestehen konnten, doch eine Krise blieb aus, weil ihre Opfer, die Völker der Provinzen, nicht gegen diese Form der Herrschaft rebellierten. Im heimatlichen Italien waren die früheren heftigen Konflikte zwischen den Senatoren und vielen Rittern sowie zwischen Römern und Italikern ebenfalls gegenstandslos geworden. Seit den 70er Jahren hatten sich die Nachwehen der sozialen Krise und der kurzen »Lösung« Sullas für die Geschworenengerichte weitgehend beruhigt. Doch in den 50er Jahren galt Luxus bei den Römern noch immer als die große Sünde. Als Konsuln im Jahr 55 hatten Pompeius und Crassus, Männer von unermesslichem Reichtum, Maßnahmen zur Eindämmung des Luxus erwogen. Als Zeichen seiner Missbilligung des jüngsten Schaugepränges veranstaltete der Erztraditionalist Cato im Jahr 51 zur Belustigung der Plebs »altmodische« Spiele: Als Preise vergab er einfache Kränze, nicht Gold, und ließ als kleines Geschenk an die Zuschauer Lebensmittel verteilen.

Diese Männer pflegten eingefleischte Obsessionen, vergleichbar heutigen politischen Stammtischparolen von »Sinti und Roma« oder »allein erziehenden Müttern«, die von den wirklichen strukturellen Schwachstellen ablenken sollten. Denn trotz dieser jahrzehntelangen Rhetorik war der Luxus geradezu phantastisch ins Kraut geschossen. In der Bucht von Neapel bauten sich die Römer aus der Oberschicht entlang der Küste prachtvolle Villen als Zweitdomizil, die auf Betonstegen ruhten und mit Reihen von Säulen und Terrassen geschmückt waren, die in den späteren Wandmalereien von Pompeji heute noch zu bewundern sind. Diese Angriffe auf die Natur seien das Werk eines »Xerxes in der Toga«, sagten die Moralisten und erinnerten an die Kanäle, die der ehemalige Perserkönig graben ließ. Seit Pompeius' Eroberungen in Asien hatten edle Gemmen ihre begehrlichen römischen Käufer gefunden und Sammlungen ihrer verschiedenen Arten angeregt. In der Küche wurden zunehmend lokale Delikatessen beliebt und bekannt, ob Riesenschnecken aus Nordafrika oder selbstgezogene Haselmäuse, die in besonderen Haselmaus-Häuschen *(gliraria)* gehalten wurden: »Sie werden in Töpfen gemästet, die oft im Inneren der Villa stehen; Eicheln, Walnüsse und Kastanien werden hineingeworfen, und wenn der Topf bedeckt wird, werden sie im Dunkeln fett.« Es gab sogar Scharen von Pfauen, die fürs Auge und für den Konsum gehalten wurden. Im klassischen Athen hatte ein prominenter Aristokrat einmal »persische« Pfauen, ein Geschenk des Perserkönigs, zur Schau gestellt und faszinierten Besuchern Pfaueneier verkauft. Gegen seinen Sohn wurde sodann Anklage erhoben, weil er die Vögel wie persönliches Eigentum behandelt habe. In Rom wurden Pfauen im frühen 1. Jahrhundert v. Chr. zu Hunderten gezüchtet, und bald darauf errechnete man, dass eine Herde ein kleines Vermögen abwarf: »Eine Herde von 100« erbrachte ein Zehntel des Eigentumsnachweises für einen Ritter der Oberschicht.

Hier müssen wir an Ciceros Kommentar erinnern: Die Abneigung der Römer galt dem privaten Luxus; ihn in der Öffentlichkeit zu inszenieren war dagegen Großmut und erregte keinen Anstoß. Dass Pompeius im Jahr 55 v. Chr. auf eigene Kosten ein spektakuläres Theater bauen ließ, dessen 15 Statuen ihn selbst und die von ihm eroberten Nationen darstellten, konnte somit zwar die politische Konkurrenz beunruhigen, war aber höchst populär. Noch großartiger als der Bau, den drei Jahre zuvor Scaurus gestiftet hatte, führte es zu mindestens vier Tempeln, von denen einer der Siegreichen Venus geweiht war. Bei der Eröffnung des Theaters wurden Elefanten und 500 Löwen zu einer widerwärtigen »Jagd« auf die Bühne gebracht. Im Jahr 53 ließ ein zukünftiger Tribun, Curio, nicht eines, sondern zwei hölzerne Theater bauen, die als Paar konstruiert waren und Rücken an Rücken stehen oder durch eine Drehung zu einem einzigen Raum und zur Arena für Gladiatoren werden konnten. Dieser Pomp war immerhin öffentlich. Anstoß und Kritik erregte dagegen der »selbstsüchtige« Luxus von Häusern mit Marmorsäulen – berühmt-berüchtigt waren die riesigen Säulen aus dunkelrotem Marmor in Scaurus' Atrium, und als er die phantastisch üppigen Dekorationen seines Theaters zum Schmuck seiner toskanischen Villa benutzte, sollen seine Haussklaven sie in Brand gesetzt haben, um gegen diese Extravaganz zu protestieren.[4]

Uns erscheinen Armut und Leiden der Stadtbevölkerung Roms als Probleme von weit größerer Bedeutung. Der Mangel an Nahrung und Wasser, die unbeschreiblichen Wohnverhältnisse waren eine schockierende Missachtung der breiten Masse der römischen Bevölkerung. Doch im Unterschied zu den Armen in vielen griechischen Städten zur Zeit Platons schlossen sich Roms Besitzlose nicht zusammen, um zu revoltieren und eine neue Verfassung zu fordern. Gewiss, das Volk erhob sich für Clodius, aber damit revoltierte es im Namen eines großen Wohltäters, den es verloren hatte. Im Verlauf der Krawalle brannte das Senatsgebäude nieder, doch ungeplant und nur durch Zufall, und niemand dachte daran, den Senat selbst abzuschaffen. Vom Volk betriebene Kampagnen auf der Basis einer neuen Ideologie gab es nicht, weil unter anderem ein Großteil der Plebs noch immer aus Freigelassenen bestand, die von ihren ehemaligen Herren abhingen; andere waren Ausländer. Dagegen war ein harter Kern von Einheimischen, die seit Generationen in Rom ansässigen eigentlichen Römer, in der Stadtbevölkerung immer schwächer vertreten. Die Oberschicht gab in der Stadt verschwenderisch ihr Geld aus, und von diesen Ausgaben lebten auch die vielen kleinen Geschäfte, die Baumeister und selbst die Spezialisten für die verpönten Luxusartikel. Ein großer Teil der Plebejer war also auf die Reichen angewiesen; und da keiner von ihnen in ihren Versammlungen oder bei politischen Zusammenkünften auftreten und sich zu Wort melden durfte und nur wenige überhaupt abstimmten – und wenn, dann wie gesagt nur als Sammelstimme –, hielt sich das »populare« Potenzial der römischen Verfassung erfreulich in Schranken. Als in Athen die Demokratie eingeführt wurde, waren die Mitglieder des hohen Rates der Athener durch ihre Zusammenarbeit mit der Tyrannis früherer Zeit diskreditiert. Die Verbannung anderer Adliger durch diese Tyrannen hatte dem einfachen Volk bereits gezeigt, dass es auch ohne die Hilfe eines Aristokraten gut zurechtkam. In Rom hatte keine vergleichbare Krise die Senatoren in Verruf gebracht. Vor allem aber war Athens Bürgerschaft relativ klein an Zahl; man wusste sich durch angebliche »Stammesverwandtschaft« verbunden, und der Zusammenhalt war stärker als in der römischen Bürgerschaft, die sich jetzt auch aus dem Umland im Norden und Süden rekrutierte.

Auf dem Land war das Los der Armen nicht besser als in Rom, aber auch hier kam es in den 50er Jahren nicht zu Aufständen der Bauern. Stattdessen wurden mehr und mehr Arme in die Legionen geholt oder gezwungen, was eine lange Dienstzeit im Ausland bedeutete. Immerhin erhielten die Soldaten einen wenn auch geringen Sold. Doch einmal in der Armee, orientierten sie sich an ihren Generälen und nicht an irgendwelchen »republikanischen« Werten. Und hatte diese Republik denn je etwas für sie getan? Hier liegt in der Tat eine der Ursachen für die Krise. Nicht die Größe des römischen Herrschaftsgebiets ließ in den 50er Jahren eine Monarchie oder »stabile Regierung« erforderlich scheinen; die Spannungen ergaben sich vielmehr gerade aus den Eroberungen, durch die sich das Imperium noch immer auf neue Territorien ausdehnte. Generäle belohnten die Soldaten mit Kriegsbeute aus den Siegen im Ausland und verschafften sich weiteres Prestige durch Anträge, ihre Veteranen bei ihrer Rückkehr nach Italien auf zugeteilten Landparzellen anzusiedeln und zu belohnen. Dieselben Generäle setzten ihre Feldzüge mit verlängertem Kommando fort, das sie jetzt erhielten, indem sie den Senat übergingen und sich mit dem Gesetz, das sie dazu ermächtigte, direkt an die Volksversammlung wandten. Ein williger Tribun legte dann sein Veto gegen Vorlagen ein, einen wichtigen General in den folgenden Jahren zurückzubeordern. Das alte zweiköpfige Monster, als das die römische Verfassung entstanden war, sah seine Glieder (das Volk) benutzt, um das Organ zu schwächen, das einst den nährenden Magen der Vernunft (den Senat) dargestellt hatte. Polybios, wäre er noch unter den Lebenden gewesen, hätte darin den Beweis für seine Theorie gesehen: Die Oligarchie verkam mit dem Wandel der Sitten zur Demokratie und weiter zur Monarchie. Doch eine echte Demokratie war es nicht.

Mit jeder neuen Eroberung nahm der Reichtum der Generäle zu und erlaubte es ihnen, ihren Truppen aus den eigenen Gewinnen höheren Sold zu zahlen. Sie konnten damit außerdem die stattlichen Kredite zurückzahlen, mit denen sie sich den Zugang zu ihren Kommandos überhaupt erst erkauft hatten. Als Reaktion darauf hätten die Senatoren den Sold der Truppen aus Staatsgeldern erhöhen und auch das Land für die späteren Ansiedlungen mit öffentlichen Mitteln bezahlen sollen. Doch wären dazu riesige Summen nötig gewesen, mehr als selbst eine neue Erbschaftssteuer eingebracht hätte, die den Reichen verständlicherweise ein Dorn im Auge war.

Die »Freiheit« als Privileg des Volkes, Gesetze zu erlassen – von dem nur wenige Gebrauch machten –, wurde somit manipuliert, um die »Freiheit« als Privileg der Senatoren, zu tun und gegebenenfalls zu sagen, was sie wollten, einzuschränken. Doch auch die hohe Bedeutung, die man der Würde, Stellung und Wertschätzung der eigenen Person zumaß, trug zur Verschärfung des Problems bei. Hatte Pompeius nach seinen Eroberungen in Asien einmal so atem-

36 DAS GESPENST DES BÜRGERKRIEGS

beraubend neue Maßstäbe gesetzt, konnten sich seine Rivalen erst dann wieder als gleichrangig oder überlegen betrachten, wenn sie in noch strahlenderem Licht erschienen. Die Wertvorstellungen der Vorfahren und das gesamte Training ihrer bisherigen Laufbahn trieben sie an, mit Pompeius' neuem Glanz zu wetteifern. Für Caesar bedeutete das, in seinen gallischen Provinzen um seiner Würde willen den Tod von einer Million Menschen zu verursachen und ein geradezu unvorstellbares Vermögen anzuhäufen. Wenn Caesar nach Rom zurückkehrte, würde er nicht nur Konsul sein. Er wäre in der Lage, bei seinem Triumph Schätze in Gold und Silber und andere Kriegsbeute in überwältigender Form und Zahl zur Schau zu stellen. Das Problem seiner Schulden wäre gelöst. Nachdem er Gallien in beispiellosem Ausmaß geplündert hatte, wäre er jetzt selbst in der Lage, zu bestechen und Kredite an einflussreiche Römer zu vergeben und schließlich zum »Wohltäter« der gesamten städtischen Plebs aufzusteigen. Wenn diese Plebs das republikanische System auch nie aus eigener Kraft demontieren würde, so herrschte doch akuter Verdruss, und gegen den Mann, von dem sie jegliche Unterstützung erhielten, wäre jeder Gegner praktisch chancenlos. Dank jahrelanger Praxis auf Kosten der Gallier wurden Caesars Soldaten derweil zu robusten Experten des Kriegshandwerks. Caesar konnte sie selbst bezahlen und würde sie angemessen versorgen. Was würde er, wenn er erneut das Amt des Konsuls errang, nicht alles für die städtische Bevölkerung und für seine Truppen tun, seine Männer, die ihm jetzt seit zehn Jahren dienten? Und: Würde er das Amt je niederlegen? Widerstand gegen die Alleinherrschaft war die Quintessenz republikanischer Werte und hatte ihre Bedeutung für die Senatoren sicherlich nicht verloren.

Den Klagen der Moralisten zum Trotz waren die Banden in den Straßen Roms, die Bestechungen und die Angst vor einem Bürgerkrieg nicht Signale einer Epoche des Niedergangs. Im Zentrum Roms kündeten die teuren öffentlichen Gebäude der großen Feldherren und Politiker vom Wettstreit um den Ruhm. Caesar ließ auf seine Rechnung ein immens kostspieliges neues Forum errichten, einen Konkurrenzbau zum riesigen Steintheater, das Pompeius finanziert hatte. Dank diesen neuen herausfordernden Aufgaben erschlossen die Architekten der Stadt sich Neuland. Vor allem aber das lateinische Dichten und Denken wurde von dieser Zeit gesellschaftlicher Spannungen entscheidend geprägt. Im Bannkreis der politischen Krisen blühten die Gelehrsamkeit, die Philosophie und sogar das Studium religiöser Traditionen, daneben das angewandte Recht. Interessanter ist die literarische Entwicklung – Catulls Werk umfasst Liebeslyrik ebenso wie Sagen und persönliche Schmähreden und geht damit über seine exquisiten griechischen Vorbilder hinaus. In größerer

Länge entwickelt Lukrez in seinem Epos *Über die Natur der Dinge (De rerum natura)* eine epikureisch geprägte Philosophie der Welt und Gesellschaft und der Bedeutungslosigkeit der traditionellen Götter. Das Meisterwerk des Lukrez entstand vermutlich, als die Krise zwischen 49 und 48 in offenen Bürgerkrieg mündete.[5] In den 50er Jahren hatten sich die meisten führenden Persönlichkeiten im politischen Leben Roms mit griechischer Philosophie befasst. Selbst Crassus hatte einen Sinn für griechisches Denken wie auch Marcus Brutus, der bestimmte Stellen seines Gartens nach Wahrzeichen des antiken Sparta benannte hatte. Daneben entstand ein vertieftes historisches Interesse. In chronologischen Studien versuchte man griechische und römische Ereignisse zueinander in Beziehung zu setzen, und seit Mitte der 50er Jahre sind Beispiele aus der griechischen Geschichte in Ciceros Werken häufiger vertreten. Entrüstet nahm er zur Kenntnis, dass Lehrer der Rhetorik ihre Schüler sogar dazu anhielten, die entsetzlich schwierigen Reden des griechischen Historikers Thukydides zu studieren.[6] Als der Bürgerkrieg ausbrach, gewannen die Beispiele berühmter Griechen der Vergangenheit für die aktiv Beteiligten zusätzlich an Aktualität.

Auffallend sind vor allem die Offenheit der Sprache, der Esprit sowie der bewunderswert hohe Stellenwert der Rhetorik. Die intellektuelle Prägnanz und die Offenheit sind in zahlreichen Zeugnissen bis heute für uns lebendig geblieben: in Ciceros Briefen, in den geflügelten Worten Caesars und seiner Rivalen und sogar in Briefen des weniger bedeutenden, doch gebildeten Freundes Ciceros, des jungen Caelius, der Caesar anhing, doch Cicero in seinen lebhaften Schilderungen über den Stand der Dinge im Rom der späten 50er Jahre auf dem Laufenden hielt. Hier bekommen wir einen Einblick, welch hoher Wert für Männer seines Kreises der Freiheit der Meinungsäußerung zukam. Es ist kein Zufall, dass diese Epoche der großen Gerichtsszenen und Ansprachen im Senat und in der Volksversammlung zugleich auch das Zeitalter überragender römischer Rhetorik war.

Und dieser Glanz zeichnete nicht nur Männer aus. Der junge Caelius war ein fabelhafter Tänzer, was ebenso für die bemerkenswerte Sempronia galt, deren Geist, Belesenheit und Kultiviertheit sogar ihre Kririker bewunderten.[7] Mit einer solchen Persönlichkeit konnte sich keine Ehefrau eines Atheners der klassischen Zeit vergleichen. Sie war nur eine von mehreren beeindruckenden Frauen, die uns aus der Spätzeit der Republik bekannt sind: Clodia, die attraktive Schwester des Clodius, hatte wahrscheinlich Catulls beste Liebeslyrik inspiriert, und Sempronias Tochter Fulvia ging mit drei bedeutenden Männern die Ehe ein, unter ihnen Clodius und Marcus Antonius. Fulvias Klagen um den toten Clodius hatten eine Menge aufgebrachter Römer aufs Forum getrieben. Kühnen Geistern ihrer Art lagen die puristischen Ideale der traditionellen Hausfrau und Wollstickerin wenig. Sie hatten Liebhaber, trieben Späße und wirkten sogar als Ratgeberinnen. Im Herbst 52 v. Chr., auf dem Höhepunkt der Krise, ehrte man einen der Konsuln mit einem Fest, bei dem sein Haus in ein Bordell verwandelt wurde und zwei Damen aus der besten römischen Gesellschaft, heißt es, die Gäste bedienten.[8]

Seit Jahrhunderten hatte die römische Republik Konflikte erlebt, sich neu geordnet und neue Spannungen überstanden. Sie hatte den stolzen Scipio überlebt, selbst Marius und den schonungslos konservativen Sulla. Die letzten Spannungen reichten zwar tief, aber konnte sie nicht dennoch auch Caesar und Pompeius überleben? Im Vorfeld der Herrschaft Caesars waren gewaltige Risiken zu schultern und ganze Serien von höchst unberechenbaren Entscheidungen zu treffen. Doch auch in diesem Moment war die Republik nicht tot, obwohl Caesars Wirken zu ihrem Verfall, der unter dem Regime seiner Nachfolger eintrat, maßgeblich beitrug. Während die Gäste in Rom ihr Party-Bordell genossen, häuften sich für Caesar im nördlichen Gallien die Schwierigkeiten. Es zeigte sich, dass die früheren gallischen Eroberungen doch nicht ausreichend gesichert waren; er musste sie weiterhin befrieden und außerdem feststellen, wann sein Provinzkommando auslief – ging es im Jahr 50 zu Ende oder 49, und in welchem Monat? Konnte er es mit Hilfe des Vetos wohlwollender Tribune weiterführen, bis er in Abwesenheit zum Konsul gewählt würde? In Rom hoffte sogar Cicero nach Clodius' Tod jetzt auf ein zweites Konsulat. Und nach der Krise von Clodius' Tod verliefen die Wahlen wieder nach guter alter Sitte: Für 51 und 50 wurden Konsuln, adlige Konsuln, bestellt, und von Bestechung ist ausnahmsweise einmal nicht die Rede.

Im Spiegel der Briefe Ciceros können wir den faszinierenden Gang der Ereignisse, die zur Konfrontation führten, bruchstückhaft verfolgen. Im Jahr 52 war Pompeius dem fernen Caesar weiterhin »freundlich« gesinnt, und von Caesar hieß es, er habe Pompeius weiterhin zu seinem Erben bestimmt. Im Juni 51 sollte die Frage eines Nachfolgers für Caesar in Gallien vor den Senat kommen; am 29. September wurde jedoch beschlossen, die Debatte über diese Angelegenheit auf den 1. März 50 zu vertagen. Einige Äußerungen des Pompeius lassen erkennen, dass das Verhältnis zu Caesar brüchig geworden war. Das größte Problem lag – und liegt heute noch – darin, genau zu bestimmen, wann Caesars Kommando auslief.

Mit einiger Wahrscheinlichkeit lagen zwei verschiedene Daten vor, einmal der März 49 für das »cisalpine Gallien und Illyricum«, und ein zweites, der März

50, für das »transalpine Gallien«. Das erstgenannte Kommando hatte Caesar zur Verlängerung vorgeschlagen, doch die Konkurrenten lehnten ab. Im September 50 teilt der wortgewandte Caelius Cicero brieflich mit, das »Liebesband« zwischen Caesar und Pompeius sei zerbrochen und zwischen den beiden werde es zu einem Kampf der »Gladiatoren« kommen.[9] Dennoch sprachen sich die Senatoren optimistisch noch im November mit 370 zu 22 Stimmen dafür aus, dass sowohl Caesar als auch Pompeius ihre Armeen entlassen sollten. Die Senatoren wollten in ihrer großen Mehrheit nichts als Frieden. Doch wie um Pompeius in seiner Haltung zu bestärken, verließ der eine Konsul dieses Jahres die Stadt und übergab Pompeius das Schwert zur Verteidigung Roms.

In Versammlungen, die Anfang Januar 49 in schneller Folge stattfanden, erfuhren die Senatoren den Inhalt von Briefen, in denen Caesar, wohl ganz korrekt, anbot, nur das »cisalpine Gallien und Illyricum« unter seinem Befehl zu behalten.[10] Doch der adlige Konsul Lentulus stellte den Antrag, Caesar solle das Kommando über seine Armee zu einem festgesetzten Zeitpunkt niederlegen. Der Antrag wurde durch das Veto von Tribunen blockiert, deren einer ein loyaler Anhänger Caesars war – der Mittdreißiger Marcus Antonius. Lentulus erließ daraufhin gegen die widerspenstigen Tribune die »letzte Verfügung«. Marcus Antonius und seine Genossen suchten umgehend Zuflucht bei Caesar, dem allzeit verlässlichen »Freund des Volkes«. Caesar stand schon diesseits der Alpen bereit, begleitet nur von wenigen Legionen. Ohne zu zögern entschloss er sich, Italien über die Flussgrenze anzugreifen, eine unzweideutige Einladung zum Bürgerkrieg. Am 10. Januar schaute er den Gladiatoren beim Training zu, nahm ein Bad und kleidete sich zum Nachtessen um. Unauffällig entfernte er sich aus dem Kreis seiner Gäste und erreichte auf einem vorher vereinbarten Umweg den Fluss Rubicon, wo er Halt machte. Er dachte – so wird es uns überliefert – an die unermesslichen Plagen, welche die Menschheit erwarteten, wenn er den Fluss überquerte, und an das Urteil der Nachwelt über seine Entscheidung. »Die Würfel sind gefallen«, sagte er theatralisch, den griechischen Dichter Menander zitierend, und überquerte den Fluss.[11] Er hatte bereits eine kleine Gruppe bewaffneter Kommandeure vorausgeschickt, nahm aber zu Recht an, dass es der eigene Schritt war, der die schicksalhafte Bedeutung hatte. Dies war auch der Moment, den Willen der Götter zu erkunden und sie zu ehren: Caesar weihte dem Fluss eine Herde Pferde, die er freiließ. Fünf Jahre später, so wird berichtet, ließ das Verhalten derselben Pferde ein völlig anderes Omen für Caesar erkennen.[12]

37

DIE VERHÄNGNISVOLLE DICTATUR

Da siehst du doch schon jemanden, der König über das römische Volk und Herr über die Völker zu sein verlangte und dies auch erreicht hat. Wenn jemand dieses Verlangen als moralisch bezeichnet, ist er wahnsinnig; denn er billigt die Vernichtung der Gesetze und der Freiheit und hält ihre scheußliche und verabscheuungswürdige Unterdrückung für ruhmvoll.
  Cicero, De Officiis 3,83 (Ende Oktober 44 v. Chr.; Übers. R. Nickel u. O. Gigon)

Es war fürchterlich: Das Chaos sei ganz unentwirrbar [laut Gaius Marius]: »Wenn ER mit seinem Genie schon keinen Ausweg fand, wer soll ihn jetzt finden?« Da hast Du's. Alles sei aus, sagte er, und vielleicht hat er recht, aber man merkte ihm an, wie er sich darüber freute ...
  Cicero, Briefe an Atticus 14,1,1 (im April 44 v. Chr., drei Wochen nach der Ermordung Caesars; Übers. H. Kasten)

Nachdem Caesar den Rubicon überschritten hatte, stieß er in ungewöhnlich schnellem Tempo nach Süden vor, was auch deshalb möglich wurde, weil ihm auf seinem Weg durch Italien nur geringer Widerstand begegnete. Dies nicht etwa, weil die Abkühlung des Verhältnisses zwischen den italischen Städten und Rom seit der sozialen Krise der 80er Jahre virulent geblieben und ihm jetzt zugute gekommen wäre. Er hatte vielmehr vorgesorgt. Schon seit geraumer Zeit schickte er aus Gallien Geld an seine Anhänger, mit dem lokale Sympathien geweckt und erhalten werden sollten – hier durch Spenden, dort durch neue Gebäude. Schon im Herbst 50 hatte der junge Caelius an Cicero die unvergesslichen Zeilen geschrieben, in politischen Konflikten solle man den ehrenhafteren Weg wählen, solange es nicht zum Kampf komme; dann allerdings solle man »den Weg der Stärke wählen und das Bessere mit dem Sicheren gleichsetzen«.[1]

Die Bevölkerung Italiens war der gleichen Ansicht und hieß Caesar dankbar willkommen, weil ein möglicher Bürgerkrieg Angst und Entsetzen auslöste. Sie hatte bisher einzig den sullanischen erlebt, an den man sich mit Grauen erinnerte. Die Bauern wollten nicht eingezogen werden, um für Pompeius zu kämpfen, und die Grundbesitzer fürchteten um ihre Ländereien, ihre »goldigen Landhäuser«, wie Cicero mit beißender Ironie kommentierte, »und um ihr entzückendes Geld« und stellten ihre »Fischteiche« über die Freiheit.

Caesar ermutigte sie durch fortgesetzte Propaganda. Er betonte seine »Milde«, die er durch seine Bereitschaft, Feinde zu begnadigen, unter Beweis stellte. Er erklärte sich zum Verteidiger der Rechte der Freiheit, in erster Linie der Freiheit der Tribune des römischen Volkes. Von seinen Feinden seien diese Tribune soeben mit der »letzten Verfügung« bedroht worden. Sogar Sulla, bemerkte er kühl, habe den Tribunen das Recht auf Intervention *(intercessio)* gelassen – Sulla hatte ihnen vermutlich nicht das Vetorecht gelassen, sondern nur das Recht, gegen individuelle Bedrohungen einzuschreiten. Seine Gegner seien eine Minderheit, eine »Faktion« *(factio)*. Moderne Politikberater hätten Caesar in Sachen werbewirksamer Präsentation nichts Neues beibringen können. Aber er unterstrich auch seine Sorge um die eigene Würde, seinen Rang und sein Ansehen, das ihn veranlasse, sich erneut um das Konsulat zu bewerben. »Doch was ist Würde«, war Ciceros treffender Kommentar, »ohne Ehre?«[2]

Hatte Caesar sich die «Freiheitsrechte des Volkes« aufs Banner geschrieben, so warb Pompeius für die »Rechte des Senats«. Kurz zuvor hatten die Städte Italiens Pompeius' Genesung von einer Krankheit gefeiert, und diese jüngsten Artigkeiten könnten ihn getäuscht haben. Cicero hielt sie für pure Heuchelei. Denn Pompeius' Hoffnung auf Unterstützung in Italien war allzu optimistisch. Mitte Januar musste er mit zahlreichen weiteren Senatoren Rom verlassen; sie wandten sich nach Süden und warteten in Brundisium (Brindisi) bis zum 17. März. Inzwischen häuften sich die Kompromissvorschläge. Wenn Pompeius demobilisieren und sich als Statthalter nach Spanien zurückziehen würde, wollte Caesar nur die dalmatinische Küste behalten und Italien fernbleiben. Pompeius bot Caesar sogar ein zweites Konsulat und einen Triumph an, schlug aber Caesars Einladung zu einem persönlichen Gespräch aus und ließ auch über eine Entlassung seiner Truppen nichts verlauten. Vermittler, unter ihnen Cicero, hofften auf Frieden, doch Offerten und Gegenofferten waren lediglich weitere Propagandarhetorik. Keine Seite konnte es sich tatsächlich leisten zu demobilisieren oder zurückzustecken. Pompeius' Abzug aus Rom hinterließ einen sehr schlechten Eindruck; es hieß jedoch, er diene der Verteidigung der Stadt, ganz so, wie die Athener 480 v. Chr. ihre Stadt verlassen hätten, um sie gegen die persische Tyrannei zu verteidigen. Sein Ziel war es, in Griechenland Quartier zu machen und Caesar in Italien einzuschnüren.

Er konnte dabei auf die Hilfe ausländischer Fürsten rechnen und Caesars Popularität beim Volk langsam aushöhlen, nicht zuletzt durch einen Stopp der Getreideimporte. Mitte März schiffte er sich also ein, um in Nordwestgriechenland seine Truppen zusammenzuziehen und fremde Hilfe aufzubieten.

Der Bürgerkrieg brachte Entscheidungen mit sich, die in der Geschichte der Politik bleibende Spuren hinterließen, mit Folgen für die Weltgeschichte. Zahlreiche prominente Römer sahen sich unversehens in Loyalitätskonflikte verstrickt, und die Kämpfe erwiesen sich als Prüfstein für seit langem bekundete Grundsätze. Ein unvergessliches Beispiel steht uns in den erhaltenen Briefen von und an Cicero noch immer vor Augen, der im Dezember 50 nach Italien zurückgekehrt war und für seinen marginalen Sieg in seiner marginalen Provinz anfänglich auf einen Triumph gehofft hatte. Die Ereignisse machten diese Hoffnung zunichte, und Cicero sah sich von Caesar, der ihm und anderen gegenüber ja so freundschaftlich auftrat, in die Rolle des Vermittlers gedrängt. Ein Kämpfer war Cicero nicht, doch noch immer ein großer Redner und ein bewährter politischer Kopf, der Caesars Position Respektabilität verschaffen konnte. Hinzu kam, dass er bei Caesar zur Finanzierung seiner Häuser und seiner Karriere hohe Kredite aufgenommen hatte, die noch nicht abgetragen waren. Doch Caesars konkrete Angebote bei einer Zusammenkunft schlug er aus und schrieb: »Ich glaube nicht, dass Caesar mit mir zufrieden ist. Ich aber war mit mir zufrieden wie schon seit Langem nicht mehr.«[3] Die Anhänger Caesars seien eine abstoßende Gesellschaft von Aufsteigern, skrupellose Opportunisten – die »Armee der Unterwelt«, wie Cicero und sein Freund Atticus sie bildhaft beschreiben.[4] Doch die Unterredung mit Caesar endete mit einer Drohung: »Wenn er nicht auf meinen Rat zählen könne, sagte er, so werde er den Rat jedes Beliebigen annehmen und vor nichts Halt machen.«[5]

Der Vorsatz schien unumstößlich. Als Caesar im April 49 Rom erreichte, wartete er zunächst ordnungsgemäß außerhalb der Stadtgrenzen, überquerte sie jedoch kurz darauf und drohte einen der Tribune zu töten, der ihm, ebenfalls ordnungsgemäß, die Auslieferung des Staatsschatzes verweigert hatte. Weniger vorhersehbar war sein nächster Schritt: ein Eilmarsch nach Westen, um in Spanien einen möglichen Zugriff des Pompeius auf die Provinz zu vereiteln. Er schaffte es – nicht ohne Mühe –, machte kehrt und wurde in Rom für kurze elf Tage zum Dictator ernannt und danach für das Jahr 48 zum Konsul gewählt. Das klingt einfacher, als es war. Er hatte seit Überschreiten des Rubicon seinen Legionen wiederholt Prämien versprochen, doch besaß er zwar Kriegsbeute in Gallien, aber keine flüssigen Mittel. Auf dem Rückmarsch nach Italien hatte ein Teil der Truppen gemeutert, nicht zum letzten Mal. In Rom fand sich kein Magistrat mehr, der bei einer Wahl zum Konsul den Vorsitz führen konnte, so dass Caesar zum Dicator ernannt werden musste, um selbst das Präsidium über seine Wahl zu übernehmen. Dann musste er von Brindisi nach Griechenland übersetzen, um mit Pompeius' Armee fertig zu werden. Eine sichere Überfahrt war erst nach Monaten möglich, und auch dann ging er enorme Risiken ein.

In Ciceros grandiosen Briefen können wir mitverfolgen, wie dieser zaudert und zweifelt, unschlüssig, wohin er sich wenden soll. Sein bester Freund Atticus würde in Rom bleiben, reich, unbeteiligt und in kluger Erwägung neutral. In Rom waren auch Ciceros Frau und Tochter, und bisher hatte sich Caesar nicht übermäßig radikal gezeigt. Er hatte weder einen Schuldenerlass verfügt noch systematisch Land umverteilt. Der Boden einiger Gegner war zwar an Freunde gegangen, allerdings versteigert oder an sie verkauft worden. Doch Caesar blieb der Gegner von Ciceros Ideal senatorischer Freiheit. Sollte er an einen neutralen Ort gehen?, fragte er sich. Nach Malta vielleicht? Sollte er es mit Sizilien versuchen oder ein Militärkommando in Afrika übernehmen? Aber ein möglicher Krieg und die Zerstörungen, die er mit sich brachte, waren ihm im Grunde verhasst.

Pompeius andererseits stand für die Freiheitsrechte des Senats, und er hatte Cicero überdies einen großen Gefallen getan, als er im Jahr 57 dazu beitrug, seine Verbannung aufzuheben. Wie so oft ließ sich Cicero auch jetzt in gewisser Weise täuschen. Wenn Pompeius aus Griechenland zurückkam, würde er Italien angreifen und zulassen, dass grausam Vergeltung geübt wurde. Auch Pompeius würde schließlich die Herrschaft anstreben, war immerhin etwas älter und bliebe folglich weniger lange zu ertragen. Unter dem Eindruck des Gunstbeweises aus früheren Tagen und wegen Pompeius' zugkräftiger Rhetorik reiste Cicero übers Meer, um sich dem General in Griechenland anzuschließen. Bei seiner Ankunft fühlte er sich von Pompeius' Gefolge abgestoßen: »Ihr Gerede war so blutrünstig, dass mir beim Gedanken an einen Sieg schauderte.« Sie bastelten sich bereits die künftigen Ämter zurecht, und »alle diese großen Männer waren tief verschuldet. Warum weitermachen? Das einzig Gute war die Sache selbst.«[6] Cicero nahm also Zuflucht zu seinem Witz, der ihn nie im Stich ließ. Er »verhehlte seine Missbilligung über die Pläne des Pompeius nicht, ließ es sich aber nicht nehmen, die hilfeleistenden Ausländer zur Zielscheibe seiner Witze zu machen«.[7] Pompeius hatte sich bei »barbarischen« Dynasten aus Asien und sogar von Norden, aus dem Donauraum, Unterstützung geholt. »Cicero ging mit düsterer Miene, ohne ein Lächeln durchs Lager, brachte aber andere unwillkürlich zum Lachen.«[8]

37 DIE VERHÄNGNISVOLLE DICTATUR

Als Caesar schließlich im griechischen Nordwesten an Land ging, wäre bei zwei Gelegenheiten eine sofortige Niederlage zu erwarten gewesen, doch die zweite Schlacht endete am 9. August 48 v. Chr. mit seinem entscheidenden Sieg in der Nähe von Pharsalos in Thessalien, bei dem sein Anhänger Marcus Antonius sich als tadelloser Kommandeur des linken Flügels erwies. Agenten Caesars waren inzwischen nach Süden geeilt, um Athen zu umwerben. Sie hatten sogar *pro forma* die widerspenstigen Megarer als Sklaven verkauft und dann freigelassen – (bis dahin noch) ein sicherer Weg in die Herzen der benachbarten Athener. Pompeius, der diese Niederlage nicht erwartet hatte, flüchtete und ging schließlich an der ägyptischen Küste, am Ostarm des Nildeltas an Land, wo er auf Anstiftung eines Griechen, eines Rhetors von der Insel Chios, ermordet wurde. Nach Jahrzehnten entdeckte Hadrian im Jahr 130 n. Chr. das einfache Grab des Pompeius, des Mannes, schrieb Cicero leidenschaftslos, »den ich als ehrlich, ehrenhaft und verlässlich kannte«.[9] Auch »verschlagen« und »undurchsichtig« wären treffende Bezeichnungen gewesen. Hadrian ließ den Sand beiseite räumen und die Statuen wiederherstellen, die von Pompeius' Familie errichtet und später mutwillig beschädigt worden waren, und er schrieb Verse für das Grab. Sie begannen mit den Worten: »Ein Grab, so ohne Pracht ...« Die staatsrechtlichen und persönlichen Verstrickungen, wie ich sie oben nachgezeichnet habe, konnte Hadrian nicht durchschauen.

Am 2. Oktober 48 ging Caesar in Ägypten an Land, wo man ihm zum Empfang den abgehackten Kopf des Pompeius präsentierte. Dann zog er weiter nach Alexandria und wurde im Königshaus der Ptolemäer in einen schicksalhaften Streit verwickelt. Seit dem Tod des letzten Pharaos war das Königreich testamentarisch an Rom gefallen. In einer unerledigten Streitsache bestätigte Caesar nun, dass der junge Sohn des verstorbenen Königs zusammen mit seiner nur wenig älteren Schwester regieren sollte. Als Ptolemäer waren Bruder und Schwester bereits verheiratet, doch die Schwester gelangte, in einem leinenen Bettüberzug verborgen, zum Dictator. Von der 22-Jährigen war Caesar fasziniert; seine dritte Frau Calpurnia weilte im fernen Rom, und er war noch keineswegs zu alt und liebessatt, um einer solchen Versuchung zu widerstehen.[10] Seitdem war bei der römischen Herrschaft über Ägypten auch Liebe im Spiel.

Als die Nachricht vom Sieg bei Pharsalos im Oktober 48 Rom erreichte, wurde Caesar, der Konsul in Abwesenheit, für ein Jahr zum Dictator ernannt. Doch Caesar blieb der Stadt für weitere neun Monate fern, und man begann sich zu fragen, ob er noch lebe. Er war in Alexandria unerwartet in wilde Kämpfe verwickelt worden, die zwei unzufriedene griechische Höflinge vom

Zaun gebrochen hatten. Im Verlauf der Kampfhandlungen fügten seine Truppen auch den Buchläden und Bibliotheken irreparablen Schaden zu, vielleicht Caesars für die Nachwelt folgenschwerste Tat. Jetzt war er seinerseits auf die Hilfe von »Barbaren« angewiesen. Jüdische Soldaten stellten sich zur Verfügung, und als Gegenleistung konnten die Juden künftig für sich und ihren Status auf Caesars verlässliche Unterstützung rechnen. Schließlich kam es zu einem Friedensschluss, und im Frühjahr 47 konnte er sich offenbar endlich entspannen und mit Ägyptens erneut geretteter Königin, die so wohlklingend und gewandt zu plaudern wusste, Bootsfahrten auf dem Nil unternehmen. Sie war bereits schwanger. Im Sommer brachte sie einen Sohn zur Welt, den sie Caesarion nannte, ein Name, gegen den Caesar keinen Einspruch erhob. Das Geburtsdatum und die Vaterschaft Caesars bleiben zweifelhaft, doch wenn er in Ciceros erhaltenen Briefen vom Frühjahr 44 erwähnt wird, entsteht nicht der Eindruck, als hätte seine Herkunft damals zu Diskussionen Anlass gegeben. Andere überlebende Nachkommen hatte Julius Caesar nicht.

Noch nach Pompeius' Tod waren drei weitere Kriege nötig, um Caesars Vormacht zu festigen. Sie sind hinreichender Beleg dafür, dass sein Sieg oder der Untergang der römischen Republik keineswegs unausweichlich waren. Der erste Krieg war mit einem Sieg über den Sohn des Mithridates in Asien im Juli 47 bald beendet – die Entscheidung fiel so schnell, dass Caesar sagen konnte: »Ich kam, sah und siegte.« Dann kehrte er nach Rom zurück, wo unter seinen Truppen, die in Italien zurückgeblieben waren, eine neue Meuterei ausgebrochen war. Hier hatte sein Stellvertreter Marcus Antonius keine sichere Hand bewiesen, ganz abgesehen von seiner Affäre mit einer berüchtigten Kurtisane, deren Präsenz bei Abendgesellschaften von Cicero angeprangert wurde, der, halb schockiert, halb fasziniert, ebenfalls unter den Gästen war.[11] Ende Dezember 47 brach Caesar erneut auf, diesmal nach Nordafrika, um gegen ein weiteres vitales Nest republikanischen Widerstands vorzugehen. Wieder riskierte er viel, weil er gegen etwa 14 Legionen des Feindes weit weniger eigene Truppen zum Einsatz brachte. Nachdem er drei Waffengänge für sich entschieden hatte, setzte sein unbeirrbarer republikanischer Gegner Cato seinem Leben ein Ende. Prinzipientreu bis zuletzt, las Cato zunächst in Platons Schriften, griff dann zum Schwert und war beim zweiten Versuch erfolgreich.

In Rom schien die Nachricht von diesem gescheiterten »letzten Gefecht« im Frühling 46 v. Chr. eine entscheidende Wende anzuzeigen. Caesar erhielt die erste Tranche einer wachsenden Kette außergewöhnlicher Ehrungen zugesprochen. Ein Wagen und eine Statue mit einem Globus sollten auf dem Kapitol aufgestellt werden, und bemerkenswerterweise sollte ihn die Inschrift auf der

Statue mitten in Rom einen »Halbgott« nennen. Vielleicht überboten die Senatoren sogar Caesars eigene Erwartungen. Auf profanerer Ebene wurde Caesar erneut zum Dictator gewählt, doch diesmal für volle zehn Jahre. Wie würde er die Herrschaft ausüben? Er versuchte nicht, das politische System durch ein einziges Gesetzespaket von Grund auf zu reformieren. Das bestehende Rechtssystem ließ er fast unverändert. Die Gesetze kamen vielmehr eines nach dem anderen, und sie waren durchaus sinnvoll. Der Kalender, der hoffnungslos außer Kurs war, sollte erneuert werden. Die Schulden wurden keineswegs erlassen, und viele Bürger schuldeten Caesar hohe Summen, so auch Cicero. Doch eine einstweilige Aufhebung des Pachtzinses war vorgesehen, allerdings nur in bescheidenem Umfang und nur für die Dauer eines Jahres. Schuldner in Italien stellten fest, dass ihr Landbesitz, die Sicherheit für ihre Darlehen, in der Krise massiv an Wert verlor. Ein neues Gesetz verpflichtete deshalb die Gläubiger, das Land zum Vorkriegswert zu akzeptieren. Auch das strenge Insolvenzrecht wurde gemildert. Diese Art der Gesetzgebung hatte mit dem heißblütigen Schuldenerlass der älteren griechischen Geschichte kaum noch etwas zu tun, und andere Popularen versuchten weiter zu gehen. In Caesars Rom dagegen wurden die populistischen Gruppen, die in den 50er Jahren für Clodius im Mittelpunkt des Interesses standen, zurückgestutzt: Die Klubs und Kollegien waren nur mit Lizenz zugelassen – die nur sehr wenige erhielten –, und die Zahl derer, die Anspruch auf kostenloses Getreide hatten, wurde drastisch gesenkt.

Natürlich waren weitere Ansiedlungen für die Kriegsveteranen geplant und wie zuvor auch für die städtischen Armen. Doch sollten die meisten Siedlungen im Ausland entstehen und kein Land beanspruchen, das in Italien genutzt wurde. Im Inland gab es nur Pläne für die Trockenlegung der Pontinischen Sümpfe, um neues fruchtbares Land für Kolonisten zu schaffen. In Caesars neuen Städten im Ausland sollten Freigelassene – gegen die bisherige Gewohnheit – auch öffentliche Ämter übernehmen können. Möglicherweise war ihnen die Ehre Geld wert, aber sie hatten auch ein Auge auf möglichen Handel und Profit, vor allem in Städten wie Korinth und Karthago, deren Neubesiedlung Caesar plante. Als Städtegründer ist er der wahre Erbe des regen kommerziellen Interesses, das einige asiatische Kolonien Alexanders des Großen belegen.

In Norditalien wurde der Region jenseits des Po das Bürgerrecht gewährt; einer Vorlage zufolge sollte sogar mindestens ein Drittel der Hirten auf Höfen mit Weideland aus Freigelassenen bestehen. Namentlich im Süden Italiens hatten die Großgrundbesitzer ihre riesigen Viehherden meist von Sklaven hüten lassen, was freie Bauern aus einem verbreiteten Broterwerb verdrängte und den Landbesitzern gleichzeitig eine nützliche Quelle von Sklaven-Rekruten für den Fall sicherte, dass sie eine bewaffnete Privatarmee brauchten. Diese Gesetzgebung Caesars war durchgehend an sozialen Zielsetzungen orientiert, ebenso die detaillierten Gesetze gegen Korruption in der Regierung oder auch die kurz zuvor erfolgte Reduzierung des Tributs der Provinz Asia um ein Drittel; sie wurde möglich, weil die verhassten Steuerpächter in Rom ausgeschaltet wurden, die sich üblicherweise um das Recht bewarben, die Steuern einzuziehen und dabei Profite zu machen. Das alles stand einem Mann des Hochadels wohl an, der so lange außerhalb Roms gedient hatte und die heimischen Verhältnisse aus einem weiteren Blickwinkel betrachtete. Distanziert betrachtete Caesar auch seine politischen Konkurrenten, die verglichen mit der eigenen patrizischen Herkunft doch ziemlich gewöhnlich waren. Aber auch seine Entourage musste geehrt werden, und folglich war der Senat auf 900 Miglieder zu erweitern, ein Gremium von stattlichem Ausmaß; und viele Neuzugänge waren den Mitgliedern aus traditionsreichen Familien ein Graus.

An der Resonanz beim Volk bestand kein Zweifel mehr. In der Abwesenheit Caesars, als das Korn knapp war, hatte es Unzufriedenheit gegeben, doch bei seiner Rückkehr wurde dem Volk mit der Feier von vier Siegen der grandioseste aller römischen Triumphe geboten. Vier Tage lang zogen im August 46 lange Prozessionen durch die Straßen Roms, die unter anderem neben Caesars eigener Ahnengöttin Venus eine Statue Kleopatras mitführten – sie hat in Rom mindestens zwei Jahrhunderte lang überlebt. Vom Gefolge wurden die üblichen Witze gerissen, damit der triumphierende General die Bodenhaftung behielt: über seine angebliche Sexaffäre mit König Nikodemos – ein alter Witz offenbar, denn Homosexualität hatte weder damals noch später in Caesars Leben eine Bedeutung – oder, schon eher mit ominöser Note, über Caesar als »Bösewicht« und »König«. Bei den anschließenden Spielen vergnügte sich das Volk an Tierjagden und am Anblick der ersten Giraffe in Rom. Am vierten Tag wurde Caesar nach dem Schlussbankett, noch in leichten Hausschuhen, von einer Volksmenge und sogar von fackeltragenden Elefanten aus seinem neu geplanten Forum herausbegleitet. Der finanzielle Aufwand für das Ganze war immens, und als einige seiner Soldaten protestierten, wurden sie hingerichtet, und Priester nagelten die Köpfe von zwei der Hingerichteten an die Basilica auf dem Forum.[12] Es traf sich also gut, dass für die Soldaten riesige Prämien vorgesehen waren, der Lohn für lebenslange Treue, und darüber hinaus sogar eine Auszahlung an jeden einzelnen Bürger. Die Mittel kamen aus den Schätzen der Provinzen, nicht zuletzt aus der Beute, die im Bürgerkrieg der zurückliegenden zwei Jahre in Spanien und Asien abgefallen war. Der Aufwand würde selbst die

Kosten aus dem letzten Lebensjahr Alexanders des Großen übertreffen, ein Zeugnis für den Umfang von Caesars Raubzügen.

Nachhaltiger waren die Projekte gewaltiger Neubauten – ein Tempel für Mars, der größte, den es je gab, das riesige neue Forum, das zu Lebzeiten Caesars unvollendet blieb, ein Tempel für Venus genetrix, Stammmutter Roms, der im September geweiht wurde, und davor eine Statue Caesars zu Pferd, die den General und sein jetzt vierzehnjähriges geliebtes Pferd nach dem Vorbild Alexanders und seines unvergessenen Bukephalos darstellte. Im Jahr 69 hatte Caesar in Cadiz doch angeblich Tränen über den unerreichten Ruhm Alexanders vergossen! Bei der Einweihung des Venus-Tempels feierte Caesar zwei Gedenkrituale: ein Troja-Spiel für Jugendliche, das angeblich bis auf seinen Urahn Aeneas zurückging, und Leichenspiele zu Ehren seiner Tochter Julia, die im Jahr 54 gestorben war.[13] Für sie fochten Gladiatoren auf dem Forum. Anführer der Reiter in den Troja-Spielen könnte ein unbekannter junger Pimpf gewesen sein, sein adoptierter Großneffe Octavian. Niemand konnte ahnen, dass dieser Knabe ungefähr 20 Jahre später solche Spiele für sich selbst wiederholen würde.

Für Cicero bestand auch jetzt noch ein Funken Hoffnung, dass die Republik wieder aufleben könnte. Als Dictator für einen festgesetzten Zeitraum hatte Caesar nominell die Aufgabe der »Neuordnung der *res publica*« (des Staates oder der Republik). Im Senat war es während des Sommers zu einer unerwarteten, erstaunlichen Geste der Vergebung für den Adligen Marcus Marcellus gekommen, der im Jahr 50 mit Nachdruck Caesars Rückkehr aus Gallien gefordert hatte. Cicero applaudierte und feierte Caesars Gerechtigkeit, doch hinter einer Begnadigung stand, wie hinter der ganzen Machtvollkommenheit Caesars, der »Wille, oder soll ich sagen, die Willkür?« eines Einzigen.[14] Senatoren hatten gebuckelt, um ihrer teilhaftig zu werden. Und der jüngst Begnadigte war, bevor er sich der Gnade erfreuen konnte, in Griechenland getötet worden – auf Caesars Befehl, wie einige Stimmen behaupteten. Cicero gibt klar zu verstehen, dass Caesar damals noch immer eine Verschwörung befürchtete. Als Laberius, Verfasser von Possenspielen, ein Stück mit den Worten beginnen ließ: »Bürger, wir haben die Freiheit verloren«, zog Caesar es vor, nichts gegen ihn zu unternehmen.[15]

Im Dezember 46 kam es zu Unruhen, allerdings in Spanien, nicht im Senat. Pompeius hatte dort zwei tapfere Söhne zurückgelassen, und der eine mit Namen Gnaeus führte einen bedrohlichen Aufstand an und zwang Caesar in seinen zweiten, vermutlich gefährlichsten Bürgerkrieg. Er wurde auf unwegsamem Gelände ausgetragen, mit schwierigen Versorgungsmöglichkeiten und gegen entschlossene Feinde. Am 17. März 45 errang Caesar in Munda den entscheidenden Sieg, obwohl er seine Truppen selbst sammeln musste: Er sprang vom Pferd, und sein Appell an ihr Ehrgefühl trieb die so Beschämten, ihre Stellung zu halten. Er war überzeugt, seine letzte Stunde sei gekommen. Es wurde die letzte für Gnaeus Pompeius, dessen Bruder Sextus allerdings in Freiheit blieb. Der Gedanke, Sextus könnte eine politische Zukunft haben, lag Caesar fern, er ließ ihn also unbehelligt, setzte Veteranen auf spanisches Siedlungsland und trat den Rückweg an.

Von allem, was während seiner Abwesenheit in Rom geschah, sind uns die Probleme Ciceros am besten bekannt, nicht nur sein bewundernswertes Empfinden eines wirklichen Freiheitsverlusts, sondern auch familiärer Kummer. Nach wiederholten Streitigkeiten hatte Cicero sich von seiner langjährigen Ehefrau Terentia getrennt. Der letzte seiner drei Schwiegersöhne, Dolabella, war ihm nie willkommen gewesen, und jetzt errichtete die Kanaille eine Statue zu Ehren seines, Ciceros, schwärzesten Feindes Clodius. Seit seiner Rückkehr nach Italien hatte Cicero sich nach Kräften bemüht, die angemessene Mitgift für die dritte Ehe seiner geliebten Tochter Tullia zusammenzubringen, sie aber nur in Raten übergeben können. Nun wünschte seine Tochter die Scheidung von Dolabella. Freunde hatten währenddessen eine zweite Frau für Cicero gefunden, die reiche junge Römerin Publilia. Bei dieser Heirat gehe es nur um Sex, behauptete seine erste Frau. Dann starb Tullia im Kindbett, und ihr Tod traf Cicero tief. Er hatte sie aus tiefster Seele geliebt und sogar geplant, ihr auf einem Gelände in der Nähe des heutigen Vatikans einen Tempel – kein Grab – zu errichten. Doch Julius Caesar war ihm zuvorgekommen und hatte das Grundstück erworben. Dann erwies sich Ciceros zweite Ehefrau als Missgriff, zumal sie auf die Liebe zu seiner Tochter und seine Trauer um sie mit Eifersucht reagierte. Cicero war klug genug, sich eilends aus der Sackgasse herauszumanövrieren und die Ehe aufzulösen.

Bei der Lektüre seiner Briefe kann man die Phasen der Trauer, des Abschieds von der verstorbenen Tochter erkennen. Wir lesen auch einen Kondolenzbrief, den er vom Politiker und Anwalt Sulpicius Rufus erhielt.[16] Der ungewöhnliche Text erscheint auf den ersten Blick zutiefst ergreifend. Sulpicius spricht davon, wie ihm während einer Fahrt entlang der griechischen Küste zu Bewusstsein kam, dass so viele alte Städte Griechenlands durch Katastrophen in den Niedergang getrieben wurden. Tullia, so mahnt er Cicero, sei doch nur ein einzelner Mensch gewesen, während in diesen Städten unendlich viele ihr Leben verloren hätten. Diese merkwürdige Argumentation enthält wenig von dem, was wir heute von einem solchen Zuspruch erwarten würden. Sulpicius und

37 DIE VERHÄNGNISVOLLE DICTATUR

Cicero sind sich einig, dass das derzeitige Ende der Republik die wahre Tragödie sei. Die junge Tullia, lesen wir, habe das Glück gehabt, als erste zu sterben, und der Verlust der Republik sei weit beklagenswerter als der Verlust einer Tochter. Die Prioritäten eines politisch engagierten Römers und die Gewichtung von männlicher Freiheit und familiärem Verlust lassen sich kaum anschaulicher illustrieren.

Doch blieben Cicero immerhin seine geschätzten und geliebten Begleiter – die Bücher. Caesar beabsichtigte, in Rom die erste öffentliche Bibliothek zu bauen, nachdem er von Alexandrias Bücherbeständen so viele in Brand gesetzt hatte. Und zum Bibliothekar sollte der hochgelehrte Varro ernannt werden, obwohl Varro, Pompeius' rechte Hand, im Jahr 49 in Spanien gegen Caesar opponiert hatte. In seinem Kummer wandte sich Cicero der Wissenschaft zu und verfasste selbst mehrere Bücher: über die Götter, über Aspekte der Religion, über die Geschichte der Redekunst und vor allem über die Philosophie – als Schöpfer eines neuen, lateinischen Wortschatzes für die griechische Philosophie – und über die Theorien des Skeptizismus, denen er zuneigte. Seine Briefe aus diesen Monaten führen uns seine ungewöhnliche geistige Vielseitigkeit vor Augen, aber auch die Liebe zu seinen verschiedenen Landhäusern und ihren Wiesen und Wäldern – eines dieser Güter enthielt einen Bereich namens »Akademie«. In dieser Vorliebe traf er sich mit den englischen Gutsherren des 18. Jahrhunderts, die ihn so bewunderten. Seine Art des Philosophierens war weniger kreativ als enzyklopädisch und wäre nie zu Papier gebracht worden, hätte er sich im spannungsvollen Klima einer ungehinderten politischen Laufbahn bewegen und als Redner und Ankläger sein eigener Herr sein können. Doch sein erster philosophischer Dialog mit seinen Warnungen vor der Sexualität und der Gier nach Reichtum fand 400 Jahre später in Augustinus einen so unerwarteten wie leidenschaftlich begeisterten jungen Leser.

Im April 45 trafen in Rom die Neuigkeiten vom Sieg in Spanien ein. Sie lösten eine weitere, diesmal folgenreiche Welle von Ehrungen für Caesar aus. Die Übermittlung der Botschaft war nicht nur so berechnet worden, dass sie genau an dem auf älteste Zeiten zurückgehenden Fest der Parilia bekanntwurde, das auf Romulus und die Gründung Roms Bezug nahm, von Caesar also genutzt werden konnte – der Senat beschloss auch, Caesar den Ehrennamen eines Befreiers *(Liberator)* zu geben und der Göttin Libertas einen Tempel zu bauen.[17] Es war ein Schlüsselmoment in der Geschichte der Freiheit, denn nie zuvor hatte ein Römer diesen Titel erhalten. Er rief auf schmeichelhafte Weise Caesars Verdienste zu Beginn des Bürgerkriegs in Erinnerung und schrieb einem Mann Befreiung zu, obwohl er erneut römische Bürger in der Schlacht getötet hatte. Es war sogar beabsichtigt, seine Statue neben den Standbildern der Gründer der Republik auf dem Forum aufzustellen. Doch dann nannten ihn die »befreiten« Senatoren überdies den »Vater des Vaterlandes«, sprachen ihm Kränze zu, fünfzig Gebetstage und vor allem zwei der höchsten göttlichen Ehrungen. Seine Elfenbeinstatue sollte in Prozessionen zusammen mit den Statuen der Götter durch die Stadt gefahren werden, und eine weitere Statue in einem Tempel sollte die Aufschrift tragen: »Dem unbesiegbaren Gott«, was unverkennbar an Alexander den Großen erinnerte.[18] Und doch war im Sommer 45 ein kluger Römer von Adel und einem Cicero ebenbürtiger Verfasser von moralphilosophischen Schriften überzeugt, die Republik sei wiederherzustellen. Dieser Adlige, Marcus Brutus, hatte bisher aus Caesars Herrschaft nur Vorteile gezogen und war für das folgende Jahr zum Prätor bestimmt. Auch im Jahr 45 war außerhalb von Caesars Tischrunde die Redefreiheit noch in Gebrauch; in seiner Schrift über die Rhetorik hatte Cicero soeben den Hinweis fallenlassen, Brutus solle es seinen adligen Vorfahren gleichtun – eine hochbrisante Bemerkung. Ciceros Freund Atticus hatte Brutus kurz zuvor geholfen, seinen Stammbaum zu rekonstruieren, mit dem Brutus sodann eine Wand im Saal seines Hauses ausmalen ließ, das er zu Ehren Athens seinen »Parthenon« nannte. Auf dieser Wand hatte er täglich eine Genealogie vor sich, die, wie es hieß, auf die zwei großen Tyrannenmörder in der ältesten Geschichte Roms zurückging.[19] Einer der beiden, der ebenfalls den Namen Brutus trug, hatte den stolzen König Tarquinius vertrieben und danach die eigenen Söhne getötet, weil sie Anhänger des Königs waren. Dieser berühmte Brutus war der erste Konsul im ersten Jahr der Republik, die an die Stelle des Königtums trat. Seine Statue hatte lange vor derjenigen Caesars einen Ehrenplatz auf dem Kapitol erhalten. Dieses Erbe blieb nicht ohne Einfluss auf den Nachkommen. Brutus hatte das Denkmal vermutlich schon 55/4 auf Münzen prägen lassen, zusammen mit dem Wort »Freiheit«. Von Caesar war bekannt, dass er eine Affäre mit Brutus' Mutter hatte, doch dieses private Kapitel der Familiengeschichte war für Brutus' wachsende Unzufriedenheit ohne Bedeutung. Deren Gründe lagen im Politischen – und Brutus, der früh seinen Vater verloren hatte (durch die Hand des Pompeius), war als Catos Protegé aufgewachsen. Er war philosophisch interessiert und ging im Sommer 45 seine zweite Ehe ein – bezeichnenderweise mit Porcia, der verwitweten Tochter des Erzrepublikaners Cato.

Während Caesar die politischen Freiheiten begrenzte, hatte er die unvermeidlichen Gesetze gegen das gefürchtete Phantasma, den persönlichen Luxus erlassen. Es hieß, dass Inspektoren sogar die privaten Bankette sowie die

37 DIE VERHÄNGNISVOLLE DICTATUR 439

Lebensmittelmärkte kontrollierten und Perlenschmuck und extravagante Bekleidung mit einem Verbot belegten. Das Gesetz wurde nicht vollständig ignoriert, denn bei Cicero findet sich die Bemerkung, dass die Köche lernten, neue, vegetarische Gerichte zuzubereiten, und dass er von der neuen Zwangsdiät aus geröstetem Gemüse Magenschmerzen bekomme.[20] Im Oktober 45 feierte Caesar einen Triumph, seinen zweiten, für die Siege in Spanien. Doch viele nahmen daran Anstoß, weil es Siege über Römer in einem Bürgerkrieg waren, also kein legaler Grund für einen Triumph. Ein denkwürdiges Porträt Caesars aus dieser Zeit finden wir bei Cicero. In der festlichen Zeit Mitte Dezember 45 stattete Caesar seinem alten Freund einen Besuch ab. Er traf mit etwa 2000 Soldaten und Begleitern auf Ciceros Landgut ein; auch das Gefolge musste verköstigt werden. Während des Essens führten sie heitere Gespräche »von Mensch zu Mensch«.[21] Doch es fiel kein Wort über Politik, das Lebenselixier von Ciceros früherer Existenz. Sie sprachen ausschließlich über Literatur – eine Einschränkung, die in den früheren gemeinsam verbrachten Zeiten undenkbar gewesen wäre. »Doch mein Gast«, schrieb Cicero anschließend, »gehörte nicht zu denen, die man bittet: ›Komm doch wieder vorbei, wenn du zurück bist.‹ Einmal ist genug.« Auf dem Rückweg, so hielt er fest, habe sich die ganze Begleittruppe in einem bestimmten Moment um Caesar gesammelt, um zu seinem Schutz rechts und links neben ihm zu reiten.

In Rom erwartete Caesar jetzt ein fortlaufender Strom beispielloser Ehrungen: Opfer zu seinem Geburtstag – in der griechischen Welt eine göttliche Ehrung für Könige, jährliche Gelöbnisse zu seinem Wohlergehen und Immunität *(sacrosanctitas)* wie für einen Tribun. Nach Maßstäben der damaligen Zeit war er inzwischen alt, und seine Gesundheit war nicht die beste, dennoch fand sein nächster Plan allgemeine Zustimmung. Er wandte sich wieder dem zu, was seine größte Stärke war, der Kriegsführung – drei Jahre sollten es werden –, um im Osten gegen die Parther Ruhm zu gewinnen, die dem betagten Crassus kurz zuvor zum Verhängnis geworden waren. Gerüchten zufolge würde er am Schwarzen Meer sogar einen Schwenk machen und als bravouröser Eroberer entlang der Donau durch Dakien zurückkehren. In den griechischen Städten Kleinasiens hatte man Caesar bereits »Ehrungen gleich denen für die Götter« erwiesen. Vor ihm hatten auch andere Römer in der griechischen Welt diese Ehrungen erhalten, und wie Caesar waren sie auf ihrem Weg ebenfalls mit lokalen Königen zusammengetroffen. Doch anders als sie hatte Caesar eine Königin sogar nach Rom gebracht – Kleopatra war in der Stadt, in »diplomatischer Mission«. Plante Caesar, als König zu herrschen wie seine Vorfahren und sich ohne Einschränkung als Gott mit offiziellem Kult verehren zu lassen? Es regnete weiterhin Ehrungen; vielleicht wollte man nur feststellen, was er zurückweisen würde. Anfang des Jahres 44, so erfahren wir, wurde ihm ein Kult zuerkannt, in dem Marcus Antonius, sein Konsulatskollege, als Priester fungieren sollte. Sein Haus sollte ehrenhalber mit dem dreieckigen Giebelfeld der Tempel geschmückt werden; es heißt sogar, im Senat habe man ihn als »Jupiter Julius« begrüßt. Vorschläge für einen Kult zu Lebzeiten Caesars scheinen also gesichert zu sein, strittig bleibt jedoch das Undenkbare – seine Bereitschaft, den Königstitel anzunehmen. Zweifellos wurden ihm Symbole des Königtums zugesprochen: ein goldener Thron, nur für das Theater, der außerdem leer zu bleiben hatte, sowie eine goldene Krone wie für einen triumphierenden General. Ende Januar rief eine Menge ihm »König!« zu, als er in einem feierlichen Zug von öffentlichen Spielen zurückkehrte, aber er korrigierte sie.[22] Mitte Februar 44 versammelte sich das Volk Roms zum Fest der Luperkalien, bei dem junge Männer nackt durch die Straßen rannten und Frauen mit Riemen aus Bocksfellen »berührten«, um ihre Fruchtbarkeit zu fördern. Marcus Antonius und andere, die mit ihm rannten, überreichten Caesar ein königliches Diadem, das er demonstrativ von sich warf. Diese Verweigerung war, sehr zum Bedauern der Plebs, möglicherweise inszeniert, um die Zweifel der Traditionalisten zu zerstreuen. Eines jedoch steht fest: Mitte Februar hatte Caesar eine weitere Ernennung zum Dictator angenommen, seine vierte, doch diesmal war seine Dictatur als Amt auf Lebenszeit definiert. Damit war nun auch über die Zukunft der Republik alles gesagt. Nicht zu Unrecht hieß es, Caesar habe die Republik »einen bloßen Namen ohne Körper oder Form« genannt und an Sulla kritisiert, dass dieser sein politisches ABC nicht beherrscht habe, weil er die erlangte Dictatur niederlegte.[23] Eine Wiederherstellung der senatorischen Freiheiten stand jetzt außer Diskussion. Und damit war ein klarer Wendepunkt erreicht.

Rückblickend erinnerte man sich an verschiedene warnende Vorzeichen, doch daran hatte es ja nie gefehlt. Im Norden am Rubicon sollen jedoch die Pferde, die Caesar damals freigelassen hatte, aufgehört haben zu grasen.[24] Und die Pferde lagen richtig. Caesar hatte sogar seine römischen Leibwächter entlassen. Lebensmüde dürfte er kaum gewesen sein, es war vielmehr ein Zeichen der sicheren Gewissheit seiner Größe. Als die Senatoren ihn aufsuchten, um ihm allerhöchste Ehren zu erweisen, erhob er sich nicht, um sie zu begrüßen, was einem Dictator allerdings erlaubt war. In seinem Innersten hielt er sie für mediokre Existenzen, von denen viele seine eigenen Kreaturen waren. Dennoch bereute er sein grobes Benehmen umgehend und gab vor, er sei plötzlich von Magenschmerzen befallen worden.

37 DIE VERHÄNGNISVOLLE DICTATUR

Die Dictatur auf Lebenszeit, der bevorstehende Kult – das waren unerträgliche Vorstellungen für die Gruppe der Senatoren, denen die Freiheit ein unschätzbares Gut bedeutete. Einer von ihnen war der ungestüme Cassius, neben Brutus ein Prätor dieses Jahres, aber auch ein bewährter Soldat und ein Mann, der sich für die Philosophie Epikurs interessierte. Seine Vorfahren hatten wie diejenigen des Brutus ehemals Münzen geprägt, die die Aufschrift »Freiheit« trugen. Cassius war außerdem Brutus' Schwager, verheiratet mit dessen Halbschwester. Andere Männer wiederum reagierten empfindlich auf die unvermeidlichen Kränkungen oder Enttäuschungen, wie sie ein System von Ehrungen mit sich brachte, das zunehmend von Caesars Gunst und Gnade abhing. Dazu kam die ungelöste Frage des Königtums. Man stehe kurz vor seiner Wiedereinführung, hieß es; ein Sibyllinisches Orakel hatte offenbar verkündet, das Partherreich könne nur von einem König erobert werden.[25] An den Iden des März begab sich Caesar trotz regelmäßiger Warnungen zu einer Senatssitzung und sah sich dort einer aufsässigen Gruppe von Senatoren gegenüber, darunter auch Marcus Brutus. Etwa 60 Senatoren waren an der Verschwörung beteiligt, doch es können nur fünf oder sechs gewesen sein, die sich auf Caesar stürzten und auf ihn einstachen, während sein Mitkonsul Marcus Antonius vor den Türen zurückgehalten wurde. Blutüberströmt sank Caesar zu Boden. Später wurden 32 Wunden gezählt, und die Verschwörer ließen den Leichnam bis zum Abend an Ort und Stelle. Die überlieferten letzten Worte »Auch du, Brutus?« sind vermutlich Legende, dagegen trifft wahrscheinlich zu, dass Brutus laut den Namen des einzigen Senators rief, den die Verschwörer aus Angst vor Indiskretionen von ihrem Komplott ausgeschlossen hatten: Cicero! Doch Cicero hatte es auf höchst bewundernswerte Art verstanden, andeutungsweise und in privaten Briefen unablässig gegen Caesars Despotismus zu protestieren. Jetzt lag Caesars Leiche im Tempel neben dem Theater des Pompeius, wo die Senatssitzung stattfinden sollte, nur wenige Meter von der Statue des Pompeius entfernt.

38
DIE VERRATENE FREIHEIT

> *Der Knabe Caesar [Octavian] vollends zeigt eine erstaunliche Veranlagung zur Mannhaftigkeit. Ach, könnten wir ihn doch im strahlenden Glanz der Ehren und des Ansehens ebenso leicht lenken und bei der Stange halten wie bisher! Das ist auf jeden Fall nicht ganz einfach, aber ich bin doch guten Muts. Der junge Mann ist nämlich zu der Überzeugung gekommen, und hauptsächlich durch mich, dass wir ihm unsre Rettung verdanken.*
> Cicero an Marcus Brutus (um den 21. April 43 v. Chr.; Übers. H. Kasten)

Die Ereignisse nach dem Attentat auf Caesar sind das entscheidende Kapitel in der Geschichte der Freiheit im alten Rom. Parteiische Zeugnisse, Ciceros Briefe und Reden, rufen uns diese Tage und Monate aus ihrer Sicht mit wunderbar klarer Eindringlichkeit vor Augen. Ciceros Pläne scheiterten, doch seine Urteile werden den Tatsachen oft gerecht. Trotz Augenblicken der Angst und des Rückzugs war er auch im Alter von 62 Jahren meist auf der Höhe der Ereignisse. Seine Fehler waren dieselben wie eh und je, waren fatal, doch entschuldbar: witzige und polemische Ausfälle gegen das Versagen anderer großer Männer und die Gewohnheit, die Ereignisse so zu sehen, wie es seinen Wünschen entsprach.

Nach seiner Ansicht war die große Chance ungenutzt geblieben. Unmittelbar nach Caesars Tod, meinte er, hätte der Senat zur Stelle sein müssen, um das Volk unverzüglich zur Freiheit aufzurufen. Die Verschwörer hatten wie viele Tyrannenmörder aus der griechischen Geschichte tatsächlich nichts weiter getan. Einer hatte auf einem Speer eine »Kappe der Freiheit« gehisst, und der Körper des Toten war geblieben, wo er war, »rechtmäßig erschlagen« und zu nichts anderem wert, als in den Tiber geworfen zu werden.[1] Doch drei Sklaven trugen ihn nach Hause. Der überlebende Konsul, Marcus Antonius, war geflohen, aber noch am gleichen Abend waren seine Pläne schon als grundschlecht und verräterisch gefürchtet.[2] Über dem Forum auf dem Kapitol hatte der edle Brutus eine Ansprache gehalten, doch die Rede enthielt nach Ciceros Einschätzung zu viel Schliff und zu wenig Feuer.

38 DIE VERRATENE FREIHEIT

Nach dem Tod Alexanders des Großen wiesen seine Offiziere gefälschte »letzte Pläne« des Toten vor, um sicherzustellen, dass sie von der Öffentlichkeit verworfen würden. Nach Caesars Tod nahm Antonius dessen angebliche Pläne an sich und drang zwei Tage später, am 17. März, in einer Senatsversammlung mit klug gespielter Verbindlichkeit auf Aussöhnung. Der Mord solle nicht gerächt werden – das war immerhin ein Entgegenkommen. Doch Caesars Pläne und seine Maßnahmen, ob sie nun der Vergangenheit, Gegenwart oder Zukunft angehörten, seien sämtlich zu ratifizieren. Das war ein kritischer Moment. Aber so viele Senatoren verdankten ihren Rang und ihre weitere Zukunft den jüngsten Beschlüssen Caesars, dass eine Annahme des Vorschlags sicher war. Sollten sie zögern, standen schon bewaffnete Soldaten, Caesars Veteranen, bereit, um Unklarheiten zu beseitigen. Die Senatoren stimmten also zu. Sie gaben auch ihre Zustimmung zur Bestattung Caesars, einem Staatsbegräbnis sogar, auf das sein Schwiegervater gedrängt hatte.

Der Freiheit, Ciceros Wunschbild, drohten Schwierigkeiten. Die in aller Welt stationierten Legionen waren Caesar fast ausnahmslos loyal ergeben; viele seiner Veteranen warteten noch auf die Auszahlung. Aus seinem Privatvermögen konnten Kriegsgewinne, Beute und Staatseinnahmen in riesigem Umfang von seinen politischen Erben verteilt werden. Und den kleinen Leuten in Rom war Caesar eindeutig lieber als weitere sogenannte Eintracht und Freiheit für die Oberschicht. »Was Caesar niemals getan oder erlaubt hätte«, bemerkte Cicero bald darauf, »wird jetzt aus seinen gefälschten Plänen heraus als Antrag vorgelegt« – aus Caesars hinterlassenen Papieren, die jetzt im Besitz des Marcus Antonius waren und von ihm zweifellos manipuliert wurden.[3] Doch Caesars Armeen, das Geld und die Loyalität des Volkes machten es schwer, die Uhren zurückzustellen, als hätte es ihn nie gegeben.

An den Iden des März, schrieb Cicero, hatte man ein herrliches »Bankett« unbeendet gelassen; es gab noch »Reste« – Marcus Antonius. Und es zeigte sich, dass er recht hatte. Wäre dieser nur auch getötet worden – dann hätte die Restauration der Republik eine echte Chance gehabt. Doch dieser Rest kam nicht unters Messer, und obwohl Cicero seinen Tod wünschte, war er noch immer beamteter Konsul mit sichtlichem Talent für öffentlichkeitswirksame Auftritte. Am 20. März gab er eine Kostprobe. Caesars Testament war eröffnet worden, und es zeigte sich, dass er seine Gärten der Öffentlichkeit hinterlassen hatte und überdies jedem Bürger Roms einen Geldbetrag. Nun kam der Tag für Caesars Staatsbegräbnis, dem Cicero nicht ohne Grund mit Bangen entgegensah. Der Leichnam wurde, begleitet von Schauspielern und Sängern, über das Forum getragen. Dann wandte sich Marcus Antonius an die Menge, die auf dem Forum versammelt war, und schürte die Emotionen. Es gibt zwei maßgebliche Darstellungen dieser Rede an die »Freunde, Römer, Landsleute«, wie Shakespeare sie beginnen lässt. Der einen zufolge, die von vielen Wissenschaftlern bevorzugt wird, ließ er der Proklamation eines Herolds nur wenige Worte folgen. Eher glaubt man der zweiten, die vermutlich auf einen Zeitgenossen zurückgeht und an das anschließt, was den Briefen Ciceros zu entnehmen ist.[4] Der Leichnam auf seinem Elfenbeinlager wurde in einen goldenen Schrein gestellt, der dem Schrein der Venus genetrix nachgebildet war. Nachdem Antonius von den Taten Caesars gesprochen hatte, begann er mit den aufsteigenden Emotionen der Menge zu spielen – wohl das von Cicero erwähnte »mitleidheischende Loblied«. Er stimmte einen Klagegesang an und brach in Tränen aus. Auf einem Speer hielt er Caesars blutbefleckte Toga in die Höhe; als die Gefühle hochkochten, zeigte er ein Wachsmodell von Caesars mit Wunden bedecktem Körper. Klagegesänge der Menge sollen gefolgt sein, aus der Caesar selbst zu sprechen schien. Offensichtlich hatte Marcus Antonius, um den Anlass zu orchestrieren, Schauspieler und Theatergruppen mobilisiert, ein wichtiges Element in römischen Massenaufläufen. Der inszenierte Dialog mit der Menge führte zur dramatischen Klimax der Emotionen. Caesars Körper, der eigentlich zum Marsfeld gebracht werden sollte, wurde von der Menge auf das Kapitol getragen, von den Priestern zurückgebracht und unter Beteiligung des Volkes auf dem Forum verbrannt. Es kam sogar zu einem Versuch, die Häuser der selbsternannten Befreier in Brand zu setzen. Im Volk gärte es – eine Warnung an Marcus Antonius' Gegner.

Zunächst galt es ein Hindernis aus dem Weg zu räumen. Caesars Pläne waren ratifiziert worden, doch er hatte das Kommando über Norditalien einem der Männer zugeteilt, die dann zu seinen Mördern gehörten, dem Decimus – nicht Marcus – Brutus, und für Brutus und Cassius, hieß es, habe er Syrien und Makedonien, zwei Provinzen mit Armeen, reserviert.[5] Diese Zuweisungen musste Marcus Antonius rückgängig machen und zugleich die eigenen aufstocken. Noch wartete er ab, und seine Absichten erschienen Cicero jetzt weniger bedrohlich. Am 9. April schreibt er: »Antonius interessiert sich mehr für die Zusammenstellung seiner Abendtafel als dafür, Unfrieden zu stiften.«[6] Antonius hatte sogar beantragt, die Dictatur ganz abzuschaffen, ein scharfer Kommentar zu den Gründen für die Mordtat. Im selben Monat wurden jedoch Teile der Plebs aus eigenem Antrieb aktiv. In der Stadt wurde zu Ehren Caesars eine Säule errichtet, die abgerissen werden musste. Für kurze Zeit wurde auch Marcus Antonius ausmanövriert, als erneut ein gewisser Amatius auftauchte, der schon dem Caesar ein Dorn im Auge war. Gerüchte wurden laut, er sei der

Enkel des Marius, ein lebendiges Echo populärer Vergangenheit. Wahrscheinlich stand Amatius in enger Verbindung zu den Kollegien römischer Bürger, diesen Unruheherden, die schon Caesar staalicher Kontrolle unterwerfen musste. Er wurde in kürzester Zeit hingerichtet, und Marcus Antonius wandte sich dem vordringlichen Problem zu: Demobilisierung und Ansiedlung von Caesars Veteranen in Italien.

Mitte April erschien ein neuer Geist aus der Vergangenheit, Caesars adoptierter testamentarischer Erbe, der 18-jährige Octavian, der sich zur Zeit des Mordes in Nordwestgriechenland aufgehalten hatte. Er war Caesars bevorzugter Großneffe, aber wie Ronald Syme vermerkt, von Geburt nur der »Enkel eines Munizipialbankers«.[7] Als unbekannte Größe ohne überzeugenden Leistungsausweis war er nicht einmal Senator. Doch er sollte sich als Mann von kühler Härte, Berechnung und unpathetischer Nüchternheit erweisen, was ihm 45 Jahre lang die Herrschaft über das Imperium sichern sollte. Die jüngsten Unruhen im Volk waren ein gutes Omen.

Bei der Ankunft im süditalischen Brundisium nahm sich Octavian die eine der beiden wichtigsten Ressourcen, Geld, und benutzte sie, um die andere, einen Teil von Caesars Legionären, für sich zu gewinnen. Es war ein kühner Start, und als der junge Mann im Frühjahr 44 nach Norden weiterzog, machte er in der Bucht von Neapel Halt und quartierte sich im Nachbarhaus Ciceros ein. »Er ist mir ganz ergeben«, schrieb Cicero damals, »äußerst freundlich und äußerst respektvoll.«[8] Doch schon nannte sich der Junge »Caesar«, was Cicero weniger gefiel. Und wie konnte er ein vernünftiger Bürger, »einer von uns«, bleiben, wenn er Rom erreichte? Es war eine der denkwürdigsten Begegnungen der Geschichte: der erfahrene Staatsmann, der so oft irrte, und der gefährlichste 18-Jährige der Welt. Kaum einen Monat später schrieb Cicero bereits, dass ihm »weder die Spiele Octavians noch seine Agenten gefallen«; Mitte Mai versuchte Octavian, Leichenspiele zu veranstalten. Problematisch war, dass Marcus Antonius seinen Ambitionen noch rücksichtsloser Geltung verschaffte als der Jüngere. Am 1. Juni ließ er mit Hilfe bewaffneter Anhänger durch ein Votum des römischen Volkes den Austausch der Provinzkommandos legitimieren, die seine Machtbasis verstärken sollten. Er setzte außerdem eine Kommission ein, die Land an Caesars Veteranen verteilen sollte und zweckmäßigerweise von seinem Bruder geleitet wurde. Brutus und Cassius zeigten sich gekränkt über die ungerechte Behandlung und machten sich bereit, Italien zu verlassen, um im Ausland anspruchslose Ämter zu übernehmen. Norditalien hatte Marcus Antonius für sich ausgesucht. Für Cicero blieb nur zu beklagen, dass nichts »geplant, nichts durchdacht, nichts organisiert« war. Die Befreier hatten »männliche Entschlossenheit gezeigt, doch ihre Taktik war kindlich«.[9] Er selbst hatte die letzten Wochen damit verbracht, prominente Schüler, unter ihnen die Konsuln des nächsten Jahres, in Rhetorik zu unterrichten. Er tadelte sich dafür und tat es dennoch. Als Marcus Antonius' Gesetze publik wurden, nahm er sich vor, Italien zu verlassen und seinen Sohn in Athen zu besuchen, um sich zu vergewissern, ob dessen Studium im Ausland Fortschritte machte.

Unterdessen war Octavian in einer Sache aktiv geworden, der Marcus Antonius bisher wohlweislich aus dem Weg gegangen war. Er kündigte an, als Sohn und Erbe Caesars werde er den Mord an Caesar rächen. Er zahlte die Beträge aus, die jedem Mitglied der städtischen Plebs nach Caesars letztem Willen zugesprochen waren, und versuchte den berühmt-berüchtigten goldenen Thron des Toten wieder öffentlich präsent zu machen. Ende Juli leitete er persönlich die »Spiele zu Ehren von Caesars Sieg«, dem offizielle Feiern verweigert worden waren. Während der Veranstaltung strahlte sieben Tage lang ein Komet am Himmel. Das Volk Roms brauchte keinen großen Anstoß, sich vorzustellen, dass dieser Stern Caesars göttlichen Rang symbolisiere. Caesar und Alexander der Große sind die einzigen Herrscher in der Antike, denen ein weit verbreiteter Glaube Göttlichkeit zuschrieb. Der junge Octavian hatte bereits seinen Namen geändert und nannte sich jetzt ebenfalls »Caesar«. Das Sternsymbol ließ er auf Münzen und auf einer Statue Caesars abbilden, die auf dem Forum geweiht wurde. Im Symbol des Kometen klang etwas von einem neuen Zeitalter mit, doch »innerlich erfreute er sich selbst am Zeichen des Sterns, zu dem auch er aufsteigen würde«.[10] Sein Vorgehen setzte Marcus Antonius unter Zugzwang. Wenn Caesars loyaler Familienerbe sich so energisch ins Zeug legte, musste dann nicht auch er, der politische Erbe, mehr Druck machen? Er ließ sich also mit der Behauptung vernehmen, ihn und nicht Octavian habe Caesar adoptiert, und er begann die Befreier Brutus und Cassius anzuprangern. Ende Juli verließen beide Italien, schickten jedoch am 4. August in einem Brief von nobler Zurückhaltung ihre Antwort. »Wir wünschen dich als großen, geehrten Mann in einer freien Republik zu sehen«, erklärten sie. »Wir wollen keinen Streit mir dir, schätzen unsere Freiheit aber höher als deine Freundschaft.«[11] Manche Römer setzten die Prioritäten anders.

In den ersten Augusttagen stach Cicero in See, um Athen und seinen Sohn zu besuchen, doch ungünstige Winde hielten ihn zurück, und glücklicherweise konnte er nach Rom zurückkehren, als ihn bessere Nachrichten erreichten. Denn endlich hatte Marcus Antonius' unziemliches Auftreten »im Namen Caesars« erste Angriffe im Senat ausgelöst. Aber sein größtes Problem war nicht die senatorische Opposition, sondern die Furcht, der genuin caesarische

Nebenbuhler Octavian könnte ihm die Vormacht streitig machen. Als sich die Spannungen zwischen ihnen verschärften, griffen sogar Veteranen ein, um die Erben Caesars zu zwingen, ihren Zwist beizulegen und sich zu versöhnen. Cicero erreichte Rom am 31. August und wurde von Marcus Antonius mit offener Feindseligkeit empfangen. Erneut drohte man ihm mit der Zerstörung seines Hauses in Rom. Doch Cicero besaß nach wie vor rhetorische und moralische Autorität. Anfang September griff er in die Kämpfe des Senats ein und verfasste die erste seiner 14 eindringlichen *Philippischen Reden,* Brandreden gegen die Gesinnung und das Verhalten des Marcus Antonius. Es stimmt nicht, dass er damit den potenziell Gemäßigten zum Feind erklärte. Marcus Antonius war bereits an die Neuverteilung der Provinzen gegangen, um die wichtigste sich selbst zuzuweisen, und er konnte sich, nachdem der konkurrierende Stern Octavians aufgegangen war, eine gemäßigte Haltung nicht länger leisten. Wie zum Beweis erklärte er vor einer öffentlichen Versammlung in Rom, die sogenannten Befreier seien Verschwörer und Cicero sei ihr Anführer gewesen. Cicero hielt sich noch immer aus der Öffentlichkeit fern. Ende Oktober begann er an der Schrift *Vom pflichtgemäßen Handeln (De officiis)* zu arbeiten. Er betont darin, dass Luxus, zumal im Alter, ein Laster sei, dass Gerechtigkeit die Tugend aller Tugenden darstelle – sie unterstützt das Privateigentum, nicht den Sozialismus – und dass Julius Caesar ein Verbrecher gewesen sei, der den Tod verdiente habe.[12] Aufgrund dieser Schrift hat die Nachwelt Cicero als »heidnischen Christen« gepriesen. Das Werk fußt jedoch auf den Texten der griechischen Stoiker. Es entstand erst in der Zeit seines einzigen, späten Rückzugs aus seiner eigentlichen Lebensaufgabe, der Politik.

Marcus Antonius ließ sich nach einer offenen Herausforderung durch Octavian in einer illegalen nächtlichen Senatsversammlung vom 28. November die Verteilung der Provinzen für das kommende Jahr bestätigen und begab sich bald in die Provinz, die er sich selbst zugeteilt hatte. Seine Absicht dürfte gewesen sein, abzuwarten und zu beobachten, wie sich die Dinge entwickelten. Doch zwei Gegner fanden sich im Widerstand gegen ihn zusammen: Octavian und jener Decimus Brutus, den er aus seiner Provinz in Norditalien zu verdrängen suchte. Angesichts dieser Allianz gab Cicero seine Zurückhaltung auf und bereitete sich darauf vor, Marcus Antonius' Gewaltherrschaft öffentlich zu verurteilen. Am 20. Dezember trug er seine Anklage in dessen Abwesenheit dem Senat vor, und diese Rede bedeutete für ihn die Stärkung eines müde gewordenen Senats und die erste Hoffnung der Römer auf die Wiedererlangung ihrer Freiheit.[13] Seine Worte fanden offene Ohren, und doch zögerte man, die »letzte Verfügung« zu erlassen. Cicero hielt Rede um Rede, reihte Schmähung an Schmähung und beschrieb Marcus Antonius als einen Menschen von unsäglicher Verderbtheit, dessen Haus mit männlichen und weiblichen Prostituierten angefüllt sei und dessen Frau Fulvia in ihren Privaträumen öffentliches Eigentum verkaufe. Nach mehrtägigen weiteren Debatten wurde schließlich der Zustand öffentlicher Unruhen erklärt, und im Februar 43 ließen sich Truppen gegen Marcus Antonius nach Norditalien in Marsch setzen.

Doch Ciceros Ruf nach der Republik schloss eine paradoxe Partnerwahl ein: Octavian, den »neuen Caesar«. Im November hatte dieser junge Mann bereits eine illegale Privatarmee angeführt und war mit Truppen nach Rom marschiert. Bei einer öffentlichen Versammlung hatte er mit der rechten Hand ominös in Richtung der neu errichteten Statue seines Adoptivvaters gestikuliert und gebetet, seine eigenen Taten möchten denen Julius Caesars würdig sein. Doch noch waren seine Truppen nicht bereit, gegen ehemalige Kameraden aus Caesars Armeen zu kämpfen. »Im Moment«, schrieb Cicero damals, »setzt er Antonius beträchtlich zu, aber es möge mir erspart bleiben, je von einem solchen Mann gerettet zu werden«.[14] Er ließ sich also nicht gänzlich täuschen, doch im Januar äußerte er sich so, als hingen Sicherheit und Republik von Octavians Unterstützung ab. Seine – zeitweise zu rosigen – Hoffnungen gingen dahin, die Caesarianer zu spalten und Julius Caesars jungen Erben gegen Marcus Antonius auszuspielen. Selbst unter den treuen Anhängern Caesars bestanden grundsätzliche Meinungsverschiedenheiten, die man sich zunutze machen konnte, doch die Strategie beruhte darauf, dass Octavian auf längere Sicht entbehrlich war. Am 3. Januar 43 sprach sich nicht nur Cicero, sondern auch der römische Senat dafür aus, den jungen Außenseiter Octavian in die Reihe der Senatoren aufzunehmen. Außerdem gewährten sie ihm die Vollmachten und Insignien eines Prätors sowie das Recht auf ein Konsulat in nur zehn Jahren. Sie nährten eine junge Viper, doch Cicero versprach ihnen, dieser junge Caesar »wird immer der Bürger sein, der er heute ist und der er unseren besonderen Wünschen und Gebeten entsprechend sein möge«.[15]

Im Februar 43 schien sich das Blatt zugunsten der Caesarmörder zu wenden. Brutus und Cassius hatten Griechenland und Kleinasien erreicht und waren dabei, mit Unterstützung der Legionen dort Fuß zu fassen. Antonius versuchte noch immer, sein Kommando in Norditalien zu übernehmen, wurde aber in Mutina (Modena) aufgehalten, wo er Decimus Brutus belagerte, dessen Provinzkommando er widerrufen hatte. Im November 44 hatte Cicero den Mut verloren, mit dem Gedanken an Flucht gespielt und sich nur noch mit einem neuen Buch beschäftigt: *Über die Freundschaft* – was in der Tat derzeit ein Stichwort war. Doch im neuen Jahr sah er erneut nur das, was er sehen wollte, und sprach von »allgemeiner Zustimmung« und rückhaltloser Unterstützung für seine Pläne sowohl in Italien als auch im Volk. Octavian war dieser »unerhörte junge Mann«; er »hat sich in die Geschäfte der Republik eingeschaltet, um diese zu stärken, nicht um sie zu stürzen«.[16] Octavian nannte ihn sogar »Vater«. Aber die »Zustimmung«, die Cicero rundum feststellte, galt wahrscheinlich mehr Caesars jungem Erben als seiner eigenen geliebten Republik. Seine Hoffnungen auf Freiheit ruhten auf einem Mann, dessen Beförderung gesetzeswidrig zustande gekommen war, und sie erforderten Krieg mit einem Konsular, der sich auf ein Gesetz stützen konnte, das vom Volk im Juni gutgeheißen worden war. Die Abstimmung hatte zwar unter Drohungen und widerrechtlichen Umständen stattgefunden, doch das traf ebenso auf zahlreiche andere Gesetze der letzten 20 Jahre zu.

Im späten April wurden Marcus Antonius' Truppen nahe Modena in mörderischen Kämpfen besiegt; auf beiden Seiten waren Caesars kampferprobte Veteranen beteiligt. Das Blut floss in Strömen, und anders als Alexanders Truppen waren Caesars Veteranen in Zukunft wenig erpicht darauf, noch einmal gegeneinander zu kämpfen. Mit den ihm verbliebenen Verbänden eilte Marcus Antonius sodann nach Norden in die westlichen Provinzen, wo er vielleicht auf Unterstützung hoffen konnte. Jetzt stand Cicero jeder »Milde« oder Gnade mit kalter Abneigung gegenüber. In unschätzbaren Briefen stehen die Statthalter der Provinzen vor uns, die an Marcus Antonius' Weg lagen, die Generäle, die ihm nachjagten und sich zu Cicero, zur Republik und zur Freiheit bekannten. Doch als der Moment der Entscheidung kam, begannen dieselben Statthalter zu lavieren, flüchteten sich in Lügen und ließen sich schließlich mit Marcus Antonius, dem Feind, auf opportune Absprachen ein. Schon war die Sache der »Befreiung« ins Wanken geraten, und Octavian war noch immer eine unbestimmbare Größe. Anfang Juni beklagte sich Cicero, dass der Senat nicht länger sein »Werkzeug« sei und dass die Freiheit und die Republik verraten würden.[17] Er hatte nur allzu recht. In Modena waren beide Konsuln des Jahres getötet worden, und im August kehrte Octavian von Truppen begleitet zurück und marschierte zum zweiten Mal auf Rom. Dort zwang er den Senat, ihn anstelle der Getöteten zum Konsul zu ernennen. Er war noch nicht 20 Jahre alt.

Als ein schwieriger Sommer zu Ende ging, waren Octavians Legionen auch auf Verlangen nicht mehr bereit, gegen Marcus Antonius' Truppen zu Felde zu ziehen. Das einmalige Blutvergießen bei Modena war mehr als genug. Im Osten stellten Brutus und Cassius indessen mit Plündergut und Steuereinnahmen aus den Provinzen riesige »Befreiungsarmeen« auf. Der Senat beantragte, ihr Kommado solle »größer« sein als das anderer Statthalter im Osten. Für die zersplitterten Caesarianer war die naheliegende Reaktion, gemeinsame Sache zu machen und geschlossen gegen gemeinsame Feinde vorzugehen. Am 27. November wurde in der Nähe von Bononia (Bologna) ein weiterer Dreierpakt geschlossen, das zweite Triumvirat, wieder mit dem Ziel, »die *res publica* zu festigen«. Marcus Antonius und Octavian verordneten sich den ältlichen Adligen Lepidus als stillen Teilhaber und einigten sich auf eine gemeinsame Herrschaft von fünf Jahren Dauer. Danach konnte der Dreibund prinzipiell verlängert werden.

Diese Herrschaft wird von einigen modernen Theoretikern so verstanden, als habe es sich um die legale Amtsgewalt eines Konsuls in Rom und Italien gehandelt, die mit der eines gewesenen Konsuls in den Provinzen verbunden war. Doch kann sie, obwohl gesetzlich abgesichert, nicht so formell definiert werden. Auch unter der neuen Ordnung fanden weiterhin Senats- und Volksversammlungen statt, wurden weiterhin Magistratswahlen abgehalten, aber jetzt konnten die Triumvirn Gesetze erlassen oder aufheben, konnten persönlich Urteile ohne Einspruchsrecht fällen, und sie konnten die Statthalter aller Provinzen sowie die Konsuln für die kommenden Jahre ernennen. Sie stellten ihren scheinlegalen Notrechtsstatus unverzüglich unter Beweis und ließen etwa 300 Senatoren und 2000 römische Ritter zur Hinrichtung proskribieren, das heißt durch öffentliche Bekanntmachung für vogelfrei erklären. Sulla war ihnen hierin vorausgegangen, doch die Triumvirn griffen das Beispiel auf, um ihre Macht über Italien zu sichern, während sie gegen die Befreier Richtung Osten aufbrachen. Dieser Terror wurde lange nach den Ereignissen verständlicherweise zum Thema zahlreicher Darstellungen, von denen einige vielleicht »etwas weit darin gingen, das Fehlen von Romanliteratur bei den Römern zu kompensieren«.[18] Doch kam es in den italischen Städten auch zu einem spürbaren Verlust an Leben und Eigentum. Es war kein Klassenkampf der Armen gegen die Reichen, doch in der Oberschicht konnten sich alte Hassgefühle und neue Ambitionen frei entfalten. In diesem Sinn war der Terror eine Revolution, in anderem Sinn jedoch trug er zu einer Revolution bei, denn die Gewinner, das ist entscheidend, waren keine engagierten Anhänger der alten römischen Verfassung. Sie hatten nicht im Namen eines neuen Systems oder einer neuen Ideologie die Macht ergriffen, doch als tatsächlich etwas Neues kam, unterstützten sie es, um ihre Einkünfte nicht zu verlieren.

Viele, deren Namen auf den Proskriptionslisten der Triumvirn standen, flohen zu einer vierten Galionsfigur neben der »Dreierbande«, zu Sextus Pompeius, dem Sohn des unvergessenen großen Pompeius. Die Geschichtsschreibung der folgenden sieben Jahre konzentriert sich zu oft ausschließlich auf die beiden dominanten Mitglieder des Triumvirats, auf Marcus Antonius und Octavian. Doch dieser vierte Mann war außerordentlich wichtig und sollte nicht als Pirat und Abenteurer abgetan werden. Wie Octavian war er der jugendliche Sohn eines berühmten Mannes. Und wie Octavian stellte er sich bald als Sohn eines Gottes dar. In Spanien hatte er im Jahr 45 den Tod seines Bruders und die Siege Caesars überlebt, und Mitte 44 kämpfte er um Ansehen und Anerkennung. An der Küste Spaniens stellte er eine Flotte auf, und Ende April 43 wurde er sogar zum »Befehlshaber der Flotte und Küste durch Erlass des Senats« ernannt.[19] Er begab sich nach Sizilien, vergrößerte seine Flotte und wurde Zuflucht für italische Grundbesitzer und entlaufene Sklaven, die Opfer der scheinlegalen Proskriptionen. Sizilien und Sardinien gehörten zu Octavians Territorium, doch in kurzer Zeit hatte sich Sextus auf beiden Inseln etabliert. Er war jetzt eine gewichtige Alternative zum neuen jungen Caesar, verfügte er doch im Vergleich zu den Triumvirn über die größte Macht zur See. Der Kampf des Pompeius gegen Caesar fand in diesem Krieg der Söhne seine bemerkenswerte Wiederholung. In Rom hielt Marcus Antonius das Haus des großen Pompeius besetzt, das Sextus als pietätvoller Sohn mit Recht zurückverlangte.

Zunächst aber nahmen die Proskriptionen ihren angekündigten Verlauf. Auf den Listen stand, wie zu erwarten, auch Cicero. Octavian war ihm zwar grundsätzlich wohlgesonnen, doch Marcus Antonius war zu oft von ihm mit Schmähungen bedacht worden, die weitere Schmähungen provozierten. Im März 43 hatte Cicero in einer erbosten Strafpredigt, der dreizehnten seiner *Philippischen Reden*, einen unverblümten Brief von Antonius Zeile für Zeile an den Pranger gestellt und uns damit im Übrigen auch unser bestes sprachliches Denkmal dieses Caesarianers überliefert. Witzig wie immer soll Cicero auch gesagt haben, das »junge Bürschchen« Octavian, sein Verbündeter, »soll Preis und Ehre erhalten – und dann den Laufpass«.[20] Diese Bemerkung kam Octavian zu Ohren.

Menschlich bis zum Ende, schwankte Cicero zwischen Flucht und einem letzten Besuch in Rom. 24 Kilometer von Rom entfernt, vor seinem eigenen Haus an der Küste, holten Truppen ihn ein. Ein Freigelassener seines Bruders hatte ihnen den Weg gewiesen, ein Mann, den er vor Zeiten in Literatur unterrichtet und ausgebildet hatte. Mit wirrem Haar, doch ruhig, blickte Cicero aus seiner Sänfte und wurde von einem Hauptmann getötet. Sein Kopf und seine rechte Hand, vielleicht beide Hände, wurden abgehackt und zu Marcus Antonius nach Rom gebracht. Dort wurden sie Fulvia in den Schoß gelegt, der Ehefrau von Ciceros beiden großen Feinden – Clodius und Antonius. Sie riss die Zunge aus dem Schädel, so wird berichtet, und stach mit einer Nadel, die sie aus ihrem Haar zog, darauf ein.[21] Nach dieser Rache einer Frau wurden Kopf und Hände an das Rostrum auf dem Forum genagelt, an dieselbe Tribüne, von der herab Cicero so denkwürdig gesprochen hatte –, Trophäen, die auf entsetzliche Weise den Verlust der Freiheit kundtaten.

TEIL V

VON DER REPUBLIK ZUM KAISERREICH

Es bleibt gängige Praxis, die letzten Epochen der Römischen Republik zu verurteilen und zu beklagen. Sie waren turbulent, korrupt und unmoralisch. Man spricht auch von Dekadenz. Zutreffend ist das Gegenteil: Es war eine Ära der Freiheit, Vitalität – und Innovation ... Allmählich wurden die befreienden Folgen von Imperium und Wohlstand auch im römischen Leben in vollem Umfang spürbar. Im Gefolge der Punischen Kriege gerieten Kult und Ritus in Verfall; Gesetz und Religion wurden getrennt ... Vernunft oder Finesse waren auf andere Art in der Lage, die »alte Strenge«, die »Härte der Alten«, zu lindern oder zu umgehen.

Aus dem Zusammenwirken von politischer Augenwischerei und augusteischer Romantik entstand das beschönigende Bild einer verehrungswürdigen Vergangenheit – mit unseligen Konsequenzen für die Geschichtsforschung bis heute.

Ronald Syme, SALLUST, 1964, 16 f.

Der Schritt zu einer kreativen politischen Praxis, Augustus' bleibende Hinterlassenschaft an Rom, war die Schaffung einer Herrschaftsideologie parallel zu dem bemühten Traditionalismus, der den größten Teil des bisher Besprochenen prägte – sie manifestierte sich erstaunlicherweise bereits in den Frühphasen von Augustus' Regierung und ist so facettenreich, dass auch eine nur summarische Beschreibung außer dem »Kaiserkult« zahlreiche weitere Phänomene zu berücksichtigen hat. Die Verherrlichung der Persönlichkeit des Herrschers, die öffentliche Darstellung seiner Rolle, die Proklamierung seiner Tugenden, prunkvolle Veranschaulichung seiner Errungenschaften, visuelle Verweise auf seine Existenz und die Schaffung eines Hofes und einer Dynastie – das sind, par excellence, die Faktoren, die das Jahr 14 n. Chr. vom Jahr 30 v. Chr. unterscheiden ... Der dem Tacitus zugeschriebene »Dialogus de oratoribus« legt einem Autor der »Opposition« die wohlbekannte Auffassung in den Mund, dass das Ende der schöpferischen Phase zumindest der römischen Redekunst eine direkte Folge des Freiheitsverlustes sei. Es war damals nicht die einzige Sichtweise und muss es auch heute nicht sein...

J. A. Crook in: THE CAMBRIDGE ANCIENT HISTORY, Bd. X, 1996², 133 u. 144

39
ANTONIUS UND KLEOPATRA

Keinen jammervolleren Anblick habe es geben können, sagen diejenigen, die dabei gewesen sind. Denn mit Blut bedeckt und mit dem Tode ringend, wurde er hinaufgezogen [zu den Fenstern von Kleopatras Grabkammer], während er im Schweben die Arme nach ihr ausstreckte. ... mit schwerer Mühe nahm Kleopatra, indem sie mit beiden Armen zugriff und vor Anstrengung das Gesicht verzog, das Bündel herein, während die Leute unten ihr Weisungen erteilten und sich mit ihr ängstigten.
Nachdem sie ihn so in Empfang genommen und gebettet hatte, zerriss sie ihre Kleider um ihn, zerschlug und zerkratzte ihre Brust mit ihren Händen, besudelte ihr Gesicht mit seinem Blut, nannte ihn ihren Herrn, ihren Gatten, ihren Imperator ...

Plutarch, ANTONIUS 77,3 – 5 (Übers. K. Ziegler)

Nach der Ermordung Ciceros wurde weiterhin Ungerechtigkeit gegen Freiheit gesetzt und der politische Gegner weiterhin mit dem Vorwurf des Luxus konfrontiert. Zwölf denkwürdige Jahre machten zwei große Männer zu Feinden, Marcus Antonius und den jungen Octavian, und verhalfen zwei Frauen zu bleibendem Ruhm, Antonius' zweiter Frau, Octavia, und wiederum Kleopatra, der Königin Ägyptens. Auch weniger bedeutenden Personen wie der kinderlosen Turia, die wir nur aus der ehrenden Inschrift ihres Gatten kennen, bot sich unvermutet eine kleine Rolle auf der Bühne der Macht. Sie hatte vor den Triumvirn auf den Knien gelegen und weinend um sein Leben gefleht; ihrem Mann hatte sie sogar angeboten, ein Kind, das er mit einer anderen Frau zeugen würde, als ihr eigenes aufzuziehen, was er ablehnte.[1]
In der Umgebung Octavians treffen wir loyale Aufsteiger mit vielversprechender Zukunft, den urbanen Maecenas, Octavians Verbindung zu den großen Dichtern der Epoche, und den fähigen Agrippa, die Schlüsselfigur so mancher seiner militärischen Erfolge. Im Osten treffen wir auf Herodes den Großen,

den späteren Schreckensherrscher der biblischen Weihnachtsgeschichte. Mit ihm wurde den Juden von Antonius' Gnaden zum ersten Mal ein König aufgezwungen.

Doch diese Jahre der Kriege und blutigen Gemetzel waren eine fruchtbare Periode der römischen Literatur. Auch aus vergleichsweise anarchischen Verhältnissen kann große Kunst hervorgehen. Hier trug zu einer solchen Entwicklung bei, dass neue Förderer und Gönner in Erscheinung traten und den jüngeren Autoren halfen, sich von den älteren Kritikern und dem überlieferten Kanon akademischer Prägung zu lösen.[2] In diese Zeit fielen die Anfänge der berühmtesten lateinischen Dichter Vergil und Horaz ebenso wie die des Elegikers Properz, die alle nicht aus Rom selbst, sondern aus dem italischen Umland stammten. Aber es gab wie zu Zeiten der aristokratischen Lyriker Griechenlands auch die sprachgewandten Verlierer. Zu ihnen gehörte der Historiker Sallust, der über Luxus und Freiheit schrieb, um den politischen Wandel zu erklären. Als ehemaliger Getreuer Caesars war er aus dem politischen Leben verdrängt worden und schrieb danach bissige Berichte über die Krise der Republik, die er auf Sulla zurückführt und für deren Weiterentwicklung er Gier und Ehrgeiz der Großen aristokratischer Herkunft verantwortlich macht. Sallust gilt als Nachfolger des Thukydides, ohne sich allerdings durch dessen intellektuelle Tiefe auszuzeichnen. Doch seine historischen Werke wurden zur Schullektüre für den bedeutenderen Tacitus und Jahrhunderte später für Augustinus und seine Darstellung der Machtgier in der römischen Geschichte, wie er sie im *Gottesstaat* analysiert.

Der damals wahrnehmbare entscheidende Umschwung war politischer, nicht literarischer Art. Im November 42 führten Antonius und Octavian ihre Legionen nach Osten und schlugen die fast gleich starke Riesenarmee des Brutus und des Cassius in zwei Schlachten bei Philippi. Beide Caesarmörder nahmen sich das Leben. Den militärischen Ruhm erntete Antonius, während selbst gute Freunde Octavians zugeben mussten, dass dieser sich im Marschland versteckt hatte. Octavian war keine Soldatennatur und behauptete später, zunächst habe ihn ein unheilverkündender Traum, dann eine Krankheit von der Schlacht ferngehalten. Antonius als die dominierende Figur behielt anschließend die Verantwortung sowohl für Gallien als auch für den Osten. Octavian wandte sich erneut seinen weniger umfassenden Verpflichtungen zu, vordringlich in Italien, wo ihn zwei Probleme erwarteten: die Flotte des Sextus Pompeius vor Sizilien und die sehr viel heiklere Enteignung von Land in bis zu 20 italischen Städten. Sie bedeutete die Vertreibung kleiner Grundbesitzer, um weitere Veteranen Caesars anzusiedeln. Die Versprechungen an die Truppen, darunter auch Geldzusagen, hatten sich bereits vervielfacht, ein Grund dafür, dass sie in so riesiger Zahl weiterhin zum Kampf bereit waren. In Philippi blieb die Streitmacht des Triumvirats nicht mehr hinter der Stärke der Armeen zurück, die Alexander auf der Höhe seiner militärischen Laufbahn angeführt hatte. Für Zusatzvergütungen war bereits die unglaubliche Summe von 150 000 Talenten in Aussicht gestellt.

Nach Philippi entwickelten die beiden Protagonisten ein unterschiedliches persönliches Profil. Octavian war noch immer nicht weit über die Zwanzig hinaus; die Porträts auf seinen Münzen sind Ausdruck von Jugend und Würde, sein göttlicher Schirmherr war Apollon, der Gott moralischer Zucht und Würde, der Künste und der Prophetie. Seine beste Karte war die Adoption durch Caesar. Durch einen fortgesetzten Namenswechsel reizte er sie voll aus. Zuerst hatte auch er sich »Caesar« genannt, dann: »des göttlichen Caesar Sohn« *(divi filius)*.[3] Auch er stellte sich unter den Schutz der Venus, der Ahnengöttin der Julier. Sein Adoptivvater Julius hatte besonders die asiatische Stadt Aphrodisias gefördert, deren Honoratioren den Ort als Stadt der Venus, Caesars göttlicher Ahnin, präsentierten. Die Stadt hatte 43/2 unter den Befreiern gelitten, doch der neue Caesar schickte 39 v. Chr. ein Schreiben des Inhalts, sie solle als seine Stadt in Asien »frei« bleiben. Sein Brief wurde erst jüngst in Aphrodisias aufgefunden und macht deutlich, dass die Ost-West-Aufteilung zwischen Marcus Antonius und Octavian in persönlichen Angelegenheiten nicht vorbehaltlos galt.[4]

Antonius dagegen wählte die glanzvolle Rolle im Licht der Öffentlichkeit. Nach dem Sieg bei Philippi verbrachte er den Winter 42/1 in Athen, wo er durch seine Teilnahme an philosophischen Gesprächen die Herzen der Griechen gewann, sich zugänglich zeigte und nicht nur als »Philhellene«, sondern auch als »Freund der Athener« gelten wollte.[5] Wie Julius Caesar fand er harte Worte für das benachbarte Megara, seit der Epoche des Perikles ein sicherer Weg, die Zuneigung der Athener zu erringen. Im folgenden Frühjahr, 41 v. Chr., setzte er nach Asien über und wurde wie andere mächtige Römer vor ihm als Gott willkommen geheißen.

Im Jahr 41 war Antonius auch immer noch Herr über Gallien, so dass der griechische Osten für ihn nur eine Region von Interesse unter anderen war. In Ephesos jedoch begrüßten ihn die Griechen spontan als »neuen Dionysos«. Um ihn sammelte sich ein Kreis griechischer Gefolgsleute, und vielleicht kam es wirklich zu festlichen Umzügen, bei denen ihn Männer, verkleidet als Pan mit Satyrn, und Frauen als wilde Bacchantinnen umgaben. In griechischen Augen war Antonius nicht weniger mächtig als die vielen Könige, denen zu

Ehren dieses Schauspiel vor ihm veranstaltet worden war. Doch auch Antonius war sehr geneigt, seine Rolle zu spielen. Er war in Begleitung einer berühmten Kurtisane, der Volumnia, in den Osten gereist. Ein Jahrzehnt zuvor hatte er erlebt, wie bereitwillig sein militärischer Vorgesetzter Gabinius auf diesen Luxus und die zwanglose Art des Ostens eingeschwenkt war. Wie seine Leichenrede auf Caesar zeigt, besaß er außerdem Bühneninstinkt, genau das, was seine neuen griechischen Freunde, zu denen ebenfalls Schauspieler und Pantomimen zählten, an einem hellenistischen König schätzten. Doch Antonius hatte auch Wichtiges zu erledigen, nämlich noch mehr Geld aufzutreiben und neue Klienten im angrenzenden Hinterland Kleinasiens als Herrscher zu etablieren. Beide Aufgaben hatten die Befreier erschwert, weil sie die griechischen Städte ausgeraubt und Bündnispartner begünstigt hatten, denen nicht länger zu trauen war. Antonius hatte ein gutes Auge für einen Klientelkönig, und seine wichtigsten Ernennungen, darunter Herodes, erwiesen sich jetzt und besonders 37/6, in der Zeit des Partherkriegs, als fähige Regenten, die sich im Amt hielten. Wenn er sich mit einem Ansuchen an seine neu bestätigten Kleinkönige wenden oder die notwendigen Geldforderungen abfedern wollte – Tributzahlungen für neun Jahre, vorab zahlbar in zwei Jahren –, dann war es von Vorteil, auf griechische Ehrungen und Komplimente einzugehen. Sie halfen auf beiden Seiten, die scharfen Kanten der Macht zu polstern.

Ein waches Auge hatte Antonius auch für eine Klientin und Königin. Schon im Sommer 41 wurde er mit einer Kandidatin, der Königin Glaphyra, intim, und der stets Fruchtbare zeugte mit ihr ein Kind. Im Herbst begegnete der 42-Jährige dann einer zweiten, weitaus wichtigeren fürstlichen Klientin: Kleopatra von Ägypten, jetzt 28 Jahre alt und noch immer eine entscheidende Akteurin im Ringen um das Gleichgewicht der Macht und der Finanzen im griechischen Osten. Etwas anderes kam hinzu. Sie hatte 47 v. Chr. den Sohn Caesarion zur Welt gebracht und seit ihrer Abreise aus Rom im Jahr 44 behauptet, dass Julius Caesar der Vater sei. Mehr als die Wahrheit zählte ihre Behauptung und die Tatsache, dass niemand sie widerlegen konnte.

Als sie in Tarsos zu Antonius gerufen wurde, erschien sie, wie es einer orientalischen Königin ansteht, in einem goldenen Schiff unter goldenem Baldachin, so wird berichtet, und auf einem Teppich von Rosen[6] – Aphrodite gleich, mit ihren Dienerinnen als Eroten. Shakespeares großartige Schilderung der Szene fußt auf Plutarchs fundierter antiker Darstellung. Wieder konnte ihr ein römischer General nicht widerstehen. Sie trafen sich abwechselnd auf ihren Schiffen, gaben sich der Liebe hin und verbrachten den Winter gemeinsam in Alexandria. Später wurde Folgendes erzählt: Als Antonius mit ihr wettete, sie könne keine Mahlzeit zu sich nehmen, die Millionen Sesterzen wert sei, nahm sie eine Riesenperle, die sie in einem Becher Essig auflöste. Sie soll den Becher ausgetrunken und die Wette gewonnen haben, eine Geschichte, die Jahrhunderte später Tiepolo zu seinen großartigen Fresken im Palazzo Labia in Venedig inspirierte. Octavian steckte unterdessen mitten in einer Belagerung von Perusia (Perugia) in Italien und verfasste derbe Verse über die Alternative, entweder die eifersüchtige Fulvia, Antonius' Gattin, zu besteigen oder Krieg zu führen statt Liebe zu machen.[7]

In Ägypten zeigte Antonius als der »neue Dionysos« unerwartete Begabung. Dionysos war der Gott, den die Ptolemäerkönige als ihren Ahnherrn verehrten. Er war auch der Gemahl der Göttin Isis, die manchmal mit der Königin gleichgesetzt wurde. In Alexandria wurde derweil die Kunst gepflegt, Hohes und Niedriges zu mischen, in der Antonius und Kleopatra sich als Meister erwiesen. Sie gründeten ihren eigenen exotischen Klub und nannten ihn die Unnachahmlichen Leben. Es wurde sogar eine Inschrift für eine Statuenbasis gefunden, in der ein Grieche, der sich »Parasitos« (Schmarotzer) nennt, Antonius als Gott und »Liebhaber ohnegleichen« verehrt (34 v. Chr.).[8] Mit ihrer Musik und Schauspielerei, ihrer Welt mythologischer Vorbilder stehen diese Lustbarkeiten zu den Ausschweifungen moderner Drogen-, Sex- und Sauf-Exzesse in denkbar großem Kontrast. Nachts streiften die beiden in einfacher Kleidung durch die Straßen Alexandrias und mischten sich unter die Stadtbewohner, die an einem witzigen Schlagabtausch mit den königlichen Hoheiten ihr Vergnügen hatten. Sie tranken, vergnügten sich mit dem Würfelspiel und gingen auf die Jagd. Antonius entsprach nicht dem Stereotyp des dekadenten Luxusliebhabers, wenn Kritiker ihm dies auch unterstellten. Die Fürsten der hellenistischen Welt wurden um ihrer luxuriösen Selbstdarstellungen willen geliebt, Ptolemäus IV. und Kleopatras Vater waren prominente Beispiele. Antonius hatte eine feurige, theatralische Seite, die sich mit der nüchternen Derbheit des rauhen Soldaten verband. Er gefiel sich in der ihm erwiesenen kultivierten Aufmerksamkeit und revanchierte sich in dem ihm eigenen barocken Stil. Im Frühling war Kleopatra hochschwanger und brachte Zwillinge zur Welt, einen Knaben und ein Mädchen.

Aus ihrer Gemeinschaft zogen die beiden Partner auch anderen Gewinn. Antonius brauchte Ägyptens Loyalität, seine unschätzbaren Reichtümer und seine Kooperation bei den Attacken auf das Partherreich im Osten, die er wahrscheinlich damals schon plante. Kleopatra suchte Unterstützung im Widerstand gegen ihre Schwester und ihre zahlreichen Feinde in Ägypten. Antonius war ihr zu Diensten und brachte sie allesamt zur Strecke. Doch Vernunftgründe waren schon damals nur ein Teil der Geschichte. Im Winter 41/40 kamen die Parther einem Angriff zuvor und drangen bis weit nach Syrien ein. Hätten sie sich so weit vorwagen können, wenn Antonius in Antiochia und in Gefechtsbereitschaft gewesen wäre? In Italien hatten unterdessen sein Bruder Lucius Antonius und die treue Fulvia den Unwillen über die Proskriptionen und die Ansiedlungen der Soldaten genutzt und Octavian im Namen der »Freiheit« den Krieg erklärt. In Sextus Pompeius, Pompeius' Sohn, hatten sie außerdem einen natürlichen Verbündeten gefunden. Sextus konnte seine Übermacht auf See nutzen, um die Getreidelieferungen nach Italien zu behindern und das Volk in Rom dazu zu bringen, sich seine Vorliebe für die Sache des jungen Caesar noch einmal zu überlegen. War Antonius durch die Winterpause in Ägypten tatsächlich so vollkommen von allem abgeschnitten, dass er seine Freunde im Westen nicht hätte drängen können, den günstigen Augenblick zu nutzen, seiner Familie Beistand zu leisten und Octavians ernsthafte Schwierigkeiten im erbitterten Kampf rund um Perusia zu vervielfachen? Man muss vermuten, dass für Antonius damals nichts zählte außer Alexandria und der Leidenschaft.

Als Antonius dann seit Februar 40 in Richtung Westen zurückkehrte, nahm die Sache der Freiheit und der Republik eine neue Wende: Ihre Parteigänger schlossen sich dem vorrückenden Antonius an. Cicero hätte sich im Grabe herumgedreht. Auch der tapfere Sextus Pompeius setzte auf Antonius' Beistand, und ein Schlag gegen Octavian in Italien mit vereinten Kräften hätte sehr gute Aussicht auf Erfolg gehabt. Doch nach dem drei Jahre zurückliegenden blutigen Zusammenstoß in Mutina weigerten sich die Veteranen der beiden Heerführer, erneut gegeneinander zu kämpfen. Im Herbst 40 trafen sich Antonius und Octavian stattdessen in Brundisium, um einen Pakt zu schließen. Octavian willigte in die Ehe mit Scribonia ein, deren Bruder bezeichnenderweise ein wichtiger Senator und der Schwiegervater des Sextus Pompeius war. Diese Heirat mit einer älteren Frau, die schon zwei Ehen hinter sich hatte, dürfte ein Versuch gewesen sein, ihren Bruder dem Lager des Sextus zu entfremden und dem jungen Pompeius, der zu einem der Hauptakteure geworden war, das Wasser abzugraben. Seit Antonius im Sommer 40 die Herrschaft über Gallien verloren hatte, war er entscheidend geschwächt und auf den Osten konzentriert. Sein Beitrag zum Pakt bestand in der Heirat mit Octavians eleganter Schwester Octavia. Seine Frau Fulvia war gestorben, und hinsichtlich Kleopatras und der Zwillinge war nichts entschieden.

Nach dem Pakt begaben sich die beiden Rivalen nach Rom, wo man sich keineswegs einhellig auf ihre Seite schlug. Sextus hatte die Zufahrt für die Kornimporte erschwert. Ob sich das Volk allmählich überlegte, es könnte vielleicht vernünftiger und sicherer sein, auf den Sohn des Pompeius zu setzen statt auf den Erben Julius Caesars? Octavian wie auch Antonius hatten Scherereien mit ihren Offizieren, und 39 v. Chr. schien es ihnen angezeigt, sich mit Sextus im Süden ins Benehmen zu setzen. Er nannte sich jetzt »Sohn des Neptun«, eine Anspielung auf seine eigene Seemacht und auf die siegreichen Seeschlachten seines Vaters gegen die Piraten. Im Spätsommer 39 trafen sich die drei schließlich am Kap Misenum. Man bot Sextus Sizilien und weitere Territorien an und stellte ihm ein Konsulat in Aussicht; die Sklaven, die er mitführte, sollten befreit werden, und für seine Veteranen wurden Belohnungen vorgesehen. Diese Angebote erschwerten es Sextus, seine Leute zu halten. Als sich Antonius und Octavian mit Sextus auf dessen Schiff zum Nachtessen trafen, soll Sextus' Piraten-Kapitän diesen gedrängt haben, das Ankertau zu durchschneiden und ihm die zwei Rivalen auf Gedeih und Verderb auszuliefern, so dass er, Sextus, Herr der Welt sein könne.[9] Der Sohn des Pompeius hatte mehr Skrupel als der Sohn Caesars und schlug das Angebot aus. In Rom behielt Antonius das Haus des großen Pompeius weiterhin in seinem Besitz.

Ein Pakt brachte für die inzwischen prekäre Dreiecksbeziehung keine Lösung. Ende 39 hatte Octavian sein Selbstvertrauen zurückgewonnen und belastete das Verhältnis durch die Scheidung von Scribonia. Er verliebte sich, heißt es, in Livia, die Gemahlin eines adligen Senators, der bei Sextus Zuflucht gesucht hatte, um den jüngsten Proskriptionen zu entgehen. Im Januar 38 heirateten sie und blieben über 50 Jahre in einer kinderlosen Ehe zusammen. Sie erwartete zur Zeit ihrer Heirat ein Kind von ihrem früheren Ehemann, doch für Octavian war sie aus einem anderen Grund attraktiv. Sie war die Enkelin des großen Livius Drusus, der im Jahr 91 v. Chr. so nachdrücklich die Sache der Italiker vertreten hatte. Octavians Image in Italien konnte eine Auffrischung zweifellos brauchen.

Für Antonius kam es nicht ungelegen, dass Octavian und Sextus jetzt vor der italischen Küste gegeneinander kämpften. Im Oktober 39 verließ er Rom, das er nie wiedersehen sollte, und ging nach Athen, von wo aus er den jüngst begonnenen Krieg gegen die Parther im Blick behalten konnte. Hier verlief noch alles nach seinem Wunsch. In den Jahren 39 und 38 erkämpfte sein fähiger General Ventidius zwei Siege über die Parther in Asien. In Athen pries ihn die Menge unterdessen als den »neuen Dionysos«, während sie seine neue Ehefrau, Octavia, als ihre »göttliche Wohltäterin« ins Herz schloss. Octavian dagegen, der sich in der Hoffnung, ihn auszuschalten, gegen Sextus gewandt hatte, scheiterte. Im Jahr 37 schien der Weg in die Zukunft vorgezeichnet: Antonius würde weiter nach Osten ziehen, um die Parther so rasch wie möglich anzugreifen und sich dabei den Streit zunutze zu machen, der das Königshaus entzweite. Octavian würde sich vor der italischen Küste derweil in weitere Bürgerkriegswirren mit Sextus Pompeius verstricken. Mit den Erfolgen im Osten würde der Stern des neuen Caesar sinken, denn das Partherreich war das letzte bekannte Kriegsziel Julius Caesars gewesen. Im Jahr 33, wenn die fünfjährige Amtszeit des Triumvirats zu Ende ging, konnte Antonius dann als der ruhmbedeckte Eroberer mit reicher Kriegsbeute aus dem Osten nach Rom zurückkehren.

Auch ohne die Herrschaft über Gallien war Antonius noch immer der stärkere der beiden Rivalen. Doch seine Infanterie war nicht stark genug, um die Eroberung des Partherreichs zu garantieren. Er brauchte also weitere Rekruten aus Italien. Im Sommer 37 setzte er mit 300 Schiffen nach Süditalien über, eine Seemacht riesigen Ausmaßes, um die ihn Octavian, der seinerseits zur See mit Sextus rang, nur beneiden konnte. Nach ersten Kampfandrohungen sah sich Antonius jedoch zu Verhandlungen gezwungen, und in Tarent einigten sich die Rivalen auf einen weiteren Pakt: Octavian würde von Antonius Schiffe erhalten, um den Krieg gegen Sextus beenden zu können, und stellte Antonius dafür gegen die Parther Fußtruppen zur Verfügung. Es sollte der letzte Pakt zwischen den beiden sein, doch er zeitigte nicht das Ergebnis, das Antonius sich von ihm erhofft hatte. Beide Akteure waren auf Krieg aus, doch während Antonius die Schiffe lieferte, hielt Octavian den Großteil der versprochenen Truppen zurück. Hinzu kam eine weibliche Dimension: Octavia hatte sich für das Zustandekommen des Paktes eingesetzt und zwischen Bruder und Ehemann vermittelt. In nur drei Ehejahren hatte Antonius zwei gesunde Töchter mit ihr gezeugt, eine dritte war möglicherweise früh gestorben. Doch jetzt stand auch sie vor Problemen. Sie würde ihn nicht in den Osten begleiten – da waren die beiden Mädchen, eine Schwangerschaft vielleicht und die vielen Gefahren in Asien, doch dazu kam, wie zu erwarten, ein weiteres. Im Winter 37/6 war Antonius nach Antiochia zurückgekehrt, um den Krieg gegen die Parther vorzubereiten, und zu ihm gesellt hatte sich Kleopatra, seine ägyptische Flamme. Sie bekam vielleicht nicht alle gewünschten Gebiete, aber doch ein stattliches Quantum. Außerdem wurde sie erneut schwanger – mit einem weiteren Sohn.

Wie beim Wagnis gegen die Parther trug Kleopatra das Siegel Caesars, und zusammen würden sie es dem »neuen Dionysos« möglich machen, Octavians Trumpfkarte, den Namen des neuen Caesar, zu stechen. Und Kleopatra hatte den kleinen Caesarion, Caesars leiblichen Sohn, wie sie noch immer behauptete. Antonius übergab Kleopatra auch Teile von Phönikien, Syrien und Judäa als wertvolle Geschenke, die Ägyptens Ostgrenze sicherten. Die phönikischen

Städte feierten eine neue Kalenderära. Die Zwillinge wurden anerkannt; faktisch war Octavia jetzt verstoßen. Octavian sah die Chance und die Gefahr und eröffnete einen unverhüllten Propagandakrieg. Er denunzierte Antonius verächtlich als Säufer und Hörigen einer barbarischen Königin von Ägypten; er öffnete schließlich sogar Antonius' Testament und behauptete, dieser plane, die Hauptstadt nach Alexandria zu verlegen und sich am Nil begraben zu lassen. In den seriösen Kreisen italischer Landstädte mochten diese schockierenden, aber auch fesselnden Geschichten Glauben finden. In Rom fühlten sich viele Senatoren kaum davon betroffen. Antonius verteidigte sich in einem leider verlorenen Pamphlet »Über seine eigene Trunksucht« und verfasste einen reichlich derben Brief mit dem Hinweis, Kleopatra sei nicht seine Frau, Octavian halte sich selbst jede Menge trister Frauenzimmer und es sei »doch wohl einerlei, wohinein ein Mann den Schwanz steckt«.[10] Auch von einem »hübschen Knaben« Octavians war die Rede, einem gewissen Sarmentus, vermutlich einem Sklaven.

Das Jahr 36 erwies sich dennoch als entscheidend. Octavian gelang es endlich, Sextus Pompeius auf See zu schlagen. Die Anerkennung für diesen Sieg kommt seinem getreuen Offizier Agrippa zu, doch Octavian gewann die Gunst der Menge: Er machte die Hinrichtung der Gefangenen in Rom zum öffentlichen Schauspiel. Sextus gelang die Flucht, doch wurde er im Jahr darauf im Osten getötet. Octavian nahm daraufhin für sich selbst und die arme Octavia, die sich geschickt als Antonius' »verlassene« Gattin präsentieren ließ, die Immunität *(sacrosanctitas)* des Tribuns in Anspruch, den Schutz vor Zugriffen adliger Beamter. Die Siegesbeute weihte er in einen wuchtigen neuen Apollon-Tempel in Rom, neben den er sein neues Haus stellte, nicht weit von der angeblichen Hütte des Romulus aus ältester Zeit entfernt.[11] Antonius dagegen musste einen Feldzug gegen die Parther vertuschen, der kläglich misslungen war. Nach einem Richtungswechsel war er von Syrien aus nach Norden, dann nach Osten marschiert und hatte anschließend Armenien durchquert, anscheinend in der Hoffnung, in offener Schlacht zum Erfolg zu kommen. Die Parther waren jedoch äußerst beweglich und zogen sich immer wieder zurück, auch wenn sie dabei eine Festung oder eine Stadt einbüßten. Antonius führte den Krieg wie seinen letzten, die Kampagne mit Julius Caesar auf dem gänzlich andersartigen Schauplatz Gallien.[12] Seine riesige Armee war um etwa zwei Drittel größer als die Armee Alexanders in Westasien, und über 30000 Soldaten gingen während des Rückzugs im Winter 36/5 an Hunger und Kälte zugrunde. Für Antonius blieb es ein schaler Sieg. Im Jahr 35 plante er eine neue Invasion Armeniens. Doch Octavian griff mit einem schlauen Schachzug ein, der Antonius in Verlegenheit brachte: Er schickte ihm Truppen – aber nur 2000 Mann von den schon vor zwei Jahren versprochenen und mit ihnen Octavia als Gesandte. Antonius nahm die Truppen, verbot jedoch Octavia, ihn aufzusuchen. Er war zu beschäftigt mit Kleopatra. Im Sommer 34 gewann er Armenien zurück, doch die Berichte über seine Siegesfeier lösten Unruhe aus. Er und Kleopatra saßen auf goldenen Thronsesseln im Gymnasion von Alexandria; er überließ ihr weitere Territorien und ernannte sie zur »Königin der Könige«. Dem Sohn und der Tochter, mit den Namen »Sonne« und »Mond«, verlieh er Fürstentitel, und vor allem ernannte er den jetzt 17-jährigen Caesarion zum »König der Könige«.[13] Welche Rolle hatte er sich selbst zugedacht? Zwei Münzen aus dieser Zeit scheinen anzudeuten, dass er sich alle Möglichkeiten offenhielt. Eine sehr berühmte Münze, ein Silberdenar, zeigt Kleopatra mit der lateinischen Legende: »Königin der Könige und der Söhne als Könige«; die Rückseite mit dem Bild des Antonius ist ohne Aufschrift. Ein anderer Münztypus dagegen zeigt Antonius mit lateinischen Titeln (Imperator, Triumvir) sowie seinen jungen Sohn Antyllus, den ihm seine verstorbene Frau, die Römerin Fulvia, geboren hatte. In seiner Bindung an Kleopatra war Antonius sehr weit gegangen, doch meiner Ansicht nach aus Leidenschaft und Liebe. Eine römische Alternative oder eine denkbare Verbindung der Optionen »Rom« und »Kleopatra« hatte er allerdings nicht ausgeschlossen.

Ende 33 ging die zweite fünfjährige Amtszeit der Triumvirn zu Ende. In Rom amtierte Octavian zum zweiten Mal als Konsul, und die urbanen Sanierungsmaßnahmen seines bewährten Agrippa gewannen ihm die Gunst des einfachen Volkes. Die lange vernachlässigten städtischen Abflussrohre und -kanäle wurden gereinigt; Agrippa unternahm sogar eine symbolische Fahrt durch den Hauptkanal der Stadt; er nahm mit den Gruppen der Wagenlenker im Circus Maximus Verbindung auf, und es gab Pläne zur Aufwertung des Marsfeldes, eines populären urbanen Raumes. Dennoch war zu bedenken, dass im folgenden Jahr zwei Parteigänger des Marcus Antonius das Konsulat übernehmen würden; Antonius selbst konnte zurückkehren und, mit dem mutmaßlichen Triumph über das Partherreich im Rücken, das Konsulat für 31 übernehmen und sich die Statthalterschaft über eine große Provinz zusprechen lassen. Octavian musste zurückschlagen. Nach einem schwachen Start ins Jahr 32 rief er in einer kühnen Aktion »ganz Italien« dazu auf, ihm den Treueid zu schwören. In diesem Schritt schwang die Anspielung auf den militärischen Notstand mit, die Situation, in der ein römischer Machthaber die Männer traditionellerweise dazu aufforderte, sich um der gemeinsamen Sache willen zusammenzuschließen.[14] Als nächstes wurde den Westprovinzen der Eid abgenommen, Octavians zweitem Flankenschutz. Dann gab er, einen alten römischen Ritus wiederbelebend, eine öffentliche Kriegserklärung ab, erklärte den Krieg aber klugerweise nur der Kleopatra. Alte römische Werte, italische Bodenständigkeit gegen ägyptische Korruption, die väterliche Sorge des neuen Caesar für seine Truppen und die römische Plebs – das waren die öffentlichen Botschaften Octavians, aber noch immer befehligte Antonius mehr Legionen. Über 300 Senatoren flüchteten aus Rom auf seine Seite.

Mit Kleopatra und der Flotte nahm Antonius schließlich Aufstellung vor Actium an der Nordwestküste Griechenlands. Doch schon früh begann die Flucht aus seinem Lager, wahrscheinlich als die neu eingetroffenen Senatoren bemerkten, dass Kleopatra sich tatsächlich frei im Lager bewegte. Ein erstklassiger General hätte den Krieg gewinnen können, doch wie der Zug gegen die Parther gezeigt hatte, war Antonius als Militär nur zweitklassig. Octavians Flotte konnte ohne Behinderung von Italien übersetzen und Antonius' kleinere Flotte in der Bucht nördlich der Insel Leukas blockieren. Durch den Aufschub der Kampfhandlungen kam es in Antonius' Lager zu Krankheit, Hunger und weiteren Desertionen. Als naheliegende, doch schwierige Taktik bot sich Antonius an, den Durchbruch auf See zu versuchen und zu fliehen. Kleopatra stand offenbar in Alarmbereitschaft (sie desertierte nicht einfach), denn als die Flotte in die Schlacht zog, waren die Segel gesetzt. Bei Beginn der Schlacht am 2. September entkam sie mit ihren 60 Schiffen durch eine Lücke im Zentrum der Flotte Octavians. Sofort segelte Antonius ihr nach. Actium war die letzte große Seeschlacht der Antike, und Octavian errang zwar den Sieg – den er, genauer gesagt, wieder Agrippa verdankte –, doch zu Kampfhandlungen kam es kaum. Kleopatra und Antonius erreichten ihr Ziel durch die Flucht.

Antonius floh zunächst nach Griechenland, Kleopatra nach Ägypten. Schließlich waren beide in Alexandria wiedervereint, und während sie auf den Fortgang der Ereignisse warteten, erfuhr der Klub der »Unnachahmlichen Leben« seine Neugründung als »Die miteinander sterben werden«. Antonius, der neue Dionysos, weihte sogar einen Schrein für den legendären Timon von Athen, den Mann ohne wahre Freunde.[15] Octavian erreichte anschließend an eine kurze Rückkehr nach Italien im Sommer 30 v. Chr. Ägypten, doch Antonius' Angebot, sich im Duell zu messen, wurde ausgeschlagen. Die Desertionen häuften sich, und trotz eines kurzen Ausfalls der Kavallerie war Octavian am 1. August 30 Herr über Alexandria. Antonius brachte sich eine tödliche Wunde bei, und die großartigste Todesszene der Geschichte nahm ihren Lauf.

Schon bald danach berichteten Augenzeugen, unter ihnen der Arzt Olympos, ausführlich über den Hergang.[16] Ihm verdanken wir vermutlich den Bericht über Kleopatras Rückzug in ihr Mausoleum, zu dessen Fenstern sie mit ihren Dienerinnen den sterbenden Antonius an Seilen heraufzog. Was er noch zu ihr sagte, wissen wir nicht, doch sicher ist, dass er in ihrer Gegenwart starb. Als der neue Caesar eintrat, weinte er über den großen Rivalen, der jetzt tot vor ihm lag. Es war die übliche Reaktion auf solche Ereignisse; ebenso hatte Antonius einst über der Leiche des Caesarmörders Brutus, seines römischen Senatskollegen, geweint. Offenbar war geplant, Kleopatra im Triumphzug in Rom zur Schau zu stellen, doch neun Tage später hatte sie den Sieger überlistet. Einige sagten, sie habe in einer Haarnadel Gift versteckt, doch Octavian sanktionierte die Version vom Schlangenbiss. In einem Wasserkrug oder einem Korb mit Feigen wurden zwei ägyptische Nattern ins Innere des Mausoleums geschmuggelt. Die eine hielt sie an ihren Arm, nicht an ihre Brust, und ihre Dienerinnen Iras und Charmion starben an ihrer Seite. Der junge Caesarion wurde gefangen und getötet.

Es ist leicht zu behaupten, der richtige Mann habe gesiegt, der besonnene Octavian über den Heißsporn Antonius. Grundsätzliches jedenfalls, Ideen von größerer Freiheit oder Gerechtigkeit, trennte sie nicht. Es war ein blanker Machtkampf zwischen Rivalen, in dem achtbare Römer mit beiden Seiten auf gutem Fuß standen, Männer wie der reiche, kultivierte Atticus, der beiden freundschaftlich verbunden war. Andere hatten noch in letzter Minute die Seiten gewechselt wie Plancus, Ahenobarbus oder Dellius, der als »Circus-Reiter« der Bürgerkriege bekannt war. Es wurde sogar von einem Mann auf dem Kapitol erzählt, der auf seinem Arm zwei Krähen trug, die er sprechen lehrte: die eine »Heil, Caesar, siegreicher Feldherr«, die andere »Heil, Antonius, siegreicher Feldherr« – anzuwenden je nachdem, wie es die Umstände erfordern würden.[17]

Dennoch, Antonius hatte eigene Ziele, die er auf seine eigene Art und Weise verfolgte. Der große Feldzug nach Osten war ein Desaster gewesen, doch die spätere Ernennung eines romfreundlichen Königs in Armenien erwies sich als dauerhafte römische Lösung für die Partherfrage. Auch die Auswahl der übrigen befreundeten Könige im Osten war geglückt. Wäre der Sieg an Antonius gegangen, hätte ein Band ganz besonderer Art Rom mit Ägypten und Alexandria verknüpft. Anders als Octavian verspürte Antonius nicht das Bedürfnis, militärisches Mittelmaß zu kompensieren und sich durch die Eroberung ganz Europas Ruhm zu verschaffen. Vielen tausend Barbaren wäre in den folgenden 50 Jahren der Tod erspart geblieben, dafür aber möglicherweise eine Wiederbelebung der verwüsteten Griechenstädte in Gang gebracht worden. Auch an Erben hätte es nicht gemangelt. Kleopatra hatte bereits zwei Söhnen des Triumvirn das Leben geschenkt, der den Rivalen immerhin *in puncto* Zeugungskraft in den Schatten stellte. Die Stimme der italischen, augusteischen Dichtung der Zukunft wäre nicht notwendig stumm geblieben. Patronatsgunst hatte sie in den 30er Jahren auf Octavians Seite gezogen, und mit Patronatsgunst hätte sie Antonius zurückgewonnen.[18] Horaz wäre es dann erspart geblieben, moralisch einwandfreie Lyrik verfassen zu müssen – ihm hätten sich in Antonius' weniger reputierlicher Gefolgschaft weit erfreulichere Themen geboten. Properz hatte ohnehin eine Schwäche dafür[19], und Vergils Meisterwerk, die *Georgica*, war bereits vollendet. In Dionysos hätte er wohl einen sehr viel spannenderen Stoff gefunden als in dem unvermeidlichen Helden seines nächsten Werkes, dem wortkargen Aeneas. Vergils Genie hätte Bacchus in Rom eine poetische Blüte beschert. Der große Gewinner jedoch wäre Ovid gewesen. Der Witz und die geschliffene Distanziertheit seiner Dichtung hätten in dem römischen Herrscherpaar der Lust und des Überschwangs, Antonius und Kleopatra, ihr lebendiges Zentrum gefunden. Sie hätten seine Themen, die Liebe und den Mythos, gelebt und seine Biographie mit seiner Dichtung in Einklang gebracht. Doch die Mitglieder der Senatorenzunft pflegten noch immer ihre moralischen Werte und liebten die Freiheit, nicht aber Königinnen aus dem Orient – sie hätten die beiden zuvor durch Mord aus dem Weg geräumt.

40
WIE EINER ZUM KAISER WIRD

Wegen der durch mich oder durch meine Heerführer unter meinem Oberbefehl zu Wasser und zu Land glücklich geführten Kriege hat der Senat fünfundfünfzigmal ein Dankfest an die unsterblichen Götter beschlossen. Die Gesamtzahl der Tage aber, an denen auf Senatsbeschluss so gefeiert wurde, betrug 890. In meinen Triumphen wurden vor meinem Wagen neun Könige oder Kinder von Königen geführt. Konsul bin ich bis zu dem Zeitpunkt, da ich das schreibe, dreizehnmal gewesen, und stehe im siebenunddreißigsten Jahr der tribunicia potestas.
Augustus, Res Gestae (Fassung von 14 n. Chr.; Übers. E. Weber)

Der Sieg des neuen Caesar vor Actium stand für den erwünschten Triumph verlässlicher Werte. Doch folgten ihm umgehend Berichte über eine Verschwörung in Rom. Der Sohn des dritten Triumvirn, Lepidus, soll einen Anschlag auf Octavian geplant haben und musste von Octavians Parteigänger in Rom, dem stets dienstbereiten Maecenas, überwältigt werden.[1] Das Komplott, wenn es denn eines war, stand vielleicht in Zusammenhang mit dem seit langem schwelenden Problem der Ansiedlung einer so übermäßig großen Zahl von Veteranen. Es bewog Octavian, im Anschluss an die Schlacht von Actium kurz nach Italien zurückzukehren, für den Fall, dass die Proteste bedrohlich würden.

Nach dem weiteren Sieg in Ägypten vom August 30 kamen die immensen Reichtümer des Landes unter römische Herrschaft, *dominatio*, wie die neue Regierungsform genannt wurde. Antonius' Beispiel hatte gezeigt, dass es zu riskant war, Ägypten in die Hand eines Senators zu geben. Octavian wählte einen Mann aus dem Ritterstand zum Verwalter der Provinz, Cornelius Gallus, der sich in den jüngsten Kämpfen ausgezeichnet hatte; er war außerdem ein bekannter Dichter, der den Bürgern von Alexandria gefallen würde. Amtlich hieß die Provinz jetzt »Alexandria und Ägypten«, und der Stadt fiel bei der

Verwaltung eine wichtige Rolle zu. Es gehörte nicht zu Octavians Strategie, den Ritterstand als Gegengewicht gegen den stärker politisch orientierten Senat einzusetzen, doch in diesem besonderen Fall hielt er einen Ritter für das geringere Risiko.[2] Der Präzedenzfall blieb wirksam, und den Senatoren wurde – ebenso wie führenden Rittern – verboten, ohne Erlaubnis des Kaisers Ägypten zu besuchen. Die Beschlüsse wurden vermutlich in den Jahren 30/29 in Rom ratifiziert. Die Schätze Ägyptens boten Octavian vermehrt die Möglichkeit, der römischen Öffentlichkeit Geschenke zu machen. Ägyptisches Getreide war ein entscheidender Faktor für die Versorgung der Stadt mit Nahrungsmitteln. Nach 50 Jahren war die ägyptische Frage dank den römischen Bürgerkriegen zugunsten eines der Akteure entschieden.

Wie würde der neue Caesar nach seinem Sieg regieren? An eine Regierungszeit von 44 Jahren hätte niemand gedacht, und niemand hätte vorausgesehen, dass die Befugnisse, die er sich schrittweise zubilligte, für alle von uns so bezeichneten römischen Kaiser der kommenden drei Jahrhunderte das Fundament ihrer Herrschaft bilden würden. Wie Augustus sollten sich alle Kaiser auf ihre Konsulate, ihre Amtsvollmacht als Volkstribune und ihre Rolle als Befehlshaber *(Imperator)* der Armeen berufen. Hadrian hielt Augustus besonders in Ehren, der in so mancher Hinsicht sein Leitbild war. Auf seinem Siegelring war der Kopf des Augustus abgebildet, und eine Bronzebüste des Knaben Octavian stand unter den Hausgöttern in seinem Schlafraum. Doch wir Heutigen erkennen – was Hadrian vielleicht entging –, dass die Jahre als »Erster Bürger« *(Princeps)* für Augustus ein holpriges Pflaster waren. Sie brachten fundamentale Veränderungen für Freiheit und Gerechtigkeit, begleitet von versuchter Einflussnahme auf den Luxus.

In den Jahren 30 und 29 war dem Caesar ein bestimmter Aspekt seiner Position zu Bewusstsein gekommen. Seit der Zeit Alexanders des Großen waren Städte und Individuen des griechischsprachigen Ostens daran gewöhnt, mit Königen und Fürsten zu verhandeln. Sie hatten keinerlei Interesse an den mysteriösen Details der alten römischen Verfassung und schon die römischen Feldherren der späten Republik als Herrscherpersönlichkeiten betrachtet. Diese Rolle zu übernehmen fiel Octavian nicht schwer. Er schrieb selbst an griechische Städte in Kleinasien und pries persönliche Freunde unter ihren Bürgern, die ihn in den jüngsten Unruhen unterstützt hatten. Er verwies sogar auf die intensiven Bemühungen seiner Frau Livia zugunsten der Insel Samos.[3] Für die Griechen gehörten Königsfamilien und hilfreiche Königinnen gewissermaßen zum Alltag, während sie den römischen Traditionalisten ein Greuel waren. Die Griechen pflegten lebenden Herrschern auch »göttliche Ehren« zu erweisen, doch hier ließ der neue Caesar Vorsicht walten: In Städten wie Ephesos konnten römische Bürger Tempel für »Rom und den zum Gott erhobenen Julius« errichten – ein Kult für ihn selbst zu Lebzeiten war unrömisch. Tempel der Griechen dagegen konnten in den Zentralorten ihrer Provinzversammlungen ihm selbst und Rom geweiht sein. Andere Städte erwiesen ihm kurzerhand sakrale Ehren außerhalb Roms, ohne um Erlaubnis zu bitten.

Als er im Jahr 29 nach Rom zurückkehrte, musste natürlich als Erstes gefeiert werden. Mitte August organisierte Octavian einen glanzvollen dreifachen Triumph für drei Siege: die Siege von 35–33, für Actium und für die Fortsetzung in Ägypten. Die Feier wurde begleitet von Schaukämpfen der Gladiatoren, der großen Attraktion für das Volk. Hinzu kamen großzügige Geldgeschenke an jeden Einzelnen der römischen Plebs, die für jeden entlassenen Soldaten um die Hälfte erhöht wurden. In der Stadt entstanden ringsum großartige neue Monumente, die an Octavians persönliche Heldentaten erinnerten. Schon war sein Mausoleum im Bau, ein Gebäudetypus, den Hadrian später nachahmte. Ein großer Tempel für den »Vergöttlichten Julius Caesar« wurde 29 vollendet, und ein riesiger Tempel entstand auf dem Palatin neben seinem Haus. Im Oktober 28 wurde er Apollon geweiht, seinem Schutzgott in Actium. Auf dem Forum wurde mit dem Bau eines großen Triumphbogens zur Erinnerung an Actium begonnen, für dessen Säulen man die Bronze vom Bug der Schiffe Kleopatras verwendete. Das Gesicht Roms veränderte sich mit der Laufbahn seines Alleinherrschers, doch dieser konnte an einer Selbststilisierung in der Nachfolge seines Adoptivvaters nicht weiter festhalten. Die Verlängerung einer Dictatur, einer »Königswürde« oder eines Götterkults in Rom selbst hätte fatale Folgen nach sich gezogen. Viele angesehene republikanischen Familien waren zwar den Bürgerkriegen zum Opfer gefallen, doch ausgestorben waren sie nicht. Ihre Mitglieder stellten derzeitige Senatoren und würden die Kommandeure und Statthalter der Zukunft stellen; aber einige von ihnen hatten mit Cicero noch 43 v. Chr. auf eine erneuerte Republik gehofft. Diese Männer waren in eine neue Staatsordnung einzubinden. Dass die Investitionen der ägyptischen Kriegsbeute in Rom die Hauspreise in die Höhe trieben, war kein reiner Segen.

Ein Segen aber war der endlich erreichte Frieden, und er kam zur rechten Zeit. Seit den 50er Jahren hatte sich im intellektuellen Leben Roms auf vielen Gebieten ein neues Selbstvertrauen ausgebreitet, so als ob man an die Meisterleistungen der Griechen nun zumindest heranreiche. Nach den langen Bürgerkriegsjahren wurden Hoffnungen wach, vom Militärdienst jetzt zu einem »Leben auf dem Land« zurückzukehren. Nach der Flut von Verwüstungen meldete sich ein Stolz auf die besonderen Qualitäten Italiens, eines Landes, das mit so reichem Potenzial gesegnet war. Hyginus, ein Gelehrter und Freigelassener des Augustus, schrieb sogar ein Werk über Ursprung und Lage italischer Städte. In den Jahren 30/29 wurden diese Themen in Vergils wunderbarem epischen Lehrgedicht, den *Georgica*, zusammengeführt. Dieses »beste Poem des besten Poeten« verband das Lob Italiens und des Landlebens mit einem – oft schalkhaften – Tribut an den neuen Caesar. Ein virtuoser Schluss ließ die griechischen Mythen zu einem neuen, zauberhaften Ganzen verschmelzen. Ein Gedicht dieser Art beweist, dass es nach so viel Schrecken jetzt Hoffnung und auch Vertrauen in die Zukunft gab. Es war die Aufgabe des neuen Caesar, sich dieses Klima nutzbar zu machen; es bildete die Grundlage seiner Regierungszeit, einer Ära des Klassizismus.

Im Jahr 28 v. Chr. setzten Octavian und sein loyaler *homo novus* (Aufsteiger) Agrippa den Prozess in Gang und übernahmen gemeinsam das Konsulat. Eine neue Goldmünze, die in diesem Jahr geschlagen wurde, zeigt Octavian auf seinem Amtssessel mit einer Schriftrolle in der Hand. Die Münzlegende bezieht sich auf die »Rückgabe von Gesetz und Rechten an das römische Volk«.[4] Alle illegalen Maßnahmen des Triumvirats wurden für ungültig erklärt; das bedeutete auch, dass Gerichtsverhandlungen und Wahlen jetzt wieder ihren normalen Verlauf nehmen konnten. Die überhöhte Zahl der Senatoren wurde reduziert, die Staatskasse saniert, ein »städtischer Prätor« ernannt, der in Rom wieder für eine geregelte Rechtsprechung zu sorgen hatte, und am Ende des Jahres sollten die illegalen Gesetze der Triumvirn aufgehoben werden. Gestohlene Schätze sollten an ihre Tempel zurückgehen. Das Tagesgespräch waren indessen militärische Erfolge. Drei verschiedene Befehlshaber feierten im Lauf des Sommers in Rom ihren persönlichen Triumph, und da kam es nicht ungelegen, dass von Seiten des unmilitärischen Caesar im September Spiele zur Erinnerung an Actium folgen konnten. Weit peinlicher war es, dass einer der namhaftesten überlebenden Aristokraten, Licinius Crassus, die höchsten und seltensten Ehren für sich beanspruchte, die nur erhielt, wer einen Feind im Einzelkampf erschlagen hatte. Gegen eine solche Heldentat hatte der befangene Octavian nichts aufzubieten, und Crassus' Forderung wurde abgelehnt. Sein Anspruch war gerechtfertigt, doch Octavian wies ihn mit einem durchsichtigen Verweis auf angeblich uralte Bestimmungen zurück.[5]

Die Restauration aber wurde im folgenden Jahr fortgesetzt. Octavian war erneut Konsul, und am 13. Januar stellte er im Senat die herkömmliche Frage nach der Zuteilung von Provinzen an die Konsuln. In einer der Antworten, die zweifellos vorher vereinbart war, wurden ihm alle angeboten. Ein paar Tage darauf nahm er mit gütiger Zustimmung zwar nicht alle, doch einen großen Teil an, darunter das wichtige Trio Gallien, Spanien und Syrien, zusammen mit anderen, in denen das Gros der Armeen stand. Als Verwaltungszeit waren »bis zu zehn Jahre« vorgesehen. Es wurde ihm auch ein neuer, feierlicher Name angeboten: »Augustus«, der »Erhabene«. Es heißt, auch »Romulus« sei vorgeschlagen worden, doch Romulus hatte seine Schattenseiten – da war der Mord an seinem Bruder, aber auch sein Tod, hinter dem, einer Lesart zufolge, die eigenen Senatoren standen. In einer Abstimmung wurde beschlossen, ein Ehrenkranz aus Eichenblättern solle die Pforte zum Haus des neuen Augustus schmücken, und ein Ehrenschild verkündete, will sagen definierte seine besonderen Herrschertugenden. Fast 20 Jahre zuvor hatte Cicero in seinem Plädoyer vor Julius Caesar dieselben Tugenden genannt: Tapferkeit, Milde, Gerechtigkeit und Frömmigkeit.[6] Octavian muss Ciceros Rede nicht unbedingt gelesen haben – Atticus hätte sie ihm leihen können –, denn diese Tugenden bestimmten inzwischen das römische Meinungsklima. Für sein neues Kommando gab es eine Art Präzedenzfall in den erweiterten Kommandobereichen von Männern der Republik wie Pompeius. Zunächst haben viele Senatoren es vielleicht tatächlich als Wiederherstellung eines herkömmlichen Status verstanden, zumal die anderen Provinzen an das »Volk« als *res publica*, den Staat, zurückgingen. Dann verließ Augustus Rom in Richtung Gallien und sprach von einem Abstecher nach Britannien. Doch er gab sich mit einem näher gelegenen Ende der Welt zufrieden, der Nordwestküste Spaniens. Vielleicht wurde nicht allgemein erwartet, dass er das Konsulat auch in den folgenden Jahren bekleiden würde, doch konnte er jedenfalls darauf verweisen, dass er weiterhin Krieg führte. In Rom durfte sich im Sommer 27 Licinius Crassus wenigstens eines Triumphs erfreuen. Augustus konnte ihm diese Ehrung nicht auch noch verwehren, doch blieb ihm erspart, am 4. Juli selbst Zeuge zu sein.

Trotz des neuen Erscheinungsbilds blieb Augustus' Machtbasis unverändert. Sie bestand wie unter dem Dictator Julius Caesar noch immer aus der Armee, der Gunst der kleinen Leute Roms und einem riesigen Privatvermögen. Wenn ihn Millionen römische Untertanen im Ausland als eine Art König betrachteten, von denen viele nicht einmal wussten, wie man *imperium* schreibt, warum sollte dann das sorgsam erneuerte Erscheinungsbild seiner Macht in Rom von Bedeutung sein? Hatte sie doch kaum Bedeutung für die meisten führenden Familien in den italischen Städten. Die römische Verfassung hatte auf ihrer Prioritätenliste nie den obersten Platz eingenommen, und viele ihrer Oberhäupter waren jetzt »neue Männer«, die von den Morden und

Proskriptionen der späten 40er Jahre, dem geraden Gegenteil republikanischer Freiheit, gewaltig profitiert hatten. Hier wünschte man sich, dass friedliche Zeiten kämen und dass man von Armeen und Soldatensiedlern verschont blieb, die über den Gutsbesitz stampften. Der Bevölkerung Roms lag vor allem daran, dass sie ernährt wurde und dass ihre Sicherheit gewährleistet war, aber diese Erwartungen hatte der Senat seit je enttäuscht. Sicherheit ist jedoch nicht gleich Freiheit. Die wichtigste Adresse für die »Restauration« war die Meinung der Senatoren, von denen der Nachschub an Armeekommandeuren, Augustus' persönliche Sicherheit und seine Legitimität abhingen. Zu Augustus' Strategien gehörte hier der moderne Kunstgriff, einen sehr überzogenen Antrag zu stellen, nur um dann gnädig etwas kaum weniger Überzogenes zu akzeptieren. Er gab sich außerdem schlicht, zugänglich, zurückhaltend und höflich. In vielfacher Hinsicht war er der verkörperte Durchschnitt.

Sicher war seine Stellung allerdings nicht. Im Jahr 26 hatte sich der Versuch, den latenten Problemen des »städtischen Pöbels« durch die Ernennung eines Stadtpräfekten zu begegnen, nach sieben Tagen erledigt, ohne Zweifel aufgrund von Protesten traditionalistischer Senatoren. Es gab zwar Beispiele für ein solches Amt, doch nur für den Fall, dass beide Konsuln, nicht nur einer, von Rom abwesend waren. In Spanien machte Augustus seine Gesundheit zu schaffen und auf dem Balkan ein heikles Manöver, das fehlschlug. Vermutlich im Jahr 24 sah sich der Statthalter von Makedonien, einer »Provinz von Senat und Volk«, veranlasst, außerhalb seines Territoriums Krieg zu führen. Es erklärt einiges, dass dieser illegale Krieg sich gegen ein Volk richtete, das der große Licinius Crassus durch seine jüngsten militärischen Erfolge als Klienten gewonnen hatte.[7] Die Aktion war eindeutig illegal, denn nur das römische Volk hatte das Recht, über Krieg und Frieden zu beschließen, und Augustus' stillschweigende Duldung weckte Argwohn; die Gelegenheit, Crassus eneut zu brüskieren, war zu verlockend gewesen. Schlimmer noch – es bestand der Verdacht, Marcellus, der junge Neffe des Augustus, könne den schuldigen Statthalter angestachelt haben. Marcellus hatte mit Augustus' Unterstützung ungewöhnlich schnell Karriere gemacht, und sein Aufstieg war nicht unumstritten, aber wie immer man dazu stand – sich in solchen Initiativen zu engagieren lag definitiv außerhalb seiner Befugnisse. Augustus war inzwischen schwer erkrankt, sah jedoch voraus, dass Ärger drohte. Das Jahr 23 begann mit der Wahl eines Konsuls, der nicht zu seinen Parteigängern gehörte; im Frühling musste ernsthaft mit Augustus' Ableben gerechnet werden.

Die Chronologie der Ereignisse ist noch immer strittig, doch steht fest, dass Augustus am 1. Juli 23 offiziell von seinem Konsulat zurücktrat. Stattdessen setzte er auf eine neue Karte, die Amtsvollmacht der Tribune, doch losgelöst vom Amt des Volkstribuns selbst. Mit dem Konsulat konnten nun die Ansprüche senatorischer Konkurrenten befriedigt werden. Der Erste, der das Ehrenamt übernahm, war ein weiterer Vertreter der anderen Seite, der jedoch von Horaz wegen seiner Vorliebe für jugendliche Sklaven gehänselt wurde. Augustus erhielt weiterhin die Befehlsgewalt des Konsulars, die über die Macht aller Provinzstatthalter hinaus erweitert wurde – diese unentbehrliche Amtsbefugnis hatte er zunächst durch den Verzicht auf das Konsulat verloren. Weitere Vollmachten wurden ihm zugesprochen, um sein Vorgehen gegenüber Volk und Senat zu legalisieren, doch konnte er nicht verhindern, dass der Balkan-Skandal über die öffentliche Bühne ging. Der schuldige Statthalter in Makedonien wurde wahrscheinlich Anfang 22 in Rom endlich vor Gericht gestellt. Zu seiner Verteidigung verwies er auf den Rat »mal des Augustus, mal des Marcellus«. Es war ein Moment größter Peinlichkeit, der die Republik, zu der Augustus sich bekannte, zur Absurdität werden ließ. Augustus erschien unerwartet im Gericht, doch seine Aussage wirkte sich für den Angeklagten und seinen Verteidiger zum Nachteil aus. Danach schmiedete eine Gruppe von Verschwörern einen Anschlag auf sein Leben; auch der Verteidiger war darunter, den er verraten hatte. Die Verschwörer wurden getötet; ein Informant erhielt eine fürstliche Belohnung. Kurz – es war eine echte Krise.[8]

Während dieser Monate bestand die Möglichkeit, dass Augustus getötet und die Republik in Wahrheit wiederhergestellt würde. Die Situation war noch immer fragil. Doch die Bündelung neuer Vollmachten bedeutete keinen Rückzug aus seiner legalen Stellung früherer Zeit. Sie ließ vielmehr verschiedene Stärken seiner Machtbasis deutlicher hervortreten. Die Vollmacht des Tribuns rief seine besonderen Beziehungen zur römischen Plebs vor Augen, darunter das Recht, Gesetze vorzuschlagen, während sein Prokonsulat ihm die Verbindung zu den stehenden Armeen in seinen vielen Provinzen sicherte. Diese Machtbefugnis war umfassender als bei anderen Prokonsuln und mit der zu vergleichen, die Pompeius zur Bewältigung der Getreidekrisen von 57 v. Chr. erhielt – wie ironischerweise im Jahr 43 auch die Caesarmörder. Diese Sondervollmachten waren jahrhundertelang die beiden Säulen der Macht eines römischen Imperators. Vielleicht hatte Augustus während seiner Krankheit ja auch an die Regelung seiner Nachfolge gedacht. Es war leichter, diese Machtbefugnisse weiterzugeben, weil sie nicht notwendig an Wahlen gebunden waren. Aber zweifellos stand hinter dem Plan für Veränderungen auch der Gedanke an die eigenen Absichten angesichts einer Krise, die sich bereits zusammenbraute. Wenn der Sturm losbrach, konnte er einen klugen Rückzug inszenieren, nicht von seiner Machtbasis, aber aus dem Rampenlicht. Die Senatoren konnten über ihre Konsulate verfügen – es wäre ohnehin schwierig für ihn gewesen, diese in einer Ära des Friedens weiterhin allein auszuwählen –, aber sie würden dann am eigenen Leib erfahren, dass er in Rom unentbehrlich war.

Es folgten schwere Unruhen in der Stadt. Mit einer Seuche war zweifellos nicht zu rechnen, aber aus Anlass eines gravierenden Getreidemangels kam die willkommene Bitte, Augustus möge eingreifen. Er behob ihn (nachdem er ihn provoziert hatte?) in zehn Tagen. Dann verließ er Rom, um auf lange Sicht eine Lösung für das Partherreich im Osten zu finden. Während seiner Abwesenheit weigerte sich das Volk, zwei Konsuln für das Jahr 21 v. Chr. zu wählen. Jetzt drohte eine konstitutionelle Sackgasse. Zwei Jahre später, er war noch immer abwesend, tauchte in Rom ein neuer Vertreter der Volksinteressen, Egnatius Rufus, auf und musste daran gehindert werden, über das *consultum ultimum* des Senats, bestätigt durch den einzigen amtierenden Konsul, direkt auf das Amt des Konsuls zuzugreifen. In diesem Jahr, 19 v. Chr., steckte die Stadt erneut in einer anhaltenden Krise, die nur Augustus meistern konnte – wie Pompeius im Jahr 52 war er unentbehrlich geworden.

Im selben Jahr kamen Botschafter aus Rom zu ihm nach Griechenland und legten ihm nahe, einen neuen Konsul zu ernennen. Er wählte einen Adligen. Bald darauf kehrte er nach Italien zurück, zunächst in seine Villa bei Neapel, wo er, offenbar in aller Stille, Mitte des Sommers ankam. Rom schickte ihm die gebührende Gesandtschaft aus Konsuln, Magistraten und führenden Persönlichkeiten entgegen. Es war ein Augenblick von kardinaler Bedeutung, eine weitere Kapitulation der höheren Stände Roms. Augustus wünschte keinen Triumph oder großen Empfang am helllichten Tag; doch bevor er erneut römischen Boden betrat, mussten Einzelheiten seiner offiziellen Vollmachten geklärt werden. Seine formelle Macht würde sich in Rom schon jetzt behaupten können, doch von nun an sollte sie äußerlich sichtbar gemacht und von den formalen Amtsinsignien begleitet werden. Es sollte deutlich werden, dass er die Popularmacht eines Tribuns mit seiner militärischen Befehlsgewalt *(imperium)* verband, die alle Befugnisse der Konsuln und Exkonsuln überstieg. Das Verhältnis zwischen Senat und Volk, das in der Geschichte der Republik so häufig ambivalente Züge angenommen hatte, sollte jetzt auf Wunsch beider Seiten durch die Hand eines einzigen Mannes seine Lösung finden.

Anstelle des Triumphs ließ Augustus der Fortuna Redux (die nach Hause geleitet) einen Altar errichten, eine Geste falscher Bescheidenheit, denn einem glücklichen Zufall verdankte sich seine Rückkehr nicht. Außerdem sollte im

Oktober außerhalb der Stadt ein Fest stattfinden, das den realistischeren Namen *Augustalia* erhielt und zum jährlich wiederkehrenden Ereignis wurde. Nur ein Zuschauer fehlte: Der Dichter Vergil, der, bereits schwer erkrankt, mit Augustus den Heimweg aus Griechenland angetreten hatte. Er war in Neapel gestorben, ließ aber sein großes Epos, die *Aeneis*, fast vollendet zurück. In seinen Versen hielt er bereits die offizielle Deutung der jüngsten Ereignisse fest, sprach von der Dekadenz des Antonius, der ägyptischen Königin, die nie beim Namen genannt wird, von ihren grauenerregenden Göttern und der Rettung römischer Ideale durch den Sieger. Doch sein Bild des Helden, des Romgründers Aeneas, war nuancierter angelegt. Wäre das Werk 30 Jahre später entstanden, hätte sich der Druck auf Vergil verstärkt, auch die Taten des Augustus darzustellen. Das Epos, wie wir es heute lesen, mahnt spätere Generationen der Römer, sich gewärtig zu halten, dass es ihre Aufgabe sei, »die Unterworfenen zu schonen und die Stolzen im Kampf ganz zu erobern«.[9] Der Rat war löblich, beschrieb aber nicht den zeitgenössischen Römer, Augustus selbst. Dieser hatte seine Gegner gnadenlos ums Leben gebracht, war kein ruhmvoller Kämpfer gewesen, und unter den Opfern, die er betrogen und kaltgestellt hatte, waren die stolzesten Männer Roms.

41
MORAL UND GESELLSCHAFT

Der Divus Augustus verbannte seine Tochter, über die Nachrede der Unzucht hinaus unzüchtig, und ließ die Schande des Kaiserhauses an die Öffentlichkeit kommen: Zugang habe sie den Liebhabern in Scharen gestattet, in nächtlichen Streifzügen sei sie durch die Stadt geirrt, das Forum selbst und die Rednertribüne, von der aus der Vater das Gesetz über Ehebruch eingebracht hatte, hätten der Tochter für unzüchtige Handlungen gefallen, ... als sie, von einer Ehebrecherin zur Prostituierten geworden, das Recht zu jeder Freizügigkeit unter einem unbekannten Ehebrecher verlangte.
       Seneca, ÜBER DIE WOHLTATEN, 6,32 (Übers. M. Rosenbach)

Ich selbst sah in Afrika den L. Consitius, einen Bürger aus Thysdrus, der an seinem Hochzeitstage in einen Mann verwandelt wurde.
       Plinius der Ältere, NATURKUNDE, 7,36 (Übers. R. König)

Die konservative Revolution des Augustus machte nicht bei der Verfassung Halt. Sie erstreckte sich auf die Religion wie auch auf das Sozial- und Sexualverhalten, Dimensionen von unmittelbarer Bedeutung für die persönliche Freiheit und das Profil des Römers und der Römerin von Rang in der gesamten nachfolgenden Kaiserzeit. Diese neue Moral setzte auch den Rahmen für einen Teil der meistbewunderten Dichtung des augusteischen Zeitalters, namentlich für die Lyrik des Horaz, für Ovid und Properz. Auch für die nachfolgenden Kaiser blieb sie von Belang, wenn auch mit unterschiedlichem Effekt. Noch unter Hadrian mussten die Senatoren über diffizile Punkte der augusteischen Gesetze zur Ehe und zu sexuellen Beziehungen entscheiden. Ungelegenheiten bereitete ihnen aber auch Hadrian selbst. Sein Einsatz für die Moral übertraf sogar die Bemühungen des Augustus, und später wurde ihm nachgesagt, er habe Versorgungsoffiziere benutzt, um das Privatleben seiner Freunde auszuspionieren. Als er Briefe abgefangen hatte, in denen sich eine Ehefrau über die Vorliebe ihres Mannes für »Vergnügungen« und Badehäuser beklagte, und den Gatten mit der Beschuldigung konfrontierte, soll dieser ihm entgegnet haben: »Hat auch dir meine Frau das Gleiche geschrieben wie mir?«[1]

Wie konnte Privates zu einer Angelegenheit des öffentlichen Interesses werden? Das Unheil des Bürgerkriegs ließ sich auf Missachtung der Götter, den Kollaps der altüberlieferten Moral und die aus Roms trojanischer Vergangenheit ererbte Schuld zurückführen. Diese wohlfeilen Erklärungen haben Vergil und auch Horaz aufgegriffen, und selbst wer ihnen im Grunde keinen Glauben schenkte, war sich der Meinungstrends bewusst. Die Götterkulte und jährlichen kultischen Feste Roms waren in den 40er und 30er Jahren mehrheitlich keineswegs außer Gebrauch oder gar ins Zwielicht skeptischer Distanz geraten. Von Verfall bedroht waren allerdings, wie so häufig in den antiken Städten, die Tempel. Und Augustus war nicht der Erste, der ihre Restaurierung betrieb. In den 30er Jahren war der Tempelbau Teil des gesellschaftspolitischen Konkurrenzkampfs gewesen. Selbst Ciceros Freund, der unpolitische, kultivierte Atticus, hatte sich für Unternehmen dieser Art stark gemacht.[2] Augustus aber ließ mindestens 82 Tempel instandsetzen und für Götter, die mit seinem Aufstieg verknüpft waren, zusätzlich neue Tempel errichten. Hadrian würde es ihm nachtun; auch er ließ alte Tempel in Rom restaurieren, darunter das großartige Pantheon, antikes Wahrzeichen mitten im modernen Rom. Er ließ die Stifterinschrift des Selfmademan Agrippa erneuern, doch wie so viele Restaurierungen des Augustus waren auch Hadrians Erneuerungen keine genaue Wiederholung.

Die Restauration des Augustus im kultischen Bereich erhielt durch seine zunehmende Machtfülle einen radikal neuen Charakter. Er wurde, wie kein Herrscher vor ihm, Mitglied aller römischen Priesterkollegien. Kulte und Feiern schlossen immer häufiger auch Gebete und Erwähnungen des Kaisers und seiner Familie ein. Vor allem aber wurden in den Festkalender neue Festtage aufgenommen, an denen man der Ereignisse gedachte, die in den 30er Jahren für den Caesar und für seinen Vater Julius Caesar während dessen Dictatur wichtig gewesen waren. In der wiederhergestellten Republik waren die markanten Punkte des Jahresablaufs höchst unrepublikanisch. Dasselbe galt für die kultische Topographie. Die alten Sibyllinischen Bücher wurden in den neuen Apollon-Tempel des Augustus überführt, der neben seinem Haus auf dem Palatin erbaut worden war. Auch die alte Herdgöttin Vesta erhielt hier, in der Nachbarschaft seines Hauses, eine neue Kultstätte.

»Wer wünscht, gottloses Gemetzel zu mindern«, heißt es in einer horazischen Ode aus den frühen 20er Jahren, »der soll, wenn er will, dass auf dem Sockel seiner Statue die Worte Vater der Städte stehen, es wagen, Freiheiten ohne Maß zu beschneiden.«³ Die Verse waren prophetisch. Vom Jahr 18 an veranlasste der *pater patriae* (Vater des Vaterlands), ein Ehrentitel, der Augustus im Jahr 2 v. Chr. verliehen wurde, Gesetze gegen »Zügellosigkeit« in Sexualität und Ehe. Sie enthielten den Anspruch, zum Ursprünglichen zurückzuführen, waren aber tendenziös, zudringlich und darum oft verhasst. Man versuchte sie zu umgehen, doch sie wurden über Jahrhunderte erneuert und gefürchtet. Die Familienprobleme unserer Zeit sind Scheidung, alleinerziehende Eltern, ergänzt durch öffentliche Diskussionen über Homosexualität und Ausländerintegration. Keines davon war Thema im augusteischen Rom.

Wie die Restaurierung der Tempel schlug auch die Sexual- und Familiengesetzgebung vertraute Saiten an. Nicht nur Cicero hatte davon gesprochen, dass Julius Caesar als Dictator etwas unternehmen müsse, um die Geburtenzahl zu erhöhen und die unzulässigen Freiheiten zu beschneiden, die römische Frauen sich herausnahmen, und auch Caesar hatte sich selbst als »Präfekt der Moral« hervorgetan. Der Blick in die Vergangenheit zeigt, dass die römische Bildung seit je fest auf der Familie und den guten Lehren gründete, die von den Eltern an die Kinder weitergegeben wurden. Seit Jahrhunderten hatten außerdem die Zensoren und ihre Sittenkontrolle über die römische Oberschicht moralische Maßstäbe fest im öffentlichen Leben Roms verankert. Die Gesetze wurden also von einer starken Unterströmung des Brauchtums und tradierter Beispiele getragen. Inzwischen erzählte man sich Geschichten von römischen Matronen, die einst wegen Ehebruchs vor aller Augen angeklagt worden waren. In alter Zeit, im Jahre 405 v. Chr., hieß es, hatte man römischen Junggesellen eine Steuer auferlegt. Es wird für möglich gehalten, dass Gesetze gegen Unverheiratete in den 30er Jahren v. Chr. neu in Kraft traten.⁴ Augustus hatte damals dafür gesorgt, dass die »Unsittlichkeit« des ägyptisch beeinflussten Marcus Antonius in der Öffentlichkeit bekannt wurde, eine Art Aufklärungskampagne, über deren Inhalt sich Vergil in Teilen seiner *Aeneis* ausführlich verbreitet. Nach dem Sieg war die Rückkehr zu den alten römischen Werten für den selbsternannten Sanierer der erwartete nächste Schritt. Kurz zuvor hatte der gelehrte Antiquar Varro ein Buch über das Leben des römischen Volkes verfasst, das eine stark moralisierende Darstellung seiner alten Werte enthielt. Eine Rückkehr zu diesen Werten würde den von Augustus geschickt erhobenen Anspruch bekräftigen, dass er dem Volk alte Rechte zurückgab. Doch der Versuch lohnte sich nur deshalb, weil es eine Klientel dafür gab. In den 30er Jahren hatte moralisierende Rhetorik wie schon in den 40er Jahren ein Echo gefunden; außerdem ließ in dieser Zeit die Gesellschaftsordnung zu wünschen übrig – sogar ein ehemaliger Sklave, stellte man fest, hatte versucht, sich zum

Prätor wählen zu lassen. Horaz, selbst ein gesellschaftlicher Niemand, hatte aus solch skandalösen Zuständen Kapital geschlagen und während der 30er Jahre in seinen Gedichten gegen die Aufsteiger protestiert, die exklusive Positionen besetzten.[5] Üppig gewachsen war der Kreis der Senatoren, unter die sich Amtsträger mit zweifelhaften Verdiensten mischten. Schon im Jahr 28 hatte ihn der junge Caesar ausdünnen müssen. Wer überlebt hatte, konstatierte wachsende soziale Unübersichtlichkeit.

Die im Großen und Ganzen konservative römische Plebs mochte diese Art von Restauration gutheißen: Sie beschnitt die Exzesse bei der Oberschicht, und nur wenige neue Strafmaßnahmen würden sie selbst betreffen. Auch innerhalb der Oberschicht wurden deutliche Veränderungen sichtbar. Der Bürgerkrieg hatte mehr Männern aus den Außenbezirken Italiens in Rom zu größerer Prominenz verholfen, »undurchsichtigen Charakteren mit phantastischen Namen«[6], die ihre Jugend häufig im engstirnigen, bigotten Klima ihrer heimatlichen Kleinstädte verbracht hatten. Italien war eine Region von großer Vielfalt, aber es war möglich, dass Bürgergruppen sich im gemeinsamen Ruf nach einem »Zurück zu den Ursprüngen« zusammenfanden – ähnlich den Bewohnern im modernen Idaho oder Tunbridge Wells. Eine Rückbesinnung auf alte Werte konnte den Beifall der *homines novi* finden, die erstmals in hohe Stellungen gelangt waren. Sie vermittelte ihnen, den Catos und Ciceros im Geiste, die Überzeugung, dass ihre neue Würde tatsächlich so verlässlich in der Tradition verankert war, wie sie es erwartet hatten. Vielleicht begann sogar Augustus selbst an die frühe Rhetorik Octavians zu glauben. Denn auch er stammte aus »Kleinitalien«, dem italischen Kernland um Rom, aus einer Familie ohne Rang und Namen, der die Aufgeschlossenheit und Selbstgewissheit der großen Häuser Roms und ihre Einsicht abging, dass »moralische Würde« oft nichts anderes war als der beschränkte Wertbegriff derer, die es nicht besser gelernt hatten. Später schrieb er, dass er »viele Beispiele unserer Vorfahren, die aus unserem Zeitalter völlig zu verschwinden drohten«, zurückgebracht habe.[7]

Die ersten wichtigeren Gesetze kamen im Jahr 18 v. Chr., ein Jahr, nachdem Augustus nach Italien zurückgekehrt war und bevor er ein symbolisches »neues Zeitalter« unter seinem Namen proklamierte. Ein zentraler Punkt war die unter römischen Bürgern verbreitete Kinderlosigkeit, nun schon seit langem ein Gegenstand gesellschaftskritischer Rhetorik. Augustus verlas aus diesem Anlass vor dem Senat eine alte Rede des Zensors zu diesem Thema aus dem Jahr 131. Die Bürgerkriege hatten zum Verlust beinahe einer Generation geführt, doch immer noch schien sich die Ansicht zu behaupten, dass Roms

Legionen nur aus italischstämmigen Bürgern rekrutiert werden sollten. Unverheiratete und Kinderlose erwartete jetzt eine Bestrafung durch Nachteile im Erbrecht. Ein kinderloser Mann musste auf nahezu die Hälfte eines Nachlasses verzichten; in späteren Versionen des Gesetzes wird ihm, wohl als Konzession, das Recht auf unbeschränkte Beerbung naher Verwandter zugesprochen. Ehemänner mit Kindern wurden mit dem Recht auf vorzeitige Übernahme eines städtischen Amtes belohnt – ein einziges Kind, auch ein im Krieg getöteter Sohn genügte. Hinzu kamen weitere Privilegien, darunter die Befreiung von der mühseligen Aufgabe des Vormunds für ein Kind oder eine Frau – hier waren drei Kinder gefordert. Drei Kinder entließen auch eine Frau aus der Verpflichtung, sich selbst und ihr Vermögen der Kontrolle eines Vormunds zu unterstellen. Innerhalb der Ehe erhöhte jedes zusätzliche Kind die Möglichkeit der Ehegatten, einander zu beerben. Blieb die Ehe kinderlos, beschränkte sich das Erbe auf ein Zehntel, und Schenkungen zwischen Eheleuten waren rechtlich ungültig; allerdings war es dem Ehemann erlaubt, seiner Frau zum Beispiel etwas Gekauftes zur Nutzung zu überlassen oder es als für sie Erworbenes zu betrachten. Vorteile wurden auch fruchtbaren Freigelassenen gewährt, die das Bürgerrecht erhalten hatten. Viele von ihnen waren noch immer verpflichtet, für ihre früheren Herren Arbeiten zu übernehmen. Nach der Neuregelung konnten zwei Kinder sie in der Regel von dieser Bürde befreien. Freigelassene mit mehreren Kinder konnten sich auch gegen eine weitere Bedrohung absichern, indem sie den früheren Herrn vom Erbe ihres Besitzes ausschlossen. Diese Regel war ausgesprochen attraktiv für Freigelassene, die Geld verdienen und reich werden wollten.

Es heißt, auch im alten Sparta seien Väter von drei oder mehr Kindern belohnt worden, und doch hatte die männliche Bürgerschaft Spartas drastisch abgenommen. Warum sollte es in Rom nun anders sein? Zumindest in der Oberschicht wurden die Mädchen von ihren Vätern schon in früher Jugend verheiratet, manchmal im Alter von 12–16 Jahren. Frühe Eheschließung der Frauen ist in einer vorindustriellen Gesellschaft ein entscheidender Faktor für die Geburtenrate, aber Augustus' Gesetze sahen beim Heiratsalter keine direkten Veränderungen vor. Sie sorgten allerdings dafür, dass das Heiratsalter ehrgeiziger junger Männer sank. Je früher ein Mann heiratete, desto schneller machte er jetzt Karriere. Eine einschneidende Veränderung ergab sich auch für Frauen höheren Alters. Witwen oder geschiedene Frauen wurden bestraft, wenn sie nicht umgehend eine neue Ehe eingingen; die erlaubte Übergangszeit hat Augustus später auf zwei Jahre verlängert. Viele Frauen waren nach dem Bürgerkrieg als Witwen zurückgeblieben und noch jung, so dass hier eine umfangreiche Klientel für das Familienleben zurückzugewinnen war. Sogar in Friedenszeiten konnte man erwarten, dass Frauen, die jung heirateten – und die Geburten überstanden –, ihren Mann überlebten. Die Strafen waren drastisch. Anfangs war sogar vorgesehen, unverheiratete Männer vom Besuch der Spiele und des Theaters auszuschließen, aber dieser Vorschlag überforderte die Toleranz der Öffentlichkeit.

Die meisten neuen Sonderrechte als Anerkennung für Kinderreichtum waren nur in vermögenden Haushalten von Bedeutung. Allerdings zog die nachdrückliche Forderung, große Familien zu gründen, auch schwerwiegende Konsequenzen nach sich. Ritter mussten ein festgelegtes Mindestvermögen nachweisen, und das Gleiche galt in der neuen Gesetzgebung des Augustus auch für Senatoren. Beim Tod eines römischen Vaters wurde der Besitz unter die Kinder aufgeteilt (ein Erstgeburtsrecht gab es nicht); doch in kinderreichen Familien zerfiel das Vermögen dabei in kleine Teile. Wer ohnehin im sozialen Grenzbereich angesiedelt war, musste feststellen, dass seine Kinder unter das für den Stand vorgesehene finanzielle Limit gerieten. Die zwei Ideale des Augustus, ein einwohnerstarkes Rom und gut abgegrenzte Gesellschaftsschichten, widersprachen sich. Der jüngere Plinius (ca. 100 n. Chr.), der sich über die Sitten in seiner italischen Heimatstadt beklagt, weiß auch vom Überdruss *(taedium)* der Reichen an der lästigen Aufzucht der Brut zu berichten.[8]

So ist es verständlich, dass Mitglieder des Ritterstands in Rom öffentlich vor Augustus protestierten, als diese Gesetze 9 n. Chr. revidiert wurden. Augustus hatte es einfach, wenn er auf das Verhalten seines eigenen Enkels verwies und sich mit seinen zwei kleinen Enkelkindern auf dem Schoß präsentierte: ein Prinz aus kaiserlichem Haus war von jeder »standesgemäßen« Mindestgrenze privater Mittel weit entfernt. Die Präsentation mit Enkeln war nur die letzte von mehreren öffentlichkeitswirksamen Inszenierungen zu diesem Thema. Als man in Faesolae (dem heutigen Fiesole) einen alten Mann mit 61 lebenden Nachkommen entdeckte, brachte man ihn nach Rom, wo er auf dem Kapitol den Göttern ein Opfer darbringen musste, und diese Zeremonie wurde offiziell dokumentiert. Ironischerweise hatte Augustus selbst nur eine Tochter gezeugt und nicht einen einzigen Sohn. Ihm, der die Fruchtbarkeit propagierte, blieb sie zumindest in dem Maß versagt, wie sie den großen Pompeius ausgezeichnet hatte, vom potenten Marcus Antonius ganz zu schweigen. Hadrian wiederum, dessen Gemahlin Sabina offenbar launisch und schwierig war, blieb kinderlos. Auch ihn hätten die Gesetze betroffen.

Reagierten die Römer auf die Wünsche des Augustus mit beschleunigter Fortpflanzung? Die registrierten Zensuszahlen steigen nach 28 v. Chr. zwar steil an, doch könnte das auch darauf hinweisen, dass sich lediglich die Zahl eingetragener Bürger erhöhte; die demographische Bedeutung dieser Zahlen ist also bisher umstritten. Offensichtlicher ist, dass dem Gesetz zahlreiche Hindernisse und Ausweichmöglichkeiten entgegenstanden, alte und neue. Wie kann ein Gesetz Fertilität garantieren? Wichtig ist hier die Frage, ob während der Ehe wirksame Verhütungsmittel benutzt wurden. Wahrscheinlich nicht. Auf Verleumdung geht zurück, dass Hadrians Frau Sabina sich gerühmt haben soll, sie habe »Maßnahmen ergriffen, nicht von ihm schwanger zu werden: seine Kinder könnten der menschlichen Rasse nur abträglich sein«.[9]

Daneben blieb die Möglichkeit der Abtreibung, aber auch hier wissen wir nicht, ob Frauen aus den vermögenderen Ständen häufig davon Gebrauch machten. Wenn das so war, könnten die Gesetze hier tatsächlich Bedenken geweckt haben. Sicher dürfte sein, dass die Armen unerwünschte Kinder aussetzten, besonders Mädchen, die zukünftigen Gebärerinnen, die ihre Väter teurer zu stehen kamen als ihre Brüder, weil sie für die Heirat eine Mitgift brauchten. Diese uralten Hindernisse, die in Bevölkerungsgruppen mit knappen Ressourcen den Bestand großer Familien seit je erschwerten, wurden jedoch in keinem Gesetz des Augustus angesprochen.

Sehr bald öffneten sich auch einige effiziente Hintertürchen. Unter den neuen Gesetzen galt ein offizielles Heiratsversprechen so viel wie verheiratet zu sein. Es gab also Männer, die sich kleinen Mädchen anverlobten, die sie nie zu ehelichen gedachten. Da eine Heirat die Karriere eines Mannes beschleunigen oder fördern konnte, verfielen einige Männer darauf, zu heiraten, bevor sie sich für ein Amt ins Gespräch brachten, um die Ehe, sobald sie es erhalten hatten, wieder aufzulösen. Die Einschränkungen im Erbrecht wurden umgangen, indem man seinen Besitz Freunden oder Verwandten »zu treuen Händen« hinterließ, die das Erbe an namentlich genannte Empfänger weitergaben. Gesetzestexte belegen, dass Augustus solche Trusts in anderem Zusammenhang stützte, offenbar ohne zu erkennen, dass man diese auch nutzen konnte, um seine Gesetze gegen Kinderlosigkeit auszuhebeln.[10]

Ebenfalls eine alte Geschichte war die Pflicht der römischen Bürger zur moralischen Vortrefflichkeit, ein Wert, der in ältester Vergangenheit wurzelte und den Augustus als gegeben übernahm. Hier waren alle Bürgerklassen angesprochen. In der späteren Zeit seiner Regierung, den Jahren 2 v. Chr. und 4 n. Chr., beschränkte er die exzessive *manumissio*, die Freilassung von Sklaven, die nach neuer Regelung nicht vor dem dreißigsten Lebensjahr zulässig war. Es ging ihm dabei nicht um eine mögliche Verknappung von Sklaven. Seine Eroberungskriege in Westeuropa hatten Rom in jüngerer Zeit Sklaven zu Zehntausenden eingebracht, und noch mehr sollten folgen. Entscheidender war, dass römische Sklavenhalter, wie es hieß, Sklaven nur deshalb freiließen, weil sie als Bürger ihren Lebensunterhalt mit der freien Getreidezuteilung bestreiten und ihren Herren weiterhin als Freigelassene dienen konnten. Betrügerische Annahme von Sozialhilfe musste zweifellos Augustus' Aufmerksamkeit wecken, doch im Vordergrund stand die Sorge, dass das vielbegehrte Bürgerrecht womöglich unwürdigen Sklaven zuteil wurde und dass ihre Herren, die sie in die Freiheit entließen, mitunter sehr junge Männer waren, die gute von schlechter Wesensart nicht unterscheiden konnten. Wieder standen hinter den Reformen moralische Prinzipien. Diese Gesetze zur »Qualitätskontrolle« von Menschen blieben für die nächsten 500 Jahre in Kraft. Es fällt auf, dass in ebendieses Jahr, 4/5 n. Chr., die Entstehung eines Gesetzes fällt, das in einigen, vielleicht sogar allen Städten Ägyptens die privilegierte Klasse der Bürger definierte. Auch hier hat Augustus möglicherweise für ein genaueres Verständnis von respektabler Bürgerschaft gesorgt.

Die Maßnahmen betrafen ebenfalls die Sitten der etablierten Bürger Roms. An Festtagen sollten wieder Umzüge alten Stils für die oberen Stände stattfinden. Vornehme junge Männer sahen sich aufgefordert, in komplizierten Formationen zu reiten und das »alte« Spiel aufzuführen, das, von Julius Caesar wiederbelebt, schon in Troja, Roms Vaterstadt, dargeboten wurde. Dieser Ursprungslegende kam Vergils *Aeneis* entgegen, in der die Darbietung aus den Leichenspielen abgeleitet wird, die Aeneas zu Ehren seines Vaters veranstaltete. Augustus feierte dieses Troja-Spiel »sehr oft«, sogar auf seinem neuen Forum, bis Stürze und Todesfälle ihn zwangen, es einzustellen. Er ließ auch die jährliche Pferdeparade alter Zeiten wiedererstehen, an der römische Ritter teilnahmen, die sich durch das seit der Kaiserzeit verliehene ritterliche Standesabzeichen, das Staatspferd, auszeichneten. Sie fand am 15. Juli statt, muss aber unter den jungen Männern, deren Reitkünste jetzt häufig sehr begrenzt waren, ebenfalls Ängste ausgelöst haben.

Betont wurde auch die moralische Erziehung der Jugend. Augustus rief die Städte Italiens zur Gründung lokaler Kollegien für junge Männer auf, in denen sie Sport treiben, den Umgang mit Waffen trainieren und auf die Jagd gehen sollten. In Rom war den Knaben der nächtliche Besuch von Spielen oder Aufführungen ohne einen erwachsenen Begleiter verboten. Augustus soll sogar allen Bürgern befohlen haben, im Stadtzentrum die wollene weiße Toga zu tragen. Es heißt, seine Tochter und seine Enkelinnen seien in die alten Künste des Spinnens und Webens eingeführt worden. Augustus war stolz auf seine eigene Toga, die auf die alte Art gewoben war. Damen der Gesellschaft allerdings

41 MORAL UND GESELLSCHAFT

waren schnell damit bei der Hand, die *stola* der Matrone tief auszuschneiden und sie mit Trägern und einem einladenden Décolleté zu versehen, das den Busen gerade noch dem Blick entzog.

Ein besonderes Ziel der Restauration waren die Senatorenfamilien. Söhne von Senatoren hatten die eigens für Senatoren bestimmten Schuhe und eine gemusterte Toga zu tragen. Von den bedauernswerten Knaben wurde erwartet, dass sie mit der Toga bekleidet an den Zusammenkünften der Senatoren teilnahmen, wo sie als künftige Mitglieder beobachten mussten, was sich dort über Stunden hinschleppte. Es drohte ihnen außerdem eine Strafe, wenn sie ohne Genehmigung die Ehe eingingen. Vom Jahr 18 v. Chr. an mussten Senatoren, ihre Söhne, Enkel und Urenkel auch mit strenger Bestrafung rechnen, wenn sie freigelassene Frauen, Schauspielerinnen oder Töchter von Schauspielerinnen heirateten – die Bühne war ein Hort der Ehrlosigkeit und Promiskuität. Weibliche Abkömmlinge von Senatoren wurden bestraft, wenn sie einen Freigelassenen zum Mann nahmen. Eheschließungen zwischen freien Bürgern im Allgemeinen und Freigelassenen waren nach römischem Recht nie strafbar gewesen. Sie waren es auch unter Augustus nicht, der seine sozialen Präferenzen allerdings darin zu erkennen gab, dass er Freigelassene nicht zu seiner Abendtafel zuließ. Was ihn bestimmte, war vielmehr sein Ansehen als Garant senatorischer Würde; hier lag der Antrieb zu seiner Gesetzgebung über die Senatorenehe und zum Verbot, diesen Stand durch Heirat mit Frauen oder Männern minderer Herkunft zu entwerten.

Doch es gab Möglichkeiten, diese Hindernisse zu umgehen. So konnte ein Senator mit einer Freigelassenen, statt sie zu heiraten, im Konkubinat – heute Partnerschaft – zusammenleben. Nach dem Tod einer ersten Frau erschien eine solche Konkubine oft vorteilhafter als die Eifersucht und die Launen einer zweiten Ehefrau. Jeder Bürger, nicht nur ein Senator, wurde außerdem bestraft, wenn er eine Person mit »schlechtem Leumund« heiratete, einen Bordellbesitzer, Zuhälter, Schauspieler oder Gladiator. Auch hier war die Hintertür das Konkubinat, mit dem weiteren Vorteil, dass Geschenke des Mannes an die Konkubine – anders als die an die Ehefrau – schon zu Lebzeiten des Mannes rechtskräftig werden konnten. Diese Option stand allerdings denen nicht offen, die erst als Verheiratete in den Senat gelangten. Es waren seltene Fälle, und wer unter seinem Stand geheiratet hatte, musste die Scheidung einleiten und sich dann höhere Ziele setzen. Auch hier dürfte Augustus vor allem die Qualitätskontrolle bei den Aufsteigern anvisiert haben.

Die Krönung dieser Gesetzgebung bildete ein berühmt-berüchtigter Erlass zum Ehebruch. Bisher war Ehebruch Privatsache gewesen, die vom Ehemann oder Vater innerhalb der Familie geregelt wurde. Augustus machte ihn im Jahr 18 v. Chr. zur strafbaren Handlung, die gerichtlich verfolgt wurde. Die Reichweite dieses Gesetzes ist noch immer klärungsbedürftig, doch zahlreiche Einzelheiten sind unstrittig. Wenn ein Vater seine Tochter und ihren Freund auf dem Grund und Boden der Familie *in flagranti* ertappte, stand es ihm nach dem Gesetz frei, die Tochter auf der Stelle zu töten – eine Drohung von mehr rhetorischem als realistischem Wert. Nur wenn der Vater seine Tochter getötet hatte, war es ihm erlaubt, alsdann auch den Ehebrecher zu töten. Für den Ehemann war das Recht zu töten noch weiter eingeschränkt. Wenn er das Paar erwischte, durfte er die Ehefrau nicht töten, auch ihren Geliebten nur dann, wenn er zum Kreis der Personen mit schlechtem Ruf gehörte. Er durfte den Flegel jedoch bis zu 20 Stunden lang in die Mangel nehmen, um einen Schuldbeweis aus ihm herauszuquetschen – zweifellos Befragungen, die es in sich hatten.

Diese extremen Strafmaßnahmen waren wie gesagt eher hypothetischer Art als Alltagsrealität. Sehr viel wichtiger war, dass der Ehemann, der seine Frau auf frischer Tat ertappte, die Ehe innerhalb von 60 Tagen auflösen und seine Frau gerichtlich anzeigen musste. Nun sieht es so aus, als hätten sich Ehepaare, von solchen Eklats einmal abgesehen, trotz allem darauf einigen können, ihre Affären als Privatsache zu behandeln und gar nichts zu unternehmen. Doch hatten Dritte die Möglichkeit, die Sache innerhalb von weiteren vier Monaten zur Anzeige zu bringen, wenn bisher nichts unternommen worden war, und dann konnte auch der Ehemann angeklagt werden. Damit bestand die Gefahr, dass ein Außenstehender, ein grollender Verwandter vielleicht, eine Anklage gegen den Liebhaber oder die Geliebte lancierte und dann versuchte, sie zu erweitern, als sei das »Verbrechen« seit langem bekannt und immer geduldet worden. Es war sogar erlaubt, Sklaven unter Anwendung von Folter zu zwingen, intime Details preiszugeben. Hier lag ein besonderes Gefahrenmoment, denn es kam vor, dass Ehemänner die Affären der Gattin stillschweigend duldeten, so dass man als Augenzeuge Geld oder Gunstbeweise des Liebhabers entgegennehmen konnte. Diese Art der Komplizenschaft war nun strafbar. Ebenfalls strafbar machte sich, wer Beihilfe und Begünstigung zum Ehebruch leistete, dem ungeduldigen Paar zum Beispiel ein Zimmer zur Verfügung stellte. Dieselben Strafen erwarteten den Mann, der mit einer ledigen Frau von einwandfreiem Ruf intime Beziehungen einging.

Um männliche Treue ging es dabei nicht. Rom war wie alle Gesellschaften der Frühzeit stark hierarchisch gegliedert. Ein Mann, der sexuelle Beziehungen mit einer Sklavin oder einem Sklaven, einer Prostituierten oder einer verrufenen Frau aus dem Volk unterhielt, ging straflos aus. Es wurde mit zweierlei Maß gemessen – das eine für Männer, das andere für Frauen. Auf sozialem Gebiet kam zu diesem Maßstab noch eine doppelte Klasseneinteilung: Die untersten Stände durfte man weiterhin ungestraft für den Geschlechtsverkehr benutzen. In diesem Licht wird die poetische Darstellung des Horaz verständlich. Seine öffentliche Dichtung ist voll des Lobes für die Sanktionierung des Ehebruchs (des »befleckenden Frevels«[11]) und die Förderung großer Familien. Doch er ist ebenso der Horaz mit einer Vorliebe für Partygirls und Frauen mit vornehmen griechischen Namen. Im Kontext sind diese Frauen als Sklavinnen und Mätressen einer *demi monde* kenntlich gemacht, und als solche sind sie aufgrund der doppelten Klasseneinteilung für die moralischen Belange der gesunden römischen Familie irrelevant. Augustus selbst fand wie Horaz sein Liebchen unter Männern, offenbar einen Knaben aus niederem Dienstbotenstand.[12]

Für moderne liberale Vorstellungen sind diese Gesetze ein Graus. Verheiratete Männer oder Frauen, die des Ehebruchs überführt waren, verloren bis zur Hälfte ihres Vermögens sowie einen Teil der weiblichen Mitgift und wurden auf eine Insel verbannt. Einer Ehebrecherin war die Wiederverheiratung verboten, und ganz generell wurde die persönliche Lebensgestaltung der Frauen durch die Gesetze gegen Witwen und Liebhaber noch weiter eingeschränkt. Aber diese Gesetze entsprangen nicht nur einer Idiosynkrasie des Augustus. Auch im klassischen Athen konnte ein Ehemann den *in flagranti* ertappten Ehebrecher töten oder ihn mit berüchtigten Strafen demütigen – ihm einen penisförmigen Rettich ins Gesäß zu stoßen war eine beliebte Vergeltungsmaßnahme, lange bevor die Römer sie vorschrieben. Auch in Athen war es Dritten möglich, Ehebruch vor Gericht zu bringen. Überführte Frauen waren von der Teilnahme an Festen ausgeschlossen und mussten damit rechnen, dass ihnen bei unbotmäßigem Verhalten die Kleider vom Leib gerissen wurden.

Die Gesetze des Augustus wecken heute Abscheu und Widerwillen, während wir die Gesetzgebung Athens auf das Bemühen um bürgerliche Geschlossenheit oder Ängste im Zusammenhang mit ungesetzlichen Bürgern zurückführen. Nun wissen wir, und deshalb die unterschiedliche Sicht, dass Ehebruch im Rom früherer Zeiten keineswegs ein Delikt war und dass diejenigen, die den Wandel hätten bekräftigen sollen, ihn hassten, missachteten und verrieten. In Athen waren diese Gesetze unumstritten. In Rom standen sie immerhin im Rahmen des öffentlichen Diskurses der jüngsten Vergangenheit, dem Moralisieren, mit dem Cicero sich hervorgetan hatte. Er hatte erklärt, dass sich, »wenn die Lebensart des Adels eine andere wird, auch das gewohnte Leben des

Staates verändert«.¹³ Im Jahr 44 v. Chr. hatte er in seiner Schmährede gegen Antonius und Fulvia öffentlich erklärt, dass ein solches Verhalten in Ehe und Familie für alle Ehrenmänner absolut unannehmbar sei und dass man damit die Funktionsfähigkeit einer Gemeinschaft aufs Spiel setze. Nicht jeder nahm diese Art von Rhetorik ganz ernst, doch auf den Argumenten, die ihr zugrunde lagen, baute jetzt auch Augustus auf.¹⁴

Sein Nachfolger Tiberius bewies die Zurückhaltung des echten römischen Aristokraten. Die Gesetze seines Vorgängers blieben in Kraft, doch überließ er Anklagen wegen Ehebruchs in der Regel privater Schlichtung. Im Jahr 19 n. Chr. stellte sich gar heraus, dass eine Dame aus bester Prätorenfamilie, Vistilia, sich amtlich als Prostituierte hatte eintragen lassen, um die Gesetze pauschal umgehen und sich weiterhin ungestraft mit ihren Lovern vergnügen zu können. Ihre Tante dagegen war pflichtgemäß sechs Ehen nacheinander eingegangen, vermutlich jeweils beim Tod des Ehemanns, und hatte sieben Kinder zur Welt gebracht. Vielleicht ließ dieses Wohlverhalten das Benehmen ihrer Nichte umso skandalöser erscheinen.¹⁵ Folgt man der zynischen Sicht des Historikers Tacitus, hatten diese Gesetze ihren einzigen Grund in dem finanziellen Gewinn, den die Strafzahlungen der Staatskasse einbrachten. Sie waren, so seine Überlegung, ein Teil des verstärkten Repressionscharakters der Gesetze überhaupt, und diese Tendenz hatte sich unter den Kaisern verschärft. Berichte über Ehebruchsprozesse sind in Tacitus' Geschichtsschreibung äußerst selten, doch unbestreitbar ist, dass die Gesetze in Verbindung mit der unablässig zunehmenden römischen Bevölkerung weiterhin angewandt und ausgearbeitet wurden. Im Jahr 190 n. Chr. waren in Rom über 3000 Anklagen wegen Ehebruchs anhängig.¹⁶ Rechtstexte bestätigen, dass auch römische Bürger aus den Provinzen betroffen sein konnten.¹⁷

Anders als Horaz repräsentieren Properz und Ovid im augusteischen Rom die Liebeslyrik, die andere Seite des sogenannten Verbrechens. Sie sind bekennende Liebhaber verheirateter Frauen, bei denen nichts darauf hindeutet, dass sie einer zwielichtigen *demi monde* angehören. Ovids Gedichte sind diskreter, sprechen in Andeutungen, geben allerdings auch Hinweise, wie man ehrbare Frauen ködert, während Properz sich sogar über die Kupplerin, den Abgrund an Schändlichkeit, verbreitet.¹⁸ Ovids geistreiches Lehrgedicht *Die Liebeskunst (Ars amatoria)* erschien in einer zweiten Ausgabe, und das in einem denkbar unpassenden Moment, falls diese Publikation, wie vermutet, tatsächlich ins Jahr 1 v. Chr. fiel. Ein Jahr zuvor, auf dem Gipfel seiner Errungenschaften, hatte Augustus, der neue »Vater des Vaterlands«, sich der Tatsache stellen müssen, dass seine Tochter Julia des flagranten Ehebruchs schuldig war. Wenig hilfreich war ihre denkwürdige Ausflucht: »Ich lade nur dann einen zweiten Lotsen ein, wenn das Schiff voll ist.«[19] Dem, der »zurück zu den Ursprüngen« drängt, droht Gefahr im eigenen Haus: Nach dieser ersten Entdeckung wurde publik, dass die Enkelin des Augustus die gleiche Verfehlung begangen hatte.

Die lautstarke Opposition, die Ausflüchte und die Heuchelei in höchsten Kreisen haben der römischen Gesetzgebung mit Recht einen schlechten Ruf eingetragen. Eine ironische Pointe ist nicht zu übersehen. Hätte Antonius gesiegt, hätte auch die Moral einen anderen Verlauf genommen. Er, der »Liebhaber ohnegleichen«, hätte einer lustvoll gelebten Sexualität kein Hindernis in den Weg gelegt. Sein Sohn immerhin war im selben Sinne aktiv: Zum Hauptschuldigen am ehebrecherischen Treiben der Augustus-Tochter erklärte man im Jahr 2 v. Chr. den jungen Antonius Iullus.

42

SPORT UND ANDERE SPEKTAKEL

Ob du gewinnst, ob du verlierst, wir lieben dich, Polidoxus (Berühmter)
Legende der Mosaikabbildung des »Berühmten«,
eines Rennpferds, in der Villa des Pompeianus in Cirta, Algerien

Dass in Nemeas ödem Tal man einen Löwen niederstreckte,
ist, sang die Sage, edles Werk des Hercules:
Das Altvertraute, ach, es schweige doch.
Nach den von dir spendierten Spielen, Caesar, sagen wir,
dass dies sogar von Frauenhand geschah.
Martial, DE SPECTACULORUM 6b (Übers. W. Hofmann)

Neben den neuen Gebäuden und neuen Gesetzen gilt als historische Besonderheit Roms unter Augustus und seinen Nachfolgern vor allem der Umfang des öffentlichen Unterhaltungsbetriebs. Die Angebote wurden beispielhaft für das gesamte Kaiserreich, und sehr viele standen in Verbindung mit der proklamierten Fürsorge des Kaisers für das einfache Volk und der Präsentation von Mitgliedern seiner Familie in der Öffentlichkeit. Außerdem standen sie in einem Spannungsverhältnis zu seinen moralischen Grundsätzen, denen sie zum Teil sogar widersprachen – ebenso wie sie heute, wenn auch in anderer Hinsicht, den unseren widersprechen.

Die zivilisierte Seite des Festspielbetriebs wurde auch von Hadrian am meisten geschätzt. Es war die Welt der Musik und des Theaters, der kulturellen Erfindung der Griechen. Italien blickte auf eine eigene Tradition einfacher Possenspiele und Dramen zurück, aber die griechischen Dramen wurden besonders seit dem 2. vorchristlichen Jahrhundert weitaus populärer. Daneben standen andere griechische Künste: Rezitationen von Episoden aus der Dichtung Homers, die Pantomime, Vortragen bestimmter Mythen und dramatischer Szenen und vor allem der Ausdruckstanz, das antike Pendant zum Ballett. Ein stummer Tänzer, in Seide gehüllt, stellte wechselnde Rollen dar – »der wahnsinnige Herkules« war eine der schwierigsten –, während Musiker und Sänger die Bewegung im Rhythmus begleiteten. Augustus war ein leidenschaftlicher Bewunderer der Pantomime und machte sie in Rom populär; der von ihm bevorzugte virtuose Tänzer Pylades setzte als erster Chor und Orchester ein.

Ein schwierigerer Fall war das Theater. Possenspieler, die Mimen, führten kurze, leichte Sketche auf, die auch recht schlüpfrig werden konnten; manch prominenter Senator, so Marcus Antonius, hatte eine Mimin als Geliebte. Es kam vor, dass die Spitzendarsteller in aller Öffentlichkeit schamlos agierten und im Volk so starken Protest auslösten, dass die Kaiser sie daraufhin aus Rom verbannten. Aber auch die Tragödie mit ihren mythischen Inhalten barg Probleme. Augustus selbst versuchte sich an einem Stück über den Helden Aias. Wenn aber die Römer Tragödien über die Probleme mythischer griechischer Dynastien verfassten, war die Handlung ganz und gar nicht nach seinem Geschmack. Implizit ging es darin immer auch um seine eigenen dynastischen Probleme.

Theater, Tanz und Musik gehörten zu den griechischen Künsten, als deren Gönner auch Hadrian auftrat. Als Liebhaber griechischer Kultur wies er ihnen in den Panhellenischen Spielen, die er im Jahr 131/2 begründete, einen zentralen Platz zu. Er billigte und förderte sie auch in Provinzstädten, wo sie ein lebendiger Teil des griechischen Bürgertums geblieben waren, nicht anders als die griechische Leichtathletik, die vom Triumph konservativen Geistes, von den Olympischen Spielen, ins übrige Imperium ausstrahlte. In Rom war die Leichtathletik 165 v. Chr. erstmals Teil eines triumphalen Großereignisses gewesen, als griechische Athleten sich nackt im Fünfkampf maßen. Augustus hatte sein Vergnügen an diesen Wettkämpfen der Athleten, gründete aber in Rom selbst nie festliche Spiele für sie. Erst unter Kaiser Domitian konnten sie sich dort etablieren. 86 n. Chr. begründete Domitian die ersten auf Dauer geplanten griechischen Festspiele Roms, die Kapitolinischen Spiele.[1] Gezeigt wurden Wettkämpfe in Musik, Dichtkunst und Sport, und um die Preise kämpften männliche wie auch weibliche Athleten. Die dazugehörigen Gebäude waren großzügig geplant und schlossen ein Stadion ein, das als Vorgänger der berühmten Piazza Navona in Rom bis heute sichtbar ist.

Einer »moralischen Minderheit« missfiel, was so viele andere erfreute. Die Athleten der griechischen Spiele rannten, boxten und rangen noch immer nackt, und namentlich die Letzteren waren ein provozierender, stark sexuell konnotierter Anblick. Augustus verbot den Frauen den Besuch der Athletenspiele in der Stadt. Doch die Moralisten waren weiterhin der Meinung, solche Spiele seien grundsätzlich zu verbieten, weil sie »das Laster verbreiteten«. In den Griechenstädten trainierten und rangen die Männer auch in den Gymnasien, den Männerklubs der Bürgerschaft. Die Römer hatten die Gymnasien ebenfalls übernommen, benutzten sie aber als Diskussionszentren und für Aktivitäten, die sie vollständig bekleidet ausführten.

Es entbehrt der Logik, dass Nacktheit dem Besuch der öffentlichen Bäder vorbehalten blieb. Auch Bäder waren eine griechische Erfindung, doch unter der Ägide der römischen Patrone wurde das simple System der mit Kohlebecken beheizten Badebottiche grundlegend verändert. Die luxuriöse Bodenheizung wurde zum römischen Wahrzeichen und verschlang riesige Mengen an Brennstoff und Finanzen. Das System wurde auf einen überaus luxuriösen Ursprung zurückgeführt und dem unternehmenden Sergius Orata zugeschrieben, der in der Bucht von Neapel künstliche Austernbänke erwärmen wollte. In Rom hatte sich Maecenas, Lebemann und Freund des Augustus, für die beheizten Schwimmbäder engagiert; er führte auch Eselfleisch als Delikatesse ein.[2]

Große, geheizte Badehäuser, die Thermen, breiteten sich in den Städten des gesamten Römischen Reiches aus und wurden danach auch zum Requisit luxuriöser römischer Landhäuser. Hadrians riesige Villa beherbergte nicht weniger als drei Badeanlagen. Im Jahr 33 v. Chr. waren in der Stadt 170 kleine private Bäder verzeichnet, aber erst zur Zeit des Augustus wurden beheizte Bäder als öffentliche Einrichtungen etabliert.[3] 25 v. Chr. baute Agrippa einen großen Komplex von Bädern für das Volk als Teil der Erschließung des Marsfeldes. Hier badeten Männer und Frauen getrennt, und man schätzte einen sogenannten spartanischen Stil: siedend heiße Dampfbäder, eine leichte Ölmassage und den abschließenden Sprung ins kalte Wasser. Während die Zahl römischer Thermen in den nächsten vier Jahrhunderten auf das Fünffache stieg, ließen sie diese spartanische Askese weit hinter sich. In einigen neuen Einrichtungen badeten Männer und Frauen nackt zusammen. Boden und Wände aus importiertem Marmor erstrahlten in blendendem Glanz und reflektierten Licht und Farbe; unter den nachfolgenden Kaisern wuchs die Ausdehnung der Räume ins Riesenhafte. »Was ist schlimmer als Nero«, hieß es, »aber was ist besser als seine Thermen?«[4] Bald waren Titus' Bäder die Antwort und danach die bemerkenswerten Thermen Trajans, eine Sportanlage von etwa 80000 Quadratmetern Fläche, auf dem Gelände, wo früher ein Flügel von Neros »Goldenem Haus« stand. Das 109 n. Chr. eingeweihte Gebäude war ein Meisterwerk aus Ziegeln und Zement mit einem großen Schwimmbecken und einem riesigen gewölbten Innenraum mit kaltem Bad in Kreuzform auf seiner

Hauptachse. Die späteren Bäder Diokletians (ca. 305) waren noch größer und boten bis zu 3000 Badenden Platz.

Neben den Bädern war die annehmbarste Seite der öffentlichen Unterhaltung unter Augustus das Wagenrennen, einer der frühen Importe Roms. Auch die Wagenrennen blickten auf eine lange Geschichte von Auftritten reicher Rivalen zurück, die bei griechischen Spielen gekämpft hatten. Der Historiker Tacitus meinte die ältesten Spuren der römischen Pferderennen in der Stadt Thurioi in Süditalien auszumachen, doch anderen Quellen zufolge waren sie ein noch früherer Import aus den Städten der Etrusker und im etruskischen Adel ausgesprochen populär.[5] In Rom erhielt die Sportart ein eigenes Gesicht. Zum typisch römischen Wagenrennen gehörten sieben Runden gegen den Uhrzeigersinn um zwei Wendepfosten. Das wichtigste Austragungsgelände war der Circus Maximus, wo die Pferde auf eine spezifisch römische Weise an den Start gingen: Sie tauchten aus Startboxen auf, den *carceres* (Gefängnisse). In den griechischen Rennen maßen sich die Lenker zahlreicher einzelner Wagen; für ein Rennen sind bis zu 41 Wagen belegt. In Rom dagegen traten nur Vierergruppen, maximal zwölf, gegeneinander an. Das Modell dieser Viererformation waren die vier römischen »Faktionen« (Circus-Parteien), nach ihren Farben benannt: die Blauen, Grünen, Roten und Weißen. Auch die Faktionen waren altüberliefert und stammten vermutlich aus dem 3. Jahrhundert v. Chr. Sie entsprachen der Konzentration des römischen Adels auf die Standesgenossen und hielten die persönliche Konkurrenz der einzelnen Kämpfer in Grenzen. Obwohl die Faktionen mit den Namen prominenter Bürger verknüpft waren, gaben nicht mehr einzelne Persönlichkeiten den Gespannen ihren Namen. In den 80er Jahren versuchte Kaiser Domitian, eine goldene und eine purpurfarbene Faktion zusätzlich einzuführen, die sich aber nicht lange hielten. Die Wettkämpfe zwischen zwei Faktionen oder Farben fanden als erste Großveranstaltung am Tag »nach dem festlichen Umzug« statt und lösten Begeisterung aus, wenn bekannte Lenker am Start waren. Wir wissen von der Karriere eines berühmten Wagenlenkers, Gaius Appuleius Diocles, der an fast 2000 Rennen teilnahm. Seine Siege legen den Schluss nahe, dass der Wagen, der früh in Führung lag, im Allgemeinen auch als Gewinner aus dem Rennen ging.[6]

Auch hier hatte Agrippa in den späten 30er Jahren für Octavian wichtige Vorarbeit geleistet. Mit den Ställen für die Wagenrennen lassen sich die Namen ehemaliger Sklaven in Verbindung bringen, die unter seiner Ägide freigelassen wurden. Agrippa präsentierte auch die berühmten Silberdelphine, die in den Rennen auf dem Circus Maximus als Etappenmarkierungen dienten und an den Seesieg des Augustus über Sextus Pompeius im Jahre 36 v. Chr. erinnerten.

Augustus seinerseits erlaubte später, dass Wagenrennen nach den öffentlichen Feiern zu Ehren seines Geburtstags abgehalten wurden, und stiftete für das Zentrum des Circus Maximus einen Obelisken aus seinem Sieg über Kleopatra. Der Umfang dieser Veranstaltungen war erstaunlich. Steinsitze erhielt der Circus erst unter Kaiser Claudius, aber er bot mehr als 200 000 Zuschauern Platz. Größere Zuschauermengen bei Sportereignissen als das römische Publikum bei Wagenrennen hat die Weltgeschichte bisher nicht gekannt.

Im Circus Maximus und in anderen Freiräumen der Stadt betrieb man auch blutige Kampfsportarten. Man denkt dabei vor allem an die Gladiatorenkämpfe, doch gab es drei weitere Typen von Metzeleien: blutige Kämpfe zwischen wilden Raubtieren, blutige Jagden wilder Tiere und Menschen aufeinander und sogar fingierte Seeschlachten zwischen Mannschaften bewaffneter Kombattanten. Die Spiele *(numera)* gingen bis in die Jahre der Republik zurück, erlebten jedoch während der Kaiserzeit einen neuen Höhepunkt.

Die jüngste dieser »Sportarten« war das Schauspiel einer Seeschlacht, eine römische Besonderheit, die mit Julius Caesars spektakulärer Darbietung des Jahres 46 v. Chr. begonnen hatte. Hetzjagden mit wilden Tieren scheinen schon sehr viel früher in Karthago aufgekommen zu sein, wo grausame Spektakel, Kreuzigungen eingeschlossen, Tradition hatten. Die üppige Tierwelt Nordafrikas lag schließlich vor der Haustür. Bezeichnenderweise fanden Kämpfe zwischen wilden Tieren in Rom erstmals während der Kriege mit Karthago statt, als Elefanten vorgeführt und erschossen wurden.[7] Aus dem Jahr 167 v. Chr. wird von einer Variante berichtet: Auch Verbrecher und Kriegsgefangene wurden den Raubtieren preisgegeben. Oft ließ man die Teilnehmer dieser Hetzen vor dem Wettkampf fesseln. Die Raubtiere wurden aneinandergebunden, und die Verbrecher traten mit gefesselten Händen an oder wurden in knapper Reichweite der Tiere an einen Pfosten oder eine Tribüne gebunden. Der Fechtkampf der Gladiatoren ist ein sehr viel älterer Sport. In Rom war er zuerst 264 v. Chr. vielleicht als Nachahmung von Kämpfen in Süditalien in Szene gesetzt worden; die Römer selbst allerdings führten ihn wie so vieles andere auf ein etruskisches Vorbild zurück und haben damit vielleicht recht.

Die augusteische Praxis der Spiele war also aus etablierten Traditionen hervorgegangen, von denen schon Pompeius und Julius Caesar ausgiebig Gebrauch gemacht hatten. Auch Augustus war stolz auf seinen »Blutsport« – im Jahr 2 v. Chr. konnte er auf 26 Jagdnummern mit 3500 getöteten Raubtieren sowie 18 Gladiatorenspektakel mit insgesamt 10 000 Beteiligten zurückblicken.[8] Außerdem ließ er in Rom einen künstlichen See anlegen, wo im Jahr 2 v. Chr. eine gewaltige Seeschlacht inszeniert wurde. Ein Jahrhundert später war dieser

42 SPORT UND ANDERE SPEKTAKEL

Rekord eingestellt. Zwischen Mai 107 und November 109 ließ Trajan seine Eroberung Dakiens (heute Rumänien) feiern und bot dem Volk zu diesem Anlass über 20 Wochen lang blutigen Jagdsport mit mehr als 5500 Gladiatorenpaaren und über 11000 getöten Tieren. Im Jahr 119 feierte Hadrian seinen Geburtstag mit einem sechstägigen Gemetzel, bei dem 1000 Tiere, darunter 200 Löwen, in sechs aufregenden Tagen zu Tode »gehetzt« wurden. Der Ausbau betraf auch die Schauplätze. Unter Augustus fanden die römischen Spektakel an verschiedenen öffentlichen Treffpunkten statt, auch auf dem Forum; allerdings ließ er von einem seiner Berater auch ein Steingebäude als Amphitheater errichten. In den 70er Jahren baute die neue Dynastie der Flavier das größte Amphitheater Roms, das heute sogenannte Colosseum, mit Plätzen für mindestens 55000 Zuschauer. Abgesehen von den Spektakeln mit Raubtierhetzen und Gladiatoren konnte es (seit Domitian) nachts sogar auch beleuchtet werden.

Roms Unterhaltungsbetrieb wurde zum Vorbild für das ganze Imperium. Am wenigsten Eindruck machten die großen römischen Wagenrennen. In Alexandria gab es, vielleicht vom Kaiser gefördert, zwar Rennen der römischen Art, andernorts aber fand Roms Circus zunächst kaum Nachahmung; eine gute Kopie befindet sich allerdings im spanischen Mérida. In der griechischen Welt hatten Pferderennen eine jahrhundertealte Tradition, brauchten also nicht gefördert zu werden. Was jedoch allgemein einschlug, war der blutige Kampfsport. Die Amphitheater fanden Verbreitung in Ost und West, ob in London (auf dem großen Gelände der Guildhall) oder in Athen. Das eindrücklichste Beispiel, mit bedeutenden Monumenten und Inschriften der Namen von Gladiatoren, wurde 2003 im spanischen Córdoba entdeckt. Auch im griechischen Osten kamen diese Spektakel auf Initiative Einzelner zustande, und die griechischen Städte überboten einander im Aufwand der Darstellung. Vor allem aber bestand ein Zusammenhang zwischen den Gladiatoren und dem Kaiserkult einer Provinz. Die einflussreichen Oberpriester setzten diese Kämpfe für das begeisterte Volk in Szene, das sie zweifellos mit seinem abwesenden Kaiser in Verbindung brachte. Weniger klar ist, wie weit sich die Schlachtenspiele außerhalb Roms durchsetzten. Vielleicht fanden sie gelegentlich Eingang in provinziale Spiele zur Erinnerung an Actium, Roms letzte große Seeschlacht. In Rom kamen sie häufig als mythische Vergangenheit auf die Bühne, ein Anlass, bei dem die Teams klassische Schlachten aus der griechischen Geschichte nachspielten. Thukydides' Text war eine allzu anspruchsvolle Lektüre, der *Peloponnesische Krieg* aber fand sein größtes Publikum aller Zeiten in der römischen Volksmenge, die zuschaute, wie »Athen« und »Sparta« in einer überfluteten römischen Arena den Kampf aufnahmen.

Diese öffentliche Zurschaustellung von Gewalt wirft naheliegende Fragen auf: Warum fand sie beim Publikum Gefallen, und woher bezog sie ihre soziale Bedeutung? Kritiker gab es durchaus – von denen einige dennoch ihren Gewinn hatten –, und die Griechen auf Rhodos lehnten es überhaupt ab, Gladiatorenkämpfe zu übernehmen.[9] Das elementar Inhumane dieses »Sports« wird der Grund für diese Verweigerung gewesen sein; mehr lesen wir allerdings über die moralische Entrüstung, dass es »freie« Menschen gebe, die Derartiges trieben. Doch die Lust an der Gewalt hielt an; sie ist wahrscheinlich ein latenter Grundzug der menschlichen Natur. So schockiert wir auch sind, wir können uns dennoch nicht dagegen wehren, dass uns der Anblick in Erregung versetzt. Es geht uns wie Lord Byron, der nach einer öffentlichen Hinrichtung schilderte, wie er mit dem Opfer fühlte und zugleich bemerkte, wie das Opernglas in seiner Hand zitterte.

Ungewöhnlicher ist die große Popularität. Es wäre verfehlt, die Römer der Grausamkeit oder des Sadismus zu bezichtigen. Zunächst muss man bedenken, dass der prominente Rang dieser Spiele nicht unumstritten war. Nach den ersten Veranstaltungen von Tierhetzen in den 180er Jahren v. Chr. wurde dieser Schausport verboten; allerdings erklärt sich dieses Verbot aus der Angst und dem Neid, den Tierhetzen in der Oberschicht, unter den Standesgenossen des Stifters, auslösten.[10] Erst nach allgemeinen Protesten während des nächsten Jahrzehnts wurden die Tierhetzen schließlich zugelassen. Der Grund für ihre öffentliche Rolle ist weniger Sadismus als die besondere Art des politischen Wettbewerbs in Rom, der von großen Männern den glanzvollen Auftritt vor der Menge verlangte, und daneben das militärische Wertesystem der Römer, das die Präsentation von Gewalt akzeptabel erscheinen ließ. Beides zusammen sorgte dafür, dass der »Blutsport« in den Schlagzeilen blieb. Die Kaiser intensivierten nur, was die Republikaner Roms bereits begonnen hatten.

Raubtiere auf andere wilde Tiere zu hetzen war ein exotisches blutiges Spektakel. Kein Mitleid mit Tieren setzte ihm Grenzen. Die Vorstellung, Tiere könnten Rechte haben, existierte nicht, und Sympathie erregte nur ein zufälliger kläglicher Anblick, wie ihn die geschwächten Elefanten boten, über deren mitleiderregenden Zustand Cicero spricht. Diese Tierspektakel waren keine offiziellen Spiele mit festem Platz im Kalender, sondern ursprünglich private Spenden. Sie wurden von einzelnen Persönlichkeiten, die sich am Tag ihres militärischen Triumphs hervortun wollten, als populäre Extradarbietungen vors Volk gebracht. Diese Funktion der Spiele verknüpfte sich dann mit der Besetzung öffentlicher Ämter – sie wurden zu anerkannten Bieterofferten, mit denen Magistrate um die Gunst des Volkes buhlten. In Roms eigentümlicher

Kultur von »Masse« und »Elite« stellten sie den emotionalen Kitzel in den Dienst der Ruhmbegierde politischer Konkurrenten. Ehrgeizige Männer appellierten an die Bürger in ihrer Funktion als Zuschauer (und – selten aktive – Wahlberechtigte) und versprachen exotische Blutbäder, die das Volk als unwiderstehliches Schauspiel genoss. In Provinzstädten wurden solche Zusagen dann schon in einer früheren Karrierephase zur erwarteten Geste, etwa wenn Kandidaten sich um höhere Ämter bewarben oder auch, anders als in Rom, um einen Sitz im Rat. Als hilfreich erwiesen sich dabei persönliche Beziehungen zu einer geeigneten »Tierprovinz«. Hier war der größte Leidtragende Nordafrika. Auf Mosaiken sind Wildtiere zu sehen, die in Käfige gesteckt und zum Transport übers Meer vorbereitet werden, ein schwieriges Unternehmen, bei dem für eine Schau unter kaiserlichem Patronat auch römische Soldaten zum Fang und Versand eingesetzt werden konnten. Auf dem großartigen jüngeren Mosaik in Piazza Armerina auf Sizilien (etwa 300 n. Chr.) schließt die Darstellung voller Witz mit der Abbildung eines menschlichen Jägers im Käfig: das Jagdwild ist der Jäger und wird vom mythischen Vogel Greif bewacht.

Die Spiele, in denen wilde Tiere auch auf Menschen losgelassen wurden, hatten eine weitere Dimension: Es waren öffentliche Hinrichtungen. Ihren menschlichen Opfern war sogar so etwas wie eine letzte kleine Ehre vergönnt – am Abend vor ihrem Tod erhielten sie eine letzte Mahlzeit, schon dies ein Schauspiel, das sich die Zuschauer des nächsten Tages nicht entgehen ließen.[11] Möglich war auch, dass sie an diesem Tag für ihren kurzen Augenblick des Ruhmes in Gold und Purpur gekleidet wurden. Beim Anblick der Bedauernswerten mochten die Zuschauer schwankend werden, doch nur kurz. Es kam vor, so wird berichtet, dass die Tapferkeit verurteilter Christen das heidnische Publikum beeindruckte, und einmal, als nackte Frauen unter ihnen waren, die direkt aus dem Kindbett kamen, »die Brüste noch tropfend von Milch«, gab eine Zuschauermenge in Karthago ihrem Abscheu Ausdruck, worauf man die Frauen wegführte und dezenter kleidete.[12] Ausnahmen wie diese können jedoch nicht darüber hinwegtäuschen, dass die Zuschauer dem menschlichen Leid vor ihren Augen distanziert gegenüberstanden. Sie beobachteten den Tod von Opfern, die eine in ihren Augen gerechte Strafe erlitten. Diese Lumpenkerle, so ihre Einschätzung, hatten eine solche Behandlung verdient, gesellschaftlich waren sie ohnehin das Letzte.

Der Abstand zwischen Zuschauern und Opfern vertiefte sich, als man im kaiserlichen Rom begann, solche Bestrafungen im mythischen oder phantastischen Stil zu inszenieren. Augustus selbst ließ einen bekannten sizilianischen Banditen auf dem römischen Forum auf einer Nachbildung des Ätna hinrichten, der »ausbrach« und den Unglücklichen mitten in einen Käfig mit Raubtieren beförderte. Die Möglichkeiten solcher Stilisierungen zeigen sich mit grauenerregender Klarheit in mehreren Epigrammen, mit denen der Dichter Martial die große Schau feiert, mit der Kaiser Titus 80 n. Chr. das Colosseum eröffnete. Sie schildern die Inszenierung von »Scharaden« aus der Mythologie mit menschlichen Opfern in der römischen Arena. Sexualität und Gewalt ließen sich darin auf das Erregendste verbinden. Terrakottalampen, die unweit der Arena des römischen Athen gefunden wurden, zeigen Frauen beim Geschlechtsverkehr mit Tieren; es war also nur ein kleiner Schritt bis zur römischen Bühnenfassung des Mythos von Pasiphae, die im Inneren einer hölzernen Kuh auf die Knie ging, um zu erleben, wovon sie besessen war – Sex mit einem Stier. »Was die Legende besingt, zeigt die Arena dem Auge ...«: Der virtuelle Mythos wurde Wirklichkeit.[13] In die mythische Dimension gingen Elemente ein, die aus der Burleske, der Pantomime und dem Theater bekannt waren. Nach dem tagesüblichen »Sport«-Programm fanden am Morgen zuerst die Raubtierhetzen statt, und dann folgte gegen Mittag das Abschlachten von Kriminellen. Mythische Szenen mit einem Mix aus elitär und vulgär brachten Leben in einen immer gleichen Mittag reiner Totschlägerei. Sie boten mehr Show und Luxus, und die Zuschauer wurden der Wirklichkeit noch weiter entrückt. Um irgendeinen Kult ging es in diesen Inszenierungen nicht und ebenso wenig um eine Ehrung der verstorbenen Ahnen.

Rätselhafter als der Sport der Tiere sind für uns Heutige die Gladiatoren. Doch ist daran zu erinnern, dass die meisten Gladiatoren als Kriegsgefangene oder Kriminelle begonnen hatten und dass sie Sklaven waren. Eine Karriere in der Arena bot diesem »Abschaum« unvermittelt die Chance, zu Ruhm zu kommen. Wie die Jagden waren auch die Gladiatorenkämpfe nie Teil des offiziellen Kalenders der römischen Spiele gewesen. Auch sie hatten ihren Ursprung in privaten Darbietungen bei Totenfeiern, wurden dann aber in ein Geschenk oder eine Zusage Prominenter umgewandelt, die einen Triumph feierten oder wie der junge Ädil Julius Caesar im Jahre 65 um höhere Ehren warben. Der Schlüssel zum Verständnis liegt hier darin, dass viele Zuschauer sich mit den militärischen Wertvorstellungen der Waffengänge identifizierten. Zweckbestimmte Amphitheater gab es zuerst in den Kolonien römischer Veteranen in Italien, worauf sich der Sport auf dem Weg über römische Heerlager auch im Ausland ausbreitete. Es wurde sogar behauptet, für die Zuschauer sei es nur förderlich, wenn sie sähen, wie diese sozial Deklassierten sich »soldatisch« verhielten und Wunden erlitten. Todesfälle kamen vor, waren aber nicht die Hauptsache. Gelegentlich wurden die Kämpfer mit einem ehrenhaften »Unentschieden« freigelassen, oder der Verwundete kapitulierte, und der Kampf wurde abgebrochen. Es wird von Preiskämpfern berichtet, die 30 Duelle überlebten, darunter einige, aus denen sie als Verlierer hervorgingen. Kaiser Claudius allerdings favorisierte ein blutiges Finish.

Die Spiele boten die Möglichkeit, Geld und Karriere zu machen, und für die Sklaven und Kriminellen konnten sie Freiheit bedeuten. In der Menge gab es Fans, die beim Auftritt bestimmter Stars außer sich gerieten. Im Pompeji werden sie auf Graffiti als »Liebling der Mädchen« oder »Miezenfischer« bejubelt.[14] Auch für Frauen konnten »Heavy Metal« und Muskelkraft schrecklich sexy sein. Augustus setzte fest, dass Frauen bei Gladiatorenkämpfen nur die Plätze in den höchsten, also den hintersten Reihen einnehmen durften. Von diesen Männern begann eine Faszination auszugehen, die auch freie Wettkämpfer in die Arena zog. Kinder spielten »Gladiator«, und von Zeit zu Zeit gab es sogar weibliche Gladiatoren. In Ostia rühmt sich ein Geldgeber, er sei »der Erste von allen seit Roms Gründung, der Frauen kämpfen ließ«.[15] Auch Minderheiten kamen in der Arena zu neuer öffentlicher Wertschätzung; Nero ließ die »All-blacks«* auftreten, eine Schau, die nur von nordafrikanischen Teilnehmern einschließlich Frauen und Kindern bestritten wurde. Domitian blieb es vorbehalten, Frauen gegen Zwerge kämpfen zu lassen.[16]

Augustus und seine Nachfolger konnten mit diesem verstärkten Ausbau der Spiele innenpolitisch eine wertvolle Karte ausspielen. Anders als zu Zeiten der großen Namen der Republik hatten nun die Kaiser das alleinige Recht auf Triumphe. Sie besaßen bei weitem das größte Vermögen, und sie konnten in Spektakeln für das Volk eine äußerste, konkurrenzlose Großzügigkeit und Pracht an den Tag legen. Bald schon, vermutlich seit Augustus, hatten die Kaiser eine Fachschule für Gladiatoren. Sie hielten eine aus Gladiatoren bestehende Truppe und wurden allmählich führend bei der Organisation von Kämpfen; sie dominierten auch die Wagenrennen. Doch vom Kaiser als *Princeps,* als Erstem Bürger, wurde auch erwartet, dass er persönlich zu den Spielen erschien. Man sah es gern, wenn die Herrscher wie Augustus oder Hadrian lebhaftes Interesse an den Vorgängen zeigten; Caesar dagegen hatte während der Kämpfe unklugerweise seine Korrespondenz studiert. Aufmerksamkeit war von Vorteil, denn das Publikum von mehreren tausend in den Theatern und 150000 oder mehr im Circus Maximus nutzte die Gelegenheit, um dem Herrscher und

---

* »All-blacks« ist der Spitzname der neuseeländischen Rugby-Nationalmannschaft. [A. d. Ü.]

seiner Familie Worte des Lobes oder der Klage zuzurufen. Zeitgenossen betrachteten die Veranstaltungen als Alternative zur Politik, doch sie waren nicht nur das. Sie waren auch ein Dialog zwischen einem Herrscher und seinem Volk, das keine übermäßig radikalen Forderungen stellte. Die Rufe betrafen meist Einzelheiten spezifischer, manchmal komischer Art. Es war eine Gelegenheit, sich eine offene Sprache und kleine Freiheiten herauszunehmen, aber kein Ausgleich für die fehlende Demokratie. Doch konnte sie ausländischen Besuchern und Senatoren mit Nachdruck vor Augen führen, dass der Caesar eine Beziehung zum Volk unterhielt, die ihnen selbst unerreichbar blieb.

Für Augustus war das Problem weniger die Volksmenge als ein paar jüngere Angehörige seiner geschätzten Oberschicht. Seit den 40er Jahren hatten Mitglieder aus besten römischen Kreisen den despektierlichen Wunsch bekundet, in Person auf der Bühne zu erscheinen und sogar in der Arena zu kämpfen. Der Neubelebung von alter Väter Sitte war es wenig förderlich, wenn Augustus' eigener Neffe Marcellus einem römischen Ritter und einigen ehrenwerten römischen Matronen erlaubte, in der Schau aufzutreten, die er als Jungmagistrat organisierte. Senatoren und Rittern samt Familie war es verboten, als Schauspieler oder Gladiatoren zu agieren, doch mit der Zeit verlor die Vorschrift ihre Wirkung. 11 n. Chr. musste Augustus das Verbot für Ritter aufheben, die als Gladiatoren auftraten. Er selbst, ein alter Mann, saß dann im Publikum und schaute ihnen zu. Freigeborenen Frauen war die Teilnahme weiterhin untersagt, doch nur bis zum Alter von zwanzig. Die Wagenrennen allerdings blieben offenbar jedem zugänglich.

Der puritanische Tiberius setzte das Verbot alsbald wieder in Kraft, doch seine Wirkung blieb von kurzer Dauer. Für die Jugend war es bedeutend aufregender, mit Netz, Schwert oder Dreizack in der Arena zu kämpfen, als in der schweren weißen Toga die Moral der Väter aufrechtzuerhalten. Und bald kamen Kaiser an die Macht, die genauso dachten. Caligula hatte sein Vergnügen daran, als Gladiator aufzutreten, und Nero erschien auf der Szene und lenkte einen Rennwagen. Beispiellos schockierend war in den 180er Jahren Commodus. Als er in der Arena gegen Strauße gekämpft hatte, schlug er ihnen die Hälse ab und ging, in der einen Hand das Schwert, in der anderen die blutüberströmten Köpfe der Vögel schwingend, auf die für Senatoren reservierten Plätze zu. Er gestikulierte in Richtung der Magistrate, als könnten ihre Hälse die nächsten sein, die seine Aufmerksamkeit erforderten. Doch als er starb, gab es Senatoren, die seine Gladiatorenmontur aufkauften.

43
DIE RÖMISCHE ARMEE

Abwesende insgesamt: 456
  darunter 5 Centurionen (Hauptleute)
Übrige, anwesend: 296
  darunter 1 Centurio (Hauptmann)
Von ihnen
  krank: 15
  verwundet: 6
  an Augenentzündung leidend: 10
  insgesamt: 31
Übrige, bereit zum Dienst: 265
  darunter 1 Centurio
Tagesbericht zur Kampfstärke der ersten Tungrer-Kohorte vom 18. Mai (wahrscheinlich in den frühen 90er Jahren n. Chr.) in Vindolanda, Nordbritannien (TABULAE VINDOLANDENSES 1,154)

Wichtiger als die Beziehung zu den Zuschauermengen im Theater war für Augustus fast 60 Jahre lang der Kontakt zur Armee. Diese Armee hatte in den letzten Jahren der Republik tiefgreifende Veränderungen durchgemacht, die für die »römische Revolution« entscheidend waren. Seit den Tagen Sullas standen sehr viel mehr Soldaten unter Waffen. Nach der Ermordung Caesars waren es über 40 Legionen, von denen jede etwa 5000 Mann umfasste, und die Ansiedlung von Veteranen blieb in und außerhalb Italiens ein Unternehmen von ungeheuren Ausmaßen. Unter Augustus wurde die Armee zunächst auf 26 Legionen reduziert, doch im Jahr 23 n. Chr., aus dem uns genaue Zahlen vorliegen, schätzte man den Bestand noch immer auf 150 000 Bürger-Soldaten in den Legionen (jetzt 25) und weitere 150 000 Mann in den wichtigen Hilfsverbänden, den Auxilien, die fast ausnahmslos nichtrömischer Herkunft waren und das Bürgerrecht erst bei der Entlassung erhielten. Mit der stetigen Expansion des Imperiums waren die Truppen in immer größerer Entfernung von Rom stationiert, doch die Gesamtstärke war noch immer enorm.

Auch die Dienstzeit war erheblich verlängert worden. In der Ära des Triumvirats gab es lange Dienstzeiten, die nach der Schlacht bei Actium zur Regel wurden. Legionäre mussten jetzt 16 Jahre dienen (ab 5 n. Chr. wurde die Dienstzeit auf 20 Jahre erhöht), und 13 v. Chr. kamen für Männer, die ihre Zeit abgeleistet hatten, weitere vier Jahre »unter den Fahnen« hinzu. Während dieser zusätzlichen Zeit sollten sie nur im Kampf gegen Feinde zum Einsatz kommen. Faktisch konnte sich die Dienstzeit ohne vollständige Entlassung weiter hinziehen und sogar 30 Jahre erreichen. In der Republik waren sechs Jahre das Maximum gewesen. Unter Augustus war damit ein stehendes Heer im eigentlichen Sinn geschaffen worden. Es unterschied sich grundsätzlich von den Bürger-Armeen, die in den griechischen Stadtstaaten kurzfristig mobilisiert wurden, und war weit größer als die Kernarmeen hellenistischer Könige, die in Kriegszeiten durch Söldner und durch die Einberufung militärischer Kolonisten aus Siedlungsgebieten verstärkt wurden. Es gab sogar lokale Flotten in Marinestützpunkten, die eine kleine stehende Kriegsmarine bildeten.

Wie jeder Kaiser war sich auch Hadrian der Bedeutung dieser Armee bewusst, zumal er deren Rückzug aus den katastrophalen Offensiven seines Vorgängers im Osten zu bewerkstelligen hatte. Doch an die Stelle der Waffengänge traten bei ihm die Reisen. Militärischen Ruhm erwarb er sich dadurch, dass er die in jeder Provinz stationierten Truppen persönlich ansprach und sogar ihre Brot-und-Käse-Rationen mit ihnen teilte. Inzwischen (um 120 n. Chr.) war ihre Gesamtstärke weiter gewachsen, weil noch mehr Hilfseinheiten und Flotten hinzugekommen waren: Bis zu 500 000 Mann standen unter Waffen, vielleicht einer von 120 Einwohnern des Reiches. Ein vergleichbares Verhältnis wurde in einer Monarchie erst wieder im 17. Jahrhundert in Frankreich erreicht.

Seit Augustus war jeder Kaiser auch als Oberbefehlshaber der Armee *(Imperator)* anerkannt. Statuen zeigen die Kaiser deshalb vielfach in militärischer Bekleidung, und Siege über die Barbaren prägten ihr Bild in Kunst und Dichtung. Sie trugen als Zeichen des Sieges einen Lorbeerkranz und bei öffentlichen Spielen die Robe eines triumphierenden Generals. Es ist begreiflich, warum Augustus sein schmaler Leistungsnachweis als Kombattant als so bedauerliche Schwäche anzurechnen war, denn der Imperator war allgemein zuständig für die Armee. Er legte für jeden Rang die Soldhöhen, Zulagen und Dienstzeiten fest.[1] Bis 6 n. Chr. bezahlte er ihre Prämie bei der Entlassung und stellte den entlassenen Hilfssoldaten ihre Diplome aus. Nur mit seiner Zustimmung wurden Kolonien für Veteranen gegründet. Die genaue geographische Lage jeder Kolonie und die Besitzrechte waren, vorschriftsgemäß unterzeichnet, im Archiv des Kaisers selbst gelagert.[2] Wurde das Land für die Kolonisierung gekauft, was nicht immer der Fall war, entrichtete Augustus den Preis, ein Punkt, den er in der Dokumentation seiner persönlichen Errungenschaften herausstrich, denn nie zuvor waren für den Erwerb von Land so hohe Summen bezahlt worden. Die meisten Legionen hatten ihre befestigten Lager in den kaiserlichen Provinzen. Dort wachten Vertreter des Kaisers über die Besoldung der Truppen[3], und dort verlieh er allein die militärischen Orden; Veteranen jedoch, unabhängig davon, wo sie lebten, »gehörten« sämtlich ihm. Als er nach Actium die Veteranen aus dem Dienst entließ, gewährte er ihnen das volle römische Bürgerrecht, die Möglichkeit, in einem römischen Bezirk ihrer Wahl das Stimmrecht auszuüben, Befreiung von allen bürgerlichen Verpflichtungen in ihrer Heimat, falls sie das wünschten, und die vorteilhafte Befreiung von Tributzahlungen. Allerdings war es den Veteranen, die in einer spanischen Kolonie siedelten, wohl gleichgültig, ob sie in Rom wählen durften, wenn ihre heimischen Mitbürger ihnen sicherlich lokale Ämter zu glänzenden Konditionen anbieten konnten. Die Privilegien waren von den Empfängern geltend zu machen, wurden aber vor dem späten 2. Jahrhundert n. Chr. nicht eingeschränkt – dann allerdings auf vier Jahre begrenzt – und erst im 3. Jahrhundert abgeschafft.

Dem Kaiser als oberstem Befehlshaber verpflichtet, hielten die Truppen auch den römischen Kalender kultischer Feste und Opfer ein. Seine Form geht vermutlich auf die Regierungsjahre des Augustus zurück, doch liegen uns Belege erst für spätere Zeit vor, als sich die Opferhandlungen zu Ehren vergöttlichter Kaiser und Kaiserinnen vervielfacht hatten. Ein Schrein im Zentrum eines Legionärslagers enthielt die Fahnen der Legion sowie Bilder des Kaisers und der römischen Gottheiten – auch die Ersparnisse der Soldaten waren dort deponiert. Riten wie die kultische Reinigung von Heer und Waffen und Auspizien wurden ausgeführt. Uns liegt der Kalender einer Einheit von Auxiliaren, also Nichtbürgern vor, der für den 3. Januar Gelübde zum Wohlergehen des Kaisers und für die Unvergänglichkeit des Römischen Reiches sowie Opfer zu Ehren der drei Hauptgötter des römischen Kapitols vorsah.[4]

Zu Zeiten der Republik war Dienstverweigerung bei einer Einberufung mit dem Tode bestraft worden. Im neuen Zeitalter ging man von dieser Sanktion ab; der Wehrdienst in den Legionen wurde fast gänzlich freiwillig, und Zwangsaushebung war die Ausnahme. In zwei krisenhaften Situationen, 5 und 9 n. Chr., griff Augustus darauf zurück; in den 60er Jahren jedoch stellte Kaiser Nero fest, dass er eine Zwangsaushebung nicht einmal durchführen konnte, wenn er das wollte.[5] Lokal bezeugte Einberufungen betreffen entweder Freiwillige oder Soldaten für die Hilfsverbände, also Provinziale ohne römisches Bürgerrecht. Nur die Aushebungsoffiziere waren noch immer dem Kaiser direkt unterstellt. Um die Legionen bei voller Wehrkraft zu erhalten, brauchte das Heer nach den üblichen Ausfällen durch Tod und Verabschiedung etwa 6000 Rekruten jährlich. Die erhaltenen Zahlen für den römischen Zensus lassen erkennen, dass dieser Bedarf aus den Reihen der wachsenden römischen Bürgerschaft leicht zu decken war. Es hätte darum schon einer plötzlichen und sehr starken Nachfrage nach Truppen bedurft, um eine Zwangsaushebung notwendig zu machen. Sonst sorgten der Kaiser und seine Offiziere dafür. Dass Kaiser Tiberius die Rekrutierung im Senat zur Debatte stellte, war schon 23 n. Chr. eine Ausnahme.[6] Selbst die Ernennungen auf untere Kommandoposten wurden inzwischen fernab vom Blick der Öffentlichkeit dem Urteil des Kaisers überlassen. Ganz zufällig erfahren wir – durch ein Gedicht aus den 80er Jahren –, dass einer der Sekretäre des Kaisers Briefe entgegenzunehmen hatte, die Kavalleriekommandeure, Militärtribune und andere rangniedrige Offiziere betrafen, um entweder deren Ernennungen zu bestätigen oder den Kaiser zu beraten, wenn er sie nach eigenem Gutdünken ernennen wollte.[7]

Die militärische Taktik war in den letzten Jahren der Republik vielfältiger geworden, doch der einfache Legionär hatte sich nicht verändert: Noch immer war er mit einem Speer *(pilum)* bewaffnet, der aus geringer Distanz geworfen wurde, begleitet vom effizienten Einsatz des Schwertes, und noch immer trug er offene Sandalen mit schweren, genagelten Sohlen, ein Kettenhemd, das später durch einen Brustharnisch aus verbundenen Metallstreifen ersetzt wurde, einen schweren Metallhelm und einen ovalen – oder ab 100 n. Chr. einen rechteckigen – Schild. In voller Ausrüstung konnte er nicht schwimmen, obwohl das Schwimmen zu seinen Fertigkeiten gehörte und ein empfohlener Teil seines Trainings war. In enger Formation konnte die Mauer der Schilde Wurfgeschossen standhalten, und wenn sie sich öffnete, konnte sie die Sichelwagen (Streitwagen mit scharfen Klingen an den Achsen) passieren lassen, die ohne größere Wirkung in Britannien gegen sie eingesetzt wurden. Es gab außerdem Torsionskatapulte, die Steine und Pfeile abschossen. Ein Typ dieser Geschütze wurde wegen des Rückstoßes der »wilde Esel« genannt. Die Römer hatten sie Geschützen aus der griechischen Welt nachgebildet und stellten bis zu 60 dieser Maschinen hinter jeder Legion auf, so dass die Schlacht mit einem Hagel von Geschossen beginnen konnte, die über die Köpfe der Legionäre hinweg abgefeuert wurden.

Eine Neuerung von größter taktischer Bedeutung war die zunehmende Verwendung lokaler nichtrömischer Hilfstruppen. Gegen Ende des 1. nachchristlichen Jahrhunderts nahmen leichtbewaffnete Provinzeinheiten vor den traditionellen Legionärslinien Aufstellung, um die ersten Schläge des Gegners abzufangen. Flankeneinheiten nichtrömischer Reiterei schossen Pfeile oder Speere ab und ritten in diagonaler Linie oder umfassten die Flügel des Feindes. Der gewinkelte Kavallerieangriff auf das Zentrum, das Markenzeichen der berühmten Siege Alexanders, war nicht mehr aktuell. Die gegnerische Kavallerie bestand im Allgemeinen aus Schützen, besonders im Vorderen Orient, wo die berittenen Parther beim Rückzug Kaskaden von Pfeilen abschossen.

Auch eine Reiterei römischer Bürger hatte es immer gegeben, aber sie war zum letzten Mal im Jahr 109 v. Chr. wirksam zum Einsatz gekommen. Im augusteischen Rom gehörte zu den Kavalleristen mit staatlich finanzierten Pferden jetzt zum Beispiel auch der Dichter Ovid. Die eigentliche Kampfkraft der römischen Reiterei musste deshalb von provinzialen Auxiliareinheiten kommen. In den 50er und 40er Jahren hatte Julius Caesar die außergewöhliche Leistungsfähigkeit der germanischen und der gallischen Reiterei entdeckt und für sich genutzt. Augustus bewunderte in Spanien die schnellen spanischen Reiter und die Geschicklichkeit, mit der sie vom Pferderücken die Speere handhabten, wie er es in seiner Autobiographie beschreibt. Nachdem der ältere Plinius solche Truppen in Germanien beobachtet hatte, schrieb er ein Handbuch über diese Kunst, aus dem heute nur wenige Fragmente erhalten sind. Es fällt auf, dass viele lateinische Begriffe aus der Reiterei auf spanische oder gallische Wörter zurückgehen. Hadrian erwähnt in einer Rede, die er in Nordafrika hielt, wie großartig seine berittenen Truppen diese Kunst beherrschten, und diese Rede können wir noch heute lesen. Steigbügel, um dem Reiter Halt zu geben, fehlten noch immer, aber die Römer hatten den Sattel, eine Spezialität der Kelten, übernommen; sie versahen ihn mit zwei sogenannten Hörnern, den Sattelknöpfen, die den Reiter fest in den Sitz zwängten.

Das höchste Ansehen unter den Kavalleristen genossen die germanischen Reiter – riesige stramme Gestalten, deren »erstaunliche Körper« Julius Caesar als Erster bewunderte, um die Germanen dann als seine persönliche berittene Garde zu rekrutieren. Nach seinem Tod wurde diese Garde zwischen Marcus Antonius und dem neuen Caesar aufgeteilt. Nach dem Sieg behielt dieser sie als hünenhafte, großartige Leibwächter und stationierte sie in Rom, doch taktvoll nördlich des Tiber. Im Jahr 118 n. Chr., unter Hadrian, schildert ein Gedicht, wie einer dieser Gardekavalleristen »in voller Rüstung durch die weiten Gewässer der tiefen Donau« schwamm, »... ich schoss einen Pfeil aus meinem Bogen, den ich mit einem zweiten traf und zerbrach, während er noch in der Luft hing und zurückfiel ... Mag einer sehen, ob irgendjemand sich danach mit mir messen kann«.[8] Niemand konnte es damals, und die germanischen Garden hielten sich mit Unterbrechungen noch jahrhundertelang. Zeitweise unterstellten die Nachfolger des Augustus sie dem Kommando eines bewährten Gladiators. Sie waren für den Princeps eine entscheidende Stütze.

Noch prominenter waren die Prätorianergarden des obersten Befehlshabers. Diese Infanterieeinheiten hatten sich zunächst in den Endphasen des Bürgerkriegs gebildet und dienten damals beiden gegnerischen Feldherren. Die hochbesoldeten und sorgfältig ausgewählten Prätorianer fasste der Sieger schließlich zu einer Truppe von annähernd 9000 Mann zusammen. Augustus' Prätorianer stammten überwiegend aus Italien. Seit den 20er Jahren n. Chr. waren sie in Rom kaserniert, ein höchst unrepublikanisches Phänomen, und das Kommando, das zunächst unauffällige Ritter geführt hatten, ging später an einige der einflussreichsten Intriganten im frühen Kaiserreich – an Sejanus unter Tiberius und an den abscheulichen Tigellinus, der nicht dazu beitrug, Neros Schandtaten zu korrigieren. Die Prätorianergarde entwickelte sich zum entscheidenden Faktor bei der Inthronisierung und für das Überleben jedes Kaisers.

Die Hauptlegionen waren immer aus römischen Bürgern rekrutiert. Allerdings konnten lokale Freiwillige vor ihrer Rekrutierung ohne Schwierigkeiten das römische Bürgerrecht erhalten. Soldaten der Auxiliarverbände dagegen dienten immer als Nichtbürger; das Bürgerrecht durften sie erst bei ihrer Entlassung erwarten. Ihre Einheiten wurden nach der Völkerschaft benannt, aus der sie stammten, aber sie nahmen auch bald Soldaten anderer Nationalitäten auf – ein regelrechter Schmelztiegel. Wilde, ungezähmte Volksgruppen taten nur selten Dienst in ihren Heimatländern. Britannier schickte man also nach Mitteleuropa, während die strammen Germanen in der Nähe Schottlands auf dem Hadrianswall antraten. Der Legionärssold war nicht allzu üppig, und unter Augustus wurden die Kosten für Waffen, Zelte und Bekleidung abgezogen. Zwangsläufig kam es also auch zu Zahlungen unter der Hand, die man von Hauptleuten forderte, um die Verabschiedung eines Kameraden abzusichern. Erst 69 n. Chr. wurden diese Sonderprämien zumindest offiziell abgeschafft, und bald darauf war auch Schluss mit den Abzügen; die Beträge, die für Zelte und Bewaffnung zurückbehalten wurden, galten jetzt als Kaution, die der Soldat erst bei der Entlassung zurückbekam.[9] Die Prätorianergarden waren weit besser besoldet, während die Soldaten der Hilfstruppen zwar weniger erhielten, aber bei unterschiedlichen Lohnstufen, die zum Teil die Höhe eines Legionärssoldes erreichen konnten – die genauen Zahlen sind umstritten. Wie seit jeher war der Militärdienst die meist verbreitete Angestelltenlaufbahn der Antike.

43 DIE RÖMISCHE ARMEE

Der begehrte Preis war die Belohnung bei der Entlassung. Antonius und Octavian hatten anfangs versucht, für jeden Veteranen Landlose in der Größe von etwa 12 Hektar in Italien zu finden. Doch nach der Schlacht von Actium verschlug es die Veteranen mit einer großen Kolonisierungswelle meist in die Provinzen. Ab 6 n. Chr. wurde statt Grundbesitz eine Geldsumme ausbezahlt, die aus der neu eingerichteten Militärkasse kam; doch der Betrag belief sich nur auf knapp zwei Drittel des Soldes, der erstmals in den Kriegen der 40er Jahre v. Chr. angeboten wurde. Wenig glücklich war auch der Umstand, dass diese Militärkasse ihrerseits zum Teil durch die neu eingeführte und allgemein verhasste Erbschaftssteuer für römische Bürger finanziert wurde. Auch kleine Landparzellen wurden weiterhin angeboten, und Nero versuchte sogar, sie wieder in Italien verfügbar zu machen, aber 14 n. Chr. beklagten sich Soldaten darüber, dass sie mit einem Zipfel Sumpfland oder rauher Bergöde abgefertigt würden.

Der neuen Militärkasse zum Trotz endete die Regierungszeit des Augustus mit einer militärischen Moral nahe dem Nullpunkt, mit wiederholt notwendig gewordenen Aushebungen sowie schweren Meutereien an der Nordgrenze. Verantwortlich dafür war letztlich der persönliche Wunsch des alten Mannes, im Norden Krieg zu führen. Ab 5 nach Chr. schob das Imperium seine Grenzen in harten Kämpfen bis an die Elbe und die Weser vor. Noch unbesiegt war der Hauptfeind, der »schlimmste seit Hannibal«[10], der Markomannenkönig Marbod, doch der Angriff erforderte Zwangsaushebungen in anderen Regionen, und diese wiederum lösten Meutereien auf dem Balkan aus, vornehmlich in Illyrien. Schließlich wurden Verhandlungen mit Marbod unvermeidlich. Im Jahr 9 n. Chr. überraschte ein Gegenangriff der Germanen die zerstreuten, unvorbereiteten römischen Legionen und brachte ihrem Befehlshaber Varus eine verheerende Niederlage bei. Der Held auf germanischer Seite war der Cheruskerfürst Arminius. Die Vergeltungsaktionen standen unter dem Befehl des künftigen Kaisers Tiberius, der veraltete Formen der Disziplin wiederbelebte und ein eisernes Regiment führte, das für seine künftigen Regierungsjahre nichts Gutes ahnen ließ.

Um genug Truppen für diese Feldzüge aufstellen zu können, verlängerte man die Dienstpflicht der Soldaten weit über die übliche Frist hinaus, zeitweise bis auf 30 Jahre. Dieses Vorgehen war immer noch weit verbreitet und alles andere als populär. Auch in Rom hatte es Konskriptionen gegeben, was einiges Gesindel in die vordersten Linien beförderte – ein dunkler Fleck auf Augustus' ohnedies beflecktem Ruf in Sachen militärische Führung. Auch die altmodischen Disziplinierungsmaßnahmen des Tiberius und seiner Zeitgenossen trugen nicht dazu bei, die Moral der Truppe zu heben, als die neuen Kommandanten nach einigen sehr viel milderen Vorgängern darangingen, hart durchzugreifen.

Die Meutereien des Jahres 14 n. Chr., die in so spezifischen Missständen begründet waren, wiederholten sich erstaunlicherweise nicht, auch nicht 69, als vier Kaiser in Folge gegeneinander marschierten – nicht einmal der Sold musste erhöht werden, um die Truppen anzufeuern; er blieb bis zu Domitian unverändert. Unterdessen herrschte in den Heerlagern vieler Provinzen wieder die Routine der Friedenszeit. Aus militärischen Handbüchern und Tagesprotokollen, die auf Papyrus erhalten sind, wird ersichtlich, dass sie keineswegs eintönig war.[11] Neben regelmäßigem Drill stand eine Vielzahl wichtiger ziviler Pflichten, darunter Straßenbau, Arbeit in Steinbrüchen und Bergwerken, auch Brückenbau. Die Soldaten wurden so weitgehend in das Leben der Umgebung einbezogen, dass sie sogar bei der Beseitigung von Heuschreckenplagen Hand anlegten. Ihre Generäle waren zuständig für die Vermittlung und Schlichtung in Streitfällen, nicht nur bei Kontroversen unter Soldaten. Vieles von dem, was wir als »Romanisierung« betrachten, entstand als Werk von Truppen in langen Zeiten der Gefechtsbereitschaft, auch die Aquädukte in Nordafrika. Legionärslager entwickelten sich zu einem Reservoir erfahrener Architekten und Ingenieure, die sich auch ziviler Projekte annehmen konnten. Außerdem fiel ein riesiges Volumen an Papierarbeit an – täglich mussten Listen erstellt und Details bei der Besoldung festgehalten werden. Den Handbüchern zufolge sollten die Soldaten nach Möglichkeit lesen und schreiben können, und der Dienst in der Armee beförderte fraglos die Alphabetisierung.

Das Kommando über die Legionen – außerhalb Ägyptens – führten Senatoren, und in einer Provinz mit verschiedenen Legionen waren es Männer Mitte Dreißig, die zuvor in Rom als Prätor amtiert hatten. Die Tauglichkeit dieser Amateure stand und fiel mit der Unterstützung langgedienter Hauptleute, die in der Regel knallharte Burschen waren. Auch den erfahrenen Lagerpräfekten kam in diesem Zusammhang besondere Bedeutung zu. Jede Legion hatte außerdem fünf bewährte Tribune aus dem Ritterstand; der sechste Tribun war ein junger Mann senatorischer Herkunft von 18 oder 19 Jahren. Dieser war vergleichsweise unerfahren, aber es konnte vorkommen, dass der kommandierende Legat an seiner Gesellschaft Gefallen fand. Der Historiker Tacitus merkt an, es sei ein Ausnahmefall, wenn einer dieser begünstigten jungen Männer nicht herumlungere und seine Dienstzeit ungenutzt lasse.[12]

Die Ernährung sogar des einfachen Soldaten war erstaunlich vielseitig; so enthielt sie unterschiedlichste Fleischarten, darunter Jagdbeute. Die Armee gab also den Anstoß, dass die Jagd auch in den unteren Schichten üblich wurde. In den Lagern wurden unterdessen Rüstungen und Waffen für die Truppen angefertigt, während die Grundversorgung aus den Provinzen kam und manchmal über lange Strecken transportiert werden musste. Wie oft diese Güter korrekt bezahlt wurden, ist unklar. Der jährliche Getreidebedarf für eine Legion wurde auf 2000 Tonnen geschätzt; weitere 635 Tonnen brauchten die Pferde einer einzigen Kavallerieeinheit. Diese Belastung der Provinzialen hätte sich nur durch eine sehr hohe Nachfrage der Soldaten nach bezahlten lokalen Dienstleistungen kompensieren lassen. Ein besonderer Vorteil des militärischen gegenüber dem zivilen Leben war für die Soldaten jedoch die Krankenpflege. Krankenhäuser sind eine Erfindung der römischen Armee.

Es konnte nicht ausbleiben, dass die Truppen in langen Intervallen ohne Kampfhandlungen verweichlichten, und hier stieg die alte Furcht der Römer vor dem Luxus wieder auf. Ein neuer Befehlshaber oder ein Kaiser auf Inspektion fasste mintunter den Beschluss, härtere Saiten aufzuziehen. Im Jahr 121/2 n. Chr. nahm Hadrian die Truppen in Germanien ins Visier. Betten wurden verboten – Hadrian selbst schlief im Lager auf Stroh –, auch schmucke Esssäle und Kolonnaden – zweifellos das Werk verweichlichter Offiziere – wurden zerstört. Dazu kam die höchst interessante Forderung nach der Beseitigung ihrer Ziergärten. An den harten Märschen, bis zu 30 Kilometer in voller Rüstung, die Hadrian den Legionen erneut zur Pflicht machte, nahm er selbst teil. Seine vorbildliche Disziplin riefen die Verfasser der Militärhandbücher über Jahrhunderte in Erinnerung.[13] Im Rahmen des allgemeinen Trainings wurden die Einheiten auch sonst bis weit über das Lager hinaus in Bewegung gehalten. Zur Zeit Hadrians waren Wachttürme in Gebrauch gekommen, und entlegene Forts konnten mehr als 150 Kilometer vom Hauptlager entfernt sein. Militärische Köpfe hatten über allem nicht vergessen, dass Hannibals Truppen nachgesagt wurde, der Luxus von Capua, wo sie überwinterten, habe ihnen das Mark aus den Knochen gesogen, und Sullas Heer sei durch den Luxus Asiens geschwächt gewesen. Ein Legionärslager wurde also nach einer bestimmten Zeit verlegt, und danach entstand auf dem bisherigen Lagergelände ein städtisches Gemeinwesen. So trug die Furcht vor dem Luxus indirekt dazu bei, Roms Untertanen zu urbanisieren. Die Städte auf ehemaligem Lagergelände taten das Ihre, nun die Provinzialen zu verweichlichen, die ursprünglich von den robusten Soldaten bewacht werden sollten. In Britannien sind Gloucester und Lincoln auf diese Weise entstanden.

Nicht nur von den Städten waren die Soldaten fernzuhalten, sondern auch von Ehefrauen. Seit Augustus und bis ins 3. Jahrhundert war es Legionären nicht erlaubt zu heiraten. Sogar bereits bestehende Ehen endeten mit der Rekrutierung. Von Frauen konnte man die Männer natürlich nicht fernhalten. Liebschaften florierten; die Soldaten schrieben sogar von ihren Freundinnen und Liebsten. Auch die Bordelle hatten zu tun; allerdings gab es eine Armeeeinheit an der Nordküste des Schwarzen Meeres, deren Soldaten bei den Prostituierten die lokalen Steuern einzogen. Sprösslinge aus solchen Verbindungen galten jedoch als illegitim. Inschriften sprechen von »Söhnen des Spurius« (Soldatenbastarden), und auf den Papyri im römischen Ägypten taucht eine auffällige Gruppe von »Vaterlosen« auf[14], die keine Waisen sind, sondern Kinder aus verbotenen Verbindungen, römisch-ägyptischen oder zwischen römischen Legionären und ortsansässigen Frauen. Lange vor den zölibatären Profis in den christlichen Klöstern hatten schon die Militärstrategen Roms gegen die Ehe Stellung bezogen. Von Vorteil war für den Staat dabei unter anderem, dass er im Fall einer katastrophalen Niederlage den Ehefrauen oder Familien der Gefallenen keine Zahlungen zu leisten brauchte.

44
DAS NEUE ZEITALTER

Dieses ist der Eid, geschworen von den Einwohnern von Paphlagonien und den Römern, die bei ihnen Geschäfte machen. »Ich schwöre bei Zeus, Erde, Sonne, allen Göttern und Göttinnen und Augustus selbst, dass ich dem [Cae]sar Augustus und seinen Kindern und Nachkommen in allen Zeiten meines [Lebens] in Worten, Taten und Gedanken geneigt sein will ... Wenn ich etwas sehe oder höre – was immer es sei –, das man gegen ihn redet oder plant oder ausführt, werde ich es berichten, und ich werde der Feind desjenigen sein, der diese Dinge redet oder plant oder tut ... Wenn ich etwas diesem [Eid] Widersprechendes tue ... so bete ich, dass über mich, meinen Körper, meine Seele und mein Leben, meine Kinder und meine ganze Familie und was immer für uns von Nutzen ist, Vernichtung, die völlige Vernichtung komme bis zum Ende meines ganzen Geschlechts und aller meiner Nachkommen ...« In diesen selben Worten schworen diesen Eid alle [Einwohner des Landes] in den Tempeln des Augustus in allen lokalen Bezirken [von Paphlagonien] an den Altären des [Augustus].

Eid, abgelegt in Paphlagonien (6. März 3 v. Chr.)

Augustus' erste Sittengesetzgebung war das Vorspiel zur Feier eines »neuen Zeitalters« in Rom. Dem Anlass angemessen und dienlich, wurde ein »altehrwürdiges« Orakel zitiert, das aus höchst fragwürdigen Gründen für das Jahr 17 v. Chr. gelten sollte. Beginnend am 31. März wurden griechischen und römischen Gottheiten unter der allgemeinen Aufsicht der zuständigen Priesterschaft drei Tage und Nächte lang Tieropfer dargebracht. Die traditionellen Elemente des Reinigungskults wurden dem Volk überlassen, doch die Leitung des Ganzen lag jetzt bei Augustus und seinem Erben obskurer Herkunft, Agrippa. Die während des Tages vollzogenen Riten waren eine Neuerung: Die grimmigen Götter der Unterwelt wurden durch die Göttin der Geburt, Mutter Erde und Gottheiten wie Apollon, Diana und Jupiter ersetzt. Wie so vieles im betont konservativen Weltbild des Augustus erhielt das scheinbar traditionelle Ereignis ein neues Gesicht.

Am letzten Tag wurde eine für diesen Anlass in Auftrag gegebene Hymne dargeboten; es sangen zwei eindrucksvolle Chöre: 27 Knaben und 27 Mädchen, deren Eltern noch lebten. Zweimal wurde die Hymne von den vertrauensvollen jungen Patrioten vorgetragen, einmal im jüngst auf dem Palatin vollendeten Tempel an Apollon, einmal zu Ehren Jupiters, des Vatergottes der Römer, auf dem Kapitol. Verfasser der Hymne war der Dichter Horaz, und es wird deutlich, inwiefern sie über die vorausgegangenen Riten hinausgeht. Sie ist ein Gebet für den Erfolg der soeben erlassenen Ehegesetze, die »Erlasse des Vaters über die eheliche Verbindung der Frauen«, und sie beschwört Roms trojanische Vergangenheit, die durch Vergils großes Epos *Aeneis* erst zwei Jahre zuvor so berühmt geworden war. Sie preist Augustus und bittet darum, dass jedes seiner Gebete erhört werde. Er ist der Abkömmling der Venus, ist der Mann – ein Echo Vergils –, welcher »höher steht als der Kriegsführende und den gestürzten Feinden Milde erweist«.[1] Seine Herrschaft erstreckt sich bis weit in den Osten, und sogar »stolze Inder« rufen ihn an (eine indische Gesandtschaft hatte sich 25 v. Chr. bei Augustus eingefunden und sich fünf Jahre später zur »Freundschaft« bereit erklärt).

Die horazische Hymne lässt an die Geburtenrate, an Eroberung und an moralische Werte denken – an Ehre und an die Bescheidenheit alter Zeiten. Sie nimmt Bezug auf die legendäre Abkunft des Augustus, auf die Fruchtbarkeit des Landes und auf Roms Zukunft. Ein solches Poem zu solchem Anlass war etwas völlig Neues. Ihm folgten Theateraufführungen, Wagenrennen und Hetzen auf wilde Tiere, die das Volk eine weitere Woche lang unterhielten. Keiner in dieser Festgemeinde, am wenigsten Horaz, hätte vermutet, dass Augustus, »das ruhmreiche Blut des Anchises und der Venus«, noch so viele Jahre an der Macht bleiben würde. Horaz fasste diese Motive weiterhin in seinen *Oden* zusammen, doch als Augustus' Leben zu Ende ging, waren die Preislieder der Wahrheit nicht näher als zu Beginn seiner Herrschaft. Wiederkehrende Themen der augusteischen Herrschaft blieben die Feldzüge in fremden Ländern (doch nicht immer Eroberungen), das wachsame Auge auf Rom und seine Bevölkerung (doch immer noch kam es zu Ausschreitungen und Nahrungsmittelkrisen) sowie Versuche, seine Familie auf den Schild zu heben und die Nachfolge sicherzustellen – der eine Schachzug, der ihm wiederholt misslang. Diese Themen standen auch bei jedem kaiserlichen Nachfolger im Zentrum der Aufmerksamkeit.

Vor der Feier zum neuen Zeitalter hatte Augustus seine zwei Enkel, die Kinder seiner Tochter Julia und des loyalen Agrippa, adoptiert. Nur dieses eine Mal war er von einer ganzen Runde Familienmitglieder umgeben, einer Schwester, einer Ehefrau und Erben. Von Bedeutung war, dass dem Namen der Knaben der magische Name Caesar angefügt wurde. An diesem Fest des Jah-

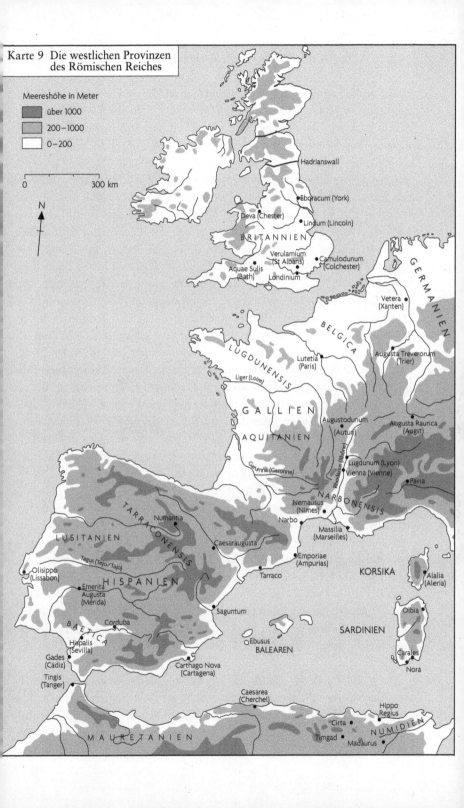

res 17 betete Augustus für »mich, mein Haus und meine Familie«[2], und in den folgenden 15 Jahren ging er daran, seine beiden offensichtlichen Nachfolger den Römern ins Bewusstsein zu bringen. Die Enkel erhielten in sehr jugendlichem Alter Magistraturen; sie wurden um Jahre im Voraus zu Konsuln ernannt – Gaius Caesar sollte dieses höchste Amt, das man überlicherweise mit etwa 42 Jahren übernahm, schon mit 21 antreten. Unaufdringlich wurden sie den Armeen vorgestellt und in den Provinzstädten durch Abbildungen auf den Münzen bekannt gemacht. Im Jahr 5 v. Chr. wurde Gaius zum »Leiter der Jugend« ernannt, ein Titel, kraft dessen er den Vorsitz bei den römischen Rittern hatte. Außerhalb Roms empfingen sie wie die übrigen Familienangehörigen in den Provinzstädten göttliche Ehren. Im kleinasiatischen Binnenland wird um 3 v. Chr. von Einwohnern berichtet, die einen Treueid nicht nur Augustus schwuren, sondern auch »seinen Kindern und Nachkommen«.[3]

Aber das war eine zweischneidige Angelegenheit. Den Truppen wäre ein Nachfolger aus der Familie willkommen gewesen, ein weiterer Caesar aus der Linie Julius Caesars. Der Erbe konnte auch adoptiert sein; die Tatsache der Adoption störte nicht. Dasselbe wünschte die breite Bevölkerung Roms, die auch auf Jugend und Schönheit ansprach. Für unsere modernen Magazine und Bilder von Prinzen und Prinzessinnen wäre man dort Feuer und Flamme gewesen. Aber in den Augen jedes denkenden Senators war die Republik keine Familienangelegenheit; durch Erbschaft konnte man sie nicht weitergeben. Später zogen die Senatoren es vor, die Nachfolger in eigener Kompetenz und aus den eigenen Reihen zu wählen.

Zwischen 18 und 12 v. Chr. hatte Augustus einen jüngeren Partner eigener Wahl, den loyalen Agrippa. Nur um traditionalistische Bedenken zu beschwichtigen, wurden seine Befugnisse wie die des Augustus selbst in regelmäßigem Abstand formell neu bestätigt. Als Agrippa unglücklicherweise 12 v. Chr. starb, pries ihn Augustus in einer Grabrede, die auch an die Provinzstatthalter ging; zweifellos zirkulierte sie dort in Übersetzungen. Die neue Dynastie bestand aus zwei Linien: Augustus' Nachkommen aus seiner Ehe mit Scribonia, die Söhne seiner Tochter Julia, die Julier, sowie die Stiefsöhne und Nachkommen aus seiner zweiten Ehe mit der tüchtigen Livia (die Claudier). Beide Linien gaben der julisch-claudischen Dynastie der kommenden 80 Jahre (bis 68 n. Chr.) den Namen.

Der ältere Zweig der Claudier erwies sich als der bei weitem begabtere. In den Alpen stellten die claudischen Stiefsöhne des Augustus unter Beweis, dass sie bessere Soldaten waren, als Augustus es je sein würde. Der jüngere, Drusus, starb 9 v. Chr.; erst vor kurzer Zeit wurde entdeckt, dass er eine prächtige

Bestattung erhielt und dass die Lobrede des Augustus zu seinen Ehren ebenfalls in den Provinzen verbreitet wurde. Wahrscheinlich war sie begleitet von moralischer Ermutigung an das Publikum. Auch als im Oktober 19 Drusus' Sohn starb, der beim Volk ebenfalls beliebt gewesen war, wurde des Kaisers Würdigung seiner Verdienste zum Wohl »der Söhne und Töchter unserer Kinder und Nachkommen« in Umlauf gesetzt.[4] Verbesserung der Jugend war ein Teil des Programms von Augustus' Gnaden. Es zeigte eine gewisse Wirkung bei den Söhnen der Senatoren, die sich formell kleideten und als Zuhörer an den Sitzungen ihrer Väter teilnahmen, oder auch bei den jungen Rittern, die zu Pferd Umzüge abhielten. Sie gehörten zu einer Art Vision, die wir leicht erkennen: Sei den Jungen ein Vorbild, beteilige sie am politischen Geschehen und versuche, unabhängiges Denken zu ersticken.

Zum Kreis der Protagonisten gehörte, wie uns zunehmend bewusst wird, auch die respektgebietende Livia, Augustus' zweite Ehefrau. Es ist zu bedauern, dass wir von ihr keine Biographie besitzen – sie starb erst 29 n. Chr. Böse Zungen sagen ihr nach, sie habe Rivalinnen vergiftet und dem sittenstrengen Augustus junge Mädchen zugeführt, die sie heimlich in das Haus auf dem Palatin schmuggelte. Ihr Bild in der Öffentlichkeit war ein völlig anderes, doch diese Gerüchte zeigen, dass sie in Rom auf sehr unterschiedliche Weise wahrgenommen wurde. 36 v. Chr. hatte Livia zusammen mit ihrem Mann im Schutz der tribunizischen *sacrosanctitas* gestanden, für eine Frau eine Ehre, die alles andere als republikanisch war, sie aber von den orientalischen Gefährtinnen des Antonius wirksam abgrenzte. Sie erhielt weitere kleine Ehrungen und half, römische Tempel für Kulte zu restaurieren, die man mit respektablen Frauen in Verbindung brachte. Im Jahr 7 n. Chr. wurde in Rom ein prächtiger, allgemein zugänglicher Portikus nach ihr benannt, in dessen Kolonnaden Trompe-l'œil-Malereien von Landschaften und öffentlich präsentierte Kunstwerke zu sehen waren – schon Agrippa soll gewünscht haben, dass alle Kunstwerke in Privatbesitz konfisziert und öffentlich ausgestellt würden, auch ein Grund, warum der römische Adel die Totenfeier dieses vulgären Mannes boykottierte. Das Gelände von Livias Portikus hatte seine Geschichte. Es war ehemals Bestandteil der mächtigen Privatresidenz des dubiosen Vedius Pollio, der Augustus im Osten gedient hatte. Pollio wurde wegen seines exzessiven Luxus angeklagt, zu dem, wie es hieß, die Gewohnheit gehörte, Sklaven in seinen Teich mit fleischfressenden Fischen zu werfen. Sein Palast wurde abgerissen, und Livia warb für die eheliche Tugend nüchterner »Eintracht« und einen »Weg für das Volk«, den griechische Statuen aus kriegerischem Raubgut säumten. Hier war eine Frau, die so ganz anders in Erscheinung trat als die schlechten Frauen aus Ciceros Reden, als Antonius' Fulvia zum Beispiel, der Habgier und Grausamkeit nachgesagt wurden, um den »tyrannischen« Charakter ihres Ehemanns zu unterstreichen.

Dann wurden die Dezenz und Bedachtsamkeit, die aus diesen Projekten sprach, von der Rhetorik eingeholt. Nach dem Tod von Livias Sohn Drusus schrieb ein römischer Ritter sogar ein Gedicht, um die »Erste Dame des Staates« ergebenst zu trösten. In jüngster Zeit hat ein spektakulärer Inschriftenfund in Spanien gezeigt, wie der Senat mit beinahe übertriebener Anteilnahme an einer kaiserlichen Familienkrise ein ausführliches Bild ihrer Tugenden malte. 20 n. Chr. pries er Livia in einer öffentlichen Erklärung nicht nur, weil sie dem maßvollen Tiberius das Leben geschenkt hatte, sondern auch wegen ihrer »vielen großen Gunstbeweise an Männer jedes Standes; sie konnte in allem, was sie vom Senat erbat, mit Recht und nach Verdienst höchsten Einfluss ausüben, nutzte diesen Einfluss aber in Maßen«.[5] Traditionalistische Republikaner hätte das Entsetzen gepackt. Auch dieses lange Dekret wurde zur Belehrung der Nachwelt öffentlich gemacht und in den Provinzen, sogar in den Armeelagern, gut sichtbar zur Schau gestellt.

Die moralische Zielsetzung des neuen Zeitalters schloss auch die Bauwerke ein. Augustus rühmte sich, er habe ein Rom aus Backstein vorgefunden und eines aus Marmor verlassen. Das Rom von 30 v. Chr. hatte gewiss nichts von der planvollen Pracht der großen Städte im griechischen Osten. Sogar sein politischer Mittelpunkt war ein weitläufiger Irrgarten und als Schaustück für die Welt wenig geeignet. Im Stadtzentrum hatte Augustus zahlreiche Neuerungen vorgesehen, und in Anbetracht der jüngst verordneten moralischen Wende neigten die Bildhauer und Architekten zu einem dezenten Klassizismus. Etwas dekorativer waren die hohen Marmorsäulen der öffentlichen Tempel mit Kapitellen im korinthischen Stil, doch die großen Monumente der Stadt mit ihren augusteischen Motiven wirkten trotz bewundernswerter Handwerkskunst in ihrer Verhaltenheit von Form und Ausdruck nur noch peinlich geschmackvoll. Häufig verweisen sie auf Ideale, die der Kaiser auch in seinen eigenen Belehrungen über Moral und Familie kundtat. Die 30er Jahre waren die große Zeit politischer Kundgebungen mittels Bauten, Münzen und Literatur gewesen. Augustus schloss sich an und setzte Skulptur und Architektur für seine Mission ein.

Unter anderem diesen Bauwerken verdankt die neue Ära des Augustus ihr Etikett des »klassischen« Zeitalters. *De facto* jedoch ist es ein »klassizistisches«, das auf den Errungenschaften der Griechen aus dem 5. und 4. Jahrhundert v. Chr. aufbaut. Ohne die griechischen Vorbilder hätte die augusteische

44 DAS NEUE ZEITALTER

Kunst im öffentlichen Raum nie diese Richtung genommen. Aber in seinem römischen Kontext geriet der Stil der Griechen zu einer Darstellung von Würde, Autorität und Zucht, die ihm in seiner ursprünglichen Umgebung fremd war. Die politische Wahl des Klassizismus ist als Audruck der römischen Staatsordnung zu verstehen. Ordnung, Würde und Struktur kennzeichnen auch einen großen Teil der frühen augusteischen Literatur, namentlich die Dichtkunst von Horaz und Vergil. Hier kann das neue Zeitalter den Anspruch erheben, «klassisch« im ursprünglichen Sinn des Erstklassigen zu sein. Doch seine bedeutendsten Dichter wie auch Cicero mit seiner überragenden rhetorischen Prosa wurzelten im vor-augusteischen Zeitalter der republikanischen Freiheit.

Neben dem Klassizismus der kühnen neuen Werke der Bildhauer und den Meisterwerken der neuen Literatur gab es das andere Rom – eine Stadt randvoll von Leben und Bewegung und mit inzwischen (wahrscheinlich) einer Million Einwohner die bei weitem größte Stadt der damaligen Welt. Erstaunlich sind die krassen sozialen Unterschiede. Die Reichen lebten in prunkvollen Häusern, die Ärmsten schlugen ihr Lager auf, wo immer sie einen Winkel fanden; die relativ Armen waren in hohen hölzernen Wohnblocks mit dünnen Trennwänden zusammengepfercht, den Traumbauten des Immobilienspekulanten. Um die hastig hochgezogenen und überfüllten »vertikalen Behälter« wanden sich schmale Sträßchen, und zu einer unregelmäßigen Wasserversorgung kam das völlige Fehlen von Transportmitteln. Das Rom der Mehrheit war Wunder und Alptraum zugleich. Und natürlich war es auch eine Sklavengesellschaft. In den 60er Jahren besaß ein einziger Senator nicht weniger als 400 Sklaven. Falls dieser Senator für seine Zunft typisch war, kam diese Riege der Ehrenmänner damit auf einen Besitz von etwa 250 000 in Rom lebenden Menschen.[6] Vielleicht zwei Fünftel der geschätzten Million Stadtbewohner waren Sklaven, und ein großer Teil der ehemaligen Sklaven blieb, obwohl freigelassen, den früheren Herren doch weiterhin »verpflichtet«. Die einfachen Bürger bildeten die Plebs. Doch die Plebejer, die im Dienst großer Häuser standen, sind nicht zu verwechseln mit den übrigen Plebejern, denen diese Verbindung fehlte. Denn es gab die »respektable« Plebs und die ganz »Heruntergekommenen«, die erbettelten, was sie nur kriegen konnten. Die modernen Karton-Behausungen von Flüchtlingen in Ägypten oder Pakistan kommen wohl dem am nächsten, wie man sich dieses »andere Rom« vorzustellen hat, allerdings ohne Roms offen betriebene Sklaverei.

Dieses »andere Rom« hatte die Fähigkeiten und die Anliegen der geliebten Republik Ciceros hinter sich gelassen. Unter Augustus tat es erste kleine Schritte in Richtung Sicherheit und Gesundheit. Etappenweise wurde eine dringend notwendige Feuerwehr eingeführt, die Wachen (*vigiles*; ihr Name lebt in ihrem Pendant im heutigen Rom weiter). Durch neue Aquädukte wurde eine erhebliche Verbesserung der öffentlichen Wasserversorgung erreicht; neue Aufseher und Staatssklaven übernahmen später die Überwachung und Instandhaltung. Reiche Familien zogen daraufhin auf die Hügel Roms oberhalb der früheren Sumpfgebiete und ließen sich dort neue Parks und vornehme Paläste bauen. Ein neu eingerichtetes Komitee kümmerte sich um Schadensbegrenzung, wenn der Tiber über die Ufer trat. Die Höhe der Mietskasernen wurde, fraglos zum Ärger der Spekulanten, auf etwa sieben Etagen begrenzt. Für die Getreideversorgung wurde ein neuer Präfekt bestellt; die regelmäßigen Getreidespenden an eine bestimmte Empfängergruppe wurden fortgesetzt – die Liste umfasste jetzt etwa 250 000 Empfänger. Wie bei den öffentlichen Schauveranstaltungen profitierten allerdings nicht alle freien Armen von der Unterstützung durch »Brot und Spiele«, denn deren Zahl belief sich auf mehr als eine halbe Million. Doch dank den Getreidelieferungen aus Ägypten konnte man immer Getreide kaufen.

Mit der Umsetzung der diversen Reformen erhielten die römischen Stände klar definierte Rollen, und diese Rollen vermittelten den Betroffenen das Gefühl erhöhter Bedeutung. Der Senat war weiterhin äußerst betriebsam, und die Aufgaben der Senatoren vervielfachten sich. Die eigentliche Macht allerdings lag an anderer Stelle, beim Kaiser. Mit der Zeit wurde es deshalb auch schwierig, die erforderliche Mindestzahl von Senatoren für eine Beschlussfassung zu sichern. Die privilegierten Ritter hatten ihren jährlichen Festumzug, und auch die ungegliederte Menge der einfachen Bevölkerung wurde allmählich straffer reguliert, waren es doch Hunderttausende, eine potenziell aufrührerische Masse, wie sich nach der Ermordung Caesars kurz gezeigt hatte. Augustus beließ es bei den lokalen Tribus ältester Zeit, den 35 Bezirken, die die Verteilung der Kornspenden übernahmen und die Versammlungen organisierten. Aber er setzte auch die unter Julius Caesar durchgeführten Kontrollen fort. Streng geregelt war die Gründung von Vereinen oder Kollegien, einst politische und soziale Gefahrenherde der republikanischen Stadt. Dafür gab es immer mehr Schauveranstaltungen für die Plebejer, aber auch hier wirkte eine hierarchische Sitzordnung als Kontrollinstrument. Diese Regelungen waren nur möglich, weil die einfachen Zuschauer sie akzeptierten und sich nicht dagegen auflehnten. Eigens ernannte Polizeikräfte gab es noch immer nicht, allerdings machten die Feuerwächter ihre Streifengänge, und Augustus hatte in und nahe der Stadt Soldaten stationiert, die Prätorianer und die germanischen Reitergarden, die im Krisenfall immer eingreifen konnten.

44 DAS NEUE ZEITALTER 519

Im Übrigen war die naheliegende Taktik: Teile und herrsche. Im Jahr 7 v. Chr. teilte Augustus die Stadt in 14 Distrikte. Ferner gab es 265 Stadtviertel unter der Aufsicht von je vier Vorstehern *(vicomagistri)*, die meist Freigelassene waren. Diese lokalen Beamten zelebrierten an den Kreuzungen jedes Viertels den Kult der Schutzgeister, der Laren. Diese gewannen nun an Bedeutung, weil in den Kultfeiern an den Kreuzungen jetzt auch der *genius* des Augustus verehrt wurde, der »Geist, der ihn leitete«. Die Kulte wurden also geschickt vom Haus des Augustus an die wichtigen Straßenecken der Stadt verlegt. Die Freigelassenen, die die Kulthandlungen leiteten, trugen die Roben und Insignien von Magistraten, und privilegierte Sklaven dienten ihnen als Assistenten. Ein erhaltener Altar zeigt sehr anspruchsvolle Themen: eine Szene aus der Sage des Gründers Aeneas und den Ehrenschild, der Augustus' »Tugenden« verkündet. Die selbstgefälligen Amtsträger standen ihrer neuen Funktion mit Wohlwollen gegenüber, und die kleinen lokalen Heiligtümer Roms hielten sich über Jahrhunderte.

Bezeichnenderweise verbreiteten sich in der Stadt des Augustus auch Steininschriften zu Ehren einzelner Persönlichkeiten. Der Triumph blieb bald den Mitgliedern der kaiserlichen Familie vorbehalten. Die Senatoren erhielten »Triumphschmuck«, setzten sich aber ein Denkmal mit öffentlichen Inschriften, auf denen jede einzelne Etappe ihrer Laufbahn aufgezählt war. Politische Höhepunkte im Leben des Augustus wurden dagegen auf zwei wichtigen Monumenten in Erinnerung gerufen. Das erste, der fein gemeißelte Friedensaltar *(Ara Pacis)*, bewilligte der Senat im Sommer 13 v. Chr. anlässlich der Rückkehr des Augustus aus Gallien. Er zeigt in üppigen Bildern den Reichtum der Natur und eine fruchtbare Mutter mit Kindern (vermutlich die Erdmutter) und Statuen von Mitgliedern der Kaiserfamilie in Begleitung von Personen aus Roms Priesterschaft, unter ihnen vier Oberpriester, die mit bedecktem Haupt die Opferhandlung vorbereiten. Die genaue Bedeutung der Prozession ist umstritten, gibt aber wahrscheinlich den Moment im März des Jahres 12 v. Chr. wieder, als Augustus selbst das höchste Priesteramt des Pontifex Maximus übernahm, das er bis zum Tod des greisen Lepidus taktvollerweise in dessen Hand gelassen hatte.[7] Die Verbindung von Familie, Religion und formeller Toga bei den Skulpturen ist charakteristisch für die augusteische Geisteshaltung.

Im Jahr 2 v. Chr. erreichte die Herrschaft des Augustus ihren Höhepunkt. Auch hier folgte sie den Spuren Caesars. Im Februar wurde ihm wie zuvor Julius Caesar vom Senat der Titel *pater patriae* (Vater des Vaterlands) verliehen, und im Mai konnte endlich der Tempel des Kriegsgotts Mars als Rächer

(Mars Ultor) vollendet werden. Er erhob sich im Herzen der Stadt oberhalb seines großartigsten Monuments, des Augustus-Forums. Am 12. Mai begannen die grandiosen Spiele zur Eröffnung mit Gladiatoren und der Tötung von 260 Löwen. Auch für die Unterhaltung hatte Caesar das Modell geliefert. Auf einem neu gefluteten See mimten »Athener« und »Perser« eine Seeschlacht in Anlehnung an die antiken Perserkriege von 480 v. Chr. Es war ein heroisches Vorspiel zur Entsendung des jungen Augustus-Enkels Gaius in den Osten, wo er in seinem eigenen pseudopersischen Krieg »triumphieren« sollte. Der Schlacht folgten Krokodiljagden im gefluteten Circus Maximus.

Schon Julius Caesar hatte ein Forum in Auftrag gegeben, doch das Forum des Augustus aus vielfarbigem Marmor ist der unüberbietbare Ausdruck professionell inszenierter augusteischer Öffentlichkeitsarbeit. Sein Mars-Tempel wahrte die Erinnerung an den gerächten Julius Caesar und die weit weniger blutige Rache an den Parthern, die auf diplomatischem Weg erreicht wurde. Er wurde zum römischen Zentrum für die öffentliche Ehrung von Befehlshabern und Männern von militärischem Format, aber es konnten dort auch rechtlich gültige Freilassungen ausgesprochen werden. Das Tempeldach schmückten eine dezent gestaltete Venus, Göttin des Hauses der Julier, der als Schäfer gekleidete Romulus und patriotische Götter wie der Vater Tiber. Der Name des Augustus war an zentraler Stelle in die Blöcke direkt unter dem Giebel eingehauen. Alte griechische Statuen, darunter zwei meisterliche Darstellungen Alexanders des Großen, säumten das Forum. Neuartig waren die Kolonnaden, die den Platz flankierten. Wie andere Monumente und öffentliche Listen in der Stadt des Augustus stellten sie Geschichte zur Schau.[8] Auf der einen Seite führte Romulus eine Schar siegreicher Helden der römischen Vergangenheit an, jeder mit einer rühmenden Inschrift gekennzeichnet. Auf der anderen Seite standen Aeneas mit seinem trojanischen Vater und weitere Vorfahren der Familie der Julier. Augustus ließ sogar per Edikt verkünden, »das Leben [dieser großen Männer] solle der Maßstab sein, an dem er von den Bürgern gemessen werde, solange er lebe«.[9] Er gab der Hoffnung Ausdruck, dass die zukünftigen »Ersten Bürger« auf gleiche Weise beurteilt würden.

Herodot, der erste Historiker, wäre über die kommenden Ereignisse nicht erstaunt gewesen: Diesem persönlichen Höhenflug folgte die Katastrophe. Innerhalb weniger Monate wurde der Ehebruch seiner charmanten Tochter Julia publik und dann bestraft. Gab es Zweifel daran, ob die von Augustus adoptierten Enkel, ihre zwei Söhne, wirklich Agrippas Kinder waren, wie behauptet wurde? Ihre Bemerkung über den »zweiten Lotsen«, den sie sich nur dann an Bord lade, »wenn das Schiff voll ist«, war vielleicht auf solche

Gerüchte gemünzt. Aber auch die Fracht erwies sich als kurzlebig. Beide Enkel starben kurz nacheinander während ihrer Dienstzeit im Ausland. Neue und komplexe dynastische Regelungen wurden nötig, die schließlich dazu führten, dass einem Nachkommen der claudischen Linie, Livias sprödem Sohn Tiberius, eine Hauptrolle zukam. Doch von Tiberius hieß es 9 v. Chr., er habe davon gesprochen, der »Republik« wieder ein klareres Profil zu geben, und er hatte sich 6 v. Chr. auch schon ins selbstgewählte Exil zurückgezogen; vermutlich wollte er vermeiden, öffentlich die Amtsvollmacht des Volkstribuns auszuüben. Ab 6 n. Chr. setzten Kriege an der Nordgrenze die öffentlichen Finanzen Roms sowie die Aushebung von Bürger-Rekruten erheblichen Belastungen aus. Beides erregte höchsten Unmut, ebenso wie die neue fünfprozentige Erbschaftssteuer für Bürger, die mithelfen sollte, die Kosten des Heeres zu decken. Dazu kamen aufrührerisch grollende Töne in der römischen Plebs, ein großes Feuer in der Stadt und eine jahrelange Hungersnot in Italien. Der letzte verfügbare Enkel des Augustus wurde 7 n. Chr. verbannt, und im Jahr darauf erging erneut Anklage wegen Ehebruch, diesmal traf es die Enkelin des Kaisers, die jüngere Julia. Mit der schweren Niederlage der Legionen in Germanien 9 n. Chr. war der Tiefpunkt erreicht. Glücklicherweise kamen diese Krisen erst nach dreißigjähriger Herrschaft. Eine Alternative gab es offenkundig nicht.

Was also war der Kern dieser römischen Revolution, die so langanhaltenden Turbulenzen standhalten konnte? Mitglieder lokal führender Familien aus immer mehr Teilen Italiens fanden Eingang in den Senat und in die oberen Stände Roms, aber das Neue lag nicht in dieser maßvoll fortschreitenden Erweiterung der herrschenden Kaste. Stärker fällt ins Gewicht, dass die Proskriptionen und Bürgerkriege viele Todesopfer gefordert hatten und Besitz mit Gewalt in neue Hände gelangt war – hier ist tatsächlich so etwas wie revolutionärer Terror auszumachen, obwohl das politische System in den Städten Italiens unverändert blieb. Doch aus dem Sieg ergab sich eine militärische und konstitutionelle Umwälzung anderer Art. In Italien waren 28 Kolonien von Armeeveteranen entstanden, die Augustus wie seinerzeit Sulla zu seinen Lebzeiten angesiedelt hatte – kaisertreue Männer auf enteignetem Boden. Die andernorts verbliebene Armee war jetzt ein stehendes Heer, das loyal zu seinem Befehlshaber Augustus hielt. Politisch besaß er ein Bündel von Machtbefugnissen, die von den Wahlämtern der Magistrate abgetrennt waren. Seine Wünsche ließen sich also im politischen System Roms mit sanftem Druck durchsetzen. Die Freiheit politischer Initiative wurde abgewürgt, und wie Historiker festhielten, wurde es extrem schwierig, sich zu vergewissern, wie die

Situation wirklich war. Das Volk erhielt ein stilvolles neues Abstimmungslokal (ein Plan Julius Caesars), doch die Kandidaten, die vor der Bürgerversammlung erschienen, hatten immer häufiger schon das Plazet von oben. Solche Vorauswahlen wurden 5 n. Chr. eingeführt und sollten möglicherweise die Oberschicht für die dynastischen Arrangements des Vorjahrs entschädigen. In den gesetzgebenden Versammlungen war der Spielraum für eine unabhängige Gesetzgebung oder das Veto eines Volkstribuns dahin. An seiner Stelle pflegte man das Gefühl für die »Dynastie«, abzulesen an den neuen Abstimmungs-Zenturien, die der Wahlversammlung des Volkes hinzugefügt wurden und nach Gaius und Lucius, den verstorbenen Enkeln des Augustus, benannt waren. An sie erinnerte auch eine eleganter Portikus an einer Seite des Forums, des politischen Zentrums der Stadt.

Über große Zeiträume gesehen konnte Polybios für sich in Anspruch nehmen, dass seine Prophezeiung der zyklischen Entwicklung von Verfassungen sich erfüllt habe. Die ausbalancierte Oligarchie in der Zeit der Punischen Kriege hatte sich zunächst in eine Richtung entwickelt, die zumindest Polybios vielleicht als Demokratie betrachtet hätte. Faktisch hatten jedoch Mitglieder der Oberschicht den Spielraum der »Volksfreiheit« genutzt, der in Roms Verfassung fest verankert war. Dann hatten ihre »Versuche, die Macht des Volkes ›wiederherzustellen‹, zur Monarchie geführt, und die Monarchie zerstörte die Freiheit des Volkes weitreichender als die senatorische«, wie es der große Erforscher dieser Krisenzeit, Peter Brunt, zutreffend ausdrückt.[10] Doch wurde dieser Verlust an Volksfreiheit durch soziale Gewinne für den urbanen Pöbel in der Stadt Rom wettgemacht. Die Verbesserung der städtischen Infrastruktur ging mit neuen Rechtswegen einher. Wie zuvor leiteten die gewählten Prätoren die öffentlichen Gerichtsverfahren der Stadt. Ein viertes Geschworenengremium kam hinzu, und die Trennung von Senatoren und Rittern unter den Geschworenen war kein Thema mehr. Die Senatoren fanden sich mit dieser gemischten Gesellschaft ab, denn dem Senat wurde, zusammen mit den Konsuln, ein Sondergericht zugeteilt, vor dem er gegen seine Mitglieder wegen schwerer Delikte, darunter Erpressung provinzialer Untertanen, Anklage erheben konnte. Die Ritter waren also von den bedeutendsten senatorischen Prozessen ferngehalten, und die verhasste »Freiheit der Gleichen« hatte ein Ende.

Einschneidender war die Entwicklung hin zur Rechtsprechung durch neue Amtsträger. Der neu ernannte Stadtpräfekt war ein Senator; er verhandelte vor allem Fälle, in die Angehörige der unteren Schichten Roms verwickelt waren, und er hatte die Befugnis, nicht nur Sklaven der Folter zu unterziehen, sondern auch Freie, deren Widerspenstigkeit den Einsatz von Gewalt nötig machte. Mit der Zeit fiel es auch dem Präfekten der Prätorianergarde zu, Recht zu sprechen, weil die Fälle ganz automatisch in den Zuständigkeitsbereich von Personen gerieten, die sie mit der nötigen Sachkompetenz entscheiden konnten.

Die bedeutendste dieser Persönlichkeiten war der Princeps selbst. Als Tribun war Augustus die grundsätzlich zuständige Berufungsinstanz für jeden römischen Bürger. Er soll diese besondere Vollmacht schon 30 v. Chr. erhalten haben, und 18 v. Chr. wurde sie wahrscheinlich in einem Gesetz »über Staatsgewalt« ausdrücklich fixiert. Als Prokunsul konnte er auch die Untersuchung einzelner Fälle übernehmen und nach einem Verhör selbst das Urteil sprechen. Seine Präsenz an der Spitze der Pyramide war ein neuer Brennpunkt im römischen Justizwesen. Aus den Provinzen wurden Anklagen, Gesuche und Einsprüche entweder von römischen Bürgern von oder anderen Rechtsuchenden ohnehin an ihn gerichtet, sowohl in zivilen als auch in strafrechtlichen Angelegenheiten. Sie erreichten ihn entweder durch Gesandtschaften aus fernen Städten, in schriftlicher Form oder in der Gestalt geduldiger Ankläger oder Verteidiger, die angereist waren, um ihm ihr Anliegen vorzutragen. Sogar aus Knidos, eigentlich eine freie griechische Stadt, kamen Abgesandte, um einen ungewöhnlichen Fall vorzulegen. Es ging um zwei Eheleute (die jetzt in Rom Zuflucht suchten) und um die Beschuldigung, dass die eine Partei die andere in einem Streit dadurch beleidigt hatte, dass ein Sklave auf Anweisung über dem Kopf des Betroffenen einen Nachttopf ausleerte.[11] Vielleicht war es diese bizarre Geschichte der Gesandten, die Augustus bewog, so gründlich auf den Fall einzugehen. Er ist wie andere ein Zeichen dafür, dass Gesuche um Gerechtigkeit sich auf dem Instanzenweg wie selbstverständlich nach oben bewegten. Bald schon musste Augustus Vorkehrungen treffen, dass Fälle aus Rom wie auch aus dem Ausland an andere Instanzen delegiert wurden. Doch wie vor ihm ein Ptolemäerkönig konnte er sich der Flut von Ersuchen, die sein Herrscherstatus anzog, nicht entziehen.

Eine letzte »schreckliche Symmetrie« fällt in das Ende seiner Regierungszeit.* Im Jahr 43 v. Chr., in den Anfängen seiner politischen Laufbahn, hatte Augustus römische Bürger durch Proskriptionen dem Tod ausgeliefert; in der schwierigen Endzeit seiner Herrschaft griff er abermals in liberale Bürgerrechte ein und attackierte die Redefreiheit. Von der Verbrennung »gefährli-

---

* Zitat aus William Blakes Gedicht *The Tyger: Tyger! tyger! burning bright / In the shadows of the night, / What dread hand and what dread eye / Could frame thy fearful symmetry*. [A. d. Ü.]

cher« Bücher hören wir zum ersten Mal unter Augustus. Als Verrat am römischen Staat galt nunmehr auch die schriftliche oder mündliche Verleumdung eines prominenten Bürgers. Die Maßnahme ließ sich damit begründen, dass Vergehen dieser Art das moralische Ansehen der Oberschicht beschädigten, ein Kernthema dieses neuen Zeitalters. Sie war außerdem der unvermeidliche Auftakt zum nächsten Schritt: In das Vergehen wurde mündlicher Verrat an der Person des Kaisers, ob tot oder lebendig, eingeschlossen. Die Folgen dieses Schrittes wurden unter Augustus' Nachfolger Tiberius ersichtlich: Wenn solche Fälle von Verrat in Gegenwart des Kaisers im Senat oder vor einem Gericht verhandelt wurden, wirkte sich das Verhalten des Kaisers negativ auf das Prozessergebnis aus.[12] Augustus hatte zwar durch die Neugestaltung des Staates Frieden im Land und Stabilität zurückgebracht, den oberen Ständen jedoch ihre politische Freiheit genommen. Allerdings hatte zumindest eine Freiheit an Bedeutung gewonnen – die Freiheit, einander gerichtlich zu verfolgen.

TEIL VI

EINE IMPERIALE WELT

Das Reich bezog seine Stärke aus der Ergebenheit seiner Bewohner, und diese Ergebenheit erwuchs aus der Dankbarkeit für den Frieden, den zu erhalten sich Rom zur vordringlichsten Aufgabe gemacht hatte, für die geordnete Regierung, als deren Denkmal das römische Recht die Zeiten überdauerte, und für die liberale Haltung gegenüber den einheimischen Bevölkerungsgruppen, die in der stetigen Ausdehnung des römischen Bürgerrechts ihren bemerkenswertesten Ausdruck fand ... Der Adel, der im heimischen Rom die Basis der Regierung bildete, holte sich Hilfe bei den Adligen in den Provinzen, und in einer Welt, in der Bildung für die große Masse so rückständig war wie die Mittel der Nachrichtenverbreitung und der Herausbildung einer öffentlichen Meinung, wurden demokratische Prinzipien weder geachtet noch befolgt. Doch es gereichte der Ära nicht unbedingt zum Schaden, dass Fähigkeit höchste Wertschätzung genoss, und die Abhängigkeit von einer kleinen Zahl Kultivierter musste die Zufriedenheit der Unwissenden nicht unbedingt mindern.
    Hugh Last in: The Cambridge Ancient History, Bd. XI, 1936, 477

Meiner Ansicht nach ermöglichte das politische System Roms eine hoch intensive und letztlich destruktive wirtschaftliche Ausbeutung der großen Masse des Volkes, ob Sklaven oder Freie, und verhinderte radikale Reformen. Die Folge war, dass die besitzende Klasse, die wirklich Vermögenden, die das System bewusst zum eignen Nutzen geschaffen hatten, ihrer Welt das Lebensblut entzogen und damit die griechisch-römische Kultur in einem großen Teil des Reichs zerstörte ... Sollte ich ein Bild finden, um die große und wachsende Konzentration von Besitz in den Händen der oberen Schichten zu beschreiben, würde ich etwas so Unschuldiges und Mechanisches wie »Entzug« allerdings vermeiden. Lieber dächte ich an etwas sehr viel Zweckhafteres und Absichtsvolleres – vielleicht an die Vampir-Fledermaus.
    G. E. M. de Sainte Croix, The Class Struggle in the Ancient Greek World, 1981, 502 f.

45
DIE JULISCH-CLAUDISCHE DYNASTIE

Der Senat ... hofft, dass alle, die unter unserem Ersten Bürger (Tiberius) gedient haben, dem Kaiserhaus auch weiterhin Treue und Ergebenheit entgegenbringen, denn sie wissen, dass die Sicherheit unseres Reichs vom Schutz dieses Hauses abhängt. Der Senat glaubt, es müsse ihnen Pflicht und Anliegen sein, dass von denen, die sie kommandieren, jederzeit diejenigen die größte Autorität bei ihnen hätten, die mit der ergebensten Loyalität den Namen der Caesaren ehren, die dieser Stadt und dem Reich des römischen Volkes Schutz gewähren.
Senatsbeschluss zu Gnaeus Piso, 20 n. Chr., Z. 159–166

Sogar der Partherkönig Artabanus riss Tiberius in einem Brief herunter. Er warf ihm darin Verwandten- und Freundesmord vor, ferner Faulheit und Schwelgerei, und gab ihm daher den Rat, möglichst schnell durch Selbstmord dem bitteren und nur allzu berechtigten Hass seiner Mitbürger Genugtuung zu verschaffen.
Sueton, De vita Caesarum, 66,2 (Übers. Max Heinemann)

Im Sommer des Jahres 14 n. Chr. verließ der greise Augustus Rom und sollte die Stadt nicht mehr wiedersehen. Eine der Absichten, die er damit verfolgte, ist höchst umstritten. Unsere wichtigsten antiken Quellen deuten an oder erklären ausdrücklich, dass er sich in Begleitung nur eines einzigen Senators seines Vertrauens, des Paullus Fabius Maximus, auf die kleine Insel Planasia begab, auf die er 7 n. Chr. seinen letzten überlebenden Enkel, den unberechenbaren Agrippa Postumus, verbannt hatte. Bei ihrer Rückkehr starb zuerst sein Begleiter Fabius Maximus und nach ihm Augustus selbst, ohne dass bekannt wurde, was sie beschäftigt hatte. Das »Gerücht«, wie später Tacitus urteilte, ist von einigen modernen Wissenschaftlern als Fabel abgetan worden. Doch aus ganz anderer Quelle ist bekannt, dass sowohl Augustus als auch Fabius Maximus Mitte Mai dieses Jahres nicht in Rom waren. Augustus'

Adoptivenkel, der junge Drusus, wurde zu diesem Zeitpunkt in die hochangesehene Priesterschaft der Arvalbrüder aufgenommen. Deren Dokumente belegen, dass beide, Augustus und Fabius Maximus, in Abwesenheit für seine Aufnahme stimmten.[1] Die Aussagen der Zeitgenossen, dass der jetzt 75-jährige Princeps und sein loyaler Senator in anderen Geschäften unterwegs waren, sind also durchaus zutreffend. Dass beide gerade am Tag dieser einen Priesterzusammenkunft plötzlich erkrankten, ist höchst unwahrscheinlich. Und allein aus diesem Grund wäre Fabius nicht die sehr seltene Ehre erwiesen worden, als senatorisches Mitglied in Abwesenheit stimmen zu dürfen. Der Klatsch über den Zweck der Reise blühte, und es wurde sogar behauptet, Augustus habe seine Meinung geändert und beschlossen, Agrippa Postumus zu seinem Nachfolger zu bestimmen. Fabius, hieß es, habe dies seine Frau wissen lassen, und die Indiskretion habe ihn das Leben gekostet. Livia wurde sogar nachgesagt, ihren betagten Ehemann vergiftet zu haben, damit er seine Sinnesänderung nicht in die Tat umsetzte. Dass hinter diesen Skandalgeschichten etwas Wahres steckt, ist nicht anzunehmen, doch sollte die Reise selbst als historische Tatsache anerkannt werden. Es ist der letzte dramatische Akt auf dem langen Weg des Augustus, dem neuen Imperium einen Erben zu sichern.

Im Gefolge der Ereignisse kam es zu einem sofortigen Versuch, Agrippa Postumus aus seinem Inseldasein zu befreien und nach Norden zu den Truppen zu bringen. Zwei Jahre später folgte der Versuch, einen »falschen« Agrippa auftreten zu lassen – wie er aussah, hatte man inzwischen vergessen. Die Verkörperung übernahm der Sklave, der 14 n. Chr. losgesegelt war, um ihn von der Insel zu holen, und das Versteckspiel stieß bei der Plebs auf großes Interesse. In der Tat war Agrippa Postumus jedoch unmittelbar nach ersten Meldungen vom Tod des Augustus am 19. August getötet worden. Den Mord hatte der umsichtige Sallustius Crispus organisiert, Großneffe und Adoptivsohn immerhin des gestrengen Historikers Sallust. Nach geltendem römischen Recht war Agrippa Postumus bei seiner Verbannung nicht enterbt worden und konnte also einen Teil der Hinterlassenschaft des Augustus beanspruchen. In seinen letzten Monaten hatte der Kaiser den Agrippa Postumus aufgesucht, vielleicht um sich zu vergewissern, dass dieser für die Nachfolge ungeeignet war (der junge Mann war ein ungewöhnlich begeisterter Angler), und kaltblütig dessen Beseitigung zu planen, falls diese Gewissheit sich erhärtete.

Es passt ins Bild, dass die julisch-claudische Epoche mit einem dynastischen Mord begann. Es sollten noch manche folgen. Der erste Erbe war der ältliche Tiberius, eine hochgewachsene, schroffe Persönlichkeit, schon Mitte Fünfzig. Seine Vorfahren gehörten zum ältesten Adel, er selbst hatte sich bereits als

General bewährt und galt als strenger Zuchtmeister. Doch für Augustus hatte er unzweifelhaft die letzte Rettung bedeutet, der Mann, den zu wählen inzwischen unumgänglich war. Leutseliges Auftreten, Volkstümlichkeit und authentisches Stilgefühl waren seinem hochmütigen Wesen fremd. Bezeichnenderweise fanden unter seinem Patronat nur wenige öffentliche Spiele statt, und wenn er einmal selbst anwesend war, ließ er keinerlei Interesse erkennen. Bei öffentlichen Banketten soll er niemals einen ganzen Keiler serviert haben, wenn ein halber es auch tat. Er gab dem Wunsch Ausdruck, »Diener des Senats« zu sein und »Bürger unter Bürgern, nicht der auserwählte ›Erste Bürger‹«, doch beide Wünsche waren unrealistisch.[2] Armee und Provinzen blickten jetzt zu einem echten Imperator auf, unbekümmert um die Subtilitäten der verfassungsmäßigen Position in Rom. Ein großer Teil der römischen Oberschicht sah in ihrem Princeps auch den großen Gönner. Seine gewaltigen finanziellen Mittel waren die wesentliche Ergänzung des Staatsschatzes, seine Ausgaben für die Öffentlichkeit ebenso unentbehrlich wie seine Rechtsprechung, und wie Augustus in den Jahren 23 bis 19 v. Chr. gezeigt hatte, war er der echte Beschützer und Versorger der großen Masse des einfachen Volkes in Rom. Tiberius konnte nicht vorgeben, er sei nur eines der Mitglieder in einem Senat alten Stils. Die Bestätigung seiner Nachfolge deutete in eine völlig andere Richtung. Zunächst schworen ihm die Konsuln einen Treueid; in ihrer Gegenwart schworen ihn dann der Präfekt der Prätorianergarde und der Präfekt der Getreideversorgung, zwei von Augustus geschaffene Posten – sie blieben auch in Zukunft für die Thronfolge und für die Stabilität der Stimmung im Volk entscheidend. Danach schworen der »Senat, die Soldaten und das Volk«. Dass hier jetzt auch die Soldaten ihren Platz gefunden hatten, war ein Zeichen der neuen Realität.[3] Der Eid ist der sprechende Beweis für die »beste Ordnung« des Augustus, wie dieser selbst sie genannt hatte. Die Qualität dieser Ordnung erwies sich daran, dass sie die Schwächen seiner ersten Nachfolger unbeschädigt überlebte.

Aus der Regierungszeit des Tiberius und späterer Kaiser war nicht nur die wiederkehrende Lehre zu ziehen, dass absolute Macht absolut korrumpiert*, sondern auch, dass die Kaiser nach ihrer Thronbesteigung nicht besser und nicht schlechter waren als vorher. Sie erfüllten die neue Aufgabe, wie von ihnen

---

* Im Englischen ein geflügeltes Wort: *Power tends to corrupt and absolute power corrupts absolutely* – aus einem Brief des britischen Politikers und Historikers Lord Acton an den Bischof Mandell Creighton von 1887. [A. d. Ü.]

zu erwarten war, ohne jemals mit der neuen Verantwortung zu wachsen. Jeder von ihnen trat seine Regierung mit einer bescheidenen, überlegten Absichtserklärung an, doch schon bald ging es bergab, zum Teil bedingt durch ihre Natur und charakterliche Defizite, zum Teil durch komplexe Manöver zur Bestimmung eines möglichen Nachfolgers. Letzteres ging mit zahlreichen Todesfällen in den Herrscherfamilien und der Liquidierung weiterer Palastfaktionen und Senatoren einher, weil die potenziellen Erben sich auf immer mehr Seitenlinien des julisch-claudischen Hauses verteilten. Da die Kaiser mehrere Ehen eingingen, nahm die Zahl möglicher Erben entsprechend zu.

In Tiberius hatten die Römer einen Kaiser, der gerissen und undurchsichtig war, doch unfähig, volksnah zu agieren oder den Senatoren klare Vorgaben zu machen. Nach neun Jahren führte er leere Reden über die »Wiederherstellung der Republik« und über seinen Rücktritt. Der Tod seines Sohnes ernüchterte ihn, und weitere schmerzliche Verluste folgten. Fünf Jahre später zog er sich vollständig aus Rom zurück und ließ sich schließlich auf der Insel Capri nieder, wo ihm die skandalösesten Sexorgien nachgesagt wurden. Mit Ende sechzig war er außerdem von abstoßendem Äußeren – kahl und ausgemergelt, das Gesicht voller Flecken, die nur teilweise von Pflastern verdeckt waren. Dennoch blieb er 24 Jahre an der Regierung, länger als jeder andere Kaiser vor Hadrian. Sein Tod im März 37 n. Chr. wurde vom Volk mit Freude aufgenommen. Die Senatoren weigerten sich bemerkenswerterweise, ihn postum als Gott zu ehren. Sie annullierten außerdem sein Testament und erkannten seinen Enkel Gaius als einzigen Erben an. Dieser Beschluss führte in ein Desaster.

Anders als Tiberius war Gaius, besser bekannt unter dem Namen Caligula, »Soldatenstiefelchen«, erst 24 Jahre alt, hatte keinerlei militärische Befähigung und nur eine einzige unbedeutende Magistratur hinter sich. Zugute kam ihm vor allem, dass er der Sohn des beliebten Germanicus war, eines Neffen des Tiberius. Wohlklingenden Versprechen zum Trotz erwies er sich als bösartig, unsäglich egozentrisch und närrisch. Einige Geschichten, die man sich von ihm erzählte, sind fast zu bizarr, um glaubhaft zu sein – dass er versprach, sein Lieblingspferd zum Konsul zu machen, dass er eine große Armee zur Invasion Britanniens anforderte, um an der Küste in Nordfrankreich Muscheln zu sammeln und dann zurückzukehren, oder dass er mit seiner Schwester intime Beziehungen hatte und nach ihrem Tod einen extravaganten Kult durchsetzte, in dem sie als Göttin verehrt wurde. Unzweifelhaft ist, dass er sich selbst als Gott verehren ließ und versuchte, diesen Kult den Juden und ihrem Tempel in Jerusalem aufzuzwingen. Gegen Ende seiner kurzen Herrschaft soll er in

Gewändern erschienen sein, wie sie die Götter und Göttinnen in seinem Palast in Rom trugen. Er soll sogar den alten Tempel von Castor und Pollux auf dem Forum Romanum in zwei Teile geteilt haben, damit eine Zugangsstraße zu seinem eigenen »Heiligtum« auf dem Palatin hindurchgeführt werden konnte mit den Zwillingsgöttern als seinen »Türhütern«. Für diese Geschichte haben Archäologen auf dem Forum jüngst einige Belege gefunden. Ein Wahrsager hatte einst erklärt, Gaius werde so wenig auf den Kaiserthron gelangen wie zu Pferd über die Bucht von Neapel. Um ihn zu widerlegen, ließ Gaius an einer Stelle, an der die Bucht etwa 5,5 Kilometer breit war, eine hölzerne Brücke bauen, um sodann, angetan mit einem angeblich von Alexander dem Großen stammenden Brustharnisch, im Galopp über die Planken zu preschen. Anschließend ließ er ein riesiges Trinkgelage steigen, warf ein paar seiner Gefährten von der Brücke, griff andere in einem Kriegsschiff an und ließ alle ertrinken.

Im Januar 41, nachdem er den Senat vier scheußliche Jahre lang verhöhnt und terrorisiert hatte, befahl er bei einem Verhör wegen möglichen Verrats die Folterung einer hübschen jungen Mimin. Sogar er war schockiert, als er den misshandelten Körper der jungen Frau vor sich sah. Angewidert zeigte sich auch der Tribun, der die Folterung überwacht hatte. Als Gaius in der Mittagszeit eine Theateraufführung auf dem Palatin verließ, erstach ihn der Tribun in einem Korridor des Palastes.

Der Mord am 24. Januar eröffnete den Königsweg zur Freiheit – Gaius' Kinder waren zu jung für die Thronfolge. Doch die Senatoren, die hinter dem Anschlag standen, waren sich uneins. Sollte man die ganze unsägliche julisch-claudische Familie ausrotten? Sollte man das System bewahren, doch darauf bestehen, den nächsten Princeps selbst zu wählen? Sollte man weiter gehen und sich auf eine Neubelebung der Republik einlassen? Wie die Mörder Julius Caesars scheuten sie trotz ihrer Ankündigungen, die Freiheit und das Recht wiederherzustellen, vor einem Entschluss zurück. Dann brachten die Palasttruppen ihre Macht ins Spiel. Einer der germanischen Leibwächter entdeckte versteckt hinter einem Vorhang des Palastes einen unbeachteten julisch-claudischen Abkömmling. Die Garde rief ihn zum Imperator aus und zwang die entzweiten Verschwörer zum Nachgeben. Claudius, der neue Kaiser, war eine groteske Figur. Der 50-Jährige sabberte und konnte seine Bewegungen nicht koordinieren; er brach in unkontrolliertes Gelächter aus, und wenn er sprach, klang er wie ein heiseres Seemonster. Offenbar litt er, so eine einleuchtende Diagnose, an einer zerebralen Lähmung. Augustus hatte ihn blamabel gefunden, und selbst seine Mutter beschrieb ihn als »monströse Abart eines menschlichen Wesens, das die Natur begonnen und nie beendet hat«.[4] Es ist möglich, dass ihm der Mordplan bekannt war, doch hatte er sich wie die übrigen Beteiligten offenbar nicht bewusst gemacht, dass in der Folge die Macht an ihn selbst gehen könnte.

Claudius' Herrschaft begann in einer extrem schwierigen Situation. Die Senatoren erklärten ihm umgehend den Krieg, als sie vernahmen, dass die Garden ihn auf den Schild gehoben hatten. Er selbst war ohne militärische Erfahrung, ließ aber, ein effektvoller Ausgleich, den Lohn der Garden erhöhen. Der versuchte Aufstand des angesehenen Statthalters von Dalmatien brach 42 n. Chr. nach fünf Tagen zusammen, weil die Legionen noch loyal zu Claudius standen. In ihren Augen besaß er die entscheidende Eigenschaft: Er war ein echter Erbe des Hauses – ein Enkel des Marcus Antonius und nach eigenem Bekunden mit Augustus verwandt.

Claudius' Herrschaft dauerte 13 Jahre und war eine faszinierenden Mischung aus Hingabe und Grausamkeit, Überkompensation und versuchtem Populismus. Um seinen Mangel an militärischer Kompetenz auszugleichen, marschierte er 43 n. Chr. in Britannien ein; er durchquerte sogar die Themse auf einem Elefanten. Aber er hörte nicht auf, sich auf seinen Sieg »jenseits des Ozeans« zu berufen und militärische Grußformeln für einen Feldzug entgegenzunehmen, zu dessen Aktionen er persönlich nichts beigetragen hatte. Mit dem Senat beständig uneins, verließ er sich in übertriebener Weise auf die leicht erreichbaren Freigelassenen im eigenen Haus. Er schuf keine neuen Beamtenposten, sondern wandte sich lediglich an Möchtegern-Berater, die stets zur Hand waren. Er war außerdem ein Kenner der Altertums. Während seiner Jahre am Rande des öffentlichen Geschehens war er intensiv schriftstellerisch tätig gewesen und hatte acht Bücher über die Karthager und zwanzig über die Etrusker geschrieben. Noch in Arbeit war eine Geschichte Roms, die leider nicht erhalten ist. Von ihm stammt sogar ein Buch über das Würfeln als Glücksspiel, eine seiner Leidenschaften. Doch er besaß die Eitelkeit und Rachsucht des verhinderten Akademikers. Als Herrscher stürzte er sich mit viel Getue in Kindereien wie den Plan, das Alphabet durch neue Buchstaben zu ergänzen; seine Reden vor dem Senat waren blasiert und schlecht gegliedert; er gab Anweisungen, dass seine lange Geschichte der Etrusker monatlich im Museum in Alexandria zum Vortrag kommen sollte.

Um seine mangelnde Glaubwürdigkeit im Senat wettzumachen, bemühte sich Claudius um Resonanz in der römischen Bevölkerung. Er gab sich volkstümlich und nahm auf der Bank der Tribune Platz; er suchte den Beifall der Menge bei den öffentlichen Spielen, vor allem bei Gladiatorenkämpfen, wo er es entschieden blutig liebte. Er trieb die längst fälligen Arbeiten an Roms

Getreidehafen voran; er verbesserte die städtischen Aquädukte und besuchte die Spiele. Seine eigenen Darbietungen waren jedoch ebenso exzessiv wie läppisch. In Ostia präsentierte er sich selbstgefällig im Kampf mit einem Wal, der im neuen Hafen in der Fall saß. Bei seiner Rückkehr von Britannien fuhr er in einer extravaganten schwimmenden Palast-Attrappe im Hafen von Ravenna ein und aus.[5] Er erzwang sogar die Realisierung des gewaltigen Projekts einer Drainage des nahe Rom gelegenen Fuciner Sees, und bei der glanzvollen Eröffnung im Jahr 52 ließ er zur Unterhaltung der Menge eine Seeschlacht riesigen Umfangs in Szene setzen. Etwa 19 000 Kämpfer waren zu Kampf und Blutvergießen aufgerufen, doch die Wasseranlage funktionierte nicht richtig und durchnässte die Zuschauer, unter ihnen auch Claudius und seine Frau, die in ein goldenes Gewand gekleidet war wie eine mythische Königin.

Diese gigantischen Schauveranstaltungen trugen nicht dazu bei, Claudius beim Senat beliebt zu machen. Dort galt er als eigenwilliger Stümper. Es hieß, er habe 321 Ritter und 35 Senatoren in Geheimprozessen aus dem Weg geräumt, und mit seiner Gewohnheit, solche Fälle in seinem Haus hinter verschlossenen Türen persönlich zu verhandeln, zog er sich den Hass der Senatoren zu. So wenig er beim Senat in Gunst stand: Wer Zugang zu ihm hatte, konnte sich nicht über mangelnde Freigebigkeit beklagen, ob es sich um seinen Leibarzt, prominente Gallier aus der Gegend seines Geburtsorts Lyon oder um korrupte Freigelassene aus dem Palast handelte, die sich mitunter für Vermittlung bei der Gewährung von Bürgerrechten bestechen ließen. Denkwürdig aber sind vor allem die starken, eigenwilligen Frauen, prägende Gestalten am julisch-claudischen Hof.

Tiberius lebte in Rom in unbehaglicher Nähe zu zwei bejahrten majestätischen Witwen, von denen jede mit der Zeit als *Augusta* zu Ehren kam. Es waren Augustus' Ehefrau Livia und Antonia, die zweite Tochter des Marcus Antonius, auch sie wie Livia eine große Überlebende. Ihre Schönheit und gesittete Lebensweise hatten es ihr ermöglicht, sich einer Wiederverheiratung jahrelang ungestraft zu entziehen. Beim Tod des Augustus wurde vorgeschlagen, Livia als »Mutter des Vaterlands« zu ehren. 20 n. Chr. verfügte und verbreitete der Senat ihren Lobpreis für »außergewöhnlichen Dienst am Gemeinwesen, nicht nur dadurch, dass sie unserem Ersten Bürger das Leben schenkte, sondern auch durch die vielen großen Gunstbeweise an Männer jedes Standes«. Er bestätigte ferner, dass Antonia das erklärte Objekt seiner »großen Bewunderung« sei und »hervorragend durch ihr gesittetes Wesen«.[6] Traditionalistische Republikaner dürften über den Hinweis auf die »vielen großen Gunstbeweise« Livias empört gewesen sein, während sie vermutlich die Gerüchte genossen, dass sie in Wahrheit Augustus und seinen Adoptivenkel vergiftet habe. Elf Jahre später war Antonia wahrscheinlich umgehend bereit, Tiberius' umstrittenen Favoriten Sejanus durch einen klug kalkulierten Brief im Interesse ihres schrecklichen Enkels Gaius zu Fall zu bringen. Doch als Gaius an die Macht kam, wurde sie ihm bald lästig und musste ihrem Leben ein Ende setzen.

Offensichtlicher war der weibliche Einfluss auf Claudius, und das nicht nur, weil er in Rom unter Frauen lebte, die, wie Tacitus es plastisch formuliert, »nach Gärten lechzend«[7], beim Kaiser sogar auf den Tod eines reichen Gartenbesitzers drängten, um dessen Besitz übernehmen zu können. In dritter Ehe heiratete Claudius die leidenschaftliche Messalina, zwanzig Jahre alt oder etwas darüber, eine Frau aus gutem Hause. Sie brachte einen Sohn zur Welt und trieb Claudius dann dazu, Feinde und Rivalen zu verurteilen. Dabei berief sie sich auf Warnzeichen, die ihr und einem Freigelassenen in Träumen zugegangen seien. Im Jahr 48 ging sie selbst zu weit, als sie sich während der Weinernte mit einem jüngeren Senator einließ und in Abwesenheit des nichtsahnenden Gatten in eine Scheinehe einwilligte. Claudius folgte darauf dem schlechten Rat eines Freigelassenen und heiratete die abgründige Agrippina, die 33-jährige Schwester des Gaius. Als unheilvoll erwies sich, dass sie einen eigenen Sohn – mit Kaiserschnitt geboren – in die Ehe brachte. Während sechs denkwürdiger Jahre im Zeichen der »Neuen« feierte das alte Drama hellenistischer Königshäuser fröhliche Urständ. Um ihrem Sohn die Thronfolge zu sichern, sorgte Agrippina dafür, dass Claudius am 13. Oktober 54 den Tod fand. Das Mittel waren angeblich Pilze mit einem Schuss Gift, tödlich soll allerdings erst eine zweite Dosis auf einer Feder gewirkt haben.

Agrippinas junger Sohn Nero trat die Thronfolge an – und erwies sich als weiteres politisches Desaster. Wie Tiberius konnte er auf eine Reihe edler und stolzer Ahnen zurückblicken, die sich in der Vergangenheit allerdings auch durch äußerste Grausamkeit hervorgetan hatten. Mitglieder seiner Familie waren Veranstalter außergewöhnlich blutiger Gladiatorenkämpfe, und einer von ihnen war mit seinem Wagen sogar verächtlich über einen einfachen Mann hinweggefahren. Neros Vater soll nach der Geburt seines Sohnes auf einen Glückwunsch erwidert haben: »Was von mir und Agrippina geboren wird, kann nichts anderes sein als verabscheuenswert und eine Bedrohung für die Gesellschaft.«[8] Und er irrte sich nicht. Nero hatte wie Gaius weder im Militär noch im Staatsdienst Erfahrung. Viel zu jung, bestieg er den Thron noch vor seinem siebzehnten Geburtstag. Für die Dauer von fünf Jahren blieb er unter dem gemeinsamen Einfluss seiner Mutter, seines Tutors Seneca und seines fähigen Prätorianerpräfekten Burrus einigermaßen berechenbar. Danach wurde

45 DIE JULISCH-CLAUDISCHE DYNASTIE

zunehmend deutlich, dass er ebenso eitel wie verantwortungslos war, und beides äußerte sich, wie es bei Menschen seiner Art noch immer üblich ist, in dem törichten Wunsch, sich vor der Öffentlichkeit als Künstler zu präsentieren. Er trat als Wagenlenker an und, schlimmer noch, er sang und spielte die Leier. Er war mit vollem Ernst bei der Sache, trainierte mit Bleigewichten, um seine Atmung zu verbessern, und trank den verdünnten Kot wilder Eber für den Muskelaufbau.

Zwischen 59 und 67 baute er Spektrum und Aktionsradius seiner Auftritte zielstrebig aus. 59 feierte er mit öffentlichen Spielen das Scheren seines Bartes und sang erstmals vor Publikum zur Leier, neben sich Stimmtrainer und einen Chor von 5000 Sängern und Anfeuerern, der ihn mit Gesang und Jubelrufen begleitete. 64 gab er seine erste Vorstellung als Wagenlenker. Ein Großereignis des Sommers 66 war der »Goldene Tag«, an dem der Empfang des Königs von Armenien gefeiert wurde, für Nero wiederum ein Anlass, sich als Sänger und Wagenlenker zu zeigen. Die angemessene Bühne für solche Bestrebungen war Griechenland. 66/7 machte sich Nero auf die Reise, um in Delphi und Olympia als Wettkämpfer aufzutreten. Gerüchten zufolge gewann er mehr als 1800 erste Preise, darunter sogar für ein Rennen mit Zehnspännern, bei dem er vom Wagen fiel. Als Dank schenkte er dem Ort Olympia ein neues Klubhaus für die Athleten und war damit der erste römische Kaiser, der dem Ort eine Gunst erwies.

Diese Darbietungen waren nicht etwa das stilvolle Betätigungsfeld für einen innigen Freund der Künste. Nero war von pathologischer Eitelkeit und Missgunst besessen. Konkurrenten griff er tätlich an und ließ sogar Statuen zerschlagen, die zu Ehren anderer errichtet worden waren. Seine vermehrten Auftritte vor großem Publikum waren von ausschweifenden Events der vulgärsten Art begleitet, unter denen das Flussfest von 68 zu fragwürdiger Berühmtheit kam. Nero ließ sich auf einem teppichbelegten Floß von Booten stromabwärtes schleppen, deren Rudermannschaften männliche Prostituierte waren. An beiden Ufern boten sich nackte Frauen an, Huren gemeinsam mit Aristokratinnen. Wenige Tage später ging Nero mit einem seiner Sexsklaven die Ehe ein. Er trug einen Hochzeitsschleier, und wie eine jungfräuliche Braut stieß er sogar einen jammernden Schrei aus, um den Vollzug der Ehe anzuzeigen.

Wie die »tödlichen Scharaden«* in der römischen Arena schmückte Nero seine Auftritte und Orgien gelegentlich mit Anspielungen auf die griechische

---

* K. M. Coleman: *Fatal Charades. Roman Executions Staged as Mythological Enactments.* The Journal of Roman Studies, 80 (1990), S. 44–73. [A. d. Ü.]

Mythologie. Damit werden sie aber weder entschuldigt noch mit Würde umgeben oder in einen einheitlichen Zusammenhang gestellt, als stünden sie unter der Leitung eines schauspielernden Zeremonienmeisters. Egozentrik, Grausamkeit und Perversion behielten die Oberhand, und seine Extravaganzen und Kosten ruinierten den Staatshaushalt. Im Jahr 59 hatte Nero auch noch seine Mutter ermorden lassen und dann öffentlich seine Errettung aus ihren Intrigen gefeiert. Sein Eheleben begann vergleichsweise ruhig, und dies, obwohl er es liebte, nachts in Gesellschaft von Freunden herumzustreifen und in den Straßen sogar Frauen aus höherem Stand zu belästigen. Für seine erste Frau Octavia hatte er wenig übrig; sie war bei der Heirat noch ein Kind, doch er hielt sich schadlos bei einer willigen Freigelassenen. Danach holte er sich die Frau eines Freundes und heiratete sie, die liebliche Poppaea Sabina mit dem »bernsteinfarbenen« Haar, die Gerüchten zufolge in der Milch von 500 Affen badete. Als sie unter den Tritten Neros starb, suchte er sich den Freigelassenen, der ihr am ähnlichsten war, und benutzte ihn ersatzweise als Sexpartner, nachdem er ihn hatte kastrieren lassen. Er gab ihm den Spitznamen Sporus (Samen) und nannte ihn auch »Sabina«. Seine Enthemmtheit kannte kein Maß. An der Feuersbrunst, die im Jahr 64 so weite Teile Roms zerstörte, traf ihn keine Schuld, doch sein Plan, sich anschließend im Zentrum der Stadt ein riesiges Goldenes Haus zu bauen, war größenwahnsinnig. Sein Mangel an Selbstkontrolle und Moral löste zwei größere Verschwörungen aus. Die zweite, die von wichtigen Provinzstatthaltern unterstützt wurde, war zum Glück erfolgreich. Am 9. Juni 68 kam Nero den Ereignissen zuvor. Mit den Worten: »Welcher Künstler geht mit mir zugrunde!« nahm er sich selbst das Leben. Es war sein letzter eitler Wahn.

Ein Vorfahr dieses julisch-claudischen Hauses übte späte genetische Rache: Marcus Antonius. Tiberius' gefährlich populärer junger Rivale Germanicus war ebenso wie Claudius ein Enkel des Triumvirn. Caligula und Nero waren seine Urenkel. Die Jahre, in denen die unangreifbaren Prätorianergarden solche Menschen als Kaiser beschützten und gar begünstigten, waren für die römischen Senatoren eine Zeit des Schreckens. Ungefähr drei Jahrzehnte lang sah sich der Senat gezwungen, unter einem wahnsinnigen Nichtsnutz, einem grausamen, leicht zu beeindruckenden Spastiker und einem eitlen, selbstbesessenen und verkommenen Verschwender mit Kompromissen zu taktieren. Am besten aufgehoben war man in einer der Provinzen, fern von Spionen und Informanten. Die ruhige Zeit der »ersten hundert Tage« in den Anfängen der Herrschaft des jungen Nero verdankte einiges dem klugen Rat des Philosophen Seneca, doch bald schon bestärkte ihn Tigellinus aus Sizilien in seinen natürlichen Extravaganzen.⁹ Der sizilische Widerling schlug Kapital aus seiner blendenden Erscheinung und seiner Liebhaberei, der Zucht von Rennpferden. Für beides war Nero sehr empfänglich.

Mehr noch als Caligula ist Nero die Schlüsselfigur der römischen Orgie. Viele moderne Historiker vermeiden es, sich auf diesen Aspekt einzulassen, betrachten ihn als kurzlebige Trivialität und untersuchen lieber die römische Verwaltung der Provinzen und die Strukturen – oder ihr Fehlen – der Auswirkung römischer Macht auf das Leben von Millionen Provinzialen. Aber auch die Orgien waren von weitreichender Bedeutung. Bei aller Betonung der »traditionellen Werte« und der »römischen Moral« gab es doch Senatoren und Ritter der Oberschicht, die ungeniert als Fechter in Neros Gladiatorenspielen kämpften. 59 n. Chr. standen in öffentlichen Spielen Männer und Frauen auf der Bühne und scheuten auch nicht vor indezenten Szenen zurück. Obwohl Nero ihnen verbot, Masken zu tragen, nahmen ehemalige Konsuln teil, und eine Dame in den Achtzigern, Aelia Catella, tanzte in einer Pantomime. Am berüchtigten Flussfest von 64 hatten sich Frauen von Adel an Sexspielen mit Fremden, darunter auch Sklaven, beteiligt. Die Schranken waren gefallen, und erschrecken musste, dass man diese Freiheiten ausgesprochen vergnüglich fand. Die oberen Stände waren von Claudius schikaniert worden und lebten jetzt in größter Angst vor möglichen Grausamkeiten von Seiten Neros. Warum also Dezenz, wenn man getötet werden konnte? Und sollte man sterben und Besitz zurücklassen, nur damit er beschlagnahmt wurde? Die folgenden 30 Jahre sind zum Teil die Geschichte einer gewandelten Moral, zum Teil die Geschichte einer älter gewordenen Generation, die versuchte, eine enthemmte Vergangenheit hinter sich zu lassen, im Wissen darum, dass andere damals ihre Prinzipien hochgehalten hatten.

Von großer Bedeutung war neben dieser exzessiven Freiheit der Luxus. Stimuliert durch den Fortschritt von Handwerk und Kunstgewerbe und den Wettbewerb der Verschwendung unter den Konsumenten, nahm Luxus als private Extravaganz während der julisch-claudischen Zeit ungebremst zu. »Lieber jetzt ausgeben, als später vom Staat gerupft werden«, lautete eine senatorische Devise; den zweiten Antrieb bildete die günstige Gelegenheit. Nicht nur ging der Weinkonsum in allen Bevölkerungsschichten Roms steil in die Höhe, entdeckt wurde auch eine »lebhafte Kneipenkultur« in den städtischen Gesellschaften Italiens.[10] Aus der julisch-claudischen Periode liegen uns erste sichere Beweise für den Weinanbau bei senatorischen Grundbesitzern vor. Belegt ist auch ein zunehmender Drang nach Luxusgütern, vor allem solchen, die nur begrenzt verfügbar waren. In der römischen Oberschicht galt, dass man sein

Privatvermögen ebenso gut jetzt ausgeben könne, weil es andernfalls nach dem Tod zum Teil an den Kaiser fiel, und Erbschaften von kinderlos Verstorbenen waren nach den Moralgesetzen des Augustus ohnehin nur eingeschränkt möglich. Während der Regierungszeit des Tiberius stiegen die Preise für einzelne Luxuswaren, ob für Bronzen im pseudo-korinthischen griechischen Stil oder für große Meeräschen auf dem Fischmarkt, so drastisch an, dass der Kaiser sie gesetzlicher Kontrolle unterstellte. 22 n. Chr. kamen Befürchtungen auf, Tiberius könnte für alle Luxuswaren, vom Silberteller bis zur Abendgesellschaft, eine Ausgabenbeschränkung vorschreiben. Tatsächlich hatte Tiberius dem Senat schriftlich mitgeteilt, er wünsche zwar, dass eine solche Beschränkung in Kraft trete, doch seien die Probleme unlösbar. Und es gab in diesen Tagen ja wirklich unendlich viel mehr, was die Begehrlichkeit reizte. Die Römer hatten ihre Vorliebe für Rares entdeckt, so für Tische aus dem unvergleichlichen Holz des nordafrikanischen Zitrusbaums, der ausgerottet war, als man dieses Bedürfnis befriedigt hatte. Kunsthandwerker hatten eine komplexe Technik entwickelt, in Flussspat und Kameen glasgefasste Schichten kostbarer Metalle einzusetzen. Wie heute die Immobilienpreise und Gehälter an der Wall Street waren die galoppierenden Preise von Bildern und Bronzen, Villen und Perlen in denselben Festsälen, in denen man sie zur Schau stellte, ein häufiges Gesprächsthema. Bei Tacitus lesen wir, dass auch über den weibischen Stil der männlichen Bekleidung diskutiert wurde.[11] Die Haarmode der Frauen am Hof hatte einen relativ klassischen Stil beibehalten, die übrigen Produkte der Schönheitspflege dagegen waren ausgefallen. Wir haben die Möglichkeit, das einfache Rezept der Kaiserin Livia für Zahnpasta mit der höchst exotischen Substanz, die Messalina verwendete, zu vergleichen, einer Mischung aus dem Gummi des Mastixstrauchs von Chios, das noch heute in der ausgezeichneten lokalen Zahnpasta Verwendung findet, Salz aus Nordafrika und pulverisiertem Hirschhorn, das als Aphrodisiakum galt.

Seit dem 4. Jahrhundert v. Chr. haben Historiker den Luxus wieder und wieder als Ursache von Niederlagen oder Katastrophen beschworen, in den 60er Jahren n. Chr. forderte er endlich sein erstes bedeutendes Opfer – das julisch-claudische Geschlecht selbst. Neros hoffnungslose Exzentrik führte unmittelbar zu seinem Sturz und zum Ende der Linie der Julier. Das Rechtswesen dagegen wurde durch die Gewohnheiten der Kaiser auf subtilere Weise korrumpiert. Tiberius hatte an Senatssitzungen teilgenommen, in denen auch Fälle angeblicher Majestätsbeleidigung verhandelt wurden. Wie konnten die Senatoren angesichts des stumm vor sich hin brütenden Monarchen noch unparteiisch urteilen? Claudius hatte allzu viele Fälle privat erledigt; oft hatte er sich geweigert, auch die andere Seite anzuhören, und seine persönliche Sicht für gültig erklärt. Unterschwellig ging der Trend dahin, dass die Beamten sowohl in Rom als auch im Ausland Anhörung und Beurteilung der Fälle in alleiniger Kompetenz durchführten. Appelle an die Obrigkeit erhielten dadurch einen neuen Rahmen.

Mit der Ermordung Caligulas im Januar 41 hatte die Freiheit noch einmal eine Chance; dass sie nicht genutzt wurde, ist bezeichnend. Hundert Jahre waren vergangen, seit die Freiheit von ihren Wurzeln in der Republik abgeschnitten worden war – seit dem Machtkartell von Caesar, Pompeius und Crassus im Jahr 59 v. Chr. Wie konnten die Senatoren ansichts eines Weltreichs, einer Armee, die der herrschenden Dynastie ergeben war, und einer Bevölkerung, die eine Senatsherrschaft fürchtete, eine Freiheit wiederherstellen, die sie nie gekannt hatten? Auch wäre diese Freiheit nicht von Dauer gewesen. Dass die zugrunde liegenden imperialen Strukturen diese vier grotesken Monarchen überlebten, ist vielmehr der Beweis ihrer wachsende Stärke und Notwendigkeit. Als der Provinzstatthalter, der im Westen den Aufstand gegen Nero anführte, erklärte, im Namen des Senats und des Volkes zu handeln, wurde er von den Prätorianergarden in Rom anerkannt und danach vom Senat zum Kaiser erhoben. Der Senat setzte seine Hoffnungen auf einen klar definierten Geschäftsbereich, den er nach Möglichkeit selbst bestimmen wollte, während dem Kaiser auf allen Gebieten eine eingeschränkte moralische Kompetenz verbleiben sollte. Konzilianz und Umgänglichkeit ohne Extravaganzen waren die entscheidenden Attribute eines guten Kaisers.

Es gab Senatoren, die ihren Protest gegen Neros Tyrannei auf Grundsätze stützten und dabei zum Teil auf den schönen Schein der stoischen Ethik setzten. Die Römer der Oberschicht waren keine Philosophen, doch diese ethischen Prinzipien entsprachen zumindest dem moralischen Ehrgeiz der *homines novi*, die in die führende Schicht aufstiegen. Ihnen fehlte der müde Zynismus der älteren Garde, und sie wünschten prinzipienstark und ernst zu wirken, wenn sie, sichtbar geehrt, ins Zentrum der politischen Aktivitäten aufgenommen wurden. Anderen, skeptischeren Persönlichkeiten blieb immer noch die Möglichkeit eines stilvoll und mit Eloquenz vollzogenen Selbstmords, ein Akt, der in der römischen Religion nicht geächtet war. Der Philosoph Seneca schnitt sich die Pulsadern auf; der einnehmende Petronius, »arbiter elegantiarum«[12], stellte eine exakte Liste von Neros Ausschweifungen mit Männern und Frauen zusammen und schickte sie ihm, während er sich die Adern aufschnitt und dabei mit seinen Freunden scherzte. Das leuchtende Beispiel war jedoch der immens reiche Senator und Exkonsul Valerius Asiaticus. Von Herkunft Gallier, hatte er durch seine Ehefrau einen exquisiten Park auf dem römischen Esquilin geerbt. »Nach Gärten lechzend«, verlangte Claudius' Frau Messalina darauf seinen Tod. Diesem Verlangen gab Claudius nur mit Zögern statt. Allerdings erlaubte er Asiaticus, die Todesart selbst zu wählen. Asiaticus also absolvierte sein Training, legte sein bestes Gewand an und speiste üppig zu Abend. Dann schnitt er sich die Adern auf, doch nicht ohne vorher die Lage des Scheiterhaufens zu kontrollieren, auf dem seine Leiche verbrannt werden sollte. Kleinere Freiheiten waren immer noch möglich – er befahl also, den Holzstoß so weit zu versetzen, dass das Feuer die Bäume nicht erreichte.[13] Claudius konfiszierte den Park unmittelbar nach Asiaticus' Tod.

46
DIE HERRSCHAFT ÜBER DIE PROVINZEN

Es ist das ungerechteste aller Dinge für mich, durch mein eigenes Edikt das zu verschärfen, was sowohl der erste Augustus, der größte der Götter (Augustus), als auch der zweite Augustus, der größte der Kaiser (Tiberius), mit äußerster Sorgfalt zu verhindern suchten, nämlich dass irgendjemand ohne Bezahlung Wagen benutzt. Doch da die Disziplinlosigkeit gewisser Leute nach sofortiger Bestrafung verlangt, habe ich in den einzelnen Städten und Dörfern ein Register der Dienste erstellt, die nach meinem Urteil zur Verfügung gestellt werden sollten, dies in der Absicht, dass es beachtet wird, oder es, falls es missachtet wird, nicht nur aus meiner eigenen Machtbefugnis durchzusetzen, sondern auch mit der Autorität des Besten der Fürsten [Augustus], von dem ich in dieser Sache schriftliche Anweisungen erhalten habe.
    Edikt des Sextus Sotidius Strabo, Legat in Galatien, kurz nach 14 n. Chr.

Und so dich jemand nötigt eine Meile, so gehe mit ihm zwei.
    Matthäus 5,41

In den römischen Provinzen außerhalb Italiens soll die neue Ordnung des Augustus trotz allem nicht unwillkommen gewesen sein. Die Ansichten waren vermutlich auch hier je nach Stand und kulturellem Kontext verschieden, doch in Kleinasien wurde auf Anregung des Statthalters ein neuer Kalender eingeführt, der mit dem Geburtsdatum des Augustus begann. Zwischen der Iberischen Halbinsel und Syrien entstanden neue Kaiserkulte verschiedenster Art, mit denen man tote und lebende Herrscher als Gott verehrte. Was aber bot Anlass zum Feiern? Seit Augustus hatte es zweifellos Veränderungen in der Ernennung und Kontrolle der Statthalter gegeben, darunter neue Verfahren, sie für Erpressung zur Verantwortung zu ziehen, und später auch ein festes Jahresgehalt für die Amtsführung. Die republikanischen Vorgänger waren nicht in bester Erinnerung geblieben. Am meisten zählte für die Provinzialen jedoch die Rückkehr zum Frieden und das Ende der unaufhörlichen Plünderungen, Geldforderungen und Zerstörungen, die den unterworfenen Regionen während der römischen Bürgerkriege in den 40er und 30er Jahren v. Chr. zugesetzt hatten. Die Gesamtbevölkerung dürfte in diesen chaotischen Jahren drastisch abgenommen haben. Für das ganze Imperium wurde die Zahl von 45 Millionen genannt, das wären 25 Prozent weniger als die späteren Durchschnittswerte nach einem Jahrhundert des Friedens.

Aus dieser neuen Ära entwickelte sich unsere Vorstellung von einem Römischen Reich. Schon unter Augustus schrieben Römer von einer Herrschaft von »Ozean zu Ozean«. Karten von diesem geographischen Raum wurden entworfen, darunter die Karte, die Agrippa in Rom öffentlich ausstellte.[1] Man hatte noch immer keine klaren Vorstellungen von Grenzen, und der Reichsbegriff definierte sich weniger territorial denn als Geltungsbereich römischer Befehlsgewalt. Unter Hadrian erstreckte sich das Territorium, über das die Römer geboten, vom britischen Northumberland bis ans Rote Meer, von der Küste des heutigen Portugal bis an den Euphrat. Dieses riesige Territorium war seither nie mehr einer einzigen Macht unterworfen. Es prägte auch die kaiserliche Agenda: Hadrian verbrachte gut die Hälfte seiner Regierungszeit damit, über 30 Provinzen zu bereisen. In jeder Provinz waren Soldaten stationiert, doch nicht überall eine ganze Legion. Bis heute bleibt bemerkenswert, welch kleine Zahl römischer Amtsträger auch damals noch ausreichte, um ein so ausgedehntes Gebiet zu beherrschen.

Den wichtigsten Posten in der Regierung einer Provinz, sowohl der Provinzen von »Senat und Volk« als auch der dem Kaiser direkt unterstehenden, besetzte nach wie vor der Statthalter, üblicherweise ein Senator. Ihm zur Seite standen möglicherweise einige Untergebene; außerdem konnte er jederzeit auf lokale Offiziere und Truppen zurückgreifen. Für größere Bauprojekte wurden Militärarchitekten eingesetzt. Der Statthalter handelte aufgrund detaillierter Anweisungen des Kaisers, was mit Augustus begonnen hatte und von diesem vermutlich schon auf beide Formen der Provinz ausgedehnt wurde. Die vorrangige Aufgabe des Statthalters bestand darin, Ruhe und Frieden aufrechtzuerhalten. Seit den 30er Jahren v. Chr. bis lange nach Hadrians Tod hatten die Provinzen nie eine Invasion fremder Mächte zu befürchten. Größere Gefahr drohte von Aufständen römischer Untertanen und zivilem Unfrieden in den lokalen Gemeinschaften der Provinzen oder zwischen ihnen. Die meisten Statthalter waren also in erster Linie mit Rechtsfällen und mit der Lösung lokaler Streitigkeiten beschäftigt. Wie Cicero absolvierten sie die jährliche Gerichtsreise durch ihre Provinz, um in dazu bestimmten Städten periodische Gerichtssitzungen abzuhalten und in Streitfällen zu vermitteln. Der Zeitaufwand konnte außerordentlich groß sein. Wir wissen, dass in einer einzigen ägyptischen Stadt mindestens 1406 Petitionen vorbereitet waren, die dem Statthalter bei seinem nächsten Besuch vorgelegt werden sollten.[2]

Natürlich konnte die Rechtsprechung nicht von einem Besucher allein erledigt werden, der einmal im Jahr auftauchte. Die lokalen Städte und Gemeinschaften unterhielten ihre traditionellen Gerichte, in denen die meisten Zivilsachen verhandelt wurden, desgleichen Straffälle, im Allgemeinen aber keine Kapitalverbrechen. Bestimmte Fälle konnten auch römische Prokuratoren, Amtsträger aus dem Ritterstand, übernehmen. Diese fungierten in den kaiserlichen Provinzen einerseits als Finanzbeamte, die für die Steuereintreibung zuständig waren, was immer Streitigkeiten mit sich bringt. Der Prokurator übernahm dann in der Regel diese Fälle selbst, ein misslicher Umstand, denn er war damit Ankläger und Richter in einer Person. Andere Prokuratoren verwalteten den kaiserlichen Grundbesitz in den Provinzen. Unter Claudius erhielten auch sie die Befugnis, Rechtsfälle zu behandeln, die sich aus diesem Besitz ergaben, und kurz vor Claudius' Tod wurden ihre Urteile für endgültig erklärt, so dass kein Einspruch mehr möglich war.

Die Alternativen bei der Rechtsprechung brachten den Statthaltern zwar eine gewisse Erleichterung, aber ihr Amt hielt sie ohnehin in Atem. Bei Amtsantritt veröffentlichte der Statthalter noch immer ein Edikt, das die Delikte aufführte, die für ihn von Bedeutung waren, aber unter dem neuen Regiment mochte er sich wohl auch von den kaiserlichen Anweisungen leiten lassen. Vor allem aber konnte mit sehr wenigen Ausnahmen nur er die Todesstrafe verhängen. Dazu kamen die lästigen Fälle, die vom Kaiser an ihn zurückverwiesen wurden, denn Gemeinwesen und Einzelpersonen wandten sich in einem Rechtsfall manchmal direkt an den Kaiser und wurden von diesem dann mit oder ohne besondere Empfehlung aufgefordert, sich direkt an den lokalen Statthalter zu wenden. Hier war die Rechtsfindung besonders schwierig, denn solche Fälle wurden vielfach vom geltenden römischen Recht nicht genau erfasst, und für die Mehrzahl der Provinzialen fand das römische Recht ohnehin keine Anwendung. Geduld und Diskretion waren für die Rolle des Statthalters unabdingbar. Nach einer einleitenden Anhörung konnte er den Fall zur Weiterbearbeitung einem lokalen Gericht übergeben, oder er konnte vor einer richterlichen Entscheidung lokale Berater hinzuziehen. Im Kaiserreich hatte er die Möglichkeit, bei einem Prozess an den Verhören persönlich teilzunehmen und nach Abschluss der Untersuchung das Urteil zu verkünden. Verwickelte Fälle und Anklagen wurden ihm zur Entscheidung vorgelegt, und eine un-

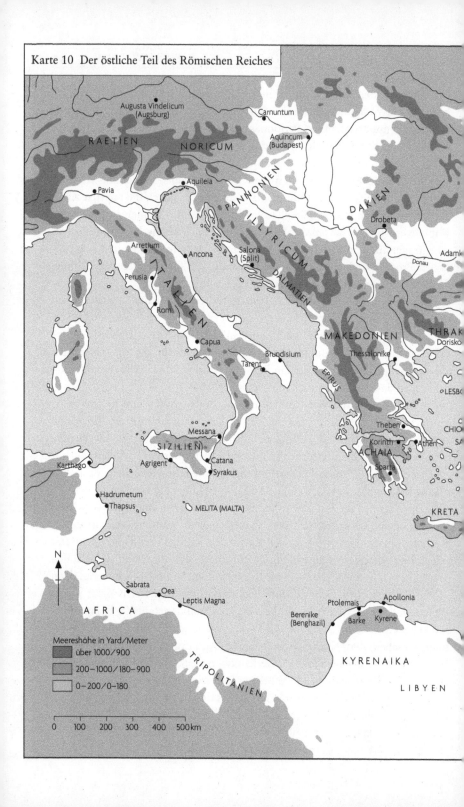

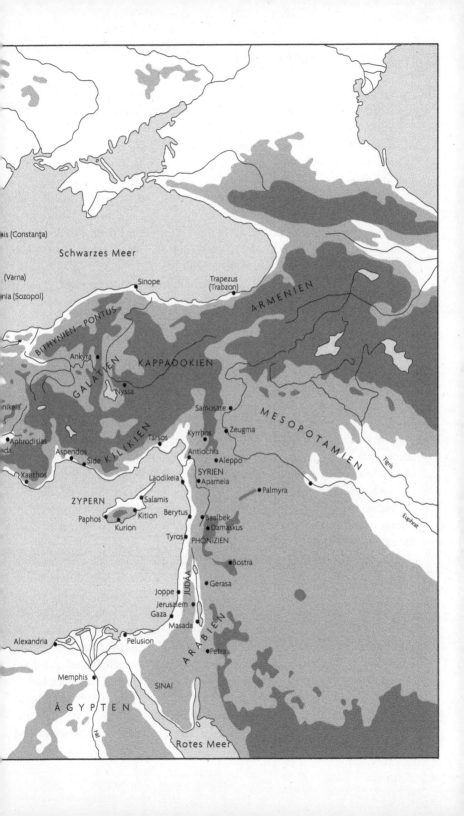

parteiische Haltung kam ihm dabei am meisten zustatten. In der Rechtsliteratur wurde den Statthaltern dringend geraten, mit ihren Provinzialen kein allzu freundschaftliches Verhältnis zu pflegen. Am besten sollte er auch seine Frau in Rom zurücklassen, weil sie sich sonst möglicherweise zu eng an lokale Kreise anschloss – für ein Fehlverhalten ihrer Frauen in den Provinzen hafteten die Statthalter.

Diese Reisen durch die Gerichtsbezirke hatte Cicero während seiner Zeit als Statthalter in den 50er Jahren v. Chr. eingeführt, und mit diesem Brauch kam eine neue Form von Gerechtigkeit in das Leben vieler Provinzbewohner. Im Kaiserreich bestand seit Augustus wie gesagt die Möglichkeit, ein Gesuch direkt an den Kaiser zu richten. Doch beide Verfahren hatten ihre Grenzen. Um einen Fall vorzulegen, musste der Petitionär persönlich anreisen, Zugang zum Kaiser erhalten und sich wenn möglich als guter Redner erweisen. Zu kurz kamen wie immer die Armen, denen dieser Rechtsweg in der Regel verschlossen blieb. Es war außerdem eine Gerechtigkeit auf Kosten der lokalen politischen Freiheit. Die Statthalter Roms nahmen das Recht in Anspruch, Strafen zu verhängen, wo selbst das alte Seereich der Athener nur indirekt kontrolliert hatte. Als strafbar galt jetzt vieles, was durch die Existenz des Römischen Reiches überhaupt erst möglich geworden war. Aufgrund eigener Erfahrungen in Rom war die römische Führungskaste höchst misstrauisch gegenüber Vereinen der ortsansässigen Bevölkerung, den Klubs oder Kollegien, hinter denen sich immer politische Absichten verbergen konnten. So wissen wir von einem Statthalter, der angehalten wurde, in seiner Provinz lokale Feuerwehren zu verbieten (»lieber tot als rot«[3]). Die Untertanen mussten bei angeblichen Angriffen auf den Kaiser, seinen Status oder Besitz mit Anklagen wegen Hochverrat rechnen. Denunziation war zwar streng verpönt, aber andererseits eine direkte Folge imperialer Herrschaft.

Das war insbesondere auch die Steuer. Hier setzten die römischen Statthalter eine bedeutende Neuerung um, die aus der Zeit des Augustus stammte: regelmäßige Volkszählung. Bei der Erfassung der Bürgerzahlen wurden Listen der Personen und ihres Besitzes erstellt; sie dienten als Grundlage für die Steuerbemessung. Mit dem Vollzug waren die Beamten betraut, die sich oft mit komplexen Details herumschlagen mussten. Augustus hatte nie verfügt, »dass alle Welt geschätzet würde«, wie es im Lukasevangelium heißt, aber die Ergebnisse der einzelnen Volkszählungen in den römischen Provinzen ließ er schriftlich festhalten.[4] Verschiedene Beamte (Quästoren und Prokuratoren) übernahmen dann die direkte Verantwortung für die jährliche Steuereintreibung. Sie wurden dabei durch Sklaven und Freigelassene unterstützt und konnten bei Bedarf auch die Hilfe von Soldaten anfordern; jedenfalls waren viel weniger Beamte im Einsatz als in den Finanzbehörden eines modernen Staates.

Das römische Steuersystem war trotzdem nicht sehr viel einfacher als das heutige. Es gab zwei komplizierte Formen der direkten Steuer: Besteuert wurden die Person und der Grundbesitz. Die Einzelheiten variierten je nach Provinz, konnten jedoch die Besteuerung von Sklaven, von gemietetem städtischen Eigentum und sogar von beweglichen Gütern wie der Ausstattung eines Bauernhofs einschließen. Gelegentlich bildeten die Erträge eines Hofes, nicht Größe oder Wert, die Grundlage der Steuerschätzung. Daneben gab es wichtige indirekte Steuern wie die Hafengebühren und weitere Abgaben, besonders für die Anschaffung von Pferden, Vorräten und Arbeitskräften für den öffentlichen Transport. Vielleicht dachte Jesus ja auch an diese Bürde, wenn er im Matthäusevangelium sagt: »Und so dich jemand nötigt *eine* Meile, so gehe mit ihm zwei«, ein etwas idealistischer Rat. Gelegentlich konnten Steuerbefreiungen gewährt werden, vor allem wenn eine Stadt von Naturkatastrophen betroffen war; aber ein Recht darauf hatten die römischen Staatsbürger nicht. In den Provinzen unterlagen römische Bürger der Steuerpflicht wie jeder andere auch. Privilegiert war einzig Italien, wo die indirekte Steuer, aber kein Tribut bezahlt werden musste. Die Stadt Rom profitierte auch von einer besonderen Art der Bezahlung. Von Ägypten und anderen Orten wurde als Steuer Getreide geliefert und direkt nach Rom verschifft. Hier diente es der Versorgung der vielköpfigen Bevölkerung, darunter Mittellosen, die zum kostenlosen Bezug von Getreide berechtigt waren. Fragt man nun, wozu weitere Steuern nötig waren, lautet die Antwort: für die große römische Armee. Ihre Kosten wurden mit den Steuern gedeckt, auch mit Steuern aus Provinzen ohne Legionen – Ungerechtigkeiten, wie ein Weltreich sie mit sich bringt.

Rückblickend möchte man meinen, das Gesamtniveau der Steuern unter Augustus sei nicht übermäßig belastend gewesen. Allerdings konnte es in den 70er Jahren n. Chr. verdoppelt und weiter ausgedehnt werden. Und schon zuvor war der Druck nicht unerheblich. Die Steuereintreiber waren wilde Gesellen und setzten oft Gewalt ein. Bezeichnenderweise brachen in Gallien, Nordafrika, Britannien und Judäa, kurz nachdem Rom die Herrschaft übernommen hatte, Aufstände aus, der Hauptgrund war die finanzielle Belastung. Wenn die Provinzialen ihre Steuern nicht in klingender Münze bezahlen konnten, begnügten sich die Steuerpächter auch mit Naturalien, zum Beispiel mit Rinderhäuten, die das wichtige Leder lieferten. Gründliche Steuereintreibung bei einem Provinzbewohner hieß für die staatlichen Eintreiber, ihn auszunehmen. Kein Wunder, dass in neu annektierten Provinzen bald auch die italischen Geldverleiher von den Einheimischen profitierten.

Zwangsläufig blühten unsaubere Geschäfte. In Britannien sollen Statthalter Getreide aus der Region gehortet und es den Einheimischen dann zu stark überhöhten Preisen zurückverkauft haben. Aus Gallien wird von einem Prokurator des Augustus berichtet, der mit der Behauptung auftrat, das Jahr habe nicht zwölf, sondern 14 Monate, um dann für zwei zusätzliche Monate Steuern zu kassieren. Solche Gauner konnten in Rom grundsätzlich nach zwei Verfahren vor dem Senat angeklagt werden. Augustus hatte diese Verfahren eingeführt, und man kann es nicht anders als zynisch nennen, wie senatorische Richter ihre Standesgenossen im Rahmen des härteren Verfahrens ganz einfach freisprachen. Eine kompromisslose Entscheidung des Tiberius hatte Senatoren, die wegen Erpressung verurteilt wurden, das Recht auf ein gültiges Testament abgesprochen. Unter dieser Strafe litt die Familie des Schuldigen, weswegen die richtenden Senatoren auch zögerten, sie zu verhängen. Die Prozesse konnten sich folglich oft in die Länge ziehen. Aber die Römer drangen auch auf anderen Wegen in das Leben der Provinzbewohner ein, und diese Wege waren nicht in diesem immerhin begrenzten Maß gesetzlich geregelt. Als Athen Großmacht wurde, hatten sich einzelne Athener in den Territorien der Verbündeten Land angeeignet, was allgemeinen Ärger ausgelöst hatte. Bei den Bürgern der Großmacht Rom nahm diese Landnahme in den Provinzen ungleich größere Ausmaße an. Zum Teil wurde der Boden käuflich erworben oder angeeignet, wenn der Besitzer Schulden hatte, zum Teil jedoch war die Transaktion zweifellos das Ergebnis von Angeboten, die ein Eigentümer nicht ausschlagen konnte. Nutznießer waren vor allem der Kaiser und seine Familie, nicht zuletzt dank testamentarischer Übereignung von Provinzialen. In Ägypten besaßen Mitglieder des kaiserlichen Hauses riesigen Grundbesitz. In Nordafrika soll das Land in den 60er Jahren n. Chr. zum größten Teil im Besitz von nicht mehr als sechs immens reichen Senatoren gewesen sein, die nicht unbedingt afrikanischer Herkunft waren. Aber auch römischer Grundbesitz im Ausland war steuerpflichtig.

Wie konnte ein Steuersystem ohne ausgedehnte bürokratische Verwaltung funktionieren? Die Frage lässt sich zum Teil damit beantworten, dass die Eintreibung delegiert wurde. Generell wurden die geforderten Summen von Kommunen erhoben, denen es überlassen war, das Nötige aufzubringen. Vor allem konnte die Führungsschicht die Steuerlast weitgehend auf die Unterschichten abwälzen. Anders im früheren Athen. Damals hatte das Volk als Souverän in den verbündeten griechischen Städten durch Abstimmung entschieden, dass ein saftiger Anteil der Steuern von den Reichen zu übernehmen sei. Unter römischer Herrschaft war die Demokratie verwässert oder nicht existent, und die dominanten Stadträte konnten die eigene Steuerlast mindern. Und wenn sie zahlten, dann galt für alle derselbe Satz. Die Kopfsteuer war unfair wie immer, und eine Zusatzsteuer gab es nicht.

Das Eintreiben der Steuern wurde auch durch Privatisierung erleichtert. Julius Caesar hatte die Versteigerung der direkten Steuern in den Provinzen an private Unternehmen römischer Steuereintreiber abgeschafft. In der Folge soll sich die Steuersumme, die Rom aus Kleinasien bezog, um ein Drittel verringert haben. Aber im Kaiserreich ließen Städte und Kommunen solche Privatunternehmen weiterhin operieren, um die von ihnen geforderten Beträge zu erhalten. Diese Steuerpächter, die »Zöllner« der Evangelien, hatten die Summe im Voraus zu garantieren, holten dann aber aus den Steuerzahlern zu ihrem Profit weit mehr als das später an die Auftraggeber Gezahlte heraus. Ein Sonderproblem stellten die indirekten Steuern dar. Das Aufkommen variierte von Jahr zu Jahr je nach dem Geschäftsvolumen, und um im Voraus eine vereinbarte Summe sicherzustellen zogen die römischen Beamten es vor, das Recht zur Eintreibung zu verkaufen oder zu verpachten. Diese Auslagerung an Private kam der Zentralgewalt zustatten, nicht aber den Steuerzahlern.

In den meisten Provinzen stützte sich die römische Besteuerung auf die bereits bestehende lokale Praxis, doch für die Mehrzahl der Bewohner war sie der Hauptberührungspunkt mit der römischen Herrschaft. Jahrein, jahraus waren selbst Kleinbauern und Pächter betroffen, gleichgültig ob sie den Namen ihres Statthalters oder auch nur ein Wort Latein oder Griechisch kannten. Das Bild des Kaisers und seine öffentliche Präsenz war für die Wahrnehmung seiner Herrschaft in den Provinzen weniger bedeutsam, während uns Heutigen dieses Bild in den erhaltenen Kunstwerken und Objekten weit deutlicher entgegentritt. In den meisten Provinzen gab es öffentliche Kultstätten, in denen Opfer und Gebete für oder an die Kaiser dargebracht wurden, doch sie konzentrierten sich meist in den städtischen Zentren der Provinzversammlungen wie auch in einzelnen Städten mit eigenen Kulten. Im öffentlichen Raum waren die Kaiser, oft in kriegerischer Aufmachung, als Statuen präsent; Münzen trugen ihre Titel, und sogar die in provinzialen Prägestätten geschlagenen Münzen zeigten ihr Bild. Im 3. Jahrhundert wurde ein Porträt des Kaisers, von Kerzen beleuchtet, bei seiner Thronbesteigung in die Städte einer Provinz eskortiert. Solche Veranstaltungen konnte man bestens werbeträchtig ausnutzen. In den 30er Jahren n. Chr. musste der Statthalter eingreifen, als bereits angebliche »gute Nachrichten« aller Art aus Rom gefeiert wurden, ob sie nun tatsächlich existierten oder nicht.⁵ Falsche Gerüchte waren für die Geschäftemacher in den Provinzen eine Gelegenheit, anderen Bewohnern Waren für den feierlichen Anlass zu verkaufen. In Britannien und Ungarn wurden Backformen gefunden, offensichtlich für Kuchen oder Brötchen bestimmt, die einen Aufdruck mit dem Bild des Kaisers beim Götteropfer erhalten sollten. Dieses Gebäck aßen die Untertanen bei ihren kultischen Festen.⁶

Das Kaiserreich ruhte jedoch nicht auf Kuchen mit persönlicher Note. Für seine allgemeine Stabilität gab es zwei prinzipielle Gründe: Zum einen fehlte ein leicht entflammbarer Nationalismus – die Ausnahme war das unruhige Judäa. Es gab zwar in vielen Provinzen wie Britannien, Ägypten oder Germanien ein Bewusstsein der ethnischen Eigenart, das allerdings durch ein Nebeneinander verschiedener Kulturen und oft auch durch Zweisprachigkeit komplexe Formen annahm. In Syrien konnten sich griechischsprechende Bewohner und die Autoren griechischer Bücher durchaus als »Syrer« bezeichnen und sogar auch das Aramäische oder Syrische benutzen. Doch sie bekannten sich damit nicht zu so etwas wie zu einem syrischen Nationalismus oder zu einer syrischen Identität.⁷ Auch zogen die römischen Statthalter und Verwaltungsbeamten bei ihrer Arbeit nicht eine mögliche nationale Unabhängigkeit ihrer Untertanen in Betracht wie später einige ihrer Kollegen im britischen oder gar auch im französischen *Empire*. Der Historiker Tacitus schreibt Gegnern der Herrschaft Roms in fernen Ländern ein ausgeprägtes Freiheitsbewusstsein zu und setzt die Übernahme der römischen Kultur mit «Knechtschaft» gleich. Doch nie spricht er sich dafür aus, dass Roms Untertanen eines Tages befreit werden sollten.

Die zweite und ausschlaggebende Stütze des Römischen Reiches war die implizite und explizite Klassenherrschaft. Roms Devise »Teile und herrsche« galt nicht für die Städte. Sie wurden aufgefordert, sich in neuen Provinzversammlungen zusammenzuschließen. Aber das Reich profitierte von den bereits bestehenden Schranken zwischen seinen Untertanen. Ein Hauptgrund für die Loyalität der führenden Schicht in weniger erschlossenen Provinzen war das Bewusstsein, dass man ohne die römische Herrschaft in die alten Faktionsbildungen und Grabenkämpfe zurückfallen würde. In urbaneren Provinzen wie dem griechischen Osten ergab sich ein damit im Zusammenhang stehender weiterer Vorteil für die städtische Oberschicht: Das römische Regime schützte sie vor politischen Angriffen durch die unteren Stände. Wohl gab es gelegentliche Hungerrevolten, doch keinesfalls drohten politische Provokationen, wie sie in der Geschichte der Griechen von etwa 500 bis 80 v. Chr. so oft als treibende Kraft gewirkt hatten. Wenn es in der Volksversammlung einer griechischen Stadt zu turbulent zuging, griff der Statthalter ein und löste sie auf. Die Nutznießer der Oberschichten in den Provinzen erhielten das römische Bürgerrecht und waren damit gegen willkürliche Belästigungen geschützt. Nach römischem Recht konnten sie unterdessen die Bürde der lokalen Direktbesteuerung zum großen Teil weiterreichen und neue öffentliche Ehren anstreben. Die Demokratie war, wie Cicero es einmal ausdrückte, ein »scheußliches Monster«. Jetzt hatten die lokalen Oberschichten zu ihrer Erleichterung Regierende, die gleicher Ansicht waren.

47

DAS KAISERREICH UND DIE FOLGEN

»Königtum und Kriege herrschten stets in Gallien, bis ihr unter unser Recht kamt. Wir, obwohl so oft gereizt, haben nach dem Siegesrechte doch nur das euch auferlegt, wodurch wir den Frieden erhielten: denn wie man ohne Waffen nicht der Völker Ruhe, so kann man Waffen auch nicht ohne Sold, und Sold nicht ohne Steuern schaffen; das übrige habt ihr gemein mit uns. ... Denn sind, was die Götter verhüten mögen, die Römer vertrieben, was wird anderes daraus entstehen als Kriege aller Völker untereinander?«
Petilius Cerealis in Tacitus, HISTORIAE 4,74 (Übers. W. Boetticher)

Die bleibenden Denkmäler des Römischen Reiches sind Straßen, Städte, Aquädukte, das römische Recht und schließlich das Lateinische, das die Entwicklung so vieler europäischer Sprachen beeinflusst hat. Schon zu Lebzeiten wurden die römischen Kaiser für ihre Großzügigkeit und die Wohltaten gepriesen, die ihre Friedensherrschaft mit sich brachte. Ein Reich, in dem ein Germane oder Brite römischer Vollbürger werden und ein Mann aus den spanischen Provinzen zum Senator oder wie Hadrian sogar zum Kaiser aufsteigen konnte, bietet ein Bild der Einheitlichkeit und Offenheit. Das römische Bürgerrecht war zweifellos so weit verbreitet wie die römischen Gesetze und die lateinische Sprache. Die meistbewunderten lateinischen Autoren des 1. Jahrhunderts n. Chr. waren oft weder in Rom noch in Italien geboren; viele kamen aus Spanien wie der Philosoph Seneca oder der Dichter Lukan, der witzige Epigrammatiker Martial, aber auch Quintilian, der lehrte, wie man ein gutes Latein spricht und schreibt. Schon zur Zeit des Augustus hatte der griechische Geograph Strabo von der Dominanz des Lateinischen geschrieben, vom Verzicht auf kriegerische Sitten und Gebirgsfestungen und vom Ende alten Barbarentums in Südspanien und Gallien.

Eine gemeinsame Kultur des Wissens erlaubte den Provinzbewohnern höheren Standes, sich mit der Oberschicht Roms auf gleicher Ebene zu verständigen. Von Gebildeten aus den provinzialen Oberschichten stammt denn auch das Lob der römischen Wohltaten. Dieses Bild hat jedoch seine Kehrseite. Texte für römische Leser enthielten einige entschieden unkorrekte Klischees über nichtrömische Ausländer. Die Gallier wurden als große, blonde Rüpel geschildert, mit langen Mähnen und einer besonderen Vorliebe für die Homosexualität; Syrer waren Angeber, die typischen Händler und außerdem sexbesessen; den Bewohnern aus dem iberischen Binnenland sagte man nach, sie spülten sich die Zähne im eigenen Urin, den Irländern, dass sie in der Öffentlichkeit Sexualverkehr hätten. Die gepriesenen Kulturträger Roms dagegen brachten ihren Untertanen den Blutsport mit Mensch und Tier. Die Amphitheater für beide Spielarten waren ein zentraler, wenn auch grausamer Beitrag Roms zur Lebensqualität des Kaiserreichs. Im Gegensatz dazu entwickelte ihre Sprache, das Lateinische, unter zivilisierten Griechischsprachigen der traditionellen griechischen Welt vergleichsweise wenig Durchschlagskraft. Und sogar dort, wo sie Fuß fasste, konnten sich andere Sprachen behaupten: das Keltische in Gallien, das Punische in vielen Gegenden Nordafrikas und Südwestspaniens – die Hinterlassenschaft Karthagos und seiner Kolonisten – sowie das Aramäische, die Alltagssprache Jesu, in weiten Teilen des Vorderen Orients. Überall war die Zweisprachigkeit verbreiteter, als die uns überlieferte Flut griechischer und lateinischer Texte vermuten ließe. Vielleicht war sie sogar unter Landbesitzern üblich, die bei der Rückkehr auf ihre Güter mit ihren Dienern und Verwaltern gern ein paar Worte in der Ortssprache wechseln wollten.

Von ein paar wenigen Schulen höherer Bildung abgesehen, war sogar das Latein, das in den Provinzen mündlich oder schriftlich verwendet wurde, lückenhaft und schwerfällig. Einige Wendungen aus berühmten Passagen in Vergils *Aeneis* mochten kopiert worden sein, sogar von Handwerkern in Britannien, doch wahrscheinlich waren sie aus Schreibübungen bekannt und nicht im größeren kulturellen Rahmen des Theaters und der Literatur. Das Latein, das wir außerhalb der gebildeten Stände auf Papyri, Graffiti oder anderen Inschriften finden, hat mit unseren Regeln der klassischen lateinischen Grammatik nur wenig Ähnlichkeit. Zum Teil wurde es durch Italiker weitergegeben, die sich in Übersee niedergelassen hatten und weniger gut geschult waren als die römischen Redner. Besonders gut fassbar wird dieser Stil in den protokollierten Aussagen lateinischsprechender Christen, die unter Anklage standen und um ihr Leben kämpften. Viele von diesen Märtyrern würden in modernen Lateinprüfungen mit miserablen Noten abschneiden.

Spuren hinterließ zumindest die hochgelobte Großzügigkeit, wie sie aus den erhaltenen Resten des Imperiums und den sie bezeugenden Texten und Inschriften (meist aus dem eloquenten griechischen Osten) ersichtlich wird. Die Quellen sind Ausdruck des Dankes oder des ehrenden Gedenkens für die kaiserlichen Gaben: befestigte Wälle und Aquädukte, Kornspeicher und zahllose öffentliche Bauwerke. Unter allen Kaisern war Hadrian der größte Stifter zum Wohl des öffentlichen Raumes. Ihm persönlich hatte Athen eine neue Bibliothek und ein Gymnasion, Tempel und Kolonnaden zu verdanken. Seine Bauten an anderen Orten in der Provinz verliehen einem Griechenland neues Leben, das allgemein einen Tiefpunkt erreicht hatte. In Nordwestasien gründete er ein ganzes Ensemble neuer Städte, die nach ihm benannt wurden. Erstaunlich großzügig erwies er sich gegenüber seiner Heimatstadt Italica in Westspanien. Er gab dem verschlafenen kleinen Flecken ein neues Gesicht – den Glanz einer Kapitale mit breiten Straßen und Spazierwegen, mit Bädern, einem Amphitheater, einer erstklassigen Kanalisation und einem Theater. Doch als Kaiser kehrte er selbst nie in seine Heimatstadt zurück. Auch frühere Kaiser hatten Orte, die ihnen etwas bedeuteten, in dieser Weise ausgezeichnet – der Knauser Tiberius hielt sich zurück –, doch Hadrian spendete im großen Stil. Er reiste mehr als alle seine Vorgänger, und ein kaiserlicher Besuch war oft der Anlass für eine Serie neuer Bauwerke, wie an den Besuchen des Augustus in Südgallien und Spanien abzulesen ist.

Aus welchen Quellen aber schöpfte diese Großzügigkeit? Die Kaiser konnten zum Beispiel die Rohstoffe spenden: Bauholz etwa aus den Zedernwäldern, die Hadrian im Libanon besaß, oder erlesenen Marmor aus einem der hochgepriesenen Steinbrüche. Doch diese Ressourcen waren ja auf Kosten der lokalen Gemeinschaft zuvor konfisziert, angeeignet oder geerbt worden. Häufig lief die kaiserliche Gunst auf einen ein- oder zweijährigen Steuererlass hinaus und damit auf die großzügige Förderung einer Stadt mit ihren eigenen Produktionserträgen. Während der Zeit der Suspendierung wurden die Steuern für öffentliche Bauwerke verwendet, aber für die Mehrheit der Bevölkerung, die den Großteil dieser Gelder aufbrachte, ging der Arbeitsalltag ohne Aufschub weiter.

Eine zweischneidige Form der Großzügigkeit war auch die Vergabe ausländischen Bodens an einwandernde Siedler. Für die Siedler war es ein echtes Geschenk. Augustus musste, dem Beispiel Julius Caesars folgend, an vielleicht 60 neuen Orten außerhalb Italiens Veteranen ansiedeln, insgesamt über 100000. Diese Niederlassungen waren der größte Bevölkerungsexport seit den Eroberungen Alexanders des Großen. Die Kolonisten wurden als römische Bürger angesiedelt. Sie sprachen zunächst Latein, und in ihren Städten, Kulten und Gebäuden wurde etwas vom Bild der Kaiserstadt selbst lebendig. In den wich-

47 DAS KAISERREICH UND DIE FOLGEN

tigen Heiligtümern mit Priestern im römischen Stil wurden die drei Hauptgötter Roms, Jupiter, Juno und Minerva, verehrt. Im griechischen Osten jedoch war der Stempel Roms meist nicht von Dauer. Heiraten zwischen Immigranten und Einheimischen und die Assimilation an die dominante lokale Kultur hatten zur Folge, dass die Kolonien im Lauf der Zeit zum Griechischen übergingen. Im Libanon allerdings blieb Berytus, das heutige Beirut, als starke Bastion des Lateinischen und des römischen Rechts bestehen.

Kein Zweifel, das Stadtbild in den Kolonien konnte nach kürzester Zeit prächtige Formen annehmen. Im Süden Kleinasiens wurde, gut sichtbar auf einem Hügel, die Stadt Antiochia in Pisidien angelegt und erhielt sehr bald einen mächtigen Tempel, in dem Augustus göttliche Verehrung genoss. Der Zugang führte durch einen mit drei Bogen überwölbten Torweg, der ihm im Jahr 2. v. Chr. gewidmet wurde, und in kurzer Zeit bildeten schnurgerade Straßen, Skulpturen und andere imperiale Bauwerke einen grandiosen Rahmen. Die Siedlung in der Provinz Lusitanien mit dem sprechenden Namen Emerita (»ausgedient«, für Veteranen bestimmt, heute: Mérida) entstand ab 25 v. Chr. an einer Stelle, wo zwei Flüsse sich vereinigen. Drei elegante neue Aquädukte sicherten die Wasserversorgung; des weiteren gab es Brücken, Bäder und bald auch eine Reihe von Unterhaltungszentren – im Jahr 16 v. Chr. ein Theater und acht Jahre später ein Amphitheater für den Blutsport. Zum größten Erfolg wurde eine Rennbahn, ein Circus, der wahrscheinlich unter Tiberius entstand und dem römischen Circus Maximus nachgebildet war. Die spanischen Pferde waren großartig, und aus den Rennen wurde eine über Jahrhunderte währende Tradition, die das Ende der römischen Herrschaft überdauerte. Die Skulpturen an einem stattlichen Portikus auf dem Forum hatten ihre Vorbilder in den Figuren auf dem großen Augustus-Forum in Rom.

In Antiochia wurden Mitglieder des julisch-claudischen Hauses in Abwesenheit zu städtischen Magistraten gewählt – eine Ehrung mit Kalkül, denn auch von ihnen wurde damit wie von den übrigen Magistraten erwartet, als Wohltäter dieser ihrer Stadt aufzutreten. Andernorts gingen wichtige Impulse vom römischen Statthalter aus; er beeinflusste den Aufbau Emeritas, zu dem auch Augustus' zuverlässiger General Agrippa, der nahebei im Feld stand, seinen Teil beitrug. Agrippa zeigte auf seinen Reisen persönliches Interesse an Bautätigkeiten. Um die Athener zu beeindrucken, ließ er ein Odeon bauen, und es ist durchaus denkbar, dass er den Entwurf des riesigen freitragenden Daches anregte, eine Konstruktion mit 18 Meter langen Holzbalken. Von ihm könnte auch der Vorschlag zum Bau des noch größeren, etwa 24 Meter breiten Daches stammen, das den großen Zeus-Tempel von Baalbek auf dem neuen Territorium der Stadt Berytus überspannte, wo Agrippa ebenfalls aktiv war. Große bauliche Meisterleistungen und gewaltsame Eingriffe in die Landschaft hatten für Rom und seine Architekten schon immer ihren Reiz. Er war das treibende Motiv für die Straßenbauten in Italien zur Zeit Trajans und für die Mitwirkung an Hadrians Versuch, ein jahrhundertealtes Problem zu lösen – die Entwässerung des Kopaissees in Zentralgriechenland. Die römischen Straßen dienten im Wesentlichen nicht dem Handel oder der Erschließung von Provinzen, sondern dem Militär und dem Staat, Letzterem für die Kommunikation innerhalb der Führungsschichten.

Wo sich Kolonisten niederließen, hatten andere Platz zu machen oder sich fernzuhalten, denn die Landlose der Veteranen waren nicht unbedingt brachliegender Boden. Doch die imposanten neuen Zentren der Kolonien luden zur lokalen Nachahmung ein. Bald nach der Gründung von Mérida findet sich Ähnliches in einer sehr viel einfacheren Stadt im heutigen Portugal, in Conimbriga. Sie war keine Kolonie, lag aber in einer Gegend mit reichen Metallerzgruben, die wahrscheinlich schon lange vor der Gründung des Ortes auf Interessenten in Italien als Magnet gewirkt hatte. Im augusteischen Zeitalter bauten die führenden Bürger Conimbrigas Bäder, die durch einen Aquädukt versorgt wurden, und entwarfen ein eindrucksvolles Forum mit einem Tempel, mit Kolonnaden und mit Verwaltungsgebäuden. Das neue Mérida der Römer wurde von seinen Nachbarn kopiert – ist also überall mit Provinzialen zu rechnen, die sich romanisierten?

Moderne Weltreiche haben diesen Prozess, ihren eigenen Leitvorstellungen entsprechend, rückblickend als Segen betrachtet und ihm eine »zivilisierende Mission« zugeschrieben. Ohne Zweifel sind neue römische Gewohnheiten und Importe nachzuweisen, die den Weg bis in Gebiete gefunden hatten, die weit entfernt von Siedlungen lateinischsprechender Immigranten lagen. Ein verbreitetes Beispiel sind die Badehäuser, öffentliche Einrichtungen, die in Ost und West neue gesellschaftliche Gewohnheiten etablierten. Aber auch das Privatleben änderte sich. Unter römischer Herrschaft begann man in Gallien und auch in Britannien aus eigenem Antrieb Häuser aus Stein zu bauen und nicht mehr aus Holz und Stroh. Man aß aus glatter, glänzender Keramikware, deren Formen mit neuen Tischsitten und neuen Geschmacksrichtungen einhergingen. Wein trat an die Stelle des Biers, des üblichen Getränks in vorrömischer Zeit. Olivenöl wurde auch in der Provinz zum Massenprodukt, ob in Südspanien oder in Teilen Nordafrikas, heutigen Wüstengebieten. Salzige Fischsauce, eine Spezialität Italiens, wurde zum Lieblingsgewürz außerhalb Italiens, während die Häuser neuen Stils neue Raumaufteilungen mit sich brachten und im

47 DAS KAISERREICH UND DIE FOLGEN

Tagesablauf vielleicht neue Grenzen zwischen Männern und Frauen, Älteren und Kindern schufen. Im städtischen Raum ehrte man mit Inschriften und Statuen die Wohltäter, die in einem neuen öffentlichen Austausch von Gaben ihre Rolle gefunden hatten. In Erwiderung ihrer Zuwendungen erhielten diese Gönner also das Geschenk öffentlich dokumentierter Ehrungen in den neuen Zentren städtischen Lebens in Spanien, Gallien oder Nordafrika. Der Gabentausch spornte außerdem zu einem sozialen Wettbewerb unter Gönnern an.

Diese »Romanisierung« war im Grunde eine Italianisierung. Die Veteranen, die handeltreibenden Immigranten, die Männer, mit denen sich provinziale Rekruten in der Armee befreundeten, waren keine Römer nach den Vorstellungen des älteren Cato. Die riesige Bevölkerung Roms war noch immer ein buntes Gemisch – rein stadtrömischen Ursprungs war sie damals nicht (und ist es nie gewesen). Die meisten römischen Kolonisten kamen aus italischen Kleinstädten, die während der Republik ihrerseits romanisiert worden waren. Wie die Italiker durch die Römer, so wurden jetzt die Provinzbewohner durch die Italiker geprägt. Aber auch die Bevölkerung in den Provinzen war kein unbeschriebenes Blatt; jede hatte ihre provinzspezifische Kultur. Der Osten stand vornehmlich unter dem Einfluss der griechischen und aramäischen, der hebräischen und der ägyptischen Kultur. Die lebendigste Kultur des Westens war die punische Kultur Südspaniens und Nordafrikas. Wurde die Italianisierung also der provinzeigenen Lebensart angepasst? Und wenn ja, wie hat man sich diesen Prozess vorzustellen? Moderne Historiker bemühen dehnbare Begriffe, um den Sachverhalt zu erfassen: Wählten Roms Untertanen eine Akkulturation, oder entwickelten sie im Lauf einer Transkulturation eine Lebensform, in der Altes sich mit Neuem mischte? Oder kommt möglicherweise der Begriff Subkulturation der Wahrheit näher?

Der Prozess dürfte je nach Region unterschiedlich verlaufen sein. Im fernen Britannien wurde er laut Tacitus vom Statthalter Agricola, Tacitus' Schwiegervater, befördert. Agricola habe den Bau von Tempeln, Foren und Häusern in die Wege geleitet.[1] Archäologisch lässt sich diese Initiative nicht dingfest machen, weswegen man heute dazu neigt, Tacitus' Behauptung zu bezweifeln, weil er ein Buch zum Lob Agricolas schrieb. Im griechischen Osten allerdings gibt es unzählige gut bezeugte Beispiele dafür, dass Kaiser und Statthalter die Errichtung solcher Bauten tatsächlich förderten. Britannien aber war ein wildes Land und die Eroberung jüngeren Datums. Wie im Osten zog man Militärexperten hinzu, um erfolgreich erste Bauprojekte einzuleiten. Für den Anschub konnten sogar Steuern abgezweigt werden. Innerhalb des gesamten

Imperiums ist Agricolas Initiative nicht so ungewöhnlich, wie westliche Archäologen manchmal behaupten.

Sein Schwiegersohn Tacitus beschrieb den Prozess als einen Versuch, die Ungebärdigkeit eines kriegerischen Volkes durch Vergnügungen zu mildern und es dadurch an Frieden und Ruhe zu gewöhnen. Wenn Tacitus so dachte, war diese realistische Sicht sicherlich auch seinem Schwiegervater Agricola nicht fremd. Von den Söhnen britannischer Anführer heißt es, vermutlich zu Recht, sie hätten sehr bald eine lateinische Bildung erhalten. Die Toga wurde häufig getragen, und Tacitus war der Meinung, es finde ein allmählicher Niedergang in verführerische Laster statt, ausgelöst von »Kolonnaden, Bädern und eleganten Diners«. Die »simplen Britannier nannten es ›Zivilisation‹, und es war doch Teil ihrer Knechtschaft«.[2] Hier benutzte Tacitus eine seiner Lieblingsunterscheidungen, die in der Antike überhaupt gang und gäbe war: die Entgegensetzung von »freien« harten Barbaren und weichen »versklavten« Untertanen. Doch er war nicht unbedingt der Einzige, der den Luxus als Wegbereiter imperialer Unterjochung betrachtete. In Südbritannien hatte eine solche angeblich sklavische Hingabe an das Vergnügen schon vor dem Eintreffen Agricolas begonnen, wie archäologische Funde in London oder St Albans und eindeutig auch in Bath belegen. Die römische Vorliebe für Bäder wurde von den Provinzialen umgehend übernommen. Die heißen Quellen in Bath nutzten römische Badende schon um 65 n. Chr., etwa 20 Jahre vor Agricola.

In weniger barbarischen Provinzen dürften Statthalter und Kaiser die Erhaltung von Frieden und Ruhe mit ähnlichen Anregungen gefördert haben. Offizielle Anregungen waren ohnehin kaum nötig. Die lokalen Oberschichten wussten die Mittel der Zurschaustellung und des Wettbewerbs aus Roms Angebot sehr schnell aus eigenem Antrieb zu nutzen. Es gab neue Titel und neue Privilegien vorzuführen. Diese Statusdemonstration prägt auch die persönlichsten und spontansten Kunstwerke, die uns aus einer kaiserlichen Provinz erhalten sind: Porträts auf Holztafeln, die in ägyptischen Mumiengräbern gefunden wurden und wahrscheinlich aus der Zeit nach 40 n. Chr. stammen. Männer und Frauen sind auf diesen naturgetreuen Abbildungen verewigt, als ob es kein Älterwerden gäbe, doch sind die Darstellungen auch statusbewusst.[3] Die meisten sind auf importierten Hölzern gemalt, auf Buchsbaum- oder Lindenholz. Einige der dargestellten Frauen sind mit den modischen Frisuren, Ohrringen und Schmuckstücken abgebildet, die wir aus dem damaligen Italien kennen, aber nur eine von ihnen trägt den Namen einer römischen Bürgerin. Vielleicht wurden diese Porträts wie die römischen Totenmasken in Trauerzügen mitgeführt. Es liegt nahe, sie mit der Zugehörigkeit – oder dem Anspruch darauf – zur privilegierten griechischsprachigen Oberschicht in den größeren Städten Ägyptens in Verbindung zu bringen, die im Kaiserreich von der Kopfsteuer befreit waren. Der noble Brauch, Porträts anfertigen zu lassen, machte sie als Bürger von Rang kenntlich, die dem gemeinen Volk der Steuerpflichtigen um einiges überlegen waren.

Viele neue Erscheinungsformen provinzialer Großspurigkeit waren bequemer und sehr viel eleganter als das vorrömische Leben. Zu Lebzeiten des Augustus war das berühmteste Symbol ländlichen Friedens, die Villa, in Südgallien bereits weit verbreitet. In Britannien kam ihre Blütezeit später. Ein Jahrhundert oder mehr musste vergehen, bis Grundbesitzer in Somerset oder Gloucestershire sich einer echten Landhausidylle rühmen konnten, mit Mosaikböden und glücklichen Erinnerungen an die Jagdszenen des Tages, die etwa in den Cotswolds unter der Schirmherrschaft ihres jungen Jagdgotts standen. Viele vermeintlich heimische Baumarten, die Kirsche oder den Nussbaum, verdankt Britannien den Römern, ebenso wie zahlreiche Elemente der Kochkunst: Koriander, Pfirsich, Sellerie oder Möhren. Auf einen gebildeten Römer muss die junge Landhauskultur der Britannier mit ihren Villenimitaten und ihrem lokal gefärbten Lebensstil ziemlich seltsam gewirkt haben. Echter Tausch fand nur auf einem Gebiet statt: Aus Italien wurde offenbar die Hauskatze nach Gallien eingeführt. Hunde aus der Provinz veränderten dagegen die Meuten italischer Jagdhunde. Zu Hadrians Zeit wurde hier im Vergleich mit den Hunderassen, die vordem bei den Griechen bekannt waren, ein wirklicher Fortschritt festgestellt.

In unserem Zeitalter der Weltreligionen mit Anspruch auf exklusive Wahrheit könnte es so aussehen, als sei die Verpflanzung der Religion das heiklere Unternehmen. Die stadtrömischen Kulte und der Kaiserkult wurden in den Hauptstädten der Provinzen tatsächlich eingeführt und die Bewohner zur Teilnahme aufgefordert, und auch sie wurden Gegenstand eines extravaganten Wettbewerbs. Den Tempel des vergöttlichten Kaisers Claudius im britannischen Colchester beschrieb Tacitus als »Zitadelle ewiger Herrschaft« und gleichzeitig als Ursache des Bankrotts prominenter Britannier, die »im Mantel der Religion ihr Vermögen ausschütteten«.[4] Grenzenlos war die Verschwendungssucht ihrer Führungsschichten, die sich mit Leidenschaft dem neuen Spiel »Dynastie« hingaben. Umgekehrt waren Kaiser und Senatoren nicht von dem Drang beseelt, die Provinzler zum Zweck der Ausbreitung einer wahren Religion zu zivilisieren. In Gallien und Britannien wurde zwar die vorrömische »druidische« Religion mit Gewalt unterdrückt, doch nur ihrer barbarischen

Rituale wegen, zu denen wahrscheinlich Menschenopfer gehörten. Auf die moralische Seite der Kulte hatte man in Rom seit je geachtet. Ähnliche Bedenken lagen vermutlich auch der Intervention Hadrians in Judäa zugrunde. Der Glaube selbst war nicht das Problem. Lokale Götter wurden, wenn sie moralisch unbedenklich waren, mit einer griechisch-römischen Gottheit verschwistert und erhielten einfach einen Doppelnamen: *Mercurius Dumias*. Die römischen Einwohner und die lokalen Oberschichten verehrten im Allgemeinen nur den Gott mit dem griechisch-römischen Namen, während das Volk der expliziten Partnerschaft den Vorzug gab. Da es in der römischen Religion so weitgehend um weltlichen Erfolg und Wohlergehen ging, konnten nichtrömische Polytheisten sich ohne Schwierigkeiten auf die neue Verbindung einstellen, die Prioritäten waren dieselben.

Lässt man das römische Recht und die römische Staatsbürgerschaft als die wirklich bedeutenden Kennzeichen gelten, so ist festzustellen, dass beides von Rom planvoll auf die Provinzen ausgeweitet wurde. Aber selbst dieser Absicht lag kein ausdrückliches Bemühen um soziale Integration oder ein missionarischer Zivilisierungseifer zugrunde. Das römische Bürgerrecht wurde traditionellerweise für rühmliche Verdienste verliehen. Augustus war sehr sparsam damit umgegangen und hatte über die Namen der wenigen damit Ausgezeichneten in Rom Buch geführt. Sogar Claudius folgte diesem Prinzip, einer zeitgenössischen Satire zum Trotz, die seinen Wunsch bespöttelte, alle Gallier und Britannier in Bürgertogen zu hüllen. Der Zugang für freie Männer zum Bürgerrecht war seit jeher der Militärdienst als Auxiliar; für die Oberschicht war es eine Magistratur in Städten mit dem Sonderstatus eines *municipium*. Dieser Munizipalstatus wurde einer Stadt unter römischer Herrschaft nicht automatisch verliehen. Erst in den 70er Jahren n. Chr. gewährte Vespasian sie spanischen Städten, wahrscheinlich den Städten auf der ganzen Iberischen Halbinsel. Auch hier war die Geste hauptsächlich als Belohnung gedacht. Die Region hatte in den zurückliegenden Bürgerkriegen eine wichtige Rolle gespielt, folglich hatten die Oberen in den Städten eine Gunst verdient.

Dank kürzlich entdeckten Inschriften sind wir jetzt besser in der Lage, die Grundzüge eines leitenden Munizipalrechts für die spanischen Provinzen zu rekonstruieren.[5] Mit der Gewährung des Munizipalstatus erhielten die Magistrate dieser Städte das römische Bürgerrecht, das die Empfänger allerdings nicht von der Pflicht entband, ihrer Heimatstadt als Wohltäter unentgeltliche kommunale Dienste zu leisten. Sie hatten nach wie vor Zeit und Ressourcen zur Verfügung zu stellen, denn die Kaiser wollten starke lokale Städte, auf denen die Steuererhebung ruhte, und Augustus hatte ausdrücklich festgehalten, dass römische Bürger weiterhin ihren dortigen Verpflichtungen nachzukommen hätten. Vor allem die oberen Stände kamen also für die öffentlichen Einrichtungen auf, und damit setzte sich eine Gewohnheit fort, die in den archaischen griechischen Stadtstaaten entstanden war und die sich mit der starken Zunahme der Städte in den Ländern unter römischer Herrschaft weiter ausgebreitet hatte.

Im klassischen Athen war die Liturgie von der Magistratur getrennt gewesen. Doch außerhalb der älteren griechischen Stadtstaaten wurde diese Unterscheidung zwischen Gemeinnützigkeit und politischer Amtsführung schon vor der Eroberung durch die Römer aufgegeben. Auch in den neuen Munizipien galt sie nicht mehr. In den spanischen Munizipien wurden die Magistrate nur aus dem Kreis der Ratsmitglieder gewählt, die ihrerseits nur aus den vermögenden Schichten kamen. Sie zahlten eine Gebühr für die Aufnahme in den Rat und dienten auf Lebenszeit. Nach dem Eintritt versprachen sie, Wohltaten zu spenden oder als Magistrate Liturgien zu übernehmen. Eine Zufallswahl durch Losentscheidung oder die Beteiligung des Volkes an einem Rat im Stil des klassischen Athen waren ausgeschlossen. Das latinische Recht *(ius Latii)* war auch nicht als erster Schritt auf dem Weg zur römischen Vollbürgerschaft für alle Bürger gedacht, sondern als reiner Selbstzweck zu verstehen – die bewusste Begrenzung des römischen Bürgerrechts auf die alteingesessenen Eliten eines Gemeinwesens. Das römische Bürgerrecht schützte vor Willkür durch römische Beamte und ermöglichte die gültige Einheirat in andere römische Familien. Ferner berechtigte es zum Verfassen von Testamenten und zum Abschluss von Verträgen, die vor römischen Beamten nach römischem Recht Geltung erlangten. Dafür wurde man durch das Bürgerrecht eng an Roms Interessen gebunden – es bildete einen wichtigen Teil der »Klassenherrschaft« im Kaiserreich.

Doch der neue Status des Gemeinwesens wirkte sich ebenfalls auf die übrigen Bürger dieser Munizipalstädte aus. Es wurde von ihnen erwartet, dass sie an römischen Kulten teilnahmen, aber auch in ihren Beziehungen zueinander unterlagen sie als Latiner dem römischen Zivilrecht. Wer schon mit römischen Bürgern Handel trieb, wird diese Vorkehrung begrüßt haben, während sie bei der Mehrheit wohl eher Verwirrung stiftete. In den 70er Jahren n. Chr. gab es weder Gesetzbücher noch lokale Rechtsschulen, und ein vertieftes Verständnis des römischen Rechts dürfte unter den Provinzialen so selten gewesen sein, wie es das für die meisten von uns auch heute noch ist. Im Prinzip waren von den römischen Gesetzen zahlreiche familiäre Angelegenheiten betroffen, darunter Erbschaft und Heirat, die Freilassung von Sklaven und die umfassende Verfügungsgewalt eines römischen Vaters über sein Haus. Doch hier kam es zweifellos zu Konfusionen. Die Munizipalgesetzgebung in den spanischen Provinzen entsprang vermutlich dem Bemühen des Kaisers Domitian, Missbräuche und regionale Gepflogenheiten in den Städten abzuwenden, die im Gefolge der ursprünglichen Gewährung des latinischen Rechts durch Vespasian entstanden waren. Hinter diesen Satzungen standen vermutlich in erster Linie Ambitionen und Idealvorstellungen und weniger der Gedanke an die Möglichkeit, sie buchstabengetreu in die Realität umzusetzen.

Anders waren die Verhältnisse im Osten des Imperiums, wo den Städten dieses *ius Latii* nicht gewährt wurde. Die städtische griechische Führungsschicht hatte schon seit langem ihre eigene Kultur, welche die Römer fortbestehen ließen. Im griechischen Osten war das römische Bürgerrecht seltener, besonders in den Provinzen ohne Legionen, in denen nur römische Bürger kämpften. Ruhe und Loyalität waren hier bereits durch das Bündnis mit den alteingesessenen Eliten gegen die unteren Stände gesichert, und damit erübrigten sich zusätzliche Privilegien. Dennoch finden sich auch im Osten einzelne Fälle, in denen römisches Recht auftaucht. Aus der Regierungszeit Hadrians ist uns die Bittschrift der Jüdin Babatha erhalten, die in Judäa zusammen mit anderen Schriftstücken Babathas in einer Höhle in der Wüste entdeckt wurde. Babatha wollte einen römischen Statthalter auf ihren Fall aufmerksam machen und scheint einen Helfer gefunden zu haben, der ihrer griechischen Bittschrift eine Form gab, die an den römischen Hintergrund des Statthalters anknüpfte. Andere Bittsteller gingen ohne Zweifel genauso vor, doch allein aus taktischer Erwägung; rechtlich geboten war dieser Weg nicht.

Im Osten war das unruhigste Gebiet des römischen Herrschaftsbereichs Judäa selbst. Unter dem von Marcus Antonius eingesetzten König Herodes waren in reger Bautätigkeit öffentliche Gebäude entstanden; auch der Luxus hatte Einzug gehalten. Herodes' Nachfolger hatten nördlich bis zum See Genezareth ebenfalls Städte gegründet. Doch Ruhe und Frieden blieben aus. Im Jahr 6 n. Chr., zehn Jahre nach Herodes' Tod, brachte Augustus Judäa unter direkte römische Herrschaft. Die Folge war wie gewöhnlich ein römischer Zensus, doch in bestimmten jüdischen Kreisen regte sich heftiger Widerstand, weil man bestimmte Stellen in den heiligen Schriften dagegen ins Feld führen konnte. Eine Gruppe argumentierte, Gehorsam schulde man nur Gott: Sie wurden zu »Glaubenseiferern«, den Zeloten (ihre Opfer nannten sie »Dolchmänner« – *sicarii*), und ihre Maximen zur einzigen antirömischen Philosophie im gesamten Imperium.[6] Die Zeloten waren die ersten Terroristen des Kaiserreichs.

Schon Julius Caesar war während seines Bürgerkriegs im Osten den Juden und ihrer Religion mit Respekt begegnet. Ähnliche Beispiele lassen sich bis in die Zeiten der Perserkönige im 6. Jahrhundert v. Chr. finden. Seit Augustus bezahlten die Kaiser auch für die Opfer, die ihnen zu Ehren im Tempel von Jerusalem gefeiert wurden. Die meisten Juden nahmen diese Vergünstigungen nicht ungern entgegen, und unter Augustus wurden sogar die Juden der einzelnen Diaspora-Gemeinden mit einbezogen, die verstreut außerhalb Judäas lebten und somit häufig den Bürgern der griechischen Städte und ihrer Antipathie ausgesetzt waren. Unter römischer Herrschaft waren die Juden sogar vom Militärdienst befreit, den sie unter den Nachfolgern Alexanders des Großen noch geleistet hatten. Inzwischen hatten sich auch einige Römer dem uralten Gott der Juden zugewandt und für die Verbindung zwischen seiner Anbetung und einem Ethikcodex empfänglich gezeigt. Während des 1. Jahrhunderts n. Chr. sind in den oberen Schichten der römischen Gesellschaft mehrere Anhänger der jüdischen Religion nachzuweisen, vornehmlich unter den Frauen, die ja außerhalb der eigentlichen Machtstrukturen des römischen Lebens standen (wo die Ausübung eines strikten Judentums schwieriger gewesen wäre). Frauen konnten außerdem ohne die schmerzhafte Beschneidung konvertieren.

Dennoch blieben antijüdische Klischees verbreitet, und dies nicht nur unter den Griechen in Alexandria, von wo der Antijudaismus ausgegangen war. »Politisch inkorrekte« römische Statthalter von Judäa hatten ihre Schwierigkeiten, sich an die lokalen ethnischen Anstandsregeln zu halten. Wie kein anderes Volk auf der Welt verehrten die Juden nur einen einzigen Gott, und Andersgläubigen war das Betreten ihres Tempels strengstens verboten. Die Römer reagierten mit Spott und Beleidigungen – unter anderem wurden Militärstandarten nach Jerusalem gebracht, und ein römischer Soldat machte rüde klar, dass er für die zornige jüdische Menge, die sich vor ihm versammelte, nicht mehr als einen Furz übrig hatte. Unter Claudius wurde die Provinz Judäa zum Spielball kaiserlicher Favoriten. Zuerst ging sie an Agrippa I., Enkel des Herodes und Vermittler von Claudius' bizarrer Inthronisierung, danach an Felix, den Bruder des allzu einflussreichen Freigelassenen Pallas, der mit Intrigen die unkluge Heirat des Claudius mit Agrippina forciert hatte – Felix benannte sogar eine Stadt nach ihr. Nicht von ungefähr wird vom Christen Paulus berichtet, er habe Felix belehrt, und als er »redete von der Gerechtigkeit und von der Keuschheit und von dem zukünftigen Gericht, erschrak Felix und antwortete: gehe hin auf diesmal ...«.[7] Etwa zehn Jahre später arrangierte Neros hinreißende Frau Poppaea die Ernennung eines verheerenden Statthalters von Judäa nur deshalb, weil sie mit seiner Frau befreundet war. Es ist anzunehmen, dass Poppaea keine bösen Absichten verfolgte; sie hatte einer jüdischen Gesandtschaft Verständnis entgegengebracht und sei, wie es heißt, bei all ihrem persönlichen Luxus dem Gott der Juden doch zugetan gewesen. Ihre Wahl des Statthalters allerdings war taktlos und ohne jedes Verständnis: Gessius Florus, ein römischer Ritter, stammte aus einer griechischen Stadt; er brachte seine Untertanen ohne ersichtlichen Grund gegen sich auf und trug zum Ausbruch eines mehrjährigen jüdischen Krieges bei.

Florus' Provokationen erhielten Bedeutung, weil sie auf ungewöhnlich fruchtbaren Boden fielen. Die römische Herrschaft hatte die Spannungen zwischen den Armen und den Reichen in Judäa und seiner Nachbarschaft verstärkt. Italische Geldverleiher waren sogar in Galiläa tätig gewesen. Als Pilgerstadt stets von Menschen überlaufen, hatte Jerusalem wirtschaftlich zu kämpfen; es gab extreme Klassenunterschiede innerhalb der Priesterschaft, und die jüdische Oberschicht zeigte eine Bereitschaft, sich mit der römischen Herrschaft im eigenen Interesse zu arrangieren, die nicht jedem behagte. Vor allem aber traf die römische Taktlosigkeit einen alten und exklusiv nationalen Kult. Es gab damals kein einheitliches Judentum, aber jeder Jude konnte sich mit anderen zum Widerstand gegen Provokationen zusammentun, die als krasser römischer Frevel an Jahwe erschienen.

Im Jahr 66 versuchten die oberen Stände Judäas gemeinsam mit einigen Rabbinern und Hohenpriestern einen allgemeinen Aufruhr zu verhindern, aber die Drahtzieher erhielten den Beistand von Extremisten, unter ihnen die Zeloten. Die Tempelopfer für den Kaiser wurden eingestellt, worauf römische Legionen eingriffen, um den Aufstand zu unterdrücken. Es folgten vier Jahre harter, blutiger Kämpfe, die sich in ihren letzten Phasen nach Jerusalem selbst verlagerten und zu einem erbitterten Klassenkampf wurden, in dem Jude gegen Jude stand wie Jude gegen Römer.

Im August 70 fiel die Stadt, und in einer Strafaktion wurden Herodes' großer Tempel und Jerusalems Bauwerke zerstört. Mit dem Tempel hatte der jüdische Gottesdienst sein Zentrum verloren. Während die Juden zuvor Zahlungen an ihr altes Heiligtum leisteten, wurden sie jetzt mit einer besonderen jüdischen Steuer belegt, die an den römischen Jupiter-Tempel ging. 116/7, als Kaiser Trajan einen Feldzug im Osten führte, brach in der Diaspora ein zweiter jüdischer Aufstand aus. Diesmal war von den Folgen nicht Judäa betroffen, doch die Revolte führte zur Zerstörung der starken jüdischen Gemeinschaften auf Zypern, in Kyrene und vor allem im ägyptischen Alexandria.

Der letzte Akt der Zerstörung blieb, wie wir sehen werden, Kaiser Hadrian überlassen. Zwischen 132 und 135 brach unter seiner Regierung ein dritter

47 DAS KAISERREICH UND DIE FOLGEN

Aufstand aus, diesmal in Judäa selbst. Die Folgen waren weitere zahllose jüdische Todesopfer und die Umwandlung Jerusalems in eine römische Kolonie mit heidnischen Tempeln, eine Stadt, die zu betreten den überlebenden Juden verboten war. In der Zeit eines Menschenlebens, zwischen 70 und 135, wurde durch Roms Indolenz der einzige monotheistische Tempel des Reiches vernichtet (der einem und nur einem Gott geweiht war) und Judäa buchstäblich von der Landkarte gelöscht. Es erhielt den neuen Namen Syria Palaestina. Dies alles war ein Extrembeispiel für absolute und endgültige Romanisierung. Diesmal allerdings wurden damit nicht gute Dienste belohnt; verdient hatte Judäa sie in römischen Augen wegen beispiellos schlechter Dienste. Doch Rom hatte diese Unruhen provoziert, und die rabiate Lösung des Problems wirft einen Schatten auf den klassizistischen Römer Hadrian und seine Vorstellung von einer klassischen Welt.

48

DAS CHRISTENTUM UND DIE HERRSCHAFT ROMS

> *Wohlan nun, ihr Reichen, weinet und heulet über euer Elend, das über euch kommen wird! Euer Reichtum ist verfault, eure Kleider sind mottenfräßig geworden. Euer Gold und Silber ist verrostet, und sein Rost ... wird euer Fleisch fressen wie ein Feuer.*
> JAKOBUS 5,1-3

> *Da sie [die Mitglieder des Athener Gerichtshofs Areopag] hörten die Auferstehung der Toten, da hatten's etliche ihren Spott; etliche aber sprachen: Wir wollen dich davon weiter hören.*
> APOSTELGESCHICHTE 17,32, über Paulus in Athen

Im Kontext dieser wechselnden Formen der römischen Herrschaft stand das folgenreichste Erbe der Antike – das Christentum. Aus jüdischen Wurzeln hervorgegangen, wurde es vom neuen historischen Umfeld geprägt. Jesus wurde in Galiläa geboren, als es noch unter der Herrschaft eines Klientelkönigs der Römer, des Herodes Antipatros stand. Die Steuereintreiber *(publicani)*, mit denen Antipatros arbeitete, waren seine eigenen Leute, nicht die Beauftragten Roms. Doch Jesus konnte sich selbst in Galiläa auf Text und Bild einer römischen Münze beziehen und von seinen Zuhörern erwarten, dass sie darin den Kaiser erkannten. 6 n. Chr. war das südlich von Galiläa gelegene Judäa erstmals direkt unter römische Herrschaft gelangt.

Nach dem Lukasevangelium fiel die Geburt Jesu mit einem angeblichen »Gebot« des Kaisers Augustus zusammen, »dass alle Welt geschätzet würde«. Dieser Erlass wird auf die Zeit 6 n. Chr. datiert und soll Joseph und Maria nach Bethlehem gebracht haben, wo nach den Worten der Propheten der Messias zur Welt kommen sollte. Faktisch jedoch konnte er nie einen Mann aus Galiläa betreffen, weil es ein Klientelkönigtum war und als solches sein eigenes Steuersystem betrieb. Auch die Datierung im Evangelium ist widersprüchlich, und es

48 DAS CHRISTENTUM UND DIE HERRSCHAFT ROMS

gibt keinen Beleg dafür, dass es je ein allgemeines »Gebot« gab, das auch Galiläa betraf. Die sachliche Begründung für den Hergang unserer Weihnachtsgeschichte war zeitgeschichtlich unmöglich.[1]

Und Ostern: Was auch immer damals geschah, die Kreuzigung zumindest ist eine historische Tatsache und fällt vermutlich ins Jahr 36 n. Chr.[2] Sie war eine römische Strafmaßnahme und fand unter Beteiligung des römischen Präfekten Pontius Pilatus statt, der auch von zeitgenössischen Münzen und aus nichtchristlichen Quellen bekannt ist. Wie es zur Kreuzigung kam, bleibt unklar. Die vier Evangelien weichen in wichtigen Einzelheiten, so in der Darstellung des zeitlichen Verlaufs, voneinander ab. Einige dieser Details lassen sich mit dem Vorgehen römischer Statthalter in anderen Provinzen vergleichen, doch bleibt die Frage offen, welcher – oder ob überhaupt einer – der einander widersprechenden Evangelienberichte historischer Wahrheit entspricht. Im Evangelium des Johannes sollen eine Kohorte römischer Soldaten und ein römischer Offizier Jesus festgenommen haben. Der Hohepriester der Juden und seine Berater bringen Jesus bereits in Fesseln vor Pilatus und erklären: »Wir dürfen niemanden töten.«[3] Unter direkter römischer Herrschaft hatten die meisten Gemeinwesen in den Provinzen tatsächlich das Recht eingebüßt, Todesurteile zu verhängen. Es war an den römischen Statthalter gegangen, und das prekäre Jerusalem stellte hier gewiss keine Ausnahme dar. Sicher dürfte zumindest sein, dass der Statthalter Pilatus von seinem Richterstuhl aus ein rechtskräftiges Urteil fällte, wie es im Johannesevangelium eindeutig gesagt wird. Auch trug das Kreuz eine Inschrift, in der das Vergehen Jesu in drei Sprachen festgehalten war. In Worten, die zahlreiche Schaulustige vor Augen hatten, wurde er als »König der Juden« bezeichnet, ein Anspruch, den kein römischer Statthalter dulden konnte.

Uns wird von anderen Rebellen dieser Art im römischen Judäa berichtet, gegen die sogar römische Truppen aufgeboten wurden. Für so bedrohlich wie diese unverhohlenen Rebellen hielt man Jesus offensichtlich nicht, und doch war er »aufrührerischer« als ein anderer Provinzbewohner mit Namen Jesus, der Jahre später, 62 n. Chr. während eines jüdischen Festes mit lauten Rufen durch Jerusalem zog, als »Stimme von Osten, Stimme von Westen ... eine Stimme gegen Jerusalem und das Heiligtum, eine Stimme gegen alle Menschen«.[4] Namhafte Juden ließen ihn auspeitschen und brachten ihn dann vor den römischen Statthalter, doch er setzte sein Klagelied fort. Der Statthalter befragte ihn und ließ ihn dann frei. Anders als Jesus von Nazareth stand er nicht im Verdacht, sich für einen König zu halten. Für Römer war dies der maßgebende Unterschied.

Jesu Verkündigung seines neuen Königreichs stand in einem ganz bestimmten historischen Kontext. Der Beginn der direkten Herrschaft Roms und der Besteuerung im Jahr 6 n. Chr. hatte zum Auftritt der extremistischen Zeloten mit engen Verbindungen zu Galiläa geführt, der Gruppe von Juden, denen zufolge das jüdische Volk niemandem Gehorsam schuldig war außer seinem Gott. Ihre terroristische Bewegung hatte eindeutig politische Ziele, doch die Gruppe um Jesus war anders ausgerichtet. Jesus sammelte zwölf Jünger um sich, eine Zahl, die so bedeutungsvoll war, dass sie auch nach seinem Tod für diesen Kreis erhalten blieb. Sie sollte auf die zwölf Stämme eines neuen Israel verweisen, eines Israel, gegründet auf Reue und ein gewaltloses Königreich der Liebe und Umkehr des Herzens. Denen, die an ihm teilhatten, sollten beim bevorstehenden Ende der Welt Rettung und Ehren zuteil werden, und sie wären mit Jesus bei einem himmlischen Gastmahl vereint. Das war nicht die Botschaft eines gewalttätigen Terrorismus, wie ihn zeitgleich Menschen in Galiläa als Alternative zur römischen Herrschaft propagierten. Als Jesus gefragt wurde, was er von den Galiläern denke, »deren Blut Pilatus mit ihrem Opfer vermischt hatte«, soll er erwidert haben, die – fraglos terrorismusverdächtigen – Galiläer seien nicht lasterhafter gewesen als andere (ihr Tod darum der Lohn für ihre Sünde), und die Fragesteller vor ihm würden »alle auch also umkommen«, falls sie nicht bereuten.[5] Sein neues Königreich lasse sich nicht durch gewaltsame Proteste verwirklichen. Doch die wahnwitzige Reaktion der Extremisten auf die neue Form der römischen Herrschaft erklärt die besondere Dringlichkeit der Worte Jesu. Er glaubte, seine jüdischen Mitbürger hätten einen Kurs eingeschlagen, der bald zu einer Katastrophe, ja zur Zerstörung Jerusalems führen werde. Die Verse der Evangelien, in denen Jesus den Untergang Jerusalems prophezeit, werden oft als Botschaft *ex eventu* betrachtet. Das mag im Einzelnen zutreffen, doch ein bevorstehendes böses Ende könnte Jesus auch schon in den 30er Jahren durchaus selbst erwartet haben. Daher der ungewöhnlich drängende Ton.

Als Jesus starb, sollen nur 120 Menschen an seine Botschaft geglaubt haben. Alle waren Juden, und von ihren jüdischen Mitbürgern unterschieden sie sich nur in der Überzeugung, dass in Jesus ihr Messias erschienen sei. Für die religiösen Führer der Juden war es ausgeschlossen, dass dieser Bürgerschreck, der eine öffentliche Bedrohung darstellte und auf ihr Betreiben hin durch die furchtbare römische Strafe der Kreuzigung zu Tode gekommen war, der von so vielen erwartete Messias sein sollte. Doch seine Anhänger blieben in Jerusalem und erwarteten offenbar das herannahende Ende der Welt. Einzelne begannen ihre Neuigkeiten unter Besuchern, Juden aus der Diaspora in Über-

48 DAS CHRISTENTUM UND DIE HERRSCHAFT ROMS

see, zu verbreiten, die nach Jerusalem gekommen waren, um im Tempel das Passahfest zu feiern. Für manche von ihnen muss es aufregend gewesen sein, zu erfahren, dass diese große Reise ihres Lebens ausgerechnet mit der Ankunft des Messias zusammengefallen sei. In der Stadt herrschte ein unbeschreibliches Menschengewühl, und der Tempel war vielleicht nicht ganz der schlichte Hort von Redlichkeit und Religion, den sie sich erhofft hatten. Also schlossen sich einige, darunter Griechischsprachige, der neuen messianischen Gruppe an. Deren Führer verließen zum Teil Jerusalem und trugen ihre Botschaft in die nahe gelegenen großen Städte, so nach Caesarea und Antiochia. In Antiochia erhielt diese messianische Gruppe zum ersten Mal den Namen »Christen«, »Gefolgsleute Christi«, des Messias.[6]

Jesus sprach nicht Griechisch, hatte nie eine große nichtjüdische Stadt aufgesucht und auch nie zu Nichtjuden gepredigt. Wenn sich Griechen an diejenigen seiner Schüler wandten, die auch das Griechische beherrschten, soll er dies als Zeichen der kommenden »neuen Zeit« aufgenommen haben. Wie nach seinem Tod das neue Christentum erstmals nach Alexandria oder Rom gelangte, ist uns nicht bekannt. Dagegen wissen wir von den Missionsreisen jenes Christen, der das Meiste für die Bekehrung von Nichtjuden getan hat: Paulus.

Mehr noch als das Wirken Jesu steht die Laufbahn des Paulus im Kontext der römischen Geschichte. Paulus' Vater, ein Jude aus Tarsos, genoss das hohe Privileg des römischen Bürgerrechts. Als möglicher Grund ist zu vermuten, dass er es sich in den 60er Jahren v. Chr. mit seinen Lieferungen von Zelten für Pompeius' Armeen verdiente. Der gebildete Jude Paulus begann als vehementer Verfolger der neuen Christen, machte jedoch einen Wandel durch und predigte den christlichen Glauben in der nichtjüdischen Welt. Er reiste nach Zypern, in die Heimat seines Helfers Barnabas, auch er ein Jude. Auf Zypern beeindruckte er den römischen Statthalter der Insel – ein weiterer gutgläubiger Römer, dem die Wunder des Ostens imponierten. Von dort reiste er ins pisidische Antiochia, eine der jüngsten Veteranenkolonien des Augustus im südlichen Kleinasien, in der auch Familienangehörige des Statthalters von Zypern, vielleicht seine verheiratete Tochter, lebten. Hier ging Paulus als Erstes in die jüdische Synagoge, wo er seine Botschaft in griechischer Sprache vortrug. Weiter besuchte er Orte im griechischen Osten, die neu unter römischer Herrschaft standen, benutzte die römischen Straßen und machte Halt in anderen römischen Kolonien wie Philippi oder Korinth. In Korinth brachten ihn erzürnte Juden vor den römischen Statthalter von Griechenland, Gallio, der ein Bruder des berühmten Philosophen Seneca war. Paulus' Predigten über den neuen Messias waren umso anstößiger, als er versicherte, Nichtjuden könnten sich der neuen Gruppe ebenso anschließen wie Juden, und sie brauchten weder das jüdische Gesetz zu befolgen, noch müssten die Männer sich beschneiden lassen. Was die Juden gegen Paulus vorbrachten, klang für Gallio wie innerjüdische Religionsstreitigkeiten; er »nahm sich's nicht an« und weigerte sich bemerkenswerterweise, ein Urteil zu sprechen.[7]

Vor Paulus hatten bereits andere Christen in Rom Halt gemacht und mit ihrer Lehre vom neuen Messias *(Christos)* unter den Juden der Stadt Aufruhr ausgelöst. Der regierende Kaiser Claudius war schon früher mit jüdischen Aufständen in Rom und Alexandria konfrontiert gewesen, und vermutlich 49 n. Chr. befahl er, die Rädelsführer aus der Stadt zu vertreiben. Es dauerte nicht lange, und Paulus wurde selbst zum Auslöser eines Aufstands. Bei seiner Rückkehr nach Jerusalem beschuldigte man ihn, einen Nichtjuden ins Allerheiligste des Tempels geführt zu haben, dessen Betreten jedem außer dem Hohenpriester verboten war. Seine Rettung verdankte er römischen Soldaten, deren Offizier mit Erstaunen feststellte, dass Paulus wie er selbst römischer Bürger war. Das Bürgerrecht schützte Paulus davor, ohne Verurteilung geschlagen und gewalttätig behandelt zu werden. Aufschlussreich ist die Bemerkung des Offiziers, er selbst habe sich dieses Privileg mit einer »großen Summe« erkauft, offenbar während der Regierungszeit des Claudius. Der Kaiser hatte also das Bürgerrecht keineswegs »entwertet«, wie seine Kritiker ihm vorwarfen, sondern den Preis hoch gehalten, wenn auch nur durch seine korrupten Freigelassenen.

Als römischer Bürger hatte Paulus das Recht, sich direkt an den römischen Kaiser zu wenden. Das alte Recht des römischen Bürgers, an einen Volkstribun zu »appellieren«, war auf das Einspruchsrecht des Bürgers bei dem mit tribunizischer Vollmacht ausgestatteten Kaiser ausgeweitet worden, dies selbst für den Fall, dass der Bürger im Ausland lebte. Paulus war einer verräterischen Lehre angeklagt, die sich »wider den Kaiser« richte, und wurde, vermutlich mit einem Schreiben dieses Inhalts, nach Rom geschickt. Nach weiteren zwei Jahren kam sein Fall vor Nero, oder wahrscheinlicher vor den Präfekten der Stadt. Paulus wurde zum Tode verurteilt, wie anzunehmen ist, wegen Verdacht auf verräterische Verkündigung eines neuen Königreichs. In Jerusalem war schon der Christ Stephanus von Juden gelyncht worden, weil er behauptet hatte, dass der Tempel entbehrlich und Jesus, dieser verurteilte Kriminelle, der auferstandene Messias sei. Jetzt hatte der angebliche Verrat, die Lehre vom christlichen Königreich, in Rom sein berühmtestes Opfer gefordert.

Die Zeit verging, und 64 n. Chr., vielleicht zwei Jahre nach dem Todesurteil für Paulus, brauchte Kaiser Nero Sündenböcke, um die Anschuldigung zu

48 DAS CHRISTENTUM UND DIE HERRSCHAFT ROMS 571

entkräften, dass er selbst für den großen Brand in Rom verantwortlich sei. Ihm oder seinen Beratern war klar, nach wem sie Ausschau halten mussten – nach weiteren Christen, den Anhängern des kürzlich von ihnen verurteilten Paulus. Die Christen wurden zusammengetrieben und in einem öffentlichen Spektakel in den Gärten des monströsen Goldenen Hauses des Kaisers hingerichtet. Einige hatte man in die Häute wilder Tiere gehüllt, eine tödliche Scharade, in der sie von beutehungrigen Jagdhunden angefallen und in Stücke gerissen wurden. Andere wurden gekreuzigt oder angezündet und lebendig verbrannt. Bei Roms Senatoren verfehlte das Beispiel seine Wirkung nicht. Sie waren es, die in Zukunft als Statthalter die Provinzen verwalten würden, und wie das Schicksal des Paulus gezeigt hatte, war jeder Christ, den man anklagte und vor sie brachte, mit dem Tod zu bestrafen. Jetzt gab es einen römischen Präzedenzfall, und Gallios vornehme Indifferenz gehörte der Vergangenheit an.

Jesus hatte zu Lebzeiten großzügige Geschenke erhalten und auch als Besucher an einer reich ausgestatteten Hochzeit teilgenommen; doch Reichtümer und Luxus waren, wie er sagte, Hindernisse auf dem Weg zu seinem Königreich des kommenden neuen Zeitalters. Die Armen, so lehrte er, waren gesegnet: Auf Erden sollten keine Schätze gesammelt werden; das Vorbild für den Menschen seien die unbeschwerten »Lilien auf dem Felde«. Eher gehe ein Kamel durch ein Nadelöhr, als dass ein Reicher gerettet werde. Im Jakobusbrief findet der Gegensatz zwischen den christlichen Armen und den Reichen klaren Ausdruck, wurde aber an anderen Stellen des Neuen Testaments schon subtil umformuliert oder unerwähnt gelassen. Unter den Helfern des Paulus und den Bekehrten waren einige sehr reiche Mitglieder der Führungsschicht in nichtjüdischen Städten, von denen keiner ein Leben nach Art der Lilien pflegte. Anders als in den Evangelien wird in den Paulusbriefen nirgends von den »Problemen des Reichtums« gesprochen oder den Adressaten freiwillige Armut ans Herz gelegt. Unter den Christen erhielten Wohltaten und Gaben eine neue Qualität, die den Juden, aber nicht den Andersgläubigen vertraut war: Es hieß, ihnen werde mit himmlischem Lohn vergolten. Gaben wurden also ein Weg zum Heil, während Reichtum für die wahre geistliche Freiheit bedeutungslos war. Der vollständige Verzicht auf Besitz, wie ihn Jesus gelehrt hatte, blieb das Anliegen einer Minderheit.

Das Martyrium der Christen entsprang keiner wirklichen Bedrohung des römischen Kaisers oder römischer Herrschaft durch das Christentum. Beides würde bestehen, solange die Welt bestand: Paulus schrieb sogar von den Statthaltern Roms als den notwendigen Dienern von Gottes Zorn. Er ermahnte die

Christen, sich der Obrigkeit zu fügen.[8] Denn Christi Königreich sei nicht von dieser Welt, und der Christ habe sein »Bürgerrecht« im Himmel – in der damaligen Zeit eine attraktive Vorstellung, denn die Städte der griechischen und römischen Welt weiteten das Bürgerrecht nicht auf alle freien Bewohner aus, ganz zu schweigen von der Menge der allgegenwärtigen Sklaven. Unter römischer Herrschaft hatten sich die Unterschiede von Stand und Besitz in der politischen Ordnung sogar weiter verfestigt und wurden, wie wir sahen, in den Satzungen der städtischen Gemeinschaften unverhohlen bestätigt. Die christliche Predigt umging diese Barrieren als irrelevant und versprach das Wahre für die Zeit der Ewigkeit. Die Christen nahmen nicht einmal Stellung gegen die Sklaverei. Von Jesus ist kein Wort zu diesem Thema überliefert, und er lehrte ohnehin außerhalb der Sklavengesellschaften der griechischen und römischen Städte. Paulus riet sogar, die Sklaven sollten ihren Diensteifer verstärken. Auch hier war der soziale Status vernachlässigbar; was zählte, waren geistliche Freiheit und geistliches Verdienst.[9] Dass das Christentum von Anfang an auch Angehörige der besten Gesellschaft anzog, hatte seinen Grund nicht zuletzt in dieser Gleichgültigkeit gegenüber sozialen Unterschieden und der Sklaverei, die dann auch dazu führte, dass die Bischöfe weiterhin Sklaven hielten. In Jesus Christus, schreibt Paulus, waren alle gleich – Mann und Frau, Freie und Sklaven. Doch wie in der Armee war »Einheit« keineswegs mit sozialer Gleichheit verbunden. Die einzige Freiheit, die den Christen ausdrücklich ans Herz gelegt wurde, war die Freiheit von der Ehe und Zweitehe. Jesus hatte sich eindeutig (und auf beunruhigende Weise) gegen die Scheidung ausgesprochen und die gepriesen, die ein Sexualleben ganz aufgaben, »die sich selbst verschnitten haben um des Himmelreichs willen«.[10] Paulus war bewusst, dass diese Ideale nicht für jeden geeignet waren, aber er fuhr fort, den Zölibat, ein Leben sexueller Enthaltsamkeit und die Nichtwiederverheiratung für Verwitwete und Geschiedene als die vollkommene Lebensform zu preisen. Das genau gegenteilige Ideal wurde gleichzeitig in den Ehegesetzen des Augustus aufgestellt, die sich an alle römischen Bürger richteten, so auch an Paulus selbst.

Das drohende Weltende vor Augen, verurteilte das Christentum also das Streben nach Luxus und versprach eine höhere Freiheit im Himmel. Es versprach auch eine neue Gerechtigkeit. Vielen Heiden war völlig unklar, ob es ein Dasein jenseits des Grabes gab. Und über ein Ende der Welt hatten sie sich nie wirklich Gedanken gemacht. Jetzt erfuhren sie, dass die Welt die zeitweilige Provinz Satans war, dessen unvermutete Agenten von christlichen Experten exorziert oder überwältigt werden konnten. Es war eine neue Erklärung für das Böse, und den Konvertierten erschien sie höchst optimistisch. Bald konnten sie zu ihrer Bestätigung auf historische Fakten verweisen. Im August des Jahres 70, als römische Truppen den jüdischen Tempel in Jerusalem zerstörten, hatte Gottes Zorn die Bösen in Jerusalem getroffen, wie es in den Evangelien geschrieben stand. Die Jerusalemer Christen, hieß es, hätten sich in Sicherheit gebracht – einer Prophezeiung gehorchend, vielleicht einer der Voraussagen Jesu, die ihm in den Evangelien zugeschrieben wurden. In diesem Jahr waren demnach die Bösen vertilgt worden und die Gerechten sichtbar verschont geblieben. Das Ereignis war ein Vorspiel zum Jüngsten Gericht, vor dessen Gerechtigkeit alle anderen Formen der Gerechtigkeit, die sich in der klassischen Welt der Antike bisher entwickelt hatten, als nichtig erscheinen würden.

49
EIN VIERKAISERJAHR

Doch nichts hatte so sehr wie der Brand des Capitoliums [in Rom] sie zu dem Glauben gebracht, des Reiches Ende sei herbeigekommen. Eingenommen sei vor Zeiten schon von den Galliern die Stadt worden, aber, da noch unverletzt der Sitz des Jupiter geblieben, habe auch das Reich fortbestanden: jetzt sei durch verhängnisvolles Feuer ein Zeichen von des Himmels Zorn gegeben, und, so weissagten in eitlem Aberglauben die Druiden, werde der Besitz der Weltherrschaft den transalpinischen Völkern vorbedeutet.
Tacitus, HISTORIAE 4,54, über das Jahr 69/70 n. Chr. (Übers. W. Boetticher)

Der Tod Neros im Juni 68 bedeutete das Ende der julisch-claudischen Dynastie; ein Vorspiel zum Ende der Welt war er nicht. Vielmehr folgte ihm ein Jahr mit vier in Folge regierenden Kaisern, mit Bürgerkriegen zwischen Einheiten der römischen Armee und dem anschließenden Sieg Vespasians, eines Militärs aus bescheidenen italischen Verhältnissen, dessen Vater einst mit Geldverleih unter Helvetiern zu Vermögen gekommen war. Es war ein Neuanfang, gestützt auf alte Hilfsquellen und Strategien. Eine neue Dynastie wurde gegründet, das Haus der Flavier, aus dem im Lauf von 27 Jahren drei Kaiser hervorgingen. Sie hatte die Probleme zu bewältigen, die in der früheren Kaiserzeit endemisch gewesen waren: Der Bedarf an militärischem Können war zu decken und die Neigung zu Ausschweifungen in Grenzen zu halten; man musste die Prätorianergarden bei Laune halten, ebenso die Armeekommandeure außerhalb Italiens und außerdem den Senat, deren Quelle, versöhnlich stimmen; schließlich galt es der sehr heterogenen Bevölkerung Roms zu Gefallen zu sein und sie zu ernähren. Überdies stellte sich die Schlüsselfrage der Nachfolge: Warum sollte der Sohn des Ersten Bürgers auch sein Nachfolger sein?

Während der Regierungszeit der vier Kaiser kam es erneut zu einer Flut tendenziöser Propaganda, die auch auf die Historiker abfärbte, die ihre Werke unter dem späteren Sieger verfassten. Freiheit und Luxus, diese relativen Standards, gehörten dabei zu den gängigen Floskeln. Galba, der erste Kaiser, war ein ältlicher Aristokrat, zum Abscheu der Garden schlaff und unmilitärisch, und hässlich zum Abscheu der Plebs. Höher schätzten die Senatoren den Kinderlosen, besonders, weil er das Gegenteil des verschwenderischen Nero war. Doch wurde er seiner Knauserigkeit wegen angeprangert. Er hatte Geschworene in Rom gezwungen, auch in der kalten Neujahrszeit zu arbeiten, weil er, wie es hieß, keinen Lohn für eine größere Zahl entrichten wollte. Mitte Januar 69 ersetzte ihn die Prätorianergarde durch Otho, einen der senatorischen Ratgeber Neros während der ausschweifenden Jugendjahre des Kaisers. Otho war Ehemann der hinreißenden Poppaea Sabina, bevor Nero sie ihm ausspannte und ihn als Statthalter nach Spanien schickte. Otho war energisch und hatte seine Anhängerschaft in mehreren Provinzarmeen, doch gesittet war er nicht. Nach Neros Tod hatte er den verrufenen Sporus übernommen, Neros männliche Ersatz-›Sabina‹. Im Frühjahr war er noch immer bereit, Riesensummen zur Fertigstellung von Neros Goldenem Haus aufzuwenden. Mitte April nahm er sich das Leben, nachdem er mit seinen Truppen in Norditalien eine schwere Niederlage gegen den nächsten Prätendenten, Vitellius, erlitten hatte, der sich seinerseits auf die Legionen am Rhein stützen konnte. Dennoch gelang es Vitellius' Gegnern, wieder einmal das Schreckgespenst des Luxus zu mobilisieren, um den Konkurrenten zu diskreditieren. Er sollte, so wurde in Umlauf gesetzt, eine gigantische Pfanne erworben haben, gegossen in einem ganz besonderen Schmelzofen, die er nach dem Urbild auf der Akropolis von Athen den Schild der Minerva nannte. Abendtafeln für ihn hätten ganze italische Städte ruiniert. Der Luxus half dem Sieger auf den Thron, Kaiser Vespasian, der die eigene schlichte Lebensweise dagegen ausspielen konnte.

Auch das vieldeutige Thema Freiheit war mancherorts präsent. Der große russische Historiker M. I. Rostovtzeff bezeichnete das Jahr 68/9 sogar als »Protest der Provinzarmeen und der Bevölkerung des Reichs im ganzen gegen die entartete militärische Tyrannei der Nachfolger des Augustus«.[1] Im Westen begann es fraglos mit einem Protest, der sich allerdings gegen Neros ungeheuerliche Extravaganzen und Plündereien richtete. Nicht alle Armeen und Provinzialen reagierten; es fehlten die politischen Führer, und ebenso fehlten Ansätze zu einem neuen politischen System. Das Volk wünschte im Wesentlichen eine Rückführung des bestehenden Systems unter das Dach der Moral und endlich wieder Respekt vor dem Gesetz.

Freiheit war die Parole aller Armeekommandeure und fand sich auf den Münzen aller vier Kaiser. Doch nie bedeutete Freiheit Demokratie oder auch nur die Freiheiten der längst entseelten Republik. Als Nero starb, trugen die

Römer die Freiheitskappe, als seien sie aus der Sklaverei entlassen. Die Griechen hatten ihn als »Zeus der Freiheit« bejubelt, den Befreier ihrer Provinz, doch römische Münzen rühmten jetzt Jupiter Liberator, ihren Befreier vom Joch des Tyrannen. Auch der betagte Galba verkündete Freiheit, ebenso wie sein Unterstützer Vindex in Gallien; beide meinten jedoch nur die Befreiung von Nero. Galba und Verginius, ein anderer einflussreicher Befehlshaber, gaben zu verstehen, der römische Senat und das Volk sollten von ihrer Freiheit Gebrauch machen, im konkreten Fall von der Freiheit, den nächsten Princeps zu wählen. Die Freiheit, von der Vitellius sprach, war die Freiheit von den Gewohnheiten Othos. Vespasian verkündete sodann die Befreiung von Vitellius. Sie müsse »erklärt« oder »bestätigt« werden, hielt er fest, als seien die Römer »Sklaven« des falschen Herrn gewesen.[2]

Persönlich den Erben und Nachfolger auszuwählen war alles andere als Freiheit, doch sowohl Galba als auch Verspasian taten genau dies. Die Prätorianergarden bestimmten Otho zum Nachfolger, und in Rom war man machtlos dagegen. Zu fragen wäre, ob sich angesichts dieser Rivalitäten der »Bevölkerung des Reichs im ganzen« nicht eine realistische Aussicht auf Freiheit bot. Die Möglichkeit dazu wurde erstaunlicherweise nirgends genutzt außer in einer fernen Ecke in Nordwesteuropa, und auch dort erst, als das Drama schon beinahe zu Ende war. Im Frühsommer 69 erhob sich hier ein echter Ruf nach Befreiung von Rom und nach einem »Reich der Gallier«. Die Kampagne wurde im Nordosten Galliens und unter den benachbarten germanischen Völkern von Civilis angeführt, einem Mann aus vornehmer germanischer Familie und von eindrücklicher Erscheinung – einäugig (wie ein zweiter Hannibal, nach eigenen Worten) und mit langem rot gefärbten Bart. Civilis war kein edler Wilder, sondern ein gewiefter Anführer, der römische Art und Taktik aus eigener Erfahrung kannte. Er hatte seine Helfer, unter ihnen die lokale Prophetin Veleda, die offenbar an die verbotene Lehre der Druiden anknüpfte und der Revolte Erfolg voraussagte.

Führend unter den Rebellen waren die Bataver, die unter den römischen Konskriptionen besonders gelitten hatten. Römische Offiziere hatten Tausende von ihnen, darunter Knaben, in Auxiliareinheiten gezwungen, die dann in weit entfernte Gegenden verschoben wurden. Sehr viel später wurde Civilis von den Niederländern adoptiert, die sich als Stammesgenossen der Bataver bezeichneten, und stieg bei ihnen zum Nationalhelden auf. Rembrandt malte ihn sogar für das Amsterdamer Rathaus.[3] Diese spätere Rolle wird dem historischen Civilis nicht gerecht. Hinter der batavisch-gallischen Rebellion stand zweifellos ein Nationalbewusstsein, doch dieses steigerte sich nicht zu einem

Nationalismus wie im Jahr 66 unter den Juden, und der Aufstand konnte noch weniger als der jüdische auf geschlossene Unterstützung zählen. Die Mehrzahl der Aufständischen waren nicht Gallier, sondern Germanen, und die verschiedenen Stämme misstrauten oder hassten einander. Sechs römische Legionen wurden geschickt, um den Aufstand zu ersticken, doch auch ohne dieses Aufgebot wäre er bald in sich zusammengebrochen. Ein »Reich der Gallier« wäre vom römischen Britannien und von den römischen Territorien, die es umgaben, ökonomisch isoliert gewesen. Überdies war sich die Bevölkerung darüber im Klaren, dass die Macht Roms alte Rivalitäten unter ihnen in Schach gehalten hatte und als Friedensstifterin das kleinere Übel war.

Das dunkelste Jahr des Reiches war im Grunde der Beweis für seine Stabilität. Vespasian, der spätere Sieger, kam aus Syrien und Judäa, wo er als Kommandeur von Rang zusammen mit Titus, einem seiner Söhne, die Legionen gegen die Juden befehligt hatte. Seine formelle Proklamation zum Kaiser begann am 1. Juli 69 in Alexandria, doch die Planung hatte man schon vorher in Angriff genommen. Seinen Aufstieg sollen Vorzeichen und Prophezeiungen der Götter begleitet haben. Er befragte Orakel, und in Alexandria ließ Vespasian sich überreden, Wunderheilungen an einem Blinden und einem Lahmen vorzunehmen, die sich ihm auf den Rat des Serapis, des Gottes der Heilkraft, genähert hatten. Nach anfänglicher Skepsis gab der Militärführer nach, und aus diesem erfolgreichen heilenden Handauflegen konnten er und seine Anhänger Kapital schlagen[4], ein echtes »königliches Zeichen«, das in der Geschichte der römischen Kaiser wohl einzigartig ist (nicht jedoch im mittelalterlichen Königtum).

Vespasians Aussichten waren trotz seines Gichtleidens nicht schlecht. Er stand kurz vor seinem sechzigsten Geburtstag und war seit dem bejahrten Tiberius der erste Kaiser mit Militär- und Provinzerfahrung. Als Truppenführer hatte er sich bei der Invasion Britanniens 43 n. Chr. bewährt und den Südwesten sowie die Isle of Wight eingenommen. Er war unprätentiös und direkt, sprach mit lokalem italischen Akzent und hatte nichts von Tiberius' Empfindlichkeiten oder Adelsstolz. Sogar seine Porträtbüsten zeigen einen Realismus im nüchternen italischen Stil und nicht den klassizistisch-idealen Ausdruck eines Augustus oder Nero. Anders als die julisch-claudischen Herrscher hatte er keine willensstarke Ehefrau zur Seite. Er war mit der bereits verstorbenen Domitilla, einer Tochter aus einfachem italischen Haus, verheiratet gewesen. Der Witwer lebte jetzt mit der Freigelassenen Caenis als Konkubine zusammen. Es war verwunderlich, aber nicht allzu beunruhigend, dass sie vor Zeiten als ehemalige Sklavin im Haushalt der sittenstrengen Antonia, der Tochter des Marcus Antonius, gelebt hatte. Caenis war nicht mehr die Jüngste und wohl kaum geneigt, den Lebensstil des Antonius neu zu beleben. Aber sie konnte dem alten Vespasian im Bett ein paar pikante Klatschgeschichten erzählen.

Eine andere Verbindung zu seinen julisch-claudischen Vorgängern bestand bei Vespasian dagegen nicht. Während seine Anhänger die Stadt Rom für ihn eroberten, hielt er sich vom Schauplatz der Ereignisse tunlichst fern. In der ewigen Stadt fanden schwere Kämpfe statt; das Kapitol selbst ging in Flammen auf, und dabei wurden viele hundert Bronzeinschriften zerstört, ein Verlust, den Vespasian später durch den Auftrag, Kopien der Texte herzustellen, zu kompensieren suchte. Vespasian traf erst im Herbst 70 in Rom ein, und in den vorausliegenden Monaten erhoben sich Fragen nach der mutmaßlichen Form seiner Herrschaft. Wer würde ihn beraten? Welche Titel würde er sich zulegen? Würde er das Gespräch mit dem Senat suchen oder ihm einfach seine Entscheidungen präsentieren? Die oberen Schichten wünschten sich einen Kaiser mit bescheidenem, moralisch einwandfreiem Verhalten, der nicht Recht und Gesetz mit Füßen trat. Es gab Gegner Neros, die ihn und seine Tyrannei überlebt hatten, und ihre Vorliebe für Moralprinzipien entsprang noch immer der Nähe zu den philosophischen Ansichten der Stoa.

Wie gewöhnlich waren die Juristen flexibler als die Philosophen. Vermutlich Anfang 70 wurde ein wichtiges Gesetz zugunsten Verspasians verabschiedet, das seine Vollmachten beschrieb und dazu, soweit verfügbar, Präzedenzfälle aus der Regierung des Augustus und seiner julisch-claudischen Nachfolger heranzog – der wahnsinnige Caligula blieb ausgenommen. Es wäre nicht stichhaltig, wollte man dieses Gesetz nur als weiteres Beispiel für eine ältere Praxis betrachten, die seit 14 n. Chr. schon für frühere Kaiser Anwendung gefunden hatte.[5] Vespasian fehlte die dynastische Autorität seiner Vorgänger. Als ›sauberer Bruch‹ mit der Vergangenheit musste seine Regierungsform penibel klargelegt und auf die julisch-claudische Vergangenheit bezogen werden. Die philosophische Minderheit drängte noch immer auf wirksame Herrscherkontrolle, aber die Juristen warteten mit einer vernichtenden Antwort auf. In ihrem Gesetz war jede Einzelheit festgelegt – von Vespasians Vollmacht zum Abschluss von Verträgen »mit wem auch immer er es wünscht« bis zur Stärkung seiner Rolle bei den Wahlen: Seinen Kandidaten war besondere Berücksichtigung garantiert. Hier konnte man bezeichnenderweise auf keinen Präzendenzfall verweisen, doch fortan taten Senatoren, die gewählt werden wollten, gut daran, mit dem Kaiser ein ungetrübtes Verhältnis zu pflegen. Vor allem aber war es Vespasian durch eine Klausel freigestellt, alles zu tun, was er im Interesse der Öffentlichkeit für geraten hielt, »wie es auch bei Augustus und den anderen der Fall gewesen war« – und hier konnte auf keine rechtliche Grundlage verwiesen werden. Der autokratische Habitus war somit gesetzlich bestätigt. Die rechtlichen Details wurden in zwei weiteren Klauseln ausgeführt, von denen die eine festhielt, wozu der Caesar Vespasian nicht verpflichtet war, nämlich Präjudizien anzuführen, und die zweite die Beschlüsse guthieß, die er während des Jahres 69 schon hatte treffen müssen.

Das Gesetz war ein Schulbeispiel für Kleingedrucktes. Mehr als ein Jahrhundert lang würde es die römischen Juristen beschäftigen, die es im Zusammenhang mit den Vollmachten des Kaisers diskutierten (wie sie es heute noch tun): Er war kein König wie Ptolemaios und Alexander, und – man staunt – der Text bezog seine Alleinherrschaft in der Tat auf das Gesetz und die Bedürfnisse des Gemeinwesens. Hier hatten Rechtsspezialisten etwas, das sie zitieren und an dem sie herumdeuten konnten. Dem Kaiser brachte es den unmittelbaren Vorteil, dass die harten Fakten im Voraus bestätigt und anerkannt waren. Die alten Adelsfamilien, aus denen einige kompetente Stimmen ihn hätten herausfordern können, waren fast alle ausgestorben. Und im Kreis der überlebenden Senatoren gab es zu viele, die unter Nero jede Zurückhaltung aufgegeben und sich durch Unterstützung seiner Spektakel und Orgien kompromittiert hatten. Die Lücken in ihren Reihen wurden jetzt durch weniger bedeutende Aufsteiger jüngerer Zeit gefüllt, deren Ansprüche an ihren neuen Status befriedigt waren, wenn man seine Rolle öffentlich dargestellt und geregelt hatte. Von den Juristen war sie jetzt definiert worden, und das Kleingedruckte schien zu besagen, dass die Bestimmungen einer Tradition angehörten, die weit vor die Zeit zurückging, der diese neueren Männer ihren Aufstieg verdankten. Die protestierenden Philosophen waren nur eine lästige, unnütze Minderheit. Was für die neu Rekrutierten im Senat wirklich zählte, war die Frage, wer als Erster in ein höheres Amt oder gar in das ehrwürdige Priesterkollegium aufrücken würde. Das Wort »Freiheit« taucht nach 71 auf den Münzen Vespasians nie mehr auf.

50
DIE NEUE DYNASTIE

Diese Statue fürchtet weder regnerische Winter noch das dreifache Feuer von Jupiters Blitzen ... sie wird stehen, solange Erde und Himmel dauern, solange es noch ein römisches Tageslicht gibt. Hier, in der stillen Nacht, wenn irdisches Treiben die Götter in der Höhe beschäftigt, werden die Nächsten deines Blutes die Himmel verlassen und heruntergleiten und ihre Küsse mit dir vermischen. Sohn und Bruder, Vater und Schwester werden herunterkommen in deine Umarmung: dein Nacken allein wird Raum schaffen für alle Sterne ...
    Statius, SILVAE 1,1,91–98, über Domitians bronzenes Reiterdenkmal in Rom (um 91 n. Chr.)

Welche Freude, die Köpfe mit dem hoffärtigen Gesichtsausdruck zu Boden zu schmettern, mit dem Schwert darauf loszugehen, mit Äxten zu wüten – so als ob jeder einzelne Hieb Blut fließen und Schmerz spüren ließe! Keiner konnte den Jubel, seine lang ersehnte Freude unterdrücken, jedem galt es als Rache, die zerhauenen Glieder und verstümmelten Körper zu betrachten, schließlich zu sehen, wie die greulichen, widerwärtigen Abbilder den Flammen übergeben und eingeschmolzen wurden, damit das Feuer aus diesen bedrohlich dräuenden Verkörperungen des Schreckens etwas den Menschen Nützliches und Erfreuliches entstehen ließe.
    Plinius, PANEGYRICUS 52,4–5, über die Zerstörung der Statuen Domitians 93 n. Chr. (Übers. W. Kühn)

Als Vespasian endlich in Rom eintraf, stand außer Frage, dass neue Formen und ein neuer Umgang mit der Realität unausweichlich geworden waren. Nach Nero und einem Bürgerkrieg lag der Staatshaushalt im Argen; die Getreidevorräte gingen zur Neige; die Reihen der Senatoren waren durch den Bürgerkrieg gelichtet; rivalisierende Gruppen hatten »Freiheit« verkündet, während die Truppen plünderten wie in den Zeiten, als Octavian zur Macht aufstieg. Die Stadt selbst bot einen trostlosen Anblick. Dem großen Feuer von 64 waren in den jüngsten Konflikten weitere Brände gefolgt. In-

mitten der Zerstörung stand als gigantischer Affront unversehrt Neros Goldenes Haus.
Steuererhöhungen waren unvermeidlich geworden. Italien blieb wie bisher von Tributzahlungen ausgenommen, doch die bestehenden Steuern wurden angehoben, und bald kamen weitere hinzu. Als Neuerung wurde der Urin aus öffentlichen Bedürfnisanstalten besteuert, den man – wie noch im Ersten Weltkrieg – zur Kleiderreinigung benutzte. Der bodenständige Italiker Vespasian brachte der griechischen Kultur keine besondere Neigung entgegen. Die unruhigen Alexandriner sahen sich gezwungen, zum ersten Mal die Kopfsteuer zu entrichten, und Neros Zugeständnis einer Steuerfreiheit für Griechenland wurde aufgehoben. Ausgesprochen genial erscheint deshalb ein Einfall der arkadischen Griechen von Tegea auf der Peloponnes: Sie behaupteten, nach Weissagungen von Propheten an einem geheiligten Ort alte Gefäße entdeckt zu haben, auf denen ein Gesicht abgebildet sei, das dem Vespasians gleiche. Die Entdeckung zeigte, dass Vespasian, weit davon entfernt, »neu« zu sein, vielmehr »alt« war; die ersten Könige Roms kamen angeblich aus Arkadien. Es ist kaum daran zu zweifeln, dass die Griechen aus ihrer Entdeckung das Äußerste herausholten. Direkter konnte Vespasian von den besiegten Juden profitieren. Da sie keinen eigenen Tempel mehr hatten, für den sie regelmäßige Zahlungen leisteten, wurden sie verpflichtet, stattdessen eine Sondersteuer an Roms Jupiter-Tempel abzuliefern. Anders als die Tempelsteuer wurde sie auch auf Frauen und Kinder ausgedehnt und betraf ganz allgemein jeden und jede zwischen drei und sechzig Jahren. Die neuen Einnahmen für den Staat waren erheblich.
Vespasian selbst liebte das Geld, aber keine persönliche Extravaganz. Deshalb war er eine ergiebige Quelle für Anekdoten und amüsante Gerüchte, und noch sein Begräbnis bot Anlass zu einem gelungenen Witz. Der Schauspieler, der ihn in der Prozession verkörperte – was inzwischen gängige Praxis war –, ließ den fragenden Ruf hören, wie viel die Feier koste. Als zur Antwort ein Riesenbetrag genannt wurde, erwiderte »Vespasian«, lieber solle man nur einen kleinen Teil davon an ihn verwenden und seinen Körper für billiges Geld in den Tiber werfen. Komische Ausnahmen bestätigten das übliche Bild. Eine Frau, heißt es, sei dem alten Mann in heftiger Leidenschaft zugetan gewesen und habe darum gebeten, sein Bett teilen zu dürfen (nach Caenis' Tod?). Als Dank soll sie eine immense Summe erhalten haben, genug, um einen Mann zum römischen Ritter zu qualifizieren. Der Witz lag wohl darin, dass sie das Geld erhielt, weil sie den Kaiser so kompetent geritten hatte. Vespasian soll darauf seinen Verwalter beauftragt haben, die Summe in sein Geschäftsbuch

einzutragen, doch mit dem Vermerk: »für leidenschaftliche erotische Befriedigung Vespasians«.[1] Rechenschaftspflichtig war man für alles, auch für Sex über Mittag.

In den Provinzen sollten billige Privilegien und Titel besondere Loyalitäten schaffen; so erhielten die spanischen Provinzen das latinische Recht. Etwas anderes waren finanzielle Belohnungen. Doch in Rom konnte ein Kaiser den Geldhahn nicht gänzlich zudrehen. Die Prätorianergarde wollte ihren Sold; allerdings wurde jetzt mehr ausgewechselt als exzessiv bestochen. Diejenigen unter ihnen, die nach und nach aus dem Dienst ausschieden, wurden wohl glückliche Siedler in einem seltenen Phänomen, den wenigen Kolonien, die Vespasian in Italien selbst zu gründen wagte. Auch in Rom selbst musste der Kaiser trotz des ökonomischen Drucks Ausgaben tätigen, denn er konnte nicht einfach Münzen horten und der Gesellschaft das zirkulierende Bargeld entziehen. Ein möglicher Ausgabenbereich waren öffentliche Bauvorhaben. Die meisten Plebejer in der Stadt, gleich welcher beruflichen oder sozialen Gruppe sie angehörten, waren Alleskönner und für ihr tägliches Brot nicht auf öffentliche Bautätigkeit angewiesen. Doch diese Arbeit an der Seite von Sklaven, die dort ebenfalls eingesetzt wurden, warf einen hilfreichen Extraverdienst ab. Vespasians Bauvorhaben in Rom waren selbst in der Zeit sparsamen Wirtschaftens weit umfangreicher als die Projekte im perikleischen Athen. Das heute sogenannte Colosseum wurde auf einem Gelände errichtet, das zu Neros geschmacklosem Goldenen Haus gehörte. Vier Stockwerke hoch, war es nicht nur für den Kaiser, sondern als echte Volksarena für die Plebs gebaut. Auch die Kosten waren zu bewältigen – einen Beitrag leistete jüdischer Besitz, die Beute aus dem Sieg in Judäa. Jüdischer Besitz trug auch zur Finanzierung eines programmatischen neuen Tempels bei, eines Friedenstempels, dessen weitläufiges Areal zehnmal größer war als das Gelände rings um die *Ara pacis*, den berühmten Altar des Augustus für die Friedensgöttin. Der Inhalt der Anlage diente der Förderung des kaiserlichen Ansehens.[2] In einer Quarzstatue war der Nil verkörpert, begleitet von 16 Kindern. Als Vespasian im Jahr 69, zu Beginn seiner Regierung, in Ägypten weilte, sagte eine ägyptische Priesterin zutreffend ein schweres Nilhochwasser von 16 Ellen Tiefe voraus (daher die 16 Kinder), und Vespasians Monument spielte auf seine Rolle als Auslöser der Prophezeiung an. Der übrige Schmuck des Friedens waren antike Skulpturen und Kunstwerke, von denen einige in Judäa erbeutet worden waren, andere von Nero in der griechischen Welt. Für das Volk bestand die Botschaft darin, dass Vespasian Neros privates Plündergut jetzt in einem staatlichen Tempel der Öffentlichkeit zugänglich machte.

Doch wie Augustus forderte auch Vespasian Opposition heraus. So machte er zwei verhasste Spitzel aus Neros Zeit zu Statthaltern im Ausland und zog sich damit die Kritik des führenden philosophischen Kopfes der Stadt, des Senators Helvidius, zu. Ein wahrscheinlicher Grund für die Unstimmigkeiten war das Instrument der legalisierten Autokratie, wie sie im neuen Recht und Gesetz über die kaiserlichen Vollmachten verkörpert war. Damit verbunden war ein zweiter – Vespasians Ambitionen für die eigene Familie. Titus, der ältere seiner beiden Söhne, hatte in Judäa die Truppen zum Sieg geführt. Wieder in Rom, stieg Titus sogar zum Präfekten der Prätorianergarde auf, ein neues Amt für ein Mitglied des Kaiserhauses und zugleich ein cleverer Schachzug, denn diese Besetzung schränkte die Macht der Garden ein, einen Kaiser nach eigenem Ermessen zu wählen. Im Lauf seiner Regierungszeit belegten Vespasian und seine Familie das Amt des Konsuls in einem Ausmaß für sich mit Beschlag, das nicht einmal Augustus angestrebt hatte. Der philosophische Helvidius, der gegen diese dynastische Willkür seine Stimme erhob, wurde zunächst verbannt und dann getötet. Als Erwiderung auf seine Kritik ist vermutlich die Bemerkung zu verstehen, die Vespasian, wohl beim Verlassen des Senats, geäußert haben soll: »Auf mich folgen meine Söhne oder niemand.« Vespasian richtete zwar in Rom und Athen angesehene Lehrstühle ein und förderte den Unterricht in Rhetorik, Grammatik und Medizin in wichtigen Städten der Provinz, doch fällt auf, dass die Philosophie von solcher Förderung ausgeschlossen war. Lehrer der Philosophie jedoch brachten Helvidius' mutige Worte außerhalb Roms in Umlauf.

Man könnte sagen, die Geschichte habe Helvidius recht gegeben. Vespasians Sohn Titus hatte Charme, rednerisches Talent und militärische Erfahrung, brachte aber Mitte der 70er Jahre die öffentliche Meinung gegen sich auf, als er seine umstrittene Geliebte nach Rom kommen ließ. Berenike war eine jüdische Prinzessin, die Tochter von Claudius' Freund König Herodes Agrippa. In Rom wurde sie im Theater von der Menge verspottet, ein Protest nicht nur aus xenophoben Motiven. Berenike saß später unter den Ratgebern des Kaisers, eine unkluge Entscheidung, die ihr nicht ganz zu Unrecht den Ruf einer »neuen Kleopatra« eintrug.[3] In kluger Berechnung wurde sie sodann ins Ausland geschickt, nach einer angeblichen Verschwörung, in die zwei hochrangige Senatoren verwickelt gewesen sein sollen. Titus trieb sein Spiel mit den beiden, so eine mögliche Erklärung, um sie aus dem Weg zu haben, bevor er die Nachfolge seines Vaters antrat. Und er konnte die Anklage wegen Komplizenschaft mit Berenike gleichzeitig dazu benutzen, auch diese aus Rom zu entfernen.

Verspasian starb am 24. Juni 79, angeblich mit den Worten: »Oje, ich glaube, ich werde ein Gott«, der Kommentar eines schlichten Gemüts zur bevorstehenden kultischen Verehrung. Titus trat die Nachfolge an, und merkwürdigerweise erklärte Hadrian später, Titus habe Vespasian vergiftet. Auf den ersten Blick scheint Titus sich zwei Jahre lang nicht schlecht bewährt zu haben. Er ließ die verhassten Spitzel im Amphitheater zur Schau stellen, bevor er sie in die Verbannung schickte, ein Spektakel, das die nächsten Kaiser übernahmen. Sein Bruder Domitian behauptete allerdings, Titus habe das Testament des Vaters gefälscht. Titus hatte einmal bemerkt, an ihm sei ein Fälscher verlorengegangen; wohl denkbar, dass er dieses Talent gegen die beiden Senatoren eingesetzt hatte, vielleicht das einzige Verbrechen, wie er zu sagen pflegte, das er bereue.[4] Womöglich kam es seiner Reputation zustatten, dass er starb, bevor die Jahre der üblichen Schonfrist vorüber waren.

Der Wechsel des Herrscherhauses hatte das alte Muster nicht beseitigt. Auch Domitian blieb den Schwächen verhaftet, die ihn schon vor seiner Regierungszeit kennzeichneten. Im Jahr 69/70 war er das einzige Mitglied der Familie innerhalb der Mauern Roms, doch jede militärische Auszeichnung von Bedeutung war ihm versagt geblieben. Dem Bruder wie dem Vater stand er mit Abneigung gegenüber und hatte ganz allgemein ein argwöhnisches und unsicheres Naturell. Rückblickend wurde er treffend als der »kahle Nero« bezeichnet, nicht nur darum, weil ihm das gute Aussehen und die flotte Haartracht des Vorgängers fehlten. Ein gewisser militärischer Erfolg in Germanien verhalf ihm 83 zu gesteigertem Selbstvertrauen – mit den allzu bekannten Folgen. Zunächst unterstützte er Projekte griechischer Kultur und protegierte sogar Mitglieder der römischen Philosophenclique – unter anderem, weil beide seinem Vater missfallen hatten. Wie Nero förderte er das griechische Drama, griechische Musik sowie die Leichtathletik und feierte im Jahr 86 die ersten großen Spiele. In seinem riesigen Landhaus gründete er ein zweites Festival und nahm auch hier die griechischen Sportarten ins Programm auf. Immer noch gab es römische Traditionalisten, die griechische Leichtathletik und Gymnastik wegen ihrer Verknüpfung mit dem nackten Körper und dem verachteten Sexualverkehr zwischen freien Männern missbilligten. Domitians Patronage mitten in der Stadt Rom setzte einen wichtigen Kontrapunkt in den Bildungsjahren des jungen Hadrian, des künftigen großen »Philhellenen«. Domitian folgte damit keiner Idiosynkrasie. Griechische Literatur und Sprache gehörten, wie wir erfahren, inzwischen so selbstverständlich zur Ausbildung junger Römer, dass viele »Knaben lange Zeit nichts als Griechisch sprechen und lernen«.[5] Die Gegenstimmen gehörten jetzt einer »moralischen Minderheit« an.

Dann überwarf sich Domitian mit seinen bisherigen Protegés, den Philosophen, und ließ Ende 93 während einer Phase der Ungewissheit zu, dass sie wegen versuchter Opposition angeklagt wurden, nicht zuletzt mit dem Argument, sie verfassten die Biographien ihrer Vorgänger, Märtyrer des Widerstands gegen Nero. Es waren harte Zeiten, in denen die Senatoren um des Überlebens willen Kompromisse eingehen mussten. Angriffe richteten sich auch gegen Freunde des Christentums in den oberen Rängen der römischen Gesellschaft und gegen andere Bürger wegen »Übernahme jüdischer Sitten«. Moderne Versuche, Domitian zu rehabilitieren, sind ebenso einseitig wie die wilderen Gerüchte im Altertum. Verlässlicheren Zeugnissen entnehmen wir, dass er sich regelmäßig in einen seiner beiden stattlichen Paläste außerhalb Roms in den Albaner Bergen zurückzog, wo er sich auf dem See entspannte. Er war so nervös, dass ein großes Ruderboot sein Boot ins Schlepptau nehmen musste, damit ihm das Geräusch eigener Ruder im Wasser erspart blieb.[6] Man versteht, warum seine Frau, eine Nachfahrin des Caesarmörders Cassius, schon bald die Reize eines Schauspielers vorzog. In Rom erinnerte man sich an Domitian wegen seines unüberbietbaren schwarzen Humors. Senatoren und Ritter soll er zu einem nächtlichen Diner in einem schwarz gefärbten Raum eingeladen haben, in dem hinter jeder Kline ein grabsteinähnlicher schwarzer Steinblock stand. Schwarz bemalte Knaben servierten schwarz bemalte Gerichte, und das Schweigen wurde nur von Domitian unterbrochen, der »ausschließlich vom Tod und vom Töten sprach«.[7]

Wie Nero hielt sich auch der kahle Nachfolger für sexuelle Bedürfnisse einen Lieblingseunuchen. Die Verse, in denen gefeiert wird, wie die blonden Haare dieses Eunuchen fielen und den Göttern geweiht wurden, zählen nicht zu den bedeutendsten der lateinischen Dichtkunst. Wie unter Nero profitierte hingegen die römische Architektur. In Alexandria und im Osten, eingeschlossen die Wüstenstadt Petra, herrschte bereits eine kühne barocke Pracht, die zum starren Klassizismus des augusteischen Stilempfindens in sonderbarem Gegensatz stand. Jetzt hatte sie ihre zweite Chance in Rom. Die Liste der Bauwerke Roms, die in Domitians Regierungszeit restauriert oder konzipiert wurden, ist beachtlich, das kühnste jedoch war sein eigener großer Palast auf dem Palatin. Vespasian, immer zugänglich und bürgernah, hatte es vermieden, sich auf den Hügel zurückzuziehen, doch Domitians neuer Palast wurde im Jahr 92 vom Architektengenie Rabirius vollendet. Er bestand aus zwei getrennten Teilen, und seine Gemächer beeindruckten durch polygonale Formen, Lichteffekte und Durchgänge, durch farbigen Marmor aus weit entfernten Steinbrüchen und durch ihre ungewöhnliche Raumhöhe. Das nahe gelegene Hippodrom war offenbar mehr ein Teil der Gärten als eine wirkliche Rennbahn. Es war nur angemessen, dass dieser umfangreiche Palastkomplex sich über Neros früherem Gebäude erhob, und wenn sich im Bankettsaal 1000 Senatoren und Ritter zum Nachtmahl niederließen, war der Anblick weniger schwarz als staunenerregend. Unter dem hohen vergoldeten Dach »erreichte das müde Auge den Gipfel kaum«, schrieb der Dichter Statius, »und man meinte, dass es die goldene Kuppel des Himmels sei«.[8] Der Zugang zum Gelände führte durch einen Jupiter-Tempel. Vergleiche zwischen Domitian und Jupiter und ihren beiden Palästen waren ein beliebtes Thema, der Kaiser selbst aber pochte auf engste Verwandtschaft mit der Göttin der Kunst und des Krieges, Minerva. Der Palast war allerdings voller Spiegel, so dass Domitian jederzeit im Blickfeld hatte, was hinter seinem Rücken vor sich ging.

Domitians Unsicherheit und Liebe zum Luxus waren untragbar, und wie Nero wurde er von den eigenen Hofbeamten getötet. Da er keinen Nachfolger hinterließ, stand es den Verschwörern frei, sich für einen eigenen Kandidaten zu entscheiden. Es ist aufschlussreich, dass die Wahl auf den 60-jährigen Nerva fiel, einen Patrizier aus adligem Haus und angesehenen Senator, auch er ohne männliche Nachkommen. Die Wahl wurde sodann vom Senat geschlossen bestätigt – endlich einer der Ihren, ein Insider in reiferen Jahren. Nicht nur hatte Nerva in seiner Jugend vielbewunderte lateinische Elegien geschrieben; vor allem war er in den letzten 30 Jahren als Krisenmanager der Kaiser dreimal hoch geehrt worden. Seine Vorfahren waren Juristen gewesen; auch er selbst verfügte über Rechtskenntnisse. Im Jahr 71 war ihm bemerkenswerterweise die Ehre eines Konsulats zugefallen, vielleicht als Belohnung für organisatorische Mithilfe beim Gesetzesentwurf zu den Vollmachten für Vespasian.

Der wirklich gute Kaiser war weder Titus noch Vespasian, sondern Nerva. Endlich konnten die Senatoren die Versöhnung von Freiheit und Prinzipat verkünden. Nervas Münzen rühmten die Freiheit des ganzen Volks, und auf einer Inschrift in der Halle der Freiheit in Rom war zu lesen: »die wiedererstandene Freiheit«. Das System selbst wurde natürlich nicht rückgängig gemacht, aber die Römer trafen sich zu ihren Volksversammlungen und vollzogen ihre Freiheit durch die Verabschiedung von Gesetzen. Die Statuen des verhassten Domitian wurden eingeschmolzen, und auf den Monumenten wurde sein Name getilgt. Doch seine Ernennungen und Gesetze mussten bestätigt werden – zu viele, darunter Senatoren, hatten daraus Gewinn gezogen.

Nerva sicherte nicht nur die Freiheit, er distanzierte sich auch von Ungerechtigkeit und Luxus. So beseitigte er die härtesten Auswirkungen der Erbschaftssteuer auf Neubürger und die extreme Anwendung der jüdischen Steuer auf

Juden und Anhänger des Judentums. In den Provinzen durften die Ankläger in Steuerfällen nicht länger gleichzeitig als Richter amtieren; Verunglimpfungen des Kaisers waren nicht mehr strafbar, und die Philosophie erhielt staatliche Unterstützung. Höchst ungewöhnlich waren Nervas Verkäufe von Land, ja von Bekleidung aus kaiserlichem Besitz. Er schwor dem Luxus ab und ließ den Armen Italiens großzügige Hilfe zukommen: Es wurde Geld abgezweigt, um Landparzellen für sie zu kaufen. Das alles war gute Politik, doch die Grundlage des imperialen Systems war nicht nur das Gute. Daneben gab es die unentbehrlichen Soldaten und die Garden in Rom.

Optimistisch verkündeten Nervas Münzen »Eintracht der Armeen«. Doch die Truppen blieben Domitian verbunden, der ihren Sold erhöht hatte, und im Herbst 97 zwang die Prätorianerwache Nerva, der brutalen Hinrichtung von Domitians Mördern zuzustimmen. Offensichtlich war eine härtere, soldatische Persönlichkeit gefordert. Später war von einem offenen Staatsstreich die Rede, doch wahrscheinlich hatte Nerva sich einverstanden erklärt, als er einen Soldaten zu seinem Adoptiverben bestimmte. Der Erwählte war Trajan, ein Mann aus einer spanischen Kolonie, der einen hochdekorierten Militär zum Vater hatte und in Germanien eigene Armeeerfahrung sammeln konnte. Hinter dem Plan der Adoption sind zwei Senatoren auszumachen. Der eine war Frontinus, die anerkannte Autorität auf dem Gebiet der römischen Aquädukte und ehemaliger Statthalter in Britannien, der in Wales ausgezeichnete Arbeit geleistet hatte.

Nerva und sein Adoptivsohn wären für einige Jahre vielleicht ein gutes Gespann gewesen, doch drei Monate später schied Nerva unerwartet aus dem Leben. Auf den Spuren von Vespasians flavischer Dynastie hinterließ er seinem Nachfolger in Rom eine Führungsschicht, die nach Ton und Zusammensetzung einen unvermeidlichen Wandel durchgemacht hatte. Nicht nur waren dank Domitians Patronage prominente griechischsprachige Persönlichkeiten in den Senat gelangt; Vespasian, aus Italien stammend, hatte den Senat seinerseits mit weiteren Mitgliedern aus der Provinz gefüllt. Die gesetzliche Formulierung seiner Vollmachten war für diese Aufsteiger akzeptabel gewesen, doch dann hatte sich Domitian in herrscherlicher Allüre allzu weit über sie erhoben. Diese Brüskierung ihrer moralischen Werte und Maßstäbe hatte deren Stärken und Grenzen ins Licht gerückt. Nach seinem Tod dauerte es nicht lange, bis die Senatoren es wagten, ihn zu verdammen, doch ebenso bald wussten sie sich und ihre frühere Kompromissbereitschaft zu rechtfertigen. Wie schon unter Nero blieb vieles am besten ungesagt. Ein prinzipientreuer Tafelgast Nervas hatte es einmal treffend resümiert: Wären die schlimmsten von Domitians Informanten noch unter den Lebenden, säßen sie jetzt zweifellos mit zu Tisch.[9]

51
DIE LETZTEN TAGE VON POMPEJI

Wenn du das Feuer der Liebe fühltest, Maultiertreiber,
Würdest du Venus mit größerer Eile entgegenziehn.
Ich liebe einen bezaubernden Knaben und bitte dich also, treibe die
Maultiere an; brechen wir auf.
Du hast deinen Trunk gehabt, brechen wir also auf. Nimm die Zügel
und lass sie schießen,
Und bringe mich nach Pompeji. Dort ist die Liebe süß.

Inschrift im Peristyl des Hauses IX 5,2, Pompeji

Die Aufsteiger aus den italischen Kleinstädten, die während der 70er Jahre n. Chr. in Roms führende Zirkel befördert wurden, standen im Ruf einer neuen Kargheit und Selbstbeschränkung. Zu den Exzessen und Ausschweifungen der Herrschaft Neros und all derer, die sich ungeachtet »traditioneller« römischer Werte daran beteiligt hatten, stand diese Lebensform in striktem Gegensatz. Begrenzten Einblick in diese kleinstädtische Realität geben die großen Überlebenden der Archäologie, Pompeji und das benachbarte Herculaneum. Am 24. August 79 brach der Vesuv aus. Ein dichter Schauer aus Staub und Bimsstein stieg über den Rändern des Kraters auf, von Erdbeben, Flammen und einer Wolke begleitet, die, so der Augenzeuge Plinius, geformt war wie die Krone einer Schirmpinie, wie sie noch heute in der Umgebung der Ruinen heimisch ist. Die Wolke erreichte eine Höhe von etwa 30 Kilometern, und nach vergleichbaren jüngeren Ausbrüchen des Mount St. Helen im amerikanischen Nordwesten zu schließen, dürfte die im Vesuv freigesetzte Explosionskraft 500 Mal stärker gewesen sein als diejenige der Atombombe von Hiroshima. In Pompeji kann man die Auswirkungen in drei Stufen des Grauens verfolgen. Als Erstes erlosch das Tageslicht, als ein Guss weißen Bimssteins von etwa 3 Meter Tiefe den Himmel verdunkelte, dann schwärzte grauer Bimsstein Straßen und Gebäude. Am folgenden Morgen, dem 25. August, gegen halb acht, rollte eine große »brennende Wolke« von heißem Gas in die Straßen, die alle erstickte und verbrannte, die in der Stadt geblieben waren oder dort festsaßen. Diesem mächtigen Schwall des Gases folgte die pyroklastische Flut aus heißem, flüssigen Gestein und Bimsstein, das die Gebäude zerstörte und sich bis weit hinter die Stadt ergoss; bis 8 Uhr wiederholten sich in der folgenden halben Stunde Schwall und Flut in vier Wellen von wachsender Stärke. Sie rissen den gelehrtesten unter den Beobachtern, den älteren Plinius, in den Tod. Die Briefe seines gleichnamigen Neffen bringen in Erinnerung, dass Plinius die Bucht von Neapel überquert hatte, um sich das Schauspiel aus der Nähe anzusehen. Im Inneren der Stadt werden noch immer Überreste gefunden – von Maultieren, für die ihre Krippen neben den Mühlsteinen, die sie drehten, zur Falle wurden, bis zur juwelenbehängten jungen Dame, deren Brust ihren Abdruck in den Massen aus Schlamm hinterließ, in denen sie starb. In Herculaneum hatten der Schwall und die Flut den Ort am früheren Morgen heimgesucht und ihn in sechs Wellen getroffen, um im Meer auszulaufen. Die Stadt war noch tiefer unter Lava und Stein begraben als Pompeji, und zwar, wie man heute annimmt, nicht aufgrund der Sekundäreffekte Regen und Überschwemmungen. Das Ausmaß der Katastrophe war gewaltig, und man begreift, warum sie für Titus' erstes Regierungsjahr eine allgemeine und finanzielle Belastung darstellte.

Pompeji und Herculaneum lagen dicht am Golf von Neapel, wo so viele prominente Römer ihre spektakulären Landsitze errichtet hatten. Selbst als dieser Luxus am Golf im 1. Jahrhundert v. Chr. seinen Höhepunkt erreichte, war keiner der beiden Orte eine Großstadt ersten Ranges; in den 70er Jahren hatte die Bucht ein wenig von ihrer Bedeutung verloren. Das besser bekannte Pompeji umfasste ein Fläche von etwa 140 Hektar und hatte in seinen letzten Tagen vielleicht 8000–12000 Einwohner. Die Stadt lag auf einem Plateau vulkanischer Lava, dem Rest einer früheren Eruption, und zu ihrem Bau hatte man verschiedene Arten Vulkangestein verwendet. Die Bevölkerung war sich des Risikos, das sie einging, jedoch nicht bewusst – der letzte Ausbruch des Vesuvs lag mehr als 1000 Jahre zurück, und die Steine schienen vermutlich harmlos. Pompeji selbst war seit dem 6. Jahrhundert v. Chr. in mehreren Schichten klar abgegrenzter historischer Phasen gewachsen: einer etruskischen, in die sich auch Griechisches mischte, einer samnitischen und seit 80 v. Chr. der kolonialrömischen, als auch Cicero dort eines seiner Häuser baute. Im Jahr 79 n. Chr. waren die Wurzeln der Stadt, wie die Londons, mindestens 200 Jahre alt, und über den Fundamenten errichteten die Bewohner weiterhin Bau um Bau bis zum Ende.

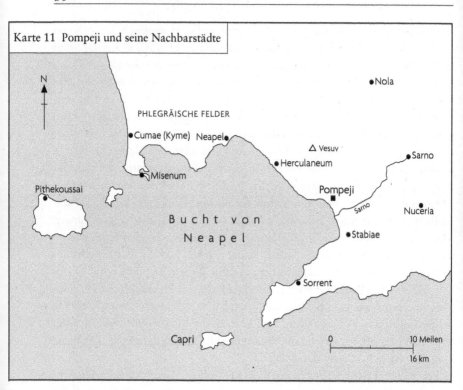

Karte 11 Pompeji und seine Nachbarstädte

Das hatte zur Folge, dass die besterhaltene antike Stadt in vielfacher Hinsicht bis heute schwer zu verstehen ist. Sie hatte keinen Stillstand gekannt, und nach dem verhängnisvollen Ausbruch begannen unverzüglich die Plünderungen. Sie gingen weiter, nachdem seit den 1740er Jahren Ausgrabungen stattfanden. Bei allem, was zerstört, verkauft oder zerstreut wurde, ist ein Drittel Pompejis glücklicherweise für künftige archäologische Forschungen erhalten geblieben.

Eine Seite des pompejanischen Alltags erscheint faszinierend modern. Das Straßensystem war so angelegt, dass es Verkehr auf Rädern von bestimmten Arealen im Stadtzentrum fernhielt. Es gibt gut erhaltene Wein-Bars mit einem Phönix oder Papagei als Kneipenschild, daneben Theater, einen sogenannten Sportkomplex und ein besonderes Marktgebäude, in dem die Leute Fisch, Fleisch und Delikatessen einkaufen konnten. Viele Häuser enthalten große Wandgemälde oder Fresken, und unverkennbar herrschte ein Haus-und-Garten-Kult. *Trompe l'œil*-Gemälde scheinen den Gartenraum zu vergrößern und zeigen sogar exotische Vögel sowie die Blumen, Rosen oder Myrten, die in

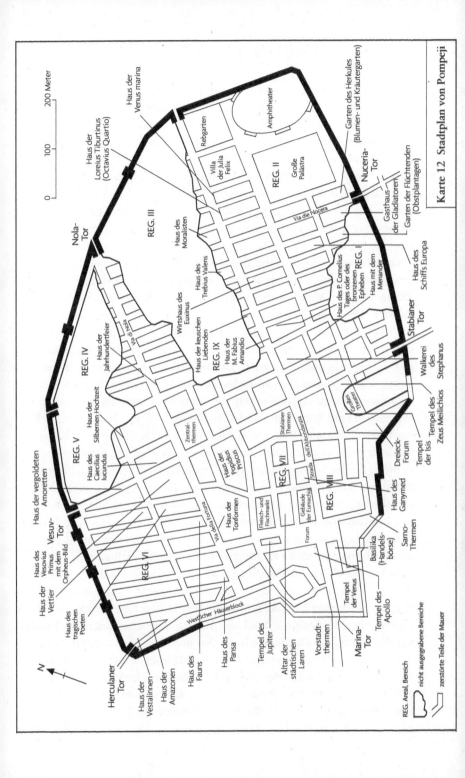

Karte 12 Stadtplan von Pompeji

Töpfen und Rabatten angepflanzt waren. Die Hausbesitzer aßen an einem Tisch im Schatten der Bäume; es war sozusagen ihr Zimmer im Freien. 118 Stück Tafelsilber wurden im Kellergeschoss allein eines einzigen großen Hauses gefunden, darunter ein Set für Abendgesellschaften von acht Personen.[1] Auch Graffiti und eindrückliche Wandinschriften sind zu sehen. 48 Graffiti mit Versen Vergils wurden gefunden, davon einige in einem Bordell. An den Straßenfassaden der Bars, an Häusern und öffentlichen Gebäuden warben Wahlplakate für einzelne Magistratskandidaten. Auf rund 40 Plakaten wird die Unterstützung durch Frauen erwähnt, obwohl die Frauen nicht wählen durften.[2]

Gemalte Porträts geben uns das Gefühl, diese Menschen zu kennen – die junge Frau, die sich eine Feder an die Lippen hält, blond, mit klassischen Zügen, oder den Mann an ihrer Seite mit dem unsicher wirkenden Blick in den dunklen Augen. Doch vieles in diesen Zeitsedimenten ist keineswegs das, was wir uns heute unter einer gemütlichen Kleinstadt vorstellen. Bilder und Altäre der Götter waren allgegenwärtig, ganz zu schweigen von den feierlichen großen Tempeln auf dem Forum. Unentbehrlich für Haushalt und Gewerbe waren Sklaven; wo sie hausten, kann man sich allerdings kaum vorstellen, weil die oberen Gebäudegeschosse verloren sind. Auch die Freigelassenen trugen Wesentliches zur Wirtschaft und Sozialstruktur bei. Sie arbeiteten wie in Rom nach ihrer Freilassung weiter für die früheren Herren, die auf diese Weise vom Geschäft profitieren konnten, ohne gebunden zu sein. Ein Bankenviertel gab es nicht, Geldverleih war eine private Transaktion; desgleichen fehlten Krankenhäuser und öffentliche Wundarztpraxen. Bordelle gab es, doch ohne die moralische Abschottung in Rotlichtbezirke. Auch Straßenschilder fehlten. Gut erhalten sind öffentliche Toiletten hinter diskreten Trennwänden, doch hatten sich zwei, ja bis zu sechs Personen nebeneinander den Platz darauf zu teilen; für die Hygiene stellte die Kommune Schwämme zur Verfügung.

Neben verschiedenen Theatern gab es die größte Sportanlage, das Amphitheater für Blutsportarten mit Menschen und Tieren als Akteuren. Es ist das älteste, das überlebt hat, und geht in die 70er Jahre v. Chr. zurück, als sich die Einwohnerschaft Pompejis durch die Ankunft römischer Veteranen-Kolonisten veränderte. Gladiatorenspiele werden in vielen erhaltenen Graffiti angekündigt und mit Beifall bedacht: »Idol der Mädchen, Celadus, der thrakische Gladiator!«[3] Auch fehlte den großen Privathäusern der Stadt das nach innen orientierte Zentrum einer Privatsphäre, wie wir es heute schätzen. Das Heim eines Pompejaners war wie für den Stadt-Römer nicht seine Burg und ein eigentliches Privatleben kein Ziel seiner Wünsche. Die römische Familie war nicht als Großfamilie definiert, in der man über Generationen und mit den Geschwistern unter einem Dach lebte. Sie war wie die unsere eine Kernfamilie, doch in ein anderes Beziehungsgeflecht eingebunden. Wenn das Oberhaupt der Familie, der *pater familias*, ein wichtiger Mann war, hatte er auch die Funktion des Patrons für zahlreiche Abhängige und sogenannte Freunde zu übernehmen, die ihm sowohl Gunstbeweise gaben als auch solche von ihm erwarteten. Allmorgendlich strömte eine Schar von Besuchern ins Haus, das eine Art Empfangszentrum darstellte. Viele ältere, größere Häuser gewährten den Besuchern vom Eingang her einen eindrucksvollen Durchblick entlang der Hauptachse, an der die zentralen Räume lagen; sie wurde von etwa 9 Meter langen, mächtigen hölzernen Querbalken gestützt.

In den letzten Jahrzehnten der Stadt war dieser Grundriss längst nicht mehr allgemeintypisch. Große Häuser umfassten jetzt Werkstätten, Läden und sogar Bars, die an die Straße angrenzten und den Durchblick verdunkelten. Im lateinischen Wort *familia* sind auch die Sklaven des Haushalts eingeschlossen, die an diesen Arbeitsplätzen zusammen mit den Freigelassenen des Hausherrn gewinnbringend eingesetzt wurden. Im Hausinnern, dem eigentlichen Haushalt, hätte uns die ausgesprochen sparsame Möblierung überrascht, die Mehrzweckverwendung vieler Räume und das ersichtliche Fehlen einer Privatsphäre, wie wir sie uns vorstellen. Sogar die Gewächse in den größeren Gärten waren oft nur aus ökonomischen Gründen angepflanzt, nicht um des zweckfreien Gärtnerns willen. Im südlichen Sektor wurden jüngst Häuser mit großen Weingärten auf den zugehörigen Grundstücken ausgegraben, und möglicherweise wurden sogar auch Rosen für die wichtige Parfümindustrie gezüchtet.

Da die Identität vieler Hausbesitzer noch nicht geklärt ist, bleibt auch ihre Beziehung zu Bauernhäusern und Landgütern *(villae rusticae)* in der Umgebung ungewiss. War Pompeji eine Stadt, die von den Einnahmen aus dem Konsum lebte und deren Grundbesitzer ihre Pachtzinsen und andere Einkünfte für Konsumgüter – darunter Getreide – ausgaben, die nur in der nächsten Umgebung produziert wurden? Die Annahme ist wenig wahrscheinlich, denn man entdeckte in der Stadt nicht nur vereinzelte Importgüter aus weit entfernten Regionen – einen Stapel prächtiger Keramik aus Gallien oder die exquisite Elfenbeinstatuette einer nackten indischen Gottheit –, sondern in Gallien und Spanien hat man auch Produkte aus Pompeji gefunden. Die Weine der Stadt waren nicht erstklassig, doch weithin bekannt und folglich weit verbreitet. Auch ihre guten Mühlsteine waren berühmt sowie ihre salzige Fischsauce, deren Gebrauch außerhalb der Stadt vielfach bezeugt ist. In den Jahren vor 79 war der König der Fischsauce ein Freigelassener namens Umbricius Scaurus, dessen Erzeugnisse nach Kampanien exportiert wurden. Er setzte ihnen in augenfälligen Mosaiken seines Hauses sogar ein Denkmal. Die laufenden Ausgrabungen in den nahe gelegenen Landgütern bestätigen deren Rolle als Zentren für Vorratshaltung und Produktion von oft beeindruckender Größe. Und nicht alles war vermutlich für den heimischen Verbrauch bestimmt. Auch galt solche Produktionstätigkeit bei den städtischen Führungsschichten keineswegs als »würdelos«. In der Nähe des Amphitheaters wurde ein großer, offensichtlich kommerzieller Weingarten mit Löchern für mehr als 2000 Rebstöcke gefunden; dieser Wein wurde wohl in den Geschäften der Stadt verkauft und vielleicht sogar in die weitere Umgebung verschickt. Familien von Rang im bürgerlichen Leben Pompejis blieben in Erinnerung, weil sie bestimmten Traubensorten ihren Namen gaben (z. B. die »Holconische«). Der Gewinn aus dem Weinanbau war ihnen zweifellos wichtig, die Arbeit aber erledigten ihre Freigelassenen und Sklaven. Vielleicht gehörten die Landhäuser mit den üppigsten malerischen Darstellungen von Reben und Trauben wirklich engagierten, gewinnorientierten Weinbauern.[4] Zwischen dem städtischen Domizil, dem großen Haus für die gesellschaftlichen und politischen Verpflichtungen, und dem Zweitwohnsitz auf dem Land, einem Produktionszentrum auf Großgrundbesitz, müssen häufige Kontakte bestanden haben. Leider sind solche Verbindungen in den uns erhaltenen Relikten nur spärlich bezeugt. Doch Pompeji war oberhalb des schiffbaren Sarno außerordentlich günstig gelegen und hatte guten Zugang zum Meer – ein wichtiger Faktor für die nach außen ausgerichtete Wirtschaft der Stadt.

Profitneigung schloss eine passionierte Selbstinszenierung nicht aus. Deshalb sind die imposanten Grabbauten pompejanischer Familien vor den Stadttoren entlang den Hauptstraßen aufgereiht. Sie fallen besonders vor der Südmauer ins Auge, wo sie sich, wie man heute weiß, mehr als anderthalb Kilometer weit neben der Straße nach Nuceria erstreckten. Mit diesen Grabmonumenten wurden die Einheimischen durch die römischen Siedler bekannt. Einige der stilvolleren halten ganze Familien in Erinnerung und schließen sogar ein paar Sklaven aus ihrem Haushalt ein. Die öffentliche Lage der Begräbnisstätten bringt uns zu Bewusstsein, dass sich das Leben der Bürger vor den Augen der Öffentlichkeit abspielte und dass wichtige Personen wünschten, als solche wahrgenommen zu werden. Das Ausmaß der Gefallsucht und des sozialen Wettbewerbs würde selbst New Yorker verblüffen.

Die Theater der Stadt hatten ihre kulturelle Bedeutung, doch im Mittelpunkt des Programms standen Possen und Pantomimen. Was den literarischen Geschmack betrifft, könnten die Inschriften ein irriges Bild vermitteln. Nicht alle Vergil-Graffiti sind als Hinweis auf Gelehrsamkeit und eine literarisch gebildete Gesellschaft zu verstehen. Viele stammen aus den Anfangszeilen eines Werks oder Gedichts, die möglicherweise aus Schreibübungen bekannt waren, und fähige Beschrifter erhielten den Auftrag, sie in eleganter Form festzuhalten – vielleicht nur, weil der Kunde sie von anderen oder in einer Rezitation gehört hatte. Besonders beliebt waren, zweifellos ihrer sexuellen Bezüge wegen, offenbar Verse aus Vergils *Eklogen,* einem homoerotischen Hirtengedicht. Eine Wandmalerei zeigt sogar Karikaturen von Aeneas und seiner Familie als Figuren mit Hundeköpfen und überdimensionalen Geschlechtsorganen.

Auch unter den Wahlplakaten sind einige ausgefallene Exemplare. Sie singen das Lob eines bereits gewählten Kandidaten, statt ein Bemühen um Wahlerfolg zu unterstützen. Die Stadt wurde von zwei Magistraten geführt *(duumviri),* denen zwei nachrangige, die Ädilen, zur Seite standen, und einmal jährlich, im März, fanden Wahlen statt. In den letzten Tagen der Stadt waren die Ämter der Ädilen offenbar besonders umkämpft. Die wenigen Plakate, in denen die Namen von Frauen erwähnt sind, nennen sie als Anhängerinnen oder Cheerleader, natürlich nicht als Kandidatinnen; sie können sogar satirisch darauf hinweisen, dass ein Kandidat »nur für Frauen« tauge. Die Kandidaten mussten freie Männer sein, die bereits gewählte Mitglieder des Stadtrats waren, ein Amt auf Lebenszeit. Da die Ratsherren für ihre Wahl bezahlen mussten – manchmal boten sie Gladiatorenspiele an –, kamen sie und folglich auch die Magistrate aus der Schicht der Besitzenden. Doch wenigstens bei den Wahlen der Ädilen ging es noch lebhaft zu. Unter den Funden sind ungefähr 100 Plakate aus dem Wahlkampf für einen Ädil-Kandidaten, einen gewissen Helvius Sabinus, der wahrscheinlich im letzten, dem verhängnisvollen Jahr 79 stattfand. Sie wurden in den meisten Hauptstraßen gefunden und weisen auf die übliche breite Palette von Förderern und Anhängern hin: Gruppen von Händlern, Haushalte, ein, zwei Frauen und sogar die Diskuswerfer. »Schlaft ihr?«, heißt es auf einem dieser Plakate. »Wählt Helvius Sabinus als Ädil«.[5] Geschrieben sind alle Plakate auf Latein, doch nicht in unserem klassischen Latein. Im Jahr 79 war der Golf von Neapel noch multikulturell; neben dem Lateinischen wurde viel Griechisch und als dritte Sprache das süditalische Oskisch gesprochen. Alle drei Sprachen waren in Pompeji zu hören, wo das Oskische, was unsere lateinische Literatur verhehlt, noch im 1. Jahrhundert n. Chr. auf Inschriften zu lesen ist.

Lassen die letzten Tage Pompejis, das im Dunstkreis des luxuriösen Villenlebens der Bucht von Neapel lag, dennoch so etwas wie beständigere »italische Werte« erkennen? Diese letzten Tage dauerten in Wahrheit eine ganze Weile.

Schon im Jahr 62 hatte ein schweres Erdbeben die Stadt erschüttert, dessen Nachbeben sich bis in die 70er Jahre fortsetzten. Von den Archäologen wurde eine letzte Phase, von 62 bis 79, freigelegt, die es uns erlaubt, dieses provinzielle Italien zur Zeit des Aufstiegs Vespasians in Aktion zu sehen. Die notwendig gewordenen Reparaturen und Erneuerungsarbeiten konnten dem Hang der Bewohner zu Dekoration, Malerei und Fresko keineswegs auslöschen; Häuser wurden vergrößert und dehnten sich manchmal auf neue Grundstücke aus. Durch Läden, Apartments und Werkplätze konnte der ursprüngliche Grundriss eines Hauses gelegentlich schräg zum Haupteingang verändert werden. Verließen die früheren Bewohner während all dieser Unternehmungen die Stadt und verkauften ihre Häuser, oder erweiterten sie die Gebäude für neue Nutzungen? Für ihren Weggang wurde allgemein das Erdbeben verantwortlich gemacht, doch der Wandel, soweit er stattfand, vollzog sich vermutlich über Jahre als soziale Umwälzung. Auch ohne ein Erdbeben blieb in diesem Zeitalter früher Sterblichkeit und allgemeiner Unsicherheit keine führende urbane Schicht stabil und unverändert. In ganz Italien musste »neues Blut« nach einer Zeit, in der sich die Spuren des Neuen langsam verloren, immer für finanzielle Zwecke herhalten. Ein Teil der Geschichte mag sein, dass eine jüngere Schicht von Emporkömmlingen, ursprünglich Freigelassene, alte Häuser in Pompeji übernahm und sich mit übertriebenen Sanierungen in Szene setzte. Verschiedene Anwesen lassen solche Veränderungen erkennen, und es gibt in dieser Zeit auch Anzeichen für ein Design-Desaster besonderer Art, den städtischen Kleingarten. Wie die Gärten mancher großstädtischer Gartenausstellungen zwängt er sich in wirre Restbestände heruntergekommener Größe – Wände mit *Trompe-l'œil*-Malereien, Pergolas und drittklassige Skulpturen. Der Stil ist weniger der einer *Villa en miniature* (die großen Villengärten waren ein Konglomerat verschiedenster Merkmale) als vielmehr eine Stadtgarten-Phantasie von unverwechselbarer Eigenart, die oft an ganz andere Landschaften denken lässt – an Waldgebiete, Wasserfälle und sogar an Ägypten und den Nil. Ein ähnlicher Geschmack ist im Hausinnern zu erkennen. Nach 62 nahmen die Malereien in einigen Häusern verschwenderisch zu, so im »Haus des tragischen Poeten«, wo die Wände lückenlos mit Darstellungen aus griechischen Sagen bedeckt sind. Nur wenige Wandmalereien lassen an Theaterszenen denken, wie man sie vielleicht von Abenden in der Stadt kannte. Ähnlich den Drucken und Tapeten aus einem modernen Musterbuch oder einem Sonderangebot in der Zeitung gemahnen diese großen Bildfelder an eine kulturelle Welt, die ihre Besitzer selbst nicht zu verstehen brauchten. Draußen wie drinnen galt die Vorliebe einem hübschen, dekorativen Stil um seiner selbst willen.

Ein solcher Wandschmuck war heiter und auf seine Art luxuriös. Und der Luxus war moralisch unbedenklich, nicht weil seine weltfernen Phantasien die Zuschauer sozusagen in sicherem Abstand hielten; ebenso wenig wurde er akzeptabel, weil man ihn als Feier des Überflusses ansehen konnte.[6] Vielmehr war dieser Luxus vergleichsweise bescheiden, wenn man ihn an römischen oder julisch-claudischen Ansprüchen maß. In Pompeji sehen wir deshalb keinen gefährlichen, verweichlichenden Luxus, den die Moralisten beklagen mussten. Für uns liegt die Freizügigkeit in den Darstellungen sexueller Szenen, die jedoch, soweit bekannt ist, nicht auf lokale Kritik stießen. Auch gehören nicht alle in Pompejis letzte Tage. Auf Türklopfern, Lampen oder Türpfosten waren seit langem erigierte Phalli abgebildet; auch gab es sehr explizite Sexszenen auf den Rahmen von Handspiegeln und anderes. Bei einigen könnte es sich um grobe Späße handeln, wie man sie heute auf Souvernirs sieht; andere sind vielleicht unverkrampfte Bilder der Fruchtbarkeit oder aber Erotika für die Wände spezialisierter Bordelle. Doch das Bild einer nackten Frau auf einem Mann im Säulengang eines Innenhofs oder nummerierte Malereien im Umkleideraum öffentlicher Bäder, die oralen Sex zwischen Männern und Frauen, darunter Spiele zu viert, darstellen, lassen sich nicht als Bilder zur Abwehr des bösen Blicks oder zur Beschwörung eines glücklichen Geschicks erklären.[7] Sie sind nichts als sexy. Die Szenen über den Kleiderspinden in den Umkleideräumen konnten – wie die Spiegel – sogar von Frauen gesehen werden.

Pompejanische Werte waren also keine viktorianischen Werte. Bleibt die Frage, ob die krass derbe oder erotische Kunst der 60er und 70er Jahre vorwiegend von einer bestimmten sozialen Schicht präsentiert wurde. In dieser Zeit ist das große »Haus der Vettier« berühmt für sein Wandgemälde eines Mannes, der auf einer Waage einen enormen Penis gegen Goldmünzen aufwiegt. Die Vettier waren offensichtlich Freigelassene. Das Bild der Frau in Reiterstellung in der Gartenkolonnade wurde vom Sohn eines Geldverleihers installiert, der seinerseits Sohn eines Freigelassenen war. Vielleicht liebten es die neureichen Patrone, Derartiges zu zeigen, so wie heutige Banker weibliche Akte kaufen. Das vulgäre Gebaren von Freigelassenen aus der Region Neapel ist im eindrücklichsten Prosawerk dieser Ära, dem *Satyricon*, verewigt, das Neros witziger, eleganter Höfling Petronius verfasste. Erhalten ist nur ein Fragment, das von den Abenteuern dreier griechischer Gefährten, selbsterklärter homosexueller »Brüder«, und ihren verschiedenen sexuellen Beziehungen berichtet. Bemerkenswert ist ihr Gastmahl mit dem extravaganten Trimalchio und einer Gästeschar aus Freigelassenen. Die geschmacklose Villa des Gastgebers liegt in einer Stadt, hinter der man die ebenfalls am Golf von Neapel gelegene Hafenstadt Puteoli vermuten muss. Petronius charakterisiert die Freigelassenen durch ihre Sprache, ein Latein, reich an Sprichwort-Zitaten (dem Markenzeichen des Ungebildeten), an Stilblüten und haarsträubenden kulturellen Patzern. Es sind überspitzt gezeichnete Charaktere, die so nur in der Phantasie des Erzählers existieren; doch Trimalchios Gastmahl demonstriert mit aller Raffinesse eine protzige Vulgarität, eine derbe Lust an Geld und extrem schlechten Geschmack. Die dargestellte Episode ist die Satire eines hochkultivierten Mannes auf das groteske Auftreten von ehemaligen Sklaven – »wehe, wenn sie losgelassen«. In der unerträglichen Musik, dem Theatralischen, den Bühneneffekten, den lachhaft gewöhnlichen Ehefrauen, die sich im Wettstreit um den schwersten Goldschmuck messen, erkennen wir ohne Mühe Elemente von Abendgesellschaften mit Pompejis Vettiern oder anderen Freigelassenen der Stadt, Männern wie Fabius Eupor oder Cornelius Tages. Einige Instruktionen des Trimalchio für die Dekoration seines Grabes entsprechen tatsächlich bestimmten Details einer bekannten Grabstätte, die eine Frau in Pompeji für ihren verstorbenen Gatten bauen ließ.

In den 60er und 70er Jahren gehörten also die Freigelassenen zu den Hausbesitzern Pompejis, die ihren Residenzen einen neuen Anstrich gaben. Sie blieben jedoch (als Freigelassene) weiterhin von der Übernahme öffentlicher Ämter ausgeschlossen, und die älteren, seriöseren Familien Pompejis waren sicherlich nicht restlos aus der Stadt verschwunden, nur weil neuerdings der Boden unter ihren Füßen bebte. Wir finden aus dieser Zeit im sogenannten Haus der Venus auch das klug geplante *Trompe-l'œil*-Gemälde einer nackten Meeresvenus, das für die Lucretii Valentes, bedeutende Bürger unter Nero, angefertigt wurde. Für den Ersten Bürger der Kolonie wurde auch das »Haus des tragischen Poeten« neu geschmückt, der es allerdings vermietete. Venus und Profit waren also nicht nur für Freigelassene attraktiv. Aber vielleicht – dies eine Vermutung – musste man ein Aufsteiger sein, um Sexszenen an den eigenen vier Wänden so offen zur Schau zu stellen. Denn die Bewohner des früheren Pompeji waren von den beständigeren patriotischen Werten des augusteischen neuen Zeitalters geprägt. Die Ostseite des zentral gelegenen städtischen Forums war in der Zeit der Kaiser umgestaltet worden. Tempel für deren kultische Verehrung waren entstanden, und Statuen vor einem der großen Verwaltungsgebäude, gestiftet von der prominenten Priesterin Eumachia, zeigten Helden wie Romulus und Vater Aeneas. Sie erinnerten an die moralischen Skulpturen in Augustus' neuem programmatischen Forum in Rom.

Sparsamkeit und Mäßigkeit sind relative Begriffe. Für die Italiker, die in den 70er Jahren erstmals in den römischen Senat gelangten, bedeuteten sie, dass man nicht verschwenderisch war wie die Julier und Claudier oder jene Senatoren, oft Provinziale, welche die unvergleichlich großen Vermögen besaßen. Um 70 gab es in Pompeji sicherlich Familien, die sich dem ausschweifenden theatralischen Schwulst an Neros Hof mühelos angepasst hätten. Doch der Weg dorthin blieb ihnen verschlossen. Keines der ausgegrabenen Häuser hatte einen Besitzer, der auch nur die geringste Aussicht auf den renommierten Senatorenstand gehabt hätte. Die mögliche Ausnahme ist Neros schöne Poppaea, die vermutlich Eigentümerin der riesigen Villa im benachbarten Oplontis war; die pompejanischen Häuser allerdings, deren Besitz ihr manchmal auch zugeschrieben wird, gehörten ihr wahrscheinlich nicht.[8] Wenn sich ihr die Gelegenheit bot, konnte Poppaea es an Verschwendungssucht mit den Besten aufnehmen. Doch die Vorzeigegattin eines Kaisers nahm eine Sonderstellung ein. Viele Bürger Pompejis, wahrscheinlich die Mehrheit, verstanden sich in den 60er und 70er Jahren noch als Bewahrer »traditioneller« Werte. Die Freigelassenen waren wie gesagt nur ein Teil der Geschichte. Im Säulengang eines Gartenraums für Diners im Freien waren Verse zu lesen, die den Gästen rieten: »Wendet eure lustvollen Blicke und süßen kleinen Augen von der Ehefrau eines anderen ab.«[9] Auf der Strada dell'Abbondanza (Straße des Überflusses) verkünden die großen Lettern einer Inschrift »Sodom und Gomorrha«, vielleicht eine biblische Warnung an die Pompejaner vor den Gefahren sexuellen Fehlverhaltens. Doch Pompeji ging nicht in einer Sintflut von Orgien unter.

52
EIN AUFSTEIGER BEI DER ARBEIT

Sonderbar! Betrachtet man einen Tag in der Stadt für sich allein, geht die Rechnung auf oder scheint doch aufzugehen; nimmt man mehrere zusammen, stimmt sie nicht! ... Was an dem einen Tage, an dem Du es getan hast, unvermeidlich gewesen zu sein scheint, das erscheint Dir, wenn Du bedenkst, dass Du es Tag für Tag getan hast, unwesentlich, und besonders wenn Du Dich in die Einsamkeit zurückgezogen hast ... Mir ergeht es so, seit ich auf meinem Laurentinum bin und etwas lese oder schreibe ... Und du, mein Meer, mein Strand, mein wahrer, heimlicher Musenhof! Wie viele Gedanken gebt ihr mir ein, wie viele Worte vermittelt ihr mir!

Plinius, BRIEFE 1,9 (Übers. H. Kasten)

Pompeji und der Golf von Neapel machten nur einen kleinen Teil Italiens aus. Glücklicherweise sind wir im Besitz eines unschätzbaren Relikts, das uns Einblick in die Wertvorstellungen der Neuzugänge im Senat aus nördlichen Regionen verschafft. In Texten, die zwischen den 90er Jahren und 112, der Zeit von Domitian bis zur Epoche des Hadrianvorgängers Trajan, geschrieben wurden, sind die Werte eines solchen *homo novus* im Senat, des jüngeren Plinius, festgehalten.

Plinius war der Adoptivsohn des älteren Plinius, seines Onkels, den er als enzyklopädischen Gelehrten bewunderte. Uns ist der ältere Plinius aus seinem umfangreichen Werk über die Naturgeschichte bekannt, das sich teilweise zum Ziel setzt, verderbliche Formen des Luxus aufzulisten. Plinius der Jüngere veröffentlichte neun Bücher seiner Briefe, die allerdings nicht der Art von Privatbriefen entsprechen, wie sie heute modernen Biographen zur Verfügung gestellt werden. Die meisten lassen ein bestimmtes Verhalten oder Urteilsvermögen erkennen. Sie wollen sowohl Vorbild sein als auch Beweis für Plinius' Anstand in seinem eigenen Handeln. Wie die Satire ist der literarische Brief eine Besonderheit der lateinischen Literatur, doch keine anderen Briefe, nicht einmal die

52 EIN AUFSTEIGER BEI DER ARBEIT

Ciceros, sind stilvoller und gewandter als die vom jüngeren Plinius publizierten. Unter den uns überlieferten Zeugnissen kommen sie einer Autobiographie am nächsten.

Ein zehntes Briefbuch wurde nach Plinius' des Jüngeren Tod veröffentlicht. Es enthält Briefe, die er 111/2 während seiner Zeit als Statthalter von Bithynien geschrieben hatte. Dort gehörte zu seinen Untertanen ein junger Mann, der ihm allerdings unbekannt blieb, Hadrians künftiger Liebhaber Antinoos. Dieses zehnte Buch ist von einzigartigem Wert, weil es Erwiderungen enthält, die für Trajan oder von diesem selbst geschrieben wurden. Sie sind Klassiker der römischen Regierung in Aktion. Rund 50 Jahre zuvor war Petronius, der Meister des Esprit und des Luxus, Statthalter dieser Provinz gewesen. Seine Briefe an Nero im heimatlichen Rom werden ganz anders gewesen sein.

Wichtige Themen für Plinius sind Gerechtigkeit, Freiheit und die Gefahren eines ungehemmten Luxus, denn er war römischer Anwalt, Senator, Statthalter und auch Moralist. Er schildert die Lebensweise seiner Freunde, Genossen »unserer Zeit«, denen er, wie er in diplomatischen Worten bekennt, fast allzu sehr gewogen ist. Viele von ihnen stammen wie Plinius aus dem nördlichen Italien jenseits des Po.[1] Einige Orte wie das moderne Brescia, Verona oder Mailand hatten in den 70er Jahren v. Chr. noch nicht einmal das römische Bürgerrecht. Plinius zeigt dieses »Kleinitalien« aus eindrücklicher Sicht, obwohl es auf der größeren Bühne zum Teil so durchschnittlich erscheint. Doch er hatte einen guten Blick für Leute, die zu kennen sich lohnte, und für Männer mit Zukunft. Hätte Hadrian die Briefe in seiner eigenen Villa jemals gelesen, wäre er auf die Namen einiger von ihm selbst ernannter Amtsträger gestoßen, die Plinius in einem früheren, freundlicheren Umfeld vorstellt.

Plinius der Jüngere wurde 61/2, etwa 14 Jahre vor Hadrian, geboren. Die schlimmsten Auswüchse der julisch-claudischen Herrschaft waren bereits Vergangenheit, und seine Familie lebte in einiger Entfernung von Rom. Seine Heimatstadt Comum (Como) lag an einem See von berückender Schönheit nahe der Grenze Norditaliens. Julius Caesar hatte ihr in den 50er Jahren v. Chr. das römische Bürgerrecht verliehen. Schon Plinius' Vater hatte sich in der Stadt einen Namen gemacht, doch er selbst war der Erste seiner Familie, der zum Senator aufstieg. Dieser Ehre war er sich in hohem Maße bewusst und merkte sogar an, der große Vergil habe sie nicht erlangt. Sie hatte ihren Grund in einem beträchtlichen Vermögen, das teils Familienbesitz, teils durch Heirat und Erbschaft erworben war. Sein Einkommen bezog er wie andere Senatoren hauptsächlich aus Pachterträgen – man schließt auf einen Kapitalgewinn von 6 Prozent jährlich, was in Jahrzehnten niedriger Inflation kein schlechtes

Ergebnis ist. Plinius betätigte sich auch als Geldverleiher, ein riskanteres, aber weit einträglicheres Geschäft. Anders als zu Zeiten des älteren Cato (180 v. Chr.) konnten die Senatoren jetzt ganz offen von ihrer Beteiligung an Wuchergeschäften schreiben. Die Vorurteile von Minderheiten waren längst Vergangenheit. Auch diese Offenheit ist ein Aspekt der Unvoreingenommenheit einer Mehrheit der Römer gegenüber dem Geld.

Plinius' Karriere verlief äußerst erfolgreich. Im Jahr 100 n. Chr., noch nicht ganz vierzig, war er Konsul geworden und hielt zum Dank, wie es üblich war, eine Lobrede auf Kaiser Trajan in Rom. Danach baute er seine Rede aus und hielt sie in drei je zweistündigen Sitzungen ein zweites Mal vor ausgewählten Freunden. Der überlange Vortrag ist eine römische Erfindung: Warum, fragt Plinius, sollen Hörer nicht leiden, nur weil sie Freunde sind? Wie allzu viele moderne Redner hofften auch die römischen Vortragenden auf Resonanz. In einer dritten Version publizierte Plinius seinen verlängerten *Panegyricus* sodann mit einem abschließenden Lobspruch auf sich selbst.

Dankesreden sollten als typische Erscheinung des Hoflebens im späteren Kaiserreich Zukunft haben, doch Plinius suchte seinen literarischen Helden in der Vergangenheit. Als *homo novus*, Redner und öffentliche Person fühlte er sich Cicero verbunden. Von seinem Lehrer, dem großen Quintilian, lernte er Ciceros Stil zu imitieren und ihn als moralisches Vorbild zu bewundern. Beides hatte seine soziale Bedeutung nicht verloren. Unter Plinius' Konkurrenten im Gericht waren gewissenlose Informanten, Männer, die ihresgleichen aus geringfügigem Anlass unter Anklage stellten. Sie pflegten eine unverblümte Sprache und einen unbedarften Stil, während der Cicero-Anhänger Plinius stolz darauf war, sich durch ein so ganz andersartiges Auftreten auszuzeichnen, ohne dabei über eine opportunistische Anklage völlig erhaben zu sein.[2]

Schon mit 18 Jahren war Plinius als Jurist tätig und vor allem mit Fällen zum römischen Erbrecht beschäftigt. Als Advokat durfte er von Gesetzes wegen keine hohen Honorare verlangen. An ihrer Stelle erwartete er Gefälligkeiten, ein Teil des dichten Gewebes von Verpflichtungen, in welches das Leben eines Römers von Rang und Namen eingebunden war. Wie bei so manchen Geschäften der heutigen Zeit wurde erwartet, dass gute Dienste mit gleicher Münze vergolten wurden. Die Römer stehen in dieser Hinsicht dem modernen Leben näher, als manchen ihrer Kritiker bewusst ist – man denke an die Sitte des sozialen Austauschs im heutigen Manhattan oder den Leihverkehr zwischen Museen. Cicero war das geeignete Modell für Verpflichtungen, für Würde und für Gerichtsreden und ebenso für Plinius' geschliffene Briefe. Doch Plinius verfasste auch kurze Gedichte und trug sie seinen schwergeprüften Freunden stapelweise vor. Zu unserer Überraschung erwies sich Cicero auch hier als dienlich. Teile von Plinius' Lyrik behandelten recht gewagte Themen, und er entdeckte ein laszives kleines Gedicht, in dem Cicero davon spricht, dass er seinen Sekretär Tiro geküsst habe. Die Entdeckung dieses Gedichts half Plinius, wie er behauptet, eigene Bedenken zu überwinden. Warum, so lesen wir in seinen Versen, soll nicht auch ich von meinem Tiro berichten? Er sei kritisiert worden, weil er schlüpfrige Gedichte schreibe, doch mit Hinweis auf Cicero habe er die Rügen zurückweisen können. Nach den erhaltenen Beispielen zu urteilen sind Bedenken allerdings triftiger mit dem literarischen Niveau seiner Lyrik zu begründen. Plinius präsentiert uns seine Gedichte als leichte Unterhaltung seiner freien Stunden, versichert aber auch, dass sogar Griechen sich die Mühe machten, Latein zu lernen, um sich an ihnen zu ergötzen. Sie können nur enttäuscht worden sein.

Erst als Erwachsener im Senat war Plinius in seinem Element. Wie Cicero attackierte er korrupte Provinzstatthalter, doch seine Zuhörer waren geduldiger als in alten Zeiten. Seit der Zeit des Augustus wurden Fälle von Erpressung im Senat behandelt, und es konnte vorkommen, dass Anwälte sich zu einem einzigen Fall fünf Stunden oder länger hören ließen. Plinius nahm an mehreren langen, teils verwickelten Prozessen teil, die von Bithyniern geführt wurden und mit ein Grund dafür waren, warum Trajan ihn später in diese Provinz schickte, um Ordnung zu schaffen. Doch der Horizont eines Senators hatte sich seit Cicero beträchtlich verändert, wie an seinem Bewunderer Plinius zu erkennen ist. Die offene politische Auseinandersetzung, die vor den Senatoren und dem Volk ausgetragen wurde, gab es nicht mehr. Junge Senatoren amtierten nach wie vor als Volkstribune, doch die erweiterte tribunizische Amtsvollmacht lag bei den Kaisern. Als Hauptproblem stellte sich für die Magistrate die Frage, ob sie während der Amtszeit weiter als Anwälte tätig sein sollten, das Dilemma der modernen Parlamentsabgeordneten. In den Wahlen waren die dramatischen Manipulationen der Zeit Ciceros verschwunden. Die Wahlen in hohe Ämter wurden weitestgehend arrangiert, bevor die Vorschläge vor den Senat kamen. Dem neuen Mitglied Plinius bereitete besonderen Kummer, dass gewisse Kollegen die Wahlzettel, die zur Stimmabgabe verteilt wurden, mit Obszönitäten bekritzelten.[3] Es war eine ihrer wenigen Freiheiten in diesem Geschäft. Die vorher vereinbarten Namen wurden sodann auf dem Marsfeld vor dem Volk verlesen.

Bestenfalls konnten die Senatoren die Werte dokumentieren, an denen ein Kaiser in der Öffentlichkeit gemessen würde. So gesehen, ist Plinius' *Panegyricus* auf Trajan nicht nur müßige Schmeichelei. Er gibt dem »Allervortrefflichsten« die Tugenden Mäßigkeit und Bescheidenheit vor und weiß sogar einiges über die Freiheit zu sagen. Es ist bezeichnenderweise nicht die »Freiheit« aus Ciceros jüngeren Jahren. Plinius feiert Trajan, weil er Konsul sei, »als sei er nichts als ein Konsul«, und weil er Gesetz und Rechtlichkeit hochhalte.[4] Da es aber Trajan selbst ist, »der zum Konsul macht«, ist es nur recht und billig, dass er über ihnen steht und sie belehrt. Diese Freiheit hängt also von der Gnade und Laune eines anderen ab, was Cicero an der Führung Julius Caesars so verabscheut hatte. Wie Plinius in seinen Briefen festhält, untersteht jetzt alles »der Entscheidung eines Mannes«; dieser hat um des Gemeinwohls willen »die Sorgen und Mühen aller« übernommen. Aus dieser »höchst gütigen Quelle« fließt einiges zu uns herab, doch in einer »ersprießlichen Mischung«.[5] Ein Senator konnte das jedenfalls nur hoffen. Im Zeitalter der Monarchie wurde von den Senatoren erwartet, dass sie, der Chorbegleitung eines Sängers gleich, ihren Ersten Bürger in wohlgesetzten Worten priesen; »Vertraue uns, vertraue auch dir selbst« sangen sie oder »Oh, wie glücklich wir doch sind ...«. In Erwiderung, berichtet uns Plinius, vergoss der Kaiser Tränen.[6] Unter Augustus zirkulierten Lobreden auf Mitglieder der kaiserlichen Familie »für die Nachwelt« in den Provinzen, wo sie immer noch gefunden werden. Unter Trajan wurden zum ersten Mal auch Beifallsbekundungen für den Senat in Inschriften festgehalten und zum Nutzen der Nachwelt in Umlauf gebracht. Vielleicht kommen auch sie zu unserem moralischen Besten künftig wieder ans Tageslicht.

In einer Sklavenhaltergesellschaft, in der Senatoren über viele tausend menschliche Wesen verfügten wie über Wegwerfprodukte, könnte dieser Freiheitsverlust marginal erscheinen. Ein Verlust war es außerdem nur für Männer, das politisch tätige der beiden Geschlechter. Doch er beeinflusste die schriftlichen und mündlichen Äußerungen der Männer des Wortes. Die politische Distanz zu Cicero, von Perikles ganz zu schweigen, prägte die Kultur, die der Nachwelt von den Römern hinterlassen wurde – die weitschweifige, lavierende Rhetorik und die pompösen epischen Poeme, die heute zum Teil weit über ihren Wert geschätzt werden. Der in gewissen römischen Kreisen verbreitete Kult einer von der Stoa empfohlenen inneren Freiheit von Leidenschaft und Emotionen kann nicht darüber hinwegtäuschen, dass ein gebildeter Römer nicht mehr sein eigener Herr war. Die Römer hatten Freiheiten, doch nicht die Freiheit, der nur ihr freier Wille Grenzen setzte. Dieser Wandel wirkte auf ihre Gefühle und ihre Selbstachtung und stellte sie immer wieder vor ein moralisches Dilemma, das auch wir noch kennen, nicht zuletzt in unseren ehemaligen Volksrepubliken und unseren Erinnerungen an die Jahre des Eisernen Vorhangs. Seit 96 herrsche, so Plinius, dank Nerva und Trajan wieder Freiheit.

Doch der Begriff ist relativ zu verstehen; unter Domitian war der Despotismus nur um einiges schlimmer gewesen.

In seinen Briefen wartet Plinius hier mit einer besonders interessanten Alternative auf. Er hebt eine Reihe von Freundschaften hervor, die er mit den Familien einer philosophisch interessierten römischen Clique pflegte. Sie waren direkte Nachkommen der stoischen Opposition unter Nero und des mutigen Helvidius, der unter Nerva seine Meinung frei geäußert hatte. Ringsum hätten »Blitz und Donner« getobt, als Domitians Tyrannei ihren Höhepunkt erreichte, so weiß Plinius zu berichten, doch er selbst habe gewagt, einen Philosophen in der Stadt zu schützen. Plinius war unter Domitian jedoch im Amt des Prätors, seine Amtszeit fiel mit größter Wahrscheinlichkeit ins Jahr 93. Damals waren Mitglieder dieser philosophischen Gruppe bereits verhaftet und hingerichtet worden, und ihre Biographien früherer tapferer Märtyrer aus Neros Zeit hatte man zur Verbrennung bestimmt. Als Prätor könnte Plinius sehr wohl geholfen haben, den Befehl auszuführen. Beflissen präsentiert er sich später als Freund der Familien, unterlässt es aber diskret, darauf hinzuweisen, dass er nach seiner Prätur noch unter Domitian ein weiteres hohes Amt übernahm.

Von allen lateinischen Autoren, deren Texte uns erhalten sind, lebte Ovid am längsten unter augusteischer Herrschaft, doch nicht Ovid, sondern Plinius ist es, der 80 Jahre später der Vision einer römischen Gesellschaft, wie sie Augustus vorschwebte, am nächsten kommt. Plinius war wie Augustus selbst durch und durch unmilitärisch. Die militärischen Fähigkeiten einiger seiner Briefpartner werden nie erwähnt. Die krönenden Ehren, die er erlangte, waren, wie er bezeugt, ein römisches Priesteramt, das stolze Amt des Augurn, das auch Cicero innehatte. Ein Manko im Sinn des augusteischen Bürgerideals war jedoch seine Kinderlosigkeit. An Versuchen hatte es nicht gefehlt – er war dreimal verheiratet, und alle Frauen erlitten Fehlgeburten. Wie Cicero verließ Plinius Rom für eine gewisse Zeit, um eine zweitrangige Provinz, Bithynien, zu verwalten, und auch hier war seine Rolle vom Erbe des Augustus geprägt. Als Vertreter Roms im Ausland war er für Freiheit und Gerechtigkeit unmittelbar selbst verantwortlich, doch beides stand in einem veränderten imperialen Kontext.

Mit den Bithyniern hatte Plinius schon als Advokat in Rom Erfahrungen gemacht; sein Griechisch war selbst für einen Römer der neuen Generation ungewöhnlich gut – mit vierzehn hatte er ein griechisches Drama verfasst. Trajan war klug beraten, ihn für eine griechischsprachige Provinz auszuwählen, in der jüngst Unruhen ausgebrochen waren. Wie Cicero absolvierte Plinius seine jährliche Gerichtsreise durch die Städte seiner Provinz, anders als Cicero aber war er von einem Kaiser ins Amt berufen worden. Wie alle übrigen Statthalter seiner Zeit traf er mit schriftlichen Anweisungen des Kaisers ein; doch für seine Provinz war er der erste kaiserlicher Legat, des Kaisers Mann, der ausgesandt war, Ordnung zu schaffen. In dir, ruft der Kaiser seinem Plinius vor Augen, können die Provinzialen meine eigene Fürsorge für sie erkennen.[7] Eine solche höhere Autorität hatte es für Cicero und seine Freunde nicht gegeben. Wie Cicero war sich Plinius der ruhmreichen freien Vergangenheit der großen Städte Griechenlands bewusst, doch seine Briefe belegen die verschärften Kontrollen, die die bürgerliche Freiheit der Lokalbevölkerung jetzt einschränkten. Es wird von ihm erwartet, die Buchhaltung der Städte zu kontrollieren; er hat Befehl, städtische Klubs und Vereine zu verbieten, weil man in Rom befürchtet, sie könnten im Volk Unruhen schüren. Plinius ist es also, der die lokalen Feuerwehren verbietet und den sozialen Frieden über die Sicherheit stellt. Trajans Antworten zeigen oft, dass der Kaiser lokale Bräuche respektiert, mehr als Plinius selbst, doch nur innerhalb der genannten strikten Beschränkungen. Es sind schärfere Beschränkungen als die von Cicero aufgestellten, von den Königen oder Statthaltern in der früheren Geschichte des griechischen Kleinasien gar nicht zu reden. Die Jahre von 96 bis 138 bilden die Epoche, die Edward Gibbon zur glücklichsten in der Geschichte der Menschheit erklärt. Doch wie Rom hatte auch das bürgerliche Leben der griechischsprachigen Welt einen wirklichen Freiheitsverlust erlitten. Ein Lehrstück in Sachen Moral, zeigt er sich uns in der Kluft, die sich zwischen Plinius' Briefen und ihren Vorbildern auftut: der großartigen Korrespondenz Ciceros, die den Wendepunkt einer Ära wahrer Freiheit der römischen Oberschicht verewigt hat.

Plinius' griechischsprachige Untertanen wiederum konfrontierten ihn mit den verschiedensten lokalen Unsitten, darunter dem absolut illegalen Einsatz von Sklaven in der römischen Armee. Daneben gab es den üblichen Wildwuchs, einen verschlagenen Philosophen, der Steuerprivilegien beanspruchte, oder ein paar mangelhaft geleitete Bauprojekte und Unterschlagung von Geldern durch lokale Stadträte. Auch Cicero hatte mit lokalem Finanzbetrug aller Art zu tun gehabt. Doch Plinius erbittet in seinen Briefen wieder und wieder des Kaisers Rat, bei der geringfügigsten Kleinigkeit, bei jedem noch so belanglosen Vorhaben. Cicero dagegen brauchte keinen Kaiser zu berücksichtigen. Die Statthalter seiner Zeit waren vordringlich damit beschäftigt, auf Kosten der Provinzialen ihre persönlichen Finanzen ins Lot zu bringen. Ein Grund für Plinius' so häufige und manchmal irritierende Anfragen lag sicher in dem Bemühen um Selbstschutz, denn wie seine Vorgänger konnte er am Ende seiner Amtszeit von den Provinzialen vor Gericht gezogen werden. Augustus hatte dafür die Rechtsgrundlagen geschaffen.

53
EIN HEIDE UND CHRISTEN

Vorerst habe ich bei denen, die mir als Christen angezeigt wurden, folgendes Verfahren angewandt. Ich habe sie gefragt, ob sie Christen seien. Wer gestand, den habe ich unter Androhung der Todesstrafe ein zweites und drittes Mal gefragt; blieb er dabei, ließ ich ihn abführen. Denn mochten sie vorbringen, was sie wollten – Eigensinn und unbeugsame Halsstarrigkeit glaubte ich auf jeden Fall bestrafen zu müssen.
Plinius an Trajan, BRIEFE 10,96 (Übers. H. Kasten)

Während einer Rundreise durch seine Provinz sah Plinius sich mit Menschen konfrontiert, die einen höchst ungewöhnlichen Widerstand zu erkennen gaben: Sie weigerten sich, die Götter zu verehren. Man führte sie ihm zur Bestrafung vor. Mit einer dreimaligen Befragung gab er ihnen jede Chance; wenn sie auf ihrem »Wahnsinn« beharrten, befahl er, sie abzuführen und hinzurichten. Einige von ihnen besaßen das römische Bürgerrecht, das sie vor körperlicher Bestrafung durch einen Statthalter schützte. Plinius verhielt sich korrekt; er schickte die Bürger nach Rom vor Gericht und demonstrierte auf diese Weise den Wert des Privilegs.[1]

Der sogenannte Wahnsinn war das Christentum. Als immer mehr Christen bei Plinius denunziert wurden, der auf die Anzeigen offenbar bereitwillig einging, kam es vor, dass einige die Beschuldigung leugneten. Plinius entwarf also einen Test. Riefen sie die Götter an? Beteten sie zu einem Bildnis Trajans und opferten Düfte und Wein? Würden sie Christus verfluchen? Einige sagten dann aus, dass sie einmal Christen gewesen seien, den Brauch jedoch aufgegeben hätten. Sie bestanden den Test, doch blieb die Frage, ob diese gewesenen Christen vielleicht eines Verbrechens schuldig waren, das sie in ihrer christlichen Vergangenheit verübt hatten. Der eigenen Darstellung ihres »Wahnsinns« zufolge hatten sie als Christen einen zwar irregeleiteten, doch moralischen Lebenswandel geführt. Um sicher zu gehen, ließ Plinius zwei christliche »Dienerinnen« des Gottes foltern, die offensichtlich Diakoninnen, keine Priesterinnen waren. Er fand nur einen »frevelhaften und maßlosen Aberglauben« bestätigt, nicht aber die abstoßenden Geschichten von Gruppensex und Kannibalismus, die man der Sekte zuschrieb.

Plinius' Begegnungen mit Christen sind so außerordentlich wichtig, weil sie ihn verunsicherten und ihm folglich der Rat Trajans notwendig erschien. Trajans Antwort setzte dann die Richtlinien, die nicht nur für Hadrian, sondern auch für die nachfolgenden Kaiser bis in die Mitte des 3. Jahrhunderts bestimmend blieben. Das Problem der Christen war den führenden Römern nicht unbekannt. Nach dem Prozess gegen Paulus waren die Christen in Rom weiterhin verurteilt worden, sogar im dunklen Jahr 93, als Plinius Prätor war.² Er hatte solchen Prozessen nicht selbst beigewohnt, wusste aber, wie man mit einem widerspenstigen christlichen Gläubigen umging. Inzwischen lagen bekannte Präzedenzfälle vor, und diese Leute waren gottlos; es bestand die Gefahr, dass sie den Zorn der Götter hervorriefen. Viel wurde nicht von ihnen verlangt, nur dies, dass sie den Göttern ein Quentchen Weihrauch opferten; doch wenn sie sich weigerten, sollten sie getötet werden. Das wirklich prekäre Problem waren die gewesenen Christen. Nach seinen Befragungen war Plinius stark geneigt, sie laufen zu lassen, und so schrieb er in diesem Sinne an Trajan und bat um Zustimmung. Trajan erwiderte, gläubige Christen sollten nicht »aufgespürt« werden; anonyme Denunziationen seien nicht zugelassen, und: Ja, abtrünnige Christen, Plinius' Kernproblem, sollten unbehelligt bleiben. Mit dieser Antwort wurden die Gefahren für die Kirche begrenzt. »Zu spärlich und zu spät« – so die Charakterisierung der römischen Christenverfolgung durch einen modernen Historiker und Atheisten.

Die rechtlichen Voraussetzungen für Plinius' Maßnahmen sind endlos diskutiert worden, doch es ging darüber hinaus um einen allgemeineren Konflikt der Werte. Was konnten die bedauernswerten Diakoninnen, wenn sie Plinius' neunbändige Briefausgabe denn gelesen hätten, mit den Werten anfangen, die darin so kunstvoll dargestellt waren? Seine zotigen Verse hätten sie missbilligt, besonders die auf seinen »Tiro« und die Männerliebe. Ihr Apostel Paulus hatte angedeutet, dass solches Sexualverhalten eine Ursache von Erdbeben sei. Missbilligt hätten sie auch seinen Respekt vor dem Selbstmord. Wie andere seiner römischen Zeitgenossen bewunderte Plinius den Selbstmord, wenn er das wohlüberlegte Ende eines Lebens bedeutete, das durch schwere Krankheit oder hohes Alter beeinträchtigt war.³ Für Christen dagegen war der Freitod eine Versündigung an der Gottesgabe des Lebens, und Selbstmördern blieb ein christliches Begräbnis lange Zeit verwehrt.

Anders als die meisten Christen war Plinius ein schwerreicher Mann, ein römischer Senator, der mindestens sechs Besitztümer in Italien ererbt oder erheiratet hatte. Dennoch spricht er sehr häufig von Geschenken oder Hilfeleistungen, die er anderen zukommen ließ. Er unterstützte seine Heimatstadt Comum im sozialen und kulturellen Bereich – spendete Bäder und ihre Ausstattung (allerdings nicht ihren Unterhalt), einen Tempel und ein Drittel der Kosten eines Lehrers für Comums Kinder. Dieser Lehrer war der Erste überhaupt für den Unterricht nach der Elementarschule – doch die übrigen zwei Drittel der Kosten mussten die Eltern übernehmen, die aber wenigstens den Lehrer selbst auswählen konnten. Plinius begünstigte auch seine Freunde, sogar seine alte Kinderfrau, und er legte einen Kapitalbetrag beiseite, von dessen Rendite nicht weniger als 175 Kinder in Comum erhalten werden konnten. Es waren notleidende Kinder, aber sie waren die Bürgersoldaten und die Mütter der Zukunft. Plinius selbst hatte keine Kinder, die sein Erbe antreten konnten.

Plinius' Schenkungen waren Teil einer verbreiteten Spenderkultur unter den Reichen, von der das bürgerliche Leben im ganzen Kaiserreich abhing. Hinter Plinius' Gaben standen nicht Eigennutz und Machtstreben. Sein Name war lokal bereits sehr bekannt. Er spendete vielmehr für die Ideale der Kultur und des bürgerlichen Lebens, denen er selbst anhing. In seinen Briefen wurden seine Schenkungen dann publik gemacht. Die Diakoninnen dagegen hätten ihn angehalten, nur den Armen zu geben, denn die Armen seien von Gott gesegnet. Gaben, so glaubten sie, waren nicht nur für Mitbürger oder für Freunde bestimmt, die sie verdient hatten. Gaben konnten dem Geber einen geistlichen Schatz im Himmel gewinnen. Daran hatte Plinius nie gedacht. Und sie sollten auch diskret erfolgen, nicht in Briefen und Ehreninschriften in alle Welt hinausposaunt werden.

Plinius war außerdem Herr über zahllose Sklaven, 500 mindestens – legt man sein Testament zugrunde –, doch zweifellos sehr viel mehr. Das hätte die Diakoninnen weniger bekümmert. Paulus hatte die Sklaven angehalten, sie sollten »noch mehr dienstbar sein« (1. Tim. 6,2), und die Christen hatten keinen Grund gesehen, den Sklavenbesitz aufzugeben. Es macht Eindruck, wenn Plinius schildert, wie er seinen ehemaligen Sklaven ungehindert die Möglichkeit lässt, Testamente und Vermächtnisse abzufassen. Nur wenige römische Sklavenbesitzer waren so diskret; sie zogen es vor, »Legate« für sich selbst einzubehalten. Plinius gehörte nicht zu den niederträchtigen Sklavenhaltern seines Standes, Männern wie dem schrecklichen Macedo, dessen Sklaven ihren Herrn, wie Plinius schildert, neben dem Wasserbecken seines Bades ums Leben brachten. Plinius stand für einen freundlicheren Umgang, hatte jedoch auch ein scharfes Auge auf die Sicherheit der Besitzer und die Interessen, denen die Freundlichkeit dienlich war. Den Veränderungen im römischen Recht zugunsten kranker und alter Sklaven, die seit Claudius gültig waren, lagen ähnlich praktische Erwägungen zugrunde: Sie waren durch Befürchtungen vor einem Sklavenkrieg veranlasst und sollten das Überleben und die finanziellen Interessen der Sklavenhalter sichern.

Etwas Beeindruckendes hatte auch Plinius' Hochschätzung der Familienwerte. Man las gern, dass er anderen riet, zunächst die eigenen Fehler zu kritisieren – den »Balken« im eigenen Auge zu sehen, ganz wie Jesus es gepredigt hatte. Und besonders gern las man, wie er dasselbe einem der allmächtigen römischen Väter mit unbotmäßigem Sohn zu bedenken gab. Auch Paulus hatte Vätern gepredigt, nicht hart zu ihren Kindern zu sein, »auf dass sie nicht scheu werden« (Kol. 3,21). Faszinierend ist Plinius' Loblied auf seine Ehefrau. Calpurnia, die er nach dem Tod der ersten und zweiten Frau als dritte geheiratet hatte, war sehr viel jünger als er. Die Diakoninnen hätten mit Freude gelesen, wie Plinius sich zuschreibt, ihre Umgangsformen und ihren literarischen Geschmack geprägt zu haben. Hatte doch Paulus gefordert, dass die christliche Ehefrau ihrem Mann untertan sei. Doch Calpurnias Loyalität öffentlich zu machen war Prahlerei.[4] Sie habe seine Werke wiederholt gelesen, erzählt er uns, und sie sogar auswendig gelernt. Wenn er vor Gericht auftrete, lasse sie sich von Boten berichten, wie seine Rede aufgenommen wurde. Sie warte aufgeregt hinter einem Vorhang, während er vor Publikum eigene Werke vortrug. Sie »schlürft das Lob, das mir gilt, gierig ein«. Calpurnia setzte sogar seine grässlichen Verse in Musik und sang sie zur Leier. Die derben Lieder für Knaben, möchte man annehmen, waren in Calpurnias Liederbuch nicht zu finden.

Für Christen war diese blasse Unterwürfigkeit ebenfalls eine Tugend. Das Problem waren Plinius und seine Egozentrik. Calpurnia verkörperte die Werte »Kleinitaliens«: Gewitztheit und Sparsamkeit, und, wie Plinius ihrer Tante schreibt, »sie liebt mich«.[5] Darum steht Plinius in dem ehrenden Ruf, dass er als Erster unter den europäischen Literaten seiner Frau zugleich Ehemann und Geliebter war. Cicero allerdings geht ihm darin voraus, wenn auch nur in seinen ersten Ehejahren. Die größte Liebe beider Männer aber war die Selbstliebe. Calpurnia lebte in einem sozialen Rahmen, den auch die Christen gutheißen konnten. Frauen ihres Standes wurden, wie viele reiche Christinnen auch, oft mit sechzehn in die Ehe gegeben; sie konnten vor Gericht nicht als Anklägerinnen auftreten; paternalistische Gesetze schützten sie davor, jedem beliebigen Bittsteller Geld zu leihen. Ein ähnlicher Paternalismus waltete auch in den Gesetzen des späteren christlichen Imperiums.

In der christlichen Gesellschaft konnte ein Mädchen sich dazu entschließen, Jungfrau zu bleiben, oder von ihren Eltern der Jungfräulichkeit geweiht werden. In Plinius' Welt gab es keine Jungfrauen auf Lebenszeit. Es gab allerdings auch keinen anderen Weg zur weiblichen Freiheit. Seit den sogenannten Freiheiten der julisch-claudischen Zeit waren es vornehmlich Frauen aus Roms stoisch geprägten philosophischen Zirkeln, die sich an Diskussionen beteiligten oder in einer Staatskrise Entschlossenheit zeigten. Anderen Frauen konnte Plinius literarische Fähigkeiten nicht zugestehen. Als eine römische Dame witzige Briefe in altmodischem Latein verfasste, gab Plinius der Vermutung Ausdruck, ihr Mann müsse der Verfasser sein oder ihr die Feder geführt haben. Auch in christlichen Kreisen wurde von Frauen zweifellos nicht erwartet, dass sie lehrten, publizierten oder auch nur Briefe versandten oder empfingen – es hätten *billets doux* sein können.

Dennoch fand das Christentum seine Anhängerinnen bald auch in Kreisen der Oberschicht. Für Frauen galt Andersgläubigkeit sogar als besonders attraktiv. Die Kenntnis der sozialen Welt des Plinius hätte den Diakoninnen den Grund dafür klargemacht. In einem reichen Haushalt hatte die Frau des Hauses den ganzen Tag lang fast nichts zu tun. Um ihren Mann kümmerten sich die Sklaven; am Abend hatte er seine (männlichen) Gäste, schätzte Musik oder weitere Rezitationen, nicht aber so Beschränktes wie ein Gespräch *à deux* beim Nachtessen. Gern schildert Plinius die täglichen Beschäftigungen ungewöhnlich aktiver alter Männer im Ruhestand. Diese Fitness-bewussten Männer von Welt lesen und treiben Sport, aber sogar zu einer Ausfahrt nehmen sie nur selten ihre Ehefrau mit. Die Dame des Hauses verbrachte den Rest ihres Lebens vielleicht mit Brettspielen.[6] In einem geplanten Kommentar zum Luxus im Wandel der Generationen beschreibt Plinius eine Großmutter aus besten Kreisen, die sich in ihrem Haus zur Unterhaltung eine Gruppe von Pantomimentänzern hielt. Ihren rechtschaffenen jungen Enkel schickte sie natürlich immer fort, bevor sie die Gruppe auftreten ließ. Dieser liederliche Geschmack, sagt Plinius, ist nicht typisch für »unsere Jahre«. Sie habe bis in ihre späten Siebziger nur das weitergeführt, womit sie bereits lange vorher, in der Zeit des jungen Nero, aufgewachsen war.[7] Laut Plinus wurde, wenn solche Vergnügungen fehlten, die Kirche für diese gelangweilten Frauen zur möglichen Alternative,

Immer wieder riet Plinius zur Einfachheit, den Werten der Provinz im nördlich gelegenen Comum, weitab vom verderblichen Rom. Hier wurde etwas gepflegt, dem die Christen noch keinen besonderen Wert beimaßen. Einfachheit bedeutete Landleben in einer berückenden Umgebung, deren Frieden und

Ruhe als heilsames Refugium nach dem Trubel in Rom hoch geschätzt wurde. Hier konnte ein Mann seine Tage in Frieden verbringen und schreiben, fern von den aufdringlichen Klienten und Abhängigen, die Plinius, wie er offen bekannte, so lästig waren. Hier konnte er in den Wäldern auf Wildschweinjagd gehen, und seine Begeisterung für diesen Sport war größer, als seine wegwerfenden Bemerkungen zunächst vermuten lassen. Hier konnte man sich auch einen Garten anlegen. Der Beitrag der ersten Christen zur Geschichte des Gartens ist gleich Null; unser wichtigster Gewährsmann für die Ideale des italischen Landhauslebens aber ist Plinius.

Er besaß zwei Villen am lieblichen Comer See, die eine am Seeufer mit dem Namen Komödie, eine zweite, auf einem Hügel mit Seeblick gelegen, mit dem Namen Tragödie. Die Namen standen nicht für wechselnde Stimmungen, sondern für Plinius' geliebte Theaterwelt. Die »Komödie« lag auf ebenem Gelände wie die flachen Schuhe eines Komödianten, während die »Tragödie« sich über das Flache erhob wie die hohen Holzsohlen der Kothurne der Tragödienspieler. Eine weitere Villa besaß Plinius an der Küste im Süden Roms, wo Aeneas mit seinen Trojanern gelandet sein sollte und wo Senatoren im städtischen Umkreis von 30 Kilometern ihre ländlichen Schlupflöcher hatten. An der Grenze zwischen der heutigen Toskana und Umbrien, nördlich von Città di Castello und südlich von San Sepolcro, lag seine vierte Villa, die sommers von einer kühlen Brise umweht war. Seine Beschreibung dieses Anwesens ist der einflussreichste Brief, der uns aus der römischen Welt erhalten ist. Seine Angaben können jetzt den Ergebnissen der laufenden Ausgrabungen der Archäologen in San Giustino zugeordnet werden.[8]

Plinius' Landhäusern ging eine etwa drei Jahrhunderte alte römische Erfahrung in stilvollem Villenleben voraus. Schon Cicero hatte seine Häuser geliebt und wie andere seiner Zeitgenossen die Möglichkeit weiterer Käufe im Auge behalten. Er war nicht der Mann, der sich mit zwei Domizilen begnügte, wenn es auch acht sein konnten. Villen in ländlicher Umgebung waren niedrige, großflächige Gebäude, gewöhnlich ohne die ausgeprägte Symmetrie der klassizistischen englischen Wohnhäuser aus dem 18. Jahrhundert. Plinius' Villen weisen einen unregelmäßig verwinkelten Grundriss auf, und man muss daran erinnern, dass sein formvollendeter Brief Kleinigkeiten wie die Gesamtgröße unerwähnt lässt. Er sagt nichts über die früheren Besitzer und Bebauer des Grundstücks; von Archäologen wird jetzt auf einen gewissen Granius Marcellus als Vorbesitzer hingewiesen. Ebenfalls unerwähnt bleiben die Sklavenquartiere, die Küchen oder die wahrscheinliche Verwendung des Gartenportikus als Speicherraum für die wichtigen Getreideernten (wie in Pompeji). Die landwirtschaftlichen Gebäude werden allmählich durch die jüngsten Ausgrabungen bekannt. Für Plinius sind andere Aspekte wichtig. Wie so viele prominente Römer liebte er den Eingriff in die Natur, und wie viele Landhausbesitzer nach ihm entwarf er seinen Garten und Teile seiner Villa mit eigener Hand. Wenn er diesen Teil der Reize seiner Villen mit großer Ausführlichkeit schildert, ist er sich durchaus bewusst, dass er literarisches Neuland betritt. Zum ersten Mal in der Weltliteratur erscheinen Jagd, Gartenbau und Landhausgestaltung als himmlische Trinität des irdischen Lebens, als nichtchristliches Paradies auf Erden.

Plinius' toskanischer Garten hatte eine Terrasse und Säulengänge, beschnittene Buchsbaumhecken und Innenhöfe mit Fontänen. Seine Besonderheit war ein Hippodrom im Freien, eine Miniaturversion der stadtrömischen Rennbahn, des Circus, entstanden vielleicht als Nachahmung von Domitians Hippodrom auf dem Palatin. Es wurde von schattenspendenden Zypressen gesäumt und war mit den Gewächsen bepflanzt, die seither zum festen Bestand so vieler italienischer Gärten gehören: beschnittener Buchsbaum, Obstbäume, Lorbeer, efeuumrankte Platanen und glänzender Akanthus, dessen Blätter dem Plinius »weich und glatt« erschienen. In diesem Hippodrom fanden keine Rennen statt, und die Bepflanzung war für unseren Geschmack ziemlich planlos. Aber die immergrünen Gewächse (mit Ausnahme der Eiben) waren in Formen und Buchstaben geschnitten, darunter die Initialen von Familienangehörigen und Gartenarbeitern. An einem Ende sorgten Marmorsäulen für einen schattigen Essplatz, wo männliche und weibliche Gäste, wie in Rom gewohnt, auf Sofas ruhten. Wasser floss munter durch das Pseudohippodrom und speiste die Fontänen und ein Marmorbassin neben den Gästen, auf dem man während der Mahlzeit das Geschirr treiben ließ. Im frühen 16. Jahrhundert wurde Plinius' Brief über seinen Garten wiederentdeckt und Raffael gezeigt, der ihn als Eckstein für seinen einflussreichsten Garten, die Villa Madama, benutzte.[9] Vom Haus her gesehen, erschien Plinius der Teppich der Landschaft wie ein Gemälde, die Wiese mit Blumen wie mit »Edelsteinen besetzt«. Auch diese Art der Landschaftsbetrachtung sollte in der Gartengestaltung eine lange Geschichte haben.

Plinius' Lob der ländlichen Einfachheit und sein häusliches Leben in der Villa waren in seiner Epoche nichts Ungewöhnliches. Wir finden dieselben Motive in anderen Schriften seiner Zeit, vor allem in den Gedichten seines Freundes Martial. Auch er war unter Domitian zu Erfolg gekommen, hatte allerdings Rom in der neuen Ära der späten 90er Jahre verlassen, und sein Lobpreis des Landlebens fiel in die Jahre seines Rückzugs nach Spanien.[10] Seinen Freund Plinius hatte er mit Cicero verglichen und ihn damit hoch entzückt. Zwischen den literarischen Themen der beiden Freunde besteht große Ähnlichkeit, und Martials derbe Epigramme lassen ahnen, was Plinius' riskantere Verse zu bieten hatten.

Die grüne Landschaft der Christen dagegen war das Paradies, das sie in einer künftigen Welt erwartete. Ein Villendasein lag weit jenseits des sozialen Status der meisten Mitglieder ihrer Gemeinschaft; doch Plinius' Ansichten über die öffentlichen Spiele waren den ihren nahe verwandt. Die Diakoninnen hätten seiner moralischen Abneigung gegen den Pantomimentanz und die Verführungen der nackt betriebenen griechischen Leichtathletik zugestimmt. Plinius fand auch die Wagenrennen »langweilig«; hier allerdings gab es zahlreiche christliche Anhänger dieses Sports, die anders dachten.[11] Auch seine Auffassungen von Rang und Stand ließen sich mit denen des Christentums vereinbaren. »Gleichheit« stand nach Plinius in Relation zur sozialen Stellung des Einzelnen, war also für jeden, seinem Rang entsprechend, verschieden. In geistlicher Hinsicht vertraten die Evangelien das Gegenteil, wo es hieß, die Christen seien eins in Jesus Christus. Doch schloss diese Einheit keine weltliche Gleichheit ein. Unter gläubigen Christen hatten die weltlichen Klassenunterschiede also Bestand; aufgehoben waren sie erst in einem zukünftigen Leben.

In diesem letzteren Punkt hätten die Diakoninnen Plinius' Vorstellungen korrigieren müssen. Für ihn war der einzige Weg zur Unsterblichkeit das literarische Werk. So etwas wie Geister konnte er sich vorstellen, aber ein Leben nach dem Tod war nach seiner Ansicht nicht zu erwarten. Sein Onkel hatte die Idee von einem Nachleben sogar für eine Fabel gehalten, die alte Menschen vom edlen Tod durch Selbsttötung abhielt. Und eine körperliche Auferstehung wäre beiden völlig absurd erschienen. Plinius war, anders als die tapferen Diakoninnen, zweifellos auch nicht zum Märtyrer gemacht. Wie viele andere Christen hätte er bei einem Verhör seinen Glauben geleugnet und später Vergebung gesucht. Doch als Chronist fremden Märtyrertums war er selbst unter den Autoren der frühen Kirche unübertroffen.

Im Spektrum von Plinius' Werten fällt eine große Abwesende auf: die Demut. Er bekannte sich zur Bescheidenheit, die allerdings keine Demut ist, am wenigsten, wenn er sie benutzt, um seine unbezwinglichen Tugenden hervorzuheben. Für Christen, nicht aber für Plinius, war die Demut Teil eines anderen: der Notwendigkeit einer Erlösung des Menschen als Geschöpf Gottes.

300 Jahre später, in einem christlichen Römischen Reich, zog sich der Christ Augustinus nach seiner Bekehrung und Absage an ein Leben des Fleisches und weltlicher Ziele in eine ebensolche Villa in der Provinz, nahe bei Mailand,

zurück. In marmorverzierten Häusern wie dem des Plinius lebten inzwischen auch Bischöfe, die viele Vorlieben mit Plinius teilten – Jagd, Landschaft, die ländliche Muße. Einige von ihnen verfassten sogar unflätige Verse und bauten im großartigen Stil mit seltenen Steinen.[12] Bis weit ins Mittelalter hinein lag ein Teil der Zukunft in einer Verbindung von Plinius' Werten mit einem flexiblen christlichen Glauben.

54
REGIMEWECHSEL DAHEIM UND AN DEN GRENZEN

> *Von dort kam der Kaiser unmittelbar an den Ozean, und als er dessen Natur kennengelernt und ein Schiff darauf nach Indien fahren gesehen hatte, meinte er:* »*Ganz bestimmt wäre ich auch zu den Indern hinübergefahren, wenn ich noch jung wäre.*« *Denn er dachte an die Inder, war neugierig auf ihre Verhältnisse und pries Alexander als einen glücklichen Menschen. Doch erklärte er, noch weiter als jener vorgerückt zu sein, und schrieb dies sogar an den Senat, obschon er nicht einmal seine Eroberungen behaupten konnte. Für diese Leistung erhielt er unter andern Ehrungen auch das Privileg, über beliebig viele Völker Triumphe feiern zu dürfen. Angesichts der großen Zahl der Völkerschaften, von denen er den Senatoren dauernd schrieb, waren diese nämlich außerstande, ihm in einzelnen Fällen entsprechend zu folgen oder auch ihre Namen richtig zu gebrauchen.*
> Cassius Dio über Trajan in Mesopotamien,
> EPITOME seiner RÖMISCHEN GESCHICHTE 68,29 (Übers. O. Veh)

»Deine einzige Erholung ist es«, versicherte Plinius dem Kaiser Trajan in seiner Rede als Konsul, »die Wälder zu durchstreifen, wilde Tiere in ihren Höhlen aufzustören, riesige Berghöhen zu erklettern und den Fuß auf furchterregende Felsen zu setzen.«[1] Mit Trajan, dem Mann aus Spanien, wurde die Jagd erneut zum aktiven Sport eines antiken Herrschers. »Für ihn ist der Schweiß des Fahndens und Findens eins«: Anders als die Jäger der römischen Arena suchte Trajan seine Beute in freier Wildbahn, eine Leidenschaft, die sein Nachfolger Hadrian mit ihm teilte. Mit den Ereignissen der Regierungsjahre Trajans sind wir endlich in Hadrians eigener Zeit und bei Geschichten angelangt, die er sehr viel besser kannte, als es uns möglich ist. Beim Regierungsantritt Trajans war Hadrian 22 Jahre alt.

Trajan, der von 98 bis 117 regierte, wurde zum »Allervortrefflichsten« stilisiert. Doch für uns, wie auch für Hadrian, fällt die Bilanz seiner Regierungsjahre gemischt aus. Einerseits war sein Umgang mit dem Senat und der Oberschicht zivilisiert oder doch maßvoll. Und viele seiner Antworten auf Plinius' umständliche Briefe aus der Provinz zeigen ein gesundes Urteilsvermögen. Daneben stand allerdings eine offenkundige Maßlosigkeit. Trajan war ein schwerer Trinker, der sogar dem Bier zusprach, und in seiner Autobiographie bekennt Hadrian, dass auch er sich auf Feldzügen an Trajans Trinkgelagen beteiligen musste. Wie Hadrian war Trajan auf Sex mit jungen Männern aus.

Schauspieler waren darunter und der junge Sohn eines orientalischen Herrschers, der am Euphrat vor ihm tanzte und wegen seiner Goldohrringe geneckt wurde. Das wichtigste Vermächtnis Trajans waren zwei ausgedehnte militärische Invasionen und die umfangreichsten Bauprojekte in Rom. Die Bauwerke überdauerten Jahrhunderte, und die Trajanssäule ist bis heute ein Wahrzeichen Roms. Als schwieriger erwiesen sich die Invasionen. Sie bewirkten jedoch, und das war ihr positivster Effekt, dass römische Versuche einer militärischen Expansion für die kommenden 50 Jahre diskreditiert waren.

Den Kriegen Trajans haftet etwas ausgesprochen Modernes an. Rom war die militärische Supermacht und jede ihrer Niederlagen ein vorübergehender Rückschlag, der stets gebührend gerächt wurde. In Sachen Aggression war Trajan ein römisches Naturtalent. Als Militär hatte er anders als sein Vater noch keinen bedeutenden Sieg errungen. Die ersten 18 Monate seiner Herrschaft dienten wahrscheinlich dazu, die Voraussetzungen für einen solchen Sieg zu schaffen, und anschließend, vom Frühjahr 101 bis zum Dezember 102, führte Trajan eine gewaltige Armee nach Dakien (ein Teil des heutigen Rumänien). Mitte der 50er Jahre v. Chr. hatte schon Julius Caesar mit dem Gedanken gespielt, die dakische Bedrohung zu unterdrücken. Unter Trajan wurde aus dieser lange geplanten Unterdrückung jetzt Realität. Auch hier gab es eine frühere römische Niederlage zu rächen (unter Domitian), und als Trajan näherrückte, blieb den Dakern keine andere Möglichkeit, als ihm ein Ultimatum zu stellen. Sie schickten »langhaarige« Boten, ein Zeichen ihrer ungehobelten Art; ihre barbarischen Verbündeten schickten sogar einen Pilz von ungewöhnlicher Größe, in den eine lateinische Botschaft geritzt war. Auf ihrem Vormarsch baute die römische Armee eine riesige Brücke über die Donau, deren massive Pfeiler heute noch stehen. Nach großen Verlusten an Menschenleben erklärte sich der hochgeachtete dakische König Decebalus bereit, sämtliche Belagerungsgeräte und Zerstörungswaffen auszuliefern, seine Festungen zu schleifen und römische Deserteure nicht zu schützen. Als Gegenleistung sollte er von Rom Subventionen erhalten.

Wie zu erwarten trafen Berichte ein, dass Decebalus seine Festungen neu aufbaute und Militärexperten aus dem römischen Sektor auf seine Seite lockte. Im Juni 105 unternahm Trajan einen zweiten Angriff mit etwa 100 000 Soldaten und dem Ziel der Annexion. Decebalus nahm sich das Leben, seine Leiche wurde im römischen Lager enthauptet.[2] Weite Teile Dakiens wurden zum ersten Mal römische Provinz.

Auch diese Eroberung erwies sich wie andere zuvor für eine Wirtschaft des Altertums als Hauptquelle des Wachstums. Dakien erbrachte ein großes Quantum an Sklaven und Beute und verschaffte dem Imperium den Zugang zu Metallen, darunter neue Goldminen. Im heimischen Rom wurde die jüngste ökonomische Schwäche durch einen Aufschwung abgelöst – gerade war die römische Währung abgewertet worden –, und Trajan konnte es sich leisten, im großen Stil zu bauen. Für die Stadt Rom bedeutete seine Herrschaft die Vollendung des Despotismus eines Princeps. Zwar ließ Hadrian in Rom weitere große Tempel bauen, doch weder er noch seine Nachfolger errichteten neue Profanbauten. Seit Trajan war diese Aufgabe erledigt. Die Herrscher konnten jetzt jahrelang außerhalb Roms unterwegs sein, ohne die städtische Bevölkerung auf diese besondere Weise zu begünstigen.

Nach dem Coup Vespasians hatte der Senatorenstand sich in die rechtmäßige Herrschaft des Kaisers gefügt: »Du heißt uns frei zu sein«, hatte Plinius zu Trajan gesagt. Die Juristen versuchten nicht, nach den Grenzen dieser Freiheit oder nach einer historischen Rechtsgrundlage für dieses kaiserliche Geheiß zu fragen. Dieses bedeutsame Schweigen hatte seine Gründe. In Italien war jetzt niemand gezwungen, neue Steuern zu bezahlen oder Kriegsdienst zu leisten. Besteuerung und Wehrpflicht aber sind die Forderungen der Herrschenden, mit denen sie am meisten dazu beitragen, Fragen nach den Rechten und Freiheiten ihrer Bürger auszulösen. In dieser Zeit des kaiserlichen Rom blieb beides aus.

Stattdessen trug die ewige Stadt weithin sichtbare Zeichen ihrer Ergebenheit. Eine schier unendliche Reihe dynastischer Bauten setzte eindrückliche Akzente: Tempel für die vergöttlichten Mitglieder von Vespasians Dynastie und die Foren der Kaiser, die nach der Devise »Jedem das Seine« seit Julius Caesar entstanden waren. Nicht nur der Ehefrau Trajans, auch seiner Schwester, Nichte und Großnichte wurde in Rom ehrend gedacht; es bestand das natürliche Interesse, die öffentliche Meinung Roms auf eine neue Dynastie einzuschwören. Die kunstvollen neuen Frisuren der kaiserlichen Damen machten sie zweifellos unverwechselbar. Trajans Schwester Marciana liebte Reihen von schmalen langen Locken, die zu einem großen Haarnest am Hinterkopf führten. Diese zeitraubenden Haartrachten mussten sogar durch ein Drahtgestell gestützt werden. In dauerhafterem Material wurden Münzen, Titelinschriften, Gebäude und postume Kulte eingesetzt, um ein Familienimage publik zu machen. Ihre Überreste sind die heute auffälligsten antiken Ruinen im Herzen Roms. Doch wieder war das andere Rom, das gemeine Volk ebenso wie die Einflussreichen, diesem öffentlichen Programm nicht abgeneigt. Es gab die bewährten Mittel, seine Unterstützung zu gewinnen: Versorgung mit Lebensmitteln, den Blutsport und (wenn möglich) Bäder. Trajan tat sich in jedem Bereich hervor, das Resultat eines Prozesses, den wir seit Augustus verfolgen konnten. Mit Recht wurde er postum als der Herrscher betrachtet, dessen »Popularität beim Volk niemand übertraf und nur wenige erreichten«.

Glücklicherweise hatte er ein architektonisches Genie zur Hand, den griechischspachigen Apollondorus von Damaskus. Wie Sinan, der große Architekt der ottomanischen Türken, war Apollodorus als Militäringenieur tätig gewesen – er hatte die mächtige Brücke über die Donau entworfen. In der Nähe von Rom wurde an der Küste ein improvisierter Hafen gebaut, um für die Sicherheit der städtischen Getreideimporte zu sorgen. Doch in der Stadt selbst war das große Wunder das Trajans-Forum. Noch drei Jahrhunderte nach seinem Bau bot es seinen Besuchern einen atemberaubenden Anblick. Zum Teil übernahm das Forum die Proportionen von Vespasians Friedens-Tempel. Wie der Tempel schloss es zwei Bibliotheksräume ein – eine Bibliothek für griechische Werke, die zweite für die lateinische Literatur nach römischer Art –, doch Trajans Bibliotheken waren sehr viel größer und enthielten insgesamt an die 20 000 Schriftrollen. Außerdem gab es prächtige Kolonnaden mit Skulpturen dakischer Gefangener, eine große Reiterstatue Trajans und vor allem eine gewaltige Halle für Gerichtsverhandlungen. Die Form dieser Hallen, der Basiliken, sollte später den Bau der ersten großen Kirchen beeinflussen.

Am äußersten Ende stand die Trajanssäule, deren insgesamt 155 Reliefdarstellungen uns das lebendigste Beispiel der römischen Armee im Gefecht überliefern. Ihr Thema ist der Feldzug in Dakien. Sie zeigen römische Einheiten, die Brücken über Flüsse legen, Belagerungsmaschinen aufstellen – deren Gerüst seit Trajan nicht mehr aus Holz, sondern aus Metall gefertigt wurde – und dakische Frauen angreifen, die ihrerseits Gefangene der Daker quälen. An der Spitze der Säule zeigen vieldiskutierte Szenen einen Zug von Männern, Frauen und Kindern mit ihren Tieren. Sind es römische Siedler, die in der neuen Provinz ankommen oder, was wahrscheinlicher ist, vertriebene Daker? In jedem Fall aber sind die Szenen ein Bild der neuen, direkten Herrschaft Roms.

Trajan gab auch einen nahe gelegenen Markt in Auftrag, heute eine der augenfälligsten Ruinen der Stadt. Die brillante Nutzung der verschiedenen Ebenen verdankt sich ebenfalls dem Erfindergeist des Apollodorus. Nach einem Feuer auf dem Esquilin erwies er dem, was dort von Neros groteskem Goldenen Haus geblieben war, die längst fällige letzte Ehre. Über dem verbliebenen Westflügel baute er einen umfangreichen Thermenkomplex und begrub Neros Speisesäle samt Zementkuppel unter einem Gebäude zur öffentlichen Nutzung. Der Bau war eine wirksame, populäre Maßnahme, und 109 nahmen seine Spiele im Amphitheater zur Feier der dakischen Eroberungen unübertroffene Ausmaße an. Doch zufrieden war er noch nicht. Im Vorderen Orient erstreckte sich Roms Herrschaft durch die Annexion von Petra (im Jahr 106) und des »arabischen« (nabatäischen) Königreichs auf dem Boden des heutigen Jordanien bereits bis zum Roten Meer. 113, ein Jahr nach der Eröffnung seines Forums, brach Trajan, von Hadrian begleitet, nach Osten auf, um die einzige noch offene Rechnung in dieser Weltgegend zu begleichen: die Eroberung von Roms parthischem Nachbarreich, zumindest entlang des Euphrat. Im nordsyrischen Antiochia legten sie auf dem Marsch einen Halt ein, und auf dem Dschebel el-Akra, dem großen heidnischen Berg der Götter, der über der Stadt emporragt, weihte Trajan den Göttern dakische Beute, in der Hoffnung, für die kommenden Schlachten göttliche Gunst zu gewinnen.[3]

Der Regimewechsel sollte nun auf den Mittleren Osten ausgedehnt werden. 114 fiel Trajan mit einer riesigen Armee in Armenien ein und weigerte sich, einen Thronverzicht des regierenden Fürsten zu akzeptieren. Der Unglückliche war vom Partherkönig eingesetzt worden, doch ohne die übliche Zustimmung Roms. Als er darum nachsuchte, antwortete Trajan mit der Degradierung des Landes zur Provinz. Um die neue Provinz zu schützen, stieß er sodann nach Süden vor und fiel in weiterer Ausdehnung der direkten Herrschaft in Mesopotamien ein, das Gebiet des modernen Irak. Er überquerte den Euphrat, zwang den lokalen Fürsten einen Regimewechsel auf und setzte sogar über den Tigris. Babylon wurde eingenommen, und anschließend zog Trajan nach Süden weiter und nahm die parthische Hauptstadt Ktesiphon ein. Der Erfolg schien phänomenal. Die Mesopotamier, hatte Sallust um 40 v. Chr. geschrieben, sind »ungezügelt sexueller Lust ergeben, in beiden Geschlechtern«. Trajan prüfte das Urteil zumindest für ein Geschlecht (das männliche).[4] Als Sieger befuhr er den Euphrat, in einem Boot, auf dessen Segeln in goldenen Lettern sein Name prangte. Es war der Gipfel römischer Eroberungen im Osten; Marcus Antonius' Scheitern und Neros Zögern schienen belanglos geworden.

Von Altertumsforschern wurde Trajan eine schwärmerische Verehrung Alexanders des Großen zugeschrieben, ja sogar der Gedanke an Eroberungszüge ins ferne Indien. Vielleicht hatte Trajan wirklich davon geträumt, das Haus in Babylon zu besuchen, in dem Alexander gestorben war und dort ein Opfer zu bringen – wer wünschte das nicht? Doch Trajan hatte die Sechzig überschritten, und ein Alexander war er zweifellos nicht. Die Chronologie seiner dreijährigen Kampagne in Mesopotamien ist ein Schlüssel zu seinen Absichten, wurde aber oft falsch gedeutet.[5] Nach den Erfolgen des ersten Jahres in Armenien war er 114/5 nach Antiochia in sein Winterlager zurückgekehrt und hatte dort mit großem Glück ein gewaltiges Erdbeben überlebt. 115 war das Jahr seiner Eroberungen in Gebieten des heutigen Irak. Nach der Einnahme von Ktesiphon schrieb er an den Senat und bat taktvoll um sein Einverständnis, ebenso wie er bei der Besiedlung Dakiens das senatorische Plazet erbeten hatte. Er habe genug, schrieb er, und die Lösung sei nun, in Ktesiphon einen Klientelkönig auf den Thron zu setzen. »Dieses Land« (der moderne Irak) »ist so unüberschaubar groß und von Rom so unermesslich weit entfernt, dass wir es nicht verwalten können.«[6] Anfang 116 erreichte der Brief den Senat, der Zeit hatte, seine schriftliche Zustimmung zu schicken. Eine »Alexander-Manie« enthielten diese Pläne nicht.

Doch dann kam es in allen eroberten Territorien zu explosiven Gewaltausbrüchen. Die Probleme begannen im Frühjahr 116 mit den Juden. Ihre Aufstände breiteten sich vom libyschen Kyrene bis nach Zypern und Ägypten aus und wurden von jüdischen Flüchtlingen aus den eroberten parthischen Gebieten unterstützt. Der Mittlere Osten ging in einer Revolte auf. Armenien wurde angegriffen und mußte zum Teil abgetreten werden, und auch Trajans mesopotamische Eroberungen revoltierten. Dort verbrachte Trajan 116 einen heißen Sommer mit der Belagerung der stark bewehrten Stadt Hatra. Er hatte Glück, dass die Verteidiger seinen auffälligen grauen Kopf nur um Haaresbreite verfehlten, als er unbehelmt unter den Mauern vorbeiritt. Und um das Maß vollzumachen, brach auch in Dakien wieder Krieg aus.

Diese Aufstände kosteten Tausende das Leben, besonders in der zahlreichen jüdischen Bevölkerung Zyperns und den noch größeren jüdischen Gemeinschaften in Ägypten. Für einen flüchtigen Moment schien sich sogar das Ende der Welt anzukündigen. Im Süden Mesopotamiens hatte ein gewisser Elchasai, offensichtlich Mitglied einer strengen christlichen Täufergemeinschaft, die Vision eines Krieges unter den »Engeln des Nordens«.[7] Elchasai plagten andere Sorgen als Trajan. Er sah vor sich das Bild eines Engels und eines (weiblichen) Heiligen Geistes, die den christlichen Sündern eine letzte Vergebung ihrer Sünden versprachen – diese »Sünde« musste einem unbeteiligten Heiden als Zustand erscheinen, den einzig der törichte christliche Glaube geschaffen hatte. Dann, so der Prophet, wäre das Ende der Welt, wie Trajan sie kannte, gekommen. Elchasai schrieb seine Vision in einem Buch nieder, das erhalten blieb und mehr als ein Jahrhundert später einen anderen christlichen Visionär aus dieser Gegend inspirierte – Mani. Seine nachchristliche »Botschaft des Lichts« überlebte viele Jahrhunderte und wurde von ihren zahlreichen Feinden als Manichäismus bezeichnet.

Für Trajan gab es einen solchen Neubeginn nicht. Er ließ Hadrian mit der Armee in Syrien zurück und setzte sich 117 nach Westen ab. Anfang August wurde er für krank erklärt, und kurz darauf starb er im Alter von 62 Jahren in Kilikien an der Südküste der Türkei. Sein Tod in einem Moment, da so viele Aufstände tobten, barg die Gefahr des Chaos. Wer sollte sein Nachfolger werden? Hadrian war in der Nähe, und da er bereits für das folgende Jahr zum Konsul ernannt worden war, schien er die natürliche Wahl. Doch war er formell ernannt worden? Am 9. August, einen Tag nach Trajans Tod, konnte sich Hadrian in Syrien, zufällig im rechten Moment, auf den Erhalt von Dokumenten berufen, die seine Adoption »bewiesen«. Noch gelegener kam am 11. August die Nachricht von Trajans Tod. Spätere Historiker schrieben von Trajans Krankheit und schildern Symptome, die an eine Herzattacke denken lassen. Doch andere Möglichkeiten sind keineswegs auszuschließen. Am 12. August starb auch Trajans Intimus, der Palastsekretär Phaedimus, der Mann, der einst offizieller Vorkoster des Kaisers und sein persönlicher erster Diener gewesen war. Erst nach Jahren wurde Phaedimus' Asche nach Rom zurückgebracht. Sollte vermieden werden, dass der Tod des kaiserlichen Vorkosters allzu viel Aufmerksamkeit auf sich zog? Jahrzehnte später wurde dem Historiker und Senator Cassius Dio von seinem Vater als feststehende Tatsache mitgeteilt, dass Hadrian nie von Trajan adoptiert worden sei; Trajans Tod sei von seiner engsten Umgebung für kurze Zeit geheimgehalten worden, und der Brief, der den Senat über Hadrians angebliche Adoption informierte, trage die Unterschrift von Trajans Frau Plotina. War die Todesursache eine Krankheit, oder war Trajan zusammen mit Phaedimus vergiftet worden? Später wurde die Skandalgeschichte herumgereicht, Hadrian habe die Freigelassenen des Kaisers bestochen und sich mit seinen jugendlichen Liebhabern eingelassen, um seine Chancen auf die Nachfolge Trajans zu sichern. Sicher wissen wir nur, dass Hadrian sich aus den Eroberungen Trajans in Mesopotamien umgehend zurückzog.

Die Wahrheit über den Tod seines Vorgängers hat Hadrian mit ins Grab genommen. Es ist ein ironisches Schweigen, denn die großen Leistungen der

54 REGIMEWECHSEL DAHEIM UND AN DEN GRENZEN

Epoche liegen nicht auf militärischem, sondern gerade auf historischem Gebiet. In diese Jahre fällt die Entstehung zweier lateinischer Darstellungen der Kaiserzeit, die beide zu klassischen Quellen für unser Verständnis der römischen Kaiser wurden. Die eine ist zugleich ein geniales Werk, das unter anderem die Themen Freiheit, Luxus und Gerechtigkeit in den Mittelpunkt stellt. Bezeichnenderweise hat es keiner der beiden Autoren gewagt, auch die Geschichte der Herrschaft Trajans zu schreiben.

55
DIE DARSTELLUNG DER VERGANGENHEIT

> *Ich ahne, und meine Ahnung täuscht mich nicht: Deine Historien werden unsterblich sein! Umso mehr möchte ich – ich gestehe es unumwunden – einen Platz darin finden.*
> Plinius an Tacitus, BRIEFE 7,33 (Übers. H. Kasten)

Von Augustus bis zu Hadrian leben die »Ersten Bürger« Roms als unverwechselbare Persönlichkeiten in unserer Vorstellung weiter. Der Grund für dieses Nachleben liegt nur zum geringsten Teil in den archäologischen Relikten ihrer Regierungszeit. Ihre Skulpturen und Bauwerke sind trügerische Zeugen, denn sie stellen die Herren und Gönner nur so dar, wie diese wahrgenommen sein wollten. Die Kaiser bis zu Domitian sind vielmehr deshalb so lebendig geblieben, weil sie in Texten geschildert werden – in den Biographien Suetons und in den scharfsinnigen Geschichtswerken des Tacitus.

Beide Autoren gehörten zum Freundeskreis von Plinius. Der Jüngere, Sueton, fand in Plinius seinen Gönner. Plinius übte für ihn das *suffragium* aus: Er unterstützte ihn und bat schriftlich und mündlich um Gefälligkeiten zu seinen Gunsten. Es ist bezeichnend, dass sich das Wort *suffragium* (eigentlich die Stimme bei der Stimmabgabe) jetzt auf Fürsprache bezog statt wie früher auf die freie Ausübung des römischen Stimmrechts.[1] Tacitus dagegen war auf Plinius' Fürsprache nicht angewiesen. Seine beeindruckende Gelehrsamkeit wurde früh erkannt. So versah er im Jahr 88 das Amt eines der zehn römischen Priester, die fremde Kulte beaufsichtigten, zu denen auch das Christentum zählte. Tacitus war ein brillanter Redner und hatte drei Jahre vor Plinius das Amt des Konsuls inne. Plinius veröffentlichte elf Briefe an Tacitus, um Beweise für eine Freundschaft vorzulegen, die ihn selbst ehrte. Wie Plinius liebte Tacitus die Jagd, doch außerdem hatte er Stil, Einsicht und Urteilsfähigkeit, Eigenschaften, die seinem guten Freund Plinius fehlten.

Sueton kam aus dem Ritterstand. Seine Familie stammte vielleicht aus Nordafrika. Er war nie Senator, doch er versah drei mit der Schriftführung betraute Ämter im kaiserlichen Haushalt, darunter als Bibliothekar, und unternahm interessante Reisen. Mit Plinius war er in Bithynien und später mit Hadrian in Britannien. Dort ging seine Karriere 122 abrupt zu Ende. Späteren Klatschgeschichten zufolge war er mit Hadrians frustrierter Ehefrau Sabina zu vertraulich geworden.

Die berühmtesten unter den erhaltenen Werken Suetons sind seine Kaiserbiographien. Es ist aufschlussreich, dass diese Viten auch eine *Vita* Julius Caesars einschließen – er scheute sich also nicht, das Leben des wahren Gründers des monarchischen Reiches zu beschreiben. Die Stärke seines Werkes sind die lebendigen Details und im Fall der *Vita* des Augustus die Verwendung der Briefe und der Autobiographie des Kaisers. In Anekdoten läßt er die Luxusliebe der Kaiser sichtbar werden, und er beobachtet das Vorgehen jedes einzelnen Herrschers bei der Rechtsprechung. Sein Interesse gilt der Astrologie und der erhellenden Vorliebe der meisten Kaiser für diese Kunst. Seine Werke sind außerdem unsere ergiebigste Quelle für die Herkunft der Kaiser und ihre äußere Erscheinung. Aus der Sicht Suetons waren die besten Kaiser Augustus und Vespasian, eine naheliegende Wahl.

Suetons *Vitae* wurden zum Modell für spätere Biographen, namentlich für das wichtige *Leben Karls des Großen* von Einhard (um 850). Doch ihre Einsichten und ihre Zuverlässigkeit sind begrenzt. In den späteren Stücken verlieren die Viten an Überzeugungskraft. Vielleicht war ihm nach seiner Entlassung in Britannien der Zugang zu Informationen erschwert worden. Am eindrücklichsten sind seine Anekdoten, besonders dann, wenn er von unmittelbaren Zeitgenossen oder Ereignissen berichtet. Soll man glauben, dass Nero sich in Tierhäute hüllte und aus einem Käfig holen ließ, um über die Geschlechtsteile von Männern und Frauen herzufallen, die an Pfähle gebunden waren, bevor er selbst von einem Freigelassenen sexuell befriedigt wurde, den er geheiratet hatte? So jedenfalls wollte es der Klatsch 50 Jahre später. Ferner beteuert Sueton, er habe von »ziemlich vielen Leuten« erfahren, Nero sei überzeugt gewesen, dass niemand auch nur in einem einzigen Körperteil keusch sei und dass jeder diese Tatsache verberge.[2] Diese Recherchen belegen zumindest die Einstellung der späteren Generation zu den julisch-claudischen Ausschweifungen.

Das Schlüsselthema der Freiheit jedoch bleibt bei Sueton außer Betracht. Hierzu müssen wir seinen bedeutenderen Zeitgenossen Tacitus befragen. Sueton war nur Ritter und Beamter im Dienst des Kaisers. Tacitus war Senator und Konsul, Ämter, für deren Vertreter das Thema »Freiheit« stets lebendig war. Plinius hatte bereits erkannt, dass Tacitus das Genie seiner Epoche war und dass er gut daran täte, mit diesem Mann Verbindung zu pflegen. Wie Plinius war auch Tacitus kein gebürtiger Römer. Höchstwahrscheinlich stammte er aus Südgallien, vielleicht aus Vasio (heute Vaison). Der Süden Galliens war jedoch stark romanisiert und nicht »provinzieller« als Norditalien. Tacitus machte umgehend Karriere: Dem Konsulat folgte die bedeutende Statthalterschaft in der Provinz Asia. Verglichen mit Plinius war der Aufstieg noch schneller und das Resultat noch glänzender. Die Laufbahn des etwa 58 n. Chr. Geborenen wird in größerem Detail durch neuere Untersuchungen von Funden bestätigt, bei denen es sich offenbar um Bruchstücke seiner Begräbnisinschrift handelt.[3]

Wie Plinius war Tacitus unter Domitian erfolgreich als Senator tätig, doch macht er kein Hehl aus den Kompromissen, zu denen er in jener Zeit gezwungen war. Als Senator war ihm die Bedeutung von Heuchelei und Betrügerei in der menschlichen Natur vertraut. »Freiheit« war einer seiner Schlüsselwerte, doch pflegte er auch freundschaftlichen Umgang mit Zeitgenossen, »die zu viel wussten, um hoffnungsvoll zu sein«.[4] Er schrieb über die verschiedensten Themen: über die Kunst der Rhetorik (zu Recht wies er hier auf den Zusammenhang zwischen großer Redekunst und politischer Freiheit hin) und über seinen Schwiegervater Agricola, den Statthalter von Britannien; eindrucksvolle Worte über die »Freiheit« legte er einem schottischen Häuptling in den Mund. Er war keineswegs blind für das Leben in der Provinz und schrieb Treffendes über die Gallier, allerdings nichts über Spanien. Er verfasste auch einen bemerkenswerten Text über Germanien, wo sein Vater gedient und wo auch er einen Teil seiner Laufbahn absolviert hatte. Die Germanen, schrieb er, liebten die Freiheit, nicht aber die Disziplin; sie neigten zu starken Emotionen, und ihre Priester seien mächtiger als ihre Könige. Seine Darstellung beeindruckt durch Gedanken und Beobachtungen; Tacitus' Germanen sind keine Gestalten seiner Erfindung, die er einfach mit dem Gegenteil der römischen Untugenden ausstattet. Man nannte den Text auch schon »den gefährlichsten, der je geschrieben wurde«; er spielte eine hochwichtige Rolle für die spätere Loslösung der Deutschen von der römisch-katholischen Kirche und in jüngerer Zeit für die pathologische Ideologie »deutsch-germanischer Volksgemeinschaft« der Nationalsozialisten. Himmlers SS unternahm einen Vorstoß auf höchster Ebene, um den italienischen Besitzern die älteste erhaltene Handschrift von Tacitus' *Germania* abzujagen, ein Versuch, der glücklicherweise erfolglos blieb.[5]

Die späteren Regierungsjahre Domitians waren für Tacitus wie für viele andere ein Schock. Von dieser Erfahrung, nicht von der brüsken »Adoption«

Trajans, wurde seine historische Deutung denn auch vornehmlich geprägt. Seine Meisterwerke sind die *Historien*, die den Zeitraum von 69 bis zur Herrschaft Domitians behandeln, sowie die späteren *Annalen* über die Zeit vom Tod des Augustus bis zum Tod Neros. Unglücklicherweise ist keines der beiden vollständig erhalten, doch ihr Stil, ihr Scharfblick und ihre Menschenkenntnis machten sie zu Klassikern der römischen Geschichtsschreibung. Als *homo novus* im Senat war Tacitus kein Vertreter liberaler Ansichten. Er glaubte nicht an die politische Einsicht des Pöbels, und ebenso wenig schätzte er Männer und Frauen, die auf Profit und Bestechung aus waren. Vorbehalte hatte er auch gegen Griechen und Juden. Seine Zustimmung fand indessen die Integrationspolitik Roms gegenüber seinen Untertanen. Er überarbeitete eine Rede des Kaisers Claudius, um die Verdienste dieser Politik deutlich zu machen – als Provinzialer hatte er selbst davon profitiert. Doch als *homo novus* in Rom liebte er markige Episoden alten Stils, ob aus Schlachten, aus dem Feld der Religion oder dem der Diplomatie. Schon die Form seiner *Annalen* war altertümlich, denn sie hielten sich an die nach Jahren geordnete Darstellungsweise der ältesten römischen Geschichtsschreiber, eine Form also, die bereits existierte, lange bevor die Kaiser das Wesen des Staates veränderten.

Der Historiker Tacitus besaß eine seltene Gabe. Er war sich der Kluft zwischen Beruf und Wirklichkeit bewusst, und er misstraute fragwürdiger Propaganda sowie den Bekenntnissen von Autokraten zur Moral. Er trieb durchaus Nachforschungen und las die »Akten« früherer Senatorensitzungen, vielleicht sogar in den weitläufigen Räumen von Trajans neuer Bibliothek in Rom. Mit brillantem Gespür erfasste er den rhetorischen Stil bestimmter Kaiser und ihrer Epochen, durchschaute aber auch die Vielzahl der Täuschungen und Euphemismen, mit denen die Ereignisse von offizieller Seite bemäntelt wurden. Jüngst wurde eine Inschrift gefunden, die die offizielle Reaktion des Senats auf Vorfälle in der Familie des Tiberius im Jahr 20 n. Chr. darstellt. Sie bestätigt in wichtigen Punkten den Scharfblick von Tacitus' Version und seinen Argwohn gegenüber den rhetorischen Wolken, mit denen die Ereignisse vernebelt wurden.

Die Theorie einer Verfassung, bemerkt Tacitus, ist schwer zu verwirklichen und schnell gescheitert. Anders als Cicero hielt er sich nicht mit idealen Staaten auf und pries auch nicht wie Thukydides eine »moderate Vermischung« gegensätzlicher Klassen. In Tacitus' Urteilen steckt ein köstlich trotziger Sarkasmus. Er ist kein unheilbarer Pessimist, doch er kleidet die Ereignisse und das, was die Beteiligten verbergen, in den trockenen Ton des distanzierten Betrachters. In ihm hat die Nachwelt den unübertrefflichen Historiker absoluter Herrschaft, der Kunst, sie zu erhalten, wie auch der Kunst, sich darauf einzustellen. Denn ungeachtet seines Sarkasmus und seines Bewusstseins verlorener Werte war Tacitus wie sein Freund Plinius bereit, einem Despoten zu dienen. Während er die verlorene Freiheit beklagte, befürwortete er den politischen Mittelweg und hoffte darauf, Zufall oder Schicksal möchten für einen Herrscher sorgen, der unter den schlechten der Beste wäre. In den 30er Jahren v. Chr. hatte Sallust mit beißender Schärfe beschrieben, wie die Republik ihre Freiheit verlor. Tacitus, der Erbe des sallustischen Stils, schilderte die Folgen dieses Verlusts, ohne jedoch Mittel und Wege zu nennen, wie er rückgängig zu machen sei.

Einen tiefen Eindruck hat Tacitus' Betonung der Freiheit und der »maßvollen« Übereinkunft mit einem Herrscher auf Edward Gibbon gemacht, wie dessen große Darstellung vom *Aufstieg und Fall des römischen Reiches* bezeugt. Dem betrügerischen Napoleon war er hingegen zuwider. Den Zenit seines Einflusses erreichte Tacitus im 17. Jahrhundert. Er zeigte den Lesern dieser Epoche, wie man sich mit einem despotischen Regime arrangiert und zugleich eine dem entgegenstehende Vorstellung von Freiheit in Ehren hält. Sein Werk bot auch ein frühes Beispiel für den Unmut über die Günstlingswirtschaft, die an den Höfen des 17. Jahrhunderts in England und Kontinentaleuropa verbreitet war. Tacitus hatte beides gesehen, sowohl das Bedürfnis der Herrscher nach Protegés als auch die Grillen dieser Günstlinge und sie in seiner Schilderung des verhassten Tiberius-Günstlings Sejanus oder der anmaßenden Freigelassenen des Claudius beispielhaft dargestellt.[6] Doch hatte er auch beschrieben, wie Despoten Servilität hervorrufen, wie Freiheit die Züge verschlagener Unterwürfigkeit annimmt und wie Gerechtigkeit durch Informanten und Spitzel entstellt wird. Dieses Bild des politischen Dilemmas der Römer hinterließ bleibenden Eindruck bei englischen Anwälten und politisierenden Männern von Rang, die mit den Eitelkeiten Jakobs I. und den luxuriösen Ansprüchen seines Nachfolgers Karl I. konfrontiert waren. In Rom hatten servile Juristen Präzedenzfälle und Anknüpfungspunkte für die Autokratie ausfindig gemacht; in England dagegen hielten die in den Werken der römischen Klassik geschulten Juristen die »Freiheit« hoch, deren Verlust sie bei Tacitus so eindringlich beschrieben fanden. Und doch hatte Tacitus erkannt, dass volle Freiheit im römischen System seiner Zeit unmöglich war und dass nach den Tagen der Republik in Ciceros Jugend inzwischen andere Werte zählten.

Auch für uns, in einer Zeit von Ein-Parteien-Herrschaften, politischer Propaganda, Vetternwirtschaft und sinnentleerter Demokratie, haben seine Einsichten nichts an Bedeutung verloren. Noch immer sind seine Werke für ein

55 DIE DARSTELLUNG DER VERGANGENHEIT

echtes Verständnis des Römischen Reiches maßgeblicher als pseudobürokratische Untersuchungen seiner Strukturen. Denn ein wichtiger Grund für den unterschiedlichen Charakter jedes Jahrzehnts sind die Menschen, die in seinem Zentrum standen und deren Naturell Tacitus so brillant erfaßte: der verschlagene, bösartige Tiberius, der törichte und pedantische Claudius, der verkommene Nero. Es hieße den Wert seines Erbes verkennen, wollte man einwenden, dass er sich auf die Politik des Hofes konzentrierte statt auf die soziale und regionale Diversität, die für viele moderne Historiker von größerem Interesse ist. Die Persönlichkeit der Herrscher hatte tiefgreifende Konsequenzen für die ganze Gesellschaft. Auch die Gemütsart der mit ihnen verbundenen Frauen wirkte sich auf Strukturen und Ereignisse aus. Die Messalinas und Agrippinas sind bezeichnende Phänomene der julisch-claudischen Ära, und nur wer über die Bedeutung von Damen der höchsten Gesellschaft in einem solchen Kontext hinwegsieht, neigt dazu, ihre Porträts als bloße Rhetorik oder als das übliche männliche Vorurteil misszuverstehen.

Als Erstes seiner größeren Werke vollendete Tacitus die *Historien*, die Chronik der Ereignisse von 69 bis 96 n. Chr. mit ihrer meisterhaften Darstellung der wechselnden Reaktionen der Soldaten und des unterschiedlichen Verhaltens der urbanen Bevölkerung im Jahr der vier Kaiser (69 n. Chr.). Es folgten die *Annalen* von 14 bis 68. Wann die *Annalen* beendet wurden, ist noch heute umstritten, doch deutet alles darauf hin, dass auch sie zur Gänze während der Regierungszeit Trajans entstanden. Ihr knapper, konziser Stil brauchte keine lange Reifezeit: Sallust und Cicero waren die beiden Grundpfeiler der Ausbildung des jungen Tacitus gewesen. Er schrieb nicht mit einem Auge auf Hadrian und die kontroversen frühen Jahre von Hadrians Regierung – das Werk war, wie erwähnt, wohl schon unter Trajan beendet worden. Vielleicht inspirierte das Erscheinen der beiden Meisterwerke Sueton zu seinen Kaiserviten, die allerdings mit dem Leben Julius Caesars begannen, welches Tacitus nicht erörtert hatte.

Wie Sueton und Plinius hielt Tacitus das Christentum für einen »verderblichen Aberglauben«. Er erwähnt jedoch, dass das Volk die Christen bemitleidet habe, die Nero aufgrund falscher Anklagen zu Märtyrern machte. Sueton dagegen billigte Neros Vorgehen. Für Tacitus bedeutete die Herrschaft eines Princeps ein Übel, das in mancher Hinsicht jedoch unvermeidlich war. Durch Mäßigung, maßvolles Verhalten und Gesetzestreue konnte der Herrscher das Übel zwar mildern, doch die Verliererin war immer die standfeste Freiheit. Einzelne Aspekte dieser Freiheit konnten noch verteidigt werden, namentlich die Redefreiheit. Redner in Tacitus' *Annalen* sprechen sich entschieden gegen eine repressive Zensur aus, das war auch Tacitus' eigene Position. Er kam zudem zu der Ansicht, dass es nie gelingen wird, durch Gesetze den Luxus einzudämmen. Das Maß des Luxus verändere und entwickle sich einfach im Lauf der Zeit. Doch weder sein eigener Freiheitsbegriff noch der seiner Redner entspricht unserer Vorstellung von demokratischer Freiheit. Letztendlich waren sie Römer, und sie waren Senatoren. Wenn der clevere Tiberius den Gerichtsverhandlungen beiwohnte und seinen Wünschen zur Sache Ausdruck gab, hielt Tacitus dieses Verhalten für bedauerlich, und zwar auch dann, wenn die von Tiberius bevorzugten Urteile glaubwürdig und gerecht waren. Denn Tiberius untergrub damit eine Freiheit anderer Art: die Freiheit der Senatoren, im Namen anderer Einfluss auszuüben, auch wenn sie diesen Einfluss als echte Römer höchst unfair einsetzten.

HADRIAN: EIN BLICK ZURÜCK

Berühmt wurde sein Spaß in den Thermen. Eines Tages sah er einen Veteranen, den er während seiner Dienstzeit gekannt hatte, und der Mann rieb seinen Rücken und den Rest seines Körpers an der Wand. Er fragte ihn also, warum er es dem Marmor überließe, ihn abzureiben, und als er hörte, dass er es tue, weil er keinen Sklaven habe, gab er dem Mann sowohl einige Sklaven als auch die Mittel für ihren Unterhalt. Doch an einem weiteren Tag begannen einige alte Männer sich an der Wand zu reiben, um so an die Großzügigkeit des Kaisers zu appellieren. Doch er ließ sie herbeizitieren und befahl ihnen dann, sich gegenseitig abzureiben.

Spartianus, Das Leben Hadrians 17,6–7

Das Recht Hadrians auf die Thronfolge war zweifelhaft, doch er beeilte sich, die Fehler seiner Vorgänger zu bereinigen. Trajans neu gegründete Provinzen im Mittleren Orient wurden aufgegeben und anschließend die in Osteuropa gewonnenen Gebiete verkleinert und neu aufgeteilt. Zu seiner Rechtfertigung berief sich Hadrian auf den älteren Cato, »der die Makedonen für frei erklärte, weil sie nicht geschützt werden könnten«.[1] Zumindest mit dieser Bemerkung verschaffte er seiner Entscheidung ein traditionelles Präjudiz.

Von größerem Gewicht waren Hadrians enge persönliche Beziehungen zum Präfekten der Prätorianergarde, dem alten Acilius Attianus, der aus demselben Ort stammte wie Hadrian und einst dessen Vormund gewesen war. In Rom wurden vier langgediente Senatoren und Konsularen auf Attianus' Befehl getötet. Es war nur von Vorteil, dass Hadrian, während der Schock langsam verebbte, ohne Eile durch den griechischen Osten reisen konnte und der Stadt Rom einige Monate fernblieb. Bei seiner Rückkehr beteuerte er in einer Rede vor dem Senat, nicht er habe den Tod der vier Männer angeordnet. In seiner Autobiographie erklärte er gegen Ende seines Lebens ein weiteres Mal, dass er diese vier Hinrichtungen bedauere. Sie galten inzwischen wie die Beteiligung der Leibwache als Symbol für den Verlust der Freiheit seit dem Untergang der Republik und der klassischen Ära des Augustus.

An die Stelle von Eroberungen traten also Hadrians Inspektionsreisen und Exkursionen quer durchs Reich, von denen am Anfang dieses Buches die Rede war. Von Nordbritannien bis nach Ägypten besuchte er seine Provinzen und machte sich bei seinen Truppen bekannt. Dass er sich von seinem Vorgänger Trajan unterschied, konnte niemandem, der ihn sah oder hörte, entgehen. Hadrian trug einen Bart, einen kurz geschorenen zwar, doch man erkannte darin den bewussten Ausdruck seiner Leidenschaft für die griechische Kultur. Die Barttracht war zwar besonders bei griechischsprachigen Philosophen gebräuchlich, aber ein Intellektueller reinsten Wassers war Hadrian nicht. Anders als Trajan war er zweifellos gebildet, setzte sich aber auf Kosten von Intellektuellen gern damit in Szene. Abstrakte Ideen und Argumentationen waren seine Sache nicht, und er suchte keinen theoretischen Zugang zu Politik und Gesellschaft; seine bevorzugte philosophische Richtung war die geistig anspruchsloseste, die der Epikureer. Aber er verfügte über ein breites Wissen, und auf den ausgedehnten Reisen konnte er seine Passion für Altertümer ausleben. Im Übrigen schrieb er Gedichte und zeigte ein reges Interesse für Architektur und bauliche Entwürfe. Als er versuchte, sich in die Planungen des Architekten Apollodorus einzumischen, soll der Meister ihn beschieden haben, seine zeichnerische Praxis auf Stillleben zu beschränken, statt Gebäude zu entwerfen.[2] Doch ohne Zweifel – Hadrian hatte Stil.

In diesem Stil trafen sich die zwei Welten des vorliegenden Buches, die klassisch griechische und die römische. Hadrians Liebe zur griechischen Kultur zeigte sich in seinem Wirken als Schirmherr und Gönner, in der Förderung griechischer Städte (besonders Athens) sowie in seinem romantischen Privatleben. Schon Trajans Patronat hatte Griechischsprachigen aus dem Osten des Imperiums zu Amt und Würden im römischen Senat verholfen, doch seine Günstlinge waren im Allgemeinen Dynasten und Männer aus angesehenen lokalen Familien. Die griechischen Senatoren unter Hadrians Regierung waren fähigere Männer, deren Herkunft Bildung und Gelehrsamkeit verbürgte, Menschen seines Schlages. Höchsten Respekt brachte Hadrian der Stadt Athen entgegen. Bevor er zum römischen Kaiser aufstieg, hatte er ein Jahr in Athen verbracht und dort als oberster Regierungsbeamter (Archont) gedient. Er machte die Stadt zum Zentrum seines neuen *Panhellenion*, einer Art Parlamentsversammlung griechischer Städte, und ließ Gebäude errichten, deren markantes Erscheinungsbild den Stadtkern veränderte. Als Kaiser genehmigte er eine Neugestaltung ihres Rates, des illustren Aeropag; in einen griechischen Mantel gehüllt, präsidierte er den großen Theaterfestspielen der Stadt, den Dionysien, und wurde sogar in die Eleusinischen Mysterien eingeweiht.

Sein Liebesleben war ungewöhnlicher als das jedes anderen Herrschers seit Alexander dem Großen. Auch Trajan hatte Affären mit Männern gehabt, doch meist, wie es hieß, mit Knaben im Heerlager oder in seiner Dienerschaft. Hadrian dagegen hatte nur eine einzige große Leidenschaft, die auf griechische Art ausgelebt wurde und jenem ganz und gar unrömischen Liebesobjekt, einem freien jungen Bürger galt. In Plinius' ehemaliger Provinz Bithynien hatte Hadrian den jungen Antinoos getroffen und sein Herz an ihn verloren. Sie gingen zusammen auf die Jagd und unternahmen Reisen, doch im Oktober 130 fand der junge Antinoos in Ägypten den Tod; er ertrank im Nil. Da Zeugnisse fehlen, bleiben die näheren Umstände im Dunkeln. Dass Antinoos den Tod gesucht habe, um sich als Bittopfer für die schwache Gesundheit Hadrians darzubringen, dürfte nicht mehr als haltloses Gerede sein. Doch dieser Verlust hatte überall sichtbare Folgen. Hadrian gründete nicht nur eine Stadt in der Nähe des Nils zu Ehren seines Liebhabers; prominente Bürger dieses neuen Antonopolis erfreuten sich auch zahlreicher seltener politischer Privilegien und Freiheiten.[3] Er rief zur Verehrung seines toten Geliebten als eines »neuen Osiris« auf, des ägyptischen Gottes der Wiedergeburt, und warb für die Verehrung des Antinoos in allen Städten des Reiches. Bildnisse des jungen Mannes sind deshalb auch weit über Ägypten hinaus zu finden. Während Alexander den toten Hephaistion als Heros verehren ließ, förderte Hadrian den Kult des toten Antinoos als Gott, die im positiven Sinne aktivste Religionspolitik eines römischen Kaisers bis zum Sieg des Christentums.

Hadrians Liebe zum Griechentum war klassizistisch geprägt, denn sie lebte einem klassischen Vorbild nach, ohne jedoch in den politischen Kontext des klassischen griechischen Stadtstaats eingebunden zu sein. Sie erwies sich auch als weniger flexibel. In der Bildhauerei ist sein klassizistischer Geschmack am deutlichsten erkennbar. Seine besondere Vorliebe galt Statuen aus weißem Marmor, nicht nur zur Abbildung des geliebten Antinoos; zu seinen Günstlingen zählten viele Bildhauer aus den großen städtischen Zentren des westlichen, griechischen Kleinasien, und damit erhielt die klassizistische Skulptur in Rom neue Bedeutung.

Auch seine kulturelle Toleranz war begrenzt. Seit Homers Zeiten hatten die Griechen dazu geneigt, in den Nichtgriechen des Auslands eine größere Ähnlichkeit mit ihren griechischen Verwandten wahrzunehmen, als tatsächlich bestand. Dennoch vertraten die bekanntesten griechischen Reisenden, Herodot und Alexander, keinen Kulturrelativismus, für den die Bräuche aller Regionen denselben Wert besaßen. Herodot hatte sich über die angebliche Prostitution babylonischer Frauen empört, Alexander über die sehr ungriechische Sitte der Perser, ihre Toten wilden Vögeln und Hunden preiszugeben, was er auch untersagte. Doch für den Griechenfreund Hadrian waren die Grenzen kultureller Toleranz sehr viel enger gesetzt. In seinem klassizistischen Weltbild war kein Platz für die Juden.

Bis heute fehlen uns ausreichende Zeugnisse über die Hintergründe seines großen Krieges gegen die Juden in Judäa (132–135). Anders als ein wahrhaft klassischer Grieche war er Erbe eines Antijudaismus, der seit seinen griechischen Ursprüngen in Alexandria, und vermehrt seit dem 2. Jahrhundert v. Chr., literarisch tradiert wurde. Das Todesjahr des Antinoos (130) scheint eine Wende im Verhalten Hadrians anzudeuten. Tatsächlich bringen antike Quellen den Aufstand der Juden mit dem Beschneidungsverbot in Zusammenhang, das Hadrian während seines Aufenthalts im Vorderen Orient erließ – auf einen vom Erbe der Klassik durchdrungenen Griechenfreund musste ein Brauch wie die Beschneidung abstoßend wirken. Er plante sogar, aus Jerusalem eine klassizistische Stadt mit heidnischen Tempeln zu machen und sie *Aelia Capitolina* zu nennen – seinen eigenen Namen *(Publius Aelius Hadrianus)* mit dem großen Jupiter auf dem Kapitol verbindend. Die Folge war ein erbitterter Aufstand, der in Judäa von Bar Kochba (Sohn eines Sterns) angeführt wurde und im Lauf von mehr als drei Jahren Hunderttausende Juden das Leben kostete. Auf jüdischen Münzen ist zu sehen, dass öffentlich die Erlösung und die Freiheit Israels verkündet wurde; Bar Kochba wurde wahrscheinlich als Messias betrachtet.[4] Hadrian musste aus dem fernen Britannien einen seiner besten Generäle herbeiholen, um dieser offensichtlich massiven Herausforderung Herr zu werden. Erst dann konnte er seinen Plan durchsetzen: Jerusalem wurde in eine heidnische Stadt umgewandelt und den überlebenden Juden wurde verboten, sie zu betreten. »Was hat Athen mit Jerusalem zu tun?«, überlegte der frühchristliche Theologe und Schriftsteller Tertullian bald danach und stellte damit die Verknüpfung der klassischen griechischen Kultur mit dem Christentum in Frage.[5] Für Hadrian war die Antwort einfach: Intoleranz und totale Vernichtung.

Wie Alexander der Große und seine Nachfolger war auch Hadrian ein leidenschaftlicher Jäger; kein anderer Sport begeisterte ihn so sehr wie die Jagd. Im Nordwesten Kleinasiens gründete er eine Stadt zur Erinnerung daran, dass er in der Wildnis eine Bärin erlegt hatte; in Ägypten tötete er gemeinsam mit seinem Liebling Antinoos einen Löwen. In Rom sind auf einem Gebäude, das vermutlich als Jagdmonument begonnen wurde, in acht runden Reliefs Hadrians große Jagderlebnisse festgehalten.[6] Doch Hadrian lebte als passionierter

Jäger nicht nur seine griechischen Neigungen aus. Die Jagd war Teil eines größeren kulturellen Zusammenhangs, in dem griechische und römische Elemente nicht sauber voneinander zu trennen sind. Der Jagd hatte schon Trajan gehuldigt, ein weiterer Sohn aus dem Paradies dieses Sports – Spanien. Hadrian dürfte die Jägerei schon früh, vor seinem Aufbruch in den Osten, betrieben haben. Die langen Tage auf der Jagd trugen dazu bei, seine übrigen Begabungen neben dem Intellekt zu vertiefen: seine bemerkenswerte Ausdauer im Sattel bei jedem Wetter und eine ungewöhnliche Offenheit gegenüber seiner Gefolgschaft.[7]

Mit diesen Eigenschaften stand er in der heiklen Frage des Luxus lobenswert da. Als Kaiser besaß Hadrian die Macht und das Geld, sich fast jeden persönlichen Wunsch zu erfüllen. Dennoch kultivierte er die zivilen Formen, die sich für einen »guten Herrscher« ziemten. In der Stadt Rom, auf seinen Reisen und vor allem an der Spitze seiner Truppen gab er sich volksnah offen und direkt. Diese Zugänglichkeit war eine traditionelle griechische Tugend, doch Hadrian pflegte sie als römischer Soldat und Reisender, vor allem aber als Jäger. Es hieß, »er renommierte unvergleichlich gern mit seiner Liebe zum niederen Volk«.[8] Bittsteller empfing er auch im Bad; er badete sogar zusammen mit dem Volk in den öffentlichen Thermen, zweifellos in Trajans riesigem neuen Bäderkomplex in der Stadt Rom. Auch in den Heerlagern ging er mit gutem Beispiel voran, war anspruchslos und verschmähte jeden Komfort. Er begnügte sich mit dem Käse, dem Schinken und dem einfachen Wein, die zu einer anständigen Soldatenkost gehörten. Er mied weiche Nachtlager und setzte Standards militärischer Disziplin, auf die man sich noch lange nach ihm berief.

In den homerischen Epen, von denen wir ausgingen, wurde die luxuriöse Pracht in den Palästen der Helden und Märchenkönige, die dem seefahrenden Odysseus begegneten, uneingeschränkt bewundert. Problematisch wurde der Luxus erst für die frühen griechischen Aristokraten, die ihn seit dem 7. Jahrhundert v. Chr. als Quelle eines konfliktträchtigen sozialen Wettbewerbs fürchteten. Dann wurde die »Kargheit« von Philosophen als Gegenbild der luxuriösen »Weichheit« Asiens und seiner Könige idealisiert, eine Auffassung, die der puritanische Platon bekräftigte. Dennoch betrachteten die griechischen Könige nach Alexander, besonders die Herrscher in Ägypten, den Luxus als Teil ihres königlichen Ansehens und ihrer anderen, phantastischen Welt. Es gab weltweit jetzt so vieles, was sie wünschen, erwerben und zur Schau stellen konnten.

In Rom kamen all diese Ansichten zusammen und verwandelten sich in unzweideutige Missbilligung. In der Republik und ihrer herrschenden Klasse war antimonarchischer Widerstand tief verwurzelt und königlicher Luxus verpönt. Der idealen Peer-Group freier Senatoren galt Luxus als moralisch anstößig und sozial brisant. Dieses Erbe hatte über das Ende der ciceronischen Welt hinaus Bestand und wurde im frühen Kaiserreich mit seiner zunehmend unklassischen Kultur weiter gepflegt. Es gehörte zum öffentlichen Bild des Kaisers als Verfechter alter Werte. In diesem Sinn beschränkte also auch Hadrian die Ausgaben für öffentliche Bankette auf das »durch die alten Gesetze vorgeschriebene Maß«. Doch Generosität zum Wohle der Öffentlichkeit war kein unziemlicher Luxus: Hadrian stiftete auch öffentliche Raubtiernummern und Tage für Blutsport mit Gladiatoren, deren Dimensionen selbst die Spiele Julius Caesars in den Schatten stellten. Um die dürftigen Verbindungen zur vorhergehenden Dynastie zu stärken, baute er mächtige öffentliche Monumente zu Ehren von Angehörigen seiner Familie, darunter Frauen, sowie ein großes Mausoleum in Rom, die moderne Engelsburg (Castel Sant'Angelo), und übertraf damit selbst Augustus. Zu Ehren Trajans ließ er sämtliche Sitze des Theaters mit Safranöl, dem kostbarsten aller Blütenextrakte, waschen, ein Geschenk, in die die Safranernte ganzer Hügelflächen eingegangen sein muss. Und später zog er sich mehr und mehr in seine riesengroße Villa in Tibur, unserem Tivoli, zurück, einen Gebäudekomplex mit nicht weniger als drei heißen Bädern und einem Kanal, der nach dem berühmten luxuriösen Kanopus, dem Hafen im Osten des ägyptischen Alexandria, benannt war. Das heute sichtbare ausgedehnte Ruinenfeld der Villa umfasst vermutlich weniger als die Hälfte ihrer ursprünglichen Räumlichkeiten. Der Rest wartet noch auf Ausgrabung.

Luxus hat seit je zu einem Widerspruch zwischen gelebter Praxis und öffentlichem Bekenntnis geführt. In Hadrians Regierungsjahren paarte sich damit ein Wandel des Geltungsbereichs von Freiheit und Gerechtigkeit. In der überlieferten Sammlung römischer Gerichtsurteile sind die Entscheidungen Hadrians identifizierbar erhalten. Überliefert ist auch eine wahrscheinlich authentische Sammlung von Rechtsgutachten, die er auf Ansuchen erteilte. In der Geschichte des römischen Rechts ist es Hadrian, der eine Kodifizierung der seit langem aufgestellten Rechtsvorgaben der Prätoren in die Wege leitete *(edictum perpetuum)* und sie in vereinbarter Form publizieren ließ.[9] Ein großer Teil unserer schriftlichen Zeugnisse für seine Regierungstätigkeit im gesamten Imperium sind Aufzeichnungen seiner Urteile und Entscheidungen über Petitionen und lokale Streitfälle. In Italien setzte er sogar vier ehemalige Konsuln zur Rechtsprechung ein. In besonderer Erinnerung blieb, dass er juristische Experten zurate zog, wenn er einen Fall selbst verhandelte.

Dieses System von Beratung, Schriftstücken und Gerichtsverhandlungen scheint von der Rechtsprechung der vergangenen Welt eines Homer und Hesiod weit entfernt. Im Römischen Reich waren die Richter gut ausgebildet; es gab Lehrbücher und Kopien früherer Gerichtsbeschlüsse. Hadrians Entscheidungen beruhten auf komplexen Abwägungen im Privat- und Verfahrensrecht. In anderer Hinsicht allerdings war die Distanz deutlich geringer. Wie in der Welt Homers wurden die Urteile aufgrund der Befragung durch einen Einzelnen gefällt und unterlagen nicht den Entscheidungen einer Jury. Diese gewandelte Form der Jurisdiktion war mit dem Aufstieg Philipps II. von Makedonien und dem Zeitalter des Königtums in die klassische Welt zurückgekehrt. Es waren nicht mehr die nach dem Zufallsprinzip gewählten Geschworenen, die im Zentrum der öffentlichen Rechtsprechung standen. Auch eine andere Veränderung war bezeichnend. Unter Hadrian wird in römischen Rechtstexten zum ersten Mal unverblümt zwischen den »Achtbareren« und den »Geringeren« unterschieden.[10] Zu den »Achtbareren« gehörten die Veteranen, aber auch die Ratsherren – ein Rang, in den man sich einkaufte –, und selbstverständlich die römischen Ritter und Senatoren. Die Unterschicht der »Geringeren« reichte bis zu den besitzlosen Stadtstreichern und weiter hinunter. Für diese beiden sozialen Schichten galt nun zweierlei Strafmaß. Den achtbaren Bürgern blieben Auspeitschung und Folter erspart, ebenso Enthauptung, Kreuzigung oder Deportation. Vormals war der Schutz vor diesen Kapitalstrafen an den Besitz des römischen Bürgerrechts gebunden und gründete auf dem Grundrecht römischer Freiheit, dem Recht, »anzurufen«, zu »appellieren«. Jetzt unterlagen »geringere« römische Bürger den brutalsten Bestrafungen wie jeder andere von niedrigem Stand, ganz so, als sei das Bürgerrecht kein Privileg. Achtbare Personen genossen Schutz, weil sie achtbar waren, Bürger oder nicht.

Der Anstoß zu dieser Unterscheidung war nicht von Hadrian ausgegangen, doch in seiner Regierungszeit wurde »eine Strafe für die Reichen, eine für die Armen« erstmals ausdrücklich vorgesehen. Diese Entwicklung wurzelte in älteren römischen Gewohnheiten, und vielleicht war schon die Bestrafung von Unterschichtsbürgern in Ciceros Rom nicht weniger gewaltsam gewesen, als es jetzt zur Regel wurde. Doch nun war die Unterscheidung auch schriftlich fixiert, und vielen Römern, etwa Plinius, erschien sie nicht einmal ungerecht. Für sie war »faires Recht« ein relatives Recht, das sich abhängig von Stand und Wert des Empfängers veränderte. Hier war Homers Odysseus nicht mehr weit, der die adligen Genossen maßvoll ansprach, die einfachen Kämpfer jedoch das Zepter spüren ließ.

Diese unverhüllte Ausrichtung des Rechts am sozialen Status entwertete das römische Bürgerrecht und ging mit einer Begrenzung der Freiheit einher. In Homers Epen war »Freiheit« die Freiheit von Versklavung oder Eroberung, ob individuell oder kollektiv. Im klassischen Athen wurde sie zur Freiheit der Demokratie, zur Freiheit der männlichen Bürger, »zu tun, was immer sie beschließen«, begleitet vom Bewusstsein ihrer persönlichen »Freiheit von« ungebührlicher Beeinflussung. In der römischen Republik, die aus der Beendigung der Monarchie hervorging, war die »Freiheit von« der Alleinherrschaft historisch ein Wert von höchstem Gewicht, der sich beim Volk mit der Vorstellung einer »Freiheit von« persönlicher Schikane durch sozial Höherstehende verband, bei den Senatoren mit der Vorstellung einer »Freiheit für« den senatorischen Stand, zu sagen und zu tun, was man wollte. Noch in der Kaiserzeit wurde Freiheit in der Sklavengesellschaft Roms wie überall in der Welt der Antike als Gegensatz zur Knechtschaft gepriesen. Doch seit der Herrschaft des Augustus waren von der »Freiheit« der Senatoren, wie Tacitus betont, nicht mehr als »Spuren« geblieben, und für Städte und Volksversammlungen bestand reichsweit nur noch eine »Freiheit« nach Graden. Unter Hadrian wurde sein geliebtes Athen zwar noch eine »freie Stadt« genannt, doch sie huldigte ihm, dem Kaiser, als einem olympischen Gott. Inschriften auf der griechischen Insel Lesbos würdigen ihn als »Befreier«, erweisen ihm aber auch göttliche Verehrung.[11] Die einstige »Freiheit« Spartas und Athens war laut Plinius nur noch ein »Schatten«. Unter römischer Herrschaft waren Demokratie und Volksherrschaft in den unterworfenen griechischen Städten mehr oder weniger beschnitten oder beseitigt worden. In Rom hatten indes die »Beschlüsse« des Senats Gesetzeskraft erlangt, weil sie den nachdrücklichen Wunsch des Kaisers und später sogar seine Rede wörtlich wiedergaben. 129 n. Chr. »legten [die Konsuln] am 3. März einen Gesetzentwurf vor, gestützt auf ein Schreiben des Imperators Caesar Hadrian Augustus, Sohn des Trajan Parthicus, Enkel des vergöttlichten Nerva, größter Erster Bürger und Vater des Vaterlands ...«.[12] Das Ergebnis fand seinen Weg in unsere Sammlungen des römischen Rechts. Der Princeps, der das Gesetz veranlasste, war inzwischen selbst »von den Gesetzen entbunden«, ein Status, der sich (für den Rechtskundigen) durch das Gesetz rechtfertigen ließ, das die Machtbefugnisse des Kaisers Vespasian definiert hatte.

Die Freiheit der Rede und der Entscheidung, wie Cicero sie gekannt hatte, war tot. In Griechenland war Hadrian, damals Mitte Zwanzig, unter den zahlreichen Hörern eines namhaften Lehrers gewesen.[13] Epiktet war ehemaliger Sklave eines Freigelassenen aus dem kaiserlichen Haushalt. Er diskutierte vor einem großen Auditorium über Freiheit, Gerechtigkeit und Mäßigkeit, und seine Zuhörer waren meist respektable junge Männer aus den Städten der griechischsprachigen Welt. Epiktet vertrat die Lehre der Stoiker, die sich im

Jahrzehnt nach Alexander entwickelt hatte und auch Cicero und seinen Zeitgenossen bekannt war. Für Epiktet bedeutete Freiheit, dass der Mensch seine Begierden und Leidenschaften vernunftgemäß zu beherrschen wusste. Ein Reicher, der von Ängsten und Wünschen zerrissen wurde, war deshalb ebenso und mehr noch ein Sklave als jeder Sklave im wirklichen Leben. Die Erfahrungen seiner eigenen Versklavung in Rom sind in den erhaltenen Schriften des Philosophen nirgends auch nur erwähnt. Stattdessen spricht er, unterlegt mit anschaulichen Beispielen aus erster Hand, vom Hofleben um den römischen Kaiser als »nichtiger« Sklaverei.

Ihren stärksten kulturellen Ausdruck hatte die Freiheit der klassischen griechischen Welt in der Freiheit demokratischer Bürger gefunden, der politischen Freiheit einer Mehrheit von Männern, die allein durch Entscheidungen begrenzt wurde, denen sie selbst zugestimmt hatten. In Hadrians Welt war Freiheit nichts weiter als die Freiheit von schlechten, grausamen Herrschern oder die unpolitische Freiheit der Macht eines Menschen über seine Begierden. Bei seinem bewunderten Lehrer, bei Epiktet, hatte Hadrian gehört, was die Mentoren eines Perikles oder Alexander ihre Schüler niemals gelehrt hatten – dass eine öffentliche Laufbahn im Zentrum der Macht eine gefährliche, verstörende Eitelkeit sei und ihre Ehrungen hohl und leer.

Als vielseitiger Mensch wird Hadrian diese Sicht auf die Welt, die er beherrschte, nicht vergessen haben. Doch es war nur eine Sicht unter vielen, die diesen lebendigen Geist bewegten. In seiner weitläufigen Villa in Tibur konnte Hadrian an Denkmälern vorbeiwandeln, die nach den Stätten der klassischen griechischen Welt benannt waren: Es gab ein »Lyzeum« und eine »Akademie«, die Wirkungsstätten des Sokrates, Platon und Aristoteles; es gab das liebliche Flußtal Tempe, wo einst die Musen spielten; und es gab ein Prytaneum, das Haus des Rates, in dem die freien Ratsherren der griechischen Demokratien dinierten und sich den öffentlichen Angelegenheiten widmeten. Die Gärten seiner Villa schlossen sogar eine sogenannte Unterwelt ein, eine Darstellung des Hades, die in den unterirdischen Gängen des Geländes wahrscheinlich noch immer zu sehen ist. Er selbst neigte unter den Philosophen den Epikureern zu, welche die Todesfurcht als ungerechtfertigte Störung der Seelenruhe betrachteten und die Geschichten von einem Leben nach dem Tod als Märchen für die abergläubischen Massen abtaten.

Hadrian hatte bereits Anfragen aus seinen Provinzen beantwortet, die sich auf einen »schändlichen Aberglauben« und dessen Verfolgung bezogen – den Glauben der Mitglieder christlicher Gemeinden. In seinen Erwiderungen verlangte er, die Prozesse gegen die Christen seien von einzelnen Anwälten zu führen, die öffentlich Anklage erheben müssten. Entgegen den Wünschen einiger führender Provinzialen bestand er also darauf, dass die Christenverfolgung als formaler Prozess öffentlich und gesetzeskonform durchgeführt würde. Mit seinen Urteilen, seinen Briefen und Edikten erließ Hadrian die Gesetze, nach denen Recht gesprochen wurde, nun selbst. Als Kaiser stand er außerhalb des Gesetzes; als gebildeter Römer war er frei von Ängsten vor der Unterwelt. Doch in einem berühmten Gedicht richtet er tröstliche Worte an seine »kleine Seele«, *animula, vagula, blandula,* den künftigen Wanderer in einem kühlen, freudlosen Leben jenseits des Grabes. Hadrians Blick über die Gärten seiner Villa umschloss Jahrhunderte des Bedeutungswandels von Freiheit, Luxus und Gerechtigkeit. Er konnte jedoch nicht ahnen, dass das Christentum, dessen Unterdrückung er gesetzlich geregelt hatte, durch eine epochale Neubegründung von Freiheit und Gerechtigkeit den Sturz dieser Welt herbeiführen würde. In Zukunft war die Unterwelt nicht mehr das Phantasiegebilde eines Landschaftsgärtners.

ANHANG

ANMERKUNGEN

HADRIAN UND DIE KLASSISCHE WELT

1 Aulus Gellius, 19,8,5.
2 J. M. C. Toynbee, *The Hadrianic School: A Chapter in the History of Greek Art*, 1934.
3 A. Spawforth, S. Walker, in: *Journal of Roman Studies*, 1985, 78–104, und 1986, 88–105, sind noch immer die grundlegenden Untersuchungen.
4 *Corpus Inscriptionum Latinarum* 12,1122.
5 Flavius Josephus, *Der jüdische Krieg* 2,385.
6 *Historia Augusta. Römische Herrschergestalten.* Eingel. u. übers. v. Ernst Hohl, Bd. 1, Zürich–München 1976, 41 (12,6).
7 Tertullian, *Apologeticum* 5,7.
8 B. William J. Macdonald, John A. Pinto, *Hadrian's Villa and Its Legacy*, 1995.
9 R. Syme, *Fictional History Old und New: Hadrian*, 1986 (Vortrag), 20 f.: »Die Vorstellung, dass Hadrian, sofern er überhaupt einer philosophischen Strömung anhing, Epikureer war, könnte Beunruhigung und Ärger wecken.« Bisher war das nicht der Fall.
10 Sophokles, *Antigone* 821.
11 F. D. Harvey, in: *Classica et Mediaevalia*, 1965, 101–146.
12 Mary T. Boatwright, *Hadrian and the Cities of the Roman Empire*, 2000, eine ausgezeichnete Untersuchung, deren Bibliographie für das vorliegende Buch wichtig war.
13 Naphtali Lewis, in: *Greek, Roman and Byzantine Studies*, 1991, 267–280, mit der Geschichte der wissenschaftlichen Debatte über Authentizität.
14 G. Daux, in: *Bulletin de Correspondance Hellénique*, 1970, 609–618, und in: *Ancient Macedonia II*, Institute for Balkan Studies, 155, 1977, 320–323.

1 DIE EPIK HOMERS

1 L. Godart, A. Sacconi, in: *Comptes Rendus de L'Académie des Inscriptions et Belles Lettres*, 1998, 889–906, und 2001, 527–546.
2 S. Mitchell, in: *Journal of Roman Studies*, 1990, 184 f., Übersetzung der Zeilen 40 ff. von C. Julius. Demosthenes' Inschrift in Oinoanda (Lykien; 124 n. Chr.).
3 Homer, *Ilias* (übers. v. Wolfgang Schadewaldt), Frankfurt a. M. 1975 (6.528) und Homer, *Die Odyssee*, Deutsch v. Wolfgang Schadewaldt, Zürich und Stuttgart 1966 (17,323).
4 Homer, *Ilias*, 2,170.
5 Ibid. 16,384–92.
6 Ibid. 18,507–8.

2 DIE GRIECHISCHEN NIEDERLASSUNGEN

1 M. H. Hansen, in: M. H. Hansen (Hg.), *A Comparative Study of Thirty City-state Cultures*, 2000, 141–186, 146.
2 W. D. Niemeier, in: *Aegaeum*, 1999, 141–155.
3 J. D. Hawkins, in: *Anatolian Studies*, 2000, 1–31.
4 Plutarch, *Griechische Fragen* 11.
5 Plinius, *Naturkunde* 19,10–11.
6 S. Amigues, in: *Revue Archéologique*, 1988, 227.
7 S. Amigues, in: *Journal des Savants*, 2004, 191–226, bestreitet die jüngst wiederaufgegriffene Identifikation mit Cachrys ferulacea.
8 Diodoros 13,81.5 und 83,3.
9 T. J. Dunbabin, *The Western Greeks*, 1948, 77 and 365.
10 P. A. Hansen (Hg.), *Carmina Epigraphica Graeca*, Bd. I, 1983, Nr. 400: Mein Dank an Robert Parker für den Hinweis.
11 J. Reynolds, in: *Journal of Roman Studies*, 1978, 113, Zeilen 2–12; die lokale Seite berücksichtigen A. J. Spawforth und Susan Walker, ibid. 1986, 98–101; eine faszinierende Untersuchung.

3 ARISTOKRATEN

1 Hesiod, *Theogonie* 80–93 und *Werke und Tage* 39.
2 Aristoteles, *Politik* 1306a 15–20.
3 Homer, *Ilias*, 3,222.
4 O. Murray, in: *Apoikia: scritti in onore di Giorgio Buchner*, AION n. s. 1, 1994, 47–54, zu dieser Datierung.
5 M. Vickers, *Greek Symposia* (Joint Association of Classical Teachers, London, o. Jg.).
6 L. Foxhall in: Lynette G. Mitchell und P. J. Rhodes (Hgg.), *The Development of the Polis in Archaic Greece*, 1997, 130, mit Berechnungen, die eher am oberen Ende der Skala liegen.
7 Jacob Burckhardt, *Kulturgeschichte Griechenlands*, Wien/Leipzig, 1940, 344 f. Ich neige zu seiner Auffassung, die bis heute umstritten ist.
8 B. H. W. Pleket in: Peter Garnsey, Keith Hopkins und C. R. Whittaker (Hgg.), *Trade in the Ancient Economy*, 1938, 131–144, das Modell, dem ich mich in dieser vieldiskutierten Frage im Gesamtverlauf des Werks im Wesentlichen anschließe.

4 DIE UNSTERBLICHEN GÖTTER

1 Homer, *Ilias*, 23,75–76 und 100.
2 *Homerische Hymnen. Griechisch und deutsch.* Hg. v. Anton Weiher, München u. Zürich 1989⁶ (*Hymne an Apollon*, 189–93).
3 Erich Csapo, *Theories of Mythology*, 2005, 165–171.
4 Robert Parker, in: J. Boardman, J. Griffin und O. Murray (Hgg.), *The Oxford History of the Classical World* (1986), 299.
5 Homer, *Die Odyssee*, 11,241–244.
6 Ibid. 11.251 und *Homerische Hymnen*, op. cit. (*Aphroditehymnos*, 186–189); dazu

P. Maas, der in *Kleine Schriften*, 1973, 66f., davon ausgeht, dass Götter nur Jungfrauen liebten: Helenas Mutter Leda war keine Jungfrau.
7 Preise nur nach attischen Angaben, in M.H. Jameson, in: *Proceedings of the Cambridge Philological Society*, Ergänzungsband 14, 1988, 91.
8 Hesiod, *Theogonie* 418–451 u. M.L. West's *Commentary*, 1971, 176–191.
9 *Homerische Hymnen*, op. cit. (*Apollonhymnos*, 390 bis Ende); vgl. dazu W.G. Forrest, in: *Bulletin de Correspondance Hellénique*, 1956, 33–52.
10 Adrienne Mayor, in: *Archaeology*, 28, 1999, 32–40.
11 W.G. Forrest, in: *Historia* (1995), 174

5 TYRANNEN UND GESETZGEBER

1 Hesiod, *Werke und Tage* 225–237.
2 Chester G. Starr, *The Origins of Greek Civilization*, 1961, Teil III, zu der von mir hier übernommenen Wendung.
3 *Anthologia Palatina* 14,93.
4 Solon Fragm. 36 (West).
5 Solon Fragm. 4 (West), Zeile 18.
6 Solon Fragm. 36 (West).
7 R.F. Willetts, *The Law Code of Gortyn*, 1967, mit passabler Übersetzung; A.L. Di Lello-Finuoli, in: D. Musti (Hg.), *La transizione dal Miceneo all'Arcaismo. Dal palazzo alla città*. Roma, 14.–19. März, 1988, 1991, 215–230; K.R. Kristensen, in: *Classica et Medievalia*, 1994, 5–26.
8 E. Lévy, in: P. Brulé und J. Oulken (Hgg.), *Esclavage, guerre, économie en Grèce ancienne: Hommages à Yvon Garlan*, 1997, 25–41, ist hier die grundlegende Untersuchung.
9 Aristoteles, *Athenaion Politeia* 7,3–4; zu den (nichtnumerischen) Klassen vgl. die zutreffende Darstellung bei G.E.M. de Sainte Croix, *Athenian Democratic Origins*, 2004, 5–72; zu betonen ist, dass die »300« und »200« Maß für *hippeis* und *zeugites* nur eine Vermutung *(eulogotera)* des Aristoteles und nicht historisch sind. Zeugitai, wie (z. B.) *boarii* in frühmittelalterlichen Gesetzbüchern, besaßen Ochsen; *hippeis* besaßen Pferde. Leider werden diese Annahmen des Aristoteles zu oft als maßgebliches statistisches Quellenmaterial für Wirtschaft und Grundbesitz des archaischen Stadtstaates behandelt.
10 Pausanias, 6,4,8.
11 Aelian, *Varia Historia* 2,29.

6 SPARTA

1 J. Reynolds, in: *Journal of Roman Studies*, 1978, 113, Zeilen 39–43; Paul Cartledge und Antony Spawforth, *Hellenistic and Roman Sparta* (Ausg. v. 1992), 113.
2 A. Andrewes, *Probouleusis: Sparta's Contribution to the Technique of Government*, 1954.
3 Plutarch, *Griechische Fragen* 4; vgl. a.G. Grote, *A History of Greece*, Bd. II (1888, überarb. Ausg.), 266 und Anm. 2 zu seiner Geltung im »lakonischen« Knidos.

4 Homer, *Odyssee*, op. cit., 17,487; A. Andrewes, in: *Classical Quarterly*, 1938, 89–91.
5 Terpander in: Plutarch, *Leben des Lykurgos* 21,4.
6 Mucianus, zitiert in Plinius, *Naturkunde* 19,12.

7 DIE OSTGRIECHEN

1 *Homerische Hymnen*, op. cit. (Apollonhymnos, 146–155).
2 Herodot 1,152,4.
3 Sappho F 39 (Diehl), dazu (unabhängig von meinen Ausführungen) die erhellenden Betrachtungen von John Raven, *Plants und Plant Lore in Ancient Greece*, 2000, 9.
4 J.D.P. Bolton, *Aristeas*, 1962, eine brillante Untersuchung, allerdings mit vorsichtigerer Einschätzung von Longin, *Über das Erhabene* 10,4 (sein Fragm. 7, S. 208) – vgl. S. 8–10.
5 Text des sogenannten Eides in der Frances Loeb Library, Cambridge, Mass., *Hippocrates*, Bd. I, übers. v. W.H.S. Jones, 1933, 198; vgl. dazu Vivian Nutten, *Hippocratic Morality and Modern Medicine*, in: *Entretiens de la Fondation Hardt*, Bd. XLIII, 1997, 31–63.
6 Athenaios, *Gelehrtengastmahl* 12,541A, Ps.-Aristoteles, *De Mirabilibus* 96 und die brillante Untersuchung von J. Heurgon, *Scripta Varia*, 1986, 299.
7 Herodot 1,164,3.

8 AUF DEM WEG ZUR DEMOKRATIE

1 Herodot 1,152,3.
2 P.A. Cartledge, *Agesilaos*, 1987, 10f.
3 A. Andrewes, *The Greek Tyrants*, 1956, Kap. VI, zu dieser treffenden Bezeichnung.
4 Herodot 5,72,2; dazu P.J. Rhodes, *Ancient Democracy and Modern Ideology*, 2003, 112f. sowie Anm. 17 und 19.
5 Mogens H. Hansen, *The Athenian Democracy in the Age of Demosthenes*, 1991, 220.
6 Herodot 5,78,1; E. Badian (Hg.), *Ancient Society and Institutions: Studies Presented to V. Ehrenberg*, 1966, 115.
7 Herodot 5,73,3.

9 DIE PERSERKRIEGE

1 Herodot 1,212–214.
2 Ibid. 1,153,1–2.
3 Abschnitt 8 des Textes DNb von Naqsh-i Rustam in: P. Briant, *From Cyrus to Alexander*, übers. v. Peter T. Daniels, 2002, 212.
4 J.S. Morrison, J.F. Coates und N.B. Rankov, *The Athenian Trireme*, 2000 (überarb. Ausg.), 250 und 252.
5 Herodot 6,112,3.
6 V.D. Hanson, *The Western Way of War*, 1989, 158 und 175, jetzt auch in: Hans van Wees, *Greek Warfare*, 2004, 184.
7 Homer, *Ilias* 2,872.

8 Gefunden von M.H. Jameson und eingehend diskutiert in: R. Meiggs und D.M. Lewis, *A Selection of Greek Historical Inscriptions* (Ausg. 1988), Nr. 23.
9 R. Etienne und M. Piérart, in: *Bulletin de Correspondance Hellénique*, 1975, 51.
10 Deborah Boedeker und David Sider (Hgg.), *The New Simonides*, 1996.
11 Angelos P. Matthaiou, in: Peter Derow und Robert Parker (Hgg.), *Herodotus and His World*, 2003, 190–202.
12 Herodot 8,83.

10 DIE WESTGRIECHEN

1 Pindar, *Pythische Oden* 1,75.
2 *Historia Augusta, Hadrian* 13,3.
3 Ps.-Plato, *Siebter Brief*, 326b.
4 Pindar, *Olympische Oden* 5,13–14.
5 T.J. Dunbabin, *The Western Greeks*, 1948, S. vii.
6 F. Cordano, *Le tessere pubbliche dal tempio di Atena a Camarina*, 1992; O. Murray, in: Mogens H. Hansen (Hg.), *The Polis as an Urban Centre and as a Political Community: Acts of the Copenhagen Polis Centre*, Bd. IV (1997), 493–504.
7 Michael H. Jameson, David R. Jordan und Roy D. Kotansky, *A Lex Sacra from Selinous*, 1993.
8 Pindar, Fragm. 106 (Maehler): Ich danke P.J. Wilson für den Hinweis.
9 Herodot 7,164,1.
10 A. Giovannini, »Le Sel et la fortune de Rome«, in: *Athenaeum*, 1985, 373–387, eine brillante Untersuchung.
11 Livius 3,31,8; Varianten und eine skeptische Sicht bietet: R.M. Ogilvie, *A Commentary on Livy, Books 1–5*, 1965, 449f.

11 EROBERUNG UND IMPERIALE MACHT

1 Herodot 5,92 über *isokratia*.
2 Pindar, *Pythische Oden* 7,18–19.
3 Herodot 8,124,3.
4 Plinius, *Naturkunde* 18,144.
5 Thukydides 2,65,2 ist hier wichtig; A.G. Geddes, in: *Classical Quarterly*, 1987, 307–331, zur schwierigen Frage der Bekleidung.
6 Thukydides, 2.63.2. und 3.37.2.

12 GRIECHISCHE KULTUR IM WANDEL

1 Hippokrates, *Epidemien* 1,1; Jean Pouilloux, *Recherches sur l'histoire et les cultes de Thasos*, Bd. I, 1954, 249f., ist für die Datierung entscheidend, doch die erwähnte »neue Mauer« deute ich als Thasos' neue Mauer, die in den 460er Jahren gebaut wurde, und auch Polygnotos und deshalb »Antiphon, den Sohn des Kritoboulos« setze ich in den 460er Jahren an. Ich erinnere mich an viele Diskussionen über diese ungewöhnliche Frage mit dem verstorbenen D.M. Lewis, der diese Einschätzung teilte.
2 Herodot 3,80,3.

3 J. S. Morrison, J. F. Coates und N. B. Rankov, *The Athenian Trireme*, 2000, 238.
4 Athenaios 14.619A, vgl. a. Walter Scheidel, in: *Greece and Rome*, 1996, 1.
5 Ps.-Demosthenes 59,122.
6 Ps.-Xenophon, *Die Verfassung der Athener* 3,2 und 3,8.
7 David Harvey und John Wilkins, *The Rivals of Aristophanes*, 2000.
8 Alberto Cesare Cassio, in: *Classical Quarterly*, 1985, 38–42.

13 PERIKLES UND ATHEN

1 H. L. Hudson-Williams, in: *Classical Quarterly*, 1951, 68–73, über »Pamphlete«; Harvey Yunis (Hg.), *Written Texts and the Rise of Literate Culture in Ancient Greece*, 2003, enthält die gesamte Bibliographie.
2 Thukydides 2,65,9.
3 Ion, in: Plutarch, *Leben des Perikles* 5,3.
4 Platon, *Menexenos*; vgl. zu dieser Art Spöttelei auch den Lustspieldichter Kallias Frg. 15 (Kock).
5 Plutarch, *Leben des Perikles* 24,9.
6 Ibid. 8,7.
7 Glenn R. Bugh, *The Horsemen of Athens*, 1988, 52–78.
8 Thukydides 2, 41,4.
9 J. M. Mansfield, *The Robe of Athena and the Panathenaic Peplos* (Diss. Univ. of California, Berkeley), 1985; als Ergänzung zu: D. M. Lewis, *Selected Papers in Greek and Near Eastern History*, 1997, 131 f.
10 Aineias Taktikos 31,24.
11 Thukydides 2,40.2.
12 Plutarch, *Leben des Perikles* 3,5 und 13,5; vgl. dazu Anthony J. Podlecki, *Perikles and His Circle*, 1998, 171, der A. L. Robkin mit einer Auffassung zitiert, die ich ebenfalls favorisiere.

14 DER PELOPONNESISCHE KRIEG

1 Thukydides 3,36,6; 5,16,1; 8,73,3; 8,97,2.
2 Xenophon, *Hellenika* 2,3,39; Thukydides 7,86,5.
3 Thukydides 1,22,3.
4 Thukydides 2,27,1, während Herodot, 6,91,1, eine religiöse Erklärung beibringt.

15 SOKRATES

1 Diogenes Laertius 2,40; ich gebe zu, dass ich in der Deutung von »*theous nomizein*« mit J. Tate (in: *Classical Review*, 1936, 3 und 1937, 3) einig gehe.
2 Xenophon, *Symposion* 2,10.
3 Aristophanes, *Die Wolken* 1506–1509.
4 Plutarch, *Leben des Perikles* 32,2.; vgl. a.: L. Woodbury, in: *Phoenix*, 1981, 295 und M. Ostwald, *From Popular Sovereignty to the Sovereignty of Law*, 1986, 518–531.
5 Xenophon, *Symposion* 8,2.

16 KÄMPFE FÜR FREIHEIT UND RECHT

1 Plutarch, *Leben des Lysander* 30,3 – 5.
2 Diodoros 15,54,3; Xenophon, *Hellenika* 6,4,7; Plutarch, *Leben des Pelopidas* 20,4 – 21,1; Plutarch, *Moralia* 856F; Pausanias 9,13,5.
3 K. J. Dover, *Greek Homosexuality*, 1978, 190–194.
4 Xenophon, *Hellenika* 7,5,27.

17 FRAUEN UND KINDER

1 John M. Oakley, in: Jenifer Neils und John H. Oakley, *Coming of Age in Ancient Greece: Images of Childhood from the Classical Past*, 2003, 174, und Katalog 115, auf den S. 162 und 174.
2 Aischines 3,77–78.
3 D. Ogden, *Greek Bastardy*, 1996, 199–203.
4 Plato comicus, Fragm. 143 und Fragm. 188; vgl. a. James Davidson, *Courtesans and Fishcakes*, 1998, 118.
5 L. Llewellyn-Jones, *Aphrodite's Tortoise*, 2003, ist hier wichtig mit dem Zitat (S. 62) aus Herakleides Kritikos, 1,18; vgl. den hervorragenden Louvre-Katalog *Tanagra, mythe et archéologie* (15. September 2003 – 5. Januar 2004, Paris, 2003), besonders Nummer 101 aus Athen (eine verschleierte Prostituierte?).
6 *Supplementum Epigraphicum Graecum*, Bd. XV (1958), 384 und J.M. Hannick, in: *Antiquité Classique*, 1976, 133–148.
7 Justin, *Epitome* 7,5,4–9.

18 PHILIPP VON MAKEDONIEN

1 Arrian, *Indike* 18,6–7; zu Aristoteles' Auffassung vgl. die Argumentation von P.A. Brunt, *Studies in Greek History and Thought*, 1993, 334–336.
2 E. Voutiras, *Revue des Études Grecques*, 1996, 678, sowie *Supplementum Epigraphicum Graecum*, Bd. XLVI (1996), 776 und Bd. XLIX (1999), 759.
3 Arrian, *Anabasis* 1,10,1 und Diodoros 17.16.3, Angaben, die ich für richtig halte. Anders A.B. Bosworth, *Commentary on Arrian's History of Alexander*, Bd. 1, 1980, 97, der von einem »Irrtum« Arrians spricht.
4 Plutarch, *Leben Alexanders* 39,1–3.
5 M.W. Dickie, in: *Zeitschrift für Papyrologie und Epigraphik*, 109 (1995), 81–86 und L. Rossi, ibid. 112 (1996), 59; Poseidippos Fragm. 44 (Ausg. Austin-Bastiniani).
6 Ps.-Demosthenes 17,15.
7 Plutarch, *Moralia* 179 c–d.

19 DIE ZWEI PHILOSOPHEN

1 Plato, *Der Staat* 558c; der ganze Abschnitt, ab 555b, ist großartig maliziös.
2 Plato, *Gesetze* 636b-d4; 836b8-c7; 836d9-e4; 841d4–5; G.E.M. de Sainte Croix sprach gern und mit Emphase über Platon als den ersten bezeugten »griechischen Homophoben« und zitierte die *Gesetze*, darunter *Gesetze* 636c5, das sich auch auf »Lesbierinnen« bezieht.

3 *Gesetze* 907e–910d; zu ›Besserungsstrafen‹ vgl. die ausgezeichnete Arbeit von T.J. Saunders, *Plato's Penal Code: Tradition, Controversy and Reform in Greek Penology*, 1991.
4 Aristoteles, *Meteorologie* 1,352A30, F13 (Rose), F25 (Rose), *Metaphysik* 1074 B1–14.
5 Aristoteles, *Geschichte der Tiere* 523A18 und *Über die Entstehung der Tiere* 736A11–12.
6 Aristoteles, *Politik* 1254A20, beruft sich ausdrücklich auf *ta gignomena* als Beweis dafür, dass Sklaven existieren: »natürliche Sklaverei« ist nicht nur ein theoretisches Konstrukt seines Denkens. Die maßgebliche Arbeit zu diesem Thema ist P.A. Brunt, *Studies in Greek History and Thought*, 1993 – vgl. insbes. 343–388.
7 Aristoteles, *Politik* 1260a12.
8 Zu den Texten in Brunt, *Studies in Greek History and Thought*, 288–90, – eine skeptische Sicht – lassen sich ergänzen: Philostratos, *Leben des Apollonius* 7,2. zum Tod des Kotys und zum Tod des Klearchos: Justin, *Epitome* 16,5,12–13, Philodemos, *Index Academicorum* 6,13 (Dorandi) sowie die Fiktion in I. Düring, *Chion of Heraclea*, 1951. Memnon 434f1 (Jacoby) gibt an, Klearchos selbst habe »Platon gehört«.
9 Aristoteles f668 (Rose).
10 Aristoteles, *Über die Himmel* 297a,3–8.
11 Duris, in: Athenaios 12,542d; Diogenes Laertius, 5,75 (die Statuen); William W. Fortenbaugh und Eckart Schütrumpf, *Demetrius of Phaleron*, Texte und Übersetzung, 2000.
12 Diogenes Laertius, 5,38; C. Habicht, *Athens from Alexander to Antony*, 1997, 73, und die großartige Untersuchung in: *Athen in Hellenistischer Zeit: Gesammelte Aufsätze*, 1994, 231–247.

20 DIE ATHENER IM 4. JAHRHUNDERT

1 Jacob Burckhardt, op. cit. 718.
2 Ps.-Demosthenes, 50,26.
3 G.E.M. de Sainte Croix, *Origins of the Peloponnesian War*, 1972, 371–376.
4 S. Lewis, *News and Society in the Greek Polis*, 1996, 102–115.
5 D.M. Lewis, *Selected Papers in Greek and Near Eastern History*, 1997, 212–229.
6 J.K. Davies, in: Journal of Hellenic Studies (1967), 33–40.
7 W.K. Pritchett, *The Greek State at War*, Teil V (1991), 473–485 ist hier wesentlich.
8 Ich bin hier anderer Ansicht als D.M. MacDowell, in: *Classical Quarterly* (1986), 438–449 (ein wichtiger Beitrag) und gehe (wenn auch nicht vollständig) einig mit A.H.M. Jones, *Athenian Democracy*, 1957, 28f.
9 W.G. Arnott, in: *Bulletin of the Institute of Classical Studies* (1959), 78f.
10 Theophrastos, *Charaktere* 4,11, 21,5, und R.J. Lane Fox, in: *Proceedings of the Cambridge Philological Society* (1996), 147, und Anm. 210–213.
11 Theophrastos, a.a.O. 23,2, dazu Lane Fox, op. cit. (Anm. 10), 147 und Anm. 208.
12 K. Hallof und C. Habicht, in: *Mitteilungen des deutschen Archäologischen Instituts, Athenische Abteilung*, 110 (1995), 273–303; *Supplementum Epigraphicum Graecum*, Bd. XLV (1995), 300–306.
13 Xenophon, *Über die Staatseinkünfte* 1,1.
14 Demosthenes, 10,36–45.

21 ALEXANDER DER GROSSE

1 Herodot, 6,69,2-3; Plutarch, *Leben des Lysander* 26,1; Plutarch, *Moralia* 338B. Aristander (Alexanders persönlicher Wahrsager) wird genannt bei Origenes, *Gegen Kelsos* 7,8, eine vernachlässigte, doch wichtige Erwähnung.
2 Arrian, *Anabasis* 6,19,4.
3 Nearchos, *Indica* 40,8.
4 P. J. Rhodes and R. G. Osborne, *Greek Historical Inscriptions 404-323 BC* (2000), 433.
5 Duris, in: Athenaios, *Gelehrtengastmahl* 4,155c.
6 Arrian, op. cit. 7,26,1.

22 DIE THRONFOLGE

1 Abraham J. Sachs und Hermann Hunger, *Astronomical Diaries and Related Texts from Babylonia*, Bd. I, 1988, 207.
2 Plutarch, *Moralia* 180d; ein »Reich der Besten« verdanke ich Guy Rogers vom Wellesley College.
3 Arrian, *Anabasis* 7,12,4.
4 Diodoros, 18,4,4.
5 Plutarch, *Leben des Demosthenes* 31,5.
6 W. W. Tarn, *Antigonus Gonatas*, 1913, 18.
7 Libanios, *Reden* 49,12; früher: Herodian, 4,8,9.
8 B. E. J. Bickerman, in: E. Yarshater (Hg.), *The Cambridge History of Iran*, Bd. III (1), 1983, 7, a brillanter Überblick.
9 H. W. Parke, *The Oracles of Apollo in Asia Minor*, 1985, 44-55, und L. Robert, in: *Bulletin de Correspondance Hellénique* 1984, 167-72.
10 Theokrit, *Idyllen* 14,61.

23 DAS LEBEN IN DEN GROSSEN STÄDTEN

1 W. W. Tarn, *Antigonus Gonatas*, 1913, 185 und Anmerkung 60 für die Belege.
2 P. Leriche, in: *Bulletin d'Etudes Orientales*, 2000, 99-125.
3 Diodoros, 18,70,1.
4 E. E. Rice, *The Grand Procession of Ptolemy Philadelphus*, 1983 zu den Einzelheiten; D. J. Thompson, in: Leon Mooren (Hg.), *Politics, Administration and Society in the Hellenistic und Roman World: Proceedings of the International Colloquium, Bertinoro 19.-24. Juli 1997*, Studia Hellenistica, 36, 2000, 365-388, insbes. zum Problem der Datierung.
5 D. B. Thompson, Troy: *The Terracotta Figurines of the Hellenistic Period*, 1963, 46.
6 J. D. Lerner, in: *Zeitschrift für Papyrologie und Epigraphik*, 142, 2003, 45, zum Papyrus und zur vollständigen Bibliographie.
7 Dorothy Burr Thompson, *Ptolemaic Oinochoai and Portraits in Faience*, 1973, 78, eine großartige Arbeit.
8 Eine umstrittene Sicht, zu der ich jetzt die vollständige Untersuchung von P. F. Mittag angeben kann: in *Historia* 2003, 162-208.

9 Zu diesen Besuchen vgl. W. Clarysse, in: L. Mooren (Hg.), op. cit. (Nr. 4), 29–43.
10 Zu ähnlich aufdringlichen Fällen Frauen betreffend vgl. Maryline Parca, in: L. Mooren (Hg.), *Le rôle et le statut de la femme en Egypte hellénistique, romaine et byzantine*, Studia Hellenistica 37, 2002, 283–296.

24 STEUERN UND TECHNISCHE NEUERUNGEN

1 M.I. Finley, in: *Economic History Review* 1965, 35.
2 Plutarch, *Leben des Marcellus* 17,5–8.
3 Seneca, *Briefe* 90,25.
4 Plinius, *Naturkunde* 15,57.
5 P.M. Fraser, *Ptolemaic Alexandria*, Bd. I, 1972, 150.
6 Antipatros, in: *Anthologia Palatina* 9,418.
7 G. Raepsaet, in: *Annales*, 50, 1995, 911–942.

25 DIE NEUE WELT

1 J.B. Connelly, in: T. Fahd (Hg.), *L'Arabie préislamique et son environnement historique et culturel*, 1989, 145–158, bes. 149–151.
2 Theophrastos, *Pflanzenkunde* 8,4.5.
3 Pytheas, Fragm. 7A Zeilen 16–20 (H.J. Mette).
4 Hippolochos' *Brief*, in: Athenaios 4,128c–130d, ein wunderbarer Text, den schon Athenaios als kaum bekannten zitiert.
5 Theophrastos, op.cit. 5,8,1–3, über »Italien« und das »Land der Latiner«, nicht vollständig berücksichtigt von P.M. Fraser, in: S. Hornblower (Hg.), *Greek Historiography*, 1994, 182–185; zu Italien: Anm. 2,8,1, 4,5,6 *(Italia pasa)*; 3,17,8 (Liparische Inseln) usf.
6 Theophrastos, op. cit. 7,11,4.
7 P.M. Fraser, in: *Afghan Studies*, 3–4, 1982, 53, wo, pace Fraser, wieder *«Alexandreusin en astois»* eingesetzt werden sollte (offensichtlich akzeptable Formulierung für eine Verswidmung, kein Staatserlass).
8 Diodoros 1,74; P.M. Fraser, *Ptolemaic Alexandria*, Bd. I, 1972, 502: »Das ist die Stimme des antidemokratischen Griechen, wie sie im 5. und 4. Jahrhundert v.Chr. jederzeit gehört werden kann.«
9 Ich vermute, das »Kallaneus« im Milesischen »Parapegma« (Diels-Rehm Nr. 456a) ist in Wahrheit unser »Kalanos«: Text in Liba Taub, *Ancient Meteorology*, 2003, 148.
10 Aristobulos, in Strabo 15,1,62, ausführlicher durch Onesikritos in Strabo 15,1,30 und weiter Diodoros 19,33; anders sieht es A.B. Bosworth, *Legacy of Alexander*, 2002, 181–184.
11 Edikt 13, in: Beni Mahab Barun, *Inscriptions of Asoka*, 1990².
12 Herakleides Pontikos, 840 Fragm. 23 (Jacoby) und Fraser, op.cit. (Anm. 5), 186f.

26 ROM GREIFT AUS

1 A. Erskine, Troy between Greece and Rome, 2001, 131–156, sowie 149, Anm. 81.
2 J.G. Pedley, *Paestum*, 1990, 120–125; E. Dench, *From Barbarians to New Man*, 1995, 64–66; M.W. Frederiksen, *Dialoghi di archeologia*, 1968, 3–23.

3 Aristoteles, in Plutarch, *Leben des Camillus* 22,3; T. J. Cornell, *The Beginnings of Rome*, 1995, 315–318, zu Varianten; N. Horsfall, in: *Classical Journal*, 1981, 298–311.
4 Diodoros, 14,93,4.
5 Plinius, op. cit. 34,26, sowie Dench, *From Barbarians*, 62, Anm. 142 f.
6 Polybios 3,22; Diodoros 16,69,1 und Livius 7,27,2; Livius 9,43,12; ich akzeptiere alle drei und setze Polybios' zweiten Vertrag in die 340er; zur Debatte vgl. Cornell, *Beginnings of Rome*, 210–214.
7 Duris, 76 (Jacoby) F 56.
8 David Potter, in Harriet I. Flower (Hg.), *The Cambridge Companion to the Roman Republic*, 2004, 66–88: ein wichtiger Beitrag, der diese Themen neu angeht.
9 M. H. Crawford, *Roman Statutes*, Bd. II, 1996, 579–703.
10 A. W. Lintott, in: *Aufstieg und Niedergang der Römischen Welt* Teil I,2 1972 (hg. v. Hildegard Temporini), 226–267.
11 Livius, 3,26,8.
12 N. M. Horsfall, in J. N. Bremmer und N. M. Horsfall, *Roman Myth and Mythology*, 1987, 68.
13 M. W. Frederiksen, *Campania*, 1984, 183–189.
14 Appian, *Samnitica* 3,7,2; Cassius Dio, 9, Fragm. 39,5–10.
15 Appian, op. cit. 3,7,1; ich schließe mich hier M. Cary an, in: *Journal of Philology*, 1920, 165–170, gegen P. Wuilleumiers ausgezeichnete Darstellung: *Tarente*, 1939, 87, 95, 102.

27 DER FRIEDEN DER GÖTTER

1 J. P. V. D. Balsdon, *Romans and Aliens*, 1979, 30–35, vgl. 33, in einer stimmigen Darlegung.
2 Cicero, *Pro Flacco* 9,14; *Pro Sestio* 141.
3 Polybios, 6,53, sowie Harriet I. Flower, *Ancestor Masks and Aristocratic Power in Roman Culture*, 1996.
4 Virgil, *Georgica* 4,276.
5 Vgl. dazu M. W. Frederiksen, *Campania*, 1984, 200, Anm. 53; Livius 8,9–11; H. W. Versnel, in: *Le Sacrifice dans l'antiquité*, Entretiens de la Fondation Hardt, Bd. XXVII (1981), 135–194.
6 Polybios, 12,41,1; Plutarch, *Römische Fragen* 97; Festus 190 L; W. Warde Fowler, *The Roman Festivals*, 1899, 241–250.
7 Ovid, *Fasti* 5,331; Valerius Maximus 2,10,8 zur Reaktion des jüngeren Cato; Warde Fowler, op. cit., 91–95.
8 Servius, über Vergil, *Aeneis* 9.52.

28 BEFREIUNG IM SÜDEN

1 Plutarch, *Leben des Pyrrhos* 19,6–7; vgl. a. P. Lévêque, *Pyrrhos*, 1957, 355 Anm. 7 sowie allg. 345–356.
2 Florus 1,13,9 sowie H. H. Scullard, *The Elephant in the Greek and Roman World*, 1973, 110, zu Belegen für die Geschichte.

3 Plutarch, op. cit. 21,14.
4 Ibid. 23,8.
5 Diodoros, 23,1,4.
6 Hanno der Karthager, *Periplus,* mit Einführung und Anmerkungen von A. Oikonomides und M.C.J. Miller, 1995³.
7 Lawrence E. Stager, in H.G. Niemeyer, *Phönizier im Westen,* 1982, 155-165; W. Huss, Geschichte der Karthager, 1985, 532-541; Diodoros 20,14,4-7; Plutarch, *Moralia* 171 d.
8 Zur Legende vgl. C. Sempronius Tuditanus, Fragm. 5 (Peter), zur Tortur: Diodoros 24,12.
9 Polybios 3,11, mit F.W. Walbank, *Commentary,* Bd. I (1957).
10 Livius 21,18,13-14.

29 HANNIBAL UND ROM

1 V.D. Hanson, »Cannae«, in: R. Cowley (Hg.), *The Experience of War,* 1992, sowie ders. mit Gregory Daly, *Cannae: The Experience of Battle in the Second Punic War,* 2002, 156-201.
2 Polybios 3,78,1.
3 Ibid. 3,88,1.
4 Plinius, *Naturkunde* 3,103, sowie Justin, *Epitome* 32,4,11.
5 Livius 22,51.
6 Livius 21,62,3 und 22,1,8-15.
7 Michael Koortbojian, in: *Journal of Roman Studies* (2002), 33-48.
8 Livius 27,37 und M. Beard, J. North und S.R.F. Price, *Religions of Rome,* Bd. I (1998), 82.
9 M.W. Frederiksen, *Campania,* 1984, 243-250.
10 Tim Cornell, in: Tim Cornell, Boris Rankov und Philip Sabin (Hgg.), *The Second Punic War: A Reappraisal,* 1996, 97-117.
11 Seneca, *Epistel* 86,4-6.
12 Sueton, *Leben des Domitian,* 10.

30 DIPLOMATIE UND DOMINANZ

1 Polybios 5,104.
2 Appian, *Illyrica* 7, P.S. Derow, in: *Phoenix* (1973), 118-134, zur Zuverlässigkeit der Angaben.
3 R.K. Sherk, *Rome and the Greek East to the Death of Augustus,* 1988, Nummer 2, der Text; zu den Reaktionen vgl. Polybios 9,39,1-5.
4 Plutarch, *Leben des Flaminius,* 10,6 ff.
5 E.T. Salmon, *Roman Colonization under the Republic,* 1969, 95-112.
6 A. Erskine, in: *Mediterraneo antico: economie, società, culture,* 3,1 (2000), 165-182, eine hervorragende Arbeit.
7 P.J. Rhodes und D.M. Lewis, *The Decrees of the Greek States,* 1997, 531-549 ist jetzt die grundlegende Untersuchung zu den Veränderungen bei Gesetzesinschriften.

8 Polybios, 3,4,12 sowie F. W. Walbank, *Polybius*, 1972, 174–181, der den Beginn der »Zeiten der Unruhe« allerdings um 152 v. Chr. ansetzt.
9 Polybios 30,15; zu einem späteren »Wandel zum Schlimmeren« (auf anderer Basis) vgl. Polybios, 6,57,5 und 31,25,6.
10 John Briscoe, in: *Journal of Roman Studies* (1964), 66–77.

31 LUXUS UND LIBERTINAGE

1 Einen guten Überblick bietet Matthew Leigh, in: Oliver Taplin (Hg.), *Literature in the Greek and Roman Worlds: A New Perspective*, 2000, 288–310.
2 O. Skutsch, *The Annals of Quintus Ennius*, 1985, das grundlegende Werk.
3 Polybios, 30,22.
4 G. Clemente in: A. Giardina and A. Schiavone (Hgg.), *Società romana e produzione schiavistica*, Bd. I (1981), 1–14, ein sehr guter Überblick; zur Geschichte bis zu Tiberius vgl. M. Coundry, in: *Chroniques italiennes*, 54 (1997), 9–20.
5 Cato, in Festus 350 L.
6 Plutarch, *Leben des Cato* 51, sowie 2,1–3; 20,2–4.
7 Ibid. 21,8.
8 Cato, in: Cicero, *De officiis* 2,89; Cato, *Vom Ackerbau* (Vorwort).
9 Cato, in: Aulus Gelius, *Attische Nächte* 6,3,7: die Hervorhebung »unrechtmäßig erworbener Auslandsgewinne« verdanke ich Gesprächen mit T. J. Cornell.
10 Cato, in: Plinius, *Naturkunde* 29,14.
11 Plutarch, *Leben Catos* 27.
12 Polybios 30,18.
13 Ibid. 29,4 und 30,5.
14 2. Makkabäer, 5,11–6,2; vgl. dazu die wichtige Neubeurteilung von F. Millar, in: *Journal of Jewish Studies* (1978), 1–21.
15 2. Makkabäer, 7,9 ff.
16 Polybios 3,4,12.
17 Polybios, 12,25 E, dazu F. W. Walbank, *Commentary* und *Polybius*, 1992, 66–96.
18 A. Erskine, in: *Mediterraneo antico: economie, società, culture*, 3,1 (2000), 165–182, hervorragend auch zu diesem Thema.
19 Polybios 10,15,4–6.
20 Polybios, 31, 25,3–8; über die Römer und ihr Verhältnis zum Geld vgl. A. Erskine in: F. Cairns (Hg.), *Papers of Leeds ›International‹ Latin Seminar* (1996), 1.
21 Zu weiterern Überlegungen F. W. Walbank, *Polybius*, 1972, 230–256 und ders., *Polybius, Rome and the Hellenistic World*, 2002, 277–292.

32 TURBULENZEN DAHEIM UND JENSEITS DER GRENZEN

1 Sallust, *Catilina* 10.
2 M. Pobjoy, in: E. Herring and Kathryn Lomas (Hgg.), *The Emergence of State Identity in Italy in the First Millennium*, 2000, 187–247.
3 Plutarch, *Leben des Tiberius Gracchus* 14,1, 19,2; Florus 2,14,7; C. Gracchus, Fragment 62 (Malcovati).

4 Diodoros 37,9.
5 A. N. Sherwin-White, in: *Journal of Roman Studies* (1982), 28, Teil einer sehr wichtigen Untersuchung.
6 Plutarch, *Leben Sullas* 38,3; Appian, *Römische Geschichte: Die Bürgerkriege* 1.106.

33 DIE TRIUMPHE DES POMPEIUS

1 Betont von F. G. B. Millar, *The Crowd in Rome in the Late Republic*, 1998, 204–226 und *The Roman Republic in Political Thought*, 2002, 19.
2 A. W. Lintott in: *Journal of Roman Studies* (1998), 1–16, bewegt sich zwischen den beiden Begriffen.
3 Sallust, *The Histories*, hg. v. P. McGushin, Bd. II (1994), 27–31.
4 Macrobius, *Saturnalia* 3,13,10; Varro, *De Re Rustica* 3,6,6.
5 Plutarch, *Leben des Lucullus* 39,2–41; Plinius, *Naturkunde* 15,102; P. Grimal, *Les Jardins romains*, 1984, 128–130.
6 Plutarch, *Leben des Pompejus* 2,6.
7 Helvius Mancia, in Valerius Maximus 6,2,8.
8 Cicero, *De Imperio* 41 f.
9 Zu den Ergebnissen im Einzelnen vgl. A. N. Sherwin-White, *Roman Foreign Policy in the East*, 1984, 186–234.
10 Plutarch, *Leben des Pompejus* 14,6; Plinius, *Naturkunde* 8,4.
11 Cicero, *Ad Atticum* 2,1,8.
12 S. Weinstock, *Divus Julius*, 1971, 43, und Cicero, *Pro Sestio* 129.
13 Valerius Maximus 6,2,7 und Ammianus 17.11.4.
14 Julian, *The Caesars*, Loeb Library, Bd. II (1913), hg. v. W. C. Wright, 384 zum »Löwen«; Caelius, in Cicero, *Ad familiares* 8,1,3; vgl. Cicero, *Ad Atticum* 4,9, ein weiterer Klassiker.

34 DIE WELT CICEROS

1 J. P. V. D. Balsdon, in: T. A. Dorey (Hg.), *Cicero*, 1965, 171–214; 205 in einer brillanten Würdigung dieses Römers.
2 S. Treggiari, in: *Transactions of the American Philological Association* (1998), 11–23.
3 Ibid., 1–7; E. Rawson, in: M. I. Finley (Hg.), *Studies in Roman Property*, 1976, 85–101, eine Untersuchung über Ciceros Besitztümer; S. Treggiari, *Roman Social History*, 2002, 74–108, über das »Privatleben«.
4 Ibid. 49–73; Cicero, *Ad familiares* 4,6.
5 *Commentariolum Petitionis*, 1,2.
6 Ibid. 5,18.
7 Ibid. 11,1.
8 Cicero, *Ad familiares* 5,7; Scholia Bobiensia 167 (Strangl).
9 Cicero, *Ad Atticum* 2,3,3–4, zusammen mit der sehr nützlichen Auseinandersetzung und Erörterung von A. M. Ward, B. A. Marshall und vielen anderen in: *Liverpool Classical Monthly*, 3,6 (1978), 147–175.
10 Cicero, *Ad Quintum fratrem* 3,2,4.

11 Cicero, *De legibus* 3,28 und 3,34–9, bes. 39.
12 E. Rawson, in: *Liverpool Classical Monthly*, 7,8 (1982), 121–124, eine sehr gute Untersuchung dieses Reizthemas.
13 S. Treggiari, *Selection and Translation of Cicero's Cilician Letters*, 1996².
14 Cicero, *Ad Atticum* 8,16,2; vgl. 8,9,4.

35 DER AUFSTIEG JULIUS CAESARS

1 Aulus Gellius 1,10,4.
2 Sueton, *Leben Caesars* 22,2–3.
3 Plutarch, *Leben Caesars* 11,4.
4 Asconius, *In Toga Candida* 71 – hier bin ich einig mit E. Rawson, in: *Liverpool Classical Monthly*, 7,8 (1981), 113.
5 L.R. Taylor, in: *Historia* (1950), 45–51, ist noch immer eine maßgebliche Untersuchung: Cicero, *Ad Atticum* 2,24.

36 DAS GESPENST DES BÜRGERKRIEGS

1 Caesar, *Der gallische Krieg* 3,10.
2 Plinius, *Naturkunde* 9,11; 36,114–15, zum Theater.
3 B.M. Levick, in: Kathryn Welch und Anton Powell (Hgg.), *Julius Caesar as Artful Reporter*, 1998, 61–84.
4 Plinius, op. cit. 36,116, über Curio; 36,115 über Scaurus' Villa.
5 G.O. Hutchinson, in: *Classical Quarterly* (2001), 150–162.
6 Cicero, *De oratore* 30–1; A.C. Dionisiotti, in: *Journal of Roman Studies* (1988), 35–49, über Nepos und vergleichende Geschichte, insbes. 38 f., eine ausgezeichnete Untersuchung.
7 Sallust, *Catilina* 25; vgl. dazu R. Syme, *Sallust*, 1964, 133–135.
8 Valerius Maximus 9,1,8.
9 Cicero, *Ad familiares* 8,14.
10 Sueton, *Leben Caesars* 29,2; Appian, *Römische Geschichte: Die Bürgerkriege* 2,32; Plutarch, *Leben Caesars* 31.
11 Ibid. 32,8.
12 Suetonius, op. cit. 81,2.

37 DIE VERHÄNGNISVOLLE DICTATUR

1 Cicero, *Ad familiares* 8,14,3.
2 Cicero, *Ad Atticum* 7,11,1.
3 Ibid. 9,18,1.
4 Ibid. 9,10,7 und 9,18,2.
5 Ibid. 9,18,3.
6 Cicero, *Ad familiares* 7,3,2.
7 Plutarch, *Leben des Pompeius* 38,2–3.
8 Dio 42,14,3–4.
9 *Anthologia Palatina* 9.402; Cicero, *Ad Atticum* 11,6,7.

10 Zum Kontext vgl. E. E. Rice, *Cleopatra*, 1999, 46–71, ein sehr klarer Überblick.
11 Cicero, *Ad Atticum* 10,10,5.
12 Dio 43,23,3; S. Weinstock, *Divus Julius*, 1971, 76–79.
13 Dio 43,23,6 und Sueton, *Leben Caesars* 39,2; S. Weinstock, op. cit., 88–90.
14 Cicero, *Ad familiares* 9,16,3.
15 Macrobius, *Saturnalia* 2,7,4; Cicero, *Ad familiares* 12,18,2.
16 Ibid. 4,5.
17 Dio 43,44,1, mit S. Weinstock, op. cit. 133–145.
18 Cicero, *Ad Atticum* 12,43,3 und 13,28,3 mit S. Weinstock in: *Harvard Theological Review* (1957), 212.
19 Cicero, op. cit. 13,40,1; Nepos, *Atticus* 18,3.
20 Cicero, *Ad familiares* 7.26,2.
21 Ibid. 13,52, ein klassischer Brief.
22 Dio 44,10,1–3; ich bin nicht wie Weinstock (in: *Divus Julius*, 330) der Ansicht, dass es sich um einen geplanten Einzug, einen »Advent« als »König« handelte.
23 Sueton, *Leben Caesars* 77, 1.
24 Ibid. 81,2: nicht akzeptieren kann ich bedauerlicherweise das »*ubertimque flere*«.
25 Sueton, op. cit. 79,3; Cicero, *De divinatione*, 2,110; Dio 44,15,3; Appian, op. cit., 2,110.

38 DIE VERRATENE FREIHEIT

1 Appian, op. cit. 2,118–19; Sueton, op. cit. 82,3–4; Appian, op. cit. 2,134.
2 Cicero, *Ad familiares* 11,1,1: die Datierung dieses Briefs ist seit je umstritten, und zum Teil wird als Datum erst der 20. März angenommen.
3 Cicero, *Ad Atticum* 14,13,6.
4 Gegen Sueton 84,2 mache ich Cicero geltend: *Ad Atticum* 14,10, 14,11, 14,22 und *Philippische Reden* 2,91, die auf eine längere Ansprache hindeuten. Ein taugliches Zeugnis der Ereignisse ist zweifellos Appian, *Bürgerkriege* 2,144–7.
5 Appian, op. cit. 3,2.
6 Cicero, *Ad Atticum* 14,3.
7 R. Syme, *Augustan Aristocracy*, 1986, 39, mit Sueton, *Leben des Augustus* 2,3.
8 Cicero, *Ad Atticum* 14,11,2 (»*mihi totus deditus*«: Shackleton-Bailey meint – Loeb Library, Bd. IV, 164 Anm. 2 –: »Atticus dürfte das kaum zum Nennwert genommen haben«. Da habe ich meine Zweifel.) Vgl. 14,12,2 *(»perhonorifice«)*.
9 Cicero, *Ad Atticum* 15,4,2.
10 Sueton, *Leben Caesars* 88 und Plinius, *Naturkunde* 2,94, dazu S. Weinstock, *Divus Julius*, 1971, 370 f.
11 Cicero, *Ad familiares* 11,3, ein großartiger Brief.
12 Cicero, *De officiis* 3.83; vgl. 2,23–9 und bes. 2,84.
13 Cicero, *Ad familiares* 10,20,2.
14 Cicero, *Ad Atticum* 16,15,3; vgl. 16,14,1, aber auch 16,11,6, ein Klassiker.
15 Cicero, *Philippische Reden* 5,50, ebenfalls ein Klassiker.
16 Cicero, *Ad familiares* 10,28,3; *Philippische Reden* 5,50.
17 Cicero, *Ad familiares* 11,14 und 12,30,2.

18 R. Syme, *The Roman Revolution*, 1939, 190 Anm. 6.
19 Kathryn Welch in: Anton Powell und Kathryn Welch (Hgg.), *Sextus Pompeius*, 2002, 1–30.
20 Cicero, *Ad familiares* 11,20,1.
21 Zu Ciceros letzten Stunden vgl. Plutarch, *Leben Ciceros* 47 f.; über Fulvia: Dio, 47,8,4–5.

39 ANTONIUS UND KLEOPATRA

1 Nicholas Horsfall, in: *Bulletin of the Institute of Classical Studies* (1983), 85–98; E. K. Wifstrand, *The So-called Laudatio Turiae*, 1976.
2 R. G. M. Nisbet, in seinen *Collected Papers on Latin Literature*, 1995, 390–413, eine brillante Darstellung der »Überlebenden«.
3 R. Syme, in: *Historia* (1958), 172–188.
4 Joyce-Reynolds, *Aphrodisias and Rome*, 1982, 438, dazu die Nummern 6, 10 und 12.
5 Plutarch, *Leben des Antonius* 23,2–3.
6 Ibid. 26, und Sokrates von Rhodos, FGH 192 Fragm. 1 (Jacoby).
7 Martial, *Epigramme* 11,20; zur Geschichte von der Perle vgl. Plinius, *Naturkunde* 9,120 f. und Macrobius, *Saturnalia* 3,17,15.
8 P. M. Fraser, in: *Journal of Roman Studies* (1957), 71–74.
9 Plutarch, *Leben des Antonius* 23,5–8 mit C. B. R. Pelling, *Commentary*, 1988, 205.
10 K. Scott, in: *Classical Philology* (1929), 133–141, zum Pamphlet »Über Trunksucht«; Sueton, *Leben des Augustus* 69,2, über die Sexualität; über Sarmentus: Plutarch, *Leben des Antonius* 59,4 mit Craig A. Williams, *Roman Homosexuality*, 1999, 275.
11 T. P. Wiseman, in: *Classical Quarterly* (1982), 475 f. vgl. a. seine *Roman Studies*, 1987, 172.
12 A. N. Sherwin-White, *Roman Foreign Policy in the East*, 1984, 307–321.
13 Plutarch, op. cit. 36,3–5 und Dio 49,32, mit Pelling, *Commentary*, 217–220.
14 J. Linderski, in: *Journal of Roman Studies* (1948), 74–80.
15 Plutarch, op. cit. 71,4; über Timon: Strabo, 17,794 und Plutarch, op. cit. 69,6 f. und 70.
16 Ibid. 76,5–78,4.
17 Macrobius, *Saturnalia* 2,4,28 f., mitgeteilt von F. Millar, *The Emperor in the Roman World*, 1977, 135.
18 Zur früheren Einstellung der Dichter vgl. Vergil, *Ekloge* 9, dazu M. Winterbottom, in: *Greece and Rome*, 1976, 55–58; Horaz, *Epoden* 6 und 16, dazu die beachtenswerte Untersuchung von R. G. M. Nisbet, op. cit., 161–181, sowie Properz 1,21 mit Gordon Williams, *Tradition and Originality in Roman Poetry*, 1968, 172–181.
19 Jasper Griffin, in: *Journal of Roman Studies* (1977), 17–26.

40 WIE EINER ZUM KAISER WIRD

1 Velleius 2,88; Livius, *Periochae* CCXIII; Dio 54,15,4.
2 Hier komme ich zu einer anderen Beurteilung als P. A. Brunt, in: *Journal of Roman Studies* (1983), 61 f.

3 Joyce Reynolds, *Aphrodisias and Rome*, 1981, 104, Nr. 13.
4 J. Rich und J. Williams, *Numismatic Chronicle*, 1999, 169–214.
5 Livius, 4,20,7; dazu R. M. Ogilvie, *Commentary on Livy Books 1–5*, 1965, ad loc.
6 S. Weinstock, *Divus Julius*, 1971, 228–243, eine ausgezeichnete Darstellung.
7 B. M. Levick, in: *Greece and Rome*, 1975, 156–163, s. insbes. die wichtige Anm. 10.
8 Ich halte es für das Wahrscheinlichste, dass der Prozess 22 v. Chr. stattfand, d. h. nach dem Tod des Marcellus, der darum nicht als Zeuge auftreten konnte; über den Informanten Castricius: D. Stockton, in: *Historia* (196), 27.
9 Vergil, *Aeneis* 6,851–3.

41 MORAL UND GESELLSCHAFT

1 *Historia Augusta, Hadrian* 11,6–7.
2 Nepos, *Atticus* 20,3.
3 Horaz, *Oden*, 3,24,25–30.
4 So E. Badian, in: *Philologus* (1985), 82–98.
5 Horaz, *Epoden* 4; Dio 48,34,5 und 48,43,3.
6 R. Syme, *The Roman Revolution*, 1939, 361; Florus 2,6,6 über »*municipalia prodigia*«, die zahlreich sind.
7 Augustus, *Res gestae* 8,5.
8 Plinius, *Briefe* 1,8,11.
9 *Epitome de Caesaribus* 14,8.
10 P. A. Brunt, *Italian Manpower*, 1971, mit Gaius, *Institutiones* 2,286.
11 Horaz, *Oden* 4,5,22.
12 Craig A. Williams, *Roman Homosexuality*, 1999, 275, Anm. 115; S. Treggiari, *Roman Freedmen During the Late Republic*, 1969, 271 f.
13 Cicero, *De legibus* 3,30–32.
14 Zu dieser Bezugnahme auf Cicero vgl. S. Treggiari, in: *Ancient History Bulletin* (1994), 86–98.
15 Tacitus, *Annales* 2,85 sowie Plinius, *Naturkunde* 7,39 und R. Syme, *Roman Papers*, Bd. II (1979), 805–824, insbes. 811, und R. Syme, *Augustan Aristocracy*, 1986, 74.
16 Dio 77.16.4; dazu F. Millar, *A Study of Cassius Dio*, 1964, 204–207.
17 S. Riccobono, *Fontes Iuris Romani Anteiustiniani*, Bd. III, die Nummern 2 und 4.
18 K. Sara Myers, in: *Journal of Roman Studies* (1996), 1–20.
19 Macrobius, *Saturnalia* 2,5,9.

42 SPORT UND ANDERE SPEKTAKEL

1 L. Robert, *Comptes Rendus de L'Académie des Inscriptions et Belles Lettres* (1970), 6–11.
2 Plinius, *Naturkunde* 8,170; zum geheizten Schwimmbecken vgl. Dio, 55,7,6.
3 Plinius, op. cit. 36,121.
4 Ibid. 9,168 über Sergius Orata; Martial, *Epigramme* 7,34.
5 Tacitus, *Annales* 14,21.
6 H. Dessau (Hg.), *Inscriptiones Latinae Selectae*, 5287; dazu David S. Potter, in: D. S.

Potter und D.J. Mattingly (Hgg.), *Life, Death and Entertainment in the Roman Empire,* 1998, 296, über Diocles.
7 Im Jahr 252 v.Chr.; Plinius, op. cit. 8,6,17.
8 Augustus, *Res gestae* 22 und 23.
9 L. Robert, *Les Gladiateurs dans l'orient grec,* 1940, 248: »ce n'est pas le seul trait original de la fière et virile république de Rhodes.«
10 Livius 39,22,2; 41,27,6; 44,18,8.
11 Plutarch, *Moralia* 1099b; *Martyrium der Perpetua* 17,2 f.; dazu G. Ville, *La Gladiature dans l'occident des origines à la mort de Domitian,* 1981, 363.
12 *Martyrium der Perpetua* 20,2.
13 Martial, *De Spectaculis Liber,* 6 in: Martial, *Epigrams* 1, 1993, (Loeb Classical Library), Übers. u. Anm. von D.R. Shackleton Bailey.
14 Celadus, in: H. Dessau, op. cit. 5142A und B; dazu L. Robert, op. cit., 302 über seinen Namen; 5142C zu »*puparum nocturnarum*«.
15 M. Cébeillac-Gervasoni und F. Zevi, in: *Mélanges de l'École Française à Rome,* 1976, 612.
16 Dio 67,8,4.

43 DIE RÖMISCHE ARMEE

1 Sueton, *Leben des Augustus* 49.
2 Hyginus, in: *Corpus Agrimensorum Romanorum,* hg. von C. Thulin, Bd. I (1913), 165 f.; O.A.W. Dilke, *The Roman Land Surveyors,* 1971, 113 f.
3 Strabo, 3,4,20.
4 M. Beard, J. North und S.R.F. Price (Hgg.), *Religions of Rome,* Bd. I (1998), 324–328, und Bd. II (1998), 71–76.
5 Sueton, *Leben Neros* 44,1; Einspruch gegen P.A. Brunt, in: *Scripta Classica Israelica* (1974), 80; »ausgehobene Rekruten« *(dilectus)* waren entweder Auxiliaren oder Freiwillige (Tacitus, *Historiae* 3,58 ist ein gutes Beispiel).
6 Tacitus, *Annales* 4,4,2 und Sueton, *Leben des Tiberius* 30, wo M.W. Frederiksen mich auf die Bedeutung des »*etiam*« (»sogar«) hinwies.
7 Statius, *Silvae* 5,1,94 f.
8 H. Dessau (Hg.), *Inscriptiones Latinae Selectae* 2558; dazu die eindrückliche Darstellung von M.P. Speidel, in: *Ancient Society,* 1991, 227–282 und ders., *Riding for Caesar,* 1994, 46.
9 Tacitus, *Annales* 1,17 und J.F. Gilliam, in: *Bonner Jahrbücher* (1967), 233–243, insbes. 238.
10 Sueton, *Leben des Tiberius* 16.
11 Cicero, *Ad familiares* 5,7; Scholia Bobiensia 167 (Strangl).
12 Tacitus, *Agricola* 5.1 f. mit Brian Campbell, in: *Journal of Roman Studies* (1975), 18 f.
13 *Historia Augusta, Leben Hadrians* 10,4 f.
14 H.C. Youtie, in: J. Bingen, G. Cambier und G. Nachtergael (Hgg.), *Le Monde grec. Pensée, littérature, histoire, documents: Hommages à Claire Preaux,* 1975, 723, eine hervorragende Arbeit.

44 DAS NEUE ZEITALTER

1 Horaz, *Carmen saeculare* 50-51 mit 56; M. Beard, J. North und S.R.F. Price, *Religions of Rome*, Bd. II (1998), 140-144.
2 Ibid. 140.
3 R.K. Sherk, *The Roman Empire: Augustus to Hadrian*, 1988, Nr. 15, Z. 10.
4 Ibid., Nummer 36, S. 66, Z. 15 ff.
5 M.T. Griffin, in: *Journal of Roman Studies* (1997), 252, Z. 115-120.
6 Tacitus, *Annales* 14,43.
7 G.W. Bowersock, in: Kurt A. Raaflaub und Mark Toher (Hgg.), *Between Republic and Empire* (1990), 380-394.
8 Fergus Millar, in: *Greece and Rome*, 1988, 48-51; W. Eck, in: F. Millar und E. Segal (Hgg.), *Caesar Augustus*, 1984, 129-167.
9 Sueton, *Leben des Augustus* 31,5.
10 P.A. Brunt, *The Fall of the Roman Republic* (1988), 350.
11 R.K. Sherk, *Rome and the Greek East to the Death of Augustus* (1984), Nummer 133.
12 Tacitus, *Annales* 1,75,1 f.; D.C. Feeney, in: Anton Powell (Hg.), *Roman Poetry and Propaganda in the Age of Augustus*, 1992, 1.

45 DIE JULISCH-CLAUDISCHE DYNASTIE

1 H. Dessau (Hg.), *Inscriptiones Latinae Selectae*, 5026; für den Hinweis danke ich C.E. Stevens. Bei R. Syme wird die Stelle nicht herangezogen; J. Scheid zitiert sie in: *Les Frères Arvales*, 1975, 87, und R. Syme tut sie dann ohne stichhaltigen Grund als unbedeutend ab (*The Augustan Aristocracy*, 1986, 415).
2 Velleius, 2,124,2; Sueton, *Leben des Tiberius* 30.
3 Tacitus, *Annales* 1,7.
4 Sueton, *Leben des Claudius* 3,2.
5 Plinius, *Naturkunde* 3,119.
6 M.T. Griffin, in: *Journal of Roman Studies* (1997), 252, Z. 115 ff.
7 Tacitus, op. cit. 11,1,1.
8 Sueton, *Leben Neros* 6,2 und Dio 61,2,3.
9 Tacitus, *Historiae* 1,72.
10 N. Purcell, in: *Journal of Roman Studies* (1985), 14.
11 Tacitus, *Annales* 3,53,5 and 2,33,1 (Seide).
12 Ibid. 16,18.
13 Ibid. 11,3.

46 DIE HERRSCHAFT ÜBER DIE PROVINZEN

1 C. Nicolet, *Space, Geography and Politics in the Early Roman Empire*, 1991.
2 Oxyrhynchus Papyrus 2131; Papyrus Yale 61; Naphtali Lewis, *Life in Egypt under Roman Rule*, 1983, 190.
3 B.M. Levick, in: *Greece and Rome*, 1979, 120.
4 E. Schuerer, *A History of the Jewish People*, Bd. I (1973, neu bearb. von F.G.B. Millar und G. Vermes), 399-427; R.J. Lane Fox, *The Unauthorized Version*, 1991, 27-34.

5 L. Robert, *Laodicée du Lycos*, Bd. I (1969), 274, eine ausgezeichnete Arbeit.
6 G.C. Boon, *Antiquaries Journal* (1958), 237-240; Richard Gordon, in: Mary Beard und John North (Hgg.), *Pagan Priests*, 1990, 217.
7 J.L. Lightfoot (Hg.), *Lucian: On the Syrian Goddess*, 2003, 200-207.

47 DAS KAISERREICH UND DIE FOLGEN

1 Tacitus, *Agricola* 21,1.
2 Ibid. 21,2.
3 Susan Walker (Hg.), *Ancient Faces: Mummy Portraits from Roman Egypt*, 2000 (überarb. Aufl.)
4 Tacitus, *Annales* 14,31.
5 A.T. Fear, *Rome and Baetica*, 1996, 131-169.
6 Ich gehe einig mit M. Stern in: M. Avi-Yonah und Z. Baras (Hgg.), *Society and Religion in the Second Temple Period*, 1977, 263-301; vgl. a. M. Smith, in: *Harvard Theological Review* (1971), 1-19; »Zeloten« erscheinen erstmals in Josephus, *Der jüdische Krieg* 4,161; eine andere Sicht vertritt Martin Goodman, *The Ruling Class of Judaea*, 1987, 93-96, 219-221.
7 Zur Stadt »Agrippina« vgl. E. Schuerer, *A History of the Jewish People*, Bd. I, 461, Anm. 20; Apostelgeschichte 24,25.

48 DAS CHRISTENTUM UND DIE HERRSCHAFT ROMS

1 E. Schuerer, op. cit., 399-427; R.J. Lane Fox, op. cit., 27-34.
2 N. Kokkinos, in: J. Vardman und E.M. Yamauchi (Hgg.), *Chronos, Kairos, Christos: Studies in Honor of Jack Finegan*, 1989, 133, ist nach wie vor die wichtige Untersuchung zu diesem Thema.
3 Johannes 18,31, und die grundlegende Untersuchung von E.J. Bickerman in seinen *Studies in Jewish and Christian History*, Bd. III (1986), 82, mit Lane Fox, op. cit., 283-310.
4 Josephus, *Der jüdische Krieg* 6,300-6,309; E. Rivkin, *What Crucified Jesus?*, 1986.
5 Lukas 13,1-5.
6 Apostelgeschichte 11,26 und E.J. Bickerman, in: *Harvard Theological Review* (1949), 109-124, eine Studie, deren Scharfblick noch immer beeindruckt.
7 Apostelgeschichte 18,17; über Paulus und das pisidische Antiochia vgl. W. Ramsay, in: *Journal of Roman Studies* (1926), 201.
8 Römer 13,1-5.
9 1. Korinther 7,21; Epheser 6,5.
10 Matthäus 19,12.

49 EIN VIERKAISERJAHR

1 M.I. Rostovtzeff, *The Social and Economic History of the Roman Empire*, Bd. I (1957, neu bearb. von P. M. Fraser), 86. [dt.: *Gesellschaft und Wirtschaft im römischen Kaiserreich*, 2 Bde., Leipzig 131; ND Aalen 1957]

2 T.E.J. Wiedemann, in: Alan K. Bowman et al. (Hgg.), *Cambridge Ancient History*, Bd. X (1996), 256f.; Plinius, *Naturkunde* 20,100.
3 Rhiannon Ash, in: *Omnibus*, 45 (2003), 11–13.
4 A. Henrichs, in: *Zeitschrift für Papyrologie und Epigraphik*, 3 (1968), 51–80, und Barbara Levick, *Vespasian*, 1999, 227, Anm. 9.
5 Übersetzt in R.K. Sherk, *The Roman Empire: Augustus to Hadrian* (1988), 82f.; vgl. a. die wichtige Arbeit von P.A. Brunt, in: *Journal of Roman Studies* (1977), 95–116, mit der ich nicht einiggehe.

50 DIE NEUE DYNASTIE

1 Sueton, *Leben Vespasians* 22.
2 R. Darwall-Smith, *Emperors and Architecture: A Study of Flavian Rome*, 1996, 55–68, eine hervorragende Erörterung.
3 Barbara Levick, Vespasian, 1999, 194; Quintilian, *Institutiones* 4,1,19.
4 Sueton, *Leben des Titus* 10,2.
5 Quintilian, *Institutiones* 1,1,12.
6 Plinius, *Panegyricus* 82,1–3.
7 Dio 67,9,1–5.
8 Statius, *Silvae* 4,2,30f.
9 Plinius, *Briefe* 4,22,5f.

51 DIE LETZTEN TAGE VON POMPEJI

1 Kenneth S. Painter, *The Insula of the Menander at Pompeii*, Bd. IV: *The Silver Treasure*, 2001.
2 Liisa Savunen, in: Richard Hawley und Barbara Levick (Hgg.), *Women in Antiquity: New Assessments*, 1995, 194–206, wenigstens zum Beweismaterial.
3 H. Dessau (Hg.), *Inscriptiones Latinae Selectae*, 5145.
4 R.C. Carrington, in: *Journal of Roman Studies* (1931), 110–130, eine ausgezeichnete Arbeit: »Pompeji und seine Umgebung waren weder Gartenstadt noch Vorort, sondern Schauplatz intensiver gewerblicher Tätigkeit« (130).
5 *Corpus Inscriptionum Latinarum*, IV, 2993t.
6 Anders urteilt Paul Zanker, *Pompeii: Public and Private Life*, 1998, 23 f. (engl. Übers.; dt. Orig.: *Pompeji. Stadtbild und Wohngeschmack*, Mainz 1995.)
7 J.R. Clarke, in: D. Fredrick (Hg.), *The Roman Gaze: Vision, Power and the Body*, 2002, 149–181 (2002), 149–81, deutet die Szenen als Ausdruck der Komik; J.R. Clarke, *Looking at Lovemaking: Constructions of Sexuality in Roman Art*, 1998, 212–240.
8 Lorenzo Fergola und Mario Pagano, *Oplontis*, 1998, 19 und 85, zur Option »Poppaea«, die ich favorisiere; P. Castren, *Ordo Populusque Pompeianus*, 1963², 209, zum Belegmaterial für die Familie in Pompeii.
9 *Corpus Inscriptionum Latinarum*, IV, 7698B, vom »Haus des Moralisten«, III,iv, 2f.

52 EIN AUFSTEIGER BEI DER ARBEIT

1 R. Syme, *Roman Papers*, Bd. VII (1991), 621 und Register 695.
2 M. Winterbottom, in: *Journal of Roman Studies* (1970), 90–97.
3 Plinius, *Briefe* 4,25,1f.
4 Plinius, *Panegyricus* 76,6; 65,1; 80.
5 Plinius, *Briefe* 3,20,12.
6 Plinius, *Panegyricus* 74,2 mit 73,4 und 2,8.
7 Plinius, *Briefe* 10,18.

53 EIN HEIDE UND CHRISTEN

1 Plinius, *Briefe* 10,96.
2 R.J. Lane Fox, *Pagans and Christians*, 1986, 433 und 751 Anm. 37.
3 Plinius, *Briefe* 1,12 und 1,22,8–10; M.T. Griffin, in: *Greece and Rome*, 1986, 64–77 und 192–202.
4 Plinius, *Briefe* 4,19.
5 Ibid. 4,19,2.
6 Ibid. 7,24,5.
7 Ibid. 7,24,3 und 6.
8 Ibid. 5,6 mit P. Barconi und José Uroz Sáez, *La Villa di Plinio il Giovane a San Giustino: Primi Risultati di una Ricerca in Corso*, 1999.
9 David R. Coffin, *The Villa in the Life of Renaissance Rome*, 1979, 248; vgl. a. 266f. zum Einfluss von Plinius auf die Villa Trivulziana bei Salone.
10 Martial, *Epigramme* 12,18, 12,31, 12,57.
11 Plinius, *Briefe* 9,6; vgl. dagegen Papst Damasius I., in: John Matthews, *The Roman Empire of Ammianus*, 1989, 422.
12 Hagith Sirvan, *Ausonius of Bordeaux*, 1993, eine ausgezeichnete Einführung; G.P. O'Daly, »Cassiciacum«, in: C. Mayer (Hg.), *Augustinus-Lexikon*, Bd. I (1986–94), 771–782 zum glücklichen Landleben.

54 REGIMEWECHSEL DAHEIM UND AN DEN GRENZEN

1 Plinius, *Panegyricus* 81,1 und 3.
2 M.P. Speidel, *Roman Army Studies*, Bd. I, 1984, 173 und 408.
3 *Anthologia Palatina* 6,332; Arrian, *Parthica* F 8 (Jacoby).
4 Sallust, *Historiae* 4,78.
5 Der entscheidende Punkt ist der Tod Pedos, Konsul für 115, der in diesem Jahr durch einen Konsul suffectus ersetzt wurde; Johannes Malalas datiert seinen Tod durch ein Erdbeben fälschlich auf den 13. Dezember 115; ihm folgt F.A. Lepper in: *Trajan's Parthian War*, 1949, 54 and 99; den Irrtum stellte bereits Isobel Henderson fest (vgl. *Journal of Roman Studies*, 1949, 121–124). Münzen stützen einen früheren Zeitpunkt des Erdbebens: *British Museum Catalogue*, Bd. III. 100. Die korrekte Datierung findet sich inzwischen auch wieder bei Anthony R. Birley, *Hadrian: The Restless Emperor*, 1997, 324 Anm. 13.

6 Johannes Malalas, *Weltchronik* 11,6 (274), wo dann Arrians Bericht über den »Krieg« erwähnt wird, die Quelle, wie ich vermute, des Briefs an den Senat aus dem vorhergehenden Satz.
7 Samuel N. C. Lieu, *Manichaeism in Mesopotamia and the Roman East*, 1994, 84–87; G. Luttikhiuzen, *The Revelation of Elchasai. Investigations into the Evidence for a Mesopotamian Jewish Apocalypse of the Second Century and Its Reception by Judeo-Christian Propagandists*, 1985.

55 DIE DARSTELLUNG DER VERGANGENHEIT

1 G. E. M. de Sainte Croix, in: *British Journal of Sociology* (1954), 33–48, eine brillante Untersuchung.
2 Sueton, *Leben Neros* 29.
3 *Corpus Inscriptionum Latinarum*, VI.1574, dazu die sehr gute Erörterung von Anthony R. Birley, in *Historia* (2000), 230–247.
4 R. Syme, *Ten Studies in Tacitus*, 1970, 1–10 und 119–140.
5 Eine gute Beschreibung findet sich in: Simon Schama, *Landscape and Memory*, 1996.
6 J. H. Elliott und L. W. B. Brockliss, *The World of the Favourite*, 1999, insbes. 2 und 300.

HADRIAN: EIN BLICK ZURÜCK

1 *Historia Augusta, Leben Hadrians* 5.3.
2 Dio 69,4,2.
3 H. I. Bell, in: *Journal of Roman Studies* (1940), 133–147.
4 B. Isaac und A. Oppenheimer, in: *Journal of Jewish Studies* (1985), 33–60.
5 Tertullian, *Verteidigung des Christentums (Apologeticum)* 46 und *Vom Einspruch gegen die Häretiker (De praescriptione haereticorum)* 7.
6 Mary Boatwright, *Hadrian and the City of Rome*, 1987, 190.
7 Von mir betont als Ausgleich zu »Hadrian, dem Intellektuellen«, dem Thema von R. Syme, *Roman Papers*, Bd. VI (1991), 103.
8 *Historia Augusta, Hadrian* 7,6, 20,1 und 20,8: »*plebis iactantissimus amator*«.
9 Zu den Fähigkeiten von Salvius Julianus vgl. H. Dessau (Hg..), *Inscriptiones Latinae Selectae*, 8973 und R. Syme, in: *Bonner Historia Augusta Colloquium 1986–89* (1991), 201–217.
10 Peter Garnsey, *Social Status and Legal Privilege in the Roman Empire*, 1970, mit Digesten 48,19,15, 48,28,13 und 18,21,2; vgl. a. die sehr wichtige Besprechung von P. A. Brunt in: *Journal of Roman Studies* (1972), 166–170.
11 *Inscriptiones Graecae ad Res Romanas Pertinentes*, Bd. IV (1927), Nummer 84; ebenso 85–87.
12 *Digesten*, 5,3,20.
13 Vgl. dazu die beachtenswerten Beiträge von F. Millar, in: *Journal of Roman Studies* (1965), 141–160 und P. A. Brunt, in: *Athenaeum* (1977), 19–48.

AUSWAHLBIBLIOGRAPHIE

Im Folgenden nenne ich einige der für die einzelnen Kapitel wichtigsten Werke und Aufsätze. In diesen wiederum sind zahlreiche Quellen angegeben, die ich ebenfalls einbezogen habe. Aus Platzgründen beschränke ich mich auf eine Auswahl, doch die nummerierten Anmerkungen und die Bibliographie sollten genügen, um die Leser auf die Quellen und Darstellungen der Hauptpunkte meines Textes hinzuweisen. Der letzte *Oxford Classical Dictionary* in der Überarbeitung von S. Hornblower und A. J. Spawforth (1996, überarb. 2007) ist eine kaum zu überschätzende erste Anlaufstelle für Sach- und Personenfragen mit ausgezeichneten Kurzeinträgen. Generell empfehle ich *The Cambridge Ancient History*, Bd. III.2–XI (1982–2000) in der 2., aktualisierten Auflage. In vielen Kapiteln findet hier Auskunft, wer mehr wissen möchte. Es gibt zahlreiche weitere ein- oder zweibändige Gesamt- oder Einzeldarstellungen des klassischen Altertums. John Boardman, Jasper Griffin und Oswyn Murray (Hgg.), *The Oxford History of the Classical World*, 1986, enthält eine ganze Reihe lesenswerter Kapitel und hat nichts an Aktualität eingebüßt. Paul Cartledge (Hg.), *Cambridge Illustrated History of Ancient Greece*, 1998 (dt.: *Kulturgeschichte Griechenlands in der Antike*, Stuttgart 2000), widmet sich besonders der Welt des Materiellen und der Arbeiter, Bereiche, zu denen ich weniger gesagt habe. Greg Woolf, *Cambridge Illustrated History of the Roman World*, 2003, ist die aktuelle thematische Entsprechung. Nigel Spivey und Michael Squire, *Panorama of the Classical World*, 2004, ergänzt den thematischen Überblick mit sehr viel mehr Illustrationen (dt.: *Die Welt der Antike*, 2004). Charles Freeman, *Egypt, Greece and Rome*, 2004, gibt in einem Band einen guten Überblick unter Einbeziehung nichtklassischer Welten. Auf viel Interesse gestoßen ist *Classics: A Very Short Introduction*, 1995, von Mary Beard und John Henderson (dt.: *Wege in die Antike*, 1999). Eine Klasse für sich ist Harry Sidebottoms *The Very Short Introduction to Ancient Warfare*, 2004 (dt.: *Der Krieg in der antiken Welt*, Stuttgart 2007).

Das beste Werk zur Kunstgeschichte der Griechen ist Martin Robertson, *A History of Greek Art*, Bd. 1 u. 2, 1972 (dt.: *Griechische Malerei*, Stuttgart, 1959). Für die römische Kunst gibt es in englischer Sprache nichts auf vergleichbarem Niveau, doch große Beachtung gefunden hat Paul Zanker, *The Power of Images in The Age of Augustus*, 1988 (dt. Orig.: *Augustus und die Macht der Bilder*, München 1987). Einen vollständigen Überblick über die griechische Plastik bietet W. Fuchs, *Skulptur der Griechen*, 1993³, der umfassendste einbändige Führer zum Thema mit zahlreichen Fotografien. Hervorragende Führer sind auch B. S. Ridgway, *The Archaic Style in Greek Sculpture*, 1993, *Fourth-century Styles in Greek Sculpture*, 1997 und *Hellenistic Sculpture*, Bd. I–II, 1990–2002. Ein weiterer ist J. G. Pedley, *Greek Art and Archaeology*, 2002³, neben den zahlreichen Werken von J. Boardman, unter denen *The Diffusion of Classical Art in Antiquity*, 1994, besondere Erwähnung verdient. Inzwischen liegen zwei hervorragende archäologische Führer in englischer Sprache vor, aus der Feder von Fachwissenschaftlern, doch allgemein verständlich: Amanda Claridge, *Rome: An Oxford Archaeological Guide*, 1998, sowie Antony Spawforth und Christopher Mee, *Greece: An Oxford Archaeological Guide*, 2001, ein außerordentlich hilfreicher, wichtiger Führer durch die sichtbare materielle Kultur im antiken Griechenland.

Mehrere Verlage publizieren heute Reihen zu einzelnen Epochen oder Schlüsselthemen des Altertums. Verständlich und kompakt abgehandelt sind die »Schlüsselthemen« der Cambridge University Press; eine besonders hilfreiche Ergänzung zu Themen, die ich gedrängt darstelle, sind hier: Keith Bradley, *Slavery and Society at Rome*, 1994, Peter Garnsey, *Food and Society in Classical Antiquity*, 1999, und Jean Andreau, *Banking and Business in the Roman World*, 1999. Bei Routledge erscheint eine ausgezeichnete Reihe, die ausfüllt, was ich komprimiere: Robin Osborne, *Greece in the Making, 1200–479 v. Chr.*, 1996; Simon Hornblower, *The Greek World after Alexander, 323–30 v. Chr.*, 2000; T. J. Cornell, *The Beginnings of Rome, ca. 1000–264 v. Chr.*, 1995; Martin Goodman, *The Roman World, 44 v. Chr.–180 n. Chr.*, 1997. Des Weiteren sehr zu empfehlen ist eine ausgezeichnete Reihe kürzerer Deutungsversuche aus dem Verlag Fontana: Oswyn Murray, *Early Greece*, 1993 (dt.: *Das frühe Griechenland*, übs. u. bearb. v. Kai Brodersen, München 1998); J. K. Davies, *Democracy and Classical Greece*, 1993; F. W. Walbank, *The Hellenistic World* (Ausg. v. 1992) (dt.: Murray/Davies/Walbank, *Die Geschichte des antiken Griechenland. Das frühe Griechenland* [Murray]. *Das klassische Griechenland* [Davies]. *Die hellenistische Welt* [Walbank]); Michael Crawford, *The Roman Republic*, 1978; Colin Wells, *The Roman Empire*, 1992 (dt.: *Das römische Reich*, 1988). Es sind die besten Kurzeinführungen in die genannten Epochen. Blackwells haben mit der Publikation einer größeren Reihe von »*Companions*« begonnen, in der Andrew Erskine (Hg.), *A Companion to the Hellenistic World*, 2003, als bemerkenswerte Darstellung auffällt; weitere vielversprechende Bände sind angekündigt. Mit P. J. Rhodes, *A History of the Classical Greek World, 478–323 v. Chr.*, 2005, ist die grundlegende Darstellung dieses komplexen Zeitabschnitts zu erwarten.

Neben einem Fontana-Band, gefolgt von einer Darstellung aus der Routledge-Serie sowie einem »*Companion*«, empfehle ich mit Nachdruck die Sammlungen wichtiger Aufsätze aus der Edinburgh University Press, darunter vor allem J. Rhodes (Hg.), *Athenian Democracy*, 2004, Michael Whitby (Hg.), *Sparta*, 2001, Walter Scheidel und Sitta von Reden (Hgg.), *The Ancient Economy*, 2002, Mark Golden und Peter Toohey (Hgg.), *Sex and Difference in Greece and Rome*, 2003, und Clifford Ando (Hg.), *Roman Religion*, 2003.

Daneben behalten ältere Werke ihre besondere Bedeutung. Ich empfehle namentlich L. H. Jeffery, *The Archaic States of Greece*, 1976, E. R. Dodds, *The Greeks and the Irrational*, 1951 (dt.: *Die Griechen und das Irrationale*, Darmstadt, 1971); A. Andrewes, *The Greeks*, 1967; W. G. Forrest, *The Emergence of Greek Democracy*, 1968 (dt.: *Wege zur hellenistischen Demokratie: Staatsdenken und politische Wirklichkeit von 800–400 v. Chr.*, München, 1966); W. W. Tarn und G. T. Griffith, *Hellenistic Civilization*, 1952 (*Die Kultur der hellenistischen Welt*, Darmstadt, 1966); E. J. Bickerman, *The Jews in the Greek Age*, 1988, ein Meisterwerk; P. A. Brunt, *Social Conflicts in the Roman Republic*, 1971 und J.P.V.D. Balsdons noch immer unübertroffene Darstellung: *Life and Leisure at Rome*, 1969 (dt.: *Das römische Weltreich*, München, 1970). Zur Freiheit, einem meiner drei Hauptthemen, verweise ich auf Kurt Raaflaub, *The Discovery of Freedom in Ancient Greece*, 2004 (dt. Orig.: *Die Entdeckung der Freiheit. Zur historischen Semantik und Gesellschaftsgeschichte eines politischen Grundbegriffes der Griechen*, München, 1985), von dessen Darstellung ich gelegentlich mit Bedacht abweiche, und P.A. Brunt, *The Fall of the Roman Republic*, 1988, 281–350, neben C. Wirszubski, *Libertas as a Political Idea at Rome during the Late Republic and Early Principate*, 1950 (dt.: *Libertas als politische Idee im Rom der späten Republik und des frühen Prinzipats*, Darmstadt, 1967) mit der wichtigen Besprechung von A. Momigliano in: *Journal of Roman Studies* (1951), 144–155. Paul A. Rahe, *Republics Ancient and Modern*, Bd. I, 1994, ist wichtig und anregend. Die wechselnde Rechtsprechung ist ein Thema von großer und zunehmender Komplexität, und ich bin mir bewusst, dass ich es oft verkürzt behandelt habe. D.M. MacDowell, *Spartan Law*, 1986 und *The Law in Classical Athens*, 1978, sind gut lesbar, dazu der alte, aber immer noch lohnende Überblick von R.J. Bonner und G. Smith, *The Administration of Justice from Homer to Aristotle*, Bd. I–II, 1930–38. Für Rom behält John A. Crook, *Law and Life of Rome*, 1967, seinen Wert, dazu Alan Watson, *Rome of the XII Tables*, 1975 über die Frühzeit, die guten Überblickskapitel von Duncan Cloud und John Crook in: *Cambridge Ancient History*, Bd.IX (1994), 498–563 und Bruce W. Frier, ibid., Bd. X (1996), 959–979.

Zum Luxus: A. Dalby, *Empire of Pleasures*, 2000, bringt viel Lokales, dasselbe gilt für D. Braund und J. Wilkins (Hgg.), *Athenaeus and His World*, 2000; vgl. auch L. Foxhall, in: N. Fisher und H. van Wees, *Archaic Greece: New Approaches and New Evidence*, 1998, 295–309, James Davidson, *Courtesans and Fishcakes*, 1998, J. Tondriau, in: Revue des Études Anciennes (1948), 49–52, zu den Ptolemäern, und A. Passerini, in: *Studi italiani di filologia classica* (1934), 35–56. Wichtig ist R. Bernhardt, *Luxuskritik und Aufwandsbeschränkungen in der griechischen Welt*, 2003, und eine gute Einstiegslektüre zu Rom ist die Bibliographie zu Kap. 30 (»Luxus und Libertinage«). Grundlegend bleiben natürlich die antiken Quellen, inklusive Inschriften, die wichtigsten in Übersetzung erschienen in der Reihe *Penguin Classics* oder, mit dem Original als Begleittext, in der Reihe *Loeb Library*; hier sind die beiden Bände über Arrian von P.A. Brunt und die über Ciceros Briefe und Martials Epigramme von D.R. Shackleton Bailey auch selbst schon bedeutende wissenschaftliche Kommentare.

HADRIAN UND DIE KLASSISCHE WELT

Elizabeth Speller, *Following Hadrian: A Second-Century Journey through the Roman Empire*, 2002, gibt eine gute Darstellung, Anthony R. Birley, *Hadrian: The Restless Emperor*, 1997, eine ausgezeichnete Untersuchung der Fakten; auch Mary T. Boatwright, *Hadrian and the Italian Cities*, 1989, *Hadrian and the City of Rome*, 1987, und *Hadrian and the Cities of the Roman Empire*, 2000, sind unentbehrliche Quellen. Wichtig sind auch die zahlreichen Untersuchungen von Ronald Syme, jetzt greifbar in seinen *Roman Papers*, 7 Bände, hg. v. A.R. Birley, Oxford 1979–1991: II, 617–628; III, 1303–1315 und 1436–1446; IV, 94–114 und 295–324; V, 546–578; VI, 103–114, 157–181, 346–357, 398–408. W.L. MacDonald und John A. Pinto, *Hadrian›s Villa and Its Legacy*,

1995, überzeugt vor allem durch seine Darstellung der Architektur; zu Britannien vgl. David Breeze und Brian Dobson, Hadrian's Wall, 2000⁴; A.J. Spawforth und S. Walker in: Journal of Roman Studies (1985), 78–104, ist nach wie vor eine brillante Arbeit über Hadrian und Athen; bis heute unübertroffen: J.M.C. Toynbee, *The Hadrianic School: A Chapter in the History of Greek Art*, 1934. Zum Begriff des »Klassischen« vgl. P.R. Hardie, ›Classicism‹ in »Oxford Classical Dictionary«, 1996³, 336, zusammen mit: Tonio Hölscher, *The Language of Images in Roman Art*, 2004 (dt. Orig.: *Römische Bildsprache als semantisches System*, 1987). R. Lambert, *Beloved and God: The Story of Antinous and Hadrian*, 1984, lohnt eine ernsthafte Beschäftigung. L. Robert in: *Bulletin de Correspondance Hellénique* (1978), 437–452, berichtet hervorragend über Hadrian, den Jäger, in Kleinasien.

1 DIE EPIK HOMERS

Jasper Griffin, *Homer on Life and Death*, 1980 ist ein Klassiker, ders., *Homer: The Odyssey*, 1987 eine gute Kurzeinführung. Zum Aufbau vgl.: J.B. Hainsworth, *The Idea of Epic*, 1991. Douglas L. Cairns, *Oxford Readings in Homer's Iliad*, 2001 ist eine gute Essaysammlung; Robert Fowler (Hg.), *The Cambridge Companion to Homer*, 2004, schließt sich als letzter an seine zahlreichen Vorgänger an. Die besten Kommentare finden sich in den drei Bänden von: *A Commentary on Homer's Odyssey*, übs. und neu hg. bei Clarendon Press, Oxford (1985–1993), und in den sechs Bänden von: *The Iliad: A Commentary*, 1985–1993, hg. unter der Leitung von G.S. Kirk, Cambridge. J.-P. Crielaard (Hg.), *Homeric Questions*, 1995, 201–289, über Datierungen im 8. Jahrhundert. Barbara Graziosi, *Inventing Homer: The Early Reception of Epic*, 2002, zur »Biographie« Homers. Noch immer eine gute Einführung in die Gerichtsszene der Ilias (18): H.J. Wolff in: *Traditio* (1946), 31–87.

2 DIE GRIECHISCHEN NIEDERLASSUNGEN

Über die *polis*: M.H. Hansen in: *Historia* (2003), 257–282 resümiert die Forschungsarbeit seiner Gruppe seit 1993; grundlegend ist: John Boardman, *The Greeks Overseas: Their Early Colonies and Trade* (4. Aufl. 1999) (dt.: *Kolonien und Handel der Griechen: vom späten 9. bis zum 6. Jahrhundert v. Chr.*, München, 1981); R. Osborne, *Greece in the Making, 1200–479 BC*, 1996, 19–136 und insbes. I. Lemos, *The Protogeometric Aegean: The Archaeology of the Late Eleventh and Tenth Centuries BC*, 2002, zu den ›Dunklen‹ Jahrhunderten. M. Popham in: Gocha R. Tsetskhladze und F. de Angelis (Hgg.), *The Archaeology of Greek Colonization*, 1994, 11–34, berichtet zusammenfassend über die Anlagen in Lefkandi auf Euböa; M.A. Aubet, *The Phoenicians and the West: Politics, Colonies and Trade* (Ausg. von 1996). Über eine ›griechische Identität‹ vgl. besonders R. Fowler, »Genealogical Thinking: Hesiod's Catalogue and the Creation of the Hellenes«, in: *Proceedings of the Cambridge Philological Society*, 44 (1998), 1–20. G.R. Tsetskhladze und A.M. Snodgrass (Hgg.), *Greek Settlements in the Eastern Mediterranean and the Black Sea*, 2002. Otar Lordkipanidze, *Phasis: The River and City in Colchis*, 2000. L. Robert, in: *Bulletin de Correspondance Hellénique* (1978), 535–538, ist ein ausgezeichneter Bericht über den Weinanbau in Koumi auf Euböa; zu den Keramikfragmenten aus Galiläa vgl. Günter Kopcke, in: Erica Ehrenberg (Hg.), *Leaving No Stones Unturned. Essays on the Ancient Near East and Egypt in Honor of Donald P. Hansen*, 2002, 109–118; über Anlagen auf Ischia: D. Ridgway, *The First Western Greeks*, 1992; W. Burkert, *The Orientalizing Revolution*, 1992 (dt. Orig.: *Die orientalisierende Epoche in der griechischen Religion und Literatur*, Heidelberg, 1984) regt zum Nachdenken an; Irad Malkin, in: Peter Derow und Robert Parker (Hgg.), *Herodotus and His World*, 2003, 153–170, wendet sich wie ich gegen die unzutreffende Vorstellung, dass Niederlassungen in keinem Fall offizielle Unternehmungen gewesen seien und alle schriftlichen Zeugnisse über ihre Art und Organisation als märchenhafte Darstellungen aus späterer Zeit oder zweckmäßige »Legenden« zu gelten hätten. Über Akragas, Sybaris and alles Westgriechische: T. J. Dunbabin, *The Western Greeks*, 1948, vor allem S. 75–83 und 305–325.

3 ARISTOKRATEN

Jacob Burckhardt, *The Greeks and Greek Civilization*, abridged and translated by Sheila Stern, 1998 (dt. Orig.: *Kulturgeschichte Griechenlands*, Basel, 1958) – eine klassische Untersuchung. Walter Donlan, *The Aristocratic Ideal in Ancient Greece*, 1980, ist ein guter moderner Überblick, jetzt aktualisiert in einer Neuauflage mit seinen ausgewählten Schriften, 1999. Robert Parker, *Athenian Religion: A History*, 1996: Kap. 2, 3, 5 und S. 284–327 zeigen die Einzelheiten und Probleme der *genē* in dem uns am besten bekannten Stadtstaat; F. Bourriot, *Recherches sur la nature du genos*, 1976, ist keinesfalls eine abschließende Betrachtung. R. Lane Fox, in: R. Brock und S. Hodkinson (Hgg.), *Alternatives to Athens*, 2000, 35–51, zu Theognis' erzaristokratischer Einstellung; keineswegs überzeugend finde ich allerdings – fände auch Theognis – H. van Wees, ibid., 52–67, und seinen Versuch, ihn zum Mafioso, einem unter vielen, zu erklären; Theognis, V. 183–188 sind eugenisch, wie Xenophon in *Stobaeus Florilegium* 88,14 erkannte, dabei jedoch eine neue Deutung vorschlug. Die »Aristokratie« ist aus der Geschichte der frühen Griechen (›Eupatriden‹) nicht wegzudenken. Mit Nigel Spivey, *The Ancient Olympics*, 2004, liegt jetzt ein ausgezeichneter Führer zur griechischen Leichtathletik vor; zu den Abendgesellschaften vgl. O. Murray (Hg.), *Sympotica: A Symposium on the Symposium*, 1990, zur Jagd: R. Lane Fox, in: J. B. Salmon und Graham Shipley (Hgg.), *Human Landscapes in Classical Antiquity*, 1996, 119–153; K. J. Dover, *Greek Homosexuality*, 1978, 49–135 (dt.: *Homosexualität in der griechischen Antike*, München, 1983) ist grundlegend, vgl. aber die wichtige Besprechung von James Davidson in: *Past and Present*, 2001, 3–51. Sitta von Reden, *Exchange in Ancient Greece*, 1995, 1–78, über Geschenke; Paul Cartledge, in: Peter Garnsey, Keith Hopkins und C. R. Whittaker (Hgg.), *Trade in the Ancient Economy*, 1983, 1–15 über Handel und Politik; Philip de Souza, in: Nick Fisher und H. van Wees, *Archaic Greece*, 1998, 271–294 diskutiert weniger optimistisch die Probleme der frühen Seekriege.

4 DIE UNSTERBLICHEN GÖTTER

Mary Lefkowitz, *Greek Gods, Human Lives: What We Can Learn from the Myths*, 2003, sieht auch die bleibende Stärke dieses Aspekts griechischer Einbildungskraft; Jan N. Bremmer, *The Rise and Fall of the Afterlife*, 2002, zusammen mit N. J. Richardson, in: P. E.

Easterling und J. V. Muir (Hgg.), *Greek Religion and Society*, 1985, 50–66. Simon Price, *Religions of the Ancient Greeks*, 1999; W. Burkert, *Greek Religion: Archaic and Classic*, 1985 (dt. Orig.: *Griechische Religion der archaischen und klassischen Epoche*, 1977) ist das klassische Handbuch; A. D. Nock, *Essays on Religion and the Ancient World*, hg. v. Z. Stewart, Bd. I und II (1972) sind Klassiker, ebenso R. C. T. Parker, *Athenian Religion: A History*, 1996, zusammen mit: ders., »Gods Cruel and Kind«, in: C. Pelling (Hg.), *Greek Tragedy and the Historian*, 1997, 143–160. W. H. D. Rouse, *Greek Votive Offerings*, 1902. Einen Neuanfang macht F. Graf, »*Dionysian and Orphic Eschatology: New Texts and Old Questions*«, in: T. H. Carpenter und C. A. Faraone (Hgg.), *Masks of Dionysos*, 1993, 239–258. Gut über Dionysos: J. Gould, *Myth, Ritual, Memory and Exchange*, 2001, 269–282, und E. Csapo, in: *Phoenix* (1997), 253 ff.; R. Lane Fox, *Pagans and Christians*, 1986, 102–167, über die Präsenz der Götter; H. W. Parke, *Greek Oracles*, 1967, *The Oracles of Zeus*, 1967, und *The Oracles of Apollo in Asia Minor*, 1983, mit Robert Parker in: P. Cartledge und F. D. Harvey, *Crux: Essays Presented to G. E. M. de Sainte Croix*, 1985, 298–326.

5 TYRANNEN UND GESETZGEBER

A. Andrewes, *The Greek Tyrants* (Ausg. v. 1974); H. W. Pleket, »The Archaic Tyrannis«, in: *Talanta* I (1969), 19–61; J. B. Salmon, »Political Hoplites«, in: *Journal of Hellenic Studies* (1977), 84–101; einen guten Überblick über die Tyrannis in ihren wichtigsten Beispielen geben J. B. Salmon, *Wealthy Corinth* (1984), 186–230, und Graham Shipley, *A History of Samos*, 1987, 69–102; wichtig ist Hermann J. Kienast, »Topography and Architecture of the Archaic Heraion at Samos«, in: Maria Stamatopoulou und Marina Yeroulanou (Hgg.), *Excavating Classical Culture*, 2002, 311–326. Zu Solon vgl. A. Andrewes, in: *Cambridge Ancient History*, Bd. III.3 (1981), 375–391, und P. J. Rhodes, *A Commentary on the Aristotelian Athenion Politeia* (Ausg. v. 1993), 118–178, die den seither publizierten Arbeiten zum Thema überlegen sind und die meisten faktisch widerlegen; O. Murray in: Paul Cartledge, Paul Millett und Stephen Todd (Hgg.), *Nomos: Essays in Athenian Law, Politics and Society*, 1990, 139–146, ist wertvoll; A. Zimmern, *The Greek Commonwealth*, 1911, 125–138, zum *fair play* zusammen mit der klassischen Untersuchung von W. G. Forrest, *Bulletin de Correspondance Hellénique*, 1956, 33–52, dessen gewagten Vermutungen ich immer noch gern glauben würde; R. F. Willetts, *The Law Code of Gortyn*, 1967, übersetzt den bedeutenden Text, in dessen Beurteilung ich mich einig weiß mit Edmond Lévy, »La Cohérence du code de Gortyne« in: Edmond Levy (Hg.), *La Codification des lois dans l'antiquité*, 2000, 185–214; G. E. M. de Sainte Croix, *Athenian Democratic Origins*, 2004, ist rundheraus zuzustimmen über die besitzenden Klassen (S. 5–72), zu widersprechen betreffend »*zeugite*« (S. 50) und heftig zu widersprechen in seiner zwar vorsichtigen Deutung der *hektemoroi* (»die ein Sechstel Zahlenden«), die er im Wesentlichen als Schuldner sieht (S. 109–127).

6 SPARTA

W. G. Forrest, *A History of Sparta* (Ausg. v. 1980); M. Whitby (Hg.), *Sparta*, 2002; Paul Cartledge, *The Spartans: An Epic History*, 2002, und *Spartan Reflections*, 2001; Anton Powell und Stephen Hodkinson (Hgg.), *Sparta beyond the Mirage*, 2002; Anton Powell

(Hg.), *Classical Sparta: Techniques behind Her Success*, 1989, ist eine vorzügliche Aufsatzsammlung, vor allem die Essays über das Lachen, das Trinken und das Bemühen um Harmonie sowie eine sehr einsichtsvolle Studie über die Religion Spartas von Robert Parker. Von G. O. Hutchinson erschien vor kurzem eine Studie über Alkmans bezauberndes und in Teilen verständliches *Partheneion: Greek Lyric Poetry*, 2001; G. Devereux in: *Classical Quarterly* (1965), 176–184, gibt einen ausgezeichneten Bericht über die Pferde; Daniel Ogden in: *Journal of Hellenic Studies* (1994), 85–91, ist ein hervorragender Leitfaden zu den Problemen der Großen Rhetra; Nino Luraghi und Susan Alcock (Hgg.), *Helots and Their Masters*, 2003, über eine wenig belegte Materie; Robin Osborne, »The Spartan Exception?« in: Marja C. Vink (Hg.), *Debating Dark Ages*, 1996/7, 19–23, ist ein übersichtliches Resümee der archäologischen Zeugnisse.

7 DIE OSTGRIECHEN

John M. Cook, *The Greeks in Ionia and the East*, 1960, und G. L. Huxley, *The Early Ionians*, 1966, bieten viele Details; Graham Shipley, *A History of Samos*, 1983, sowie C. Roebuck und H. Kyrieleis in: J. Boardman und C. E. Vaphopoulou-Richardson (Hgg.), *Chios*, 1984, 81–88 und 187–204, sind ausgezeichnete Arbeiten über die Insel; Ellen Greene (Hg.), *Re-reading Sappho: Contemporary Approaches*, 1996, besonders Kap. 7 und 8; Edward Hussey, *The Presocratics* (Ausg. v. 1996) ist sehr klar; ausführlicher sind Jonathan Barnes, *Early Greek Philosophy*, 2001, überarb. Aufl.) und *The Presocratic Philosophers*, 1999; Alan M. Greaves, *Miletos: A History*, 2002, ist kein Ersatz für das ältere und temperamentvollere Werk von Adelaide G. Dunham, *The History of Miletus Down to the Anabasis of Alexander*, 1919; R. M. Cook und Pierre Dupont, *East Greek Pottery*, 2002. Thomas Braun, »Hecataeus' Knowledge of the Western Mediterranean«, in: Kathryn Lomas (Hg.), *Greek Identity in the Western Mediterranean*, 2004, 287–348, eine sehr wichtige Arbeit; Robert Leighton, *Tarquinia: An Etruscan City*, 2004, zusammen mit Sybille Haynes, *Etruscan Civilization: A Cultural History*, 2000 gibt einen hervorragenden Überblick, dazu ihr fundierter Roman über das Leben der Etrusker: *The Augur's Daughter*, 1987.

8 AUF DEM WEG ZUR DEMOKRATIE

I. Malkin, *Myth and Territory in the Spartan Mediterranean*, 1994; W. G. Forrest, *A History of Sparta*, 1968, 69–95, ein Klassiker; Adrienne Mayor, *The First Fossil Hunters*, 2000, eine ausgezeichnete Arbeit über »Knochen«; nicht zustimmen kann ich Martin Ostwald, *Autonomia: Its Genesis and Early History*, 1982; R. J. Lane Fox sowie O. Murray in: John T. A. Koumoulides, *The Good Idea: Democracy and Ancient Greec*, 1995, über Kleisthenes, und Orlando Patterson, *Freedom In The Making of Western Culture*, 1991, mit dem ich ebenfalls uneins bin; W. G. Forrest, *The Emergence of Greek Democracy*, 1963, ist nach wie vor die klassische Untersuchung (dt.: *Wege zur hellenischen Demokratie. Staatsdenken und politische Wirklichkeit von 800–400 v. Chr.*, München, 1966), daneben zwei sehr wichtige Aufsätze: A. Andrewes in: *Classical Quarterly*, 1977, 241–248, und H. T. Wade-Gery, *Essays in Greek History*, 1958, 135–154, eine noch immer inspirierende Sammlung; D. M. Lewis in: *Historia*, 1963, 22–40 ist der Klassiker über die Infrastruktur; P. J. Rhodes (Hg.), *Athenian Democracy*, 2004 ist eine gute Aufsatzsammlung; G. E. M. de Sainte Croix, *Athenian Democratic Origins*, 2004, 180–214, ausgezeichnet über den Ostrakismos; Mogens H. Hansen, *The Athenian Democracy in the Age of Demosthenes*, 1991 (überarb. Aufl. 1999) (dt.: *Die athenische Volksversammlung im Zeitalter des Demosthenes*, Konstanz, 1984) über die Institutionen; J. K. Davies in: Peter Derow und Robert Parker, *Herodotus and His World*, 2003, 319–336, über die staatliche Entwicklung im sechsten Jahrhundert; D. Mertens in: *Bolletino d'arte*, 1982, 1–57 über Metapont; Eric W. Robinson, *The First Democracies*, 1997, zu konkurrierenden ›ersten‹: das Beweismaterial kann ich nicht anerkennen.

9 DIE PERSERKRIEGE

P. Briant, *From Cyrus to Alexander: A History of the Persian Empire*, übs. v. Peter T. P. Daniels, 2002 (franz. Orig.: *Histoire de l'Empire perse, de Cyrus à Alexandre*, 1996) gibt einen großflächigen Überblick mit überzeugenden Interpretationen; E. J. Bickerman in: *Journal of Biblical Literature* (1945/6), 249–275 ist das klassische Werk über Kyros und die Juden; zum Aufstand in Kleinasien vgl. O. Murray in: *Cambridge Ancient History*, Bd. IV (1988), 461–490, J. L. Myres in: *Palestine Exploration Quarterly* (1953), 8–22, ein brillanter Essay ebenso wie W. G. Forrest in: *International History Review* (1979), 311–325; A. R. Burn, *Persia and the Greeks: The Defence of the West*, 1984² ist das beste Werk zu den Kriegen; Philip de Souza, *The Greek and Persian Wars, 499–386 BC*, 2003, gibt einen einfachen Überblick; hervorragende Darstellungen von Details geben N. G. L. Hammond und J. P. Barton in: *Cambridge Ancient History*, Bd. IV, 1988, 461–490 und 592–622; D. B. Thompson in: *The Aegean and the Near East: Studies Presented to Hatty Goldman*, 1956, 281–291 ist die klassische Darstellung über die Plünderungen der Perser in Athen; E. Hall, *Inventing the Barbarian: Greek Self-Definition through Tragedy*, 1989, triftige Information nur über Vasenmalerei und das Drama in Athen; Margaret C. Miller, *Athens and Persia in the Fifth Century BC*, 1997: ausführlich über die Nachwirkungen der Perser.

10 DIE WESTGRIECHEN

E. A. Freeman, *A History of Sicily*, Bd. II, 1891, 49–222, ist noch immer unerreicht; Georges Vallet in: *Pindare: Huit exposés*, Entretiens Fondation Hardt XXXI, 1984, 285–327, ist auch eine Tour de force, vor allem Pindar als »témoin oculaire« des Ätnaausbruchs, Pindar als (homoerotischer) Liebender, während andere in Marathon kämpften (S. 312: »Oui, Pindare a aimé ce jeune homme sage et bon, ami des Muses«: Thrasybulos von Agrigent), und dann Pindar, konfrontiert mit der unberechenbaren Demokratie (S. 316 f.); dazu die brillante Untersuchung von W. S. Barrett in: *Journal of Hellenic Studies* (1973), 23–35. Zu Pindar und zum Leben nach dem Tod vgl. auch die ausgezeichnete Arbeit von Hugh Lloyd-Jones, ibid., 1984, 245–283. J. G. Pedley, *Paestum: Greeks und Romans in Southern Italy*, 1990, ist die großartige Darstellung eines großartigen Ortes; zum Tempelbau vgl. J. J. Coulton, Greek *Architects at Work*, 1977, 82–88 und 141–144, zu den Griechen in Italien und Etrurien: M. W. Frederiksen, *Campania*, 1984, 85–133, zum frühen Rom: T. J. Cornell, *The Beginnings of Rome*, 1995, Kap. 3–11 – dem Urteil, dass das »etruskische Rom« ein »Mythos« sei, stimme ich allerdings keineswegs zu; Christopher J. Smith, *Early Rome and Latium*, 1996 zu Roms Umgebung; A. Grandazzi, *The Founda-*

tion of Rome: Myth and History, 1997, berichtet vor allem über Ersteres; Alan Watson, *Rome of the XII Tables: Persons and Property*, 1975, ist eine amüsante Lektüre, dazu A. W. Lintott, *The Constitution of the Roman Republic*, 1999, 27–146: eine souveräne Darstellung. Zu den Tafeln selbst vgl. M. H. Crawford, *Roman Statutes*, Bd. II, 1996, 555–722, eine hervorragende Untersuchung.

11 EROBERUNG UND IMPERIALE MACHT

P.J. Rhodes, *The Athenian Empire*, 1985, gibt einen ausgezeichneten Überblick; R. Meiggs, *The Athenian Empire*, 1975, ist ein Klassiker, bes. Kap. 11–23 und S. 413–589; ich gestehe, dass ich nicht an einen »Delischen Bund« glaube, dass ich die überflüssigen Aktivitäten des Aristides ablehne, die Aristoteles mythologisiert hat (*Athenaion Politeia* 23,4 f.) und darum die luzide Auffassung anerkenne, die A. Giovannini und G. Gottlieb vertreten, in: *Sitzungsberichte der Heidelberger Akademie der Wissenschaften: Phil-Hist. Klasse* (1980), 7–45, die so mancher modernen Debatte in die Parade fährt. P.J. Stylianou, *The Age of the Kingdoms*, 1989, 428–458, ist ein guter Blick nach außen aus der Perspektive Zyperns; W. G. Forrest, in *Classical Quarterly* (1960), 232–241 ist ein Klassiker zum Thema der »zwei Gruppen« von Athenern. J.K. Davies, *Democracy and Classical Greece*, 1993², Kap. 4, 5, 6, ist besonders klar. S. Brenne und P. Siewert, *Ostrakismos-Testimonien*, 2002 (wird fortgesetzt), publizieren die hervorragende neue Reihe von Ostraka, während G.E.M. de Sainte Croix, *Athenian Democratic Origins*, 2004, 180–214 die Institution erklärt; zu Verfassungsänderungen in Athen vgl. M. Ostwald, *From Popular Sovereignty to the Sovereignty of Law*, 1986, 28–83; G.E.M. de Sainte Croix in: *Historia* (1954/5), 1–40, ist die bisher beste Arbeit zum »Charakter« des Reichs nach Jahrzehnten der Debatte und Kritik; D.M. Lewis, *Selected Papers in Greek and Near Eastern History*, 1997, 9–21, über den »ersten« Krieg; wie dieser sein Gesicht veränderte, zeigt Jeffrey M. Hurwit, *The Athenian Acropolis*, 1999, 138–245. E.A. Freeman, *The History of Sicily*, Bd. II, 1891, 222–429, ist die bisher maßgebliche Darstellung über den Westen.

12 GRIECHISCHE KULTUR IM WANDEL

Deborah Boedeker und Kurt A. Raaflaub (Hgg.), *Democracy, Empire and the Arts in Fifth Century Athens*, 1998; T.B.L. Webster, *Athenian Culture and Society*, 1973, ist noch immer lesenswert; Martin Robertson, *A History of Greek Art*, Bd. I, 1972, 292–362, und ders., *The Art of Vase Painting in Classical Athens*, 1992, sind die klassischen Darstellungen des klassischen Zeitalters; für James Whitley, *The Archaeology of Ancient Greece*, 2001, 269–294, ist der »Begriff des ›Klassischen‹« dagegen »schwer fassbar«. Terence Irwin, *Classical Thought*, 1989, gibt eine sehr klare Darstellung, und E.R. Dodds, *The Greeks and the Irrational*, 1951, 179–206, sowie *The Ancient Concept of Progress*, 1973, 1–25 sind unbestreitbar Klassiker, vielleicht sogar für J. Whitley. Sehr wichtig ist R. Netz, *The Shaping of Deduction in Early Greek Mathematics*, 1999. Zu Herodot vgl. John Gould, *Herodotus*, 1989, mit Thomas Harrison, *Divinity and History*, 2000, eine lesenswerte Untersuchung, und Rosalind Thomas, *Herodotus in Context*, 2000, der ich widersprechen muss. R.L. Fowler in: *Journal of Hellenic Studies* (1996), 62–87, sieht Herodot nicht als »Ersten« auf dem Schauplatz der Historie. W. G. Forrest in: *Phoenix* (1984),

1–11, ist sehr wichtig zu Herodots Politik. Energisch äußert sich W.K. Pritchett, *The Liar School of Herodotus*, 1993, und behandelt S. 150–159 die Wagengruppe in Athen und Herodots Besuch, ein Grund, warum ich seinen Besuch, vielleicht allzu stark präzisierend, auf 438/7 datiere, vor den neuen Propyläen (nach der üblichen Datierung); die Alten dachten sich den Besuch im Jahr 446/5 vielleicht nur als synchrones Ereignis zum Dreißigjährigen Frieden. Einen denkwürdigen Beitrag zu den Szenen des Cross-dressing liefert Margaret C. Miller im *American Journal of Archaeology* (1999), 223–254. J. Gould in: *Journal of Hellenic Studies* (1980), 38–55 ist eine grundlegende Arbeit über die Frauen in Athen, neben Roger Just, *Women in Ancient Law and Life*, 1989, Essays in: Ian McAuslan und Peter Walcot, *Women in Antiquity*, 1996, und vielen anderen. R. Osborne in: *Past and Present*, 1997, 3–33 gibt Hinweise auf einen Wandel in der Darstellung der Frauen, wenn auch nur in den uns erhaltenen Zeugnissen; ich zögere, ihn mit dem Bürgerrechtsgesetz in Zusammenhang zu bringen – vgl. dazu G.E.M. de Sainte Croix, *Athenian Democratic Origins*, 2004, 233–253 . Zur Skulptur vgl. Andreas Scholl, *Die Korenhalle des Erechtheion*, 1998, dazu J.B. Connelly in: *American Journal of Archaeology* (1996), 53–80, brillant kontrovers und von der Kritik bisher unwidersprochen. Sehr wichtig ist: Stefano d'Ayala Valva in: *Antike Kunst* (1996), 5–13, neben W. Fuchs und Torsten Mattern (Hgg.), *Munus. Festschrift für Hans Wiegartz*, 2001, 111 f. mit der Identifikation des Erichthonios in der Prozession des Frieses. A.W. Pickard-Cambridge, *The Dramatic Festivals of Athens*, 1988 (überarb. Aufl.), 263–278, ist noch immer grundlegend zur Frage des Publikums. Zur Tragödie und zu »politischen Vorstellungen«: S. Goldhill in: Christopher Rowe und Malcolm Schofield (Hgg.), *Cambridge History of Greek and Roman Political Thought* (2000), 60–88, ist eine klare Darstellung, vgl. aber Jasper Griffin in: *Classical Quarterly* (1998), 39–61. Ich schrieb das Kapitel vor der sehr wichtigen Publikation von P.J. Rhodes im *Journal of Hellenic Studies* (2003), 104–119. Eric Segal (Hg.), *Oxford Readings in Aristophanes*, 1996, und Malcolm Heath, *Political Comedy in Aristophanes*, 1987, geben zu denken; W.G. Forrest in: *Klio*, 1970, 107–116, ist zweifellos wichtig im Zusammenhang mit den Rittern. Nan Dunbar, *Aristophanes' Birds*, 1994, ist ein brillanter Kommentar.

13 PERIKLES UND ATHEN

Plutarchs *Life of Pericles* wurde 1980 von Frank J. Frost herausgegeben; Anthony J. Podlecki, *Perikles and His Circle*, 1998 und *An Age of Glory: Athens in the Time of Pericles*, 1975; A.W. Gomme, *Historical Commentary on Thucydides*, Bd. 1 und 2, zu noblen Bemerkungen über Thukydides, 1, 140–144, 2, 35–46 und 2, 60–64. Jeffrey M. Hurwit, *The Acropolis in the Age of Pericles*, 2004.

14 DER PELOPONNESISCHE KRIEG

D.M. Lewis in: *Cambridge Ancient History*, Bd. V (1992), 370–432, und A. Andrewes, ibid. (1992), 433–498 sind heute die besten Darstellungen; V.D. Hanson, *Why the West Has Won: Carnage and Culture from Salamis to Vietnam*, 2001, ist amüsant polemisch; H. van Wees, *Greek Warfare: Myths and Realities*, 2004, bes. ab Kap. 12. Über Thukydides: G.E.M. de Sainte Croix, *Origins of the Peloponnesian War*, 1972, 5–34, ist ein klassischer Beitrag wie der Rest des Buches; wichtig ist Tim Rood, *Thucydides: Narrative and*

Explanation, 1998; grundlegend sind auch A. Andrewes und K.J. Dover, *Commentary on Thucydides*, Bd. IV und V (1981), uneinig sind wir uns allerdings über Thukydides 8,97,2. Der jüngste, fortlaufende Kommentar stammt von S. Hornblower, *A Commentary on Thucydides* (3 Bände, 1991/1996/2009). Über die Brutalität eines Spartaners vgl. Sherry Lee Bassett in: *Ancient History Bulletin* (2001), 1–13; vgl. S. Hornblower in: Hans van Wees, *War and Violence in Ancient Greece*, 2000, 57–82 über ihre Stöcke, und Clifford Hindley in: *Classical Quarterly* (1994), 347–366 über ihre Sexualität. Eine bemerkenswerte Sicht der Auswirkungen des Krieges gibt Gilbert Murray in: *Journal of Hellenic Studies* (1944), 1–9; stärker auf Fakten bezogen ist Barry Strauss, *Athens after the Peloponnesian War: Class, Faction and Policy, 403–386 BC*, (1987).

15 SOKRATES

C.C.W. Taylor, *Socrates*, 1998, ist ein exzellenter kurzer Führer, Gregory Vlastos, *Socrates*, 1991, eine ausführlichere, lebhafte Darstellung; C.T. Parker, *Athenian Religion: A History*, 1996, 152–218, ist sehr wichtig, daneben E.R. Dodds, *The Greeks and the Irrational*, 1951, 179–206, ein Klassiker. W.G. Forrest in: *Yale Classical Studies* (1975), 37–52 ist nach wie vor die herausragende Untersuchung zum Generationenkonflikt, allerdings verfasst im Jahr 1968, dessen Ereignisse darin nachklingen; M. Ostwald, *From Popular Sovereignty to the Sovereignty of Law*, 1986, 537–550, enthält sehr interessante Untersuchungen zum Personal. Paula Gottlieb in: *Classical Quarterly* (1992), 278–279 ist wichtig zur Ironie; Thomas C. Brickhouse und Nicholas D. Smith, *The Trial and Execution of Socrates*, 2002, stellen Quellen und Diskussionen zusammen, darunter die akribische Betrachtung von I.F. Stone, *The Trial of Socrates*, 1997 (dt.: *Der Prozeß gegen Sokrates*, 1990); James A. Coliasco, *Socrates against the Athenians*, 2001, und Malcolm Schofield in: T.P. Wiseman (Hg.), *Classics in Progress*, 2002, 263–284 über Sokrates und alle übrigen. Paul Zanker, *The Mask of Socrates*, 1995 (dt. Orig.: *Die Maske des Sokrates – Das Bild des Intellektuellen in der antiken Kunst*, München, 1995) ist eine großartige Untersuchung der späteren Porträts.

16 KÄMPFE FÜR FREIHEIT UND RECHT

S. Hornblower, *The Greek World, 479–323 BC*, 2002³, 210–260 ist ein hervorragender Führer durch die komplexen Ereignisse; J.K. Davies, *Democracy and Classical Greece*, 1993², 134–260 ist ein interpretierender Überblick; N.G.L. Hammond, *A History of Greece to 322 BC*, 1967, 466–520 und insbes. S. 663–665 über Armeezahlen in den großen Stadtstaaten; P. Carlier, *Le IVème siècle avant J.-C.: Approches historiographiques*, 1996. J. Roy in: Roger Brock und Stephen Hodkinson (Hgg.), *Alternatives to Athens*, 2000, 308–326, ist wichtig über Arkadien, daneben Frank W. Walbank, *Selected Papers*, 1985, Kap. 1 und 2 über griechische Nationalität und griechischen Föderalismus; Alexander Fuks, *Social Conflict in Ancient Greece*, 1984, mit A.W. Lintott, *Violence, Civil Strife and Revolution in the Classical City*, 1982, Kap. 6 und 7; M.N. Tod, *International Arbitration among the Greeks*, 1913, ist noch immer lesenswert.

17 FRAUEN UND KINDER

Jenifer Neils und John H. Oakley, *Coming of Age in Ancient Greece: Images of Childhood from the Classical Past*, 2003, mit großartigen Illustrationen; Mark Golden, *Children and Childhood in Classical Athens*, 1990; Mark Golden, in: *Greece and Rome*, 1988, 152–162, über die Frage, ob die Alten trauerten, wenn Kinder starben. Über Abtreibung: K. Kapparis, *Abortion in the Ancient World*, 2002; D. Ogden, *Greek Bastardy*, 1996; J.-M. Hannick, »Droit de cité et mariages mixtes«, in: *L'Antiquité classique*, 1976, 133–148; Mary R. Lefkowitz und Maureen A. Fant, *Women's Life in Greece and Rome: A Sourcebook*, 1992; Ellen D. Reeder, *Pandora: Women in Classical Greece*, 1995; Helen King, *Hippocrates' Woman: Reading the Female Body in Ancient Greece*, 1998, ist hervorragend über medizinische Fantasien; James Davidson, *Courtesans and Fishcakes*, 1998, 73–212, über Prostitution und Sexualität (dt.: *Kurtisanen und Meeresfrüchte*, 1999); Sian Lewis, *The Athenian Woman*, 2002, sehr gut über die Ikonographie; Pierre Brulé, *Women of Ancient Greece*, 2003 (franz. Orig.: *Les femmes grecques à l'époque classique*, 2001), eine durchdachte Darstellung; Debra Hamel, *Trying Neaira*, 2003, ist eine ausgezeichnete, klare Lektüre (dt.: *Der Fall Neaira*, 2004). Über Erziehung: H. I. Marrou, *Histoire de L'éducation dans L'antiquité*, 1965 (überarb. Ausg.), ist ein Klassiker (dt.: *Geschichte der Erziehung im klassischen Altertum*, 1957). Matthew Dillon, *Girls and Women in Classical Greek Religion*, 2002, mit der ausgezeichneten Untersuchung von R. G. Osborne in: *Classical Quarterly* (1993), 392–405. Über König Philipps Familie: Kate Mortensen in: *Ancient History Bulletin* (1992), 156–171.

18 PHILIPP VON MAKEDONIEN

Eine ausgezeichnete Zusammenstellung der vorliegenden Zeugnisse für Philipp und seine Vorgänger in: N. G. L. Hammond und G. T. Griffith, *A History of Macedonia*, Bd. II (1979), 113–722 mit sehr ausführlichen Darlegungen. Es gibt Kurzbiographien: G. L. Cawkwell, *Philip of Macedon*, 1978, und ein bemerkenswertes Opus von N. G. L. Hammond, *Philip of Macedon*, 1994, eine Lobrede; über das makedonische Griechenland: M. B. Hatzopoulos in: *Atti XI Congresso Internazionale di Epigrafia Greca e Latina*, Bd. I, 1999, die Nummern 257–273, und *Supplementum Epigraphicum Graecum* XLIX (1999), die Nummern 656f.; René Ginouvès, *Macedonia from Philip II to the Roman Conquest*, 1993, vermittelt eine gute Vorstellung von Funden in Makedonien bis zu dieser Zeit; M. B. Hatzopoulos und Louisa D. Loukopoulos (Hgg.), *Philip of Macedon*, 1981, mit guten Aufsätzen von G. T. Griffith über Philipp als General und von M. Andronicos (dem Doyen auf diesem Gebiet) über die Königsgräber in Aigai; M. Andronicos, *Vergina: The Royal Tombs and the Ancient City*, 1989, und *Vergina II: The Tomb of Persephone*, 1994, sind fantastisch; dazu A. N. J. W. Prag, J. H. Musgrave und R. A. H. Neave in: *Journal of Hellenic Studies* (1984), 60–78; Versuche, Grab II Philipp III. zuzuordnen, bewegen sich auf unsicherem Grund und scheinen angesichts der jetzt verfügbaren Zeugnisse aus der Fundstätte zunehmend überholt; O. Palagia in: E. J. Baynham und A. B. Bosworth, *Alexander the Great in Fact and Fiction*, 2000, 189–200, ist ein jüngeres Beispiel.

19 DIE ZWEI PHILOSOPHEN

Hier ist die Bibliographie immens: zwei gute, sehr kurze Einführungen sind: R. M. Hare, *Plato*, 1982, und Jonathan Barnes, *Aristotle*, 1982; sehr klar ist Bernard Williams, *Plato: The Invention of Philosophy*, 1998; Julia Annas, *An Introduction to Plato's Republic*, 1981, T. H. Irwin, *Plato's Ethics*, 1995 und R. B. Rutherford, *The Art of Plato*, 1995, sind ein gutes Trio, die Themen zugänglich; Gail Fine (Hg.), *Plato 1 und 2*, 1999, bietet eine herausragende Auswahl von Untersuchungen mit guter Einleitung und Bibliographien; ausgezeichnet ist auch R. Kraut (Hg.), *The Cambridge Companion to Plato*, 1992; David Sedley in: T. Calvo and L. Brisson (Hgg.), *Interpreting the Timaeus and Critias*, 1997, 327–339, über »Gottähnlichkeit«, mit der großartigen Arbeit von A. J. Festugière, *La Révélation de L'Hermès Trismégiste*, Bd. I–IV (1949–1954), ein Klassiker ersten Ranges. P. A. Brunt, *Studies in Greek History and Thought*, 1993, 242–344, ist eine Autorität zum Thema Gesetze, Briefe und Schüler Platons. Julia Annas und Robin Waterfield (Hgg.), *Plato's Statesman*, 1995; M. M. Markle in: *Journal of Hellenic Studies* (1976), 80–99, über Speusippos. Zu Aristoteles ist W. D. Ross, *Aristotle*, 1923, etwas leichter zugänglich als J. L. Ackrill, *Aristotle the Philosopher*, 1981, eine hervorragende Arbeit; J. O. Urmson, *Aristotle's Ethics*, 1988, ist gut verständlich; Jonathan Barnes (Hg.), *The Cambridge Companion to Aristotle*, 1995; Robert Mayhew, *The Female in Aristotle's Biology*, 2004: kurz und gut zum Thema Frauen; ausgezeichnet über die Demokratie: A. W. Lintott in: *Classical Quarterly* (1992), 114–128.

20 DIE ATHENER IM 4. JAHRHUNDERT

A. H. M. Jones, *Athenian Democracy*, 1957, Kap. 1–2 ist nach wie vor ein guter Einstieg. Über die Sklaverei: G. E. M. de Sainte Croix, *The Class Struggle in the Ancient Greek World*, 1981, 112–204; über Religion: R. C. T. Parker, *Athenian Religion: A History*, 1996, 218–255; über Staatsbürgerschaft: D. Ogden, *Greek Bastardy*, 1996, 166–188; über Apollodoros: R. J. Bonner, *Lawyers and Litigants in Ancient Athens*, 1927, und J. Trevett, *Apollodorus Son of Pasion*, 1992; über Aischines: R. J. Lane Fox in: S. Hornblower und R. G. Osborne (Hgg.), *Ritual, Finance and Politics*, 1994, 135–155; über das Trinken: James Davidson, *Courtesans and Fishcakes*, 1998, 36–73; über Hahnenkämpfe: Nan Dunbar, *Aristophanes' Birds*, 1995, 158; zu den Tanagrafigürchen vgl. den ausgezeichneten Louvre-Katalog »*Tanagra – Mythe et archéologie*«, 2003; über Kunst: Martin Robertson, *History of Greek Art*, Bd. I, 1972, 363–444; über das Theater: Pat Easterling in: A. H. Sommerstein, S. Halliwell et al. (Hgg.), *Tragedy, Comedy and the Polis*, 1993, 559–569, und Gregory W. Dobrov (Hg.), *Beyond Aristophanes*, 1995, insbes. S. 1–46; über Menander: T. B. L. Webster, *An Introduction to Menander*, 1990; über die Gesetzgebung: P. J. Rhodes in: *Classical Quarterly* (1985), 55–60; ebenfalls P. J. Rhodes in: *Journal of Hellenic Studies* (1986), 132–144, und M. M. Markle III in: *Ancient Society*, 1990, 149–166 über Partizipation; über Steuern: P. J. Rhodes in: *American Journal of Ancient History* (1982), 1; über Selbstdarstellung: D. M. MacDowell (Hg.), *Demosthenes against Meidias*, 1990; über die Silberminen: R. J. Hopper in: *Annual of the British School at Athens*, 1968, 293–326; Paul Millett, *Lending and Borrowing in Ancient Athens*, 1991, die Vorstellung Finley/de Sainte Croix von Bodmereidarlehen als »Versicherung« teile ich allerdings nicht; wichtig zur Pacht ist: R. G. Osborne in: *Chiron* (1988), 279–323, ebenso

John Rich und Andrew Wallace-Hadrill, *City and Country in the Ancient World*, 1991, 119–146 über die ökonomische Basis der Reichen in Attika, die entschieden keine Subsistenzwirtschaft war; Jack Cargill, *The Second Athenian League*, 1981, hat ausgesprochen englische Züge; über Sykophanten: D. Harvey in: P. Cartledge et al. (Hgg.), *Nomos*, 1990, 103–22; über Fehden: P.J. Rhodes in: P. Cartledge et al. (Hgg.), *Kosmos*, 1998, 144–167. Walter Eder (Hg.), *Athenische Demokratie im 4. Jahrhundert v. Chr.*, 1995, enthält einige gute Aufsätze; über die Marine ist wichtig: G.L. Cawkwell in: *Classical Quarterly* (1984), 334–345. Zu Demosthenes: A.W. Pickard-Cambridge, *Demosthenes and the Last Days of Greek Freedom*, 1914, ist immer noch das beste englische »Leben«; J.C. Trevett in: *Historia* (1999), 184–202, ist ein wichtiger Beitrag zu seiner Außenpolitik.

21 ALEXANDER DER GROSSE

Ulrich Wilcken, *Alexander the Great*, 1932 (dt. Orig.: *Alexander der Große*, Leipzig 1931), ist die beste Kurzdarstellung; R. Lane Fox, *Alexander the Great*, 1973 (dt.: *Alexander der Große*, Neuausgabe 2005) und A.B. Bosworth, *Conquest and Empire*, 1988, sind biografisch bzw. thematisch orientiert; eine grundlegende Quelle ist A.B. Bosworth' wissenschaftliches Lebenswerk: *Historical Commentary on Arrian's History of Alexander*, 1980–; P.A. Brunt, *Arrian*, Bd. I–II (1976–1983; Loeb Library) ist eine Übersetzung mit ausgezeichneten Anmerkungen und Untersuchungen, ein bedeutender Beitrag; J.R. Hamilton, *Plutarch, Alexander: A Commentary*, 1969, ist eine Einführung in die Probleme im besten kurzen »Leben« Alexanders; J.E. Atkinson, *A Commentary on Q. Curtius Rufus' Historiae Alexandri Magni*, 1980–) ist lesenswert. J. Roisman (Hg.), *Brill's Companion to Alexander the Great*, 2003, bietet ein gutes Spektrum jüngerer Artikel. Bedeutende jüngere Beiträge, jeder davon zum Nachdenken anregend und Widerspruch provozierend, sind Georges Le Rider, *Alexandre le grand: Monnaie, finances et politique*, 2003, Pierre Briant, *Histoire de l'empire perse, de Cyrus à Alexandre*, 1996, 713–892, und P.M. Fraser, *Cities of Alexander the Great*, 1996, ein Meisterwerk vergleichender Forschung; vgl. jedoch N.G.L. Hammond in: *Greek, Roman and Byzantine Studies*, 1998, 243–269, denn zum Hauptthema bleibt vieles, nicht immer zu Recht, außer Acht.

22 DIE THRONFOLGE

Die beste Darstellung ist nach wie vor Edouard Will, *Histoire politique du monde hellénistique*, Bd. I, 1979[2], 1–120; F. Schachermeyr, *Alexander in Babylon und die Reichsordnung nach seinem Tode*, Wien, 1970, belohnt genaues Nachdenken; unter den Biographien der Nachfolgekönige sind: R. Billows, *Antigonus the One-Eyed and the Hellenistic State*, 1997, John D. Grainger, *Seleukos Nikator*, 1990, und vor allem Helen Lund, *Lysimachus*, 1992; Pierre Briant, *Rois, tributs et paysans*, 1982, 13–94, zu Eumenes; A.B. Bosworth, *The Legacy of Alexander*, 2000, eine lesenswerte Sammlung; A.B. Bosworth und E.J. Baynham, *Alexander the Great in Fact and Fiction*, 2000, 207–241, führt zum Nachdenken über Alexanders sogenanntes Testament; E. Badian in: *Harvard Studies in Classical Philology* (1967), 183–204, über die »Pläne« und über seinen »Ring« in: W. Will und J. Heinrichs (Hgg.), *Zu Alexander dem Großen: Festschrift Gerhard Wirth*, Bd. I (1987), 605–625; Elizabeth D. Carney, *Women and Monarchy in Macedonia*, 2000;

Daniel Ogden, *Polygamy, Prostitutes and Death*, 1999, und Jim Roy in: Lin Foxhall und John Salmon (Hgg.), *When Men Were Men*, 1998, 111–135, mit unterschiedlichen Ansichten zur Polygamie. E. J. Bickerman, *Religions and Politics in the Hellenistic and Roman Periods*, 1985, 489–522, ein Klassiker zum Thema der Seleukiden und Achämeniden.

23 DAS LEBEN IN DEN GROSSEN STÄDTEN

P. M. Fraser, *Ptolemaic Alexandria*, Bd. 1–3 (1972), das grundlegende Werk; Christian Jacob and François de Polignac, *Alexandria: The Third Century BC*, 2000 (engl. Übers.; Orig.: *Alexandrie: Le IIIe siècle avant J.-C.*, 1992) ist eingänglicher; J.-Y. Empereur, *Alexandria Rediscovered*, 1998), und *Alexandria: Past, Present and Future*, 2002, umfassen auch jüngste Entdeckungen, ebenso das andersartige Projekt von Franck Goddio, *Alexandria: The Submerged Royal Quarters*, 1998, und *Alexandria: The Submerged Canopic Region*, 2004; Judith McKenzie in: *Journal of Roman Archaeology* (2003), 35–63, eine hervorragende Quellenübersicht; P. Leriche in: J.-L. Huot, *La Ville neuve: Une idée de l'antiquité*, 1994, 109–125 ist eine wichtige Darstellung; Günther Hölbl, *A History of the Ptolemaic Empire*, 2001 (dt. Orig.: *Geschichte des Ptolemäerreiches. Politik, Ideologie und religiöse Kultur von Alexander dem Großen bis zur römischen Eroberung*, 1994), macht die Königsfamilie auf englisch zugänglich. Paul Bernard, Olivier Guillaume, Henri Paul Francfort, Pierre Leriche u. a. präsentieren Aspekte der bedauerlicherweise unterbrochenen Ausgrabungen von Ai Khanum in Afghanistan in: *Fouilles d'Ai Khanum* (ab 1973); E. E. Rice, *The Grand Procession of Ptolemy Philadelphus*, 1983; wichtig ist O. Murray, »Hellenistic Royal Symposia« in: P. Bilde (Hg.), *Aspects of Hellenistic Kingship*, 1996, 15–27; G. E. R. Lloyd, *Greek Science after Aristotle*, 1973, ist nach wie vor ein guter Überblick; H. von Staden, *Herophilus: The Art of Medicine in Early Alexandria*, 1989, ein wichtiger Fortschritt, daneben V. Notton, *Ancient Medicine*, 2004, über Erasistratos; Lionel Casson, *Libraries in the Ancient World*, 2002, eine hervorragende Kurzdarstellung. G. O. Hutchinson, *Hellenistic Poetry*, 1988, dargestellt mit Scharfsinn und Wertschätzung; R- L. Hunter und M. Fantuzzi, *Tradition and Innovation in Hellenistic Poetry*, 2004, sind Führer auf dem neuesten Stand der Forschung. Die Aufsatzsammlungen von P. Cartledge, P. Garnsey und E. Gruen (Hgg.), *Hellenistic Constructs: Essays in Culture, History and Historiography*, 1997, sowie von P. Green (Hg.), *Hellenistic History and Culture*, 1993, stellen englische Publikationen vor. W. W. Tarn mit G. T. Griffith, *Hellenistic Civilization*, 1952³, ist unübertroffen als eindrückliche Lektüre (dt.: *Die Kultur der hellenistischen Welt*, v. Verf. unter Mitarb. v. G. T. Griffith durchges. Aufl., Darmstadt 1966).

24 STEUERN UND TECHNISCHE NEUERUNGEN

C. Preaux, *L'Économie Royale des Lagides*, 1939, das nach wie vor grundlegende Werk ist neben der Neubearbeitung von J. Bingen, *Le Papyrus Revenue Laws: Tradition grecque et adaptation hellénistique*, 1978; J. G. Manning, *Land and Power in Ptolemaic Egypt*, 2003, bezieht auch nichtgriechische Quellen ein; G. Le Rider, *Alexandre Le Grand: Monnaie, finances et politique*, 2003, 214–265; D. J. Thompson in: P. A. Cartledge, P. Garnsey und E. Gruen (Hgg.), *Hellenistic Constructs: Essays in Culture, History, and Historiogra-*

phy, 1997, 242-257, eine wichtige Darstellung. Gegen die minimalistische Sicht zur Technologie von M.I. Finley in: *Economic History Review* (1965), 29-45, wendet sich mit Nachdruck, doch nicht immer überzeugend Kevin Greene in: *Economic History Review* (2000), 29-59, sehr wertvoll ist seine Bibliographie. O. Wikander, *Exploitation of Waterpower or Technological Stagnation?*, 1984, ist wichtig, ebenso Michael J.T. Lewis, *Millstone and Hammer: The Origins of Water Power*, 1997, 20-58, über die alexandrinischen Texte; Andrew Wilson in: *Journal of Roman Studies* (2002), 1-32, auch er ein entschiedener Kritiker von Finleys Auffassungen; Paul Millett, im Gefolge Finleys, bestreitet ein »Wachstum« in: D.J. Mattingly und J. Salmon (Hgg.), *Economies Beyond Agriculture in the Classical World*, 2000, 17-48; R.B. Hitchner, »The Advantages of Wealth and Luxury«, in: J. Manning und I. Morris (Hgg.), *The Ancient Economy: Evidence and Models*, 2002, versucht den Gegenbeweis; K.D. White, *Greek and Roman Technology*, 1984, ist nach wie vor eine wertvolle Darstellung; Sir Desmond Lee in: *Greece and Rome*, 1973, 65-77 und 180-192 ist gut über die »nichtindustrielle« Welt der Antike. P.M. Fraser, *Ptolemaic Alexandria* I, 1972, 132-188, über den alexandrinischen Handel und 425-434 (über angewandte Wissenschaften, aber leider nicht über die mechanischen »Spielereien«: 426).

25 DIE NEUE WELT

L. Robert, »De Delphes à l'Oxus«, in: *Comptes-Rendus de L'Academie des Inscriptions et Belles Lettres* (1968), 416-457, ist ein Klassiker; Barry W. Cunliffe, *The Extraordinary Voyage of Pytheas the Greek*, 2002, ist eine lesenswerte Darstellung, folgert aber, anders als ich, dass Pytheas nach Island gelangte; I. Pimouguet-Pédarros und F. Delrieux, *L'Anatolie, la Syrie, l'Égypte de la mort d'Alexandre au règlement par Rome des affaires d'Orient*, 2003, eine Sammlung ausgezeichneter, unentbehrlicher Aufsätze, Kommentare und Bibliographien; Claire Préaux, *Le Monde héllenistique: La Grèce et l'orient*, Bd. 1-2, 1978, ist eine hervorragende Darstellung mit unschätzbaren Bibliographien; E.J. Bickerman, *The Jews in the Greek Age*, 1988, ein Klassiker, selbst unter seinen eigenen Werken. Über die Ausbreitung des Griechischen: D.J. Thompson in: A.K. Bowman und G. Woolf (Hgg.), *Literacy and Power*, 1994, 67-83, ist sehr wichtig. C. Habicht, *Athens from Alexander to Antony*, 1997, erschließt ein fragmentarisches Thema, daneben sein wichtiges Werk: *Hellenistic Athens and Her Philosophers*, 1988 (engl. Übers.; dt. in: *Athen in hellenistischer Zeit. Gesammelte Aufsätze*, München, 1994). E.R. Bevan, *Stoics and Sceptics*, 1913, ist nach wie vor lesenswert, ebenso A.J. Festugière, *Epicurus and His Gods*, 1969 (Orig.: *Epicure et ses dieux*, Paris, 1946, 1985[3]); A.A. Long, *Hellenistic Philosophy*, 1986[2]); W. Capelle, »Der Garten des Theophrast«, in: Wolfgang Müller (Hg.), *Festschrift für Felix Zucker*, 1954, 47-82 ist einfühlsamer als J.E. Raven, *Plants and Plant Lore in Ancient Greece*, 2000; über Zenon: Claude Orrieux, *Les Papyrus de Zénon: l'horizon d'un grec en Egypte au IIIe siècle av. J.-C.*, 1983, und *Zenon de Caunos, Parepidemos*, 1985, sind ausgezeichnete Arbeiten, daneben X. Durand, *Des grecs en Palestine au III siècle: Le dossier syrien de Zénon de Caunos*, 1997. Über einen großen Geographen: P.M. Fraser, »Eratosthenes of Cyrene«, in: *Proceedings of the British Academy* (1970), 176-207; über Ethnographie: Albrecht Dihle, »Zur hellenistischen Ethnographie«, in: *Grecs et Barbares, Entretiens Fondation Hardt* VIII (1965), 205-239, ist ausgezeichnet, ebenso: A. Momigliano, *Alien Wisdom: The Limits of Hellenization*, 1975 (dt.: *Hochkulturen im Hellenismus*, 1997). Über Hekataios: O. Murray in: *Journal of Egyptian Studies* (1970), 141, und J. Dillery in: *Historia* (1998), 255–275. Über Indien: Pascal Charvet und Fabrizia Baldissera, *Arrien: Le voyage en Inde d'Alexandre le grand*, 2002, hat eine exzellente Bibliographie; K. Karttunen, *India in Early Greek Literature*, 1989; W. W. Tarn, *The Greeks in Bactria and India*, 1951², liest sich fantastisch und verdient – und verlangt – in seiner Brillanz ausführliche Korrekturen. P. Brulé, »Enquête démographique sur la famille grecque antique«, in: *Revue des Études Anciennes* (1990), 233–258, belohnt sorgfältiges Nachdenken; über andere Aspekte: R. van Bremen in: Andrew Erskine (Hg.), *A Companion to the Hellenistic World*, 2003, 313–330, Teil einer hervorragenden Aufsatzsammlung.

26 ROM GREIFT AUS

T. J. Cornell, *The Beginnings of Rome*, 1995, Kap. 7–15, beurteilt die Zeugnisse aufgrund eingehender Erwägungen positiv; Andrew Erskine, *Troy between Greece und Rome*, 2001, überzeugt schriftstellerisch; A. W. Lintott, *The Constitution of the Roman Republic*, 1999, verschafft exzellenten Durchblick durch einen großen Dschungel; Fergus Millar, *The Roman Republic in Political Thought*, 2002, ist eine ausgezeichnete Ergänzung; M. W. Frederiksen, *Campania*, 1984, Kap. 8, 9, 10 sind sehr wichtig über die Ausdehnung Roms. Kurt A. Raaflaub (Hg.), *Social Struggles in Archaic Rome*, 1986; über die Militärreform: David Potter in: Harriet I. Flower (Hg.), *The Cambridge Companion to the Roman Republic*, 2004, 66–88, ist sehr wichtig; N. Purcell in: David Braund und Christopher Gill (Hgg.), *Myth, History and Culture in Republican Rome*, 2003, 12–40, über Kontakte zum Ausland; Tim Cornell, ibid., 2003, 73–97, über Coriolan; J. H. C. Williams, *Beyond the Rubicon: Romans und Gauls in Republican Italy*, 2001, zur Gallierfrage; Hanneke Wilson, *Wine and Words*, 2003, 55–73, über Frauen und Wein; über Süditalien: N. Purcell in: *Cambridge Ancient History*, Bd. VI, 1994, 381–403, und T. J. Cornell, ibid., Bd. VIII.2, 1989, 351–419; über Tarent: G. C. Brauer jun., *Taras: Its History and Coinage*, 1983, mit P. Wuilleumier, *Tarente, des origines à la conquête romaine*, 1939, ein Klassiker; immer noch hervorragend: J. Heurgon, *The Rise of Rome to 264 BC*, 1973 (franz. Orig.: *Rome et la Mediterranée occidentale jusqu'aux guerres puniques*, Paris, 1969).

27 DER FRIEDEN DER GÖTTER

Übersetzungen der Texte und Erörterungen sind jetzt greifbar in: M. Beard, J. North und S. R. F. Price, R. F. Price, *Religions of Rome*, Bd. 1–2, 1998, mit klarem geschichtlichen Abriss und hervorragenden Bibliographien; R. M. Ogilvie, *The Romans and Their Gods*, 1969 (dt.: *... und bauten die Tempel wieder auf*, 1984) ist nach wie vor wertvoll, und J. Scheid, *An Introduction to Roman Religion*, 2003 (franz. Orig.: *La religion des Romains*, Paris, 1998) ist hervorragend; eine gute Auswahl wichtiger Aufsätze bietet: Clifford Ando (Hg.), *Roman Religion*, 2003; noch immer wichtig ist W. Warde Fowler, *The Roman Festivals of the Period of the Republic*, 1899; P. Wiseman in: Bettina Bergmann und Christine Kondoleon, *The Art of Ancient Spectacle*, 1999, 195–204, erörtern die Floralia; T. P.

Wiseman, *The Myths of Rome*, 2004, ist eine große Synthese. E. Bispham und Christopher Smith (Hgg.), *Religion in Archaic and Republican Rome and Italy*, 2000, enthält Arbeiten über das italische Umland Roms, die ich komprimiert habe oder ausklammern musste. J. A. North, *Roman Religion*, 2000, ist ein »neuer Überblick« mit entwicklungsgeschichtlicher Durchführung des Themas, samt guter Bibliographie.

28 BEFREIUNG IM SÜDEN

J. Heurgon, *The Rise of Rome to 284 BC*, 1973 (franz. Orig.: *Rome et la Mediterranée occidentale jusqu'aux guerres puniques*, Paris, 1969), ist eine ausgezeichnete Darstellung; Pierre Lévèque, *Pyrrhos*, 1957, ist der klassische Einstieg; Jane Hornblower, *Hieronymus of Cardia*, 1981, ist die hervorragende Darstellung einer bedeutenden Historikerin und A. Momigliano, *Essays in Ancient and Modern Historiography*, 1977, ein Klassiker über Timaios; David Asheri in: *Scripta Classica Israelica* (1991), 52–89 über Timaios' Synchronisierungen; J. F. Lazenby, *The First Punic War*, 1996, ist eine Militärgeschichte, desgleichen Y. Le Bohec, *Histoire militaire des guerres puniques*, 2003; Werner Huss, *Karthago*, 1995, ist das grundlegende Werk zum Thema.

29 HANNIBAL UND ROM

S. Lancel, *Hannibal, 247–182 BC*, 1998 (engl. Übers.), ist die bisher beste allgemeine Darstellung; Tim Cornell, Boris Rankov und Philip Sabin (Hgg.), *The Second Punic War: A Reappraisal*, 1996, ist eine sehr gute Aufsatzsammlung. Die mit den Quellen verbundenen Probleme wurden erörtert von Briggs L. Twyman in: *Athenaeum* (1987), 67, und R. T. Ridley, »Livy and the Hannibalic War«, in: C. Bruun (Hg.), *The Roman Middle Republic: Politics, Religion and Historiography*, 2000, Acta Instituti Romani Finlandiae 23, 13–40; über Münzen: R. S. G. Robinson in: *Numismatic Chronicle* (1964), 37–64. Über die Kriegführung: Philip Sabin, »The Roman Face of Battle«, in: *Journal of Roman Studies* (2000), 1–17, und H. H. Scullard, *The Elephant in the Greco-Roman World*, 1974, 546–577. Gregory Daly, *Cannae: The Experience of Battle in the Second Punic War*, 2002, ist eine anschauliche Darstellung. Über die Auswirkungen des Krieges in Italien: Andrew Erskine in: *Hermes* (1993), 58–62; W. V. Harris, *Rome in Etruria and Umbria*, 1971, 131–143, und die sehr unterschiedliche Sicht in zwei großartigen Werken: A. J. Toynbee, *Hannibal's Legacy*, Bd. I–II, 1965, und P. A. Brunt, *Italian Manpower, 225 BC–AD 14*, 1987[2], 269–288. Ich selbst neige hier eher zur Betrachtungsweise von T. J. Cornell, »Hannibal's Legacy: The Effects of the Hannibalic War on Italy«, in: Tim Cornell, Boris Rankov und Philip Sabin (Hgg.), *The Second Punic War: A Reappraisal*, 1996, 97–117.

30 DIPLOMATIE UND DOMINANZ

Peter Derow in: Andrew Erskine (Hg.), *A Companion to the Hellenistic World*, 2003, 51–70, bietet einen ausgezeichneten Überblick auf der Grundlage von Jahren kritischer Überarbeitung; W. V. Harris, *War and Imperialism in Republican Rome*, 1979, 68–130 und 200–44; J. S. Richardson, *Hispaniae: Spain and the Developments of Roman Imperialism, 218–82 BC*, 1986, und *The Romans in Spain*, 1996. Zu besonderen Episoden vgl.

P. S. Derow, »Polybius, Rome and the East«, in: *Journal of Roman Studies* (1979), 1–15; S. A. Meadows, »Greek and Roman Diplomacy on the Eve of the Second Macedonian War«, in: Historia (1993), 40–60; J. J. Walsh, »Flamininus and the Propaganda of Liberation«, in: *Historia* (1996), 344–363; F. W. Walbank, »The Causes of the Third Macedonian War: Recent Views«, in: *Ancient Macedonia* II (Thessaloniki, Institute for Balkan Studies, 1977), 81–94; N. Purcell, »On the Sacking of Carthage and Corinth«, in: D. Innes, H. Hine and C. Pelling (Hgg.), *Ethics and Rhetoric: Classical Essays for Donald Russell on His Seventy-fifth Birthday*, 1995, 133–148. Zu den Verbindungen mit Königen: John T. Ma, *Antiochus III and the Cities of Western Asia Minor*, 1999, und E. Badian in: J. Harmatta (Hg.), *Proceedings of the VIIth Congress of the International Federation of the Societies of Classical Studies* (1984), 397. Über die Motive Roms: John Rieb, »Fear, Greed and Glory«, in: J. Rich und G. Shipley (Hgg.), *War and Society in the Roman World*, 1993, 38–68; A Ziolkowski, »Urbs Direpta, or How the Romans Sacked Cities«, ibid., 1993, 69–91. Über Griechenland im 3. Jahrhundert: Graham Shipley, *The Greek World after Alexander, 323–30 BC*, 1999, 108–152; F. W. Walbank, »An Experiment in Greek Union«, in: *Proceedings of the Classical Association* (1970), 13–27, und sein Aufsatz: »The Causes of Greek Decline«, in: *Journal of Hellenic Studies* (1944), 10–20; G. E. M. de Sainte Croix, *The Class Struggle in the Ancient Greek World*, 1981, 344–350 und 518–537, dazu John Briscoe in: *Past and Present* (1967), 1–20, und J. J. Walsh in: *Classical Quarterly* (2000), 300–303. Über die »Zerstörung der Demokratie«: P. J. Rhodes und D. M. Lewis, *The Decrees of the Greek States*, 1997, 542–550.

31 LUXUS UND LIBERTINAGE

Erich S. Gruen, *Culture and National Identity in Republican Rome*, 1992, ist eine ausgezeichnete Darstellung der Beziehungen zwischen Griechenland und Rom; Jean-Louis Ferrary, *Philhellénisme et imperialisme*, 1988, ist äußerst wichtig für die Machtbeziehungen; zum Schauspiel vgl.: Matthew Leigh, *Comedy and the Rise of Rome*, 2004; E. Baltrusch, *Regimen Morum*, 1989, ist eine detailreiche Darstellung; A. G. Clemente in: A. Giardina und A. Schiavone (Hgg.), *Società romana e produzione schiavistica*, Bd. I, 1981, 1–12 ist die beste Kurzdarstellung der Luxusgesetze; ausführlicher ist: E. Gabba, *Del buon uso della richezza*, 1988. Über Cato: A. E. Astin, *Cato the Censor*, 1978, ist erzählerisch gestaltet, doch mit Einbezug der Quellen; Jonathan C. Edmondson in: Bettina Bergmann und Christine Kondoleon, *The Art of Ancient Spectacle*, 1999, 77–96, ist hervorragend über die Schauveranstaltungen im Osten und in Rom in den 160ern v. Chr. Erich S. Gruen, *Heritage and Hellenism*, 2002, über kulturelle Konflikte in Judäa. Über Polybios: P. S. Derow in: T. James Luce, *Ancient Writers: Greece and Rome*, Bd. I, 1982, 525–540, ist eine Einführung mit Durchblick. F. W. Walbank, *Polybius*, 1972, ist ein wesentlicher Beitrag, dazu der nachfolgende Überblick bis 2000 und ein paar faszinierende Essays in: *Polybius, Rome and the Hellenistic World*, 2002. Sein dreibändiger Kommentar zu Polybios (1957–1979) ist das hervorragendste Werk dieser Art aus der Feder eines noch lebenden Wissenschaftlers über die griechische Geschichte.

32 TURBULENZEN DAHEIM UND JENSEITS DER GRENZEN

In diesem Kapitel ist vieles stark zusammengefasst oder ausgespart worden, aber die Periode ist in der überarbeiteteten *Cambridge Ancient History*, Bd. IX, 1994, hervorragend dargestellt, vor allem in Kap. 2–6, S. 498–563, über öffentliches Recht und Privatrecht (in meinem Buch besonders stark gerafft), und in Kap. 15 (die Verwaltung des Reichs). Eine unschätzbare Quellensammlung bieten A. H. J. Greenidge und A. M. Clay, *Sources of Roman History, 133–70 BC* (1986²). Über einzelne Karrieren: A. E. Astin, *Scipio Aemilianus*, 1967; David Stockton, *The Gracchi*, 1979; T. Carney, *A Biography of C. Marius*, 1970²); E. Badian, *Lucius Sulla: The Deadly Reformer*, Todd Memorial Lecture, 1970; Arthur Keaveney, *Sulla: The Last Republican*, 1981, und J. P. V. D. Balsdon, »Sulla Felix«, in: *Journal of Roman Studies* (1951), 1–10. Über besondere Aspekte: A. N. Sherwin-White, »The Political Ideas of C. Gracchus«, in: *Journal of Roman Studies* (1982), 18–31, und P. A. Brunt, *The Fall of the Roman Republic*, 1988, Kap. 2–4, sind besonders wichtig; ebenso J. S. Richardson in: *Journal of Roman Studies* (1987), 1–12 über Erpressung; A. W. Lintott, *Judicial Reform and Land Reform in the Roman Republic*, 1992, 10–33 und 44–50; E. Gabba, *Republican Rome, the Army and the Allies*, 1976, Kap. 1 und 2. Robert Morstein Kallet-Marx, *Hegemony to Empire*, 1995, ist ausgezeichnet über Roms *imperium* bis 62 v. Chr. M. H. Crawford (Hg.), *Roman Statutes* I, 1996, die Nummern 1, 2, 12 und 14 mit ausgezeichneten Kommentaren zu vier zentralen Dokumenten.

33 DIE TRIUMPHE DES POMPEIUS

Pat Southern, *Pompey the Great*, 2002 (dt.: *Pompeius*, 2006), ist eine lebendige populärwissenschaftliche Einführung; Robin Seager, *Pompey the Great*, 2003 (überarb. Ausg.), untersucht eingehend die politischen Fraktionen. F. G. B. Millar, *The Crowd in Rome in the Late Republic*, 1998, Kap. 2–4, vertritt eine klare und entschiedene Linie; in meinem Kapitel liegt der Hauptakzent allerdings nicht auf dem »demokratischen« Element, dazu: M. Dehne (Hg.), »Demokratie in Rom?«, in: *Historia Einzelschrift*, 96 (1995), zur Kritik. Zu Fragen im Zusammenhang des aristokratischen Wettbewerbs vgl. den Meinungsaustausch von Nathan Rosenstein, Callie Williamson, John North und W. V. Harris in: *Classical Philology* (1990), 255–298. Über Rom, den Osten und Mithridates vgl. A. N. Sherwin-White, *Roman Foreign Policy in the East*, 1984, 149–270. Über Pompeius und die öffentlichen Spiele: Richard C. Beacham, *Spectacle Entertainments of Early Imperial Rome*, 1999, 49–74.

34 DIE WELT CICEROS

J. P. V. D. Balsdon, »Cicero the Man«, in: T. A. Dorey (Hg.), *Cicero*, 1965, 171–214, bleibt eine herausragende Arbeit; Elizabeth Rawson, *Cicero: A Portrait*, 1983², ist vielseitig, David Stockton, *Cicero: A Political Biography*, 1971, dagegen bewährt sich auf dem gewählten Gebiet. L. R. Taylor, *Party Politics in the Age of Caesar*, 1968, ist ausgezeichnet, vor allem Kap. III (»Delivering the Vote«) und Kap. V (»The Criminal Courts and the Rise of a New Man«). D. R. Shackleton Bailey (Hg.), *Cicero's Letters to Atticus*, Bd. I, 1965, 3–58, ist eine glänzende Studie zu Atticus und Cicero; Miriam T. Griffin, »Philosophical

Badinage in Cicero's Letters To His Friends« in: J. G. F. Powell (Hg.), *Cicero the Philosopher: Twelve Papers*, 1995, 325-346, fängt eine größere Welt ein. Anerkannte Meisterwerke sind die Editionen von D. R. Shackleton Bailey, darunter die jüngsten Loeb Library-Texte und -Übersetzungen von Ciceros Briefen. S. Treggiari, *Roman Social History*, 2002, 49-73, zeigt beispielhaft, wie sie für nichtpolitische Themen benutzt werden können; Susan Treggiari, *Roman Marriage*, 1991, 127-138, 414-427 und Kap. 13 (»Divorce«), orientiert über Heirat und Cicero; dies., *Roman Freedmen during the Late Republic*, 1969, 252-264, über Ciceros Freigelassene einschließlich Tiro; S. Weinstock in: *Journal of Roman Studies* (1961), 209 f., teilt meine Ansichten über Cicero und die »Religion«.

35 DER AUFSTIEG JULIUS CAESARS

J. P. V. D. Balsdon, *Julius Caesar and Rome*, 1967, gibt eine ausgezeichnete knappe Einführung; Matthias Gelzer, *Caesar*, 1968, ist die grundlegende, ganz auf Quellen abgestützte Darstellung; Christian Meier, *Caesar*, 1995 (engl. Übers.; dt. Orig.: *Caesar*, 1982), ist stärker theoretisch orientiert; vgl. die beachtenswerte Rezension von E. Badian in: *Gnomon* (1990), und dessen eigene kurze, doch wichtige Darstellung im *Oxford Classical Dictionary*, 1996³, 780-782. Kathryn Welch, Anton Powell und Jonathan Barlow (Hgg.), *Julius Caesar as Artful Reporter*, 1998, enthält viel Lesenswertes über Caesars Stil und seine »Masche«. Über Cato: L. R. Taylor, *Party Politics in the Age of Caesar*, 1968, 119-139. P. A. Brunt, *The Fall of the Roman Republic*, 1988, 240-288, ist ein Klassiker über die Landzuteilung; ebenso grundlegend über Schulden und Finanzierung ist: M. W. Frederiksen, »Caesar, Cicero and the Problem of Debt«, in: *Journal of Roman Studies* (1966), 128-141. J. Sabben Clare, *Caesar and Roman Politics, 60-50 BC*, 1971, 1-49, enthält viele hilfreiche Übersetzungen der Hauptquellen. P. A. Brunt, *Italian Manpower*, 1987², 312-319, erörtert Caesars Agrargesetze. Über öffentliche Auftritte: Andrew J. E. Beil, »Cicero and the Spectacle of Power«, in: *Journal of Roman Studies* (1997), 1-22, und die sehr wichtige Untersuchung von R. Morstein-Marx, *Mass Oratory and Political Power in the Late Roman Republic*, 2004.

36 DAS GESPENST DES BÜRGERKRIEGS

T. P. Wiseman, »Caesar, Pompey and Rome, 59-50 BC«, in: *Cambridge Ancient History*, Bd. IX, 1994, 368-423, ist eine gut verständliche erzählerische Darstellung; P. A. Brunt, *The Fall of the Roman Republic*, 1988; Kap. 1 ist meisterhaft und Kap. 6 (»Libertas in the Republic«) grundlegend zu diesem Thema; David Stockton, »Cicero and the Ager Campanus«, in: *Transactions of the American Philological Society* (1962), 471-489, ist eine hervorragende Studie zu 57-56 v. Chr. und anderem mehr; A. W. Lintott, »P. Clodius Pulcher – Felix Catilina«, in: *Greece and Rome*, 1967, 157-169, und »Cicero and Milo« in: *Journal of Roman Studies* (1974), 62-78, hilft zum Verständnis zweier führender Popularen; vgl. dazu auch: A. W. Lintott, *Violence in Republican Rome*, 1999², vor allem S. 67-88. Grundlegend über die Lebensbedingungen: P. A. Brunt, »The Roman Mob«, in: M. I. Finley (Hg.), *Studies in Ancient Society*, 1974, 74-102; dt.: »Der römische Mob«, in: H. Schneider (Hg.), *Zur Sozial- und Wirtschaftsgeschichte der späten römischen Republik*, Darmstadt, 1976; dazu: A. Scobie in *Klio* (1986), 399-443. Emily A. Hemelrijk, *Matrona Docta*, 1999, ist eine gute Darstellung der gebildeten Frauen in der späten Republik und im Kaiserreich. J.F. Drinkwater, *Roman Gaul*, 1983, 5–20, gibt eine kurze Zusammenfassung von Caesars gallischen Jahren; Elizabeth Rawson, *Roman Culture and Society*, 1991, 416–426, ist sehr interessant zu Crassus senior und junior; G.R. Stanton in *Historia* (2003), 67–94, untersucht, »warum Caesar den Rubicon überschritt«.

37 DIE VERHÄNGNISVOLLE DICTATUR

S. Weinstock, *Divus Julius*, 1971, 133–345, ist meines Erachtens noch immer die herausragende Arbeit, dazu I. Gradel, *Emperor Worship and Roman Religion*, 2002, 54–72. Elizabeth Rawson, *Roman Culture and Society*, 1991, 169–188, über das »Königtum« und S. 488–507 im besonderen über Cassius; dazu auch David Sedley in: *Journal of Roman Studies* (1997), 41–53; Stephen G. Chrissanthos in: *Journal of Roman Studies* (2001), 63–71 über Geld; M.W. Frederiksen in: *Journal of Roman Studies* (1966), 128–141, über Schulden; dazu: G.E.M. de Sainte Croix, *The Class Struggle in the Ancient Greek World*, 1981, 166 und Anmerkungen 60–63. P.A. Brunt in: *Journal of Roman Studies* (1986), 12–32, über Ciceros Dilemma; R.B. Ulrich in: *American Journal of Archaeology* (1993), 49–80, über das neue Forum; C. Habicht, *Cicero the Politician*, 1990 (dt.: *Cicero der Politiker*, München, 1990), Kap. 6 über Cicero; über Caesars Gesetzgebung: Zvi Yavetz, *Caesar and His Public Image*, 1983, 101–106 (dt.: *Cicero in der öffentlichen Meinung*, Düsseldorf, 1979); Tenney Frank, *An Economic Survey of Ancient Rome*, Bd. 1, 1933, 316 ff., über die Kolonien, S. 333–342, über Finanzierung ist noch immer hervorragend. Ein Klassiker über die Iden des März und die Motive, aber nicht das letzte Wort: J.P.V.D. Balsdon in: *Historia* (1958), 80–94.

38 DIE VERRATENE FREIHEIT

Ein Klassiker, aber nicht nur für mich eine sehr schwierige Lektüre ist: R. Syme, *The Roman Revolution*, 1939 (überarb. Aufl. 1951) (dt.: *Die römische Revolution. Machtkämpfe im antiken Rom*, hg. v. Christoph Selzer und Uwe Walter, Stuttgart, 2003). Henriette van der Blom in: *Classica et Mediaevalia* (2003), 287–320, gibt jetzt eine ausgezeichnete und weit klarere Darstellung Ciceros in der Zeit von 44/43 v. Chr.; vgl. Elizabeth Rawson, *Cicero*, 1975, 260–98. Neu betont wird die Bedeutung des Sextus Pompeius in: Anton Powell and Kathryn Welch (Hgg.), *Sextus Pompeius*, 2002; über die Befreier: Elizabeth Rawson, *Roman Culture and Society*, 1991, 488–507; Lawrence Keppie, *The Making of the Roman Army*, 1984, 112–121, 199–204; S. Weinstock, *Divus Julius*, 1971, 346–347, ist auch hier meisterhaft. T.N. Mitchell, *Cicero the Senior Statesman*, 1991, Kap. 7 ist gut belegt; ein wichtiger Beitrag ist: R. Syme, *Sallust*, 1964 (dt.: *Sallust*, 1975).

39 ANTONIUS UND KLEOPATRA

R. Syme, *The Roman Revolution*, 1939 (überarb. Aufl. 1951) (dt.: *Die römische Revolution. Machtkämpfe im antiken Rom*, hg. v. Christoph Selzer und Uwe Walter, Stuttgart, 2003), die Kap. 12–21: ein Klassiker, aber reduktionistisch; Pat Southern, *Mark Antony*, 1998, ist ein einfacher Zugang zu Marcus Antonius, ebenso: Ellen Rice, *Cleopatra*, 1999. Zu den größeren Neuerungen seit Symes Werk gehört die Wahrnehmung des »vierten

Mannes«: Anton Powell und Kathryn Welch (Hgg.), *Sextus Pompeius*, 2002, und eine ganze Reihe weiterer Arbeiten über Denkmäler und Publicity. Paul Zanker, *The Power of Images in the Age of Augustus*, 1988 (dt. Orig.: *Augustus und die Macht der Bilder*, München, 1987), 5–78, eine großartige Arbeit, dazu der hervorragende Aufsatz von K. Scott in: *Memoirs of the American Academy at Rome*, 1933, 7–49; die gute Darstellung der Jahre 36–28 v. Chr. von Fergus Millar in: *La Révolution romaine après Ronald Syme*, Entretiens Fondation Hardt XLVI (1999), 1–38, mit anderen Aufsätzen in demselben Band, darunter besonders: John Scheid, S. 39–72 über Religion. Symes Beitrag behandeln H. Galsterer und Z. Yavetz in: Kurt A Raaflaub und Mark Toher (Hgg.), *Between Republic and Empire*, 1990, 1–41. Auch die Heirat von Antonius und Kleopatra und Kleopatras Tod werfen, über Symes Buch hinausgehend, Fragen auf: John Whitehorne, *Cleopatra*, 1994, vgl. bes. S. 186–196, und Duane W. Roller, *The World of Juba II and Kleopatra Selene*, 2003, eine hervorragende Arbeit. Jacob Isager, *Foundation and Destruction of Nicopolis and Northeastern Greece*, 2002, zu einer der Nachwirkungen, und zu den wichtigen Quellen: Joyce Reynolds, *Aphrodisias and Rome*, 1982.

40 WIE EINER ZUM KAISER WIRD

W. K. Lacey, *Augustus and the Principate: The Evolution of the System*, 1996, ist eine sehr nützliche Aufsatzsammlung; P. A. Brunt in: *La rivoluzione romana*, Biblioteca de Labeo, 6 (1982), 236–244, ist das Beste zu 27 v. Chr.; D. Stockton in: *Historia* (1965), 18–40, nimmt für den Prozess, den ich jetzt auf 22 v. Chr. datiere, das Jahr 23 v. Chr. an; P. A. Brunt und J. M. Moore, *Res Gestae Divi Augusti*, 1967, mit Übersetzung und ausgezeichnetem Kommentar, besonders zu 19 v. Chr.; A. H. M. Jones, *Studies in Roman Government and Law*, 1960, 1–17, ist eine luzide Grundlage für vieles, was seither im Dialog damit geschrieben wurde; M. T. Griffin in: Loveday Alexander (Hg.), *Images of Empire*, 1991, 19–46, prüft die Untertöne des »tribunizischen« Aspekts von 23 v. Chr. A. Wallace-Hadrill in: *Journal of Roman Studies* (1982), 32–48, über das vielseitige Bild des Kaisers; P. A. Brunt in: *Classical Quarterly* (1984), 423–444, über die fortdauernden Funktionen, wenn nicht Machtbefugnisse, des Senats.

41 MORAL UND GESELLSCHAFT

M. Beard, J. North und S. R. F. Price, *Religion of Rome*, Bd. I, 1998, 114–210, ist eine ausgezeichnete kritische Darstellung, dazu J. Liebeschuetz, *Continuity and Change in Roman Religion*, 1979, Kap. 2; P. A. Brunt, *Italian Manpower*, 1971, 558–566, ist wichtig; Catherine Edwards, *The Politics of Immorality in Ancient Rome*, 1983, gibt ein sehr gutes Bild des Kontexts; S. Treggiari, *Roman Marriage*, 1991, ist ein Klassiker, vgl. vor allem S. 60–80, 277–298 und 450–461. J. A. Crook, *Law and Life of Rome*, 1967, 99–118, vor allem zu den sehr vielfältigen Auswirkungen der Veränderungen in der *manus*-Ehe; Beryl Rawson (Hg.), *The Family in Ancient Rome*, 1986, ist noch immer durchgängig eine sehr gute Sammlung von Aufsätzen, darunter J. A. Crook über das (spätere) Unbehagen gegenüber Frauen, die Geld verleihen (S. 83–92); ausgezeichnet ist auch Beryl Rawson, *Marriages, Divorce and Children in Ancient Rome*, 1991, vgl. bes. Kap. 1–5; Jane F. Gardner, *Women in Roman Law and Society*, 1995², ist ein maßgebliches Handbuch (dt.: *Frauen im antiken Rom: Familie, Alltag, Recht*, übs. v. Kai Brodersen,

München,1995); Susan Dixon, *Childhood, Class and Kin*, 2001, ist ebenfalls relevant. Jasper Griffin in: *Journal of Roman Studies* (1976), 87, und R.G.M. Nisbet, ibid. (1987), 184-190, behandeln die Dichter und ihren gesellschaftlichen Kontext; hervorragend zu Ovids Exil: Peter Green, *Classical Bearings*, 1989, 210-222. A.M. Duff, *Freedmen in the Early Roman Empire*, 1928, 12-35 und 72-88, sowie K.R. Bradley, *Slaves and Masters in the Roman Empire*, 1984, entwirren mit sehr gutem Erfolg die Gesetze über die Sklaven.

42 SPORT UND ANDERE SPEKTAKEL

D.S. Potter und D.J. Mattingly (Hgg.), *Life, Death and Entertainment in the Roman Empire*, 1998, ist eine hervorragende Aufsatzsammlung, der ich viel verdanke. Ebenfalls hervorragend: Richard Beacham, *Spectacle Entertainments of Early Imperial Rome*, 1999 (mit guten Bibliographien), sowie K.M. Coleman in: *Journal of Roman Studies* (1990), 44-73, und (1993), 48-74; R.E. Fantham in: *Classical World* (1989), 153-163, über Mimen; über die Pantomime: E.J. Jory in: *Bulletin of the Institute of Classical Studies* (1981), 147-161, und in: W.J. Slater (Hg.), *Roman Theatre and Society*, 1996, 1-28, ein wertvoller Sammelband; C.P. Jones in: W.J. Slater (Hg.), *Dining in a Classical Context*, 1991, 185-198, über Theater zum Diner; Garrett G. Fagan, *Bathing in Public in the Roman World*, 1999, mit übersetzten Texten; J.H. Humphrey, *Roman Circuses: Arenas for Chariot Racing*, 1986, ist unschätzbar; eine sehr lebendige Darstellung: Eckart Köhne und Cornelia Ewigleben (Hgg.), *Gladiators and Caesars*, 2000 (dt. Orig.: *Gladiatoren und Caesaren. Die Macht der Unterhaltung im antiken Rom*, Mainz, 2000); Adriano La Regina (Hg.), *Sangue e arena*, 2001, ist herausragend; David Potter in: Martin M. Winkler (Hg.), *Gladiator: Film and History*, 2004: eine hervorragende Darstellung der Karrieren von Gladiatoren; Donald G. Kyle, *Spectacles of Death in the Roman Amphitheatre*, 1998, ergänzt mit zahlreichen erklärenden Theorien; C. Bomgardner, *The Story of the Roman Amphitheater*, 2000, eine Sozialgeschichte; Keith Hopkins, *Death and Renewal*, 1983, Kap. 1; Bettina Bergmann und Christine Kondoleon (Hg.), *The Art of Ancient Spectacle*, 1999, eine vorzügliche Aufsatzsammlung; B.M. Levick in: *Journal of Roman Studies* (1983), 97-115, ist die klassische Darstellung der offiziellen Reaktionen, der Theater-Vorschriften und der *lex Iulia*: Elizabeth Rawson, *Roman Culture and Society*, 1991; Kathleen M. Coleman in: Kathleen Lomas und Tim Cornell (Hgg.), *Bread and Circuses*, 2002, 61-88: zum Schauplatz der augusteischen Spiele.

43 DIE RÖMISCHE ARMEE

J.J. Wilkins (Hg.), *Documenting the Roman Army: Essays in Honour of Margaret Roxan*, 2003 (Bulletin of the Institute of Classical Studies), ist eine hervorragende Essaysammlung; vgl. vor allem W. Eck über die Rolle des Kaisers bei der Ausstellung von »Diplomen«; L.R. Keppie, *The Making of the Roman Army*, 1984, 131-216, ist hervorragend über den Wandel vom Bürgerkrieg zum Zeitalter des Augustus; J.B. Campbell, *The Emperor and the Roman Army, 31 BC–AD 235*, 1984, 17-242 und 300-316, ist die grundlegende Arbeit über die Rolle des Kaisers und die Vergabe von Privilegien; G.R. Watson, *The Roman Soldier*, 1969, ist eine lebendige Darstellung und: P. Connolly, *The Roman Army*, 1975, das Werk eines Autors, der sich für die Rekonstruktion der Realität interessiert; G. Webster, *The Roman Imperial Army*, 1985³; Brian Campbell, *The Roman Army, 31 BC–AD 337*, 1994 ist eine sehr gute Quellensammlung; Harry Sidebottom, *Ancient Warfare: A Very Short Introduction*, 2004, ist hervorragend, mit sehr guter Bibliographie (dt.: *Der Krieg in der antiken Welt*, Stuttgart, 2007). Ich schätze die Arbeiten von: M. P. Speidel, *Riding for Caesar*, 1994, und Ann Hyland, *Equus: The Horse in the Roman World*, 1990, besonders über Sättel und Geschirr. Jonathan Roth, *The Logistics of the Roman Army*, 1998, ist von breiter Bedeutung; T. J. Cornell in: J. Rich und G. Shipley (Hgg.), *War and Society in the Roman World*, 1993, 139–170, untersucht die militärische Ausbreitung Roms in der Frühzeit des Imperiums; J. N. Adams in: *Journal of Roman Studies* (1994), 87–112, und ibid. (1999), 109–134, sind zwei faszinierende Untersuchungen über das Latein der Soldaten in Nordafrika.

44 DAS NEUE ZEITALTER

M. Beard, J. North und S. R. F. Price (Hgg.), *Religion of Rome*, Bd. I (1998), 182–210: über Riten und Tempel; D. C. Feeney, *Literature and Religion at Rome*, 1998, 28–38; A. D. Nock, *Essays on Religion and the Ancient World*, Bd. I (1972), 16–25 und 348–356. Greg Rowe, *Princes and Political Culture*, 2003, besonders S. 102–124 über Pisa und andere Orte; Beth Severy, *Augustus and the Family at the Birth of the Roman Empire*, 2003, ist hervorragend; N. Purcell in: *Proceedings of the Cambridge Philological Society* (1986), 78–105, und M. Boudreau Flory in *Historia* (1984), 309–330, sind wichtig über Livia; N. Horsfall, *The Culture of the Roman Plebs*, 2003; P. Zanker, *The Power of Images in the Age of Augustus*, 1988, 79–197 (dt. Orig.: *Augustus und die Macht der Bilder*, München 1987) ist außerordentlich gut lesbar; Kurt A. Raaflaub und Mark Toher (Hgg.), *Between Republic and Empire*, hier besonders T. J. Luce, S. 123–138, B. A. Kellner, 276–307, und K. Raaflaub, 428–454; F. G. B. Millar und E. Segal (Hgg.), *Caesar Augustus: Seven Aspects*, 1984, vor allem Millar, S. 37–60, und W. Eck, S. 129–168, in einer ausgezeichneten Aufsatzsammlung; A. H. M. Jones, *Criminal Courts of the Roman Republic and Principate*, 1972; F. G. B. Millar, *The Emperor in the Roman World*, 1977, 363–550, über Gesandtschaften und Recht; A. W. Lintott, *Imperium Romanum*, 1993, 115–120.

45 DIE JULISCH-CLAUDISCHE DYNASTIE

T. P. Wiseman, *Roman Studies: Literary and Historical*, 1987, weist darauf hin, dass, genau genommen, eine julisch-claudische »Dynastie« nicht existierte, sondern nur das Geschlecht der Julier und das Kaiserhaus, weshalb Claudius eigentlich ein Eindringling ist: vgl. S. 96 und 376 f. Umfassende Biographien führen uns jetzt durch alle Einzelthemen: Barbara Levick, *Tiberius the Politician*, 1999²; G. P. Baker, *Tiberius Caesar: Emperor of Rome*, 2001 (Neuaufl.), ist eine lebendige Darstellung; A. A. Barrett, *Caligula: The Corruption of Power*, 1993; Barbara Levick, *Claudius*, 1993; Miriam Griffin, *Nero: The End of a Dynasty*; 1984; Edward Champlin, *Nero*, 2003; Jas Elsner und Jamie Masters (Hgg.), *Reflections of Nero*, 1994, über Kultur und Hinterlassenschaft. Über die kaiserlichen Residenzen: Clemens Krause, *»Villa Jovis«: Die Residenz des Tiberius auf Capri*, 2003, ist ausgezeichnet, mit: A. F. Stewart in: *Journal of Roman Studies* (1977), 76–94; Elisabeth Segala und Ida Sciortino, *Domus Aurea*, 1999, über Neros scheußliches »Haus«. Über zwei Frauen: Nikos Kokkinos, *Antonia Augusta: Portrait of a Great Roman Lady*, 2002, unter Einbeziehung neuer Quellen; Anthony Barrett, *Agrippina*, 1996. Greg Rowe, *Princes and Political Culture: The New Tiberian Senatorial Decrees*, 2002, diskutiert die bemerkenswerten neuen Inschriftenfunde. Doreen Innes und Barbara Levick in: *Omnibus* 11 (1989), 17 ff. über die Zahnpasta von Kaiserinnen.

46 DIE HERRSCHAFT ÜBER DIE PROVINZEN

Barbara Levick, *The Government of the Roman Empire*, 2000[2], ist ein ausgezeichneter Kommentar zu bedeutenden Texten in Übersetzung; P. A. Brunt, *Roman Imperial Themes*, 1990, ist heute die klassische Untersuchung, besonders Kap. 4 (wo ich nicht durchwegs zustimme), 6, 8, 11, 12 und 14–18; A. H. M. Jones, *The Roman Economy*, hg. v. P. A. Brunt, 1974, mit den ebenfalls grundlegenden Kap. 1, 2 und 8; Andrew Lintott, *Imperium Romanum*, 1993, ist eine ausgezeichnete Synthese; S. R. F. Price, *Rituals and Power*, 1984, Kap. 3–8, über die Kulte der Reiche im griechischen Osten. J. A. Crook, *Law and Life of Rome*, 1967 – noch immer wertvoll sind Kap. 2, 3 und 8; Stephen Mitchell, *Anatolia: Land, Man and Gods in Asia Minor*, Bd. I, 1993, ist eine exemplarische Untersuchung der kleinasiatischen Provinzen; Alan K. Bowman, *Egypt after the Pharaohs*, 1986, und Naphtali Lewis, *Life in Egypt under Roman Rule*, 1983, sind vorzügliche Einführungen in dieses am besten dokumentierte Gebiet; C. R. Whittaker, *Frontiers of the Roman Empire*, 1994, enthält eine Reihe sozialer und ökonomischer Untersuchungen; F. G. B. Millar, *The Roman Empire and its Neighbours*, 1981[2], ist eine gute Sammlung von Arbeiten über die Welt jenseits von Rom (dt.: *Das Römische Reich und seine Nachbarn* (Fischer Weltgeschichte, Bd. 8, 1966).

47 DAS KAISERREICH UND DIE FOLGEN

R. MacMullen, *Romanization in the Time of Augustus*, 2000, gibt einen sehr guten Überblick; über Wohltaten: Stephen Mitchell in: *Harvard Studies in Classical Philology* (1987), 333–366, ist eine sehr lesenwerte Arbeit; P. A. Brunt, *Roman Imperial Themes*, 1990: Grundlegendes S. 267–281 sowie über Judäa 282–287 und 517–531; *Cambridge Ancient History*, Bd. XI (2000[2]), 444–678, enthält eine Fülle wichtigen Materials; Stephen Mitchell und Marc Waelkens, *Pisidian Antioch: The Site and Its Monuments*, 1998, ist ausgezeichnet; über den Westen: T. F. Blagg und Martin Millett, *The Early Roman Empire in the West*, 2002, besonders Jonathan C. Edmondson, S. 169–173 über Conimbriga, und Nicola Mackie, S. 179–193 über »epigraphische« Ehrungen und städtisches Bewusstsein. Hervorragend zur Munizipalgesetzgebung in Spanien ist: A. T. Fear, *Rome and Baetica*, 1996, zusammen mit: J. Gonzalez in: *Journal of Roman Studies* (1986), 147–243, und Alan Rodger, ibid., 1991, 74–90, und 1996, 61–73 über das jüngere Gesetz von Irni. Peter Salway, *Roman Britain*, 1981, und M. D. Goodman, *The Ruling Class of Judaea*, 1987. Tessa Rajak, *Josephus: The Historian and His Society*, 2002[2], ist ein ausgezeichnetes Werk über einen Geschichtsschreiber, den ich zu meinem Bedauern als nicht ganz »klassischen« Schriftsteller unberücksichtigt ließ. J. N. Adams in: *Journal of Roman Studies* (1995), 86–134 ist hervorragend zum Latein am Hadrianswall, ein Trost für alle in Großbritannien, deren Latein auch noch nicht besser ist.

48 DAS CHRISTENTUM UND DIE HERRSCHAFT ROMS

E. P. Sanders, *The Historical Figure of Jesus*, 1993, ist eine ausgezeichnete methodische Untersuchung; Gerd Theißen und Annette Merz, *The Historical Jesus*, 1998 (dt. Orig.: *Der historische Jesus. Ein Lehrbuch*, 2002), 125-280, gibt einen umfassenden Überblick; Paula Frederiksen, *From Jesus to Christ*, 1988, behandelt die nächste Stufe; noch immer wertvoll ist: G. B. Caird, *The Apostolic Age*, 1955; »Weihnachten« wird widerlegt von E. Schuerer in: *A History of the Jewish People*, Bd. I, 1973 (überarb. Aufl. v. F. G. B. Millar und G. Verntes), 399-427; R. J. Lane Fox, *The Unauthorized Version*, 1991, 27-36, 200-211, 243-251 und 283-310 (dt.: *Die Geheimnisse der Bibel richtig entschlüsselt. Legende und Wahrheit in der Bibel*, 1995) sowie *Pagans and Christians*, 1986, 265-335; G. E. M. de Sainte Croix in: D. Baker (Hg.), *Studies in Church History*, Bd. 12 (1975), 138, mit einer harschen Kritik an der Einstellung der Christen zu Eigentum und Sklaverei und in: *Past and Present* (1963), 6-38 mit der klassischen Darstellung der Christenverfolgung; Wayne A. Meeks, *The First Urban Christians: The Social World of the Apostle Paul*, 1983; M. Goodman, *Mission and Conversion*, 1994, macht nachdenklich; Henry Chadwick, *The Early Church*, 1993[2], ist die beste einbändige Geschichtsdarstellung.

49 EIN VIERKAISERJAHR

Kenneth Wellesley, *The Year of the Four Emperors*, 2000[3], ist die vollständigste moderne Darstellung; grundlegend sind auch die ersten Kapitel in: Barbara Levick, *Vespasian*, 1999, mit umfassender Bibliographie; zu Vespasians Gesetzgebung bin ich anderer Auffassung als P. A. Brunt in seiner sehr wichtigen Untersuchung in: *Journal of Roman Studies* (1977), 95-116; P. A. Brunt, *Papers of the British School at Rome* (1975), 7-35, ist die klassische Untersuchung über Philosophen und Stoiker.

50 DIE NEUE DYNASTIE

Barbara Levick, *Vespasian*, 1999, ist die grundlegende Einführung, mit erschöpfenden Anmerkungen und Bibliographie; Pat Southern, *Domitian: Tragic Tyrant*, 1997, ist eine der gut lesbaren Einführungen, insbes. zu den späteren Jahren, ebenso: Brian W. Jones, *The Emperor Domitian*, 1992; John D. Grainger, *Nerva and the Roman Succession Crisis of AD 96-99*, 2001, behandelt auch Nervas Herrschaft; A. J. Boyle und W. J. Dominik, *Flavian Rome: Culture, Image, Text*, 2003, behandeln weite Gebiete von Kunst und Kultur; R. Darwall-Smith, *Emperors and Architecture: A Study of Flavian Rome*, 1996; Paul Zanker in: Alan K. Bowman und Hannah M. Cotton (Hgg.), *Representations of Empire*, 2002, 105-130, ein Überblick über Domitians Palast in Rom.

51 DIE LETZTEN TAGE VON POMPEJI

Den englischen Lesern wird jetzt eine weit bessere Auswahl geboten mit: Paul Zanker, *Pompeii: Public and Private Life*, 1998 (dt. Orig.: *Pompeji. Stadtbild und Wohngeschmack*, Mainz, 1995); Alison E. Cooley und M. G. C. Cooley, *Pompeii: A Sourcebook*, 2004, das heute unentbehrlich ist; dazu: Alison E. Cooley, *Pompeii: Guide to the Lost City*, 2000. Salvatore C. Nappo, *Pompeii*, 2000, ist der beste populäre Führer (ital. Orig.:

Pompei. Guida alla città sepolta, 1998; dt.: *Pompeji. Die versunkene Stadt. Archäologischer Reiseführer*, Köln 1998); James L. Franklin, *Pompeis Difficile Est. Studies in the Political Life of Imperial Pompeii*, 2001, ist eine sehr gute epigraphische Untersuchung; Antonio D'Ambrosio, *Women and Beauty in Pompeii*, 2001, ist kurz, aber interessant; W. F. Jashemski und Frederick G. Meyer (Hgg.), *The Natural History of Pompeii*, 2002, enthält viel neues Belegmaterial, so auch: Annamaria Ciarallo, *Gardens of Pompeii*, 2000; John R. Clarke, *Roman Sex: 100 BC–AD 250*, 2003, stellt pompejanische Erotika in einen weiteren Kontext; Sara Bon und R. Jones, *Sequence and Space in Pompeii*, 1997, sowie T. McGinn und P. Carafa (Hgg.), *Pompeian Brothels: Pompeii's Ancient History, Mirrors and Mysteries, Art and Nature at Oplontis, and the Herculaneum »Basilica«*, 2002, sind zwei gute Essaysammlungen. Es gibt vieles andere, doch J.J. Deiss, *Herculaneum: A City Returns to the Sun*, 1968, ist das wichtigste englische Werk, das ganz dem bedeutenden Nachbarn Pompejis gewidmet ist.

52 EIN AUFSTEIGER BEI DER ARBEIT

A.N. Sherwin-White, *The Letters of Pliny*, 1966, ist ein glänzender Kommentar; die bithynischen Briefe kommen neu zur Sprache bei seinem Schüler Wynne Williams, *Pliny: Correspondence with Trajan from Bithynia*, 1990; R. Syme, *Roman Papers*, Bd. VII (1991), gibt einen schmaleren, auf die Prosopographie begrenzten Ausschnitt; Richard Duncan-Jones, *The Economy of the Roman Empire*, 1974, 17–32, ist ausgezeichnet zu Plinius' Finanzen. C.P. Jones, *The Roman World of Dio Chrysostom*, 1978, ist eine vorzügliche Untersuchung über Bithynien mittels Texten eines anderen Zeitgenossen; Christian Marek, *Pontus Et Bithynia*, 2003, ist eine hervorragend illustrierte Lokalstudie; J.P. Sullivan, *Martial: The Unexpected Classic*, 1991, zusammen mit D.R. Shackleton Bailey, *Martial: Epigrams*, Bd. I–III (1993, Loeb Library), eine mustergültige Sammlung. Samuel Dill, *Roman Society from Nero to Marcus Aurelius*, 1905[2], 141–286, ist als Zusammenschau noch immer unübertroffen.

53 EIN HEIDE UND CHRISTEN

Vieles von dem, was ich hier behandle, ist auch Thema in: R.J. Lane Fox, *Pagans and Christians*, 1986, und dem gewinnbringenden Rezensionsartikel von P.R.L. Brown in: *Philosophical Books*, 43 (2002), 185–208, zusammen mit *The Body and Society*, 1989, und *Poverty and Leadership in the Later Roman Empire*, 2002. Zum Selbstmord vgl. M.T. Griffin in: *Greece and Rome*, 1986, 64–77 und 192–202; zum Thema Gärten ist der beste englische Führer: Linda Farrar, *Ancient Roman Gardens*, 2000, dazu das gut illustrierte Erbe bei Patrick Bowe, *Gardens of the Roman World*, 2004.

54 REGIMEWECHSEL DAHEIM UND AN DEN GRENZEN

Julian Bennett, *Trajan*, 1997, ist eine exzellente Sammlung jüngerer Arbeiten, die es mir erlaubt, zu Fragen im Rahmen (und außerhalb) meines Textes umstandslos auf deren Bibliographie zu verweisen; F.A. Lepper und S.S. Frere, *Trajan's Column*, 1988, enthält ausgezeichnete Erörterungen der Kriege gegen die Daker und vieler verwandter Themen, sollte aber gelesen werden mit: M. Wilson Jones in: *Journal of Roman Archaeology* (1993),

23-38, und den sehr wichtigen Revisionen von Amanda Claridge, ibid. (1993), 5-22, die Hadrian eine wichtige Rolle für das Denkmal zuschreibt, eine Ansicht, über die ich mir nicht schlüssig bin; dass sie umstritten ist, zeigt James E. Packer in: *Journal of Roman Archaeology* (1994), 163-182. James E. Packer, *The Forum of Trajan in Rome*, 2001 (TB) ist die verkürzte Fassung seines Meisterwerks zu diesem Thema; Lionel Casson, *Libraries in the Ancient World*, 2001, stellt die Bibliothek im Kontext dar. Eine reichhaltige Darstellung gibt: Annette Nünnerich-Asmus, *Traian: Ein Kaiser der Superlative am Beginn einer Umbruchzeit?*, 2002. Anthony R. Birley, *Hadrian: The Restless Emperor*, 1997, 35-77, ist hilfreich; im *Journal of Roman Studies* (1990), 115-126 diskutiert er den Krieg gegen das Partherreich, doch ich bleibe bei der hier zugrunde gelegten Chronologie; sie gilt auch für Birley – vgl. ders., *Hadrian*, 71 ff.

55 DIE DARSTELLUNG DER VERGANGENHEIT

Andrew Wallace-Hadrill, *Suetonius*, 1995², und R. Syme, *Roman Papers*, Bd. III (1984), 1251-1275 über Biographien; R. Syme, *Ten Studies in Tacitus*, 1970, ist lesbarer als sein *Tacitus*, 1958, dessen Datierung der *Annales* I auf den Beginn der Regierung Hadrians ich nicht gelten lasse; sämtlich scharfsinnig und sachdienlich sind: R. Syme, *Roman Papers*, Bd. III, S. 1014-1042, Bd. IV (1988), 199-222, und Bd. VI (1991), 43-54; Ronald Mellor, *Tacitus*, 1993, und R. Martin, *Tacitus*, 1981, sind klar und hilfreich (dt.: Tacitus, *Agricola / Germania*. Hg. u. übers. v. A. Städele, 1999). R.M. Ogilvie und I. Richmond (Hgg.), *Taciti Agricola*, 1967: hervorragende Anmerkungen und Einführung; Aufschlussreiches über den *Dialogus* findet sich in: T. D. Barnes in: *Harvard Studies in Classical Philology*, 1986, 225-264; M. T. Griffin in: *Scripta Classica Israelica* (1999), 139-158: hervorragend über Plinius und Tacitus, ebenso in: I. Malkin und Z. W. Rubensohn (Hgg.), *Leaders and Masses in the Roman World*, 1995, 33-58, über Tacitus und Tiberius, sowie in: *Classical Quarterly* (1981), 404-416 über Tacitus, die Tafel von Lyon und seine provinzielle Sicht.

VERZEICHNIS DER KARTEN

Karte 1	Griechenland und die ägäische Welt	28–29
Karte 2	Griechische Kolonien außerhalb des Mutterlands	40–41
Karte 3	Die Westgriechen	129
Karte 4	Das attische Seereich	143
Karte 5	Die Eroberungen Alexanders des Großen	256–257
Karte 6	Die hellenistische Welt	278–279
Karte 7	Rom weitet seinen Machtbereich aus	308–309
Karte 8	Die Expansion Roms in Italien vor 95 v. Chr.	371
Karte 9	Die westlichen Provinzen des Römischen Reiches	513
Karte 10	Der östliche Teil des Römischen Reiches	544–545
Karte 11	Pompeji und seine Nachbarstädte	590
Karte 12	Stadtplan von Pompeji	591

REGISTER

Abioi 36
Achaia, Achäer 43, 202, 204
Achäischer Bund 350, 352f., 355, 365
Achill 27, 30, 36, 63, 88, 126, 259, 330, 342
Acilius Attianus 631
Actium 465, 468, 470f., 495, 502f., 507
Adea/Eurydike 273f.
Adeimantos 231
Adel s. Aristokraten
Ädil 407f., 415, 498, 595
Adonis 68
Adoption: in der griech. Gesellschaft 47, 53; in der röm. Gesellschaft 136, 514; Hadrians 622; Octavians 457; Trajans 587, 626
Aelia Catella, Pantomimin 537
Aelian (Claudius Aelianus) 223
Aemilius Paullus (Lucius Ae. Paullus Macedonicus), 353–355
Aeneas 306f., 403, 435, 467, 476, 484, 519f., 595, 598, 612
Agamemnon 32, 36, 88, 104
Agatharchides aus Knidos 288, 293
Agesilaos II., König von Sparta 92, 198, 204
Ägina 123
Agis 350
agon 60, 165
agora 48, 117, 161, 169; der Frauen 161
Agricola 557f., 626
Agrippa 455, 463ff., 471, 478, 492f., 511f., 528, 542, 555f.
Agrippa I., König von Judäa 563

Agrippa Postumus, Sohn des Agrippa 527f.
Agrippina 534, 563
Ägypten 19f., 98, 101, 156f.; griech. Niederlassungen in 46, 49, 99, 134; Hopliten in 96; Persien und 144, 202, 273; Ptolemäer in 268f., 273, 282ff., 291–293, 301f.; Kleopatra und Kap. 39 passim; röm. Provinz 468f.
Ahriman 125
Ai Khanum 284, 296, 301
Aias 65, 491
Aigai (Vergina) 215f.
Aineias Taktikos 195
Aischines 207, 239
Aischylos 147, 149, 154
Akademie, Athen (und Nachahmungen) 223, 232f., 283f., 437, 639
Akragas (Agrigent) 50, 128, 335
Akropolis, Athen 109, 114, 123, 152, 158, 163, 172, 174
Al Mina 44
Albanerberge 585
Alexander I. 214, 277
Alexander III. der Große 18, 24, 31, Kap. 21 u. 22 passim, 633f.; Ähnlichkeit mit Dionysos 68; Bewunderer Homers 31; Grab 268f.; in Troja 259, 267; Tod in Babylon 265, 268; Unterricht bei Aristoteles 235, 254, 263
Alexander IV. 267, 270
Alexandria 20, 69, 235, 240, 255, 260; Bibliothek in 283; Museion in 285, 532
Alexarchos 277

Alexis 241
Alkaios 56, 96
Alkibiades 180, 185, 189, 192f., 242, 315, 381
Alkisthenes 102
Alkman 93
Alkmeoniden 108, 168
Alphabet, griech. 27f., 33f., 49
Amatius 444f.
Amazonen 263, 406
Amestris 274
Amphidromia 207
Amyklai 87
Amyntas III. 212
Anaktoria 98
Anaxagoras 170
Anaximander von Milet 99f.
Anaximenes von Milet 100
Andokides 193
Anthesterien 208
Antigone 18, 22
Antigonos 268f., 273, 275
Antigonos II. Gonatas 331
Antimachos 31
Antinoos 18, 20, 277, 601, 633f.
Antinoupolis 277, 633
Antiochia in Pisidien 555, 569
Antiochia in Syrien 277, 280, 282, 460, 462, 569, 620; Bibliothek in 283
Antiochos III. 347, 351
Antiochos IV. 353, 353, 365f.
Antipater 234, 267ff., 273, 275, 277
Antiphanes 241
Antium (Anzio) 395
Antonia, Tochter des Marcus Antonius 533f., 577
Antonius (Iullus A.), Sohn des Marcus Antonius 489
Antonius (Lucius A.), Bruder des Marcus Antonius 460
Antonius (Marcus A.), Triumvir 327, 424, 426, 431f., 440f., Kap. 38 u. 39 passim, 533, 536, 620
Antyllus 464
Anyte 274

Apama 273
apetairoi 81
Aphrodisias 380, 457
Aphrodite 51, 67f., 209, 240, 458
Apollodor von Damaskus 619f., 632
Apollodor, Politiker in Athen 238f.
Apollon 47, 64, 66, 80, 96, 167, 175; Orakel des 27, 47, 51, 71, 80, 100, 107, 123, 146; Augustus' Tempel für 463
Apollonios 299f.
Apulien 330, 340
Ara Pacis, Rom 519, 582
Arabien 31, 261
Aramäisch 296, 550, 553
Archimedes 289, 333
Archon 108, 147
Areopag 56, 79, 108f., 148f., 566, 632
Argos, Argiver: bei Homer 32, 74, 93; Bürgerkrieg in 202; Hopliten in 74; Sparta und 87, 89, 104, 146
Aristarchos von Samos 284
Aristeas 99, 156
Aristodemos 123
Aristokraten: bei Homer 35f., 57f.; in der griech. Gesellschaft 47, Kap. 3 *passim*, 71–78, 83, 105, 107, 137, 147f., 158f.
Aristokratie (Staatsform) 53, 57, 71, 202
Aristophanes 166f., 182, 191f., 207, 228, 241
Aristoteles 56, 87, Kap. 19 *passim*, 236, 254f., 259, 263, 281, 283, 381, 283, 286, 296, 310, 334, 639; über Sparta 87, 93, 111
Arkadien, Arkader 104, 145, 202, 204, 272, 581
Arkadischer Bund 200, 204
arkteia 209
Armenien 19, 301, 347, 389, 463f., 466, 535, 620f.
Arminius 507
Arpinum 392
arrhephoroi 209
Arrian 255
Artaxerxes II. 198, 202

REGISTER 699

Artemis 93, 209
Arvalbrüder, Priesterkollegium 528
Ärzte 102, 224, 285, 302, 363, 466
Asia, Provinz 375, 409, 434, 626
Asine 87
Äskulap 327
Asoka 304
Aspasia 170f., 176
Aspendos 67
Astarte 343
Astronomie 101, 191, 224, 284, 297
Atheismus 101, 192, 226
Athen: 39; Architektur 230; Bürgerschaft 169, 224f.; Demokratie in Kap. 8 *passim*, 158; kultische Feste *s*. Festkalender; Gesetzgebung in Kap. 8 *passim*, 148f.; Perikles und Kap. 13 *passim*; Perserkriege und Kap. 9 *passim*; als Sklavenhaltergesellschaft 160; Hadrian in 17ff.; Herodot in 158ff.
Athene 64, 94, 152, 323, 174, 182, 203, 209
Äthiopien 34, 245
Athleten 24, 48, 58f., 61, 82, 214, 239, 260, 298, 360, 491, 535
Athos 46, 121, 196
Atlantis 229
Ätna 20, 128, 146, 497
Ätolien, Ätoler 204, 350f., 360
Ätolischer Bund 350f.
Atthis 128
Atticus (Pomponius A.) 392f., 395, 401ff., 429f., 438, 466, 472, 478
Attischer Seebund 144, 146, 149, 172, 199, 237, 248
Audata 215
Augur 324, 394, 605
Augustalia 476
Augustinus 190, 437, 456, 614
Augustus 16, 20f., 223, 269, 324, 453, 477, 490ff., Kap. 43 *passim*; Gesetzgebung Kap. 40 *passim*, 511f.
Augustus-Forum, Rom 520, 555, 598
aulos 57
auspicia 324

Autonomie 21, 106f., 199, 253, 261
Aventin 374
Axiothea 274

Baalbek 555
Babatha 562
Babylon 101, 116, 255, 261, 265, 267f., 270f., 304, 315, 621
Bäder, öffentliche 51, 277, 318, 492f., 555-558, 609, 619, 635; *s.a.* Thermen
Bagoas 263, 266
Bakchiaden 52, 56
Baktrien 271, 301, 304
Bar Kochba 634
Barbaren 20, 99f., 124ff., 133f., 149, 213f., 231, 255, 266, 269, 342, 466, 502
Barkiden 335
Barnabas 569
Bataver 576
Bath 558
Belagerung(-stechniken) 177, 206, 216, 258, 272, 274, 294, 325, 336, 459, 621
Benevent 331, 343
Berenike 585
Bergbau(-techniken) 142, 160, 556
Berytos/Berytus (Beirut) 555f.
Bestattungsrituale: griech. 58, 114; röm. 322, 443, 515
Bethlehem 566
Bibliothek 18, 235, 283f., 354, 395, 437, 554, 619, 627
Bibulus (Marcus Calpurnius B.) 409f., 412
Bildhauerei *s*. Skulptur
Biologie 228ff.
Bithynien 320, 357, 380, 573
Blutsport (Gladiatorenkämpfe, Tierhetzen) 494, 496, 553, 555, 619, 636
Boiotien, Boioter 58, 70, 98, 204, 211
Boiotischer Bund 200, 204
Bononia (Bologna) 352, 450
Borysthenes 18
Botanik 299
Brahmanen 254, 295

Brauron 209
Brecht, Bertolt 166
Brescia 601
Britannien 19, 255, 472, 509, 547; Caesar in 405, 417; Kaiser Claudius in 532
Bruderschaften s. Phratrien
Brundisium (Brindisi) 428, 445, 460
Brunt, Peter 522
Brutus (Decimus Iunius B. Albinus), Mitverschwörer gegen Caesar 444, 447 f.
Brutus (Lucius Iunius B.), erster Konsul der röm. Republik 438
Brutus (Marcus Iunius B.), Caesarmörder 424, 438, 441 f., 444–449, 456, 466
Buddha, Buddhismus 304
Bukephalos 260, 435
Bundesversammlungen, Athen 204
Burckhardt, Jacob 61, 139, 237, 241
Bürgerkriege, röm. 327, Kap. 35 u. 36 passim, 427, 429, 434 f., 439, 480 f., 580
Bürgerrecht 48, 50, 113, 212, 237 f., 286, 290, 307, 373, 376, 433, 481, 484, 501, 503 f., 506, 551 f., 560 ff., 570, 572, 601, 607, 637
Burrus 534
Byblos 156

Cádiz (Gades) 340, 407, 435
Caelius (Marcus C. Rufus) 391, 394, 414, 424, 426 f.
Caenis 577 f., 581
Caere (Cerveteri) 319
Caesar (Gaius Iulius C.) 299; Kap. 34–36 passim, 441
Caesarea 569
Caesarion 432, 458, 462, 464, 466
Caligula, röm. Kaiser 500, 530, 536 f., 539, 578
Calpurnia, Frau Caesars 431
Calpurnia, Frau Plinius' d. J. 610
Campus Martius (Marsfeld) 326, 369, 381, 444, 464, 603

Cannae (Schlacht) 338, 340–346, 353, 355, 368
Capri 530
Capua 318 f., 341, 344, 383, 509
carceres 493
Carthago Nova (Cartagena) 336
Casius (Dschebel el-Akra) 277, 620
Cassius (Gaius C. Parmensis) 441, 444 ff., 448 f., 456, 585
Cassius Dio 616, 622
Catilina 398, 402, 408
Cato (Marcus Porcius C. Censorius), d. Ä. 322, 359, 363 f., 367, 390, 393, 557, 602, 631
Cato (Marcus Porcius C. Uticensis) d. J. 390 f., 409 ff., 413, 415, 417, 419, 438; Selbstmord 432
Catull 423, 424
Caudinische Pässe (Schlacht) 315
Celadus 592
centuria 136
Ceres, Tempel für 325
Chaironeia (Schlacht) 218, 249
Chalkidike 46, 196
Chalkis 141
Chandragupta 270, 304
Chanel, Coco 23
Charmides 193
Charmion 466
Chios 32, 55, 155, 167, 170, 261, 431, 538
Christentum, Christen 69, 447, 497, 563, Kap. 48 u. 53 *passim*, 629, 634, 640; bei Tacitus u. Sueton 624, 629
Cicero (Marcus Tullius C.) 223, 322, 382, 389 ff., Kap. 34–36 u. 38 *passim*, 470, 472, 479, 487, 496, 517, 542, 551, 589
Cicero (Quintus Tullius C.), Bruder des Marcus 397, 401
Cincinnatus 318
Cinna (Cornelius C.) 378, 382, 406
Circus Maximus, Rom 464, 493 ff., 499, 520, 555
Civilis, german. Fürst 576
Claudius, röm. Kaiser 494, 499,

531–534, 536–538, 540, 543, 559 f., 563, 570, 583, 610, 627 ff.
Clodia 396, 424
Clodius (Publius C. Pulcher) 396, 399 f., 411 f., 415 f., 418, 421, 424 f., 433, 436, 452
Collinisches Tor (Porta Collina) 379
Colosseum, Rom 495, 498
Commodus, röm. Kaiser 500
Comum (Como) 601, 609, 611
Conimbriga 556
consulta 313
Cornelia, Frau des Pompeius 388
Cornelius Balbus (Lucius C. Balbus Minor) 403
Cornelius Gallus s. Gallus
Cornelius Tages 598
Corpus Hippocraticum 206
Crassus (Marcus Licinius C.) d. Ä. 387, 399 ff., Kap. 35 u. 36 *passim*, 439, 539
Crassus (Marcus Licinius C.) d. J. 471 ff.
Cumae (Kyme) 45, 50
Curio (Gaius Scribonius C.) 420
Curius Dentatus 318, 363

Dakien (Provinz Dacia) 417, 439, 617 ff., 621
Damon 170
Dareios I. 104, 117 ff., 150, 253, 258, 274
Decebalus 617 f.
Decius Mus (Publius D. Mus) 225
deditio 319
Dekarchie 178, 193
Dellius 466
Delos 64, 96
Delphi: Orakel des Apollon 27, 31, 47, 71, 73, 87, 107, 124, 146, 188; bronzener Wagenlenker 145; Heiliger Krieg 71, 82; Pythische Spiele 82, 125, 148; Schatzhäuser in 132 f., 203, 217; Votivgaben 123
Demaratos 136
Demarchen 108

Demen 108, 114, 159, 238, 243, 286, 323
Demeter 64, 67, 326
Demetrios aus Phaleron 235, 241, 283
Demetrios, Sohn des Antigonos 268 f., 272, 274 f.
Demokratie 53, 71, 88, Kap. 8 *passim*, 119, 131, 147, 150, Kap. 12 *passim*, 192, 196, 202 f., 221, Kap. 19 u. 20 *passim*, 357, 368, 421 f., 500, 522, 549, 551, 575, 628, 638
Demokrit von Abdera 155
dēmos 81, 87, 107
Demosthenes 22, 206 f., 243, 248 ff., 330, 350, 398
denarius 344
Dialekt 32, 43; homerischer 32, 96; ionischer 32, 96; makedonischer 214, 266, 272
Diaspora, jüd. 563 f., 568
Dictator 318, 345, 379 f., 403, Kap. 37 *passim*, 472, 479
Didyma, Orakelstätte des Apollon 47, 71, 100, 273
dignitas 403
Dikaiopolis 207
Diocles (Gaius Appuleius D.) 493
Diokletian, röm. Kaiser 493
Dion, Onkel Dionysios' d. J. 232
Dion, Stadt in Makedonien 215
Dionysien 147, 240, 633
Dionysios d. Ä. 223, 232
Dionysios d. J. 223 f., 232
Dionysos 64, 68, 75, 86, 240, 254, 303 f., 326, 457, 459, 462, 465, 467; kultische Feste für 75, 159, 164; in Euripides' *Bakchen* 182, 216; Ptolemäer und 281 f., 286
Dionysostheater, Athen 147, 216
divisores 385
Dodona 63, 71
Dolabella 395, 436
Domitian, röm. Kaiser 491, 493, 495, 499, 508, 562, 584–587, 600, 613, 617, 624, 626

Domitilla 577
Domitius Ahenobarbus 416f., 466
Donau 104, 214, 218, 439, 505, 617, 619
Doppelkönigtum, Sparta 85, 89
Dorieus 105, 133
Drakon 79
Drama s. Komödie; Pantomime; Tragödie
Dreißig Tyrannen, Herrschaft der 193
Dreros, Gesetzgebung 78
Druiden 574, 576
Drusus d. Ä., Sohn der Livia, Feldherr in Germanien 514, 516
Drusus d. J., Sohn des Tiberius, adopt. Enkel des Augustus 527
Dschebel el-Akra s. Casius
Duketios 146
Dunbabin, T. J. 130
Dura 280
Duris von Samos 315
duumviri 595

Ebro 336, 339
Egnatius Rufus 475
Ehebruch 68, 477, 485ff., 520f.
Eheschließung: Christen 572, 610; griech. Aristokraten 53, 61, 98, 145, 173; Indien 303; Makedonien 262, 274; Rom 136, 311, 395, 436, 438, 460, 477, 481, 485, 535; Sparta 91, 98
Einhard 625
Einwohnerzahlen 19, 50, 232, 238, 280, 339, 415, 517, 589
Elamiten 115
Elbe 507
Elchasai 621f.
Elea 133
Elefanten/Kriegselefanten 230, 254f., 288; Alexander und 264, 271f., 303; Aristoteles über 234; Hannibal und 339–345, 354; Pyrrhos und 329ff., Römer und 354, 390, 417, 494, 496, 532
Elegie 96, 456, 586
Eleusinische Mysterien 162, 164, 192, 633
Elis 56, 297

Elysische Gefilde 64
Emerita (Mérida) 495, 555f.
Emporion (Ampurias) 49
Ennius 360
Epaminondas 200f., 204
ephebophilia 58
Ephesos 42, 101, 119, 457, 470
Ephoren 88f., 91
Epidemien 155, 186; s. Krankheiten; Seuchen
Epidemika 155
Epiktet 638f.
Epikur 20, 274, 297, 441
Epikureer 297, 632, 639
Epirus 204, 212, 329, 332, 355
Epos, Epen: Homerische Kap. 1 *passim*; Götter in den 49; lat. 360, 424, 478; s. Ennius; Lukrez; Vergil
equites 375; s. Ritter
Erasistratos aus Iulis auf Keos 285
Eratosthenes von Kyrene 284
Erechtheion, Tempel auf der Akropolis, Athen 163
Eretria 120
Erianthos 198
Erinna 97
Ernährung/Essgewohnheiten 51, 86, 124, 150, 290, 298, 300, 387, 420, 469, 492, 502, 556, 559, 590, 593, 635
Erziehung/Ausbildung 56f., 90f., 258, 334, 367, 484
Esquilin 540, 620
Esra 116
Etrurien 340, 398
Etrusker 49, 51, 99, 103, 134ff., 306, 324, 493, 532
Euböa, Euböer 44f., 49, 55, 114, 120, 122, 135, 182, 217, 248
Eudoxos aus Knidos 197
Euenios 167
Euklid 284
Eumachia 598
Eumenes, König von Pergamon 352
Eumenes, Sekretär Alexanders d. Gr. 267f., 272

eunomia 88
Eupatriden 52 ff., 56
Euphrat 253, 280, 542, 617, 620
Eupolis 167
Euripides 154, 167, 182, 214, 216, 240, 300 f.
Eurydike, Frau Amyntas' III. 212
Eurydike, Frau Philipps II. von Makedonien s. Kleopatra
Eurymedon 144
Evangelien Kap. 48 *passim*

Fabius Eupor 598
Fabius Maximus (Paullus F. Maximus), Senator 527 f.
Fabius Maximus (Quintus F. Maximus Cunctator), Konsul 336 f., 344 f.
Fabius Pictor 360
Faesulae (Fiesole) 379, 482
fasti 310
Favorinus 306
Fayyum 293, 299 f.
Felix, Statthalter von Judäa 563
Festkalender: Athen 67 ff., 79, 163, 237; Makedonien 214, 270, 301; Rom 310, 324, 326 f., 410, 433, 503; Sparta 181
fetiales 328
Flamininus (Titus Quinctius F.) 357
Flavier Kap. 50 *passim; s.* Vespasian; Titus; Domitian
Flora, Gefährtin des Pompeius 388
Flora, Göttin 327
Flotte 83, 120 ff., 128, 144, 160, 180 ff., 201, 263, 334, 343 f., 389, 451, 456, 465
Forum (Romanum) 135, 322, 326, 341, 380–385, 395, 397, 407 f., 410, 418, 425, 434 f., 438, 442 ff., 452, 470, 477, 495, 497, 531; *s.a.* Augustus-Forum; Trajans-Forum
Forum Boarium 343
Frauen: Aristoteles über 231; in der griech. Gesellschaft 35, 55, 67 f., 97 f., 106, 111, 113, 132, 161–164, 175 f., Kap. 17 *passim*; Platon über 228; in der röm. Gesellschaft 311, 318, 322, 325, 341, 343, 348, 424 f.
Fregellae 376
Freigelassene 367, 384, 415, 417, 421, 433, 481, 484 f., 519, 532 ff., 546, 563, 570, 592–599, 622
Freilassung von Sklaven 307, 483, 493, 561, 592
Frontinus 587
Fronto 16
Fulvia 424, 448, 451, 459
Fulvius Nobilior 360

Gabentausch 62
Gabinius (Aulus G.) 458
Gaius Caesar 514
Gaius s. Caligula
Galba, röm. Kaiser 575 f.
Galiläa 564, 566 ff., 571
Gallien, Gallier 220, 294, 339 f., 342 f., 372, 405, 409, 411 ff., 416, 423, 425–427, 429, 456–463, 472, 519, 533, 547 f., 552 f., 556, 559 f., 576 f., 593, 626
Gallio 569 f.
Gallus (Gnaeus Cornelius G.) 468
Ganges 254, 303 f.
Ganymed 66
Gärten/Parks 61, 117, 209, 240, 297, 299 f., 333, 387, 424, 443, 518, 534, 540, 571, 586, 590, 593, 596, 612 f., 639 f.
Gegenseitigkeit; bei Homer u. Hesiod 62; in Gebeten 70
Gela 131
Gellius (Aulus G.) 306, 359
Gelon 127 f.
genē 54
gentes 135
Geographie 263, 266, 347, 395, 542
Germanicus 530, 536
Germanien, Germanen 17, 20, 417, 505 ff., 509, 550, 577, 584, 587; Tacitus über 626
Gerusie 87 ff.

Geschichtsschreibung 21, 31, 155
Gesetzgeber Kap. 5 *passim*, 86f., 90f., 106, 142, 179
Gesetzgebung 84–92, 136ff.; s. Lykurg; Moses; Solon; Zwölftafelgesetz
Gessius Florus 564
Getreide 49, 99, 149, 290, 292, 375, 390, 398, 408, 415f., 433, 518, 547f., 593
Getty Museum 284
Gibbon, Edward 606, 628
Gladiatoren(-kämpfe) 383, 407, 417, 420, 435, 470, 494f., 498ff., 520, 636
Glaphyra 458
gliraria s. Haselmäuse
Gloucester 509
Gongyla 98
Gortyn, Gesetzestafeln 80f.
Götter: griech. 52, Kap. 4 *passim*, 86, 181f., 189, 191, 193, 209, 259, 264, 282, 303; bei Herodot 157, 184f.; Gerechtigkeit bei 65, 175, 185; röm. Kap. 27 u. 53 *passim*
Grabbau 61, 103, 126, 594; s. Mausoleum
Gracchus (Gaius Sempronius G.), Tribun 369, 374, 376, 379f., 398
Gracchus (Tiberius Sempronius G.) d. Ä., Feldherr 343
Gracchus (Tiberius Sempronius G.) d. J., Tribun 374, 376
Granius Marcellus 612
gravitas 322
Griechen, Griechenland 16, 25, 27, 32, 42, 50, 52f., 82, 104, 132; Sprache 18f., 49, 87, 238, 296, 300ff., 330, 341, 359, 388, 393, 399, 584, 595, 606
Große Rhetra 87, 89, 104
Großgriechenland s. Magna Graecia
Gyges 73f., 100, 167
Gymnasion 59, 208, 298, 464, 554

Hades 63, 639
Hadrian, röm. Kaiser 7, 15–24, 42, 52, 179, 509, 530, 542, 552, 616–623; Adoption 622; in Athen 20, 168, 188; in Kyrene 51; in Sparta 85; literar. Vorlieben 31; auf Sizilien 19f., 128; *s.a.* Villa Hadriana
Hadrianopolis s. Karthago
Hadrianswall 19, 506
Halikarnassos 155, 506
Haloa 67
Hamilkar Barkas 128
Handel, Händler 48, 62, 134, 150, 230, 248, 349, 553
Hannibal 330, 334, 336, Kap. 29 *passim*, 350, 353, 411
Hanno 334
Hansen, M. H. 110
Hanson, Victor 122
Haselmäuse (Delikatesse) 420
Heilige Schar 201
Heiliger Krieg (357 v. Chr.) 71, 80, 82, 217
Hekataios von Abdera (Teos) 302
Hekataios von Milet 99, 156
Hekate 70
Hektor 27, 30, 35
Helena 36
Hellenisierung 360f.
Hellespont: Seeschlacht 183; Überquerung 121
Heloten 85, 88, 91, 93, 124, 145f., 148, 180
Helvetier 414
Helvidius 583, 605
Helvius Sabinus 595
Hephaistion 18, 259, 263, 280, 633
Hephaistos 36
Hera 57, 97, 323
Herakleia (am Schwarzen Meer) 233
Herakleia (in Süditalien) 133, 330
Herakles 65, 82, 133, 208, 254, 296, 303, 490
Heraklit von Ephesos 101
Herbstastern (ländl. Opfergabe) 323
Herculaneum 588f.
Hestia 48, 310, 325, 478
Herme 65, 192
Hermes 58, 61

Hermias 224
Hermotimos von Chios 167
Herodes Agrippa 583
Herodes Antipatros 566
Herodes der Große 455, 458, 562ff.
Herodot 31, 103f., 155–163, 165, 167, 184–187, 301f., 304, 354, 362, 520, 633f.; über Kyros' II. Tod 116; über die Perser 115f., 118, 121; über Themistokles 126
Heroenkult 64
Herophilos von Chalkedon 285
Hesiod 33, 35, 45f., 63; über die Aristokraten 55, 77; über Hekate 70; über das gerechte Gemeinwesen 62, 72
hetaireiai 76
Hetäre 60, 75, 162, 210, 245, 274f., 361
Hexameter 32, 71
Hieron II. 332f., 345
Hieron 128
Hieronymos von Kardia 332
Himera 128
Hindukusch 234, 254
hippeis 90, 123
Hippias von Elis 191
Hippodamos aus Milet 196f.
Hippokrates von Chios, Mathematiker 155
Hippokrates von Kos, Arzt 102
Hippokratischer Eid 102
Hippolochos 298
Hippolytos 300
Histiaios 104
historíē 155
Homer 7, 16, 18ff., Kap. 1 passim, 38, 43, 49, 52, 57f., 88, 125f., 160; Dialekt 32, 96; Gabentausch 62; Götter 63–66, 77; Jenseitsvorstellungen 63; Rhetorik 56; Wettkämpfe 57ff.; über Barbaren 125
homo novus 386, 392, 480, 539
Homoerotik: in der griech. Gesellschaft 18, 58f., 105; Platon und 226; bei den Römern 361, 434

homoioi 91f.
Hopliten 73ff., 77, 79, 81, 96, 131, 134, 142; bei Marathon 120ff.; Spartaner und 86, 88f., 93, 120ff., 180
Horaz 456, 467, 474, 477f., 480, 487f., 512, 517
Hortensius 387
Hyazinth 66
hybris 84
Hyginus 471

Iberische Halbinsel/Spanien 17, 42, 99, 336, 338, 346, 350, 437, 451, 471ff., 505, 516, 541, 552, 560, 575, 593, 616, 635
Ideenlehre 225
Ilias Kap. 1 passim, 84, 88, 259, 333
Ilion s. Troja
Illyricum, Provinz 411, 416, 425f.
Illyrien 215, 218, 507
Imperator 464, 469, 502, 529, 531
Indien 68, 273, 282, 295f., 303f., 368, 616, 621
Indus 234, 255, 263
Ion von Chios 170
Ionien, Ionier 74, 94, 191, Kap. 7 passim, 117; Architektur 97; Dialekt 32, 96; pers. Eroberung 133
Ionischer Aufstand 119
Iras 466
Irland 553
Isagoras 109
Ischia 44f.
Isokrates 197, 301
isokratia 145
isonomia 107
Isthmische Spiele 82, 125, 351
Italica, Heimatstadt Hadrians 554
Ithaka 45

Jagd 17f., 57, 59f., 65, 117, 158, 221, 300, 365, 367, 509, 613, 615, 634f.
Jahwe 116, 564
Janus 321, 323

Jason 204, 241
Jerusalem 389, 530, 563 f., 567, 569 f., 573, 634
Jesus Christus 547, Kap. 48 passim
Judäa 365, 389, 462, 547, 550, 560, 562–567, 577, 582 f., 634
Juden 116, 302, 365, 389, 432, 456, 530, Kap. 48 passim, 577, 581, 587, 621, 627, 634
Judenfeindlichkeit/-hass 302, 514, 520
Julia, Enkelin des Augustus 521
Julia, Tochter Caesars, Frau des Pompeius 411, 417 f., 435
Julia, Tochter des Augustus 488, 514, 520
julisch-claudische Dynastie 514 ff., Kap. 45 passim, 574
Jüngstes Gericht 573
Juno 310, 323, 343, 555
Jupiter-Tempel, Rom 325, 564, 581, 586
Juvenal 16

Kadmos, myth. Gründer Thebens 201
Kadmos, Tyrann von Kos 133
Kalanos 303
Kalē Aktē 146
Kalender 48, 67 ff., 163, 181, 214, 310, 324, 410, 433, 496, 541; s.a. Festkalender
Kallias 172, 191
Kallimachos, Bildhauer 214
Kallimachos, Dichter 235
Kallisthenes 233
Kamarina 130 f.
Kandahar 295, 300
Kapitol 310, 325, 328, 341, 375, 407, 432, 438, 442, 444, 446, 482, 512, 634
Kapitolinische Spiele 491
Kappadokien 373
Karien, Karer 74, 119, 125
Karl der Große 625
Karneades 364
Karthago, Karthager 20 f., 45, 99, 103, Kap. 10 u. 11 passim, 179 f., 262, 267, 315, 331–338, 344 ff., 352, 355 ff., 364, 433, 494, 497; Belagerung u. Zerstörung 364, 369, 375; Hadrianopolis 20
Kaspisches Meer 117, 263
Kassander 268, 275, 277
Kaukasus 234
Kekrops 163
Kephisodot 239 f.
Kerkyra (Korfu) 178
Kilikien 291, 402, 622
Kimmerer 100
Kimon 146 ff., 157, 183
Kineas 296, 330, 343
Kirche, römisch-katholische 323, 626
Kirke, Zauberin in der Odyssee 30
kíthara 60
Kition 144
Klaros 71
Klassik/Klassizismus 15 ff.
Klearchos, spartan. Heerführer 84, 182
Klearchos, Tyrann von Herakleia am Schwarzen Meer 233
Kleisthenes Kap. 8 passim, 131, 147 f., 159, 168 f., 174, 202, 238
Kleitos, der »Schwarze« 263
Kleomenes 139, 350
Kleonai 82
Kleopatra (Eurydike), Frau Philipps II. 215 f.
Kleopatra VII. 439, Kap. 39 passim, 494, 583
Kleopatra, Schwester Alexanders 269, 273
Klytämnestra 274
Knidos 197, 240, 523
Kollegien/Clubs, Rom 404, 415, 433, 445, 484, 518, 546, 606
Kolonien: griech. Kap. 2 passim, 87, Kap. 10 passim, 178, 229, 332, 433; phöniz. 128, 134; röm. 280, 316, 349, 352, 379, 498, 502, 521, 555 f., 569, 582
Kolophon 97
Komödie 147, 154, 160, 166 f., 191 f., 224, 239, 241, 274, 360 f., 612
komoi 75

Königliche Pagen 259, 263
Königliche Schildträger 220, 255
Königliche Waffenbrüder 220f.
Königsfriede (386 v. Chr.) 199
Konsul 310f.
kottabos 60, 132
Kopaissee 556
Korinth 49, 52f., 72, 82f., 89, 106, 122, 136, 142; Feind Spartas 219, 247; Paulus in 569f.; Revolution in 72; Tyrannis in 78, 82f., 89, 105; Verbündeter Spartas 146, 178–181, 183; Zerstörung 366
Korsika 134
Kos 102, 133, 276
Kotys 233
Koumi (Kyme) 44
Kourion 119
Krankenhaus 509, 592
Krankheit 155, 206
Krateros 267, 274
Kratinos 166f.
Kreta 32, 44, 78, 80f.
Kreuzigung 567f., 637
Krim, griech. Kolonien 49, 99, 149, 246
Kritias 193
Kroisos 93, 100
Kroton 133
Ktesiphon 620f.
Kultfeste: griech. 34, 67f., 93, 163, 181; 237f.; röm. 327, 478, 491, 503
Kurupedion 117, 273
Kybele 343
Kyme s. Cumae
Kyme, auf Euböa s. Koumi
Kynnane 215
Kynosarges 208
Kynoskephalai (Schlacht) 351
Kyrene 38, 46, 50f., 105f., 134, 175, 296, 564, 621
kyrios 161, 210
Kyros d. J. 198
Kyros II. der Große 100, 104, 116f., 258; Tod des 116; über die *agora* 117
Kythera 121

Laberius 435
Laertes 7, 30, 35
Lamia 274
Lange Mauern Athen–Piräus 149, 172, 180, 183, 218
Laren 519
Larnaka 45
Latein 18f., 138, 319, 360, 367, 393, 399, 405, 552ff., 595, 598, 611
Latiner 342, 561
latinisches Recht 561f., 582
Latium 18, 299, 346
Lavinium 306
Leichenspiele, Rom 435, 445, 484
leiturgia 151, 240, 561
Lentulus (Lucius Cornelius L. Crus) 426
Lepidus (Marcus Aemilius L.) 382, 389, 450, 468, 519
Lesbos 82, 98, 230, 638
Lese- und Schreibfähigkeit 49, 111f., 169
Leukas 465
Leukipp 155
Leuktra 200, 203
Levante, Levantiner 34, 44f., 115, 128, 134f., 280; s. a. Phöniker
Lex Hortensia 320
Libertas, Tempel für 343, 374f., 400, 437
Libyen 44, 46ff., 99, 105, 133f., 156f., 259, 268, 304
Liebesgaben 59, 158
Lincoln 509
Lindos 94
Literatur: aramä. 296; griech. 15f., 19, 34, 56, 166, 197, 302; röm. 316, 360, 393, 456, 517
Livia 461, 469, 514ff., 528, 533, 538
Livius Drusus (Marcus L. Drusus) 461
Logik 100, 229
Lokroi 175, 211, 332
Losentscheid 111f.
Lucca 416
Lucius Caesar 522
Lucretii Valentes 598
Lucullus 387, 389f., 412
Lukan 552

Lukanien, Lukaner 319
Lukrez 424
Luperkalien 326f., 440
Luzerne 150
Lydien, Lyder 68, 73f., 73f., 93, 97–100, 273
Lykeion/Lyceum 188, 223, 639
Lykurg 86, 90
Lyon (Lugdunum) 533
Lyra 60
Lyrik: griech. 60, 96ff.; röm. 467, 477, 603
Lysander 139, 182f., 197f.
Lysias 162
Lysimachos 268, 272f., 275

Mäander 101
Macedo 609
Macer (Licinius M.) 386
Maecenas 455, 468, 492
Magna Graecia/Großgriechenland 130, 132, 319, 332
Magnesia (Schlacht) 351
Mago 341, 347
Maharbal 341
Mailand 601, 614
Makedon 215
Makedonien, Makedonen 13, 46, 68, 182, 196f., 212, Kap 18 *passim*, 224, 230, 233, 236, 243, 249, Kap. 21 u. 22 *passim*, 312, 329, 331f., 349–361, 365, 370, 444, 473f., 631, 637
Makkabäeraufstand 365
Malerei 103, 332f.
Mänaden 68, 281
Mani 622
Manlius 310, 314
Mantineia (Schlacht) 201
Marathon (Schlacht) Kap. 9 *passim*, 147, 169
Marbod 507
Marcellus (Marcus Claudius M.), Konsul, Gegner Caesars 435
Marcellus (Marcus Claudius M.), Neffe des Augustus 473f., 500

Marcellus (Marcus Claudius M.), Prätor, Feldherr 344f.
Marciana 618
Marcus Antonius s. Antonius
Marius (Gaius M.) 377f., 382, 392, 406f., 425, 427, 445
Mars (Ultor) 323, 326; Tempel des 435, 519f.
Marsfeld s. Campus Martius
Martial 490, 498, 552, 613
Marx, Karl 92
Masinissa 345
Massalia (Massilia, Marseilles) 49, 99, 297, 315
Mastarna s. Servius Tullius
Mathematik 155, 191, 197, 224, 289, 388
Mausoleum: des Augustus 470; des Hadrian 470, 636; der Kleopatra 466; des Ptolemaios IV. 268
Meder 118, 121 medisches Gras s. Luzerne
Medizin 102, 186, 284f., 583
Megakles, 141, 148
Megalopolis 200, 280, 365
Megara, Megarer 107, 146, 172, 178ff., 431, 457
Megasthenes 295, 303f.
Melanthios 120
Melanthos 120
Meletos 193
Melos 177
Memnon 34
Memphis 116, 268, 287, 300
Menander, Komödiendichter 241, 297, 426
Menander, König von Baktrien 304
Menelaos 36
Menschenopfer 334, 560
Mesopotamien 198, 277, 301, 616, 620ff.
Messalina 534, 538, 540
Messenien, Messenier 82, 87, 89, 91, 93, 146, 179, 200
Messias 566, 568ff., 634

Messina (Messana) 332
Metapont 113, 196
Metaurus 345
Metellus 387
Metöken *(metoikoi)* 39, 110, 238, 246
Milet, Milesier 42, 47, 49, 99 ff., 103, 106, 170
Milo 394, 418
Miltiades 147, 169
Mimus (Posse) 435, 491, 498
Minerva 323, 381, 555, 575, 586
Misenum, Kap 461
Mithridates VI. Eupator 372 f., 378, 383, 389, 407, 432
medismos 142, 147
Minoische Kultur 32
monarchoi 72
Mont Cenis, Pass über 339
Moschion 241
Moses 302
mothakes 85
Mucian 94
Munda (Schlacht) 436
municipium 560
Münze 17, 92, 97, 145, 290 f., 306, 340, 373, 375, 391, 438, 441, 446, 457, 464, 514, 516, 549, 567, 575 f., 579, 582, 586 f., 619, 634
Musen 64, 66
Mutina (Modena) 448, 460
Mykale, Vorgebirge 119; Seeschlacht 120, 124
Mykene/mykenische Kultur 32 f., 38, 43, 53; Paläste 32 f., 38, 42; Schrift 32
Myriaden (Bundesversammlung der Arkader) 200, 204
Myrto 274

Napoleon 338, 628
Nationalsozialisten 92; und Tacitus 626
Naukratis 49, 51
Neaira 210 f.
Neapel (Neapolis)/Golf von Neapel 44, 50, 133 f., 171, 315, 318, 341, 383, 411, 420, 445, 475 f., 531, 589

Nearchos 260
Neleiden 53
Nemeische Spiele 82
Nero, röm. Kaiser 492, 499 f., 503, 534-539, 575-587, 598, 601, 611, 625
Nerva, röm. Kaiser 586 f., 604 f.
Nestos 217
Neuplatonismus 226
Nikias 31, 184
Nikodemos 406, 434
Nil/Nildelta 19, 46, 49, 51, 101, 281, 291 f., 333, 431 f., 463, 596, 633
nobiles 322
Nordafrika: griech. Kolonien 46, 99, 134, 262; röm. Kolonien 19 s. Karthago
Nubien 291, 293
Numidien, Numider 340, 345
Nysa, Berg 281

Octavia, 1. Frau Neros 536
Octavia, 2. Frau des Marcus Antonius 455, 460-464
Octavian s. Augustus
Odeion/Odeon, Athen: des Perikles 174; des Agrippa 555
Odyssee 7, Kap. 1 *passim*, 38, 160
Odysseus 7, Kap. 1 *passim*, 43, 45, 49, 56, 84, 635, 637
Oktoberpferd, röm. Ritus 440
Olbia 95
Oligarchie 109, 114, 142, 145, 152 f., 165, 179, 183 f., 202, 230, 235, 237, 350, 368, 422, 522
Olymp 52, 64, 119
Olympia 92, 125; Votivgaben 132 f.
Olympias, Mutter Alexanders 216, 259, 273 f.
Olympische Spiele 57 f., 82, 147, 214, 217, 491
Olympos, Arzt 466
Olynthos 196
Opfer(rituale) 56, 67, 70, 125, 131, 137, 165, 181, 203, 255, 325 f., 334, 439, 482, 503, 549, 560, 621
Opimius 369, 376

Oplontis 599
Orakel(stätten) 20, 27, 63, 65, 71, 80, 107, 117, 124, 157, 188, 203, 364, 273, 315, 326f., 511, 577
Orchomenos, in Böotien 115, 206
Orest 104f., 182
Oropos 284
Orpheus 7, 131
Osiris 633
Oskisch 595
Ostia 135, 499, 533
ostraka 11, 141, 147
Ostrakismos 111f., 141, 146ff., 151, 169, 242
othismos 75
Otho, röm. Kaiser 575f.
Otranto, Straße von 44
Ovid 467, 477, 488, 505, 605
Oxos (Amur Darja) 115f., 217, 284, 296, 301

Päderastie 118, 226
Paestum 133, 307, 332
Paläste: ägypt. 281; makedon. 214f., 281, 354; minoi. 32; myken. 32, 34, 38, 42; pers. 102f., 254; röm. 515, 531, 585f., 630; auf Zypern 274
Palatin 326, 395, 400, 470, 478, 512, 515, 531, 585, 613
Palimbothra 303
Pallas 563
Panathenäen 239
Pandora 35
Panegyrik 603f.
Panhellenion 15, 18, 632
Panhellenische Spiele 491
Panhellenischer Bund (unter Philipp II.) 219, 253
Panhellenischer Kampfbund (Symmachie) 122, 144
Panionion 119
pankration 57
Pantheon, Rom 478
Pantomime 490f., 498, 537
Paphos 119, 274

Papyrus 95, 98, 126, 284, 288, 292, 508
parasitos 245, 459
Parentalia 327
Parilia 326, 437
Paris, trojan. Prinz 36
Parmenides 154
Parmenion 253
Parthenon, Athen 152, 155, 163, 174
Parther 418, 439, 460–463, 465, 505, 520
Pasakas. 198
Pasion 238
pater familias 136, 396, 593
Patrizier 136, 310, 312, 319f., 326, 372, 403, 406, 586
Patroklos 27, 30, 63, 68, 259, 263
Paulus, Apostel 108, 563, 566, 569–572, 608ff.
Pausanias, spartan. Feldherr 124ff., 139, 145
Peisistratiden 107
Pella 213f., 216, 354
Peloponnes 57, 121, 145, 172, 179, 234, 350
Peloponnesischer Bund 145f., 178
Peloponnesischer Krieg 170, 172, Kap. 14 *passim*
penates 325
Penelope 30, 34
Pentheliden 53
Perdikkas 266–269, 273
Pergament 284
Pergamon 284, 343, 352, 374f.
Periander 78, 105
Perikles 18, 21, Kap. 13 *passim*, 180f.; Gefallenenrede 161, 164, 168; Kriegsstrategie 180ff.
perioikoi (Periöken) 85, 88, 181
Peripatetiker 223
Persephone 67
Persepolis 102f., 258
Perserkriege Kap. 9 *passim*, 144f., 164, 520
Perseus, König von Makedonien 353f.
Persien, Perser 100f., 114, 128, 133, 172

Perusia (Perugia) 459f.
Petra 585, 620
Petronius 539, 597f., 601
Pferd 18, 46, 50, 53ff., 58, 121f., 124, 131f., 150, 159f., 172, 182, 198, 225, 254, 260, 289f., 326, 340, 348, 426, 435, 440, 493, 509, 555
Phaedimus 622
Phalanx 73, 75, 88f., 93, 142, 180, 316, 354
Phalaris 78
Pharos, Leuchtturm vor Alexandria 283
Pharsalos (Schlacht) 431
Pheidon 74
Pherenikos, preisgekröntes Rennpferd 58
Phidias 174, 240
Phila 273
Philadelphia, Stadt in Ägypten 293
Philipp II. 10, 196, 199, 212, Kap. 18 passim, 223, 233f., 287, Kap. 21 passim, 271, 275, 287, 312, 316, 350f.
Philipp III. Arrhidaios 265, 270, 274
Philipp V. 341, 349ff.
Philippi/Philippoi 217, 569; Schlacht 456f.
Philippopolis (Plovdiv) 220
Philonides 319
Philosophie 100, 133, 154f., 179, Kap. 15 u. 19 passim, 197, 295, 388, 393f., 424, 437, 441, 583, 587
Phokaia 99, 103
Phokis, Phoker 217
Phönizier 45, 49, 121, 128, 144; Kolonien 128, 130, 134; Schrift 49
Phratrien 54, 65, 76, 159, 208f., 238
Phrygien, Phryger 49
Phyle 43, 106, 108, 113, 136, 159, 238
Piacenza (Placentia) 340
Piazza Armerina 497
Pindar 127f., 130, 147, 214
Piraterie 62, 349, 387, 406f., 461
Piräus 196, 200, 247, 378
Pittakos 82
Planasia 527
Plancus (Titus Munatius P.) 466

Plataiai (Schlacht) Kap. 9 passim, 177, 201, 206
Platon 7, 69, 85, Kap. 15 passim, 197, Kap. 19 passim, 236, 259, 284, 289, 301, 635, 639; über Kulte 69; über Perikles 170f.; von Sparta beeinflusst 85
Plautus 360f.
plebs 137, 313, 319, 325f.
Plinius d. Ä. 290, 477, 505, 588f., 600
Plinius d. J. 482, 580, Kap. 52 u. 53 passim, 616ff., 624ff., 628f., 633, 637f.
Plotina 622
Plutarch 242, 253, 289, 329, 369, 455
Po/Poebene 339, 341, 352, 384, 433, 601
poastriai 161
Polis Kap. 2 passim, 69, 101; Freiheit in der 105f.; Männer in der 39, 106, 210f., 231
Polybios 322, 338, 346, 348, 355, 361, 365–368, 422, 522
Polykrates 283
Polyperchon 262
Polytheismus Kap. 4 passim, 296, 323, 559
pompae 325
Pompeius (Gnaeus P.), Sohn des Triumvirn 435f.
Pompeius (Gnaeus P.), Triumvir 324, 372, Kap. 33 u. 35–38 passim, 461, 472, 474f., 482, 494, 539, 569
Pompeius (Sextus P.), Sohn des Triumvirn 436, 450, 456, 460ff., 493
Pompeius Strabo, Vater des Triumvirn 382
Pompeji 196, 379, 420, 499, Kap. 51 passim, 612
Pomponius s. Atticus
Pontifex Maximus 375, 408, 519
Pontinische Sümpfe 433
Pontius Pilatus 567f.
Poppaea Sabina 536, 563f., 575, 599
Porcia 438
Poseidipp von Pella 276
Poseidon 66

Potidaia 217
Prätor 317, 408, 471, 508, 605
Prätorianergarde 506, 536, 539, 574, 576
Praxiteles 240
Priamos 30
Priene 196
Priester/Priesterinnen, Priestertum 31, 54 ff., 67 ff., 71, 101 f., 126, 161, 163, 259, 323 ff., 406, 434, 528
Priesterkollegien, Rom 135, 323, 326, 328, 478
Princeps 469, 499, 523, 531, 576, 618, 629, 638
Prokurator 543, 546, 548
Properz 456, 467, 477, 488
Propyläen, Athen 152
Prostitution 98, 162, 208 f., 235, 488, 535, 634
Protagoras 174, 191
provocatio 137, 318
Prusias 364 f.
Ptolemäer 268, Kap. 23 *passim*, 288, 291, 302, 333, 349–352, 365, 415, 431
Ptolemaia 281
Ptolemaios I. Soter 251, 268 f., 272, 274 f., 281, 286, 302, 315, 579
Ptolemaios II. Philadelphos 251, 281 f., 299, 332
Ptolemaios III. Euergetes 251
Ptolemaios IV. Philopator 251, 268, 349
Ptolemaios V. Epiphanes 251, 366
Ptolemaios VIII. Euergetes II. 285, 369
Ptolemais 277, 286
Publilia 436
Punische Kriege 453, 522; Erster 333; Zweiter Kap. 29 *passim*, 364
Puteoli 133, 598
Pydna 274; Schlacht 354 f.
Pylades 491
Pyrrhon von Elis 297
Pyrrhos 328–332, 334, 341 f., 345, 349
Pythagoras 133, 162, 315, 381
Pytheas aus Ägina 123
Pytheas aus Massalia 297

Pythia 107
Pythische Spiele 82, 148

Qart Hadasht 45
Quästor 379, 546
Quintilian 552, 602

Rabirius 585
Raffael 613
Raphia (Schlacht) 251, 349
Ravenna 416, 533
Rechtsprechung 37, 72, 76 ff., 84–89, 112 f., 118, 148 f., 221, 253, 262, 287, 316, 352, 376, 379, 471, 522, 529, 543, 625, 636 f.
Regulus (Marcus R.) 335
Reiterei 159 f., 172
Religion: griech. Kap. 4 *passim*; röm. Kap. 27 *passim*; s. Christen; Juden
Rembrandt 576
Remus 306, 326
Republik, röm.: Gründung 310, 438; Wiedererrichtung 470 ff.
Rhapsoden 33
Rhetorik/Redekunst 56, 148 f., 164, 169, 171, 197, 229, 393
Rhodos 44, 94, 150, 196, 272, 352, 363, 496
Rhône 99, 339
Ritter: in Sparta (*hippeis*) 90, 123; röm. (*equites*) 7, 312, 375, 377, 382, 388, 393, 419 f., 450, 469, 482, 484, 500, 506, 516, 518, 522, 533, 537, 564, 581, 585 f., 625, 637
Robigo 323
Rom: Frühgeschichte 134–138; Gründungssagen 306 f., 327, 390, 437, 463; Eroberung durch die Gallier 310, 314; Feuersbrunst 536, 571; s.a. Forum; Kapitol; Tempel
Romanisierung 508, 557, 565
Romulus 306 f., 326, 390, 437, 463, 472, 520, 598
Rostovtzeff, M. I. 251, 575
Rousseau, Jean-Jacques 85, 92

Roxane 263, 265 ff., 270, 274 f.
Rubicon 426 f., 429, 440

Sabina 482 f., 625
Sabiner 318
Safrankrokus 50, 636
Sagunt 336
Salamis (Seeschlacht) Kap. 9 *passim*
Salapia 340
Salii 326
Sallust (Gaius Sallustius Crispus) 372, 453, 456, 528, 620, 628 f.
Sallustius Crispus, Großneffe u. Adoptivsohn des Vorigen 528
Samniten 307
Samos 39, 55, 97, 119, 247, 283 f., 315, 469; Pferde 121; Tyrannis 83, 105, 107, 133
Sappho 95–99
Sardes 114, 116, 118
Sardinien 333, 335, 451
sarissa 220, 255
Sarmentus 463
Sarno 594
Satan 572
Saturnalien 327
Saturninus 377
Satyrn 68, 281, 457
Scaevola (Mucius S.) 402
Scaurus (Aemilius S.) 415, 420 f.
Schauspiel s. Komödie; Pantomime; Tragödie
Scherbengericht s. Ostrakismos
Schiff 55, 83, 96 f., 142, 152, 180, 281, 319, 333, 344, 462, 470; s. Flotte; Triere
Schlafmohn 300
Schlange 68, 123, 216
Schlangengott, Ägypten 70
Schlichter/Vermittler 55, 248, 259, 261, 311, 315, 401, 428
Schrift/Schriftlichkeit 27, 32 ff.
Schwarzes Meer: griech. Kolonien, Handelswege 46–49, 95, 99, 118, 121, 179, 233, 274, 372, 439, 510

Scipio (Gnaeus Cornelius S.) 338
Scipio Aemilianus (Publius Cornelius S. Aemilianus Africanus minor) d. J. 338, 344 ff., 365, 372
Scipio Africanus (Publius Cornelius S. Africanus) d. Ä. 338 f., 347
Scipio Nasica, Pontifex Maximus 375
Scribonia 460 f., 514
Sejanus 506, 534, 628
Seleukia 280
Seleukiden 277, 301 f., 349, 351, 353, 369
Seleukos 265, 268, 270 f., 273, 275, 277
Selinunt 130 f., 175
Sempronia 424
Senat 311, 313 f., 330, 357, 373, 382, 386
Seneca 477, 534, 536, 539, 552, 569
Sentinum (Schlacht) 315
Serapis 283, 577
Sergius Orata 492
Sertorius (Quintus S.) 382 f., 389
Servius Tullius (Mastarna) 136
Seuche 181, 186, 475
Shaka Zulu 74
Shakespeare, William 444, 458
Sibyllinische Orakel 326 f., 478
sicarii 562
Sidon 45, 261
Sieben Weise 82, 261
Sikinnos 122
Sikuler 130, 146
Sikyon 82, 196, 350
Silbermine 120, 142, 160, 220, 246
Silphion 50
Simonides 126
Sinan 619
Sirene 30
Siwa 259
Skeptiker 297, 324, 364
Sklavenaufstand 373, 383, 387 f., 418
Sklaven, Sklaverei 35, 39, 102, 47 f., 61 f., 81, 85, 102, 110, 128, 136, 142, 150, 160 f., 173, 208 f., 231, 236, 246

Sklavenhaltergesellschaft 160, 373
Skulpturen/Statuen/Bildhauerei 61, 66, 154, 323, 515, 555, 582, 596, 598, 619, 624
Skythen, Skythien 99, 157, 221
Smyrna (Izmir) 32, 42
Sogdia 260
Sokrates 21, 166, Kap. 15 u. 19 *passim*; in Aristophanes' *Wolken* 166, 191
Solon 52, 72, 79 ff., 84, 98, 109, 114, 136 f., 238
Sophokles, ein Athener im 4. Jh. 235
Sophokles, Tragiker 22, 31, 154, 170, 182 f.
Sostratos 283
Spanien *s.* Iberische Halbinsel
Sparta 51, Kap. 6 *passim*, 105 ff., Kap. 11, 14 u. 16 *passim*, 98, 109, 172; Herodot über 158; Wahlen in 111; Hopliten in 86, 88 f., 93, 120 ff., 180
Spartacus 383, 387 f., 418
Spartiaten Kap. 6 *passim*, 146, 181, 360
Speusippos 233
Sport 51, 57–60, 82, 133, 209, 300, 484, Kap. 42 *passim*, 611 f., 616
Sporus 536, 575
Sprache 18, 49, 96, 122, 125, 138, 156, 334, 562, 595
Stadtplanung 196 f.
Stageira 228, 234
Statius 580, 586
Stephanus 570
Stesanor 119
Steuerpacht 411, 434, 547, 549
Stoa, Stoiker 297, 447, 578, 604 f., 639
stola 485
Strabo 295, 552
Straße von Gibraltar (»Säulen des Herakles«) 45
Sueton 624 f., 629
Sulla (Lucius Cornelius S.) 21, 324, 369, 378–382, 386, 388, 406, 425, 428, 440, 450, 456, 521
Sulpicius Rufus 378, 436
Susa 102, 115 f., 301

Sybaris, Sybariten 50 f., 102 f., 155
Syme, Ronald 445
symposion 60, 75, 132, 158, 239, 321
Syrakus Kap. 10 *passim*, 151, 178, 182, 232, 259, 332, 344
Syrakusaner (Luxusschiff) 333
Syrien, Syrer 19, 268, 271 f., 277, 298, 301 f., 347, 366, 389, 444, 460, 462 f., 472, 541, 550, 577, 622
syssitia 81

Tacitus 453, 456, 488, 493, 508, 527, 534, 538, 550, 552, 557 ff., 574, Kap. 55 *passim*
Tanagra, Böotien 58
Tanagrafiguren 211, 239
Taras (Tarent) 87, 315, 318 ff., 328–332, 344, 360, 462
Tarpeia 318
Tarquinia 103, 134, 136
Tarquinier 135
Tarquinius Priscus 103, 136, 438
Tarsos 458, 569
Tegea 581
Terentia 395, 436
Terpander 88
Terracina 137
Tertullian 634
Thales von Milet 100 f.
Thasos 155
Theater 164, 173, 179, 196, 260, 299, 319, 415, 420, 440 f., 555, 583, 590; Eintrittsgeld 243
Theben (in Griechenland) 32, 160, 183, 198 ff., 204, 211, 215, 218, 247, 249, 254, 258
Theben (in Ägypten) 288
Themistokles 122 f., 126, 128, 148, 171 f., 185
Theodektes 240
Theognis von Megara 52
Theokrit 274
Theophrast aus Eresos 207, 236, 241, 281, 299
Theopomp 213, 216, 401

Thera (Santorin) 38, 50
Thermen 492, 620, 631, 635
Thermopylen: Schlacht (480 v. Chr.) 90,
  Kap. 9 passim; (352 v. Chr.) 249, 351
Thersites 36
Theseus 307
Thesmophorien 67
Thessalien 43, 61, 163, 216 f.; Pferde
  aus 122, 131
Theten *(thētes)* 81
Thomas Morus 85
Thrakien 68, 160, 218, 233, 268
Thukydides 177, 179, 183-187, 366;
  über Perikles 168, 170 f., 173, 175;
  über Sparta 85; über die Triere 55
Thurioi 155, 174, 187
Tiber 135, 442, 505, 518, 581; als
  Gott 520
Tiberius, röm. Kaiser 374 f., 488, 500,
  504, 506 f., 516, 521, 524, Kap. 45 passim, 541, 548, 554 f., 577, 627-630
Tibur (Tivoli) 20, 636, 639
Tiepolo 459
Tigellinus 506, 536
Tigris 280, 620
Timaios aus Tauromenion 332, 366
Timanthes 82
Timokles 241
Timon von Athen 465
Tiro 395, 603, 608, 667
Titus, röm. Kaiser 492, 498, 577, 583 f.,
  586
Toga 337, 420, 444, 484 f., 500, 519,
  558, 589
Tolstoi, Leo 361
Tomasi di Lampedusa, Giuseppe 130
Tomyris 116
Tragödie 32, 147, 149, 151, 154, 164 f.,
  183, 216, 239, 241, 274, 300, 491,
  612
Trajan, röm. Kaiser 277, 495, 564, 587,
  600-605, 608, Kap. 54 passim, 629,
  632 f., 635, 638
Trajans-Forum, Rom 619
Trajanssäule 617, 619

Trasimenischer See 340, 349
Träume, prophetische 66, 71, 157, 184,
  265, 407, 456
Trebia (Trebbia) 349
Tribun/Volkstribun 137, 317, 374, 377,
  390, 439, 523, 570
tribus 135, 312
Triere 55, 83, 96 f., 119 f., 160, 244
Trimalchio 597 f.
Trittye 108
Triumph (Siegesfeier, Rom) 328, 349,
  381 ff.
Triumvirat: erstes 411; zweites 450
Troizen 125
Troja 30, 32, 35, 175, 259, 267, 307, 351
Trojanischer Krieg 30, 32, 36, 126, 133
Troja-Spiel, Rom 435, 484
Tullia 436 f.
Turia 455
Tyne 255
Tyrann, Tyrannis Kap. 5 passim, 89,
  105 ff., 119 f., 133, 137, 153
Tyros 44 f., 128, 258, 289
Tyrtaios 89, 93, 180

Umbricius Scaurus 593
Uranopolis 277

Valerius Asiaticus 539 f.
Varro (Marcus Terentius V.) 323, 388,
  437, 479
Varus (Publius Quinctilius V.) 507
Vasenmalerei 58 f., 132, 154, 158 f., 207,
  210, 239
Vasio (Vaison) 626
Vedius Pollio 515
Veji 315
Veleda 576
Ventidius 461
Venus 343, 380, 403, 420, 434 f., 444,
  457, 512, 520, 588
Vergil 456, 476, 478 f., 517, 601
Verginius 576
Verona 601
Verres 393

Vespasian, röm. Kaiser 560, 562, 565,
    576–587, 625, 638
Vesta s. Hestia
Vestalinnen 310f., 325
Vesuv 383, 588
Vettii 597
Via Sacra, Rom 385, 408
Via Salaria, Rom 135
vicomagistri 519
vigiles 518
Villa 387, 395, 420f., 475, 490, 492,
    559, 596f., 599, 612ff.
Villa Hadriana 20, 188, 277, 601, 636,
    639f.
Vindex 576
Vindolanda 501
Vistilia 488
Vitellius, röm. Kaiser 575f.
Volkstribun s. Tribun
Volksversammlung: Athen Kap. 8 *passim*,
    163, 171; röm. 136, 313, 320, 357
Volumnia 458
Vorsokratiker 99ff.
Vorzeichen 70, 181, 184, 324, 426, 440

Waffen 30, 73f., 121; s. Hopliten; *sarissa*
Wagenrennen 58, 92, 493 ff., 499f., 512,
    614
Wahlen: Athen 109–113; Rom 311, 357,
    373, 385, 397, 401, 416, 425, 471,
    474, 578; Sparta 111
Wahrsagekunst, Rom 324
Wassermühle 293f.
Weser 507

Wharton, Edith 23
Witwenverbrennung 303
woikeis 81

Xanthippe 188f.
Xanthippos 168f.
Xenokrates 233
Xenophanes 101
Xenophon 84, 188f., 192, 367
Xerxes Kap. 9 *passim*, 150, 156, 174, 420

Yeti 254

Zama (Schlacht) 338
Zarathustra s. Zoroaster
Zeloten 562, 564, 568
Zenodot von Ephesos 7
Zenon von Kaunos 299f.
Zenon von Kition 297
Zensor 311, 359, 362f., 387, 398, 479f.
Zenturien (*comitia centuriata*) 312, 522
Zeus 36, 65f., 69f., 77, 191, 259;
    Eleutherios 64, 105, 125; Phratrios 65; Tempel in Akragas 128; Tempel in Athen 18, 73
Zoroaster (Zarathustra), Zoroastrier 101,
    116, 125
Züchtung, von Pflanzen u. Tieren 299f.
Zwölftafelgesetz 127, 135f., 306, 317,
    379
Zyklopen 30
Zypern 27, 42, 44f., 119, 144, 197, 199,
    245, 261, 274, 276, 297, 402, 415,
    564, 569, 621

www.klett-cotta.de

Robin Lane Fox
Alexander der Grosse
Eroberer der Welt
Übersetzt von Gerhard Beckmann
807 Seiten, gebunden
ISBN 978-3-608-94078-7

Dieses Buch ist mehr als eine Biographie: Es zeigt ebenso den genialsten Feldherrn der Weltgeschichte wie den kultivierten, Homer-begeisterten Mann, der die Grundlagen des Hellenismus schuf. Zugleich läßt Robin Lane Fox´ »unübertroffene« sprachliche Meisterschaft die ganze Farbenpracht einer Weltepoche lebendig werden.

www.klett-cotta.de

Robin Lane Fox
Reisende Helden
Die Anfänge der griechischen Kultur im Homerischen Zeitalter
Aus dem Englischen von Susanne Held
551 Seiten, gebunden
ISBN 978-3-608-94696-3

Diese große Abenteuergeschichte des angeblich so dunklen 8. Jahrhunderts erzählt, was die Griechen befähigte, sich auf einmalige Art die Welt anzueignen.
»Erhellend, klug und originell – und immer wieder atemberaubend poetisch.« Tom Holland, TLS Book of the Year
Mit einem Vorwort zur deutschen Ausgabe über die deutsche Homer- und Troja-Forschung